Concorso

ACCADEMIA MILITARE
ARMA DEI CARABINIERI

☑ TEORIA E TEST

Prova scritta di preselezione
Prova scritta di conoscenza della lingua italiana
Prova di conoscenza della lingua inglese

EdiSES edizioni

Concorso Accademia Militare Arma dei Carabinieri - Teoria e test per la prova scritta di preselezione, la prova scritta di conoscenza della lingua italiana, la prova di conoscenza della lingua inglese – III Edizione

9 8 7 6 5 4 3 2 1 0
2025 2024 2023 2022 2021

Le cifre sulla destra indicano il numero e l'anno dell'ultima ristampa effettuata

Grafica di copertina: curvilinee

Fotocomposizione: doma book di Massimo Di Grazia

Stampato presso Vulcanica S.r.l. – Nola (NA)

Per conto della EdiSES edizioni S.r.l. – Piazza Dante, 89 – Napoli

www.edises.it

Sommario

Parte Prima
Diventare Ufficiale dell'Arma dei Carabinieri

Parte Seconda
Prova scritta di preselezione e prova scritta di conoscenza della lingua italiana

Sezione I - Lingua italiana

Sezione II - Matematica

Sezione III - Costituzione e cittadinanza italiana

Sezione IV - Geografia

Sezione V - Storia

Sezione VI - Attualità

Sezione VII - Scienze

Sezione VIII - Informatica

Sezione IX - Logica deduttiva e ragionamento verbale

Parte Terza
Prova di conoscenza della lingua inglese

Parte Quarta
Simulazioni delle prove d'esame

Sezione I - Simulazioni della prova scritta di preselezione

Sezione II - Simulazioni della prova scritta di conoscenza della lingua italiana

Sezione III - Simulazione della prova di conoscenza della lingua inglese

Premessa

Il volume si rivolge a quanti vogliono accedere ai corsi per Ufficiale del ruolo normale dell'Accademia dell'Arma dei Carabinieri e affronta il programma d'esame delle prove scritte: **prova scritta di preselezione**, **prova scritta di conoscenza della lingua italiana** e **prova di conoscenza della lingua inglese**.

Il testo, nelle prime pagine, fornisce indicazioni sulla figura professionale dell'Ufficiale, sulle prove che ciascun concorrente dovrà affrontare partecipando al concorso; successivamente sviluppa, in modo sintetico e incisivo, il programma d'esame previsto dal bando: **cultura generale (italiano, attualità, storia, geografia, Costituzione e cittadinanza italiana, matematica, geometria, scienze), logica deduttiva (ragionamento numerico e capacità verbale), informatica, ragionamento verbale, lingua straniera**.

A corredo di ciascuna materia sono inserite le rubriche ***"Occorre Sapere…"*** che evidenziano gli argomenti più spesso oggetto di domanda (frutto di analisi di materiale utilizzato dall'Amministrazione nei precedenti concorsi). Inoltre, al termine di ogni materia, numerosi ***quesiti di verifica*** (analoghi a quelli somministrati dall'Aeronautica) permettono di esercitarsi in vista del concorso.

Il testo riporta, inoltre, quattro **simulazioni d'esame** che permettono di esercitarsi anche sulla lingua straniera prescelta (inglese, francese, spagnolo, tedesco).

Gli autori si sono impegnati a sviluppare il programma d'esame nel modo più pertinente possibile alle richieste delle Amministrazioni, Militari e di Polizia, e a presentarlo nelle forme più semplici per l'apprendimento; inoltre, hanno arricchito i contenuti inserendo delle rubriche che puntano direttamente alle nozioni che interessano i candidati.

L'obiettivo è quello di fornire, ai concorrenti che desiderano intraprendere una carriera in divisa, strumenti particolarmente efficaci per raggiungere una preparazione ottimale e poter affrontare le prove selettive di ciascun concorso con l'adeguata serenità, sicuri di aver studiato in modo incisivo gli specifici argomenti richiesti.

Il contenuto di questo volume è adatto alla preparazione della prova scritta di preselezione, della prova di conoscenza della lingua italiana e della prova di conoscenza della lingua inglese del concorso per Allievi Ufficiali dell'Arma dei Carabinieri. Per una preparazione completa alle fasi di selezione successive si consigliano i volumi:

- Concorso ACCADEMIA MILITARE ARMA DEI CARABINIERI Prova orale – Storia, Costituzione e cittadinanza italiana, Geografia (**CC 1.3**);
- Concorso ACCADEMIA MILITARE ARMA DEI CARABINIERI Prova orale – Matematica (**CC 1.4**);
- Concorso ARMA DEI CARABINIERI Prove di efficienza fisica, accertamenti psico-fisici e accertamenti attitudinali (**CC 4.0**).

Ulteriori **materiali didattici**, **simulazioni di prove** e **aggiornamenti** sono disponibili nell'area riservata a cui si accede mediante la registrazione al sito *edises.it* secondo la procedura indicata nel frontespizio del volume.

Eventuali errata-corrige saranno pubblicati sul sito *edises.it*, nell'apposita sezione "Aggiornamenti" della scheda prodotto.

Altri aggiornamenti saranno disponibili sui nostri profili social.

Facebook.com/infoConcorsi
Clicca su (Facebook) per ricevere gli aggiornamenti
blog.edises.it

Indice

Parte Prima
Diventare Ufficiale dell'Arma dei Carabinieri

Parte Seconda
Prova scritta di preselezione e prova scritta di conoscenza della lingua italiana

Sezione I - Lingua italiana

Capitolo 6 - Geometria analitica

Sezione III - Costituzione e cittadinanza italiana

Capitolo 1 - Diritto e Ordinamento giuridico

Capitolo 2 - La Costituzione italiana

Capitolo 3 - L'Unione europea e le Organizzazioni internazionali

Sezione IV - Geografia

Capitolo 1 - Geografia fisica e politica

Capitolo 2 - L'Italia

Capitolo 3 - L'Europa

Capitolo 4 - I continenti extraeuropei

Sezione V - Storia

Capitolo 3 – I Nazionalismi – La Seconda Guerra Mondiale

Capitolo 4 – La guerra fredda e la divisione dell'Europa in due blocchi – La decolonizzazione

Capitolo 2 - Scienze della Terra

Sezione IX - Logica

Capitolo 1 - Introduzione alla logica

Parte Terza
Prova di conoscenza della lingua inglese

Capitolo 1 Lingua inglese

Parte Quarta
Simulazioni delle prove d'esame

Sezione I - Simulazioni della prova scritta di preselezione

Parte Prima

Diventare Ufficiale dell'Arma dei Carabinieri

SOMMARIO

Capitolo 1
L'Ufficiale dell'Arma dei Carabinieri

1.1 Le Accademie Militari

Frequentare un tradizionale corso universitario non è l'unica possibilità che si presenta a coloro che dopo il conseguimento del diploma desiderano proseguire i propri studi e acquisire ulteriori competenze spendibili nel mondo del lavoro. Le opportunità formative e lavorative che offrono oggi le Forze Armate rappresentano in questo senso un percorso interessante che conduce a una **solida preparazione culturale e professionale** fino al raggiungimento di traguardi d'eccellenza. Studiare in un'Accademia Militare, infatti, costituisce per i giovani neodiplomati di entrambi i sessi una valida alternativa grazie al riconoscimento civile degli studi effettuati presso gli Istituti militari per il quale viene rilasciato un titolo equipollente a quello universitario[1], e a un percorso formativo rigoroso che verte sullo studio teorico, sulla preparazione militare e su un'intensa attività sportiva.
Le Accademie Militari sono quattro e di norma vengono denominate con il nome della città che le ospita:
- Accademia Militare di Modena;
- Accademia Aeronautica di Pozzuoli;
- Accademia Navale di Livorno;
- Accademia della Guardia di Finanza di Bergamo.

Tali istituti rappresentano la via principale per accedere alle più alte specializzazioni nelle diverse Forze Armate: **Esercito**, **Marina**, **Aeronautica**, **Arma dei Carabinieri** e **Guardia di Finanza**[2].
Da notare che gli ufficiali dei Carabinieri, del ruolo normale, frequentano i primi due anni presso l'Accademia Militare di Modena e al termine del biennio proseguono il ciclo di studi, per altri tre anni, presso la Scuola Ufficiali dell'Arma dei Carabinieri di Roma.
Le Accademie mirano alla formazione di base degli **Ufficiali in servizio permanente**, cui sono affidati incarichi operativi e di comando e aprono la strada verso una carriera prestigiosa, volta a ricoprire posizioni di responsabilità, fino ai gradi più alti di Colonnello e Generale. A tutto ciò si unisce anche una incentivazione economica sempre più adeguata alle competenze.

---

[1] Le Accademie Militari hanno adeguato i propri ordinamenti didattici alla riforma degli studi universitari, pertanto il percorso di studi è caratterizzato da un primo triennio, volto al conseguimento di una laurea, e da un secondo ciclo di 2 anni che conduce al raggiungimento della laurea magistrale.

[2] La Guardia di Finanza è uno speciale Corpo di Polizia organizzato secondo un assetto militare. Pur non essendo propriamente una delle Forze Armate dello Stato – essa infatti dipende dal Ministero dell'Economia e delle Finanze non dal Ministero della Difesa – ne è parte integrante.

1.2 La struttura organizzativa delle Forze Armate e il personale militare

L'organizzazione delle forze militari italiane è caratterizzata da una rigida struttura gerarchica al vertice della quale il Presidente della Repubblica ha il comando delle Forze Armate, come sancito dall'articolo 87 della Costituzione, ricoprendo esclusivamente un ruolo di garanzia e non di comando effettivo. Egli presiede il Consiglio Supremo di Difesa il cui compito è di fissare le direttive generali per l'organizzazione e il coordinamento delle attività che riguardano la difesa dello Stato.

L'indirizzo tecnico-operativo delle Forze Armate viene, però, dal **Ministero della Difesa** preposto all'amministrazione militare e civile della Difesa. Dal ministero dipende lo **Stato Maggiore della Difesa** (organizzato in Reparti/Uffici Generali, Uffici e Sezioni) con al vertice il **Capo di Stato Maggiore della Difesa** e il **Segretario Generale della Difesa** il quale risponde direttamente al Ministro della Difesa per le competenze amministrative e al Capo dello Stato Maggiore della Difesa per quelle tecnico-operative. Le responsabilità principali del Segretariato Generale della Difesa riguardano l'attuazione delle direttive impartite dal ministro in materia di alta amministrazione, la promozione e il coordinamento della ricerca tecnologica, l'approvvigionamento dei mezzi e dei materiali d'arma per le Forze Armate.

Il Capo di Stato Maggiore della Difesa ha alle sue dipendenze i capi di Stato Maggiore delle singole Forze Armate e il Comandante Generale dell'Arma dei Carabinieri; egli pianifica e organizza l'impiego delle Forze Armate in base alle direttive del ministero.

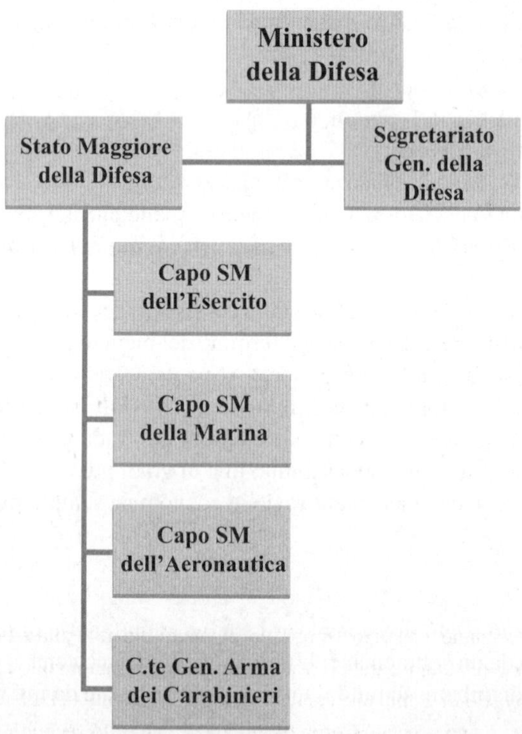

Gli organi di vertice delle Forze Armate

Con l'entrata in vigore del D.Lgs. 15 marzo 2010 n. 66, recante il Codice dell'ordinamento militare, il personale delle Forze Armate è stato suddiviso in quattro grandi categorie: gli **Ufficiali** (che svolgono funzioni di responsabilità), i **Sottufficiali**, comprendenti i ruoli dei Sergenti e dei Marescialli (che svolgono funzioni ausiliarie rispetto agli Ufficiali, quali il comando dei reparti di minore livello oppure compiti amministrativi o tecnici), i **Graduati** (categoria che comprende i Volontari in Servizio Permanente) e i **Militari di truppa** (di cui fanno parte i Volontari in Ferma Prefissata, gli Allievi Carabinieri, gli Allievi Finanzieri, gli Allievi delle scuole militari, gli Allievi Marescialli in ferma, gli Allievi Ufficiali in ferma prefissata e gli Allievi Ufficiali delle Accademie militari).
Possono far parte dello Stato Maggiore della Difesa e del Segretariato Generale della Difesa, e dunque ricoprire incarichi particolarmente importanti, soltanto gli *Ufficiali del Ruolo Normale*, categoria di ufficiali nella quale rientrano gli Ufficiali laureatisi in Accademia e i laureati arruolati dal mondo civile tramite concorsi a nomina diretta. Gli Ufficiali del Ruolo Normale possono ricoprire tutti i gradi in tutti i Corpi, mentre gli *Ufficiali del Ruolo Speciale*, reclutati tra i Sottufficiali e gli Ufficiali in Ferma Prefissata che al termine della ferma richiedono l'arruolamento in servizio permanente effettivo, hanno una progressione di carriera più limitata.

1.3 Origini e storia dell'Arma dei Carabinieri

Rientrato in Piemonte dopo la caduta di Napoleone, Vittorio Emanuele I di Savoia istituì il Corpo dei Carabinieri, ispirandosi alla Gendarmeria francese. Il re, infatti, riteneva di fondamentale importanza riportare ordine e disciplina in un Paese scosso da tumulti e scompigli. Fu così che nel giugno del 1814 fu firmato dalla Segreteria di Guerra (un organismo equivalente all'attuale Ministero della Difesa) un "Progetto di istituzione di un Corpo militare per il mantenimento del buon ordine". Il 16 giugno dello stesso anno fu portato a termine un altro studio, il "Progetto d'Istruzione Provvisoria per il Corpo dei Carabinieri Reali", controfirmato dal Generale d'Armata Giuseppe Thaon di Revel. In questo documento si elencavano una serie di compiti che da quel momento in poi avrebbero garantito una maggiore sicurezza ai cittadini e ripristinato un ordine rigoroso. I Carabinieri, infatti, sarebbero intervenuti nei casi di: furti con scasso, incendi, assassini, rapine a corrieri governativi o a diligenze cariche di munizioni, rapimenti, spionaggio, contrabbando, e così via. Questo lavoro di preparazione culminò con la promulgazione delle ***Regie Patenti***, il 13 luglio 1814, che segnarono la nascita ufficiale del "Corpo dei Carabinieri Reali". Si trattava di un atto ufficiale con il quale si stabilivano in maniera precisa e dettagliata le mansioni e le competenze dei vari ruoli assegnati nell'ambito del Corpo in questione. Quello che si configurava nelle Regie Patenti era dunque un corpo d'élite, con la funzione di protezione e tutela dell'ordine pubblico e della stabilità interna.

Il primo nucleo con cui i Carabinieri cominciarono ad operare era costituito da 27 ufficiali e 776 tra sottoufficiali e truppa. Il Corpo venne articolato in Divisioni, una per provincia, comandata da un capitano. Ogni divisione aveva sotto di sé una serie di luogotenenze, guidate da un luogotenente o da un sottotenente. L'ultimo anello della catena era costituito dalle Stazioni, capillarmente distribuite su tutto il territorio e comandate da marescialli o brigadieri.

Uno dei primi problemi che sorsero con l'istituzione di questo Corpo fu legato al criterio di reclutamento. Inizialmente il problema venne risolto dando accesso quasi esclusivo a chi aves-

se prestato servizio per quattro anni in altri corpi, garantendo così la presenza di persone che avessero già una formazione adeguata alla disciplina e alla vita militare. Altri requisiti erano legati alla statura (non meno di 1,75 metri) e alla capacità di leggere e scrivere: visto il diffuso analfabetismo e la dieta povera di proteine, si trattava di requisiti molto severi per l'epoca. Altrettanto rigorosi erano i criteri di reclutamento degli ufficiali, che venivano scelti prevalentemente sulla base delle competenze acquisite nelle armate napoleoniche. Un incentivo da non sottovalutare nel reclutamento volontario era rappresentato dalla paga: cinquecento lire per un carabiniere a piedi e mille per uno a cavallo.
La Determinazione sovrana del 9 novembre 1816 decise una riorganizzazione del Corpo, istituendo un comando di corpo retto da un colonnello e creando presso il comando un consiglio di amministrazione che assicurasse la completa autonomia amministrativa. Inoltre, il numero delle Divisioni passò da dodici a sei e fu creato il livello ordinativo di compagnia con 19 compagnie agli ordini di capitani o luogotenenti anziani. Venne disposto che il reclutamento ordinario si effettuasse dai reggimenti di fanteria e cavalleria, mentre un reclutamento facoltativo poteva avere luogo tra volontari civili dotati di spiccate qualità. La suddetta determinazione sovrana sanciva "ventuno incumbenze" che definivano il servizio istituzionale, ancora oggi ad esse ispirato. Tra queste citiamo l'attività informativa, consistente nel "procurarsi e raccogliere tutte le notizie possibili sopra i delitti che si fossero commessi, e sovra i loro autori...", l'arresto in flagranza di reato, il controllo sul porto abusivo di armi e sui giochi d'azzardo, le prescrizioni relative alla tutela dell'ambiente, come l'arresto dei devastatori di boschi, la lotta al contrabbando, le disposizioni volte alla tutela dei negozianti e del servizio postale, il servizio di frontiera, ed altro ancora.

Nel 1822, Carlo Felice riordinò la disciplina di questa forza armata attraverso il "Regolamento Generale del Corpo dei Carabinieri Reali", che sarebbe stato alla base di tutti i successivi, fino ai nostri giorni. Non è un documento organizzativo, ma un vero e proprio libro di oltre 250 pagine che regolamentava nello specifico ogni aspetto del Corpo. Oltre alle disposizioni di servizio, il regolamento in esame sancisce alcuni principi duraturi: i carabinieri, tranne che per il servizio d'ordinanza (cioè trasmissione di dispacci urgenti), devono sempre essere almeno in due; devono considerarsi in servizio perpetuo in qualunque circostanza ed a qualunque ora; devono sempre avere un contegno distinto, fermo, dignitoso, calmo, ma anche imparziale ed umano.

Anche il reclutamento era più selettivo, perché il candidato doveva: avere un'età compresa tra i 25 e i 40 anni, saper leggere e scrivere, essere preferibilmente celibe o vedovo senza figli, non avere precedenti penali, aver servito per almeno quattro anni in un altro corpo dell'armata con un certificato di buona condotta e salute, essere alto 39 once per la fanteria e 40 per la cavalleria (circa 1,75 metri). Le nuove reclute si ingaggiavano per 10 anni e avevano diritto a ricevere la somma dell'ingaggio (150 lire se Carabinieri Reali a piedi e 350 se a cavallo) soltanto dopo 35 mesi di ininterrotto servizio. Una norma particolare riguardava il matrimonio, infatti sia i carabinieri che i sottoufficiali non potevano fidanzarsi né sposarsi senza autorizzazione da parte del proprio colonnello. Nel 1861, dopo l'unità d'Italia, quando l'Arma Sarda fu trasformata in Regio Esercito, i diversi corpi di Carabinieri confluirono nell'*Arma dei Carabinieri Reali* che divenne la Prima Arma. In quel periodo dovettero contrastare in particolar modo il fenomeno del brigantaggio, diffuso specialmente nei territori che avevano fatto parte del Regno delle Due Sicilie. L'Arma si distinse, inoltre, durante la Prima Guerra Mondiale, nella battaglia di Caporetto del 1917, quando costrinse i soldati in trincea a tener duro e rese possibile un'ordinata ritirata verso il Piave.

Anche durante la Seconda Guerra Mondiale, i Carabinieri dimostrarono un grande spirito di sacrificio con atti di eroismo sia individuali che collettivi. Per esempio, nella battaglia di Culqualber in Abissinia, il primo Gruppo Mobilitato dei Carabinieri, sprovvisto di munizioni e di rifornimenti, s'immolò nel combattimento contro gli inglesi.

A partire dal secondo dopoguerra, l'Arma dei Carabinieri ha dato prova di grande coraggio, spiccando nella lotta al terrorismo durante gli anni di piombo, nella lotta alla criminalità organizzata e nel soccorso alle popolazioni civili vittime di catastrofi naturali. Si è poi distinta in diverse missioni all'estero, come in Libano, Somalia, Bosnia, Kosovo, Cambogia, Mozambico, Afghanistan e Iraq.

1.4 L'Arma dei Carabinieri

L'attuale organizzazione operativa e funzionale dell'Arma dei Carabinieri è stata delineata, sostanzialmente, da due **Decreti Legislativi** scaturiti dall'attuazione dei principi e dei criteri fissati dall'art.1 della **legge n. 78 del 31 marzo 2000**, recante "Delega al Governo per il riordino dell'Arma dei Carabinieri" e precisamente: il **n. 297** "Norme in materia di riordino dell'Arma dei Carabinieri" e il **n. 298** "Riordino del reclutamento, dello stato giuridico e dell'avanzamento degli Ufficiali dei Carabinieri", entrambi del 5 ottobre 2001. Infine, ulteriore riordino è stato apportato con il Decreto Legislativo n. 177 del 9 agosto 2016, con cui è stato sancito l'assorbimento del Corpo Forestale nell'Arma dei Carabinieri, e con il Decreto Legislativo n. 95 del 29 maggio 2017, recante disposizioni in materia di revisione dei ruoli delle Forze di Polizia.
In pratica, si è trattato di una revisione che da un lato ha visto convalidare e aggiornare i mutamenti normativi avvenuti negli ultimi decenni in conseguenza della rapida evoluzione della nostra società e dall'altro ha definito un quadro organizzativo dell'Arma meglio aderente ai cambiamenti già intervenuti sia nelle Forze Armate sia nelle stesse Forze di Polizia, in seguito a diverse normative: leggi n. 382 dell'11 luglio 1978 ("Norme di principio sulla disciplina militare"), n. 121 del 1° aprile 1981 ("Nuovo ordinamento dell'Amministrazione della pubblica sicurezza") e n. 25 del 18 febbraio 1997 ("Vertici militari").
L'attuale quadro legislativo ha attribuito definitivamente un ruolo che storicamente l'Arma dei Carabinieri ha sempre svolto, collocandola ordinativamente, con il rango di **Forza Armata**, alle dirette dipendenze del Capo di Stato Maggiore della Difesa e puntualizzandone formalmente i compiti militari.
Infatti, fin dalla sua costituzione, risalente alle Regie Patenti del **13 luglio 1814**, le Istituzioni attribuirono all'allora "Corpo dei Carabinieri Reali" la ***duplice funzione*** di *difesa dello Stato* e di *tutela dell'ordine e della sicurezza pubblica*.
Già dalle origini, erano considerati primo Corpo dell'Armata di terra e nel tempo hanno mantenuto questo privilegio, anche nell'ambito dell'Esercito del Regno d'Italia e nel 1922 furono definiti *"Forza Armata in servizio permanente di pubblica sicurezza"*, anticipando la formulazione della L. 121/1981.

1.5 Compiti istituzionali dell'Arma

In ragione della sua peculiare connotazione di **Forza militare di polizia a competenza generale**, all'Arma dei Carabinieri sono affidati i seguenti compiti:

a) **militari**:
   - concorso alla **difesa della Patria** e alla **salvaguardia** delle libere istituzioni e del bene della collettività nazionale nei casi di pubbliche calamità;
   - partecipazione:
     - alle **operazioni militari in Italia e all'estero** sulla base della pianificazione d'impiego delle Forze Armate stabilita dal Capo di Stato Maggiore della Difesa;
     - a **operazioni di polizia militare all'estero** e, sulla base di accordi e mandati internazionali, concorso alla **ricostituzione dei corpi di polizia locali** nelle aree di presenza delle Forze Armate in missioni di supporto alla pace;
   - esercizio esclusivo delle funzioni di **polizia militare e sicurezza** per le Forze Armate;
   - esercizio delle funzioni di **polizia giudiziaria militare** alle dipendenze degli organi della giustizia militare;
   - sicurezza delle **rappresentanze diplomatiche e consolari** italiane, ivi compresa quella degli uffici degli addetti militari all'estero;
   - **assistenza** ai comandi e alle unità militari impegnati in attività istituzionali nel territorio nazionale;
   - concorso al **servizio di mobilitazione**;

b) di **polizia**:
   - esercizio delle funzioni di **polizia giudiziaria e di sicurezza pubblica**;
   - quale **struttura operativa nazionale di protezione civile**, assicurazione della continuità del servizio d'istituto nelle aree colpite dalle pubbliche calamità, concorrendo a prestare soccorso alle popolazioni interessate agli eventi calamitosi.

1.6 Dipendenze gerarchiche e funzionali

L'Arma dei Carabinieri, collocata autonomamente nell'ambito del **Ministero della Difesa** con il rango di Forza Armata, è Forza di Polizia a competenza generale e in servizio permanente di pubblica sicurezza, con le speciali prerogative conferitele dalle norme in vigore, e dipende:

- tramite il Comandante Generale, dal **Capo di Stato Maggiore della Difesa** per quanto attiene ai compiti militari;
- funzionalmente dal **Ministro dell'Interno**, per quanto attiene ai compiti di tutela dell'ordine e della sicurezza pubblica.

Per gli aspetti tecnico-amministrativi, l'Arma dei Carabinieri fa capo:

- al Ministero della Difesa per quanto concerne il personale, l'amministrazione e le attività logistiche;
- al Ministero dell'Interno per l'accasermamento e il casermaggio connessi con l'assolvimento dei compiti di polizia, nonché per l'utilizzazione delle risorse finanziarie finalizzate al potenziamento delle Forze di Polizia.

I seguenti reparti dell'Arma sono costituiti nell'ambito di Dicasteri e dipendono funzionalmente dai titolari degli stessi:

- **Ministero della Salute**, per la prevenzione e repressione dei reati attinenti la tutela della salute pubblica (Comando Carabinieri per la Sanità);
- **Ministero dell'Ambiente e tutela del territorio**, per la prevenzione e repressione delle violazioni compiute in danno dell'assetto ambientale (Comando Carabinieri per la Tutela dell'Ambiente);

- **Ministero dei Beni e delle Attività culturali e del Turismo**, per la prevenzione e repressione dei reati connessi alla detenzione, commercio e trafugamento di beni e materiali d'interesse artistico, storico e archeologico (Comando Carabinieri Tutela Patrimonio Culturale);
- **Ministero del Lavoro e delle politiche sociali**, per la verifica dell'applicazione delle normative in materia di collocamento, lavoro, previdenza e assistenza sociale (Comando Carabinieri Ispettorato del Lavoro);
- **Ministero delle Politiche agricole, alimentari e forestali**, per la tutela forestale e ambientale e per il controllo, la prevenzione e repressione delle frodi nel settore agroalimentare e ai danni dell'Unione Europea (Comando Carabinieri Politiche Agricole). Il 25 ottobre 2016 è stato ufficialmente istituito il Comando Unità per la Tutela Forestale, Ambientale e Agroalimentare Carabinieri per dare seguito, dal 1° gennaio 2017, all'assorbimento del Corpo Forestale dello Stato nell'Arma dei Carabinieri; può oggi essere considerata la più articolata e forte "polizia ambientale" dell'Europa e del mondo.
- **Ministero degli Affari esteri**, per la tutela delle sedi delle Rappresentanze diplomatiche italiane all'estero, la prevenzione e la repressione delle violazioni alle leggi speciali sull'emigrazione (Comando Carabinieri presso il Ministero Affari Esteri).

Alcuni reparti costituiti nell'ambito di Organi o Autorità nazionali (Presidenza della Repubblica, Senato, Camera, Corte Costituzionale, Presidenza del Consiglio dei Ministri e C.N.E.L.), per l'assolvimento di compiti specifici, dipendono funzionalmente dai titolari degli stessi Organi o Autorità.
I reparti e gli uffici dell'Arma costituiti in ambito interforze Difesa, nei Comandi e negli Organismi alleati in Italia e all'estero, ovvero nelle singole Forze Armate, dipendono, tramite i relativi Comandanti, rispettivamente dal Capo di Stato Maggiore della Difesa e dai Capi di Stato Maggiore di Forza Armata.
Per l'espletamento delle attività di Polizia Giudiziaria, infine, i Carabinieri dipendono funzionalmente dall'Autorità Giudiziaria, secondo quanto prescritto dal codice di procedura penale.
In tale contesto, la legge attribuisce la qualifica di:
- **Ufficiale di polizia giudiziaria** agli Ufficiali, esclusi i Generali, agli Ispettori, ai Sovrintendenti e agli Appuntati Comandanti interinali di Stazione;
- **Agente di polizia giudiziaria** agli Appuntati e ai Carabinieri;
- **Ufficiale di pubblica sicurezza** agli Ufficiali, ai Marescialli Maggiori sostituti Ufficiali di pubblica sicurezza e ai Luogotenenti sostituti Ufficiali di pubblica sicurezza;
- **Agente di pubblica sicurezza** agli Ispettori, ai Sovrintendenti, agli Appuntati e ai Carabinieri.

1.7 Ordinamento e la categoria degli Ufficiali

L'Arma dei Carabinieri, costituita da Carabinieri e Appuntati, Sovrintendenti, Ispettori e Ufficiali, ha suddiviso la categoria degli Ufficiali nei seguenti ruoli crescenti.
- **Ufficiali inferiori**, articolati nei seguenti gradi:
  - Sottotenente
  - Tenente
  - Capitano

- **Ufficiali Superiori**, articolati nei seguenti gradi:
  - Maggiore
  - Tenente Colonnello
  - Colonnello

- **Ufficiali Generali**, articolati nei seguenti gradi:
  - Generale di Brigata
  - Generale di Divisione
  - Generale di Corpo d'Armata

1.8 La Scuola Ufficiali dell'Arma

La **Scuola Ufficiali Carabinieri**, con sede a Roma, cura la formazione e l'aggiornamento professionale di tutti gli ufficiali dell'Arma, a prescindere dal ruolo d'appartenenza.
I corsi di formazione comprendono:
- il biennio di Applicazione e il terzo anno di Perfezionamento per gli ufficiali del **ruolo normale** provenienti dall'Accademia Militare di Modena che, al termine del quinquennio, conseguono la *laurea in giurisprudenza* e, su base volontaria, anche quella in *"Scienze della sicurezza interna ed esterna"*, in convenzione con l'Università di Roma Tor Vergata;
- corsi annuali calibrati sulle specifiche necessità di qualificazione professionale per gli ufficiali del **ruolo speciale** (Corso Applicativo) e di quello **tecnico-logistico** (Corso Formativo per ufficiali R.T.L.), provenienti i primi dagli ufficiali di complemento e dai marescialli dell'Arma, i secondi dai vincitori di apposito concorso pubblico;
- il Corso Formativo e il Corso di Perfezionamento, di durata bimestrale, destinato agli **ufficiali in Ferma Prefissata**.

Agli ufficiali del ruolo normale è altresì destinato il **Corso d'Istituto** per i Capitani prossimi alla promozione al grado superiore. Si tratta di un corso di qualificazione di particolare valenza, il cui iter addestrativo è stato recentemente rivisto per valorizzare ulteriormente gli insegnamenti di carattere tecnico-professionale necessari per svolgere con autonomia le funzioni del grado superiore, facendo ricorso a una didattica per moduli interdisciplinari e a criteri e procedure full-immersion e per corrispondenza.
In successione al Corso d'Istituto, i Capitani svolgono un corso di perfezionamento, al termine del quale conseguono un master universitario di secondo livello, acquisendo un insieme di conoscenze e di competenze metodologiche, tecniche e manageriali tese a consentire loro di operare con successo nelle strutture istituzionali e in ambito interforze negli incarichi dirigenziali e di staff cui saranno destinati e di prepararsi alle successive selezioni per l'ammissione ai corsi superiori di stato maggiore interforze, in ambito militare, o a quelli di alta formazione per ufficiali/funzionari delle forze di polizia.
Altri corsi di minore durata sono destinati agli ufficiali prossimi ad assumere comandi di particolare valenza professionale.

1.9 Il concorso e le prove di selezione

La pubblicazione del bando di concorso per l'ammissione alla 1ª Classe del Corso normale dell'Accademia di Modena per la formazione di base degli Ufficiali dell'Arma dei Carabinieri avviene su Gazzetta Ufficiale della Repubblica italiana, 4ª serie speciale, di solito nei mesi di dicembre/gennaio di ogni anno.

1.9.1 Requisiti di partecipazione

Possono concorrere i giovani di età non inferiore ai ***diciassette anni*** e non superiore ai ***ventidue anni*** alla data indicata nel bando di concorso. Il limite massimo di età è elevato di un periodo pari all'effettivo servizio militare prestato, fino alla data di scadenza del termine di presentazione delle domande di partecipazione al concorso, comunque non superiore a tre anni, per coloro che prestino o abbiano prestato servizio militare nelle Forze armate. L'eventuale periodo trascorso in qualità di Allievo delle Scuole Militari non è considerato valido ai fini dell'elevazione del limite di età. L'elevazione non si applica ai candidati appartenenti ai ruoli Ispettori e Sovrintendenti dell'Arma dei Carabinieri, i quali non dovranno aver compiuto il ventottesimo anno di età alla data di scadenza della domanda.
I concorrenti devono aver conseguito o essere in grado di conseguire al termine dell'anno scolastico indicato nel bando di concorso un ***diploma di istruzione secondaria di secondo grado*** di durata quinquennale. L'ammissione ai corsi è subordinata al possesso dell'idoneità psicofisica e attitudinale prescritta dalla normativa in vigore.
I candidati, per di più, non devono essere stati destituiti o licenziati da incarichi della Pubblica Amministrazione e devono risultare incensurati.

1.9.2 Iter concorsuale

Il concorso si articola su più fasi che si sviluppano in diversi momenti presso il Centro Nazionale di Selezione e di Reclutamento dell'Arma dei Carabinieri di Roma e il Tirocinio presso l'Accademia di Modena.

La prima fase – prova scritta di preselezione – si svolge in linea di massima nel mese di marzo, le informazioni circa orario e luogo saranno rese note sul sito www.carabinieri.it.
La prova, della durata di **60 minuti**, consisterà nella somministrazione di **100 quesiti** a risposta multipla su argomenti di:

a) **cultura generale**:
   - italiano;
   - attualità;
   - storia;
   - geografia;
   - Costituzione e cittadinanza italiana;
   - matematica;
   - geometria
   - scienze;
b) **logica deduttiva**:
   - ragionamento numerico;
   - capacità verbale;
c) **informatica** (conoscenza delle apparecchiature e delle applicazioni informatiche più diffuse);
d) **ragionamento verbale** (finalizzati a verificare la comprensione di un testo e di istruzioni scritte);
e) **elementi di conoscenza di una lingua straniera** a scelta tra il francese, l'inglese, lo spagnolo e il tedesco.

Successivamente alla data di pubblicazione del bando di concorso, sarà resa disponibile la banca dati dalla quale saranno tratti i predetti quesiti (fatta eccezione per quelli di lingua straniera e quelli di ragionamento verbale finalizzati a verificare la comprensione di un testo e di istruzioni scritte).
Sulla base dei punteggi conseguiti dai candidati, le commissioni competenti, al solo fine di individuare i concorrenti da ammettere a sostenere le prove successive secondo i limiti numerici indicati in ciascun bando di concorso, provvederanno a formare la graduatoria e a convocare i giovani secondo l'ordine delle predette graduatorie alla fase di selezione successiva.

La **seconda fase** è la **prova scritta di conoscenza della lingua italiana**, volta a verificare la padronanza linguistica attraverso la verifica della conoscenza delle strutture fondamentali della lingua (ortografia, morfologia, sintassi, lessico e semantica) nonché della capacità di comprensione di un testo scritto. La prova consiste in **60 quesiti a risposta multipla**; per i concorrenti che otterranno un punteggio superiore a **18/30**, la commissione formerà una graduatoria provvisoria, al solo fine di individuare i concorrenti da ammettere a sostenere le prove successive.

La **terza fase** – **prova di conoscenza della lingua inglese** – consiste in una prova scritta, la cui durata è di **45 minuti**, che prevede la somministrazione di **30 quesiti** a risposta multipla. Al termine della prova scritta è assegnata ad ogni candidato una votazione espressa in trentesimi, calcolata attribuendo 1 punto per ogni risposta esatta e 0 punti per ogni risposta non data, multipla o errata. Superano la prova i candidati che conseguono una votazione minima di 18/30. La votazione finale determinerà per ciascun candidato l'attribuzione di un punteggio incrementale così ripartito:

- da 18/30 a 21/30: punti 0,5;
- da 22/30 a 24/30: punti 1;
- da 25/30 a 27/30: punti 1,5;
- da 28/30 a 30/30: punti 2.

La **quarta fase** prevede le **prove di efficienza fisica** che consistono nell'esecuzione di esercizi obbligatori: corsa piana di 1.000 metri, piegamenti sulle braccia, salto in alto. Il mancato raggiungimento dei parametri richiesti, determinerà il giudizio di inidoneità e, quindi, l'esclusione dal concorso.

Durante la **quinta fase** i concorrenti sono sottoposti agli **accertamenti psicofisici**, volti alla verifica del possesso dell'idoneità psicofisica al servizio permanente quali Ufficiali del ruolo normale dell'Arma dei Carabinieri.

A seguire, si svolgono gli **accertamenti attitudinali**, articolati in due fasi:

- una **istruttoria**, volta alla preliminare ricognizione degli elementi utili ai fini della formazione della decisione finale;
- una **costitutiva**, durante la quale la commissione, valutata la documentazione istruttoria e i risultati di un ulteriore colloquio, esprime nei riguardi di ciascun concorrente un giudizio di idoneità o inidoneità in merito al possesso dei requisiti attitudinali previsti dal profilo.

I concorrenti idonei al termine degli accertamenti attitudinali sono ammessi a sostenere la **prova orale** che consiste in un'interrogazione di massimo 30 minuti su argomenti tratti da quattro tesi estratte a sorte, una per ciascuna delle materie previste dal bando (**Costituzione e cittadinanza**, **Storia contemporanea**, **Geografia**, **Matematica**).

L'**ultima fase** è il **tirocinio**, durante il quale i frequentatori sono valutati dalla commissione nelle seguenti aree:

- capacità e resistenza fisica;
- rendimento nelle istruzioni pratiche;
- idoneità ad affrontare le attività scolastiche;
- rilevamento comportamentale;
- rispetto dei vincoli e delle risorse.

Inoltre, i concorrenti, durante il tirocinio, sono sottoposti ad attività di osservazione, nonché a ulteriori prove e accertamenti per la valutazione del rilevamento attitudinale.
Al termine del tirocinio, la commissione giudicherà il concorrente idoneo solo se avrà ottenuto un voto uguale o superiore a 18/30 in tutte e cinque le aree. Inoltre, la commissione valuterà i risultati conseguiti (dai solo concorrenti giudicati idonei), attribuendo un punteggio da 0 a 4, sulla base:

- dei risultati ottenuti nelle prove e negli accertamenti riferiti alla valutazione attitudinale;
- dei voti riportati da ciascun concorrente nella valutazione delle predette cinque aree.

Registrandosi sul nostro sito secondo le modalità indicate a pag. I, è possibile consultare il bando completo con allegati e appendice, nonché la normativa utile al candidato in caso di inidoneità alle varie fasi concorsuali.

Parte Seconda

Prova scritta di preselezione e prova scritta di conoscenza della lingua italiana

SOMMARIO

Sezione I
Lingua italiana

Capitolo 1
Grammatica italiana: Ortografia – Morfologia – Sintassi – Lessico

1.1 Fonologia

La grammatica si divide in tre parti: *fonologia*, *morfologia* e *sintassi*.
La **fonologia** studia i suoni di una lingua e comprende:
- l'*ortoepia*, che stabilisce le regole della pronuncia corretta;
- l'*ortografia*, che stabilisce le regole dello scrivere correttamente.

Le più piccole unità distinguibili della lingua italiana sono il *fonema* (il suono che differenzia una lettera dall'altra) e il *grafema* (è il segno scritto, cioè come si scrive il fonema).
Da sole queste due unità non hanno alcun significato.
Ai suoni (fonemi) sono stati attribuiti dei segni (grafemi) ed il sistema di segni ottenuto si chiama alfabeto.

1.1.1 Alfabeto

L'alfabeto è la serie ordinata delle lettere di una lingua. Le lettere che comprendono l'alfabeto della nostra lingua sono ventuno; si distinguono in cinque *vocali* e sedici *consonanti*.
Altre cinque lettere straniere (j – k – w – x – y) non fanno parte integrale del nostro alfabeto, ma vengono talvolta usate.
Si dicono *vocali* le lettere

A, E, I, O, U

esse possono essere pronunciate da sole perché hanno voce propria.
Si dicono *consonanti* le altre lettere

B, C, D, F, G, H, L, M, N, P, Q, R, S, T, V, Z

che hanno suono solo se unite ad una vocale (bi, di).

Si definiscono occlusive le consonanti prodotte da una vera e propria occlusione dell'apparato fonatorio, ulteriormente distinte in velari, labiali, dentali a seconda del punto in cui hanno origine.

Le *occlusive velari* (originatesi cioè dal velo del palato) sono:
[k]: Casa, Come, Culla. In altre parole è il suono "duro" della lettera C che si verifica quando essa è seguita da A, O, U. Consonante sorda.
[g]: Gatto, Goccia, Guglielmo. Consonante sonora. (G seguita da A, O, U).

Le *occlusive labiali* (prodotte attraverso un movimento delle labbra) sono:
[p]: Pelle, Pane, Pollo. Consonante sorda.
[b]: Banco, Bocca, Bicchiere. Consonante sonora.

Le *occlusive dentali* (si originano mediante un'apertura delle arcate dentali) sono:
[t]: Tovaglia, Tagliere, Treno. Consonante sorda.
[d]: Dente, Dottore, Disegno. Consonante sonora.

➤ Dal punto di vista fonologico, la consonante "p" dell'alfabeto italiano è una:
A) occlusiva velare sorda
B) liquida dentale
C) spirante labiale sonora
D) occlusiva labiale sorda

La soluzione esatta è D.

Le vocali A, I ed U sono dette fondamentali (possiamo trovarle in tutte le lingue conosciute), la E e la O presentano una particolarità. Se esse sono accentate, possono essere pronunciate con un suono largo (E ed O aperte come in tèsta e pòrto) o con un suono stretto (E ed O chiuse come in séra e mósto); nel primo caso le due vocali devono essere segnate con l'accento grave (ò), nel secondo con l'accento acuto (é).
Le lettere, per la loro forma, possono essere: *maiuscole* o *minuscole*.

La lettera maiuscola si usa:

all'inizio di un periodo	Ritorno dalla cerimonia;
all'inizio dei cognomi e soprannomi	L'Alighieri, l'Urbinate;
nei titoli delle opere	La Divina Commedia;
all'inizio dei nomi propri di persona e di animale, di nazione, di popoli, di mari, di fiumi, di laghi, di monti, di città, di strade e di piazze	Italia, Po, Falterona;
nei nomi di stelle e pianeti: però Terra, Sole e Luna hanno la maiuscola solo se intesi in senso astronomico	La Terra gira intorno al Sole; sono caduto a terra;
nei titoli delle persone che rappresentano autorità civili e religiose	Il Papa, il Presidente della Repubblica;

(segue)

all'inizio dei nomi comuni quando significano Enti, Istituti, Società, Pubblici uffici e simili	lo Stato, la Chiesa, la Charitas;
nei nomi indicanti divinità e solennità religiose	Gesù, la Pentecoste, il Natale;
nei nomi delle cose che si vogliono personificare	La Giustizia;
nei nomi dei secoli	Duecento, Trecento;
nei nomi comuni quando hanno diversi significati	Stato (rappresenta tutti i cittadini);
dopo i due punti, quando si riferiscono le parole di qualcuno, riportando un discorso diretto	Cesare disse: "Il dado è tratto";
nelle formule di cortesia	Vorrei dirLe.

In diverse lingue la lettera **a-** ha anche un valore di **prefisso**; nella lingua italiana i suoi usi principali sono quelli di **prefisso inversivo** o *privativo* (**alfa privativo** o *a privativo* o *a negativo*) e derivazionale per la formazione di aggettivi da sostantivi.

Con **valore privativo**, in forma di ***a-*** (o ***an-*** davanti a parole inizianti per vocale) deriva dall'*alfa privativa* greca, e indica rispetto al termine cui viene apposto: "mancanza" (*a-cefalo*), "privazione" (*a-morale*), "negazione" (*an-algesico*); è presente in parole di origine greca, ma anche moderne specialmente per la formazione produttiva di aggettivi e raramente di sostantivi. Pur avendo lo stesso valore, in latino, del prefisso ***in-***, nella lingua italiana si differenza da questo per una lieve sfumatura:

- a- indica un valore più neutro, cioè di indifferenza e passività, rispetto al concetto opposto (a-morale);
- in- invece indica un contrasto e avversione (im-morale).

➤ Individuare il nome che presenta un prefisso privativo.

A) Anatema
B) Anarchia
C) Anatomia
D) Analogia

La soluzione esatta è B.

1.1.2 Incontro di vocali

L'incontro di due vocali in una parola può determinare lo *iato* oppure il *dittongo*.

Lo **iato** è l'accostamento di due vocali che si pronunciano in due emissioni di voce. Si ha lo iato:

1) quando si incontrano tra loro le vocali forti a, e, o.

   ➤ pa-e-se; le-o-ne; re-a-to; bo-a-to;

2) quando si incontrano una vocale forte (a, e, o) con una vocale debole (i, u) accentata (se l'accento della debole è l'accento della parola).

   ➤ vi-a; spi-a; pa-u-ra.

   Lo iato rimane anche nelle parole derivate da quelle di tipo precedente.

   ➤ vi-a-le; spi-a-to; pa-u-ro-so;

3) dopo il prefisso *ri-* (➤ *ri-af-fer-ma-re; ri-u-ni-fi-ca-re*), e dopo i prefissoidi *bi-* e *tri-* (➤ *bi-en-na-le; tri-en-na-le*), perché i prefissi sono sentiti da chi parla come separati dagli altri elementi della parola;

4) in parole derivate dal latino in cui una *u*, unita ad una *o*, pur non essendo accentata, non è consonantica.

   ➤ in-no-cu-o; pi-o-lo (da pi-uo-lo).

Il **dittongo** è dato dall'unione di due vocali che si pronunciano nella stessa emissione di voce. Può derivare dall'incontro di:

- due deboli con accento sulla u.

  ➤ Fiùme; piùme;

- una debole più una forte con accento sulla forte.

  ➤ piàtto; fièno.

Il dittongo può essere

- ascendente.

  ➤ giòco

- discendente.

  ➤ dàino

I dittonghi possibili sono:

ià, iè, iò, iù:	piatto, fieno, fiore, fiume
uà, uè, uì, uò:	guasto, guerra, guida, fuori
ài, àu:	dirai, causa
èi, èu:	nei, neutro
òi:	voi

Il **trittongo** è dato dalla combinazione di tre vocali che si pronunciano nella stessa emissione di voce. Si ha, di solito, quando un dittongo accentato ascendente è seguito dalla vocale i, come in tuòi, mièi, pigliài etc. I trittonghi più comuni sono:

iài, ièi, iuò:	premiai, miei, paiuolo;
uòi:	tuoi.

1.1.3 Digrammi e trigrammi

Vi sono alcune parole come *baciare, sciare, foglia, giornata*, in cui le sillabe *-cia, -scia, -glia, e -gio*, non contengono né vocali in dittongo né vocali in iato. Infatti la -i- in esse contenuta è solamente un *segno grafico* la cui funzione è quella di dare un suono dolce ai suoni *c, g, sc, gl*, con i quali forma i digrammi ed i trigrammi *ci, gi, sci, gli*.
In italiano ci sono **sette digrammi**:

CH, GH, CI, GI, GL, GN, SC

- *gl* quindi costituisce digramma in figli e non in glicine;
- *gn* costituisce digramma davanti a tutte le vocali: montagna, agnello, dignitoso;
- *sc* costituisce digramma quando è seguito dalle vocali i ed e: scivolo, ascella;
- *gh* e *ch* costituiscono digrammi se sono seguiti da i o e: ghetto, chinotto;

– *ci* e *gi* formano un digramma quando sono accompagnate da a, o, u: giacca, cioccolato, giuda.

APPROFONDIMENTO: CONSONANTI ED ERRORI ORTOGRAFICI PIÙ COMUNI DA EVITARE

La stessa consonante può avere suoni diversi a seconda della vocale con cui si unisce.
➤ c e g hanno suono gutturale se unite alle vocali a, o, u; hanno suono dolce se unite con i ed e

La consonante q forma un solo suono con la vocale u, dalla quale non si scinde mai.
➤ Questo, quota, quesito.

Il raddoppiamento della q si ottiene facendola precedere da una c.
➤ Acquistai, piacqui, tacqui. Unica eccezione è «soqquadro» e derivati, in cui si raddoppia la q.

L'h non ha suono, è solo un segno grafico che serve a mantenere alla c e g il suono gutturale nella formazione del plurale e non si raddoppia mai.
Le consonanti z e g non si raddoppiano dinanzi a ione.
➤ Organizzazione, guarnigione.

La z non si raddoppia mai in zio e zia.
➤ Armistizio, avventizia, diplomazia. Eccezione: razzia, pazzia.

La consonante g si raddoppia invece davanti a gine, solo se la parte che precede ha un proprio significato e non si raddoppia nelle parole che terminano in ione (➤ *religione*).
➤ Testardaggine, stupidaggine; ma indagine, compagine.

Davanti alle consonanti p e b si usa m.
➤ Impostare, imbiancare.

Prima di ile si usa sempre una sola b.
➤ Amabile, lodabile.

NOTA. Scienza, coscienza e derivati vogliono la vocale i, conoscenza e derivati non la richiedono. Il Gruppo gn non vuole la i dopo (castagna, montagna, agnello) eccetto che per la parola compagnia.

1.1.4 Sillaba

La sillaba è il suono (fonema) pronunciato con una sola emissione di voce e rappresentato graficamente da una o più lettere di cui almeno una sia vocale; quindi anche una sola vocale può costituire sillaba.
➤ a-mo-re.

Tutte le vocali, oltre che costituire da sole una sillaba, formano da sole una parola (eccetto la *u*):
– *a* è una preposizione semplice;
– *e/o* sono delle congiunzioni;
– *i* è l'articolo determinativo plurale maschile.

Una sillaba può essere formata da:

una sola vocale	*a-mo-re*
un dittongo	*uo-mo*
un trittongo	*a-iuo-la*
una vocale preceduta o seguita da una consonante	*ca-sa, ar-ti-sta*
una vocale preceduta o seguita da una o più consonanti	*spre-co*
un dittongo accompagnato da una o più consonanti	*piu-ma, duel-lo*

Le sillabe che terminano in "vocale" sono dette *aperte*; quelle che terminano in "consonante" sono dette *chiuse*.
La sillaba che contiene la vocale accentata della parola è detta *tonica*, invece le altre sillabe, che non hanno accento, si chiamano *atone*.

➤ in ce-sti-no è tonica la seconda, sono atone la prima e la terza.

In fine di riga la parola deve essere spezzata in modo che la sillaba resti intatta.
Secondo il numero delle sillabe che la compongono, la parola può essere:

monosillaba	quando è formata da una sola sillaba *Se, re, ma*
bisillaba	quando è formata da due sillabe *Ma-no, ca-sa, ci-bo*
trisillaba	quando è formata da tre sillabe *Ta-vo-lo, ma-ti-ta, par-ten-za*
polisillaba	quando ha più di tre sillabe *Prov-vi-gio-ne, e-du-ca-zio-ne*

1.1.5 Divisione delle parole in sillabe

Regola fondamentale: *bisogna sempre conservare l'integrità della sillaba.*

Altre regole:

1) una vocale in inizio di parola e seguita da una o più consonanti (eccetto le doppie), fa sillaba a sé: *a-mo-re, e-spres-so*;
2) le vocali di un dittongo e di un trittongo non possono mai essere separate e quindi formano una sola sillaba: *a-iuo-la, pie-de*;
3) due vocali in iato si dividono in: *ma-e-stro*;
4) una consonante semplice o seguita da vocale, forma sillaba sempre con la vocale che segue: *pa-lo, ru-mo-re*;
5) le consonanti doppie si separano sempre: *bal-lo, ac-qua*;
6) i gruppi di due o più consonanti diverse tra loro formano sillaba con la vocale che le segue se costituiscono un gruppo che può trovarsi in inizio di parola: *ca-pri-no, de-sti-no, di-ma-gri-re*, (in italiano esistono parole che iniziano con *pri-, sti-, gri*);
7) se non si verifica la condizione precedente, si dividono in modo tale che la prima consonante del gruppo vada con la vocale precedente, e l'altra (o le altre) con la vocale che segue: *im-por-tan-za, dif-te-ri-te* (in italiano non esistono parole che iniziano con *mpor* o con *fte*);
8) la *s* seguita da una o più consonanti (la cosiddetta *s preconsonantica* o *impura*) forma sillaba con la vocale che segue: *ri-spo-sta, e-sclu-sio-ne*;

9) le parole composte con i prefissi *trans-*, *tras-*, *dis-*, *cis-*, possono dividersi in entrambi i modi: *tra-spor-ta-re*, oppure *tras-por-ta-re*; ma la tendenza generale è quella di seguire la regola n. 8;
10) i digrammi ed i trigrammi non si dividono mai: *in-ge-gno, bi-scia, fi-glia-stro*.

1.1.6 Accento

Ogni parola ha un accento tonico, che la caratterizza. L'accento consiste nella pausa di voce su una sillaba più che sulle altre ed è di tre specie:

- *grave (ì)*: discendente e dà un suono largo.
  ➤ Pietà, falò, è;
- *circonflesso (^)*: è composto da un accento acuto e da uno grave riuniti insieme ad angolo ed è scarsamente usato nella nostra lingua. Dà suono prolungato.
  ➤ finî, partî, vestî;
- *acuto* (é): ascendente. Dà suono stretto.
  ➤ carré.

Secondo l'accentazione le parole si distinguono in:

Tronche	se l'accento cade sull'ultima sillaba *Onestà, bontà, felicità*
Piane	se l'accento cade sulla penultima sillaba *Scrivàno, televisiòne, matìta*
Sdrucciole	se l'accento cade sulla terz'ultima sillaba *Ràpido, rìgido, tàvolo*
Bisdrucciole	se l'accento cade sulla quart'ultima sillaba *Rècitano, andàtevene, parlàtegliene*

L'accento tonico, di regola, non si scrive nella lingua italiana. Si usa solamente:

a) nelle parole tronche che non sono monosillabe;
b) su certi monosillabi che vanno distinti da altri di ugual forma, ma di diverso significato;

VOGLIONO L'ACCENTO		NON VOGLIONO L'ACCENTO	
dà	voce del verbo dare	da	preposizione semplice
dì	giorno	di	preposizione semplice
è	voce del verbo essere	e	congiunzione
là	avverbio di luogo	la	articolo e pronome personale
lì	avverbio di luogo	li	pronome personale
né	avverbio di negazione	ne	pronome personale e dimostrativo
sé	pronome personale (complemento)	se	congiunzione condizionale
sì	avverbio affermativo	si	pronome personale
ché	congiunzione causale (perché)	che	pronome relativo o congiunzione

c) nelle voci dànno e dètti del verbo dare, per distinguerle dai sostantivi danno e detti;
d) in alcune parole omofoneiche che cambiano di significato col cambiare della sillaba tonica.
   ➤ capitano – càpitano, balia – balìa, ancora – ancòra.

Il pronome *sé*, quando è seguito da *stesso, medesimo*, è bene non accentarlo.

NOTA. *Qui e qua* non si accentano mai. Inoltre non vogliono mai l'accento: *me, su, va, re, do, fu, fa, sa, sta, sto, so, no.*

1.1.7 Particelle

Le particelle *mi, ti, si, ci, vi, ne* si dicono:

- *proclitiche*, se precedono altra parola; si scrivono staccate:
  ➤ vi amo, ti ascolto;
- *enclitiche,* se seguono la parola:
  ➤ guardaci.

Senza essere precedute da preposizioni, quando seguono la parola, vanno unite ad essa.

1.1.8 Elisione

È la caduta della vocale finale atona (non accentata) di una parola seguita da un'altra che inizia per vocale. Ha lo scopo di evitare il suono sgradevole creato dall'incontro di due vocali, come nel caso di lo uomo oppure la Africa. Graficamente l'elisione è segnalata dall'*apostrofo*.
L'elisione è **obbligatoria** con:

- gli articoli *lo, la* e le preposizioni composte con tali articoli: *l'estate, dell'estate*;
- l'aggettivo dimostrativo *quello*: *quell'estate*;
- gli aggettivi *bello* e *santo*: *bell'amico, Sant'Agostino*;
- gli aggettivi *alcuna* e *nessuna* seguiti dalla parola *altra*: *alcun'altra, nessun'altra*;
- l'avverbio di luogo *ci* e la parola *come* davanti al verbo essere: *c'è, c'erano, com'è*;
- l'articolo indeterminativo *una*: *un'amica*.

L'elisione è **facoltativa** ma frequente con:

- l'aggettivo *questo*: *quest'anno, quest'uomo*;
- i pronomi *lo* e *la*, solo se non sussiste dubbio circa il genere maschile o femminile: *l'invitai*;
- le particelle pronominali atone *mi, ti, si, ci, vi, ne*: *t'aspettai, s'alzò, c'invidiano*;
- l'articolo *gli* seguito da parola che inizia con *i; gl'inquirenti*;
- la preposizione *di*, specie davanti ad *i*: *d'inverno*; ma anche *d'avanzo*;
- la congiunzione *anche*, ma quasi esclusivamente davanti ai pronomi personali: *anch'io, anch'essi*.

1.1.9 Troncamento

È la caduta di una vocale finale (*troncamento vocalico*) o di una sillaba finale atona (*troncamento sillabico*) di una parola.
Dopo aver subìto il troncamento, la parola deve terminare con le consonanti *l, r, n* e *m* e la parola seguente deve cominciare per vocale o per consonante che non sia *s preconsonantica* (*esse impura*), *z, gn, ps, x*.

➤ *un uomo, bel giorno, siam partiti, cuor di leone*.

Il troncamento si distingue dall'elisione perché può interessare un'intera sillaba e si può verificare davanti a parola che comincia per consonante. Inoltre, diversamente dall'elisione, il troncamento non è segnalato dall'apostrofo.

Il troncamento è **obbligatorio**:

1) con l'articolo *uno* e gli aggettivi e pronomi *alcuno, nessuno, ciascuno*, l'aggettivo *buono*.
   ➤ un amico, un cane, un tipo, in alcun caso, nessun sollievo, ciascun partecipante, buon uomo, buon gusto;
2) con gli aggettivi *quello, bello, grande* e *santo* al singolare e solamente davanti a consonante (*bel tipo, gran fatica, San Pietro*). Il troncamento della parola *grande* dà all'aggettivo un valore generico o scherzoso, mentre la forma piena lascia all'aggettivo un valore più intenso.
   ➤ dire un gran delinquente è cosa diversa dal dire un grande delinquente;
3) con i nomi *signore, professore, dottore, ingegnere, cavaliere, frate e suora*, usati come apposizioni.
   ➤ *il signor Angelo, fra Cristoforo.*

Con questi nomi il troncamento avviene eccezionalmente anche davanti a *s preconsonantica*.
➤ *dottor Scotti.*

Il troncamento è **frequente**, ma *non obbligatorio*:

1) con i pronomi e gli aggettivi *tale* e *quale*.
   ➤ un tal uomo, qual è;
2) in alcune locuzioni verbali.
   ➤ voler bene, aver sonno;
3) con le parole *amore, bene, fiore, fine, fino, male* ma solo in alcune particolari locuzioni: *amor proprio, ben detto, fior di quattrini, fin di vita, fin qui, mal di testa.*

1.1.10 Apocope

Alcune parole italiane perdono la vocale o la sillaba finale indipendentemente dall'incontro con un'altra parola.
Essa si ha con le seconde persone singolari dell'imperativo presente.
(Va' = vai; Sta' = stai; Fa' = fai) oppure con i sostantivi mo' (modo) e po'(poco).

NOTA. Le parole fè (fede) e piè (piede) sono accentate e non apostrofate.

1.1.11 Segni di interpunzione

Oltre a quelli rappresentati dalle lettere, fanno parte della scrittura altri segni, che si dicono di interpunzione. Essi sono:

La virgola (,)

Indica una pausa breve, nel corpo del periodo, per isolare le varie proposizioni che lo compongono.

Si adopera di massima:

a) prima e dopo il vocativo.
   ➤ *Su, ragazzi, siate buoni*;

b) quando vi è un'enumerazione.

➤ *Nello, Piero, Aldo*;

c) quando, nelle enumerazioni, vi siano congiunzioni, purché ripetute ad ogni termine.

➤ *e mangia, e beve, e dorme*;

d) per separare elementi delle proposizioni: le apposizioni, gli incisi, i complementi circostanziali e le proposizioni incidentali, o parentetiche.

➤ *Mazzini, creatore della Giovine Italia, fu uno dei maggiori fautori dell'Unità d'Italia*;

e) dopo alcuni avverbi: sì, no, bene, quando hanno valore di un'intera proposizione.

➤ *Hai studiato la lezione? Sì, e ho imparato molte cose*;

f) davanti a sebbene, affinché, che (consecutivo), se (condizionale), ma, però, anzi e nelle proposizioni correlative.

➤ *è buono, ma poco puntuale; sarà promosso, se studia; lavorò tanto, che si ammalò.*

La virgola non si mette mai:

a) tra brevi frasi unite da né, e, o.

➤ *né l'oro né gli oneri possono piegarmi; il piacere è sempre o passato o futuro*;

b) quando la proposizione subordinata fa ufficio di soggetto o di complemento oggetto.

➤ *è necessario che egli vada.*

Il punto e virgola (;)

Indica non solo una pausa maggiore rispetto alla virgola, ma segna il distacco fra due unità sintatticamente compiute, che però si completano nello stesso periodo. Si usa altresì per indicare che tra due ordini di circostanze c'è una differenza o addirittura un'opposizione.

➤ venne per vedere che cosa succedesse; non riuscì però a vedere nulla.

Dopo il punto e virgola si adopera la lettera minuscola ed è bene non discostarsi dal pensiero trattato precedentemente.

I due punti (:)

Indicano la pausa che facciamo prima di riferire parole o discorsi altrui, o prima di cominciare un'enumerazione, o quando il pensiero che segue è una spiegazione di quanto precede.

➤ Vittorio Alfieri disse: «Volli, volli, fortissimamente volli». Andrea pratica: il basket, il calcio e la vela. Te lo dico chiaramente: non intendo aiutarti.

Il punto fermo (.)

Indica la pausa lunga che si fa in fine di ogni periodo. Può essere posto dopo parecchie proposizioni, a conclusione di un lungo e complesso ragionamento. Esso si adopera anche dopo un'abbreviazione.

➤ N.H. Sig.

Il punto interrogativo (?)

Chiude una frase interrogativa diretta, cioè un'interrogazione, una domanda.

➤ Quando verrai? Dove andiamo? Chi c'è? Che fai?

Il punto esclamativo (!)

Si pone in fine di una frase esclamativa e denota ammirazione, sorpresa, disappunto.

➤ Com'era bello! Mio Dio! Pazienza!

I puntini di sospensione (...)

Servono ad indicare che la frase è incompiuta, o che dopo di essa si deve fare una sospensione.

➤ iniziò: se io ... ma non terminò; (dopo la sospensione la parola che segue può avere lettera minuscola).

I puntini di sospensione consentono, talvolta, al lettore di completare il periodo a suo piacimento, quando si vuole espressamente tacere un nome, un dato o simili.

Le virgolette (« » oppure " ")

Vengono usate per riportare un discorso diretto, oppure per sottolineare determinate parole, nel caso gli si voglia attribuire un particolare significato.

➤ Nel film l'attrice ha mostrato tutte le sue "doti" (le virgolette ci fanno intendere che il commento è ironico).

Le lineette (— —)

Possono sostituire le virgolette nel discorso diretto, oppure inserire un inciso all'interno del discorso diretto.

➤ «Non chiudere la porta — mi disse — devo uscire!».

La parentesi ( )

La parentesi è solamente «tonda», ed è duplice, una di apertura e una di chiusura.

Si impiega per delimitare un inciso che esula dal vero e proprio contenuto del discorso, quasi un'avvertenza, che si voglia fare per il lettore, una precisazione che, se posta tra virgolette o trattini, verrebbe a spezzare la corrente più naturale e logica del periodo. Gli scrittori la usano molto di rado.

➤ Carlo (chi l'avrebbe creduto) non ha superato l'esame di ammissione.

Il tratto di unione (-)

Serve ad indicare, in fine riga, che la parola è spezzata e continua nella riga seguente; è adoperato anche per congiungere alcune parole composte.

➤ 1ª guerra franco-tedesca; L'Accademia scientifico-letteraria.

Di seguito alcuni esercizi delle banche dati inerenti agli argomenti trattati in questo capitolo.

		A	B	C	D
1	**Quale dei seguenti termini contiene un errore ortografico?**	Incoscienza	Coscenza	Riconoscenza	Conoscenza

		A	B	C	D
2	**Individuare il sostantivo che NON è scritto correttamente.**	Scelleratezza	Accellerazione	Allucinazione	Decelerazione
3	**Individuare il sostantivo scritto correttamente.**	Tacuino	Acquolina	Aquistare	Acuirente
4	**Individuare il sostantivo scritto correttamente.**	Congegno	Ingeniere	Gegno	Ingenio
5	**Indicare tra i seguenti sostantivi in quale è ERRATO inserire "zz".**	Sciocche…a	Bo…olo	Itteri…ia	Singhio…o

Soluzioni: 1.B, 2.B, 3.B, 4.A, 5.C

1.2 Morfologia: le parti del discorso

La **morfologia** è la parte della grammatica che studia la forma delle parole e le loro possibili variazioni in varie categorie di appartenenza: le parti del discorso.

Le parti del discorso sono nove, cinque si dicono *variabili*, perché varia la parte finale della parola stessa (la desinenza) e concordano, cioè si uniscono, ad altre parole; e quattro *invariabili*, perché non variano di forma e non concordano con altre parole per formare la frase.

PARTI VARIABILI	PARTI INVARIABILI
nome	avverbio
aggettivo	preposizione
pronome	congiunzione
verbo	esclamazione o interiezione
articolo	

1.2.1 Il nome o sostantivo

Il nome o sostantivo *è la parte variabile del discorso che serve ad indicare una persona, un animale, una cosa realmente esistente o un concetto astratto* (fatto, idea).

➤ uomo, cane, bontà.

Studieremo il nome in base

1) al significato	
concreto	astratto
comune	proprio
individuale	collettivo

2) alla desinenza		
	maschile	femminile
	singolare	plurale
	indeclinabile	
	difettivo	
	sovrabbondante	
3) alla composizione		
	primitivo	derivato
	alterato	
	composto	

Secondo il significato *(concreto/astratto)*

- si dice *concreto* il nome indicante oggetti che cadono sotto i nostri sensi, cioè che si possono vedere, toccare, sentire.

  ➤ *ragazzo, lupo, libro*;

- si dice *astratto* il nome che designa una qualità, un sentimento, un modo di essere, non percettibili ai nostri sensi.

  ➤ *virtù, bellezza, ira*.

Secondo il significato *(comune/proprio)*

- si dice *comune* il nome che indica persona, animale o cosa in senso generico senza cioè distinguerlo dagli altri della stessa specie.

  ➤ *cavallo, fiume, pittore*;

- si dice *proprio* il nome che rappresenta individualmente la persona, l'animale o la cosa in modo da distinguerlo da tutti gli altri di quella specie.

  ➤ *Varenne, Tevere, Raffaello*.

Secondo il significato *(individuale/collettivo)*

- si dice *individuale* quel nome che, al singolare, indica una singola unità.

  ➤ *soldato, nave, pecora*;

- si dice *collettivo* quel nome che, al singolare, indica un insieme di unità dello stesso tipo.

  ➤ *esercito, flotta, gregge*.

Secondo la desinenza *(maschile/femminile)*

- solitamente un nome passa dal maschile al femminile cambiando la desinenza

o	a	maestro	maestra
e	a	parrucchiere	parrucchiera
e	essa	professore	professoressa
e	ina	eroe	eroina
tore	trice	fattore	fattrice

– in alcuni casi il passaggio dal maschile al femminile cambia totalmente la parola (nomi **anomali** o **indipendenti**)

celibe	nubile
babbo	mamma
uomo	donna

– talvolta il maschile e il femminile sono espressi dalla stessa parola (*nomi di genere comune*) e la distinzione avviene mediante l'articolo o l'aggettivo:
  - un artista – una artista;
  - omicida scarcerato – omicida scarcerata;

– alcuni nomi di animali hanno solo la forma maschile o solo la forma femminile per indicare entrambi i sessi (*nomi promiscui*); in questo caso al nome occorre aggiungere l'aggettivo maschio oppure femmina a seconda dei casi:
  - la balena maschio – la balena femmina;
  - il maschio del leopardo – la femmina del leopardo.

– Alcune professioni hanno solamente una forma per entrambi i generi (*nomi difettivi*), ma contrariamente ai nomi promiscui non sono accompagnati da specificazioni:
  - il soprano, il chirurgo, l'anestesista, la sentinella, la guardia etc.

Secondo la desinenza *(singolare/plurale)*

I sostantivi della lingua italiana, per passare dal singolare al plurale, seguono delle regole ben precise, chiamate regole di declinazione. Nel cambiamento di numero, infatti, la desinenza di un nome cambia in base alla declinazione a cui esso appartiene. Tutti i sostantivi sono compresi in tre declinazioni.

– **Prima declinazione** (nomi maschili e femminili che terminano in -a);
  - se maschili cambiano la desinenza in -i (il profeta – i profeti);
  - se femminili cambiano la desinenza in -e (la borsa – le borse).

  Particolarità della prima declinazione.

  I nomi maschili in -ca e -ga al plurale prendono -chi e -ghi (il duca – i duchi; lo stratega – gli strateghi). Fa eccezione il Belga, che al plurale maschile diventa i Belgi, femminile Belghe.

  I nomi femminili in -ca e -ga al plurale prendono -che e -ghe (la foca – le foche; la riga – le righe).

  I nomi che terminano coi gruppi -cia e -gia preceduti da vocale, al plurale escono in -cie e -gie (la socia – le socie, la regia – le regie).

  I nomi che terminano coi gruppi -cia e -gia preceduti da consonante, al plurale escono in -ce e -ge (la lancia – le lance, la frangia – le frange).

  Eccezioni della prima declinazione

  Ala fa ali e non ale; arma fa armi e non arme.

  Non mutano la desinenza: vaglia, boia, delta, giuda, sosia.

– **Seconda declinazione** (nomi maschili che terminano in -o).

  Quei nomi che al singolare escono in -o al plurale escono in -i (il porto – i porti, l'armadio – gli armadi).

  Particolarità della seconda declinazione.

I nomi maschili in -ologo al plurale escono in -ologi e non -ologhi (il dermatologo – i dermatologi, il dietologo – i dietologi).
I nomi che terminano in -io con la i accentata, al plurale vogliono la doppia i oppure l'accento circonflesso (l'addio – gli addii, il fruscio – i fruscî); se la i è atona, al plurale occorre una sola i (lo studio – gli studi, il foglio – i fogli).
Eccezioni della seconda declinazione
Talvolta, sebbene la i sia atona, il plurale necessita di due i, per evitare dei casi di omonimia. Vediamo la seguente tabella:

SINGOLARE	PLURALE	INVECE DI	CHE È IL PLURALE DI
Conio	Conii o conî	Coni	Cono
Assassinio	Assassinî	Assassini	Assassino
Odio	Odî	Odi	Ode
Omicidio	Omicidî	Omicidi	Omicida
Principio	Principî	Principi	Principe
Martirio	Martirî	Martiri	Martire
Beneficio	Beneficî	Benefici	Benefico
Maleficio	Maleficî	Malefici	Malefico

Alcuni sostantivi (appartenenti alla seconda declinazione), nel passaggio dal singolare al plurale, cambiano genere: il riso – le risa, la eco – gli echi, l'uovo – le uova, il centinaio – le centinaia, il paio – le paia.
Troviamo inoltre: la mano – le mani, la dinamo – le dinamo, l'uomo – gli uomini, il dio – gli dei, il tempio – i templi (dato che tempi è il plurale di tempo).

- **Terza declinazione** (nomi maschili e femminili che terminano in –e).
  Tali nomi hanno, per entrambi i generi, il plurale in –i (*il dottore – i dottori, la rete – le reti, il cane – i cani*).
  Eccezioni della terza declinazione
  Quasi tutti i nomi che al singolare terminano in –ie, al plurale rimangono invariati (la carie – le carie, la specie – le specie), altri, però, si comportano come gli altri nomi della terza declinazione (la moglie – le mogli).

Secondo la desinenza *(indeclinabili o invariabili)*
In alcuni casi il passaggio dal singolare al plurale lascia inalterato il nome, per cui il numero viene evidenziato solo dall'articolo o dall'aggettivo con cui viene concordato.
Possiamo elencare alcune categorie di nomi indeclinabili:
- parole straniere di uso comune, per le quali non ha senso adottare dalla lingua straniera anche le regole della formazione del plurale (lo stage – gli stage, il link – i link);
- i monosillabi (lo gnu – gli gnu, il no – i no);
- i nomi accentati (la verità – le verità, la società – le società, la tribù – le tribù);
- i nomi che al singolare terminano in -i (la tesi – le tesi, la crisi – le crisi).

Secondo la desinenza *(difettivi)*
Esistono due tipi di nomi difettivi: quelli che mancano del plurale e quelli che mancano del singolare.

Alla prima categoria appartengono i sostantivi: brio – prole – sangue – latte – fame – sete – mezzogiorno – equatore – coraggio.
Alla seconda categoria appartengono i sostantivi: annali – forbici – nozze – occhiali – ferie – dintorni – dimissioni.

Secondo la desinenza *(sovrabbondanti)*
Vengono detti sovrabbondanti quei nomi che hanno due desinenze per il plurale, le quali indicano due concetti diversi. Vediamo la seguente tabella:

SINGOLARE	PLURALI			
Ciglio	Cigli	(del burrone)	Ciglia	(degli occhi)
Braccio	Bracci	(di mare)	Braccia	(dell'uomo)
Cervello	Cervelli	(persone capaci)	Cervella	(degli animali)
Muro	Muri	(di una casa)	Mura	(della città)
Osso	Ossi	(degli animali)	Ossa	(dell'uomo)
Membro	Membri	(del Parlamento)	Membra	(del corpo umano)
Corno	Corni	(strumenti a fiato)	Corna	(degli animali)

Secondo la composizione *(primitivo/derivato)*
I nomi *primitivi* non derivano da altre parole.
➤ *scuola, porta, viso.*

I nomi derivati derivano da altre parole.
➤ *scolaro da scuola; portinaio da porta; visiera da viso.*

Ciò vuol dire che i derivati hanno un significato distinto da quello del nome primitivo da cui derivano.
Alterati se, per mezzo di un suffisso, viene modificato il primitivo significato, aggiungendo un'idea di grandezza, di piccolezza, di vezzo o di disprezzo.
In questo caso il significato del nome da cui derivano è lo stesso ma con sfumature diverse.
Essi si distinguono in:

1) *accrescitivi* (one, ona).
   ➤ *fanciullo, fanciullone.*
   Più raramente si usa: otto, otta, ozzo, ozza.
   ➤ Barilotto, predicozzo;
2) *diminutivi - vezzeggiativi* (ino, ello, etto, ina, ella, etta).
   ➤ fanciulletto. Più raramente si usa uccio, uolo, otto; amoruccio, leprotto, sentieruolo;
3) *peggiorativi - dispregiativi* (accio, astro, onzolo, iciattolo, ucolo).
   ➤ libraccio, poetastro, mostriciattolo, maestrucolo.

Attenzione a non confondere i nomi alterati con i *falsi alterati*, che terminano con i suffissi di alterazione ma hanno significato completamente diverso.
➤ bottino e bottone non derivano da botte; focaccia non deriva da foca, nè mattone da matto etc.

Secondo la composizione *(composto)*
Vi sono delle parole, le quali possono appartenere a qualunque parte del discorso, che unite tra di loro formano un nuovo sostantivo, con un significato specifico, che viene chiamato nome

composto. Se dico capocuoco, indico che si tratta certamente di un cuoco, ma specifico che egli assume anche funzioni direttive. Qualche problema può derivare dal volgere al plurale tali nomi.

- *nomi formati dall'unione di due sostantivi*:
  a) se la seconda parola serve a specificare la prima (pescegatto) si fa il plurale della prima (pescigatto). Fa eccezione pescecane che fa pescecani o pescicani;
  b) se la prima parola serve a specificare la seconda (ovovia) si fa il plurale della seconda (ovovie);
- *nomi formati dall'unione di un sostantivo e di un aggettivo*:
  entrambi vengono portati al plurale (pellerossa – pellirosse, gattamorta – gattemorte);
- *nomi formati dall'unione di un aggettivo e di un sostantivo*:
  si fa il plurale del solo sostantivo (biancospino – biancospini). Fa eccezione mezzaluna – mezzelune;
- *nomi formati dall'unione di un verbo e di un sostantivo*:
  a) se il sostantivo è maschile si fa il plurale solo di quest'ultimo (parafango – parafanghi);
  b) se il sostantivo è femminile il nome composto è indeclinabile (il posacenere – i posacenere);
- *nomi formati da due verbi*:
  volgendoli al plurale rimangono invariati (il lasciapassare – i lasciapassare, il parapiglia – i parapiglia);
- *nomi formati col sostantivo "capo"*:
  a) se la parola composta indica chi è a capo di qualcosa, si fa il plurale solo della parola capo (capoclasse – capiclasse, caposquadra – capisquadra, capofila – capifila);
  b) se la parola composta indica chi è a capo di un gruppo di persone, si fa il plurale di entrambi i sostantivi (capobandito – capibanditi, capocannoniere – capicannonieri, capofacchino – capifacchini).

  Eccezioni: capoluogo – capoluoghi, capostipite – capostipiti.

> **NOTA.** Nei casi dubbi è sempre meglio ricorrere al dizionario.

Di seguito alcuni esercizi delle banche dati inerenti al nome o sostantivo.

		A	B	C	D
1	**Tra i seguenti periodi individuare quello che contiene più di un sostantivo.**	Sebbene fosse stato azzurro a lungo, all'improvviso piove	Il prossimo anno ci ricorderemo di tutti voi	Marco mi aspettava spazientito	Quando la neve cade, il paesaggio si ricopre di una coltre bianca
2	**Quale tra le seguenti frasi contiene un nome con alterazione dispregiativa?**	Mangiafuoco era un omone che sembrava un orco	Il ladruncolo fu presto acciuffato dai carabinieri	Sul letticciolo il ferito tremava per la febbre	Il babbo colpì Giacomo con un sonoro schiaffone
3	**Individuare la frase che contiene un nome difettivo.**	Maria gioca con le sue amiche in giardino	Assaggia queste prelibatezze appena sfornate	Al supermercato ho comprato del burro	La rosa è il mio fiore preferito

4	**Quale delle seguenti alternative contiene un cosiddetto nome promiscuo?**	Frate	Soldato	Civetta	Nave
5	**Quale delle seguenti alternative non è un nome composto?**	Mazzolino	Aspirapolvere	Ossobuco	Viavai
6	**Il plurale di "uovo" è:**	uove	uovi	uova	uovii
7	**Quale dei seguenti nomi è sovrabbondante?**	Lampada	Braccio	Cuscino	Festa

Soluzioni: 1.D, 2.B, 3.C, 4.C, 5.A, 6.C, 7.B

1.2.2 L'articolo

L'articolo *è quella parola che si mette davanti al nome per indicare se si parla di esso in senso determinativo o indeterminativo*. È quindi l'indicatore delle parole nel genere e nel numero. L'articolo è di due specie:

– *determinativo* (il, lo, la, i, gli, le) se indica una cosa distinta dalle altre della stessa specie.

➤ *la stufa, la nave, lo zaino.*

Si declina secondo il genere ed il numero;

– *indeterminativo* se (un, uno, una) indica una cosa in modo generico.

➤ una stufa, una nave, uno zaino.

Si declina soltanto secondo il genere; infatti non ha il plurale e, quando è necessario, ricorre all'articolo partitivo di cui accenneremo più avanti.

ARTICOLI DETERMINATIVI				ARTICOLI INDETERMINATIVI	
singolare		**plurale**		**maschile**	**femminile**
maschile	**femminile**	**maschile**	**femminile**		
Il - Lo	La	I - Gli	Le	Un - Uno	Una

Gli articoli *il* e *i* si premettono ai nomi maschili che incominciano per consonante, purché non sia *s impura, z, x, gn, ps, y, j*.

➤ il libro, i cani. Fa eccezione il plurale di Dio: gli Dei.

Gli articoli *lo* e *gli* si premettono ai nomi maschili che incominciano per *s impura, z, x, gn, ps, y, j* e davanti a quelli che iniziano per vocale.

L'articolo *lo* diventa *l'* dinanzi a qualunque vocale.

➤ l'uomo, l'amico, l'invidioso.

L'articolo *gli* si elide soltanto davanti alla vocale i.

➤ gl'idoli, gl'insetti, gl'italiani.

Gli articoli *la* e *le* si premettono ai nomi femminili sia che comincino per consonante che per vocale.

➤ la neve, le anime, la verità.

L'articolo *la* si elide solamente dinanzi a vocale (*l'azione, l'elica, l'offerta*).

L'articolo *le* si elide soltanto dinanzi alla vocale *e*.

➤ l'eclissi, l'erbe, l'eccezioni.

L'articolo *un* si usa davanti ai nomi maschili che incominciano per vocale o per consonante che non sia *s impura, z, x, gn, ps, y, j* e non si apostrofa mai.

➤ un orso, un soldato, un oracolo.

L'articolo *uno* si usa davanti ai nomi che incominciano per *s impura, z, x, gn, ps, y* e *j*.

➤ uno specchio, uno zaino, uno psichiatra, uno yogurt.

L'articolo *una* si usa davanti a qualunque nome femminile che comincia per vocale o consonante: si apostrofa solo davanti ai nomi femminili che iniziano per vocale.

➤ Una casa, un'anima, un'ora.

L'articolo si omette:

- quando una cosa espressa dal nome deve rimanere generica.
  ➤ odor di gelsomino;
- dinanzi ai nomi di parentela preceduti dall'aggettivo mio, tuo, suo nostro.
  ➤ mio padre, tuo zio, nostro cognato;
- dinanzi ai cognomi, eccetto quelle di persone celebri.
  ➤ il Carducci, il Pascoli;
- dinanzi ai nomi propri maschili.
  ➤ Giulio, Carlo;
- dinanzi ai nomi di città.
  ➤ Roma, Napoli.

I nomi *babbo* e *mamma* vogliono sempre l'articolo.

Preposizioni articolate

L'articolo determinativo, quando è preceduto dalle preposizioni semplici di, a, da, su, in, con, si fonde con esse formando le preposizioni articolate.

➤ della, nella, al, sugli, dai, col.

Articolo partitivo

L'unione della preposizione semplice *di* con un articolo determinativo forma l'articolo partitivo; esso rappresenta la parte del tutto.

➤ io mangio del riso (un po' di riso).

Attenzione a non confondere *gli* articolo *lo* e *la* (la mia amica, lo sposo) con i pronomi lo e la (di cui parleremo successivamente) che significano lui e lei e di solito stanno vicino ai verbi.

➤ lo incontrai = incontrai lui; la vidi = vidi lei.

Di seguito alcuni esercizi delle banche dati inerenti all'articolo.

		A	B	C	D
1	**Per quale delle seguenti parole si deve usare l'articolo "un"?**	Stato	Anima	Scoppio	Sogno
2	**L'articolo "i" si deve usare per:**	gorilla	elefanti	sciacalli	aironi
3	**Quale delle seguenti parole richiede l'articolo "lo"?**	Rame	Ferro	Zinco	Cromo
4	**Individuare quale articolo non si usa davanti alla parola "yogurt".**	Gli	Lo	Il	Uno
5	**In quale delle seguenti frasi l'articolo determinativo non è usato correttamente?**	Non fare il Catone	Non sei più la Carla di un tempo	Il Picasso si trova nella prossima sala del museo	La Franca ti aspetta a casa

Soluzioni: 1.D, 2.A, 3.C, 4.C, 5.D

1.2.3 L'aggettivo

L'aggettivo *è la parte variabile del discorso, che si unisce al nome, per indicare una sua qualità o per meglio determinarlo.*
L'aggettivo è di due specie: *qualificativo* e *determinativo.*

1.2.3.1 Aggettivo qualificativo

L'aggettivo qualificativo può avere due generi: maschile e femminile, e due numeri: singolare e plurale.
Secondo la declinazione si distingue in *due classi*:

- *prima classe*: gli aggettivi che terminano in *o* per il maschile e in *a* per il femminile, fanno il plurale rispettivamente in *i* ed in *e*.
  ➤ caro, cara; cari, care;
- *seconda classe*: gli aggettivi terminanti in *e*, tanto per il maschile quanto per il femminile, formano il plurale in *i*.
  ➤ amorevole, amorevoli.

Ci sono, poi, alcuni aggettivi con desinenza unica in -a che al plurale richiedono i per il maschile ed e per il femminile.

➤ *Schiavista - schiavisti - schiaviste.*

Gli aggettivi possono avere, quindi, per genere e numero, diverse desinenze. È possibile parlare di aggettivi a 4, 3 e 2 desinenze.

4 DESINENZE	**maschile**	**femminile**
singolare	Costoso	Costosa
plurale	Costosi	Costose

➤ Ho comprato una borsa costosa - Abbiamo visto delle case costose

3 DESINENZE	**maschile**	**femminile**
singolare	Ottimista	Ottimista
plurale	Ottimisti	Ottimiste

➤ Gli alunni sono ottimisti - Francesca è ottimista

2 DESINENZE	**maschile**	**femminile**
singolare	Triste	Triste
plurale	Tristi	Tristi

➤ Ivan è triste - Le ragazze sono tristi

Non possono essere declinati:

a) gli aggettivi pari, impari, dispari.

   ➤ *un numero pari; i numeri pari*;

b) alcuni aggettivi che indicano colore.

   ➤ *vestaglia rosa; fiocco rosa*;

c) alcune locuzioni avverbiali usate come aggettivo (dappoco, dabbene, perbene).

   ➤ *ragazzi dabbene.*

Esempi di *aggettivi della prima classe* sono: il bambino **giocoso**, **lieto** e della *seconda classe* **felice**, **veloce**.
Esempi di *aggettivi invariabili* sono: i cappelli **rosa**, il colore **rosa**, il maglione **rosa**.

Gradi dell'aggettivo qualificativo

I gradi dell'aggettivo qualificativo *indicano le diverse graduazioni di qualità, che si attribuiscono a persone, animali o cose*. Essi sono:

- *positivo*: quando l'aggettivo esprime la qualità normale di una cosa senza metterla a confronto con l'altra.

  ➤ il ragazzo buono; la bimba felice; la città deserta;

- *comparativo*: quando l'aggettivo esprime la qualità di una cosa con una comparazione, cioè mettendola a confronto con un'altra.
  Il grado comparativo è di tre specie:
  1) *maggioranza*: si forma per mezzo delle particelle correlative *più ... di, più ... che.*

     ➤ il cavallo è più veloce del cane;

2) *minoranza*: si forma per mezzo delle particelle correlative *meno ... di, meno ... che.*

➤ il cane è meno veloce del cavallo;

3) *uguaglianza*: si forma per mezzo delle particelle correlative *così ... come, tanto ... quanto, non meno ... di, non meno ... che.*

➤ Antonio è tanto studioso quanto Giulio.

Nei comparativi di maggioranza e di minoranza si adopera la preposizione di quando precede un nome; in tutti gli altri casi si adopera la congiunzione che.

➤ è più temuto che amato; è più bella la primavera dell'estate;

– *superlativo*: indica una qualità espressa al massimo grado.
Può essere relativo o assoluto.

1) *Superlativo relativo.*
Indica una qualità al massimo grado, ma limitatamente a un gruppo, che si chiama secondo termine. Si forma mettendo l'articolo determinativo prima del comparativo di maggioranza o minoranza.

➤ *Carlo è il più studioso della classe.*

2) *Superlativo assoluto.*
Indica una qualità al massimo grado senza porre alcun confronto o limitazione.

➤ *Il cavallo è velocissimo.*

Il superlativo assoluto è detto anche **organico** nei casi in cui su trovi il grado positivo derivante dal latino (come pessimo, massimo).
Il superlativo assoluto si può formare:

– *sostituendo* alla desinenza del positivo i suffissi *issimo, errimo, entissimo.*

➤ *bimbo felice, bimbo felicissimo*;

– *rafforzando* il positivo con un avverbio di quantità o con una locuzione avverbiale: molto, assai, troppo, oltremodo, quanto mai, oltre ogni dire, infinitamente.

➤ *molto felice*;

– *ripetendo il positivo.*

➤ *un ragazzo felice felice*;

– *premettendo al positivo* l'aggettivo *tutto.*

➤ *Mario è tutto contento*;

– *premettendo al positivo* i prefissi: *arci, stra, super, iper, ultra, extra.*

➤ *il signore è arcibeato*;

– *con certi modi di dire*: *ricco sfondato, pieno zeppo, stanco morto* etc., che esprimono ugualmente una qualità in senso assoluto.

GRADI DELL'AGGETTIVO		
positivo	**comparativo**	**superlativo**
	Maggioranza Minoranza Uguaglianza	Relativo Assoluto

FORME SPECIALI DI SUPERLATIVO			
acre	acerrimo	misero	miserrimo – miserissimo
aspro	asperrimo – asprissimo	salubre	saluberrimo
celebre	celeberrimo	benefico	beneficentissimo
integro	integerrimo	magnifico	magnificentissimo
		ampio	amplissimo

COMPARATIVI E SUPERLATIVI DI FORMA LATINA		
positivo	**comparativo**	**superlativo assoluto**
buono	migliore	ottimo
cattivo	peggiore	pessimo
grande	maggiore	massimo
piccolo	minore	minimo
basso	inferiore	infimo o imo
alto	superiore	supremo o sommo

NOTA. Comparativi e superlativi di origine latina. Mentre in latino il comparativo di maggioranza e il superlativo erano generalmente **sintetici**, espressi cioè attraverso suffissi (*-ior/-ius* per il comparativo; *-issimus/-a/-um* per il superlativo), in italiano le forme popolari sono **analitiche**, cioè composte di più parole: molto bello (ma *-issimo/-a* è stato recuperato per il superlativo assoluto). Il latino conosceva anche alcuni comparativi e superlativi **organici**, diversi anche nel tema dalle forme di grado positivo; alcuni di questi si sono conservati in italiano.

Certi aggettivi non ammettono alcuna forma di superlativo e vengono detti *senza grado*. Essi sono:

a) quelli che indicano figure geometriche.
   ➤ *quadrato*;

b) quelli che indicano nazionalità o cittadinanza.
   ➤ *francese*;

c) quelli che indicano materia.
   ➤ *ferreo, ligneo*;

d) quelli che per natura non sono suscettibili di gradazione.
   ➤ *eterno, infinito, immortale, sublime*.

ALTRI AGGETTIVI DI FORMA IRREGOLARE		
positivo	**comparativo**	**superlativo assoluto**
esterno	esteriore	estremo
interno	interiore	intimo

Aggettivi qualificativi composti

L'aggettivo qualificativo può essere composto da due aggettivi uniti insieme.

➤ grigioverde, uniforme, benvenuto.

Al plurale mutano la sola desinenza.
Qualche volta sono accostati l'uno all'altro da un tratto di unione.

➤ guerra italo-turca; patto franco-belga.

Alterazioni dell'aggettivo qualificativo

L'aggettivo qualificativo mediante suffissi può acquistare al pari del nome un significato:

1) *accrescitivo* (one);
   ➤ *divertentone.*
2) *diminutivo* (ino, etto, ello);
   ➤ *verdino, grassottello*;
3) *vezzeggiativo* (uccio, otto);
   ➤ *dolciotto*;
4) *dispregiativo* (accio, astro);
   ➤ *cattivaccio, malaticcio.*

L'aggettivo sostantivato e l'aggettivo con valore avverbiale

Talvolta un aggettivo può sostituirsi al nome a cui si riferisce, prendendo la dicitura di aggettivo sostantivato.

➤ *Il ricco vive negli agi (il ricco = l'uomo ricco), il glucosio toglie l'amaro della medicina (l'amaro = il sapore amaro).*

In alcuni casi un avverbio (soprattutto di modo) viene sostituito, specialmente in determinate locuzioni, da un aggettivo.

➤ *Se parli veloce non ti capisco*. In realtà sarebbe più corretto scrivere "Se parli velocemente", in quanto il verbo richiede un avverbio, e non un aggettivo. Nel parlare comune, però, tale sostituzione viene tollerata; troviamo quindi: Parla chiaro, Hai visto giusto. In questo caso l'aggettivo è indeclinabile (Parlate chiaro; Hanno visto giusto).

Gli aggettivi hanno le stesse caratteristiche del nome al quale concordano, come abbiamo già detto, per genere (maschile e femminile), numero (singolare e plurale) e grado (positivo, comparativo e superlativo); per questo anche loro (gli aggettivi) possono subire le alterazioni:

- *accrescitivo*: una barzelletta **divertentona**;
- *diminutivo*: un gatto **grassottello**;
- *vezzeggiativo*: un comportamento **dolciotto**;
- *dispregiativo*: un ragazzo **cattivaccio**.

1.2.3.2 Aggettivo determinativo

L'aggettivo determinativo può determinare il nome al quale è unito, in sei modi diversi:

dimostrativi	**interrogativi ed esclamativi**	**numerali**
possessivi	**indefiniti**	**correlativi**

1) *Aggettivi dimostrativi o indicativi*: indicano dove si trova la persona o la cosa a cui si riferiscono, e sono:

– *questo* per indicare una cosa vicino a chi parla.

➤ prendi questo libro;

– codesto per indicare una cosa vicino a chi ascolta.

➤ dammi codesto quaderno;

– *quello* per indicare una cosa lontana tanto da chi parla quanto da chi ascolta.

➤ *chiudi quella porta.*

Altri aggettivi dimostrativi sono:
a) *somiglianza*: tale, cotale, siffatto, cosiffatto;
b) *identificativi*: stesso, medesimo.

AGGETTIVI DIMOSTRATIVI O INDICATIVI		
Questo Codesto Quello	Tale Cotale Siffatto Cosiffatto	Stesso Medesimo

2) *Aggettivi possessivi*: sono quelli che determinano il possessore di una cosa e sono:

MASCHILE		FEMMINILE	
singolare	**plurale**	**singolare**	**plurale**
mio	miei	mia	mie
tuo	tuoi	tua	tue
suo	suoi	sua	sue
nostro	nostri	nostra	nostre
vostro	vostri	vostra	vostre
loro	loro	loro	loro

Vi sono inoltre proprio (di terza persona singolare e plurale, maschile e femminile), loro (terza persona plurale) e altrui (invariabile).

3) *Aggettivi numerali*: sono quelli che determinano il numero delle cose rappresentate dal nome cui si accompagnano; essi sono:
a) *cardinali*: quelli che determinano il numero senza altro significato.

➤ *uno, due, dieci, venti*.

Essi sono tutti invariabili tranne uno che ha il femminile singolare (una) ed i sostantivi milione e miliardo che hanno il plurale;
b) *ordinali*: quelli che determinano il posto, l'ordine del nome cui si riferiscono.

➤ *primo, quarto, decimo*;

c) *frazionari*: quelli che indicano le frazioni di un numero.

➤ *Un quarto, un quinto, un decimo*;

d) *collettivi*: quelli che al singolare indicano un insieme numerico di persone o cose.

➤ *paio, coppia, dozzina*;

e) *moltiplicativi*: quelli che moltiplicano una quantità.

➤ *doppio, triplo, quadruplo*;

f) *distributivi*: la nostra lingua manca dei numeri distributivi; si ricorre, però, ad espressioni particolari.

➤ *cento a cento; la maestra ripartì i ragazzi a dieci a dieci.*

4) *Aggettivi interrogativi ed esclamativi*: sono *quale, che, quanto* e servono a domandare la qualità, l'identità e talvolta il numero, oppure ad esprimere stupore.

➤ quale libro vuoi? che fortuna che hai avuto!

5) *Aggettivi indefiniti*: sono quelli che indicano una quantità in modo incerto. Essi sono: molto, poco, troppo, parecchio, alquanto, altrettanto, tutto, tanto, certo, ogni, qualche, qualsiasi, altri, qualunque.
Molto, troppo, poco etc. si dicono anche *aggettivi quantitativi*, in quanto esprimono una quantità quantunque imprecisata.

6) *Aggettivi correlativi*: quando pongono una relazione (un confronto) tra un nome e l'altro.

➤ tale il padre quale il figlio.

NOTA. I più utilizzati aggettivi dimostrativi sono *questo* e *quello*: è importante questo libro per studiare; quello studente sta imparando molto velocemente!
Gli aggettivi possessivi **mio**, **tuo**... sono riportati in uno specchietto perché variano di genere e numero (devono quindi concordare con il nome): il mio cane, il suo topolino, la loro macchina, la nostra casetta ...
L'aggettivo **proprio**:
– può sostituire **suo** (era chiuso nella **sua** camera = Propria camera);
– si deve usare nelle frasi impersonali (che non hanno il soggetto): si deve agire con le proprie forze;
– è meglio usarlo se nella frase vi è un soggetto indefinito (ciascuno, ognuno, tutti...): tutti i bambini dovrebbe mantenere la propria camera in ordine.
L'aggettivo **altrui** si utilizza sempre dopo il nome; significa: degli altri, di altri: i propri bisogni e i bisogni altrui, cioè i bisogni delle altre persone, degli altri...i mie regali e i regali altrui.
Gli aggettivi **stesso** e **medesimo** indicano identità e uguaglianza tra persone, animali o cose: i mie amici si comportano allo stesso modo con me; quella persona indossa i medesimi vestiti ogni giorno; compro le stesse cose ed ho sempre le medesime abitudini.

Di seguito alcuni esercizi delle banche dati inerenti all'aggettivo.

		A	B	C	D
1	**Quale alternativa contiene un aggettivo possessivo?**	Il suo è il medesimo problema	Ha lo stesso coraggio del padre	Codesto atteggiamento non lo aiuterà	A suo dire, il nemico tiene la vetta X
2	**Quale tra le seguenti alternative contiene un aggettivo indefinito?**	La soluzione trovata fu tanto acuta che i giornali ne parlarono	Il problema è quello	Qualunque parola tu dica, rischia di essere sbagliata X	Il vostro professore vi ha cercato

3	**Quale tra le seguenti alternative contiene un aggettivo qualificativo?**	Il risultato è lo stesso	Non mi ha sorpreso la tua ingratitudine	Il merito è mio	Questa scoperta aprirà prospettive interessanti
4	**Quale tra le seguenti alternative contiene un aggettivo numerale?**	Arrivano due uomini a cavallo	Un milione di soldati vi sembra poco?	Arrenditi, sei solo!	Difendete l'insegna
5	**Nella frase "Non mi aspettavo una tale fortuna!", "tale" è:**	aggettivo	pronome	preposizione	avverbio
6	**Nella frase "Fa un gran caldo oggi, non ne posso più", "gran" è un:**	avverbio	preposizione	aggettivo	pronome
7	**Nella frase "Pochi sanno riconoscere i propri difetti", "propri" è un aggettivo:**	indefinito	qualificativo	dimostrativo	possessivo

Soluzioni: 1.D, 2.C, 3.D, 4.A, 5.A, 6.C, 7.D

1.2.4 Il pronome

Il pronome *è la parte del discorso che fa le veci del nome per evitare inutili ripetizioni*. I pronomi possono essere:

personali	**dimostrativi**	**possessivi**
relativi	**indefiniti**	**interrogativi**

Quindi, il pronome, generalmente si riferisce ad un nome e lo sostituisce, ma può anche sostituire un'intera frase o unire due frasi tra di loro; in questo modo quello che noi leggiamo o diciamo è meno ripetitivo ed è più armonico (coeso).

Pronomi personali e particelle pronominali

Sono quelli che indicano le persone che parlano, a cui si parla e di cui si parla. Essi sono di *prima*, *seconda* e *terza persona*.

<table>
<tr><th colspan="2">1^ PERSONA</th><th colspan="2">2^ PERSONA</th><th colspan="4">3^ PERSONA</th></tr>
<tr><th rowspan="2">singolare</th><th rowspan="2">plurale</th><th rowspan="2">singolare</th><th rowspan="2">plurale</th><th colspan="2">singolare</th><th colspan="2">plurale</th></tr>
<tr><th>maschile</th><th>femminile</th><th>maschile</th><th>femminile</th></tr>
<tr><td>Io
Me
Mi</td><td>Noi
Ce
Ci</td><td>Tu
Te
Ti</td><td>Voi
Ve
Vi</td><td>Egli
Esso
Lui
Lo
Gli
Sé
Si
Ne</td><td>Ella
Essa
Lei
La
Le
Sé
Si
Ne</td><td>Essi
Loro
Li
Sé
Si
Ne</td><td>Esse
Loro
Le
Sé
Si
Ne</td></tr>
</table>

Gli, lo, la, le sono pronomi personali se hanno valore di a *lui*, e a *lei*, *lei*.

➤ gli dissi di venire (dissi a lui di venire).

Più specificamente: *lo* = *lui* (lo fanno giudice), ciò (lo studia Maria); *la* = *lei* (non la vedo), essa (la prendo io); *gli* = *a lui*, *a loro* (gli dissi che andava bene); *le* = *a lei* (le dissi una bugia); *esse, loro* (le incontrai due giorni fa).

> **NOTA.** Si ricorda che il **lei** viene anche definito pronome di cortesia.
> ➤ *Giudice, La prego di ascoltarmi.*

Per quanto riguarda l'**uso dei pronomi personali**:
Io, tu, egli, ella: si usano come soggetto.
➤ *io parto.*

Noi, voi, loro, esso, essa, essi, esse: si usano ora come soggetto, ora come complemento.
➤ *noi veniamo (soggetto); porterò loro questo libro (complemento).*

Lui, lei, loro, generalmente si usano come complementi.
➤ *parlò con lui.*

Tuttavia si possono usare come soggetto quando si vuol dare particolare enfasi al pronome (➤ *lui crede di aver ragione*), oppure quando sono precedute da anche, perfino, neppure, neanche, come (➤ *perfino lei viene con noi*).
Mi, ti, si, ci, vi: si usano davanti e dopo i verbi e sono sempre complementi.
Me, te, se, ce, ve: si usano quando precedono l'articolo determinativo (lo, la, le) con funzioni di pronome, quando precedono il ne e quando seguono una preposizione semplice.
A me, a te, a sé, a noi, a voi: si usano come complemento di termine.
Le particelle *ci* e *vi* indicano in genere, una circostanza avverbiale.
➤ *sono stato al cinema e vi ritornerò spesso* (in quel luogo).

Talvolta, nell'uso corrente, hanno il valore pleonastico.
➤ *a casa non ci ho trovato nessuno.*

Hanno invece significato di pronome quando si possono sostituire con noi, voi.
➤ *ci* vide ieri (vide noi ieri); *vi* dico una cosa (dico a voi una cosa).

Il pronome sé è invariabile: se unito a stesso o *medesimo* perde l'accento.
➤ *egli pensa a se stesso.* Sé e si vengono anche classificati come pronomi riflessivi, in quanto fanno in modo che l'azione espressa dal verbo ricada sul soggetto.

La particella *ne*, con funzione di pronome personale, significa *di lui*, *di lei*, *di loro.*
➤ hai visto mio padre! Perché non me *ne* parli (di lui).

Il pronome *gli*, unito con *lo, la, le*, ne diventa *glie.*
➤ *glielo* ricorderai.

Me, te, sé, si possono appoggiare alla preposizione con.
➤ con me (meco), con te (teco).

Le particelle pronominali quando si accompagnano a verbi la cui azione, compiuta dal soggetto, ricade sul soggetto stesso, si dicono riflessive.

➤ io mi vesto = io vesto me.

NOTA. Il pronome pleonastico è un pronome ridondante, ripetuto, quindi non necessario.

➤ *La merenda l'ho mangiata* (si ripete due volte il complemento oggetto - merenda = la.

Pronomi possessivi

Sono quelli che determinano l'appartenenza od il possesso di una cosa.

Quando il pronome possessivo è unito al pronome dimostrativo fa da aggettivo a quest'ultimo.

➤ lascia i tuoi fiori e prendi questi miei.

MASCHILE		FEMMINILE	
singolare	**plurale**	**singolare**	**plurale**
mio	miei	mia	mie
tuo	tuoi	tua	tue
suo	suoi	sua	sue
nostro	nostri	nostra	nostre
vostro	vostri	vostra	vostre
loro	loro	loro	loro
Proprio	Propri	Propria	Proprie
Altrui (indeclinabile)			

I pronomi possessivi sono sempre preceduti dall'articolo determinativo o dalla preposizione articolata.

➤ tuo padre ha parlato col *mio*;
la mia stanza è grande, com'è la *vostra*? la mia macchina è meno nuova *della vostra*.

Poiché i pronomi e gli aggettivi possessivi sono gli stessi, per non incorrere in errori va ricordato che l'aggettivo è sempre accompagnato ad un nome (il *mio* cane, la *vostra* auto etc.), mentre il pronome sostituisce il nome (il mio cane è più bello del *tuo*).

Va inoltre ricordato che *suo* e *suoi* si riferiscono sempre a persona singolare (Paolo ama i suoi = cioè di Paolo genitori); *loro* è invece riferito a più persone (Andrea ama i suoi parenti, Paolo e Francesca amano i loro).

Pronomi dimostrativi

Sono quelli che indicano vicinanza o lontananza della cosa di cui si parla.

PRONOMI DIMOSTRATIVI	
	Questo - Codesto - Quello
Identificativi e di somiglianza:	Stesso - Medesimo - Tale - Cotale
Si riferiscono a persone:	Colui - Colei - Costei - Costui - Costoro - Coloro - Questi - Quegli

Per riconoscere un pronome da un aggettivo dimostrativo vale la stessa regola dei possessivi. Ricordiamo inoltre il pronome **ciò** che vuol dire questa o quella cosa e può fare da soggetto o da complemento. *Ciò*, quando ha funzione di complemento, può essere sostituito dalle particelle *lo, ci, ne* che in questo caso si chiamano particelle dimostrative.

➤ fal*lo* per me (fa' tu ciò per me).

Pronomi relativi

Sono quelli che congiungono due termini e quindi le due proposizioni in cui si trovano. Essi sono: **Chi - Il quale - Che - Cui - Chiunque**

- *chi* (indecl.): significa colui il quale.
  ➤ *chi rompe paga*;
- *il quale* (decl.).
  ➤ *il fiore, il quale sboccia*;
- *che* (indecl.): significa il quale; è invariabile e può essere soggetto (prendi la penna che è sulla scrivania) o complemento oggetto (il libro che ho studiato era interessante);
- *cui* (indecl.): si usa soltanto come complemento e significa al quale, del quale, dal quale, col quale.
  ➤ *ecco il libro di cui ti ho parlato*;
- *chiunque*: significa tutti quelli che.
  ➤ *chiunque tace, acconsente.*

Pronomi interrogativi

Sono i pronomi relativi (**Chi, Che, Quale**) usati nelle interrogazioni.

➤ *chi viene*? *Quale vuoi*?

Pronomi esclamativi

Sono quei pronomi relativi (**Chi, Che**, o **che cosa**) usati nelle esclamazioni.

➤ *che cosa scandalosa!*

Pronomi indefiniti

Indicano una cosa in modo vago, generico, e sono:

- *uno, qualcuno o qualcheduno, alcuno, ognuno.*
  ➤ *qualcuno dirà*;
- *certuni.*
  ➤ *vi sono certuni che credono*;
- *chiunque* (qualunque persona la quale).
  ➤ *lo dirò a chiunque*;
- chicchessia (qualunque persona).
  ➤ *lo dirò a chicchessia*;
- *checché* (ind.) – qualunque cosa –.
  ➤ *checché tu dica*;
- *altro, altri, altrui* (ind.) – un'altra persona –.
  ➤ *altrui dice una cosa diversa*;

- *qualcosa* (ind.).
  ➤ *c'è qualcosa di nuovo oggi nel cielo*;
- *nessuno, niente, nulla* (nessuna cosa) – ind.
  ➤ *non voglio niente*.

La funzione della particella "ne"

La particella **ne** ha valore:

a) *avverbiale*.
   ➤ *me ne vado* (di qui, di lì, di là);

b) *pronome personale*.
   ➤ *Luigi è un bravo ragazzo; il professore ne parla con entusiasmo* (di lui, di lei);

c) *pronome dimostrativo*.
   ➤ *io ne prendo quindici per mio figlio* (di ciò).

Si ricorda che:
io, tu, egli, ella, esso/i, noi, voi sono ***pronomi personali soggetti*** e si mettono all'inizio della frase prima del verbo (stanno al posto del nome proprio Paolo, Lucia, Alberto etc.).

➤ Luca = *egli* è mio amico, io e Francesco = *noi* gli vogliamo bene, Anna e Marco = *essi*, invece, non lo conoscono.

Gli altri pronomi si dicono ***pronomi personali complemento*** e sono:
lui, lei, loro, me, mi, lo e la (quando non sono articoli, cioè quando non stanno accanto ad un nome, ma ad un verbo), *vi, li, le, gli*.

➤ gli chiesi = chiesi *a lui* di accompagnarmi, ma non rispose; Paola mi telefonò ed io la invitai = invitai *lei* cioè Paola al cinema; mi accompagni = accompagni *me* a casa? Non me lo dire! = Non dire a *me* ciò, infatti il pronome «lo» in questo caso è dimostrativo e vuol dire questa cosa.

APPROFONDIMENTO: I PRONOMI

I **pronomi personali complemento** rispetto alla *forma* si dividono in due serie:

- **forme forti o toniche**: sono quelle che hanno un loro accento ed acquisiscono un certo spessore nella frase; i pronomi corrispondenti sono: me, te, lui, lei, noi, voi, loro;
- **forme deboli o atone**: sono quelle che non hanno un loro accento e per la pronuncia devono appoggiarsi al verbo che le segue o che le precede spesso unendosi anche graficamente con esso; sono le cosiddette particelle pronominali: mi, ti, ci, vi, la, lo, gli, le, li (➤ Mi porgi; porgimi)

I **pronomi relativi misti** (o doppi) sono quelli che fondono in un'unica parola due diversi pronomi; essi sono:

- **chi**: formato da *colui* (o quello/a) = pronome dimostrativo + *che* (il quale/la quale) = pronome relativo;
- **chi**: formato da *qualcuno* = pronome indefinito + *che* (il quale/la quale) = pronome relativo;
- **chiunque**: formato da *qualcuno* (o qualsiasi persona) = pronome indefinito + *che* (il quale/la quale) = pronome relativo;
- **quanto**: formato da *ciò* = pronome dimostrativo + *che* = pronome relativo;
- **quanti** (o quante): formato da *quelli* = pronome dimostrativo + *che* = pronome relativo

Di seguito alcuni esercizi delle banche dati inerenti al pronome.

		A	B	C	D
1	**Quale delle seguenti alternative NON contiene un pronome personale?**	Si dipinge le unghie	Guardate se potete	Mi ricorderò di lei	Ho preso il tram senza di loro
2	**Quale delle seguenti alternative contiene un pronome?**	Il vecchio che vedi, fu un console	Dicono che abbia vinto venti battaglie	Ora è così vecchio che non ricorda	Deve essere onorato, ché fu un grande uomo
3	**Nella frase "Uno dovrebbe sempre sapere cosa dire", "uno" è:**	articolo	pronome	aggettivo	sostantivo
4	**Quale tra le seguenti frasi NON contiene un pronome indefinito?**	Ognuno tira l'acqua al suo mulino	Non si assomigliano per niente	Gli uni parlavano, gli altri sonnecchiavano	Oggi non arriverà nessuno
5	**Quale tra le seguenti frasi contiene un pronome interrogativo?**	Mi chiese quante ne avessi mangiate	Quante mele hai mangiato?	Quanto hai mangiato!	Sapessi quante mele sono andate perdute quest'anno!
6	**In quale delle seguenti frasi è presente un pronome relativo misto?**	Con la funivia siamo arrivati sulla cima del monte da cui si godeva un incantevole panorama	Per rifiutare quella proposta di lavoro avrai avuto certamente dei buoni motivi, che ora mi spiegherai	Sono arrivate delle buone recensioni sul villaggio turistico in cui vorremmo andare in vacanza quest'estate	Ringraziamo sinceramente chiunque sia intervenuto alla presentazione del libro
7	**In quale delle seguenti frasi è presente un pronome relativo misto?**	Gli hai dato da leggere dei libri il cui linguaggio è troppo specifico	Giovanna è la persona alla quale ho parlato tanto bene di te	Come mai non sei venuto all'assemblea cui volevi tanto partecipare?	Con il terremoto ha perso tutto quanto aveva costruito in anni di fatica
8	**In quale delle seguenti frasi è presente un pronome personale nella sua forma atona?**	Ho chiesto di Giulia, ma non ne sapeva nulla	Verrò con te, così mi indicherai la strada giusta	Andremo con i nostri genitori in montagna: perché non venite con noi?	Oggi non ho pranzato con mio fratello, perché non era al lavoro con me
9	**In quale delle seguenti frasi è presente un pronome personale nella sua forma atona?**	Chiedi a lei se ha già mangiato	Cosa vuoi ancora da lui?	Glielo consegnerò io stessa	Ho detto loro di anticipare la visita
10	**In quale delle seguenti frasi è presente un pronome personale nella sua forma tonica?**	Lara ha molti problemi e ne parla sempre per sfogarsi	Ci vuoi raccontare cosa ti ha detto?	Il giudice li interrogò a lungo	Io parlo per me, tuo padre parla per sé
11	**In quale delle seguenti frasi è presente un pronome personale nella sua forma tonica?**	Giulia voleva incontrare proprio me per parlare di mio fratello	Ci hanno pregati di invitarvi a cena e così eccovi qui	Chiedigli se mi vuole ancora vedere	Le parli, ma è come se non ti ascoltasse

Soluzioni: 1.B, 2.A, 3.B, 4.B, 5.A, 6.D, 7.D, 8.B, 9.C, 10.D, 11.A

1.2.5 Il verbo

Il verbo è la parte più importante del discorso perché senza di esso la frase non ha senso. Il verbo si modifica poiché variano: la *persona* che, per esempio, fa qualcosa... (io, tu, egli etc.), il *modo* (realtà, aspirazione, desiderio, comando), il *tempo* in cui questa cosa viene fatta (presente, cioè la sta facendo adesso, passato, cioè è già accaduta o futuro, cioè deve ancora succedere); questi cambiamenti si chiamano ***coniugazioni del verbo***; esse sono tre.

CONIUGAZIONI DEL VERBO			
Prima	Terminano all'Infinito Presente	**Are**	Amare, Giocare, pattinare
Seconda		**Ere**	vedere, leggere, temere
Terza		**Ire**	dormire, partire, soffrire

I verbi possono essere *regolari* o *irregolari*.
Nei ***verbi regolari*** la radice rimane uguale e cambia solo la desinenza quando si dovranno coniugare nei modi e nei tempi (indicativo, congiuntivo, condizionale presente, passato e futuro).
I ***verbi irregolari***, invece, non mantengono la stessa radice durante tutta la coniugazione, non mantengono le desinenze proprie della coniugazione cui appartengono e non seguono la coniugazione cui appartengono (viene dopo riportata tutta la tavola dei verbi).
Per legare bene il verbo con i pronomi, va ricordato che il verbo è formato da ***persone***: io, tu egli, ella, esso/a (per il singolare), noi, voi, essi/e (per il plurale): essi giocano, noi leggevamo, io partirò, voi amate etc.
Il verbo deve concordare con il soggetto per questo se ci sono più soggetti il verbo si esprimerà al plurale:
➤ *Luca e Matteo sono dei bei ragazzi.*

Il verbo indica anche il **modo** in cui avviene l'azione.
L'***indicativo*** è il modo della realtà, della certezza; l'azione è quindi certa:
➤ *sono venuto da te; ti voglio bene.*

Il ***congiuntivo*** è il modo della possibilità, dell'incertezza; l'azione è probabile ma non certa;
➤ *mi auguro che tu possa venire, non posso pensare che tu sia stato bocciato.*

Il ***condizionale*** è anch'esso il modo della possibilità ma a certe condizioni, cioè deve esserci una relazione tra due eventi:
➤ *se avessi la macchina (prima condizione) verrei da te (evento possibile)*

L'***imperativo*** è il modo del comando, dell'ordine, dell'invito a fare qualcosa:
➤ *Studia! Prendimi quel bicchiere!*

Questi *quattro* appena descritti si chiamano **modi finiti** *del verbo*; ne esistono altri tre che si chiamano *modi indefiniti* e sono: infinito, participio e gerundio.
L'***infinito*** indica in modo generico l'azione senza specificare la persona e il numero:
➤ *parlare di te è interessante; studiare italiano è difficile.*

Il ***participio*** si usa come aggettivo se è participio presente (sorridente, amante = sono participi presente di sorridere, amare), come nome (il mandante, i bagnanti) ed esprime un'azione contemporanea; il participio passato, si usa per formare i tempi composti dei verbi (ho studiato, hai mangiato = studiato e mangiato sono participi passati), ed esprime un'azione anteriore rispetto a quella della proposizione principale.

Il ***gerundio*** esprime un'azione mettendola in rapporto con il verificarsi di un'altra: avendo letto il libro, mi sono sentito preparato; studiando la lezione, imparo cose nuove.

MODI DEL VERBO			
finiti		**indefiniti**	
Indicativo Condizionale	Congiuntivo Imperativo	Infinito Gerundio	Participio

Nei verbi è importante anche il **tempo** in cui si svolge l'azione: presente, passato, futuro.
Il ***presente*** indica contemporaneità, cioè l'azione avviene contemporaneamente al momento in cui si parla (bevo perché ho sete = l'azione del bere avviene ora perché soddisfa la mia sete di adesso).

Il ***passato*** indica che l'azione è avvenuta prima del momento in cui si parla (quando vivevo nel mio paese non conoscevo l'italiano = l'azione è precedente).

Il ***futuro*** indica che l'azione avverrà dopo rispetto al momento in cui si parla (domani verrò da te = sto parlando adesso di qualcosa che accadrà domani).

I tempi dei verbi possono essere:
- **semplici**, se sono formati da un'unica voce verbale cioè un solo verbo, quello principale;
  ➤ *amare, giocare, leggere, comprare*
- **composti** se sono formati da più verbi, il verbo essere o avere, che sono detti ausiliari, ed il participio passato del verbo principale.
  ➤ *io ho letto, Paolo ha dormito, voi siete venuti*

TEMPI SEMPLICI	TEMPI COMPOSTI	TEMPI SEMPLICI	TEMPI COMPOSTI
modo indicativo		**modo congiuntivo**	
Presente	Passato Prossimo	Presente	Passato
Imperfetto	Trapassato Prossimo	Imperfetto	Trapassato
Passato remoto	Trapassato Remoto	**modo imperativo**	
Futuro Semplice	Futuro Anteriore	Presente	Passato
modo condizionale		**modo infinito**	
Presente	Passato	Presente	Passato
modo participio		**modo gerundio**	
Presente	Passato	Presente	Passato

Il *modo indicativo* ha ***otto tempi***, quattro semplici e quattro composti.

- *Tempi semplici*: presente (io mangio), imperfetto (io mangiavo), passato remoto (io mangiai), futuro semplice (io mangerò);
- *Tempi composti*: passato prossimo (io ho mangiato), trapassato prossimo (io avevo mangiato), trapassato remoto (io ebbi mangiato), futuro anteriore (io avrò mangiato).

Il *modo congiuntivo* ha ***quattro tempi***, due semplici e due composti:
- *Tempi semplici*: presente (che io mangi), imperfetto (che io mangiassi);
- *Tempi composti*: passato (che io abbia mangiato), trapassato (che io avessi mangiato).

Il *modo condizionale* ha ***due tempi***: uno *semplice*, il presente (io mangerei) ed uno *composto*, il passato (io avrei mangiato).

L'*imperativo* ha ***due tempi semplici***, il presente, proprio perché esprime un comando da eseguirsi subito (studia, dammi) e il futuro, quando la cosa che si comanda deve essere eseguita non all'istante ed è identico al futuro semplice dell'indicativo.

L'*infinito* ha ***due tempi***: uno *semplice*, il presente (mangiare) ed uno *composto*, il passato (avere mangiato).

Il *participio* ha ***due tempi***: uno *semplice*, il presente (mangiante) ed uno *composto*, il passato (mangiato).

Il *gerundio* ha ***due tempi***: uno *semplice*, il presente (mangiando) ed uno *composto*, il passato (avendo mangiato).

NOTA. L'*imperfetto iterativo* si usa per indicare il ripetersi di una azione come fatto occasionale o dovuto ad un'abitudine.
➤ *Quando era piccolo Luca rubava le figurine dell'amico*

Di seguito alcuni esercizi delle banche dati inerenti alle forme verbali.

		A	B	C	D
1	**Individuare la prima persona singolare del congiuntivo imperfetto di "redimere".**	Redimeresti	Ridemessi	Redimessi	Redimerei
2	**Il congiuntivo passato attivo del verbo "annichilire", terza persona plurale è:**	abbiano annichilito	avessero annichilito	avrebbero annichilito	hanno annichilito
3	**Quale delle seguenti forme verbali è un futuro anteriore?**	Aveste evaso	Avrete leso	Invaderete	Abbiate dormito
4	**Quale tra le seguenti forme verbali è un infinito passato passivo?**	Avere amato	Essere amato	Essere stato amato	Amare

5	**Quale dei seguenti modi non è indefinito?**	Participio	Gerundio	Infinito	Imperativo ✗
6	**Quali dei seguenti modi non è finito?**	Condizionale	Indicativo	Congiuntivo	Participio ✗

Soluzioni: 1.C, 2.A, 3.B, 4.C, 5.D, 6.D

1.2.5.1 Verbi secondo il significato

Transitivo: quando consente una relazione diretta tra soggetto e complemento oggetto, senza aiuto di una preposizione:

➤ *Luigi legge un libro*

Intransitivo: quando l'azione è già compiuta in sé (possono esserci altri complementi, escluso il complemento oggetto).

➤ *Io corro a casa; Giulio cadde*

Il *verbo transitivo ha tre forme*:

attiva	quando l'azione fatta dal soggetto passa sul complemento oggetto *Io mangio la mela*
passiva	quando il soggetto subisce l'azione fatta dal complemento di agente o causa efficiente *Io sono lodato dagli amici*
riflessiva	quando l'azione fatta dal soggetto ricade sul soggetto stesso per mezzo delle particelle pronominali (mi, ti, si etc.) *Io mi pettino*

Il *verbo transitivo di forma attiva può farsi passivo*:

1) facendo precedere al suo participio passato le voci corrispondenti del verbo essere.

   ➤ io ero lodato;

2) facendo precedere al suo participio passato le voci corrispondenti del verbo venire.

   ➤ io vengo lodato.

La proposizione attiva può essere trasformata in passiva e viceversa.
Per trasformare la proposizione attiva in passiva, il complemento oggetto diventa soggetto; il soggetto si cambia in complemento di agente, facendolo precedere dalla preposizione da e il verbo viene coniugato nella forma passiva.

➤ Paolo loda Maria (attiva) – Maria è lodata da Paolo (passiva).

La *forma riflessiva del verbo* non è altro che il verbo nella sua forma attiva, accompagnato dalle particelle pronominali *mi, ti, si, ci, vi*, (nei tempi composti si usa l'ausiliare essere invece di avere).

➤ mi vesto, ti sei vestito.

I *verbi riflessivi* possono essere:

propri	quando le particelle pronominali hanno valore di complemento oggetto *Io mi lavo (io lavo me)*
apparenti	quando le particelle pronominali hanno valore di complemento indiretto *Io mi lavo il viso* (*mi* è complemento di termine)
pronominali	quando le particelle pronominali fanno parte della natura stessa del verbo Lagnarsi, pentirsi (in questo caso i verbi sono solo intransitivi)
reciproci	quando le particelle pronominali indicano azione scambievole tra due o più persone Noi ci aiutiamo

Accanto al *si* particella pronominale riflessiva, troviamo il *si* passivante, che fatto precedere ad un verbo, indica la forma passiva di esso.

➤ Nella frase "In città si costruiscono grattacieli", il si non è riflessivo (i grattacieli non si costruiscono da soli) bensì è passivante, in quanto la frase ha il significato di "In città vengono costruiti dei grattacieli". Altri esempi di si passivante possono essere: Si vendono appartamenti; Talvolta si sentono dei rumori strani.

1.2.5.2 Verbi secondo la funzione

Ausiliari	*Servili*	*Difettivi*	*Impersonali*
Fraseologici	*Copulativi*	*Sovrabbondanti*	*Incoativi*
Irregolari	*Causativi*	*Puntuali*	*Durativi*

Verbi ausiliari

I verbi *essere* ed *avere* vengono detti ausiliari in quanto aiutano tutti gli altri verbi a formare i tempi composti e le forme passive. Più precisamente il verbo avere si usa per formare:

- i tempi composti dei verbi transitivi alla forma attiva (ho mangiato);
- i tempi composti di alcuni verbi intransitivi alla forma attiva (non ho fiatato);
- i tempi composti di alcuni verbi indicanti moto, purché questo rimanga circoscritto (ho corso nel viale).

L'ausiliare essere si usa invece per formare:

- tutti i tempi della forma passiva di verbi transitivi (sono lodato; sono stato interrogato);
- i tempi composti della maggior parte dei verbi intransitivi (sono andato; sono svenuto);
- i tempi composti della forma riflessiva e pronominale (mi sono asciugato; si è pentito);
- i tempi composti dei verbi impersonali (è piovuto);
- i tempi composti dei verbi indicanti moto, purché si tenda ad una meta (sono corso a casa).

I verbi essere ed avere, nel caso in cui non siano usati come ausiliari, hanno significato proprio.

➤ *Marco ha la febbre – Le chiavi sono sul tavolo.*

Verbi servili

I verbi servili sono quei verbi che si appoggiano ad un infinito allo scopo di completarne il significato.

Essi sono:

- volere – io voglio credere
- potere – egli non può parlare
- dovere – tu devi andare
- solere – ella suole ornare la tavola
- sapere (nel senso di essere capace) – i bambini sanno leggere.

Anche i verbi *desiderare, iniziare, cercare* vengono fatti rientrare tra i servili, sebbene necessitino delle preposizioni a o di per legarsi all'infinito (inizio a studiare; cerco di capire). Secondo la regola generale l'ausiliare del verbo servile è lo stesso del verbo servito.

Verbi difettivi

Sono quei verbi che mancano di alcune voci della coniugazione (addirsi, urgere, vertere). Nel caso in cui essi manchino del participio passato (prudere, divergere), mancano anche di tutti i tempi composti.

Verbi impersonali

I verbi come *accadere*, *succedere*, *necessitare*, sembrare possono essere usati alla terza persona singolare di tutti i tempi ed i modi senza soggetto. Essi possono indicare:

- condizioni atmosferiche (piove, nevica);
- sentimenti e sensazioni (piace, sembra);
- evenienza (necessita, bisogna).

Diventano impersonali anche alcuni verbi transitivi ed intransitivi, nel caso in cui venga premesso il si impersonale (si deve, si dice). La forma impersonale si ha anche con il verbo essere e un aggettivo (è bello, è giusto).

Verbi fraseologici o aspettuali

Sono detti fraseologici quei verbi come *stare*, *andare*, *fare*, i quali uniti all'infinito o al gerundio di un altro verbo (talvolta mediante preposizioni) conferiscono alla frase un significato particolare. Ad esempio la frase "Finiva per dire di sì", assume una sfumatura diversa dalla frase "Diceva di sì", così come vi è differenza nel dire "Raccontava delle storie" piuttosto che "Andava raccontando delle storie".

Verbi copulativi

Sono quei verbi che legano un nome (o un pronome) ad un altro nome (o un aggettivo) per indicarne una qualità o una carica. Il verbo copulativo più usato è il verbo essere (Marco è ingegnere – Egli è alto), ma troviamo anche i verbi intransitivi: *crescere*, *diventare*, *sembrare*, *vivere*, *nascere*, *morire* (Cicerone diventò pretore – Il ragazzo cresce sano). Tra i verbi copulativi troviamo anche i cosiddetti verbi elettivi, estimativi ed appellativi, i quali possono essere usati anche nella forma passiva (Io ti nomino capoclasse – Sei stato nominato presidente dell'associazione; Io ti reputo onesto – Sei reputato da tutti un cattivo soggetto; La mamma chiamerà Andrea il fratellino – La bambina è stata chiamata Marta dai genitori).

Differenza tra verbi predicativi e verbi copulativi

In base al significato e alla funzione sintattica che assumono all'interno della frase, i verbi possono dividersi in "predicativi" e "copulativi". I **verbi predicativi** hanno un significato compiuto e possono essere usati anche da soli (➤ *piove*; *Laura corre*; *Marco legge* un libro). I **verbi copulativi** servono a collegare il soggetto a un nome o a un aggettivo e hanno quindi una funzione analoga a quella del verbo *essere*, che è chiamata copula.

I verbi copulativi, quindi, per avere senso compiuto, necessitano di un "complemento predicativo", che generalmente ha la funzione di descrivere o comunque precisare una qualità o un attributo del soggetto, oppure del complemento oggetto, determinando e completando in tal modo (rispettivamente quindi, come complemento predicativo del soggetto, oppure dell'oggetto) il significato del verbo o predicato.

➤ Nella frase "Vorrei, ma ho già un altro impegno" il verbo "volere" ha funzione predicativa. Nella frase "Ora devi dimostrare quanto vali" il verbo "dovere" ha funzione ausiliare.

Verbi sovrabbondanti

La particolarità dei verbi sovrabbondanti è che possono essere declinati secondo lo schema di due coniugazioni diverse, ed assumere un significato differente in base alla loro desinenza.

➤ arrossare (rendere rosso) – arrossire (diventare rosso), sfiorare (toccare leggermente) – sfiorire (appassire).

Verbi incoativi

Sono quei verbi della terza coniugazione che al presente dell'indicativo, del congiuntivo e dell'imperativo inseriscono tra il tema e la desinenza (nelle tre persone singolari e nella terza plurale) il suffisso –isc.

➤ *pulisco, reagisco, accudisco.*

Verbi irregolari

Sono quei verbi che cambiano, per alcuni tempi, o la radice o la desinenza o addirittura entrambe.

➤ *il verbo andare, all'indicativo presente diventa io vado.*

I verbi irregolari della prima e terza coniugazione sono rari, nella seconda invece, si trovano la maggior parte di verbi che non seguono lo schema tipo della coniugazione di appartenenza.

Verbi causativi

Sono quei verbi derivati (detti anche fattitivi) che esprimono un'azione non compiuta dal soggetto, ma fatta compiere da altri.

➤ I miei zii hanno fatto potare gli alberi.

Verbi puntuali

Sono quei verbi in cui l'azione è terminata e non è durativa; non c'è un cambiamento di stato.

➤ *Mario lasciò cadere il vaso dalle sue mani.*

Verbi durativi

Possono essere stativi, continuativi e risultativi con l'azione conclusa a raggiungimento della meta.

Di seguito alcuni esercizi delle banche dati inerenti ai verbi.

		A	B	C	D
1	**Quale tra le seguenti frasi contiene un verbo ausiliare?**	Spegnate subito i cellulari!	Io e Matteo frequentiamo la stessa classe	Luigi ha un anno in meno di sua sorella	Mi scuso di aver risposto alla tua e-mail solo oggi
2	**Quale tra le seguenti frasi contiene un verbo intransitivo?**	Luca è nato solo due giorni fa	Ascolta bene le notizie al telegiornale e riferiscimele	Non ho ancora visto i tuoi genitori	Marta frequenta un corso di ballo
3	**Quale tra le seguenti frasi contiene un verbo alla forma passiva?**	Il mio bisnonno costruì questa casa	Non è possibile trasformare una frase passiva in attiva	Quando è lodata, Cinzia arrossisce	Tutti mi hanno riconosciuto, nonostante gli occhiali da sole
4	**Quale delle seguenti alternative contiene un verbo impersonale?**	Di solito non è sbadato, solo qualche volta	Capita che Mario ha dimenticato il libro	Adesso non possiamo fare i compiti per colpa sua	Perché litigate?
5	**Individuare l'alternativa che contiene un verbo transitivo.**	Cade la neve	Vedo i fiocchi di neve	Nevica	Sparisce il giorno
6	**Quale delle seguenti alternative contiene un verbo servile?**	L'avversario era dei più temibili	Ha saputo vincere la partita	Si era preparato con cura	La partita è stata ripresa dalle telecamere
7	**Quale delle seguenti frasi NON contiene un verbo servile?**	Dover sottostare a capi incompetenti è dura	Poter scegliere la propria strada è importante	Volere ottenere qualcosa è il primo passo per averla	Leggere è sempre stata la sua passione
8	**Quale delle seguenti espressioni verbali NON ha significato fraseologico?**	Sta per iscriversi al nuovo corso e già ha cambiato idea	Si dice che la primavera sia l'inizio della vita	Laura si accingeva a tornare a casa sua	Mi sembra sempre di essere sul punto di andarmene
9	**Individuare la frase che NON contiene un predicato nominale.**	Dei teppisti hanno travolto un ragazzo in bicicletta e non si sono fermati	Alessandro e Simone sono splendidi quando stanno insieme	Andrea a volte è proprio simpatico, altre malinconico e solitario	Martino è stato bocciato ed ora è davvero molto triste
10	**Quale, tra le seguenti frasi, contiene un verbo fraseologico o aspettuale?**	Potrei andare alla partita, ma non ne ho voglia	Ti aspetto domani mattina alle 7	Lavatevi le mani prima di cena!	L'amministratore era sul punto di bloccare i lavori condominiali per mancanza di fondi

Soluzioni: 1.D, 2.A, 3.C, 4.B, 5.B, 6.B, 7.D, 8.B, 9.A, 10.D

CONIUGAZIONE DEI VERBI AUSILIARI

Ausiliare essere *Ausiliare avere*

MODO INDICATIVO			
tempi semplici	**tempi composti**	**tempi semplici**	**tempi composti**
presente	**passato prossimo**	**presente**	**passato prossimo**
Io sono	Io sono stato	Io ho	Io ho avuto
tu sei	tu sei stato	tu hai	tu hai avuto
egli è	egli è stato	egli ha	egli ha avuto
noi siamo	noi siamo stati	noi abbiamo	noi abbiamo avuto
voi siete	voi siete stati	voi avete	voi avete avuto
essi sono	essi sono stati	essi hanno	essi hanno avuto
imperfetto	**trapassato prossimo**	**imperfetto**	**trapassato prossimo**
Io ero	Io ero stato	Io avevo	Io avevo avuto
tu eri	tu eri stato	tu avevi	tu avevi avuto
egli era	egli era stato	egli aveva	egli aveva avuto
noi eravamo	noi eravamo stati	noi avevamo	noi avevamo avuto
voi eravate	voi eravate stati	voi avevate	voi avevate avuto
essi erano	essi erano stati	essi avevano	essi avevano avuto
passato remoto	**trapassato remoto**	**passato remoto**	**trapassato remoto**
Io fui	Io fui stato	Io ebbi	Io ebbi avuto
tu fosti	tu fosti stato	tu avesti	tu avesti avuto
egli fu	egli fu stato	egli ebbe	egli ebbe avuto
noi fummo	noi fummo stati	noi avemmo	noi avemmo avuto
voi foste	voi foste stati	voi aveste	voi aveste avuto
essi furono	essi furono stati	essi ebbero	essi ebbero avuto
futuro semplice	**futuro anteriore**	**futuro semplice**	**futuro anteriore**
Io sarò	Io sarò stato	Io avrò	Io avrò avuto
tu sarai	tu sarai stato	tu avrai	tu avrai avuto
egli sarà	egli sarà stato	egli avrà	egli avrà avuto
noi saremo	noi saremo stati	noi avremo	noi avremo avuto
voi sarete	voi sarete stati	voi avrete	voi avrete avuto
essi saranno	essi saranno stati	essi avranno	essi avranno avuto

Ausiliare essere *Ausiliare avere*

MODO CONGIUNTIVO			
tempi semplici	**tempi composti**	**tempi semplici**	**tempi composti**
presente	**passato**	**presente**	**passato**
Che io sia	Che io sia stato	Che io abbia	Che io abbia avuto
che tu sia	che tu sia stato	che tu abbia	che tu abbia avuto
che egli sia	che egli sia stato	che egli abbia	che egli abbia avuto
che noi siamo	che noi siamo stati	che noi abbiamo	che noi abbiamo avuto
che voi siate	che voi siate stati	che voi abbiate	che voi abbiate avuto
che essi siano	che essi siano stati	che essi abbiano	che essi abbiano avuto
imperfetto	**trapassato**	**imperfetto**	**trapassato**
Che io fossi	Si forma aggiungendo all'imperfetto il participio passato stato	Che io avessi	Si forma aggiungendo all'imperfetto il participio passato stato
che tu fossi		che tu avessi	
che egli fosse		che egli avesse	
che noi fossimo		che noi avessimo	
che voi foste		che voi aveste	
che essi fossero		che essi avessero	

Ausiliare essere *Ausiliare avere*

MODO CONDIZIONALE			
tempi semplici	**tempi composti**	**tempi semplici**	**tempi composti**
presente	**passato**	**presente**	**passato**
Io sarei	Io sarei stato	Io avrei	Io avrei avuto
tu saresti	tu saresti stato	tu avresti	tu avresti avuto
egli sarebbe	egli sarebbe stato	egli avrebbe	egli avrebbe avuto
noi saremmo	noi saremmo stati	noi avremmo	noi avremmo avuto
voi sareste	voi sareste stati	voi avreste	voi avreste avuto
essi sarebbero	essi sarebbero stati	essi avrebbero	essi avrebbero avuto

Ausiliare essere *Ausiliare avere*

MODO IMPERATIVO			
tempi semplici	**tempi composti**	**tempi semplici**	**tempi composti**
presente		**presente**	
—	—	—	—
Sii	(Sarai)	Abbi	(Avrai)
sia	(sarà)	abbia	(avrà)
siamo	(saremo)	abbiamo	(avremo)
siate	(sarete)	abbiate	(avrete)
siano	(saranno)	àbbiano	(avranno)

Ausiliare essere *Ausiliare avere*

MODO INFINITO			
tempi semplici	tempi composti	tempi semplici	tempi composti
presente	**passato**	**presente**	**passato**
Essere	Essere stato	Avere	Avere avuto

Ausiliare essere *Ausiliare avere*

MODO PARTICIPIO			
tempi semplici	tempi composti	tempi semplici	tempi composti
presente	**passato**	**presente**	**passato**
(ènte)	Stato	Avente	Avuto

Ausiliare essere *Ausiliare avere*

MODO GERUNDIO			
tempi semplici	tempi composti	tempi semplici	tempi composti
presente	**passato**	**presente**	**passato**
Essendo	Essendo stato	Avendo	Avendo avuto

1.2.6 L'avverbio (o modificante)

L'avverbio *è la parte invariabile del discorso che si aggiunge ad un verbo, un aggettivo, un nome o ad un altro avverbio per modificarne il senso.*

Dal punto di vista sintattico l'avverbio ha sempre il valore ed il significato di un "complemento circostanziale" (di modo, tempo, luogo ...). Quindi esso è quasi sempre sostituibile con il corrispondente complemento.

➤ *Laura cammina velocemente (= con velocità).*

Gli avverbi si dividono in:

Avverbi qualificativi	
Avverbi indicativi	avverbi di tempo avverbi di quantità avverbi di luogo
Avverbi espressivi e valutativi	avverbi affermativi avverbi di negazione avverbi di dubbio
Avverbi interrogativi	

- **Avverbi qualificativi**: sono gli avverbi di modo o maniera che, al pari degli aggettivi qualificativi, modificano il significato della parola a cui si legano. A questa categoria appartengono:
  - gli avverbi formati aggiungendo il suffisso -mente agli aggettivi qualificativi (caldo - caldamente);

- gli avverbi formati aggiungendo il suffisso -oni ad alcuni verbi o sostantivi (bocca - bocconi; penzolare - penzoloni);
- gli avverbi che riprendono il maschile singolare di alcuni aggettivi qualificativi.

  ➤ Beve poco latte (poco è aggettivo) - Mangia poco (poco è avverbio);

> **NOTA**. Per distinguere agevolmente i due casi è sufficiente verificare come nel primo esempio la parola poco può variare se cambiamo il sostantivo a cui si riferisce (Beve poca aranciata); nel secondo, invece, qualsiasi modifica proponiamo per il verbo mangiare, l'avverbio rimarrà lo stesso (Mangiano poco; Mangiare poco).

- gli avverbi di origine latina come: bene, male, volentieri, sì, no, così, come, insieme, cioè, invano, ...;

– **Avverbi indicativi**: sono quegli avverbi che esprimono una circostanza temporale, quantitativa e di luogo. Si dividono infatti in:
- *avverbi di tempo* quali: ora, oggi, domani, mai, sempre, adesso, prima, dopo, spesso, talvolta, ancora, tuttora, già, tardi, presto, ...;
- *avverbi di quantità* quali: poco, tanto, alquanto, parecchio, quanto, altrettanto, molto, più troppo, meno (forma maschile degli aggettivi indefiniti), nulla, niente (pronomi indefiniti), abbastanza, affatto, grandemente, minimamente;
- *avverbi di luogo* quali: qui, qua, quaggiù, quassù (luogo vicino a chi parla), lì, là, laggiù, lassù (luogo vicino a chi ascolta o lontano da entrambi gli interlocutori), vicino, lontano, accanto, fuori, dentro, davanti, avanti, dietro, dappertutto, sotto, sopra, altrove. N.B. Tra gli avverbi di luogo troviamo anche *dovunque* e *dove*, che però non devono essere confusi con le congiunzioni relative che assumono la stessa forma. Se *dove* introduce una interrogativa diretta (Dove vai?) oppure una esclamativa (Dove siamo capitati!) è considerato un avverbio, se invece esso introduce una subordinata relativa (Dimmi dove stai andando) è considerata congiunzione. Per quanto riguarda *dovunque*, esso può essere congiunzione (dovunque vada ti troverò) oppure avverbio (ti ho cercato dovunque).

Anche le particelle pronominali ci, vi e ne possono assumere la valenza di avverbi di luogo; ciò avviene nel caso in cui si possano sostituire con qui o lì.

➤ Ci siete? (Siete qui?) - Vi sono tre persone (Tre persone sono lì) - Ve ne andate via? (Andate via da qui?).

– **Avverbi espressivi e valutativi** (di valutazione): sono quegli avverbi che indicano una affermazione, una negazione o esprimono un dubbio. Si dividono infatti in:
- *avverbi affermativi* quali: sì, certo, appunto, certamente, sicuramente, davvero, proprio, ...
- *avverbi di negazione* quali: non, neanche, neppure, nemmeno, mica, ...
- *avverbi di dubbio* quali: forse, eventualmente, probabilmente, quasi, circa, ...

– **Avverbi interrogativi**: ogni avverbio che viene usato per introdurre una interrogativa diretta diventa un avverbio interrogativo.

➤ *Quando arriverai? - Dove vai? - Quanto hai studiato?*

I gradi dell'avverbio

Molti avverbi, come gli aggettivi, hanno il comparativo di maggioranza, di minoranza e di uguaglianza e il superlativo assoluto e relativo.

Possono avere il comparativo ed il superlativo:

- alcuni *avverbi qualificativi*;
- gli *avverbi di luogo* lontano e vicino;
- gli *avverbi di tempo*: presto, tardi e spesso; subito ammette il superlativo subitissimo;
- gli *avverbi di quantità*: poco e molto, ma il comparativo sotto la forma irregolare meno e più;
- l'*avverbio di dubbio*: probabilmente premettendo più o meno.

Il superlativo assoluto si forma:

- aggiungendo -issimamente alla radice dell'aggettivo da cui deriva l'avverbio (lento - lentamente - lentissimamente);
- premettendo all'avverbio di grado positivo un avverbio di quantità come molto ed assai (molto lentamente - assai piano).

AVVERBI PARTICOLARI			
aggettivo grado positivo	**avverbio grado positivo**	**avverbio grado comparativo di maggioranza**	**avverbio grado superlativo assoluto**
buono	bene	meglio	ottimamente
cattivo	male	peggio	pessimamente
molto	molto	più	moltissimo
poco	poco	meno	pochissimo
grande	grandemente	maggiormente	massimamente

Le locuzioni avverbiali

Sono gruppi di parole usati come avverbio. Possono essere:

- *di modo*: di corsa, in fretta e furia, alla meglio, alla meno peggio, così così, in un battibaleno, a più non posso, alla svelta etc.;
- *di luogo*: nei dintorni, nei pressi, di qui, di là, in su, in giù, per di qua, per di là, da lontano, da vicino, da queste parti ...;
- *di tempo*: una volta, un tempo, tra poco, per sempre, d'ora in poi, or ora, poco fa ...;
- *di quantità*: all'incirca, a bizzeffe, a iosa, fin troppo, né più né meno, di più, di meno ...;
- *di affermazione, negazione e dubbio*: di certo, senza dubbio, per l'appunto, neanche per idea, neanche per sogno, quasi quasi ...;
- *interrogative*: da dove?

1.2.7 La preposizione

La preposizione è la *parte invariabile del discorso che si pone dinanzi a un nome, a un aggettivo, a un pronome, a un verbo di modo infinito, a un avverbio, per formare con essi un complemento indiretto, porre in relazione le varie parti di una proposizione, oppure collegare più proposizioni*.

Le preposizioni si dividono in: **Proprie - Improprie - Locuzioni prepositive**:

- *proprie*, cioè quelle che nel discorso non possono assumere altro valore che quello di preposizione (appartengono a questo gruppo le preposizioni semplici ed articolate). Le *preposizioni semplici* sono: *di, a, da, in, con, su, per, tra, fra.*
  Le *preposizioni articolate* si formano unendo la preposizione semplice ed un articolo determinativo.
  ➤ *Dalla (da + la), alle (a + le), nel (in + il)*;
- *improprie*, cioè quelle parole che in analisi logica hanno valore di preposizione, solo se inserite in un determinato contesto, altrimenti possono essere degli aggettivi, dei participi oppure degli avverbi. Ad esempio la parola *prima* è un aggettivo nella frase "La prima strada a destra", mentre è una preposizione nella frase "Prima di sera"; *durante* è sia un participio (anche se poco usato) come nella frase "Una situazione durante da anni", sia una preposizione come in "durante la partita". Infine nella frase "Usciamo insieme", *insieme* è un avverbio, mentre in *insieme a te* è una locuzione prepositiva;
- *locuzioni prepositive*, cioè l'unione di più parole che, se considerate complessivamente, hanno valore di preposizione.
  Tra di esse troviamo *in favore di* e *per mezzo di* (preposizione + sostantivo + preposizione), ma anche *senza di, tra di, lontano da* etc.

Di seguito alcuni esercizi delle banche dati inerenti agli argomenti trattati in questo capitolo.

		A	B	C	D
1	**Quale delle seguenti frasi presenta una preposizione semplice?**	Per favore non chiedermi più nulla perché sono davvero esausto	Prendi il bicchiere nel lavandino e risciacqualo	Non dovrei essere a casa tua, ma non sapevo dove andare	Festeggeremo la tua laurea al bar, insieme al tuo ragazzo
2	**Quale delle seguenti frasi NON contiene una preposizione articolata?**	Mi spiace, ma col mio stipendio e il tuo licenziamento, da oggi dobbiamo fare economia	Non vedo l'ora di andare al mare con la mia nuova tavola da surf, così cavalcherò delle onde gigantesche	Stavo congelando mentre ero lì, in piena notte, che aspettavo l'arrivo di tua madre	Mi piace perdermi nei boschi a cercare funghi, perché lo trovo rilassante
3	**Quale di queste frasi NON presenta una preposizione semplice?**	Da che mondo è mondo, io non ho mai sentito stupidaggini simili	A quanto pare ci diamo alle spese folli, vero?	Non so bene chi fosse, ma era un tipo sospetto con un cappellino di lana e maglioncino scuro	Ero bloccato nel traffico e non sono potuto passare dal supermercato
4	**La frase "Si temono dei gravi danni per il persistere delle piogge" contiene:**	una preposizione semplice e una articolata	due preposizioni articolate e una semplice	due preposizioni articolate	due preposizioni semplici
5	**"Neanche oggi mi è arrivata la telefonata di cui mi hai parlato". In questa proposizione "di" è:**	articolo	preposizione	pronome	sostantivo

Soluzioni: 1.C, 2.C, 3.D, 4.A, 5.B

1.2.8 La congiunzione

La congiunzione è la parte invariabile del discorso che serve a congiungere parole o gruppi di parole che hanno la stessa funzione nella stessa proposizione, proposizioni di uguale funzione o con funzioni diverse.

1.2.8.1 Congiunzioni secondo la forma

semplice	espressa da una sola parola: e, ma. *Luigi e Carlo*
composta	espressa da due parole: ossia, oppure (o ... sia; o... pure). *partirai oppure rimarrai;*
avverbiale	espressa da un avverbio: dove, ove. *dimmi dove andrai; racconta ove ti incontrerai*
locuzione congiuntiva	considerato che, in modo che.

1.2.8.2 Congiunzioni secondo il valore

Congiunzioni coordinative

Congiungono due parole o due proposizioni indipendenti l'una dall'altra.

➤ Giulio e Antonio sono fratelli.

Le coordinative si *distinguono* in:

- **copulative**: uniscono due parole o due frasi semplicemente accostandole l'una all'altra. Possono essere:
  - *positive* o *affermative*: e;
  - *negative*: né, neanche, neppure, nemmeno;
- **aggiuntive**: congiungono due termini aggiungendo un nuovo concetto a ciò che si è detto in precedenza: anche, inoltre, pure, altresì, per altro, nonché etc.;
- **disgiuntive**: congiungono due parole o due proposizioni mettendole in alternativa o escludendone una: o, oppure, ovvero, altrimenti etc.;
- **avversative**: congiungono due parole o due proposizioni che sono in contrapposizione: ma, tuttavia, però, nondimeno, pure, eppure, anzi etc.;
- **conclusive**: uniscono due parole o due proposizioni di cui la 2ª è la logica conclusione della 1ª: dunque, quindi, pertanto, perciò, allora etc.;
- **esplicative o dichiarative**: introducono una parola o una frase che spiega o precisa quel che si è detto in precedenza: cioè, ossia, infatti, vale a dire etc.;
- **correlative**: uniscono due parole o frasi mettendole in reciproca corrispondenza: e ... e, sia ... sia, sia che ... sia che, o ... o, né ... né, non solo ... ma anche etc.

➤

- *Copulative affermative*: Marco **e** Paolo escono spesso insieme;
- *Copulative negative*: non mangio il pane e **neppure** la pasta;
- *Aggiuntive*: per colazione prendo il latte ed **anche** i cereali;
- *Disgiuntive*: compra il gelato **o** la pizza;
- *Avversative*: vorrei venire, **ma** non posso;
- *Conclusive*: ho finito il compito, **quindi** posso uscire;

- *Esplicative*: mi piace Madonna, **infatti** è una grande pop star;
- *Correlative*: non bevo **né** alcolici **né** bevande gassate.

Congiunzioni subordinative

Sono quelle che mettono in evidenza un rapporto di dipendenza, cioè congiungono tra loro due proposizioni una delle quali è subordinata all'altra. Si distinguono in:

- **finali**: perché, affinché, acciocché, ché ...;
- **causali**: perché, poiché, giacché, siccome, dato che, dal momento che, in quanto ...;
- **consecutive**: (tanto) ... che, (così) ... che, (al punto) ... che, (tale) ... che, (in modo tale) ... che ...;
- **dichiarative**: che, come ...;
- **temporali**: quando, mentre, finché, come, appena che, ogni volta che, prima che, dopo che, fino a che ...;
- **concessive**: sebbene, nonostante, benché, quantunque, anche se ...;
- **condizionali**: se, purché, qualora, quando, a condizione che, a patto che, ...;
- **modali**: come, quasi, come se ...;
- **avversative**: mentre, quando, laddove ...;
- **comparative**: (così) ... come, (piuttosto) ... che, (più) ... che, (meglio) ... che, (meno) ... che, (altrimenti) ... che ...;
- **dubitative e interrogative**: come, perché, quando, quanto ...;
- **eccettuative**: fuorché, salvo che, tranne che, eccetto che ...;
- **limitative**: che, per quanto, in quanto a ...;
- **esclusive**: senza, senza che ...

➤

- *Finale*: mi chiese aiuto, **affinché** risolvesse il suo problema (per risolvere il suo problema);
- *Causale*: mi ha chiamato **perché** aveva paura;
- *Consecutiva*: Miki era **così** contento del mio arrivo **che** fece una festa;
- *Dichiarativa*: Lucia disse a Marco **che** aveva bisogno di lui;
- *Temporale*: Sono uscita **mentre** pioveva;
- *Concessiva*: **Sebbene** ci siano le nuvole, decido di andare al mare;
- *Modale*: Patrizia ha deciso di comportarsi **come** credeva più giusto;
- *Comparativa*: Nessuno sapeva affrontare la situazione **così come** lei;
- *Interrogativa*: Mi chiedeva **perché** si facesse così;
- *Eccettuativa*: Mangia tutto **tranne che** i dolci;
- *Limitativa*: È il primo della classe in **quanto a** geografia;
- *Esclusiva*: Sono andata da lui **senza** di lei.

La congiunzione *che* può essere sottointesa nelle proposizioni oggettive.

➤ credevo (*che*) facesse per celia.

Per non confondere il *che* congiunzione con il pronome relativo bisogna provare a sostituire *che* con il pronome *il quale*: se la sostituzione è possibile, *che è pronome*, altrimenti è *congiunzione*.

➤ io dico che hai torto; in questo caso è congiunzione perché non si può fare la sostituzione.

1.2.9 Interiezione o esclamazione

L'interiezione (detta anche esclamazione) è la *parte invariabile del discorso che esprime un improvviso sentimento dell'animo* (come la meraviglia, lo sdegno, il desiderio e il dolore). L'interiezione è una *espressione che s'inserisce nel discorso senza aver alcun legame con le parole in mezzo alle quali viene a trovarsi*. Il segno dell'interiezione è il punto esclamativo (!).

Le interiezioni possono distinguersi in quattro specie:

semplici	sono quelle formate da una sola parola. *oh! sono arrivati!*
locuzioni esclamative	sono quelle espresse con più parole. *povero me! beato te!*
composte	sono quelle formate da due parole. *ohimè!*
improprie	sono quelle che comprendono parole appartenenti ad altre categorie grammaticali (sostantivi, aggettivi, avverbi e verbi). *bene! peccato! accidenti! evviva!*

Le voci onomatopeiche sono simili alle interiezioni. Cercano di imitare le voci degli animali o i rumori delle cose.

➤ *Miao, din don, pio pio, tic-tac.*

1.3 Sintassi: introduzione

La sintassi descrive le regole in base alle quali noi ordiniamo le singole parole per esprimere chiaramente dei concetti. La sintassi si divide in analisi logica ed analisi del periodo (ricordiamo che la morfologia si occupava di analisi grammaticale).

analisi logica	studia l'ordinamento e le relazioni tra gli elementi che compongono una proposizione (cioè una frase in cui compare un solo verbo)
analisi del periodo	studia il legame tra più proposizioni

1.3.1 La proposizione

La proposizione è un pensiero o un giudizio della nostra mente espressa con parole.
La ***frase*** è un insieme di parole aventi senso compiuto, legate tra loro da un predicato e racchiuse da segni di interpunzione forte.

La frase può essere:
Frase semplice quando è presente un unico predicato, col verbo al modo finito ed è quindi una proposizione indipendente;
Frase complessa o ***periodo*** ha due o più predicati ed è quindi costituita da due o più proposizioni.

Nella frase semplice possono essere poi aggiunti altri elementi accessori chiamati *complementi* con lo scopo di ampliare il significato della stessa.
All'interno della frase semplice vi è una struttura formata da gruppi di parole o sintagmi; i sintagmi che hanno come elemento fondamentale un nome si chiamano *sintagmi nominali*, quelli che hanno come elemento fondamentale un verbo si dicono *sintagmi verbali*; entrambi possono essere semplici o complessi.
Il *sintagma nominale* è quindi composto dal nome-soggetto, attributi, apposizioni e complementi ad esso legati, mentre il *sintagma verbale* è composto dal predicato e da tutte le parole ad esso legate.

➤ I bambini giocano nel prato:
i bambini = sintagma nominale semplice con funzione di soggetto;
giocano = sintagma verbale semplice con funzione di predicato;
nel prato = sintagma nominale semplice con funzione di complemento.
Se però si unisce "giocano nel prato" si ottiene un *sintagma complesso* formato dal sintagma verbale semplice e dai sintagmi nominali semplici che si riferiscono al predicato.

Altri elementi fondamentali della proposizione sono soggetto e predicato.

Soggetto

È la persona, l'animale o la cosa di cui si parla. Può essere soggetto qualsiasi parte del discorso. In una proposizione è possibile trovare più soggetti.

➤ Andrea e Paolo (sogg.) sono miei amici;
esso concorda con il predicato nella persona, nel numero e, in alcuni casi, anche nel genere. Si riportano alcuni esempi che evidenziano come qualsiasi parte del discorso possa fungere da soggetto.

➤ Amare la Patria è importante (il verbo è soggetto); Tu è un pronome personale (tu è soggetto ed è pronome); Il poco è meglio di niente (poco è avverbio di quantità ed è soggetto)...

Predicato

È ciò che si dice del soggetto. È di due specie:

verbale	se consiste in un verbo che da solo abbia senso compiuto: ***il** cane abbaia*
nominale	se consiste in un nome o in un aggettivo unito al soggetto per mezzo di una voce del verbo essere, che in tal caso si chiama *copula*: *Platone era filosofo* (*era* = copula) (*filosofo* = nome del predicato)

Il *predicato nominale* si può avere nei seguenti casi:

– *con i verbi copulativi, elettivi, estimativi* (sembrare, parere, divenire, essere eletto, restare).
  ➤ Carlo fu eletto Sindaco;
– *con un pronome*.
  ➤ i libri erano tuoi;
– *con un participio*.
  ➤ il padre fu dolente;

- *con un verbo di modo infinito*.
  ➤ il passeggio è un ricrearsi;
- *con un avverbio*.
  ➤ il fatto è così;
- *con un aggettivo numerale*.
  ➤ i soldati sono trenta.

Il verbo *essere* non sempre è copula e in questo caso ha la funzione di predicato verbale:

a) può essere l'ausiliare di un verbo di tempo composto.
   ➤ io sono venuto;
b) può avere il significato di un altro verbo (come esistere, stare, appartenere, vivere, trovarsi).
   ➤ le chiavi sono sul tavolo; il libro è (appartiene) di Luca.

Gli altri elementi che possono presentarsi in una proposizione, oltre al soggetto e predicato, *sono tre*: attributo, approsizione, complementi.

Attributo
È un aggettivo che si unisce al soggetto, all'apposizione o a un complemento, per attribuirgli una qualità o per meglio specificarlo.
➤ i fanciulli educati sono simpatici.

È importante ricordare, quindi, che l'aggettivo può essere usato con funzione attributiva, cioè di attributo o predicativa, cioè di *predicato nominale*.
➤ «I bambini felici» è una funzione attributiva; «La mamma era contenta» è una funzione predicativa.

Apposizione
È un nome che si unisce al soggetto o a un complemento per spiegarlo meglio.
➤ L'imperatore Caligola era crudele; Il nome Carlo è diffuso.
➤ di apposizione complemento: Guidava una Topolino, una splendida *macchinetta*.

Vi sono casi in cui l'apposizione si presenta in modo meno chiaro:

a) quando è preceduta dalla preposizione *da* o dalla congiunzione *come*.
   ➤ Caligola, da imperatore (o come imperatore), era crudele.
b) quando l'apposizione è preceduta, talvolta, con tono di disprezzo da *quel, quello, quella, questa* e seguita dalla preposizione *di* (anch'essa pleonastica).
   ➤ quell'angelo di tuo figlio.

Complementi
Sono quei nomi con o senza preposizioni che completano l'azione espressa dal verbo.
➤ Cesare comanda un esercito.

I complementi sono di tre specie:

diretti	completano il senso espresso dal predicato direttamente, cioè senza preposizione. *Io amo i genitori*
indiretti	completano il senso espresso dal predicato indirettamente, cioè per mezzo di una preposizione. *Io ubbidisco al maestro*
avverbiali ?	complementi originati dagli avverbi, dalle preposizioni e dalle congiunzioni. *Pietro non studia mai. Laura canta soavemente*

La proposizione può anche essere *ellittica*, cioè mancare di uno o più elementi, che si possono facilmente sottintendere.
La frase può essere:
- ellittica del soggetto (Siamo andati a Parigi - il soggetto Noi è sottinteso);
- ellittica del verbo (Sempre dritto, poi a destra - il predicato Vai è sottinteso).

NOTA. Talvolta una frase manca del predicato, e viene chiamata *frase nominale*. La frase nominale è tipica dei titoli dei giornali, una frase non nominale è detta invece *verbale*.
➤ Reti inviolate a San Siro.

Di seguito alcuni esercizi delle banche dati attinenti alla proposizione.

		A	B	C	D
1	**Si identifichi il soggetto nella frase seguente. "L'11 Luglio del 1982 la nazionale italiana ha vinto i mondiali di calcio contro la Germania".**	i mondiali	L'11 Luglio	la nazionale italiana	la Germania
2	**Quale delle seguenti frasi contiene un predicato nominale?**	Giovanni non sopporta che gli si dica quello che deve fare	Antonio è bravissimo negli assoli alla batteria	Si alzò dalla sedia di scatto, perché aveva visto un topo aggirarsi per casa	Oggi il colloquio andrà alla grande, me lo sento
3	**Quale delle seguenti frasi contiene almeno un predicato verbale?**	Questo è il principale motivo della mia rabbia verso Vittoria	Matteo è stato guardiano in quel parco di divertimenti	Sei proprio uno stupido!	La scimmia prese dunque il bastone, muovendolo per tirare giù la banana
4	**Si identifichi l'apposizione nella frase seguente: "Il sindaco Rossi ha tenuto un discorso ai suoi concittadini".**	Il sindaco	Rossi	un discorso	ai suoi concittadini
5	**Quale delle seguenti frasi contiene un attributo?**	La bella Manuela allora ci venne a trovare, e tutti iniziammo a litigare per chi doveva sederle accanto	Il poeta Giacomo Leopardi nacque a Recanati, nel 1798	Giuseppe Garibaldi, l'eroe dei due mondi, incontrò Vittorio Emanuele II a Teano	Credo che sia giunta l'ora di andare a letto per tutti, o sbaglio?

Soluzioni: 1.C, 2.B, 3.D, 4.A, 5.A

1.3.2 Proposizione rispetto agli elementi

La proposizione, rispetto alla disposizione degli elementi di cui si compone, può avere:

costruzione diretta	prima viene il soggetto, poi i complementi di questo (se ve ne sono), quindi il predicato e successivi complementi
costruzione inversa	gli elementi non sono disposti in ordine secondo la funzione che assolvono
Grande è la Provvidenza	

A seconda di ciò che esprime, una proposizione può essere:

- *enunciativa* se fa un'affermazione o indica una negazione.
  ➤ La porta era aperta (enunciativa affermativa) - Domani non verremo (enunciativa negativa);
- *volitiva* se esprime una volontà o un comando.
  ➤ Fate presto (volitiva affermativa) - Non muovetevi di qui (volitiva negativa);
- *esortativa* se contiene un invito.
  ➤ Sbrighiamoci;
- *ottativa* se esprime un desiderio.
  ➤ Sia un viaggio piacevole!
- *esclamativa;*
  ➤ è andata così!
- *interrogativa* se indica una domanda.
  ➤ Dove andate?

A seconda della forma in cui viene proposta una frase **interrogativa** può essere:

- *retorica*, quando non si chiede per sapere, bensì per ribadire un concetto.
  ➤ Pensi forse di poter uscire?
- *totale*, quando richiede una risposta affermativa o negativa.
  ➤ Stasera uscite?
- *parziale*, quando non è possibile rispondere con un sì o con un no.
  ➤ Dove andate stasera?

NOTA. L'**analisi logica** della proposizione consiste nello scomporre la proposizione nei suoi elementi (soggetto, predicato, complementi) indicando la funzione compiuta da ogni parola nella proposizione stessa.

1.3.3 Principali complementi

1.3.3.1 Complementi diretti

oggetto *RISPONDE ALLE DOMANDE: CHI? CHE COSA?*	è un nome che indica la persona, l'animale o la cosa su cui cade l' azione espressa dal predicato verbale. È possibile solo con i verbi transitivi perché essi lasciano passare l'azione direttamente dal soggetto al complemento oggetto. *I buoi tirano **il carro***
oggetto interno	alcuni verbi intransitivi possono avere un complemento oggetto che ha la stessa radice o lo stesso significato del verbo. *Vivo **una vita beata**; dormo **sonni tranquilli***

(segue)

oggetto partitivo	quando è espresso mediante un articolo partitivo. *Ho mangiato* ***del pane*** (= ho mangiato poco, molto pane) *Ho comprato dei fiori* (= ho comprato alcuni fiori)
oggetto come subordinata oggettiva	talvolta il complemento oggetto può essere espresso mediante una subordinata oggettiva. *Pretendo* ***che tu stia attento*** (la tua attenzione)

Complemento predicativo dell'oggetto

Alcuni verbi transitivi (chiamare, nominare, dire, credere, giudicare, proclamare, eleggere) per avere un senso compiuto, oltre al complemento, debbono essere accompagnati da un nome o un aggettivo che completa il valore dell'azione. Il complemento predicativo dell'oggetto spesso è preceduto dalle preposizioni *da, per, a* o dalla congiunzione *come*.

➤ eleggemmo Piero per guida; lo considerammo come amico.

Complemento predicativo del soggetto

Si ha con gli stessi verbi usati nella forma passiva, i quali possono richiedere anch'essi un nome o un aggettivo che completi il senso del verbo o che indichi meglio il soggetto.

➤ Mario morì vecchio (o da vecchio); Paolo fu scelto a giudice (o come giudice).

1.3.3.2 Complementi indiretti

Complemento di specificazione

Quando un nome, preceduto dalla preposizione *di* si unisce a un altro nome generico per specificarlo meglio, per determinarlo più particolarmente o per attribuirne la proprietà.
Risponde alle domande: *di chi*? *di che cosa*?

➤ il libro di Laura; la collezione di conchiglie.

Complemento di materia

Si unisce ad un altro nome per indicare di che materia è formato. Esso è preceduto dalla preposizione *di* e talvolta dalla preposizione *in*.
Risponde alla domanda: *di che cosa*?

➤ un abito di seta; una statua di marmo.

Complemento di termine (o di attribuzione)

Si ha quando a un nome, preceduto dalla preposizione *a* (semplice e articolata), si attribuisce, si dà o si toglie qualcosa.
Risponde alle domande: *a chi*? *a che cosa*?

➤ togli quel libro a Paolo; dimmi (di' a me) la verità.

Complemento di denominazione

Indica la denominazione di una persona o di una cosa.
Risponde alle domande: *di chi*? *di che cosa*? ed è introdotto:

- da un nome geografico (città, fiume, lago etc.).
  ➤ la città di Roma;
- dalle parole del mese.
  ➤ il mese di gennaio;

– dalla parola, nome, cognome, soprannome.
➤ il nome di Antonino.

Complemento di agente
Si ha quando un nome preceduto dalla preposizione *da* indica la persona, l'animale o la cosa da cui è fatta l'azione espressa dai verbi passivi.
Risponde alle domande: *da chi*? *da che cosa*?
➤ la Patria è amata dal cittadino.

Complemento di causa efficiente
Si ha quando l'autore dell'azione indicata dal verbo passivo è costituito da cose inanimate o da idee astratte ed è preceduto dalla preposizione da.
Risponde alla domanda: *da che cosa*?
➤ Luigi è corrotto dai vizi; il bimbo fu travolto dal fiume.

Complemento di compagnia o di unione
Il complemento di compagnia si ha quando un nome preceduto dalla preposizione *con* (semplice o articolata), o da locuzioni prepositive equivalenti, indica la persona o l'animale con cui si sta o si fa l'azione.
Risponde alla domanda: *con chi*?
➤ vive col padre; venne a casa con noi.

Quando il complemento è costituito da una cosa si preferisce chiamarlo *complemento di unione*.
Risponde alla domanda: *con che cosa*?
➤ Lo vidi arrivare coi fiori.

Complemento di mezzo
Si ha quando un nome preceduto dalla preposizione *con* e talvolta dalle preposizioni *di, in, per, da, a* indica il mezzo con cui si compie l'azione espressa dal predicato.
Risponde alle domande: *per mezzo di chi* o *di che cosa*?
➤ Il Sole feconda la Terra coi suoi raggi.

Complemento di modo o maniera
Si ha quando un nome preceduto dalle preposizioni *a, con, di, da, in, per* indica il modo o la maniera in cui avviene l'azione espressa dal predicato.
Risponde alle domande: *in che maniera*? *come*?
➤ Mi parlò di lui con calore.

Complemento di causa
Si ha quando un nome preceduto dalle preposizioni *di, da, per* e dalle locuzioni prepositive *a causa, a motivo di*, indica la causa dell'azione espressa dal predicato.
Risponde alle domande: *perché, per qual motivo*?
➤ morì di veleno; soffriva per il freddo.

Complemento di fine
Si ha quando un nome preceduto dalle preposizioni *a, in, per*, o dalle locuzioni prepositive *al fine di, allo scopo di*, indica il fine o lo scopo a cui tende l'azione.

Risponde alle domande: *a che fine*? *perché*?
➤ Paolo viaggiava per divertimento.

Complemento di argomento
Si ha quando un nome preceduto dalle preposizioni *di, su, intorno a*, indica l'argomento di cui si parla e si scrive.
Risponde alle domande: *di che? di chi?*
➤ trattò di sintassi; scrisse un libro sull'amicizia.

Complemento di luogo
È quello che indica una relazione di luogo.
Si distingue in:

di stato in luogo	si ha quando un nome preceduto dalle preposizioni *a, in, su, sopra, sotto, presso,* indica il luogo reale o figurato in cui si trova la persona, un animale o una cosa. Risponde alle domande: dove? in che luogo? *io vivo a Milano*
di moto a luogo	si ha quando un nome preceduto dalle preposizioni *a, da, in, su, verso,* indica il luogo reale o figurato verso il quale è diretta una persona, un animale o una cosa. Risponde alle domande: dove? verso qual luogo? *vado a Roma; vengo da te*
di moto da luogo	si ha quando un nome preceduto dalle preposizioni *di, da, sopra, sotto,* indica il luogo reale o figurato da cui proviene la persona, l'animale o la cosa. Risponde alle domande: da dove? da qual luogo? *esco di casa; proveniva dal fiume*
di moto per luogo	si ha quando un nome preceduto dalle preposizioni *per, attraverso,* indica il luogo reale o figurato attraverso il quale passa la persona, l'animale o la cosa. Risponde alle domande: per dove? per qual luogo? *fuggiamo per i campi*
di moto in luogo circoscritto	Risponde alla domanda: per dove? *camminava nel giardino; passeggiava in casa*
di luogo figurato	È preceduto dalle preposizioni in, da, per. Risponde alle domande: dove? da dove? *aveva in mente; venne dal nulla*

Complemento di tempo
È quello che indica una relazione o una circostanza di tempo. Può essere di *due specie*:

di tempo continuato	si ha quando un nome preceduto dalle preposizioni *da, per* indica per quanto tempo è continuata, continua o continuerà l'azione. Risponde alle domande: *da quanto tempo? per quanto tempo?* *andrò in licenza per un mese*
di tempo determinato	si ha quando un nome preceduto dalle preposizioni *a, in, di, su, verso, circa*, indica il tempo in cui è avvenuta, avviene o avverrà l'azione. Risponde alle *domande*: *quando? in che tempo?* *nacque il 21 ottobre; le rose sbocciano a maggio*

Complemento partitivo
È quello che indica il tutto, un insieme di cui fa parte la persona, l'animale, la cosa a cui ci si riferisce. È introdotto dalle preposizioni *di, tra, fra*.
Risponde alla domanda: *tra chi, fra che cosa?*
➤ Egli è il più simpatico tra noi.

Può anche essere espresso dalla particella pronominale *ne* (sembrava un libro di poche pagine, ma **ne** aveva molte).

Complemento di paragone
È quello che indica il secondo termine di paragone. È introdotto dalla preposizione: *di*.
Risponde alla domanda: *in confronto a chi/a che cosa?*
➤ Matteo è più bello di Antonio.

Complemento di limitazione
È quello che indica entro quali limiti si deve restringere ciò che viene detto da un verbo, da un aggettivo o da un nome. È introdotto dalle preposizioni: *di, a, in, per*.
Risponde alla domanda: *limitatamente a che cosa?*
➤ Non sei certo bravo in geometria.

Complemento d'origine o provenienza
È quello che indica il luogo da cui qualcuno proviene o ha origine. È introdotto dalle preposizioni: *di, da*.
Risponde alla domanda: *da chi, da che cosa, da dove?*
➤ Nacque da umili genitori.

Complemento d'allontanamento o separazione
È quello che indica la persona, l'animale, la cosa da cui qualcuno si allontana o si è separato.
Risponde alla domanda: *da chi, da che cosa, da dove?*
➤ Si è liberato dalle catene.

Complemento di distanza
È quello che indica la distanza di qualcuno o qualcosa rispetto ad un punto di riferimento. È introdotto dalle preposizioni: *a, tra, fra*.
Risponde alla domanda: *quanto, a quale distanza?*
➤ Mi sono fermato a pochi metri dalla stazione.

Complemento di qualità
È quello che indica le qualità fisiche o morali di qualcuno o qualcosa. È introdotto dalle preposizioni: *di, a, da, con*.
Risponde alla domanda: *con che caratteristiche, che qualità?*
➤ Era una bimbetta dai modi delicati.

Complemento di misura
È quello che indica il peso, la misura di una persona, un animale, una cosa. È introdotto dalle preposizioni *di, da, per*.
Risponde alla domanda: *quanto?*
➤ Ho pescato una trota di due chili.

Complemento di stima o prezzo
È quello che indica il prezzo di qualcosa o di un animale. È introdotto dalle preposizioni: *di, a, per, da, in, su*.
Risponde alla domanda: *quanto, di quanto?*
➤ L'ho pagato 1.000 euro.

Complemento di età
È quello che indica l'età di una persona, un animale, una cosa. È introdotto dalle preposizioni: *di, a*.
Risponde alla domanda: *quanti anni? A/di quanti anni?*
➤ Era un gattino di tre mesi.

Complemento di vantaggio/svantaggio
È quello che indica la persona, l'animale, la cosa a favore o sfavore dei quali viene compiuta l'azione. È introdotto dalle locuzioni: a vantaggio/svantaggio di, in difesa di, a danno di.
Risponde alla domanda: *per chi? A vantaggio/svantaggio di che cosa?*
➤ È un bene per l'umanità (vantaggio); è nocivo per tutti il tuo atteggiamento.

Complementi di abbondanza e privazione
Indicano ciò di cui si è ricchi, pieni o carenti; non sono introdotti da preposizioni o locuzioni.
Rispondono alla domanda: *di chi, di che cosa?*
➤ L'album è pieno di figurine (abbondanza);
La tua vita relazionale è scarsa di amicizie (privazione).

Complemento di sostituzione o scambio
Indica la persona, l'animale, la cosa che viene sostituita o scambiata. È introdotto dalle locuzioni: al posto di, invece di o dalle preposizioni *con, per*.
Risponde alla domanda: *al posto di chi, di che cosa?*
➤ Ho visto un film invece di un documentario.

Complemento di colpa
È quello che indica ciò di cui uno è ritenuto o è colpevole. È introdotto dalle preposizioni: *di, per*.
Risponde alla domanda: *di, per quale colpa?*
➤ Fu accusato di rapina.

Complemento di pena
Indica la pena inflitta a qualcuno; è introdotto dalle preposizioni: *a, di, con, per*.
Risponde alla domanda: *a/con quale pena?*
➤ È stato condannato a sei anni.

Complemento concessivo
È quello che indica la persona, l'animale, la cosa nonostante la quale avviene l'azione espressa dal predicato. È introdotto dalle preposizioni: *nonostante, malgrado*, con o dalle locuzioni a dispetto di etc.
Risponde alla domanda: *malgrado chi/che cosa?*
➤ Malgrado il caldo indosso il maglione.

Complemento di relazione

È quello che indica la persona, l'animale, la cosa con cui si stabilisce un rapporto. È introdotto dalle preposizioni: *con, tra, fra*.

Risponde alle domande: *tra chi? Tra che cosa?*

➤ Abbiamo instaurato buoni rapporti tra vicini.

Complemento vocativo ed esclamativo

Indica la persona, l'animale, la cosa cui ci si rivolge nel discorso diretto attraverso un'esclamazione. È introdotto dalle esclamazioni: oh, o oppure è posto tra due virgole.

➤ Su, cari ragazzi, entrate presto.

Complemento distributivo

Indica in quale rapporto quantitativo stanno tra loro persone, animali, cose. Può non essere introdotto da preposizioni, oppure da: *a, per*, oppure dalle locuzioni: a poco a poco, a mano a mano etc.

➤ State in fila due a due.

Complemento di estensione

Indica quanto qualcosa si estende nello spazio; con i verbi come estendersi, innalzarsi, elevarsi è introdotto dalla preposizione *per;* con gli aggettivi che indicano lungo, largo, alto, profondo si presenta senza preposizione.

➤ Il fiume Arno scorre per molti chilometri.

Il monte Bianco è alto 4.810 metri.

Complemento di esclusione

Indica chi o che cosa viene escluso rispetto all'azione indicata dal predicato. È introdotto dalla preposizione *senza*, ma può essere introdotto anche da *fuorché, tranne, eccetto, all'infuori di* e simili.

➤ Luca è partito senza di me; mangio tutto ad eccezione dei legumi.

Di seguito alcuni esercizi delle banche dati attinenti ai complementi.

		A	B	C	D
1	**Nella frase "Marco è andato a comprare le fragole per la torta della mamma", "le fragole" è un complemento:**	oggetto	di causa	di specificazione	d'agente
2	**Nella frase "Tutti in famiglia ritenevano il piccolo Kenny un buono a nulla, ma si sbagliavano", "un buono a nulla" è un complemento:**	predicativo del soggetto	predicativo dell'oggetto	di limitazione	d'agente
3	**Quale delle seguenti frasi contiene un complemento predicativo del soggetto?**	Penso che tra poco arriverà un brutto temporale	Gli alunni della classe IV hanno eletto Mattia loro rappresentante	Assaggia i miei spaghetti! Non li trovi deliziosi?	Marco appare proprio un uomo intelligente ed equilibrato

4	**Individuare nella seguente frase il complemento di specificazione. "Ogni mattina è la stessa storia, il cane dei vicini non fa altro che abbaiare al postino e mi sveglia!".**	dei vicini	Ogni mattina	la stessa storia	al postino
5	**Nel periodo "Questi guanti di pelle mi sono costati un occhio della testa!", "di pelle " è un complemento:**	di materia	di specificazione	partitivo	di abbondanza
6	**Nella frase "Appena avrò finito i compiti andrò all'ospedale, ma prima comprerò della frutta da portare alla nonna", "alla nonna" è un complemento:**	di termine	d'agente	di compagnia	di luogo
7	**Quale delle seguenti alternative contiene un complemento di denominazione?**	Ecco davanti a voi l'Isola d'Elba	Mi chiamo Remo Williams	L'importo è indicato in euro	Viene dalla terra dei nuraghi
8	**Individuare, nella seguente frase, il complemento d'agente. "L'ultima fetta di torta al cioccolato è stata mangiata da Andrea ieri sera".**	ieri sera	torta al cioccolato	L'ultima fetta	da Andrea
9	**Individuare, nella frase seguente, il complemento di causa efficiente. "E così il povero Arlecchino venne colpito da una scarica di botte che non aveva assolutamente meritato, e pianse a dirotto".**	che non aveva assolutamente meritato	il povero Arlecchino	da una scarica di botte	pianse a dirotto
10	**Individuare, nella frase seguente, il complemento di compagnia: "L'altro giorno Mario e Cristina sono andati con Lorenzo a comprare dei nuovi mobili per la casa".**	dei nuovi mobili	e Cristina	con Lorenzo	per la casa
11	**Individuare nella seguente frase il complemento di unione. "Non fa altro che giocare tutto il giorno con quel suo stupido videogame, ma la prossima volta che porta una nota a casa glielo sequestro e lo chiudo a chiave nella cassaforte".**	a chiave	la prossima volta	a casa	con quel suo stupido videogame

12	**Quale delle seguenti frasi contiene un complemento di mezzo?**	C'era una volta un castello con tante torri a sua difesa	La mongolfiera volò in alto scomparendo tra le nuvole	Non vidi mai più quel ragazzo che conobbi al corso di storia	La mamma premiò gli sforzi del bambino con tante caramelle
13	**Nella frase "Mario è un maiale, non fa altro che mangiare con voracità tutto quello che gli metti sotto il naso", "con voracità" è un complemento:**	di specificazione	di stima	di modo	di paragone
14	**Nella frase "Mi stanno scoppiando gli occhi per il troppo lavoro, forse è meglio se prendo una pausa", "per il troppo lavoro" è un complemento:**	di causa	di tempo	di colpa	di fine
15	**Si identifichi il complemento di fine nella frase seguente: "Per la festa di Lucia ho comprato un abito di seta a fiori".**	di seta	di Lucia	Per la festa	a fiori

Soluzioni: 1.A, 2.B, 3.D, 4.A, 5.A, 6.A, 7.A, 8.D, 9.C, 10.C, 11.D, 12.D, 13.C, 14.A, 15.C

1.3.4 Il periodo

Dicesi **periodo** *una proposizione o più proposizioni strettamente collegate fra loro ed avente senso compiuto*. È racchiuso in un'unica struttura delimitata da due segni di forte interpunzione, tra i quali il punto e virgola o il punto.

Nel periodo si hanno tante proposizioni quanti sono i verbi (espressi o sottointesi). Le proposizioni possono essere:

esplicite	quando essa ha il verbo di modo finito (indicativo, congiuntivo, condizionale, imperativo);
implicite	quando il verbo espresso è di modo indefinito (riducibile a moto finito), che può essere un:
	➤ **infinito**: Si raccontava i nemici essere stati assaliti improvvisamente (Si raccontava che i nemici erano stati assaliti improvvisamente); ➤ **participio**: Il figlio, vivente il padre, fu onesto (Il figlio, finché visse il padre fu onesto); ➤ **gerundio**: Terminando il compito si alzò (mentre terminava il compito, si alzò).

La proposizione implicita si deve rendere sempre esplicita per capirne il significato.

1.3.4.1 Periodo, secondo la funzione assolta

Distinguiamo *due specie* di proposizioni:

- *principale (o indipendente)* quella che, grammaticalmente, non dipende da nessun'altra, anzi da esse dipendono le altre;
  La proposizione principale è sempre reggente di altre proposizioni, tuttavia anche le proposizioni coordinate e le subordinate possono esserlo.
  Il verbo nelle proposizioni principali è al modo finito;

- *secondaria (o dipendente, subordinata, accessoria)* quella che, grammaticalmente, dipende dalla principale.
  - ➤ la salute è un bene (principale), che al mondo vale qualcosa (secondaria).

Nel periodo possiamo avere la:

costruzione diretta	quando si dispone prima la proposizione principale e poi le varie subordinate, secondo il grado della loro subordinazione;
costruzione inversa	quando le varie proposizioni sono disposte in un ordine diverso da quello della costruzione diretta.

1.3.4.2 Coordinazione o paratassi

La coordinazione consiste nel legare due o più proposizioni mettendole sullo stesso piano della principale. Poiché la principale è una proposizione autonoma, lo sarà anche la coordinata; la coordinata alla subordinata è, invece, sullo stesso piano della subordinata. La coordinata svolge, quindi, la stessa funzione sintattica della proposizione a cui è collegata.

Coordinate secondo la forma

Come appena visto, in un periodo composto troviamo più proposizioni coordinate tra loro; esse possono essere unite per:

asindeto	mediante alcuni segni di interpunzione *Entrò nella stanza, si guardò intorno, cominciò a parlare*
polisindeto	attraverso delle congiunzioni *Mangiò velocemente e uscì subito, però dimenticò le chiavi*

Coordinate secondo la natura

A seconda della funzione della proposizione, distinguiamo diverse forme di coordinate:

- *copulative*, nel caso in cui le proposizioni siano semplicemente legate in senso affermativo
  - ➤ Ho fatto il bucato e ho stirato

  oppure negativo
  - ➤ Non voglio partire né voglio restare;
- *aggiuntiva*, se una preposizione unisce due concetti come inoltre; nonché etc.
  - ➤ Vado in vacanza per riposarmi nonché per visitare posti nuovi;
- *disgiuntiva*, se una proposizione esclude l'altra come o, oppure
  - ➤ Cenerò in pizzeria oppure andrò al cinema;
- *avversative*, nel caso in cui i concetti espressi nelle due proposizioni siano opposti
  - ➤ Sono contento di sentirti, ma avrei preferito vederti;
- *dichiarative*, se la coordinata esprime meglio il concetto della reggente
  - ➤ L'anima è immortale, cioè non perirà insieme al corpo;
- *conclusive*, se indica la naturale conclusione di ciò che è affermato nella reggente
  - ➤ Ho sbagliato il compito, quindi prenderò un'insufficienza;

– *correlative*, nel caso le coordinate siano introdotte da una coppia di congiunzioni

➤ Non voglio né studiare né lavorare - è adatto sia per giocare a pallone sia per saltare con l'asta.

NOTA. Anche due proposizioni subordinate a una principale possono essere coordinate tra loro.
➤ Devo chiederle di prendermi il biglietto e di accompagnarmi all'aeroporto. In questo periodo abbiamo una principale (Devo chiederle) e due subordinate ad essa, che però sono coordinate tra di loro.

1.3.4.3 Subordinazione o ipotassi

La *proposizione subordinata* dipende dalla principale (o reggente).

Una proposizione non può essere principale se introdotta da:
– *congiunzioni subordinanti* (onde, perché, sebbene);
– *pronomi e avverbi relativi* (il quale, che, dovunque, dove);
– *pronomi e avverbi interrogativi* (chi? che? cosa?);
– *un gerundio, un participio o un infinito.*

La proposizione subordinata che dipende direttamente dalla principale si dice *subordinata di primo grado*; quella che dipende dalla subordinata di primo grado si chiama *subordinata di secondo grado* e così di seguito, di terzo, di quarto ed anche di quinto grado. Vediamo degli esempi.

Cesare disse al centurione	**proposizione principale**
che si recasse dal tribuno	**prop. sub. di 1° grado**
il quale gli darebbe gli ordini	**prop. sub. di 2° grado**
per fare avanzare l'esercito	**prop. sub. di 3° grado**
quando sarebbe venuta l'ora	**prop. sub. di 4° grado**
di dar battaglia	**prop. sub. di 5° grado**

Le proposizioni subordinate servono a completare il significato della proposizione principale, proprio come i complementi hanno la funzione di definire gli elementi essenziali della frase. In moltissimi casi possiamo trasformare la subordinata in un complemento (diretto o indiretto), in un soggetto, in un attributo o in una apposizione. Vediamo degli esempi.

Uscirò dopo che il sole sarà tramontato	Uscirò dopo il tramonto del sole (complemento indiretto)
È importante studiare	È importante lo studio (soggetto)
Reputo che la tua idea sia brillante	Reputo brillante la tua idea (complemento diretto)
Cesare, che era un generale, morì pugnalato	Il generale Cesare morì pugnalato (apposizione)
Maria, che è bionda, si tinge i capelli	La bionda Maria si tinge i capelli (attributo).

Dividiamo perciò le subordinate in diversi gruppi:
a) quelle che sono sostituibili con un complemento indiretto (subordinate avverbiali, circostanziali o complementari indirette);
b) quelle che possono avere le funzioni di complemento diretto, soggetto, attributo o apposizione (subordinate completive, sostantive o complementari dirette);

c) le subordinate relative, che possono essere ricondotte a più complementi (attributive o appositive);
d) la subordinata condizionale, che insieme alla principale forma il periodo ipotetico.

1.3.5 PROPOSIZIONI SUBORDINATE COMPLEMENTARI (INDIRETTE O AVVERBIALI)

Proposizione causale
Assolve le stesse funzioni del complemento di causa. Essa è unita alla reggente per mezzo delle congiunzioni causali *perché, poiché*, col verbo di modo indicativo e congiuntivo e per mezzo dell'infinito preceduto dalle preposizioni *di, a, per*, o mediante il gerundio o participio passato.
Risponde alle domande: *perché? per quale ragione?*
➤ non venni (prop. princ. reggente), perché piovve (prop. causale).

Proposizione finale
È quella che corrisponde al complemento di fine. Essa è unita alla reggente per mezzo delle congiunzioni finali *affinché, perché* col verbo di modo congiuntivo o mediante l'infinito preceduto dalle preposizioni *di, a, per*.
Risponde alle domande: *a quale fine? a quale scopo?*
➤ ti prego (prop. princ. reggente) di venire (prop. finale) = affinché tu venga.

Proposizione temporale
È lo sviluppo del complemento di tempo. Essa è unita alla reggente per mezzo della congiunzione temporale *quando, allorché*, col verbo di modo indicativo o congiuntivo e per mezzo dell'infinito preceduto dalle preposizioni *a, in, su*, mediante il gerundio o participio.
Risponde alle domande: *quando? da quando? da quanto tempo?*
➤ mentre infuriava il temporale (prop. sub. temp.) scoppiò il fulmine (prop. regg. princ.).

Proposizione incidentale (o parentetica)
Si pone in mezzo agli elementi di un'altra proposizione senza legami di subordinazione. Essa è racchiusa tra due virgole o fra le parentesi o fra trattini. Può avere la forma di una proposizione indipendente o essere introdotta da un elemento subordinante e per questo esprimere un particolare valore da proposizione subordinata (causale, finale etc.).
➤ quel buon fanciullo — chi lo avrebbe detto (prop. parentetica inc.) — è divenuto pessimo.

Proposizione consecutiva
Indica la conseguenza di ciò che si dice nella reggente, alla quale è unita per mezzo della congiunzione: *che* + verbi di modo finito, dalla preposizione *da* + infinito, dagli avverbi: *sì, così, tanto*, dagli aggettivi: *tale, siffatto*, dagli aggettivi: *degno, idoneo* + infinito introdotto da *di, a*.
➤ egli è così cattivo (prop. regg. princ.), che è biasimato da tutti (prop. sub. consecutiva).

Proposizione strumentale
È la frase subordinata che indica il mezzo con il quale si realizza l'azione espressa nella reggente. Essa si trova, nella maggior parte dei casi, in forma implicita con il verbo al gerundio o all'infinito preceduto dall'articolo e retto da *con* o introdotto da locuzioni come: *a furia di, a forza di...*:
➤ *Viaggiando*, si conosce il mondo; *Con il viaggiare*, si conosce il mondo

Proposizione concessiva

È quella che indica una circostanza, nonostante la quale avviene lo stesso quanto è espresso dalla proposizione da cui essa dipende. Si esprime col verbo di modo congiuntivo, preceduto dalle congiunzioni: *benché, sebbene, quantunque, nonostante*, con il gerundio preceduto dalla congiunzione *pur* (forma implicita).

➤ Benché m'invitasse ripetutamente (prop. sub. concessiva), io non accettai (prop. principale).

Forme particolari di concessive reggono il costrutto:

- per + aggettivo + che + verbo essere al congiuntivo
  ➤ Per somaro che sia, dobbiamo promuoverlo
- per + infinito presente + che + verbo fare al congiuntivo
  ➤ Non lo convincerò, per insisterci che io possa.

Proposizione modale

È quella che fa l'ufficio del complemento di modo o maniera e si può esprimere:

- col verbo all'infinito preceduto da *senza*.
  ➤ Mi guardava (prop. regg. princ.), senza parlare (prop. sub. modale);
- col verbo all'indicativo o congiuntivo preceduto dalle congiunzioni *come, secondo che, comunque*.
  ➤ Vèstiti (prop. regg. princ.) come vuoi (prop. sub. modale).
- in forma implicita con il gerundio.
  ➤ Lavora cantando.

Proposizione interrogativa indiretta

È quella che riferisce indirettamente una domanda. Essa si esprime col verbo all'indicativo, congiuntivo e condizionale preceduto dalle congiunzioni *perché, se*; dai pronomi relativi *chi, che cosa*; dagli avverbi *quanto, come, quando, dove*. Se invece mancano avverbi, pronomi o aggettivi interrogativi, essa è introdotta dalla congiunzione *se*.

➤ Io ti domando (prop. regg. princ.) che cosa farai (prop. interr. indir.).
➤ Ti chiedo se vuoi cenare.

Proposizione comparativa di uguaglianza, maggioranza o minoranza

Esprime una comparazione in rapporto all'azione o al fatto espresso nella proposizione reggente alla quale è unita per mezzo:

a) delle congiunzioni: *come, quasi*; dagli aggettivi: *tale, quale*; dagli avverbi: *tanto*, *quanto*, in correlazione alla congiunzione: *così*.
   ➤ Essi parlavano così (prop. regg. princ.), come richiedevano (prop. sub. comparativa);
b) delle congiunzioni comparative *che, che non, di quello che*, in correlazione a *più o meno*.
   ➤ Il modesto è più sincero (prop. regg. princ.), che non sia l'orgoglioso (prop. sub. comparativa).

1.3.6 Subordinate completive o sostantive

Proposizione soggettiva

È la subordinata che fa da soggetto alla principale, dipende da: verbi impersonali, verbi costruiti con il *si* passivante, verbo essere + nome (è ora, è tempo), verbo essere + aggettivo (è bello), verbi come sembrare, riuscire + aggettivo (sembra brutto).

➤ Si sa (reggente) che tu sei svogliato (soggettiva).

Costrutto:
che + indicativo quando la reggente esprime certezza;
che + congiuntivo quando la reggente esprime dubbio;
che + condizionale quando la reggente esprime una condizione.
Le soggettive implicite hanno il verbo all'infinito preceduto da *di*

➤ È ora di venire.

Le proposizioni soggettive possono essere trasformate in soggetti per essere compresi meglio; nell'esempio precedente avremo: Si sa la tua svogliatezza.

Proposizione oggettiva

È la subordinata che fa da complemento oggetto alla reggente, la quale ha sempre un soggetto, espresso o sottinteso.

➤ Vedo che sei contento = Vedo la tua contentezza

(infatti le proposizioni oggettive possono essere trasformate in compl. oggetto).

Costrutto: <u>le oggettive esplicite</u>:
che + verbo all'indicativo quando la reggente introduce un fatto reale o certo

➤ Luca dice che gli hai insegnato a sciare)

che + verbo al congiuntivo quando la reggente esprime un'opinione o un'ipotesi

➤ Spero che tu abbia capito

che + verbo al condizionale quando il fatto viene presentato come possibile.

<u>Le oggettive implicite</u>:
di + infinito

➤ spero di partire entro le venti

solo *infinito* dopo verbi di percezione.

Proposizione dichiarativa

La proposizione dichiarativa, serve a spiegare un nome, un pronome contenuti nella reggente; essa svolge pertanto la funzione che in analisi logica ha l'apposizione; è spesso separata dalla reggente da una virgola o dai due punti.

➤ questo mi preoccupa, che tu rincasi tardi.

Costrutto: <u>forma esplicita</u>:
che + verbo all'indicativo, al congiuntivo, al condizionale.

Forma implicita: *di + infinito*.

➤ abbiamo fiducia di venire ascoltati da lui.

1.3.7 SUBORDINATE RELATIVE O ATTRIBUTIVE

Possono avere un valore:

appositivo (relative proprie)	*Giorgio, che è ingegnere, vive a Londra*
determinativo (relative improprie)	*Ho comperato la macchina che mi hai consigliato*

Una frase relativa impropria può assumere il valore di una subordinata:

temporale	Ho visto Marco > che usciva (= mentre stava uscendo)
finale	Pagherò qualcuno > che falci il prato (= affinché falci il prato)
causale	Apprezzo Marta > che non si fa illusioni (= poiché non si fa illusioni)
consecutiva	Trova delle spiegazioni > che possano soddisfarmi (= tali che possano soddisfarmi)
concessiva	Hanno bocciato Andrea, > che pure aveva studiato (= malgrado avesse studiato)

Le *subordinate relative* possono essere proprie o improprie. Le proprie svolgono nel periodo la stessa funzione che nella reggente svolgono l'attributo o l'apposizione (Un uomo *buono* = attributo = un uomo *che è buono* subordinata; è venuto a salutarci Paolo, *il fratello di Andrea* (apposizione) = *che è il fratello di Andrea* (subordinata relativa). Le proposizioni relative proprie sono introdotte dai pronomi relativi (il quale, la quale, che, cui), gli avverbi di luogo (dove, donde, ove etc.).
La **relativa esplicita** ha il *verbo all'indicativo* se il fatto è reale, *al congiuntivo o condizionale,* se è incerto o possibile.
La **relativa implicita** ha il verbo *all'infinito introdotto da un pronome relativo* con funzione di complemento indiretto o dalla preposizione *da* o senza preposizione; può essere espressa anche da un participio presente o passato.

1.3.8 SUBORDINATA CONDIZIONALE

La proposizione subordinata condizionale unita alla propria reggente, forma il periodo ipotetico; in esso la reggente indica il risultato che si otterrà nel caso si verifichi la condizione espressa dalla frase condizionale.

➤

Se verrai con noi	**proposizione condizionale e protasi del periodo ipotetico**
ci divertiremo di più	**reggente e apodosi del periodo ipotetico**

La proposizione condizionale è formata dalle congiunzioni *se, qualora, nel caso in cui* seguite dal congiuntivo, anche se talvolta il se può essere seguito dall'indicativo. Nella sua forma implicita, la frase condizionale è formata dalla preposizione e seguita dall'infinito, oppure dal gerundio o dal participio passato solo o preceduto dalla congiunzione *se*.

Il periodo ipotetico reale

La condizione espressa nella protasi è reale. Viene, quindi, espresso un fatto certo. Il modo del verbo sia della protasi (subordinata condizionale) che dell'apodosi (reggente) è l'indicativo.

➤ Se mangi così tanto, sicuramente ingrasserai

Il periodo ipotetico possibile

La protasi esprime un evento possibile. Nella protasi il modo del verbo è al congiuntivo imperfetto, nell'apodosi al condizionale presente, talora all'imperativo e all'indicativo.

➤ Se studiassi di più saresti sicuramente promosso.

Il periodo ipotetico irreale

L'affermazione della protasi è un evento impossibile. Anche in questo caso i verbi sono al congiuntivo imperfetto nella protasi e al condizionale presente nell'apodosi se l'ipotesi irrealizzabile è nel presente, se questa si riferisce al passato si usa nella reggente il congiuntivo trapassato e nella relativa il condizionale passato.

➤ Se fossi un cane ti azzannerei.

Se avessi studiato di più saresti stato promosso.

NOTA. Tra le proposizioni subordinate si può inserire il discorso indiretto.

➤ Paolo ha detto che era stanchissimo. (oggettiva).

Il discorso indiretto può diventare diretto quando riporta direttamente le parole pronunciate senza intervento da parte di chi lo riferisce.

➤ Paolo ha detto: «Sono stanchissimo».

1.3.9 Concordanza dei tempi

La proposizione subordinata, con la reggente, può avere un rapporto di:

contemporaneità	*Credo che tu stia studiando*
anteriorità	*Penso che loro abbiano finito*
posteriorità	*Credevo che sareste venuti*

Si definisce scissa una proposizione divisa in due frasi, di cui la prima (con il verbo essere) esprime un concetto da mettere in rilievo, mentre la seconda riporta un qualcosa di già noto.

➤ Sono loro che non vogliono intervenire - È Claudia che deve intervenire.

1.3.10 L'analisi logica del periodo

Fare l'analisi logica del periodo significa:

a) *suddividere* il periodo nelle proposizioni che lo compongono e indicare la specie di ciascuna di esse;
b) *riconoscere* la forma secondo il modo del verbo (esplicita o implicita);
c) *qualificare* ciascuna delle proposizioni secondo il proprio «ufficio o valore» (principale, secondaria);
d) *trasformare* le proposizioni implicite in esplicite;
e) *determinare* il «collegamento o unione» (coordinata o subordinata) stabilendo il grado;
f) *analizzare* gli «elementi» di ogni proposizione (soggetto, predicato e complemento);
g) *determinare* il tipo di periodo (semplice, composto, complesso);
h) *tenere presente* che il periodo, come la proposizione, può essere a «costruzione diretta o inversa».

Di seguito alcuni esercizi delle banche dati inerenti al periodo.

		A	B	C	D
1	**Nella frase "Stamattina mi sono svegliato e ho dovuto prendere un'altra coperta, perché faceva davvero un gran freddo e non riuscivo a dormire", "perché faceva davvero un gran freddo" svolge la funzione di:**	subordinata di primo grado finale esplicita	proposizione principale	coordinata alla principale	subordinata di primo grado causale esplicita
2	**Quale delle seguenti frasi contiene una subordinata temporale?**	Hai molta fame o aspetto tua sorella per cucinare?	Devi sbattere le uova energicamente per poter fare una bella maionese	La pioggia arrivò proprio mentre lui stava facendo una passeggiata	Con questo tempo credo proprio che la partita non si giocherà
3	**Nella frase "Devi fare l'impasto proprio come ti ha insegnato la nonna, se vuoi che i biscotti vengano buoni come li fa lei", "come ti ha insegnato la nonna" è:**	una coordinata alla principale	una subordinata di primo grado modale implicita	una subordinata di primo grado modale esplicita	una subordinata di secondo grado modale esplicita
4	**Individuare, nella seguente frase, la proposizione principale. "Quand'eravamo giovani e facevamo cose folli, non ci preoccupavamo delle conseguenze come facciamo adesso".**	Quand'eravamo giovani	non ci preoccupavamo delle conseguenze	facevamo cose folli	come facciamo adesso
5	**Quale delle seguenti frasi contiene una subordinata consecutiva?**	Per evitare che tu faccia brutte figure andrò io a parlare con il titolare	Maristella è così buona che non farebbe del male a una mosca	Se non esci di qui immediatamente ti do uno schiaffo	Per questo motivo e altri motivi non vengo a trovarti
6	**Nella frase "Stavo provando dei vestiti in camerino, quando lei è entrata senza che io me ne accorgessi e ha iniziato a parlare", "senza che io me ne accorgessi" è una subordinata:**	di primo grado esclusiva esplicita	di primo grado limitativa esplicita	di secondo grado esclusiva esplicita	di secondo grado limitativa implicita

Soluzioni: 1.D, 2.C, 3.C, 4.B, 5.B, 6.C

OCCORRE SAPERE

SINONIMI
Aberrante: abnorme
Abietto: spregevole
Abrogata: legge che non è più vigente
Abrogazione: annullamento
Abulia: accidia
Accidia: ignavia
Accigliato: volto non sereno
Accozzaglia: mucchio
Adombrarsi: incupirsi
Adulare: lusingare
Affabile: cortese, gentile, cordiale
Affranto: abbattuto, prostrato
Agglomerato: insieme
Agreste: rustico
Alacrità: prontezza
Allocuzione: arringa
Ambiguo: equivoco, immorale, falso
Ameno: delizioso
Ammezzato: mezzanino
Ammiccare: strizzare l'occhio
Arcano: misterioso
Archetipo: modello originale
Arguire: inferire
Articolazione: giuntura
Astio: acrimonia
Astioso: ostile, animoso, rancoroso
Attecchire: allignare, radicare
Attempato: anziano
Avvalorare: accreditare
Avvenire: futuro, succedere
Bacheca: teca
Baciapile: bigotta, beghina
Bilanciato: compensato
Bilioso: irritabile
Biunivoco: simmetrico
Blandire: lenire
Bugia: fandonia, candeliere
Cabrare: impennarsi
Cacciata: espulsione
Cacofonico: disarmonico
Cadenzato: scandito
Caduco: effimero; precario
Cagliare: coagularsi
Cagnara: bailamme
Cagnesco: ostile
Cala: insenatura
Calamità: sciagura, avversità
Calamitare: stregare
Calare: scemare
Cancellare: obliterare, biffare
Capillare: minuzioso
Carenza: mancanza
Carpito: preso con l'astuzia
Cavo: fune, bucato, gomena, vuoto
Cernita: scelta
Codardo: vigliacco
Collo: pacco
Combaciare: coincidere, collimare
Commistione: mescolanza
Conculcare: opprimere
Conflagrazione: esplosione
Congettura: ipotesi
Consanguineo: della stessa famiglia
Contado: agro, campagna
Corrucciato: torvo, iroso
Creare: originare
Daga: pugnale
Debellare: vincere
Decantato: magnificato, sedimentato
Declivio: pendio
Deferenza: rispetto
Defezione: ritiro da un'iniziativa o da un'attività
Deflettere: recedere
Deflusso: azione idraulica che asporta l'acqua da un bacino naturale
Delatore: informatore
Deontologia: etica
Destituito: rimosso, allontanato
Detrattore: calunniatore
Diaspora: dispersione
Dileggio: celia, baia
Disguido: inconveniente
Dissertare: discorrere
Districare: sbrogliare
Divelto: sradicato, strappato
Eclettico: versatile
Edotto: informato
Efferato: crudele; feroce
Effimero: momentaneo, provvisorio
Elogiato: lodato
Emolumento: provento, retribuzione
Ermetico: chiuso, oscuro
Esecrabile: ripugnante
Espresso: veloce, detto
Estromesso: escluso
Estroso: fantasioso, geniale
Eterogeneo: diverso, ineguale
Euforico: contento, entusiasta
Famelico: vorace
Famigerato: noto
Familiarità: confidenza
Fanatico: fazioso
Farisaico: ipocrita
Fatiscente: pericolante
Favoreggiamento: fiancheggiamento, connivenza, complicità
Fittizio: artificioso
Fobico: ossessivo
Fortuito: casuale, accidentale

Fronde: fogliame
Frottola: fandonia, panzana
Frugale: semplice
Fugace: succinto, breve
Generalizzare: universalizzare
Glabra: persona con il volto privo di barba
Gravame: incombenza
Gremito: affollato
Grifagno: rapace, minaccioso
Grottesco: goffo, mostruoso
Guisa: maniera
Guitto: attore
Iattanza: millanteria
Ignavo: persona priva di energia morale, di volontà
Illibato: integro, incontaminato
Imperversare: infierire
Inarrivabile: che non si può raggiungere
Incrinare: produrre una fessura
Indolente: pigro
Ineffabile: inesprimibile
Infrangere: contravvenire
Intellegibile: comprensibile
Interinale: temporaneo
Latente: nascosto
Lesivo: dannoso, offensivo
Lignaggio: dinastia
Macchinoso: complesso
Machiavellico: astuto
Misura: moderazione, provvedimento, risoluzione
Mitigare: attenuare
Mitteleuropeo: centroeuropeo
Oberare: caricare
Onestà: sincerità, lealtà
Opportuno: appropriato
Oppugnare: combattere
Opulento: ricco, grasso
Ordinario: banale, comune, consueto
Ottemperare: adempiere
Palmare: chiarissimo
Paranco: carrucola
Pavido: timoroso
Pedante: meticoloso, tedioso, pignolo
Peregrino: originale
Perizia: abilità, destrezza
Perspicace: intelligente, sagace
Piglio: fisionomia, cera
Plagiare: copiare
Poietico: creativo
Precario: caduco
Prono: chino
Propagato: diffuso, diramato
Propedeutico: preparatorio, preliminare, introduttivo
Proscrivere: bandire
Prospiciente: orientato verso qualcosa
Prudente: cauto
Rato: confermato
Recepire: accogliere
Recondito: nascosto, appartato
Reiterato: ripetuto
Repulsione: disgusto
Retrocedere: ripiegare
Ricercato: elegante
Ricusare: rifiutare
Rimonta: ripresa
Riottoso: ribelle
Ripiego: scappatoia
Risaltare: forgiare
Risaputo: patente
Riscattare: emendare
Riverberare: riflettere
Rollare: fluttuare, oscillare
Sapido: saporito
Scacco: umiliazione
Scabroso: imbarazzante
Scarso: insufficiente
Schernire: canzonare
Schivo: riluttante
Sciatto: disordinato, trascurato
Scorato: prostrato, avvilito
Sicumera: sussiego
Simposio: convivio
Smodato: smoderato, esagerato, eccessivo
Sofisma: cavillo
Solerzia: industriosità
Sondare: approfondire
Sopperire: provvedere
Stanziare: assegnare
Stratagemma: raggiro, inganno
Struggente: toccante
Taccagno: spilorcio, pitocco
Tangibile: concreto
Tarchiato: tracagnotto
Tartagliare: balbettare, farfugliare
Tipico: peculiare, distintivo
Tosto: sodo, subito
Tribolazione: patimento
Tumido: gonfio
Ubbia: pregiudizio
Venusto: ameno, bello
Verone: balcone
Vessare: opprimere
Vilipendio: offesa
Zeppo: affollato

SINONIMO DI PIÙ PAROLE
Alienato e moltitudini: folle
Assonanza e patto: intesa
Bivaccare e pretendere: accampare
Bozza e piccola: minuta
Brezza e motivetto: arietta
Digerito e eguagliato: assimilato
Estasi e sequestro: rapimento
Incartamento e dimestichezza: pratica

Orripilante e precipizio: orrido
Regola e tributo: canone
Sferza e consumata: lisa
Trionfo e capitato: successo
Vuoto e fune: cavo

CONTRARI
Abbinare: sparigliare
Abdicare: assumere
Aborigeno: forestiero
Affabile: burbero
Affranto: vigoroso
Aitante: gracile
Alcolico: analcolico
Ambiguo: sfuggente
Ambìto: desiderato
Ameno: triste
Ammortizzare: accentuare
Analogo: differente; difforme
Animoso: codardo
Appagamento: afflizione
Appariscente: sobrio
Attutito: rinforzato
Autoctono: allogeno
Avverso: favorevole
Avviluppare: sciogliere
Avvincente: noioso
Baldanzoso: insicuro
Bega: fastidio
Biasimo: complimento
Bilanciato: squilibrato
Bilioso: sereno
Boicottaggio: aiuto
Caduco: durevole; persistente
Cafoneria: garbatezza
Cagionevole: vigoroso
Caparbio: conciliante
Capiente: stretto
Celere: tardo
Centripeto: centrifugo
Cereo: colorito
Ciarlatano: competente
Collettivo: individuale
Colorito: cereo
Compiacere: contrastare
Compreso: escluso
Contratto: disteso
Cospicuo: esiguo
Costernato: rincuorato
Decoro: indecenza
Denigrare: elogiare
Deplorare: approvare
Destro: goffo
Discernere: confondere
Discrepante: concorde
Distanza: prossimità
Distogliere: persuadere
Divergere: accordarsi
Eccedente: scarso
Eludere: affrontare
Eluso: affrontato
Encomio: ingiuria
Enfatizzare: sminuire
Esecrare: adorare
Esitazione: decisione
Estirpare: conficcare
Estirpato: inserito
Fatiscente: saldo
Fedifrago: leale
Fittizio: fasullo
Flaccido: sodo
Florido: arido
Fortuito: casuale
Fugace: stabile
Galvanizzare: scoraggiare
Giacobino: reazionario
Guardingo: imprudente
Idrorepellente: permeabile
Illimpidire: appannare
Illogico: consequenziale
Immoto: dinamico
Impacciato: disinvolto
Impegnarsi: svincolarsi
Impellente: rinviabile
Impertinenza: riguardo
Impervio: agevole
Improntitudine: verecondia
Insigne: anonimo
Insindacabile: discutibile
Insinuato: enfatizzato
Iperbolico: moderato
Irrisorio: considerevole
Lancinante: lieve
Larvato: evidente
Lascivo: casto; corretto
Lesionato: incolume
Letale: mortale
Levante: occidente
Lezioso: melenso
Manifesto: oscuro
Marginale: essenziale
Memoria: lacuna
Miraggio: realtà
Moderato: smodato
Monastico: secolare
Negligente: zelante
Offuscare: Illuminare
Omega: inizio
Onorato: denigrato
Oppugnare: accettare
Ostacolare: aiutare
Ostile: solidale
Paciere: agitatore
Pavido: coraggioso

Pigro: attivo
Placido: inquieto
Plastico: rigido
Pleonastico: necessario
Ponente: levante
Precario: stabile
Prepotente: arrendevole
Probo: disonesto
Prono: supino
Protrazione: anticipazione
Prudente: incauta
Puntiglioso: remissivo
Quiescenza: attività
Raffinatezza: rozzezza
Ramingo: sedentario
Regressione: avanzamento
Riluttante: propenso
Rimonta: cedimento
Risaltare: confondersi
Risaputo: sconosciuto
Riservato: sfacciato
Roco: squillante
Rozzo: fine
Sabotaggio: favoreggiamento
Sagace: ottuso
Sbarbatello: esperto
Schiamazzo: silenzio
Seccatura: fastidio
Sintesi: verbosità
Smodato: moderato
Soddisfatto: insoddisfatto
Sontuoso: sfarzoso
Sottaciuto: dichiarato
Spiantato: agiato
Stantio: raffermo
Statico: mobile
Svogliato: diligente
Tapino: misero
Tediare: divertire
Turpe: nobile
Uggioso: soleggiato
Unanime: discordante

SIGNIFICATI DI PAROLE
Accidioso: che induce un senso d'indolenza o di tedio
Allegoria: figura retorica che consiste nella attribuzione al discorso di un significato simbolico, diverso da quello letterale
Anacronistico: fuori del proprio tempo, superato
Apocrifo: scritto falsamente attribuito a un'epoca o a un autore
Babordo: lato sinistro della nave guardando da poppa verso prua
Cazzuola: mestola con la quale il muratore impasta e stende la malta
Compassione: dispiacere per le sofferenze di qualcuno
Conchiglia: involucro calcareo che contiene o ripara il corpo di un mollusco
Conveniente: per dire che una merce ha un buon prezzo
Daga: spada corta, con lama larga a due tagli e impugnatura a croce
Demagogico: atteggiamento di chi cerca di sostenere le proprie tesi con affermazioni di facile presa
Discolo: ragazzino indisciplinato
Elzeviro: articolo di apertura della terza pagina
Embargo: divieto di esportare merci in un determinato stato
Fatalismo: il credere che tutto dipenda dal destino, che ogni avvenimento sia perciò inevitabile
Gabbana: soprabito largo e lungo, senza cintura, spesso con cappuccio
Inspirazione: introdurre aria nei polmoni
Intreccio: insieme delle vicende che costituiscono la trama di un testo
Ipotetica: se un'affermazione non e ancora provata con certezza
Irascibile: persona che si arrabbia facilmente
Lancinante: dolore intenso e penetrante
Lasca: corda allentata
Logorroico: smodatamente loquace, che ha il vizio di parlare troppo
Madrigale: breve componimento poetico di contenuto amoroso
Metafora: figura retorica che consiste nella sostituzione di una parola con un'altra il cui senso letterale ha una qualche somiglianza col senso letterale della parola sostituita
Metonimia: figura retorica che consiste nella sostituzione di un termine con un altro che ha con il primo un rapporto di contiguità logica
Pacciame: ammasso di residui vegetali sul terreno ai margini dei luoghi paludosi e nei boschi
Paradossale: una situazione molto strana e illogica
Perifrasi: giro di parole per mezzo del quale si definisce una cosa
Propizia: per descrivere una buona occasione
Remissiva: persona che subisce le decisioni degli altri senza discutere
Retrivo: uomo che rifiuta di seguire il progresso, rimanendo ostinatamente su posizioni conservatrici
Sibillino: di significato oscuro
Struggimento: passione intensa e tormentosa
Sventare: per dire che si rende vano qualcosa di dannoso
Virus: i più piccoli degli agenti causali delle malattie infettive

RIFERIMENTI DI SIGNIFICATI
Capzioso: a un ragionamento
Comminare: a una sanzione o ad una pena
Contemplare: a un quadro

Essere in: mettersi nei panni di un altro
Geologico: alla conformazione della crosta terrestre
Improbo: un lavoro molto faticoso
Indisciplinato: a un ragazzo discolo
Inerente: collegata ad un'altra
Oblungo: un libro
Opulento: ricco e grasso
Paradigmatico: esempio
Plumbeo: un cielo molto scuro e nuvoloso
Rorido: un prato
Scrosciare: all'acqua
Smagliante: di viva lucentezza
Stigmatizzare: un comportamento
Vermiglio: al colore rosso

SIGNIFICATO NON ATTINENTE AD ALTRI TERMINI
Affezione: incuria, distacco, indifferenza
Animazione: sincerità, lealtà, onestà
Bottega: sondaggio, accertamento, esplorazione
Corretto: lapsus, svista, abbaglio
Discredito: screzio, dissapore, dissidio
Encomio: strigliata, rabbuffo, paternale
Impeto: flemma, lentezza, distacco
Liberale: generoso, munifico, magnanimo
Liceità: prevaricazione, angheria, abuso
Logorato: abulico, indolente, neghittoso
Maleducato: ammodo, dabbene, corretto
Operosità: superbia, boria, alterigia
Parzialità: frammento, pezzetto, brandello
Perfetto: difettoso, falloso, scorretto, irregolare
Prestigio: provvista, scorta, rifornimento
Repressione: ripresa, risalita, rimonta
Resistenza: gratificazione, soddisfazione, appagamento
Riscuotere: donare, erogare, elargire
Scontato: misterioso, astruso, arcano
Stabile: temporaneo, passeggero, caduco
Superficiale: intimo, radicato, intrinseco
Trascuratezza: assistenza, cura, sollecitudine
Umido: rigido, polare, molto freddo
Vigore: spossatezza, stanchezza, prostrazione

SIGNIFICATI DI MODI DI DIRE
A denti stretti: di malavoglia
Uscire dal seminato: deviare dall'argomento trattato
Ingoiare un rospo: tollerare qualcosa di sgradito
Aguzzarsi il palo sulle ginocchia: rischiare di procurarsi un danno per imprudenza, pigrizia o sbadataggine
Provare il dente del lupo: diventare prudente dopo una brutta esperienza
Sentirsi come un cane bastonato: essere avvilito e mortificato
Fare d'ogni erba un fascio: tende a generalizzare eccessivamente, non considerando le differenze
Salta di palo in frasca: passa da un argomento all'altro senza ragione logica
Colmare la misura: arrivare al limite del sopportabile
Perdere la bussola: perdere il controllo
Ritornare con le pive nel sacco: tornare delusi e umiliati per non aver ottenuto ciò che si voleva
Non sa che pesci pigliare: non sa come fare a uscire da una data situazione
Prendere lucciole per lanterne: ha confuso tra loro due cose vagamente simili
Andare per mare senza biscotto: iniziare qualcosa senza la necessaria attrezzatura
A iosa: in sovrabbondanza
Essere un leone in gabbia: Mostrare grande insofferenza per una limitazione, essere irrequieti
Cavare sangue dalle rape: cercare di ottenere da qualcuno ciò che non può dare.
Abbassare le ali: assumere un atteggiamento più modesto e remissivo
Andare come le mosche al miele: correre con entusiasmo verso qualcosa
Agire dietro le quinte: manovrare una situazione senza mostrarsi
Fare due pesi e due misure: applicare criteri di giudizio differenti a seconda delle persone
Aspettare la lepre al balzello: aspettare il momento giusto per agire o vendicarsi
Cavalcare la tigre: affannarsi su un problema troppo arduo nell'illusoria speranza di risolverlo
Vendere la pelle dell'orso prima di averlo ucciso: dare per scontato un buon risultato prima di esserne entrato in possesso o averlo ottenuto
Ciurlare nel manico: sottrarsi con abili raggiri a un impegno
Essere un altro paio di maniche: trattarsi di tutt'altro
Essere come il cacio sui maccheroni: giungere a proposito
Il volo del calabrone: fare una brutta fine
Lanciare un sasso nello stagno: creare scompiglio in una situazione tranquilla
Andare a Canossa: riconoscere i propri errori e umiliarsi chiedendo perdono
Fare orecchie da mercante: fingere di non capire, per proprio tornaconto
Perdere la faccia: screditarsi
Essere come il prezzemolo: essere sempre presente, intrufolarsi dappertutto
Darsi la zappa sui piedi: fare qualcosa di autolesivo
Discutere del sesso degli angeli: discutere di cose inutili, perdendo del tempo che si potrebbe utilizzare per cose più utili
Vederci bene: essere acuti
Sapere dove il Diavolo nasconde la coda: essere molto astuti
Essere al verde: rimanere senza un soldo

Cadere dalle nuvole: trovarsi di fronte a una realtà che non ci si aspetta
Avere un mantello per ogni acqua: saper far fronte a qualsiasi imprevisto
Fare il nesci: fingere di non capire
Aspettare la lepre al balzello: aspettare il momento opportuno per vendicarsi
Andare a scopare il mare: fare un lavoro inutile
Arrampicarsi sugli specchi: fare tentativi miseri e inutili per barcamenarsi
Fare sedile di botte: si adatta alle circostanze sopportandone il disagio
Non cavare un ragno dal buco: non concludere nulla nonostante sforzi e tentativi
Trovarsi fra Scilla e Cariddi: dover scegliere tra due possibilità ugualmente sgradevoli o pericolose
Essere come una mosca nel latte: irritare gli altri con la propria indebita intromissione
Rimanere al palo: indica il lasciarsi sfuggire una buona occasione
Essere un altro paio di maniche: indica una cosa completamente diversa
Ciurlare nel manico: indica il tentativo di prendere tempo per non mantenere gli impegni presi
Fare lo gnorri: fingere di ignorare
Essere di manica larga: persone che giudicano senza troppa severità
Capitare a fagiolo: capitare al momento più adatto
A babbo morto: indica un debito contratto dal figlio che verrà pagato con l'eredità
Avere la pazienza di un certosino: essere dotati di scrupolo, concentrazione e precisione nel portare a termine un lavoro
Camminare come un gambero: regredire, andare indietro
Cercare di salvare capra e cavoli: salvaguardare con una decisione gli interessi di due soggetti
Dormire come un ghiro: dormire profondamente
Avere fame come un lupo: persona molto affamata
Avere uno stomaco da struzzo: essere in grado di digerire anche i cibi più pesanti
Specchietto per le allodole: pretesto per attirare una persona in modo ingannevole
Magro come un'acciuga: essere molto magro, rinsecchito
Diffidente come San Tommaso: ostinata a credere a un certo fatto accaduto
Avere un coraggio da leone: avere un coraggio eccezionale
Furbo come una volpe: dotato di particolare astuzia
Piangere lacrime di coccodrillo: persona che prima commette di proposito una cattiva azione, poi finge di provare rimorso
Veloce come un fulmine: molto veloce, rapidissimo, appunto come un fulmine
Curioso come un gatto: molto curioso, come sembrano essere i gatti che vanno ad annusare tutto
Forte come un toro: dotato di grande forza fisica
Testardo come un mulo: estremamente testardo, ostinato, cocciuto e inconvincibile, come si vuole siano i muli
Sgradito come il fumo negli occhi: per indicare una persona detestabile, sgradita
Qui casca l'asino: si usa per sottolineare una particolare difficoltà, o anche un tranello, un inganno e simili
Felice come una Pasqua: riferito a chi manifesta una grande felicità, proprio perché il giorno di Pasqua è un giorno di grande gioia
Lungo come una Quaresima: si dice di una persona o di una cosa prolissa, noiosa, insistente
Gettare la croce addosso a qualcuno: addossare la responsabilità di un fatto ad un'altra persona
Portare la propria croce: capacità di sopportare e accettare i momenti dolorosi della vita

Sezione II
Matematica

Capitolo 1
Aritmetica – Numeri interi e decimali – Le quattro operazioni – I sistemi di misura

1.1 Teoria degli insiemi

INSIEME Gruppo di elementi di cui si può stabilire inequivocabilmente almeno una caratteristica in comune

➤ Le *vocali dell'alfabeto italiano* costituiscono un insieme.
I *libri più interessanti della biblioteca* non costituiscono un insieme, perché non lo si può stabilire con certezza.
– Un **insieme** si indica con la ***lettera maiuscola***
– gli **elementi dell'insieme** con la ***lettera minuscola***

A = {a, b, c, d, e}

SIMBOLI RELATIVI AGLI INSIEMI	
A = B	(*uguaglianza*): gli insiemi **A** e **B** sono uguali
b ∈ A	(*appartenenza*): l'elemento **b** appartiene all'insieme **A**
b ∉ A	(*non appartenenza*): l'elemento **b** non appartiene all'insieme **A**
A = ∅	l'insieme **A** è *vuoto*
A ⊂ B	l'insieme **A** è un **sottoinsieme** di **B** ciò vuol dire che ogni elemento di **A** appartiene anche a **B**, ma non viceversa; es. **A** è l'insieme delle città della Lombardia, **B** l'insieme delle città italiane
C = A ∩ B	(*intersezione*): l'insieme **C** è costituito dagli elementi in comune tra **A** e **B**
C = A ∪ B	(*somma*): l'insieme **C** è costituito dalla somma degli insiemi **A** e **B**

1.2 Corrispondenze tra insiemi

Gli elementi di due differenti insiemi possono essere in relazione tra loro. Questa relazione si chiama **corrispondenza**.

➤ L'insieme **A** degli abbonati telefonici e l'insieme **B** dei numeri telefonici: a ogni abbonato è abbinato un numero; perciò si dice che **A** e **B** sono in corrispondenza.

TIPI DI CORRISPONDENZE	
Univoca	Si ha quando a ogni elemento del primo insieme corrisponde un solo elemento del secondo, ma non viceversa (a un elemento del secondo insieme possono corrispondere anche più elementi del primo).
Biunivoca	Si ha quando a ogni elemento del primo insieme corrisponde un solo elemento del secondo insieme e viceversa.

1.3 I numeri

I numeri sono classificati in **insiemi**, quindi, indicati ognuno con una **lettera maiuscola**. Ogni insieme di numeri ha le sue **operazioni** (addizione, sottrazione ecc.) che possono essere di 2 tipi:

– **operazione interna**
Si ha quando il risultato dell'operazione *è* un numero che appartiene allo stesso insieme di partenza.
➤ La somma di due numeri naturali è sempre un numero naturale: $2 + 5 = 7$

– **operazione non interna**
Si ha quando il risultato dell'operazione *non è sempre* un numero che appartiene allo stesso insieme.
➤ La sottrazione di due numeri naturali: $4 - 3 = 1$ (dà un numero naturale), ma $3 - 4 = -1$ (dà un numero relativo)

INSIEMI NUMERICI	
Numeri Naturali (N)	Numeri interi positivi, compreso lo zero (0, 1, 2, 3, 4, 5 ecc.) *operazioni interne*: addizione, moltiplicazione
Numeri Relativi (Z)	Sono i numeri **positivi** (Z^+) e **negativi** (Z^-) – 5, – 4, – 3, – 2, – 1, 0, 1, 2, 3, 4, 5 ecc. *operazioni interne*: addizione, sottrazione, moltiplicazione, divisione
Numeri Razionali (Q)	Possono essere indicati o come **frazione** $\left(\frac{1}{4}, \frac{1}{2}, \frac{3}{4}\right)$ o come **parte intera + parte decimale** (1,5; 0,7; 4,8) *operazioni interne*: addizione, sottrazione, moltiplicazione, divisione
Numeri Irrazionali (I)	Non possono essere trasformati in un numero razionale. ➤ $\sqrt{2}$ (dà un valore dalla cifra decimale infinita: 1,4142135624...)
Numeri Reali (R)	Sono l'unione tra Q e I. Quindi $\mathbf{R} = \mathbf{Q} \cup \mathbf{I}$

Come si vede, gli insiemi numerici sono in relazione fra loro.

➤ **N** è un sottoinsieme di **Z** (**N** ⊂ **Z**); **Z** è a sua volta un sottoinsieme di **Q** (**Z** ⊂ **Q**); tutti sono un sottoinsieme di **R**.

1.4 Introduzione all'aritmetica

L'*aritmetica* è l'arte dei numeri. Infatti, contare e numerare è l'operazione che si compie sia per stabilire quanti sono gli oggetti che costituiscono il gruppo, sia per attribuire a ogni oggetto dello stesso gruppo una unità o per nominare tali unità una di seguito all'altra.
I numeri da 0 a 9 sono le cifre significative.
L'unità sola si dice semplice o fondamentale.
Il numero 10 è alla base della numerazione in quanto un numero di 10 unità è una nuova unità che si dice di ordine superiore.
Per questo la nostra numerazione è detta *decimale* o a *base decimale*.

È opportuno ricordare le seguenti definizioni:

- *Valore assoluto* (o *modulo*) *di un numero relativo*: è il numero stesso, ma senza segno.
- *Numeri relativi concordi:* con lo stesso segno

  ➤ -4 e -8, oppure $+7$ e $+11$.

- *Numeri relativi discordi:* con segno diverso

  ➤ -3 e $+5$, oppure $+8$ e -4.

- *Numeri relativi opposti:* con valore assoluto uguale e segno diverso. La somma di due numeri opposti è 0

  ➤ $-3, +3$.

- *Numeri relativi inversi (o reciproci):* il loro prodotto è = 1.

  ➤ 5 e $\frac{1}{5}$, $-\frac{3}{4}$ e $-\frac{4}{3}$

- *Numeri relativi antireciproci:* sono contemporaneamente inversi e discordi e il loro prodotto è -1

  ➤ 2 e $-\frac{1}{2}$.

- *Il prodotto di due numeri relativi concordi è positivo.*
- *Il prodotto di due numeri relativi discordi è negativo.*
- *Il prodotto di due numeri opposti è negativo.*
- *Se il prodotto di due numeri relativi è positivo*, i due numeri sono entrambi positivi o entrambi negativi.
- *Se il prodotto di due numeri relativi è negativo,* uno è negativo, l'altro è positivo.
- *Se il prodotto di due numeri relativi è nullo,* uno o entrambi sono nulli.
- *Se il prodotto di quattro numeri è un numero positivo,* allora i fattori concordi sono in numero pari.
- *Se una divisione tra numeri relativi ha come quoziente* $+1$, vuol dire che il dividendo è 0 e che il divisore è un numero qualunque.

– *Se la somma di due numeri relativi è nulla,* essi sono opposti.
– *Se la differenza di due numeri relativi è nulla,* essi sono uguali. (La differenza di due numeri relativi è il numero che si ottiene aggiungendo al primo l'opposto del secondo).

Numeri interi

1° gruppo				
1° ord. unità	– da	1	a	9
2° ord. decine	– da	10	a	99
3° ord. centinaia	– da	100	a	999
2° gruppo				
4° ord. unità di migliaia	– da	1.000	a	9.999
5° ord. decine di migliaia	– da	10.000	a	99.999
6° ord. centinaia di migliaia	– da	100.000	a	999.999
3° gruppo				
7° ord. un. di milioni	– da	1.000.000	a	9.999.999
8° ord. dec. di milioni	– da	10.000.000	a	99.999.999
9° ord. cen. di milioni	– da	100.000.000	a	999.999.999
4° gruppo				
10° ord. un. di miliardi o bilioni	– da	1.000.000.000	a	9.999.999.999
11° ord. dec. di miliardi o bilioni	– da	10.000.000.000	a	99.999.999.999
12° ord. cen. di miliardi o bilioni	– da	100.000.000.000	a	999.999.999.999
5° gruppo				
13° ord. un. di trilioni	– da	1.000.000.000.000	a	9.999.999.999.999
14° ord. dec. di trilioni	– da	10.000.000.000.000	a	99.999.999.999.999
15° ord. cen. di trilioni	– da	100.000.000.000.000	a	999.999.999.999.999

I numeri interi si contano da destra verso sinistra.

Esempi sugli ordini dei numeri

➤ *Quante unità del 3° ordine ci sono nel numero 253.462?*

Le unità del 3° ordine sono le centinaia, quindi in questo caso il numero *4* rappresenta le unità del 3° ordine.

➤ *10^3 è l'ordine di grandezza del numero ...*

In questo caso bisogna prima svolgere la potenza di 10^3 cioè $10 \cdot 10 \cdot 10 = 1.000$ e poi scegliere tra le opzioni quella che più si avvicina per «difetto» al numero dato, cioè, in questo caso, 1.000. Quindi se nell'esempio 10^3 le soluzioni possibili sono: a) 500 b) 190 c) 832 d) 1.020, bisogna scegliere l'alternativa c).

➤ *10^{-1} è l'ordine di grandezza del numero ...*

Poiché 10 alla meno uno è 1/10 cioè 0,1 il numero da scegliere è quello che più si avvicina a 0,1 ... per difetto come nell'esempio precedente.

1.5 Le quattro operazioni

Addizione e relative proprietà

Addizionare un numero a un altro significa contare di seguito al primo le unità del secondo. Le proprietà dell'addizione sono:

1) *commutativa*: invertendo l'ordine degli addendi la somma non cambia.

$$5 + 2 = 7; \quad 2 + 5 = 7;$$

2) *associativa*: una somma di più addendi non cambia se ad alcuni di essi si sostituisce la loro somma.

$$2 + (3 + 4) + 5 = 14; \quad 2 + 7 + 5 = 14;$$

3) *dissociativa*: una somma di due o più addendi non cambia se a un addendo si sostituiscono altri la cui somma sia uguale all'addendo considerato.

$$2 + 6 + 7 = 15; \quad 2 + 6 + (3 + 4) = 15.$$

I numeri dell'addizione si dicono «*addendi*» ed il risultato si dice «*somma* o *totale*».
3 + 5 (addendi) = 8 (somma o totale). Il segno è + (più).

Sottrazione e relativa proprietà

Sottrarre un numero da un altro significa trovare un terzo numero che sommato al secondo dia per risultato il primo.

$$9 - 7 = 2; \quad 2 + 7 = 9$$

9 si dice minuendo.
7 si dice diminutore o sottraendo.
2 si dice differenza.
Il segno è – (meno).
I numeri 9 e 7 considerati assieme si dicono termini della sottrazione.
La sottrazione ha una sola proprietà:

- *invariantiva*: aggiungendo o togliendo ai due termini di una sottrazione uno stesso numero la differenza non cambia.

$$9 - 7 = 2; \quad (9 + 3) - (7 + 3) = 12 - 10 = 2; \quad (9 - 4) - (7 - 4) = 5 - 3 = 2.$$

Moltiplicazione e relative proprietà

Moltiplicare un numero per un altro (maggiore di uno) significa fare la somma di tanti addendi uguali al primo quante sono le unità contenute nel secondo numero.
La moltiplicazione non è altro che una addizione abbreviata.

$$9 \cdot 3 = 27; \quad 9 + 9 + 9 = 27.$$

I numeri 9 e 3 si dicono rispettivamente *moltiplicando* e *moltiplicatore*; se si considerano assieme assumono la denominazione di *fattori*. Il numero 27 di cui all'esempio suindicato si dice *prodotto*. Il segno · si dice moltiplicando o semplicemente *per*. Le proprietà sono:

1) *commutativa*: invertendo l'ordine dei fattori il prodotto non cambia.

$$6 \cdot 4 = 24; \quad 4 \cdot 6 = 24;$$

2) *associativa*: un prodotto di più fattori non muta se ad alcuni di essi si sostituisce il loro prodotto.

$$2 \cdot (3 \cdot 4) = 24; \quad 2 \cdot (12) = 24;$$

3) *dissociativa*: un prodotto di più fattori non cambia se a uno di essi se ne sostituiscono altri il cui prodotto sia uguale al fattore considerato.

$$3 \cdot (8) \cdot 5 = 120; \quad 3 \cdot (2 \cdot 4) \cdot 5 = 120;$$

4) *distributiva rispetto all'addizione*: il prodotto di una somma per un numero si può eseguire moltiplicando ciascun addendo per quel numero e addizionando i prodotti parziali ottenuti;

$$(2 + 3 + 4) \cdot 5 = (9 \cdot 5) = 45$$
$$(2 \cdot 5) + (3 \cdot 5) + (4 \cdot 5) = (10 + 15 + 20) = 45;$$

5) *il prodotto di una differenza* per un numero si può eseguire moltiplicando ciascun termine della differenza per quel numero e sottraendo i prodotti parziali ottenuti.

$$(8 - 2) \cdot 4 = (6 \cdot 4) = 24$$
$$(8 \cdot 4) - (2 \cdot 4) = (32 - 8) = 24.$$

NOTA. Se tra i fattori vi è ***zero***, il prodotto è zero.

➤ $2 \cdot 3 \cdot 0 \cdot 2 \cdot 5 = 0.$

Divisione e relative proprietà

Dividere un numero per un altro vuol dire trovare un terzo numero che, moltiplicato per il secondo, e aggiungendo l'eventuale resto, dia per risultato il primo.

$$16 : 2 = 8; \quad 8 \cdot 2 = 16.$$

17	3
2	5

17 si dice dividendo
3 si dice divisore
5 si dice quoziente
2 si dice resto.
se il resto è zero il risultato si dice quoto.

Prova: 5 · 3 = 15; 15 + 2 = 17.

Le proprietà della divisione sono:

1) *invariantiva*: moltiplicando il dividendo e il divisore per uno stesso numero il quoziente non cambia e il resto, se c'è, risulta moltiplicato per quel numero.

   27 : 6 è uguale a 4 con il resto di 3.

   Se moltiplico 27 · 3, 6 · 3 e 3 · 3 ottengo i seguenti numeri: 81, 18, e 9.
   Dividendo 81 per 18, trovo «4» come quoziente e «9» come resto, cioè 3 · 3;

2) *distributiva rispetto all'addizione*: per dividere una somma indicata di due o più numeri per un numero dato, si possono dividere – se ciò risulta possibile – tutti gli addendi per quel numero e sommare i quozienti parziali ottenuti.

$$(40 + 25 + 10) = 75; \quad 75 : 5 = 15$$

$$(40 : 5) + (25 : 5) + (10 : 5) = (8 + 5 + 2) = 15;$$

3) *distributiva rispetto alla sottrazione*: per dividere una differenza indicata per un numero dato, si possono dividere – se ciò risulta possibile – diminuendo e sottraendo per quel numero e sottrarre quindi i quozienti parziali ottenuti.

$$(18 - 6) : 3 = 4 \text{ quoziente.}$$

$$(18 : 3) - (6 : 3) = 6 - 2 = 4.$$

Proprietà delle uguaglianze

Le scritture 4 + 3 = 7; 2 + 3 = 5; 6 + 3 = 9 si dicono uguaglianze.

Il segno = si legge «è uguale»; 4 + 3 si dice primo membro dell'uguaglianza e 7 secondo membro. Le proprietà sono:

1) *riflessiva*: ogni numero è uguale a se stesso.

   ➤ 3 = 3;

2) *simmetrica*: se un numero è uguale ad un altro, questo è uguale al primo.

   ➤ 4 + 3 = 7; 7 è pure uguale a 3 + 4

3) *transitiva*: se un numero è uguale a un altro e questo è uguale a un terzo, anche il primo sarà uguale al terzo.

   ➤ 3 + 4 = 7; 2 + 5 = 7; anche 3 + 4 = 2 + 5.

Disuguaglianze

Per indicare se un numero è maggiore o minore di un altro si adoperano i seguenti simboli: $>$ e $<$.
9 $>$ 6 significa che 9 è maggiore di 6
6 $<$ 9 significa che 6 è minore di 9

Integrazioni sui numeri naturali

Se l'esercizio parla di numeri che «sono compresi» vuol dire che non devo prendere in considerazione i numeri estremi.

➤ $1 < n < 4$.

I numeri compresi tra 1 e 4 sono solo 2 e 3; se invece sono «compresi e uguali» prendo in considerazione anche l'estremo o gli estremi con l'uguale.

➤ $1 \leq n < 4$.

Oltre al 2 e 3 anche il numero 1 va considerato, perché c'è il simbolo ≤ (minore od uguale), mentre il 4 non va considerato poiché non c'è il simbolo uguale.
Inoltre va ricordato che: il più piccolo numero naturale di una cifra è 0 e il più grande è 9; il più piccolo di due cifre è 10; il più grande è 99 ecc.

Se l'esercizio mi chiede di calcolare la somma dei primi 20 numeri (il 20 è solo un esempio) il ragionamento che debbo seguire è il seguente:

- se *n* è *pari* (come nel caso dell'esempio 20) si moltiplica il valore per la sua metà e si aggiunge la metà. Quindi $20 \cdot 10 + 10 = 200 + 10 = 210$.
- se *n* è *dispari* (es.: 27) si moltiplica la metà di quel valore approssimato per eccesso per il valore stesso.

Nell'esempio $\frac{27}{2} = 13{,}5$ quindi $14 \cdot 27 = 378$.

NOTA.
- moltiplicando un numero per **1** si ottiene lo stesso numero: $3 \times 1 = 3$
- moltiplicando un numero per **0** si ottiene 0 : $3 \times 0 = 0$
- nella divisione, quando non esiste un quoziente appartenente ai numeri naturali, si produce il **quoziente approssimato** più il **resto**

➤ 52 : 10 = 50 (quoziente appr.) + 2 (resto)

- nelle espressioni con più operazioni, ove non indicato dalle parentesi, si effettuano prima le **moltiplicazioni** e le **divisioni**: $4 \times 5 + 6 : 2 = (4 \times 5) + (6 : 2) = 20 + 3 = 23$.

Numeri decimali

I numeri decimali vengono posti dopo la virgola e si enunciano nell'ordine:

– decimi	0,1
– centesimi	0,01
– millesimi	0,001
– decimillesimi	0,0001
– centimillesimi	0,00001
– milionesimi	0,000001
– decimilionesimi	0,0000001
– centimilionesimi	0,00000001
– bilionesimi o miliardesimi	0,000000001
– decimiliardesimi	0,0000000001

– centimiliardesimi........................ 0,00000000001
– trilionesimi .... 0,000000000001 ecc.

NOTA. I predetti numeri decimali si contano da sinistra verso destra.

Confronto e arrotondamento

Data una serie di numeri decimali, per individuare immediatamente l'entità più grande o più piccola occorre prima fare riferimento alla parte intera (**1**,7567), poi ai decimi (1,7567), poi ai centesimi (1,7567) e così di seguito per le altre parti. Il numero più grande della serie sarà quello che ha il numero intero maggiore, a parità quello che ha il decimale più grande, a parità di decimale è più grande il numero che ha i centesimi maggiori e così via. Viceversa per individuare il numero decimale più piccolo.

➤ Mettere in **ordine decrescente** i seguenti numeri: 9; 0,9; 0,96; 9,6; 0,06.

Si consiglia di considerare i numeri tutti con lo stesso numero di posti dopo la virgola, quindi aggiungendo tanti zeri per i decimi o centesimi mancanti:

9,00; 0,90; 0,96; 9,60; 0,06.

Prendendo in considerazione le unità, si nota che i numeri più grandi e che hanno le medesime unità sono 9,00 e 9,60, si passa quindi ad esaminare i decimi dei due numeri e notiamo che un numero non ha decimi e l'altro ne ha 6, pertanto il maggiore dei due numeri è **9,60**. Passando ad esaminare i rimanenti numeri che hanno tutti come unità 0, quelli che presentano gli stessi decimi più grandi rispetto agli altri sono 0,90 e 0,96, quindi il numero più grande tra i due è **0,96** perché ha come centesimi 6 a differenza dell'altro che ne ha 0.
Di conseguenza l'ordine decrescente è: 9,6 > 9,0 > 0,96 > 0,9 > 0,06.

➤ Mettere in **ordine crescente** i seguenti numeri: 0,1; 1; 0,2; 1,5; 0,12.

Anche per questo esercizio si effettua lo stesso ragionamento summenzionato individuando le grandezze inferiori. I numeri più piccoli sono quelli che riportano le unità uguali a zero (0,10; 0,20; 0,12) e meno decimi, quindi 0,10 < 0,12 < 0,20.
Continuando ad esaminare i numeri rimanenti che hanno più unità, vediamo che il più piccolo è 1,00 poiché non ha decimi.
Sulla base dell'analisi effettuata, l'ordine crescente è: 0,1 < 0,12 < 0,20 < 1 < 1,5.

L'arrotondamento consiste nel ridurre il numero delle cifre significative con cui si rappresenta una quantità.
Se si vuole arrotondare alla seconda cifra decimale si prende in considerazione la terza cifra decimale e, se questa è maggiore di cinque, si arrotonda alla cifra successiva, mentre se è inferiore si lascia il numero così com'è invariato alla seconda cifra.

➤ 1,3466 arrotondato alla seconda cifra decimale diventa 1,35 (perché il 6, terza cifra è maggiore di 5);

➤ 2,5834 arrotondato alla seconda cifra rimane 2,58 (perché il 3, terza cifra è minore di 5).

Operazioni con i numeri decimali

• Addizione

Per poter effettuare la somma di 2 o più numeri decimali, è necessario metterli in colonna facendo in modo che la virgola sia allineata e poi eseguire le somme normalmente.

➤ 3,25 + 13,6 + 120,03 = 136,88

```
   3,25+
  13,60+
 120,03=
 136,88
```

• Sottrazione

La differenza tra 2 numeri decimali segue le stesse regole dell'addizione. Bisogna incolonnare i valori allineando la virgola e poi effettuare la sottrazione.

➤ 15,3 – 12,88 = 2,42

```
 15,30–
 12,88=
  2,42
```

• Moltiplicazione

Il prodotto tra 2 numeri decimali non prevede un incolonnamento particolare. Bisogna effettuare normalmente la moltiplicazione tra essi, come se la virgola non ci fosse; il risultato del prodotto, invece, dovrà avere tante cifre decimali quante sono complessivamente le cifre decimali dei 2 numeri.

➤ 12,**26** × 5,**43** = (in tutto 4 cifre decimali) 66,**5718**

```
   12,26 ×
    5,43 =
    3678
   4904 –
  6130 –
 66,5718
```

(partendo dall'ultima cifra si devono contare quattro posizioni da destra verso sinistra e mettere la virgola)

• Divisione

In caso di quoziente tra due numeri decimali, è necessario distinguere tre casi:

1) dividendo decimale e divisore intero: ➤ 12,6 : 7 = 1,8

2) dividendo intero e divisore decimale: ➤ 135 : 4,15 = 32,53012

3) dividendo decimale e divisore decimale: ➤ 9,66 : 2,3 = 4,2

Caso 1.: si procede effettuando normalmente la divisione ricordandosi di mettere la virgola al quoziente prima di "abbassare" il numero 6:

➤ 12,6: 7 =
 5 6 1,8
 0 0

Caso 2.: bisogna rendere intero il divisore decimale, quindi, per la proprietà invariantiva, si dovrà moltiplicare sia il dividendo che il divisore tante volte per 10 quante sono le cifre decimali. In questo caso le cifre decimali sono due, quindi si moltiplicheranno per 100 (10×10) entrambi i termini.

➤ 135 × 100 = 13500

4,15 × 100 = 415

Perciò la nuova forma della divisione sarà: 13500:415=, che potrà essere svolta normalmente.

Caso 3.: vale sempre la regola del caso 2, quindi **bisogna rendere intero solo il divisore decimale** e perciò si dovranno moltiplicare sia il dividendo che il divisore tante volte per 10 quante sono le cifre decimali. In questo caso il divisore ha 1 cifra decimale, e per questo si moltiplicheranno entrambi i termini × 10.

➤ 9,66 × 10 = 96,6

2,3 × 10 = 23

La nuova forma della divisione sarà: 96,6:23= che riporta al Caso 1.

1.6 Sistema metrico decimale

Per misurare una qualsiasi grandezza sono indispensabili delle unità di misura quali il metro lineare, il metro quadrato, il grammo e il litro che sono dette misure principali.
A queste, per maggiore precisione e più facilità di calcolo, si aggiungono misure secondarie, maggiori o minori delle misure principali.
Tutte queste grandezze costituiscono il sistema metrico decimale.
Le predette unità procedono di 10 in 10.
Quando si passa a una misura più grande si deve dividere per 10 ogni ordine; quando si passa ad una misura più piccola occorre moltiplicare per 10 ogni ordine.

Misure di lunghezza
L'unità fondamentale è il **metro** che è la quarantamilionesima parte del meridiano terrestre.
Sono *multipli* del metro:

Mm	– miriametro	=	10.000	metri	
km	– chilometro	=	1.000	metri	
hm	– ettometro	=	100	metri	
dam	– decametro	=	10	metri	
m.	*– metro*	=	*1*	*metro*	unità fondamentale

Sono *sottomultipli* del metro:

dm	– decimetro	=	0,1	metri
cm	– centimetro	=	0,01	metri
mm	– millimetro	=	0,001	metri

- m 2,8 = hm 0,028; si sale di due ordini e si sposta la virgola verso sinistra di due posti oppure si divide per 100 se il numero è intero.
- km 44,16 = dam 4.416; si scende di due ordini e si sposta la virgola verso destra di due posti oppure si aggiungono due zeri se il numero è intero (si moltiplica per 100).

Misure di capacità

L'unità fondamentale delle misure di capacità è il **litro**.

Sono *multipli* del litro:

hl – ettolitro	=	100	litri	
dal – decalitro	=	10	litri	
l – litro	=	*1*	*litro*	unità fondamentale

Sono *sottomultipli* del litro:

dl – decilitro	=	0,1	litro
cl – centilitro	=	0,01	litro
ml – millilitro	=	0,001	litro

- dl 428,29 = dal 4,2829; si sale di due ordini e si sposta la virgola verso sinistra di due posti oppure si divide per 100 se il numero è intero.
- hl 0,438 = cl 4.380; si scende di quattro ordini e si sposta la virgola verso destra di quattro posti oppure si moltiplica per 10.000 se il numero è intero.

Misure di peso

L'unità fondamentale delle misure di peso è il **grammo**.

Sono *multipli* del grammo:

t	– tonnellata	=	1.000.000	grammi	
q	– quintale	=	100.000	grammi	
Mg	– miriagrammo	=	10.000	grammi	
kg	– chilogrammo	=	1.000	grammi	
hg	– ettogrammo	=	100	grammi	
dag	– decagrammo	=	10	grammi	
g	*– grammo*	=	*1*	*grammo*	unità fondamentale

Sono *sottomultipli* del grammo:

dg	– decigrammo	=	0,1	grammi
cg	– centigrammo	=	0,01	grammi
mg	– milligrammo	=	0,001	grammi

- q 0,04 = dag 400; si scende di quattro ordini e si sposta la virgola di quattro posti verso destra oppure si moltiplica per 10.000 se il numero è intero.

- cg 230,13 = kg 0,0023013; si sale di cinque ordini e si sposta la virgola verso sinistra di cinque posti oppure si divide per 100.000 se il numero è intero.

NOTA. In pratica si assume come unità di base il chilogrammo.

1.7 Altri sistemi di misura

Per le misure di superficie (aree) si usano gli stessi simboli esaminati per le misure di lunghezza; va però tenuto presente che procedono di 100 in 100 per ogni ordine. Si parla pertanto di misure al quadrato.

- dm^2 8,28 = mm^2 82.800; si scende di due ordini e si sposta la virgola verso destra di quattro posti;

- m^2 16,392 = dam^2 0,16392; si sale di un ordine e si sposta la virgola verso sinistra di due posti.

Per le misure terriere si usano le seguenti misure agrarie che procedono di 100 in 100 per ogni ordine:

ha	=	ettaro	=	10.000	metri quadrati	= hm^2
a	=	ara	=	100	metri quadrati	= dam^2
ca	=	centiara	=	1	metro quadrato	= m^2

L'*ara* è l'unità di misura fondamentale.

Anche per le misure di volume si usano gli stessi simboli delle misure di lunghezza; essi procedono però di 1.000 in 1.000 per ogni ordine. Si parla pertanto di misure cubiche.

- m^3 0,04 = cm^3 40.000; si scende di due ordini e si sposta la virgola verso destra di sei posti;

- cm^3 96008,2 = m^3 0,0960082; si sale di due ordini e si sposta la virgola verso sinistra di sei posti.

Per la misurazione della paglia, legna da ardere ecc., si adopera, in alcune località, lo *stero* che ha quale multiplo il *decastero* e come sottomultiplo il *decistero*.

Procedono di 10 in 10 per ogni ordine.

das	=	decastero	=	10	metri cubi
s	=	stero	=	1	metro cubo
ds	=	decistero	=	0,1	metro cubo

- das 0,8 = ds 80

1.8 Equivalenze tra sistemi di misura

Considerato che un litro di acqua distillata alla temperatura di 4 gradi centigradi corrisponde a un decimetro cubo e a un chilogrammo, possiamo senz'altro eseguire riduzioni da litri a kg a dm^3 e ai multipli e sottomultipli dell'uno e dell'altro.
Si riportano i seguenti specchietti indicativi, sempre riferiti all'acqua con le caratteristiche su esposte.

MISURE DI CAPACITÀ			MISURE DI ESTENSIONE			MISURE DI PESO	
l	1.000	=	m^3	1	=	t	1
l	1	=	dm^3	1	=	kg	1
ml	1	=	cm^3	1	=	g	1
l	1	=	dm^3	1	=	kg	1
dal	1	=	dm^3	10	=	kg	10
hl	1	=	dm^3	100	=	kg	100
dl	1	=	cm^3	100	=	g	100
cl	1	=	cm^3	10	=	g	10
ml	1	=	cm^3	1	=	g	1

➤ m^3 0,69 = hg ..... = hl .....
Cerchiamo le misure fondamentali (l, kg, dm^3); si ha che

$$m^3\ 0{,}69 = dm^3\ 690$$

che sono anche il valore in kg e litri. Ci è quindi facile fare il passaggio da kg 690 a hg 6.900 e da l 690 a hl 6,90.

1.9 Le scale geografiche

La Terra ha forma sferica e quindi risulta complicato riportarla su di una carta geografica; per questo motivo deve essere rimpicciolita secondo un determinato rapporto chiamato *scala di riduzione*. La scala di riduzione esprime, quindi, il rapporto tra la distanza di due punti misurata sulla carta e la distanza corrispondente misurata sulla superficie terrestre. La scala è tanto più piccola quanto è maggiore il denominatore della frazione.

Classificazione delle scale

Carte geografiche

- a grandissima scala piante o mappe maggiore di 1:10.000
- a grande scala carte topografiche tra 1:10.000 e 1:100.000
- a media scala carte topografiche tra 1:100.000 e 1:1.000.000
- a piccola scala carte geografiche generali tra 1:1.000.000 e 1:30.000.000
- piccolissima scala planisferi e mappamondi minore di 1:30.000.000

➤ La scala (numerica) 1:100.000, che si legge *uno a centomila*, indica che un'unità di lunghezza (in genere il centimetro) sulla carta equivale a centomila unità sulla superficie terrestre. Vale a dire che, ad esempio, 1 cm sulla carta corrisponde a 100.000 cm = 1 km nella realtà. Quindi, per ricavare la distanza reale (in linea d'aria) tra due punti della carta, basta moltiplicare la distanza, misurata con una riga, per la scala (e poi fare la conversione nell'unità di misura richiesta).

Vediamo un esercizio:

➤ In una carta topografica la distanza tra due località è di 7 cm. Sapendo che la scala è di 1:200.000, quanto distano nella realtà le due località?
Per risolvere questo problema dobbiamo moltiplicare la scala per i cm della distanza e si ottiene: 200.000 × 7=1.400.000 cm quindi 14 km.

		A	B	C	D
1	**Quante decine contengono diecimila unità?**	Mille	Centomila	Diecimila	Cento
2	**Di quale numero, tra i seguenti, 5,3 non rappresenta un arrotondamento al decimo?**	5,21	5,33	5,28	5,312
3	**Un'operazione aritmetica è:**	una simbologia grafica	una coppia di insiemi	una soluzione	una procedura
4	**Quale, tra le seguenti, è la somma dei numeri 2,31 e 0,155?**	2,565	2,4551	2,465	2,4461
5	**Qual è il risultato della differenza 0,25 – 0,024?**	0,274	0,226	0,01	0,49
6	**Risolvere la seguente operazione: 52,4 : 0,5 = …**	104,8	1048	26,2	524

7	**Quante damigiane da 15 litri dovremo acquistare per travasare 5.760 litri di olio?**	393	384	371	348
8	**3,26 hg equivalgono a:**	32.600 cg	3.260 cg	326 cg	0,0326 cg
9	**Esprimere in chilometri la quantità 45 decimetri.**	0,45 km	450 km	0,0045 km	0,00045 km
10	**Quanti ettolitri può contenere una botte della capacità di 238 decalitri?**	238	2,38	2380	23,8
11	**Come è denominata la proprietà dell'addizione secondo la quale una somma non cambia se ad uno o più addendi si sostituiscono altri addendi aventi per somma l'addendo sostituito?**	Proprietà commutativa	Proprietà dissociativa	Proprietà associativa	Proprietà invariantiva
12	**A quale delle seguenti relazioni è applicata la proprietà distributiva della moltiplicazione rispetto all'addizione?**	$(7+4+2)\cdot 3 = (7\cdot 3)+(4\cdot 3)+(2\cdot 3)$	$(7+4+2)\cdot 3 = (7+3)\cdot(4+3)\cdot(2+3)$	$(7+4+2)\cdot 3=13\cdot 3$	$(7+4+2)\cdot 3 = (7\cdot 3)\cdot(4\cdot 3)\cdot(2\cdot 3)$
13	**Quanti millesimi sono contenuti in dieci unità?**	Centomila	Diecimila	Un milione	Mille
14	**Una carta geografica è in scala 1 : 500.000. Quanto distano su di essa due località che nella realtà si trovano a 5 chilometri di distanza?**	1 cm	5 cm	1 m	1 mm
15	**Una carta geografica è in scala 1 : 100.000. Quanto distano tra loro nella realtà due località distanti 2 centimetri sulla carta?**	5 km	1 km	2 km	100 m

Soluzioni: 1.A, 2.A, 3.D, 4.C, 5.B, 6.A, 7.B, 8.A, 9.C, 10.D, 11.B, 12.A, 13.B, 14.A, 15.C

Capitolo 2
Potenze, frazioni, proporzioni e calcoli vari

2.1 Definizione

POTENZA Dicesi **potenza** di un numero il prodotto di più fattori uguali a quel numero.

➤ $4^2 = 4 \cdot 4 = 16$; il numero 4 si dice base e il numero 2 esponente.

Il valore di una potenza si calcola moltiplicando per se stessa la base tante volte quante sono le unità dell'esponente.

$$2^3 = 2 \cdot 2 \cdot 2 = 8.$$

La prima potenza di un numero è il *numero stesso*.

$$5^1 = 5.$$

La seconda potenza di un numero dicesi *quadrato del numero stesso*.
La terza potenza dicesi *cubo* e le potenze successive si dicono *quarta, quinta, sesta, settima* ecc.

Operazioni sulle potenze

L'addizione e la sottrazione di due potenze si eseguono sempre calcolando il valore di ogni potenza ed eseguendo quindi l'addizione o la sottrazione richiesta:

$$4^2 + 3^3 = 16 + 27 = 43; \quad 5^2 - 2^3 = 25 - 8 = 17.$$

Proprietà sulle potenze

1) *Il prodotto* di due o più potenze aventi la medesima base è uguale a un'altra potenza con la stessa base e per esponente la somma degli esponenti:

$$3^2 \cdot 3^3 = 3^5 = 243.$$

2) *Il quoziente* di due potenze aventi la medesima base è uguale a un'altra potenza con la stessa base e per esponente la differenza degli esponenti:

$$5^3 : 5^2 = 5^1 = 5.$$

3) *La potenza di una potenza* è un'altra potenza con la stessa base e per esponente il prodotto degli esponenti:

$$(3^2)^3 = 3^6 = 729.$$

4) *Per elevare a potenza un prodotto* di più fattori basta elevare a potenza i singoli fattori:

$$(5 \cdot 7 \cdot 3)^2 = (5^2 \cdot 7^2 \cdot 3^2) = 11.025.$$

5) *Per elevare a potenza un quoziente* basta elevare a quella potenza il dividendo e il divisore:

$$(12 : 3)^2 = 12^2 : 3^2 = 144 : 9 = 16.$$

NOTA. Se l'esponente è 0 il valore è 1.

➤ $4^0 = 1$ (per convenzione).

Infatti se si dividono due potenze di uguale base e di uguale esponente, il risultato è una potenza con la stessa base e con esponente zero.

➤ $5^4 : 5^4 = 5^0$; ma si ha altresì $\frac{5 \cdot 5 \cdot 5 \cdot 5}{5 \cdot 5 \cdot 5 \cdot 5} = 1$ da cui si rileva che $5^0 = 1$.

Nello specchietto seguente sono riepilogate le proprietà principali:

$$a^m \cdot a^n = a^{m+n}$$
$$a^m : a^n = a^{n-n}$$
$$(a^m)^n = a^{m \cdot n}$$
$$a^0 = 1$$
$$a^1 = a$$
$$a^{-n} = \left(\frac{1}{a}\right)^n$$

In *matematica*, un **numero primo** (in breve anche *primo*) è un *numero naturale* maggiore di 1 che sia *divisibile* solamente per *1* e per se stesso; al contrario, un numero maggiore di 1 che abbia più di due divisori è detto *composto*. Ad esempio, 2, 3 e 5 sono primi, mentre 4 e 6 non lo sono perché sono divisibili rispettivamente anche per 2 e per 2 e 3. L'unico numero *pari* primo è 2, in quanto tutti gli altri numeri pari sono divisibili per 2.
La *successione* dei numeri primi inizia con *2, 3, 5, 7, 11, 13, 17, 19, 23, 29, 31, 37* ... (Sequenza *A000040* dell'*OEIS*).

2.2 Multipli di un numero

Se si esegue il prodotto 4 · 5, il risultato ottenuto (20) si dice multiplo di 5 secondo il numero 4 e poiché 5 · 4 = 4 · 5, il numero 20 si dice pure multiplo di 4 secondo il numero 5.
Ne consegue che il prodotto di due fattori è multiplo di ciascuno di essi secondo l'altro. È bene ricordare che:

1) lo *zero* è multiplo di qualunque numero, perché il prodotto di qualsiasi numero per *zero* = *zero*;
2) qualunque numero è multiplo di se stesso secondo il numero *uno* (7 · 1 = 7);
3) il massimo multiplo di un numero non esiste, essendo i numeri infiniti;
4) i numeri multipli di 2 si dicono numeri *pari*; tutti gli altri si dicono *dispari*;
5) due numeri multipli rispettivamente di altri due numeri, secondo uno stesso numero, si dicono *equimultipli*.

➤ 30 e 35 sono multipli rispettivamente di 6 e 7 secondo il numero 5; si dice che 30 e 35 sono equimultipli di 6 e 7.

NOTA. Se consideriamo il numero 35 rispetto al 7 diremo che il numero 35 è multiplo di 7 ed il numero 7 è chiamato sottomultiplo o divisore del maggiore.

2.3 Criteri o caratteri di divisibilità

Vi sono alcune regole per accertare velocemente, senza eseguire la divisione, se un numero è divisibile per un altro.

Tali regole prendono il nome di *criteri di divisibilità*, di cui i principali sono i seguenti:

1) un numero è *divisibile per 2* quando termina con zero o con cifra pari;
2) un numero è *divisibile per 3* quando la somma delle sue cifre è divisibile per 3.
   ➤ 2361 è divisibile per 3 perché 2 + 3 + 6 + 1 = 12 e 12 è divisibile per 3;
3) un numero è *divisibile esattamente per 4 o per 25* soltanto quando le ultime due cifre formano un numero divisibile per 4 o per 25;
4) un numero è *divisibile per 5* quando termina con 5 o con zero;
5) un numero è *divisibile per 9* quando la somma delle sue cifre è divisibile per 9;
6) un numero è *divisibile per 11* quando la differenza tra la somma delle cifre di posto dispari e la somma delle cifre di posto pari è zero oppure un numero divisibile per 11.

➤ 105.149 è divisibile per 11 perché (9 + 1 + 0) – (4 + 5 + 1) = 0.

2.4 Scomposizione di un numero in fattori primi

Un numero si scompone in fattori primi per trovare quei numeri primi il cui prodotto è uguale al numero dato.
Per fare ciò si applicano i criteri di divisibilità. Si divide il numero dato per il suo più piccolo divisore primo provando successivamente se esso è divisibile per 2, 3, 5, 7 ecc.

2.5 Massimo comune divisore

Un numero che divide esattamente più numeri dati si dice che è un loro divisore comune.

➤ Il numero 4 è divisore comune di 16, 28, 36 perché tutti i numeri sono divisibili per 4.

Quando due o più numeri non hanno divisori comuni oltre l'unità si dicono *primi tra loro.*
Il massimo comune divisore di due o più numeri è perciò il maggiore dei loro divisori comuni.
Dati due numeri, se il primo è divisibile per il secondo, si dirà senz'altro che quest'ultimo è il massimo comune divisore dei due numeri.

➤ Fra 35 e 7 il massimo comune divisore è 7.

Il metodo delle divisioni successive o di *Euclide* consente di trovare il massimo comune divisore (M.C.D.) dividendo il maggiore per il minore; se il resto è zero il M.C.D. è dato dal numero minore. Se il resto è diverso da zero si divide il primo divisore per questo resto; se il nuovo resto è zero il M.C.D. è il nuovo resto. Se invece si trova ancora un resto si proseguirà come già indicato fino a trovare per resto zero. L'ultimo divisore è il M.C.D. cercato.

2.6 Minimo comune multiplo

Il minimo comune multiplo fra due o più numeri è il minore dei loro multipli comuni.
Se il numero è divisibile soltanto per l'unità e per se stesso si dirà primo.
Per accertare questo è necessario conoscere la tavola dei numeri primi, per la cui costruzione si applica la regola detta «IL CRIVELLO DI ERATOSTENE». Essa si costituisce nel modo seguente, per determinare i numeri primi fino a 100.
Si scrivono a partire da 2 tutti i numeri, esclusi i multipli di 2 perché non sono primi. Si escludono tutti i multipli di 3 che è primo: poi si eliminano tutti i multipli di 5 non ancora considerati; successivamente i multipli di 7. I numeri rimanenti sono quelli primi fino a 100.

2.7 Calcolo del massimo comune divisore e del minimo comune multiplo mediante la scomposizione in fattori primi

Conoscendo la scomposizione di un numero in fattori primi risulta facile calcolare il M.C.D. e il m.c.m. di più numeri.

➤ Scomposizione in fattori primi del numero 150:

150	2
75	3
25	5
5	5

... da cui 150 è uguale a $2 \cdot 3 \cdot 5^2$

Il M.C.D. di due o più numeri è dato dal prodotto dei fattori primi *comuni* presi una sola volta col *minore esponente.*

Calcoliamo il M.C.D. tra i seguenti numeri:

75 - 350 - 1.250 - 8.000
$75 = 3 \cdot 5^2$;
$350 = 2 \cdot 5^2 \cdot 7$;
$1.250 = 2 \cdot 5^4$;
$8.000 = 2^6 \cdot 5^3$.

Si rileva facilmente che il solo fattore comune ai quattro numeri è 5 e il suo minimo esponente è 2. Perciò il M.C.D. dei quattro numeri suddetti è $5^2 = 25$.

Il m.c.m. di due o più numeri è dato dal prodotto dei fattori primi *comuni e non comuni* presi una sola volta col *maggiore esponente.*

Infatti, nell'esempio precedente, il minimo comune multiplo risulta dato dai seguenti numeri: $2^6 \cdot 3 \cdot 5^4 \cdot 7 = 840.000$.

2.8 Parentesi ed espressioni aritmetiche

Le parentesi che si usano nelle espressioni sono le seguenti:
1) tonda o rotonda ( )
2) quadra [ ]
3) graffa { }

Col nome di espressione aritmetica o numerica si intende un insieme di più numeri collegati tra loro mediante i segni delle quattro operazioni.
Poiché per la risoluzione di un'espressione aritmetica si possono incontrare valori racchiusi in parentesi, si dovrà calcolare il valore dell'espressione nel modo seguente:
a) prima quanto contenuto nelle parentesi tonde, poi quello nelle quadre e quindi quello nelle graffe;
b) per il giusto procedimento è indispensabile che si eseguano prima le moltiplicazioni e le divisioni e quindi le addizioni e le sottrazioni indipendentemente dalle parentesi;
c) se all'esterno delle parentesi ci sono potenze, occorre prima risolvere quanto è inserito tra le parentesi stesse, quindi effettuare l'elevazione a potenza.

Espressioni con numeri naturali con parentesi

In caso di espressioni con parentesi, bisogna svolgere prima le operazioni contenute nelle parentesi tonde ( ), poi nelle parentesi quadre [ ], poi nelle parentesi graffe { } e, all'interno delle stesse parentesi, prima le potenze, poi le moltiplicazioni e le divisioni, infine le addizioni e le sottrazioni.

➤
$$6 - \{ 4 + [12 : 3 + 2 \times (4 + 3 \times 2) - 5] \times 2\} : 7 =$$
$$6 - \{ 4 + [4 + 2 \times (4 + 6) - 5] \times 2\} : 7 =$$
$$6 - \{ 4 + [4 + 2 \times 10 - 5] \times 2\} : 7 =$$
$$6 - \{ 4 + [4 + 20 - 5] \times 2\} : 7 =$$
$$6 - \{ 4 + 19 \times 2\} : 7 =$$
$$6 - \{ 4 + 38\} : 7 =$$
$$6 - 42 : 7 =$$
$$6 - 6 = 0$$

2.9 Le frazioni

UNITÀ FRAZIONARIA: se noi consideriamo una grandezza qualsiasi divisa in più parti diremo che ciascuna di esse è l'unità frazionaria. Per unità frazionaria intendiamo quindi una delle parti in cui è stata divisa una grandezza.

➤ $\frac{1}{4}$

sta a indicare che un qualsiasi oggetto è stato diviso in quattro parti di cui si considera una sola. Dicesi pertanto *numero frazionario* o semplicemente *frazione* l'insieme di più unità frazionarie.

Consideriamo la frazione $\frac{4}{5}$.

In essa il numero 5 indica il numero delle parti in cui è stata divisa l'unità e si chiama *denominatore*; il numero 4 indica quante di quelle parti sono state considerate e si dice *numeratore*. Il numeratore si scrive al di sopra della linea di frazione e il denominatore al di sotto. Numeratore e denominatore si definiscono *termini della frazione*.
Una frazione si enuncia leggendo prima il numeratore, come numero cardinale, e poi il denominatore come numero ordinale.
$\frac{4}{5}$ si legge «quattro quinti».

Fanno eccezione le frazioni che hanno per denominatore 2 che si leggono «un mezzo», «tre mezzi» ecc.

2.10 Proprietà invariantiva o fondamentale delle frazioni

Data una frazione, il suo valore non cambia se si moltiplicano i suoi due termini per uno stesso numero.

➤ $\frac{2}{5} \cdot \frac{3}{3} = \frac{2 \cdot 3}{5 \cdot 3} = \frac{6}{15}$ e quindi avremo: $\frac{6}{15}$ corrispondenti a $\frac{2}{5}$.

Dividendo i due termini di una frazione per un loro divisore comune il valore della frazione non cambia.

➤ $\frac{6}{15} : \frac{3}{3} = \frac{6:3}{15:3} = \frac{2}{5}$ Quindi $\frac{6}{15}$ è equivalente a $\frac{2}{5}$.

Una frazione avente per denominatore 1 è uguale al numeratore.

$$\frac{5}{1} = 5.$$

Una frazione avente per numeratore 0 ha per valore zero.

$$\frac{0}{3} = 0, \text{ perché } 0 : 3 = 0, \text{ essendo } 0 \cdot 3 = 0.$$

Non hanno alcun significato le frazioni aventi per denominatore 0:

$$\frac{4}{0}$$

Le frazioni che hanno per denominatore 10 o una potenza di 10 si dicono decimali.

Quindi $\frac{1}{10}$ si può scrivere 0,1; $\frac{1}{100} = 0{,}01$.

Le frazioni aventi lo stesso denominatore si dicono della stessa specie.

$$\frac{1}{4}, \ \frac{2}{4}, \ \frac{3}{4}$$

2.11 Frazione propria, impropria e apparente

La frazione si dice *propria* quando il numeratore è minore del denominatore.

$$\frac{2}{5} \text{ e il suo valore è compreso tra zero e 1}$$

Si dice *impropria* quando il numeratore è maggiore del denominatore.

$$\frac{8}{3} \text{ e il suo valore è} > 1$$

Tra le improprie distinguiamo le *apparenti* se il numeratore è multiplo del denominatore, cioè il numeratore è divisibile esattamente per il denominatore; il suo valore è uguale a un numero intero.

$$\frac{8}{2} = 4$$

Si dice *numero misto* quello formato da un numero intero più una frazione propria.

$$1 + \frac{3}{5}$$

In questo caso per trovare la frazione si moltiplica il denominatore (5) per il numero intero (1) e il prodotto (5) si aggiunge al numeratore della frazione (5 + 3 = 8);
si scriverà quindi la frazione $\frac{8}{5}$.
Una frazione impropria si può trasformare in numero misto nel modo seguente:
consideriamo la frazione $\left(\frac{7}{3}\right)$; si divide il numeratore (7) per il denominatore (3) e si ottiene 2 con il resto di 1, per cui si scriverà $2 + \frac{1}{3}$.

2.12 Riduzione di una frazione ai minimi termini

Semplificare una frazione significa trasformarla in un'altra equivalente che abbia i suoi termini più piccoli, applicando la proprietà invariantiva.

$$\frac{\cancel{4}^{1}}{\cancel{8}_{2}} = \frac{1}{2}$$

Perché si può dividere sia il numero 4 che il numero 8 per 4.
Ne consegue che, per semplificare una frazione, occorre dividere i suoi termini per un loro divisore comune.
Una frazione si dice *irriducibile* o *ridotta ai minimi termini* quando i suoi due termini sono primi fra loro.

$$\frac{3}{4};\quad \frac{4}{5};\quad \frac{6}{7}.$$

Per la stessa ragione si può trasformare una frazione in un'altra di denominatore indicato, equivalente alla data, sempreché il nuovo denominatore sia multiplo di quello della prima frazione.

$$\frac{3}{5}=\frac{?}{30}$$

Siccome il numero 30 è multiplo di 5, è sufficiente dividerlo per 5 (30 : 5 = 6) e il quoziente (6) moltiplicarlo per il numeratore della frazione (6 · 3 = 18).

Avremo così $\frac{18}{30}$ corrispondente a $\frac{3}{5}$.

2.13 Confronto di frazioni

Due frazioni si dicono *uguali* quando, ridotte ai minimi termini, presentano lo stesso numeratore e lo stesso denominatore.

Le frazioni $\frac{30}{50}$ e $\frac{24}{40}$ sono uguali in quanto, ridotte ai minimi termini danno entrambe $\frac{3}{5}$.

Fra due frazioni di uguale denominatore è maggiore quella che ha il numeratore maggiore.

Fra $\frac{4}{5}$ e $\frac{7}{5}$ è più grande $\frac{7}{5}$.

Se non hanno il medesimo denominatore si dovrà prima ridurle allo stesso denominatore e poi fare il confronto.

$\frac{3}{7}$ e $\frac{4}{5}=\frac{15}{35}$ e $\frac{28}{35}$ da cui risulta che $\frac{28}{35}$ è maggiore.

Date due frazioni aventi lo stesso numeratore, è maggiore quella che ha il denominatore minore.

Fra $\frac{8}{3}$ e $\frac{8}{5}$ è maggiore $\frac{8}{3}$.

2.14 Operazioni sulle frazioni

Moltiplicazione - Per moltiplicare una frazione per un'altra si moltiplicano tra loro i numeratori e tra loro i denominatori.

$$\frac{2}{3}\cdot\frac{8}{5}=\left(\frac{2\cdot 8}{3\cdot 5}\right)=\frac{16}{15}$$

Quando è possibile è bene procedere alla semplificazione prima di moltiplicare.

Le frazioni si possono semplificare singolarmente, cioè il numeratore con il proprio denominatore, oppure a incrocio.

$$\frac{\overset{1}{\cancel{5}}}{\underset{1}{\cancel{3}}}\cdot\frac{\overset{2}{\cancel{6}}}{\underset{3}{\cancel{15}}}=\frac{2}{3}$$

Divisione - Per dividere una frazione per un'altra si moltiplica la prima frazione per l'inverso della seconda.

$$\frac{3}{7}:\frac{2}{5}=\frac{3}{7}\cdot\frac{5}{2}=\frac{3\cdot 5}{7\cdot 2}=\frac{15}{14}$$

Addizione e *sottrazione* - Quando si tratta di addizionare o sottrarre due o più frazioni aventi lo stesso denominatore, si fa la somma o la sottrazione dei numeratori conservando lo stesso denominatore.

$$\frac{5}{8}+\frac{7}{8}=\frac{12}{8};\qquad \frac{13}{7}-\frac{2}{7}=\frac{11}{7}$$

Per procedere invece all'addizione o sottrazione di frazioni *aventi diverso denominatore*, occorre ridurre le frazioni al medesimo denominatore (si trova il minimo comune multiplo fra i denominatori).
Si divide il denominatore (m.c.m.) trovato per il denominatore di ogni frazione e si moltiplica il risultato ottenuto per ciascun numeratore delle frazioni.
I nuovi numeratori si sommano o si sottraggono, conservando il denominatore trovato.

$$\frac{8}{3}-\frac{2}{5}=\frac{?}{15}\quad \text{(m.c.m.)}$$

15 : 3 = 5 quoziente
15 : 5 = 3 quoziente
5 · 8 = 40
3 · 2 = 6

40 - 6 = 34

2.15 Frazione complementare

La frazione complementare di una data frazione propria ha il medesimo denominatore e ha per numeratore la differenza fra il denominatore e il numeratore della frazione stessa.
Si dice pertanto *frazione complementare di una frazione propria la differenza tra l'unità e la frazione stessa, ovvero la frazione che bisogna aggiungere a quella data per avere 1.*

➤ La frazione complementare di $\frac{3}{5}$ è $\left(1-\frac{3}{5}\right)$, cioè

$$\frac{5}{5}-\frac{3}{5}=\frac{2}{5}$$

La frazione complementare di $\frac{7}{10}$ è $\frac{3}{10}$ perché

$$\frac{7}{10}+\frac{3}{10}=\frac{10}{10}=1.$$

2.16 Numeri inversi o reciproci

Se si cambiano di posto il numeratore e il denominatore di una frazione, la nuova frazione che si ottiene si dice *inversa o reciproca.*

$$\frac{4}{7} \text{ inversa di } \frac{7}{4}; \ 2 \text{ inversa di } \frac{1}{2}$$

2.17 Potenza di una frazione

La potenza di una frazione si scrive indicando l'esponente fuori della parentesi.
Si procede come per la potenza di un numero intero, tenendo presente, però, di elevare a potenza sia il numeratore che il denominatore della frazione.

$$\left(\frac{3}{5}\right)^2 = \frac{3 \cdot 3}{5 \cdot 5} = \frac{9}{25}$$

Viceversa, se si scrive $\frac{5^2}{3} = \frac{25}{3}$ vuol dire che va elevato al quadrato il solo numeratore.

2.18 Osservazione sui numeri decimali

I numeri decimali possono essere posti sotto forma di frazione decimale mettendo per numeratore tutto il numero senza la virgola e per denominatore l'unità seguita da tanti 0 quante sono le cifre decimali.

$$2{,}16 = \frac{216}{100}; \quad 145{,}18 = \frac{14.518}{100}; \quad 1{,}1345 = \frac{11.345}{10.000}$$

Per moltiplicare un numero decimale per 10, 100, 1.000, si sposta la virgola verso destra di tanti posti quanti sono gli 0 del moltiplicatore.

$$3{,}56 \cdot 100 = 356$$

Per dividere un numero per 10, 100, 1.000, si sposta la virgola verso sinistra di tanti posti quanti sono gli 0 del divisore.

$$23{,}18 : 1.000 = 0{,}02318$$

Per eseguire la moltiplicazione fra due numeri decimali si procede come se fossero numeri interi; a operazione effettuata si mette la virgola, a partire dall'ultima cifra a destra, procedendo verso sinistra di tanti posti quante sono le cifre decimali.

➤ $2{,}16 \cdot 2{,}3 = 4{,}968$ (si sposta la virgola di tre posti verso sinistra partendo dal numero 8).

Per dividere tra loro due numeri decimali occorre dapprima confrontare le cifre del dividendo e quelle del divisore, tenendo presente che il divisore non può mai essere un numero decimale. Consideriamo i seguenti numeri:

16,8	:	2,002
(dividendo)		(divisore)

Poiché il divisore ha tre cifre decimali si deve spostare la virgola nel dividendo di tre posti verso destra; si avranno pertanto i seguenti numeri:

$$16.800 : 2.002 = 8{,}39$$

2.19 I NUMERI PERIODICI

Quando una frazione non si può trasformare in frazione decimale e quindi in numero decimale limitato, come ad esempio

$$\frac{49}{33} = 1{,}484848$$

si dice che il quoziente fra numeratore e denominatore è un numero *decimale periodico semplice*, e il numero che si ripete (48) è il *periodico del numero decimale illimitato*. Ciò avviene quando il denominatore contiene altri fattori primi diversi da 2 e da 5.
Anche la frazione irriducibile 41/110 non si può trasformare in numero decimale limitato, ma eseguendo la divisione del numeratore per il denominatore, notiamo che prima del «periodo» vi è un altro numero (3) chiamato «antiperiodo»: 41 : 110 = 0,372727. I numeri di questa specie decimale si dicono *periodici misti*.

2.20 FRAZIONI GENERATRICI DEI NUMERI DECIMALI

Analizziamo la possibilità di trasformare in numero decimale una frazione equivalente.

➤ $\left(3{,}25 = \frac{325}{100} = \frac{13}{4}\right)$ la frazione $\frac{13}{4}$ si dice generatrice del numero.

Analogamente si procede per i numeri periodici che comprendono rispettivamente il periodo (3) e l'antiperiodo (58).

$$\frac{7}{3} = 2{,}\overline{3} \quad \text{e} \quad \frac{7}{12} = 0{,}58\overline{3}$$

La frazione generatrice di un numero decimale periodico semplice ha per numeratore la differenza fra il numero formato dalla parte intera seguita dal periodo, diminuito del numero intero e per denominatore il numero formato da tanti 9 quante sono le cifre del periodo.

Considerando $2{,}\overline{3}$ avremo, perciò $= \frac{23-2}{9} = \frac{21}{9}$.

La frazione generatrice del numero decimale periodico misto (cioè con il periodo e l'antiperiodo) ha invece per numeratore la differenza tra il numero formato dalla parte intera, seguita dall'antiperiodo e dal periodo, meno il numero formato dalla parte intera seguita dall'antiperiodo e per denominatore il numero formato da tanti 9 quante sono le cifre del periodo e da tanti 0 quante sono le cifre dell'antiperiodo.

Considerando $0{,}58\overline{3}$ avremo, quindi $\frac{583-58}{900} = \frac{525}{900}$.

2.21 Rapporti

Il rapporto tra due numeri è una scrittura che indica una divisione non eseguita. Il primo numero di un rapporto si dice *antecedente*, il secondo *conseguente*; entrambi si dicono *termini* del rapporto. Se si invertono i termini di un rapporto si ottiene un altro rapporto, che si dice inverso o reciproco del primo. Il rapporto tra 20 e 5 è 20 : 5 cioè 4; il rapporto tra 8 e 9 è 8 : 9 cioè 8/9. I *rapporti inversi* sono:

$$5:20=\frac{5}{20}=\frac{1}{4};\quad \text{e}\quad 9:8=\frac{9}{8}.$$

Il prodotto di due rapporti inversi dà luogo all'unità. Dagli esempi suindicati si ha, infatti:

$$4\cdot\frac{1}{4}=\frac{4}{4}=1;\qquad \frac{8}{9}\cdot\frac{9}{8}=\frac{72}{72}=1.$$

2.22 Proporzioni

Si dice che quattro numeri dati in un certo ordine formano una *proporzione* quando il rapporto del primo numero al secondo è uguale al rapporto del terzo al quarto.
Una proporzione è, quindi, l'*uguaglianza di due rapporti.*

Consideriamo 4 - 2 - 20 - 10 e disponiamoli in proporzione:

4 : 2	=	20 : 10
(sta a)	(come)	(sta a)

La **proprietà fondamentale** della proporzione dice che *il prodotto dei medi dev'essere uguale a quello degli estremi.*

(4 · 10)	e	(2 · 20)
(estremi)		(medi)

I numeri 4 e 20 si dicono *antecedenti*;
i numeri 2 e 10 si dicono *conseguenti.*

Ricerca di un termine di una proporzione - In virtù della proprietà fondamentale, per trovare il valore di un medio di una proporzione, si moltiplicano tra loro gli estremi ed il prodotto ottenuto si divide per il medio conosciuto.

$$4:x=20:10\qquad x=\frac{4\cdot 10}{20}=\frac{40}{20}=2$$

Ne consegue che x è uguale a 2 (termine *incognito* di una proporzione).
Analogamente si procede per ricercare un *estremo.*
Si moltiplicano, infatti, tra loro i medi e si divide il prodotto per l'estremo conosciuto.

$$3:6=2:x\qquad x=\frac{6\cdot 2}{3}=\frac{12}{3}=4$$

La proporzione, in questo caso, si scriverà:

$$3:6=2:4$$

Una proporzione se ha i due medi o i due estremi uguali si dice *continua*:

$$4:6=6:9 \quad \text{oppure} \quad 6:4=9:6$$

Il medio di una proporzione continua, se è incognito, *è il risultato della radice quadrata del prodotto dei due estremi.*

$$4:x=x:9 \qquad x=\sqrt{4\cdot 9}=\sqrt{36}=6$$

➤ Calcolare il medio proporzionale tra 144 e 9/4.
Anche se c'è una frazione bisogna impostare la proporzione:

$$144:x=x:\frac{9}{4} \qquad x=\sqrt{144\cdot\frac{9}{4}}=18$$

Proprietà del comporre
In ogni proporzione la somma dei primi due termini sta al primo (o al secondo) come la somma degli altri due sta al terzo (o al quarto).

Dalla proporzione:

$$6:4=12:8$$

si ricavano:
(6 + 4) : 6 = (12 + 8) : 12
(6 + 4) : 4 = (12 + 8) : 8
10 : 6 = 20 : 12
10 : 4 = 20 : 8

Proprietà dello scomporre
In ogni proporzione la differenza dei primi due termini sta al primo (o al secondo) come la differenza degli altri due sta al terzo (o al quarto).

➤ Dalla proporzione:
15 : 10 = 3 : 2

si ricavano:

(15 – 10) : 15 = (3 – 2) : 3

e

(15 – 10) : 10 = (3 – 2) : 2,

cioè:

5 : 15 = 1 : 3

e

5 : 10 = 1 : 2.

➤ 3 : 5 = 6 : 10.

Per potere applicare la proprietà dello scomporre bisogna prima applicare quella dell'invertire (5 : 3 = 10 : 6) e poi si procede come nel primo esempio.

Permutare e invertire

Applicando la proprietà del permutare e dell'invertire si ottengono altre sette proporzioni oltre a quella data, fino a ottenere la proporzione iniziale.

Dalla proporzione:

$$4 : 1 = 28 : 7$$

permutando i medi	4 : 28 = 1 : 7
invertendo	28 : 4 = 7 : 1
permutando i medi	28 : 7 = 4 : 1
invertendo	7 : 28 = 1 : 4
permutando i medi	7 : 1 = 28 : 4
invertendo	1 : 7 = 4 : 28
permutando i medi	1 : 4 = 7 : 28

2.23 Proporzionalità diretta e inversa

Grandezze direttamente proporzionali

Due grandezze si dicono *direttamente proporzionali* quando, diventando l'una doppia, tripla, la metà, un terzo, lo diventa anche l'altra grandezza.

Sono *direttamente proporzionali*, ad esempio:

- la quantità di una certa merce e il suo costo;
- il volume di un corpo e il suo peso;
- la lunghezza del raggio e quella della circonferenza;
- la quantità di lavoro compiuta da un operaio e il tempo impiegato a compierlo;
- il numero degli operai e la paga di tutti gli operai medesimi.

➤ kg 40 di mele costano € 20. Quanto costa il triplo di mele? E la metà?

peso		**costo**	
kg 40		€ 20	
kg 40 · 3	= kg 120	€ 20 · 3	= € 60
kg 40 · 1/2	= kg 20	€ 20 · 1/2	= € 10

Grandezze inversamente proporzionali

Due grandezze sono *inversamente proporzionali* quando, diventando una grandezza doppia, tripla, metà, l'altra diventa rispettivamente la metà, un terzo, il doppio.

Sono *inversamente proporzionali*, ad esempio:

- il numero degli operai e il numero dei giorni impiegati a compiere un certo lavoro;
- il numero dei convittori e il numero dei giorni per i quali può bastare una certa provvista;
- la base e l'altezza dei rettangoli di area data;
- la pressione del gas e il volume.

➤ Per compiere un determinato lavoro 10 operai impiegano 120 giorni. Quanto impiegano 20 operai a compiere quel lavoro? Quanto tempo 60 operai? Quanto 5 operai?

numero operai	**tempo impiegato**	
10	giorni	120
20 (10 · 2)	"	120 : 2 = 60
60 (10 · 6)	"	120 : 6 = 20
5 (10 : 2)	"	120 · 2 = 240

Regola del tre semplice

Nei problemi del tre semplice diretta le grandezze sono direttamente proporzionali, mentre in quelli del tre semplice inversa le grandezze sono inversamente proporzionali.

Esempio di regola del tre semplice diretta

Se 20 quaderni costano € 10, quanto costeranno 56 quaderni?
€ 10 : 20 = 0,50 (costo di un quaderno); 56 quaderni costeranno 56 volte di più.
Pertanto € 0,50 · 56 = € 28 (costo complessivo dei quaderni).
L'esercizio è stato svolto con il *metodo di riduzione all'unità*, avendo calcolato prima il costo di un quaderno e, quindi, quello complessivo.

Con le proporzioni avremo:

numero dei quaderni	**costo**
20	€ 10
56	€ x

ossia 20 : 56 = 10 : x

da cui $x = \dfrac{56 \cdot 10}{20} =$ € 28

Ne consegue che, quando le grandezze sono direttamente proporzionali, il valore dell'incognita si ottiene moltiplicando il valore noto della grandezza per il rapporto inverso dei valori dell'altra.

Esempio di regola del tre semplice inversa

Una nave con 240 uomini di equipaggio ha viveri per 30 giorni. Al momento della partenza l'equipaggio si riduce a 200 uomini. Per quanti giorni basteranno le provviste?

uomini	**giorni**
240	30
200	x

ossia 240 : 200 = x : 30

da cui $x = \dfrac{240 \cdot 30}{200} = 36$ giorni.

Pertanto, quando le grandezze sono inversamente proporzionali, il valore dell'incognita si ottiene moltiplicando il valore noto della grandezza per il rapporto diretto dei valori dell'altra.

2.24 Percentuale

Ogniqualvolta si presenta la trattazione di un problema sulle percentuali si esegue, in effetti, un problema del tre semplice, il quale si può risolvere con il metodo di riduzione all'unità o con le proporzioni.

La **percentuale** (simbolo %), detta anche **ragione percentuale** o **tasso percentuale** o **saggio percentuale**, esprime quante unità di una determinata grandezza corrispondono a 100 unità di un'altra grandezza.

Un esempio di percentuale si può avere valutando la maggiorazione operata da un commerciante sul prezzo di acquisto della merce. Supponiamo che egli su € 100 guadagni € 8; diremo che la percentuale di guadagno è stata di € 8 per cento e scriveremo 8%.

Calcoliamo il 3% di € 20.000:

$$€\ \frac{20.000 \cdot 3}{100} = €\ 600$$

Indicando con:

r il tasso o ragione percentuale;

S la somma iniziale su cui dovrà calcolarsi il tasso o ragione percentuale;

P il «per cento» totale, cioè la somma risultante dalla moltiplicazione del tasso o ragione percentuale per la somma iniziale si ottiene la seguente proporzione:

$$100 : r = S : P$$

Ne consegue che, conoscendo tre dei quattro termini della proporzione, saremo in grado di determinare ogni volta il termine incognito, sia esso *r*, *S* oppure *P*.

Esercizi svolti

1) In una scuola con 420 alunni i promossi sono stati il 40%. Calcolare il numero dei promossi. Lo schema da impostare è il seguente:

alunni frequentanti	*alunni promossi*
100	40
420	x

Poiché le grandezze sono direttamente proporzionali avremo: $100 : 420 = 40 : x$

$$\text{da cui } x = \frac{420 \cdot 40}{100} = 168 \text{ (alunni promossi).}$$

2) In una scuola con 180 alunni, ne sono stati respinti 27. Calcolare la percentuale dei respinti.

alunni frequentanti	*alunni respinti*
180	27
100	x

Le grandezze sono direttamente proporzionali, quindi avremo: $180 : 100 = 27 : x$

da cui $x = \dfrac{100 \cdot 27}{180} = 15\%$ (percentuale dei respinti).

3) Gli alunni promossi in una scuola sono 540 e rappresentano il 60% degli iscritti. Quanti erano gli iscritti?

alunni promossi	*alunni iscritti*
60	100
540	x

Le grandezze sono direttamente proporzionali, per cui avremo:

$60 : 540 = 100 : x$ da cui $x = \dfrac{540 \cdot 100}{60} = 900$ (alunni iscritti).

2.25 Risoluzione di problemi con le proporzioni

Ci sono tante tipologie di problemi che si possono risolvere usando le proporzioni.
Spesso le difficoltà maggiori si incontrano nell'**impostazione** di una proporzione, piuttosto che nella sua risoluzione.
È fondamentale verificare se i valori che si intende mettere in relazione tra loro siano legati da una *proporzionalità diretta* (all'aumentare di un termine, aumenta anche l'altro) o *inversa* (all'aumentare di uno, l'altro diminuisce).
Qui di seguito si propongono alcuni problemi in cui verrà spiegata l'impostazione della proporzione e poi la sua risoluzione.

➤ Sara, Elena e Lia acquistano insieme 15 kg di caramelle, spendendo rispettivamente 30 euro, 45 euro, 75 euro. Se la distribuzione delle caramelle viene fatta in proporzione alla cifra versata, qual è la quantità che spetta a Lia?

In questa tipologia di esercizio si hanno come dati le caramelle e le cifre spese dalle 3 persone. In una proporzione si possono mettere in relazione due elementi, quindi si deve provare a ridurre a due i dati proposti. Si sommeranno quindi le cifre spese da ognuno ottenendo la cifra complessiva che è servita ad acquistare le caramelle.

€ (30 + 45 + 75) = € 150 (*spesa totale*)

Adesso si può impostare la proporzione, dopo aver verificato che le due grandezze (caramelle e denaro) sono direttamente proporzionali (**più soldi ho, più caramelle acquisto**):

€ 150 (*spesa totale*) : 75 € (*spesa di Lia*) = 15 Kg (*caramelle totali*) : X (*quantitativo di caramelle spettanti a Lia*)

Essendo una proporzione diretta, gli antecedenti dei 2 rapporti rappresentano i totali, mentre i conseguenti le specifiche singole.

Finalmente si può procedere alla risoluzione della proporzione:

X = 75 × 15/150 = 7,5 *(kg di caramelle spettanti a Lia)*

Se si dovesse calcolare anche il quantitativo di caramelle spettanti a Sara o ad Elena, si dovrebbe impostare la stessa proporzione, sostituendo all'importo speso da Lia quello di Sara o di Elena:

€ 150 *(spesa totale)* : 30 € *(spesa di Sara)* = 15 Kg *(caramelle totali)* : X *(quantitativo di caramelle spettanti a Sara)*

e risolvere: X = 30 × 15/150 = 3 *(kg di caramelle spettanti a Sara)*

€ 150 *(spesa totale)* : 45 € *(spesa di Elena)* = 15 Kg *(caramelle totali)* : X *(quantitativo di caramelle spettanti a Elena)*

e risolvere: X = 45 × 15/150 = 4,5 *(kg di caramelle spettanti a Elena)*

➤ Doretta ha comprato un sacchetto contenente 288 biglie e decide di dividerle tra i suoi tre figli, Rony, Sandrina e Ippazio, in proporzione alla loro età. Sapendo che Sandrina ha 2 anni in meno di Rony, che ha 8 anni, e Ippazio ha la metà degli anni di Rony, quante biglie toccheranno a Rony?

Questo esercizio è analogo al precedente, solo che in più si devono calcolare le età dei tre figli, poiché il problema non le esplicita, e poi sommarle in modo da ottenere l'età complessiva.

Rony = 8 anni   Sandrina = 8 – 2 = 6 anni   Ippazio = 8 : 2 = 4 anni
Età complessiva: 8 + 6 + 4 = 18 anni

Adesso si può impostare la proporzione, dopo aver verificato che le due grandezze (età e biglie) siano direttamente proporzionali (infatti maggiore è l'età e maggiore sarà il numero delle biglie che avrà):

288 *(biglie totali)* : X *(quantitativo di biglie spettanti a Rony)* = 18 *(età complessiva)* : 8 *(età di Rony)*

Essendo una proporzione diretta, gli antecedenti dei 2 rapporti rappresentano i totali, mentre i conseguenti le specifiche singole
Ora si può procedere alla risoluzione della proporzione:

X = 288 × 8/18 = 128 *(biglie spettanti a Rony)*

Se si dovesse calcolare anche il quantitativo di biglie spettanti a Sandrina o a Ippazio, si dovrebbe impostare la stessa proporzione, sostituendo all'età di Rony quella di Sandrina o di Ippazio:

288 *(biglie totali)* : X *(quantitativo di biglie spettanti a Sandrina)* = 18 *(età complessiva)* : 6 *(età di Sandrina)*

e risolvere: X = 288 × 6/18 = 96 *(biglie spettanti a Sandrina)*

288 *(biglie totali)* : X *(quantitativo di biglie spettanti a Ippazio)* = 18 *(età complessiva)* : 4 *(età di Ippazio)*

e risolvere: X = 288 × 4/18 = 64 *(biglie spettanti a Ippazio)*

2.26 Definizioni e formule per calcoli vari

1) *Interesse semplice*: è il compenso dato in premio a chi presta o deposita un capitale per un certo periodo di tempo a un determinato tasso percentuale.

$I = C \cdot t \cdot r$ (C = capitale, t = tempo, r = tasso o ragione) diviso:

100 quando l'impiego del capitale è riferito ad anni;

1.200 (100 · 12) quando l'impiego del capitale è riferito a mesi;

36.000 (100 · 360) quando l'impiego del capitale è riferito a giorni.

2) *Capitale*: è la somma di denaro messa a frutto.

$$C = \frac{I \cdot 100}{t \cdot r} \quad (1.200 \text{ o } 36.000)$$

3) *Tasso o ragione*: è il rapporto che si verifica tra due quantità nell'unità di tempo e si esprime, generalmente, in percentuale annua.

$$r = \frac{I \cdot 100}{C \cdot t} \quad (1.200 \text{ o } 36.000)$$

4) *Tempo*: è il periodo espresso in anni, mesi o giorni durante il quale un capitale frutta l'interesse.

$$t = \frac{I \cdot 100}{C \cdot r} \quad (1.200 \text{ o } 36.000)$$

5) *Sconto o ribasso*: è la diminuzione di prezzo che il venditore accorda all'acquirente nel momento in cui viene perfezionato un contratto. Lo sconto *commerciale* è il compenso che spetta a chi paga un debito prima della scadenza. La formula è analoga a quella richiesta per la ricerca dell'interesse.

$$S = \frac{C \cdot t \cdot r}{100(1.200 \text{ o } 36.000)}$$

6) *Montante*: è la somma del capitale più l'interesse da questo maturato in un dato periodo.

$$M = \frac{C \cdot (100 + r \cdot t)}{100}$$

Se il computo è riferibile ai mesi o ai giorni in luogo di 100 si scriverà rispettivamente 1.200 e 36.000.

7) *Spesa o costo*: è l'erogazione, l'uscita di una somma di denaro per l'acquisto di un determinato bene.

Spesa = *ricavo – guadagno*
= *ricavo + perdita*

8) *Ricavo o incasso*: è l'importo dell'entrata derivante da vendite di prodotti o da altre iniziative.

Ricavo = spesa + guadagno

9) *Guadagno*: è il profitto, l'utile realizzato in conseguenza di un certo investimento.

Guadagno = ricavo – spesa

10) *Perdita*: è la conseguenza della maggiore spesa sostenuta rispetto all'incasso realizzato.

Perdita = spesa – ricavo

11) *Peso lordo*: è l'insieme della merce e del contenitore o tara.

Peso lordo = peso netto + tara

12) *Peso netto*: è stabilito dalla sola merce.

Peso netto = peso lordo – tara

13) *Tara*: è rappresentata dall'involucro o dal recipiente che contiene la merce.

Tara = peso lordo – peso netto.

NOTA. Vengono spesso somministrati problemini finanziari tutti della stessa tipologia che sono facilmente risolvibili applicando la formula dell'interesse semplice, pur sembrando nella loro formulazione molto più complessi.

➤ Gaspare investe la somma di 84.000 euro in un fondo obbligazionario che garantisce un rendimento annuo del 40% per 3 anni. A quanto ammonta l'incremento di valore registrato solamente nel primo anno?

Analizzando l'esercizio si può notare che l'incremento di valore del capitale in un anno richiesto non è altro che l'interesse (I) maturato dal Capitale (C = 84.000 €) in un determinato tempo (t = 1 anno) al tasso percentuale (r = 0,40).

$$I = C \times t \times r = 84.000 \times 1 \times 0,40 = 33.600 \text{ €}$$

Non deve ingannare il dato del tempo di investimento (3 anni); sarebbe stato uguale se l'investimento fosse stato per 2, 4, 5 anni ecc. Il rendimento è annuo e l'incremento chiesto è relativo solamente al primo anno.

2.27 Peso specifico, peso e volume

Il peso specifico (Ps) di una sostanza è il numero che esprime in chilogrammi (o grammi) il peso di un decimetro cubo (o di un centimetro cubo) di quella sostanza riferito all'acqua distillata, a 4° C, il cui Ps è uguale a 1.
Perciò, dire che il peso specifico di una certa qualità di olio è 0,93 significa precisare che un decimetro cubo di olio, o di un litro di olio, pesa Kg 0,93.
Il peso specifico si indica con *Ps* e si ottiene dividendo il peso del corpo per il suo volume.

Peso specifico = Peso : Volume

Il peso di un corpo in chilogrammi (o grammi) è uguale al prodotto del suo peso specifico per il numero che indica il volume in decimetri cubi (o in centimetri cubi).
Il peso si indica con *P*.

Peso = Peso specifico · Volume

Il volume di un corpo in decimetri cubi (o in centimetri cubi) è uguale al risultato della divisione del peso del corpo espresso in chilogrammi (o grammi) per il suo peso specifico.
Il volume si indica con *V*.

Volume = Peso : Peso specifico

2.28 Misure di tempo

Il tempo impiegato dalla Terra per compiere un giro completo ruotando intorno al proprio asse si dice giorno solare.
Poiché questo varia lievemente a seconda della stagione, come unità fondamentale per la misura del tempo si è assunto il *giorno solare medio* o semplicemente il giorno. Il giorno si divide in 24 ore, l'ora in 60 minuti primi e il minuto primo in 60 minuti secondi.
Quali multipli del giorno si adottano, per comodità di calcolo, il *mese commerciale* di 30 giorni e l'*anno commerciale* di 360 giorni.
I multipli e i sottomultipli del giorno si possono raggruppare secondo il seguente schema:

- secolo............................ 20 lustri
- lustro............................. 5 anni
- anno commerciale .... (a) 12 mesi
- mese commerciale......... (m) 30 giorni
- giorno .... (g) 24 ore
- ora.................................. (h) 1/24 g
- minuto primo .... (m') 1/60 h
- minuto secondo .... (m'') 1/60 m'

➤ 7^a 3^m 4^g 6^h 17' 25'' si leggono: sette anni, tre mesi, quattro giorni, 6 ore, 17 primi e 25 secondi.

2.29 Rapporto tra tempo, spazio e velocità

Si dice rapporto di un numero razionale a un altro, diverso da zero, il quoto fra il primo e il secondo.
La *velocità media* (V) di un corpo è il rapporto costante tra lo spazio percorso e l'unità di tempo impiegato.
Il *tempo* (t) consiste nel perdurare di un'azione per percorrere una certa distanza ad una determinata velocità.
Lo *spazio* (s) è la distanza intercorrente tra due punti considerati, che si possono raggiungere in una determinata unità di tempo e a una certa velocità.

Si possono, perciò, ottenere i seguenti rapporti:

Velocità = spazio : tempo   *Tempo* = spazio : velocità   *Spazio* = velocità · tempo

2.30 Misura degli angoli

L'unità di misura degli angoli è il grado, che è la novantesima parte dell'angolo retto.

I sottomultipli del grado sono:

- il *primo*, che è la sessantesima parte del grado;
- il *secondo*, che è la sessantesima parte del primo e la tremilaseicentesima parte di un grado.

La misura di un angolo si dice «ampiezza» e per indicare che un angolo ha l'ampiezza di 38 gradi 47 primi 54 secondi si scrive 38° 47' 54''.

La misura effettiva degli angoli si ottiene con il «rapportatore» e con maggiore precisione facendo uso dei *goniometri* e dei *teodoliti*.
Essi si usano anche per misurare l'ampiezza di un arco.
Nelle operazioni con i numeri complessi per passare da un'unità a un'altra di ordine immediatamente inferiore, basta moltiplicare la prima per il suo modulo (si dice modulo di un'unità di un certo valore il numero che indica quante unità dell'ordine immediatamente inferiore essa contiene).

➤ 20' = 20 · 60 = 1.200".

Per passare da un'unità a un'altra di ordine immediatamente superiore, basta dividere la prima per il modulo di trasformazione della seconda.

➤ 720' = 720 : 60 = 12°.

2.31 Operazioni con i numeri non decimali (complessi)

Se una grandezza si indica mediante unità di ordini differenti si ha un numero complesso.

➤ $15^g\ 10^h$ 17' 25" (15 giorni, 10 ore, 17 minuti primi e 25 minuti secondi).

Addizione
Per effettuare l'addizione di numeri complessi si scrivono tali numeri l'uno sotto l'altro, incolonnando le unità dello stesso ordine. Si sommano quindi gli addendi, iniziando dall'ordine più basso e, dal risultato ottenuto, si effettua l'eventuale riporto all'ordine superiore. Si voglia eseguire l'addizione:

17° 20' 47" +
7° 26' 34" +
15° 18' 16" =
39° 64' 97" o 40° 5' 37"

dal totale ottenuto si desume che:
97" = 1' + 37", quindi al posto dei minuti secondi si scrive 37" e al numero 64' si aggiunge 1', ottenendo così 65', che corrispondono a:
65' = 1° + 5', per cui in luogo di 65' si scrive 5' e al numero 39° si aggiunge 1°.
A operazione avvenuta si ha:

39° 64' 97" = 40° 5' 37"

Sottrazione
La sottrazione di due numeri complessi si esegue in modo analogo all'addizione.
Effettuiamo la sottrazione:

20° 16' 45" –	(minuendo)
12° 7' 10" =	(sottraendo)
8° 9' 35"	(resto o differenza)

Se accade che un termine di un certo ordine del minuendo sia minore del corrispondente termine del sottraendo, si dovrà trasformare un'unità dell'ordine immediatamente superiore del minuendo in unità dell'ordine inferiore, rendendo così possibile la sottrazione. Eseguiamo la sottrazione:

$$\begin{array}{l} 15°\ \ 6'\ 20'' - \\ 10°\ 24'\ 16'' = \end{array}$$

Notiamo subito che non possiamo eseguire 6' – 24'; occorre perciò aggiungere 60', cioè 1° ed otteniamo 66'. Contemporaneamente togliamo 1° da 15°: ne rimangono 14°.
Pertanto, la prima sottrazione indicata si trasforma in:

$$\begin{array}{l} 14°\ 66'\ 20'' - \\ 10°\ 24'\ 16'' = \\ \hline \ \ 4°\ 42'\ \ 4'' \end{array}$$

Osserviamo che: 90° = 89° + 1° = 89° + 60' = 89° 59' + 1' = 89° 59' 60".

Eseguiamo ad esempio:

$$\begin{array}{rl} 90° = & 89°\ 59'\ 60'' - \\ & 20°\ 10'\ 15'' = \\ \cline{2-2} & 69°\ 49'\ 45'' \end{array}$$

Moltiplicazione
Per effettuare la moltiplicazione di un numero non decimale per un numero intero si moltiplicano le unità di ciascun ordine e si eseguono, successivamente, le riduzioni come nell'addizione.

➤ 10° 16' 23" · 4 = 40° 64' 92"
da cui avremo 41° 5' 32"

Divisione
Per dividere un numero complesso per un numero intero si opera nel modo seguente:

➤

$$\begin{array}{rrr|l} 16° & 27' & 10'' & 5 \\ \cline{4-4} -15° & + & & 3°\ \ 17'\ \ 26'' \\ 1° & \times 60 = 60' & & \\ \cline{2-2} & 87' & & \\ & -85' & + & \\ & 2' \times 60 = & 120'' & \\ \cline{3-3} & & 130'' & \\ & & -130'' & \\ \cline{2-3} & & = & \end{array}$$

avremo perciò 16° 27' 10" : 5 = 3° 17' 26"

Moltiplicazione e divisione di un numero complesso per una frazione

a) Per eseguire l'operazione (23^h 16' 22") · 2/5 si effettua prima la moltiplicazione per 2, poi la divisione per 5.

46^h	32'	44"	5
-45^h	+		9^h 18' 32"
1^h	× 60 = 60'		
	92'		
	– 90'	+	
	2' × 60 =	120"	
		164"	
		– 160"	
		4"	

b) Per eseguire l'operazione (15^h 19' 11"): $\frac{7}{5}$ basta moltiplicare il numero complesso per l'inverso della frazione, cioè (15^h 19' 11") · $\frac{5}{7}$.

2.32 Radice quadrata

La radice quadrata di un numero che sia quadrato perfetto è quel numero che elevato al quadrato dà il numero considerato.

$$\sqrt{36} = 6; \quad 6^2 = 36$$

Deduciamo, perciò, che la radice quadrata è l'inverso dell'elevazione di un numero a potenza al quadrato.

➤

$\sqrt{12.17.63}$	348
9	65 · 5 = 325
317 –	64 · 4 = 256
256 =	688 · 8 = 5.504
6163 –	
5504 =	
659	

Estrazione della radice quadrata del numero 121.763, detto radicando. Si scompone il numero in gruppi di due cifre a partire da destra; pertanto, l'ultimo gruppo a sinistra potrà anche essere di una cifra. Si calcola a mente la radice quadrata del primo gruppo di sinistra, cioè 12, e si ottiene 3: è la prima cifra della radice quadrata che si cerca. Si calcola il suo quadrato (9) che si sottrae dal numero 12, determinando il primo resto (3). Si abbassa il secondo gruppo, ossia 17 scrivendolo accanto al primo resto e si ottiene 317. Si stacca con un puntino l'ultima cifra a destra e si ha 31. Si fa il doppio della prima cifra della radice (3) e il risultato (6) si scrive sotto tale cifra. Si determina quindi il quoziente 31 : 6 = 5 e questo numero lo si pone alla destra di 6. Si ottiene 65 che va moltiplicato per lo stesso 5. Il risultato (325) è superiore a 317 quindi il 5 non può essere il secondo numero della radice. Si prova perciò a moltiplicare per 4 e si ha 64 · 4 = 256, inferiore a 317. Il numero 4 è quindi la seconda cifra della radice; il numero 256 si sottrae da 317 e si ottiene per resto 61.
Si abbassa infine l'ultimo gruppo (63); si stacca con un puntino l'ultima cifra a destra e si ha 616. Si fa il doppio delle prime due cifre della radice (34 · 2 = 68). Si procede come nell'esempio precedente e si constata che 8 è la terza cifra della radice. Si scrive alla destra di 68 e si moltiplica per lo stesso numero 8.

Il risultato 5504 si sottrae da 6163 e si ha per resto 659. Quindi la radice quadrata di 121.763 è 348 con il resto di 659; infatti:

$$348 \cdot 348 + 659 = 121.104 + 659 = 121.763$$

2.33 Radice quadrata approssimata

Per effettuare la radice quadrata di un numero, approssimata a meno di un decimo 0,1, un centesimo 0,01, un millesimo 0,001 ecc. si pone alla destra del numero la virgola e un numero di 0 doppio delle cifre decimali richieste; quindi si procede all'esecuzione della normale operazione di estrazione della radice quadrata.

2.34 Radice cubica

La radice cubica di un numero è quel numero, se esiste, che elevato al cubo riproduce il numero dato.

➤ $\sqrt[3]{8} = 2$; $\sqrt[3]{32{,}768} = 3{,}2$; infatti: $2 \cdot 2 \cdot 2 = 8$ e $3{,}2 \cdot 3{,}2 \cdot 3{,}2 = 32{,}768$.

2.35 Indici di posizione

Data una serie di informazioni di tipo numerico, che possono essere anche classificate sotto forma di *distribuzione* statistica, i suoi *valori medi* vengono chiamati anche ***indici di posizione*** poiché indicano, con diverse caratterizzazioni, la zona dell'asse numerico in cui tali dati cadono con maggiore frequenza.
Volendo riassumere in un unico valore rappresentativo una serie di dati, è possibile utilizzare uno degli indici di tendenza centrale, tra cui troviamo le medie aritmetiche (semplice e ponderata) e le medie geometriche (semplice e ponderata), la moda e la mediana.

2.36 Le medie

Media aritmetica semplice

Date n quantità $a_1, a_2, a_3, \ldots, a_n$, la loro **media aritmetica** è il rapporto tra la somma di tutte le quantità ed il numero n; cioè:

$$\bar{a} = \frac{a_1 + a_2 + a_3 + \ldots + a_n}{n} \quad \text{oppure in maniera più sintetica} \quad \bar{a} = \frac{1}{n}\sum_{i=1}^{n} a_i$$

quindi la media aritmetica di n valori è pari ad un ennesimo della sommatoria per i che va da 1 ad n dei valori a_i.

➤ I sei giocatori di una squadra di pallavolo sono alti cm 198, cm 195, cm 182, cm 202, cm 196 e cm 191. Qual è l'altezza media della squadra?

$$\overline{a} = \frac{1}{6}\sum_{i=1}^{6} a_i = \frac{198+195+182+202+196+191}{6} = \frac{1.164}{6} = 194 \qquad (1)$$

Come si può notare, la media aritmetica è sempre compresa tra il minimo ed il massimo valore rilevato.

Media aritmetica ponderata

Nell'esempio precedente abbiamo dato la stessa importanza all'altezza dei singoli giocatori della squadra; nel caso in cui invece volessimo dare più importanza ad un dato e meno ad un altro, possiamo calcolare la **media aritmetica ponderata**, dove ad ogni valore è associato un peso p_i che denota l'importanza del dato rispetto ad un altro. Il valore della media aritmetica ponderata di n valori $a_1, a_2, a_3, \ldots, a_n$, rispettivamente di peso $p_1, p_2, p_3, \ldots p_n$, è dato dal rapporto tra la somma dei prodotti di ogni valore per il suo peso, e la somma di tutti i pesi. La formula è:

$$\overline{a} = \frac{a_1 \cdot p_1 + a_2 \cdot p_2 + a_3 \cdot p_3 + \ldots + a_n \cdot p_n}{p_1 + p_2 + p_3 + \ldots + p_n} \quad \text{ossia} \quad \overline{a} = \frac{\sum_{i=1}^{n} a_i \cdot p_i}{\sum_{i=1}^{n} p_i}$$

➤ Il voto finale di un esame è dato dalla media dei voti riportati in tre esami, di cui il secondo ha valore doppio del primo, ed il terzo valore doppio rispetto al secondo. Se i voti dei 3 esami sono rispettivamente 30, 29, e 27, quale sarà il voto dell'esame?
Occorre trovare la media ponderata dei tre valori, assegnando al primo un peso pari a 1, al secondo un peso pari a 2 ed al terzo un peso pari a 4. Avremo dunque il valore approssimato:

$$\overline{a} = \frac{30 \cdot 1 + 29 \cdot 2 + 27 \cdot 4}{1+2+4} = \frac{30+58+108}{7} = \frac{197}{7} = 28 \qquad (2)$$

Possiamo dire che la media aritmetica semplice non è altro che la media aritmetica ponderata in cui ogni termine ha peso pari ad 1.

Media geometrica semplice

Data una distribuzione di n valori, la loro **media geometrica semplice** è la radice di indice n del prodotto degli n valori; cioè

$$\overline{a}_g = \sqrt[n]{a_1 \cdot a_2 \cdot a_3 \cdot \ldots \cdot a_n} \quad \text{ossia} \quad \overline{a}_g = \sqrt[n]{\prod_{i=1}^{n} a_i}$$

➤ Riprendendo l'esempio (1), calcolare la media geometrica semplice.

$$\overline{a}_g = \sqrt[6]{198 \cdot 195 \cdot 182 \cdot 202 \cdot 196 \cdot 191} \cong 195 \qquad (3)$$

Media geometrica ponderata

Prendendo in considerazione i diversi pesi attribuiti alle n rilevazioni a_i, possiamo calcolare la **media geometrica ponderata** come la radice che ha come indice la somma dei pesi p_i, dei prodotti dei valori a_i, ognuno elevato ad esponente p_i. La formula è quindi

$$\overline{a}_g = \sqrt[\sum_{i=1}^{n} p_i]{a_1^{p_1} \cdot a_2^{p_2} \cdot a_3^{p_3} \cdot \ldots \cdot a_n^{p_n}} \quad \text{ossia} \quad \overline{a}_g = \sqrt[\sum_{i=1}^{n} p_i]{\prod_{i=1}^{n} a_i^{p_i}}$$

➤ Riprendiamo l'esempio (2), e calcoliamo la media geometrica ponderata dei voti dei tre esami.

$$\overline{a}_g = \sqrt[7]{30^1 \cdot 29^2 \cdot 27^4} \cong 27{,}975 \qquad (4)$$

2.37 La moda o valore normale

La **moda** o **valore normale** in una distribuzione di frequenze è la modalità o il valore della variabile al quale corrisponde la massima frequenza.

➤ Calcolare la moda tra i seguenti punteggi: 4, 5, 4, 3, 4, 5, 4, 3, 4, 4, 5, 4.
Come si può facilmente vedere il 4 è il numero che compare più volte (7), quindi rappresenta la moda di questa distribuzione.

➤ Calcolare la moda tra i seguenti punteggi: 4, 3, 6, 2, 8, 9, 7, 0.
In questo caso, poiché nessun numero compare più di una volta, si dice che non c'è moda.

2.38 La mediana

La **mediana** è una media di posizione e rappresenta il valore centrale della distribuzione; i dati, però, devono essere sempre ordinati in senso crescente, cioè dal più piccolo al più grande. Precisamente: ordinando i valori $x_1, x_2, \ldots, x_n$ in senso crescente, la mediana **Me** è il valore che bipartisce (divide in due parti uguali) la successione, ossia il valore non inferiore a metà dei valori e non superiore all'altra metà.
Bisogna fare attenzione però, una volta ordinati i valori, se il numero n dei termini è *dispari*, la mediana è proprio il valore centrale; se n è *pari*, si assume come mediana la semi somma dei due valori centrali. Questo procedimento si applica per i dati posti in serie.

➤ Calcolare la mediana tra i seguenti punteggi: 7, 1, 5, 2, 3, 9, 4.
Ordino i punteggi in senso crescente: 1, 2, 3, 4, 5, 7, 9; poiché n è dispari, la mediana è proprio il valore centrale, quindi 4.

➤ Calcolare la mediana tra i seguenti punteggi: 5, 2, 4, 8, 9, 6.
Ordino i punteggi: 2, 4, 5, 6, 8, 9; poiché n è pari la mediana è data dalla semisomma dei due valori centrali, quindi (5 + 6)/2 = 5,5.

2.39 Elementi di calcolo delle probabilità

2.39.1 *Eventi certi, impossibili e casuali*

La probabilità è la disciplina che tratta i risultati possibili di un esperimento. In una prova ***la probabilità del verificarsi di un evento E*** è data dal *rapporto fra il numero* **n** (E) *dei casi favorevoli all'evento ed il numero* **n** *dei casi favorevoli e sfavorevoli (totali)*. Esprimendo il concetto in simboli si avrà:

$$p\,(E) = n\,(E)/n, \text{ perché tutti i casi siano equiprobabili.}$$

Per esempio, la probabilità che lanciando una volta un dado non truccato si abbia il numero 4 è 1/6 = 0,16 in quanto solo una faccia su sei ha stampato il numero 4.

➤ Qual è la probabilità in un mazzo di carte di scegliere un otto?
Poiché gli otto sono sempre 4 e le carte in totale sono 40 la probabilità sarà 4/40 = 0,1.

Va ricordato che la probabilità è sempre compresa fra 0 e 1 ($0 \leq P \leq 1$), dove $P = 0$ quando l'evento è ***impossibile*** e $P = 1$ quando l'evento è ***certo***.

2.39.2 *Regola della somma*

Due eventi si definiscono ***incompatibili*** *se il verificarsi di uno automaticamente esclude il verificarsi dell'altro.*

Dati due eventi incompatibili o mutuamente escludentisi E_1 e E_2, aventi rispettivamente probabilità $P(E_1)$ e $P(E_2)$ di presentarsi, la probabilità di presentarsi dell'uno o dell'altro in una prova è data dalla somma delle probabilità dei singoli eventi:

$$P\,(E_1 \text{ o } E_2) = P\,(E_1) + P\,(E_2).$$

➤ Vogliamo determinare la probabilità che da un mazzo di carte si estragga un asso o una carta di spade. I casi favorevoli sono costituiti da 4 assi e dalle 10 spade meno l'asso di spade in quanto già considerato con gli assi, i casi possibili sono 40.

Quindi si ha:

$$P\,(A \text{ o } B) = (4 + 10 - 1)/40 = 4/40 + 10/40 - 1/40.$$

In questo caso l'asso di spade è un elemento di compatibilità e va sottratto alla somma dei due eventi:

$$P\,(E_1 \text{ o } E_2) = P\,(E_1) + P\,(E_2) - P\,(E_1 \cap E_2).$$

2.39.3 *Regola del prodotto*

Due eventi si definiscono ***compatibili*** *se il verificarsi di uno non esclude il verificarsi dell'altro.*

Caso del campionamento con reimmissione

Dati due eventi indipendenti E_1 ed E_2, la probabilità del presentarsi dell'uno e dell'altro (simultanei o successivi) in una prova è data da:

$$P\ (E_1 \text{ e } E_2) = P\ (E_1) \cdot P\ (E_2)$$

➤ In due lanci successivi di un dado, la probabilità di avere 3 e poi 4 è data da

$$P\ (3 \text{ e } 4) = P\ (3) \cdot P\ (4) = 1/6 \cdot 1/6 = 1/36 = 0{,}027$$

Caso del campionamento senza reimmissione

In un'urna vi sono 6 palline bianche, 4 rosse e 2 nere; vengono estratte a caso due palline senza rimettere la prima pallina estratta nell'urna; la seconda estrazione ha una diversa composizione.

I casi favorevoli sono rappresentati dalle coppie che si possono formare con le 6 palline bianche e le 4 rosse; i casi possibili dalle coppie che si possono formare con le 12 palline presenti nell'urna alla prima estrazione e le 12–1 che rimangono disponibili alla seconda.

$$6/12 \cdot 4/11 = P\ (B) \cdot P\ (R \mid B)$$

In questo caso, dunque, la probabilità di avere *A* e *B* è data dalla probabilità di *A* per la probabilità di *B*, una volta che l'evento *A* si sia già verificato:

$$P\ (A \text{ e } B) = P\ (A) \cdot P\ (B \mid A)$$

		A	B	C	D
1	**La potenza di un numero intero qualsiasi con esponente 1 è...**	Impossibile	Uguale al numero stesso	1	0
2	**Calcolare il m.c.m. e il M.C.D. tra i numeri 30 e 75.**	105; 10	250; 2	150; 15	100; 5
3	**Il valore della potenza $(13^7)^3$ corrisponde a:**	13^{10}	13^4	9^{13}	13^{21}
4	**Il numero 464 è scomponibile nei seguenti fattori primi:**	$29 \times 2^3 \times 3$	$11 \times 5^2 \times 2$	29×2^4	$13 \times 2^3 \times 3$
5	**Quale delle seguenti uguaglianze è falsa?**	$2^3=3^2$	$16^2=4^4$	$9^2=3^4$	$2^4=4^2$
6	**Una potenza di potenza è una potenza che:**	Ha per base la stessa base e per esponente la differenza degli esponenti	Ha per base la stessa base e per esponente la somma degli esponenti	Ha per base la stessa base e per esponente il prodotto degli esponenti	Ha per base la stessa base e per esponente la potenza degli esponenti

7	**Quale tra i seguenti criteri permette di capire se un numero intero è divisibile per 11?**	La somma delle cifre di posto pari deve essere un multiplo della somma delle cifre di posto dispari	Tutte le sue cifre devono essere numeri primi	Le sue ultime due cifre devono essere uguali tra loro	La differenza tra la somma delle cifre di posto pari e la somma delle cifre di posto dispari deve essere un multiplo di 11, 0 compreso
8	**Calcolare il minimo comune multiplo dei seguenti numeri: 3 7 25 35**	80	75	525	420
9	**Per determinare il minimo comune multiplo di più numeri scomposti in fattori primi, quali fattori vanno moltiplicati fra loro?**	Quelli comuni, presi una sola volta, con il minimo esponente	Quelli comuni e non comuni, presi una sola volta, con il maggiore esponente	Quelli comuni e non comuni, presi una sola volta, con il minimo esponente	Quelli comuni e non comuni, presi uno ad uno, con il maggiore esponente
10	**Un numero è divisibile per 3 quando:**	La somma delle sue cifre è un numero dispari	La somma delle sue cifre è un multiplo di 3	L'ultima cifra è 3	Le sue cifre sono divisibili per 3
11	**Qual è il maggiore, tra i numeri seguenti, che approssima per difetto la frazione 41/7?**	5,7	5,9	5,8	6,1
12	**A quale numero corrisponde la seguente frazione: 40/16?**	2,5	0,8	3,8	3,2
13	**Risolvere la seguente proporzione: 5 : 10 = 3 : x**	x = 5	x = 4	x = 2	x = 6
14	**Un commerciante rivende una partita di merce pagata 38 euro a 62. Qual è il suo guadagno?**	28 euro	23 euro	25 euro	24 euro
15	**Quanto viene a costare una penna il cui prezzo è 25 euro e sulla quale viene applicato uno sconto del 20%?**	22 euro	24 euro	20 euro	18 euro
16	**Data la proporzione x : 25 = 8 : 5 quanto vale x?**	40	36	43	38
17	**Quanto vale la frazione 1296/108 ridotta ai minimi termini?**	24	38/3	128/9	12
18	**Quali tra le seguenti grandezze sono tra loro inversamente proporzionali?**	Il peso di una sostanza ed il volume da essa occupato	La velocità di un veicolo ed il tempo impiegato a percorrere un tragitto	Il lato di un poligono regolare ed il suo perimetro	La tonalità di un suono e la distanza dalla sorgente che lo emette

Soluzioni: 1.B, 2.C, 3.D, 4.C, 5.A, 6.C, 7.D, 8.C, 9.B, 10.B, 11.C, 12.A, 13.D, 14.D, 15.C, 16.A, 17.D, 18.B

Capitolo 3
Elementi di algebra

3.1 Potenze

Dall'aritmetica sappiamo che per potenza s'intende il prodotto di n fattori naturali uguali. Adesso dobbiamo estendere questo concetto agli insiemi numerici che abbiamo visto nel primo capitolo, cioè:

1) insieme dei numeri relativi – Z
2) insieme dei numeri razionali – Q
3) insieme dei numeri reali – R

tenendo presente che la base, da ora in poi, sarà *sempre un numero reale* ed estendendo l'insieme numerico dell'esponente.

Nel seguente capitolo tratteremo i seguenti argomenti:

- potenza di un numero reale ad esponente naturale
- potenza di un numero reale ad esponente relativo.

3.2 Potenza di un numero reale ad esponente naturale

Consideriamo un numero reale α ($\alpha \in R$) ed un numero naturale n ($n \in N$), si definisce *potenza reale ad esponente naturale* il prodotto di n fattori α, cioè:

$$\alpha^n = \overbrace{\alpha \cdot \alpha \cdot \alpha \cdot \alpha \cdot ..... \cdot \alpha \cdot \alpha \cdot \alpha \cdot \alpha}^{n}$$

Per definizione si pone ($\alpha \neq 0$):

1) potenza ad esponente ***nullo***: $\alpha^0 = 1$
2) potenza ad esponente ***unitario***: $\alpha^1 = \alpha$

È di fondamentale importanza il segno assunto dalla base della potenza, poiché in funzione di essa cambia anche il segno della potenza.
In particolare:

- $\alpha > 0 \Rightarrow \alpha^n > 0$ con base positiva si ottiene sempre una potenza positiva;
- $\alpha < 0 \Rightarrow \begin{cases} n \text{ dispari} \Rightarrow \alpha^n < 0 \\ n \text{ pari} \Rightarrow \alpha^n > 0 \end{cases}$

  con base negativa il segno dipende dall'esponente (se pari o dispari).

ATTENZIONE!
Quando il segno della base è negativo si esegue sia n volte il prodotto del modulo della base che n volte il prodotto del segno – (meno), per questo (ricordando la regola del prodotto dei segni), se il segno meno lo moltiplico un numero di volte pari il risultato è positivo, mentre se lo moltiplico un numero di volte dispari è negativo, e ciò spiega la dipendenza del segno della potenza dall'indice n nel caso di base negativa.
Negli esempi seguenti viene chiarito ulteriormente quanto appena detto.

➤ Calcoliamo le seguenti potenze:
- $(-2)^4 = (-2)\cdot(-2)\cdot(-2)\cdot(-2) = +16$ (il prodotto dei segni negativi è pari)
- $(-3)^3 = (-3)\cdot(-3)\cdot(-3) = -27$ (il prodotto dei segni negativi è dispari)

Proprietà delle potenze reali ad esponente naturale
Così come già visto per le potenze naturali di un numero naturale, anche per le potenze reali ad esponente naturale valgono le seguenti proprietà:

1) *Prodotto di potenze aventi la stessa base* $\Rightarrow \alpha^m \cdot \alpha^n = \alpha^{m+n}$
2) *Rapporto di potenze aventi la stessa base* $\Rightarrow \alpha^m : \alpha^n = \alpha^{m-n}$
3) *Potenza di potenza* $\Rightarrow \left(\alpha^m\right)^n = \alpha^{m\cdot n}$
4) *Potenza di un prodotto con stesso esponente* $\Rightarrow (\alpha\cdot\beta)^n = \alpha^n\cdot\beta^n$
5) *Potenza di un rapporto con stesso esponente* $\Rightarrow \left(\dfrac{\alpha}{\beta}\right)^n = \dfrac{\alpha^n}{\beta^n}$

3.3 Potenza di un numero reale ad esponente relativo

Abbiamo visto che i numeri relativi sono dei numeri caratterizzati dal modulo (detto anche valore assoluto) e dal segno, che può essere positivo oppure negativo.
Si vuole adesso estendere il concetto di potenza di un numero reale al caso in cui l'esponente sia un numero relativo.
Se α è un numero reale ($\alpha \in R$) ed n un numero intero relativo ($n \in Z$), si definisce *potenza reale ad esponente relativo*:

- Per $n > 0 \Rightarrow \begin{cases} \alpha^n = \overbrace{\alpha\cdot\alpha\cdot\alpha\cdot\ldots\cdot\alpha\cdot\alpha}^{n} \\ \alpha^{-n} = \dfrac{1}{\alpha^n} \end{cases}$

- Per $n = 0 \Rightarrow \alpha^0 = 1$
- Per $n = 1 \Rightarrow \alpha^1 = \alpha$

ATTENZIONE!
In questo caso l'unica differenza con la potenza reale ad esponente naturale riguarda il caso in cui abbiamo un esponente negativo.
In queste condizioni viene definita la potenza ad esponente negativo, come il reciproco della potenza con lo stesso esponente però positivo.

➤ Risolvere la seguente potenza: $4^{-2} = \frac{1}{4^2} = \frac{1}{16}$

Proprietà delle potenze reali ad esponente relativo
Così come già visto nel paragrafo precedente, anche per le potenze reali ad esponente razionale abbiamo le stesse proprietà:

1) *Prodotto di potenze aventi la stessa base* $\Rightarrow \alpha^m \cdot \alpha^n = \alpha^{m+n}$

2) *Rapporto di potenze aventi la stessa base* $\Rightarrow \alpha^m : \alpha^n = \alpha^{m-n}$

3) *Potenza di potenza* $\Rightarrow (\alpha^m)^n = \alpha^{m \cdot n}$

4) *Potenza di un prodotto con stesso esponente* $\Rightarrow (\alpha \cdot \beta)^n = \alpha^n \cdot \beta^n$

5) *Potenza di un rapporto con stesso esponente* $\Rightarrow \left(\frac{\alpha}{\beta}\right)^n = \frac{\alpha^n}{\beta^n}$

Tuttavia occorre fare attenzione perché in questo caso, quando abbiamo un rapporto con esponente negativo, risulta:

$$\left(\frac{\alpha}{\beta}\right)^{-n} = \left(\frac{\beta}{\alpha}\right)^n$$

infatti ricordando la definizione abbiamo:

$$\left(\frac{\alpha}{\beta}\right)^{-n} = \alpha^{-n} \cdot \frac{1}{\beta^{-n}} = \frac{1}{\alpha^n} \cdot \beta^n = \frac{\beta^n}{\alpha^n} = \left(\frac{\beta}{\alpha}\right)^n$$

Quando una potenza ha l'esponente negativo è necessario prendere in considerazione il reciproco della base che assumerà l'esponente positivo.

➤

$$3^{-2} = \left(\frac{1}{3}\right)^2 = \frac{1}{9}$$

$$\left(\frac{2}{3}\right)^{-3} = \left(\frac{3}{2}\right)^3 = \frac{27}{8}$$

$$\left(\frac{1}{2}\right)^{-4} = 2^4 = 16$$

3.4 Introduzione all'algebra

Si definisce *espressione algebrica razionale* un insieme di numeri e lettere legate fra loro mediante segni di operazioni in numero limitato.
Se in una espressione algebrica si sostituiscono alle lettere dei valori numerici assegnati l'espressione assume un valore numerico.

➤ $3a^2 - b^2 + ab$ = **espressione algebrica**

per $a = -\frac{1}{2}$ e $b = +3$ sostituendo questi valori nell'espressione data si ha:

$$3 \cdot \frac{1}{4} - 9 + \left(-\frac{1}{2} \cdot 3\right) = \frac{3}{4} - 9 - \frac{3}{2} = \frac{3 - 36 - 6}{4} = -\frac{39}{4}$$

3.5 Definizioni e proprietà dei monomi

Si definisce *monomio* un'espressione algebrica nella quale non figurano addizioni o sottrazioni.

➤ Sono monomi:

1) $\left(-\frac{2}{3}\right) \cdot (5)^2 \cdot (-1)^{-2}$ 2) $a^3 \cdot b^{-2} \cdot \left(-\frac{1}{4}\right) \cdot (-3)^2$

Tenendo presenti le regole di calcolo si ha:

1) $-\frac{2}{3} \cdot 25 \cdot 1 = -\frac{50}{3}$

2) $a^3 \cdot \frac{1}{b^2} \cdot \left(-\frac{1}{4}\right) \cdot 9 = -\frac{9}{4} \cdot \frac{a^3}{b^2}$

Dagli esempi possiamo dedurre che un monomio può sempre trasformarsi in modo che esso abbia un solo fattore numerico, detto *coefficiente*, e fattori letterali tutti differenti. Il prodotto delle lettere prende il nome di *parte letterale*. In tal caso il monomio si dice ridotto a *forma normale*.
Se il monomio è privo di fattori numerici ha il coefficiente + 1 o – 1 a seconda che esso sia preceduto dal segno + o dal segno –.

➤ $\frac{3}{5} ab^2$

$\frac{3}{5}$ = coefficiente

ab^2 = parte letterale

Grado di un monomio - Monomi simili - Monomi opposti
Si definisce grado di un monomio rispetto ad una lettera l'esponente di tale lettera, mentre dicesi grado assoluto o semplicemente *grado* del monomio la somma (algebrica) degli esponenti delle sue lettere.

➤ il monomio $x^2y^3z^{-2}$

è di grado	2	rispetto alla lettera	x;
»	3	»	y;
»	– 2	»	z

pertanto il suo grado assoluto è 2 + 3 – 2 = 3

- Due monomi si dicono *simili* se hanno la stessa parte letterale; se poi, oltre alla parte letterale, hanno anche lo stesso coefficiente si dicono *identici*.
- Due monomi simili aventi coefficienti opposti si dicono *monomi opposti*.
- Un monomio è *nullo* se il suo coefficiente è 0.

NOTA. Ricordiamo che quando una lettera ha esponente negativo equivale ad una lettera presente al denominatore con esponente positivo!

➤ $x^2y^3z^{-2} = \dfrac{x^2y^3}{z^2}$

3.6 Operazioni con i monomi

Somma algebrica di monomi

- *La somma di più monomi si ottiene, in generale, scrivendo uno di seguito all'altro i monomi con i propri segni.*

➤ $\left(-\dfrac{3}{4}a^2b\right)+\left(-\dfrac{1}{2}xy\right)=-\dfrac{3}{4}a^2b-\dfrac{1}{2}xy$

- *La differenza di due monomi si ottiene aggiungendo al primo l'opposto del secondo.*

➤ $\left(\dfrac{2}{3}abc^2\right)-\left(-3a^2b\right)=\dfrac{2}{3}abc^2+3a^2b$

- *Un insieme di addizioni e sottrazioni di monomi prende il nome di somma algebrica di monomi.*

➤ $\left(+3ab\right)-\left(-a\right)-\left(\dfrac{1}{3}b^2\right) = +3ab + a - \dfrac{1}{3}b^2$

Riduzione di termini simili

Può accadere che in una somma algebrica di monomi si abbiano monomi simili. In tal caso si può procedere avvalendosi della seguente regola:
la somma algebrica di due o più monomi simili è un monomio simile ai dati, avente per coefficiente la somma algebrica dei coefficienti.

➤ $-\dfrac{5}{3}\dfrac{a^2b}{c}+\left(+\dfrac{1}{4}a^2c\right)-\left(-\dfrac{2}{3}a^3c^2\right)+\left(-\dfrac{1}{3}\dfrac{a^2b}{c}\right)-\left(-\dfrac{1}{2}a^2c\right)=$

$$= -\frac{5}{3}\frac{a^2b}{c} + \frac{1}{4}a^2c + \frac{2}{3}a^3c^2 - \frac{1}{3}\frac{a^2b}{c} + \frac{1}{2}a^2c =$$

$$= \left(-\frac{5}{3} - \frac{1}{3}\right)\frac{a^2b}{c} + \left(\frac{1}{4} + \frac{1}{2}\right)a^2c + \frac{2}{3}a^3c^2 =$$

$$= -2\frac{a^2b}{c} + \frac{3}{4}a^2c + \frac{2}{3}a^3c^2$$

NOTA. Ricordiamo che ***la somma di due monomi opposti è il monomio nullo, cioè 0***.

➤ $(+3ab^2) + (-3ab^2) = 0$

Prodotto di monomi

Il prodotto di due o più monomi è un monomio avente per coefficiente il prodotto dei coefficienti dei monomi dati e per parte letterale il prodotto dei fattori letterali di ciascun monomio.

Ricordando le regole enunciate per il prodotto dei numeri relativi e le proprietà delle potenze, si ha facilmente il prodotto di monomi.

➤ $$\left(-\frac{3}{4}a^3b^2x\right)\cdot\left(-2abx^4\right)\cdot\left(+\frac{7}{3}axy^2\right) =$$

$$= \left(-\frac{3}{4}\right)\cdot(-2)\cdot\left(\frac{7}{3}\right)a^3\cdot a\cdot a\cdot b^2\cdot b\cdot x\cdot x^4\cdot x\cdot y^2 = \left(\frac{7}{2}\right)a^5b^3x^6y^2$$

Quoziente di due monomi

Il quoziente di due monomi è un monomio che ha per coefficiente il quoziente dei coefficienti; la parte letterale ha ciascuna lettera comune ai due monomi con esponente uguale alla differenza fra l'esponente del dividendo e quello del divisore.

Le lettere non comuni restano inalterate se compaiono solo nel dividendo; hanno esponente opposto se compaiono solo nel monomio divisore.

➤ $$\left(-\frac{2}{3}a^3b^2xy^2\right):\left(-\frac{1}{3}abx^2\right) =$$

$$= \left(-\frac{2}{3}\right)\cdot(-3)\frac{a^3}{a}\frac{b^2}{b}\frac{x}{x^2}y^2 = +2a^2bx^{-1}y^2$$

Potenza di monomi

La potenza ad esponente intero relativo di un monomio è un monomio avente per coefficiente la potenza a quell'esponente del coefficiente del monomio dato, e la parte letterale costituita dal prodotto delle potenze, a quell'esponente, dei fattori letterali del monomio dato (potenza di potenza). Il grado (relativo o assoluto) della potenza di un monomio è uguale al prodotto del grado del monomio per l'esponente della potenza.

➤ $\left(\frac{1}{2}a^{-2}bx^{3}\right)^{3} = \frac{1}{8}a^{-6}b^{3}x^{9} = \frac{1}{8} \cdot \frac{b^{3}x^{9}}{a^{6}}$ di grado 6

3.7 Definizioni e proprietà dei polinomi

Dicesi *polinomio* la somma algebrica di due o più monomi.

➤ $3x^2y + 4y^3 + 7$

Se in un polinomio si hanno monomi simili, essi possono ridursi e si ottiene un polinomio *ridotto*.

– La somma algebrica di due monomi si dice *binomio*.

➤ $4x^2 - \frac{1}{3}y$

– La somma algebrica di tre monomi si dice *trinomio*.

➤ $4x^2 - \frac{1}{3}y + 1$

– La somma algebrica di quattro monomi si dice *quadrinomio*.

➤ $a^2 - 3ab + \frac{1}{5}b^3 + 5$

– Negli altri casi si usa il termine generico *polinomio*.

Un polinomio dicesi *intero* se tutti i suoi monomi sono interi, se qualcuno di essi è un monomio frazionario, il polinomio dicesi *fratto*.

Grado relativo e assoluto di un polinomio

Se una lettera compare in uno o più monomi di un polinomio, il maggiore degli esponenti di tale lettera si dice ***grado del polinomio rispetto a quella lettera****. Dicesi* ***grado assoluto del polinomio*** *il maggiore dei gradi assoluti dei suoi monomi.*

➤ $4xy^3 - 3ab^5 + 4abx^2y - 7a^3b^2y^2 - 5$ il grado assoluto è 7.

Se i monomi di un polinomio hanno tutti ugual grado, il polinomio dicesi *omogeneo*.

➤ $7x^2y - ab^2 + 3a^3 + 5axy$

è un polinomio omogeneo di 3° grado.

Si definisce polinomio *ordinato* rispetto a una lettera, un polinomio nel quale i suoi termini si succedono in modo che gli esponenti di quella lettera sono crescenti o decrescenti.

➤ $3x^5 + 2bx^4 - \frac{1}{3}x^3yz^2 + 2x^2y^5 - 3xz + ab$

Il suddetto è un polinomio ordinato rispetto a x.

NOTA. Anche se si scambia l'ordine dei monomi, il polinomio è sempre ordinato rispetto a x!

3.8 Operazioni con i polinomi

Addizione e sottrazione di polinomi

La somma algebrica di due o più polinomi è il polinomio che ha per termini quelli dei polinomi dati, dopo che si sono svolte le operazioni all'interno delle parentesi e aver ridotto i termini simili.

➤ $$\left(-\frac{3}{4}x+y^2-\frac{1}{2}\right)-\left(-\frac{1}{3}x^2+\frac{5}{4}y^2+7y\right)=$$
$$-\frac{3}{4}x+y^2-\frac{1}{2}+\frac{1}{3}x^2-\frac{5}{4}y^2-7y=-\frac{3}{4}x-\frac{1}{4}y^2-\frac{1}{2}+\frac{1}{3}x^2-7y$$

Prodotto di un monomio per un polinomio

Il prodotto di un monomio per un polinomio è il polinomio che ha per monomi i prodotti del monomio dato per ciascuno dei monomi del polinomio.

➤ $$3x^2y\cdot\left(-y^3+\frac{1}{4}xy-7x^2\right)=-3x^2y^4+\frac{3}{4}x^3y^2-21x^4y$$

per la proprietà simmetrica delle uguaglianze la precedente può scriversi:

➤ $$-3x^2y^4+\frac{3}{4}x^3y^2-21x^4y=3x^2y\cdot\left(-y^3+\frac{1}{4}xy-7x^2\right)$$

Da ciò si trae che *se i monomi di un polinomio hanno un divisore comune, il polinomio è uguale al prodotto di tale divisore comune per il polinomio i cui monomi sono i quoti dei suoi termini per il divisore comune.*

In questo caso si dice che si è operato *un raccoglimento a fattor comune*, oppure si è messo in evidenza tale fattore.

Prodotto di due polinomi

Il prodotto di due polinomi è uguale al polinomio che si ottiene moltiplicando ciascun termine di uno di essi per tutti i termini dell'altro.

➤ $$(3a+b)\cdot(a^2+5a-3b)=$$

$= 3a^3+15a^2-9ab+a^2b+5ab-3b^2$ (se necessario si riducono i termini simili).

Divisione di un polinomio per un monomio

Se tutti i monomi di un polinomio sono divisibili per un monomio, allora si può affermare che il polinomio è divisibile per quel monomio.

Il quoto è il polinomio i cui termini sono i quoti di ciascun monomio del polinomio per il monomio.

➤ $\left(\frac{5}{8}a^3b^3+7a^4b^2-\frac{1}{2}a^2bx-\frac{4}{3}a^4b^3y\right):\left(-\frac{1}{2}a^2b\right)=$

$-\frac{5}{4}ab^2-14a^2b+x+\frac{8}{3}a^2b^2y$

Divisione di due polinomi

Dati due polinomi A(x) e B(x), detti rispettivamente dividendo e divisore, se esiste un polinomio Q(x) detto quoto tale che

$$A(x) = B(x) \cdot Q(x)$$

si dirà che A(x) è divisibile per B(x).
Analogamente se esiste un polinomio R(x) detto resto, diverso da zero, si scriverà:

$$A(x) = B(x) \cdot Q(x) + R(x)$$

e i due polinomi non sono divisibili.
Per semplificare il procedimento, basta seguire le regole seguenti:

1) *Ordinare i polinomi secondo le potenze decrescenti di una stessa lettera.*
2) *Dividere il primo termine del dividendo per il primo termine del divisore; il quoziente sarà il primo termine del quoziente dei 2 polinomi dati.*
3) *Moltiplicare il divisore per questo primo quoziente e sottrarre il prodotto dal dividendo; il risultato è detto resto parziale.*
4) *Dividere il termine di grado maggiore per il primo termine del divisore ottenendo così il secondo termine del quoziente.*
5) *Moltiplicare il divisore per questo secondo termine e sottrarre dal dividendo il prodotto (come fatto in precedenza).*
6) *Si procede in questo modo fino ad ottenere come resto zero oppure un polinomio di grado inferiore al divisore.*

➤ Dividere i seguenti polinomi fra loro

$$\begin{array}{r|l}
x^5-x^4-4x^3+2x^2+3x-2 & x^2+2x+1 \\ \cline{2-2}
-x^5-2x^4-x^3 \qquad\qquad\qquad & x^3-3x^2+x+3 \\ \cline{1-1}
-3x^4-5x^3+2x^2+3x-2 & \\
+3x^4+6x^3+3x^2 \qquad\quad & \\ \cline{1-1}
x^3+5x^2+3x-2 & \\
-x^3-2x^2-x \qquad & \\ \cline{1-1}
3x^2+2x-2 & \\
-3x^2-6x-3 & \\ \cline{1-1}
-4x-5 &
\end{array}$$

$Q(x) = x^3 - 3x^2 + x + 3$
$R(x) = -4x - 5$

NOTA. Quando il polinomio dividendo è incompleto conviene lasciare gli spazi vuoti in corrispondenza dei termini mancanti.

➤ $(x^5 - 3x^2 + 4) : (x^2 - 3x + 1)$

$x^5 \_ \ \_ \ -3x^2 \ \_ +4 \quad | \ x^2 - 3x + 1$

3.9 Prodotti notevoli

Sono detti prodotti notevoli alcuni particolari prodotti. Esaminiamoli:

1) *Il prodotto di una somma di monomi per la loro differenza è uguale alla differenza dei loro quadrati.*

➤ $(a + b) \cdot (a - b) = a^2 - ab + ab - b^2 = a^2 - b^2$

2) *Il quadrato di un binomio è uguale alla somma algebrica dei quadrati dei due prodotti e del doppio prodotto di questi monomi.*

➤ $(a + b)^2 = (a + b) \cdot (a + b) = a^2 + ab + ab + b^2 = a^2 + 2ab + b^2$
$(a - b)^2 = (a - b) \cdot (a - b) = a^2 - ab - ab + b^2 = a^2 - 2ab + b^2$

3) *Il quadrato di un polinomio è uguale alla somma algebrica dei quadrati dei suoi termini e dei doppi prodotti di ogni termine per i successivi.*

➤ $(a + b + c + d)^2 = a^2 + b^2 + c^2 + d^2 + 2ab + 2ac + 2ad + 2bc + 2bd + 2cd$

4) *Il cubo di un binomio è uguale alla somma algebrica dei cubi dei suoi termini e dei tripli prodotti dei quadrati di ognuno di essi per l'altro.*

➤ $(a + b)^3 = (a + b)^2 \cdot (a + b) =$
$= (a^2 + 2ab + b^2) \cdot (a + b) = a^3 + a^2b + 2a^2b + 2ab^2 + ab^2 + b^3 = a^3 + 3a^2b + 3ab^2 + b^3$
$(a - b)^3 = a^3 - 3a^2b + 3ab^2 - b^3$

5) *Il cubo di un trinomio è la somma algebrica dei cubi dei tre monomi aumentata dei tripli prodotti del quadrato di ognuno di essi per ciascuno dei rimanenti e del sestuplo del prodotto dei 3 monomi.*

➤ $(a + b + c)^3 = a^3 + b^3 + c^3 + 3a^2b + 3a^2c + 3ab^2 + 3ac^2 + 3b^2c + 3bc^2 + 6abc$

6) *Potenza di un binomio e triangolo di Tartaglia*

Si voglia calcolare $(a + b)^4$.

Si ha $(a + b)^4 = (a + b)^3 \cdot (a + b) = (a^3 + 3a^2b + 3ab^2 + b^3) \cdot (a + b) =$
$= a^4 + 3a^3b + 3a^2b^2 + ab^3 + a^3b + 3a^2b^2 + 3ab^3 + b^4 =$
$= a^4 + 4a^3b + 6a^2b^2 + 4ab^3 + b^4$

Si potrebbe allo stesso modo calcolare anche $(a + b)^5$, $(a + b)^6$ ecc.
Riepilogando si è trovato:
$(a + b)^0 = 1$
$(a + b)^1 = a + b$
$(a + b)^2 = a^2 + 2ab + b^2$
$(a + b)^3 = a^3 + 3a^2b + 3ab^2 + b^3$
$(a + b)^4 = a^4 + 4a^3b + 6a^2b^2 + 4ab^3 + b^4$
Si osserva che gli sviluppi sono polinomi omogenei, di grado uguale all'esponente e completi. Ordinando tali sviluppi i coefficienti sono i numeri del seguente prospetto detto triangolo di Tartaglia (Niccolò Fontana, detto Tartaglia, 1500-1559). Per formare tale triangolo basta osservare che ogni riga inizia e termina con 1 e ognuno degli altri numeri è dato dalla somma dei due sovrastanti.

Esponenti	Coefficienti
0	1
1	1 1
2	1 2 1
3	1 3 3 1
4	1 4 6 4 1
5	1 5 10 10 5 1
6	1 6 15 20 15 6 1

➤ Calcolare $(3x + 2y)^4$.
In questo caso $3x = a$ e $2y = b$, perciò: $(3x + 2y)^4 = (3x)^4 + 4 \cdot (3x)^3 \cdot (2y) + 6 \cdot (3x)^2 \cdot (2y)^2 + 4 \cdot (3x) \cdot (2y)^3 + (2y)^4 = 81x^4 + 216x^3y + 216x^2y^2 + 96xy^3 + 16y^4$.

In generale, vale la seguente regola: lo sviluppo di $\boldsymbol{(a + b)^n}$ è un polinomio omogeneo di grado $\boldsymbol{n}$ ordinato secondo le potenze decrescenti di $\boldsymbol{a}$ e crescenti di $\boldsymbol{b}$, i cui coefficienti estremi sono uguali a 1, il secondo coefficiente è $\boldsymbol{n}$, ogni altro coefficiente è uguale a quello del termine precedente moltiplicato per l'esponente di $\boldsymbol{a}$ in tale termine, diviso per $\boldsymbol{b}$ aumentato di 1.

NOTA. Ricordiamo che $(a + b)^2 \neq a^2 + b^2$ poiché questo è un errore che viene commesso spesso.

3.10 Teorema e regola di Ruffini

Divisibilità di un polinomio intero per il binomio $x - k$

Siano A(x) un polinomio intero di grado n nella variabile x, e $x - k$ un binomio lineare. Esiste un polinomio Q(x) e un polinomio R tali che

$$A(x) = (x - k) \cdot Q(x) + R$$

essendo Q(x) di grado $n - 1$, ed R(x) di grado inferiore a quello di $x - k$, perciò di grado zero. Ne consegue che R o è nullo o non contiene la x.
Sostituendo alla x il valore k, per il principio d'identità dei polinomi, dev'essere:

$$A(k) = (k - k) \cdot Q(k) + R = 0 \cdot Q(k) + R$$

cioè A(k) = R, da cui si deduce che *il resto della divisione di un polinomio intero in x, A(x), per il binomio x – k, è il valore che assume il polinomio stesso quando alla lettera x si sostituisce il numero k.*
Se il polinomio A(x) è divisibile per ($x - k$) il resto della loro divisione dev'essere uguale a zero.

Condizione necessaria e sufficiente affinché un polinomio intero A(x) risulti divisibile per il binomio x – k è che sia k uno zero del polinomio, cioè si abbia:

$$\mathbf{A(k) = 0}$$

➤ $A(x) = x^3 + 2x^2 - 16x + 3$ è divisibile per $x - 3$.
Infatti $A(3) = 3^3 + 2 \cdot 3^2 - 16 \cdot 3 + 3 = 27 + 18 - 48 + 3 = 0$.

Regola di Ruffini

Per trovare i coefficienti del quoziente ed il resto della divisione del polinomio A(x) (intero di grado n ed ordinato) per il binomio B(x) = $x - k$ ci avvaliamo della seguente regola detta di Ruffini.

- *Il primo coefficiente del polinomio quoziente è uguale al primo coefficiente del polinomio dividendo.*
- *Il secondo coefficiente si ottiene addizionando al secondo coefficiente del polinomio dividendo il prodotto della moltiplicazione del primo coefficiente del polinomio quoziente per k.*
- *Ogni altro coefficiente del polinomio quoziente si ottiene addizionando al coefficiente del polinomio dividendo di ugual posto il prodotto del coefficiente che lo precede per k.*
- *Il resto della divisione è la somma dell'ultimo coefficiente del polinomio dividendo con il prodotto dell'ultimo coefficiente del polinomio quoziente per k.*

➤ Calcolare, mediante la Regola di Ruffini, il quoziente ed il resto della divisione di $A(x) = 5x^3 - 7x^2 - 6x - 1$ per $B(x) = x - 2$

Coefficienti di A(x)		5	−7	−6	−1
Prodotti	2		10	6	0
Coefficienti di Q(x)		5	+3	0	−1

$$Q(x) = 5x^2 + 3x, \; R = -1.$$

3.11 Divisibilità dei binomi notevoli

La differenza di due potenze di egual grado è sempre divisibile per la differenza delle basi:

$$x^2 - a^2 = (x - a) \cdot (x + a)$$
$$x^3 - a^3 = (x - a) \cdot (x^2 + ax + a^2)$$

La differenza di due potenze di egual grado è divisibile per la somma delle basi solo quando l'esponente è pari.

$$x^2 - a^2 = (x - a) \cdot (x + a)$$

La somma di due potenze di egual grado non è mai divisibile per la differenza delle basi.
La somma di due potenze di egual grado è divisibile per la somma delle basi solo quando l'esponente è dispari.

3.12 Scomposizione dei polinomi

Si dice che un dato polinomio intero sia stato scomposto in fattori, quando si sono potute determinare altre espressioni di grado minore il cui prodotto sia uguale al polinomio dato.

Raccoglimento a fattor comune
Se i termini di un polinomio intero sono divisibili per uno stesso monomio, si può raccogliere a fattor comune tale monomio. Il polinomio sarà allora scomposto nel prodotto di tale monomio per il quoziente che si ottiene dividendo il polinomio per questo monomio.

➤ $7a^2x^2 - 3a^3x^2 - 12\,a^2x = a^2x \cdot (7x - 3ax - 12)$
$7a \cdot (b - c) + 3b \cdot (b - c) + 5 \cdot (b - c) = (b - c) \cdot (7a + 3b + 5)$

In questi casi si è proceduto a raccoglimento a fattor comune totale, ma ci sono altri casi in cui si procede a raccoglimento a fattor comune parziale:

➤ $ax + 3y + 2a = a\,(x + 2) + 3y$
$ay + ax - 2bx - 2by = a \cdot (y + x) - 2b \cdot (x + y)$

Differenza di due quadrati
La differenza di due quadrati è uguale al prodotto della somma delle loro basi per la loro differenza.

➤ $4x^2 - y^2 = (2x + y) \cdot (2x - y)$

$$\frac{5}{9}a^3b^2 - 5a = 5a \cdot \left(\frac{1}{9}a^2b^2 - 1\right) = 5a \cdot \left(\frac{1}{3}ab + 1\right)\left(\frac{1}{3}ab - 1\right)$$

Trinomio, quadrato di un binomio
Se due dei tre monomi di un trinomio sono quadrati e il rimanente è il doppio prodotto delle basi di tali quadrati, il trinomio è il quadrato di un binomio.

➤ $a^2 + 6ab + 9b^2 = (a + 3b)^2$
$36a^4 - 24a^3 + 4a^2 = 4a \cdot (9a^2 - 6a + 1) = 4a \cdot (3a - 1)^2$

Quadrinomio – Cubo di un binomio
Se in un quadrinomio due dei suoi termini sono cubi di monomi e gli altri due sono ognuno il triplo prodotto del quadrato dell'uno per l'altro, il quadrinomio è il cubo di un binomio.

➤ $$8a^3 + 6a^2b + \frac{3}{2}ab^2 + \frac{1}{8}b^3 = \left(2a + \frac{1}{2}b\right)^3$$

$a^6 - 12a^4b^2 + 48a^2b^4 - 64b^6 = (a^2 - 4b^2)^3 = [(a + 2b) \cdot (a - 2b)]^3 = (a + 2b)^3 \cdot (a - 2b)^3$

Quadrato di un polinomio
Se in un polinomio alcuni termini sono quadrati di monomi e i rimanenti sono doppi prodotti di ognuno di questi per gli altri, il polinomio è il quadrato di un polinomio.

➤ $9a^2 + b^2 + c^2 + 6ab + 6ac + 2bc = (3a + b + c)^2$
$a^2 + b^2 + c^2 + 2ab + 2ac + 2bc - 9 = (a + b + c)^2 - 9 =$
$= (a + b + c + 3) \cdot (a + b + c - 3)$

Somma e differenza di due cubi
La somma di due cubi è uguale al prodotto della somma delle basi per il trinomio formato dal quadrato delle basi meno il prodotto delle stesse.

➤ $a^3 + b^3 = (a + b) \cdot (a^2 - ab + b^2)$

La differenza di due cubi è uguale al prodotto della differenza delle basi per il trinomio formato dal quadrato delle basi più il prodotto delle stesse.

➤ $a^3 - b^3 = (a - b) \cdot (a^2 + ab + b^2)$

Trinomio di secondo grado
Consideriamo il trinomio di secondo grado

$x^2 + ax + b$ (con a, b due numeri relativi generici)

se è possibile determinare due numeri relativi m e n tali che

$$m + n = \boldsymbol{a}$$
$$m \cdot n = \boldsymbol{b}$$

il trinomio diventa

$$x^2 + (m + n) \cdot x + m \cdot n = x^2 + mx + nx + mn$$

con successivi raccoglimenti a fattor comune:

$$x \cdot (x + m) + n \cdot (x + m) = (x + m) \cdot (x + n)$$

quindi, infine

$$x^2 + ax + b = (x + m) \cdot (x + n)$$

➤ $x^2 + 7x + 12$ essendo $\begin{cases} 7 = 3 + 4 \\ 12 = 3 \cdot 4 \end{cases}$

si ha $x^2 + 7x + 12 = (x + 3) \cdot (x + 4)$

3.13 M.C.D. e m.c.m. di monomi e polinomi

Se più monomi sono divisibili per uno stesso monomio, questo dicesi divisore comune dei monomi dati.
Il M.C.D. di due o più monomi è un monomio avente per coefficiente il M.C.D. dei coefficienti dei monomi dati, se essi sono tutti interi, e la cui parte letterale è il prodotto dei fattori letterali comuni a tutti i monomi, presi una sola volta e col minore degli esponenti con cui tali lettere compaiono in ciascuno dei monomi.

➤ Trovare il M.C.D. dei seguenti monomi:
$36a^2b^3x^2y$; $-15ab^4x^2$; $24a^6b^3y^2$; $54a^2b^2x^2$
si ha M.C.D. = $3ab^2$.

Se un monomio è divisibile per due o più monomi dati si dice che esso è multiplo dei monomi dati.
Il m.c.m. di due o più monomi è un monomio avente per coefficiente il m.c.m. dei coefficienti dei monomi dati e la parte letterale costituita dal prodotto dei fattori letterali comuni e non comuni ai monomi dati presi una sola volta e con il maggiore degli esponenti con cui tali lettere compaiono nei monomi dati.

➤ Trovare il m.c.m. tra i seguenti monomi:
$2a^3bx^2y$; $6ab^3x$; $5xy^3$
si ha m.c.m. = $30a^3b^3x^2y^3$.

Il M.C.D. di due o più polinomi, scomposti in fattori, è il prodotto dei fattori comuni, ciascuno preso con il minore esponente.

➤ Trovare il M.C.D. tra i seguenti polinomi:
$[(4a^2 - b^2); (4a^2 + 4ab + b^2); (6a^2 + 3ab)]$
$4a^2 - b^2 = (2a + b) \cdot (2a - b)$
$4a^2 + 4ab + b^2 = (2a + b)^2$
$6a^2 + 3ab = 3a \cdot (2a + b)$
Il **M.C.D.** sarà $2a + b$.

Il m.c.m. di due o più polinomi, scomposti in fattori, è il prodotto dei fattori comuni e non comuni, ciascuno preso con il maggiore esponente.

➤ Trovare il m.c.m. tra i seguenti polinomi:
$[(x^2 - 9); (x^3 - 8); (5x^3 + 5x^2 - 30x)]$;
$x^2 - 9 = (x + 3) \cdot (x - 3)$
$x^3 - 8 = (x - 2) \cdot (x^2 + 2x + 4)$
$5x^3 + 5x^2 - 30x = 5x \cdot (x^2 + x - 6) = 5x \cdot (x + 3) \cdot (x - 2)$
Il **m.c.m.** sarà: $5x \cdot (x + 3) \cdot (x - 3) \cdot (x - 2) \cdot (x^2 + 2x + 4)$.

		A	B	C	D
1	**Qual è il risultato del prodotto: (a – 3) · (a – 3)?**	$a^2 - 6a + 9$	$a^2 - 9$	$a^2 + 2a + 6$	$a^2 + 9$
2	**Lo sviluppo della seguente espressione (2a + 2b) × (2a + 2b) è:**	$2ab + 4b^2 - 4a^2$	$4a^2 - 4b^2$	$a + ab^2 + 4ab$	$4a^2 + 4b^2 + 8ab$
3	**Che cos'è il grado di un polinomio?**	Il maggiore fra i gradi dei suoi termini	La somma dei gradi dei suoi termini	Il prodotto dei gradi dei suoi termini	Il minore dei suoi gradi fra i suoi termini
4	**Qual è il risultato del prodotto: (a – 2) · (a – 2) ?**	$a^2 - 4a + 4$	$a^2 - 4$	$a^2 + 4$	$a^2 + 2a + 2$
5	**Qual è il risultato del prodotto: (a + 2) · (a + 2)?**	$a^2 - a + 4$	$a^2 + 4a + 4$	$a^2 + 4$	$a^2 - 4$
6	**La scomposizione del polinomio $xy^2 + y^2$**	$y(x - 1)^2$	$(y - 1)(x - 1)^2$	$y(x + 1)^2$	$(x + 1)y^2$
7	**Il polinomio $(a^3 - 1)$ è scomponibile nel prodotto:**	$(a - 1)(a^2 + 1 + a)$	$(a - 1)(a^2 + 1)$	$(a + 1)(a^2 + 1 - a)$	$(a - 1)(a^2 + 1 - a)$
8	**Il binomio $x^6 + y^6$:**	è irriducibile	è divisibile per $x + y$	è divisibile per $x - y$	è divisibile per $x^2 + y^2$

9	**Ridurre ai minimi termini (semplificare) la frazione algebrica $(2a^2 + ab - b^2)/(a^2 - b^2)$**	$(2a - b)/(a - b)$	$(a - b)/(a + b)$	$(a + b)/(a - b)$	La frazione non è riducibile
10	**La scomposizione del polinomio $xy^2 + y^2 - 2xy - 2y + x + 1$ è:**	$y(x - 1)^2$	$(y - 1)(x - 1)^2$	$y(x + 1)^2$	$(x + 1)(y - 1)^2$

Soluzioni: 1.A, 2.D, 3.A, 4.A, 5.B, 6.D, 7.A, 8.D, 9.A, 10.D

3.14 Funzione esponenziale

La curva esponenziale

Dato un numero reale e positivo a, diverso da 1, ad ogni valore reale di x, positivo o negativo, corrisponde un valore unico e determinato di a^x sempre positivo:

$$f: x \in \mathrm{R} \rightarrow f(x) = a^x \in \mathrm{R}^+ \qquad a > 0 \qquad a \neq 1$$

La funzione

$$\boldsymbol{y = ax}$$

viene chiamata *funzione esponenziale*; la sua immagine geometrica, rispetto ad un sistema di assi cartesiani, è la *curva esponenziale*.
L'andamento della funzione e della curva esponenziale è diverso a seconda che la base positiva a sia maggiore di 1 oppure compresa tra 0 e 1.

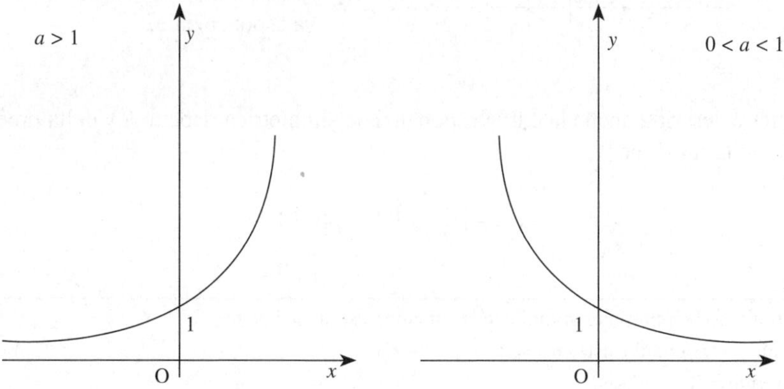

Se $\boldsymbol{a > 1}$ la curva esponenziale è ***sempre crescente:*** al crescere delle ascisse dei punti della curva, crescono le rispettive ordinate.
Se $\boldsymbol{0 < a < 1}$ la curva esponenziale è ***sempre decrescente***: al crescere delle ascisse dei punti della curva, decrescono le rispettive ordinate.
Ad ogni valore fissato per la base a, corrisponde una determinata curva esponenziale. Ciascuna curva esponenziale passa per il punto A(0; 1) perché per $x = 0$, $y = a^0 = 1$ e appartiene al

semipiano delle ordinate positive (I e II quadrante), essendo a^x positiva per ogni valore reale di x; inoltre nessuna curva esponenziale incontra mai l'asse delle ascisse, perché non esiste alcun valore reale finito di x per cui sia $a^x = 0$.
Le curve immagini delle 2 funzioni esponenziali

$$y = a^x \qquad y = \left(\frac{1}{a}\right)^x$$

con la base, essendo numeri reciproci, una maggiore di 1 e l'altra compresa tra 0 e 1 sono una crescente e l'altra decrescente; inoltre è facile vedere che le 2 curve sono *simmetriche rispetto all'asse delle ordinate.*
Infatti, attribuendo a x in una il valore x_0 e nell'altra il valore opposto $-x_0$ risulta la stessa ordinata y_0.
I due punti M $(x_0; y_0)$ e M_1 $(-x_0; y_0)$ sono simmetrici rispetto all'asse delle y.

➤ Tracciare per punti la curva esponenziale y = 2^x

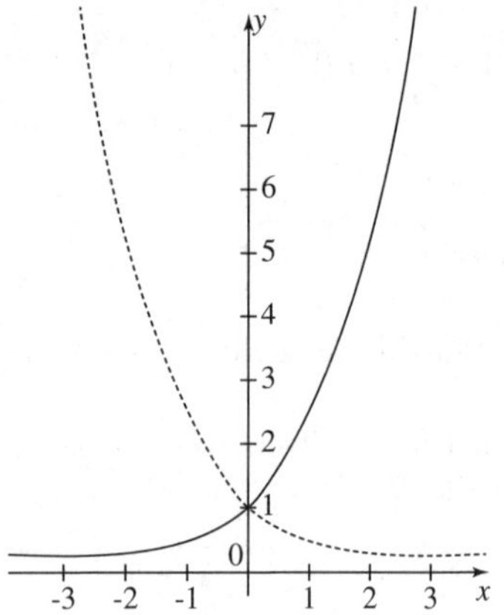

Attribuendo a x dapprima valori interi, positivi e negativi e poi convenienti valori decimali (0,5; 1,5; 2,5 ecc. – 0,5; – 1,5 ecc.) si può formare una tabella di valori x e y da cui si ottengono altrettanti punti che guidano, su un sistema di assi cartesiani, il tracciato continuo della nostra curva esponenziale.

Nella figura è descritta anche la curva esponenziale simmetrica rispetto a y della precedente immagine della funzione

$$y = \left(\frac{1}{2}\right)^x \text{ (tratteggio)}$$

NOTA. Teniamo ben presente quindi che la funzione esponenziale ha:
1) Dominio (o campo di esistenza) = R ⇔]–∞,+∞[
2) Codominio = R^+ ⇔]0,+∞[.

3.15 Definizione di logaritmo e teoremi fondamentali sui logaritmi

Dicesi **logaritmo** di un dato numero (positivo) **b** in base (positiva) data **a**, l'esponente della potenza cui bisogna elevare la base **a** per ottenere il numero dato **b**.
Se $\boldsymbol{a} = \boldsymbol{b}$ si dice che "γ è il logaritmo di b in base a" e si scrive

$$\gamma = \log_a b$$

È di immediata evidenza la seguente identità:

$$a^{\log_a b} = b$$

➤ $2^3 = 8$; $10^3 = 1.000$; $10^{-2} = \dfrac{1}{100} = 0{,}01.$

Applicando la definizione di logaritmo, si ha rispettivamente

$$\log_2 8 = 3;\ \log_{10} 1.000 = 3;\ \log_{10} 0{,}01 = -2.$$

Ricordiamo che l'equazione $a^x = b$ non ammette soluzioni se b è negativo, che $a^0 = 1$, $a^1 = a$.
Valgono inoltre le seguenti osservazioni:

1) *Non esistono logaritmi di numeri negativi.*
2) *In qualunque base (positiva) il logaritmo di 1 è zero.*
3) *In qualunque base (positiva) il logaritmo della base è 1.*
4) *In base maggiore di 1, i logaritmi dei numeri maggiori di 1 sono positivi, i logaritmi dei numeri minori di 1 sono negativi. In base minore di 1, conclusioni opposte.*

3.16 Teoremi sui logaritmi

NOTA. Nei teoremi si sottintende che i logaritmi sono riferiti ad una stessa base (positiva e diversa da 1) e che tali numeri sono positivi.

1) ***Il logaritmo del prodotto di 2 o più numeri è uguale alla somma dei logaritmi dei fattori.***
Se a è la base scelta, si ha:

$$\log_a (bcd) = \log_a b + \log_a c + \log_a d$$

Esprimendo b, c, d, in forma esponenziale, con base a, si ha:

$$a^x = b,\ a^z = c,\ a^u = d$$

da cui per la definizione di logaritmo $x = \log_a b$, $z = \log_a c$, $u = \log_a d$.

Esprimendo in forma esponenziale anche il prodotto *bcd*, si ha:

$$bcd = a^x \cdot a^z \cdot a^u = a^{x+z+u}$$

quindi per definizione di logaritmo si vede che l'esponente che si deve attribuire alla base *a* per ottenere il prodotto *bcd* è $x + z + u$. Pertanto

$$\log_a(bcd) = x + z + u = \log_a b + \log_a c + \log_a d \qquad \text{c.v.d.}$$

2) ***Il logaritmo del quoziente di 2 numeri è uguale alla differenza fra il logaritmo del dividendo e il logaritmo del divisore.***

Se *b* e *c* sono numeri reali positivi, si ha:

$$\mathbf{\log_a b/c = \log_a b - \log_a c}$$

Esprimendo in forma esponenziale il quoziente *b/c* risulta per un noto teorema sulle potenze:

$$\frac{b}{c} = \frac{a^x}{a^z} = a^{x-z}$$

in cui si vede che l'esponente che bisogna attribuire alla base *a* per ottenere *b/c* è $x - z$, quindi per definizione di logaritmo

$$\log_a b/c = x - z = \log_a b - \log_a c \qquad \text{c.v.d.}$$

3) ***Il logaritmo della potenza di un numero è uguale al prodotto dell'esponente per il logaritmo di quel numero.***

Indicando con *m* un numero reale, si ha:

$$\mathbf{\log_a b^m = m\log_a b}$$

Esprimendo in forma esponenziale, rispetto alla base *a*, la potenza b^m, con i simboli dei precedenti teoremi, per un noto teorema delle potenze si ha:

$$b^m = (a^x)^m = a^{mx}$$

in cui si vede che l'esponente che si deve attribuire alla base *a* per ottenere b^m è *mx*, quindi, per definizione di logaritmo

$$\log_a b^m = mx = m\log_a b \qquad \text{c.v.d.}$$

4) ***Il logaritmo di un radicale è uguale al quoziente del logaritmo del radicando per l'indice del radicale.***

Se il radicale è di indice *n*, si ha:

$$\mathbf{\log_a \sqrt[n]{b} = \frac{1}{n}\log_a b}$$

Si potrebbe considerare un caso particolare del teorema precedente. Esprimendo in forma esponenziale il radicale, si ha

$$\sqrt[n]{b} = \sqrt[n]{a^x} = a^{\frac{x}{n}}$$

così si vede che l'esponente che si deve attribuire alla base a per ottenere il radicale dato è x/n, quindi per definizione di logaritmo:

$$\log_a \sqrt[n]{b} = \frac{x}{n} = \frac{\log_a b}{n} = \frac{1}{n}\log_a b$$

c.v.d.

➤ Sviluppare $\log_a q$ sapendo che $q = \frac{bc^2}{d^5}$.

Passando ai logaritmi e applicando prima il teorema I e il II poi il III si ha successivamente:

$$\log_a q = \log_a b + \log_a c^2 - \log_a d^5 = \log_a b + 2\log_a c - 5\log_a d$$

➤ Sviluppare $\log_a z$ sapendo che $z = \sqrt[4]{\frac{b(b+c)^3}{c^3(b-c)}}$

Passando ai logaritmi e applicando tutti i teoremi si ha:

$$\log_a z = \frac{1}{4}\left[\log_a b + 3\log_a(b+c) - 3\log_a c - \log_a(b-c)\right]$$

Si osservi questo esempio: mentre si possono sviluppare i logaritmi di un prodotto, di un quoziente, di una potenza e di una radice, non si possono sviluppare i logaritmi di una somma e differenza.
Sarebbe, infatti, errore gravissimo scrivere **$\log_a b + \log_a c$** invece di **$\log_a(b + c)$**, oppure scrivere **$\log_a b - \log_a c$** invece di **$\log_a(b - c)$**. La somma e la differenza di 2 logaritmi provengono, rispettivamente, dal logaritmo di un prodotto e dal logaritmo di un quoziente.

3.17 Funzione logaritmica

La **funzione logaritmica** *di base a* è la funzione che, dato un numero $a > 0$ *e* $a \neq 1$, ad ogni numero reale positivo x associa il logaritmo di tale numero in **R**:

$$f: x \in R^+ \Rightarrow y = \log_a x \in R \qquad a > 0 \qquad a \neq 1$$

Dalla definizione di logaritmo e dalle proprietà messe in evidenza precedentemente ne consegue che:

1) *la funzione logaritmica è biunivoca tra* R^+ *e* R;
2) *la funzione logaritmica è*
   a) *crescente per* $a>1$
   b) *decrescente* per $0<a<1$;

3) *la funzione logaritmica è invertibile in* R*;*
4) *l'inversa della funzione esponenziale di base* ***a*** *è la funzione logaritmica di base* ***a****.*

Il punto 4. lo possiamo verificare immediatamente se consideriamo:

$$f(x) = a^x \qquad g(x)=\log_a x$$

si ha:

$$x \xrightarrow{f} a^x \xrightarrow{g} \log_a a^x = x$$

$$x \xrightarrow{g} \log_a x \xrightarrow{f} a^{\log_a x} = x$$

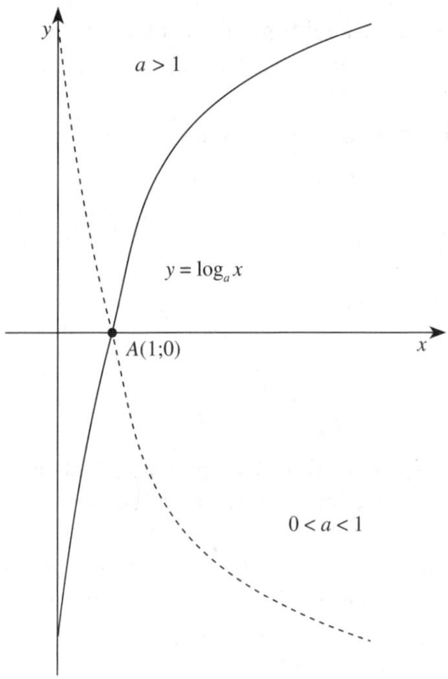

Il grafico della funzione logaritmica può essere di due tipi in funzione dei valori di a, e si chiama **curva logaritmica**, infatti avremo:

- $a > 1$ il grafico in nero;
- $0 < a < 1$ il grafico tratteggiato.

Osservando i grafici possiamo effettuare delle considerazioni:

1. la funzione si può calcolare solo per $x > 0$ e pertanto il grafico è posto tutto alla *destra* dell'asse *y;*
2. per $x = 1$, si ha $y = 0$, e quindi la curva taglia l'asse x nel punto $A(1; 0)$;
3. per $a > 1$ $(0 < a < 1)$, per $x > 1$ la y assume valori positivi (negativi) e cresce (decresce) al crescere della x assumendo valori grandi;
4. per $a > 1$ $(0 < a < 1)$, per $0 < x < 1$ la y assume valori negativi (positivi), e quando alla x si attribuiscono valori sempre più prossimi a zero, i corrispondenti valori della y risultano, in valore assoluto, sempre più grandi.

3.18 Principi della teoria delle equazioni

EQUAZIONE In matematica, è una uguaglianza tra due espressioni contenenti una o più variabili dette incognite.

Identità ed equazioni

In precedenza avevamo dato la seguente definizione: *Due espressioni algebriche che assumono lo stesso valore per ogni sistema di valori attribuiti alle lettere che figurano nelle due espressioni si dicono identiche o identicamente uguali.*
L'uguaglianza delle due espressioni prende il nome di *identità*.

➤ $(3x - 2y)^2 = 9x^2 - 12xy - 4y^2$ è una identità.

Se, invece, l'uguaglianza fra due espressioni è verificata solo per particolari valori attribuiti alle lettere che in esse figurano, l'uguaglianza prende il nome di *equazione*.
Le due espressioni si dicono *membri* dell'equazione, i valori che la soddisfano si dicono *radici* o *soluzioni* dell'equazione.

➤ L'uguaglianza $3x^2 + 5 = x + 7$ è una equazione.

Infatti essa è verificata solo per la coppia di valori:

$$x_1 = 1; \qquad x_2 = -\frac{2}{3}$$

Dalle definizioni date deriva che, mentre un'identità è una *uguaglianza incondizionata*, cioè che sussiste sempre, una equazione è invece una *uguaglianza condizionata*, che sussiste solo a condizione che le variabili abbiano certi particolari valori. Per determinarli viene appunto stabilita l'equazione che è la traduzione algebrica di un problema, le cui costanti contenute nei due membri rappresentano i *numeri dati* e le variabili i *quesiti*. Per questa ragione alle variabili delle espressioni di una equazione si dà propriamente il nome di *incognite* e l'equazione dicesi anche *uguaglianza problematica*. L'identità, invece, è la traduzione algebrica di un teorema. L'identità rappresenta un *fatto algebrico vero*, un'equazione rappresenta un fatto algebrico *che può essere vero*. Un'equazione viene classificata, in base alle soluzioni, come:

1) ***determinata*** = *numero finito di soluzioni*;
2) ***indeterminata*** = *numero infinito di soluzioni*;
3) ***impossibile*** = *non ha soluzioni*.

Grado di una equazione. Equazioni numeriche, letterali e frazionarie (fratte)

Una equazione si dice ad *m* incognite quando *m* è il numero complessivo delle incognite contenute nei due membri; si dice di grado *n* se i due membri sono espressioni intere ed è *n* il maggiore dei loro gradi.
In particolare, l'equazione dicesi *lineare* se il grado è uno, *quadratica* se il grado è due, *cubica* se il grado è tre.

➤ $3x^2y - 4xy^5 + 8 = x^2y^2 - 3y^2 + 5$ è un'equazione a due incognite, di VI grado.

Ad una equazione, in cui tutti i coefficienti sono numeri, si dà il nome di **equazione numerica**; se compaiono oltre all'incognita delle lettere, l'equazione si dice **letterale**; se, infine, uno o entrambi i membri dell'equazione sono frazioni algebriche i cui denominatori contengono l'incognita, l'equazione dicesi **frazionaria**.

➤ $3x + 1 = 5x + 3$ è una equazione numerica intera;

$\frac{3x - 1}{x + 2} - \frac{1 - x}{2x} = 4 \cdot (x - 1)^2$ è una equazione numerica frazionaria;

$3ax + b = (2a + b)x + c$ è una equazione letterale intera;

$\frac{x + b}{x - a} = \frac{1}{(x + b) \cdot (x + 2)}$ è una equazione letterale frazionaria.

3.19 Nozioni di equivalenza e principi di equivalenza

Due equazioni si dicono **equivalenti** quando ogni radice o soluzione della prima soddisfa la seconda e viceversa.

Ne deriva:
1) *Due equazioni equivalenti ad una terza sono equivalenti fra loro.*
2) *Una equazione ad una sola incognita si chiama subordinata ad un'altra se ammette tutte le radici della prima, ed in più altre, che siano estranee alla prima equazione, in quanto non la soddisfano.*

➤ $3x + 1 = 5$ ha radice $x = \frac{4}{3}$

l'equazione $(3x + 1)^2 = 25$ è una sua subordinata.
Infatti ha radici $\frac{4}{3}$ e -2.

Principi di equivalenza
Risolvere un'equazione equivale a ricercarne le radici. La risoluzione è fondata su due principi fondamentali delle equazioni.

I principio - *Se ai due membri di una equazione si addiziona o si sottrae una medesima espressione, che contenga o meno l'incognita, si ottiene un'equazione equivalente a quella data.*

Se
$$A(x) = B(x) \qquad (1)$$
è una equazione nella incognita x ed è k una sua radice, dovrà essere
$$A(k) = B(k)$$
L'equazione ottenuta aggiungendo o sottraendo la stessa espressione $C(x)$:
$$A(x) \pm C(x) = B(x) \pm C(x) \qquad (2)$$
ha pure radice k.

Infatti
$$A(k) \pm C(k) = B(k) \pm C(k)$$
quindi una radice della (1) è anche una radice della (2). Lo stesso si può affermare in senso inverso e quindi è provato che le due equazioni sono equivalenti.

Di conseguenza, essendo
$$A(x) \pm C(x) = B(x) \pm C(x)$$
equivalente all'equazione
$$A(x) = B(x)$$
se ne deduce che *è possibile sopprimere, nei due membri, una stessa espressione comune.*

Consideriamo l'equazione
$$A(x) + B(x) = C(x)$$
Sottraendo ad ambo i membri $B(x)$, per il I principio si ottiene l'equazione equivalente
$$A(x) = C(x) - B(x)$$

Ne deduciamo che ***in una equazione un termine si può trasportare da un membro all'altro cambiandolo di segno.***

➤ Nell'equazione $\frac{3}{5}x + 3x^2 = 2x - \frac{1}{2} + 3x^2$

si può sopprimere nei due membri il fattore comune $3x^2$.
Nell'equazione $8x - 7 + 5x = -12$ possiamo trasportare al secondo membro – 7 cambiandolo di segno.

II principio - *Moltiplicando o dividendo i due membri di una equazione per una espressione che non contenga l'incognita e diversa da zero si ottiene una equazione equivalente a quella data.*

Se l'equazione

$$A(x) = B(x) \qquad (1)$$

ha la radice k, dovrà essere

$$A(k) = B(k)$$

e quindi se moltiplichiamo la (1) per una espressione $C \neq 0$, non contenente l'incognita, l'equazione

$$C \cdot A(x) = C \cdot B(x) \qquad (2)$$

ha anche la radice k. Analogamente ogni radice dell'equazione (2) è radice dell'equazione (1). Le due equazioni sono equivalenti.
Di conseguenza moltiplicando ambo i membri dell'equazione $A(x) = B(x)$ per – 1 si ha

$$-A(x) = -B(x)$$

Da ciò si deduce che ***in una equazione si può cambiare il segno a tutti i suoi termini.***
Se $A(x)$ e $B(x)$ sono espressioni a coefficienti frazionari, l'equazione $A(x) = B(x)$ diviene a coefficienti interi se moltiplichiamo ambo i membri per il m.c.m. dei denominatori.

➤ $\frac{3x-1}{3} + \frac{5x}{2} = \frac{7x+2}{8}$ essendo m.c.m. (3; 2; 8) = 24

moltiplicando ambo i membri per 24 avremo:

$8 \cdot (3x - 1) + 60x = 3 \cdot (7x + 2)$

Nell'enunciare il II Principio abbiamo escluso che si possa moltiplicare o dividere ambo i membri di una equazione, per una espressione contenente l'incognita. In effetti, in tal caso, l'equazione che si ottiene non è più, in generale, equivalente alla data.

Infatti sia l'equazione

$$A(x) = B(x) \qquad (1)$$

Moltiplicando ambo i membri per $C(x)$ si ha l'equazione

$$A(x) \cdot C(x) = B(x) \cdot C(x) \qquad (2)$$

Trasportando il secondo membro di quest'ultima al primo, cambiando di segno, si ha:

$$A(x) \cdot C(x) - B(x) \cdot C(x) = 0$$

Raccogliendo a fattor comune $C(x)$, otteniamo:

$$C(x) \cdot [A(x) - B(x)] = 0$$

Per la legge dell'annullamento del prodotto, dovrà essere:

$$C(x) = 0$$
$$A(x) - B(x) = 0$$

quindi la (2) oltre ad avere tutte le radici della (1) può avere tutte le eventuali radici di $C(x) = 0$

Se, inversamente, si dividono ambo i membri di una equazione per una espressione in x, si otterrà un'equazione avente in uno le eventuali radici di tale espressione.

➤ Consideriamo l'equazione $x - 2 = 5$ la cui radice è $x = 7$.
Se la moltiplichiamo per $x - 3$ otterremo

$$(x - 2) \cdot (x - 3) = 5 \cdot (x - 3) \Rightarrow x_1 = 7 \text{ e } x_2 = -6$$

3.20 Equazioni di I grado ad una incognita ($ax + b = 0$)

Un'equazione di primo grado ad una incognita è l'equazione più semplice che si possa incontrare.

Per risolvere un'equazione di primo grado ad una incognita si procede nel seguente modo:

1) *Si eseguono tutte le eventuali operazioni indicate.*
2) *Si libera l'equazione dai denominatori (se l'equazione ha coefficienti frazionari o è frazionaria), moltiplicando tutti i suoi termini per il m.c.m. dei denominatori.*
3) *Si sviluppano i prodotti indicati e si riducono i termini simili nei due membri.*
4) *Si trasportano nel primo membro tutti i termini contenenti l'incognita (cambiandoli di segno) e nel secondo membro tutti i termini che non la contengono (cambiandoli di segno).*
5) *Si riducono i termini simili nei due membri.*
   Si perviene così alla forma semplicissima

$$\boxed{ax = b}$$

   che si dice *forma naturale* o *tipica* dell'equazione di I grado.
6) *Si dividono ambo i membri per il coefficiente dell'incognita.*

➤ (1) Si voglia risolvere l'equazione

$$3x \cdot (x + 1) - 14 = 3 \cdot (x - 1)^2 + 1$$

Eseguiamo le operazioni indicate nei due membri:

$$3x^2 + 3x - 14 = 3 \cdot (x^2 - 2x + 1) + 1$$
$$3x^2 + 3x - 14 = 3x^2 - 6x + 3 + 1$$

Possiamo sopprimere il termine $3x^2$ comune in due membri (*I principio*):

$$3x - 14 = - 6x + 4$$

Possiamo trasportare – $6x$ dal secondo al primo membro e – 14 dal primo al secondo (*I principio*), cambiandoli di segno:

$$3x + 6x = 14 + 4$$

da cui

$$9x = 18$$

Dividendo ambo i membri per 9 (*II principio*)

$$x = 2$$

La radice è 2 e l'**equazione è determinata**.

➤ (2) Risolvere l'equazione $\dfrac{a+b}{x-a} + \dfrac{a-b}{x-b} = \dfrac{a}{x-a} - \dfrac{b}{x-b}$

Affinché le frazioni algebriche, termini dell'equazione, abbiano significato deve essere

$$x \neq a \qquad x \neq b$$

si calcola il m.c.m. dei denominatori:

$$(x - a)(x - b)$$

Riduciamo a forma intera:

$$(a + b)(x - b) + (a - b)(x - a) = a(x - b) - b(x - a)$$

Eseguendo le operazioni indicate e riducendo i termini simili:

$$ax - ab + bx - b^2 + ax - a^2 - bx + ab = ax - ab - bx + ab$$

da cui

$$2ax - a^2 - b^2 = ax - bx$$

Trasportiamo al primo membro i termini contenenti l'incognita e al secondo quelli che non la contengono:

$$2ax - ax + bx = a^2 + b^2 \qquad \Rightarrow \qquad ax + bx = a^2 + b^2$$

Raccogliendo x a fattor comune nel I membro

$$x(a + b) = a^2 + b^2$$

che è la forma normale dell'equazione.
Il solo caso di indeterminazione si ha quando sia a che b sono entrambi uguali a zero. Se non è così l'equazione è determinata e la sua radice è

$$x = \frac{a^2 + b^2}{a + b}$$

TABELLA RIASSUNTIVA EQUAZIONI DI I GRADO		
$ax + b = 0$		**Soluzioni**
Equazione determinata	$a \neq 0$ $b \neq 0$	$x = -\frac{b}{a}$
Equazione indeterminata	$a = 0$ $b = 0$	Infinite $x = \frac{0}{0}$
Equazione impossibile	$a = 0$ $b \neq 0$	Non esistono $x = \frac{b}{0}$
Equazione nulla ma determinata	$a \neq 0$ $b = 0$ $ax = 0$	$x = \frac{0}{a} = 0$

3.21 Sistemi di equazioni di I grado

Fino ad ora abbiamo considerato equazioni ad una sola incognita, ma esistono problemi in cui è richiesta la determinazione di due o più grandezze incognite che verranno tradotte algebricamente mediante equazioni in altrettante incognite.
Ci limiteremo a considerare equazioni in due sole incognite, ma le conclusioni che trarremo potranno essere generalizzate al caso di più di due incognite.

Equazioni di primo grado a due incognite
Ogni equazione di I grado a due incognite può sempre ridursi alla forma

$$ax + by = c \tag{1}$$

detta *forma normale*.
Basta trasformare l'equazione data a forma intera, se non lo è, sviluppare, al solito, le parentesi se ve ne sono, trasportare al primo membro tutti i termini contenenti le incognite ed al secondo membro quelli noti ed infine ridurre i termini simili.
Volendo risolvere una equazione di questo tipo, dovremo determinare coppie di valori che, sostituiti nella (1), diano luogo ad un'identità.
Risolvendo la (1) rispetto ad x oppure rispetto ad y, si ottiene:

$$x = (c - by) / a \tag{2}$$
$$y = (c - ax) / b \tag{3}$$

Se nella (2) assegniamo un valore arbitrario alla y si otterrà, in corrispondenza, un valore ben determinato di x e, analogamente, se nella (3) assegniamo un valore arbitrario alla x si avrà, in corrispondenza, un valore ben determinato di y.

Ne deduciamo che l'equazione (2) ammette infinite soluzioni rappresentate da coppie di valori *dipendenti* l'uno dall'altro.
Infatti per poter risolvere l'equazione dobbiamo assegnare un valore arbitrario ad una delle incognite (ed essendo arbitrario può essere scelto tra infiniti valori).

Sistemi di due equazioni di primo grado in due incognite
Se due equazioni di primo grado in x e y, che hanno infinite soluzioni, le consideriamo simultaneamente per trovare soluzioni comuni ad entrambe, diciamo che formano un *sistema.*
Sistema impossibile. Non ci sono soluzioni comuni alle due equazioni che pertanto si definiscono *incompatibili.*
Sistema indeterminato. Le equazioni hanno infinite soluzioni del sistema. In tal caso si definiscono *linearmente dipendenti.*
Sistema determinato. Esiste *una sola coppia* di soluzioni che verifica il sistema.

➤ $$\begin{cases} 3x+4y=7 & x=1 \\ x-y=0 & y=1 \end{cases}$$

Dicesi ***grado di un sistema*** il prodotto dei gradi delle equazioni da cui esso è formato.

Due sistemi si dicono ***equivalenti*** *quando tutte le soluzioni di uno sono soluzioni dell'altro e viceversa.*

Metodo di sostituzione
Per risolvere un sistema esistono diversi metodi: quello di *sostituzione* è tale per cui si risolve una delle equazioni rispetto ad una delle incognite. Si perviene così ad una equazione in una sola incognita che risolta dà il valore.

➤ $$\begin{cases} 5x+2y=-4 \\ x-4y=-14 \end{cases}$$

Risolviamo la prima equazione rispetto alla y.

Otteniamo $y=\frac{-4-5x}{2}$, sostituendo la y con la sua equazione in x nella seconda equazione si ha:

$$\begin{cases} y=\dfrac{-4-5x}{2} \\ x-4\cdot\dfrac{-4-5x}{2}=-14 \end{cases}$$

da cui

$$\begin{cases} y=\dfrac{-4-5x}{2} \\ x+8+10x=-14 \end{cases} \qquad \begin{cases} y=\dfrac{-4+10}{2} \\ x=-2 \end{cases} \qquad \begin{cases} y=3 \\ x=-2 \end{cases}$$

Metodo di confronto

Basta risolvere entrambe le espressioni rispetto alla stessa incognita e infine si uguagliano le espressioni ottenute.

➤ $\begin{cases} 5x+y=4 \\ 3x-4y=30 \end{cases}$

Risolviamo rispetto alla x; si ha

$$\begin{cases} x=\dfrac{4-y}{5} \\ x=\dfrac{4y+30}{3} \end{cases}$$

dal confronto si ottiene

$$\frac{4-y}{5}=\frac{4y+30}{3}$$

da cui: $12 - 3y = 20y + 150$; ossia $23y = - 138$.

Pertanto: $y = - 6$ e $x=\dfrac{4+6}{5}=2$.

Metodo di addizione e sottrazione o della combinazione lineare

Basta moltiplicare ambo i membri delle due equazioni per moltiplicatori tali che i coefficienti di una delle incognite risultino, fra loro, uguali e opposti.

Dopo ciò, sottraendo o sommando membro a membro le equazioni ottenute, si perviene ad una equazione ad una sola incognita.

➤ $\begin{matrix} 5 \\ 3 \end{matrix} \begin{cases} 3x-4y=7 \\ -5x+12y=-13 \end{cases}$

Moltiplichiamo la prima equazione per 5 e la seconda per 3 e otteniamo:

$$\begin{cases} 15x-20y=\ \ 35 \\ -15x+36y=-39 \\ \hline \qquad\quad 16y=-4 \end{cases}$$

da cui: $y=-\dfrac{1}{4}$ e $x=2$.

Artifici di calcolo

Esistono dei sistemi per la cui risoluzione è necessario ricorrere ad artifici di calcolo.

➤ $\begin{cases} \dfrac{3}{3x-y}+\dfrac{6}{5x-y}=\dfrac{7}{4} \\ \dfrac{2}{3x-y}-\dfrac{1}{5x-y}=\dfrac{1}{3} \end{cases}$

In questi casi si pone:

$$\frac{1}{3x-y}=u \text{ e } \frac{1}{5x-y}=v$$

Sostituendo si ottiene il sistema nuovo (equivalente al primo):

$$\begin{cases} 3u+6v=\dfrac{7}{4} \\ 2u-v=\dfrac{1}{3} \end{cases}$$

da cui: $u=\frac{1}{4}$ e $v=\frac{1}{6}$.

Tenendo conto della posizione fatta, si ha:

$$\begin{cases} \dfrac{1}{3x-y}=\dfrac{1}{4} \\ \dfrac{1}{5x-y}=\dfrac{1}{6} \end{cases}$$

da cui $\begin{cases} 3x-y=4 \\ 5x-y=6 \end{cases}$

che risolto dà $x = 1$ e $y = -1$.

3.22 Problemi di I grado

Problemi di I grado ad un'incognita

Risolvere un problema rappresentato algebricamente da un'equazione consiste nel ricercare le soluzioni che rappresentano le radici dell'equazione algebrica considerata.
Per la risoluzione occorre:

a) *scegliere opportunamente l'incognita;*
b) *tradurre il problema in equazione o, più tecnicamente, intavolare il problema;*
c) *risolvere l'equazione;*
d) *discutere la soluzione trovata e stabilire se essa soddisfa tutte le condizioni richieste.*

➤ La cifra delle centinaia di un numero di 3 cifre è 3; portando questa cifra a destra delle altre due, il numero aumenta di 216.
Determinare tale numero.

Soluzione: Indichiamo con x il numero formato dalla cifra delle decine e da quella delle unità.
Sarà allora 300 + x il numero richiesto.
Se si porta la cifra 3 a destra delle altre due, essa diviene quella delle unità, mentre x diviene il numero delle decine; il nuovo numero sarà allora espresso da 10x + 3.

Si ha allora l'equazione:
300 + x = 10x + 3 – 216
da cui x = 57.
Il numero richiesto è perciò 357, infatti 573 – 216 = 357.

Problemi di I grado a due o più incognite
Il metodo di risoluzione è lo stesso che per i problemi ad una incognita.

➤ Determinare le lunghezze dei lati di un triangolo *ABC*, sapendo che: il perimetro misura cm 50; $\overline{AB}$ è i $\frac{4}{21}$ della somma degli altri due; $\overline{AC}$ è i $\frac{3}{4}$ di $\overline{BC}$.

Soluzione: Indichiamo con *x*, *y*, *z*, le misure espresse in cm rispettivamente dei lati *AB*, *BC*, *AC*.
Poiché il perimetro è lungo cm 50 si ha l'equazione:

$$x + y + z = 50$$

Inoltre $x = \frac{4}{21}(y+z)$ e $z = \frac{3}{4}y$.

Si ha così il sistema:

$$\begin{cases} x+y+z=50 \\ x=\frac{4}{21}(y+z) \\ z=\frac{3}{4}y \end{cases}$$

che ridotto a forma normale diventa

$$\begin{cases} x+y+z=50 \\ 21x-4y-4z=0 \\ 3y-4z=0 \end{cases}$$

risolto con uno dei metodi noti, si ha

$$\begin{cases} x=8 \text{ (cm)} \\ y=24 \text{ (cm)} \\ z=18 \text{ (cm)} \end{cases}$$

da cui: $\overline{AB} =$ cm 8; $\overline{BC} =$ cm 24; $\overline{AC} =$ cm 18.

3.23 Equazioni di II grado ad una incognita ($ax^2 + bx + c = 0$)

Una equazione ad una incognita è di II grado se, dopo avere eliminato i denominatori, trasportati tutti i termini nel primo membro e ridotti i termini simili, assume la forma generica (*forma tipica*)

$$ax^2 + bx + c = 0$$

dove a, b, c, sono numeri reali qualunque ($\neq 0$), oppure espressioni letterali che rappresentano numeri reali noti.

- Il coefficiente a di x^2 si dice *primo coefficiente*; esso deve essere sempre diverso da zero, altrimenti l'equazione diviene di I grado.
- Il coefficiente b di x si dice *secondo coefficiente* (o coefficiente del termine medio) e può essere anche uguale a zero.
- Il coefficiente c si dice *termine noto* (o anche terzo coefficiente) e può essere anche uguale a zero.

Un'equazione di II grado, ridotta alla forma tipica, si dice *completa* quando i coefficienti a, b, c sono tutti diversi da zero; si dice *incompleta* quando i coefficienti b e c (uno o entrambi) sono uguali a zero.
Distinguendo i diversi casi, una equazione di II grado può essere:
1) $ax^2 = 0$ ***monomia***
2) $ax^2 + c = 0$ ***binomia** o **pura***
3) $ax^2 + bx = 0$ ***spuria***
4) $ax^2 + bx + c = 0$ ***trinomia** o **completa***

➤ $6x^2 = 0$ monomia; $9x^2 - 4 = 0$ pura; $2x^2 + 7x = 0$ spuria; $2x^2 + 5x - 3 = 0$ completa

Risoluzione di un'equazione di II grado

1) *Equazione monomia* $ax^2 = 0$
Dividendo ambo i membri per a si ottiene l'equazione:

$$x^2 = 0$$

da cui $x = \pm\sqrt{0} = 0$.
Entrambe le soluzioni coincidono con lo zero.

2) *Equazione pura* $ax^2 + c = 0$
Trasportando c nel secondo membro e ricavando x^2 si ottiene:

$$x^2 = -\frac{c}{a} \text{ da cui } x = \pm\sqrt{-\frac{c}{a}}$$

Si nota che le soluzioni dell'equazione sono i numeri opposti, ottenuti estraendo la radice quadrata del quoto cambiato di segno, del termine noto diviso per il primo coefficiente:

$$x_1 = -\sqrt{-\frac{c}{a}} \qquad x_2 = +\sqrt{-\frac{c}{a}}$$

Le radici sono reali se il radicando è positivo, cioè se c e a hanno segni contrari, sono invece immaginarie se c e a hanno segni uguali.

➤ $25x^2 - 16 = 0 \qquad x^2 = \frac{16}{25} \qquad x = \pm\sqrt{\frac{16}{25}} \qquad x = \pm\frac{4}{5}$

(radici reali, razionali)

$9x^2 - 2 = 0 \qquad x^2 = \frac{2}{9} \qquad x = \pm\sqrt{\frac{2}{9}} \qquad x = \pm\frac{\sqrt{2}}{3}$

(radici reali, irrazionali)

$4x^2 + 1 = 0 \qquad x^2 = -\frac{1}{4} \qquad x = \pm\sqrt{-\frac{1}{4}} \qquad x = \pm\frac{1}{2}i$

(radici immaginarie)

3) *Equazione spuria* $\boldsymbol{ax^2 + bx = 0}$

Per risolvere questa equazione si raccoglie x a fattor comune: così il primo membro si scompone nel prodotto di due fattori:

$$x(ax + b) = 0$$

per determinare le soluzioni basta risolvere le due equazioni di primo grado in cui viene a scindersi l'equazione data:

$$x = 0 \qquad ax + b = 0$$

le soluzioni della data equazione sono dunque

$$x_1 = 0 \qquad x_2 = -\frac{b}{a}$$

e sono sempre reali e differenti l'una dall'altra (ossia distinte).

➤ $3x^2 + 5x = 0 \qquad x(3x + 5) = 0 \qquad x_1 = 0 \qquad x_2 = -\frac{5}{3}$

$2x^2 + x\sqrt{3} = 0 \qquad x(2x + \sqrt{3}) = 0 \qquad x_1 = 0 \qquad x_2 = -\frac{\sqrt{3}}{2}$

4) *Equazione completa* $\boldsymbol{ax^2 + bx + c = 0}$

Si risolve applicando una formula che fornisce entrambe le soluzioni e viene detta ***formula risolutiva:***

$$x = \frac{-b \pm \sqrt{b^2 - 4ac}}{2a}$$

dove $b^2 - 4ac = \Delta$ (discriminante).

Operando una volta con il segno "+" e una volta con il segno "–" che precede il radicale si ottengono le 2 soluzioni:

$$x_1 = \frac{-b+\sqrt{b^2-4ac}}{2a} \qquad x_2 = \frac{-b-\sqrt{b^2-4ac}}{2a}$$

➤ $3x^2 - 7x + 2 = 0$

$$x = \frac{-(-7) \pm \sqrt{49-(4\cdot 3\cdot 2)}}{2\cdot 3} =$$

$$= \frac{+7 \pm \sqrt{49-24}}{6} = \frac{+7 \pm \sqrt{25}}{6} =$$

$$= \frac{+7 \pm 5}{6} = \begin{cases} x_1 = \dfrac{12}{6} = 2 \\ x_2 = \dfrac{2}{6} = \dfrac{1}{3} \end{cases}$$

➤ $12x^2 + x - 6 = 0$

$$x = \frac{-1 \pm \sqrt{1-4\cdot 12\cdot(-6)}}{2\cdot 12} =$$

$$= \frac{-1 \pm \sqrt{1+288}}{24} = \frac{-1 \pm \sqrt{289}}{624} =$$

$$= \frac{-1 \pm 17}{24} = \begin{cases} x_1 = \dfrac{16}{24} = \dfrac{2}{3} \\ x_2 = -\dfrac{18}{24} = -\dfrac{3}{4} \end{cases}$$

Quando il 2° coefficiente (b) di una equazione di II grado completa è divisibile per 2, cioè si può indicare con $2m$ (dove m è la metà di b), la *formula risolutiva* si semplifica e assume una forma detta ***ridotta***.
Infatti, se $b = 2m$ l'equazione diventa

$$ax^2 + 2mx + c = 0$$

e le soluzioni saranno:

$$x = \frac{-2m \pm \sqrt{4m^2-4ac}}{2a} = \frac{-2m \pm \sqrt{4(m^2-ac)}}{2a} = \frac{-2m \pm 2\sqrt{m^2-ac}}{2a}$$

da cui semplificando per 2 si ottiene

$$x = \frac{-m \pm \sqrt{m^2 - ac}}{a}$$

dove $m = \frac{b}{2}$.

3.24 Relazioni tra radici e coefficienti di un'equazione di II grado e proprietà (trinomio di II grado)

Coefficienti e radici: somma e prodotto delle radici

In ogni equazione di II grado $ax^2 + bx + c = 0$, la somma $\boldsymbol{s}$ e il prodotto $\boldsymbol{p}$ delle radici si possono determinare senza risolvere l'equazione.

Si ha infatti: $\boldsymbol{s = x_1 + x_2 = -\frac{b}{a}}$ e $\boldsymbol{p = x_1 \cdot x_2 = +\frac{c}{a}}$.

Per dimostrare basta addizionare e moltiplicare membro a membro le uguaglianze che danno le radici dell'equazione:

$$x_1 = \frac{-b + \sqrt{\Delta}}{2a} \qquad x_2 = \frac{-b - \sqrt{\Delta}}{2a}$$

$$s = x_1 + x_2 = \frac{-b + \sqrt{\Delta}}{2a} + \frac{-b - \sqrt{\Delta}}{2a} = \frac{\left(-b + \sqrt{\Delta}\right) + \left(-b - \sqrt{\Delta}\right)}{2a} = \frac{-2b}{2a} = \frac{-b}{a}$$

$$p = x_1 \cdot x_2 = \frac{-b + \sqrt{\Delta}}{2a} \cdot \frac{-b - \sqrt{\Delta}}{2a} = \frac{\left(-b + \sqrt{\Delta}\right) \cdot \left(-b - \sqrt{\Delta}\right)}{2a \cdot 2a} = \frac{(-b)^2 - \Delta}{4a^2} = \frac{b^2 - b^2 + 4ac}{4a^2} = \frac{c}{a}$$

Si può dunque concludere che in ogni equazione di II grado:

- ***la somma delle radici** è uguale all'opposto del quoto fra il secondo e il primo coefficiente*;
- ***il prodotto delle radici** è uguale al quoto fra il termine noto e il primo coefficiente.*

Conoscendo s e p delle radici si può risalire all'equazione originaria.

Applicazione 1. Sia $ax^2 + bx + c = 0$ l'equazione richiesta (sono incognite a, b, c).
Dividendo ambo i membri per il 1° coefficiente a (sempre diverso da 0), la stessa si può scrivere nella forma

$$x^2 + \frac{b}{a}x + \frac{c}{a} = 0$$

Poiché dalle formule della s e dalla p si deduce $\frac{-b}{a} = s$ e $\frac{c}{a} = p$, sostituendo si ottiene l'equazione cercata:

$$\boldsymbol{x^2 - sx + p = 0}$$

➤ Dati $s = 7$ e $p = 12$, l'equazione sarà $x^2 - sx + p = 0$ quindi $x^2 - 7x + 12 = 0$.

Applicazione 2. Date le radici x_1 e x_2 di un'equazione di II grado determinare l'equazione.

$$s = x_1 + x_2 \qquad p = x_1 \cdot x_2$$

quindi sostituendo: $x^2 - (x_1 + x_2)\,x + x_1 \cdot x_2 = 0$.

➤ Dati $x_1 = 5$ e $x_2 = -\frac{2}{3}$, determinare l'equazione.

$$s = x_1 + x_2 = 5 - \frac{2}{3} = \frac{13}{3}$$

$$p = x_1 \cdot x_2 = 5 \cdot \left(-\frac{2}{3}\right) = -\frac{10}{3}$$

da cui $x^2 - \frac{13}{3}x - \frac{10}{3} = 0$.

Applicazione 3. Determinare due numeri conoscendo la loro somma *s* e il loro prodotto *p*.
Si imposta il sistema:

$$\begin{cases} x + y = s \\ x \cdot y = p \end{cases}$$

Si potrebbe risolvere tramite il metodo di sostituzione, ma se osserviamo l'equazione di II grado sull'incognita t, es. $t^2 - st + p = 0$, notiamo che ha per soluzioni due numeri che hanno per somma s e per prodotto p.
Conviene, quindi, risolvere il sistema per mezzo di tale equazione detta *equazione ausiliaria*.
Quindi

$$x = t_1 \text{ o } t_2$$
$$y = t_2 \text{ o } t_1$$

➤ $\begin{cases} x + y = 9 \\ xy = 20 \end{cases}$ l'equazione ausiliaria è $t^2 - 9t + 20 = 0$

$$\begin{cases} x \\ y \end{cases} = \frac{9 \pm \sqrt{81-80}}{2} = \frac{9 \pm 1}{2} \left\langle \begin{matrix} 5 & x = 5 \text{ o } 4 \\ 4 & y = 4 \text{ o } 5 \end{matrix} \right.$$

Applicazione 4. Scomporre un trinomio di II grado in un prodotto di fattori di I grado.
Ogni trinomio di II grado si può sempre scomporre nel prodotto di 2 fattori di I grado.
Si assume come tipico trinomio di II grado il seguente:

$$ax^2 + bx + c \qquad \text{in cui la lettera ordinatrice è } x.$$

Se x_1 e x_2 sono le radici dell'equazione ottenuta uguagliando a zero il trinomio, si dimostra che

$$ax^2 + bx + c = a\,(x - x_1)\,(x - x_2)$$

Sappiamo che $x_1 + x_2 = -\frac{b}{a}$ e $x_1 \cdot x_2 = \frac{c}{a}$. Possiamo sostituire quindi nel trinomio:

$$ax^2 + bx + c = a\left(x^2 + \frac{b}{a}x + \frac{c}{a}\right) =$$

$$a\left[x^2 - (x_1 + x_2)x + x_1x_2\right] = a\left[x^2 - xx_1 - xx_2 + x_1x_2\right] =$$

$$a\left[x(x - x_1) - x_2(x - x_1)\right] = a(x - x_1)(x - x_2)$$

Possiamo dunque enunciare la *Regola* per la scomposizione di un trinomio di II grado in prodotto:

1) si uguaglia il trinomio a zero e se ne trovano le radici;
2) si scompone il trinomio in 3 fattori: il primo è il I coefficiente, gli altri 2 sono le differenze fra la lettera ordinatrice e ciascuna radice del trinomio.

3.25 Regola di Cartesio

In un'equazione di II grado con Δ non negativo è possibile stabilire i segni delle radici senza calcolarle esaminando come si susseguono i segni dei coefficienti *a*, *b*, *c*.
Data l'equazione $ax^2 + bx + c = 0$, i cui coefficienti sono tutti diversi da zero, si dice che essa presenta una **variazione** quando si susseguono due coefficienti di segno contrario, una **permanenza** quando si susseguono due coefficienti di egual segno.

Regola di Cartesio: in un'equazione completa di II grado, dotata di radici reali ($\Delta \geq 0$), ad *ogni variazione corrisponde una radice positiva*, ad *ogni permanenza una radice negativa*.

Se l'equazione ha 2 radici di segno contrario, ha:

- valore assoluto maggiore la radice positiva quando la variazione (v) precede la permanenza (p);
- valore assoluto maggiore la radice negativa quando la permanenza precede la variazione.

➤ $3x^2 - 7x + 2 = 0$: 2 variazioni = 2 radici positive
$x^2 + 3x + 2 = 0$: 2 permanenze = 2 radici negative
$x^2 - 2x - 15$: 1 v e 1 p = 1 radice positiva e 1 radice negativa
$12x^2 + x - 6$: 1 p e 1 v = 1 radice negativa e 1 radice positiva

3.26 EQUAZIONI DI GRADO SUPERIORE AL II

3.26.1 Come si abbassa il grado di un'equazione

Si dice equazione di grado n ogni equazione che si presenta, o si può ridurre, nella forma seguente (forma generale)

$$P(x) = 0$$

dove $P(x)$ è un polinomio (razionale intero) di grado $\boldsymbol{n}$ rispetto alla lettera $\boldsymbol{x}$ indicante l'incognita.

Quando il primo membro $P(x)$ di una equazione di grado n è scomponibile nel prodotto di due o più fattori $A(x)$, $B(x)$, $C(x)$, ... $H(x)$, l'equazione assume la forma

$$A(x) \cdot B(x) \cdot C(x) \dots \cdot H(x) = 0$$

e, per la legge di annullamento del prodotto, si scinde nelle equazioni

$$A(x) = 0 \qquad B(x) = 0 \qquad C(x) = 0 \dots \qquad H(x) = 0$$

che sono tutte di grado minore di n (infatti la somma dei loro gradi è n) e hanno per soluzioni tutte quelle dell'equazione $P(x) = 0$.

Operando in tali condizioni si dice che *si abbassa il grado dell'equazione.*

Se si riesce a scomporre l'equazione $P(x) = 0$ in fattori di I e II grado si troveranno facilmente tutte le radici.

I casi più semplici di abbassamento di grado di un'equazione s'incontrano nelle equazioni incomplete, prive di termine noto: la scomposizione del primo membro in fattori è immediata, per raccoglimento dell'incognita a fattor comune.

➤ $x^4 + 3x^3 - 4x^2 = 0$
si abbassa di grado col semplice raccoglimento di x^2 a fattor comune
$x^2(x^2 + 3x - 4) = 0$
da cui $x^2 = 0$ e $x^2 + 3x - 4 = 0$.
In questo modo le radici sono $x = 0$; $x = 1$; $x = -4$.

Altri notevoli casi di abbassamento di grado di una equazione corrispondono ai noti casi di scomposizione di un polinomio in fattori: differenza di 2 quadrati, quadrato o cubo di un binomio, ecc.

➤ Equazione di VI grado incompleta, in forma tipica:
$x^6 - 16x^2 = 0$
si abbassa di grado con facili scomposizioni del suo primo membro.
Si ha infatti:
$x^2(x^4 - 16) = 0$
$x^2(x^2 + 4)(x^2 - 4) = 0$
$x^2(x^2 + 4)(x + 2)(x - 2) = 0$
così avremo $x^2 = 0$; $x^2 + 4 = 0$; $x + 2 = 0$; $x - 2 = 0$.
Le soluzioni sono le radici dell'equazione data.

Quando si conosce, o si riesce a trovare, una radice di una equazione $P(x) = 0$ di grado n, l'equazione si può scindere in una equazione di I grado e in una equazione di grado $n - 1$. Infatti se x_1 è una delle radici dell'equazione $P(x) = 0$, vuol dire che $P(x_1) = 0$ e quindi il polinomio $P(x)$ è divisibile per il binomio $(x - x_1)$. Il quoto $Q_1(x)$ della divisione $P(x) : (x - x_1)$ è di grado $n - 1$ e si può determinare applicando la regola di Ruffini.

➤ $6x^4 - 7x^3 - 4x^2 + 7x - 2 = 0$

Sappiamo i valori di 2 radici: +1 e –1.

Se +1 è una radice, vuol dire che il primo membro si annulla per $x = 1$ quindi è divisibile per $x - 1$.

Calcolando il quoto con la regola di Ruffini si ha:

	6	–7	–4	+7	–2
1		6	–1	–5	2
	6	–1	–5	+2	0

Quindi l'equazione diventa $(x - 1)(6x^3 - x^2 - 5x + 2) = 0$, cioè: $x - 1 = 0$ e $6x^3 - x^2 - 5x + 2 = 0$.

Se –1 è una seconda radice, allora il primo membro è divisibile per $x + 1$; calcolando il quoto con Ruffini avremo:

	6	–1	–5	2
–1		–6	+7	–2
	6	–7	+2	0

Quindi avremo $(x + 1)(6x^2 - 7x + 2) = 0$.

L'equazione di IV grado si scinde in

$(x - 1) = 0$; $(x + 1) = 0$; $6x^2 - 7x + 2 = 0$.

3.26.2 Equazioni binomie

Sono di grado superiore al II e assumono, nella forma tipica, una forma analoga a quella delle **equazioni binomie** di II grado. Il primo membro è formato dal termine di grado n in x e dal termine noto.

$$ax^n + c = 0$$

Le soluzioni reali (quando esistono) si ottengono trasportando c al secondo membro, dividendo poi per a, ricavando x^n e finalmente estraendo la radice $\boldsymbol{n}^{\text{ma}}$ per determinare x.

➤ **a)** $64x^3 + 27 = 0$

$$x^3 = -\frac{27}{64} \quad \Rightarrow \quad x = \sqrt[3]{-\frac{27}{64}} \quad \Rightarrow \quad x = -\frac{3}{4}$$

b) $81x^4 - 16 = 0$

$$x^4 = +\frac{16}{81} \quad \Rightarrow \quad x = \pm\sqrt[4]{+\frac{16}{81}} \quad \Rightarrow \quad x = \pm\frac{2}{3}$$

Volendo tutte le altre radici (complesse) si deve abbassare il grado di ciascuna equazione utilizzando le soluzioni trovate (come visto nel paragrafo precedente).

3.26.3 Equazioni trinomie. L'equazione biquadratica

Si dicono **equazioni trinomie** le equazioni di grado pari (cioè rappresentabili con $2n$) che nella forma tipica assumono una forma analoga a quella della equazione completa di II grado:

$$\boldsymbol{ax^{2n} + bx^n + c = 0}$$

Risoluzione di una equazione biquadratica

Le equazioni biquadratiche sono equazioni trinomie di IV grado (caso in cui $n = 2$) ed hanno la seguente forma tipica:

$$\boldsymbol{ax^4 + bx^2 + c = 0}$$

La risoluzione si riconduce ad una equazione di II grado ponendo $x^2 = z$ e quindi $x = \pm\sqrt{z}$. Sostituendo avremo

$$az^2 + bz + c = 0$$

le cui soluzioni saranno:

$$z = \frac{-b \pm \sqrt{b^2 - 4ac}}{2a} \begin{cases} z_1 \\ z_2 \end{cases}$$

Trovate z_1 e z_2 si determinano le radici della data equazione in x risolvendo le due equazioni pure

$$\boldsymbol{x^2 = z_1 \text{ e } x^2 = z_2}$$

cioè

$$x_{1,2} = \pm\sqrt{z_1} \text{ e } x_{3,4} = \pm\sqrt{z_2}$$

Le quattro soluzioni, allora, saranno:

$$x_1 = +\sqrt{z_1} \qquad x_2 = -\sqrt{z_1} \qquad x_3 = +\sqrt{z_2} \qquad x_4 = -\sqrt{z_2}$$

Queste quattro soluzioni si possono considerare riunite dalla formula

$$x = \pm\sqrt{\frac{-b \pm \sqrt{b^2 - 4ac}}{2a}}$$

detta *formula generale per la risoluzione delle equazioni biquadratiche.*

➤ $9x^4 - 11x^2 + 2 = 0$

$$x = \pm\sqrt{\frac{+11 \pm \sqrt{121 - 72}}{18}} \quad \Rightarrow \quad x = \pm\sqrt{\frac{+11 \pm \sqrt{49}}{18}}$$

$$x = \pm\sqrt{\frac{+11 \pm 7}{18}} \begin{cases} \pm\sqrt{\frac{+11+7}{18}} = \pm\sqrt{\frac{18}{18}} = \pm 1 \\ \pm\sqrt{\frac{+11-7}{18}} = \pm\sqrt{\frac{\cancel{4}^{2}}{\cancel{18}^{9}}} = \pm\frac{\sqrt{2}}{3} \end{cases}$$

le quattro radici sono: $x_1 = 1$; $x_2 = -1$; $x_3 = +\frac{\sqrt{2}}{3}$; $x_4 = -\frac{\sqrt{2}}{3}$.

3.27 Disuguaglianze e relative proprietà - Intervalli

Richiamiamo le proprietà elementari delle disuguaglianze tra numeri relativi, cominciando con il ricordare che: dati due numeri reali a e b, si dice che il numero a è **minore** del numero b, e si scrive:

$$a < b,$$

se esiste *un numero reale* positivo c che, addizionato ad a, dia per somma b; cioè tale che sia:

$$a + c = b$$

Detto questo, dimostriamo le seguenti **proprietà**:

1ª) *Aggiungendo a numeri diseguali lo stesso numero, si ottengono numeri diseguali dello stesso senso;* cioè, per esempio, se è:

$$a < b,$$

allora è anche:

$$a + c < b + c$$

qualunque sia il numero c.

Infatti, se è $a < b$, ciò significa che esiste un numero positivo d, tale che:

$$a + d = b$$

Aggiungendo ad ambo i membri il numero c, si ha:

$$a + d + c = b + c,$$

da cui, per la proprietà commutativa e associativa:

$$(a + c) + d = b + c.$$

Il che equivale a dire che:

$$a + c < b + c$$

In particolare:

$a < b$ equivale a: $b - a > 0$, oppure a: $a - b < 0$;
$a > b$ equivale a: $a - b > 0$, oppure a: $b - a < 0$.

2ª) *Due disuguaglianze dello stesso segno si possono addizionare membro a membro, ottenendo una disuguaglianza dello stesso segno*; cioè, per esempio, da:

$$a < b \text{ e } c < d$$

si deduce:

$$a + c < b + d$$

Infatti, per la proprietà precedente, si ha:

$$a < b \Rightarrow a + c < b + c$$

e

$$c < d \Rightarrow b + c < b + d$$

da cui, per la proprietà transitiva:

$$a + c < b + d$$

Si noti che, in generale, non è lecito sottrarre membro a membro delle disuguaglianze.

3ª) *Moltiplicando (o dividendo) ambedue i membri di una disuguaglianza per uno stesso numero* ***positivo****, si ottiene una disuguaglianza dello* ***stesso segno****.*

Cioè, se è:

$$m > 0, \text{ da: } a < b \text{ segue: } ma < mb$$

Infatti se è $a < b$, è anche $b - a > 0$, ed essendo $m > 0$, risulta:

$$m(b - a) > 0, \text{ cioè: } mb - ma > 0$$

ossia:

$$ma < mb$$

4ª) *Moltiplicando (o dividendo) ambedue i membri di una disuguaglianza per uno stesso numero* ***negativo****, si ottiene una disuguaglianza di* ***segno contrario****.*

Cioè, se è:

$$m < 0, \text{ da: } a < b, \text{ segue: } ma > mb$$

Infatti, $a < b$ equivale a $b - a > 0$, ed essendo $m < 0$, risulta:

$$m(b - a) < 0, \text{ cioè: } mb - ma < 0$$

cioè:

$$ma > mb$$

In particolare:
***Cambiando segno** ad ambo i membri di una disuguaglianza, la disuguaglianza **cambia verso**.*
Infatti cambiare segno a un numero significa moltiplicarlo per –1.

Per esempio:

da: $-7 < -3$, si ricava: $7 > 3$
da: $2 > -3$, si ricava: $-2 < 3$

Altre proprietà, di facile dimostrazione, sono le seguenti:

5ª) *Moltiplicando membro a membro due disuguaglianze dello stesso segno fra **numeri positivi**, si ottiene una disuguaglianza dello stesso segno.*

Cioè, se a, b, c, d sono **numeri positivi**, da:

$$a > b \text{ e } c > d$$

segue:

$$ac > bd$$

6ª) *Se **a** e **b** sono numeri **entrambi positivi** o **negativi**:*

$$a < b, \text{ si deduce: } \frac{1}{a} > \frac{1}{b}$$

$$a > b, \text{ si deduce: } \frac{1}{a} < \frac{1}{b}$$

7ª) *Se **a** e **b** sono due numeri reali **positivi** ed **n** un numero intero positivo, allora:*

$$a > b \Rightarrow a^n > b^n$$
$$a < b \Rightarrow a^n < b^n$$

e viceversa.

8ª) *Se **a** e **b** sono **numeri negativi** ed **n** un numero intero positivo, da:*

$$a > b \Rightarrow a^n > b^n \text{ se } n \text{ è dispari,}$$
$$a > b \Rightarrow a^n < b^n \text{ se } n \text{ è pari.}$$

9ª) *Se **m** ed **n** sono numeri interi e positivi ed **a** un qualsiasi numero positivo, diverso da uno, da:*

$$m > n$$

segue:

$$a^m > a^n, \text{ se è } a > 1$$

e:

$$a^m < a^n, \text{ se è } a < 1$$

e viceversa.

Infine, si danno le seguenti definizioni:
*Dati due numeri reali **a** e **b**, con **a < b**:*

1) *Si chiama **intervallo aperto** di estremi **a** e **b**, e si indica con:*

$$(a, b) \text{ oppure }]a, b[$$

l'insieme di tutti i numeri reali x, tali che:

$$a < x < b.$$

2) *Si chiama* ***intervallo chiuso*** *di estremi* ***a*** *e* ***b****, e si indica con:*

$$[a, b]$$

l'insieme di tutti i numeri reali x, tali che:

$$a \leq x \leq b$$

3.28 Disequazioni, definizioni e proprietà

È una **disequazione** una relazione di disuguaglianza tra due espressioni in cui sono presenti delle incognite.

Siano $f(x)$ e $g(x)$ due funzioni di dominio (campo di esistenza) comune A, e codominio B, ordinato dalla relazione <.
Generalmente A è un insieme di numeri reali, cioè un sottoinsieme di **R**.
Si pone allora il problema di sapere se esistono dei valori della $x \in A$, per i quali risulta:

$$f(x) < g(x)$$

Tale problema si chiama ***disequazione nell'incognita x.***

Si dà, cioè, la seguente **definizione:**
Date due funzioni f (x) e g (x) di un insieme A *in un insieme* B, *ordinato dalla relazione <, la relazione:*

$$f(x) < g(x),$$

scritta allo scopo di determinare gli eventuali valori x della x per i quali vale la disuguaglianza numerica:*

$$f(x^*) < g(x^*), \qquad (1)$$

si chiama disequazione nell'incognita x.

Le funzioni $f(x)$ e $g(x)$ si chiamano, rispettivamente, ***primo*** e ***secondo membro*** della disequazione.
Ogni elemento $x^* \in$ A tale che $f(x^*) < g(x^*)$ si dice ***soluzione*** della disequazione.
L'insieme S di tutte le soluzioni viene detto ***insieme soluzione*** (o ***delle soluzioni***).

Tale insieme è un sottoinsieme di A e si ha, per definizione:

$$S = \{x^* | x^* \in A \quad e \quad f(x^*) < g(x^*)\}$$

Risolvere la disequazione (1) significa determinare l'insieme soluzione.
Il termine x si chiama **incognita** della disequazione.
Notiamo che, generalmente, l'insieme S delle soluzioni contiene *infiniti* numeri; tuttavia, esistono anche disequazioni il cui insieme soluzione è vuoto, oppure contiene un numero finito di soluzioni.

Una disequazione si può definire anche a partire dalle relazioni:

$$f(x) > g(x), \text{ oppure: } f(x) \geq g(x); \text{ oppure: } f(x) \leq g(x) \qquad (2)$$

La risoluzione delle disequazioni (1) e (2) è particolarmente semplice quando $f(x)$ e $g(x)$

sono espressioni polinomiali.
In tal caso le disequazioni vengono dette ***razionali intere.***

➤ (1) Risolvere la disequazione: $x - 4 > 0$

L'insieme soluzione è costituito da tutti i numeri reali maggiori di 4. Si scrive: $x > 4$.

➤ (2) Risolvere la disequazione: $(x - 7)^2 > 0$

L'insieme soluzione è dato da tutti gli x reali diversi da 7, cioè:

$S = \mathbf{R} - \{7\}$

➤ (3) Risolvere la disequazione: $x^2 + 5 > 0$

Risulta: $S = \mathbf{R}$

➤ (4) Risolvere la disequazione: $- x^2 - 3 > 0$

Risulta: $S = \emptyset$

Il concetto di equivalenza ed i teoremi visti a proposito delle equazioni possono essere estesi facilmente anche alle disequazioni:

1) *Due disequazioni si dicono* ***equivalenti*** *quando ammettono le stesse soluzioni; cioè quando hanno lo stesso insieme soluzione.*
2) *Aggiungendo ad ambo i membri di una disequazione razionale intera uno stesso polinomio, si ottiene una disequazione equivalente alla data.*
   Da questo teorema risulta che *si può trasportare un termine da un membro all'altro di una disequazione, purché si cambi segno a tale termine.*
3) *Se a è un numero reale, la disequazione:*

$$f(x) > g(x)$$

è equivalente alla: $a \cdot f(x) > a \cdot g(x)$, se $a > 0$
è equivalente alla: $a \cdot f(x) < a \cdot g(x)$, se $a < 0$

Da qui segue una proprietà **fondamentale**.

Proprietà fondamentale delle disequazioni
Si possono cambiare di segno tutti i membri di una disequazione purché si cambi il verso della disequazione.
Ciò, infatti, equivale a moltiplicare i due membri per -1.
In base a queste proprietà è possibile trasportare tutti i termini di una disequazione razionale intera, in un medesimo membro, e ridurre i termini simili, dando alla disequazione la forma:

$$P(x) > 0$$

dove $P(x)$ è un polinomio ridotto a forma normale.
Il grado del polinomio $P(x)$ si chiama ***grado*** della disequazione razionale intera.

➤ Data la disequazione: $$\frac{x^2-2}{2} < \frac{1}{6} - \frac{2x^2-5}{3}$$

Moltiplicando ambo i membri per 6, si ottiene la disequazione equivalente:

$$3x^2 - 6 < 1 - 4x^2 + 10$$

ossia, trasportando tutti i termini nel primo membro e riducendo i termini simili:

$$7x^2 - 17 < 0$$

che è una disequazione di 2° grado.

3.29 Disequazioni lineari (di I grado)

Una disequazione razionale intera ***lineare*** (o ***di primo grado***) ad una incognita si può sempre ridurre alla forma:

$$ax + b > 0, \text{ oppure } ax + b < 0$$

nelle quali è sempre lecito supporre $a > 0$, perché, in caso contrario, basta cambiar di segno a tutti i termini, e *invertire il verso della disequazione*.

Sviluppando la disequazione otteniamo:

$$ax > -b \text{ oppure } ax < -b$$

da cui, dividendo ambo i membri per il numero positivo a, si deduce:

$$x > -\frac{b}{a} \quad \text{oppure} \quad x < -\frac{b}{a}$$

che rappresentano gli insiemi delle soluzioni.

➤ (1) Risolvere la disequazione:

$$x + \frac{1}{2}x + 3x + 2x - 2 < x + 3 + 3x$$

Eliminando il denominatore, cioè moltiplicando ambo i membri per 2, si ha:

$$13x - 4 < 8x + 6$$

e trasportando tutti i termini al primo membro e riducendo i termini simili, si ottiene:

$$5x - 10 < 0$$

da cui si ricava:

$$5x < 10 \qquad \text{cioè} \qquad x < 2$$

La disequazione quindi è soddisfatta da tutti i valori della x minori di 2.

➤ (2) Risolvere la disequazione letterale:

$$a(x-1) > x-2$$

L'equazione data si può scrivere nel seguente modo:

$$(a-1)\,x > a-2$$

e, perciò, dobbiamo distinguere tre casi:

– Se è: $a > 1$ cioè $a - 1 > 0$

risulta: $x > \dfrac{a-2}{a-1}$

– Se è: $a = 1$ si ha $0 > -1$
che è vera $\forall x \in R$.

– Se è: $a < 1$ cioè $a - 1 < 0$

risulta: $x < \dfrac{a-2}{a-1}$

3.30 Disequazioni di II grado

Una disequazione razionale intera di 2° grado (ad una incognita) si può sempre ridurre alla forma:

$$ax^2 + bx + c > 0 \qquad (1)$$

oppure alla forma:

$$ax^2 + bx + c < 0 \qquad (2)$$

Per risolvere la disequazione (1) o (2) calcoliamo il discriminante $\Delta = b^2 - 4ac$ del trinomio $ax^2 + bx + c$ ed analizziamo i tre casi, in funzione del valore del discriminante:

1° *Caso* $\Delta > 0$
2° *Caso* $\Delta = 0$
3° *Caso* $\Delta < 0$

1° Caso (Discriminante positivo)
Poniamo $\Delta > 0$
In tal caso l'equazione $ax^2 + bx + c = 0$ ammette due radici reali e distinte x_1 e x_2 con $x_1 < x_2$ e, come è noto dall'algebra, si ha la seguente scomposizione:

$$ax^2 + bx + c = a(x - x_1)(x - x_2) \qquad (3)$$

Se diamo alla variabile x valori esterni all'intervallo delle radici, cioè maggiori di x_2, oppure minori di x_1, allora le differenze $(x - x_1)$ e $(x - x_2)$ risultano entrambe positive oppure entrambe negative.
Perciò il prodotto $(x - x_1) \cdot (x - x_2)$ è sempre positivo.
Pertanto, dalla (3) segue che:
*"Il trinomio $ax^2 + bx + c$ ha il segno del suo primo coefficiente per tutti i valori della x **esterni** all'intervallo delle radici."*
Se, invece, diamo alla x valori interni all'intervallo delle radici, e cioè valori maggiori di x_1 e minori di x_2 allora la differenza $x - x_1$ risulta positiva, mentre la differenza $x - x_2$ risulta negativa.
Pertanto anche il prodotto $(x - x_1) \cdot (x - x_2)$ risulta negativo.
Perciò
*"Il trinomio $ax^2 + bx + c$ ha il segno opposto a quello del suo primo coefficiente per tutti i valori della x **compresi** fra le radici."*

2° Caso (Discriminante nullo)
Poniamo $\Delta = 0$
In tal caso, l'equazione $ax^2 + bx + c = 0$ ha due radici coincidenti $x_1 = x_2 = -\dfrac{b}{2a}$, perciò il trinomio si scompone nel seguente modo:

$$ax^2 + bx + c = a(x - x_1)^2 = a\left(x + \frac{b}{2a}\right)^2$$

e quindi:
"Il trinomio $ax^2 + bx + c$ ha il segno del suo primo coefficiente per ogni valore della x, diverso da $-\dfrac{b}{2a}$ per cui esso si annulla.

3° Caso (Discriminante negativo)
Poniamo $\Delta < 0$
In questo caso l'equazione di secondo grado

$$ax^2 + bx + c = 0$$

non ha soluzioni reali quindi utilizza la seguente identità

$$ax^2 + bx + c = a\left[\left(x + \frac{b}{2a}\right)^2 - \frac{\Delta}{4a^2}\right]$$

Il termine, nella parentesi quadra, è sempre positivo, qualunque sia il valore attribuito alla x, perciò:
"Il trinomio $ax^2 + bx + c$ ha sempre il segno del suo primo coefficiente, e non si annulla mai."

Nelle tabelle che seguono si cerca di riassumere quanto detto:

$a > 0$		
$\Delta = b^2 - 4ac$	$ax^2 + bx + c > 0$	$ax^2 + bx + c < 0$
$\Delta > 0$	La disequazione è soddisfatta da tutti i valori della x *esterni* all'intervallo che ha per estremi le radici del trinomio	La disequazione è soddisfatta da tutti i valori della x *interni* all'intervallo che ha per estremi le radici del trinomio
$\Delta = 0$	La disequazione è soddisfatta da tutti i valori della x tranne il valore $-\frac{b}{2a}$, per il quale il trinomio si annulla	La disequazione non ammette soluzioni
$\Delta < 0$	La disequazione è soddisfatta da tutti i valori reali della x	La disequazione non ammette soluzioni

$a < 0$		
$\Delta = b^2 - 4ac$	$ax^2 + bx + c > 0$	$ax^2 + bx + c < 0$
$\Delta > 0$	La disequazione è soddisfatta da tutti i valori della x *interni* all'intervallo che ha per estremi le radici del trinomio	La disequazione è soddisfatta da tutti i valori della x *esterni* all'intervallo che ha per estremi le radici del trinomio
$\Delta = 0$	La disequazione non ammette soluzioni	La disequazione è soddisfatta da tutti i valori della x, tranne il valore $-\frac{b}{2a}$, per il quale il trinomio si annulla
$\Delta < 0$	La disequazione non ammette soluzioni	La disequazione è soddisfatta da tutti i valori reali della x

Volendo schematizzare ulteriormente quanto detto possiamo scrivere:

$a > 0$		
$\Delta = b^2 - 4ac$	$ax^2 + bx + c > 0$	$ax^2 + bx + c < 0$
$\Delta > 0$	$\forall x \in]-\infty, x_1[\cup]x_2, +\infty[$	$\forall x \in]x_1, x_2[$
$\Delta = 0$	$\forall x \in R - \left\{-\frac{b}{2a}\right\}$	Ø
$\Delta < 0$	$\forall x \in R$	Ø

$a < 0$		
$\Delta = b^2 - 4ac$	$ax^2 + bx + c > 0$	$ax^2 + bx + c < 0$
$\Delta > 0$	$\forall x \in]x_1, x_2[$	$\forall x \in]-\infty, x_1[\cup]x_2, +\infty[$
$\Delta = 0$	Ø	$\forall x \in R - \left\{-\frac{b}{2a}\right\}$
$\Delta < 0$	Ø	$\forall x \in R$

➤ Risolvere la disequazione: $\frac{x^2}{3} - x > \frac{4}{3} - \frac{x^2}{2}$.

Eliminando i denominatori e semplificando, si ottiene:

$$5x^2 - 6x - 8 > 0$$

Il discriminante dell'equazione è positivo e tale equazione ha le radici che valgono

$x_1 = -\frac{4}{5}$ e $x_2 = 2$.

Allora la disequazione, essendo il coefficiente $a > 0$, è soddisfatta per tutti i valori della x maggiori di 2 e per tutti i valori della x minori di $-\frac{4}{5}$.

Si suole anche scrivere:

$$\forall x \in \left]-\infty, -\frac{4}{5}\right[\cup]2, +\infty[$$

➤ Risolvere la disequazione: $-x^2 + 9x - 14 > 0$.

Essendo $\Delta = 25 > 0, x_1 = 2, x_2 = 7$, essendo il coefficiente $a < 0$, la disequazione è soddisfatta per i valori della x appartenenti all'intervallo (2, 7), cioè per:

$$2 < x < 7$$

Si può anche scrivere: $\forall x \in]2, 7[$.

3.31 Sistemi di disequazioni lineari e di II grado

Un *sistema di disequazioni razionali intere* è costituito da più disequazioni razionali intere con una sola variabile, le quali debbono essere soddisfatte contemporaneamente.
Ogni soluzione comune a tutte le disequazioni di un sistema si chiama *soluzione del sistema*.
Risolvere un *sistema di disequazioni* vuol dire ***trovare tutte le soluzioni del sistema***.
In generale, per risolvere un sistema, si procede nel modo seguente:

a) Si risolvono, una ad una, le disequazioni date; cioè si determinano gli insiemi soluzioni $S_1, S_2, \ldots$, di ciascuna di esse.
b) Si esamina se vi sono soluzioni comuni alle disequazioni del sistema; cioè si considera l'insieme $S = S_1 \cap S_2 \cap \ldots$, intersezione degli insiemi così determinati.

Tale insieme è *l'insieme soluzione del sistema*.

- Se *esistono* soluzioni comuni (cioè se $S \neq \emptyset$) queste si dicono *soluzioni del sistema*.
- Se *non esistono* soluzioni comuni (cioè se $S = \emptyset$) si dice che il sistema è *impossibile*, oppure che le disequazioni sono fra loro *incompatibili*.

➤ Risolvere il sistema di disequazioni:

$$\begin{cases} \dfrac{x-1}{4}-\dfrac{5x+1}{3}>-2 \\ \dfrac{5x-1}{3}+\dfrac{2x-1}{6}>1 \end{cases}$$

Risolvendo separatamente le due disequazioni, si trova che la prima è soddisfatta per $x < 1$, e la seconda per $x > \dfrac{3}{4}$.

Questi risultati sono rappresentati graficamente (con tratto continuo) nella figura seguente, dalla quale si deduce che il sistema dato è soddisfatto dai numeri reali tali che:

$$\frac{3}{4} < x < 1$$

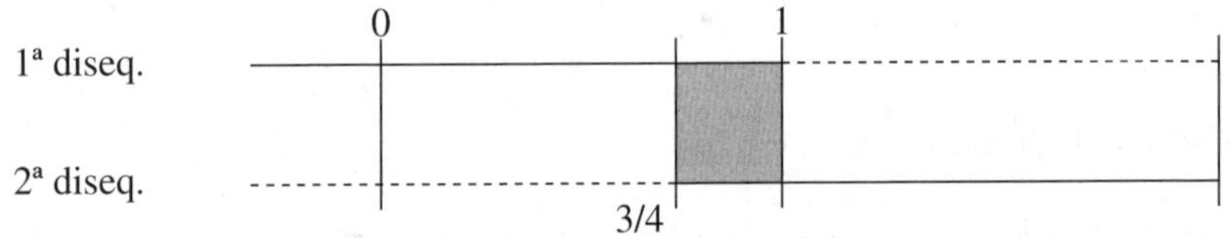

➤ Risolvere il sistema di disequazioni:

$$\begin{cases} x^2-1<0 \\ x^2-9<0 \\ x-7>0 \end{cases}$$

La prima disequazione è soddisfatta per: $-1 < x < 1$; la seconda disequazione per: $-3 < x < 3$; la terza per: $x > 7$.

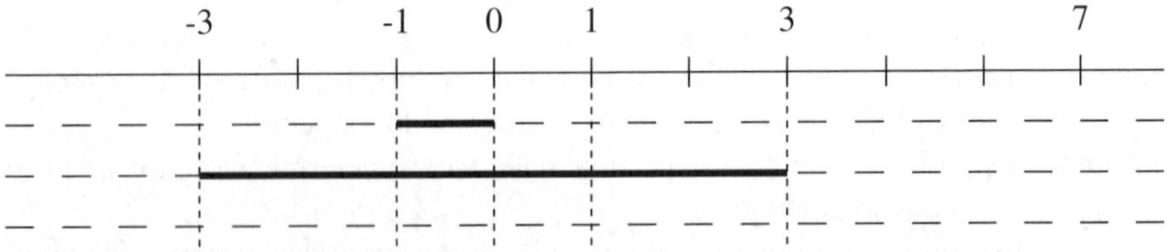

Si deduce che il sistema non ha soluzioni oppure che l'insieme S delle soluzioni è vuoto, cioè:

$$S = \emptyset$$

oppure che le disequazioni sono fra loro incompatibili.

3.32 Disequazioni razionali fratte (frazionarie)

*Si chiama **disequazione razionale fratta** ogni disequazione razionale nella quale l'incognita compare al denominatore.*
Tutte le disequazioni razionali fratte possono essere ridotte, dopo opportune semplificazioni algebriche, nella forma:

$$\frac{f(x)}{g(x)} > 0$$

dove $f(x)$ e $g(x)$ denotano due funzioni polinomiali nella variabile x.
La disequazione ottenuta è soddisfatta per quei valori della x per i quali i due polinomi $f(x)$ e $g(x)$ assumono ***valori dello stesso segno***, cioè le soluzioni sono date dalle soluzioni del sistema:

$$\begin{cases} f(x) > 0 \\ g(x) > 0 \end{cases}$$

e da quelle del sistema:

$$\begin{cases} f(x) < 0 \\ g(x) < 0 \end{cases}$$

Pertanto: "*La soluzione di una disequazione razionale fratta si riconduce alla risoluzione di due sistemi di disequazioni razionali intere.*"

➤ Risolvere la seguente disequazione: $\frac{21x-7}{2x^2-x-6} > 0$.

Le soluzioni ci saranno date dai seguenti sistemi:

$$\begin{cases} 21x-7 > 0 \\ 2x^2-x-6 > 0 \end{cases} \text{ e } \begin{cases} 21x-7 < 0 \\ 2x^2-x-6 < 0 \end{cases}$$

Dalla risoluzione dei due sistemi si trova che il primo è soddisfatto per tutti i valori della x per i quali è:

$$x > 2$$

mentre il secondo per tutti i valori della x per i quali è:

$$-\frac{3}{2} < x < \frac{1}{3}$$

La disequazione di partenza sarà soddisfatta dall'unione delle suddette soluzioni, cioè:

$$-\frac{3}{2} < x < \frac{1}{3} \text{ e } x > 2$$

oppure, equivalentemente, $\forall x \in \left]-\frac{3}{2}, \frac{1}{3}\right[\cup]2, +\infty[$.

NOTA. La soluzione di una disequazione razionale fratta può essere ottenuta più agevolmente ricorrendo alla *rappresentazione grafica*, già vista in precedenza.
In particolare sopra una retta si rappresenta con tratto continuo l'intervallo (o gli intervalli) dove il polinomio numeratore risulta positivo, e con tratti alternati l'intervallo (o gli intervalli) ove risulta negativo (vedi figura sottostante).
La stessa cosa si fa, sopra una seconda retta, per il polinomio al denominatore.
A questo punto si rileva facilmente quali sono gli intervalli dove i due polinomi assumono valori dello stesso segno e quali, invece, quelli dove assumono valori di segno contrario.
Nell'esempio specifico appena trattato, si ha:

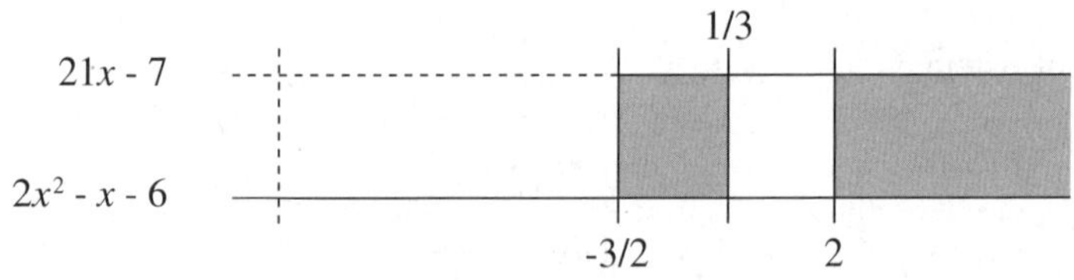

È evidente che i due polinomi sono entrambi positivi per $x > 2$ ed entrambi negativi per $-\frac{3}{2} < x < \frac{1}{3}$.
Il vantaggio di questo metodo è che si risolve solo uno dei due sistemi, perché le soluzioni dell'altro si ottengono graficamente, poiché sono rappresentati dalla parte ombreggiata comune.

3.33 Disequazioni logaritmiche

Una disequazione si definisce **logaritmica** quando in essa compare il logaritmo dell'incognita o di qualche espressione contenente l'incognita.
La risoluzione di una disequazione logaritmica consiste nel servirsi dei noti teoremi sui logaritmi e nel ridurre la disequazione alla forma:

$$\log_a A(x) > b \quad (*)$$

oppure alla forma:

$$\log_a A(x) < b \quad (**)$$

Per risolvere tali equazioni, basta ricordare che il $\log_a x$:
- se $a > 1$, cresce al crescere della x;
- se $0 < a < 1$, decresce al crescere della x.

Inoltre bisogna ricordare che *l'argomento del logaritmo deve essere sempre positivo.*
Se $\boldsymbol{a > 1}$ la (*) equivale a: $A(x) > a^b$

la (**) equivale al sistema: $\begin{cases} A(x) > 0 \\ A(x) > a^b \end{cases}$

Se $\boldsymbol{0 < a < 1}$ la (*) equivale al sistema: $\begin{cases} A(x) > 0 \\ A(x) < a^b \end{cases}$

la (**) equivale a: $A(x) > a^b$
Riepilogando possiamo schematizzare nel seguente modo:

	$\log_a A(x) > b$	$\log_a A(x) < b$
$a > 1$	$A(x) > a^b$	$\begin{cases} A(x) > 0 \\ A(x) > a^b \end{cases}$
$0 < a < 1$	$\begin{cases} A(x) > 0 \\ A(x) < a^b \end{cases}$	$A(x) > a^b$

Da cui si ricavano delle disequazioni, o sistemi di disequazioni, del tipo già visti in precedenza.

➤ Risolvere la disequazione: $\log(2x^2 - 7x + 103) > 2$.

Questa disequazione ci riporta al caso (*), quindi equivale alla seguente:

$$2x^2 - 7x + 103 > 100$$

che è soddisfatta per:

$$x < \frac{1}{2} \text{ e per } x > 3$$

o, equivalentemente, $\forall x \in \left]-\infty,\ \frac{1}{2}\right[\cup \left]3,\ +\infty\right[$.

3.34 Disequazioni esponenziali

Una disequazione si dice **esponenziale** quando in essa l'incognita o qualche espressione contenente l'incognita compare come esponente di una o più potenze.
Per le disequazioni esponenziali valgono osservazioni analoghe a quelle fatte riguardo le equazioni esponenziali.
Ricordiamo brevemente che la funzione esponenziale:
1) è strettamente **decrescente** per *0 < a < 1*, mentre è strettamente **crescente** per $a > 1$;
2) è definita in R, cioè il dominio o campo di esistenza è $\forall x \in R$;

3) è una funzione sempre positiva $\Rightarrow a^x = 0 \Leftrightarrow$ *impossibile*;
4) passa per il punto di coordinate (0, 1).

Sulla base delle suddette proprietà, e tenendo presente il grafico della funzione esponenziale, possiamo raggruppare la tipologia di disequazioni esponenziali nella seguente tabella.

DISEQUAZIONE	$a > 1$	$0 < a < 1$
$a^{f(x)} \geq 0$	$\forall x \in R$	$\forall x \in R$
$a^{f(x)} \leq 0$	*Impossibile*	*Impossibile*
$a^{f(x)} > 1$	$f(x) > 0$	$f(x) < 0$
$a^{f(x)} > a^{g(x)}$	$f(x) > g(x)$	$f(x) < g(x)$
$a^{f(x)} > b$	$f(x) > \log_a b$	$f(x) < \log_a b$

➤ Risolvere la disequazione: $5^x < 0$.
Si vede che è impossibile, essendo la funzione esponenziale sempre positiva.

➤ Risolvere la disequazione: $7^{\sqrt{x^2+1}} > 0$.
Si vede che è sempre verificata, essendo la funzione esponenziale sempre positiva, cioè:

$$\forall x \in R$$

➤ Risolvere la disequazione: $3^x > 81$.
In tal caso possiamo scrivere $3^x > 3^4$, essendo $a > 1$, la funzione esponenziale è crescente, pertanto la soluzione sarà: $x > 4$ cioè $\forall x \in]4,+\infty[$.

		A	B	C	D
1	**L'equazione $13x - 2 = 10x + 4$ ammette come soluzione:**	$x = 1$	$x = -2$	$x = -1$	$x = 2$
2	**Quali sono i due numeri la cui differenza è 9 ed il cui rapporto è 2/3?**	4; 5	20; 29	– 18; –27	15; 24
3	**L'equazione di secondo grado $x^2 + 1 = 0$ nell'insieme dei numeri reali:**	è vera soltanto per $x = -1$	è sempre vera	è vera soltanto per $x = 1$ e $x = -1$	non è mai vera
4	**Qual è il grado dell'equazione $2x^2 + 3xy^2 + 5x^2y + y^2 = 0$, dove x e y sono le incognite?**	6	4	2	3
5	**Calcolare quali valori di x soddisfano la disequazione: $3x - 15 > 0$.**	$x > 5$	$x > -5$	$x = 5$	$x \geq 5$

Soluzioni: 1.D; 2.C; 3.D; 4.D; 5.A

Capitolo 4
Geometria piana

4.1 Enti geometrici

La **geometria** è la scienza che studia la forma e l'estensione dei corpi, intendendo per corpo un qualsiasi elemento di cui si consideri appunto la forma e l'estensione.
Dicesi figura geometrica un insieme di *enti geometrici*.

Gli enti fondamentali della geometria sono:
- il **punto**;
- la **linea**;
- il **piano**.

Il *punto* è un ente geometrico privo di dimensioni: cioè non ha lunghezza, nè altezza, nè profondità.
La *linea* è un insieme ordinato di punti; essa ha una sola dimensione: la lunghezza.

Una linea si definisce:

a) *aperta*: quando non si verifica la predetta condizione.

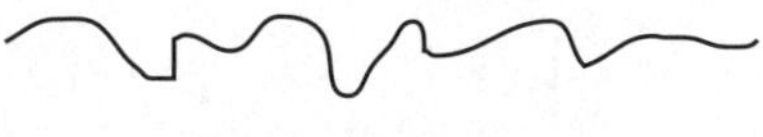

Linea aperta

b) *chiusa*: quando un suo punto, muovendosi in un verso qualunque, può tornare nella posizione iniziale;

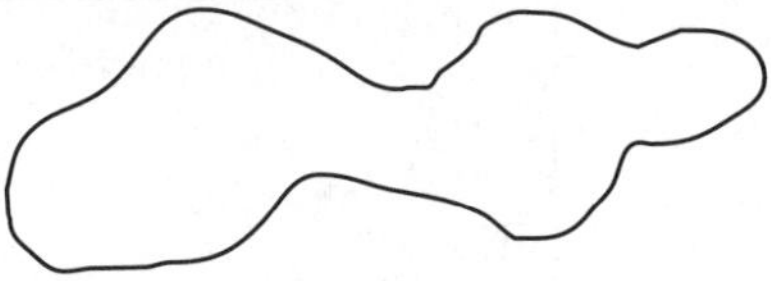

Linea chiusa

4.2 Retta, semiretta e segmento

La linea più comune è la ***retta****, cioè il susseguirsi di punti all'infinito che seguono sempre una medesima direzione.*

Si tengano presenti i seguenti postulati:
1) esistono quante rette si vogliano;
2) per due punti passa una sola retta;
3) per un punto passano infinite rette;
4) i punti di ogni retta sono ordinati secondo due versi, l'uno opposto all'altro.

La retta secondo la posizione può essere:
- *orizzontale* quando coincide con il profilo dell'acqua stagnante;
- *verticale* quando coincide con la direzione del filo a piombo;
- *inclinata* quando assume una posizione intermedia.

Due rette si dicono:
a) *perpendicolari* quando, incontrandosi, formano quattro angoli retti;
b) *parallele* quando giacciono sullo stesso piano e, prolungandole, non si incontrano mai, ossia mantengono la stessa distanza;
c) *divergenti* quando, prolungate in un determinato senso, tendono ad allontanarsi sempre più l'una dall'altra;
d) *convergenti* quando, prolungate in un determinato senso, tendono ad incontrarsi in un punto.

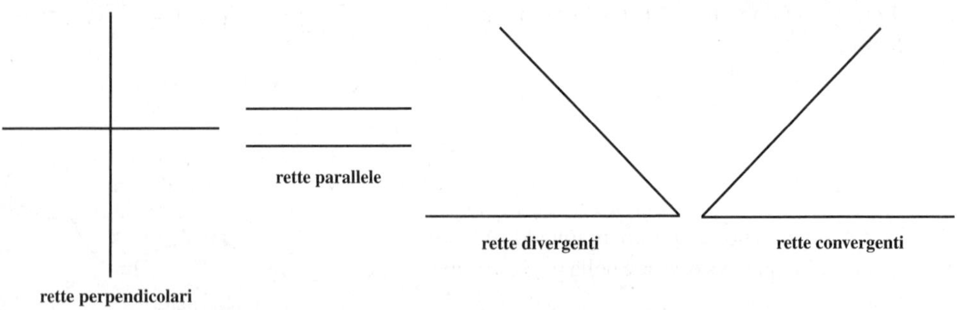

Si dice **semiretta** ciascuna delle parti in cui viene divisa una retta da un punto qualsiasi.

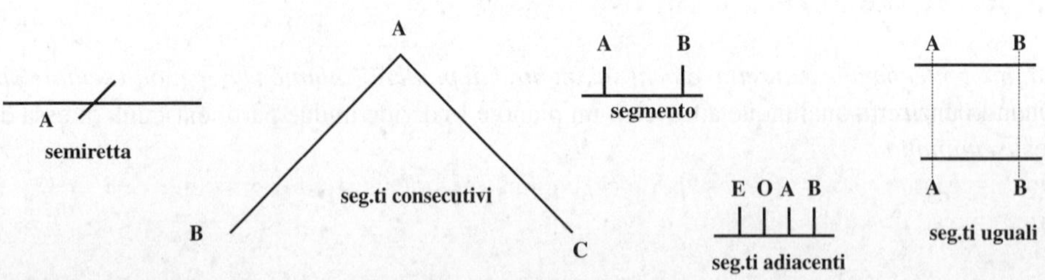

Il **segmento** è la parte di retta delimitata da due punti, che si dicono estremi del segmento. Uno dei due punti si dice origine e l'altro termine.

Due segmenti si dicono:

a) *consecutivi* se giacciono su due rette distinte ed hanno un estremo in comune;
b) *adiacenti* quando hanno un estremo in comune e giacciono sulla medesima retta;
c) *uguali* quando, sovrapponendosi, gli estremi dell'uno coincidono con gli estremi dell'altro.

La **spezzata** è una successione di segmenti consecutivi tra loro a due a due. I segmenti si dicono *lati della spezzata*, i loro estremi *vertici*. La spezzata può essere *aperta* o *chiusa* a seconda che l'ultimo estremo coincida o meno col primo; è *intrecciata* se due lati non consecutivi si tagliano.

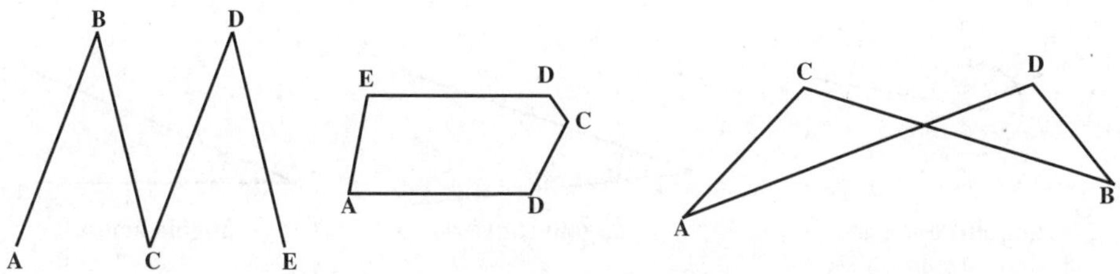

aperta **chiusa** **intrecciata**

4.3 Piano, semipiano e angolo

Per **piano** intendiamo una superficie piana che si estende indefinitamente in tutti i sensi.

I postulati del piano sono i seguenti:

1) esistono quanti piani si vogliano;
2) per tre punti non allineati passa un piano ed uno solo;
3) se una retta passa per due punti di un piano, giace tutta sul piano;
4) ogni retta divide un piano in due parti, dette *bande*.

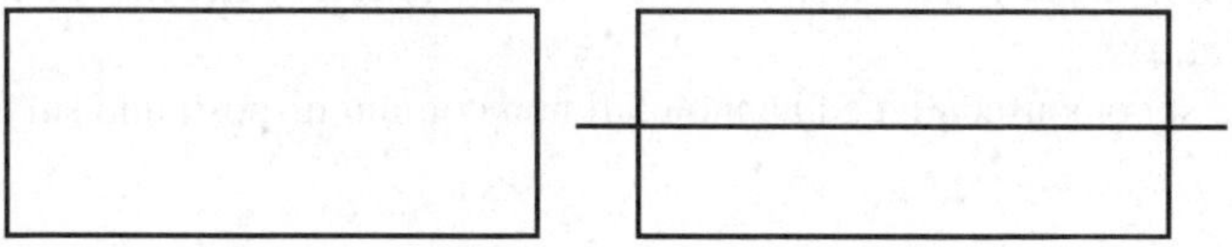

piano **semipiano**

Quando una retta qualunque attraversa un piano e lo divide in due parti, ciascuna di essa dicesi *semipiano*.
Due figure piane sono *uguali* se per mezzo di un movimento rigido ogni punto dell'una si sovrappone ad un punto dell'altra.

Due figure giacenti nello stesso piano si dicono *direttamente* o *inversamente uguali* secondo che nel movimento che le porta a sovrapporsi esse non si staccano o si staccano dal piano.

I criteri di uguaglianza delle figure piane sono i seguenti:

1) ogni figura è uguale a se stessa;
2) se una figura è uguale ad un'altra, questa è uguale alla prima;
3) due figure uguali ad una terza sono uguali fra loro.

L'**angolo** è una delle delle due parti in cui il piano è diviso da due semirette aventi la stessa origine.

L'angolo può essere:

a) *concavo* quando contiene il prolungamento dei suoi lati;
b) *convesso* se non contiene il prolungamento dei suoi lati;
c) *acuto* se è di ampiezza minore dell'angolo retto (meno di 90°);

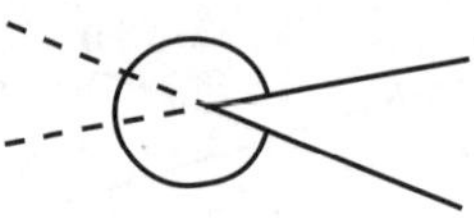

angolo concavo

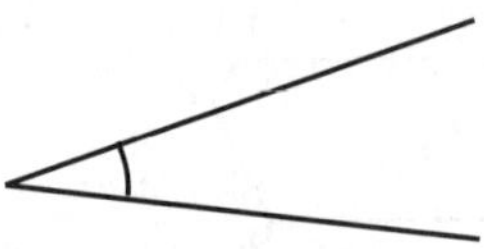

angolo convesso

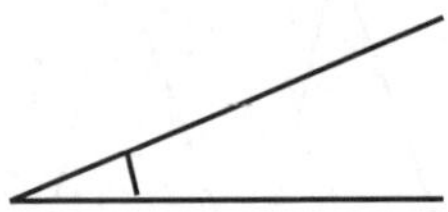

angolo acuto

d) *retto* quando ha i lati perpendicolari. È la metà di un angolo piatto (misura 90°);
e) *ottuso* se è di ampiezza maggiore dell'angolo retto, ma minore dell'angolo piatto (più di 90° e meno di 180°);
f) *piatto* quando uno dei suoi lati è il prolungamento dell'altro (misura 180°);

angolo retto

angolo ottuso

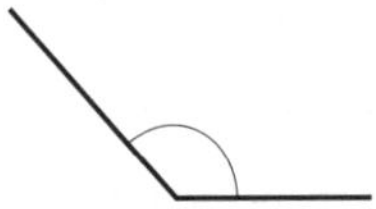

angolo piatto

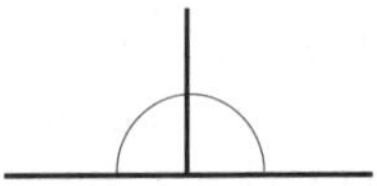

g) *giro* se è costituito dalla somma di due angoli piatti (360°) o quattro angoli retti;
h) *consecutivi* se giacciono su un medesimo piano, hanno il vertice ed un lato in comune e gli altri due lati da parti opposte, rispetto al lato comune, non giacciono uno sul prolungamento dell'altro;
i) *adiacenti* se sono consecutivi ed hanno i lati non comuni disposti uno sul prolungamento dell'altro;

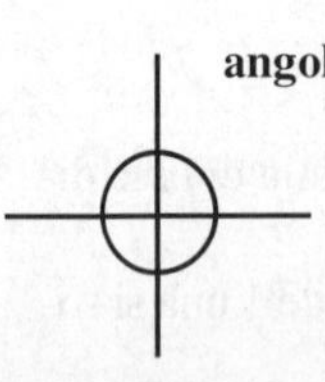

angolo giro

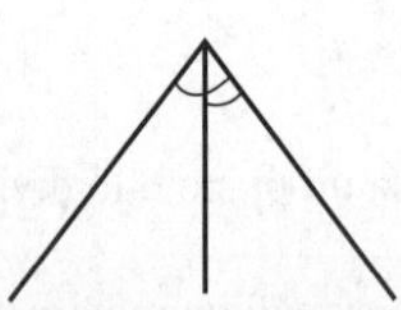

angoli consecutivi

angoli adiacenti

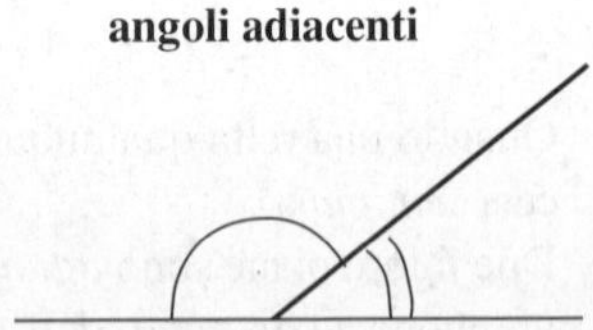

l) *uguali* quando, sovrapponendoli, i lati dell'uno coincidono con i lati dell'altro;
m) *opposti al vertice* quando i lati dell'uno sono il prolungamento dei lati dell'altro. Essi sono uguali;
n) *supplementari* quando la loro somma è uguale ad un angolo piatto (due angoli adiacenti sono sempre supplementari, cioè 180°);
o) *complementari* quando la loro somma è uguale ad un angolo retto (90°).

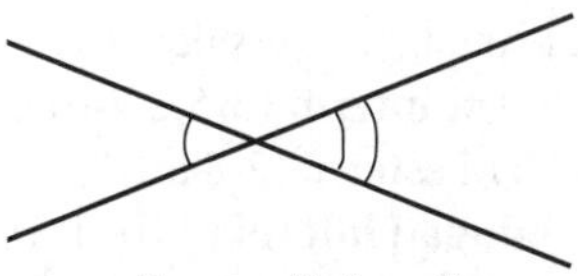

angoli opposti al vertice

angoli supplementari

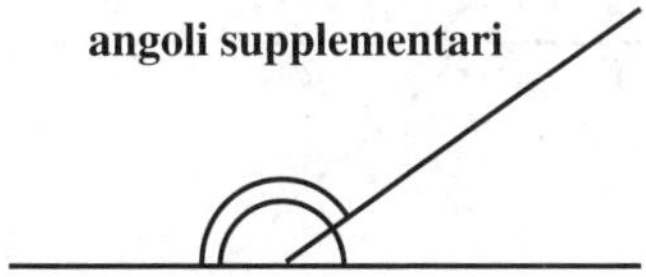

angoli complementari

La *bisettrice* di un angolo è la semiretta che, uscendo dal vertice, divide l'angolo in due parti uguali.
La *distanza fra due punti* è il segmento che li unisce.
La *distanza tra un punto ed una retta* è il segmento perpendicolare condotto dal punto alla retta.

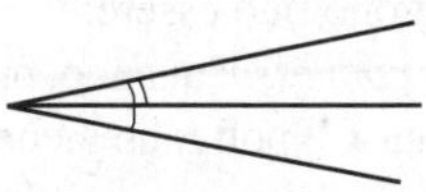

bisettrice

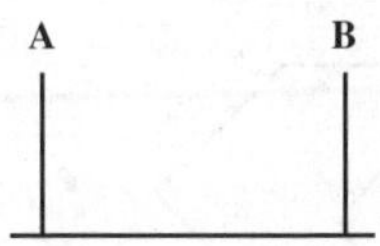

distanza tra due punti

distanza tra un punto e una retta

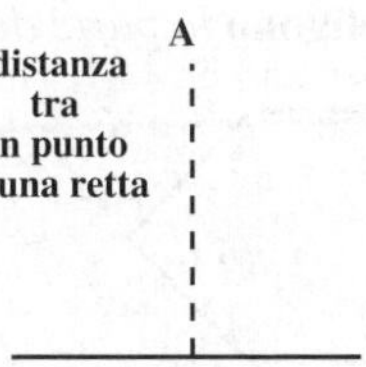

Le rette parallele

Si dicono parallele due rette che, giacendo sullo stesso piano, non hanno alcun punto in comume.
Assioma fondamentale delle rette parallele: data una retta e un punto non appartenente ad essa, per quel punto può passare soltanto una retta parallela a quella data.

La *distanza tra due rette parallele* è il segmento perpendicolare condotto da un punto qualsiasi dell'una su un punto dell'altra.

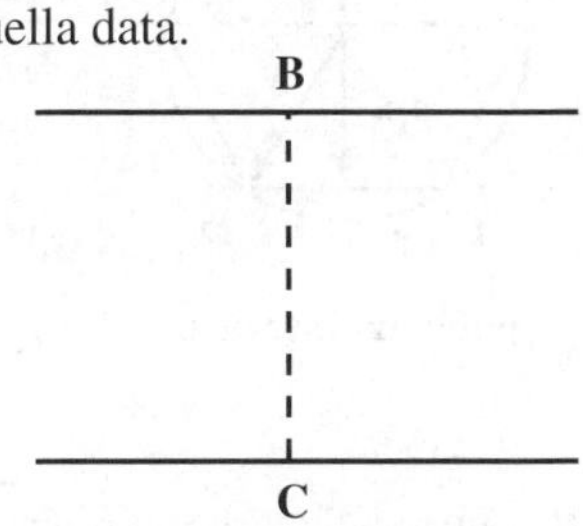

dist. tra due rette parallele

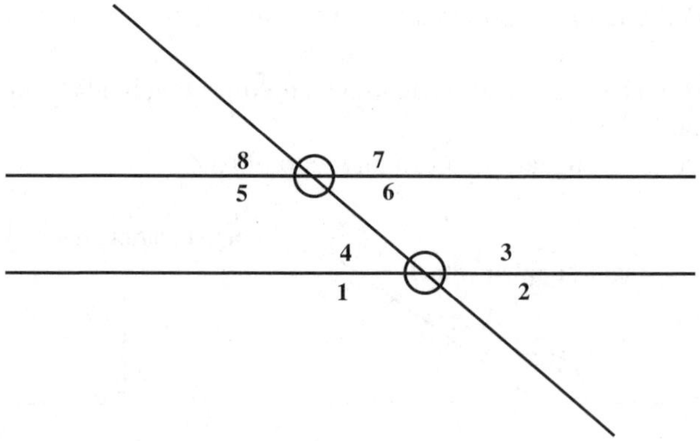

Due rette parallele intersecate da una trasversale formano angoli dalle proprietà particolari.

Angoli formati da due rette parallele e una trasversale:
- **Alterni interni** (3-5 e 4-6) e **alterni esterni** (2-8 e 1-7)
- **Coniugati interni** (3-6 e 4-5) e **coniugati esterni** (2-7 e 1-8)
- **Corrispondenti** (3-7, 4-8, 1-5, 2-6)

Regola: gli angoli alterni interni e alterni esterni sono uguali fra loro (congruenti), allo stesso modo gli angoli corrispondenti; mentre gli angoli coniugati sono supplementari.

4.4 Poligoni

Dicesi **poligono** *la parte di piano limitata da una linea spezzata chiusa, non intrecciata.*

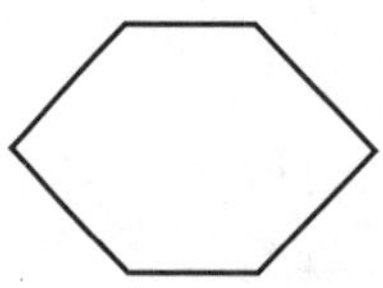

poligono convesso

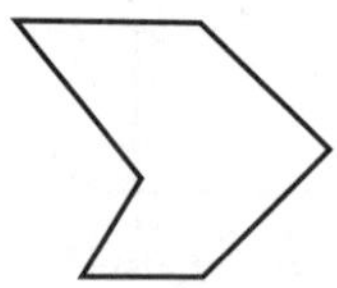

poligono concavo

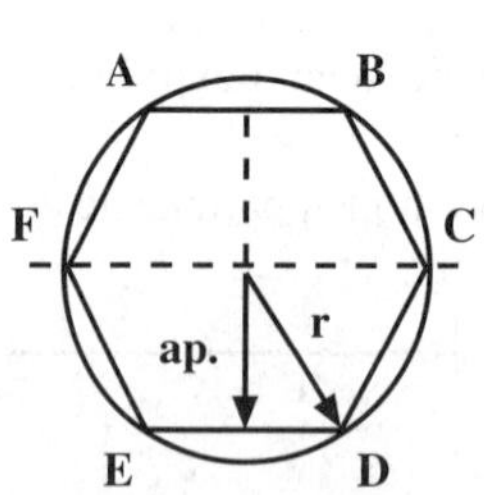

poligono inscritto

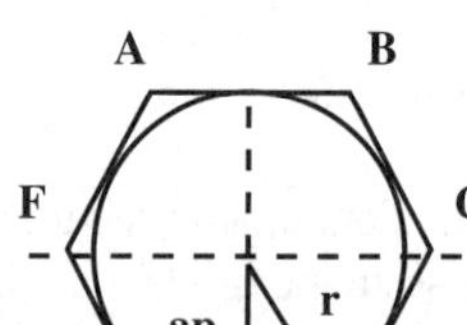

poligono circoscritto

Il poligono può essere:

a) *convesso*: quando, prolungando un lato, il poligono viene a trovarsi in uno dei semipiani determinati dalla retta ottenuta con tale prolungamento nonché quando non contiene il prolungamento dei suoi lati (ha, cioè, tutti angoli convessi);

b) *concavo*: quando il prolungamento di uno qualunque dei lati attraversa il poligono.

Un poligono è *inscritto* in una circonferenza quando tutti i suoi vertici appartengono alla circonferenza. Un poligono è *circoscritto* ad una circonferenza quando tutti i suoi lati appartengono alla circonferenza.

Il *centro* della circonferenza inscritta e circoscritta ad un poligono regolare è detto centro del poligono; il *raggio* della circonferenza circoscritta è detto raggio del poligono regolare, mentre il raggio della circonferenza inscritta corrisponde all'apotema del poligono regolare, perchè partendo dal centro tocca tutti i lati.

NOTA. Tratteremo unicamente poligoni convessi.

In ogni poligono distinguiamo:

- **lati** (*l*): segmenti delimitanti la figura;
- **angoli interni**: formati ciascuno da due lati consecutivi;
- **angoli esterni**: formati ciascuno dal prolungamento di un lato con il suo lato consecutivo;
- **vertici**: punti d'incontro dei lati;
- **perimetro** (*p*): somma dei lati;
- **diagonali** (*d*): segmenti che uniscono due vertici non consecutivi;
- **apotema** (*ap.*): segmento condotto dal centro del poligono su uno dei due lati.

Un poligono a seconda delle caratteristiche dei suoi lati e dei suoi angoli si dice:

- *equilatero* se ha tutti i lati uguali;
- *equiangolo* se ha tutti gli angoli uguali;
- *regolare* se ha tutti i lati e gli angoli uguali, cioè se è equilatero ed equiangolo.

4.5 Calcolo della somma degli angoli interni di un poligono

La somma degli angoli interni di un poligono regolare si ottiene moltiplicando 180° per il numero dei lati e sottraendo 360°, cioè la somma degli angoli esterni.

$$(180° \cdot n) - 360°$$

Se consideriamo un triangolo, abbiamo:

$$(180° \cdot 3) - 360° = 540° - 360° = 180°$$

Se consideriamo un pentagono, abbiamo:

$$(180° \cdot 5) - 360° = 900° - 360° = 540°$$

Poichè noi non conosciamo la misura di un angolo interno, consideriamo 180°, che rappresenta la somma di un angolo interno più un angolo esterno; lo moltiplichiamo per il numero dei lati (che è uguale a quello degli angoli) ed in ultimo sottraiamo 360° che rappresenta la somma degli angoli esterni (che noi avevamo calcolato uno alla volta insieme a quelli interni).

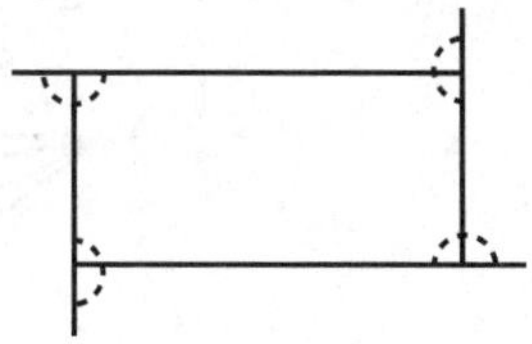

quadrilatero

$(180° \cdot 4) - 360 = 720° - 360° = 360°$, somma degli angoli interni di un quadrilatero.

4.6 Perimetro e area di un poligono regolare

Il **perimetro di un poligono regolare** si trova moltiplicando la misura del lato per il numero dei lati.

- pentagono $p = l \cdot 5; \quad l = p : 5$
  esagono $p = l \cdot 6; \quad l = p : 6$

L'**area** si trova moltiplicando il perimetro per l'apotema e dividendo il prodotto per 2.

$$A = \frac{(p \cdot a_p)}{2}; \quad p = \frac{(2 \cdot A)}{a_p}; \quad a_p = \frac{(2 \cdot A)}{p}.$$

Dato il lato, l'**apotema** si trova moltiplicando la misura del lato per il **numero fisso**, che è per:

il pentagono	0,688;	ap = l · 0,688;	l = ap: 0,688
l'esagono	0,866;	ap = l · 0,866;	l = ap: 0,866
l'ottagono	1,207;	ap = l · 1,207;	l = ap: 1,207
il decagono	1,539;	ap = l · 1,539;	l = ap: 1,539

L'**area del poligono regolare** si trova anche moltiplicando il quadrato del lato per il numero fisso, che è per:

il triangolo equilatero	0,433;	$A = l^2 \cdot 0{,}433$
il pentagono	1,720;	$A = l^2 \cdot 1{,}720$
l'esagono	2,598;	$A = l^2 \cdot 2{,}598$
l'ottagono	4,828;	$A = l^2 \cdot 4{,}828$
il decagono	7,694;	$A = l^2 \cdot 7{,}6948$

4.7 Proprietà dei poligoni

In ogni poligono ciascun lato è minore della somma dei rimanenti. Il perimetro del poligono convesso è minore del perimetro di qualsiasi poligono che lo contenga.
La somma degli angoli interni di ogni poligono convesso è uguale a tanti angoli piatti, quanti sono i suoi lati, meno due.
La somma degli angoli esterni del poligono convesso uguaglia due angoli piatti.

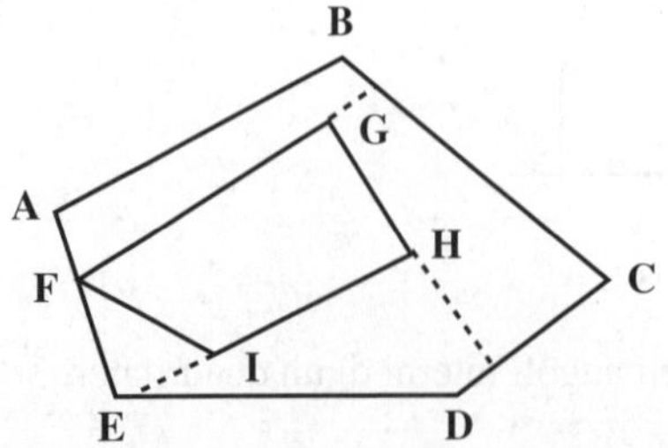

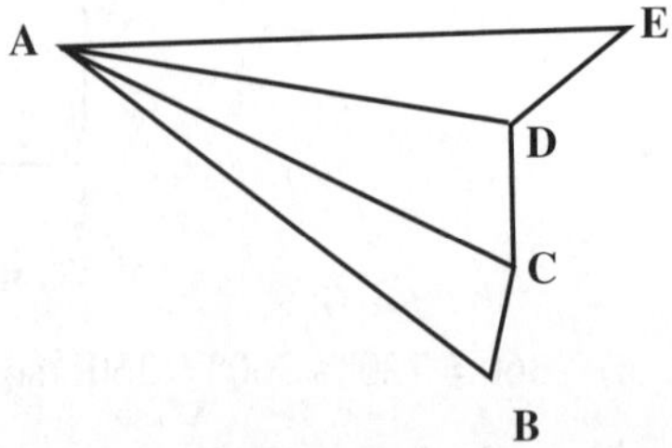

4.8 Criteri di uguaglianza tra poligoni

1° criterio: due poligoni convessi, di ugual numero di lati, sono uguali se si corrispondono vertice e vertice in modo che lati ed angoli corrispondenti siano uguali, ad eccezione di due coppie di lati consecutivi e degli angoli fra essi compresi, sui quali non si fa alcuna ipotesi.

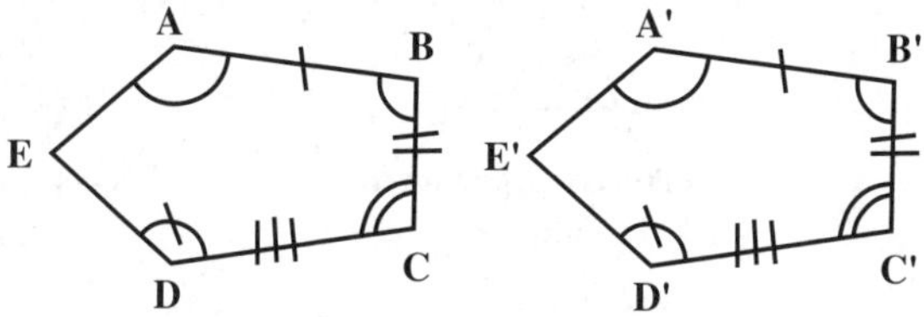

2° criterio: due poligoni convessi di ugual numero di lati sono uguali se si corrispondono vertice e vertice in modo che lati ed angoli corrispondenti siano uguali, ad eccezione di due lati corrispondenti e dei due angoli adiacenti ad essi, sui quali non si fa alcuna ipotesi.

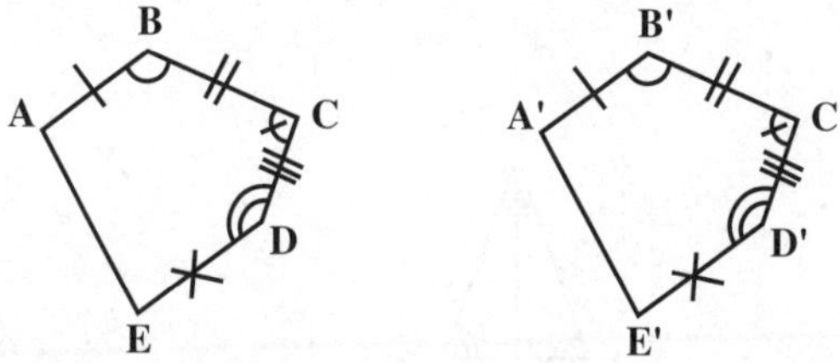

3° criterio: due poligoni convessi di ugual numero di lati sono uguali se si corrispondono vertice e vertice, in modo che i lati e gli angoli corrispondenti siano uguali, ad eccezione di tre angoli consecutivi sui quali non si fa alcuna ipotesi.

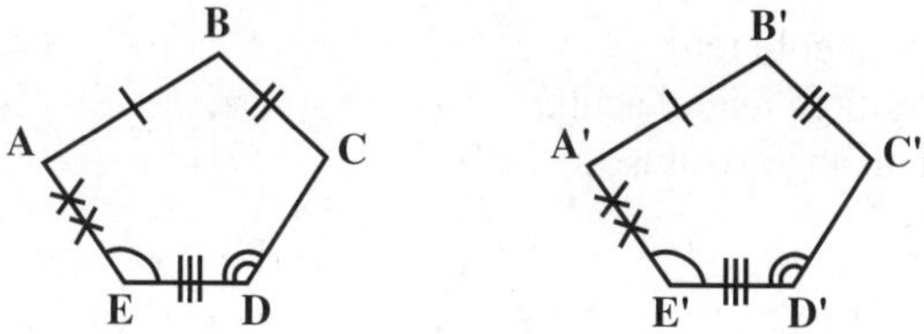

4.9 Triangoli: proprietà, punti notevoli e somma degli angoli

Il **triangolo** è il più semplice dei poligoni, costituito da tre lati.

In un triangolo, oltre ai lati ed agli angoli, si distinguono:

- *altezza*: perpendicolare tracciata dal vertice sul lato opposto o sul suo prolungamento. Il punto di incontro delle tre altezze dicesi *ortocentro*;
- *base*: è uno qualsiasi dei suoi lati;
- *bisettrice*: semiretta, che uscendo dal vertice, divide l'angolo in due parti uguali. Il punto di incontro delle tre bisettrici prende il nome di *incentro*;

- *mediana*: segmento che uscendo dal vertice divide il lato opposto in due parti uguali. Il punto di incontro delle tre mediane prende il nome di *baricentro*.

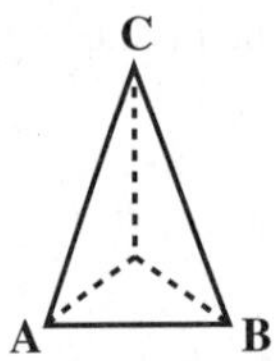

incentro-incontro bisettrici

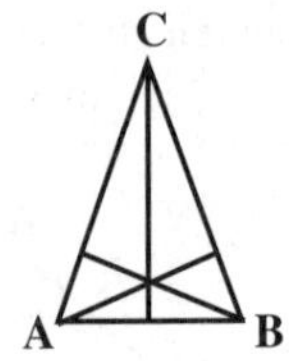

ortocentro-incontro altezze

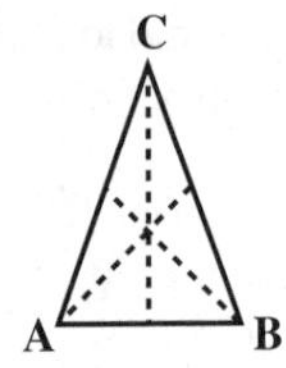

baricentro-incontro mediane

Un triangolo, *secondo i suoi lati*, può essere:

- *equilatero*: se ha i tre lati uguali - anche gli angoli sono uguali - (ortocentro, incentro e baricentro si incontrano nello stesso punto);
- *isoscele*: se ha solo due lati uguali (gli angoli alla base sono uguali);
- *scaleno*: se ha i tre lati disuguali.

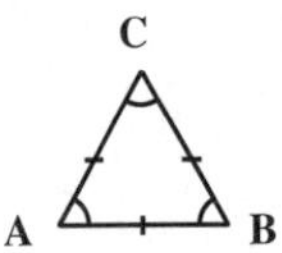

triangolo equilatero

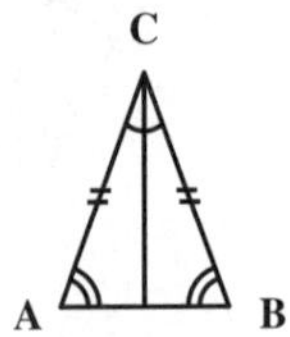

triangolo isoscele

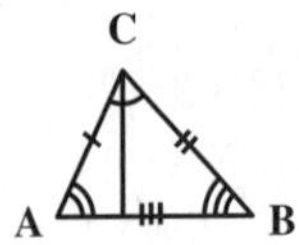

triangolo scaleno

Un triangolo, *secondo i suoi angoli*, può essere:

— *rettangolo*: se ha un angolo retto;
— *acutangolo*: se ha tutti gli angoli acuti;
— *ottusangolo*: se ha un angolo ottuso.

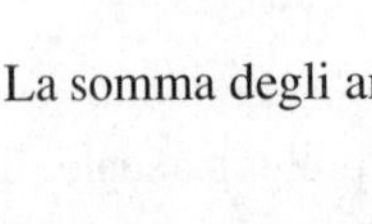

triangolo rettangolo

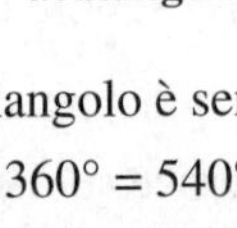

triangolo acutangolo

triangolo ottusangolo

La somma degli angoli interni di un triangolo è sempre uguale a 180°.

$$(180° \cdot 3) - 360° = 540° - 360° = 180°$$

Il perimetro del triangolo si trova sommando le misure dei tre lati.

P = a + b + c; a = P – (b + c)
b = P – (a + c); c = P – (a + b)

L'area si trova moltiplicando le misure della base e dell'altezza e dividendo il prodotto per 2.

$$A=\left(\frac{b\cdot h}{2}\right)\quad h=\left(\frac{2\cdot A}{b}\right)\quad b=\left(\frac{2\cdot A}{h}\right)$$

L'*area* di un triangolo equilatero, come per tutti i poligoni regolari, si trova dividendo per 2 il prodotto del perimetro per l'apotema. L'apotema si calcola moltiplicando la misura del lato per il numero fisso (0,288).

$$A=\left(\frac{P\cdot a_p}{2}\right);\qquad P=\left(\frac{2\cdot A}{a_p}\right)$$

$$a_p=\left(\frac{2\cdot A}{P}\right);\qquad a_p=l\cdot 0{,}288;\qquad l=\frac{a_p}{0{,}288}$$

L'area di un triangolo rettangolo si trova moltiplicando le misure dei due cateti e dividendo il prodotto per 2. I cateti sono i due lati che formano l'angolo retto, mentre l'ipotenusa è il lato opposto all'angolo retto.

$$A=\left(\frac{c\cdot c_1}{2}\right);\qquad c=\left(\frac{2\cdot A}{c_1}\right);\qquad c_1=\left(\frac{2\cdot A}{c}\right)$$

Formula di Erone

In un triangolo quando sono note le misure dei lati, l'area si ottiene estraendo la radice quadrata del prodotto del suo semiperimetro per le differenze fra il semiperimetro e ciascuno dei tre lati.

$$A=\sqrt{\frac{P}{2}\cdot\left(\frac{P}{2}-a\right)\cdot\left(\frac{P}{2}-b\right)\cdot\left(\frac{P}{2}-c\right)}$$

Ponendo:

$$\frac{P}{2}=p\ \text{(semiperimetro)}$$

si ottiene:

$$A=\sqrt{p\cdot(p-a)\cdot(p-b)\cdot p\cdot(p-c)}$$

4.10 Criteri di uguaglianza tra triangoli

Due triangoli sono uguali se è possibile sovrapporli l'uno all'altro in modo che coincidano. Ciò è possibile se, intuitivamente, coincidono i contorni, cioè se sono uguali i lati di uno con i lati dell'altro e gli angoli di uno con gli angoli dell'altro.

Allora due triangoli sono uguali se hanno:

1) Le coppie di lati omologhi uguali.
2) Le coppie di angoli omologhi uguali.

Tuttavia per stabilire se due triangoli sono uguali non è necessario che vengano verificate tutte e sei le condizioni di uguaglianza (tre per i lati e tre per gli angoli), ma **è sufficiente che siano verificate solo tre condizioni**, opportunamente scelte, **delle quali almeno una relativa ai lati**.
In base alle tre condizioni scelte si hanno i *tre criteri di uguaglianza tra i triangoli.*

1° Criterio di uguaglianza tra i triangoli
Due triangoli sono uguali se hanno rispettivamente uguali due lati e l'angolo compreso tra essi.

Dimostrazione
Si considerino i due triangoli ABC e A'B'C', che abbiano rispettivamente uguali due lati e l'angolo compreso tra essi. In riferimento alla figura seguente (*ipotesi*):

- $AB = A'B'$
- $AC = A'C'$
- $\hat{A} = \hat{A}'$

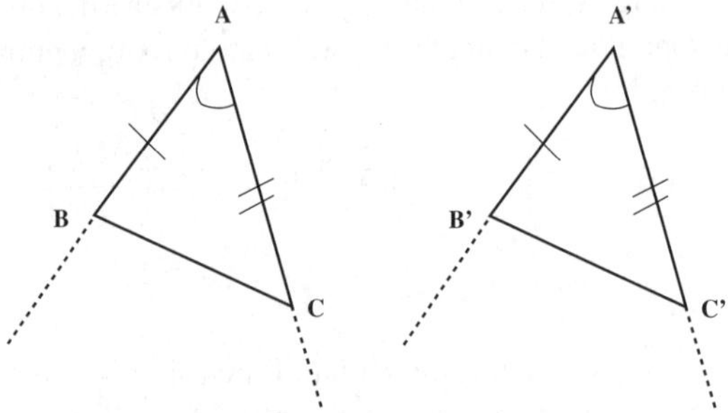

Si deve quindi dimostrare che i due triangoli sono uguali $\Rightarrow ABC = A'B'C'$ (*tesi*).
Essendo per ipotesi uguali gli angoli in *A* ed *A'*, è possibile sovrapporre uno di questi angoli all'altro in modo che la semiretta *AB* vada a coincidere con la semiretta *A'B'* e la semiretta *AC* con la semiretta *A'C'*.
Poiché per ipotesi $AB = A'B'$ ed $AC = A'C'$, *B* coinciderà con *B'* e *C* con *C'*, e di conseguenza coincideranno i contorni dei due triangoli, che risultano pertanto uguali.

2° Criterio di uguaglianza tra i triangoli
Due triangoli sono uguali se hanno rispettivamente uguali due angoli ed il lato compreso tra essi.

Dimostrazione
Dati i triangoli *ABC* e *A'B'C'* nella figura sottostante, che per ipotesi hanno:

$\hat{B} = \hat{B}' \quad \hat{C} = \hat{C}' \quad BC = B'C'$ (*ipotesi*)

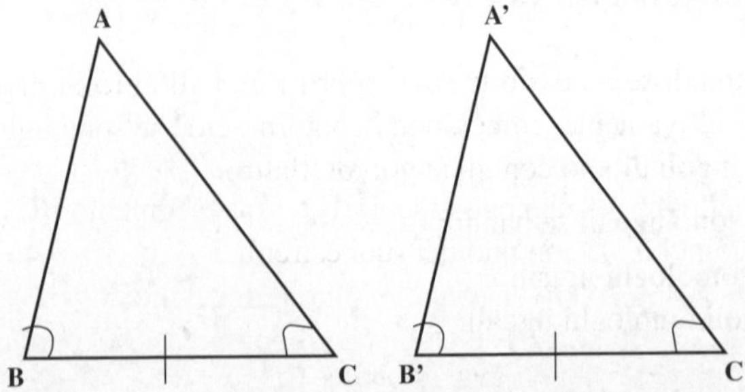

Si deve quindi dimostrare l'uguaglianza dei triangoli *ABC* e *A'B'C'* (*tesi*).
Si trasporti il semipiano limitato dalla retta *BC*, e contenente il punto *A*, sul semipiano limitato dalla retta *B'C'* e contenente *A'*, in modo tale che il segmento *BC* coincida con il segmento *B'C'* al quale, per ipotesi, è uguale.
Per l'uguaglianza degli angoli in *B* e *B'*, la semiretta *BA* coinciderà con la semiretta *B'A'*. Inoltre, per l'uguaglianza degli angoli in *C* e *C'*, semiretta *CA* dovrà coincidere con la semiretta *C'A'*.
Ne consegue che il punto *A*, comune alle semirette *BA* e *CA*, coinciderà con il punto *A'*, comune alle semirette *B'A'* e *C'A'*.
Pertanto il movimento effettuato ha fatto coincidere i tre vertici e quindi anche i contorni dei due triangoli risultando, pertanto, uguali.

3° Criterio di uguaglianza tra i triangoli

Due triangoli sono uguali se hanno rispettivamente uguali i tre lati.

Dimostrazione

Si considerino due triangoli *ABC* e *A'B'C'* che abbiano i rispettivi lati uguali, cioè:

AB = A'B' AC = A'C' BC = B'C' (*ipotesi*)

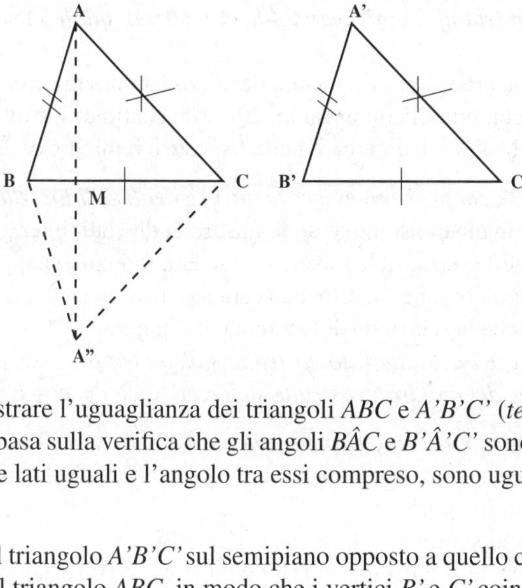

Si deve quindi dimostrare l'uguaglianza dei triangoli *ABC* e *A'B'C'* (*tesi*).
La dimostrazione si basa sulla verifica che gli angoli $B\hat{A}C$ e $B'\hat{A}'C'$ sono uguali, poiché avendo i due triangoli due lati uguali e l'angolo tra essi compreso, sono uguali per il I° criterio di uguaglianza.

Si trasporti dunque il triangolo *A'B'C'* sul semipiano opposto a quello che ha come origine la retta *BC* e contiene il triangolo *ABC*, in modo che i vertici *B'* e *C'* coincidano rispettivamente con i vertici *B* e *C* (il che è vero poiché per ipotesi *B'C'= BC*). Sia ancora *A"BC* la nuova posizione assunta dal triangolo *A'B'C'*, si ha:

- *AB = A"B* (poiché *A"B = A'B'* ed *A'B' = AB*)
- *AC = A"C* (poiché *A"C = A'C'* ed *A'C' = AC*)

Si congiunga *A* ed *A"*; poiché questi due punti sono opposti rispetto alla retta *BC*, la congiungente taglia la retta nel punto *M* che può essere, rispetto al segmento *BC*, interno (come nella figura), esterno o coincidente con uno dei suoi estremi.
Consideriamo il caso in figura (gli altri sono risolubili agevolmente allo stesso modo), i due triangoli *BAA"* e *CAA"* risultano isosceli sulla base comune *AA"* e, pertanto, avranno gli angoli alla base uguali, cioè:

- $B\hat{A}A'' = B\hat{A}''A$
- $C\hat{A}A'' = C\hat{A}''A$

Sommando membro a membro si ottiene:

$$B\hat{A}A'' + C\hat{A}A'' = B\hat{A}''A + C\hat{A}''A$$

che significa:

$$B\hat{A}C = B\hat{A}''C$$

e poiché $B\hat{A}''C = B'\hat{A}'C'$, si ha infine:

$$B\hat{A}C = B'\hat{A}'C' \quad \text{c.v.d.}$$

Triangoli - Terne di numeri

Un triangolo viene identificato da terne ben precise di numeri, che rappresentano le misure dei suoi lati. Affinché un triangolo possa dirsi tale, le misure dei suoi lati devono soddisfare le seguenti caratteristiche:

il terzo lato deve essere minore della somma degli altri due e maggiore della loro differenza.

- ***Se due lati di un triangolo misurano 40 cm e 60 cm, quale misura non può avere il terzo lato?***
  Secondo la regola precedente, la misura del terzo lato dovrà essere minore di 100 cm e maggiore di 20 cm, quindi compresa tra 20 e 100 centimetri. Nello specifico dell'esercizio proposto, il valore da ricercare nelle risposte è o minore di 20 o maggiore di 100.

- ***25 cm, 18 cm e 32 cm possono essere le misure dei lati di un triangolo?***
  La risposta è Sì, in quanto sommando le misure di due lati, il terzo risulta essere minore; e facendo la differenza tra le misure di due lati, il terzo è maggiore.
  Nel caso di triangoli rettangoli, oltre alla caratteristica succitata, le misure dei lati devono soddisfare anche la relazione del teorema di Pitagora:
  "la misura dell'area del quadrato costruito sull'ipotenusa è uguale alla somma della misura delle aree dei quadrati costruite sui cateti, cioè $i^2 = c^2 + c_1^2$"

- ***I lati di un triangolo misurano rispettivamente 6 cm, 8 cm e 10 cm. Com'è il triangolo?***
  Si prendono in considerazione le tre misure e si mettono in relazione tra loro come prevede il teorema di Pitagora:
  $10^2 = 8^2 + 6^2$ da cui si ottiene: $100 = 64 + 36 = 100$
  Poiché la relazione è soddisfatta, **il triangolo** le cui misure dei lati sono quelle date **è rettangolo**.

- ***Con tre segmenti lunghi 16 cm, 12 cm e 20 cm, cosa si può costruire?***
  Per rispondere al quesito, sicuramente le misure dei tre lati soddisfano la caratteristica peculiare dei triangoli, in quanto la somma di due lati è minore del terzo e la differenza è maggiore. Inoltre si può verificare che possa trattarsi di un triangolo rettangolo mettendo in relazione i tre numeri:
  $20^2 = 16^2 + 12^2$ (*relazione del teorema di Pitagora*)
  $400 = 256 + 144 = 400$ (*soddisfatta*)
  Avendo verificato, si può affermare che con le misure proposte si può costruire un triangolo rettangolo.

4.11 Quadrilateri

*Dicesi **quadrilatero** o anche quadrangolo un poligono avente quattro lati e quattro angoli.*
La somma degli angoli interni di un quadrilatero convesso è uguale a due angoli piatti, cioè 360°.

4.12 Trapezi: definizioni e proprietà

*Il **trapezio** è un quadrilatero con due lati opposti paralleli.*
Può essere:

a) *rettangolo*: se ha un lato obliquo ed uno perpendicolare alle basi;
b) *isoscele*: se ha due lati obliqui uguali;
c) *scaleno*: se ha due lati obliqui disuguali.

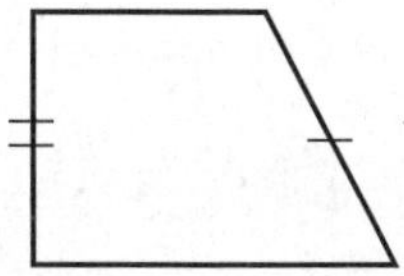
trapezio rettangolo

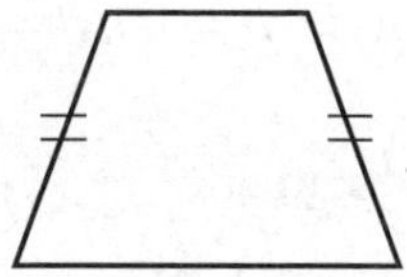
trapezio isoscele

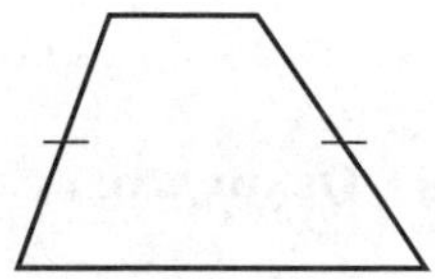
trapezio scaleno

Il *perimetro* del trapezio si trova facendo la somma delle misure dei lati.

$$p = B + b + a + c$$

L'*area* si trova moltiplicando la semisomma delle misure della base maggiore e della base minore per l'altezza.

$$A = \frac{(B+b)}{2} \cdot h \qquad h = \frac{2 \cdot A}{B+b}$$

$$B = \frac{(2 \cdot A)}{h} - b \qquad b = \frac{(2 \cdot A)}{h} - B$$

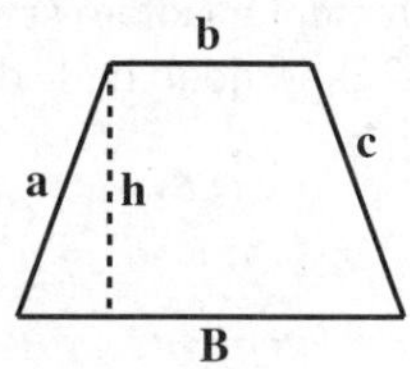

4.13 Parallelogrammi: definizioni e proprietà

*Il **parallelogramma** è un quadrilatero avente i lati opposti uguali e paralleli.*

In un parallelogramma distinguiamo: la base che può essere uno qualunque dei lati; l'altezza che è la distanza tra il lato considerato quale base e il lato opposto parallelo.

Le proprietà sono:

1) una diagonale divide un parallelogramma in due triangoli uguali;
2) i lati opposti sono uguali;
3) gli angoli opposti sono uguali;
4) le diagonali si tagliano scambievolmente a metà;
5) gli angoli adiacenti a ciascun lato sono supplementari (la loro somma è pari a 180°).

Sono parallelogrammi particolari il **quadrato**, il **rettangolo**, e il **rombo**.
Il *perimetro* del parallelogramma si trova moltiplicando per 2 la somma delle misure di due lati consecutivi.

$$p = (l_1 + l_2) \cdot 2$$

da cui:

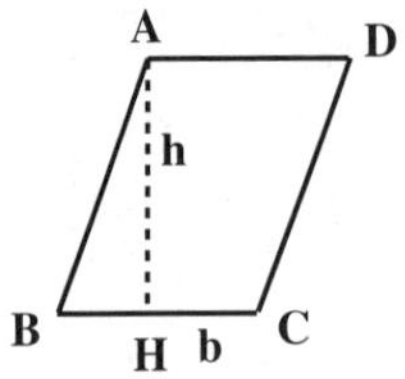

$$l_1 = (p : 2) - l_2;\; l_2 = (p : 2) - l_1$$

L'area si trova moltiplicando la misura della base per la misura dell'altezza.

$$A = b \cdot h;\; b = A/h;\; h = A/b$$

4.14 Quadrato: definizioni e proprietà

*Il **quadrato** è un parallelogramma avente i lati uguali e gli angoli retti.*

Le diagonali di un quadrato sono uguali, perpendicolari tra loro, bisettrici degli angoli e si tagliano scambievolmente per metà.
Il perimetro si trova moltiplicando la misura del lato per 4.

$$p = l \cdot 4 \quad l = p/4$$

L'*area* del quadrato si trova moltiplicando la misura del lato per se stessa, oppure dividendo per 2 il prodotto delle diagonali (d).

$$l = \sqrt{A} \quad d = \sqrt{2A}$$

$$d = l \cdot \sqrt{2}\text{, ossia } l \cdot 1{,}414;\; l = d : 1{,}414$$

4.15 Rettangolo: definizioni e proprietà

*Il **rettangolo** è un parallelogramma avente i quattro angoli retti, mentre i lati sono uguali a due a due. Le diagonali sono uguali.*

Il perimetro del rettangolo si trova moltiplicando per 2 la somma della base e dell'altezza.

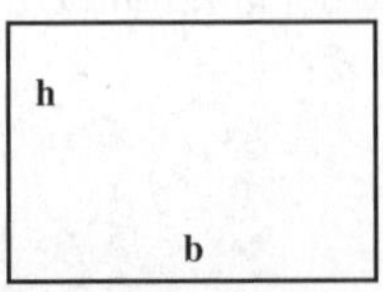

Rettangolo

$$p = 2 \cdot (b + h);\; b = (p : 2) - h;\; h = (p : 2) - b$$

L'area si trova moltiplicando la misura della base per la misura dell'altezza.

$$A = b \cdot h;\; b = A : h;\; h = A : b$$

4.16 Rombo: definizioni e proprietà

Il ***rombo*** *è un parallelogramma avente i lati uguali; i suoi angoli sono due acuti e due ottusi. Le diagonali sono disuguali; si incontrano perpendicolarmente nel loro punto medio.*

Il perimetro si calcola moltiplicando per 4 la misura del suo lato.

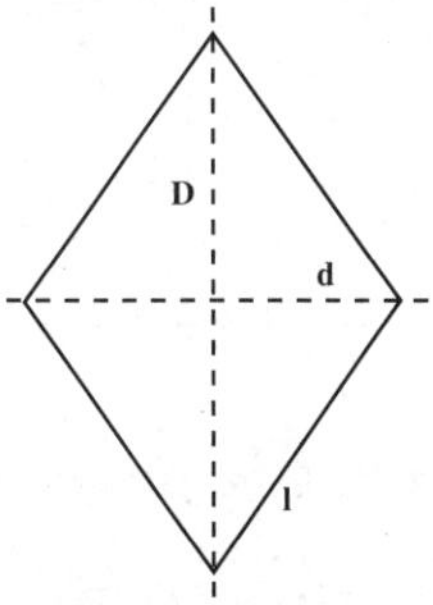

Rombo

$p = l \cdot 4; \quad l = P : 4$

L'area si trova dividendo per 2 il prodotto delle diagonali.

$$A = \frac{D \cdot d}{2}; \quad D = \frac{2 \cdot A}{d}; \quad d = \frac{2 \cdot A}{D}.$$

Se si considera il rombo come un parallelogramma l'area si può trovare moltiplicando la misura della base per la misura dell'altezza.

$A = b \cdot h; \; b = A : h; \; h = A : b$

4.17 Circonferenza: definizioni e proprietà

La ***circonferenza*** *è una linea curva chiusa avente tutti i suoi punti equidistanti da un punto interno detto centro.*

Nella circonferenza distinguiamo:

1) *raggio*: la distanza tra il centro e un punto qualunque della circonferenza;
2) *diametro*: segmento che unisce due punti della circonferenza passante per il centro;
3) *corda*: segmento che congiunge due punti qualunque della circonferenza senza passare per il centro;
4) *saetta*: segmento perpendicolare tracciato dal centro della corda sulla circonferenza;
5) *arco*: porzione di circonferenza compresa tra due punti della circonferenza stessa.

Una retta, rispetto ad una circonferenza, può essere:

a) *esterna*: se non ha alcun punto in comune con la circonferenza;
b) *secante*: se ha due punti in comune con la circonferenza;
c) *tangente*: se ha un solo punto in comune con la circonferenza.

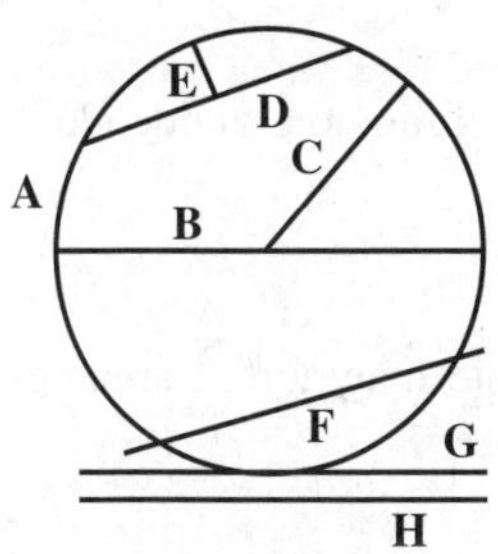

A) circonferenza
B) diametro
C) raggio
D) corda
E) saetta
F) secante
G) tangente
H) esterna

La lunghezza della circonferenza (C) si trova moltiplicando la misura del diametro per il numero fisso 3,14 (π).

NOTA. Si definisce π il numero irrazionale ottenuto facendo il rapporto tra la circonferenza ed il diametro $\pi = \frac{C}{d} = 3,14$

$C = d \cdot 3,14$ oppure $C = r \cdot 6,28$

$r = C : 6,28$ $d = C : 3,14$

4.18 Cerchio: definizioni e proprietà

*Il **cerchio** è la parte di piano delimitata dalla circonferenza.*

Oltre a quanto detto per la circonferenza ricordiamo:

1) il diametro divide il cerchio in due parti uguali dette *semicerchi*;
2) due diametri perpendicolari dividono il cerchio in quattro parti dette *quadranti*;
3) la porzione di cerchio delimitata da una corda e dal corrispondente arco dicesi *segmento circolare*;
4) la porzione di cerchio racchiusa tra due raggi e l'arco compreso dicesi *settore circolare*;
5) la parte di piano compresa tra due circonferenze concentriche dicesi *corona circolare*.

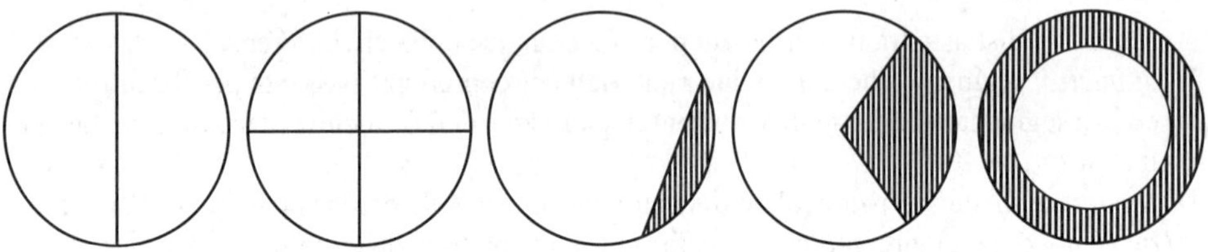

Semicerchi **Quadranti** **Segmento circolare** **Settore circolare** **Corona circolare**

Essendo il cerchio equivalente ad un poligono regolare avente come perimetro la circonferenza e per apotema il raggio, si ha:

$$A = \frac{2\pi r \cdot r}{2} = \pi r^2$$

L'*area del cerchio* si trova anche moltiplicando la circonferenza per il raggio e dividendo il prodotto per 2.

$$A = (C \cdot r)/ 2; r = (2 \cdot A)/ C$$

L'*area della corona* circolare si trova sottraendo dall'area del cerchio maggiore, l'area del cerchio minore.

$$Ac = R^2 \cdot 3,14 - r^2 \cdot 3,14$$

$$\text{oppure } Ac = (R^2 - r^2) \cdot 3,14$$

L'*area di un settore circolare* si ottiene dividendo l'area del cerchio a cui esso appartiene per 360° e moltiplicando il quoziente ottenuto per la ampiezza del corrispondente angolo al centro, espresso in gradi.

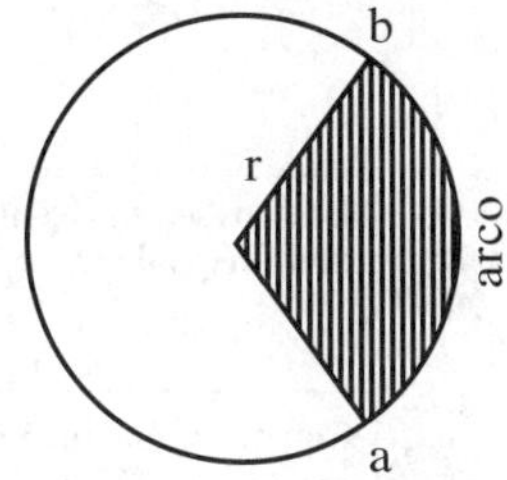

$$As = \frac{\left(3{,}14 \cdot r^2\right)}{360} \cdot \alpha \ (ampiezza)$$

Oppure: lunghezza dell'arco che limita il settore, moltiplicata per la lunghezza del raggio ed il prodotto diviso per 2.

$$As = \frac{(arco \cdot r)}{2}$$

L'*ampiezza del settore* (α) si trova moltiplicando l'area del settore per 360 e dividendo il prodotto per l'area del cerchio a cui esso appartiene.

$$\alpha = (As \cdot 360)/A$$

L'*area del segmento circolare* ALB si trova sottraendo dall'area del settore circolare ALBO l'area del triangolo isoscele AOB.

Per trovare la *lunghezza dell'arco* (L) si moltiplica il raggio per 6,28, quindi si divide il prodotto ottenuto per 360 e si moltiplica il quoziente per l'ampiezza dell'arco espressa in gradi.

$$L = \frac{(r \cdot 6{,}28)}{360} \cdot \alpha \ (ampiezza)$$

RIEPILOGO: POLIGONO E RISPETTIVE FORMULE		
POLIGONO	**PERIMETRO**	**AREA**
triangolo	$l_1 + l_2 + l_3$	$\frac{b \cdot h}{2}$
trapezio	$B + b + 2l$	$\frac{(B+b)}{2} \cdot h$
romboide	$2(l_1 + l_2)$	$b \cdot h$
rettangolo	$2(b_1 + h_2)$	$b \cdot h$
quadrato	$l \cdot 4$	l^2
rombo	$l \cdot 4$	$\frac{D \cdot d}{2}$
poligono regolare con numero n di lati	$l \cdot n$	$\frac{l \cdot n \cdot ap}{2}$
cerchio	$2\pi \cdot r$	$\frac{C \cdot r}{2}$

		A	B	C	D
1	**Che cos'è il baricentro di un triangolo?**	Il punto in cui si incontrano le sue mediane	Il punto in cui si incontrano le sue altezze	Uno dei tre vertici	Il centro della circonferenza circoscritta al triangolo
2	**Con tre segmenti lunghi 16 cm, 12 cm e 20 cm:**	Si può costruire un triangolo ottusangolo	Si può costruire un triangolo rettangolo	Si può costruire un triangolo acutangolo	Non si può costruire un triangolo
3	**Due angoli si dicono complementari se:**	La loro somma misura 90°	La loro differenza misura 180°	La loro somma misura 180°	La loro somma misura 2π
4	**Dato un quadrato di lato 12 cm, si costruisce un nuovo quadrato avente per vertici i punti medi del precedente quadrato. Quanto vale il perimetro del nuovo quadrato?**	$24\sqrt{2}$ cm	24 cm	36 cm	32 cm
5	**Detta u l'unità di misura delle lunghezze, si sa che il segmento $\overline{AB}$ misura 12u, il segmento $\overline{CD}$ misura 8u e il segmento $\overline{EF}$ misura 6u. Il segmento $\overline{GH} = (3/4)\overline{AB} - (1/2)\,\overline{CD} + \overline{EF}$ misura**	11u	18u	19u	10u
6	**Due rette parallele, tagliate da una trasversale, formano angoli:**	Alterni esterni congruenti	Alterni interni supplementari	Coniugati interni congruenti	Corrispondenti complementari
7	**La somma degli angoli interni di un pentagono è:**	180°	540°	360°	210°
8	**Quando una retta è secante a una circonferenza?**	Quando non ha alcun punto in comune con la circonferenza	Quando ha due punti in comune con la circonferenza	Quando ha un punto in comune con la circonferenza	Quando è esterna alla circonferenza
9	**Come si chiama la porzione di piano compresa tra due circonferenze concentriche?**	Corona circolare	Settore circolare	Semicerchio	Segmento circolare
10	**La formula di Erone consente di trovare l'area di un triangolo:**	note la sua base e la sua altezza	noti i suoi lati	dividendo per 2 il prodotto della misura della base per l'altezza	note le tre altezze del triangolo

Soluzioni: 1.A, 2.B, 3.A, 4.A, 5.A, 6.A, 7.B, 8.B, 9.A, 10.B

Capitolo 5
Applicazione dell'algebra alla geometria

5.1 Introduzione

Ogni grandezza ha come misura, rispetto ad una prefissata unità, un determinato numero reale e, viceversa, dato un qualsiasi numero reale esiste sempre, tra le grandezze della specie considerata, una determinata grandezza che ha il numero considerato come misura (rispetto all'unità di misura prestabilita). Si può pertanto affermare che:

La misura è quel numero reale che individua una grandezza

Dunque, sostituendo ad ogni grandezza la sua misura, si possono trasformare le *relazioni geometriche* tra grandezze in *relazioni algebriche* fra le misure delle grandezze.

Questa trasformazione è fondamentale poiché si ottengono i seguenti vantaggi:

1) si possono dimostrare teoremi di geometria molto più facilmente per via algebrica che per via geometrica;
2) si possono determinare le misure di alcuni elementi di una figura per mezzo delle altre misure note della figura in questione;
3) si possono trasformare i problemi geometrici in algebrici e quindi, utilizzando le regole dell'algebra, risolverli in maniera molto più semplice e rapida.

Ai problemi di algebra applicata alla geometria, dopo le varie fasi di ogni problema, si aggiunge spesso un'ulteriore operazione: la costruzione geometrica dei risultati, che deriva da convenienti interpretazioni delle formule risolutive.

5.2 Forme algebriche dei teoremi di Pitagora e Euclide

I teoremi di Pitagora ed Euclide, tradotti in termini algebrici, consentono la risoluzione di molti problemi di geometria piana. È pertanto fondamentale la conoscenza della loro *forma* algebrica.

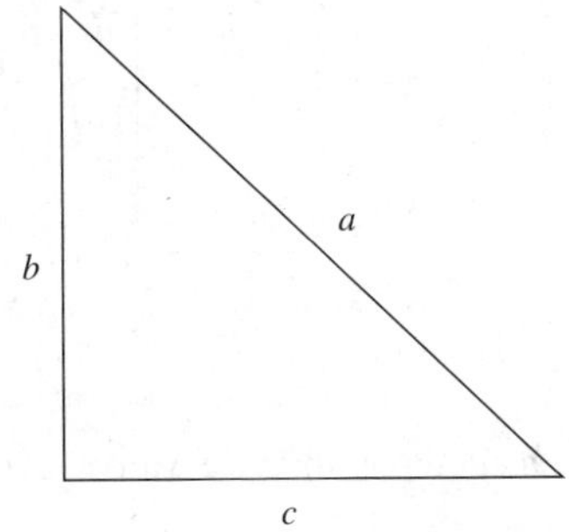

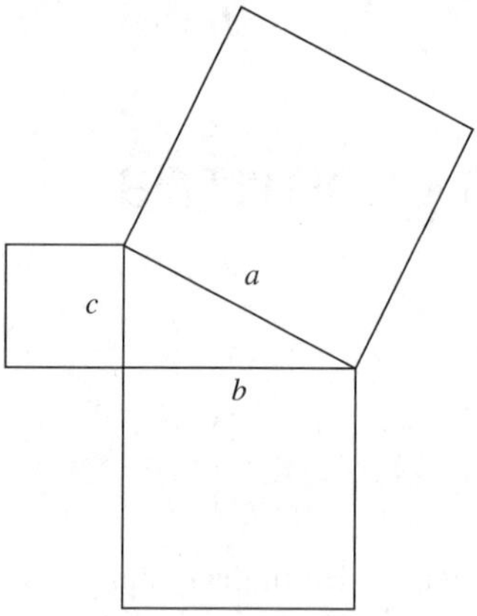

Il **teorema di Pitagora** afferma che: *In un triangolo rettangolo l'area del quadrato costruito sull'ipotenusa è uguale alla somma delle aree dei quadrati costruiti sui cateti.*

In tali ipotesi esso si traduce nella seguente relazione:

$$a^2 = b^2 + c^2 \qquad (*)$$

In questo modo possiamo, grazie all'algebra, ricavare sia l'ipotenusa che i cateti per mezzo delle formule seguente (ottenute dalla (*)):

$$a = \sqrt{b^2 + c^2}$$

$$b = \sqrt{a^2 - c^2} \qquad (**)$$

$$c = \sqrt{a^2 - b^2}$$

➤ Calcolare la misura di un cateto di un triangolo rettangolo avente l'ipotenusa di 16,9 cm e l'altro cateto di 6,5 cm.
Si applica la seconda relazione delle (**) ponendo a = 16,9 cm e c = 6,5 cm e ricavando b.

$$\mathrm{b} = \sqrt{16{,}9^2 - 6{,}5^2} = \sqrt{285{,}61 - 42{,}25} = 15{,}6 \text{ cm}$$

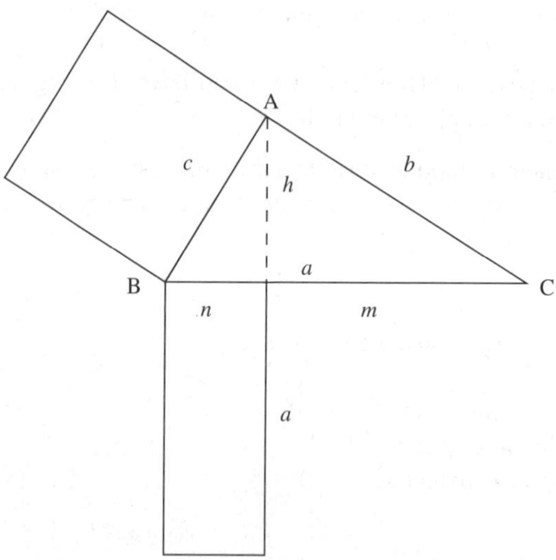

Il **1° teorema di Euclide** afferma che: *In un triangolo rettangolo l'area del quadrato costruito su un cateto è uguale all'area del rettangolo che ha per lati l'ipotenusa e la proiezione sull'ipotenusa di quel cateto.*

Dato un triangolo ABC retto in A, si indicano con a, b e c, le misure, rispettivamente dell'ipotenusa e dei due cateti, mentre con h la misura dell'altezza relativa all'ipotenusa e con m ed n le misure delle rispettive proiezioni sull'ipotenusa dei cateti b e c.

In tali ipotesi il 1° teorema di Euclide, algebricamente, si traduce nelle seguenti relazioni:

$$b^2 = a \cdot m \quad c^2 = a \cdot n$$

da cui è possibile ricavare agevolmente a, b, c, m ed n:

$$b = \sqrt{a \cdot m} \qquad c = \sqrt{a \cdot n} \qquad a = \frac{b^2}{m} = \frac{c^2}{n} \qquad m = \frac{b^2}{a} \qquad n = \frac{c^2}{a}$$

Il **2° teorema di Euclide** afferma che: *In un triangolo rettangolo l'area del quadrato costruito sull'altezza relativa all'ipotenusa è uguale all'area del rettangolo che ha per lati le proiezioni dei cateti sull'ipotenusa.*

Considerando la figura il 2° teorema di Euclide, algebricamente, si trasforma nella seguente relazione:

$$h^2 = m \cdot n$$

e dalla quale ricaviamo le seguenti formule inverse:

$$h = \sqrt{m \cdot n}$$

$$m = \frac{h^2}{n}$$

$$n = \frac{h^2}{m}$$

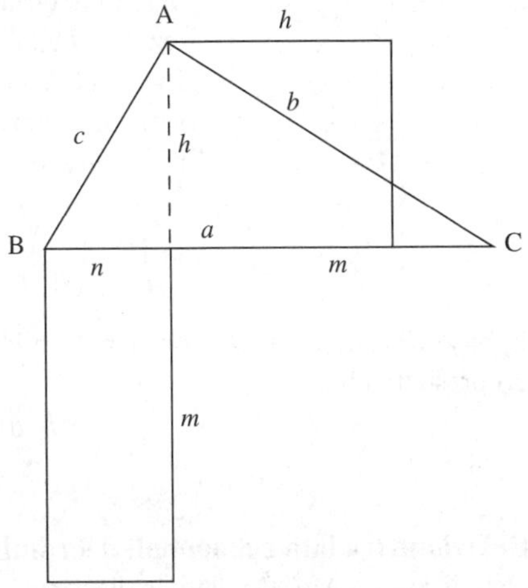

➤ Un triangolo rettangolo ha le proiezioni dei due cateti sull'ipotenusa lunghe l'una 10,8 cm e l'altra 19,2 cm.
Calcolare l'altezza relativa all'ipotenusa.

Applicando il 2° teorema di Euclide abbiamo:

$$h = \sqrt{10{,}8 \cdot 19{,}2} = \sqrt{207{,}36} = 14{,}4 \text{ cm}$$

5.3 Applicazioni algebriche del teorema di Pitagora

Relazione tra le dimensioni e la diagonale di un rettangolo

Dato il rettangolo ABCD a lato, esso è diviso da una sua diagonale AC in due triangoli uguali. Indicando con *a*, *b* e *d* le misure delle dimensioni base, altezza e diagonali, per il teorema di Pitagora si ha:

$$d = \sqrt{a^2 + b^2}$$

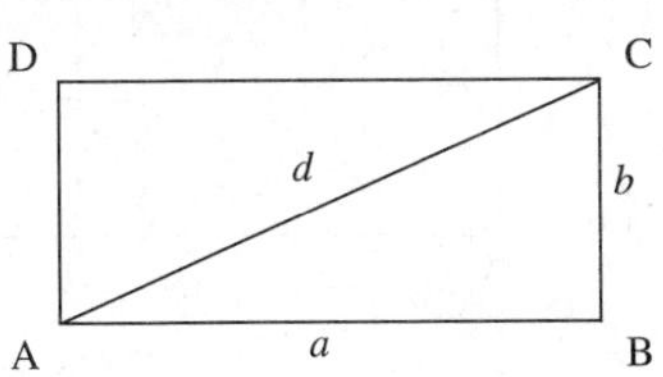

Relazione tra il lato e la diagonale del quadrato

Dato il quadrato ABCD a lato, sia AC una sua diagonale che individua due triangoli rettangoli isosceli uguali. Indicando con l e d, rispettivamente le misure del lato e della diagonale, per il teorema di Pitagora si ha:

$$d = \sqrt{l^2 + l^2} = \sqrt{2 \cdot l^2} = l \cdot \sqrt{2}$$

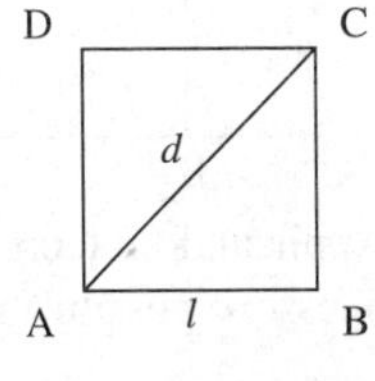

Relazione tra gli elementi del triangolo equilatero

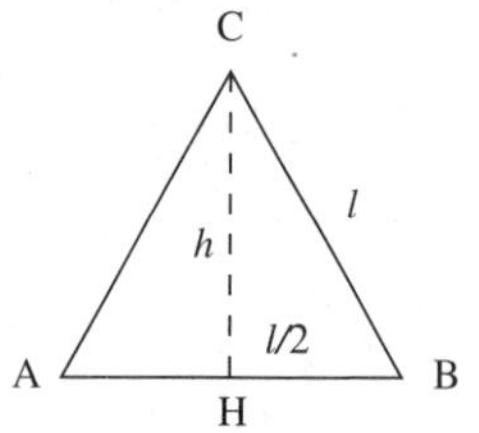

Dato il triangolo equilatero ABC, esso è diviso dall'altezza CH in due triangoli rettangoli uguali. Ciascun triangolo ha come ipotenusa un lato del triangolo equilatero ABC (ad es. CB) e come cateti l'altezza CH e la metà di un altro lato del triangolo ABC (ad es. HB). Indicando con l la misura di un lato del triangolo ABC e con h la misura dell'altezza, applicando il teorema di Pitagora ad uno dei due triangoli rettangoli (ad es. BHC), si ottiene:

$$h = \sqrt{l^2 - \left(\frac{l}{2}\right)^2} = \sqrt{l^2 - \frac{l^2}{4}} = \sqrt{\frac{3 \cdot l^2}{4}} = l \cdot \frac{\sqrt{3}}{2}$$

In base alla suddetta relazione è possibile ricavare anche l'area del triangolo equilatero tenendo presente che:

$$A = \frac{b \cdot h}{2} = \frac{l}{2} \cdot l \cdot \frac{\sqrt{3}}{2} = \frac{l^2 \cdot \sqrt{3}}{4}$$

Relazione tra lato e diagonali del rombo

Dato il rombo ABCD a lato, le diagonali AC (*d*) e BD (*D*), lo dividono in quattro triangoli rettangoli uguali, ciascuno dei quali ha come ipotenusa un lato (del rombo) e come cateti la metà delle diagonali (*D/2* e *d/2*). Ne consegue che, note le misure delle due diagonali, oppure di una diagonale e del lato, applicando il teorema di Pitagora è possibile ricavare la terza misura incognita.

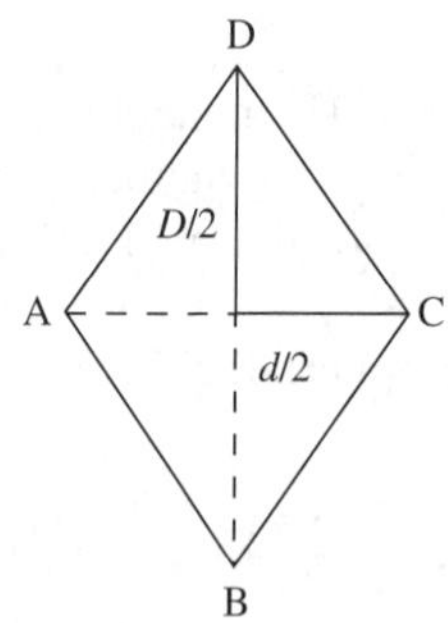

Relazioni tra gli elementi dei trapezi rettangolo e isoscele

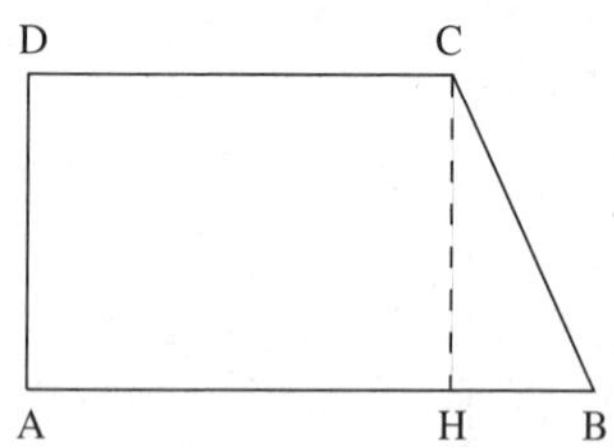

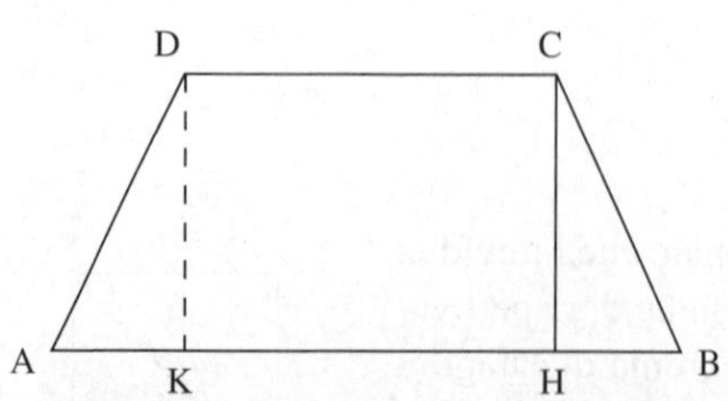

Dato il trapezio rettangolo ABCD a lato, conducendo l'altezza CH si ottiene un triangolo rettangolo CHB che ha per ipotenusa il lato obliquo CB e per cateti l'altezza CH e la differenza delle due basi del trapezio.

Applicando il teorema di Pitagora, si ottiene una relazione tra le misure di questi tre elementi, lato obliquo, altezza e differenza delle basi, che consente, note due di esse, di calcolare la terza.

Si consideri adesso il trapezio isoscele ABCD a lato, conducendo le due altezza CH e DK si hanno due triangoli rettangoli uguali. Ognuno dei suddetti triangoli, ad esempio CHB, ha come ipotenusa un lato obliquo e come cateti l'altezza CH e la metà della differenza tra le due basi del trapezio (cioè HB = AK = (AB – DC)/2).

Applicando il teorema di Pitagora si ottiene una relazione tra queste tre grandezze e, note due di esse, è possibile ricavare facilmente la terza.

Capitolo 6
Geometria analitica

6.1 Coordinate cartesiane sulla retta

Ascisse

Data una retta x, per determinare ciascun suo punto mediante un numero reale, si fissano su di essa:

1) Un punto arbitrario **O** che viene detto **origine**.
2) Un verso positivo (e pertanto il verso opposto è quello negativo); in tal modo la retta x viene detta "orientata".
3) Un segmento unità di misura U, con cui la retta viene "graduata".

Poiché tra i punti della retta orientata e graduata e i numeri reali si può stabilire una corrispondenza biunivoca, ad ogni punto P della retta viene associato un unico numero reale, detto **ascissa** di P, quello che ha il valore assoluto uguale alla misura del segmento OP rispetto ad U e il segno, positivo o negativo, a seconda che il punto P segue o precede l'origine O nel verso positivo.

Inversamente ad ogni numero reale dato corrisponde un unico punto della retta x, quello che ha per ascissa tale numero.

Il punto O (origine) ha, evidentemente, ascissa uguale a zero.

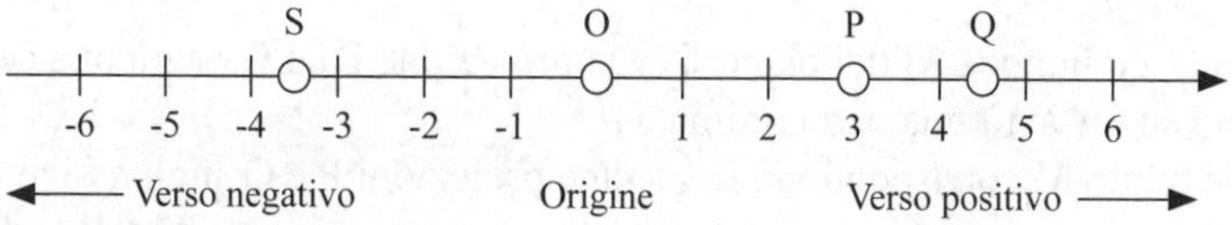

Distanza tra due punti su una retta

Dati sulla retta orientata e graduata x, detta asse, due punti P e Q, di ascisse rispettivamente x_p e x_q, la loro distanza è la lunghezza $\boldsymbol{d}$ del segmento PQ, misurata rispetto a U ed espressa da un numero reale positivo.

Se il punto P precede Q nel verso positivo (per cui P è il primo e Q il secondo, e quindi $x_q > x_p$) si ha in ogni caso $\boldsymbol{d_{pq} = x_q - x_p}$.

La distanza tra due punti della retta orientata è uguale alla differenza fra l'ascissa del secondo e l'ascissa del primo punto.

Punto medio di un segmento su una retta

Dati due punti P e Q di ascisse rispettivamente x_p e x_q si vuole determinare l'ascissa x_m del punto medio M del segmento PQ.

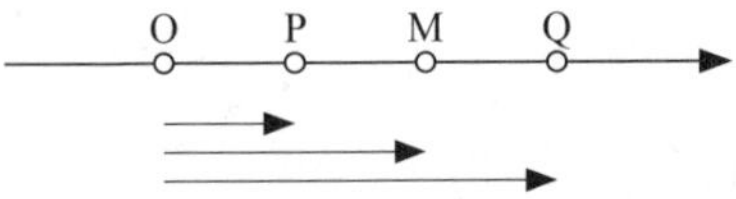

Poiché M è equidistante dagli estremi del segmento PQ e M segue P e precede Q, uguagliando le distanze fra P e M e M e Q, si ha: $x_m - x_p = x_q - x_m$; da cui $2x_m = x_q + x_p$ e quindi $x_m = \frac{x_p + x_q}{2}$

L'ascissa del punto medio di un segmento della retta *x* è uguale alla media aritmetica delle ascisse dei suoi estremi.

6.2 Coordinate cartesiane nel piano

Ascisse e ordinate

Ciascun punto di una retta orientata e graduata viene individuato mediante un numero reale; ciascun punto di un piano può essere individuato mediante una coppia ordinata di numeri reali, facendo uso delle *coordinate cartesiane*, in particolare *ortogonali*.

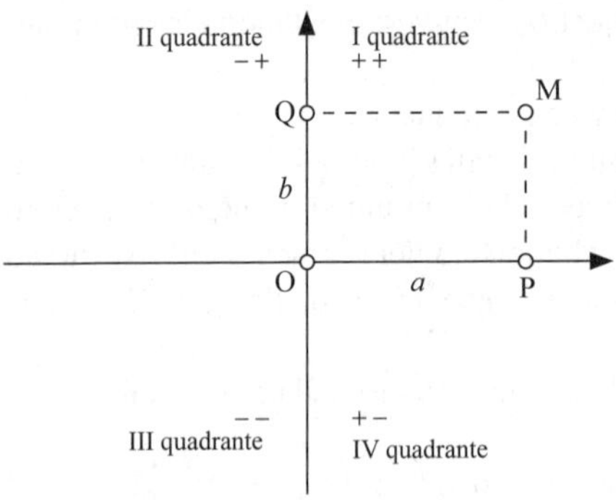

Per introdurre tali coordinate si fissano nel piano dato:

1°. Una coppia di rette ***x*** e ***y***, mutuamente perpendicolare (*assi*);

2°. su ciascun asse l'*origine* nel punto O d'incontro con l'altro asse;

3°. su ciascun asse un verso positivo (così ogni asse è "orientato");

4°. un segmento unità di misura U (ogni asse può venire graduata).

In queste condizioni si dice che i due assi O*x* e O*y* formano un *sistema di assi cartesiani ortogonali, fissato nel piano dato.*

Di ciascun punto qualunque M del piano *Oxy* la proiezione P su O*x* avrà una certa ascissa *a*, la proiezione Q su O*y* avrà una certa ordinata *b*.

Poiché ad ogni punto M corrispondono le sue due proiezioni P e Q sugli assi, e a queste i numeri reali *a* e *b* rispettivamente ascissa e ordinata, si può associare a M tali numeri: pertanto *ad ogni punto del piano corrisponde una coppia ordinata di numeri reali che formano le coordinate del punto M.*

Si scrive

M (*a*; *b*)

Inversamente*: ad ogni coppia ordinata di numeri reali corrisponde uno e un solo punto del piano,* perché essa determina il punto P dell'asse O*x* (di ascissa *a*) e il punto Q dell'asse O*y* (di ordinata *b*) e con essi risulta in modo unico il punto M d'incontro delle perpendicolari in P a O*x* e in Q a O*y*.

In conclusione: *fissato in un piano un sistema di assi cartesiani ortogonali, si stabilisce una corrispondenza biunivoca tra i punti del piano e le coppie ordinate di numeri reali.*
I due assi Ox e Oy vengono chiamati rispettivamente *asse delle ascisse*, o asse delle x, e *asse delle ordinate*, o asse delle y. Essi dividono il piano Oxy in quattro regioni angolari dette quadranti, distinguibili in I quadrante (quello che ha per lati i semiassi positivi Ox e Oy), II, III, e IV quadrante procedendo nel verso antiorario (vedi figura precedente).
I punti del I quadrante hanno coordinate entrambe positive.
I punti del II quadrante hanno ascissa negativa e ordinata positiva.
I punti del III quadrante hanno coordinate entrambe negative.
I punti del IV quadrante hanno ascissa positiva e ordinata negativa.
Ogni punto dell'asse x ha ordinata zero; ogni punto dell'asse y ha ascisse zero. L'origine O ha entrambe le coordinate uguali a zero, cioè **O (0;0)**.
I punti appartenenti ad una parallela all'asse x hanno ordinate uguali; i punti appartenenti ad una parallela all'asse y hanno ascisse uguali.

Distanza fra due punti nel piano

Dati due punti A(x_A; y_A) e B(x_B; y_B) si vuole determinare la loro distanza d, cioè la lunghezza del segmento AB, misurata rispetto ad U, dal numero $d \in \mathbf{R}^+$ ed espressa mediante le coordinate dei 2 punti.
Conviene distinguere i seguenti casi:

1) I punti A e B sono sull'asse delle x o su una parallela all'asse delle x.

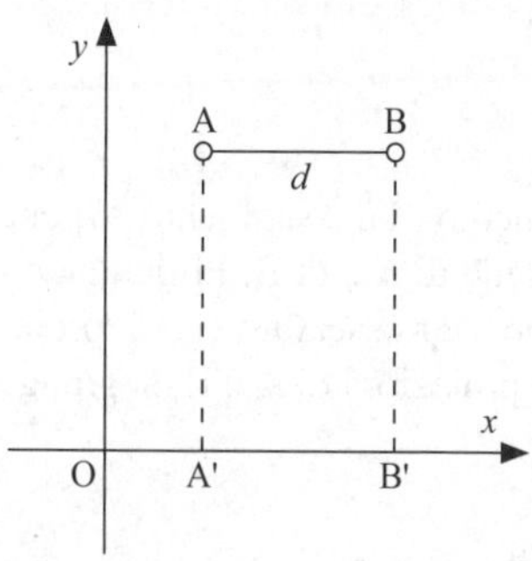

In tal caso si ha evidentemente:

$$d = x_B - x_A$$

La d è uguale alla differenza delle ascisse dei punti.

2) I punti A e B sono sull'asse delle y o su una parallela all'asse delle y.

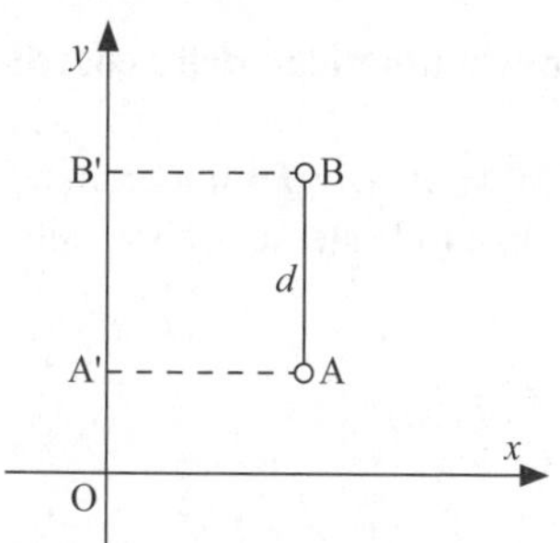

In tal caso si ha:

$$d = y_B - y_A$$

La d è uguale alla differenza delle ordinate dei punti.

3) I punti A e B sono situati in modo qualunque. Condotta da A la parallela all'asse Ox e da B la parallela all'asse Oy, se C è il solo punto d'incontro, dal triangolo rettangolo ABC si ha:

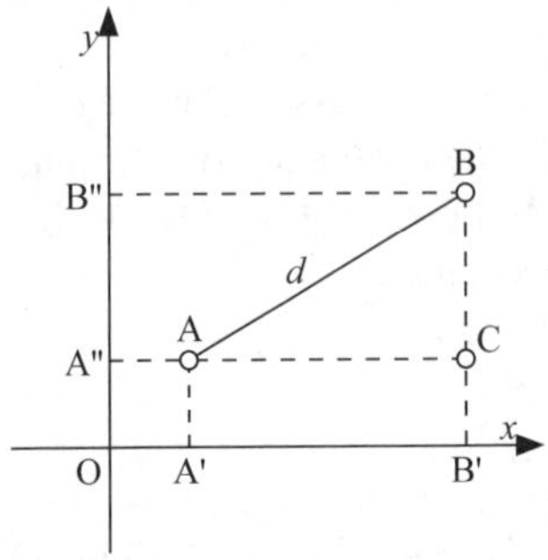

$$\overline{AB}^2 = \overline{AC}^2 + \overline{CB}^2$$

Poiché A e C sono su una parallela all'asse delle y, per il I e il II caso si ha:

$$\overline{AB} = (x_C - x_A)^2 + (y_B - y_C)^2$$

Inoltre, avendo B e C la stessa ascissa ($\boldsymbol{x_C = x_B}$), A e C la stessa ordinata ($\boldsymbol{y_C = y_A}$) indicando con d la distanza $\overline{AB}$, risulta

$$d^2 = (x_B - x_A)^2 + (y_B - y_A)^2$$

da cui $d = \sqrt{(x_B - x_A)^2 + (y_B - y_A)^2}$

La distanza tra due punti è uguale alla radice quadrata della somma dei quadrati delle differenze tra le coordinate omonime.
La formula della distanza nel III caso evidentemente include le altre due, relative ai primi due casi. In particolare, se un punto è l'origine O e l'altro è M (x_M; y_M) si ha:

$$d_{OM} = \sqrt{x_M^2 + y_M^2}$$

espressione della distanza di un dato punto M dall'origine O.

Punto medio di un segmento nel piano
Dati 2 punti A(x_A; y_A) e B(x_B; y_B), si vuol determinare il punto medio M del segmento AB che ha per estremi A e B, esprimendone le coordinate mediante quelle di A e di B. Proiettando i tre punti A, B ed M prima sull'asse Ox e poi sull'asse Oy, dopo aver osservato che la proiezione di M è il punto medio del segmento i cui estremi sono le proiezioni di A e B, si giunge alla conclusione:

$$x_M = \frac{x_A + x_B}{2} \qquad y_M = \frac{y_A + y_B}{2}$$

Le coordinate del punto medio di un segmento sono le medie aritmetiche delle coordinate omonime degli estremi.

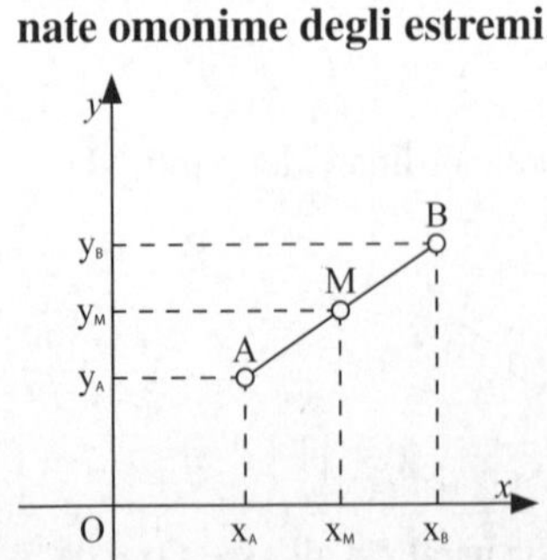

Se $\overline{AM} = \overline{MB}$ si deduce che $\overline{A'M'} = \overline{M'B'}$ (per il teorema di Talete) se A, M, B e A', M', B' hanno le stesse ascisse, allora

$$x_M = \frac{x_A + x_B}{2}$$

Stesso procedimento per calcolare l'ordinata y_M del punto M.

Trasformazione di coordinate (traslazione degli assi)

Dato in un piano un sistema di assi cartesiani ortogonali Ox e Oy, rispetto ai quali le coordinate di un punto qualunque M del piano sono x_M e y_M, si può talvolta presentare la convenienza di determinare le coordinate dello stesso punto M rispetto ad un nuovo sistema O'X e O'Y del medesimo piano.

L'operazione con cui si passa da (x_M, y_M) a (X_M, Y_M) si chiama *"trasformazione di coordinate"*. La più semplice trasformazione è la *traslazione degli assi*.

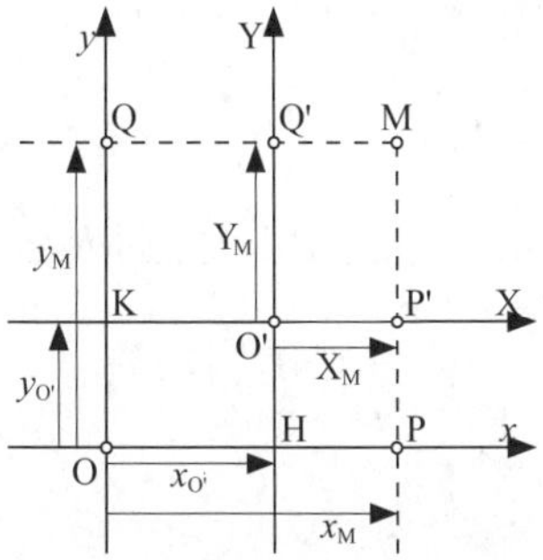

I nuovi assi O'X e O'Y sono paralleli e orientati concordamente agli assi Ox e Oy rispettivamente (vedi figura). In questo caso basta conoscere le coordinate $x_{o'}$ e $y_{o'}$ della nuova origine O' rispetto al sistema primitivo Oxy per determinare le nuove coordinate x_M e y_M del punto dato M (X_M e Y_M).

Infatti se si proietta il punto M in P e Q sugli assi Ox e Oy e in P' e Q' sui nuovi assi O'x e O'y e se si proietta la nuova origine O' su Ox e Oy rispettivamente in H e K, si ha:

$$\begin{matrix} \overline{O'P'}=\overline{HP}=\overline{OP}-\overline{OH} & \text{cioè} \\ \overline{O'Q'}=\overline{KQ}=\overline{OQ}-\overline{OK} & \text{cioè} \end{matrix} \quad \begin{cases} X_M = x_M - x_{O'} \\ Y_M = y_M - y_{O'} \end{cases}$$

Dalle formule di trasformazione trovate è facile ricavare quelle per il passaggio inverso, ricavando x_M e y_M mediante X_M e Y_M.

6.3 Equazione della retta: funzione lineare

Equazione esplicita: $y = mx + q$

Data una retta in un piano cartesiano Oxy, si vuole trovare la sua equazione, cioè determinare il tipo generale di funzione f il cui grafico è una retta. Si distinguono 2 casi.

I caso: *la retta passa per l'origine*

Ogni retta passante per l'origine O e che non coincide con uno degli assi è il grafico di una funzione della forma

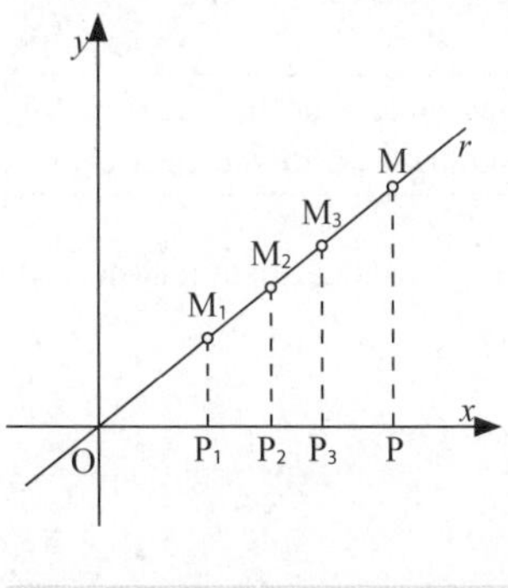

$$y = mx$$

in cui m è una costante reale ($m \in \mathbf{R}_0$) il cui valore, diverso da retta a retta, dipende dalla retta considerata.

Dimostrazione: Sia r una data retta passante per O e si supponga che r attraversi il I o III quadrante (coordinate entrambe positive, o negative).

Siano $M_1 (x_1, y_1)$, $M_2 (x_2, y_2)$, $M_3 (x_3, y_3)$, ... alcuni punti di r e siano P_1, P_2, P_3... le rispettive proiezioni sull'asse Ox.
Poiché tutti i punti della retta r sono allineati con O, i triangoli rettangoli OP_1M_1, OP_2M_2, OP_3M_3, ecc., sono simili e pertanto i loro cateti omologhi sono tra loro proporzionali:

$$\frac{\overline{P_1M_1}}{\overline{OP_1}} = \frac{\overline{P_2M_2}}{\overline{OP_2}} = \frac{\overline{P_3M_3}}{\overline{OP_3}} = \ldots$$

È dunque costante il rapporto fra i cateti, che sono misurati dalle ordinate e dalle ascisse dei punti della retta r. Indicando con $m \in \mathbf{R}_0^+$ tale rapporto costante si ha:

$$\frac{y_1}{x_1} = \frac{y_2}{x_2} = \frac{y_3}{x_3} = \ldots = m$$

Allora per M(x, y) e r si può scrivere $y/x = m$ ossia $y = mx$ che è l'equazione cercata della funzione che ha per grafico la retta r.
Inversamente, si dimostra che ogni funzione espressa da una equazione con la forma

$$\boldsymbol{y = mx} \text{ con dominio } \mathbf{R}$$

nella quale m appartenente R_0, ha per grafico una retta passante per l'origine O, che coincide con Ox quando $m = 0$. In ciascuna di tali rette, essendo costante il rapporto m fra l'ordinata e l'ascissa dei suoi punti, l'ordinata di ogni suo punto si ottiene moltiplicando per m l'ascissa. Pertanto si può affermare che *ogni retta per l'origine è il luogo geometrico dei punti del piano che hanno le ordinate proporzionali alle rispettive ascisse.* La costante m, che ha un valore reale diverso da retta a retta, viene chiamato ***coefficiente angolare*** (o parametro angolare, o pendenza) di ciascuna retta di equazione $y = mx$. Per dare a m un significato interpretabile graficamente, nella equazione $y = mx$ si pone $x = 1$ e risulta $y = m \cdot 1 = m$, cioè il punto A della retta che ha ascissa 1 e ordinata uguale a m, cioè A (1, m). Quindi:
Il coefficiente angolare m di una retta passante per l'origine rappresenta l'ordinata del punto di ascissa 1, *appartenente alla retta stessa.*
Se $m > 0$ forma un angolo acuto con Ox;
se $m < 0$ forma un angolo ottuso con Ox.

NOTA. Il vero significato di m richiede la conoscenza della trigonometria; si dimostra infatti che $m = tg\alpha$ in cui α è l'angolo che la retta di equazione $\alpha = mx$ forma col semiasse positivo delle ascisse.

Le equazioni delle rette che passano per O e che coincidono con gli assi cartesiani sono

$y = 0$	$x = 0$
(equazione asse Ox) delle ascisse	(equazione asse Oy) delle ordinate

Le rette perpendicolari, luogo dei punti tali che $|y| = |x|$, si dicono *bisettrici* dei quadranti: la bisettrice del I e III quadrante si dice prima bisettrice, quella del II e IV si dice seconda bisettrice. Le rispettive equazioni sono:

$$y = x \qquad y = -x$$

(prima bisettrice) (seconda bisettrice)

II caso: *la retta non passa per l'origine*

Ogni retta non passante per O e non parallela agli assi è il grafico di una funzione che ha forma

$$\boldsymbol{y = mx + q} \qquad \textbf{\textit{Equazione esplicita}}$$

con dominio **R**, in cui le costanti m, q, appartenenti a **R**, hanno valori che dipendono rispettivamente dalla inclinazione della retta rispetto a Ox e dalla sua intersezione con l'asse Oy.

Dimostrazione*:* Data una retta s non passante per O e che interseca Oy nel punto Q $(0, q)$.

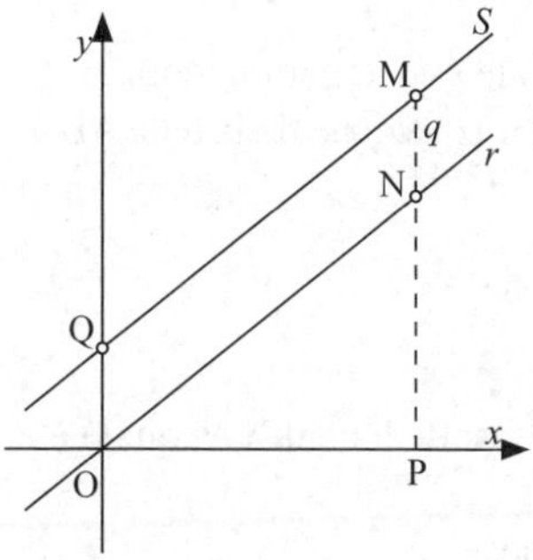

Sia r la retta parallela a s passante per O e $y = mx$ l'equazione di r.

Se M (x, y) è un punto qualunque di s e N il punto di r che ha la stessa ascissa di M, poiché $\overline{NM} = \overline{OQ} = q$ si ha $q = y_N + q$. Essendo $N \in r$ e $y_N = mx_N = mx$ e pertanto $y = mx + q$ è l'equazione con cui si calcola l'ordinata di ogni punto M appartenente a s conoscendone l'ascissa x: essa, dunque, è l'equazione di s.

Inversamente, si dimostra che ogni funzione espressa da una equazione che ha la forma

$\boldsymbol{y = mx + q}$ con dominio R

in cui $m, q \in$ **R**, ha per grafico una retta non passante per l'origine, che interseca l'asse Oy nel punto Q $(0, q)$ ed è parallela alla retta $y = mx$.

Nella equazione $y = mx + q$ il coefficiente m della x esprime ancora il *coefficiente angolare* della retta data e rappresenta *l'ordinata del punto di ascissa 1 della retta per l'origine, parallela alla retta data.*

Il coefficiente q si dice *ordinata all'origine* della retta data

se $\boldsymbol{m > 0}$ α è acuto

se $\boldsymbol{m < 0}$ α è ottuso

(α = angolo che la retta forma con il semiasse positivo delle ascisse).

Ogni retta *parallela all'asse* Ox è il *luogo geometrico dei punti che hanno ordinata costante ed ha equazione* $y = q$.

Ogni retta, invece, parallela all'asse Oy è *il luogo geometrico dei punti che hanno ascissa costante, la cui equazione è* $x = p$.

q e p sono le intersezioni delle rette con gli assi.

Rette per un punto dato

Dato un punto $A(x_A, y_A)$, l'equazione della retta che ha un dato coefficiente angolare m e che passa per A si dimostra che è

$$\boldsymbol{y - y_A = m(x - x_A)}$$

Dimostrazione: Si consideri una retta qualunque $y = mx + q$; se tale retta passa per il punto A (x_A, y_A) per la condizione di appartenenza si deve avere

$$y_A = mx_A + q$$

Da queste equazioni, eliminando q (per esempio con la sottrazione membro a membro), si deduce

$$y - y_A = mx - mx_A \text{ da cui } y - y_A = m(x - x_A) \text{ c.v.d.}$$

➤ Trovare l'equazione della retta passante per A (2; 5) e di coefficiente angolare uguale a 3.

$$y - 5 = 3(x - 2) \Rightarrow y = 3x - 1 \qquad \text{oppure} \qquad y - 3x + 1 = 0$$

Retta per due punti dati

Dati due punti A(x_A, y_A) e B(x_B, y_B) è individuata la retta alla quale essi appartengono.
Se $x_A \neq x_B$ e $y_A \neq y_B$ (cioè escludendo le rette parallele ad Ox e a Oy), l'equazione della retta AB è

$$\frac{y - y_A}{y_B - y_A} = \frac{x - x_A}{x_B - x_A}$$

Dimostrazione: Si tratta di determinare, fra le infinite rette del fascio di centro A, quale è la retta alla quale appartiene anche il punto B.
Il fascio di rette passanti per A(x_A, y_A) è espresso dalla equazione:

$$y - y_A = m(x - x_A)$$

Se a una delle rette del fascio appartiene anche B deve essere verificata la condizione di appartenenza e pertanto dev'essere:

$$y_B - y_A = m(x_B - x_A)$$

Quest'ultima uguaglianza permette di trovare il coefficiente angolare incognito m della retta AB.
Allora eliminando m tra le 2 equazioni (per esempio dividendo membro e membro), si deduce

$$\frac{y - y_A}{y_B - y_A} = \frac{x - x_A}{x_B - x_A} \quad \text{c.v.d.}$$

Se dati i due punti A e B si vuole conoscere solo il coefficiente angolare m della retta passante per i due punti, basta ricavare m dalla precedente equazione, tenendo presente che m è il coefficiente della variabile x.

$$m = \frac{y_B - y_A}{x_B - x_A}$$

➤ Determinare l'equazione della retta passante per A (2; – 4) e B (3; 1)

$$\frac{y-(-4)}{1-(-4)}=\frac{x-2}{3-2}$$

da cui $\frac{y+4}{5}=\frac{x-2}{1}$, cioè $y + 4 = 5x - 10$, ossia $y = 5x - 14$.

6.4 Equazione cartesiana (o generale)

Ogni retta del piano xOy è il grafico di una funzione di I grado rispetto alle variabili x e y, con dominio e codominio il campo R dei numeri reali.
La forma di tali funzioni che hanno per grafici delle rette è una delle seguenti:

$y = mx$ (retta per O)	$y = mx + q$ (retta qualunque)
$y = q$ (parallela a Ox)	$x = p$ (parallela a Oy)

L'equazione di ogni retta del piano xOy si può ottenere da una funzione implicita generale $F(x, y) = 0$, in cui il primo membro è un trinomio di I grado rispetto alle variabili x e y (equazione lineare)

$\boldsymbol{ax + by + c = 0}$ ***Equazione cartesiana o generale della retta***

Da questa forma si passa a quella esplicita $y = mx + q$ ricavando la variabile y. Si ottiene

$$y=-\frac{a}{b}x-\frac{c}{b}$$

in cui basta porre $-\frac{a}{b} = m$ e $-\frac{c}{b} = q$ per ritrovare la precedente equazione generica.

6.5 Condizione di parallelismo e ortogonalità tra rette

Equazione di rette parallele

Date due rette r_1 e r_2 che rappresentano graficamente le due funzioni

$$\boldsymbol{y = m_1x + q_1 \quad y = m_2x + q_2}$$

se r_1 e r_2 sono parallele tra loro, le loro equazioni si deducono da quella $y = mx$ di una retta passante per l'origine, della quale assumono il coefficiente angolare m.
Pertanto $m = m_1$, $m = m_2$, quindi $m_1 = m_2$.
Inversamente, se nelle equazioni di due rette date sono uguali tra loro i coefficienti angolari m_1 e m_2, le due rette, essendo parallele ad una stessa retta passante per l'origine, sono parallele tra loro.
Condizione necessaria e sufficiente affinché due rette siano tra loro parallele è che siano uguali fra loro i rispettivi coefficienti angolari.

Al contrario due rette i cui coefficienti angolari sono differenti, non sono parallele fra loro, ma hanno un punto in comune.

Equazioni di rette perpendicolari

Date due rette che rappresentano graficamente le funzioni:

$$y = m_1x + q_1 \qquad y = m_2x + q_2$$

se le due rette sono perpendicolari, anche le rette parallele ad esse passanti per O di equazione $y = m_1x$ e $y = m_2x$ sono perpendicolari tra loro: ciò significa che per le rette perpendicolari esiste una relazione tra i soli coefficienti angolari m_1 e m_2. Si dimostra che tale relazione è $m_1 \cdot m_2 = -1$ cioè

$$m_2 = -\frac{1}{m_1} \quad \text{oppure} \quad m_1 = -\frac{1}{m_2}$$

Inversamente, se nelle equazioni di due rette il coefficiente angolare di una è uguale all'opposto del reciproco del coefficiente angolare dell'altra, le due rette sono perpendicolari.

Dimostrazione*:* Per quanto è stato detto basterà riferirsi alle due rette passanti per l'origine di equazione $y = m_1x$ e $y = m_2x$, parallele alle date.
Se tali rette sono perpendicolari tra loro, è evidente che mentre una di esse forma un angolo acuto α col semiasse positivo delle x, l'altra ne forma uno ottuso e pertanto i coefficienti m_1 e m_2 sono l'uno positivo e l'altro negativo.
Dunque *i coefficienti angolari di due rette perpendicolari sono numeri reali discordi.*
I punti $A_1\,(1; m_1)$ e $A_2\,(1; m_2)$ delle due rette formano con O un triangolo rettangolo OA_1A_2 la cui altezza $\overline{OH}$ relativa all'ipotenusa $\overline{A_1A_2}$ ha lunghezza 1.
Applicando il II teorema di Euclide si ha: $\overline{A_1H} \cdot \overline{A_2H} = \overline{OH}^2$ essendo:

$$\overline{A_1H} = |m_1| \text{ e } \overline{A_2H} = |m_2| \text{ e } \overline{OH} = 1$$

si ha $|m_1 \cdot m_2| = 1$. Poiché il segno di tale prodotto è negativo (fattori discordi) si ha

$$(m_1 \cdot m_2) = -1$$

Condizione necessaria e sufficiente affinché due rette siano perpendicolari l'una all'altra è che il coefficiente angolare di una sia uguale all'opposto del reciproco del coefficiente angolare dell'altra.

- Data la retta di equazione $3x - 5y - 2 = 0$ determinare l'equazione della retta perpendicolare condotta per il punto $M(-6; 1)$.
  Il coefficiente angolare della retta data è $\frac{3}{5}$, quello della retta perpendicolare sarà $-\frac{5}{3}$, ossia:

$$y - 1 = -\frac{5}{3}(x + 6) \qquad \text{da cui} \qquad 5x + 3y + 27 = 0$$

Registrandosi sul nostro sito secondo le modalità indicate a pag. I, è possibile consultare le coniche: circonferenza; ellisse; parabola; iperbole. È possibile consultare inoltre altri argomenti di matematica.

APPROFONDIMENTI

Numerazione romana

Nella numerazione romana, basata sul *principio additivo*, due simboli giustapposti (vicini) rappresentano la somma dei numeri rappresentati da essi.

➤ II = 2 ossia 1 + 1
VI = 6 cioè 5 (V) + 1 (I)
CL = 150 cioè 100 (C) + 50 (L)

Il principio additivo vale anche nel caso di più di due numeri allineati.

➤ VIII = 8 ovvero 5 (V) + 1 (I) + 1 (I) + 1 (I)
LXX = 70 cioè 50 (L) + 10 (X) + 10 (X)

In tal caso, tuttavia, vige la regola che non si può usare più di tre volte consecutivamente lo stesso simbolo.
Per non disperdersi in scritture troppo lunghe si può usare anche il *metodo per differenza* che sottrae il simbolo scritto per primo (inferiore) da quello scritto per secondo (superiore).

➤ IV = 4; 5 (V) – 1 (I)
IX = 9; 10 (X) – 1 (I)
XL = 40; 50 (L) – 10 (X)
XLIX = 49; 50 (L) – 10 (X) + 9 (IX)
XCIX = 99; 100 (C) – 10 (X) + 9 (IX)

I simboli fondamentali della numerazione romana sono:
I = 1; V = 5; X = 10; L = 50; C = 100; D = 500; M = 1.000.

Elenco di alcuni numeri romani:

I = 1	XI = 11	XXX = 30	CL = 150
II = 2	XII = 12	XL = 40	CC = 200
III = 3	XIII = 13	L = 50	CCC = 300
IV = 4	XIV = 14	LX = 60	CD = 400
V = 5	XV = 15	LXX = 70	D = 500
VI = 6	XVI = 16	LXXX = 80	DC = 600
VII = 7	XVII = 17	XC = 90	DCC = 700
VIII = 8	XVIII = 18	C = 100	DCCC = 800
IX = 9	XIX = 19	CX = 110	CM = 900
X = 10	XX = 20	CXL = 140	M = 1.000

➤ 1.749 = MDCCXLIX; 2.532 = MMDXXXII; 725 = DCCXXV; 899 = DCCCXCIX.

Sistemi con base diversa da 10

Il procedimento usato per scrivere un numero in base 10 può essere usato per scrivere un numero in una base qualsiasi.
Per esempio, proviamo a contare 29 oggetti in base 5. Occorre procedere per divisioni successive del numero dato per 5, ed evidenziare i resti.

Divisioni successive di 29 per 5	Quozienti delle successive divisioni per 5	Resti delle successive divisioni per 5
29 : 5	5	4
5 : 5	1	0
1 : 5	0	1

Per trovare la scrittura esatta in base 5, occorre prendere tutti i resti in ordine inverso, nel nostro caso 104. Invece di contare per dieci si conta per cinque. Invece di raggruppare per unità, decine, decine di decine e così via, si conta raggruppando per unità, per cinquine, per cinquine di cinquine e così via. Il numero che otteniamo si scrive $\mathbf{(104)_5}$ e si legge "uno-zero-quattro in base cinque" per distinguerlo da centoquattro scritto in base 10.
Per ottenere il numero decimale che corrisponde al numero scritto in base 5 occorre sviluppare il numero in base 5 nella sua scrittura polinomiale:

$$(104)_5 = 1 \times 5^2 + 0 \times 5^1 + 4 \times 5^0 = 25 + 0 + 4 = (29)_{10}$$

I simboli che occorrono per scrivere un numero in base 10 sono dieci: {0, 1, 2, 3, 4, 5, 6, 7, 8, 9}; mentre i simboli necessari per scrivere un numero in base 5 sono cinque: {0, 1, 2, 3, 4}; i simboli necessari per scrivere un numero in base 3 sono tre: {0, 1, 2}. Analogamente, i simboli che serviranno per scrivere un numero in base 2 sono due {0, 1}. Possiamo generalizzare e dire che i simboli necessari per scrivere un numero in una base B qualsiasi sono B e precisamente $\{0, 1, ..., B-1\}$.

Convertire un numero da una base diversa da 10 a base 10
Per scrivere un numero da una base diversa da 10 a base 10 bisogna sviluppare il numero nella sua **forma polinomiale**. Se $(x)_B$ è un numero qualsiasi scritto nella base B e se a_n, a_{n-1}, ... , a_2, a_1, a_0 sono le cifre del numero da 0 a $B-1$ avremo:

$$(x)_B = a_n B^n + a_{n-1} B^{n-1} + ... + a_2 B^2 + a_1 B^1 + a_0 B^0.$$

Convertire un numero da base 10 a una base diversa da 10
Per scrivere un numero in una base diversa da dieci, per esempio 29 in base 3, dobbiamo raggruppare per 3 o dividere per 3.

Divisioni successive di 29 per 3	Quozienti delle successive divisioni per 3	Resti delle successive divisioni per 3
29 : 3	9	2
9 : 3	3	0
3 : 3	1	0
1 : 3	0	1

Il numero si scrive da destra verso sinistra prendendo i resti dal basso verso l'alto, si ha $(29)_{10} = \mathbf{(1002)_3}$.
Controlliamo con la notazione polinomiale: $\mathbf{(1002)_3} = 1 \times 3^3 + 0 \times 3^2 + 0 \times 3^1 + 2 \times 3^0 = 27 + 2 = \mathbf{(29)_{10}}$.

➤ **1) Il numero 1010 è espresso nel sistema di numerazione in base 3, a che numero decimale corrisponde?**
$(1010)_3 = 1 \times 3^3 + 0 \times 3^2 + 1 \times 3^1 + 0 \times 3^0 = 27 + 3 = \mathbf{(30)}_{10}$

➤ **2) Il numero 1001 è espresso nel sistema di numerazione binario, a quale numero decimale corrisponde?**
$(1001)_2 = 1 \times 2^3 + 0 \times 2^2 + 0 \times 2^1 + 1 \times 2^0 = 8 + 1 = \mathbf{(9)}_{10}$

Sviluppo di alcuni esercizi ricorrenti

Tipologia A
1) Due motorini viaggiano l'uno verso l'altro a velocità costante, rispettivamente, di 45 e 50 km/h. Se inizialmente distano 190 km, quanto tempo impiegheranno ad incontrarsi?
2) Due ciclomotori viaggiano l'uno verso l'altro a velocità costante, rispettivamente, di 30 e 35 km/h. Se inizialmente distano 260 km, dopo quanto tempo si incontreranno?

Per risolvere velocemente questo tipo di esercizi è necessario sommare le due velocità e dividere i km di distanza dei due corpi per il risultato ottenuto.

Sviluppo esercizio 1:
45 + 50 = 95; 190 : 95 = 2 ore (soluzione)

Sviluppo esercizio 2:
30 + 35 = 65; 260 : 65 = 4 ore (soluzione)

Tipologia B
1) Due treni, che distano 1.200 km, viaggiano l'uno verso l'altro a velocità costante, rispettivamente, di 180 e 160 km/h. Quanto disteranno l'uno dall'altro dopo tre ore?
2) Due convogli di metropolitana, che distano 70 km, viaggiano l'uno verso l'altro a velocità costante, rispettivamente, di 70 e 60 km/h. Quanto disteranno l'uno dall'altro dopo trenta minuti?

In questa tipologia, invece, bisogna moltiplicare le singole velocità per il tempo indicato, sommare i risultati ottenuti e infine sottrarre questo valore finale dalla distanza iniziale.

Sviluppo esercizio 1:
180 × 3 = 540; 160 × 3 = 480; 540 + 480 = 1.020; 1.200 – 1.020 = 180 km (soluzione)

Sviluppo esercizio 2:
70 × 1/2 h = 35; 60 × 1/2 h = 30; 30 + 35 = 65; 70 – 65 = 5 km (soluzione)

Tipologia C
1) Come devono ripartirsi un compenso di 2.400 euro tre operai che hanno lavorato rispettivamente per 12, 18 e 20 ore?

In caso di ripartizione, è necessario sommare le parti e poi dividere il valore dato per la somma; infine moltiplicare il risultato della divisione per ciascuno dei numeri dati dal problema.

12 + 18 + 20 = 50; 2.400 : 50 = 48 quindi 48 × 12 = 576 48 × 18 = 864 48 × 20 = 960

Sezione III
Costituzione e cittadinanza italiana

Capitolo 1
Diritto e Ordinamento giuridico

1.1 Norma giuridica

Nozione e caratteristiche. È una **regola di condotta** rivolta ai singoli individui (o meglio, persone fisiche o giuridiche) che impone un dato comportamento. Essa prescrive una facoltà, un obbligo o un divieto (in questi ultimi due casi si parla di **comando**), differenziandosi da altre regole di contegno, di natura sociale, religiosa, etica o comunque di norme non giuridiche, soprattutto per il carattere della ***coercibilità*** ovvero della previsione di una ***sanzione*** per effetto della sua inosservanza (in altri termini, il rispetto della norma viene garantito dall'uso di tutti gli strumenti legittimi della forza costrittiva o mediante la minaccia tesa a prevenirne le violazioni). Altre caratteristiche fondamentali della norma sono: ***positività***, in quanto dettata da organi dello Stato, secondo procedimenti predeterminati da altre norme; ***generalità*** (universalità), poiché destinata a tutti gli appartenenti alla comunità sociale; ***astrattezza***, perché non si riferisce a un caso concreto, ma disciplina situazioni ipotetiche (o astratte); ***imperatività*** (o coazione), in quanto, accanto a una norma che contiene un precetto, esiste una norma che prevede la sanzione; ***autoritativa,*** perché è emanata da un soggetto validamente legittimato.
Le norme giuridiche possono essere classificate in relazione alle **fonti**, all'**obbligatorietà**, all'**estensione nello spazio e nel tempo** e alle **sfere oggettive e soggettive**.
Norma imperfetta: norma che non prevede alcuna sanzione in caso di inosservanza.
Norma precettiva: norma che prescrive un comportamento da tenere o da non tenere.
Norma derogatoria: norma che fa eccezione alle regole contenute in un'altra norma giuridica e si applica in modo retroattivo.
Esiste differenza tra norma e disposizione: la **disposizione** è il testo legislativo, la norma il suo significato.

Sanzione. È la conseguenza giuridica negativa a carico del soggetto che l'ordinamento giuridico collega alla violazione di un dovere o di un obbligo posto da una norma (*precetto*); esistono tre tipologie di sanzioni: penale, amministrativa e civile.

Efficacia della norma giuridica. È l'attitudine della stessa a modificare o innovare l'ordinamento giuridico e, dunque, a produrre effetti all'interno dello stesso. La norma entra in vigore, e inizia ad avere efficacia, nel momento successivo a quello in cui è portata a conoscenza dei cittadini, tramite la sua **pubblicazione** sulla Gazzetta Ufficiale della Repubblica Italiana. Il tempo intercorrente tra la pubblicazione e l'entrata in vigore viene definito ***vacatio legis***, e dura 15 giorni (salvo che l'atto legislativo in cui essa è contenuto non disponga altrimenti: efficacia anticipata o differita rispetto ai quindici giorni ordinari).

Irretroattività della norma giuridica. La norma giuridica non può esplicare i suoi effetti per i fatti accaduti o commessi prima dell'entrata in vigore della stessa, per cui tutti i fatti che sono accaduti prima di tale data non vengono disciplinati con la nuova norma, ma continuano ad essere sottoposti agli effetti della precedente legge anche se ormai abrogata e sostituita. La **retroattività** di una norma giuridica è da considerarsi ***evento eccezionale***, perché la norma giuridica «non dispone che per l'avvenire: essa non ha effetto retroattivo» (art. 11 delle Preleggi al codice civile). La retroattività in materia penale è proibita dall'art. 25, c. 2, Cost.

Abrogazione della norma giuridica. La norma giuridica conserva la sua efficacia finché non interviene un nuovo atto normativo che disciplina diversamente i rapporti da essa regolati (cd. ***abrogazione implicita***) oppure quando all'interno di disposizioni di legge sia contenuta una norma che espunga espressamente una norma precedente dall'ordinamento (cd. ***abrogazione espressa***). Dunque, le leggi sono «abrogate da leggi posteriori per dichiarazione espressa del legislatore, o per incompatibilità tra le nuove disposizioni e le precedenti, o perché la nuova legge regola l'intera materia già regolata dalla legge anteriore» (art. 15 delle Preleggi al codice civile).

Occorre Sapere

Per **funzione nomofilattica** della legge (coerenza dell'Ordinamento giuridico) si intende il compito di garantirne l'esatta osservanza e l'uniforme interpretazione.

1.2 Ordinamento giuridico e diritto

Ordinamento giuridico. Insieme delle norme giuridiche che una comunità sociale, organizzata in Stato, ha inteso dettare per autoregolarsi. L'ordinamento giuridico può essere: ***interno*** se le norme giuridiche regolano la convivenza tra individui all'interno di uno Stato; ***internazionale*** se l'insieme delle norme giuridiche regolano i rapporti nella comunità degli Stati.

Diritto. Insieme di principi codificati allo scopo di fornire ai membri di una comunità regole oggettive di comportamento su cui fondare una ordinata convivenza. In altre parole, il diritto è l'insieme delle regole giuridiche (che hanno una natura intersoggettiva e riguardano l'interazione tra molteplici soggetti) che costituisce l'ordinamento giuridico di uno Stato.

Rami del diritto. Il diritto si divide in:
- **diritto pubblico**, che regola i rapporti tra Stato o enti pubblici e i privati quando i primi agiscono in posizione di supremazia. Sono da ascrivere al ramo del diritto pubblico: le nozioni fondamentali e introduttive del diritto; l'assetto costituzionale dello Stato (istituzioni pubbliche e loro funzioni; autonomia e libertà dei cittadini); il *diritto costituzionale*; il *diritto penale*; il *diritto processuale* (*civile*, *penale*, *amministrativo*); il *diritto ecclesiastico*; il *diritto internazionale*; il *diritto comunitario*; il *diritto amministrativo*. La protezio-

ne dei beni culturali è una branca del diritto pubblico. I ***diritti pubblici*** consistono nelle pretese del cittadino verso lo Stato e gli altri Enti pubblici;
- **diritto privato**, che disciplina i rapporti interindividuali sia dei singoli che degli enti privati lasciando all'iniziativa personale anche l'attuazione delle singole norme; in questo ramo i soggetti si muovono in condizione di parità. Del diritto privato fanno parte: il *diritto civile*; il *diritto commerciale*; il *diritto della navigazione*; il *diritto del lavoro*; il *diritto agrario*; il *diritto industriale*. In particolare, il diritto civile regola i rapporti che i privati stabiliscono tra loro in materia di famiglia, diritti reali, obbligazioni e tutela dei diritti. Le norme di diritto privato si distinguono in:
  a) ***norme imperative***, la cui applicazione è imposta dall'ordinamento prescindendo dalla volontà dei singoli;
  b) ***norme dispositive***, la cui applicazione può essere evitata mediante un accordo degli interessati.

Il diritto si suddivide, inoltre, in:
- **diritto oggettivo**: insieme delle norme giuridiche;
- **diritto soggettivo**: tipica *situazione giuridica di vantaggio* che assicura al titolare piena soddisfazione di un suo interesse, seppure nel rispetto dei limiti delle regole stabilite dall'ordinamento giuridico (diritto di proprietà, diritto di credito ecc.). I diritti soggettivi consistono, quindi, nella protezione accordata dalla legge ai cittadini, nel senso che la norma tutela direttamente e incondizionatamente la pretesa di un soggetto ad esigere da un altro soggetto l'osservanza di un dovere (i diritti sono strettamente connessi ai doveri). Sono essenzialmente di due tipi:
  a) ***diritti assoluti***, che possono essere fatti valere nei confronti di tutti gli altri consociati (diritto alla salute);
  b) ***diritti relativi***, che si inseriscono in un rapporto giuridico tra persone determinate e per regola possono farsi valere solo in quell'ambito (nel diritto di credito, il creditore può chiedere il pagamento solo al suo debitore).

Il **diritto positivo** è il complesso di norme giuridiche in uso in un determinato momento storico presso una data società.
Il **diritto naturale** è un insieme di norme non scritte valide in ogni tempo presso qualsiasi popolo e consistenti in diritti inseparabili dalla natura umana. I ***diritti naturali*** vengono riconosciuti a tutti gli individui, essendo fondati su norme immutabili e universali, che impongono al singolo determinati doveri e nel contempo gli garantiscono l'esercizio di determinati diritti inviolabili e inseparabili dalla natura umana.

1.3 Il rapporto giuridico e l'interesse legittimo

Rapporto giuridico. Indica una situazione giuridica che coinvolge più soggetti, cioè una relazione tra due o più persone regolata dal diritto (ad esempio, sono legati in rapporto giuridico il proprietario e l'affittuario di un immobile, i due coniugi, il genitore e il figlio, il creditore e il debitore ecc.). È un legame tra due o più individui basato sulla correlazione tra diritti e doveri.
Il **dovere giuridico** è un obbligo di obbedire ad una norma giuridica, che regola i rapporti tra gli uomini.

Interesse legittimo. Rappresenta, in diritto pubblico, una posizione soggettiva individuale, di grado minore rispetto al diritto soggettivo, a cui l'ordinamento attribuisce tutela, entro certi limiti. Esso è protetto dalla legge non direttamente, ma solo indirettamente. È la posizione di vantaggio che il singolo vanta nei confronti della pubblica amministrazione, quando questa esercita i poteri suoi propri in un rapporto di supremazia verso i privati.

1.4 Capacità giuridica e capacità di agire

Capacità giuridica. Idoneità del soggetto ad essere titolare di situazioni giuridiche soggettive. La capacità giuridica generale compete a tutte le persone fisiche e alle persone giuridiche e può accompagnarsi a singole incapacità speciali le quali precludono al soggetto la titolarità di determinati rapporti giuridici (caso del soggetto dichiarato fallito, incapace nei rapporti giuridici patrimoniali). Tale capacità si acquista alla nascita e viene meno al momento del decesso.

Capacità di agire. Generale idoneità del soggetto a compiere e ricevere gli atti giuridici incidenti sulla propria sfera patrimoniale e personale. La capacità di agire si specifica, in particolare, nella capacità negoziale, nella capacità extranegoziale e nella capacità di stare in giudizio.

La persona fisica acquista, di norma, la capacità di agire con il raggiungimento della maggiore età. Sono privi della capacità d'agire i minori (fatti salvi i casi dei ***minori emancipati***, ossia quei minori che possono compiere un'attività specifica solo se autorizzati dal giudice), gli interdetti giudiziali e legali.

Incapacità di agire. Può essere di due tipi:

- ***incapacità legale***, che sussiste in presenza di situazioni rigidamente tipizzate dal legislatore (minore di anni 18, dell'interdetto e dell'inabilitato);
- ***incapacità naturale*** o incapacità di intendere e di volere: è una categoria residuale, nel senso che ciascuno può ottenere l'annullamento di un atto che ha compiuto ove dimostri di aver agito in uno stato di alterazione mentale, anche momentaneo, che non gli ha consentito di apprezzare il significato e gli effetti della scelta.

1.5 Lo Stato

Stato-comunità. Organizzazione sovrana rappresentativa di una popolazione stanziata su un determinato territorio.

Stato-apparato. Insieme di strutture e organi che esercitano la sovranità e il potere politico, ovvero, compiono le scelte fondamentali per il soddisfacimento delle esigenze dell'intera comunità.

Lo Stato come apparato o come organizzazione (è un ordinamento giuridico originario) è una **persona giuridica** di diritto pubblico, nel senso che viene considerato un soggetto di diritto dotato di:

- ***capacità giuridica***, in quanto può essere titolare di diritti e di obblighi giuridici;
- ***capacità di agire***, in quanto può compiere atti giuridici per mezzo dei suoi organi.

Nazione. Identifica un gruppo di persone unite idealmente da alcune caratteristiche o legami comuni: la lingua, la razza, la religione, le tradizioni, i costumi ecc. Essa è una entità ideale che si basa su un criterio etnico o sociale, perché è costituito da un gruppo di persone unito da un comune patrimonio storico e culturale, capace di mantenere ferma la sua identità nel corso del tempo, indipendentemente da un'organizzazione statuale vera e propria.

Cittadinanza e nazionalità. Mentre la **cittadinanza** è un vincolo di natura giuridica tra le persone e lo Stato, la **nazionalità** è un vincolo di natura ideale tra un gruppo di persone, anche se, in alcuni casi, l'appartenenza a una nazionalità può essere rilevante anche per il diritto di uno Stato.
Straniero è chi non ha la cittadinanza italiana; **apolide** è chi è privo di qualunque cittadinanza, **bipolide** è chi ha la cittadinanza di due diversi Stati.

Elementi costitutivi dello Stato. *Popolo*, *territorio* e *sovranità*.
Popolo: persone legate allo Stato dal *vincolo della cittadinanza*. La cittadinanza, quale vincolo di appartenenza ad una determinata comunità statale, si acquisisce per:
- *"Ius sanguinis"*: figlio di padre o di madre cittadini;
- *"Ius soli"*: nato nel territorio della Repubblica se entrambi i genitori sono ignoti o apolidi, ovvero se il figlio non segue la cittadinanza dei genitori secondo la legge dello Stato al quale questi appartengono; figlio di ignoti trovato nel territorio della Repubblica, se non venga trovato il possesso di altra cittadinanza. Può chiedere la cittadinanza italiana lo straniero che ha da 10 anni la residenza nel territorio della Repubblica.

Con il termine **cittadinanza** si intende un insieme di diritti civili, politici e sociali, ai quali sono connessi vari doveri. Essa non è altro che l'affermazione di due principi fondamentali, che rendono gli individui cittadini e non sudditi. Secondo questi principi tutti gli individui sono uguali di fronte allo Stato e alle sue leggi e godono di una serie di libertà inviolabili.
La perdita della cittadinanza può avvenire per statuizione di legge e non può avvenire per motivi politici.
Popolazione: Tutte le persone che si trovano nello Stato in determinato momento senza alcun vincolo di cittadinanza.
Territorio: è il *luogo entro il quale lo Stato esercita la propria sovranità*, costituito da:
- ***terraferma***: superficie terrestre entro la quale lo Stato esercita la propria potestà, delimitata generalmente da confini *naturali* (montagne, fiumi ecc.) o *politici* (frutto di accordi con gli Stati confinanti) e dove ovviamente vivono i suoi abitanti. Comprende anche le cosiddette acque interne;
- ***mare territoriale***: fascia costiera di mare che si estende lungo la costa del territorio statale ed è assimilata ad esso; è pari a 12 miglia marine, stabilito per tutti gli Stati dalla *Convenzione di Montego Bay del 1982*, la quale ha anche riconosciuto agli Stati il diritto di sfruttamento delle risorse naturali marine nell'ambito della **piattaforma continentale** (fondi marini e sottosuolo) oltre il mare territoriale (fino a 200 miglia dalle linee base; la linea di base da cui si misura l'ampiezza delle acque territoriali corrisponde alla linea di bassa marea lungo la costa). Inoltre, fino a 200 miglia marine dalla costa, cioè nella cd. **zona economica esclusiva**, lo Stato può esercitare attività di pesca ed estrazione di risorse minerarie e può in generale sfruttare le risorse economiche presenti all'interno di tale zona;
- ***sottosuolo*** (fin dove è possibile lo sfruttamento concreto) e ***spazio aereo*** (inteso come spazio atmosferico);
- ***territorio fluttuante***: *navi* e *aerei* mercantili battenti bandiera nazionale in viaggio in alto mare (cioè oltre il mare territoriale) e le navi e gli aerei militari ovunque si trovino.

Sovranità: *potere politico supremo ed originario esercitato su persone e cose entro un determinato territorio* (interna), ma *anche nei confronti degli altri Stati* (esterna, cioè indipendenza dello Stato "sovrano" rispetto agli altri Stati anch'essi sovrani nel proprio territorio). Tale potere è:

- ***supremo*** perché non riconosce altro potere a sé superiore. La *supremazia* si manifesta nel **potere d'imperio**, cioè nel potere dello Stato di imporre *anche con la forza* determinate regole di condotta ai cittadini e su tutti coloro che stanziano nel territorio dello Stato e che cittadini non sono.
- ***originario*** perché non deriva da alcun altro potere. *L'originarietà* è sinonimo di **autolegittimazione**, cioè lo Stato trova in se medesimo la giustificazione della propria esistenza e, dunque, del proprio potere.

Funzioni dello Stato. Lo **Stato di diritto** moderno esercita la sovranità o potere di comando mediante l'esercizio delle seguenti tre funzioni:

- la **funzione legislativa**, consistente nella produzione di norme giuridiche generali e astratte dirette a disciplinare la vita sociale. Tale funzione è esercitata dal **Parlamento** mediante l'emanazione delle leggi;
- la **funzione esecutiva**, consistente nell'esecuzione delle leggi e nella realizzazione concreta degli interessi pubblici o collettivi. Tale funzione è esercitata dal **Governo** tramite l'attuazione dei provvedimenti o atti amministrativi**;**
- la **funzione giurisdizionale**, consistente nella applicazione delle norne giuridiche a casi particolari e concreti per risolvere eventuali controversie tra i consociati. Tale funzione è svolta dalla **Magistratura** attraverso la pronuncia di sentenze.

Siffatte funzioni sono dirette sia a garantire l'ordine interno, regolando i rapporti tra le varie componenti sociali e politiche, sia a definire le relazioni con gli altri Stati.
Comunità internazionale. Insieme delle singole sovranità di ciascuno Stato e degli altri enti le cui relazioni reciproche sono rette dal diritto internazionale.

Occorre Sapere

Il potere esecutivo, fra l'altro, consiste nel potere di far rispettare le leggi.
La **zona di vigilanza doganale terrestre** si estende per 10 km dalla linea doganale di frontiera terrestre verso l'interno.
La **zona di vigilanza doganale marittima** è costituita dalla fascia di mare che si estende dalla linea doganale fino al limite esterno del mare territoriale.

1.6 Forme di Stato e di governo

Forma di Stato. È il complesso di relazioni e rapporti che si instaurano tra i suoi ***elementi costitutivi*** (popolo, territorio e sovranità). Classificazioni:

1) In base al **fattore aggregativo esistente tra il gruppo e lo Stato**:
   - **Stato gentilizio**: tutti i membri sono legati fra loro da vincoli di sangue;
   - **Stato territoriale**: l'appartenenza a un determinato Stato dipende dall'essere stanziati sul suo territorio.
2) In base al **criterio di appartenenza del territorio allo Stato**:
   - **Stato a carattere patrimoniale-privatistico**: il territorio appartiene allo Stato in base al diritto di proprietà (titolo giuridico esclusivamente privatistico). Lo Stato non ha ca-

rattere di ente politico in quanto si preoccupa solo della conservazione materiale del proprio territorio, non anche della soddisfazione degli interessi dei cittadini;
- **Stato a carattere patrimoniale-politico**: lo Stato si preoccupa, oltre che della materiale conservazione del territorio, anche della soddisfazione di una serie di bisogni del gruppo sociale. Nell'ambito di tale forma Stato, in base al **regime politico adottato** si ha:
  - ***Stato di polizia***;
  - ***Stato liberale***;
  - ***Stato totalitario***;
  - ***Stato socialista***;
  - ***Stato sociale***.

3) In base al **titolo** dal quale il Capo dello Stato assume il potere:
   - **Monarchia**: potere che deriva immediatamente dalla Costituzione. Il Capo dello Stato è tale per diritto ereditario;
   - **Repubblica**: è una forma di Stato rappresentativo in cui l'organo supremo (Capo dello Stato) viene eletto o direttamente dal corpo elettorale o dai membri del parlamento.
4) In base alla **articolazione territoriale della sovranità**:
   - **Stato unitario**: risulta composto da un unico popolo, da un solo territorio e da un unico ordinamento giuridico;
   - **Stato regionale**: le unità territoriali di ampia dimensione che lo compongono (Regioni) sono tutelate, a livello costituzionale, sia per quanto riguarda la loro previsione che le loro competenze; hanno funzioni non solo amministrative ma anche di indirizzo politico, con la titolarità legislativa (esclusiva o condivisa) in un nucleo di materie costituzionalmente previsto e riconosciuto;
   - **Stato federale**: quando più Stati hanno un unico Governo.

Forma di governo. È data dalle diverse modalità di distribuzione del potere tra gli *organi principali* dello Stato (Governo, Parlamento, Presidente della Repubblica o monarca ecc.) e dall'insieme dei rapporti che tra gli stessi intercorrono.

1) **Monarchia**, che può essere:
   - ***assoluta***: se tutti i poteri sono concentrati nel monarca senza controllo di altri organi;
   - ***limitata***: qualora preveda l'esercizio del potere da parte di più organi; può essere *costituzionale pura* (esiste un rapporto di fiducia tra sovrano e ministri) e *costituzionale parlamentare* (quando vi è la fiducia anche da parte del popolo; il Re ha una funzione rappresentativa, ma il potere è del popolo).
2) **Repubblica**, che può essere:
   - ***aristocratica*** (governo di pochi);
   - ***democratica*** (governo del popolo): *diretta* (partecipazione al governo di tutti i cittadini) o *indiretta* (governo tramite persone elette dal popolo).
     Si distingue tra:
     - **Repubblica parlamentare**, fondata più sulla collaborazione che sulla contrapposizione dei poteri (rapporto di fiducia tra Parlamento e Governo – es. Italia);
     - **Repubblica presidenziale**, in cui il Presidente è eletto dal popolo, anche in forma indiretta, mediante la nomina dei grandi elettori; si caratterizza per una rigida separazione dei poteri, in cui il potere esecutivo si concentra nella figura del Presidente che è sia il Capo dello Stato sia il Capo del governo (es. Stati Uniti);
     - **Repubblica semi-presidenziale** è una soluzione intermedia tra la forma di governo parlamentare e quella presidenziale, si caratterizza infatti per il doppio rappor-

to di fiducia che lega il Governo (nominato dal Presidente della Repubblica, ma bisognoso della fiducia del Parlamento – es. Francia);
- **Repubblica popolare**, in cui il ruolo predominante viene assegnato al Partito dei lavoratori (es. Cina);
- **Repubblica direttoriale**, detta anche assembleare è caratterizzata dalla concentrazione di tutto il potere politico nell'assemblea elettiva (è attualmente adottata solamente dalla Svizzera).

L'**Italia** è una Repubblica democratica (forma di Stato), rappresentativa parlamentare (forma di governo), fondata sul lavoro (**art. 1 Cost.**).

Occorre Sapere

Il termine **Repubblica** fino alle soglie dell'età moderna era usato prevalentemente come sinonimo di Stato.
Il **Welfare State** rappresenta un particolare modello di organizzazione sociale con un sistema di norme con il quale lo Stato cerca di eliminare le diseguaglianze sociali ed economiche fra i cittadini, erogando servizi di pubblica utilità.
La **dittatura** indica una forma autoritaria di governo, dove il potere è accentrato in un solo organo, non limitato da leggi, costituzioni o altri fattori politici e sociali interni allo Stato.
Con il termine **autarchia** si intende il regime economico di un Paese che tende volontariamente a bastare a se stesso.
Con il termine **plutocrazia** si intende il predominio politico nelle mani di individui o gruppi detentori di grandi ricchezze.
Teocrazia è una di una forma di governo in cui il potere politico si identifica con il potere religioso.
Pluripartitismo è il sistema politico nel quale vi sono più partiti.
Tecnocrazia indica la detenzione del potere da parte dei tecnici.
Le forme di Stato basate sulla **collettivizzazione** sono fallite quasi ovunque e sopravvivono con difficoltà, laddove resistono.
Lo Stato definito come **Leviatano** è il concetto di Stato alla base di una teoria elaborata dal filosofo inglese Th. Hobbes. Il Leviatano rappresenta simbolicamente lo Stato come un grande corpo le cui membra sono i singoli cittadini. Tale teorizzazione è l'atto costitutivo dello Stato assoluto moderno.

1.7 Le fonti del diritto

Per **fonti del diritto** si intendono gli atti e i fatti a cui l'Ordinamento giuridico riconosce la capacità di far sorgere o estinguere norme giuridiche.
La **fonte** è ciò che permette di individuare sia gli organi dai quali deriva la formazione delle norme giuridiche (***fonti di produzione***) sia le modalità di esecuzione della produzione stessa (***fonti sulla produzione***).
Per **fonti di cognizione** si intendono, invece, i documenti che raccolgono ordinatamente le norme e ne permettono la consultazione, come la Gazzetta Ufficiale.
Altra distinzione è quella tra ***fonti dirette*** e ***fonti indirette***: le prime vengono individuate e disciplinate dall'ordinamento giuridico dello Stato; le seconde sono regolamentate da ordinamenti stranieri.
Nel nostro ordinamento, le fonti sono classificate secondo una **scala gerarchica** (cd. **gerarchia delle fonti**), secondo l'efficacia normativa differente. In relazione al rapporto di gerarchia esistente:
- la norma di grado inferiore non può mai modificare o abrogare la norma di grado superiore;
- la norma di grado superiore invece può sempre modificare o abrogare la norma di grado inferiore;

– le norme di pari grado possono modificarsi reciprocamente in base al criterio cronologico, per cui la norma successiva nel tempo può modificare o abrogare la norma anteriore di pari grado.

Ulteriore distinzione, in relazione all'autorità che le emana, è tra ***fonti statuali*** e ***fonti non statuali***. Nel nostro ordinamento, le **fonti statuali** possono essere così classificate:

1) **Fonti di rango costituzionale**, che comprendono la **Costituzione** e le **leggi costituzionali e di revisione**: queste ultime incidono sul testo costituzionale, mentre le altre leggi costituzionali la integrano o dettagliano.
2) **Atti di legislazione ordinaria primaria:**
   - **fonti primarie di primo grado** (definite così perché poste in essere su espressa previsione della Costituzione o di leggi costituzionali) e cioè ***leggi ordinarie*** dello Stato (leggi del Parlamento) e gli ***atti aventi forza e l'efficacia di legge***: *decreti legge* e *decreti legislativi* del Governo, *statuti delle Regioni ordinarie*, *decreti legislativi* di attuazione degli statuti delle Regioni ad autonomia speciale, *leggi regionali* e *leggi delle province di Trento e Bolzano*;
   - **fonti primarie di secondo grado** (definite così perché l'atto legislativo è emanato su delega contenuta in un precedente atto legislativo ordinario) e cioè ***leggi regionali delegate*** dallo Stato, ***decreti legislativi*** ex art. 76 Cost. o ***leggi delegate*** dal Parlamento al Governo.
3) **Atti di normazione secondaria** *(***fonti secondarie***)*, tra cui rientrano i ***regolamenti*** – atti formalmente amministrativi - (governativi – ministeriali e prefettizi), le ***ordinanze*** e gli ***statuti*** degli enti minori.
4) **Consuetudini** ***praeter legem***, si tratta di **usi** e **consuetudini** consistenti nella ripetizione costante nel tempo di una determinata condotta con la convinzione che essa sia dovuta (ovviamente la consuetudine deve essere lecita), che talvolta regolano i rapporti tra gli organi supremi dello Stato per ovviare a determinate norme costituzionali lacunose. A queste fonti *extra ordinem* si applica il criterio di legittimità.

Nel nostro ordinamento, le **fonti internazionali ed europee** sono **fonti non statuali**, che presentano la peculiarità di non essere prodotte da soggetti appartenenti all'ordinamento nazionale ma che, in virtù dell'apertura dell'Italia al contesto internazionale, comunque si impongono alle istituzioni e alla popolazione dello Stato. Si tratta dei *trattati internazionali* e degli *atti normativi comunitari*: che possono presentarsi sotto forma di regolamenti o direttive e le sentenze della Corte di Giustizia Europea "dichiarative" del Diritto Comunitario.
Alla luce dell'appartenenza dello Stato Italiano all'Unione Europea, al primo livello delle fonti normative sono annoverati i trattati e il diritto derivato dell'UE, sempreché non contrastino con i principi fondamentali del nostro Ordinamento. In questo modo la Costituzione si troverà ad occupare il secondo livello, o addirittura il terzo, della gerarchia. Nel caso di conflitto tra diritto dell'Unione e diritto nazionale prevale il diritto dell'Unione.
Il rapporto di gerarchia tra le fonti del diritto si sostanzia nella legalità e nella costituzionalità.
In caso di una legge contraria alla Costituzione, essa cessa di avere efficacia dal giorno successivo alla pubblicazione della decisione da parte della Corte Costituzionale.
Il **rapporto di competenza** tra le fonti del diritto attiene alla distribuzione orizzontale delle fonti e quindi all'abrogazione di una legge precedente che risulta in contrasto con una nuova legge.

Un'importanza fondamentale assume il **principio di legalità**. Tale principio regola il rapporto che intercorre tra il potere legislativo e quello esecutivo, garantendo che ogni atto posto in essere da quest'ultimo, sia esso di carattere amministrativo o normativo, debba essere adottato solo sulla base di una precedente norma di legge.
Occorre dunque che vi sia una norma, emanazione diretta del potere legislativo, che fissi a priori i casi in cui il provvedimento possa essere adottato.
In diritto, il principio di legalità può essere inteso in due modi:
- ***in senso formale***: in questa accezione è necessario che la norma di legge preveda ed autorizzi i poteri dell'esecutivo;
- ***in senso sostanziale***: la norma di legge non si limita a prevedere ed autorizzare i poteri dell'esecutivo ma definisce, nello specifico, non solo i criteri ma anche le modalità di esercizio dello stesso.

Intrinsecamente legata al principio di legalità è la *riserva di legge*.
Per **riserva di legge** si intende che una determinata materia sia regolata soltanto dalla legge primaria e non da fonti di tipo secondario; la materia potrà essere anche disciplinata dal Governo ma non con fonti secondarie.
Quando la Costituzione italiana prevede una **riserva assoluta di legge**, la materia può essere disciplinata dalla legge e da tutti gli atti aventi forza di legge.
La norma della Costituzione secondo il quale "I pubblici uffici sono organizzati secondo disposizioni di legge" pone una **riserva relativa di legge**.
Si ha **riserva di legge costituzionale** quando la Costituzione dispone espressamente che determinate materie siano regolate con legge costituzionale.
Le **leggi regionali** non possono essere fonte del diritto penale perché la potestà legislativa in materia penale spetta solo allo Stato.

Occorre Sapere

Lo **stato di natura** è quello che caratterizzò gli uomini ai loro primordi.
La **religione** è l'insieme delle regole che disciplinano i rapporti tra Dio e l'uomo.
Le **norme morali**, che costituiscono la morale, provengono dai comandi della coscienza individuale, e hanno carattere soggettivo.
La **legge** è un complesso di regole o norme accumulatesi nel corso del tempo ed entrate nella tradizione e nel costume di un popolo.
Il **rapporto tra diritto e morale** è dettato dall'affermarsi di alcuni valori e principi etici in un dato momento storico.
La **persona** è l'uomo non quale individuo chiuso in sé, ma quale costruzione morale.
Nel diritto è detta **qualificazione giuridica** la corrispondenza tra un fatto giuridico e una norma giuridica.
Diritto vivente rappresenta la legge nella sua consolidata interpretazione giurisprudenziale
Il diritto ha una **funzione di tutela** poiché protegge la persona nei diritti della personalità, di famiglia, di cittadinanza e patrimoniali.
I diritti umani hanno **matrice giusnaturalistica** perché essi sono preesistenti rispetto allo Stato.
La **vita sociale** è un tipo di convivenza imposto dallo Stato di diritto.
Nell'ordinamento italiano le norme del **diritto internazionale consuetudinario** vengono recepite mediante adattamento automatico.

Capitolo 2
La Costituzione italiana

Registrandosi sul nostro sito secondo le modalità indicate a pag. I, è possibile consultare la versione aggiornata della Costituzione, oltre ad altri materiali online.

2.1 La Costituzione della Repubblica italiana

La **Costituzione della Repubblica italiana** è la legge fondamentale dello Stato, posta al vertice nella gerarchia delle fonti di diritto dello Stato italiano.
Il 2 giugno 1946 si votò per la prima volta in Italia a suffragio universale per il referendum Repubblica-Monarchia e per l'elezione della Costituente. La forma di governo precedente, dal 1861 al 1946, era una Monarchia Costituzionale i cui regnanti appartenevano alla **famiglia Savoia**.
L'**Assemblea Costituente** era composta da **556 membri** tra cui 21 donne. Il primo Presidente dell'Assemblea fu *Giuseppe Saragat*, il secondo fu *Umberto Terracini*. Oltre al compito di redigere la Costituzione vi era quello di individuare i diritti e i doveri dei cittadini.
La **Commissione per la Costituzione**, istituita il 15 luglio 1946, incaricata di elaborare e proporre il progetto di Costituzione repubblicana, era chiamata anche **Commissione dei 75**.
Il **Comitato dei 18** rispetto al progetto di elaborazione della Costituzione italiana fu un Comitato di redazione con il compito di coordinare ed armonizzare il lavoro prodotto.
La **Costituzione italiana** fu **approvata** dall'Assemblea Costituente il 22 dicembre 1947 e **firmata** a Roma il 27 dicembre 1947, dal Capo provvisorio dello Stato (*Enrico De Nicola*) controfirmata dal Presidente dell'Assemblea Costituente (*Umberto Terracini),* dal Presidente del Consiglio dei Ministri (*Alcide de Gasperi*) e dal Guardasigilli (*Giuseppe Grassi*).
La Costituzione promulgata dal Capo provvisorio dello Stato **è entrata in vigore** il **1° gennaio 1948**, sostituendo lo **Statuto Albertino**.
Il **Partito Socialdemocratico** non partecipò all'elaborazione della Carta Costituzionale.

Occorre Sapere

Lo scopo primario di un'**Assemblea Costituente** è la redazione della Costituzione di uno Stato.
La nascita della **democrazia in Italia** è da riferirsi al 1946 con la fondazione della Repubblica e la successiva prolungazione della Costituzione.
Emilio Colombo è stato uno dei più giovani padri costituenti, ultimo a morire nel 2013; è stato anche il 15° Presidente del Consiglio dei Ministri.
Giulio Andreotti non fece parte della Commissione per la Costituzione.

Struttura della Costituzione. La Costituzione è composta da **139 articoli** (di cui 5 abrogati: 115; 124; 128; 129; 130), 18 disposizioni transitorie e finali (non contiene alcun preambolo):

1) **PRINCIPI FONDAMENTALI (ARTT. 1-12)**
2) **PARTE I (artt. 13-54) Diritti e doveri dei cittadini**
   - TITOLO I - Rapporti civili (artt. 13-28)
   - TITOLO II - Rapporti etico-sociali (artt. 29-34)
   - TITOLO III - Rapporti economici (artt. 35 -47)
   - TITOLO IV - Rapporti politici (artt.48-54)
3) **PARTE II (artt. 55-139) Ordinamento della Repubblica**
   - TITOLO I - Il Parlamento
     - SEZIONE I - Le Camere (artt. 55 -69)
     - SEZIONE II - La formazione delle leggi (artt. 70 - 82)
   - TITOLO II - Il Presidente della Repubblica (artt. 83 - 91)
   - TITOLO III - Il Governo
     - SEZIONE I - Il Consiglio dei Ministri (artt. 92 -96)
     - SEZIONE II - La Pubblica Amministrazione (artt. 97-98)
     - SEZIONE III - Gli organi ausiliari (artt. 99-100)
   - TITOLO IV - La Magistratura (artt. 101 -113)
     - SEZIONE I - Ordinamento giurisdizionale (artt. 101 - 110)
     - SEZIONE II - Norme sulla giurisdizione (artt. 111 - 113)
   - TITOLO V - Le Regioni, le Province, i Comuni (artt. 114 -133)
   - TITOLO VI - Garanzie costituzionali (artt. 134 -139)
     - SEZIONE I - La Corte costituzionale (artt. 134 -137)
     - SEZIONE II - Revisione della Costituzione. Leggi costituzionali (artt. 138 -139)
4) **DISPOSIZIONI TRANSITORIE E FINALI (artt. I - XVIII)**

Occorre Sapere

Gli articoli 115 e 124 della Costituzione sono stati abrogati dall'art. 9, c. 2, L. Cost. 18 ottobre 2001, n. 3, mentre, la L. Cost. 29 ottobre 1993, n. 3, ha modificato l'articolo 68.

La nostra Costituzione, oltre ad essere ***deliberata*** e ***scritta***, è:
- ***rigida***: i principi in essa affermati non possono essere modificati con semplici leggi ordinarie (contrariamente a una *Costituzione flessibile*), ma solo mediante un lungo e gravoso procedimento, che impone alle Istituzioni coinvolte un'attenta e ponderata valutazione. Alcune norme della Costituzione non possono essere modificate nemmeno seguendo l'*iter* di revisione costituzionale sancito dagli artt. 138 e ss. Cost;
- ***lunga***: *i principi fondamentali di solidarietà e convivenza civile* cui tutta la Costituzione si ispira sono stati sanciti in maniera inequivocabile. Allo stesso modo è disciplinato, in maniera analitica, il funzionamento degli organi costituzionali al fine di garantire una "razionalizzazione del potere" ed evitare in futuro qualunque tipo di accentramento da parte di un'istituzione. Essa contiene disposizioni in molti settori del vivere civile, non limitandosi a indicare le norme sulle fonti del diritto;
- ***votata***: perché emanata a seguito di votazione da parte di apposita Assemblea Costituente;
- ***compromissoria***: frutto di una particolare collaborazione tra tutte le forze politiche uscenti dal secondo conflitto mondiale;

- ***democratica***: è dato particolare rilievo alla sovranità popolare, ai sindacati e ai partiti politici;
- ***programmatica***: rappresenta un programma (attribuisce alle forze politiche il compito di rendere effettivi gli obiettivi fissati dai costituenti, e ciò attraverso provvedimenti legislativi non contrastanti con le disposizioni costituzionali).

È caratteristica peculiare della Carta Costituzionale italiana la formulazione di norme di principio.

Occorre Sapere

La Costituzione italiana prende spunto maggiormente dal documento storico della **Costituzione della Repubblica Romana**.
Dal 1946 si sono svolti in Italia **3 referendum di modifiche costituzionali**: il primo il 7-10-2001; il secondo il 25/26-06-2006 e il terzo il 4-12-2016.
Il sistema economico delineato dalla nostra Costituzione è di tipo misto.
Nel 1948 vi furono le prime elezioni politiche nell'Italia repubblicana.
Lo **Statuto Albertino** era una Costituzione ***scritta***, ***flessibile*** e ***ottriata*** (ovvero concessa dal sovrano).

2.2 Principi fondamentali (artt. 1-12 Cost.)

I principi fondamentali esposti negli artt. 1-12 della Costituzione contengono un **preambolo di carattere ideologico ed etico-sociale** a base dell'ordinamento giuridico della Repubblica italiana. Essi fissano le decisioni essenziali sul tipo di Stato e sul tipo di società voluti dalla Costituzione.
I primi 12 articoli sono dedicati ai «**principi fondamentali**» detti «***inviolabili***» poiché non é possibile abrogarli (eliminarli) neppure con una legge di revisione costituzionale, procedimento particolare con cui, invece, é ammesso modificare gli articoli della Costituzione non compresi tra i primi 12. Inoltre, sono ***indisponibili***, ***intrasmissibili*** *e* ***irrinunciabili*** da parte dei loro titolari e sono *imprescrittibili*; anche se non esercitati, non cadono mai in prescrizione.
L'**art. 1 Cost.** stabilisce che la **sovranità appartiene al popolo**, non allo Stato o alla Nazione: sono i cittadini i reali detentori del potere di indirizzo politico, anche se l'esercizio della sovranità si svolge prevalentemente secondo modalità e con l'ausilio di soggetti diversi da essi (democrazia indiretta o rappresentativa). Lo Stato si realizza nel governo del popolo attraverso strumenti tipici della democrazia, quali il Parlamento e i referendum.
All'**art. 2 Cost.** troviamo il **principio personalista e solidarista** che riconosce i diritti inviolabili non solo all'uomo in quanto singolo ma anche in quanto membro di formazioni sociali (gruppi sociali, es. una associazione sportiva) in cui si svolge la propria personalità.

Il riconoscimento dei diritti inviolabili è strettamente connesso con il concetto di «personalità», che pur essendo previsto nell'art. 2 Cost. viene ribadito dall'art. 3, c. 2, Cost. laddove si afferma che «è compito della Repubblica rimuovere gli ostacoli di ordine economico e sociale, che, limitando di fatto la libertà e l'*eguaglianza dei cittadini, impediscono il pieno sviluppo della persona umana*». Tali riconoscimenti sono rinvenibili in molte altre disposizioni della Costituzione, tra le quali assume posizione prioritaria l'art. 13 che sancisce il diritto alla libertà personale. Tra i diritti della personalità si possono annoverare: il diritto alla vita ed all'integrità fisica; il diritto all'integrità morale (il decoro, l'onore, il prestigio, e la reputazione della persona); il diritto all'immagine; il diritto al nome; il diritto alla riservatezza, ossia il diritto alla intimità della vita privata.

L'**art. 3, c. 1, Cost.** afferma il **principio di uguaglianza** stabilendo che *tutti i cittadini hanno pari dignità sociale e sono eguali davanti alla legge senza distinzione di sesso, di razza, di lingua, di religione, di opinioni politiche e di condizioni personali e sociali*. Così disponendo, la norma in esame pone il principio di ***uguaglianza formale***, che costituisce la regola fondamentale dello Stato di diritto. Il secondo comma dell'art. 3 Cost., invece, assegnando allo Stato il compito di rimuovere gli ostacoli di ordine economico e sociale che di fatto limitano la libertà e l'uguaglianza dei cittadini, sancisce il principio di ***uguaglianza sostanziale***, ossia il dettame secondo cui situazioni diverse devono essere trattate in modo diverso. In altri termini, la discriminazione apparente non è altro che un'espressione di ragionevolezza concreta di un Ordinamento giuridico, volto ad attuare quelle distinzioni necessarie tra gli individui al fine di garantire il c.d. welfarestate, massima espressione dello Stato sociale.
Il principio di eguaglianza davanti alla legge concerne, in base al testo della Costituzione, i cittadini. La giurisprudenza costituzionale, al riguardo, ritiene che il riferimento ai soli cittadini non escluda l'applicazione del principio agli stranieri, là dove si tratti di assicurare la tutela dei diritti inviolabili dell'uomo.
Il **principio lavorista** è indicato nel combinato disposto dell'art 1, dove si afferma che *l'Italia* è una Repubblica democratica fondata sul lavoro, e dell'**art. 4, c. 1, Cost.** dove si afferma che *la Repubblica riconosce a tutti i cittadini il diritto al lavoro e promuove le condizioni che rendano effettivo questo diritto*. La Carta costituzionale, pur riaffermando i principi di ideologia liberale (Stato di diritto), considera il diritto al lavoro come mezzo necessario per l'affermazione della personalità dell'individuo e nello stesso tempo come strumento di progresso materiale e sociale (art. 4, c. 2, Cost.). Il lavoro è riconosciuto, non solo come un diritto, ma anche come un **dovere di solidarietà** che ciascun cittadino è tenuto ad adempiere per contribuire al progresso dell'intera collettività.

Nell'**art. 5 Cost.** viene affermato (**principio autonomista**), in subordine all'intangibile principio di unità ed indivisibilità della Repubblica, sia il **principio del decentramento dei poteri** che quello della promozione e del **riconoscimento delle autonomie locali** (Regioni, Province, Comuni ecc.). Dall'esame della norma si ricavano tre punti fondamentali: 1. l'unità e l'indivisibilità della Repubblica, quale limite invalicabile al riconoscimento da parte dello Stato persona e alla promozione delle autonomie locali; 2. l'attuazione, da parte dello Stato, del più ampio decentramento amministrativo nella erogazione dei servizi; 3. l'adeguamento della legislazione dello Stato alle esigenze dell'autonomia e del decentramento, attraverso il riconoscimento e la creazione di enti territoriali espressione dello Stato comunità.

L'**art. 6 Cost.** (**tutela delle minoranze linguistiche**) offre una tutela positiva, al fine di conservare il patrimonio linguistico e culturale delle minoranze in ossequio ai principi di pluralismo e tolleranza.

Lo Stato italiano è una Repubblica democratica laica sebbene manchi nella sua Carta costituzionale una specifica ed espressa previsione del **principio di laicità** come pure avviene in altri Stati. Tale principio assicura eguale tutela del sentimento religioso, indipendentemente dalla confessione che lo esprime.
L'**art. 7 Cost.** dispone che «*lo Stato e la Chiesa cattolica sono, ciascuno nel proprio ordine, indipendenti e sovrani*». I rapporti fra questi ordinamenti sono regolati da veri e propri accordi, i **Patti Lateranensi**. Essi possono essere modificati con legge ordinaria, purché le modi-

ficazioni siano concordate fra le parti. In alternativa lo Stato può procedere egualmente alle modifiche, ricorrendo, però, al procedimento di revisione costituzionale ex art. 138 Cost.
I **rapporti tra lo Stato e le altre confessioni religiose acattoliche** sono contenuti nell'**art. 8** Cost., che stabilisce, in particolare, ai commi 2 e 3: «*Le confessioni religiose diverse dalla cattolica hanno diritto di organizzarsi secondo i propri statuti in quanto non contrastino con l'ordinamento giuridico italiano. I loro rapporti con lo Stato sono regolati per legge sulla base di intese con le relative rappresentanze*».

L'**art. 9 Cost.** afferma il **principio culturale e ambientalista**: «*La Repubblica promuove lo sviluppo della cultura e la ricerca scientifica e tecnica. Tutela il paesaggio e il patrimonio storico e artistico della Nazione*». Tale disposizione enuncia due principi fondamentali: 1. la promozione e lo sviluppo di cultura e ricerca – la Repubblica in tutte le sue articolazioni si impegna ad incentivare il progresso culturale, scientifico e tecnico del paese, in competizione con i Paesi più progrediti, evitando in ogni caso di imporre modelli, modalità e obiettivi e salvaguardando la libertà dell'arte e della scienza; 2. la tutela del paesaggio e dei beni culturali ed ambientali – a tal fine i compiti di tutela da parte dello Stato hanno una portata più ampia rispetto a una concezione essenzialmente difensiva dei beni paesaggistici, culturali e ambientali.

L'**art. 10, c. 1, Cost.** (**adattamento al diritto internazionale**) prevede che: «*l'ordinamento giuridico italiano si conforma alle norme di diritto internazionale generalmente riconosciute*». L'obbligo di conformarsi agli obblighi derivanti dal diritto internazionale vige per: il Parlamento, che non potrà approvare leggi contrarie alle norme internazionali e dovrà emendare o abrogare quelle eventualmente contrastanti; la Pubblica Amministrazione, in particolare il Governo, nell'adozione di decreti legge e decreti legislativi; la Magistratura, che dovrà applicare le prescrizioni del diritto internazionale ratificate dallo Stato italiano e assicurarne il rispetto.

L'**art. 10, c. 2, Cost.** delega la legislazione ordinaria per la regolazione della **condizione giuridica dello straniero** in conformità delle norme e dei trattati internazionali. Il successivo c. 3 stabilisce che lo straniero, al quale sia impedito nel suo Paese l'effettivo esercizio delle libertà democratiche garantite dalla Costituzione italiana, ha **diritto d'asilo** nel territorio della Repubblica secondo le condizioni stabilite dalla legge. Il c. 4, infine, vieta l'estradizione per motivi politici, ovvero la consegna da parte dello Stato italiano a un altro Stato di un individuo condannato o accusato di crimini commessi per opporsi a regimi illiberali o per affermare un diritto di libertà il cui esercizio nel suo Paese è negato. Nei confronti dello straniero comunque presente alla frontiera o nel territorio italiano, quindi anche se entrato clandestinamente, deve essere garantito il rispetto dei diritti fondamentali della persona umana previsti da norme interne o da consuetudini e convenzioni internazionali. Lo straniero regolarmente soggiornante, invece, gode anche dei diritti in materia civile attribuiti al cittadino italiano.
L'estradizione di stranieri accusati di reati politici di genocidio è l'unico dei principi fondamentali della Costituzione corretto con la legge costituzionale n. 1 del 21 giugno 1967, ciò per quel che riguarda sia il disposto dell'art. 10 Cost. sia il disposto dell'art. 26 Cost. concernente il **diritto a non essere estradati**.

L'**art. 11 Cost.** (**ripudio della guerra e adesione all'Unione europea**) enuncia i principi che orientano la posizione dell'Italia nel contesto internazionale, con riferimento alla sua relazio-

ne con la guerra e alle limitazioni della sovranità nazionale ritenute necessarie al fine di consentire l'ammissione della Repubblica italiana all'ONU.
Si ritenne che il riferimento alle «***limitazioni di sovranità***» si potesse intendere in un'accezione così ampia da consentire anche l'adesione dell'Italia alle Comunità europee. Tali limitazioni concernono non solo l'attività normativa dello Stato ma anche quella amministrativa e giurisdizionale sicché in conseguenza della stipulazione dei trattati comunitari, i cittadini sono sottoposti, oltre che alle autorità nazionali, a un sistema di pubblici poteri estraneo e indipendente rispetto ad esse.
Il dettame **promuove e favorisce le organizzazioni internazionali** rivolte ad assicurare la pace e la giustizia fra le Nazioni.

L'**art. 12 Cost.** indica il **tricolore italiano** come bandiera della Repubblica. Il vessillo, caratterizzato da tre fasce verticali di uguali dimensioni, è ispirato al modello francese del 1790 ove le tre bande uguali (utilizzate successivamente da tutte le democrazie europee con differenti colorazioni) rappresentano i tre cardini (libertà, uguaglianza, fraternità) che costituiscono la matrice ideologica e libertaria comune degli Stati democratici. Nella nostra bandiera il verde rappresenta le nostre pianure, il bianco le vette innevate e il rosso il sangue dei nostri soldati.
Il tricolore nacque a Reggio Emilia nel 1797, quando il Parlamento della Repubblica Cispadana decretò: "che si renda universale". Ogni **7 gennaio**, si celebra la Festa del Tricolore, ufficialmente Giornata Nazionale della Bandiera, istituita con la legge n. 671 del 31 dicembre 1996. Le festività nazionali in cui va esposto il tricolore sono in tutto nove. Con la legge del 23 novembre 2012, n. 222 è stata istituita, il **17 marzo** di ogni anno, la celebrazione della **Giornata** dell'**Unità nazionale**, della **Costituzione**, dell'**inno** e della **bandiera.**

I tre elementi **emblema della Repubblica Italiana** sono: la ruota dentata che rappresenta l'attività lavorativa; la stella che rappresenta la personificazione dell'Italia, sul cui capo essa splende raggiante; i rami di ulivo e di quercia. Il ramo di ulivo rappresenta la volontà di pace della nazione, sia nel senso della concordia interna che della fratellanza internazionale; il ramo di quercia raffigura la forza e la dignità del popolo italiano.

Occorre Sapere

L'anniversario dell'Unità d'Italia è stato solennemente festeggiato 3 volte: per i 50 anni, per i 100 anni e per i 150 anni.
Il **Canto degli italiani** è il titolo originale dell'inno nazionale italiano. È stato scritto da **Goffredo Mameli** e musicato da Michele Novaro.
L'origine del **colore azzurro**, uno dei simboli patri italiani non ufficiali, deriva dal colore dello stemma nobiliare di casa Savoia, il drappo di tela che veniva posto trasversalmente sopra lo scudo nobiliare.
Ogni 4 novembre si festeggia la **Giornata dell'Unità Nazionale e delle Forze Armate**, istituita nel 1919 per commemorare la vittoria italiana nella prima guerra mondiale.
Quotidianamente su sedi Regionali, Provinciali, Comunali le bandiere da esporre sono tre (bandiera dell'ente, dell'UE e quella italiana), il **tricolore va esposto al centro**.
Il **Vittoriano** dedicato a Vittorio Emanuele II, il primo re d'Italia, è considerato il monumento simbolo ufficiale della Repubblica italiana.

2.3 Parte I – Diritti e doveri dei cittadini (artt. 13-54 Cost.)

2.3.1 Titolo I – Rapporti civili (artt. 13-28 Cost.)

I ***rapporti civili*** sono sanciti nella Parte I, Titolo I della Costituzione.

Libertà personale (art. 13 Cost.). La libertà della persona è inviolabile. La carta costituzionale non consente la sottoposizione ad alcuna forma di detenzione, ispezione o perquisizione personale se non nei casi previsti dalla legge o stabiliti, con motivazione, dal giudice. Solo in casi eccezionali di necessità e urgenza, indicati tassativamente dalla legge, l'autorità di pubblica sicurezza può adottare provvedimenti provvisori restrittivi della libertà personale, da comunicare entro 48 ore all'autorità giudiziaria: se questa non li convalida nelle successive 48 ore, si intendono revocati e restano privi di ogni effetto. È punita ogni violenza fisica e morale sulle persone sottoposte a restrizioni di libertà.

Libertà di domicilio (art. 14 Cost.). È la libertà inviolabile relativa alla dimora di abituale abitazione, incluso il luogo di lavoro. La carta costituzionale vieta ispezioni o perquisizioni o sequestri se non nei casi e modi stabiliti dalla legge e secondo le garanzie prescritte per la tutela della libertà personale. Limitazioni alla libertà di domicilio (accertamenti e ispezioni) sono possibili per motivi di sanità e di incolumità pubblica o per fini economici e fiscali, secondo la disciplina di leggi speciali.

Libertà e segretezza della corrispondenza (art. 15 Cost.). Tali diritti, inviolabili, attengono non solo alla corrispondenza cartacea ma a tutte le forme di comunicazione, ad esempio telefonica e telematica (chat tra due soggetti, posta elettronica a un destinatario o a una mailing list chiusa, videoconferenza one-to-one). Limitazioni sono ammesse soltanto per atto motivato dell'autorità giudiziaria con le garanzie stabilite dalla legge. Le intercettazioni sono consentite solo per talune categorie di reato (art. 266 c.p.p.).

Libertà di circolazione, di soggiorno nel territorio nazionale, di espatrio e di emigrazione (artt. 16 e 35, c. 4, Cost.). Si tratta di prerogative che non ammettono restrizioni per ragioni politiche; eventuali limitazioni stabilite dalla legge dovranno riguardare motivi di sanità o di sicurezza.

Nel contesto comunitario, detta tutela è sancita dall'art. 45 della Carta dei diritti fondamentali dell'Unione europea oltre che dal TFUE che, all'art. 21, stabilisce che "ogni cittadino dell'Unione ha il diritto di circolare e di soggiornare liberamente nel territorio degli Stati membri, fatte salve le limitazioni e le condizioni previste dai trattati e dalle disposizioni adottate in applicazione degli stessi". La ***libertà di emigrazione*** è confermata nell'art. 35, c. 4, Cost., nel quadro della tutela del lavoro italiano all'estero.

Libertà di riunione (art. 17 Cost.). È garantita a tutti i cittadini purché il diritto sia esercitato pacificamente e senza uso di armi.

La Costituzione distingue tra *riunioni in luogo aperto al pubblico* (es. un teatro) per le quali non occorre preavviso e *riunioni in luogo pubblico* (es. una piazza) per il cui svolgimento occorre dare preavviso alle autorità di pubblica sicurezza.

Libertà di associazione (art. 18 Cost.). È il diritto dei cittadini di associarsi liberamente (**principio del pluralismo**), senza autorizzazione, per fini non vietati dalla legge penale. Tale diritto consente lo svolgimento di determinate attività, da parte di più persone, per realizzare i più diversi obiettivi, dando luogo nel caso anche a formazioni sociali (ex art. 2 Cost.). Sono proibite le associazioni segrete e quelle che perseguono, anche indirettamente, scopi politici mediante organizzazioni di carattere militare o paramilitare.

Libertà di religione (artt. 19-20 Cost.). I cittadini hanno diritto di professare liberamente la propria fede religiosa in qualsiasi forma, individuale o associata, di farne propaganda, cioè attività di proselitismo religioso, e di esercitarne in privato o in pubblico il culto, purché non si tratti di riti religiosi contrari al buon costume; la professione della fede in forma «associata» implica la possibilità di costituire, modificare o estinguere associazioni religiose. I fini religiosi di un'associazione non possono giustificare speciali gravami fiscali per la sua costituzione (l'acquisto della capacità giuridica) e non possono essere causa di speciali limitazioni legislative.

Libertà di manifestazione del pensiero (art. 21 Cost.). È il diritto di manifestare liberamente il proprio pensiero con la parola, lo scritto e ogni altro mezzo di diffusione. Per la stampa esiste riserva di legge, disciplinandosi nel testo costituzionale soltanto le modalità d'intervento dell'autorità giudiziaria: pertanto, essa non può essere soggetta ad autorizzazioni o censure. Nei casi di assoluta urgenza, e se non sia possibile il tempestivo intervento dell'autorità giudiziaria, il sequestro della stampa periodica può essere eseguito da ufficiali di polizia giudiziaria, che devono immediatamente, e non mai oltre 24 ore, fare denunzia all'autorità giudiziaria. Se questa non convalida l'intervento nelle 24 ore successive, il sequestro s'intende revocato e privo d'ogni effetto. Limitazioni alle pubblicazioni provengono dalla loro contrarietà al «buon costume». La libertà di manifestazione del pensiero è tutelata anche negli artt. 10 e 11 della Carta dei diritti fondamentali dell'UE.

Diritto alla personalità giuridica (art. 22 Cost.). La carta costituzionale sancisce che «*nessuno può essere privato, per motivi politici, della capacità giuridica, della cittadinanza, del nome*». Tale disposizione fa riferimento alle qualità che definiscono la personalità giuridica del cittadino, consentendo a quest'ultimo di essere identificato (*nome*), di operare nel mondo del diritto (*capacità giuridica*), e di esercitare i diritti e i doveri che scaturiscono dall'appartenenza allo Stato (*cittadinanza*).

Diritto di tutela personale e patrimoniale (art. 23 Cost.). «*Nessuna prestazione personale o patrimoniale può essere imposta se non in base alla legge*». Tale norma sancisce la riserva di legge per evitare che a carico dei cittadini possa essere arbitrariamente imposto un obbligo consistente nel fare (prestazione personale) o nel dare qualcosa (prestazione patrimoniale).

Diritto a tutelare i propri diritti soggettivi e interessi legittimi, agendo in giudizio (art. 24, c. 1, Cost.). È il **diritto di azione giurisdizionale** riconosciuto a tutti i cittadini, garantito in forza del principio di uguaglianza. Consiste nella possibilità di ricorrere al sistema giudiziario a tutela delle proprie ragioni. La tutela, secondo la giurisprudenza costituzionale, si estende anche ai cd. interessi collettivi o a quelli diffusi che, in quanto tali, interessano più categorie di individui. La riparazione degli errori giudiziari può essere regolata per legge.

Diritto alla difesa in giudizio (art. 24, c. 2, Cost.). È un diritto tipico dei sistemi politici democratici. Esso si esplica nell'assistenza di un legale e nell'effettiva partecipazione al processo, che deve svolgersi in condizioni di effettiva uguaglianza tra le parti in giudizio. La Costituzione prevede anche per i «non abbienti» istituti e mezzi per agire e difendersi in giudizio davanti ad ogni giurisdizione.

Diritto al giudice naturale e irretroattività delle leggi penali incriminatrici (art. 25 Cost.). Correlati al diritto di difesa in giudizio sono i **diritti** a:

- non essere distolto dal giudice naturale precostituito per legge (art. 25, c.1, Cost.)
- non essere punito se non in forza di una legge che sia entrata in vigore prima del fatto commesso (art. 25, c. 2, Cost.).

Diritto a non essere estradati (art. 26 Cost.). Tale diritto viene meno solo nei casi in cui l'estradizione sia espressamente prevista dalle convenzioni internazionali. È comunque esclusa l'estradizione per reati politici.

Principi della personalità della pena e di non colpevolezza fino alla condanna definitiva (art. 27 Cost.). L'articolo sancisce i principi della personalità della pena e di non colpevolezza fino alla condanna definitiva e attribuisce alla pena una funzione rieducativa, ripudiando la pena di morte e ogni trattamento contrario al senso di umanità (umanità della pena). La Repubblica, con la L. Cost. 11 gennaio 2007, n. 1, ha abrogato la pena di morte anche nei codici penali militari di guerra.
La Costituzione non ammette casi di **responsabilità oggettiva**, in ambito penale, in quanto vi ostano i caratteri di personalità della responsabilità e di rieducatività della pena.

Principio di responsabilità dei funzionari e dipendenti dello Stato (art. 28 Cost.). «*I funzionari e i dipendenti dello Stato e degli enti pubblici sono direttamente responsabili, secondo le leggi penali, civili e amministrative, degli atti compiuti in violazione di diritti. In tali casi la responsabilità civile si estende allo Stato e agli enti pubblici*». La responsabilità civile dell'amministrazione disciplinata dall'art 28 della Costituzione e dall'art 2043 c.c. concerne la responsabilità extracontrattuale da fatto illecito.

2.3.2 Titolo II – Rapporti etico-sociali (artt. 29-34 Cost.)

Diritti della famiglia (artt. 29-31 Cost.). Sono diritti intangibili. Nella Costituzione si possono evincere i seguenti principi generali:
- il riconoscimento della famiglia come società naturale fondata sul matrimonio, ossia come formazione sociale non derivata dallo Stato e dotata, conseguentemente, di ampia autonomia di scelta in ordine alla propria organizzazione interna, pur sempre nei limiti dei principi costituzionali e della conseguente disciplina attuativa;
- la libertà di scelta del proprio coniuge;
- l'eguaglianza morale e giuridica dei coniugi;
- la tutela e la garanzia dell'unità familiare;
- il diritto-dovere dei genitori di mantenere, istruire ed educare i figli anche se nati fuori del matrimonio.

Se i genitori non sono in grado di assolvere ai loro obblighi nei confronti dei figli "*la legge provvede a che tali obblighi siano assolti*".
"*La legge assicura ai figli nati fuori del matrimonio ogni tutela giuridica e sociale, compatibile con i diritti dei membri della famiglia legittima. La legge detta le norme e i limiti per la ricerca della paternità*" (**art. 30, c. 3 e 4 Cost.**).
Infine, l'**art. 31** stabilisce che "*La Repubblica agevola con misure economiche e altre provvidenze la formazione della famiglia e l'adempimento dei compiti relativi, con particolare riguardo alle famiglie numerose. Protegge la maternità, l'infanzia e la gioventù, favorendo gli istituti necessari a tale scopo*".

Diritto alla salute (art. 32 Cost.). La carta costituzionale stabilisce che «*La Repubblica tutela la salute come fondamentale diritto dell'individuo e interesse della collettività, e garantisce cure gratuite agli indigenti*».
La salute costituisce lo stato di benessere fisico, mentale e sociale, oggetto di specifica tutela da parte dell'ordinamento, che consente all'individuo di integrarsi nel suo ambiente naturale e sociale.
Il dettato costituzionale prevede, in ogni caso, che qualsiasi intervento sanitario, anche a tutela di un interesse fondamentale e collettivo, non può essere imposto se non nei casi eccezio-

nali e tassativi previsti dalla legge né tanto meno degenerare in violenza fisica o, più in generale, nella lesione della dignità della persona.

Libertà artistica, scientifica e di insegnamento (art. 33 Cost.). L'articolo statuisce che «*l'arte e la scienza sono libere e libero ne è l'insegnamento*».
I termini «arte» e «scienza» devono essere intesi nell'accezione più lata possibile, in modo da abbracciare qualunque manifestazione dello spirito compatibile con l'insegnamento.
La libertà di insegnamento e della scienza consiste nell'affermazione del principio che vieta, ad esempio, la nascita e lo sviluppo di un'arte e di una scienza di Stato, e si sostanzia in un insieme di libertà e diritti:

- il diritto/dovere dello Stato di dettare «*le norme generali sull'istruzione*» ed istituire «*scuole statali per tutti gli ordini e gradi*» nonché di disciplinare la parità scolastica;
- la libertà della scuola o pluralismo scolastico, consistente nel diritto dei soggetti privati «*di istituire scuole ed istituti di educazione, senza oneri per lo Stato*»;
- il diritto degli studenti che frequentano le scuole paritarie ad un «*trattamento scolastico equipollente a quello degli alunni di scuole statali*»;
- la libertà d'insegnamento dei docenti secondo il metodo didattico da loro ritenuto più confacente alla natura della materia insegnata ed ai principi pedagogici seguiti, nel rispetto della libertà di opinione dello studente.

Diritto all'istruzione (art. 34 Cost.). Il diritto si articola:

- nel diritto di iscrizione a qualsiasi scuola, avendone i requisiti di età e di studio «*la scuola* è aperta a tutti»;
- nel diritto-dovere all'istruzione obbligatoria, che, attualmente, è della durata di almeno 8 anni;
- nel diritto ad avanzare negli studi se «*capaci e meritevoli*», pur in mancanza di mezzi economici.

La Repubblica rende effettivo questo diritto con borse di studio, assegni alle famiglie ed altre provvidenze, da attribuire per concorso.
Il diritto è garantito anche in sede sovranazionale dall'art. 14, c. 1-2, della Carta dei diritti fondamentali dell'Unione europea: «*Ogni persona ha diritto all'istruzione e all'accesso alla formazione professionale e continua. Questo diritto comporta la facoltà di accedere gratuitamente all'istruzione obbligatoria*».

Occorre Sapere

Il **matrimonio** fondato su vincoli di natura affettiva risale al Cristianesimo.
L'affidamento familiare di un minore viene disposto dal **Tribunale dei Minori**.
I diritti e i doveri del nucleo familiare sono sanciti dalla Costituzione, dal codice civile e dalle leggi speciali in materia.
Per ottemperare ai principi dell'articolo 32 della Costituzione italiana, la legge del 23 dicembre 1978 ha istituito il **Servizio Sanitario Nazionale**.
I **cittadini disabili** hanno diritto all'assistenza pubblica.
La **scuola secondaria di primo grado** ha una durata complessiva di tre anni.
L'**obbligo di istruzione inferiore, obbligatoria e gratuita**, secondo quanto riportato dall'ordinamento italiano (legge finanziaria per l'anno 2007) è stato prolungato a **dieci anni,** quindi l'obbligo per un ragazzo di andare a scuola è fino a 16 anni.

2.3.3 *Titolo III – Rapporti economici (artt. 35-47 Cost.)*

Gli articoli della Costituzione dedicati ai rapporti economici **non hanno carattere precettivo**, ma definiscono i criteri generali cui deve attenersi il legislatore nell'elaborazione delle specifiche leggi di attuazione.

Il **lavoro** non è tutelato come diritto soggettivo perfetto, perché limiterebbe la libertà e l'iniziativa della persona: lo Stato non ha pertanto l'obbligo di fornire un lavoro al cittadino, ma piuttosto l'obbligo di «*promuovere le condizioni che rendano effettivo questo diritto*» (art. 4).

Il **diritto al lavoro** consiste nella libera scelta dell'attività lavorativa e, dove possibile, nella scelta delle modalità di esercizio del lavoro prescelto. Tale diritto e il **diritto all'esercizio di una professione** trovano tutela sovrannazionale nell'art. 15 della Carta dei diritti fondamentali; il diritto è di ogni cittadino europeo e pertanto è garantita la libera circolazione dei lavoratori sul territorio dell'Unione.

A tale diritto corrisponde il **dovere** (art. 4) di "*concorrere al progresso materiale e spirituale della società*" (il lavoro non è quindi solo il mezzo per la sopravvivenza individuale).

Diritti sociali dei lavoratori (artt. 35-38 Cost.). L'**art. 35 Cost.** stabilisce una generale tutela del lavoro in quanto sancisce che «*La Repubblica tutela il lavoro in tutte le sue forme ed applicazioni; cura la formazione e l'elevazione professionale dei lavoratori; promuove e favorisce gli accordi e le organizzazioni internazionali intesi ad affermare e regolare i diritti del lavoro*». Infine, «*riconosce la libertà di emigrazione, salvo gli obblighi stabiliti dalla legge nell'interesse generale, e tutela il lavoro italiano all'estero*».

I diritti sociali dei lavoratori si articolano nei seguenti:

- Diritto del lavoratore ad una retribuzione proporzionata alla quantità e qualità del suo lavoro; la durata massima della giornata lavorativa è stabilita dalla legge (art. 36, c. 1).
- Diritto di una retribuzione sufficiente ad assicurare a sé e alla famiglia un'esistenza libera e dignitosa (art. 36, c. 1); lo stesso diritto spetta alla donna lavoratrice (art. 37).
- Diritto (irrinunciabile) del lavoratore al riposo settimanale e a ferie annuali (art. 36); medesimo diritto spetta alla donna lavoratrice (art. 37).
- Diritto al mantenimento e all'assistenza sociale.Tale diritto si riferisce ai cittadini inabili al lavoro e sprovvisti dei mezzi necessari per vivere. L'assistenza sociale ha oggi assunto carattere di universalità, avendo il fine di tutelare la dignità della persona nelle situazioni di bisogno e di garantire a tutti i cittadini, lavoratori e non, i mezzi per un'esistenza dignitosa; l'assistenza privata, invece, è libera (art. 38).
- Diritto alla previdenza sociale: vale per i lavoratori in caso di infortunio, malattia, invalidità e vecchiaia, disoccupazione involontaria (art. 38).
- Diritto all'educazione e all'avviamento professionale per gli inabili e i minorati: a questi soggetti è garantita una posizione di vantaggio nell'avviamento al lavoro beneficiando di un collocamento obbligatorio che prevede una riserva di posti presso le aziende, e ciò anche per favorirne un inserimento ottimale nella vita produttiva nazionale (art. 38).

> ***Occorre Sapere***
>
> Il **lavoratore studente** ha diritto a turni di lavoro che agevolino la frequenza ai corsi e la preparazione agli esami.
> Ai fini dell'assunzione, e nel corso dello svolgimento del rapporto di lavoro, **non è concesso** al datore di lavoro **effettuare indagini sulle opinioni politiche, religiose o sindacali dei lavoratori**.

Le condizioni di lavoro della donna devono consentire l'adempimento della sua essenziale funzione familiare e assicurare alla madre e al bambino una speciale adeguata protezione. Il limite minimo di età per il lavoro salariato deve essere stabilito dalla legge, mentre il lavoro dei minori deve essere tutelato con speciali norme e garantire ad essi, a parità di lavoro, il diritto alla parità di retribuzione (art. 37).

Libertà sindacale (art. 39 Cost.). È collegata alla libertà di associazione riconosciuta all'art. 18. L'art. 39 Cost., riconosce al cittadino il diritto di associarsi liberamente con altri cittadini per l'autotutela di comuni interessi legati al lavoro; l'associazione sindacale deve dotarsi di un ordinamento interno a base democratica e quindi registrarsi presso i competenti uffici per acquisire la personalità giuridica. *Possono, rappresentati unitariamente in proporzione dei loro iscritti, stipulare contratti collettivi di lavoro con efficacia obbligatoria per tutti gli appartenenti alle categorie alle quali il contratto si riferisce*. Tuttavia le associazioni sindacali sono tuttora organismi non riconosciuti perché il dettame non è mai stato attuato.

Occorre Sapere

Alcune sigle sindacali:
C.G.I.L. - Confederazione generale italiana del lavoro
C.I.S.L. - Confederazione italiana sindacati lavoratori (questo sindacato è di matrice moderata cattolica)
U.I.L. - Unione italiana del lavoro
COBAS - Confederazione dei Comitati di base
Alcune sigle per il personale militare:
Co.Ce.R. (Consiglio Centrale di Rappresentanza): organo centrale, a carattere nazionale ed interforze, articolato in sezioni di Forza Armata o di Corpo Armato rappresenta unitariamente il personale dell'Esercito, della Marina, dell'Aeronautica, dell'Arma dei Carabinieri, della Guardia di Finanza e della Guardia Costiera
Co.IR. (Consigli Intermedi di Rappresentanza): organo di rappresentanza intermedio, svolge la sua attività presso gli Alti comandi. Ogni Ente di Forza Armata di livello di divisione o superiore è rappresentato dal suo COIR
Co.Ba.R. (Consigli di Base di Rappresentanza): organo di base di rappresentanza del personale militare, generalmente opera a livello reggimentale, sulle Unità Navali da guerra e rappresenta il personale presso il Comandante di Corpo

Libertà di sciopero (art. 40 Cost.). Lo sciopero consiste nell'astensione dal lavoro e si esercita nell'ambito e nel rispetto delle leggi che lo regolano, le quali pongono precisi limiti a presidio dei diritti altrui (es. garanzie nei servizi pubblici essenziali, come in ambito sanitario e medico, oppure in riferimento ai trasporti pubblici, settori in cui, anche in pendenza dell'esercizio del diritto di sciopero ad opera del personale, devono essere garantite le prestazioni – seppur in maniera ridotta –, pena una responsabilità penale degli scioperanti).

Occorre Sapere

La **precettazione** è un provvedimento amministrativo finalizzato a porre fine ad uno sciopero.

Libertà d'impresa (art. 41 Cost.). Il dettame statuisce che l'iniziativa economica e privata è libera, ma non può svolgersi in contrasto con l'utilità sociale o in modo da recare danno alla sicurezza, alla libertà, alla dignità umana. La legge determina i programmi e i controlli per indirizzare l'attività economica pubblica e privata a fini sociali.
Lo Stato ha il compito di compensare l'attività economica privata con quella pubblica a vantaggio di tutti. In questo articolo emerge che l'Italia ha un sistema economico misto in quanto all'iniziativa privata, nella vita economica, si affianca l'intervento dello Stato. A quest'ultimo spetta il ruolo di coordinare l'economia nazionale.

Diritto di proprietà (art. 42 Cost.). "*La proprietà è **pubblica** o **privata**. I beni economici appartengono allo Stato, ad enti o a privati. La proprietà privata è riconosciuta e garantita dalla legge, che ne determina i modi di acquisto, di godimento e i limiti allo scopo di assicura-*

re la funzione sociale e di renderla accessibile a tutti. La proprietà privata può essere, nei casi previsti dalla legge, e salvo indennizzo, espropriata per motivi di interesse generale. La legge stabilisce le norme ed i limiti della successione legittima e testamentaria e i diritti dello Stato sulle eredità."

Occorre Sapere

Mancando nella Costituzione una vera e propria definizione del diritto di proprietà è necessario fare un riferimento al codice civile. Il **diritto di proprietà** è un diritto reale che ha per contenuto la facoltà di godere e di disporre delle cose in modo pieno ed esclusivo, entro i limiti e con l'osservanza degli obblighi previsti dall'ordinamento giuridico (art. 832 c.c.).
Espropriazione per pubblica utilità. Solo la Pubblica Amministrazione può, con un provvedimento, acquisire per sé o far acquisire ad un altro soggetto (espropriazione), per esigenze di interesse pubblico, la proprietà o altro diritto reale su di un bene, indipendentemente dalla volontà del suo proprietario, previo pagamento di un indennizzo.

I BENI PUBBLICI E I BENI DEMANIALI

Beni pubblici. Costituiscono la dotazione di carattere materiale di cui le amministrazioni si servono per svolgere i loro compiti rientranti nella categoria giuridica della **proprietà pubblica** (art. 42 Cost.); essi presentano una disciplina molto peculiare rispetto ai beni privati sotto il profilo dell'uso, della circolazione e della tutela.
Patrimonio disponibile. Costituito da determinati beni pubblici che sono in tutto soggetti alla disciplina dei beni privati.

Occorre Sapere

La **protezione dei beni culturali** è una branca del diritto pubblico.
La legge 5 gennaio 1994, n. 37 ha introdotto l'appartenenza al demanio pubblico delle **isole e unioni di terra**.

Classificazione dei beni pubblici. Sono classificati dal codice civile in: *beni demaniali*, *beni patrimoniali indisponibili* e *beni patrimoniali disponibili*.
Beni demaniali. Sono individuati dall'art. 822 c.c. in un'elencazione che per dottrina e giurisprudenza è da considerarsi tassativa e che comprende beni immobili e universalità di mobili. Fanno parte del demanio pubblico: il lido del mare, la spiaggia, le rade e i porti; i fiumi, i torrenti, i laghi e le altre acque definite pubbliche dalle leggi in materia; le opere destinate alla difesa nazionale.
I beni demaniali si distinguono in:

- **demanio necessario**, costituito dall'insieme di beni naturali e artistici che si trovano nel territorio dello Stato; a sua volta è distinto in demanio marittimo, idrico e militare. Il demanio necessario è solo statale o regionale;
- **demanio accidentale**, costituito dai beni che, a loro volta, si distinguono in *beni demaniali naturali* e *beni demaniali artificiali*. Il demanio accidentale è l'insieme di beni che possono essere di proprietà privata o pubblica (Stato, Regioni o Enti locali) e che formano parte del demanio solo se pubblici: strade, autostrade e strade ferrate; aerodromi, acquedotti; immobili riconosciuti d'interesse storico, archeologico e artistico a norma delle leggi in materia, raccolte dei musei, pinacoteche archivi, biblioteche; e infine gli altri beni che sono dalla legge assoggettati al regime proprio del demanio pubblico. Ciò che caratterizza i beni del demanio accidentale è la loro titolarità: possono appartenere anche a soggetti non pubblici ma, se appartengono ad un ente pubblico territoriale, il relativo regime è quello del demanio accidentale. Il demanio accidentale può essere anche provinciale o

comunale. Ulteriore differenza dei beni del demanio accidentale rispetto a quelli del demanio necessario deriva dal fatto che essi non sono costituiti esclusivamente da beni immobili, potendo consistere anche in universalità di mobili (raccolte dei musei e pinacoteche). L'art. 117, c. 3, Cost. rimette alla potestà legislativa concorrente tra Stato e Regioni la disciplina di molti dei beni demaniali in questione tra cui i porti e le grandi reti di trasporto.

I beni che fanno parte del demanio pubblico sono assoggettati al seguente regime: **inalienabilità**: i beni demaniali non possono essere trasferiti ad altri soggetti e gli eventuali atti di disposizione compiuti in spregio a tale divieto sono nulli; **non possono essere costituiti diritti a favore di terzi** (es. una servitù di passaggio) se non nei modi e nei limiti stabiliti tassativamente dalla legge. Resta precluso l'usucapione quale modo d'acquisto di diritti reali e in generale l'applicazione della disciplina privatistica della proprietà; **inespropriabilità**; **trasferibilità ad altro ente territoriale**: i beni demaniali possono essere trasferiti ad altro ente pubblico territoriale sempre che non siano indissolubilmente legati al territorio dell'ente cui appartengono (come nel caso di una piazza sita al centro di un comune) e purché permanga la loro destinazione pubblica.

Beni patrimoniali indisponibili. Possono in linea di massima essere alienati a condizione che non siano sottratti alla loro destinazione. Tali beni, infatti, sono permanentemente destinati a servizi o finalità di interesse pubblico e non possono essere sottratti a tale destinazione se non con particolari procedure. Vi rientrano, per esempio, gli edifici destinati a ospitare le sedi degli uffici pubblici. I beni indisponibili possono essere usucapiti, ma non sono suscettibili di espropriazione forzata.

Beni patrimoniali disponibili. Pur appartenendo allo Stato o agli altri enti pubblici territoriali, non sono inderogabilmente destinati a soddisfare un interesse pubblico, perché servono soltanto a produrre un reddito. Rientrano in quest'ultima categoria tutti i beni che non fanno parte del demanio e del patrimonio indisponibile. Può trattarsi di beni immobili o mobili, di crediti, di titoli o di denaro. Tali beni costituiscono una proprietà privata dell'ente pubblico e coerentemente con la loro funzione tali beni sono alienabili e seguono, con qualche limitata eccezione, le regole del diritto privato.

Limiti al monopolio privato e la nazionalizzazione (art. 43 Cost.). "*Ai fini di utilità generale la legge può riservare originariamente o trasferire, mediante espropriazioni e salvo indennizzo, allo Stato, ad enti pubblici o a comunità di lavoratori o di utenti determinate imprese o categorie di imprese, che si riferiscano a servizi pubblici essenziali o a fonti di energia o a situazioni di monopolio ed abbiano carattere di preminente interesse generale.*"

Proprietà terriera privata (art. 44 Cost.). "*Al fine di conseguire il razionale sfruttamento del suolo e di stabilire equi rapporti sociali, la legge impone obblighi e vincoli alla proprietà terriera privata, fissa limiti alla sua estensione secondo le regioni e le zone agrarie, promuove ed impone la bonifica delle terre, la trasformazione del latifondo e la ricostituzione delle unità produttive; aiuta la piccola e la media proprietà. La legge dispone provvedimenti a favore delle zone montane*".

Cooperazione mutualistica (art. 45 Cost.). "*La Repubblica riconosce la funzione sociale della cooperazione a carattere di mutualità e senza fini di speculazione privata. La legge ne promuove e favorisce l'incremento con i mezzi più idonei e ne assicura, con gli opportuni controlli, il carattere e le finalità. La legge provvede alla tutela e allo sviluppo dell'artigianato*".

Collaborazione dei lavoratori alla gestione aziendale (art. 46 Cost.). *"Ai fini della elevazione economica e sociale del lavoro in armonia con le esigenze della produzione, la Repubblica riconosce il diritto dei lavoratori a collaborare, nei modi e nei limiti stabiliti dalle leggi, alla gestione delle aziende".*
Tutela del risparmio (art. 47 Cost.). *"La Repubblica incoraggia e tutela il risparmio in tutte le sue forme; disciplina, coordina e controlla l'esercizio del credito. Favorisce l'accesso del risparmio popolare alla proprietà dell'abitazione, alla proprietà diretta coltivatrice e al diretto e indiretto investimento azionario nei grandi complessi produttivi del Paese".*

2.3.4 Titolo IV – Rapporti politici (artt. 48-54 Cost.)

Il diritto di voto (art. 48 Cost.). Il dettame prevede che *tutti i cittadini*, uomini e donne, che hanno raggiunto la maggiore età sono elettori (costituiscono l'**elettorato attivo**) e che il voto è *personale ed eguale, libero e segreto*: il suo esercizio costituisce un diritto politico, ma anche un *dovere civico*.
Da tale disposizione si ricavano i seguenti *principi*:

- *suffragio universale* («*tutti i cittadini*»): in Italia il voto alle donne è stato concesso soltanto il 1° febbraio 1945, esercitato nel referendum istituzionale del 1946 e poi riaffermato come diritto inviolabile, in seguito al riconoscimento dell'*eguaglianza* tra i sessi affermata nella Costituzione. Nel 1946 si sanciva anche l'eleggibilità;
- *personalità del voto*: occorre recarsi *personalmente* alla sezione elettorale *segnare di proprio pugno* e *segretamente* la scheda; fanno eccezione gli italiani all'estero (L. 27-12-2001, n. 459, di attuazione dell'art. 48 Cost. come modificato dalla L. Cost. 1/2000) poiché con la nuova normativa gli elettori appartenenti alla circoscrizione estero (vale a dire i cittadini italiani residenti all'estero) possono esercitare il loro diritto di voto anche per corrispondenza[1];
- *eguaglianza del voto*: sono esclusi i voti *plurimi* riservati a determinate categorie di persone;
- *segretezza del voto*: stabilita a tutela della *libertà* del voto, per garantire l'elettore da possibili pressioni esterne;
- *libertà del voto*: per il principio di libera manifestazione delle proprie idee, deve essere concesso ad ogni elettore la facoltà di attribuire il proprio voto a chi ritenga più opportuno, senza coazioni di sorta;
- *non obbligatorietà del voto*: l'esercizio del diritto di voto costituisce *dovere civico*.

Il c. 4 stabilisce che il diritto di voto **può essere limitato** solo in presenza dei seguenti requisiti negativi:

1) *incapacità civile*;
2) *effetto di sentenza penale irrevocabile*;
3) *casi di indegnità morale indicati dalla legge*.

---

1 **Il voto degli italiani residenti all'estero.** La L. Cost. 17-1-2000, n. 1, ha inserito un nuovo comma dopo il secondo, riconoscendo ai cittadini italiani residenti all'estero l'esercizio del diritto di voto. La norma dispone che la «*legge stabilisce i requisiti e le modalità per l'esercizio del diritto di voto dei cittadini italiani residenti all'estero e ne assicura l'effettività*». A questo scopo istituisce una *circoscrizione Estero* per l'elezione delle Camere. Alla nuova circoscrizione della Camera sono stati attribuiti 12 deputati mentre a quella del Senato 6 senatori.

Diritto di associarsi in Partiti (art. 49 Cost.). *"Tutti i cittadini hanno diritto di associarsi liberamente in partiti per concorrere con metodo democratico a determinare la politica nazionale"*. Nel nostro ordinamento, così come in tutti gli altri sistemi democratici, per scegliere i propri rappresentanti si ricorre all'intermediazione dei **partiti**, organismi in grado di orientare le attività e le scelte dei cittadini.

Occorre Sapere

I **partiti politici** non possono:

- assumere la forma di «associazione segreta», né presentare carattere di organizzazione militare, per l'espresso divieto dell'art. 18 Cost.;
- assumere simboli o contrassegni che possano confondersi con simboli altrui o che riproducano immagini religiose;
- riorganizzare, sotto qualsiasi forma, il disciolto partito fascista (disp. trans. XII Cost.);
- annoverare tra i loro iscritti (ex art. 98 Cost.) le seguenti categorie di cittadini:
  1) i militari di carriera in servizio attivo;
  2) gli ufficiali e gli agenti di polizia giudiziaria;
  3) i magistrati;
  4) i rappresentanti diplomatici e consolari all'estero.

In Italia, il sistema dei partiti politici è multipartitico.

Diritto di petizione (art. 50 Cost.). *"Tutti i cittadini possono rivolgere petizioni alle Camere per chiedere provvedimenti legislativi o esporre comuni necessità"*. Costituisce uno degli **istituti di democrazia diretta** riconosciuti al popolo-corpo elettorale. Con l'esercizio di tale diritto i cittadini portano a conoscenza del Parlamento determinate situazioni o necessità, chiedendo alle Camere di esaminarle e di provvedervi attraverso lo strumento legislativo.

Il nostro ordinamento prevede una serie di **istituti di democrazia diretta** volti a permettere al popolo di esercitare la sovranità: il *referendum popolare,* l'*iniziativa legislativa*, la *petizione popolare*.

Il referendum popolare. È *l'istituto di democrazia diretta* più importante e prevede l'intervento diretto del popolo nell'esercizio dell'indirizzo politico senza il tramite dei suoi rappresentanti. La Costituzione (artt. 75 e 138) prevede due tipi di referendum popolare:

- **referendum abrogativo (art. 75 Cost.)**. Con esso si propone all'elettorato "l'abrogazione, totale o parziale, di una legge o di un atto avente valore di legge". Può essere richiesto da **500.000 elettori** che abbiano compiuto la maggiore età o da **5 Consigli Regionali**. Sono escluse da referendum abrogativo le leggi:
  - tributarie e di bilancio;
  - di amnistia e di indulto;
  - di autorizzazione a ratificare trattati internazionali.

  Sono, altresì, escluse dal referendum abrogativo tutte le leggi connesse a quelle espressamente indicate dalla Costituzione, ovvero qualsiasi normativa di carattere finanziario o incidente, anche solo indirettamente, su tematiche di diritto internazionale o Comunitario.

  Per l'approvazione di una proposta sottoposta a referendum abrogativo è necessario che abbia partecipato alla votazione la ***maggioranza degli aventi diritto*** (possono votare tutti gli elettori ammessi ad eleggere la Camera dei deputati) e sia raggiunta la ***maggioranza dei voti***. Indire il referendum e, in caso di esito favorevole, dichiarare l'abrogazione della legge ad esso sottoposta, è una funzione del Presidente della Repubblica in relazione all'esercizio della sovranità popolare.

Non può essere inoltrata richiesta di referendum abrogativo negli ultimi 6 mesi della legislatura. Le modalità di attuazione del referendum sono determinate dalla legge. Il giudizio sull'ammissibilità di un referendum abrogativo in Italia è affidato alla **Corte Costituzionale**, mentre il deposito delle firme per la richiesta di referendum abrogativo deve avvenire presso la **Corte di Cassazione**; le sottoscrizioni necessarie a richiedere un referendum abrogativo vanno raccolte entro tre mesi dalla presentazione dell'iniziativa referendaria. L'Ufficio centrale per il referendum verifica che la richiesta sia conforme alle norme dell'art. 138 della Costituzione e della legge e decide, con ordinanza, sulla legittimità della richiesta **entro 30 giorni** dalla sua presentazione;

- **referendum costituzionale o sospensivo (art. 138 Cost.**). È previsto per le leggi di revisione della Costituzione e per le altre leggi costituzionali; tali leggi possono essere sottoposte a referendum quando, pur essendo state approvate nella seconda votazione, a maggioranza assoluta dei componenti di ciascuna Camera, non *abbiano ottenuto il voto favorevole di almeno i due terzi dei componenti*.
  La legge viene pubblicata, per notizia, sulla Gazzetta Ufficiale, ma non promulgata; entro tre mesi da tale data, un quinto dei membri della Camera o 500.000 elettori o 5 Consigli Regionali possono avanzare la richiesta di referendum confermativo.

Il referendum regionale o locale. Può essere indetto per approvare la *fusione* di Regioni esistenti o per la *creazione* di nuove Regioni; per *abrogare o meno leggi o provvedimenti amministrativi regionali.* Questo tipo di referendum è necessario quando Comuni o Province vogliano staccarsi da una Regione per aggregarsi ad un'altra.
Con i *referendum locali*, invece, i cittadini possono esprimere il loro parere su interventi relativi al funzionamento e all'organizzazione dell'ente locale.

L'iniziativa legislativa popolare. Il popolo può avviare direttamente il processo di formazione di una legge proponendo al Parlamento, tramite **50.000 elettori**, il progetto di una legge redatta per articoli, secondo l'art. 71 Cost. Il testo va presentato al Presidente della Camera dei deputati. Il Parlamento è tenuto a prendere in considerazione tale progetto, a discuterlo e a votarlo.

Occorre Sapere

Il **primo referendum abrogativo** che si è svolto in Italia è stato nel 1974 (referendum sul divorzio).
La giurisprudenza costituzionale ha affermato che la **natura del referendum abrogativo** è quella di atto fonte dell'ordinamento dello stesso rango della legge ordinaria.
Nell'aprile del 1993 il **referendum popolare abrogativo diretto alla depenalizzazione dell'uso personale di sostanze stupefacenti** ebbe esito positivo.

Diritto di accesso agli uffici pubblici e alle cariche elettive (art. 51 Cost.). *"Tutti i cittadini dell'uno o dell'altro sesso possono accedere agli uffici pubblici e alle cariche elettive* (**Elettorato passivo**) *in condizioni di eguaglianza, secondo i requisiti stabiliti dalla legge. A tale fine la Repubblica promuove con appositi provvedimenti le pari opportunità tra donne e uomini.*
La legge può, per l'ammissione ai pubblici uffici e alle cariche elettive, parificare ai cittadini gli italiani non appartenenti alla Repubblica.
Chi è chiamato a funzioni pubbliche elettive ha diritto di disporre del tempo necessario al loro adempimento e di conservare il suo posto di lavoro".

Occorre Sapere

L'**elettorato passivo** consiste nella capacità di ricoprire cariche elettive. Tutti i cittadini dell'uno o dell'altro sesso possono accedervi, tuttavia, possono sussistere situazioni, previste dalla legge, che ne impediscono l'eleggibilità (***ineleggibilità***), per cui, qualora il candidato venga eletto, l'elezione è invalida e inefficace. Si parla, invece, di ***incompatibilità*** quando l'eletto si trova in una situazione per la quale, se vuole conservare la carica validamente assunta, deve rinunziare ad altra carica incompatibile con la prima.

Per il principio di coincidenza tra elettorato attivo e passivo, di regola chiunque è elettore è, a sua volta, anche eleggibile. Per l'appartenenza alla Camera dei deputati, tuttavia, l'età non può essere inferiore a **25 anni**, per il Senato a **40**.

I SISTEMI ELETTORALI

Per **sistema elettorale** si intende l'insieme di regole che determinano le modalità con le quali gli elettori sono chiamati ad esprimere il proprio voto e che individuano i criteri da utilizzare per assegnare i seggi elettorali ai candidati.

I sistemi elettorali sono numerosi, ma vengono tradizionalmente raggruppati in due tipi fondamentali: i sistemi maggioritari e i sistemi proporzionali.

I **sistemi maggioritari** sono accomunati dal fatto che i seggi vengono attribuiti solo *a coloro che ottengono il maggior numero di voti* all'interno di ciascuna area geografica (**collegio**) in cui è diviso il Paese. In genere, si tratta di *collegi uninominali*, nel senso che il loro numero è uguale al numero dei seggi da assegnare e, pertanto, in ciascuno di essi viene eletto un solo candidato. I sistemi maggioritari si distinguono in: di tipo ***plurality***, di tipo ***majority***.

Si parla di "*maggioritario a doppio turno*", quando viene utilizzato il sistema dell'istituto del **ballottaggio**. In pratica, si prevedono due *turni elettorali*: viene eletto al primo turno chi raggiunge il 50% + 1 dei voti validi; se nessuno raggiunge questa soglia, si va ad un secondo turno al quale sono ammessi a partecipare i candidati che, al primo turno, hanno ottenuto più voti oppure hanno superato una certa percentuale di voti. In Italia, il turno di ballottaggio, laddove previsto per legge, avviene dopo quattordici giorni.

I **sistemi proporzionali** sono accomunati dal fatto di *attribuire i seggi in proporzione al numero di voti ottenuto da ciascun partito*. In questo modo, i partiti che hanno un maggior numero di elettori otterranno il maggior numero dei seggi disponibili, ma anche i partiti minori, cioè con un minor seguito elettorale, avranno la possibilità di ottenere la presenza di propri rappresentanti, sia pure in numero inferiore, nelle assemblee elettive.

In genere, il territorio del Paese viene diviso in più *collegi plurinominali*, nel senso che in ciascuno di essi deve essere eletto un certo numero di rappresentanti (ai fini della ripartizione dei seggi per l'elezione dei Deputati, il territorio nazionale è suddiviso in **Circoscrizioni elettorali**).

In Italia per molto tempo si è adottato un **sistema maggioritario misto**, nel quale una parte dei seggi veniva ripartita proporzionalmente tra i vari partiti politici escludendo i voti che sono stati necessari per eleggere i candidati nei singoli collegi. In alcuni casi si è stabilito uno **sbarramento**, cioè una soglia minima di voti necessari per partecipare alla ripartizione dei seggi. In altri casi, ancora, come in Italia dopo la legge elettorale 21 dicembre 2005, n. 270 (cd. **legge Calderoli** o ***Porcellum***), si è previsto un cd. **premio di maggioranza**, in base al quale il partito o i partiti che ottengono il maggior numero di voti hanno diritto a un numero di seggi più alto rispetto a quello che sarebbe spettato loro applicando il metodo puramente proporzionale.

Per l'esame dei disegni di legge in materia elettorale deve essere sempre adottata la **procedura normale di esame ed approvazione** da parte delle due Camere.

Le elezioni per stabilire in anticipo il candidato a capo di una determinata coalizione alle successive elezioni politiche/amministrative si dicono **primarie**.

Occorre Sapere

La **legge elettorale** è l'atto del parlamento che fissa le regole con cui organizzare le elezioni.
Per **elezioni politiche** si intendono le elezioni del Parlamento o del Governo del Paese.
Dopo la convocazione dei comizi elettorali è lecito diffondere, a determinate condizioni, i sondaggi demoscopici sull'esito delle elezioni tranne che nei 15 giorni precedenti la data delle votazioni.
Le persone che possono essere votate in un'elezione sono dette **candidati**.
In Italia il suffragio universale maschile fu introdotto nel 1912.
La prima riforma elettorale italiana degli anni '90 riguardò il collegio uninominale a due turni.
La soglia di sbarramento nel sistema elettorale italiano per le formazioni che si presentano alle elezioni europee è pari al 4%.
In **Trentino Alto Adige e in Valle d'Aosta** è rimasto in vigore il sistema elettorale proporzionale per l'elezione del Presidente della Regione. Questa scelta è avvenuta per salvaguardare le minoranze linguistiche.

I Sistemi elettorali dell'Italia Repubblicana. Dal 18 aprile 1948, quando si tennero le prime elezioni dell'Italia repubblicana, fino al 1993, a parte la breve parentesi della cosiddetta **Legge Truffa** (1953, abrogata l'anno successivo), l'elezione dei parlamentari italiani è stata regolata da un **sistema proporzionale puro** con la legge elettorale nata per scegliere i membri dell'allora Assemblea Costituente (1946).
Per quanto riguarda l'elezione della Camera dei deputati, il territorio nazionale era suddiviso in 32 circoscrizioni plurinominali; ogni elettore poteva esprimere un massimo di quattro voti di preferenza. Il sistema elettorale per il Senato, pur mantenendosi anch'esso in un contesto largamente proporzionale, conteneva piccoli correttivi in senso maggioritario. Nel 1993 fu approvata la **legge Mattarella,** rimasta in vigore fra il **1993 e il 2005**, che introdusse un **sistema elettorale ibrido**: maggioritario uninominale a turno unico per i tre quarti dei seggi del Senato e i tre quarti dei seggi della Camera; ripescaggio proporzionale dei più votati fra i candidati non eletti per l'assegnazione del rimanente 25% dei seggi del Senato; proporzionale con liste bloccate e ***soglia di sbarramento al 4%*** per il rimanente 25% dei seggi della Camera. Con questo sistema si è votato per 3 volte: nel 1994, nel 1996 e nel 2001.
Con la **legge** n. 270/2005 entrò in vigore un **sistema proporzionale corretto con un premio di maggioranza** – attribuito su base regionale al Senato, con diverse clausole di accesso, senza voto di preferenza. La Corte costituzionale nel 2013 ha dichiarato l'incostituzionalità di parte della legge, in riferimento al premio di maggioranza e all'eccessiva lunghezza delle liste bloccate.
Per quanto riguarda la sola Camera dei deputati, invece, nel **2015** fu approvato un nuovo sistema elettorale, voluto da **Renzi**, noto come «**Italicum**»; la legge, operativa a partire dal 1° luglio 2016, prevedeva un **meccanismo proporzionale** con ***sbarramento al 3%*** ed eventuale **premio di maggioranza**.
Con la L. 3 novembre **2017**, n. 165, cd. «**Rosatellum**», è stato adottato un sistema elettorale misto, che riunisce una componente maggioritaria uninominale ed una proporzionale plurinominale. L'assegnazione di 232 seggi alla Camera e di 116 seggi al Senato è, infatti, effettuata in **collegi uninominali**, in cui è proclamato eletto il candidato più votato, a prescindere dal numero di voti effettivamente riportati. La componente uninominale porta all'attribuzione del 36,8% dei seggi. Gli altri seggi (386 alla Camera e 193 al Senato), invece, sono attribuiti in **collegi plurinominali**, con metodo proporzionale tra le liste e le coalizioni di liste che abbiano superato le soglie di sbarramento (3% per la singola lista e 10% per le coalizioni). In questo caso sono proclamati eletti i candidati della lista del collegio plurinominale secondo l'ordine di presentazione, nel limite dei seggi cui la lista abbia diritto.
Una disciplina specifica è prevista per la circoscrizione Estero che elegge 12 deputati e 6 senatori.

Doveri inderogabili (artt. 52-54 Cost.). L'art. 2 Cost., accanto ai diritti inviolabili, richiede l'adempimento dei ***«doveri inderogabili di solidarietà politica, economica e sociale»***. Per «**doveri inderogabili**» si devono intendere quei doveri dal cui adempimento nessun soggetto può essere esentato in quanto espressione del principio di solidarietà.

Tra i doveri inderogabili di solidarietà politica si inserisce il **dovere di difesa della Patria** proclamato dall'**art. 52 Cost.** e definito come «***sacro***» (termine inteso laicamente) La difesa della Patria può essere adempiuta anche con forme di solidarietà nei confronti della comunità diverse dal servizio militare armato. L'ordinamento delle Forze armate si informa allo spirito democratico della Repubblica.

L'**art. 53 Cost**. stabilisce il **dovere**, sia per i cittadini sia per gli stranieri (che hanno interessi economici in Italia), **di concorrere alle spese pubbliche** attraverso prelievi fiscali in ragione della ***capacità contributiva*** di ciascuno e secondo il ***criterio di progressività***.

Generalmente, il potere impositivo di prelievo compete al Parlamento che lo esercita nel rispetto dei più generali principi costituzionali dell'*equità* e della *solidarietà sociale*.

Ogni individuo appartenente alla comunità nazionale è tenuto a pagare i tributi al fine di adempiere ai «doveri inderogabili di solidarietà politica, economica e sociale» e, pertanto, deve cooperare al benessere della collettività, secondo le sue possibilità, proprio attraverso il versamento dei tributi.

L'**art. 54 Cost.** impone il cd. **dovere di fedeltà** secondo cui «*Tutti i cittadini hanno il dovere di essere fedeli alla Repubblica e di osservarne la Costituzione e le leggi*». Tuttavia, il dovere di fedeltà non comporta «obbedienza incondizionata» ai governanti che, abusando del loro ufficio, violino o sovvertano i principi fondamentali consacrati dalla Costituzione.

2.4 Parte II – Ordinamento della Repubblica (artt. 55-139 Cost.)

2.4.1 Organi costituzionali e a rilevanza costituzionale

Sono **organi costituzionali** quelli previsti e disciplinati dalla Carta costituzionale (necessari e indefettibili) e che godono di una particolare **autonomia** che consente loro di essere definiti come **poteri dello Stato**. Gli organi costituzionali partecipano all'esercizio della funzione politica (*indirizzo politico*) a seconda delle competenze loro riconosciute direttamente dalla Costituzione. La disciplina di tali organi è, dunque, coperta da **riserva di legge (*assoluta*) di rango costituzionale**. Le funzioni di tali organi non possono essere svolte da altri organi (se si eccettua la provvisoria sostituzione del Capo dello Stato da parte del Presidente del Senato prevista dall'art. 86, c. 1, Cost.).

Gli organi costituzionali previsti nella Costituzione italiana sono:

- il **Parlamento** (nella sua accezione di bicameralismo perfetto, composto dalla **Camera dei deputati** e dal **Senato della Repubblica** – e nelle diverse ipotesi in cui si riunisce in *seduta comune*);
- il **Presidente della Repubblica**;
- il **Governo**;
- la **Magistratura**;
- la **Corte costituzionale**;
- le **Regioni**, le **Province**, le **Città metropolitane** e i **Comuni**.

Gli **organi di rilevanza costituzionale** sono solo previsti, sebbene non disciplinati nelle funzioni, dalla Costituzione e non svolgono funzioni riconducibili all'indirizzo politico, ma di tipo consultivo o giurisdizionale; essi sono essenziali alla struttura costituzionale:

- il **Consiglio di Stato**;
- la **Corte dei conti**;
- il **Consiglio supremo di difesa**;
- il **Consiglio nazionale dell'economia e del lavoro** (CNEL);
- il **Consiglio superiore della Magistratura**.

2.4.2 Titolo I – Il Parlamento (artt. 55-82 Cost.)

Il **Parlamento**, potere dello Stato, titolare della funzione legislativa e della funzione di **indirizzo politico** e di **controllo** sull'attività del *Governo*, è un organo:

- ***costituzionale***;
- ***complesso*** e ***bicamerale*** poiché costituito da due camere: Camera dei deputati e Senato della Repubblica o Camera Alta (art. 55);
- ***collegiale***, in quanto i membri che lo compongono emettono decisioni imputate unitariamente all'organo;
- ***rappresentativo***, poiché rispecchia la volontà politica del corpo elettorale;
- ***perfetto***, in quanto le due camere hanno uguali funzioni, poteri e prerogative e partecipano allo stesso modo alla funzione legislativa.

Il Parlamento italiano dura in carica 5 anni (cd. ***legislatura***) - art. 60, c. 1, Cost.
"Le elezioni delle nuove Camere hanno luogo entro 70 giorni dalla fine delle precedenti" (art. 61) e finché non siano riunite le nuove Camere *sono prorogati i poteri delle precedenti*. Possono essere sciolte, singolarmente o congiuntamente, dal Presidente della Repubblica con proprio decreto (art. 88), dopo aver consultato i presidenti delle stesse, quando: non appaiano più rappresentative delle forze politiche del Paese, sia impossibile formare una maggioranza politica stabile nel Parlamento e vi sia un insanabile contrasto politico fra le due assemblee. Il Capo dello Stato non può procedere allo scioglimento delle Camere negli ultimi sei mesi del suo mandato (cd. ***semestre bianco***), sempre che essi non coincidano in tutto o in parte con gli ultimi sei mesi della legislatura.
L'**istituto della *prorogatio*** prevede che, fino a quando non siano riunite le nuove Camere, siano prorogati i poteri delle precedenti, ma la durata non dovrebbe superare i 90 giorni (art. 61).
La **proroga**, invece, consiste in un atto spontaneo del Parlamento che, mediante una legge, decide di rinviare le elezioni e di prorogare i propri poteri; avviene solo in caso di guerra (art. 60, c. 2, Cost.).

2.4.2.1 Sezione I - Le Camere (artt. 55-69)

CARATTERISTICHE GENERALI DELLE CAMERE		
	CAMERA DEI DEPUTATI	**SENATO DELLA REPUBBLICA**
Composizione	seicentotrenta (630) deputati, dodici (12) dei quali eletti nella circoscrizione Estero (art. 56). L'Assemblea è **interamente elettiva***	trecentoquindici (315) senatori, sei (6) dei quali eletti nella circoscrizione Estero (**elettivi**). Inoltre, ne fanno parte i **senatori a vita** (**non elettivi** - art. 59)*
Sede	Palazzo Montecitorio (Roma)	Palazzo Madama (Roma)

(segue)

CARATTERISTICHE GENERALI DELLE CAMERE		
	CAMERA DEI DEPUTATI	**SENATO DELLA REPUBBLICA**
Elettorato attivo	è eletta a suffragio universale e diretto su base nazionale; possono votare tutti i cittadini italiani di maggiore età (18 anni) – art. 56	è eletta a suffragio universale su base regionale; possono votare i cittadini italiani che hanno compiuto il venticinquesimo anno di età (25 anni) – art. 58
Elettorato passivo	Sono eleggibili tutti i cittadini italiani che nel giorno della elezione hanno compiuto il venticinquesimo anno di età (25 anni) – art. 56	Sono eleggibili tutti i cittadini italiani che nel giorno della elezione hanno compiuto il quarantesimo anno di età (40 anni) – art. 58
* La legge costituzionale approvata in via definitiva dal Parlamento l'8 ottobre 2019 ha ridotto il numero dei parlamentari che saranno 400 alla Camera (di cui 8 eletti nella circoscrizione estero) e 200 al Senato (di cui 4 eletti nella circoscrizione estero). A seguito del referendum costituzionale, che si è svolto il 20 e 21 settembre 2020, la legge entra definitivamente in vigore: la modifica si applica dalla XIX legislatura.		

La Costituzione prevede i seguenti tipi di convocazione delle Camere:
- ***iniziale***: le Camere neo-elette devono riunirsi entro 20 giorni dalle elezioni, nel giorno fissato dal Presidente della Repubblica;
- ***di diritto***: il primo giorno non festivo di febbraio e di ottobre (art. 62);
- su ***mozione di aggiornamento***: decisa dalle stesse Camere;
- ***straordinaria***: per iniziativa del suo Presidente o del Presidente della Repubblica o di un terzo dei suoi componenti (art. 62). Quando è riunita in via straordinaria una Camera è convocata di diritto anche l'altra Camera.

Le ***sedute sono pubbliche***, anche se *ciascuna Camera* e il *Parlamento* a *Camere* riunite possono deliberare di adunarsi in *seduta segreta*. I membri del Governo (compresi i Sottosegretari), anche se non ricoprono la carica di parlamentare, hanno il diritto, e se richiesti, l'obbligo, di assistere alle sedute (art. 64). La norma, incidentalmente, sancisce la compatibilità delle cariche di membro del Governo e del Parlamento, ma consente anche che un Ministro non sia membro del Parlamento.
Le deliberazioni di ciascuna Camera non sono valide se non è presente la maggioranza dei componenti e se non sono adottate a maggioranza dei presenti (***maggioranza semplice***) ovvero è necessario il voto della metà dei parlamentari presenti più uno, salvo che la Costituzione prescriva una ***maggioranza speciale*** (art. 64). Infatti, le maggioranze necessarie per una deliberazione in Parlamento o alla Camera possono essere: ***semplice***, ***assoluta*** (316), ***qualificata***. Per le votazioni nelle assemblee parlamentari è previsto il **voto palese ovvero** per **alzata di mano**, salve le eccezioni previste dai regolamenti parlamentari.

Prerogative delle Camere

Autonomia regolamentare: "*ciascuna Camera adotta il proprio regolamento a maggioranza assoluta dei suoi componenti*" (art. 64); serve a disciplinare l'organizzazione interna di ciascuna Camera. I **regolamenti** trattano tutti gli aspetti funzionali e decisionali del Parlamento: organizzazione delle Camere (Presidenza, Ufficio di presidenza, Gruppi parlamentari, Giunte, Commissioni permanenti); organizzazione dei lavori e dell'ordine del giorno dell'Assemblea e delle Commissioni; numero legale e deliberazioni; votazioni; presentazione e trasmissione dei progetti di legge ecc. Ogni Camera giudica sui titoli di ammissione degli eletti alla propria assemblea e sulle cause sopraggiunte di incompatibilità. Gli ***uffici di Presidenza*** di ciascuna Camera sono eletti dalle proprie assemblee (art. 63) e sono composti, oltre che dal Presidente, da 4 vicepresidenti, 3 questori e 8 segretari. Se nella terza votazione per l'elezione del Presidente dell'assemblea nessuno ha riportato la ***maggioranza assoluta*** dei voti dei presenti si procede al ballottaggio fra i due candidati che hanno ottenuto nel precedente scrutinio il maggior numero di voti nel giorno successivo e viene proclamato eletto quello che consegue almeno la maggioranza dei tre quarti dei presenti. In apertura della legislatura, il Presidente dell'Assemblea è il membro più anziano.

Autonomia finanziaria: ciascuna Camera delibera il proprio bilancio. Non è prevista nessuna forma di controllo esterno da parte della Corte dei conti

Autonomia amministrativa: ciascuna Camera organizza i propri uffici amministrativi e provvede alla assunzione dei propri dipendenti (commessi, funzionari, dipendenti guardie di servizio ecc.) stipulando in proprio contratti di lavoro

Inviolabilità degli edifici delle Camere: in base ad una norma consuetudinaria, non sancita dalla Costituzione, è vietato agli ufficiali ed agenti della forza pubblica, l'accesso negli edifici delle Camere, per compiere atti del proprio ufficio

Tutela penale delle Camere: nel nostro ordinamento penale sono puniti come reati: il tentativo di impedire alle Camere l'esercizio delle proprie funzioni (art. 289 c.p.) ed il vilipendio delle Camere (art. 290 c.p.).

Organi interni

Organi interni delle Camere sono:

- **Presidente di ciascuna Camera** (nell'ordine delle cariche della Repubblica Italiana, il Presidente del Senato occupa il secondo posto, dopo il Presidente della Repubblica ed il Presidente della Camera dei Deputati occupa il terzo posto);
- **Gruppi parlamentari**: appena eletti ciascun membro deve dichiarare a quale gruppo appartenere altrimenti viene assegnato al cd. ***gruppo misto***. Sono associazioni di deputati appartenenti allo stesso partito politico o con idee politiche simili; alla Camera ogni gruppo parlamentare è composto da almeno 20 deputati, al Senato da 10 senatori
- **Commissioni parlamentari** (art. 72): sono organi collegiali del Parlamento, al quale vengono assegnati i disegni di legge prima che essi vengano discussi in sede parlamentare. Le Commissioni si distinguono in:
  - **permanenti**: in ciascuna Camera, all'inizio di ogni legislatura, si costituiscono 14 Commissioni permanenti, formate in modo da rispecchiare la proporzionalità dei vari gruppi parlamentari e si distinguono per materia;
  - **bicamerali**: sono previste dalla legge e composte da Senatori e da Deputati, nel rispetto del principio di proporzionalità; se previsto dalla legge, vi deve essere assicurata anche la rappresentanza di tutti i gruppi (Es. Commissione parlamentare per le questioni regionali);
  - **d'inchiesta**: ciascuna Camera può disporre inchieste su materie di pubblico interesse con poteri istruttori (art. 82). Procedono alle indagini e agli esami con gli stessi poteri e le stesse limitazioni dell'autorità giudiziaria.
- **Giunte parlamentari**: sono organi delle Camere che svolgono compiti diretti a garantire il corretto funzionamento del Parlamento rispetto agli altri poteri. Svolgono unicamente compiti di consulenza tecnico-amministrativa. Sia alla Camera dei deputati sia al Senato della Repubblica è prevista: la ***Giunta per il regolamento, la Giunta per le elezioni, la Giunta per le autorizzazioni a procedere***; in totale sono previste tra le due Camere 6 giunte.

Le Camere riunite in seduta comune. La Costituzione attribuisce al Parlamento una natura unitaria, al punto tale da conferirgli rilevanti funzioni da svolgere in seduta comune: elettorale, accusatoria e di accertamento; non ha, invece, funzioni legislative. Quando le camere si ri-

uniscono in seduta comune costituiscono un **organo separato e diverso** rispetto a quello delle singole assemblee. Tale organo è presieduto dal Presidente della Camera ed utilizza il regolamento e le strutture della Camera dei deputati (coordina i lavori il Presidente e l'Ufficio di presidenza della Camera) - art. 63.
Le ipotesi in cui ciò avviene sono tassativamente indicate dalla Costituzione:
- l'*elezione* del Presidente della Repubblica (art. 83). Il Parlamento non può esercitare tale ufficio negli ultimi tre mesi del mandato;
- il *giuramento* del Presidente della Repubblica (art. 91);
- la *messa in stato d'accusa del Presidente della Repubblica* per alto tradimento o per attentato alla Costituzione (art. 90);
- l'*elezione* di un terzo dei membri del Consiglio Superiore della Magistratura (art. 104);
- l'*elezione a scrutinio segreto* di un terzo dei giudici costituzionali (art. 135);
- la *compilazione* dell'elenco di cittadini tra cui devono essere sorteggiati i giudici aggregati chiamati ad intervenire nei giudizi di accusa contro il Presidente della Repubblica, innanzi alla Corte costituzionale (art. 135).

I Parlamentari. Ciascun parlamentare rappresenta la Nazione, senza vincolo di mandato (art. 67-divieto di mandato imperativo). In senso giuridico, i membri del Parlamento, sono rappresentanti degli interessi generali della comunità. Per il conferimento della carica di parlamentare occorrono le seguenti condizioni:
- regolarità del procedimento elettivo (il cui controllo spetta esclusivamente alla Camera di appartenenza);
- esclusione delle cause di incapacità;
- esclusione di cause di ineleggibilità;
- esclusione di cause di incompatibilità.

"La Legge determina i casi di ineleggibilità e incompatibilità dei parlamentari" (art. 65). "*Ciascuna Camera giudica dei titoli di ammissione dei suoi componenti e delle cause sopraggiunte di ineleggibilità e di incompatibilità"* (art. 66).
Ineleggibilità. Mira a garantire la parità di opportunità tra i candidati; i casi di ineleggibilità sono determinati con legge:
- Presidenti delle Giunte Provinciali.
- Sindaci di Comuni con più di 20.000 abitanti.
- Capo e Vice Capo di polizia ed ispettori generali di pubblica sicurezza.
- Capi Gabinetto dei Ministeri.
- Prefetti, Vice Prefetti e funzionari di Pubblica Sicurezza.
- Ufficiali Generali, Ammiragli, Ufficiali Superiori delle Forze Armate dello Stato nella circoscrizione del loro comando territoriale.
- Magistrati, esclusi quelli in servizio presso le giurisdizioni superiori, nelle circoscrizioni di loro assegnazione o giurisdizione nei sei mesi antecedenti l'accettazione della candidatura.
- Diplomatici, Consoli, Vice Consoli non onorari e Ufficiali addetti alle ambasciate, legazioni e consolati esteri sia all'estero che in Italia o coloro con impiego da Governi esteri.
- Componenti della Corte Costituzionale.
- Coloro che in proprio o in qualità di rappresentanti legali di società o di imprese private risultino vincolati con lo Stato per contratti di opere o di somministrazioni, oppure per concessioni o autorizzazioni amministrative di notevole entità economica, che importino l'obbligo di adempimenti specifici, l'osservanza di norme generali o particolari protettive del pubblico interesse, alle quali la concessione o la autorizzazione è sottoposta.

- I rappresentanti, amministratori e dirigenti di società e imprese volte al profitto di privati e sussidiate dallo Stato con sovvenzioni continuative o con garanzia di assegnazioni o di interessi, quando questi sussidi non siano concessi in forza di una legge generale dello Stato.
- I consulenti legali e amministrativi che prestino in modo permanente l'opera loro alle persone, società e imprese di cui ai due punti precedenti, vincolate allo Stato nei modi di cui sopra.
- I pubblici impiegati eletti in Parlamento, infatti, sono posti d'ufficio in aspettativa per tutta la durata del mandato e conservano il proprio posto di lavoro; essi però, in tale periodo non possono conseguire nessun tipo di promozione, se non per motivi di anzianità.

Incompatibilità. Riguarda l'impossibilità materiale di ricoprire contemporaneamente due cariche: quindi si deve optare per l'una o per l'altra (Presidente della Repubblica e deputato); in caso contrario è lo stesso ordinamento che automaticamente lo fa decadere.

La Costituzione stabilisce che sono incompatibili la carica di deputato e quella di senatore (art. 65). È incompatibile con lo *status* di parlamentare l'assunzione delle seguenti cariche: Presidente della Repubblica (art. 84), membro del Consiglio Superiore della Magistratura (art. 104), membro di un Consiglio o di una Giunta regionale (art. 122), membro della Corte costituzionale (art. 135), membro del Parlamento europeo, membro del CNEL, membro di assemblea legislativa o di organo esecutivo, nazionali o regionali, in Stati esteri, qualsiasi altra carica pubblica elettiva di natura monocratica relativa ad organi di governo di enti pubblici territoriali aventi alla data di indizione delle elezioni o della nomina popolazione superiore a 5.000 abitanti.

Incandidabilità. Consiste nel divieto per alcuni soggetti di presentare la propria candidatura (es. coloro che hanno riportato condanna definitiva per alcuni delitti particolarmente gravi).

Prerogative dei parlamentari. Le prerogative, istituti che, in deroga al diritto comune, perseguono il fine di tutelare la regolarità e l'indipendenza del mandato, e che, quindi, non possono essere oggetto di rinuncia da parte del parlamentare, sono:

a) l'**immunità penale** (art. 68, modificato dalla legge costituzionale n. 3/1993): senza autorizzazione della Camera di appartenenza, nessun membro del Parlamento può essere sottoposto a perquisizione personale o domiciliare, né può essere arrestato o altrimenti privato della libertà personale o mantenuto in detenzione, salvo che in esecuzione di una sentenza irrevocabile di condanna ovvero se sia colto nell'atto di commettere un delitto per il quale è previsto l'arresto obbligatorio in flagranza. Analoga autorizzazione è richiesta per sottoporre i parlamentari ad intercettazioni di conversazioni o comunicazioni e a sequestro di corrispondenza;
b) l'**insindacabilità**: i parlamentari «*non possono essere chiamati a rispondere delle opinioni espresse e dei voti dati nell'esercizio delle loro funzioni*» (art. 68);
c) l'**indennità**: stabilita dalla legge, mira a garantire l'indipendenza economica e il decoro del parlamentare (art. 69).
d) il **divieto del mandato imperativo**: ogni membro del Parlamento rappresenta la Nazione ed esercita le sue funzioni senza vincolo di mandato.

Cessazione dall'ufficio di parlamentare. L'ufficio parlamentare può cessare per:

1) Fine della legislatura o scioglimento anticipato delle Camere.
2) Dimissioni volontarie: hanno efficacia solo dal momento in cui siano accettate dalla Camera di appartenenza.

3) Decadenza; viene pronunciata dalla Camera, quando:
   - sia intervenuta una causa di incompatibilità;
   - sia venuto meno uno dei requisiti di eleggibilità;
   - si sia verificata una incompatibilità ed il parlamentare abbia optato per un'altra carica, incompatibile con il mandato parlamentare.
4) Annullamento della elezione: accertate irregolarità elettorali (i candidati eletti entrano nel pieno esercizio delle proprie funzioni con la proclamazione; fondamentale è un controllo sulla regolarità delle elezioni posto in essere da una commissione permanente costituita presso ciascuna Camera).
5) Morte.

Occorre Sapere

Per **legislatura** si intende il periodo dei lavori parlamentari compreso fra le elezioni e lo scioglimento della Camera (periodo effettivo).
Per "**quorum**" si intende Il numero legale, alla sola presenza del quale l'Assemblea può dire di svolgere una funzione rappresentativa.
Gli **stranieri** possono essere eletti parlamentari.
Un parlamentare è **perseguibile penalmente** per la commissione di un fatto materiale che integra gli estremi di un reato.
Per essere deputati o senatori è richiesta la condizioni del **pieno godimento dei diritti civili e politici**.

2.4.2.2 Sezione II - La formazione delle leggi (artt. 70-82)

Le *funzioni* esercitate dalle Camere possono essere distinte in:

a) ***legislativa***, esercitata collettivamente dalle due Camere (art. 70 Cost. – formazione delle leggi);
b) ***di indirizzo e controllo politico***, attraverso la quale si determinano i fini della politica nazionale, si scelgono i mezzi per conseguirli e si esercita un controllo sull'attività del Governo;
c) ***elettorali*** nelle quali rientrano le attività di elezione:
   - del Presidente della Repubblica;
   - di 5 giudici della Corte costituzionale;
   - di 8 componenti del Consiglio Superiore della Magistratura;
   - di 4 componenti del Consiglio di Presidenza della Giustizia Amministrativa;
   - dei 4 componenti del Garante per la protezione dei dati personali.

   In tale funzione rientra la scelta dei cittadini fra cui vanno sorteggiati i giudici aggregati della Corte costituzionale;
d) materialmente ***giurisdizionali*** o di ***accusa*** nelle quali rientrano le attività dirette a porre in stato d'accusa il Presidente della Repubblica e a rinviarlo a giudizio dinanzi alla Corte costituzionale.

La funzione legislativa

È la più significativa tra le funzioni del Parlamento; è esercitata **collettivamente dalle due Camere** (art. 70) e consiste nella preparazione, nell'esame e nell'approvazione delle leggi.

Il **procedimento legislativo** (cd. ***iter legis***), descritto dall'art. 72, è dato dall'insieme delle procedure poste in essere da ciascuna Camera per approvare una legge. Le fasi dell'*iter legis* sono:

- iniziativa legislativa;

- istruttoria;
- costitutiva (discussione e approvazione);
- promulgazione;
- pubblicazione.

L'**iniziativa legislativa** consiste nella presentazione di un progetto di legge diviso in articoli, all'ufficio di presidenza di una delle due Camere. I soggetti ai quali spetta l'iniziativa (art. 71) sono:
- **Governo**, in questo caso, l'iniziativa governativa viene definita "***disegno di legge***";
- ciascun membro del **Parlamento**;
- **Consigli regionali**, che hanno facoltà di fare proposte di legge alle Camere per le materie di loro competenza (art. 121, c. 2);
- **Consigli comunali**, limitatamente alle proposte di legge per il mutamento delle circoscrizioni provinciali e l'istituzione di nuove province;
- **Consiglio nazionale dell'economia e del lavoro**;
- **popolo** (***iniziativa legislativa popolare***), la proposta di legge deve essere presentata e firmata da almeno 50.000 elettori.

Il Presidente di ciascuna Camera, prima di mettere in discussione e in votazione qualunque proposta, assegna le stesse alla competente Commissione parlamentare permanente ai fini del compimento dell'**istruttoria**.
L'***esame istruttorio*** del progetto di legge viene effettuato da una o più Commissioni che agiscono "**in sede referente**", ma alle quali può anche essere demandata l'approvazione dei singoli articoli del progetto (esame **in sede "redigente"**, con riserva all'assemblea dell'approvazione finale) o l'approvazione definitiva del progetto medesimo (esame **in sede "deliberante"**) – art. 72. La proposta di legge che si trova in esame in sede redigente o deliberante può tornare alla procedura normale dell'esame nella Camera, se richiesto da: 1/10 dei membri dell'Assemblea che sta procedendo; da 1/5 dei membri della Commissione; dal Governo.
Dopo l'esame (in sede referente o redigente) effettuato dalla Commissione permanente competente, il progetto di legge è trasmesso all'assemblea del ramo del Parlamento in cui è in corso l'*iter* (Camera o Senato) per la **discussione**, l'esame e l'**approvazione**: quest'ultima dovrà avvenire «articolo per articolo e con votazione finale» (art. 72, c. 1), salvo precedente determinazione in sede redigente della Commissione competente – art. 72.
Il regolamento parlamentare stabilisce termini di esame dei progetti di legge **abbreviati** per i disegni di legge dei quali è dichiarata l'**urgenza** (art. 72, c. 2).
È seguita la normale procedura di esame e di approvazione diretta da parte dell'assemblea di ciascuna Camera per i disegni di legge in materia costituzionale ed elettorale e per quelli di delegazione legislativa, di autorizzazione a ratificare trattati internazionali, di approvazione di bilanci e consuntivi (art. 72, c. 4).
Per l'approvazione di una legge sono previste **4 procedure alternative**:
- ***procedura ordinaria***: approvazione riservata all'assemblea;
- ***procedura speciale o decentrata***: l'approvazione in commissione (in sede deliberante);
- ***procedura d'urgenza***;
- ***procedura mista*** (o in sede redigente), introdotta dai regolamenti parlamentari, nella quale la commissione provvede alla stesura, discussione e votazione del progetto, e all'assemblea spetta l'approvazione dei singoli articoli e quella finale.

Spetta ai singoli membri del Parlamento l'iniziativa di proporre **emendamenti** ad un progetto di legge. Poiché le Camere devono approvare il progetto di legge nel medesimo testo affinché diventi legge, qualora una Camera apporta al progetto già approvato dall'altra alcuni emendamenti, il progetto stesso dovrà ritornare alla Camera che lo ha approvato per prima perché anche questa approvi a sua volta gli emendamenti. Le votazioni relative alle leggi collegate alla manovra di finanza pubblica sono votate sempre a scrutinio palese.

Se una Camera approva una proposta di legge senza che questa sia stata preventivamente sottoposta all'esame della competente Commissione si determina un **vizio formale di costituzionalità**.

La fase della **promulgazione** consiste in un atto del Presidente della Repubblica, con il quale egli controlla la regolarità del procedimento di approvazione della legge e svolge una prima verifica di costituzionalità. La promulgazione può essere rifiutata dal Presidente della Repubblica per motivi formali, nel caso in cui il procedimento di approvazione non sia stato regolare, oppure per motivi di opportunità. In tal caso, il Capo dello Stato può rinviare, con messaggio motivato, il progetto di legge alle Camere. Tuttavia, se le Camere, obbligate a riesaminare la legge già approvata, nuovamente l'approvano, questa deve essere promulgata. La promulgazione deve avvenire non oltre un mese dall'approvazione della legge (art. 73). La data della sua promulgazione è quella data alla legge.

Occorre Sapere

Una legge che è stata respinta prima della promulgazione si indica con il termine di "**legge stralcio**".

Una volta promulgata dal Presidente della Repubblica, la legge deve essere **pubblicata** sulla **Gazzetta Ufficiale della Repubblica Italiana** (G.U.R.I.) e nella Raccolta Ufficiale degli atti normativi. Le norme contenute nella legge entrano in vigore, di norma, decorsi 15 giorni dalla pubblicazione (cd. ***vacatio legis***), anche se nella medesima legge possono essere previsti termini diversi (più brevi o più lunghi) per l'entrata in vigore (art. 73, c. 3).

Le leggi vengono inserite nella Raccolta Ufficiale degli atti normativi della Repubblica italiana con la funzione di garantire la certezza del diritto, giacché il testo che entrerà in vigore è quello in essa inserito.

Leggi di revisione e modifica della Costituzione. Per la modifica delle disposizioni contenute nella Costituzione è necessario un procedimento particolare, detto procedimento di revisione costituzionale, che termina nella emanazione di una legge costituzionale ad opera sempre dello stesso Parlamento nelle forme e nei modi previsti dall'art. 138 Cost. (cd. ***procedura aggravata***), che sarà trattato nel paragrafo relativo al Titolo VI.

Delega al Governo della funzione legislativa. La Costituzione dispone che l'esercizio della funzione legislativa non può essere delegato al Governo se non con determinazione di principi e criteri direttivi e soltanto per tempo limitato e per oggetti definiti (art. 76); il Governo non può, senza delegazione delle Camere, emanare decreti che abbiano valore di legge ordinaria. Sono ammissibili leggi di delegazione legislativa che contengano le cosiddette "**deleghe plurime**" quando una legge di delegazione riguarda diversi oggetti.

Occorre Sapere

Il **Parlamento italiano** è sorto nel 1861 sul modello del parlamento istituito nel 1848, nel Regno di Piemonte e Sardegna, dallo Statuto albertino.
Viene definito «**franco tiratore**» in Parlamento colui che vota segretamente in modo contrario alle direttive del proprio partito.

L'**ostruzionismo parlamentare** si attua quando i poteri dei parlamentari sono esercitati in maniera da impedire o ritardare il funzionamento delle Camere; si parla di **ostruzionismo parlamentare tecnico** quando l'azione dell'opposizione condotta senza il rispetto del regolamento parlamentare.
I **vizi sostanziali** della legge sono quelli che violano norme sostantive; i **vizi formali** della legge riguardano la violazione della forma prescritta.
In base al dettato costituzionale, in Italia l'**indulto** e l'**amnistia** sono concessi con leggi deliberate a maggioranza di due terzi dei componenti di ciascuna Camera.
In base alla Costituzione italiana, ogni **legge che importa nuove e maggiori spese** deve indicare i mezzi per farvi fronte.
La Costituzione conferisce il potere di concedere l'**esercizio provvisorio del bilancio** dello Stato al Parlamento con legge e per periodi non superiori complessivamente a quattro mesi.
Nel nostro ordinamento non esiste l'istituto del **voto di fiducia costruttivo**.
Il deputato o senatore che, nel corso di una votazione nell'aula parlamentare effettuata con sistema elettronico, preme il pulsante relativo a uno o più colleghi assenti, votando in sua (o loro) vece, è definito **pianista**.
Ai sensi dell'art. 81, c. 3, Cost., come modificato dalla legge costituzionale n. 1 del 2012, lo Stato assicura l'**equilibrio tra le entrate e le spese del proprio bilancio**, tenendo conto delle fasi avverse e delle fasi favorevoli del ciclo economico.
Secondo la Costituzione, con la **legge di approvazione del bilancio** non si possono stabilire nuovi tributi e nuove spese.
Qualora il Governo adotta un decreto legge quando **le Camere sono sciolte** esse vengono appositamente convocate e si riuniscono entro 5 giorni (art. 77).

La funzione di indirizzo, di controllo e di informazione sull'attività di Governo

Il Parlamento esercita la **funzione di indirizzo politico** anzitutto mediante la votazione (nominale e palese) con la quale concede la fiducia al Governo. Rientrano nella funzione di indirizzo e controllo anche: l'approvazione con legge del bilancio predisposto annualmente dal Governo con la quale vengono ripartite le risorse finanziarie fra i vari rami dell'amministrazione (art. 81); la legge di stabilità (già legge finanziaria): le leggi di approvazione dei programmi economici; le leggi di concessione dell'amnistia e dell'indulto; le leggi di autorizzazione alla ratifica dei trattati internazionali che sono di natura politica, o prevedono arbitrati o regolamenti giudiziari, o importano variazioni del territorio od oneri alle finanze o modificazioni di leggi; la deliberazione dello stato di guerra e il conferimento al Governo dei poteri necessari (art. 78).
La **funzione di controllo** e di **informazione** si estrinseca in un insieme di atti che sono: l'interrogazione, l'interpellanza, la mozione, la risoluzione, le inchieste parlamentari, l'ordine del giorno.
L'**interrogazione** consiste in domande orali o scritte, rivolte al Governo o al singolo Ministro da parte di un parlamentare, per conoscere se un fatto sia vero o se su quel fatto il Governo sia in possesso di specifiche informazioni. A norma dei regolamenti di ciascuna Camera, lo svolgimento di *interrogazioni a risposta immediata* in assemblea ha luogo periodicamente e almeno una volta al mese.
L'**interpellanza** è una domanda scritta, richiesta da qualunque parlamentare, rivolta al Governo o al singolo Ministro competente sui motivi della loro condotta in relazione a fatti che investono la loro azione politica; se l'interpellante dovesse dichiararsi insoddisfatto della risposta ottenuta potrebbe trasformare l'interpellanza in mozione.
Le **mozioni** mirano a promuovere discussioni e deliberazioni dell'assemblea su di un determinato argomento, sono considerate dunque atti di impulso. Le mozioni più importanti sono quelle di ***fiducia*** e di ***sfiducia***. La mozione di sfiducia presentata da una delle Camere contro il Governo deve essere firmata da almeno **un decimo** dei propri componenti. Le Camere accordano o revocano la fiducia mediante una risoluzione motivata (art. 94). Il Parlamento può votare la mozione di sfiducia sia nei confronti di un singolo Ministro che nei confronti dell'intero Consiglio dei Ministri; le votazioni avvengono per appello nominale.

La **risoluzione** manifesta orientamenti dei parlamentari o definisce indirizzi su specifici argomenti.
Le **inchieste** parlamentari possono essere disposte, a norma dell'art. 82. Cost., da ciascuna Camera su materie di pubblico interesse: sono svolte da commissioni d'inchiesta istituite con legge. In taluni casi la commissione d'inchiesta ha i poteri propri dell'autorità giudiziaria (poteri di indagine e di ricerca della prova, garanzia dei diritti processuali).

2.4.3 Titolo II – Il Presidente della Repubblica (artt. 83-91 Cost.)

Il Presidente della Repubblica è un **organo monocratico**, cioè composto da una sola persona, il cui compito fondamentale è garantire il rispetto del dettato costituzionale e rappresentare *l'unità nazionale.*
«*Il Presidente della Repubblica è il Capo dello Stato*» (art. 87): egli è il Capo, il vertice della struttura costituzionale della quale si fa garante e della quale è responsabile di fronte a tutto il popolo, alla cui sovranità anch'egli è sottoposto. Il Presidente della Repubblica non governa il Paese, ma lo rappresenta.
È eletto dalle Camere riunite in seduta comune, integrate da 58 delegati regionali (3 per ciascuna Regione e 1 per la Valle d'Aosta) eletti dai Consigli regionali in modo che siano comunque rappresentate le minoranze (art. 83). Siffatta assemblea (allargata) elegge il Presidente della Repubblica a ***scrutinio segreto*** e con una ***maggioranza qualificata*** di due terzi nei primi tre scrutini; dal quarto scrutinio in poi è sufficiente la maggioranza assoluta. Il modo di elezione del Presidente previsto nella nostra Costituzione è tipico nella forma di governo parlamentare.
Se le Camere sono sciolte o mancano meno di 3 mesi alla loro cessazione, l'elezione ha luogo entro 15 giorni dalla riunione delle Camere nuove.
La carica del Presidente della Repubblica decorre dal giorno del giuramento di fedeltà alla Repubblica e di osservanza della Costituzione prestato dinanzi al Parlamento riunito in seduta comune. La **durata del mandato** presidenziale è di **7 anni** ed è **rieleggibile** (art. 85); al termine del mandato diventa senatore a vita, salvo rinunzia. Oltre che alla scadenza, il mandato può essere interrotto per dimissioni volontarie (in questo caso è il Presidente del Senato a indire le nuove elezioni), per impedimento permanente e per morte. Può rivestire la carica di Presidente della Repubblica ogni cittadino che abbia compiuto **50 anni d'età** e goda dei diritti civili e politici (art. 84, c. 1). Anche un senatore a vita può essere eletto Presidente della Repubblica, purché rinunci alla carica ricoperta.
L'ufficio di Presidente della Repubblica è ***incompatibile*** con qualsiasi altra carica (art. 84, c. 2). La Costituzione non prevede la carica della vicepresidenza né la possibilità di delega volontaria delle funzioni del Capo dello Stato ad altro organo, ma solo l'istituto della «***supplenza***» ovvero dell'assunzione temporanea dei poteri e delle funzioni del Presidente della Repubblica da parte del Presidente del Senato (art. 86) nel caso in cui a causa di un impedimento, questi non possa svolgere la propria attività. In caso di impedimento permanente, le elezioni per il nuovo Presidente devono avvenire **entro 15 giorni**, salvo eccezioni. La procedura di accertamento dell'impedimento permanente del Presidente non è disciplinata espressamente nell'ambito della Costituzione. Nel caso in cui le Camere siano sciolte i poteri del Presidente sono prorogati fino alla elezione del nuovo.
L'art. 90 stabilisce che «*il Presidente della Repubblica non è responsabile degli atti compiuti nell'esercizio delle funzioni, tranne che per alto tradimento e per attentato alla Costituzione*». Il potere in Italia di mettere in stato d'accusa il Capo dello Stato è attribuito al Parlamento in seduta comune a maggioranza assoluta, mentre sulle accuse mosse giudica la Corte Co-

stituzionale in composizione integrata. La procedura di messa in stato d'accusa di un Capo dello Stato per fatti commessi durante il mandato può essere definita ***impeachment***.

Poiché, però, di ogni atto giuridico, in concreto, un soggetto deve essere chiamato a rispondere, "*nessun atto del Presidente della Repubblica è valido se non è controfirmato dai Ministri proponenti che ne assumono la responsabilità. Gli atti che hanno valore legislativo e gli altri indicati dalla legge sono controfirmati anche dal Presidente del Consiglio dei Ministri*" (art. 89).

Quando un atto presidenziale deriva dai "poteri propri" del Presidente, la controfirma ministeriale accerta la **regolarità formale** della decisione del Capo dello Stato. Non è prevista la controfirma sugli atti assunti per: il conferimento dell'incarico di formare il governo e per la nomina dei senatori a vita.

Egli, invece, **è** illimitatamente e civilmente responsabile per gli atti compiuti come privato cittadino.

Il Capo dello Stato si fa garante del testo costituzionale nei confronti dei tre poteri istituzionali: legislativo, esecutivo e giudiziario.

Nei confronti del Parlamento, il Capo dello Stato in quanto garante del dettato costituzionale può:

- sciogliere una o entrambe le Camere, sentiti i rispettivi Presidenti, alla scadenza della legislatura o anche anticipatamente. Durante il "semestre bianco" (ultimi 6 mesi di mandato) non può procedere allo scioglimento delle Camere, salvo che coincida in tutto o in parte con gli ultimi 6 mesi della legislatura (art. 88, c. 1);
- indire le elezioni delle nuove Camere, fissarne la prima riunione (art. 87, c. 3) e può convocarle in via straordinaria (art. 62, c. 2);
- inviare messaggi alle Camere (art. 87, c. 2);
- indire referendum popolari, ma solo nei casi tassativamente previsti dalla Costituzione (art. 87, c. 6) e, in caso di esito favorevole, dichiara l'abrogazione della legge ad esso sottoposta;
- promulgare le leggi (art. 87, c. 5);
- rinviare le leggi alle Camere con messaggio motivato (cd. sospensivo). Invece di promulgarla, il Presidente della Repubblica può "restituire" la legge alle Camere per una nuova approvazione (la Camera non è tenuta a concluderne l'esame entro un determinato termine) egli però deve motivare dettagliatamente i motivi di questo atto (può ad esempio rinviare la legge qualora la procedura seguita non sia costituzionalmente legittima, perché non sono state osservate le norme costituzionali nel procedimento di formazione). Nel caso in cui la legge venga nuovamente approvata, egli è costretto a promulgarla (art. 74);
- autorizzare la presentazione alle Camere dei disegni di legge di iniziativa del Governo (art. 87, c. 4);
- nominare cinque senatori a vita scelti discrezionalmente tra cittadini che hanno illustrato la Patria per altissimi meriti nel campo sociale, scientifico, artistico e letterario (art. 59).

Nei confronti del Governo, invece, il Capo dello Stato in qualità di garante della Costituzione **è titolare dei seguenti poteri:**

- nomina il Presidente del Consiglio e, su proposta di questo, i Ministri che insieme costituiranno il Consiglio dei Ministri nonché i Sottosegretari, su proposta del Presidente del Consiglio dei Ministri, di concerto con il Ministro che il sottosegretario è chiamato a coadiuvare, sentito il Consiglio dei Ministri (art. 92). La nomina e la revoca di un Ministro è un potere espressamente attribuito dalla Costituzione al Presidente della Repubblica; l'atto **è** formalmente presidenziale e sostanzialmente governativo;

- autorizza la presentazione al Parlamento dei disegni di legge di iniziativa del Governo;
- emana gli atti aventi valore di legge (decreti legge o decreti legislativi) ed i regolamenti governativi;
- nomina, nei casi indicati dalla legge, i funzionari dello Stato;
- controfirma gli atti ministeriali che sono emanati con un suo decreto;
- nomina gli esperti del CNEL;
- comanda le Forze armate e presiede il Consiglio supremo di difesa, dichiara lo stato di guerra deliberato dalle Camere (art. 87, c. 9);
- ratifica i trattati internazionali, accredita e riceve i rappresentanti diplomatici (art. 87, c. 8);
- conferisce le onorificenze della Repubblica (art. 87, c. 12);
- può sciogliere i Consigli regionali per ragioni di sicurezza nazionale e rimuovere il Presidente della Giunta (art. 126).

Nei confronti della Magistratura, infine, il Capo dello Stato:
- presiede il Consiglio Superiore della Magistratura (CSM);
- può concedere la grazia e commutare le pene;
- nomina 5 giudici della Corte Costituzionale.

Nella veste di rappresentante dell'unità nazionale il Presidente della Repubblica è inoltre titolare di una ulteriore serie di poteri e prerogative. L'assegno dovuto al Presidente è determinato con legge ordinaria.
La residenza ufficiale del Presidente della Repubblica Italiana è il **Palazzo del Quirinale** in Roma, uno dei simboli dello Stato italiano. A Napoli, la residenza presidenziale è **Villa Rosebery**. La guardia d'onore del Presidente della Repubblica è affidata al Reggimento Corazzieri dell'Arma dei Carabinieri.

PRESIDENTE	DURATA MANDATO	AREA POLITICA DI APPARTENENZA
Enrico De Nicola	1946-1948	LIBERALE
Luigi Einaudi	1948-1955	PARTITO LIBERALE ITALIANO
Giovanni Gronchi	1955-1962	PARTITO POPOLARE ITALIANO (1919-1923) DEMOCRAZIA CRISTIANA (1943-1978)
Antonio Segni	1962-1964 (interrotto per malattia)	DEMOCRAZIA CRISTIANA
Giuseppe Saragat	1964-1971	PSI (1922-1947)/PSDI(1947-1988)
Giovanni Leone	1971-1978	PARTITO POPOLARE ITALIANO (1919-1926) DEMOCRAZIA CRISTIANA (1942-1994)
Sandro Pertini	1978-1985	PARTITO SOCIALISTA UNITARIO PARTITO SOCIALISTA ITALIANO DI UNITÀ PROLETARIA PARTITO SOCIALISTA ITALIANO
Francesco Cossiga	1985-1992	DEMOCRAZIA CRISTIANA (1945-1992) UNIONE DEMOCRATICA PER LA REPUBBLICA (1998-1999) UNIONE PER LA REPUBBLICA (1999-2001) INDIPENDENTE (2001-2010)

(segue)

PRESIDENTE	DURATA MANDATO	AREA POLITICA DI APPARTENENZA
Oscar Luigi Scalfaro	1992-1999	DC (1946-1992) INDIPENDENTE (1999-2012)
Carlo Azeglio Ciampi	1999-2006	PD'A (1943-1947) INDIPENDENTE (1947-2016)
Giorgio Napolitano – unico caso di rielezione	2006-2013 2013-2015	INDIPENDENTE (DAL 2006) PRECEDENTI: PCI (1945-1991) PDS (1991-1998) DS (1998-2006)
Sergio Mattarella	2015-	INDIPENDENTE (dal 2009) PRECEDENTI: DC (fino al 1994) PPI (1994-2002) DL (2002-2007) PD (2007-2009)

Occorre Sapere

La figura del Presidente della Repubblica rappresenta un **potere autonomo**.
Qualora un **Deputato** o un **Senatore** sia **eletto alla Presidenza della Repubblica** cessa immediatamente dal suo ufficio.
Il Presidente della Repubblica può **rinviare una legge** anche **dopo lo scioglimento delle Camere**, anche se questo caso non è disciplinato dalla Costituzione; in passato vi sono stati dei casi di rinvio dopo lo scioglimento.
Il Presidente della Repubblica ha il potere di *revocare formalmente* la nomina di un Ministro del Governo.
L'**Ordine al Merito della Repubblica Italiana è la più importante onorificenza nazionale istituita con legge del 1951**.
La Camera del Regno di Sardegna promulgò la legge che fece nascere il Regno d'Italia.
Giovanni Leone e **Giorgio Napolitano** hanno ricoperto l'incarico di Presidente della Repubblica essendo già stati nominati senatore a vita. Giovanni Gronchi era il Presidente della Repubblica durante il centenario dell'Unità d'Italia, mentre Giorgio Napolitano lo era per i 150 anni.

2.4.4 Titolo III – Il Governo (artt. 92-100 Cost.)

Il Titolo III della Costituzione è dedicato all'organo cui spetta la gestione del potere esecutivo: il **Governo**. Per **potere esecutivo** si intende il complesso di attività e di organi la cui funzione è quella di dare attuazione alle scelte di indirizzo politico più generali. Tale potere è gestito dal *Governo* in senso stretto e dall'apparato amministrativo, dalla *Pubblica amministrazione* e dagli *Organi Ausiliari*.

2.4.4.1 Sezione I – Il Consiglio dei Ministri (artt. 92-96)

«Il Governo della Repubblica è composto del Presidente del Consiglio e dei Ministri, che costituiscono insieme il Consiglio dei Ministri» (art. 92, c. 1).

Il **Consiglio dei Ministri** (CDM) è un organo costituzionale con poteri deliberativi, collegiale, complesso composto, a sua volta, da due distinti organi, il *Presidente del Consiglio* ed i *Ministri*. Accanto a questi **organi necessari**, in quanto senza di loro non potrebbe costituirsi un Governo costituzionalmente legittimo, altri organi, detti **eventuali** o non necessari sono i *sottosegretari*, il *vicepresidente del Consiglio*, i *Ministri senza portafoglio*, i *comitati interministeriali*, i *commissari straordinari* ecc. La sede ufficiale è a **Palazzo Chigi** in Roma.
Al Consiglio dei Ministri spetta la determinazione della politica generale del Governo e, ai fini dell'attuazione di essa, l'*indirizzo generale dell'azione amministrativa*. È l'organo che

deve approvare le ***dichiarazioni programmatiche*** da sottoporre al Parlamento per il voto di fiducia al Governo.
Il Consiglio dei Ministri ha come principale scopo l'**attuazione di una determinata politica nazionale** in base al programma di governo, e gli **strumenti** previsti dalla Costituzione col quale realizzarla sono:

- l'***iniziativa legislativa*** attraverso la presentazione di disegni di legge alle due Camere. I disegni di legge e le proposte di ritiro dei disegni di legge già presentati al Parlamento sono sottoposti alla deliberazione del Consiglio dei Ministri;
- il **potere di decretazione e regolamentazione** con l'adozione dei decreti aventi forza di legge (Decreto legge e il Decreto legislativo) o l'emanazione di regolamenti governativi.

Il Governo presenta alle Camere ogni anno il bilancio dello Stato.
Alle riunioni del Consiglio dei Ministri partecipano il Capo del Governo (PCM) e i Ministri, compresi quelli senza portafoglio, alla presenza dei Presidenti delle Regioni e delle Province Autonome interessate, in caso di deliberazioni relative ad argomenti di loro specifico interesse. Inoltre, può partecipare alle sedute il Sottosegretario del Consiglio dei ministri. Svolge le funzioni di ***segretario*** del CDM il Sottosegretario alla Presidenza del Consiglio.
Secondo la Costituzione italiana, all'ordinamento della Presidenza del Consiglio si provvede con legge ordinaria (art. 95).

Formazione del Governo. Incardinatosi il nuovo Parlamento dopo le elezioni politiche, il Presidente della Repubblica nomina il Presidente del Consiglio e, su proposta di questi, dei Ministri. Nel caso di grave crisi politica, invece, per la formazione del Governo, avvia le **consultazioni** (la fase delle consultazioni è disciplinata da una consuetudine costituzionale) convocando al Quirinale le maggiori personalità politiche ed istituzionali del Paese (i capi dei gruppi parlamentari e dei rappresentanti delle coalizioni; i Presidenti delle due camere, gli ex Presidenti della Repubblica; le delegazioni politiche, ecc.) per riuscire ad individuare la persona cui affidare il delicato compito di formare un nuovo Governo. Se dopo le consultazioni non si riesce a delineare una possibile maggioranza a sostegno del Governo, il Presidente della Repubblica può fare un altro giro di consultazioni ed affidare un ***incarico*** detto "***esplorativo***" (preincarico) al Presidente del Senato o ad un esponente politico particolarmente apprezzato per accertare la possibilità di dare vita a una maggioranza di governo, in vista dell'incarico definitivo di Presidente del Consiglio. Qualora anche con il secondo giro di consultazioni il Capo dello Stato non riuscisse a comporre la crisi, dovrebbe sciogliere anticipatamente il Parlamento ed indire nuove elezioni politiche.
Il Presidente della Repubblica conferisce personalmente l'incarico di formare il nuovo Governo alla persona prescelta in forma orale dopo un colloquio privato. Dopo aver deciso un programma politico di governo e aver definito la lista dei Ministri, l'incaricato si reca nuovamente dal Presidente della Repubblica per la sua **nomina** a Presidente del Consiglio e, su sua proposta, dei singoli Ministri (art. 92, c. 2).
Prima di assumere le piene funzioni il nuovo Presidente del Consiglio ed i Ministri devono prestare giuramento nelle mani del Presidente della Repubblica (art. 93). Entro **10 giorni** dalla formazione i componenti si recano in entrambe le Camere del Parlamento per ottenere o meno la **fiducia** (art. 94).

Il rapporto di fiducia. È un rapporto con il Parlamento senza il quale il Governo non può espletare la propria funzione. La **mozione di fiducia** deve essere concessa da entrambe le Ca-

mere e ciascuna può accordarla o respingerla mediante una mozione motivata e votata per appello nominale. Se l'Assemblea lo consente, più mozioni possono formare oggetto di una sola discussione quando siano relative ad argomenti identici o connessi.
La **mozione di sfiducia** deve essere firmata da almeno 1/10 (un decimo) dei componenti della Camera nella quale è presentata e non può essere messa in discussione **prima di tre giorni** dalla presentazione. Essa può riguardare l'intero Governo o anche un singolo Ministro, in questo ultimo caso il Presidente della Repubblica revoca formalmente l'incarico. Durante il suo operato il Presidente del Consiglio dei Ministri, con l'assenso del Consiglio stesso, può porre la **questione di fiducia** su una legge o su un singolo emendamento alla stessa, qualificando tale atto come fondamentale della propria azione politica e facendo dipendere dalla sua approvazione la propria permanenza in carica.
Il voto contrario di una sola Camera su una proposta del Governo non comporta le sue dimissioni obbligatorie.

La **durata** della carica del Governo non è prevista dalla Costituzione; può coincidere con quella di una intera legislatura, tuttavia può essere più breve poiché rimane in carica finché gode della fiducia di entrambe le Camere, mentre ***decade obbligatoriamente*** in caso di approvazione di una mozione di sfiducia (***crisi di governo***). Anche se le elezioni politiche danno esito favorevole alla maggioranza uscente, il Governo in carica ha comunque l'obbligo giuridico di dimettersi.
Differente è la crisi di governo ***extraparlamentare,*** rispetto a quella ***parlamentare*** in cui non si ha più la fiducia del Parlamento; tale crisi extraparlamentare si apre in conseguenza di una crisi politica all'interno della maggioranza che sostiene il governo, a causa della quale quest'ultimo non ha la possibilità di far approvare i provvedimenti necessari alla propria azione e ne trae le conseguenze politiche dimettendosi, pur in assenza di un voto formale.
Rimpasto di governo. Non è una crisi di governo, ma comporta il mutamento della compagine governativa attraverso la sostituzione di uno o più ministri.

Presidente del Consiglio dei Ministri. È un organo *monocratico* del Governo cui la Costituzione affida il delicato compito di *dirigere la politica generale del Governo, assumendone la responsabilità, e mantenere l'unità di indirizzo politico ed amministrativo, promuovendo e coordinando l'attività dei Ministri* (art. 95). È nominato dal Presidente della Repubblica (art. 92, c. 2).
Compiti.
- Dirige la politica generale del governo e mantiene l'unità dell'indirizzo politico, amministrativo, promuovendo e coordinando l'attività dei ministri;
- convoca le riunioni del Consiglio dei ministri, ne stabilisce l'ordine del giorno e le presiede;
- impartisce ai ministri delle direttive in attuazione delle decisioni del Consiglio;
- sospende l'adozione di atti da parte dei ministri e può chiedere loro di concordare con lui le dichiarazioni pubbliche che essi intendono rilasciare;
- comunica al Parlamento la composizione del CDM e ogni sua eventuale modificazione;
- pone la controfirma sugli atti più importanti del PDR (promulgazione delle leggi ed emanazione degli atti aventi forza di legge).

Convoca la Conferenza Stato-Regioni istituita presso la Presidenza del Consiglio dei Ministri.
In caso di ***assenza*** del Presidente del Consiglio dei Ministri, la supplenza spetta al Vicepresidente e, nell'ipotesi in cui non sia stato nominato il Vicepresidente, al Ministro più anziano.

Responsabilità. Nell'ambito **penale**, per i ***reati propri (reati ministeriali)***, cioè per i reati commessi nell'esercizio delle proprie funzioni il Presidente del Consiglio dei Ministri ed i

Ministri, anche se cessati dalla carica, sono sottoposti alla *giurisdizione ordinaria* (sezione specializzata in seno ad essa che si chiama **Tribunale dei Ministri**), previa autorizzazione del Senato della Repubblica (se senatori o estranei al Parlamento) o della Camera dei deputati (se deputati); per i ***reati comuni***, cioè per i reati che potrebbero essere commessi da chiunque; il relativo giudizio spetta ai Tribunali ordinari. Vigono le prerogative parlamentari solo se il Ministro o il PCM è anche membro del Parlamento.
Nell'ambito **politico**, il Presidente del Consiglio dirige la politica generale del governo e ne è responsabile verso il Parlamento. È una ***responsabilità generale***, cioè per tutti gli atti del Governo, nel suo complesso.
In ambito **civile**, per violazione di diritti soggettivi, come qualsiasi altro cittadino.

Ministri. Fanno parte del Consiglio dei Ministri e sono posti a dirigere uno ***specifico*** settore della Pubblica Amministrazione, ovvero il singolo **Ministero** (o Dicastero). Il numero e le attribuzioni dei ministeri sono stabiliti per legge; attualmente sono 14. Ciascun ministero può essere diviso in dipartimenti. Il potere di revoca di un Ministro non è espressamente previsto in Costituzione.

I MINISTERI	
DENOMINAZIONE	**MISSIONE**
Affari esteri e Cooperazione internazionale (Palazzo della Farnesina)	*Rapporti dell'Italia con gli altri Stati e con le organizzazioni internazionali - Rappresentanza dell'Italia all'estero*
Interno (Palazzo del Viminale)	*Ordine e sicurezza pubblica - Difesa e protezione civile - Cittadinanza, immigrazione, asilo - Costituzione e funzionamento degli enti locali*
Giustizia (Via Arenula)	*Giustizia e attività giudiziaria ed esecuzione delle pene, rapporti con il CSM, attribuzioni concernenti i magistrati ordinari, vigilanza sugli ordini professionali, archivi notarali, cooperazione internazionale in materia civile e penale*
Difesa (Palazzo Baracchini)	*Difesa e sicurezza militare dello Stato*
Economia e Finanze	*Politica economica, finanziaria e di bilancio - Politiche fiscali*
Sviluppo economico	*Politiche e strategie per lo sviluppo del sistema produttivo, industria, commercio anche con l'estero e artigianato - Promozione delle politiche per la competitività internazionale - Programmazione economica e finanziaria, coordinamento e verifica degli interventi per lo sviluppo economico, territoriale e settoriale e delle politiche di coesione*
Politiche agricole alimentari e forestali	*Agricoltura e foreste, caccia e pesca - Alimentazione*
Ambiente e Tutela del Territorio e del Mare (istituito nel 1986)	*Tutela dell'ambiente, del territorio e dell'ecosistema*
Infrastrutture e Trasporti	*Assetto del territorio, reti infrastrutturali, politiche urbane e dell'edilizia abitativa, opere marittime e infrastrutture idrauliche - Trasporti e viabilità*
Lavoro e Politiche sociali	*Politica del lavoro e sviluppo dell'occupazione, tutela del lavoro - Politiche sociali e previdenziali*
Salute	*Tutela della salute umana, sanità veterinaria, coordinamento del sistema sanitario nazionale*

(segue)

I MINISTERI	
DENOMINAZIONE	**MISSIONE**
Istruzione	*Istruzione scolastica e superiore*
Università e Ricerca	*Istruzione universitaria - Ricerca scientifica e tecnologica*
Beni e Attività culturali e Turismo	*Beni culturali e ambientali, spettacolo - Turismo*

Tutti i Ministri sono **proposti** dal Presidente del Consiglio e **nominati** dal Presidente della Repubblica nelle cui mani prestano giuramento. Tale nomina consiste in un atto formalmente presidenziale e sostanzialmente governativo. I Ministri possono essere scelti tra i membri del Parlamento, non essendo prevista alcuna incompatibilità tra le due cariche.

Esistono Ministri che gestiscono soltanto *alcune funzioni per conto dello Stato* detti **senza portafoglio**, proprio per indicare il fatto che non sono a capo di un apparato amministrativo (Ministero), ma solo di un dipartimento; ciononostante partecipano al Consiglio dei Ministri e alla realizzazione del programma politico del Governo.

Una particolare figura di ministri è costituita dai **Ministri ad interim**, si tratta di membri del governo ai quali, in aggiunta ai loro compiti, viene affidato un altro ministero con decreto del PDR.

Requisiti. Per la carica sono necessari: cittadinanza italiana; godimento dei diritti civili e politici; maggiore età.

Compiti e funzioni. Nell'esercizio delle loro ***funzioni amministrative***, i Ministri adottano provvedimenti, solitamente nella forma di *Decreto ministeriale* o di *Decreto interministeriale*, a seconda che l'atto sia emanato dal singolo Ministro o di concerto con un altro.

Responsabilità. In ambito **penale** vale quando detto per il PCM; **politicamente,** i ministri sono responsabili sia verso il PCM sia verso il Parlamento, che può votare la sfiducia al Governo o al singolo Ministro. La responsabilità può essere sia **collegiale** per gli atti del Consiglio dei Ministri sia **individuale** per gli atti dei loro dicasteri (art. 95). Sono responsabili **civilmente** per violazione di diritti soggettivi come qualsiasi altro cittadino.

Occorre Sapere

I Presidenti del Consiglio dei ministri del **Regno d'Italia** sono stati 30.

Fino al **1961** la Presidenza del Consiglio dei Ministri ha avuto sede con il Ministero dell'Interno a **Palazzo del Viminale.**

I membri del Governo rispondono alle domande formulate dai parlamentari nel cosiddetto ***question time.***

Il **Presidente del Consiglio** può chiedere il parere dell'**Autorità garante della concorrenza e del mercato** riguardo ad iniziative legislative o regolamentari.

Il **Ministro della Giustizia** ha facoltà di promuovere l'**azione disciplinare** nei confronti dei **magistrati** (art. 107). A esso spetta la funzione istituzionale di **Guardasigilli**. Controfirma il Decreto Presidenziale di concessione della grazia. Ha competenze in materia di **organizzazione e funzionamento dei servizi relativi alla giustizia**, ferme le competenze del Consiglio Superiore della Magistratura.

Al **Ministero dell'Economia e Finanze**, nato dall'accorpamento del Ministero delle Finanze con il Ministero del Tesoro, spetta l'**amministrazione dei beni** dello Stato. Alla sua vigilanza è sottoposta l'Agenzia delle Entrate.

Le **dogane** sono stabilite dal Ministro dell'Economia e Finanze.

Il **Ministero dell'Ambiente** in Italia venne creato nel 1986.

L'**igiene e la sicurezza degli alimenti** sono materia di competenza del **Ministero della Salute.**

L'**INAIL** è sottoposto alla vigilanza del **Ministero del Lavoro e delle Politiche Sociali.**

Dal **Ministero delle Infrastrutture e dei Trasporti** dipende l'**Ente Nazionale per l'Aviazione Civile.**

Il **Ministero della Pubblica Istruzione** è confluito nel Ministero dell'Istruzione, dell'Università e della Ricerca.

Le funzioni amministrative statali in materia di **immigrazione** e le principali funzioni in materia di **tutela dell'ordine pubblico** fanno capo essenzialmente al **Ministero dell'Interno.**

Il **Governatore** della Banca d'Italia, dopo essere eletto dal Consiglio di amministrazione, è ratificato dai Presidenti del Consiglio e della Repubblica.

Il **Prefetto** è nominato con decreto del Presidente della Repubblica, previa deliberazione del Consiglio dei Ministri e su proposta del Ministro dell'Interno. Le **Prefetture** sono Uffici territoriali del Governo. Il **Corpo Prefettizio** costituisce la dirigenza civile del Ministero dell'Interno.
Le **circolari ministeriali** sono **atti amministrativi**.

L'iniziativa legislativa e il potere di decretazione e regolamentazione del Governo

Il Decreto Legge (D.L.). Atto avente forza di legge, adottato in casi straordinari di ***necessità e urgenza*** dal Governo (art. 77). Deve essere deliberato dal Consiglio dei Ministri ed emanato dal Presidente della Repubblica; entra in vigore immediatamente, nel giorno della sua pubblicazione sulla G.U.

Il giorno stesso della pubblicazione, il decreto-legge deve essere presentato alle Camere, che, anche se sciolte, sono appositamente convocate e si riuniscono entro 5 giorni; viene chiesto al Parlamento di produrre la legge di conversione con o senza modifiche e se le Camere non convertono in legge il D.L. nel **termine di 60 giorni** quest'ultimo diviene inefficace retroattivamente (c.d. perdita di efficacia *ex tunc*, dunque come se non fosse mai esistito); i rapporti giuridici sorti sulla base di decreti legge non convertiti possono essere regolati solo con legge del Parlamento. Il D.L. non è soggetto al controllo preventivo di legittimità della Corte dei conti.

Limiti: Il Governo non può mediante decreto legge (art. 15 L. n. 400/1988):
- conferire deleghe legislative;
- provvedere in materia: costituzionale ed elettorale, di ratifica dei trattati internazionali, di approvazione di bilanci e consuntivi;
- rinnovare le disposizioni dei decreti legge dei quali sia stata negata la conversione in legge con voto di una delle due Camere;
- ripristinare l'efficacia di disposizioni dichiarate illegittime dalla Corte Costituzionale per vizi non attinenti il procedimento.

I **decreti-catenaccio**: sono decreti legge emanati, di solito in materia tributaria, per sottolineare l'esigenza di intervenire in modo rapido e senza preavviso in settori economici particolari in cui potrebbero verificarsi comportamenti distorsivi o fenomeni di accaparramento.

Il decreto legislativo (D.Lgs.). Atto normativo avente forza di legge adottato dal potere esecutivo (Governo) per delega espressa e formale del potere legislativo (Parlamento). *"Il Governo non può, senza delegazione delle Camere, emanare decreti che abbiano valore di legge ordinaria"*. Il ***procedimento*** di formazione del decreto legislativo è disciplinato dall'art. 14 L. n. 400/1988, secondo cui:
- il decreto va deliberato dal Governo entro il termine fissato dalla legge di delega;
- va presentato almeno 20 giorni prima della scadenza del termine fissato nella legge delega al Presidente della Repubblica, il quale provvederà poi all'emanazione.

La legge delega, approvata dalle Camere come una qualsiasi altra legge, disciplina l'ambito, le direttive, i limiti e il tempo di delega a cui il Governo dovrà attenersi nel predisporre i decreti legislativi (art. 76); trascorso inutilmente il limite temporale fissato dal Parlamento per esercitare la delega, il Governo non può più legiferare. La delega può essere conferita soltanto mediante legge, mai tramite decreto legge.

Occorre Sapere

La Corte costituzionale ha affermato che le **scelte del legislatore delegato non devono essere in contrasto con gli indirizzi generali della legge delega**.

Qualora il Governo non rispetti la legge di delegazione ovvero i principi e i criteri direttivi in essa stabiliti, si ha il cosiddetto ***eccesso di delega*** che, se sottoposto al giudizio della Corte costituzionale, ne comporta la dichiarazione di illegittimità nella parte che ecceda la delega. La legge delega può essere anche mista, ossia contenere disposizioni di immediata applicazione oltre che contenuti delegati.

Limiti. Ci sono materie in cui il Governo non può legiferare:
- amnistia e indulto
- bilancio e tributi
- ratifica dei trattati internazionali
- leggi costituzionali
- leggi di conversione dei decreti legge.

I Regolamenti Governativi. Atti normativi autonomi deliberati dal CDM, sentito il *parere del Consiglio di Stato*. Appartengono alle fonti secondarie ed entrano in vigore dopo 15 giorni dalla loro approvazione, salva l'indicazione di un termine diverso.

Tipologie: L'art. 17 della L. 400/1988 distingue diverse tipologie di regolamento:
- ***regolamenti di esecuzione delle leggi, dei decreti legislativi e di regolamenti europei***: sono di norma previsti dalla legge o dal decreto legislativo al fine di dettare norme specifiche per la loro corretta esecuzione, inoltre possono avere la funzione interpretativa per precisare e integrare le norme dagli stessi predisposte. Quelli di esecuzione dei regolamenti europei hanno la funzione di dare attuazione a eventuali disposizioni non direttamente applicabili;
- ***regolamenti di attuazione e integrazione***: adottati quando una disciplina è coperta da *riserva di legge relativa* e nel caso in cui una legge definisca soltanto norme di principio; colmano eventuali incompletezze della norma primaria;
- ***regolamenti indipendenti***: adottati autonomamente dal Governo per regolamentare materie che non sono disciplinate da una fonte primaria, ossia quando non vi sia una disciplina legislativa di grado primario;
- ***regolamenti di delegificazione*** (delegati o autorizzati): presuppongono una autorizzazione del Parlamento che permette di disciplinare con regolamento un oggetto già regolato da legge, anche su una materia coperta da riserva di legge (purché non assoluta). La legge di autorizzazione dispone l'abrogazione della normativa vigente con effetto però dall'entrata in vigore del regolamento, cd. abrogazione differita (art. 17, c. 2);
- ***regolamenti per l'organizzazione e il funzionamento delle amministrazioni pubbliche***: adottati secondo le disposizioni dettate dalla legge.

Altre due tipologie di regolamenti governativi sono le seguenti:
- ***regolamenti di riordino***: tipologia di regolamenti introdotta dalla L. 69/2009, la quale, nell'integrare l'art. 17 L. n. 400/1988 del comma 4-*ter*, stabilisce che attraverso tale strumento si deve *provvedere alla periodica riorganizzazione delle disposizioni regolamentari vigenti*, nonché alla ricognizione di quelle che sono state oggetto di abrogazione implicita e all'espressa abrogazione di quelle che hanno esaurito la loro funzione o sono prive di effettivo contenuto normativo o sono comunque obsolete;
- ***regolamenti di attuazione delle direttive europee***: si tratta di regolamenti previsti dall'art. 35 della L. n. 234/2012, che fanno seguito a disposizioni della legge di delegazione tramite la quale lo Stato si adegua annualmente agli atti comunitari.

Organi eventuali del Governo

Sono quelli non necessari poiché non previsti dalla Costituzione.

- il **vicepresidente del Consiglio dei ministri**, che svolge la funzione di supplente del Presidente del Consiglio in caso di impedimento temporaneo. Tale carica è formalmente equiparata a quella di un Ministro senza portafoglio, a meno che non sia preposto, contemporaneamente, alla guida di un dicastero. Il Consiglio dei Ministri può attribuire a uno o più ministri, su proposta del presidente del Consiglio, le funzioni di vicepresidente o vicepresidenti del Consiglio. Se in un Governo non è stato nominato il vicepresidente la supplenza, salvo diversa indicazione espressa direttamente dal presidente del Consiglio, spetta al Ministro più anziano d'età.
- **Sottosegretari di Stato**, coadiuvano un ministro o il Presidente del Consiglio ed esercitano i compiti a essi delegati con decreto ministeriale (o del Presidente del Consiglio). I sottosegretari di Stato possono intervenire, quali rappresentanti del Governo, alle sedute delle Camere e delle Commissioni parlamentari, sostenere la discussione in conformità alle direttive del Ministro e rispondere a interrogazioni e interpellanze. Sono nominati con decreto del Presidente della Repubblica, su proposta del Presidente del Consiglio dei ministri, di concerto con il Ministro che il sottosegretario è chiamato a coadiuvare, sentito il Consiglio dei Ministri. Prima di assumere le funzioni prestano giuramento nelle mani del Presidente del Consiglio dei Ministri. **I vice-ministri** sono sottosegretari di Stato con particolari deleghe.
- **Ministri senza portafoglio**, Il Ministro senza portafoglio è nominato con il procedimento costitutivo del Governo, cioè con decreto del Presidente della Repubblica Italiana, nelle cui mani presta giuramento. Essi a differenza dei ministri a capo di dicasteri, sono solo responsabili collegialmente per gli atti compiuti dal Consiglio dei ministri;
- **Commissari straordinari**, che sono organi nominati temporaneamente per realizzare specifici obbiettivi di interesse pubblico.
- **Comitati e consiglio di Gabinetto.** I **Comitati dei Ministri** sono organi collegiali, costituiti da più Ministri, sorti per la necessità di soddisfare le esigenze di particolari settori della P.A. Possono costituirsi tramite provvedimento del Consiglio dei Ministri o decreto del Presidente del Consiglio dei Ministri; tali **comitati ministeriali** sono organi interni con funzioni preparatorie, consultive ed esecutive. I **comitati interministeriali** sono istituiti con legge, poiché hanno rilievo esterno; svolgono funzioni istruttorie o consultive o di indirizzo dell'amministrazione attiva. Il **Consiglio di Gabinetto** è un organo ristretto rispetto al Consiglio dei Ministri, il cui compito è quello di discutere le linee generali dell'attività di Governo.

Occorre Sapere

Il Comitato Interministeriale per gli Affari Europei **(CIAE)** concorda le linee politiche del Governo nella fase di formazione degli atti dell'UE.
Fanno parte del Comitato Interministeriale per la Sicurezza della Repubblica **(CISR):** il Presidente del Consiglio ed i Ministri degli Affari esteri, della Difesa, dell'Interno, della Giustizia, dell'Economia e della Finanza, dello Sviluppo economico.
Il Comitato interministeriale per la programmazione economica (**CIPE**) svolge compiti di coordinamento a livello territoriale o settoriale su questioni di rilevante valenza economico-finanziaria.
Il Comitato interministeriale per il credito e il risparmio (**CICR**) ha la direzione politica in materia di credito, risparmio e valuta.

Governo Conte II

Restò in carica dal 5 settembre 2019 al 26 gennaio 2021*

PRESIDENTE DEL CONSIGLIO DEI MINISTRI	
Giuseppe Conte (M5S)	
MINISTRI SENZA PORTAFOGLIO	
Rapporti con il Parlamento	Federico D'Incà (M5S)
Innovazione tecnologica e Digitalizzazione	Paola Pisano (M5S)
Pubblica Amministrazione	Fabiana Dadone (M5S)
Affari regionali e Autonomie	Francesco Boccia (PD)
Sud e Coesione territoriale	Giuseppe Provenzano (PD)
Politiche giovanili e Sport	Vincenzo Spadafora (M5S)
Pari Opportunità e Famiglia	Elena Bonetti (PD) rassegna le dimissioni il 14 gennaio 2021
Affari Europei	Vincenzo Amendola (PD)
MINISTRI CON PORTAFOGLIO	
Affari Esteri e Cooperazione Internazionale	Luigi Di Maio (M5S)
Interno	Luciana Lamorgese (PD)
Giustizia	Alfonso Bonafede (M5S)
Difesa	Lorenzo Guerini (PD)
Economia e Finanze	Roberto Gualtieri (PD)
Sviluppo Economico	Stefano Patuanelli (M5S)
Politiche Agricole Alimentari e Forestali	Teresa Bellanova (PD) rassegna le dimissioni il 14 gennaio 2021
Ambiente e Tutela del Territorio e del Mare	Sergio Costa (M5S)
Infrastrutture e Trasporti	Paola De Micheli (PD)
Lavoro e Politiche Sociali	Nunzia Catalfo (M5S)
Istruzione	Lucia Azzolina (M5S)
Università e Ricerca	Gaetano Manfredi (PD)
Beni e Attività Culturali e Turismo	Dario Franceschini (PD)
Salute	Roberto Speranza (LeU)

* Il 29 gennaio 2021, il Presidente della Repubblica Sergio Mattarella affida al Presidente della Camera Roberto Fico un mandato esplorativo per verificare la formazione di un governo sostenuto dalla maggioranza che sosteneva il governo Conte II. Il 2 febbraio, il Presidente della Camera riferisce al Capo dello Stato l'esito negativo del mandato esplorativo. Il Presidente della Repubblica convoca l'ex-presidente della BCE Mario Draghi che accetta con riserva l'incarico di provare a formare un governo.

Governo Conte

Restò in carica dal 1° giugno 2018 al 5 settembre 2019

PRESIDENTE DEL CONSIGLIO DEI MINISTRI	
Giuseppe Conte (M5S)	
MINISTRI SENZA PORTAFOGLIO	
Rapporti con il Parlamento e per la Democrazia Diretta	Riccardo Fraccaro (M5S)

(segue)

Pubblica Amministrazione	Giulia Bongiorno (Lega)
Affari Regionali e Autonomie	Erika Stefani (Lega)
Sud	Barbara Lezzi (M5S)
Famiglia e Disabilità	Lorenzo Fontana (Lega)
Affari Europei	Paolo Savona (Indipendente)
MINISTRI CON PORTAFOGLIO	
Affari Esteri e Cooperazione Internazionale	Enzo Moavero Milanesi (Indipendente)
Interno	Matteo Salvini (Lega)
Giustizia	Alfonso Bonafede (M5S)
Difesa	Elisabetta Trenta (M5S)
Economia e Finanze	Giovanni Tria (Indipendente)
Sviluppo Economico	Luigi Di Maio (M5S)
Politiche Agricole Alimentari, Forestali e Turismo	Gianmarco Centinaio (Lega)
Ambiente e Tutela del Territorio e del Mare	Sergio Costa (M5S)
Infrastrutture e Trasporti	Danilo Toninelli (M5S)
Lavoro e Politiche Sociali	Luigi Di Maio (M5S)
Istruzione, Università e Ricerca	Marco Bussetti (Lega)
Beni e Attività Culturali	Alberto Bonisoli (M5S)
Salute	Giulia Grillo (M5S)

Governo Gentiloni

Restò in carica dal 12 dicembre 2016 al 1° giugno 2018

PRESIDENTE DEL CONSIGLIO DEI MINISTRI	
Paolo Gentiloni (PD)	
MINISTRI SENZA PORTAFOGLIO	
Rapporti con il Parlamento	Anna Finocchiaro (PD)
Semplificazione per la Pubblica Amministrazione	Maria Anna Madia (PD)
Affari Regionali	Paolo Gentiloni ad interim (già Enrico Costa (PD), dimissionario 18 luglio 2017)
Coesione territoriale e Mezzogiorno	Claudio De Vincenti (PD)
Sport	Luca Lotti
MINISTRI CON PORTAFOGLIO	
Affari Esteri	Angelino Alfano (NCD/AP)
Interno	Domenico Minniti (PD)
Giustizia	Andrea Orlando (PD)
Difesa	Roberta Pinotti (PD)
Economia e Finanze	Pietro Carlo Padoan (PD)
Sviluppo Economico	Carlo Calenda (PD)
Infrastrutture e Trasporti	Graziano Delrio (PD)
Politiche Agricole Alimentari e Forestali	Maurizio Martina (PD)

(segue)

Ambiente, Tutela del Territorio e del Mare	Gianluca Galletti (CPE)
Lavoro e Politiche Sociali	Giuliano Poletti (PD)
Istruzione, Università e Ricerca	Valeria Fedeli (PD)
Beni e Attività Culturali e Turismo	Dario Franceschini (PD)
Salute	Beatrice Lorenzin (NCD/AP)

Governo Renzi

Restò in carica dal 22 febbraio 2014 al 12 dicembre 2016

PRESIDENTE DEL CONSIGLIO DEI MINISTRI	
Matteo Renzi (PD)	
MINISTRI SENZA PORTAFOGLIO	
Riforme costituzionali e rapporti con il Parlamento	Maria Elena Boschi (PD) con delega al programma di Governo e dal 10/05/2016 alle pari opportunità e alle adozioni internazionali
Semplificazione e Pubblica Amministrazione	Marianna Madia (PD)
Affari Regionali e Autonomie (fino all'08/04/2014 con il nome Affari Regionali)	Enrico Costa (NCD) con delega alla famiglia - dal 29/01/2016 Maria Carmela Lanzetta (PD) - fino al 30/01/2015
MINISTRI CON PORTAFOGLIO	
Affari Esteri e Cooperazione Internazionale (Fino al 29/08/14 con il nome Affari Esteri)	Paolo Gentiloni (PD) dal 31/10/2014 Federica Mogherini (PD) fino al 31/10/2014
Interno	Angelino Alfano (NCD)
Giustizia	Andrea Orlando (PD)
Difesa	Roberta Pinotti (PD)
Economia e Finanze	Pier Carlo Padoan (indipendente)
Sviluppo Economico	Carlo Calenda (indipendente) - dal 10/05/2016 ad interim Matteo Renzi (PD) - dal 05/04/2016 al 10/05/2016 Federica Guidi (indipendente) - fino al 05/04/2016
Infrastrutture e trasporti	Graziano Delrio (PD) - dal 02/04/2015 ad interim Matteo Renzi (PD) - dal 20/03/2015 al 02/04/2015 Maurizio Lupi (NCD) - fino al 20/03/2015
Politiche agricole alimentari e forestali	Maurizio Martina (PD) con delega a Expo 2015
Ambiente e tutela del territorio e del mare	Gian Luca Galletti (UdC)
Lavoro e politiche sociali	Giuliano Poletti (indipendente) con delega alle politiche giovanili, al Servizio civile nazionale, all'integrazione
Istruzione, Università e Ricerca	Stefania Giannini (SC, poi PD)
Beni e attività culturali e turismo	Dario Franceschini (PD)
Salute	Beatrice Lorenzin (NCD)

I PRESIDENTI DEL CONSIGLIO DEI MINISTRI E I PRESIDENTI DELLA REPUBBLICA

N.	PRESIDENTE DEL CONSIGLIO	MANDATO		PARTITO	GOVERNO E COMPOSIZIONE		LEGISLATURA	PRESIDENTE DELLA REPUBBLICA (MANDATO)
		INIZIO	FINE					
1	**Alcide De Gasperi** (1881-1954)	14 luglio 1946	2 febbraio 1947	DC	De Gasperi II	Comitato di Liberazione Nazionale DC-PSIUP-PCI-PRI	AC (1946)	**Enrico De Nicola** (1946-1948)
		2 febbraio 1947	1° giugno 1947		De Gasperi III	Comitato di Liberazione Nazionale DC-PSIUP-PCI		
		1° giugno 1947	24 maggio 1948		De Gasperi IV	Centrismo DC-PSLI-PLI-PRI		
		24 maggio 1948	27 gennaio 1950		De Gasperi V		I (1948)	**Luigi Einaudi** (1948-1955)
		27 gennaio 1950	26 luglio 1951		De Gasperi VI	Centrismo DC-PSLI-PRI		
		26 luglio 1951	16 luglio 1953		De Gasperi VII	Centrismo DC-PRI		
		16 luglio 1953	17 agosto 1953		De Gasperi VIII	DC	II (1953)	
2	**Giuseppe Pella** (1902-1981)	17 agosto 1953	18 gennaio 1954	DC	Pella	DC-Ind. con l'appoggio esterno di PLI e PNM		
3	**Amintore Fanfani** (1908-1999)	18 gennaio 1954	10 febbraio 1954	DC	Fanfani I	DC		
4	**Mario Scelba** (1901-1991)	10 febbraio 1954	6 luglio 1955	DC	Scelba	Centrismo DC-PSDI-PLI		
5	**Antonio Segni** (1891-1972)	6 luglio 1955	19 maggio 1957	DC	Segni I	Centrismo DC-PSDI-PLI		**Giovanni Gronchi** (1955-1962)
6	**Adone Zoli** (1887-1960)	19 maggio 1957	1° luglio 1958	DC	Zoli	DC con l'appoggio esterno di: PLI-PRI-PSDI-PNM-PMP-MSI		

(segue)

I PRESIDENTI DEL CONSIGLIO DEI MINISTRI E I PRESIDENTI DELLA REPUBBLICA								
N.	**PRESIDENTE DEL CONSIGLIO**	**MANDATO**		**PARTITO**	**GOVERNO E COMPOSIZIONE**		**LEGISLATURA**	**PRESIDENTE DELLA REPUBBLICA (MANDATO)**
		INIZIO	**FINE**					
	Amintore Fanfani (1908-1999)	1° luglio 1958	15 febbraio 1959	DC	Fanfani II	Centrismo DC-PSDI	II (1953)	
	Antonio Segni (1891-1972)	15 febbraio 1959	25 marzo 1960	DC	Segni II	DC con l'appoggio esterno di: PLI-PNM-PMP-MSI		
7	**Fernando Tambroni** (1901-1963)	25 marzo 1960	26 luglio 1960	DC	Tambroni (*rimasto in carica meno tempo*)	DC con l'appoggio esterno di MSI e PDI	III (1958)	**Giovanni Gronchi** (1955-1962)
	Amintore Fanfani (1908-1999)	26 luglio 1960	21 febbraio 1962	DC	Fanfani III	DC		
		21 febbraio 1962	21 giugno 1963		Fanfani IV	Centrismo DC-PSDI-PRI con l'appoggio esterno del PSI		
8	**Giovanni Leone** (1908-2001)	21 giugno 1963	4 dicembre 1963	DC	Leone I	DC		
9	**Aldo Moro** (1916-1978)	4 dicembre 1963	22 luglio 1964	DC	Moro I	Centro-sinistra "organico" DC-PSI-PSDI-PRI	IV (1963)	**Antonio Segni** (1962-1964)
		22 luglio 1964	23 febbraio 1966		Moro II			
		23 febbraio 1966	24 giugno 1968		Moro III			**Giuseppe Saragat** (1964-1971)
	Giovanni Leone (1908-2001)	24 giugno 1968	12 dicembre 1968	DC	Leone II	DC		

(segue)

I PRESIDENTI DEL CONSIGLIO DEI MINISTRI E I PRESIDENTI DELLA REPUBBLICA								
N.	**PRESIDENTE DEL CONSIGLIO**	**MANDATO**		**PARTITO**	**GOVERNO E COMPOSIZIONE**		**LEGISLATURA**	**PRESIDENTE DELLA REPUBBLICA (MANDATO)**
		INIZIO	**FINE**					
10	**Mariano Rumor** (1915-1990)	12 dicembre 1968	5 agosto 1969	DC	Rumor I	Centro-sinistra "organico" DC-PSU-PRI	V (1968)	**Giuseppe Saragat** (1964-1971)
		5 agosto 1969	27 marzo 1970		Rumor II	DC		
		27 marzo 1970	6 agosto 1970		Rumor III	Centro-sinistra "organico" DC-PSI-PSDI-PRI		
11	**Emilio Colombo** (1920-2013)	6 agosto 1970	17 febbraio 1972	DC	Colombo	Centro-sinistra "organico" DC-PSI-PSDI-PRI		
12	**Giulio Andreotti** (1919-2013)	17 febbraio 1972	26 giugno 1972	DC	Andreotti I	DC		**Giovanni Leone** (1971-1978)
		26 giugno 1972	7 luglio 1973		Andreotti II	Centrismo DC-PSDI-PLI	VI (1972)	
	Mariano Rumor (1915-1990)	7 luglio 1973	14 marzo 1974	DC	Rumor IV	Centro-sinistra "organico" DC-PSI-PSDI-PRI		
		14 marzo 1974	23 novembre 1974		Rumor V	Centro-sinistra "organico" DC-PSI-PSDI		
	Aldo Moro (1916-1978)	23 novembre 1974	12 febbraio 1976	DC	Moro IV	Centrismo DC-PRI		
		12 febbraio 1976	29 luglio 1976		Moro V	DC		
	Giulio Andreotti (1919-2013)	29 luglio 1976	11 marzo 1978	DC	Andreotti III	DC con l'appoggio esterno del PCI	VII (1976)	**Giovanni Leone** (1971-1978)
		11 marzo 1978	20 marzo 1979		Andreotti IV			

(segue)

I PRESIDENTI DEL CONSIGLIO DEI MINISTRI E I PRESIDENTI DELLA REPUBBLICA								
N.	**PRESIDENTE DEL CONSIGLIO**	**MANDATO**		**PARTITO**	**GOVERNO E COMPOSIZIONE**		**LEGISLATURA**	**PRESIDENTE DELLA REPUBBLICA (MANDATO)**
		INIZIO	**FINE**					
	Giulio Andreotti (1919-2013)	20 marzo 1979	4 agosto 1979	DC	Andreotti V	DC con l'appoggio esterno del PCI	VII (1976)	**Sandro Pertini** (1978-1985)
13	**Francesco Cossiga** (1928-2010)	4 agosto 1979	4 aprile 1980	DC	Cossiga I	Centrismo DC-PSDI-PLI	VIII (1979)	
		4 aprile 1980	18 ottobre 1980		Cossiga II	Centro-sinistra "organico" DC-PSI-PRI		
14	**Arnaldo Forlani** (1925-)	18 ottobre 1980	28 giugno 1981	DC	Forlani	Centro-sinistra "organico" DC-PSI-PSDI-PRI		
15	**Giovanni Spadolini** (1925-1994)	28 giugno 1981	23 agosto 1982	PRI	Spadolini I	Pentapartito DC-PSI-PSDI-PRI-PLI		
		23 agosto 1982	1° dicembre 1982		Spadolini II			
	Amintore Fanfani (1908-1999)	1° dicembre 1982	4 agosto 1983	DC	Fanfani V	DC-PSI-PSDI-PLI		
16	**Bettino Craxi** (1934-2000)	4 agosto 1983	1° agosto 1986	PSI	Craxi I	Pentapartito DC-PSI-PSDI-PRI-PLI	IX (1983)	
		1° agosto 1986	17 aprile 1987		Craxi II			**Francesco Cossiga** (1985-1992)
	Amintore Fanfani (1908-1999)	17 aprile 1987	28 luglio 1987	DC	Fanfani VI **Il più anziano**	DC-Ind.		
17	**Giovanni Goria** (1943-1994)	28 luglio 1987	13 aprile 1988	DC	Goria	Pentapartito DC-PSI-PSDI-PRI-PLI	X (1987)	**Francesco Cossiga** (1985-1992)
18	**Ciriaco De Mita** (1928-)	13 aprile 1988	22 luglio 1989	DC	De Mita	Pentapartito DC-PSI-PRI-PSDI-PLI		

(segue)

I PRESIDENTI DEL CONSIGLIO DEI MINISTRI E I PRESIDENTI DELLA REPUBBLICA								
N.	**PRESIDENTE DEL CONSIGLIO**	**MANDATO**		**PARTITO**	**GOVERNO E COMPOSIZIONE**		**LEGISLATURA**	**PRESIDENTE DELLA REPUBBLICA (MANDATO)**
		INIZIO	**FINE**					
	Giulio Andreotti (1919-2013)	22 luglio 1989	12 aprile 1991	DC	Andreotti VI	Pentapartito DC-PSI-PSDI-PRI-PLI	X (1987)	**Francesco Cossiga** (1985-1992)
		12 aprile 1991	28 giugno 1992		Andreotti VII	Quadripartito DC-PSI-PSDI-PLI		
19	**Giuliano Amato** (1938-)	28 giugno 1992	28 aprile 1993	PSI	Amato I	Quadripartito DC-PSI-PSDI-PLI	XI (1992)	**Oscar Luigi Scalfaro** (1992-1999)
20	**Carlo Azeglio Ciampi** (1920-2016)	28 aprile 1993	10 maggio 1994	Indipendente	Ciampi	DC-PSI-PDS-PSDI-PRI-PLI-FdV		
21	**Silvio Berlusconi** (1936-)	10 maggio 1994	17 gennaio 1995	FI	Berlusconi I	Polo delle Libertà-Polo del Buon Governo FI-LN-AN-CCD-UdC-FLD	XII (1994)	
22	**Lamberto Dini** (1931-)	17 gennaio 1995	17 maggio 1996	Indipendente	Dini	Governo tecnico con l'appoggio esterno di: PDS-PPI-PSI-FdV-Rete-CS-LN		
23	**Romano Prodi** (1939-)	17 maggio 1996	21 ottobre 1998	Indipendente centro-sinistra	Prodi I	L'Ulivo PDS-PPI-UD-FdV-RI-SI con l'appoggio esterno del PRC	XIII (1996)	
24	**Massimo D'Alema** (1949-)	21 ottobre 1998	22 dicembre 1999	DS	D'Alema I	L'Ulivo DS-PPI-RI-SDI-FdV-PdCI-UDR-Rete		
		22 dicembre 1999	25 aprile 2000	DS	D'Alema II	L'Ulivo DS-PPI-Dem-U-DEUR-SDI-FdV-RI-PdCI-UV		**Carlo Azeglio Ciampi** (1999-2006)
	Giuliano Amato (1938-)	25 aprile 2000	11 giugno 2001	Indipendente centro-sinistra	Amato II	L'Ulivo DS-PPI-Dem-FdV-PdCI-UDEUR-RI-SDI		

(segue)

I PRESIDENTI DEL CONSIGLIO DEI MINISTRI E I PRESIDENTI DELLA REPUBBLICA								
N.	**PRESIDENTE DEL CONSIGLIO**	**MANDATO**		**PARTITO**	**GOVERNO E COMPOSIZIONE**		**LEGISLATURA**	**PRESIDENTE DELLA REPUBBLICA (MANDATO)**
		INIZIO	**FINE**					
	Silvio Berlusconi (1936-)	11 giugno 2001	23 aprile 2005	FI	Berlusconi II (*governo più duraturo*)	Casa delle Libertà FI-AN-LN-UDC-NPSI-PRI	XIV (2001)	**Carlo Azeglio Ciampi** (1999-2006)
		23 aprile 2005	17 maggio 2006		Berlusconi III			
	Romano Prodi (1939-)	17 maggio 2006	8 maggio 2008	Indipendente centro-sinistra	Prodi II	L'Unione DS-DL/PD-PRC-RnP (SDI-RI) -PdCI-IdV-FdV-UDEUR-SI-DCU-LpA-AL-SD-LD-MRE	XV (2006)	**Giorgio Napolitano** (2006-2015)
	Silvio Berlusconi (1936-)	8 maggio 2008	16 novembre 2011	PDL	Berlusconi IV	Centro-destra PdL-LN-MpA-CN-PT-FdS-DC	XVI (2008)	
25	**Mario Monti** (1943-)	16 novembre 2011	28 aprile 2013	Indipendente	Monti	Governo tecnico con l'appoggio esterno di: PdL-PD-UdC-FLI-ApI		
26	**Enrico Letta** (1966-)	28 aprile 2013	22 febbraio 2014	PD	Letta	Grande coalizione PD-PdL/NCD-SC-UdC-PpI-RI	XVII (2013)	
27	**Matteo Renzi** (1975-)	22 febbraio 2014	12 dicembre 2016	PD	Renzi	PD-NCD-SC-UdC-Demo.S-CD-PSI		
28	**Paolo Gentiloni** (1954-)	12 dicembre 2016	1° giugno 2018	PD	Gentiloni	PD-NCD/AP-MDP-CpE-Demo.S-CD-PSI		**Sergio Mattarella** (2015-)
29	**Giuseppe Conte** (1964-)	1° giugno 2018	5 settembre 2019	M5S	Conte	M5S-Lega	XVIII (2018)	
		5 settembre 2019	*in carica*		Conte II	M5S-PD		

2.4.4.2 Sezione II - La Pubblica Amministrazione (artt. 97-98)

La Pubblica Amministrazione (PA) è il complesso di organi e uffici posto al servizio dei cittadini, con le funzioni di curare gli interessi della collettività. "*I funzionari dello Stato sono direttamente responsabili degli atti compiuti in violazione dei diritti secondo le leggi penali, civili, amministrative. In tali casi la responsabilità civile si estende allo Stato e agli enti pubblici*" (art. 28).
I principi alla base su cui deve essere improntata l'attività amministrativa sono:

- **Principio del buon andamento e imparzialità della PA**. L'art. 97 stabilisce, infatti, il principio generale secondo cui gli uffici pubblici ed i pubblici impiegati devono essere organizzati in modo che siano garanti il buon funzionamento e l'imparzialità dell'amministrazione. Inoltre, i ***pubblici funzionari*** sono tenuti ad assicurare il corretto e imparziale bilanciamento degli interessi pubblici o privati che sono chiamati a valutare. Il diritto di accesso ai documenti amministrativi è riconosciuto dalla legge al fine di favorire la partecipazione dei cittadini e assicurare la trasparenza e l'imparzialità dell'attività amministrativa.
- **Principio del pareggio di bilancio**. In coerenza con l'ordinamento dell'UE, si impone l'equilibrio dei bilanci e la sostenibilità del debito pubblico (inserito con legge costituzionale n. 1 del 2012).
- **Principio di trasparenza**. Consiste nella possibilità immediata e facile della controllabilità di tutti gli atti e procedimenti dell'azione amministrativa.
- **Principio di ragionevolezza**. L'azione della PA deve seguire un canone di razionalità operativa, al fine di evitare decisioni arbitrarie e irrazionali.
- **Principio di legalità**. La Pubblica Amministrazione deve agire nei modi prestabiliti dalla legge.

Agli impieghi pubblici accedono i cittadini, uomini e donne, in ***condizioni di eguaglianza*** (art. 51), di norma ***tramite concorso***, salvo i casi stabiliti dalla legge.
I pubblici impiegati sono al **servizio esclusivo della nazione** e quindi la legge ha disciplinato le ipotesi di **incompatibilità** con il lavoro autonomo o alle dipendenze di privati. Il principio è volto ad evitare che l'impiegato pubblico, per l'importanza, non possa svolgere a tempo pieno la sua funzione pubblica (art. 98). Qualora il dipendente pubblico sia un Parlamentare egli potrà conseguire promozioni solo per anzianità.
Ad alcune categorie di dipendenti pubblici la legge può stabilire delle limitazioni di iscrizione a partiti politici: magistrati; militari in servizio attivo; funzionari e agenti di polizia; diplomatici e consoli all'estero. Questi, proprio per la delicatezza del ruolo svolto, devono conservare la massima indipendenza e imparzialità di giudizio e valutazione.
I pubblici uffici sono organizzati secondo disposizioni di legge (riserva di legge relativa). L'impiegato pubblico è sempre tenuto a prestare giuramento.
La Costituzione italiana ha attribuito la titolarità della **funzione organizzatrice** della Pubblica Amministrazione al Parlamento, che la esercita attraverso atti di eteronormazione.
Le competenze che altri organi della Pubblica Amministrazione esercitano in Italia, all'estero sono proprie del **Consolato**.

Nozioni sugli atti della PA. L'**atto amministrativo** è un atto giuridico adottato dalla Pubblica Amministrazione. Sono **atti di amministrazione attiva** quelli diretti a soddisfare immediatamente gli interessi propri della PA. Gli ***elementi accidentali*** in un atto amministrativo hanno la funzione di ampliare o restringere il contenuto naturale.
A norma della Costituzione, gli organi di giurisdizione che possono annullare gli atti della Pubblica Amministrazione sono determinati con legge, così come gli effetti dell'annullamen-

to giurisdizionale degli atti. La Costituzione, contro gli atti della PA, ammette sempre la tutela giurisdizionale dei diritti e degli interessi legittimi.
In relazione alla reciproca interdipendenza, gli atti amministrativi si distinguono in ***atti composti*** e ***atti contestuali***.
La legge n. 241 del 1990 ha rivisitato la disciplina generale del **procedimento amministrativo** introducendo, tra l'altro, la trasparenza amministrativa.
L'**incompetenza**, una delle cause concrete della illegittimità degli atti amministrativi, può configurarsi per materia, per valore, per grado e per territorio.
Un atto amministrativo può essere **viziato** per eccesso di potere
Per gli atti amministrativi a contenuto normativo (art. 3 L. n. 241/1990) non esiste un obbligo di motivazione.

Occorre Sapere

A norma dell'art. 35 del D.Lgs. n. 165/2001, i **vincitori di concorsi** devono permanere nella sede di prima destinazione per un **periodo non inferiore a cinque anni**.
Ai sensi del TU sul pubblico impiego, l'**ipotesi di accordo per il personale delle Amministrazioni dello Stato** deve essere sottoposta al **parere del Presidente del Consiglio dei Ministri**.
Ai sensi dell'art. 55 del D.Lgs. n. 165/2001, il **dipendente della PA** può impugnare la **sanzione disciplinare** che gli è stata comminata dinanzi al collegio arbitrale di disciplina dell'Amministrazione alle dipendenze della quale presta servizio.
È esclusa la **responsabilità personale del pubblico dipendente** verso i terzi, quando ha agito per legittima difesa di sé o di altri.
Il **diritto al risarcimento del danno** per responsabilità amministrativa si prescrive in cinque anni.
La **Commissione per l'accesso ai documenti amministrativi** è istituita presso la Presidenza del Consiglio dei ministri La legge sulla semplificazione amministrativa è conosciuta come "**Legge Bassanini**".
Nell'ambito del pubblico impiego è stato introdotto nel 2009 il principio di **incentivazione della produttività**.
Nell'ordinamento italiano la **CONSOB** (**Commissione nazionale per le società e la Borsa**), istituita con la legge 7 giugno 1974, n. 216, è un'autorità amministrativa indipendente, dotata di personalità giuridica e piena autonomia la cui attività è rivolta alla tutela degli investitori, all'efficienza, alla trasparenza e allo sviluppo del mercato mobiliare italiano.
Il 24 ottobre gli organi pubblici italiani organizzano eventi collegati alla **celebrazione della giornata delle Nazioni Unite**

2.4.4.3 Sezione III - Gli organi ausiliari (artt. 99-100)

Consiglio Nazionale dell'Economia e del Lavoro (CNEL)

È previsto dalla Costituzione e ha sia un potere di ***iniziativa legislativa***, entro i limiti stabiliti dalla legge, sia funzioni ***consultive*** nei confronti di Camere, Governo e Regioni nei campi dell'economia e del sociale (art. 99).
Istituito con la L. Cost. n. 33 del 1957 (poi abrogata e sostituita *ex* L. n. 936/1986), il Presidente è nominato con decreto del Presidente della Repubblica al di fuori dei componenti. È composto da 64 membri, di cui 48 sono scelti tra i lavoratori dell'industria e dell'agricoltura, 6 rappresentano le associazioni di volontariato e 10 sono esperti in materie economiche e sociali (di cui 8 sono nominati dal Presidente della Repubblica e 2 sono proposti dal Presidente del Consiglio dei Ministri).
Il CNEL gestisce l'Archivio Nazionale dei contratti collettivi di lavoro, curandone la conservazione e rendendo disponibile la libera consultazione dei testi contrattuali all'utenza esterna. Presso il CNEL è stato istituito l'***Organismo Nazionale di Coordinamento per le politiche di integrazione sociale dei cittadini stranieri a livello locale***.
Il referendum costituzionale del 2016, con la vittoria del NO, ha confermato la sopravvivenza del CNEL che altrimenti sarebbe stato abolito.

Consiglio di Stato

È previsto dalla Costituzione. Ha la funzione di sanare i contrasti che si verificano nei rapporti tra i privati e la pubblica amministrazione e fra lo Stato e gli Enti pubblici; ha sede in Roma a Palazzo Spada. È un ***organo giurisdizionale*** amministrativo di secondo grado in quanto deve giudicare sui ricorsi avverso sentenze emesse dai TAR (Tribunali Regionali Amministrativi) – art. 103; ha inoltre ***funzioni consultive*** in materia giuridico-amministrativa ed è il supremo organo di consulenza giuridico-amministrativa del Presidente della Repubblica. Si articola in 7 Sezioni, di cui 3 consultive e 4 giurisdizionali.

Esprime ***pareri obbligatori*** *(vincolanti o non vincolanti)* e ***facoltativi*** a seconda di quanto prevede la normativa.

L'indipendenza dell'Istituto e dei suoi componenti di fronte al Governo è assicurata dalla Costituzione (art. 100).

Corte dei conti

È previsto dalla Costituzione. È un *organo complesso* costituito da una pluralità di organi collegiali. Ha il compito del controllo preventivo di legittimità sugli atti del potere esecutivo e della PA (anche sugli atti delle Regioni a Statuto speciale), quello successivo sulla gestione del bilancio dello Stato, nonché la competenza di accertare la responsabilità dei dipendenti pubblici in relazione ai danni erariali da questi arrecati alla Pubblica Amministrazione.

Il visto apposto dalla Corte dei conti agli atti amministrativi del Governo ha carattere di ***controllo preventivo***; il parere deve essere espresso **entro 45 giorni** dal ricevimento della richiesta. La Corte dei conti partecipa, nei casi e nelle forme stabilite dalla legge, al controllo sulla gestione finanziaria degli enti a cui lo Stato contribuisce in via ordinaria. Esso predispone pareri sul risultato dei controlli e se rileva un'illegittimità in un atto del Governo, deve riferire alle Camere (art. 100).

> ***Occorre Sapere***
>
> Il Presidente della Corte dei conti a tutto il 2019 è **Angelo Buscema.**

Il Presidente della Corte dei conti trasmette le valutazioni della Corte in ordine alle conseguenze finanziarie che deriverebbero dall'emanazione di un decreto legislativo.

La Corte dei conti ha giurisdizione nelle materie di **contabilità pubblica** e nelle altre specificate dalla legge (art. 103).

L'indipendenza dell'Istituto e dei loro componenti di fronte al Governo è assicurata dalla Costituzione (art. 100).

Secondo la Corte costituzionale, la Corte dei conti può essere legittimata ad agire in sede di conflitto di attribuzione tra poteri dello Stato non solo per l'attività svolta in sede giurisdizionale ma anche per quella svolta in sede di controllo di legittimità degli atti del Governo.

Le articolazioni della Corte dei conti in sede di controllo sono:

- **Sezione Controllo Stato**: svolge i suoi compiti ai sensi della legge n. 20 del 1994
- **Sezione di Controllo Autonomie**: estende il suo controllo in particolare sui progetti di parcheggi finanziati ai sensi della legge n. 122 del 1989
- **Sezione di Controllo Enti sovvenzionati dallo Stato**: svolge l'azione di controllo ai sensi della legge n. 259 del 1958
- **Sezione controllo Affari comunitari e internazionali**: nuovo organo collegiale istituto ai sensi della legge n. 20 del 1994, che svolge un controllo successivo di tipo diffuso e un controllo di tipo specifico (controllo-referto)

2.4.4.4 Altri organi di rilievo costituzionale

Consiglio Supremo di Difesa

Il Consiglio Supremo di Difesa (CSD) è stato istituito nel 1950 per assicurare la difesa dello Stato; ha sia poteri consultivi che di coordinamento tra i vari organi direttivi dello Stato anche al fine di assicurare la corretta organizzazione delle attività militari.
È **presieduto dal Presidente della Repubblica** e può dotarsi di un Comitato deliberativo più o meno ristretto a seconda della partecipazione esclusiva o meno dei Ministri designati.
Sono membri ordinari del Consiglio: Presidente del Consiglio dei Ministri (vicepresidente); Ministro della Difesa; Ministro dell'Interno; Ministro dell'Economia e Finanze; Ministro degli Affari Esteri; Ministro dello sviluppo economico; Capo di Stato Maggiore della Difesa.
Il Consiglio Supremo di Difesa si riunisce almeno due volte all'anno ed è convocato dal Presidente della Repubblica, anche dietro richiesta del Presidente del Consiglio dei ministri, ogniqualvolta ne ravvisino la necessità.

Consiglio Superiore della Magistratura

Il Consiglio Superiore della Magistratura (CSM) è stato istituito per garantire l'indipendenza della Magistratura, sottraendo tale materia al potere esecutivo del Governo (organo di autogoverno della Magistratura). La sua funzione consiste nel provvedere a tutti quegli atti amministrativi che riguardano la carriera e le attività dei magistrati: assunzioni, trasferimenti, promozioni, e provvedimenti disciplinari (art. 105). Ha sede in Roma presso il Palazzo dei Marescialli.
La Costituzione stabilisce la composizione del CSM, la cui presidenza spetta al **Presidente della Repubblica**, in tal senso:
- ***3 membri di diritto***, che sono il Capo dello Stato, il 1° Presidente della Corte di Cassazione e il Procuratore Generale presso la Cassazione;
- ***24 membri elettivi***, che durano in carica **quattro anni** e non sono immediatamente rieleggibili; 16 togati (2/3) eletti dai magistrati nell'ambito della loro categoria, 8 membri laici (1/3) eletti dal Parlamento in seduta comune scelti tra professori ordinari di Università in materie giuridiche e avvocati che esercitano la professione da almeno 15 anni.

Il numero dei componenti del Consiglio Superiore della Magistratura è stato stabilito dalla legge n. 44/2002; i membri **non possono** essere: iscritti agli albi professionali o far parte del Parlamento o di un Consiglio regionale.
Il Vice Presidente del Consiglio Superiore della Magistratura viene scelto dal collegio tra i soli membri laici. Per dettato costituzionale le decisioni riguardanti le promozioni dei magistrati spettano al CSM.

2.4.5 Titolo IV – La Magistratura (artt. 101-113 Cost.)

2.4.5.1 Sezione I - Ordinamento giurisdizionale (artt. 101-110)

La **funzione giurisdizionale** è una delle funzioni fondamentali dello Stato, autonoma ed indipendente dagli altri poteri dello Stato (legislativo ed esecutivo) – art. 104 – e consiste nella applicazione delle norme giuridiche a casi concreti. Tale «*funzione giurisdizionale è esercitata da magistrati ordinari istituiti e regolati dalle norme sull'ordinamento giudiziario*» (art. 102 Cost.). «*Le norme sull'ordinamento giudiziario sono stabilite con legge*» (art. 108) che attribuiscono il potere giurisdizionale esclusivamente ai giudici, che lo esercitano in ***nome del popolo*** e nel rispetto della legge stessa. L'insieme dei giudici forma la **Magistratura**. In base

alla Costituzione italiana, il popolo può partecipare direttamente all'amministrazione della giustizia, nei casi regolati dalla legge (es.: *giudici popolari* nella composizione delle Corti d'Assise e d'Assise d'Appello (chiamata ***giuria*** negli Stati Uniti d'America), e *giudici laici* nei giudizi promossi nei confronti del Presidente della Repubblica per alto tradimento e attentato alla Costituzione innanzi alla Corte costituzionale.
Nell'Ordinamento giuridico italiano, il giudice ha l'obbligo di decidere applicando le norme di diritto sostanziale (regola generale), e solo eccezionalmente, nei casi stabiliti dalla legge, può fare ricorso all'equità.
A seconda della natura della controversia sottoposta all'esame del giudice, si distingue tra giurisdizione ordinaria civile e penale e speciale amministrativa.

Giurisdizione civile. Ha ad oggetto una controversia tra soggetti privati in relazione alla violazione di un ***diritto soggettivo***. Una parte (detta attore o ricorrente) chiama in giudizio l'altra parte (detta convenuto o resistente), affinché il giudice stabilisca se nel caso concreto affinché il giudice, accertata la lesione di un diritto soggettivo, ripristini l'ordine violato con sentenza. Il processo civile è regolato dalle norme del codice di procedura civile.

Giurisdizione penale. Ha ad oggetto una controversia tra un soggetto e lo Stato, conseguente alla commissione di un ***reato***. Quest'ultimo è un comportamento ritenuto particolarmente grave in quanto lesivo non solo di diritti di singole persone ma di un interesse generale dell'intera collettività, ed al quale la legge collega l'applicazione di una pena pecuniaria (multa o ammenda) o detentiva (reclusione o arresto).

Giurisdizione amministrativa. Ha ad oggetto una controversia tra un privato e la Pubblica amministrazione, in relazione alla violazione di un ***interesse legittimo***. Colui che si ritiene leso, ad esempio, da un atto di espropriazione ritenuto illegittimo, può rivolgersi al giudice amministrativo per ottenere l'annullamento dell'atto. Il processo amministrativo è regolato da varie norme del diritto amministrativo.
La giurisdizione amministrativa generale si articola nei due gradi di giudizio: **TAR** (Tribunale Amministrativo Regionale) e **Consiglio di Stato** (II grado). Avverso le sentenze del Consiglio di Stato è ammesso il ricorso in **Cassazione** esclusivamente per motivi inerenti alla giurisdizione ovvero le questioni in merito alla trattazione del processo sorte quando una delle parti processuali (ricorrente o resistente) sostenga che la causa avrebbe dovuto essere trattata dal giudice ordinario e non, invece, dal quello amministravo.
I TAR sono 20 e si trovano principalmente nei capoluoghi di regione. Il **TAR del Lazio** ha competenza anche per le controversie relative ad atti provenienti da un'amministrazione statale ultra regionale ad eccezione di quelle sugli atti dell'Autorità per l'energia elettrica e il gas. Prima dell'istituzione, prevista dalla Costituzione, dei TAR nel 1971, la giustizia amministrativa di primo grado era demandata alle ***Giunte Provinciali Amministrative***. Nel caso sia stato leso un interesse legittimo, gli organi che possono **annullare l'atto**, oltre al Presidente della Repubblica, sono la Pubblica Amministrazione e il TAR. Le controversie inerenti al personale militare e della Polizia dello Stato sono decise dal giudice amministrativo in maniera esclusiva. Tale tutela giurisdizionale non può essere esclusa o limitata a particolari mezzi di impugnazione o per determinate categorie di atti (art. 113).
Per norma costituzionale gli organi di giustizia amministrativa hanno giurisdizione per la tutela, nei confronti della Pubblica Amministrazione, degli interessi legittimi e, in particolari materie indicate dalla legge, anche dei diritti soggettivi.

Sono **giudici ordinari** competenti in materia civile e penale:

- il ***Giudice di pace***, organo onorario e individuale. La competenza del Giudice di pace si distingue da quella del Tribunale per materia o per valore;
- il ***Tribunale***, composto da giudici togati, che opera in composizione monocratica o collegiale a seconda di quanto stabilito dalla legge in considerazione dell'importanza e della delicatezza delle controversie che deve trattare;
- la ***Corte d'Appello***, organo collegiale composto da giudici togati;
- la ***Corte d'Assise*** organo collegiale di primo grado, composto da giudici togati (2) e da giudici popolari (6) avente giurisdizione soltanto in materia penale. La Corte d'Assise è preposto a giudicare reati di particolare gravità (come ad esempio terrorismo o eversione);
- la ***Corte d'Assise d'Appello***, (solo penale), avente le stesse caratteristiche dell'organo precedente, ma competente a giudicare in secondo grado in relazione alle impugnazioni proposte contro i provvedimenti della Corte d'assise di primo grado. L'ufficio di giudice popolare può essere assunto da avvocati;
- la ***Corte di Cassazione***, organo collegiale competente per tutte le impugnazioni proposte contro le sentenze di secondo grado oppure emesse in seguito ad un unico grado di giudizio, per soli motivi di legittimità. Inoltre, è competente per le impugnazioni di provvedimenti sulla libertà personale, pronunciati dagli organi giurisdizionali ordinari e speciali, ma solo per violazione di legge.

Presso gli organi giudiziari ordinari è possibile istituire sezioni specializzate per determinate materie.

Divieto di istituire nuovi giudici speciali e straordinari (art. 102). Il dettato costituzionale pone un divieto assoluto di costituire **giudici straordinari**, poiché in contrasto con il principio del ***giudice naturale precostituito per legge*** (art. 25) secondo cui l'organo giudiziario competente a decidere una determinata controversia deve essere stabilito preventivamente dalla legge. Lo stesso articolo pone il divieto di costituire nuovi **giudici speciali** oltre a quelli già previsti dalla Costituzione (art. 103):

- **Giurisdizione tributaria** (giurisdizione speciale). È competente a giudicare dei rapporti di imposta tra cittadini e Stato ed è esercitata dalle ***Commissioni tributarie***, regionali e provinciali.
- **Giurisdizione contabile** (giurisdizione speciale). È esercitata dalla **Corte dei conti** nelle materie di contabilità pubblica.
- **Giurisdizione militare** (giurisdizione speciale). È esercitata dai tribunali militari:
  - in tempo di guerra: hanno la giurisdizione stabilita dalla legge;
  - in tempo di pace: hanno giurisdizione solo per i reati commessi dagli appartenenti alle forze armate.

Tribunale superiore delle Acque pubbliche (giurisdizione speciale): organo giurisdizionale con competenza in materia di acque pubbliche.
Possono essere create, invece, **Sezioni Specializzate** per determinate materie presso gli organi giudiziari ordinari (Sezione Lavoro presso il Tribunale; Sezione Fallimentare presso il Tribunale; Tribunale per i minorenni (composti da due magistrati togati, due esperti in psicologia, pedagogia e criminologia); Tribunali regionali delle Acque pubbliche.
Il conflitto che insorge tra un Giudice del Tribunale ordinario ed un Giudice di un Tribunale speciale viene definito "**conflitto di giurisdizione**".

Sentenza. Atto tipico della funzione giurisdizionale esercitata dai Magistrati vincolante solo per le parti del processo, la sentenza consiste in un provvedimento con il quale il giudice dichiara, al termine del processo, che cosa prevede il diritto, la valutazione dei fatti e delle prove ammesse nel processo. La sentenza si compone di tre parti: il *fatto* (descrizione della fattispecie sulla quale il giudice deve decidere), la *motivazione* (indicazione delle regole giuridiche che lo hanno condotto a quella decisione) e il *dispositivo* (decisione vera e propria con la quale il giudice risolve il caso concreto).
L'interpretazione di una norma data da un giudice in una sentenza è vincolante per le parti in causa.

Occorre Sapere

Il **giudizio di ottemperanza**, in ambito amministrativo, è finalizzato a ottenere l'esecuzione di una sentenza da parte della Pubblica Amministrazione.
Con l'espressione "**merito della causa**" si intende il complesso delle questioni che influiscono sulla decisione del processo.

Magistrati. I **giudici** che fanno parte degli organi giurisdizionali possono essere **togati** (in via ordinaria), quando sono scelti mediante concorso pubblico (art. 106) o **onorari**, quando non sono legati allo Stato da un rapporto di impiego, ma vengono dallo stesso chiamati, senza concorso, a svolgere le funzioni giurisdizionali con un incarico temporaneo.
Esistono, infine, i cd. ***giudici popolari***, che sono privati cittadini chiamati ad integrare alcuni organi giurisdizionali collegiali, assicurando la partecipazione diretta del popolo all'amministrazione della giustizia. La nomina dei Giudici Popolari avviene tramite estrazione a sorte da apposite liste.
Alcuni di tali giudici svolgono le loro funzioni in **composizione monocratica** (sono cioè composti da un solo giudice), altri in **composizione collegiale** (sono cioè composti da più giudici che prendono le decisioni a maggioranza). La Costituzione stabilisce che in via ordinaria i magistrati sono scelti con concorso pubblico.
All'interno della Magistratura si distinguono le funzioni:
1) **inquirente/requirente**: ad alcuni degli organi che appartengono all'ordine giudiziario la legge affida funzioni, dette di **pubblico ministero**, o requirenti, che si occupano di esercitare l'azione penale e di svolgere e delegare le indagini per perseguire i responsabili di reati. L'autorità giudiziaria dispone direttamente della polizia giudiziaria (ufficiali e agenti di polizia giudiziaria provenienti dalle varie forze di polizia) – art. 109. La P.G. ha il compito di supportare con la loro attività investigativa le indagini del PM;
2) **giudicante**: è la funzione svolta dagli organi giudiziari (i giudici) a cui è attribuito il compito di decidere le controversie o di pronunciarsi sugli affari di loro competenza.

Inamovibilità e responsabilità dei Magistrati. L'**inamovibilità** consiste nel fatto che di regola i giudici possono essere sospesi o dispensati dal servizio o destinati ad altra sede o ad un altro incarico soltanto con il loro consenso o in seguito ad un provvedimento del **CSM**.
La **responsabilità** per i danni causati ai terzi nell'esercizio della loro funzione giurisdizionale riguarda soltanto i casi stabiliti dalla legge.
Un giudice è responsabile in caso di:
- dolo, consistente nell'intenzione di danneggiare un terzo;
- diniego di giustizia, consistente nella omissione, rifiuto o ritardo nel compimento di un atto o di un provvedimento dovuto;
- colpa grave, consistente in un comportamento gravemente negligente.

Nei loro confronti l'**azione disciplinare** è promossa dal Ministro della Giustizia, cui spetta anche vigilare sul funzionamento dei servizi relativi alla giustizia.

2.4.5.2 Sezione II - Norme sulla giurisdizione (artt. 111-113)

Principi costituzionali in materia di giurisdizione. In considerazione dell'importanza e della delicatezza del compito attribuito ai giudici e delle gravi conseguenze che l'applicazione delle sanzioni può comportare sui diritti di ciascun cittadino, l'esercizio del potere giurisdizionale è sottoposto ad una serie di garanzie volte ad assicurarne il corretto esercizio nell'interesse di tutti.

Principio di uguaglianza (art. 3), in base al quale tutti i cittadini sono uguali davanti alla legge, senza distinzioni di sesso, razza, lingua, religione, opinioni politiche, condizioni personali o sociali. Anche in questo campo, inoltre, è riaffermato il principio della sovranità popolare, e infatti l'art. 101 Cost. stabilisce che "*la giustizia è amministrata in nome del popolo*".
I giudici, inoltre, devono esercitare la loro funzione di amministrazione della giustizia in maniera indipendente ed imparziale.

Principio di imparzialità e terzietà. Comporta che ciascun giudice sia estraneo agli interessi della causa (terzo), che deve decidere e non parteggi per alcuna delle parti coinvolte nel processo. Per assicurare l'imparzialità del giudice, la Costituzione sancisce il **principio del giudice naturale**, secondo il quale la legge deve determinare i criteri oggettivi e generali in base ai quali viene individuato il magistrato competente a decidere una determinata controversia. Il giudice, cioè, non può essere scelto dopo il sorgere della controversia o dopo la commissione del fatto da una delle parti in causa. Deve esistere, invece, già prima della controversia o del fatto, un giudice competente in base a criteri individuati dalla legge.

Principio di indipendenza (garanzia assicurata con legge). È volto ad assicurare ai cittadini che il giudice, nell'esercitare le proprie funzioni, non subisca pressioni da parte degli altri poteri dello Stato, i cui rappresentanti potrebbero essere coinvolti, anche indirettamente, nelle sue decisioni, ed è, dunque, diretta conseguenza del più generale principio di separazione dei poteri. Si parla in tal caso di ***indipendenza esterna*** della Magistratura. Per evitare che gli organi del potere legislativo ed esecutivo possano influenzare le decisioni dei magistrati, nel nostro ordinamento è stato istituto il ***Consiglio Superiore della Magistratura*** organo autonomo al quale sono attribuite le decisioni più importanti in ordine alla carriera dei magistrati ed al controllo del corretto esercizio delle loro funzioni.
Si parla, invece, di ***indipendenza interna*** della Magistratura con riferimento a quei principi ed a quelle norme volte a garantire che l'attività di ciascun giudice non sia influenzata da altri magistrati oppure dalla struttura organizzativa all'interno della quale egli opera. Tale indipendenza, in primo luogo, è garantita dall'art. 101 Cost., laddove afferma che "*i magistrati sono soggetti soltanto alla legge*". Tale principio è ribadito dal 3° comma, art. 107 in base al quale "*i magistrati si distinguono tra loro soltanto per diversità di funzioni*".

Diritto di azione e precostituzione del giudice naturale (artt. 24, co. 1, e 25). L'art. 24 permette ad ogni soggetto di attivarsi ovvero di "***agire***" di fronte all'autorità giudiziaria, contro qualcuno affinché siano tutelati i propri «diritti» (verso gli altri soggetti) e «interessi legittimi» (verso la PA). L'art. 25 stabilisce che "*Nessuno può essere distolto dal giudice naturale precostituito per legge*". Il principio della precostituzione del giudice, sancito dall'articolo, comporta che sia la legge ordinaria a predeterminare – sulla base dei criteri certi e oggettivi di competenza territoriale, di valore o di materia – l'organo giurisdizionale competente a giudicare su una determinata questione. La disposizione intende annullare la discrezionalità del capo dell'ufficio giudiziario nell'assegnare gli incarichi: lo scopo è quello di ***garantire l'imparzialità all'indagine e al giudizio***.

Diritto alla difesa (art. 24, c. 2). È riconosciuto come inviolabile, in quanto tutti devono potersi difendere. Tale diritto viene riconosciuto «*in ogni stato e grado del procedimento*», quindi per l'intera durata del processo e in qualsiasi grado ci si trovi (tre gradi di giudizio); diritto riconosciuto anche ai non abbienti, cioè a coloro che si trovino in particolari condizioni di indigenza, e che, quindi, possono richiedere il "***gratuito patrocinio***" (assistenza da parte di un avvocato, senza alcuna spesa). Nel nostro ordinamento non è possibile difendersi da soli e nel caso in cui la parte, pur avendone i mezzi economici, non nomini da sé il difensore, gliene verrà assegnato uno dall'amministrazione ("difesa d'ufficio"). La legge assicura alla persona accusata di un reato che non comprende o non parla la lingua impiegata nel processo l'***assistenza di un interprete***.

Principio dell'obbligatorietà dell'azione penale (art. 112). È tipico del processo penale poiché nel processo civile il potere giurisdizionale si attiva solo su iniziativa di parte. Siffatto principio comporta l'obbligo per il **Pubblico Ministero** di attivarsi ogni qualvolta ritenga di essere in presenza di un illecito penale, cioè di un "reato". Questo modello di azione si collega al "**principio accusatorio**", secondo il quale il giudice si dovrà limitare a giudicare sulla base delle prove che gli vengono portate dalle parti.

Obbligo della motivazione. Tutti i provvedimenti del giudice devono essere "***motivati***" (art. 111) e la motivazione deve riguardare sia i fatti portati all'attenzione del giudice, sia il diritto, cioè il ragionamento giuridico fatto dal giudice per arrivare a prendere la decisione contenuta nella sentenza.

Principio del "giusto processo" (art. 111). Qualunque processo, civile, penale, amministrativo, deve svolgersi "*nel contraddittorio tra le parti*, in condizioni di parità, davanti a giudice terzo e imparziale". "*La legge regola i casi in cui la formazione della prova non ha luogo in contraddittorio per consenso dell'imputato o per accertata impossibilità di natura oggettiva o per effetto di provata condotta illecita*". Il giusto processo può attuarsi laddove la persona accusata di un reato possa disporre del tempo e delle condizioni necessarie per preparare la sua difesa. La Costituzione afferma che l'imputato non è considerato colpevole fino alla condanna definitiva.

L'**Avvocatura dello Stato** ha il compito di rappresentare, assistere e difendere in giudizio lo Stato e l'amministrazione statale in tutte le sue articolazioni. È l'organo, oltre al Consiglio di Stato, che svolge attività di consulenza giuridico-amministrativa per le Pubbliche Amministrazioni.

Occorre Sapere

La legge assicura che la **durata del processo** sia **ragionevole**.
La persona accusata di un reato deve essere informata riservatamente, nel più breve tempo possibile, della natura e dei motivi dell'accusa (**informazione di garanzia**).
Possono essere chiamati all'ufficio di **consigliere di Cassazione** i professori ordinari di università in materie giuridiche per meriti insigni e gli avvocati iscritti negli albi speciali per le giurisdizioni superiori e su designazione del CSM.
Chi è rimasto vittima di un **errore giudiziario** può essere risarcito a spese dello Stato italiano, ma è la legge a determinare le condizioni e i modi di riparazione.
Il Giudice chiamato a decidere sui problemi della Laguna Veneta prende il nome di **Magistrato delle acque**.
Il **Procuratore della Repubblica** è un magistrato.
I cittadini possono essere sottoposti a **misure di sicurezza** solo nei casi previsti dalla legge.
Se durante un processo di fronte alla Magistratura ordinaria è sollevata dalle parti una **questione di legittimità costituzionale** il giudice, prima di rimettere la questione alla Corte costituzionale, valuta se la questione è fondata e rilevante per la soluzione della causa.
La Costituzione **non ammette casi di responsabilità oggettiva in ambito penale** perché vi ostano i caratteri di personalità della responsabilità e di rieducatività della pena.
Nel sistema giudiziario italiano la sigla DDA sta per **Direzione Distrettuale Antimafia**.

2.4.6 Titolo V – Le Regioni, le Province, i Comuni (artt. 114-133 Cost.)

Lo Stato, pur mantenendo la sua unità, deve *riconoscere* e soprattutto *promuovere le autonomie locali*, attuando il più ampio decentramento amministrativo (art. 5).
Attualmente, gli **enti territoriali** che si identificano con la nozione di **autonomia locale** sono quelli elencati dall'art. 114, c. 1, Cost., ossia: i *Comuni*; le *Province*; le *Città metropolitane*; le Regioni.
Il comma 2 dell'art. 114 Cost. stabilisce che "*I Comuni, le Province, le Città metropolitane e le Regioni sono enti autonomi con propri statuti, poteri e funzioni secondo i principi fissati dalla Costituzione*".

> ***Occorre Sapere***
>
> **Decentramento** è il termine italiano della Costituzione che ***è stato distratto nel concetto di devolution.***

Come vedremo, le Regioni hanno **potestà regolamentare**. Anche i Comuni, le Province e le Città metropolitane hanno potestà regolamentare, in ordine, però, alla disciplina dell'organizzazione e dello svolgimento delle funzioni loro attribuite.

2.4.6.1 Regioni

La Regione è un ente necessario previsto dalla Costituzione. L'Italia è costituita da 20 Regioni, di cui 5 a Statuto speciale. Nel 1948 in sede costituente fu fatta una distinzione tra Regioni a Statuto ordinario e Regioni a Statuto speciale, procedendo all'approvazione degli statuti delle cinque Regioni "speciali" e cioè: Sicilia, Sardegna, Valle d'Aosta, Trentino-Alto Adige, Friuli-Venezia Giulia (art. 116). Le motivazioni di tale distinzione sono da ricercarsi nelle esigenze di carattere politico, geografico e di tutela delle minoranze residenti nei territori "speciali", che avevano spiccate tendenze autonomiste. Il Trentino Alto Adige è costituito da due Province autonome: Trento e Bolzano. La Costituzione menziona solo le Regioni a Statuto speciale e non quelle a Statuto ordinario.

L'autonomia regionale. Le Regioni in quanto **enti autonomi territoriali** sono dotate di:

- ***autonomia statutaria***: cioè della possibilità di adottare un proprio *Statuto* avente per oggetto la disciplina della forma di governo dell'*organizzazione e del funzionamento* dell'ente per tutte le attività non regolate direttamente dalla Costituzione. L'autonomia statutaria delle Regioni è contemplata dalla Carta costituzionale, la quale ha inteso riconoscere l'esistenza e la necessità dell'elaborazione degli Statuti da parte delle Regioni, determinandone, altresì, la *funzione* e i *limiti*. La disciplina dettata dalla Costituzione per gli Statuti delle Regioni speciali è diversa rispetto a quella delle Regioni ordinarie;
- ***autonomia legislativa***: a tutte le Regioni è riconosciuta la potestà di emanare leggi aventi valore di legge ordinaria. Tale potestà può essere esercitata dalle Regioni nelle materie non espressamente riservate allo Stato (art. 117);
- ***autonomia amministrativa***: ciascuna Regione è dotata di un proprio apparato amministrativo e le è riconosciuta la potestà di emanare atti amministrativi (cd. *autarchia*). Gli atti amministrativi non sono soggetti ad alcun controllo di legittimità o di merito;
- ***autonomia finanziaria***: le Regioni godono di autonomia finanziaria di entrata e di spesa, in armonia con la Costituzione e secondo i principi di coordinamento della finanza pubblica e del sistema tributario. «*I Comuni, le Province, le Città metropolitane e le Regioni hanno autonomia finanziaria di entrata e di spesa. I Comuni, le Province, le Città metropolitane e le Regioni hanno risorse autonome. Stabiliscono e applicano tributi ed entrate propri, in armonia con la Costituzione e secondo i princìpi di coordinamento della finanza pubblica e del sistema tributario. Dispongono di compartecipazioni al gettito di tributi erariali riferibile al loro territorio*» (art. 119 Cost).

Organi di governo: Consiglio regionale, Giunta regionale, Presidente della Regione (art. 121). Il Governo può sostituirsi a organi delle Regioni, ma solo nei casi espressamente previsti (art. 120).

Consiglio regionale. È l'***organo assembleare rappresentativo dell'intero collettività regionale***. Esercita la ***potestà legislativa***, cioè approva le leggi regionali, e le altre funzioni conferitegli dalla Costituzione e dalle leggi. Può anche fare proposte di legge alle Camere. I suoi membri, eletti a suffragio universale e diretto, non possono essere chiamati a rispondere delle opinioni e dei voti espressi nell'esercizio delle loro funzioni. La durata in carica dei Consigli regionali è stabilita dalla legge regionale (art. 122 Cost.). Il Consiglio elegge il proprio ***Presidente del Consiglio*** e i delegati delle Regioni che partecipano all'elezione del Presidente della Repubblica. I consiglieri regionali godono di immunità. Nessuno può appartenere contemporaneamente a un Consiglio regionale e a una delle Camere del Parlamento o ad un altro Consiglio regionale, ovvero al Parlamento europeo.

Giunta regionale. **Organo esecutivo** della Regione, è composto dal ***Presidente*** (che è anche Presidente della Regione) e da un numero di ***assessori*** variabile, da 6 a 12, a seconda della popolazione residente. La Giunta è nominata dal Presidente della Regione. Come avviene per il Governo anche la Giunta regionale ed il suo Presidente devono avere la fiducia del proprio Consiglio regionale. Per la **mozione di sfiducia**, espressa dal Consiglio, la Costituzione richiede che sia approvata dalla ***maggioranza assoluta*** dei componenti l'Assemblea. Essa va discussa, di norma, non prima di tre giorni. L'approvazione della mozione di sfiducia del Consiglio regionale nei confronti del Presidente della Giunta regionale comporta le dimissioni della Giunta e lo scioglimento del Consiglio regionale.

Presidente della Regione. È anche Presidente della Giunta, **rappresenta e dirige la Regione**. In particolare: nomina e revoca la Giunta regionale; dirige la politica della Giunta e ne è responsabile; **promulga** le leggi ed **emana i regolamenti** regionali; dirige le funzioni amministrative delegate dallo Stato alla Regione, conformandosi alle istruzioni del Governo della Repubblica. Viene eletto a suffragio universale e diretto (art. 1 L. Reg. n. 25 del 13 maggio 2004), salvo che lo Statuto regionale disponga diversamente. Nel Trentino Alto Adige il Presidente non viene eletto direttamente dai cittadini. Le dimissioni volontarie del Presidente comportano le dimissioni della Giunta stessa e lo scioglimento del Consiglio. Può essere ***rimosso*** con decreto motivato del Presidente della Repubblica, sentita una Commissione per le questioni regionali costituita da Deputati e Senatori. I casi di ***incompatibilità***, di ***ineleggibilità*** e il sistema di elezione di questo organo sono disciplinati con legge regionale, ma nei limiti di quanto stabilito dalle leggi statali. L'appartenenza contemporanea ad una Giunta regionale e al Parlamento Europeo non è ammessa.

Gli Statuti delle Regioni speciali. L'art. 116, c. 1, Cost. stabilisce: «*Il Friuli Venezia Giulia, la Sardegna, la Sicilia, il Trentino-Alto Adige/Südtirol e la Valle d'Aosta/Vallée d'Aoste dispongono di forme e condizioni particolari di autonomia, secondo i rispettivi statuti speciali adottati con legge costituzionale*».
Gli Statuti speciali sono approvati con legge costituzionale, quindi prevalgono sulle leggi ordinarie dello Stato e disciplinano completamente le condizioni di autonomia della Regione e la sua forma di governo.
Con L. cost. n. 2/2001 sono state introdotte nell'ordinamento delle Regioni speciali le cd. **leggi statutarie**, con le quali possono essere disciplinati determinati aspetti della forma di go-

verno regionale. Si tratta di leggi regionali approvate con un *procedimento rinforzato*: sono sottoposte a *referendum* se entro tre mesi dalla loro pubblicazione ne facciano richiesta un cinquantesimo degli elettori o un quinto dei consiglieri regionali oppure, se approvate dalla maggioranza dei due terzi dei consiglieri, se ne fa richiesta una frazione qualificata del corpo elettorale, le quali prevalgono quindi sulle altre leggi regionali, integrando le disposizioni dello Statuto speciale per le materie e gli ambiti ad esse affidati.

Gli Statuti delle Regioni ordinarie. Gli Statuti ordinari sono approvati (e modificati) dal Consiglio regionale «con legge approvata a maggioranza assoluta dei suoi componenti, con due deliberazioni successive adottate a maggioranza assoluta dei suoi componenti», conferisce ad essi anche *formalmente*, e non più soltanto sostanzialmente, la natura giuridica di ***leggi regionali*** (fonti primarie di primo grado). Entro trenta giorni dalla pubblicazione degli statuti regionali può essere proposta la questione di legittimità costituzionale.
Le prime elezioni nelle Regioni a statuto ordinario si svolsero nel 1975.

Il **procedimento di formazione degli Statuti** si caratterizza, attualmente, per i seguenti passaggi:

- la legge regionale deve essere approvata a **maggioranza assoluta** dei suoi componenti con due deliberazioni successive adottate ad intervallo non minore di 2 mesi;
- il ricorso del Governo per sollevare la **questione di legittimità costituzionale** sugli Statuti dinanzi alla Corte costituzionale deve essere proposto entro trenta giorni dalla pubblicazione, a fini notiziari, della seconda deliberazione consiliare;
- lo Statuto è sottoposto a **referendum popolare** qualora entro 3 mesi dalla pubblicazione, a fini notiziari, della seconda deliberazione consiliare, ne faccia richiesta un cinquantesimo degli elettori della Regione o un quinto dei componenti il Consiglio regionale. In questo caso lo Statuto è promulgato soltanto se è approvato dalla maggioranza dei voti validi;
- scaduti i 3 mesi senza indizione del referendum, lo Statuto viene **promulgato** e assoggettato alla **pubblicazione** necessaria ai fini della definitiva entrata in vigore.

Lo Statuto determina la forma di governo e i principi fondamentali di organizzazione e funzionamento della Regione, regola l'esercizio del diritto di iniziativa legislativa e del *referendum* su leggi e provvedimenti amministrativi della Regione e la pubblicazione delle leggi e dei regolamenti regionali (art. 123).
Gli Statuti, quindi, possono regolare:

- le modalità di elezione del Presidente della Giunta regionale, nell'ipotesi in cui si decida di non adottare il sistema dell'elezione a suffragio universale e diretto esplicitamente previsto dall'art. 122 Cost.;
- le cause di cessazione dalla carica degli organi di governo regionale (esclusi i casi di decadenza per incompatibilità);
- la scelta del capoluogo regionale, in quanto la legge tace sul punto;
- la specifica regolamentazione dei rapporti fra gli organi di governo regionali e del loro funzionamento. Tale regolamentazione, ad esempio, può riguardare:
  a) le attribuzioni del Consiglio regionale;
  b) il regime dei lavori consiliari (interrogazioni, interpellanze, mozioni);
  c) le competenze e attribuzioni della Giunta regionale e le regole di funzionamento di essa;
  d) gli organi e la disciplina della programmazione regionale;
  e) la finanza e il patrimonio regionale.

Inoltre, lo Statuto regionale deve disciplinare anche il **Consiglio delle autonomie locali**, organo di consultazione fra le Regioni e gli enti locali (art. 123, ultimo comma, Cost., introdotto dalla L. cost. 3/2001).

Gli Statuti non possono regolare né modificare:

- il *tipo* e il *numero* degli *organi di governo* della Regione, predeterminati dalla Costituzione (Consiglio regionale, Giunta regionale e Presidente della Regione);
- la *ripartizione della funzione di governo* fra tali organi, già operata dall'art. 121 Cost.;
- il *sistema di elezione* e i *casi di ineleggibilità e di incompatibilità* del Presidente e degli altri componenti della Giunta regionale nonché dei consiglieri regionali. Essi infatti sono disciplinati con legge della Regione nei limiti dei princìpi fondamentali stabiliti con legge della Repubblica, che fissa anche la durata degli organi elettivi.

L'autonomia legislativa. L'art. 117 Cost. prevede la suddivisione della **potestà legislativa** tra lo Stato e le Regioni, operando una distinzione tra:

- ***potestà legislativa esclusiva dello Stato***: si tratta di 17 settori (comma 2);
  a) politica estera e rapporti internazionali dello Stato; rapporti dello Stato con l'Unione europea; diritto di asilo e condizione giuridica dei cittadini di Stati non appartenenti all'Unione europea;
  b) immigrazione;
  c) rapporti tra la Repubblica e le confessioni religiose;
  d) difesa e Forze armate; sicurezza dello Stato; armi, munizioni ed esplosivi;
  e) moneta, tutela del risparmio e mercati finanziari; tutela della concorrenza; sistema valutario; sistema tributario e contabile dello Stato; armonizzazione dei bilanci pubblici; perequazione delle risorse finanziarie;
  f) organi dello Stato e relative leggi elettorali; referendum statali; elezione del Parlamento europeo;
  g) ordinamento e organizzazione amministrativa dello Stato e degli enti pubblici nazionali;
  h) ordine pubblico e sicurezza, ad esclusione della polizia amministrativa locale;
  i) cittadinanza, stato civile e anagrafi;
  l) giurisdizione e norme processuali; ordinamento civile e penale; giustizia amministrativa;
  m) determinazione dei livelli essenziali delle prestazioni concernenti i diritti civili e sociali che devono essere garantiti su tutto il territorio nazionale;
  n) norme generali sull'istruzione;
  o) previdenza sociale;
  p) legislazione elettorale, organi di governo e funzioni fondamentali di Comuni, Province e Città metropolitane;
  q) dogane, protezione dei confini nazionali e profilassi internazionale;
  r) pesi, misure e determinazione del tempo; coordinamento informativo statistico e informatico dei dati dell'amministrazione statale, regionale e locale; opere dell'ingegno;
  s) tutela dell'ambiente, dell'ecosistema e dei beni culturali;
- ***potestà legislativa concorrente***: si tratta dei settori individuati nel comma 3 e nei quali si assiste ad una suddivisione dei compiti tra lo Stato e le Regioni: al primo spetta il compito di «determinare i principi fondamentali» (attraverso le ***leggi quadro*** o ***leggi cornice***), mentre alle Regioni spetta il compito di emanare la legislazione specifica di settore nel rispetto dei suddetti principi fondamentali stabiliti dalla legislazione statale:
  Sono materie di legislazione concorrente quelle relative a: rapporti internazionali e con l'Unione europea delle Regioni; commercio con l'estero; tutela e sicurezza del lavoro; istruzio-

ne, salva l'autonomia delle istituzioni scolastiche e con esclusione della istruzione e della formazione professionale; professioni; ricerca scientifica e tecnologica e sostegno all'innovazione per i settori produttivi; tutela della salute; alimentazione; ordinamento sportivo; protezione civile; governo del territorio; porti e aeroporti civili; grandi reti di trasporto e di navigazione; ordinamento della comunicazione; produzione, trasporto e distribuzione nazionale dell'energia; previdenza complementare e integrativa; coordinamento della finanza pubblica e del sistema tributario; valorizzazione dei beni culturali e ambientali e promozione e organizzazione di attività culturali; casse di risparmio, casse rurali, aziende di credito a carattere regionale; enti di credito fondiario e agrario a carattere regionale;

- ***potestà legislativa residuale delle Regioni***: i settori che rientrano in tale ambito non sono definiti nel testo costituzionale, ma vanno ricavati per esclusione; infatti, dispone che «*spetta alle Regioni la potestà legislativa in riferimento ad ogni materia non espressamente riservata alla legislazione dello Stato*».

  Le Regioni e le Province autonome di Trento e di Bolzano, nelle materie di loro competenza, partecipano alle decisioni dirette alla formazione degli atti normativi comunitari e provvedono all'attuazione e all'esecuzione degli accordi internazionali e degli atti dell'Unione europea, nel rispetto delle norme di procedura stabilite da legge dello Stato, che disciplina le modalità di esercizio del potere sostitutivo in caso di inadempienza.

La Costituzione stabilisce che il Governo (*funzione politico-costituzionale*) possa impugnare una legge regionale che ritiene aver superato le competenze regionali entro 60 giorni dalla pubblicazione (art. 127).

La **potestà regolamentare** spetta allo Stato nelle materie di legislazione esclusiva, salva delega alle Regioni e a quest'ultime in ogni altra materia.
Le leggi regionali rimuovono ogni ostacolo che impedisce la piena parità degli uomini e delle donne nella vita sociale, culturale ed economica e promuovono la parità di accesso tra donne e uomini alle cariche elettive; ratificano le intese della Regione con altre Regioni per il migliore esercizio delle proprie funzioni, anche con individuazione di organi comuni.
Infine, nelle materie di sua competenza la Regione può concludere accordi con Stati e intese con enti territoriali interni ad altro Stato, nei casi e con le forme disciplinati da leggi dello Stato.

Occorre Sapere

Per espresso divieto della Costituzione, le Regioni **non possono istituire dazi di esportazione o d'importazione** all'interno dei propri territori.
Per espresso divieto della Costituzione, una Regione **non può adottare provvedimenti che ostacolino la libera circolazione delle persone e delle cose** tra le Regioni.

Il patrimonio. «*I Comuni, le Province, le Città metropolitane e le Regioni hanno un proprio patrimonio attribuito secondo i principi generali determinati dalla legge dello Stato*» (art. 119).
Il patrimonio, dunque, viene attribuito non solo alle Regioni ma anche agli altri enti territoriali, ovvero Comuni, Province e Città metropolitane.
Procedimento di formazione delle leggi regionali. Ricalca quasi fedelmente quello previsto per l'approvazione delle leggi ordinarie dello Stato, e si compone delle fasi dell'***iniziativa***, dell'***istruttoria*** e della ***deliberazione***.
Il procedimento si apre con la presentazione di una proposta di legge; il potere di iniziativa legislativa spetta alla Giunta regionale, ai singoli consiglieri e al corpo elettorale regionale.
La proposta così presentata passa all'esame delle Commissioni permanenti, strutturate sul mo-

dello di quelle presenti in Parlamento, ma prive di ogni potere deliberativo. La legge regionale deve essere, quindi, necessariamente approvata dal Consiglio e, soltanto dopo, promulgata dal Presidente della Regione, per entrare in vigore il quindicesimo giorno successivo alla pubblicazione sul Bollettino ufficiale regionale.
Alla **Corte costituzionale** spetta giudicare se la legge regionale rientri tra quelle che sono esercizio della potestà legislativa esclusiva (art. 117, c. 4) o della potestà legislativa concorrente (art. 117, c. 3), potendo in questo ultimo caso anche accertare la conformità, intesa come legittimità, rispetto alla normativa di principio contenuta nella legge cornice.
Le leggi regionali possono essere sottoposte al giudizio di legittimità costituzionale.
In ambito regionale sono sempre ammissibili dei referendum su leggi regionali; tale esercizio del referendum è regolato dallo statuto regionale.

L'autonomia regolamentare. Le Regioni sono titolari di potestà regolamentare:
- nelle materie di legislazione concorrente ad esse riservate *ex* art. 117, comma 3;
- nelle materie di legislazione residuale di cui all'art. 117, comma 4;
- nelle materie che l'art. 117, comma 2 definisce di legislazione esclusiva statale e per le quali lo Stato abbia delegato alle Regioni la normazione secondaria.

Sempre allo Statuto spetta disciplinare il procedimento di formazione dei regolamenti regionali e la tipologia dei regolamenti stessi. I nuovi Statuti prevedono *regolamenti esecutivi, attuativo-integrativi della legislazione regionale, di organizzazione* ed *esecutivi della normativa europea*, mentre già la Corte costituzionale ha riconosciuto l'ammissibilità dei *regolamenti regionali di delegificazione*, almeno laddove non si discostino dal modello statale delineato dall'art. 17 della L. n. 400/1988.
I regolamenti sono **emanati** dal Presidente della Giunta Regionale.

Il controllo sugli atti amministrativi regionali. La disciplina dei controlli è stata radicalmente riscritta dalla L. 127/1997 (cd. *Bassanini bis sulla semplificazione amministrativa*), che ha assoggettato a sindacato soltanto due categorie di atti:
1) i *regolamenti regionali*, con esclusione di quelli attinenti all'autonomia organizzativa, funzionale e contabile dei Consigli regionali;
2) gli *atti costituenti adempimento degli obblighi derivanti dall'appartenenza all'Unione europea.*

Creazione e fusione di Regioni. Secondo l'art. 132 della Costituzione, il numero minimo di abitanti necessario per la creazione di una nuova Regione è di un milione di abitanti. La fusione di Regioni esistenti (purché sia stabilito attraverso un referendum) o la creazione di nuove Regioni viene disposta con legge costituzionale. Alla Regione è riconosciuto il potere di istituire nuovi Comuni.

Occorre Sapere

"Nella Regione sono istituiti organi di giustizia amministrativa di primo grado, secondo l'ordinamento stabilito da legge della Repubblica" **cd. TAR** (art. 125).
La riforma costituzionale attuata dalla legge costituzionale 3/2001 ha soppresso la figura del **Commissario di Governo** presso la Regione.
Per "**settore economico primario**" in riferimento alle attività produttive di una Regione si intende l'attività di raccolta delle materie prime della terra e cioè delle attività agricole, allevamento, pesca, delle attività estrattive e di selvicoltura.
L'**art. 115 Cost.** è stato **abrogato** dall'art. 9, c. 2, della legge cost. 18 ottobre 2001, n. 3.
Nello stemma della Regione **Sicilia** è presente il simbolo della **Trinacria**.
Nello stemma della Regione **Puglia** è presente il simbolo dell'**albero d'olivo**.

2.4.6.2 Comuni

Il **Comune** è l'*organizzazione pubblica da sempre più vicina alle esigenze dei cittadini*. È un ente autonomo che rappresenta la propria comunità, ne cura gli interessi e ne promuove lo sviluppo. Gode di autonomia statutaria, normativa, organizzativa e amministrativa, nonché impositiva e finanziaria di entrata e di spesa nell'ambito del proprio Statuto e Regolamento. Le ***funzioni amministrative*** sono, di norma, attribuite ai Comuni, salvo che siano conferite a Province, Città metropolitane, Regioni e Stato per assicurarne l'esercizio unitario.
Il Comune è considerato un *ente a fini generali di governo della collettività locale* che viene quindi amministrata non dall'autorità statale, ma da rappresentati locali da essa stessa eletti. L'Ente è titolare di funzioni proprie e di funzioni conferitegli dallo Stato e dalla Regione, secondo il cd. ***principio di sussidiarietà***, in base al quale lo Stato o la Regione intervengono solo qualora l'attività, nel caso specifico del Comune, è carente o non possa essere realizzata (cd. ***sussidiarietà verticale***) – art.118. La cd. ***sussidiarietà orizzontale*** consiste nel fatto che lo Stato e gli altri enti territoriali sono tenuti a favorire «*l'autonoma iniziativa dei cittadini, singoli e associati, per lo svolgimento di attività di interesse generale*» (art. 118, c. 4, Cost.).
Il Comune *concorre* alla determinazione degli obiettivi contenuti nei piani e nei programmi dello Stato e della Regione cui appartiene e provvede, per quanto di propria competenza, alla loro attuazione. Spettano al Comune tutte le funzioni amministrative che riguardano la popolazione ed il territorio comunale, in particolare nei seguenti settori:

- servizi alla persona e alla comunità;
- assetto e utilizzazione del territorio;
- sviluppo economico.

Riguardo, invece, i servizi di competenza statale delegati agli enti locali, compiti del Comune sono la gestione dei ***servizi elettorali***, di ***stato civile***, di ***anagrafe***, di ***leva militare*** e di ***statistica***, tutte funzioni esercitate dal Sindaco nella veste di *ufficiale del Governo*. Lo Stato può, poi, destinare a determinati Comuni delle risorse aggiuntive o predisporre interventi speciali al fine di *promuovere lo sviluppo economico, la coesione e la solidarietà sociale*, e di rimuovere gli squilibri economici e sociali per favorire l'effettivo esercizio dei diritti della persona. I Comuni possono indire un ***referendum*** solo con valore ***consultivo***.
Ad un Comune che ne faccia richiesta può essere concesso il distacco da una Regione e l'aggregazione ad un'altra a seguito di un referendum, di un parere obbligatorio, ma non vincolante dei Consigli regionali interessati e di una legge della Repubblica.
Organi di governo: *Consiglio comunale*, *Giunta comunal*e e *Sindaco*.

Consiglio comunale: *organo di indirizzo e controllo politico ed amministrativo eletto, a suffragio universale diretto direttamente dai cittadini residenti sul territorio, per* ***5 anni***. È deputato ad approvare lo Statuto comunale. Il numero di consiglieri varia in base al numero dei cittadini. Si possono nominare Assessori al di fuori del Consiglio comunale soltanto nei Comuni con popolazione superiore ai 15.000 abitanti. Gli Assessori comunali sono soggetti a revoca da parte del Sindaco. Se la metà più uno dei Consiglieri si dimettono il Consiglio comunale viene sciolto.

NUMERO CONSIGLIERI		
ABITANTI	**ABITANTI**	**MEMBRI**
popolazione superiore	1.000.000	48
popolazione superiore	500.000	40
popolazione superiore	250.000	36
capoluoghi di provincia o popolazione superiore	100.000	32
popolazione superiore	30.000	24
popolazione superiore	10.000	16
popolazione superiore	5.000	12
popolazione superiore	3.000	12
Altri Comuni	= = =	10

Giunta comunale: *organo esecutivo e deliberativo del Comune.*

Sindaco: *organo responsabile dell'amministrazione del Comune e ufficiale di Governo*. Rappresenta l'ente, convoca e presiede la Giunta e il Consiglio (quando non è prevista la figura del Presidente del Consiglio comunale), sovrintende al funzionamento dei servizi e degli uffici e all'esecuzione degli atti. Può essere eletto a Sindaco il cittadino che ha compiuto la maggiore età (18 anni). Nelle elezioni a Sindaco per i Comuni con meno di 15mila abitanti è eletto colui che ottiene in un unico turno il maggior numero di voti nella lista vincitrice. Per i Comuni con più di 15mila abitanti è eletto al primo turno il candidato che ottiene la maggioranza assoluta dei voto validi; se nessun candidato ottiene la maggioranza si procede al ballottaggio fra i due candidati che hanno ottenuto il maggior numero di voti. Il Sindaco nomina il Vicesindaco tra gli Assessori comunali. Nella Regione Valle d'Aosta, nei comuni con più di 1000 abitanti viene eletto direttamente dai cittadini anche il Vicesindaco. Il giuramento da parte del Sindaco di osservare lealmente la Costituzione avviene davanti al Consiglio comunale.
La cessazione dalla carica del Sindaco e della Giunta può dipendere dal Consiglio comunale se viene votata la ***mozione di sfiducia*** per appello nominale della maggioranza assoluta dei componenti il Consiglio. Le dimissioni volontarie del Sindaco provocano lo scioglimento del Consiglio comunale.

Il **Segretario comunale** ha un rapporto di lavoro dipendente con il Ministero dell'interno, ma funzionalmente dipende dal Sindaco. Viene designato tramite concorso pubblico per esami per conseguire l'abilitazione all'iscrizione ad un Albo.

Occorre Sapere

Il **bilancio di previsione** per l'anno successivo di un Comune deve essere deliberato entro il 31 dicembre di ogni anno. La mancata approvazione del bilancio, entro i termini fissati dalla legge, da parte del Consiglio comunale, comporta il suo scioglimento.
Nei comuni con più di 100.000 abitanti può essere nominato, da parte del Sindaco, un **Direttore generale**.
Le **circoscrizioni comunali** possono essere modificate con legge regionale.
Nell'ordinamento italiano la **suddivisione in circoscrizioni** è obbligatoria solo per i Comuni che superano i 100.000 abitanti.
Per le **spese elettorali** la legge che disciplina l'elezione del Sindaco e dei Consigli comunali con **popolazione superiore a 10.000 abitanti** norma la dichiarazione preventiva e il rendiconto delle spese nei comuni.
Per le **spese elettorali** la legge che disciplina l'elezione del Sindaco e dei Consigli comunali nei comuni con **popolazione superiore a 50.000 abitanti** afferma che la dichiarazione deve essere preventiva e affissa all'albo pretorio del comune. Il **rendiconto** delle spese elettorali, invece, deve essere reso pubblico entro trenta giorni dalla fine della campagna elettorale.
In un decreto legislativo del 2000 è descritto il **tradizionale distintivo del Sindaco** con le parole "*La fascia tricolore con lo stemma della Repubblica e lo stemma del Comune, da portarsi a tracolla*".
Un **ufficiale superiore** è ineleggibile a sindaco nel territorio nel quale esercita il comando.
Un Comune può essere chiamato **città** se il titolo gli viene conferito con specifico provvedimento dal Capo dello Stato.

2.4.6.3 Unione dei Comuni

È una forma istituzionale di associazione tra comuni, considerata un Ente locale. Può essere costituita da due o più comuni che devono essere contigui con un obiettivo chiaro: "esercitare congiuntamente una pluralità di funzioni di loro competenza" trasferendo alla unione funzioni e servizi sottraendo, così, la titolarità diretta al Comune. L'unione deve avere un atto costitutivo e uno statuto. Il Presidente viene scelto fra i sindaci eletti.

All'Unione sono destinati tutti gli introiti che derivano da tasse, tariffe e contributi dovuti per i servizi trasferiti dai comuni.

Occorre Sapere

Ai sensi della legge n. 59 del 1997 sono conferite ampie **funzioni amministrative** alle Regioni e agli enti locali.
Le elezioni dei massimi rappresentanti locali, come governatori, sindaci, giunta, si dicono **elezioni amministrative**.
Accanto all'Unione dei Comuni abbiamo anche le **Comunità Montane** e le **Comunità Isolane**, così come disciplinate dall'art. 2 del D.Lgs. 18 Agosto 2000, n. 267.

2.4.6.4 Province

La suddivisione dello Stato in Province è un'eredità culturale del Regno d'Italia. La Costituzione ha fatto propria tale ripartizione ma, nel corso degli ultimi anni, la necessità di snellire l'apparato burocratico e ridurre la spesa pubblica ha spinto molti a chiedere la soppressione di tali enti. Tuttavia essendo previste dalla Carta costituzionale non è possibile procedere alla loro eliminazione senza una modifica della Costituzione. Al momento, dunque, le Province sono ancora operative, anche se la **L. 7 aprile 2014, n. 56 (cd. legge Delrio)** le ha enormemente depotenziate nei loro compiti e ne ha notevolmente snellito l'apparato istituzionale.

Organi. La struttura istituzionale è formata dal **Presidente** (carica che deve essere ricoperta da un Sindaco di un Comune della Provincia), dal **Consiglio provinciale** (formato da 10 a 16 membri, a seconda della popolazione, scelti tra gli amministratori municipali del territorio) e dall'**Assemblea dei Sindaci**.

Sono tutti eletti in via indiretta, da parte dei rappresentanti dei Comuni che formano la Provincia.

Funzioni. La L. 56/2014 attribuisce a questo ente le seguenti **funzioni fondamentali**:

- pianificazione territoriale provinciale di coordinamento, nonché tutela e valorizzazione dell'ambiente, per gli aspetti di competenza;
- pianificazione dei servizi di trasporto in ambito provinciale, autorizzazione e controllo in materia di trasporto privato, nonché costruzione e gestione delle strade provinciali;
- programmazione provinciale della rete scolastica;
- raccolta ed elaborazione dati ed assistenza tecnico-amministrativa agli enti locali;
- gestione dell'edilizia scolastica;
- controllo dei fenomeni discriminatori in ambito occupazionale e promozione delle pari opportunità sul territorio provinciale.

Il voto contrario del Consiglio provinciale su una proposta del Presidente della Provincia non comporta le sue dimissioni.

Lo Stato con legge può conferire funzioni amministrative alle Province.

Il controllo sugli organi di Comune e Provincia

L'art. 141 del D.Lgs. 267/2000 (T.U. enti locali) dispone che i Consigli comunali e provinciali vengano ***sciolti*** nei seguenti casi:

- compimento di atti contrari alla Costituzione;
- gravi e persistenti violazioni di legge;
- gravi motivi di ordine pubblico;
- impossibilità di normale funzionamento degli organi e dei servizi per le seguenti cause:
  1) impedimento permanente, rimozione, decadenza, decesso del Sindaco o del Presidente della Provincia;
  2) dimissioni del Sindaco o del Presidente della Provincia;

3) cessazione dalla carica per dimissioni contestuali, ovvero rese anche con atti separati purché contemporaneamente presentati al protocollo dell'ente, della metà più uno dei consiglieri assegnati, non computando a tal fine il Sindaco o il Presidente della Provincia;
4) riduzione dell'organo assembleare per impossibilità di surroga alla metà dei componenti del Consiglio;

- mancata approvazione nei termini del bilancio;
- mancata adozione, nel termine di 18 mesi dalla data dell'elezione degli organi, degli strumenti urbanistici generali nei Comuni con più di 1000 abitanti.

A queste ipotesi di scioglimento se ne aggiungono altre previste in ordine sparso dal T.U.:

- mozione di sfiducia nei confronti del Sindaco o del Presidente della Provincia;
- fenomeni di infiltrazione e di condizionamento mafioso;
- omissione della deliberazione di dissesto finanziario;
- ipotesi connesse al controllo sugli equilibri finanziari.

Lo **scioglimento dei Consigli comunali e provinciali** viene adottato con *decreto del Presidente della Repubblica*, su proposta del Ministro dell'Interno; al decreto di scioglimento è allegata la relazione del Ministero contenente i motivi del provvedimento (art. 141, c. 6).
Con il decreto di scioglimento (ad eccezione delle ipotesi relative all'*impedimento permanente*, alla *rimozione*, *decadenza* e *decesso* del Sindaco o del Presidente della Provincia e di quella specifica di cui all'art. 143 del T.U.) si provvede alla nomina di un ***Commissario*** che esercita le attribuzioni conferitegli con il decreto stesso.

Sospensione del Consiglio comunale e provinciale. Il Prefetto ha facoltà di sospendere dalle funzioni Il Sindaco, il Presidente della Provincia, i Presidenti dei Consorzi e delle Comunità montane, i componenti dei Consigli e delle Giunte e i Presidenti dei Consigli circoscrizionali per non più di 90 giorni, nominando contestualmente, un **Commissario prefettizio** per la provvisoria amministrazione (art. 141, c. 7, T.U.).
Presupposti per l'emanazione di detto provvedimento sono:

a) l'avvenuta attivazione della procedura per lo scioglimento del Consiglio;
b) la sussistenza di motivi di grave ed urgente necessità tali da rendere opportuna l'adozione del provvedimento sospensivo.

2.4.6.5 Città metropolitane

Accanto ai Comuni e alle Province il legislatore costituzionale, nel 2001, ha introdotto nella nostra Carta fondamentale le **Città metropolitane** nelle cd. *aree metropolitane* comprendenti i Comuni di Torino, Milano, Venezia, Genova, Bologna, Firenze, Roma, Bari, Napoli e altri Comuni i cui insediamenti abbiano con essi rapporti di *stretta integrazione territoriale* e in ordine alle attività economiche, ai servizi essenziali, alla vita sociale, nonché alle relazioni culturali e alle caratteristiche territoriali.
Le città metropolitane di Torino, Milano, Venezia, Genova, Bologna, Firenze, Bari, Napoli e Reggio Calabria sono ora disciplinate dalla L. 56/2014.
Inoltre, dal 1° gennaio 2015 le città metropolitane sono subentrate alle province omonime e succedono ad esse in tutti i rapporti attivi e passivi e ne esercitano le funzioni. Il territorio della città metropolitana coincide con quello della provincia omonima; per il passaggio di singoli comuni da una provincia limitrofa alla città metropolitana è previsto un determinato procedimento. Possono far parte di un'area metropolitana territori anche molto ampi, a destinazione agricola o liberi.

Organi delle Città metropolitane sono:
a) il sindaco metropolitano;
b) il consiglio metropolitano;
c) la conferenza metropolitana.

Sindaco metropolitano: *rappresenta l'ente,* convoca e presiede il consiglio metropolitano e la conferenza metropolitana, sovrintende al funzionamento dei servizi e degli uffici e all'esecuzione degli atti; esercita le altre funzioni attribuite dallo Statuto. Può attribuire ai consiglieri specifiche funzioni. Se lo statuto non prevede altrimenti, il Sindaco metropolitano è di diritto il Sindaco del comune capoluogo. Qualora il Sindaco metropolitano cessi dalla carica, fino all'insediamento del nuovo, le sue competenze passano al vicesindaco metropolitano.

Consiglio metropolitano: *è organo di indirizzo e controllo*, propone alla conferenza lo statuto e le sue modifiche, approva regolamenti, piani e programmi; approva o adotta ogni altro atto ad esso sottoposto dal Sindaco metropolitano; esercita le altre funzioni attribuite dallo Statuto. Su proposta del Sindaco metropolitano, il Consiglio adotta gli schemi di bilancio da sottoporre al parere della conferenza metropolitana.
Il Consiglio metropolitano dura in carica **5 anni** ed è composto dal Sindaco metropolitano e da:
a) **24 consiglieri** nelle città metropolitane con popolazione residente superiore a 3 milioni di abitanti;
b) **18 consiglieri** nelle città metropolitane con popolazione residente superiore a 800.000 e inferiore o pari a 3 milioni di abitanti;
c) **14 consiglieri** nelle altre città metropolitane.
È eletto a suffragio ristretto, dai sindaci e dai consiglieri comunali dei comuni della città metropolitana, lo Statuto può prevedere anche l'elezione diretta.
Sono eleggibili a consigliere metropolitano i sindaci e i consiglieri comunali in carica. La cessazione dalla carica comunale comporta la decadenza da consigliere metropolitano. È presieduto dal Sindaco.

Conferenza metropolitana: *ha poteri propositivi e consultivi*, secondo quanto disposto dallo Statuto; adotta o respinge lo Statuto e le sue modifiche proposti dal Consiglio metropolitano con i voti che rappresentino almeno un terzo dei comuni compresi nella città metropolitana e la maggioranza della popolazione complessivamente residente. Esprime pareri sui bilanci dell'ente.
Lo Statuto stabilisce le norme fondamentali dell'organizzazione dell'Ente, ivi comprese le attribuzioni degli organi e l'articolazione delle loro competenze.

Secondo quanto previsto dalla Costituzione italiana, la città metropolitana è uno degli **enti locali territoriali** previsti nelle Regioni a Statuto ordinario. Tale ente è previsto anche nelle Regioni a Statuto speciale; in questi territori le città metropolitane sono normate con legge regionale che deve comunque adattarsi alle direttive generali della legge statale in materia. Il Trentino Alto Adige e la Val d'Aosta non prevedono aree metropolitane.
Secondo quanto disposto dalla legge sulle "*Disposizioni sulle città metropolitane, sulle province, sulle unioni e fusioni di comuni*" (***legge Delrio***) la delimitazione territoriale delle città metropolitane prevede l'abolizione della relativa provincia.

CITTÀ METROPOLITANA		POPOLAZIONE *Residente al 01/01/2019*	SUPERFICIE *km²*	DENSITÀ *ABITANTI/km²*	NUMERO COMUNI
Denominazione	*Comune capoluogo*				
BARI	Bari (322.316)	1.249.246	3.863	324	41
BOLOGNA	Bologna (390.625)	1.017.806	3.702	274	55
CAGLIARI	Cagliari (153.231)	430.914	1.249	345	17
CATANIA	Catania (311.402)	1.104.974	3.574	309	58
FIRENZE	Firenze (372.038)	1.004.298	3.514	287	42
GENOVA	Genova (574.090)	835.829	1.834	458	67
MESSINA	Messina (229.565)	620.721	3.266	190	108
MILANO	Milano (1.396.059)	3.279.944	1.576	2062	134
NAPOLI	Napoli (962.589)	3.082.905	1.179	2614	92
PALERMO	Palermo (657.960)	1.243.328	5.009	248	82
REGGIO CALABRIA	Reggio Calabria (178.760)	541.278	3.210	168	97
ROMA CAPITALE	Roma Capitale (2.837.332)	4.333.274	5.363	807	121
TORINO	Torino (870.952)	2.252.379	6.827	329	316
VENEZIA	Venezia (259.150)	851.663	2.473	344	44

Secondo gli studi dell'Istat 2020 le aree metropolitane italiane rientranti tra le quattro più grandi rispetto al numero degli abitanti sono le aree: lombarda, romana, napoletana e veneta.

2.4.7 Titolo VI – Garanzie costituzionali (artt. 134-139 Cost.)

Il Titolo VI della Costituzione è dedicato alle garanzie costituzionali, ovvero a quegli strumenti finalizzati a conservare la Carta fondamentale che sta alla base della società italiana. Esse prevedono:

- l'istituzione della **Corte Costituzionale**, con il compito di controllare che gli atti normativi dello Stato e delle Regioni siano conformi alla Costituzione. In caso di difformità la Corte può dichiararli illegittimi ed impedirne l'osservanza e l'applicazione;
- un procedimento, più complesso per la **formazione delle leggi di modifica o integrazione della Costituzione**;
- l'impossibilità di sottoporre a **revisione costituzionale** la **forma repubblicana**.

2.4.7.1 Sezione I – La Corte costituzionale (artt. 134-137)

Le norme necessarie per la costituzione e il funzionamento della Corte Costituzionale (cd. **Consulta**) sono stabilite con legge ordinaria. Essa gode di autonomia finanziaria, amministrativa e regolamentare.

Composizione. La Corte costituzionale si compone di **15 giudici** (art. 135) nominati:

- per 1/3 (cioè **5**) dal Presidente della Repubblica
- per 1/3 dal Parlamento in seduta comune a maggioranza dei 2/3 dei componenti delle Camere fino al terzo scrutinio, poi è sufficiente la maggioranza dei 3/5;

– per 1/3 dalle Supreme magistrature ordinaria e amministrativa (Corte di Cassazione, Corte dei conti, Consiglio di Stato).

Per il **funzionamento** della Corte costituzionale è necessaria la presenza di **almeno 11 giudici**. I giudici della Corte sono scelti fra i magistrati, anche a riposo, delle giurisdizioni superiori ordinaria ed amministrativa, tra i professori ordinari di università in materie giuridiche e gli avvocati con almeno vent'anni di esercizio. Non è previsto alcun limite d'età, né minimo né massimo. La legge vieta espressamente che i giudici della Corte costituzionale possono essere candidati in elezioni amministrative o politiche o far parte di commissioni giudicatrici di concorso. I Giudici della Corte non possono svolgere: attività inerente ad un partito politico; attività professionale di avvocato. Non è **incompatibile**, invece, con la docenza universitaria.

Durata del mandato. I giudici costituzionali durano in carica **9 anni** (decorrenti dal giuramento) e non possono essere nuovamente nominati.

Attribuzioni e sede. La Corte costituzionale, in base art. 1 della legge 18 marzo 1958, n. 265, ha la sede permanente nel **Palazzo della Consulta** a Roma. Alla Corte costituzionale compete il giudizio:

- sulle controversie relative alla legittimità costituzionale delle leggi e degli atti che hanno forza di legge dello Stato e delle Regioni (art. 134 Cost.) (la Corte svolge il controllo sulla ***ragionevolezza*** delle leggi);
- sui conflitti di attribuzione tra i poteri dello Stato (artt. 127 e 134 Cost.);
- sui conflitti di attribuzione tra lo Stato e le Regioni (artt. 127 e 134 Cost.);
- sui conflitti di attribuzione tra le Regioni (artt. 127 e 134 Cost.);
- sull'ammissibilità delle richieste di referendum abrogativo (L. 352/1970); con il giudizio di ammissibilità verifica che le richieste referendarie non eccedano i limiti previsti dalla Costituzione.

In merito ai giudizi sui conflitti di attribuzione, l'intervento della Corte è necessario perché si può avere conflitto per indebito esercizio della funzione esecutiva, giudiziaria o legislativa.

Le condizioni, le forme, i termini di proponibilità dei giudizi di legittimità costituzionale sono stabiliti da apposita legge costituzionale (art. 137, co. 1, Cost.). La disciplina della Corte costituzionale è coperta, infatti, da **riserva assoluta di legge**.

La Corte ha anche funzioni giudicanti nell'unico, e gravissimo, caso previsto dall'art. 90 Cost. concernente la **messa in stato d'accusa**, da parte del Parlamento in seduta comune, **del Presidente della Repubblica** per *alto tradimento* e *attentato contro la Costituzione*. In tal caso la sua composizione viene integrata con l'intervento di 16 giudici aggregati tratti da una lista approvata ogni 9 anni.

Presidente della Corte. Una volta nominati, i giudici eleggono il Presidente della Corte costituzionale che rimane in carica per **3 anni** ed è rieleggibile, salvo in ogni caso i termini di scadenza dall'ufficio di giudice; a lui spetta il compito di convocare le sedute, regolare la discussione e determinare i punti più importanti.

Prerogative. I giudici costituzionali non possono essere perseguiti per le opinioni espresse ed i voti dati nell'esercizio della loro funzione; essi godono della stessa immunità personale dei deputati. Con legge costituzionale sono stabilite le garanzie d'indipendenza dei giudici della Corte.

I soggetti che possono sollevare per ***impugnativa principale*** o ***diretta*** la **questione della legittimità costituzionale** di una legge sono: lo Stato, le Regioni e le Province autonome di Trento e Bolzano.
In tutti gli altri casi ***l'impugnativa*** è ***incidentale***, vale a dire che può essere promossa da un'Autorità giudiziaria solo nel corso di un processo nel quale la norma sospettata di illegittimità costituzionale deve essere applicata.
Di seguito, i Presidenti che si sono succeduti dal 1956 a oggi:

N.	PRESIDENTE	DAL	AL	DURATA IN CARICA
1	Enrico De Nicola	23 gennaio 1956	26 marzo 1957	1 anno, 2 mesi e 3 giorni
2	Gaetano Azzariti	6 aprile 1957	5 gennaio 1961	3 anni, 8 mesi e 30 giorni
3	Giuseppe Cappi	4 marzo 1961	10 ottobre 1962	1 anno, 7 mesi e 6 giorni
4	Gaspare Ambrosini	20 ottobre 1962	15 dicembre 1967	5 anni, 1 mese e 25 giorni
5	Aldo Mazzini Sandulli	16 gennaio 1968	4 aprile 1969	1 anno, 2 mesi e 19 giorni
6	Giuseppe Branca	10 maggio 1969	9 luglio 1971	2 anni, 1 mese e 29 giorni
7	Giuseppe Chiarelli	22 novembre 1971	16 febbraio 1973	1 anno, 2 mesi e 25 giorni
8	Francesco Paolo Bonifacio	23 febbraio 1973	25 ottobre 1975	2 anni, 8 mesi e 2 giorni
9	Paolo Rossi	18 dicembre 1975	9 maggio 1978	2 anni, 4 mesi e 21 giorni
10	Leonetto Amadei	5 marzo 1979	28 giugno 1981	2 anni, 3 mesi e 23 giorni
11	Leopoldo Elia	21 settembre 1981	7 maggio 1985	3 anni, 7 mesi e 16 giorni[7]
12	Livio Paladin	3 luglio 1985	1° luglio 1986	11 mesi e 28 giorni
13	Antonio La Pergola	2 luglio 1986	14 giugno 1987	11 mesi e 12 giorni
14	Francesco Saja	15 giugno 1987	22 ottobre 1990	3 anni, 4 mesi e 7 giorni[8]
15	Giovanni Conso	23 ottobre 1990	3 febbraio 1991	3 mesi e 11 giorni
16	Ettore Gallo	4 febbraio 1991	14 luglio 1991	5 mesi e 10 giorni
17	Aldo Corasaniti	15 luglio 1991	14 novembre 1992	1 anno, 3 mesi e 30 giorni
18	Francesco Paolo Casavola	15 novembre 1992	25 febbraio 1995	2 anni, 3 mesi e 10 giorni
19	Antonio Baldassarre	26 febbraio 1995	8 settembre 1995	6 mesi e 13 giorni
20	Vincenzo Caianiello	9 settembre 1995	23 ottobre 1995	1 mese e 14 giorni
21	Mauro Ferri	24 ottobre 1995	3 novembre 1996	1 anno e 10 giorni
22	Renato Granata	4 novembre 1996	4 novembre 1999	3 anni
23	Giuliano Vassalli	11 novembre 1999	13 febbraio 2000	3 mesi e 2 giorni
24	Cesare Mirabelli	23 febbraio 2000	21 novembre 2000	8 mesi e 29 giorni
25	Cesare Ruperto	5 gennaio 2001	2 dicembre 2002	1 anno, 10 mesi e 27 giorni
26	Riccardo Chieppa	5 dicembre 2002	23 gennaio 2004	1 anno, 1 mese e 18 giorni
27	Gustavo Zagrebelsky	28 gennaio 2004	13 settembre 2004	7 mesi e 16 giorni
28	Valerio Onida	22 settembre 2004	30 gennaio 2005	4 mesi e 8 giorni
29	Piero Alberto Capotosti	10 marzo 2005	6 novembre 2005	7 mesi e 27 giorni

(segue)

N.	PRESIDENTE	DAL	AL	DURATA IN CARICA
30	Annibale Marini	10 novembre 2005	9 luglio 2006	7 mesi e 29 giorni
31	Franco Bile	11 luglio 2006	8 novembre 2008	2 anni, 3 mesi e 28 giorni
32	Giovanni Maria Flick	14 novembre 2008	18 febbraio 2009	3 mesi e 4 giorni
33	Francesco Amirante	25 febbraio 2009	7 dicembre 2010	1 anno, 9 mesi e 12 giorni
34	Ugo De Siervo	10 dicembre 2010	29 aprile 2011	4 mesi e 19 giorni
35	Alfonso Quaranta	6 giugno 2011	27 gennaio 2013	1 anno, 7 mesi e 21 giorni
36	Franco Gallo	29 gennaio 2013	16 settembre 2013	7 mesi e 18 giorni
37	Gaetano Silvestri	19 settembre 2013	28 giugno 2014	9 mesi e 9 giorni
38	Giuseppe Tesauro	30 luglio 2014	9 novembre 2014	3 mesi e 10 giorni
39	Alessandro Criscuolo	12 novembre 2014	24 febbraio 2016	1 anno, 3 mesi e 12 giorni
40	Paolo Grossi	24 febbraio 2016	23 febbraio 2018	1 anno, 11 mesi e 29 giorni
41	Giorgio Lattanzi	8 marzo 2018	9 dicembre 2019	1 anno, 9 mesi e 1 giorno
42	Marta Cartabia	11 dicembre 2019	13 settembre 2020	9 mesi e due giorni
43	Mario Rosario Morelli	16 settembre 2020	12 dicembre 2020	2 mesi e 26 giorni
44	Giancarlo Coraggio	18 dicembre 2020	*in carica*	

Forma delle decisioni della Corte. Le decisioni pronunciate dalla Corte sono sotto forma di *sentenze* o *ordinanze*. Nelle ordinanze la motivazione è più sintetica, mentre nelle sentenze il giudice costituzionale giustifica i motivi di fatto e di diritto che ne costituiscono il fondamento.
Le **sentenze** sono:

- ***di inammissibilità***, quando mancano i presupposti per procedere a un giudizio di merito (es. mancano i requisiti soggettivi per sollevare la questione di legittimità);
- ***di accoglimento***, con cui si dichiara l'incostituzionalità della norma. In questo caso la norma cessa di avere efficacia dal giorno successivo alla pubblicazione della sentenza (art. 136 Cost.) e non potrà più essere applicata neanche ai rapporti passati, a meno che non siano intervenute sentenze definitive. Si tratta dunque di pronunce retroattive cioè con effetto *ex tunc* nella singola causa;
- ***di rigetto***, con cui si dichiara infondata la questione di legittimità nei termini e sotto i profili in cui è stata sollevata dinanzi alla Corte. In questo caso l'efficacia preclusiva della sentenza è limitata e riguarda soltanto il giudizio a quo, per cui la stessa identica questione potrà essere sollevata in altri giudizi e da altri giudici. Nelle sentenze di rigetto, quindi, la Corte non si pronuncia sulla illegittimità della norma, ma sulla fondatezza della questione;
- ***interpretative di rigetto***, quando dichiara infondata la questione per un'errata interpretazione della norma.

Le udienze della Corte costituzionale possono essere a porte chiuse, quando la pubblicità può nuocere alla sicurezza dello Stato o all'ordine pubblico o alla morale. Quando la Corte costituzionale dichiara l'illegittimità costituzionale di una norma di legge o di un atto avente forza di legge la norma cessa di avere efficacia dal **giorno successivo** alla pubblicazione della decisione. La decisione in materia di illegittimità costituzionale di una norma di legge è comunicata alle Camere e ai Consigli regionali interessati (art. 136).
Le decisioni della Corte costituzionale sono depositate nella cancelleria della Corte e chiunque può prenderne visione ed ottenerne copia.

Le sentenze della Corte sono inappellabili (art. 137), ma ne è ammessa la revisione.
In base alla giurisprudenza della Corte costituzionale, la delibera con cui il Consiglio regionale dichiara l'insindacabilità delle opinioni espresse da un consigliere non ha un effetto inibitorio dell'azione giurisdizionale.

2.4.7.2 Sezione II – Revisione della Costituzione. Leggi costituzionali (artt. 138-139)

A differenza dello Statuto Albertino (tipica costituzione flessibile, facilmente modificabile da leggi ordinarie), il Costituente decise di rendere rigida l'attuale Costituzione stabilendo che per modificare, integrare o derogare temporaneamente la stessa, il legislatore debba adottare un procedimento più complesso di quello ordinario previsto per la formazione delle leggi (art. 138 Cost.), facendo esprimere eventualmente anche al popolo la sua opinione, mediante referendum.
Inoltre, non tutte le materie possono essere sottoposte a revisione, come espressamente indicato dall'art. 139, che dispone la non modificabilità della forma repubblicana.

Il procedimento legislativo per la revisione della Costituzione. Per la modifica delle disposizioni contenute nella Costituzione è necessario un procedimento particolare, detto procedimento di revisione costituzionale, che termina nella emanazione di una legge costituzionale ad opera sempre dello stesso Parlamento nelle forme e nei modi previsti dall'art. 138 Cost. (cd. ***procedura aggravata***).
Il procedimento si differenzia da quello ordinario sia nella **fase preparatoria di iniziativa e di istruttoria** (non è ammessa l'iniziativa del CNEL) sia nella fase costitutiva sia nella fase di integrazione dell'efficacia.
Nella **fase costitutiva**:
- non è ammesso il procedimento decentrato in Commissione; la discussione e l'approvazione della legge (nel suo complesso e per i singoli articoli) devono sempre svolgersi in Assemblea (art. 72, c. 4);
- per approvare le leggi di revisione costituzionale (e le altre leggi costituzionali) sono richieste, in ogni ramo del Parlamento, due successive deliberazioni ad intervallo non minore di tre mesi. In particolare le due deliberazioni successive di ciascuna Camera devono riguardare lo stesso testo di legge (*principio della doppia delibera conforme*); in caso di emendamenti tra la prima e la seconda deliberazione il procedimento deve ricominciare. Dopo la prima deliberazione di una Camera, il progetto di legge costituzionale può già passare all'altra Camera affinché si giunga alla prima approvazione di entrambe le Camere su uno stesso testo. Nella votazione della seconda deliberazione è richiesta la maggioranza assoluta dei componenti la Camera (non è ammessa la discussione e la votazione dei singoli articoli, ma solo la discussione delle linee generali e la votazione finale) mentre nella prima deliberazione, e in genere per l'approvazione dei singoli articoli della legge, è sufficiente la sola maggioranza ordinaria (maggioranza dei presenti).

Nella **fase di integrazione dell'efficacia**, se la legge è stata approvata nella seconda votazione da entrambe le Camere con una maggioranza ***non inferiore ai due terzi dei componenti***, il Capo dello Stato provvede alla promulgazione e, quindi, la legge viene pubblicata nella Gazzetta Ufficiale e diventa legge dello Stato a tutti gli effetti; se, invece, la legge è stata approvata nella seconda votazione, con la semplice maggioranza assoluta, questa sarà ugualmente pubblicata in Gazzetta Ufficiale, solo per notizia, ma non viene promulgata ed entro tre mesi potrà essere sottoposta a referendum (***cd. Referendum costituzionale***). Entro tre mesi da tale data possono avanzare richiesta di referendum sospensivo, dal momento che la legge resta sospesa:

- **un quinto dei membri di una Camera**;
- **500.000 elettori**;
- **5 Consigli regionali**.

Il referendum non può essere, invece, richiesto per le leggi costituzionali che prevedono modifiche agli Statuti delle Regioni speciali anche nel caso in cui non siano approvate con la maggioranza dei due terzi, in deroga alle disposizioni dell'art. 138 Cost.

Le modalità di attuazione per questo tipo di referendum sono analoghe a quelle previste per il referendum abrogativo; differiscono solo per le seguenti particolarità:

- il controllo di legittimità è affidato esclusivamente all'Ufficio centrale per il referendum e non è previsto alcun intervento della Corte costituzionale;
- il giorno del referendum deve essere fissato in una domenica compresa tra il 50° e il 60° giorno successivo alla emanazione del decreto di indizione;
- se il risultato del referendum è contrario all'approvazione, ne è data notizia sulla Gazzetta Ufficiale e la legge e come se fosse mai emanata;
- se invece il risultato è favorevole, il Presidente della Repubblica deve provvedere, senza indugio, alla promulgazione della legge;
- rispetto al referendum abrogativo non è necessario raggiungere il quorum della maggioranza degli aventi diritto al voto; l'art. 138 della Costituzione prevede che la legge di revisione costituzionale debba semplicemente essere approvata (o bocciata) dalla maggioranza dei voti validamente espressi, a prescindere dal numero complessivo dei votanti.

Limiti alla revisione costituzionale. L'ultimo articolo della Costituzione, l'**art. 139**, stabilisce che la forma repubblicana non può essere oggetto di revisione, pertanto si proclama l'intangibilità di un principio che non deve venir meno nella nostra Carta costituzionale.

La Corte costituzionale ha individuato anche nei diritti inviolabili dell'uomo, consacrati dall'art. 2 Cost., ulteriori limiti al potere di revisione costituzionale poiché i diritti inviolabili sono riconosciuti e non creati dalla Costituzione, pertanto essi preesistono all'ordinamento e non possono essere modificati neppure con legge costituzionale. Infine, sempre la Corte costituzionale ha affermato che alcuni principi supremi contenuti nella Costituzione non possono essere sovvertiti o modificati da leggi di revisione (es., la solidarietà *ex* art. 2, l'uguaglianza *ex* art. 3, la tutela del lavoro *ex* art. 4, l'unità e l'indivisibilità della Repubblica *ex* art. 5).

La Corte costituzionale nella sentenza n. 1146 del 1988 ha rilevato che i **principi supremi dell'ordinamento costituzionale** hanno valenza superiore rispetto alle altre norme o leggi di rango costituzionale.

La Corte costituzionale ha sentenziato che possono considerarsi **principi supremi dell'ordinamento**: il **principio della sovranità popolare**; il **principio pluralistico**.

Occorre Sapere

Se durante un processo di fronte alla **magistratura ordinaria** è sollevata dalle parti una **questione di legittimità costituzionale**, il giudice prima di rimettere la questione alla **Corte costituzionale** valuta se la questione è fondata e rilevante per la soluzione della causa.

Secondo la Corte costituzionale, spetta disciplinare la ***prorogatio*** degli organi regionali allo statuto regionale, in armonia con i precetti ed i principi della Costituzione, fatta salva l'ipotesi dello scioglimento e della rimozione sanzionatori di cui all'art. 126.

Secondo un giudizio della Corte costituzionale il **condono edilizio** non ha la natura di amnistia impropria.

La legge costituzionale 22 novembre 1999, n. 1 ha comportato la modifica di quattro articoli della Costituzione: **121**, **122**, **123** e **126**.

La riforma costituzionale effettuata nel 2012 riguardava l'introduzione nella nostra Costituzione del **pareggio di bilancio**.

2.4.8 Disposizioni transitorie e finali (artt. I - XVIII)

Le disposizione transitorie e finali della Costituzione consistono in una serie di dettami per il passaggio dalla situazione di diritto esistente fino ad allora a quello previsto dalla nuova Carta fondamentale dello Stato Repubblicano. Tra le 18, si ricordano le principali disposizioni:

- *"Con l'entrata in vigore della Costituzione il Capo provvisorio dello Stato (**Enrico De Nicola**) esercita le attribuzioni di Presidente della Repubblica e ne assume il titolo"* (art. I).
- *"È vietata la riorganizzazione, sotto qualsiasi forma, del disciolto **partito fascista**"* (art. XII).
- *"I membri e i discendenti di Casa Savoia non sono elettori e non possono ricoprire uffici pubblici né cariche elettive. Agli ex re di **Casa Savoia**, alle loro consorti e ai loro discendenti maschi sono vietati l'ingresso e il soggiorno nel territorio nazionale* (con legge costituzionale del 2002 si è disposta l'abolizione del divieto di ingresso e soggiorno in Italia ai discendenti maschi di **Casa Savoia**).
- *I beni, esistenti nel territorio nazionale, degli ex re di Casa Savoia, delle loro consorti e dei loro discendenti maschi, sono avocati allo Stato. I trasferimenti e le costituzioni di diritti reali sui beni stessi, che siano avvenuti dopo il 2 giugno 1946, sono nulli."* (art. XIII).
- *"I **titoli nobiliari** non sono riconosciuti. L'Ordine mauriziano è conservato come ente ospedaliero e funziona nei modi stabiliti dalla legge."* (art. XIV).

Capitolo 3
L'Unione europea e le Organizzazioni internazionali

3.1 L'Unione europea

3.1.1 *Ordinamento giuridico e fonti*

Ordinamento giuridico. È caratterizzato da proprie fonti normative, ovvero da un complesso di atti dai quali traggono origine le norme giuridiche rivolte agli Stati membri, alle istituzioni, agli organi europei, ai cittadini e alle imprese dell'Unione.
È possibile operare una classificazione delle fonti dell'Unione distinguendo tra le *fonti primarie*, o *diritto primario*, le *fonti derivate* o *diritto secondario* e le *fonti complementari*.

Fonti di diritto primario. Comprendono essenzialmente i trattati istitutivi, ovvero il **Trattato sull'Unione europea** (TUE) e il **Trattato sul funzionamento dell'Unione europea** (TFUE). Tali trattati stabiliscono la ripartizione delle competenze tra l'Unione europea e gli Stati membri e fondano il potere delle Istituzioni europee. Definiscono, inoltre, il quadro giuridico all'interno del quale le istituzioni dell'UE attuano le politiche europee.
Il diritto primario comprende altresì:
- i trattati modificativi dell'Unione europea;
- i protocolli allegati ai trattati istitutivi e ai trattati modificativi;
- i trattati di adesione degli Stati membri dell'UE.

In tutti i trattati istitutivi della UE è prevista una clausola di revisione, ovvero la previsione della possibilità di modificare il trattato con appositi procedimenti.

Fonti di diritto secondario. Comprendono gli **atti unilaterali tipici** (atti menzionati all'art. 288 del TFUE), ossia il regolamento, la direttiva, la decisione, i pareri e le raccomandazioni, e da **atti unilaterali atipici** (atti non menzionati all'art. 288 del TFUE), ossia le comunicazioni (normalmente adottate dalla Commissione), le raccomandazioni, i libri bianchi e i libri verdi. Inoltre, comprendono gli **atti convenzionali** che, a loro volta, comprendono: gli accordi internazionali tra l'UE e un Paese terzo o un'organizzazione; gli accordi tra Stati membri; gli accordi interistituzionali, ossia tra le istituzioni dell'UE.
La nuova classificazione degli atti giuridici, posta dall'art. 288, fa riferimento a cinque tipi di atti:
- il ***regolamento***, che ha portata generale. Esso è vincolante in tutti i suoi elementi e direttamente applicabile in ciascuno degli Stati membri. Un cittadino di uno Stato membro può impugnare un regolamento a condizione che lo riguardi direttamente e individualmente;
- la ***direttiva***, anch'essa di portata generale, che vincola lo Stato membro cui è rivolta per quanto riguarda il risultato da raggiungere, lasciando liberi gli Organi nazionali in merito alla forma e ai mezzi di attuazione. La direttiva è l'atto che l'Unione europea usa come

strumento per armonizzare le legislazioni degli Stati membri; essa viene pubblicata nella Gazzetta Ufficiale dell'Unione europea serie L;
- la ***decisione***, che è obbligatoria in tutti i suoi elementi. Se designa i destinatari è obbligatoria soltanto nei confronti di questi;
- la ***raccomandazione***, che è atto non vincolante: si tratta di esortazione o monito diretti ai singoli Stati membri;
- il ***parere***, che, come la raccomandazione, non ha valore precettivo per il destinatario, trattandosi di indicazioni o di considerazioni su questioni determinate.

Gli atti vincolanti hanno l'obbligo di motivazione, di indicare la disposizione o le disposizioni del Trattato in forza delle quali l'Istituzione dell'Unione ha adottato l'atto, l'efficacia del tempo, con eventuale indicazione della data di entrata in vigore.

Tali atti non possono derogare alle fonti di diritto primario né modificarle, subordinazione sancita espressamente dall'art. 263 del TFUE.

Per gli atti comunitari non è stata fino ad oggi introdotta alcuna forma di gerarchia. Nel caso di conflitto tra diritto dell'Unione e diritto nazionale prevale il diritto dell'Unione.

La **violazione delle forme sostanziali** è un tipo di vizio che integra il **difetto e la carenza di motivazione** negli atti europei, in violazione dell'art. 263 TFUE.

Occorre Sapere

Il **codice civile europeo** può essere definito come «fonte del diritto internazionale».

Le direttive europee in materia di **appalti pubblici**, basate sul principio di non discriminazione, riguardano gli appalti di lavori, di forniture e di servizi.

La Gazzetta Ufficiale dell'Unione europea è pubblicata in tutte le lingue parlate nell'Unione.

Attraverso direttive o regolamenti vengono adottate le misure necessarie per attuare la **libera circolazione dei lavoratori** all'interno della comunità.

Il **Regolamento (UE) n. 1301/2013** del Parlamento europeo relativo al Fondo europeo di sviluppo regionale e a disposizioni specifiche concernenti l'obiettivo "**Investimenti a favore della crescita e dell'occupazione**" ha abrogato il regolamento (CE) n. 1080/2006 del Consiglio.

Con "**acquis**" comunitario si intende la piattaforma comune di diritti e di obblighi che vincolano l'insieme degli Stati membri.

La sigla **EUR-LEX** si riferisce alla banca dati della legislazione e dell'***acquis communautaire*** e del diritto dell'Unione europea.

Le direttive in materia di politica sociale non possono riguardare anche le retribuzioni.

Fonti di diritto complementare. Comprendono, oltre alla giurisprudenza europea, il diritto internazionale e i principi generali del diritto. Tali fonti hanno consentito alla Corte di giustizia di colmare le lacune del diritto primario e derivato.

3.1.2 Integrazione europea

La prima organizzazione europea fu la **CECA** (Comunità Europea del Carbone e dell'Acciaio), il cui trattato istitutivo fu firmato nel **1951** tra i sei Stati fondatori: Belgio, Germania occidentale, Lussemburgo, Francia, Italia e Paesi Bassi (dando vita alla cosiddetta "***Piccola Europa***"). Era un'organizzazione prevalentemente economica destinata a regolare la produzione del carbone e dell'acciaio facilitando altresì gli scambi nel mercato dei Paesi della Comunità.

Con il **Trattato di Roma** del **1957** furono istituite:
- **Euratom** (Comunità Europea per l'Energia Atomica), con lo scopo di realizzare la collaborazione tra gli Stati europei per la ricerca e lo sfruttamento del nucleare;
- **CEE** (Comunità Economica Europea), il cui obiettivo era quello di abbattere le barriere commerciali fra gli Stati membri e costituire un mercato comune (la CEE nacque inizialmente come Mercato comune europeo, MEC).

Nel **1967** fu poi concordata la fusione delle tre Comunità europee che da allora ebbero organi comuni.
Nel **1974**, nel vertice comunitario di Parigi, venne adottata la decisione di istituzionalizzare gli incontri dei Capi di Stato e di Governo, dando vita al **Consiglio Europeo**.
Nel **1979** fu creato il **Sistema Monetario Europeo** (SME) il cui scopo era quello di stabilizzare entro certi margini i cambi delle valute dei Paesi europei realizzando così anche una convergenza di tipo monetario. Fu istituita l'unità di conto europea (**ecu**) che servì esclusivamente come punto di riferimento per le valute nazionali nelle transazioni contabili.
Nel **1987** venne firmato l'**Atto Unico Europeo** il quale, modificando nella sostanza i trattati precedenti, sancì l'impegno degli stati aderenti di adeguare, entro il 1° gennaio 1993, le proprie legislazioni alla creazione di un grande mercato unico europeo, comprensivo di uno spazio senza frontiere, nel quale le merci, le persone, i servizi e i capitali avrebbero potuto liberamente circolare senza controlli e senza il pagamento di dazi doganali. Tali accordi prevedevano la facoltà di istituire nell'ambito della Comunità Europea un Tribunale di primo grado.
Nel **1992** nacque l'**Unione europea**, istituita dal **Trattato di Maastricht** (firmato da 12 Stati) che assorbì le funzioni di CECA, CEE ed Euratom. La clausola di ***opting-out*** inserita prevedeva che la Gran Bretagna potesse rimanere nella futura Unione europea pur senza accogliere le innovazioni che il suo governo avesse rifiutato. Infatti, tramite questa clausola, il Regno Unito e l'Irlanda, successivamente, non accettarono di far parte dell'"*area Schengen*".

Occorre Sapere

La **Danimarca** creò, nel giugno 1992, una preoccupante crisi dell'Europa dopo che il 50,7% dei suoi cittadini disse di "**no**" al Trattato di Maastricht.

Con l'Unione europea la Comunità diventa un organismo politico destinato ad operare per favorire e realizzare il processo di integrazione non più solo economica, ma anche in altri settori come la politica estera comune, la politica di difesa europea, la cooperazione tra le forze di polizia e tra le autorità giudiziarie. Il Trattato di Maastricht ha sancito anche l'unione monetaria dei Paesi europei.
La struttura in "**tre pilastri**" dell'Unione europea risale a questo trattato: il primo è il *mercato comune europeo*; il secondo pilastro è *la politica estera e di sicurezza comune*; il terzo è la *cooperazione giudiziaria e di polizia in materia penale*. Un altro principio importante introdotto nell'ordinamento comunitario dagli accordi è il ***principio di sussidiarietà*** (quando nell'ambito delle materie di competenza concorrente tra UE e Stati membri interviene l'apparato di livello superiore per porre rimedio alle mancanze degli Stati).
Nel **1997** il **Trattato di Amsterdam** sancisce i diritti dei cittadini dell'area U.E. in materia di occupazione (prefiggendosi di promuovere un più alto livello occupazionale) e di eliminazione degli ostacoli alla libera circolazione, prevedendo inoltre una più efficace struttura istituzionale dell'UE.
Nel marzo **2000** l'Unione europea adottò la "**strategia di Lisbona**" il cui obiettivo era quello di modernizzare l'economia europea affinché fosse in grado di competere sul mercato globale.
Nel **2001** il **Trattato di Nizza** ha ridefinito l'assetto istituzionale dell'Unione europea e, tra le altre cose, ha introdotto una modica della composizione della Commissione Europea e una riforma per rendere più flessibile il sistema delle cooperazioni rafforzate. Con il Trattato è stata proclamata ufficialmente la **Carta dei diritti fondamentali dell'Unione europea** (18 dicembre 2000; la più recente è stata proclamata a Strasburgo nel 2007) i cui temi principali sono: dignità, libertà, uguaglianza, solidarietà, cittadinanza, giustizia.

La **Carta** è composta da: un **Preambolo**, in cui si fa riferimento ai valori a cui essa si ispira e da **7 Capi** (Capo I – ***Dignità***, artt. 1-5; Capo II – ***Libertà***, artt. 6-19; Capo III – ***Uguaglianza***, artt. 20-26; Capo IV – ***Solidarietà***, artt. 27-38; Capo V – ***Cittadinanza***, artt. 39-46, Capo VI – ***Giustizia***, artt. 47-50; Capo VII – ***Disposizioni generali***, artt. 51-54).
Essa reca un intero capo, il capo V, a disposizioni dedicate alla ***cittadinanza europea***, la quale garantisce la libertà di circolazione e di soggiorno di ogni cittadino europeo nel territorio di uno Stato membro, anche senza alcun contratto di lavoro. La libertà di circolazione e soggiorno può essere limitata per legge, per motivi di sanità e sicurezza.
La Carta riconosce espressamente i ***diritti dei bambini*** anche con riferimento al diritto di intrattenere regolari relazioni personali con i due genitori.
Afferma espressamente per i cittadini della UE la ***libertà di lavorare e stabilirsi in qualsiasi Stato membro***.
Afferma espressamente il ***diritto alla vita***, come valore e principio da difendere, a livello dell'UE.
Riconosce espressamente il ***ruolo dei partiti politici a livello dell'UE***, al fine di contribuire ad esprimere la volontà politica dei cittadini dell'UE.
Inoltre, afferma espressamente il ***principio della tutela dei consumatori***, prevedendo la garanzia di un elevato livello di protezione nelle politiche dell'UE.
Sono ipotizzabili ***limitazioni all'esercizio dei diritti e delle libertà riconosciuti dalla Carta*** nei casi espressamente previsti dalla legge dello Stato membro e purché dette leggi rispettino il contenuto essenziale di detti diritti e libertà.

Dal **1° gennaio 2002**, l'**euro**, già introdotto nel 1999, entra ufficialmente in circolazione con valore legale, sotto forma di monete e banconote, nei dodici Paesi della "zona euro". Il nome euro deriva dall'inizio della parola Europa, ed è stato adottato per rimpiazzare la sigla ECU. È stato emesso in banconote da 5, 10, 20, 50, 100, 200 e 500 (7 tagli). Attualmente, non tutti i Paesi dell'UE adottano l'euro, ma solo 19.
Il 29 ottobre del **2004**, a Roma è stato firmato il **Trattato che adotta una Costituzione per l'Europa**. Il Presidente della Convenzione per la preparazione della Costituzione Europea era ***Valere Giscard d'Estaing*** (Francia). Hanno firmato la Costituzione i Capi di Stato o di Governo dei 25 Paesi dell'Unione europea; in rappresentanza dell'Italia, Berlusconi e Frattini. La Costituzione è stata abbandonata a seguito dello stop alle ratifiche imposto dai referendum in Francia e Olanda (2005).
Il 13 dicembre **2007**, i leader dell'Unione europea hanno firmato il **Trattato di Lisbona**, mettendo fine a diversi anni di negoziati sulla riforma istituzionale. È entrato in vigore il 1° dicembre **2009**. Il Trattato è stato redatto per sostituire la Costituzione europea bocciata nel 2005 dai referendum francese e olandese. Rispetto al Trattato di Amsterdam rafforza il principio democratico e la tutela dei diritti fondamentali.
Dal 27 settembre **2012** è entrato in vigore il "**Meccanismo europeo di stabilità**".
L'art. 3 del Trattato sull'Unione europea, come modificato dal Trattato di Lisbona, stabilisce che l'UE si prefigge "***la pace, i suoi valori e il benessere dei propri popoli***". Tra i fini vi è anche quello della soppressione delle restrizioni ai movimenti di capitali appartenenti a persone degli Stati membri. Gli Stati dell'Unione europea sono **27**; attraverso 7 tappe (1973, 1981, 1986, 1995, 2004, 2007 e 2013) si è passati dagli iniziali 6 Stati a 28. Il 23 giugno 2016, il Regno Unito con un referendum ha espresso la volontà di uscire dall'UE; il processo formale per uscire è stato avviato il 29 marzo 2017. Quasi due anni più tardi, il 31 gennaio 2020, il Regno Unito lascia in modo ufficiale l'Unione Europea, ed esordisce un periodo di transizione che terminerà il 31 dicembre dello stesso anno.

STATI MEMBRI DELL'UE				
STATO	**ADESIONE UE**	**MPE***	**VALUTA**	**VECCHIA VALUTA**
Belgio	23 luglio 1952 (CECA) 1° gennaio 1958 (Comunità Europea allora CEE)	21	Euro	Fiorino belga
Francia		79	Euro	Franco francese
Germania		96	Euro	Marco tedesco
Italia		76	Euro	Lira italiana
Lussemburgo		6	Euro	Franco lussemburghese
Paesi Bassi		29	Euro	Fiorino olandese
Austria	1 gennaio 1995	19	Euro	Scellino austriaco
Bulgaria	1 gennaio 2007	17	Lev	= = =
Cipro	1 maggio 2014	6	Euro	Lira cipriota
Croazia	1 luglio 2013	12	Kuna croata	= = =
Danimarca	1 gennaio 1973	14	Corona Danese	= = =
Estonia	1 maggio 2004	7	Euro	Corona estone
Finlandia	1 gennaio 1995	14	Euro	Marco finlandese
Grecia	1 gennaio 1981	21	Euro	Dracma greca
Irlanda	1 gennaio 1973	13	Euro	Sterlina irlandese
Lettonia	1 maggio 2004	8	Euro	Lats lettone
Lituania	1 maggio 2004	11	Euro	Litas lituano
Malta	1 maggio 2004	6	Euro	Lira maltese
Polonia	1 maggio 2004	52	Zloty	= = =
Portogallo	1 gennaio 1986	21	Euro	Scudo portoghese
Rep. Ceca	1 maggio 2004	21	Corona ceca	= = =
Romania	1 gennaio 2007	33	Leu rumeno	= = =
Slovacchia	1 maggio 2004	14	Euro	Corona slovacca
Slovenia	1 maggio 2004	8	Euro	Tallaro sloveno
Spagna	1 gennaio 1986	59	Euro	Peseta Spagnola
Svezia	1 gennaio 1995	21	Corona svedese	= = =
Ungheria	1 maggio 2004	21	Fiorino ungherese	= = =
		705		

* MPE = Membri dell'Europarlamento

Adesione all'Unione. Qualsiasi Paese che voglia presentare la sua candidatura all'Unione europea deve soddisfare i "***criteri di adesione***". In base al Trattato UE, uno Stato che voglia diventare membro della UE deve rispettare i principi di libertà, democrazia, rispetto dei diritti dell'uomo e delle libertà fondamentali, e i principi dello Stato di diritto.
La distinzione tra Paesi candidati e candidati potenziali all'Unione europea consiste nel fatto che i primi hanno già cominciato a recepire o integrare la legislazione dell'UE nell'ordinamento nazionale, mentre i candidati potenziali non soddisfano ancora pienamente i criteri per l'adesione.
All'atto dell'adesione all'UE la sovranità nazionale degli Stati membri viene limitata.

STATI CANDIDATI ALL'ADESIONE		
Turchia	Negoziati di adesione	Candidata dal dicembre 1999
Montenegro		Candidata dal dicembre 2010
Serbia		Candidata dal marzo 2012
Macedonia	Candidati all'adesione	Candidata dal dicembre 2005
Albania		Candidata dal giugno 2014
Bosnia ed Erzegovina	Futuri candidati all'adesione	
Kosovo		

Cittadinanza dell'Unione europea. Ai sensi dell'art. 9 del Trattato UE, è cittadino dell'Unione chiunque abbia la cittadinanza di uno Stato membro. La **cittadinanza** dell'Unione europea si aggiunge a quella del proprio Stato nazionale. Il diritto di circolare e soggiornare liberamente nel territorio dell'Unione europea è un diritto di tutti i cittadini dell'UE.

Simboli dell'UE. La **bandiera dell'Unione europea** è un cerchio di dodici stelle dorate in campo blu; le stelle rappresentano gli ideali di unità, solidarietà e armonia tra i popoli d'Europa. Essa, venne inizialmente adottata dal Consiglio d'Europa nel 1955. Le *lingue ufficiali* dell'Unione europea sono 24, ovvero quelle di tutti gli Stati membri; la più elevata percentuale complessiva dei cittadini europei parla come lingua madre o come lingua straniera appresa l'inglese.
L'*inno ufficiale* della UE è l'***inno alla gioia,*** la Nona sinfonia di Beethoven. Il **9 maggio** è stato scelto come "***Giornata dell'Europa***" o festa dell'Europa in ricordo della dichiarazione di **Robert Schuman**, Ministro degli Affari esteri francesi, sulle prospettive dell'integrazione europea; prima personalità politica che, con un celebre discordo del 9 maggio 1950, propose una unione tra i Paesi europei.

Occorre Sapere

Il **Manifesto di Ventotène**, avente titolo originale "Per un'Europa libera e unita. Progetto d'un manifesto", è un atto che promuove l'unità europea, scritto tra il 1941 ed il 1944, durante il periodo di confino presso l'isola di Ventotene, da Altiero Spinelli, Ernesto Rossi ed Ursula Hirschmann.
Nel 1950 fu firmata a Roma la **Convenzione Europea dei Diritti dell'Uomo**.
Ai fini della disciplina europea della libera circolazione delle merci, la nozione di **merce** è molto ampia, ricomprendendo tutti i beni idonei ad essere l'oggetto di una transazione commerciale (sono ricompresi i prodotti che incorporano opere dell'ingegno o artistiche).
Ai sensi dell'art. 168 TFUE, l'esigenza di garantire la **protezione della salute umana** deve essere considerata nella definizione e nell'attuazione di tutte le politiche e le attività della comunità.
Ai sensi dell'**art. 165 TFUE**, l'azione dell'Unione in materia di **istruzione** è intesa a favorire la mobilità degli studenti e degli insegnanti.
La politica europea per l'**ambiente**, si fonda sull'**art. 191 TFUE**, attraverso il principio dell'azione preventiva.
L'**art. 102 del TFUE** che vieta l'**abuso di posizione dominante** contiene un elenco di alcune fattispecie di abuso a puro titolo esemplificativo.
Ai sensi dell'**art. 42 del TUE**, l'Unione rispetta l'**appartenenza di alcuni Stati membri alla NATO**.
Ai sensi dell'**art. 31 del Trattato UE**, nell'ambito della **cooperazione giudiziaria in materia penale**, la facilitazione dell'**estradizione** tra Stati membri è espressamente richiamata.
L'**unione doganale** comporta il divieto di dazi all'importazione ed esportazione fra gli Stati membri e l'adozione di una tariffa doganale esterna comune a tutti i Paesi membri. In questo settore l'Unione europea ha **competenza esclusiva**.
L'azione dell'Unione europea è **insostituibile** quando si tratti di **competenze esclusive**.
Nell'ambito della politica di **protezione dei consumatori**, gli Stati membri possono introdurre o mantenere misure di protezione più rigorose di quelle dell'Unione europea.

TRATTATI					
TRATTATO	**ISTITUZIONE/ MODIFICA**	**LUOGO FIRMA**	**DATA**	**EFFETTIVO DA**	**CESSAZIONE**
Trattato di Bruxelles	Unione dell'Europa Occidentale	Bruxelles, BE	17 marzo 1948	23 ottobre 1954 (modificato)	1° luglio 2011
Trattato CECA	Comunità europea del carbone e dell'acciaio	Parigi, FR	18 aprile 1951	23 luglio 1952	23 luglio 2002
Trattato CEE	Comunità economica europea	Roma, IT	25 marzo 1957	1° gennaio 1958	in vigore
Trattato Euratom	Comunità europea dell'energia atomica (CEEA)	Roma, IT	25 marzo 1957	1° gennaio 1958	in vigore
Trattato di fusione	Unione degli esecutivi di CECA e EURATOM con quelli della CEE	Bruxelles, BE	8 aprile 1965	1° luglio 1967	1° maggio 1999
Primo Trattato Finanziario	Parziali poteri finanziari al Parlamento	Lussemburgo, LU	22 aprile 1970	1° gennaio 1971	in vigore
Trattato di Adesione del 1972	Allargamento a Danimarca, Irlanda e Regno Unito	Bruxelles, BE	22 gennaio 1972	1° gennaio 1973	in vigore
Secondo Trattato Finanziario	Poteri finanziari maggiori al Parlamento. Istituzione della Corte dei conti europea	Bruxelles, BE	22 luglio 1975	1° giugno 1977	in vigore
Trattato di Adesione del 1979	Allargamento alla Grecia	Atene, GR	28 maggio 1979	1° gennaio 1981	in vigore
Trattato della Groenlandia	Uscita della Groenlandia	Bruxelles, BE	13 marzo 1984	1° gennaio 1985	in vigore
Trattato di Adesione del 1985	Allargamento a Spagna e Portogallo	Madrid, ES Lisbona, PT	12 giugno 1985	1° gennaio 1986	in vigore

(segue)

TRATTATI					
TRATTATO	**ISTITUZIONE/ MODIFICA**	**LUOGO FIRMA**	**DATA**	**EFFETTIVO DA**	**CESSAZIONE**
Accordi di Schengen	Spazio di libera circolazione delle persone	Schengen, LU	14 giugno 1985	19 giugno 1990 (convenzione)	1° maggio 1999
Atto unico europeo	Introdotto il Mercato unico e la Cooperazione politica europea	Lussemburgo, LU L'Aia, NL	17 febbraio 1986 28 febbraio 1986	1° luglio 1987	in vigore
Trattato sull'Unione europea	La CEE divenne Comunità europea. Istituzione dei pilastri intergovernativi della PESC e del GAI	Maastricht, NL	7 febbraio 1992	1° novembre 1993	in vigore
Trattato di Adesione del 1994	Allargamento a Austria, Finlandia e Svezia	Corfù, GR	24 giugno 1994	1° gennaio 1995	in vigore
Trattato di Amsterdam	Introdotto l'Alto Rappresentante, trasferiti poteri dal GAI alla CE, e integrati gli Accordi di Schengen	Amsterdam, NL	1° ottobre 1997	1° maggio 1999	in vigore
Trattato di Nizza	Preparazione in vista degli allargamenti	Nizza, FR	26 febbraio 2001	1° febbraio 2003	in vigore
Trattato di Adesione del 2003	Allargamento a Repubblica Ceca, Cipro, Estonia, Lettonia, Lituania, Malta, Polonia, Slovenia, Slovacchia e Ungheria	Atene, GR	16 aprile 2003	1° maggio 2004	in vigore

(segue)

TRATTATI					
TRATTATO	**ISTITUZIONE/ MODIFICA**	**LUOGO FIRMA**	**DATA**	**EFFETTIVO DA**	**CESSAZIONE**
Trattato di Adesione del 2005	Allargamento a Bulgaria e Romania	Lussemburgo, LU	13 aprile 2005	1° gennaio 2007	in vigore
Trattato di Lisbona	Completamento delle innovazioni per il buon funzionamento dell'UE a 27 e più membri.	Lisbona, PT	13 dicembre 2007	1° dicembre 2009	in vigore
Trattato sul MES	Istituzione del meccanismo europeo di stabilità	Bruxelles, BE	2 febbraio 2012	27 settembre 2012	in vigore
Trattato sul bilancio	Unione di bilancio nell'Eurozona	Bruxelles, BE	2 maggio 2012	1° gennaio 2013	in vigore
Trattato di adesione del 2011	Allargamento alla Croazia	Bruxelles, BE	9 dicembre 2011	1° luglio 2013	in vigore

Occorre sapere

Denominazione dei Trattati

Il trattato che istituisce la Comunità economica europea (**TCEE**) è il trattato internazionale istitutivo della CEE. È il trattato firmato nel 1957 insieme al trattato che istituisce la Comunità europea dell'energia atomica (**TCEEA**): insieme sono denominati Trattati di Roma.

Insieme al trattato che istituisce la Comunità europea del carbone e dell'acciaio (CECA), firmato nel 1951, i Trattati di Roma rappresentano il momento costitutivo della Comunità europea.

Il nome del trattato è stato successivamente cambiato in "Trattato che istituisce la Comunità Europea" (**TCE**), all'entrata in vigore del trattato di Maastricht, e poi in "Trattato sul Funzionamento dell'Unione Europea" (**TFUE**), all'entrata in vigore del trattato di Lisbona.

Il Trattato sull'Unione Europea (**TUE**), o Trattato di Maastricht, anch'esso modificato in vari punti dal Trattato di Lisbona, resta comunque distinto dal TFUE.

Convenzione di Schengen - 1985 (in vigore dal 1999). Aderiscono allo "**spazio Schengen**" 26 Paesi. La convenzione ha abolito i controlli doganali e di polizia alle frontiere tra quasi tutti i Paesi dell'Unione europea; prevede la libera circolazione delle persone all'interno dei Paesi che vi hanno aderito; il cittadino dell'UE, quando si muove all'interno dello spazio Schengen non è tenuto ad esibire la carta d'identità o il passaporto. Vi partecipano anche 4 Stati non aderenti all'Unione: Islanda, Norvegia, Svizzera e Liechtenstein. Gli Stati dell'Unione che non ne fanno parte sono: l'Irlanda, la Croazia, la Romania, la Bulgaria e Cipro.

3.1.3 Organismi e Istituzioni dell'Unione europea

A seguito dell'entrata in vigore del Trattato di Lisbona le istituzioni europee sono sette (art. 13 del TUE):

1) Commissione europea
2) Parlamento europeo
3) Consiglio dell'Unione europea
4) Consiglio europeo
5) Corte di giustizia dell'Unione europea
6) Corte dei conti
7) Banca centrale europea

Opera inoltre, nella Unione europea, un **Sistema europeo di Banche centrali**.

Organi consultivi del Consiglio e della Commissione: Comitato Economico e Sociale Europeo (CESE); **Comitato delle Regioni**; **Consiglio Consultivo Regionale Mediterraneo** per la pesca (istituito dalla Commissione Europea e ha sede a Roma); **Comitato per l'occupazione** di cui all'art. 150 del TFUE.

Commissione europea. Ha sede a Bruxelles e può essere identificata come un organo esecutivo, indipendente, a tempo pieno e collegiale, in cui le deliberazioni sono adottate a maggioranza dei suoi membri. È composta dai commissari europei (un membro per ciascun Paese dell'UE), ognuno dei quali scelto tra le personalità di spicco dello Stato membro di appartenenza, al quale però non è legato da alcun titolo di rappresentanza. Tra i membri della Commissione sono compresi il **Presidente** e l'**Alto rappresentante dell'Unione per gli affari esteri e la politica di sicurezza**, che svolge anche il ruolo di vicepresidente.
I membri della Commissione Europea, per la durata delle loro funzioni non possono esercitare altre attività professionali, remunerate o meno e, nell'adempimento del loro mandato, non sollecitano né accettano istruzioni da alcun Governo. La Commissione si riunisce, di norma, almeno una volta a settimana; i Commissari possono assistere alle sedute del Parlamento Europeo e possono essere uditi a loro richiesta. La Commissione detiene il **potere esecutivo** per **5 anni**.
Attribuzioni:

- *vigila sull'applicazione delle disposizioni* del Trattato e di quelle adottate dalle Istituzioni in virtù del Trattato stesso, attraverso la possibilità di aprire una procedura di infrazione nei confronti degli Stati membri;
- sorveglia la situazione di bilancio e l'entità del debito pubblico degli Stati membri dell'UE;
- formula *raccomandazioni* o *pareri* nei settori definiti dal Trattato, quando questo esplicitamente lo preveda ovvero quando la Commissione lo ritenga necessario;
- detiene il potere di *iniziativa legislativa*;
- attua le politiche comuni, la gestione dei programmi dell'Unione e la gestione del bilancio europeo, in quanto organo esecutivo dell'Unione.

L'ordine del giorno della Commissione Europea viene stabilito dal Presidente della Commissione tenendo conto del programma di lavoro già concordato. La convocazione del **CES** (Con-

Occorre Sapere

Dello svolgimento delle **interrogazioni a risposta immediata** in Commissione europea è sempre disposta la trasmissione tramite impianti audiovisivi a circuito chiuso.

federazione Europea dei Sindacati) può avvenire su sua richiesta. Il ricorso per inadempimento è promosso dalla Commissione nei confronti di uno Stato membro. Il suo potere di procedere all'esecuzione delle sanzioni si prescrive dopo cinque anni. Ai sensi dell'art. 175 TFUE (già art. 159 TCE), la Commissione ogni tre anni presenta la relazione sui progressi compiuti nella realizzazione della coesione economica e sociale.

COMPOSIZIONE COMMISSIONE EUROPEA (2019-2024)		
NOME	**RUOLO**	**FUNZIONI**
Ursula von der Leyen	Presidente	
Frans Timmermans	Vicepresidente esecutivo	Green Deal europeo
Valdis Dombrovskis	Vicepresidente esecutivo	Un'economia al servizio delle persone
Margrethe Vestager	Vicepresidente esecutiva	Un'Europa pronta per l'era digitale
Josep Borrell	Alto rappresentante/ Vicepresidente	Un'Europa più forte nel mondo
Margaritis Schinas	Vicepresidente	Promozione dello stile di vita europeo
Dubravka Šuica	Vicepresidente	Democrazia e demografia
Věra Jourová	Vicepresidente	Valori e trasparenza
Maroš Šefčovič	Vicepresidente	Relazioni interistituzionali e prospettive strategiche
Johannes Hahn	Commissario	Bilancio e amministrazione
Mariya Gabriel	Commissaria	Innovazione, ricerca, cultura, istruzione e giovani
Phil Hogan	Ex commissario (2019-2020)	Commercio
Nicolas Schmit	Commissario	Lavoro e diritti sociali
Paolo Gentiloni	Commissario	Economia
Janusz Wojciechowski	Commissario	Agricoltura
Elisa Ferreira	Commissaria	Coesione e riforme
Adina Vălean	Commissaria	Trasporti
Didier Reynders	Commissario	Giustizia
Stella Kyriakides	Commissaria	Salute e sicurezza alimentare
Olivér Várhelyi	Commissario	Vicinato e allargamento
Helena Dalli	Commissaria	Uguaglianza
Thierry Breton	Commissario	Mercato interno
Ylva Johansson	Commissaria	Affari interni
Janez Lenarčič	Commissario	Gestione delle crisi
Kadri Simson	Commissaria	Energia
Jutta Urpilainen	Commissaria	Partenariati internazionali
Virginijus Sinkevičius	Commissario	Ambiente, oceani e pesca
Mairead McGuinness	Commissaria designata	Stabilità finanziaria, servizi finanziari e Unione dei mercati dei capitali

PRESIDENTI DELLA COMMISSIONE EUROPEA				
N.	PRESIDENTE	NAZIONE	MANDATO	
			INIZIO	FINE
1	**Walter Hallstein** (1901–1982)	Germania	10 gennaio 1958	1° luglio 1967
2	**Jean Rey** (1902–1983)	Belgio	2 luglio 1967	30 giugno 1970
3	**Franco Maria Malfatti** (1927–1991)	Italia	1° luglio 1970	21 marzo 1972
4	**Sicco Leendert Mansholt** (1908–1995)	Paesi Bassi	22 marzo 1972	5 gennaio 1973
5	**François-Xavier Ortoli** (1925–2007)	Francia	6 gennaio 1973	5 gennaio 1977
6	**Roy Jenkins** (1920–2003)	Regno Unito	6 gennaio 1977	5 gennaio 1981
7	**Gaston Thorn** (1928–2007)	Lussemburgo	6 gennaio 1981	5 gennaio 1985
8	**Jacques Delors** (1925–)	Francia	6 gennaio 1985	6 gennaio 1995
9	**Jacques Santer** (1937–)	Lussemburgo	23 gennaio 1995	15 marzo 1999
10	**Manuel Marín** (1949–)	Spagna	16 marzo 1999	15 settembre 1999
11	**Romano Prodi** (1939–)	Italia	16 settembre 1999	21 novembre 2004
12	**José Manuel Durão Barroso** (1956–)	Portogallo	22 novembre 2004	31 ottobre 2014
13	**Jean-Claude Juncker** (1954–)	Lussemburgo	1° novembre 2014	30 novembre 2019
14	**Ursula von der Leyen** (1958–)	Germania	1° dicembre 2019	*in carica*

Parlamento europeo. Assemblea parlamentare dell'UE con sede a **Strasburgo**, in Francia, ma svolge i suoi lavori anche a Bruxelles e a Lussemburgo (sede del segretariato). Ogni **5 anni**, a partire dal 1979, si tengono le elezioni a suffragio universale e diretto in cui vengono eletti gli eurodeputati, che nel nuovo TUE non possono essere superiori a **750** più il Presidente che per prassi rimane in carica due anni e mezzo.

Attribuzioni:
- esercita il ***potere legislativo*** *(camera bassa)*, congiuntamente al Consiglio dell'Unione e su iniziativa della Commissione.
- può incidere sul *potere di iniziativa legislativa* chiedendo alla Commissione di presentare una proposta di legge (potere di iniziativa dell'iniziativa);
- esercita il *potere di bilancio*, attraverso l'esame congiunto con il Consiglio del progetto di bilancio presentato dalla Commissione;

– esercita il *potere di controllo democratico*, tramite l'istituzione di temporanee Commissioni d'inchiesta e la possibilità di approvare una ***mozione di censura*** nei confronti della Commissione, che obbliga i suoi membri a dimettersi.

Gli eurodeputati si riuniscono di solito a Strasburgo per quattro giorni al mese, ma talvolta vengono organizzate sessioni supplementari a Bruxelles; tuttavia possono richiedere la ***convocazione straordinaria*** del Parlamento la maggioranza dei suoi membri, il Consiglio o la Commissione.

Il Parlamento Europeo conta **20 Commissioni** e **2 Sottocommissioni**, ognuna delle quali si occupa di un determinato settore; esse esaminano le proposte legislative. Può istituire **Commissioni temporanee di inchiesta** su richiesta di un 1/4 dei suoi membri; tali commissioni durano in carica fino al deposito della relazione con le considerazioni finali.

Nell'ambito dell'attività di controllo politico del Parlamento Europeo, i parlamentari possono presentare interrogazioni rivolte alla Commissione o al Consiglio.

PRESIDENTI DEL PARLAMENTO EUROPEO ELETTO DIRETTAMENTE					
N.	**PRESIDENTE**	**NAZIONE**	**MANDATO**		**LEGISLATURA**
			INIZIO	**FINE**	
1	Simone Veil	Francia	1979	1982	I
2	Piet Dankert	Paesi Bassi	1982	1984	
3	Pierre Pflimlin	Francia	1984	1987	II
4	Charles Henry Plumb	Regno Unito	1987	1989	
5	Enrique Barón Crespo	Spagna	1989	1992	III
6	Egon Klepsch	Germania	1992	1994	
7	Klaus Hänsch	Germania	1994	1997	IV
8	José María Gil-Robles	Spagna	1997	1999	
9	Nicole Fontaine	Francia	1999	2002	V
10	Pat Cox	Irlanda	2002	2004	
11	Josep Borrell Fontelles	Spagna	2004	2007	VI
12	Hans-Gert Pöttering	Germania	2007	2009	
13	Jerzy Buzek	Polonia	2007	2012	VII
14	Martin Schulz	Germania	2012	2014	
			2014	2017	VIII
15	Antonio Tajani	Italia	2017	2019	
16	David Sassoli	Italia	2019	*in carica*	IX

Occorre Sapere

Ai fini dell'esercizio del **diritto di voto per l'elezione dei parlamentari europei** è necessario aver compiuto **18 anni**.
Nel **1958** si riunì a Strasburgo il **primo Parlamento europeo**. I suoi componenti erano stati delegati dai rispettivi Parlamenti nazionali.
Dopo le elezioni del maggio 2014 i primi tre gruppi politici per numero di seggi al Parlamento europeo sono, rispettivamente, **PPE** (Gruppo del Partito Popolare Europeo – 221), **S&D** (Gruppo dell'Alleanza Progressista di Socialisti e Democratici al Parlamento Europeo – 191), **ECR** (Conservatori e Riformisti Europei – 70).
Il **diritto di accedere** ai documenti del Parlamento europeo, del Consiglio e della Commissione è espressamente riconosciuto a qualsiasi cittadino dell'Unione e a qualsiasi persona fisica o giuridica che risieda o abbia sede in uno Stato membro.

Consiglio dell'Unione europea. Noto come Consiglio Unico o dei Ministri, è composto dai ministri, o comunque da persone facenti parte della compagine governativa, degli Stati membri. Si riunisce, anche per iniziativa di uno dei suoi membri, in varie formazioni a seconda della questione all'ordine del giorno; ha sede nel palazzo **Justus Lipsius (Bruxelles)** tranne che in aprile, giugno e ottobre, mesi in cui tutte le riunioni hanno luogo a Lussemburgo. La **Presidenza del Consiglio** è assicurata, nel nuovo TUE, mediante un sistema di *rotazione paritaria* della durata di **6 mesi**.
È il principale organo decisionale dell'UE e, in base all'**art. 16 TUE**, delibera a ***maggioranza qualificata***, salvo nei casi in cui i trattati dispongano diversamente. A partire dal 2014 tale maggioranza qualificata è doppia, degli Stati (55% dei membri del Consiglio) e delle popolazioni (65% delle popolazioni rappresentate). È consentito ad un numero limitato di Stati membri (minoranza di blocco: 4 Stati che rappresentano il 35% della popolazione totale dell'Unione) di bloccare l'adozione di una decisione. Il Consiglio adotta alcune decisioni anche all'***unanimità*** e a ***maggioranza semplice***.
Attribuzioni:
- svolge, congiuntamente al Parlamento Europeo, la ***funzione legislativa*** (*camera alta*) e la *funzione di bilancio*;
- coordina le *politiche economiche generali* degli Stati membri;
- definisce e implementa la *politica estera e di sicurezza comune (PESC)* della UE. In questo ambito sono previste deliberazioni del Consiglio per l'adozione di azioni e posizioni comuni sulla base di una strategia comune;
- conclude, a nome dell'Unione, *accordi internazionali* tra la UE e uno o più Stati o Organizzazioni internazionali;
- coordina le azioni degli Stati membri e adotta misure nel settore della cooperazione di polizia e giudiziaria in materia penale.

Nella procedura legislativa ordinaria, il Consiglio deve deliberare all'***unanimità*** sugli emendamenti che il Parlamento ha proposto a posizioni comuni quando la Commissione ha espresso parere negativo su tali emendamenti. Così come, ai sensi dell'art. 113 TFUE (già art. 93 TCE), le disposizioni di armonizzazione delle legislazioni dei Paesi membri in materia di imposte indirette sono approvate con delibera assunta all'unanimità.
Per l'approvazione del ***regolamento di procedura*** della Corte di giustizia dell'Unione europea, il Consiglio dell'Unione delibera a maggioranza qualificata. Secondo quanto stabilito dal Trattato di Amsterdam, il Comitato delle Regioni dell'Unione europea adotta un proprio regolamento che non necessita, invece, di approvazione del Consiglio dell'Unione.

Occorre Sapere

Le disposizioni relative alla PESC non ostano ad una cooperazione rafforzata tra due o più Stati membri dell'UE nell'ambito della NATO, purché detta cooperazione non contravvenga a quella prevista dal trattato UE e non la ostacoli.

Nel Consiglio dell'Unione europea la cura delle relazioni internazionali della Unione (es. accreditamento di rappresentanti di Stati terzi, firma di accordi internazionali ecc.) compete all'Alto rappresentante per la politica estera e di sicurezza comune, figura rappresentata dal 1° dicembre 2019 dallo spagnolo **Josep Borrell**, a cui spetta la gestione e la promozione della Politica Estera e di Sicurezza Comune dell'Unione europea (**PESC**) insieme al Servizio Europeo per l'Azione Esterna ovvero al corpo diplomatico dell'Unione europea, che sostiene la responsabile degli affari esteri dell'Ue nella sua missione (Trattato UE, titolo V). Ai sensi dell'art. 24 del TUE, gli accordi internazionali con uno o più Stati o Organizzazioni internazionali nell'ambito della PESC vengono conclusi dal Consiglio della UE, su raccomandazione della Presidenza.

Il Consiglio presenta, in forma scritta, la relazione annuale sui progressi compiuti dalla UE al Parlamento Europeo; dopo ciascuna riunione, elabora una relazione che invia alla Commissione. L'**ECOFIN**, in seno al Consiglio, è l'insieme dei Ministri dell'Economia e delle Finanze di tutti gli Stati membri.

Lo **Statuto dei Comitati** è stabilito dal Consiglio, previo parere della Commissione (art. 242 TFUE). La firma degli accordi internazionali, a nome dell'Unione, compete al Paese che a turno presiede il Consiglio dell'Unione europea.

Il Consiglio nei confronti di uno Stato membro che abbia violato i diritti dell'uomo può adottare le misure di sospensione di alcuni dei diritti derivanti dall'applicazione dei trattati.

Occorre Sapere

Il metodo di voto "standard" del Consiglio. La maggioranza qualificata è il metodo di voto più diffuso all'interno del Consiglio. Esso lo utilizza quando adotta decisioni nell'ambito della procedura legislativa ordinaria, in precedenza denominata procedura di codecisione. L'80% circa di tutta la legislazione UE è adottato secondo tale procedura.

L'ultima **presidenza italiana** risale al secondo semestre del 2014.

L'**Ungheria** ha detenuto la presidenza di turno del Consiglio dell'UE una sola volta nel 2011.

L'**Austria** ha detenuto la presidenza di turno del Consiglio dell'UE due volte fra il 1998 e il 2006. La prossima volta sarà nel 2018.

Il **Belgio** ha detenuto la presidenza di turno del Consiglio dell'UE, fra il 1958 e il 2010 ben 12 volte.

PRESIDENZA DEL CONSIGLIO DELL'UNIONE EUROPEA			
ANNO	**SEMESTRE**	**STATO MEMBRO**	**PRESIDENTE DI TURNO**
2010	Gen-Giu	Spagna	José Luis Rodríguez Zapatero
	Lug-Dic	Belgio	Yves Leterme
2011	Gen-Giu	Ungheria	Viktor Orbán
	Lug-Dic	Polonia	Donald Tusk
2012	Gen-Giu	Danimarca	Helle Thorning-Schmidt
	Lug-Dic	Cipro	Dimitris Christofias
2013	Gen-Giu	Irlanda	Enda Kenny
	Lug-Dic	Lituania	Dalia Grybauskaitė
2014	Gen-Giu	Grecia	Antonis Samaras
	Lug-Dic	**Italia**	**Matteo Renzi**
2015	Gen-Giu	Lettonia	Laimdota Straujuma
	Lug-Dic	Lussemburgo	Xavier Bettel
2016	Gen-Giu	Paesi Bassi	Mark Rutte
	Lug-Dic	Slovacchia	Robert Fico
2017	Gen-Giu	Malta	Joseph Muscat

(segue)

PRESIDENZA DEL CONSIGLIO DELL'UNIONE EUROPEA			
ANNO	**SEMESTRE**	**STATO MEMBRO**	**PRESIDENTE DI TURNO**
	Lug-Dic	Estonia	Jüri Ratas
2018	Gen-Giu	Bulgaria	Bojko Borisov
	Lug-Dic	Austria	Sebastian Kurz
2019	Gen-Giu	Romania	Klaus Johannis
	Lug-Dic	Finlandia	Annti Rinne
2020	Gen-Giu	Croazia	Andrej Plenković
	Lug-Dic	Germania	Angela Merkel
2021	Gen-Giu	Portogallo	Antonio Costa

Consiglio europeo. Riunisce i Capi di Stato e di Governo degli Stati membri, nonché il Presidente della Commissione quattro volte all'anno, salvo i casi di convocazione straordinaria da parte del Presidente. Il Presidente è eletto dai membri del Consiglio europeo per un mandato di **due anni e mezzo**, rinnovabile una volta sola. L'attuale presidente del Consiglio europeo è il belga **Charles Michel**, che ha iniziato il primo mandato il 1 dicembre 2019. Egli presiede e anima i lavori del Consiglio europeo per stabilire gli orientamenti politici generali e le priorità dell'UE, in cooperazione con la Commissione; inoltre promuove la coesione e il consenso in seno al Consiglio e assicura la rappresentanza esterna dell'UE per quanto riguarda le questioni di politica estera e di sicurezza. **Attribuzioni**: dà all'Unione l'impulso necessario al suo sviluppo e ne definisce gli orientamenti e le priorità politiche generali (art. 15 del TUE).

Occorre Sapere

La prima riunione del Consiglio Europeo si tenne nel 1975, a Dublino.
Il secondo mandato del primo Presidente permanente del Consiglio europeo è terminato nel novembre 2014.
L'attuale presidente del Consiglio è il polacco **Donald Tusk** che ha assunto l'incarico il 1° dicembre 2014, succeduto al primo presidente del nuovo corso **Herman Van Rompuy**.

Corte di giustizia (o di Lussemburgo). Creata nel 1951, con sede in **Lussemburgo**, è composta da un giudice per ciascuno Stato membro; suddivisa in due sezioni: Corte di giustizia e Tribunale (l'ex Tribunale di primo grado). **Attribuzioni**: è competente a pronunciarsi:

- sul *ricorso per inadempimento*. Il ricorso alla Corte è preceduto da una procedura di infrazione avviata dalla Commissione, nel corso della quale lo Stato membro ha la possibilità di rispondere alle accuse. Se tale procedimento non porta lo Stato membro a porre fine all'inadempimento, viene presentato alla Corte di giustizia un ricorso per violazione del diritto comunitario, proposto dalla Commissione oppure da un altro Stato membro;
- sul *ricorso per annullamento* di un atto legislativo di un'Istituzione europea. In tale caso la Corte è chiamata a valutare la legittimità degli atti posti in essere dalle Istituzioni europee;
- sul *ricorso per carenza*, in caso di inerzia delle Istituzioni europee;
- sulla *risoluzione delle controversie* relative al risarcimento danni causati dalle istituzioni o dagli agenti della Comunità nell'esercizio delle loro funzioni;
- sul *rinvio pregiudiziale* proposto da un giudice di un Tribunale nazionale di uno Stato membro relativamente ad una questione circa l'interpretazione del diritto comunitario. Il giudice comunitario fornisce ai giudici nazionali le indicazioni cui devono attenersi nell'applicazione del diritto comunitario e che risultino necessarie per giungere alla decisione;
- sull'*impugnazione* avverso le sentenze del Tribunale.

Nell'ambito UE, la pronuncia in via pregiudiziale sulla legittimità delle decisioni-quadro e delle decisioni viene data dalla Corte di giustizia. Le sentenze della Corte **non sono appellabili**. La Corte assicura il rispetto del diritto nell'interpretazione e nell'applicazione dei Trattati europei.
Nel caso in cui uno Stato membro non si conformi ad una sentenza di inadempimento, la Corte di Giustizia può condannarlo al pagamento di una sanzione pecuniaria o di una penalità o può chiedere alla Commissione di sollecitare lo Stato membro ad adempiere.

Procedure proprie del sistema di controllo giurisdizionale comunitario sono l'*azione in carenza*, la *procedura di infrazione*, l'*azione di annullamento*, l'*eccezione incidentale di invalidità*, ma non il controllo di legittimità costituzionale.

Corte dei conti. È organo di controllo contabile competente ad esaminare i conti della Comunità, istituito con il Trattato finanziario del 1975 che ha accresciuto i poteri di bilancio del Parlamento Europeo. Il mandato del Presidente della Corte è di **3 anni,** rinnovabile. Ha sede in **Lussemburgo**.
Banca Centrale Europea (BCE). È la banca centrale dei 19 Stati membri dell'UE che hanno adottato l'euro. Ha sede a Francoforte sul Meno.
Attribuzioni: secondo il Trattato di Maastricht, ad essa spetta il potere di emissione dell'euro, mantenere la stabilità dei prezzi nell'area dell'euro e preservare così il potere di acquisto della moneta unica, oltre a vigilare sul sistema bancario. I compiti fondamentali che assolve tramite l'Eurosistema sono:
- definire e attuare la politica monetaria per l'area dell'euro e fissare i tassi di interesse applicabili ai prestiti erogati dalla BCE alle banche commerciali;
- svolgere le operazioni sui cambi
- detenere e gestire le riserve ufficiali dei Paesi dell'area dell'euro (gestione di portafoglio)
- promuovere il regolare funzionamento dei sistemi di pagamento.
- diritto esclusivo di autorizzare l'emissione di banconote all'interno dell'area dell'euro.

Il capitale sociale della BCE è detenuto dalle Banche centrali nazionali.
Il principale organo decisionale è il ***Consiglio direttivo***, costituito dai 6 membri del ***Comitato esecutivo*** e dai governatori delle banche centrali dei 19 Paesi dell'area dell'euro; possono partecipare alle riunioni del Consiglio direttivo, senza diritto di voto, il Presidente del Consiglio e un membro della Commissione UE.
Dal 1998 la Banca d'Italia è parte integrante del Sistema europeo delle banche centrali (SEBC).
L'attuale Presidente è **Christine Lagarde**. I precedenti presidenti della BCE sono stati: Mario Draghi, Wim Duisenberg e Jean-Claude Trichet.

Tribunale della Funzione Pubblica dell'UE. Organo che ha cessato di operare dal 1° gennaio 2016. Era composto da sette giudici e giudicava sulle controversie in materia di pubblico impiego dell'Unione europea, cioè tra l'Unione europea e i propri dipendenti. Le sue competenze sono passate al Tribunale.

Occorre Sapere

La **Banca Europea degli Investimenti** ha sede in Lussemburgo. La principale funzione della Banca è rappresentata dall'attuazione e sviluppo del mercato europeo.
Le banche centrali sono destinate generalmente all'emissione e alla gestione di carta-moneta.
La funzione dell'**EPSO** (European Personnel Selection Office), nell'ambito dell'Unione europea, è quella di organizzare concorsi finalizzati all'assunzione di personale in tutte le istituzioni dell'Unione europea.

Il **Mediatore europeo** si occupa della cattiva amministrazione nell'azione delle istituzioni, degli organi e degli organismi dell'Unione europea. Resta in carica per la durata della legislatura, con mandato rinnovabile.
Il **Gruppo Europeo di Interesse Economico (GEIE)** è la figura giuridica proposta dall'Unione europea con lo scopo di unire le conoscenze e le risorse di attori economici di almeno due Paesi appartenenti all'Unione.
La funzione dell'**Ufficio delle pubblicazioni** dell'Unione europea è quella di realizzare e distribuire tutte le pubblicazioni dell'Unione europea, in formato sia cartaceo che digitale.
Il **Garante europeo della protezione dei dati personali** si occupa della salvaguarda della riservatezza dei dati personali dei cittadini.
Una delle novità più importanti introdotte con il Trattato di Lisbona del 2007 è stata l'istituzione di un **Alto Rappresentante dell'Unione europea per gli affari esteri**.
I **Fondi Strutturali** sono strumenti finanziari dell'Unione europea volti a promuovere lo sviluppo e l'adeguamento strumentale delle Regioni a sviluppo ritardato.
Il **Fondo europeo agricolo per lo sviluppo rurale** (FEASR) è stato istituito con il Regolamento n. 1698/2005 del Consiglio.
Il **Fondo sociale europeo** (FSE) è il principale strumento finanziario che consente all'Unione di concretizzare gli obiettivi strategici della sua politica per l'occupazione.
Il **Fondo europeo agricolo di garanzia** (FEAGA) è destinato a finanziare le misure di mercato ed altre azioni avviate nell'ambito della politica agricola.
Rispetto ai tempi previsti dal trattato istitutivo della CEE, il processo di abolizione dei dazi doganali tra i Paesi membri della CE si è concluso in anticipo.
Con l'**Atto Unico Europeo** è stata introdotta tra le competenze esplicite della UE la **protezione dell'ambiente**.
Nel corso della celebre conferenza stampa del 14 gennaio 1963, il **generale De Gaulle** annunciò il veto francese all'ingresso del Regno Unito nella CEE.
Nel 1965 iniziò per la CEE il cosiddetto periodo della "**sedia vuota**" motivato dal ritiro del rappresentante permanente presso la Comunità della Francia e dal rifiuto di partecipare alle sedute del Consiglio.
L'Accordo "**Blair-House**" del 1992 fu un preaccordo stipulato tra Commissione europea e USA in materia di agricoltura.
Il **Belgio** e l'**Italia** hanno avuto in consegna il Trattato sull'Unione europea.
Il 12 ottobre 2012 l'Unione europea è stata insignita del **Premio Nobel per la pace**.
L'Unione europea ha sottoscritto **accordi di cooperazione finanziaria e tecnica** con i Paesi del bacino del Mediterraneo.
Con il termine "**mercato interno**" dell'UE si intende l'area nella quale circolano liberamente beni, servizi, capitali e persone.
Fa parte del gruppo delle Agenzie che concorrono al funzionamento del mercato interno europeo **l'Agenzia ferroviaria europea**.
L'**Eurostat** è l'ufficio statistico dell'Unione europea.
Il quartiere generale della **ESA** (Agenzia Spaziale Europea) si trova a Parigi.
L'**OLAF** è l'Ufficio europeo preposto alla lotta contro le frodi.
Un **cittadino italiano** può **scrivere** alle istituzioni o agli organi dell'Unione europea **nella sua lingua** e ha il diritto di **ricevere** una risposta **nella stessa lingua**.
L'Agenzia europea **CEDEFOP** (Centro europeo per lo sviluppo della formazione professionale) ha sede a Salonicco (Grecia).
L'Autorità Europea per la Sicurezza Alimentare (**EFSA**) ha sede a Parma.
Il **Centro satellitare UE** ha sede a Torrejón de Ardoz in Spagna.
L'**EUROPOL** ha pertinenza, tra l'altro, nei settori: traffico di stupefacenti; contraffazione e pirateria dei prodotti; riciclaggio di denaro. Non si interessa dell'accoglienza degli immigrati.
Il **mandato d'arresto europeo** abolisce la procedura formale di estradizione.
Alla presenza di un **ospite straniero appartenente all'Unione europea** sugli edifici pubblici la **bandiera italiana** cede la posizione centrale alla bandiera europea e la bandiera ospite occupa la prima posizione a destra.
Tra i parametri cui debbono attenersi gli Stati membri dell'Unione europea, al fine di evitare disavanzi pubblici eccessivi, vi è quello per cui il **rapporto tra disavanzo pubblico e prodotto interno lordo** non deve superare il 3%.
Il **Patto di bilancio europeo** prevede per i Paesi contraenti l'obbligo di non superare la soglia di deficit strutturale superiore allo 0,5% del PIL.
Il **sistema fiscale** nell'area dei Paesi aderenti all' UE è di esclusiva competenza di ogni Stato membro.
Il **territorio doganale dell'Unione europea** non comprende le acque italiane del lago di Lugano, Campione d'Italia, il comune di Livigno.

L'**art. 4 del Trattato sull'Unione europea** espone il **principio di leale cooperazione** con cui l'Unione e gli Stati membri devono rispettarsi ed assistersi reciprocamente nell'adempimento dei compiti derivanti dai trattati
L'**art. 106 TFUE (già art. 86 del Trattato istitutivo della Comunità Europea)** persegue lo scopo di favorire l'intervento pubblico nel mercato al fine del raggiungimento di scopi di interesse pubblico.
Il **settimo programma quadro** 2007-2013 dell'Unione europea rappresentò uno strumento fondamentale della politica europea in favore della ricerca.
L'Unione europea ha dato vita a una serie di programmi destinati ai propri giovani cittadini, destinati alla formazione permanente e agli scambi internazionali in ambito di istruzione a livello europeo: **Leonardo da Vinci**; **Grundtvig**; **Comenius**
Le **restrizioni quantitative all'importazione** tra Stati membri sono **vietate**.
Nei rapporti tra Unione europea e Stati membri, la **politica di concorrenza** è materia di giurisdizione concorrente.
Nell'ambito della UE, la DOP (**Denominazione d'Origine Protetta**) è un marchio che garantisce il livello qualitativo di prodotti agro-alimentari.
Al fine di determinare la competenza dell'Unione europea a concludere accordi internazionali sono rilevanti i **principi**: dei poteri impliciti; del parallelismo fra competenze interne e competenza esterna; delle competenze di attribuzione. Non è rilevante il principio di precauzionalità.
Nell'Unione europea, si applica il **principio di proporzionalità** a tutti i settori di competenza della Comunità stessa.
Il **Regno Unito**, **Svezia**, **Belgio**, **Spagna** e **Lussemburgo**, Paesi membri dell'Unione europea sono **monarchie costituzionali**.
Cipro, **Malta**, **Polonia**, **Irlanda**, **Croazia**, **Lituania** e **Portogallo**, Paesi membri dell'Unione europea sono **repubbliche**.
La **Norvegia** è il Paese che ha concesso per primo il diritto di voto alle donne.
In **Belgio**, il Parlamento è formato da Senato e Camera dei Rappresentanti.
In **Francia**, il Parlamento è formato dall'Assemblea Nazionale e Senato.
In **Inghilterra**, la Camera dei Lords non può opporsi alle decisioni della Camera dei Comuni. Si tratta perciò di un bicameralismo zoppo.
In **Germania** il Parlamento è formato da Bundestag e Bundesrat.
La "**sfiducia costruttiva**" presente, tra gli altri, negli **ordinamenti tedesco, belga e spagnolo**, è un istituto in base al quale il Parlamento può votare la sfiducia al Governo solo se indica contestualmente indica un nuovo Esecutivo.

Registrandosi sul nostro sito secondo le modalità indicate a pag. I, è possibile consultare la Carta dei diritti fondamentali dell'Unione europea, nonché dati delle cariche politiche di alcuni Stati membri dell'Unione europea e di altri Stati del mondo.

3.2 Le Organizzazioni internazionali

3.2.1 Introduzione

In generale, un'Organizzazione internazionale è un'organizzazione costituita da membri con scopo o presenza a carattere internazionale; rappresenta il principale strumento per favorire la cooperazione internazionale e l'integrazione politica e/o economica.
Va intesa come un insieme di principi, norme, regole e procedure decisionali, scritte o convenzionali, su cui si basano e confluiscono le aspettative dei soggetti di diritto internazionale.
Gli uffici delle organizzazioni sono organi separati dagli Stati membri e si prefiggono finalità, svolgono azioni, manifestano volontà e si assumono una responsabilità giuridica autonoma per poter contemperare gli interessi interni ai singoli Stati con quello unitario delle Organizzazioni Internazionali.
Le Organizzazioni internazionali si distinguono in base al *ruolo geopolitico* in ***universali***, ***intercontinentali***, ***regionali***; a seconda dell'ampiezza e della natura del vincolo che lega gli Sta-

ti membri e degli scopi delle Organizzazioni stesse (politici, economici, ideologici ecc.) semplicemente in: ***universali*** e ***particolari***.
L'Organizzazione delle Nazioni Unite (ONU) è la più importante Organizzazione Internazionale; altri esempi sono: l'Autorità Internazionale dei Fondali Marina; l'Interpol; l'Organizzazione Mondiale del Commercio.
Le **organizzazioni regionali** (**Consiglio d'Europa**, da *non confondere con il Consiglio europeo o il Consiglio dell'Unione, istituzioni dell'Unione europea*; Associazione europea di libero scambio – **EFTA**) sono soggetti internazionali che coinvolgono Paesi limitrofi geograficamente e con interessi comuni.
Esistono altre organizzazioni che non hanno una rappresentanza universale, tuttavia per composizione geografica e politica dei Paesi membri sono di rilevanza superiore a quelle regionali; si tratta in particolare di **OCSE** (Organizzazione per la Cooperazione e lo Sviluppo Economico), **WB** (Banca Mondiale), **FMI** (Fondo Monetario Internazionale).
Un'organizzazione internazionale può essere creata attraverso uno ***statuto***, un ***trattato*** o una ***convenzione***, che quando viene sottoscritta dai membri fondatori, attribuisce alla organizzazione un riconoscimento legale. Si stabilisce così che le stesse siano dei soggetti della legge internazionale, capaci di prendere parte ad accordi tra loro stessi o con gli Stati, e più in generale di adottare e promuovere atti di *soft law* (insieme di norme, rilevanti in ambito internazionale, ma prettamente riconducibili a raccomandazioni, pareri, osservazioni. In altri termini, il *soft law* è sprovvisto della coercibilità, e, pertanto, mai vincolante, già a monte). Esse non sono dotate, a differenza degli Stati, di competenza generale, ma di poteri limitati attribuiti dagli stessi Stati membri in funzione del perseguimento degli interessi comuni che esse intendono perseguire.

3.2.2 Organizzazione delle Nazioni Unite (ONU)

Istituita a San Francisco (USA) il 26 giugno 1945 su iniziativa delle potenze vincitrici della Seconda Guerra mondiale. All'inizio raggruppava 51 Stati; progressivamente, vi hanno aderito 193 Stati (ovvero, la quasi totalità degli Stati), tra i quali l'Italia nel 1955. Nel 2011 è entrato a far parte delle Nazioni Unite il Sudan del Sud. Con Risoluzione adottata il 29 novembre 2012 lo Stato di Palestina ha ottenuto lo status di Osservatore nell'ONU come Città del Vaticano. Ha sede a **New York** (***Palazzo di vetro***) dal 1951. L'ONU di regola manifesta le proprie decisioni attraverso **risoluzioni**.
Attribuzioni: mantenere la pace e la sicurezza internazionale; promuovere lo sviluppo economico, sociale e culturale dei popoli; diffondere il rispetto dei diritti e delle libertà fondamentali dell'uomo (si pensi all'emanazione nel 1948 della solenne "**Dichiarazione universale dei diritti dell'uomo**" in cui si affermano i diritti individuali, civili, politici, economici, sociali, culturali di ogni persona).

Organi principali

Assemblea generale. Costituita dai rappresentanti degli Stati membri, non più di 5 per Paese. Ogni Stato membro dispone in Assemblea di un solo voto. **È l**'organo deliberante e detiene poteri limitati, potendo adottare solo delle ***raccomandazioni*** (ovvero, delle mere esortazioni indirizzate ad un determinato Stato). Ha funzioni consultive. Attualmente sono esclusi dall'Assemblea: Taiwan e Città del Vaticano. Ha il compito di eleggere i membri del Consiglio Economico e Sociale dell'ONU. L'Assemblea si riunisce in sessioni ordinarie annuali.
Consiglio di Sicurezza. Composto da 15 membri, dei quali **5 a titolo permanente**: USA, Russia, Cina, Francia e Gran Bretagna; ciascuno di questi 5 Stati membri gode del diritto di veto ovvero del potere di impedire, con la sola propria opposizione, l'adozione di una qualsi-

asi delibera da parte del Consiglio. Gli altri dieci Stati membri del Consiglio siedono per soli due anni e sono eletti dall'Assemblea. È l'organo operativo che dispone di maggiori poteri. Ad esso è concesso di adottare misure di sicurezza che implicano l'uso della forza armata. Le **decisioni** del Consiglio, se riguardano questioni non procedurali, necessitano di una maggioranza di almeno 9/15 di membri e di tutti i 5 membri permanenti.

Segretario generale. Organo amministrativo (non militare) rappresentativo dell'ONU, che svolge soprattutto funzioni esecutive e di coordinamento delle strutture burocratiche. Esso è eletto ogni **5 anni** dall'Assemblea Generale su raccomandazione del Consiglio di Sicurezza ed è membro permanente del Consiglio di Sicurezza senza diritto di voto.

ELENCO DEI SEGRETARI GENERALI				
N.	**NOME**	**NAZIONE**	**DURATA MANDATO**	**MOTIVO DEL RITIRO**
	Gladwyn Jebb	Regno Unito	24 ottobre 1945 - 1° febbraio 1946	Mandato provvisorio
1	**Trygve Lie**	Norvegia	1° febbraio 1946 - 10 novembre 1952	Dimissionario
2	**Dag Hammarskjöld**	Svezia	10 aprile 1953 - 18 settembre 1961	Deceduto in un incidente aereo in Rhodesia Settentrionale
3	**U Thant**	Birmania	30 novembre 1961 - 31 dicembre 1971	Eletto per tre mandati, rifiutò il quarto
4	**Kurt Waldheim**	Austria	1° gennaio 1972 - 31 dicembre 1981	La Cina pose il veto per un terzo mandato
5	**Javier Pérez de Cuéllar**	Perù	1° gennaio 1982 - 31 dicembre 1991	Eletto per due mandati, rifiutò il terzo
6	**Boutros Boutros-Ghali**	Egitto	1° gennaio 1992 - 31 dicembre 1996	Gli Stati Uniti posero il veto per un secondo mandato
7	**Kofi Annan**	Ghana	1° gennaio 1997 - 31 dicembre 2006	Ritirato dopo due mandati pieni
8	**Ban Ki-moon**	Corea del Sud	1° gennaio 2007 - 31 dicembre 2016	Ritirato dopo due mandati pieni
9	**António Guterres**	Portogallo	1° gennaio 2017-	Segretario generale in carica

Corte Internazionale di Giustizia dell'Aja. Tribunale composto da 15 giudici, delle diverse nazionalità, che decide delle controversie tra Stati, sempre che esse siano deferite dai contendenti.

Occorre Sapere

Le forze di protezione delle Nazioni Unite vengono comunemente definite **Caschi blu**.
Nel 2001 le Nazioni Unite e il Segretario Generale Kofi Annan furono insigniti del **Premio Nobel** per la pace.
Il 24 ottobre gli organi pubblici italiani organizzano eventi collegati alla celebrazione della **giornata delle Nazioni Unite**.
Il **Programma alimentare mondiale dell'ONU** (**WFP**) ha sede a Roma.
Svizzera e Timor est sono entrati a far parte delle Nazioni Unite nel 2002.
Il 1° luglio 1968 è stato approvato dall'Assemblea generale dell'ONU il **Trattato di non proliferazione nucleare**.
L'**art. 16 della Dichiarazione Universale dei Diritti dell'Uomo** afferma che la **famiglia** è il nucleo naturale e fondamentale della società.
Alla **Francia** appartiene la prima Dichiarazione dei Diritti dell'Uomo e del Cittadino.
L'Assemblea Generale delle Nazioni Unite ha proclamato la **Dichiarazione dei Diritti del Bambino**.
Nel 1989 l'ONU ha adottato la Convenzione Internazionale per i diritti dell'Infanzia.

3.2.2.1 Altri organi e organizzazioni collegate all'ONU

Mirano alla cooperazione tra gli Stati in particolari settori.

Organizzazione Internazionale del Lavoro (OIL). Agenzia specializzata delle Nazioni Unite con sede in Ginevra, promuove l'adozione da parte degli Stati membri di misure legislative a protezione del lavoro subordinato (giustizia sociale e lavoro).

Organizzazione per l'Alimentazione e l'Agricoltura (FAO). Con sede in Roma, si occupa dei problemi dell'alimentazione e dello sviluppo delle tecniche agricole. Scopi: elevazione dei livelli di nutrizione e degli standard di vita; lotta contro la fame e modernizzazione delle tecniche agricole, così da favorire per quanto possibile l'autosufficienza alimentare; ricerca e diffusione di tecnologie moderne e razionali per sconfiggere la fame.

Conferenza sul commercio e lo sviluppo (UNCTAD). Con sede in Ginevra, agisce per promuovere accordi e relazioni economiche a favore dei Paesi in via di sviluppo.

Fondo Monetario Internazionale (FMI). Con sede in Washington, ha come obiettivo di armonizzare le politiche finanziarie e monetarie degli Stati membri. Ha iniziato ad operare nel 1946 istituito a seguito delle decisioni di ***Bretton Woods***.

Fondo per l'Infanzia (UNICEF). Con sede in New York, adotta misure a tutela dell'infanzia nel mondo.

Organizzazione per l'Educazione, la Scienza e la Cultura (UNESCO). Con sede in Parigi, ha il compito di valorizzare la cultura, favorendo, tra l'altro, programmi di scolarizzazione e di istruzione.

Organizzazione per il Commercio Mondiale (WTO o OMC). Con sede in Ginevra, tende a promuovere i rapporti commerciali tra gli Stati, favorendo programmi e accordi in materia di liberalizzazione dei servizi e del commercio. Ha come obiettivo quello dell'abolizione o della riduzione delle barriere tariffarie al commercio internazionale dei beni commerciali, dei servizi e delle proprietà intellettuali.

Organizzazione Mondiale per la Sanità (WHO). Con sede in Ginevra, ha come obiettivo di diffondere le tecniche più evolute in materia sanitaria, nonché di controllare la diffusione nel mondo di malattie e fonti patologiche. L'obiettivo è il raggiungimento da parte di tutte le popolazioni del livello più alto possibile di salute.

Programma delle Nazioni Unite per l'ambiente (UNEP). Con sede a Nairobi, Kenya, redige e aggiorna di continuo il «*Registro internazionale delle sostanze chimiche potenzialmente tossiche*» **che raccoglie informazioni e consigli su sostanze che possono essere nocive per la salute e** l'ambiente.

Banca Mondiale (IBRD). Con sede in Washington, istituita nel 1944, ha lo scopo di favorire lo sviluppo economico dei Paesi membri e di quelli poveri.

Consiglio Economico e Sociale (ECOSOC). Con sede a New York, composto da 54 membri eletti dall'Assemblea, ha il compito relativo alle questioni internazionali economiche, sociali, culturali, educative e sanitarie. Ha fondato il *Programma alimentare mondiale.*

Alto Commissariato delle Nazioni Unite per i Rifugiati (ACNUR o UNHCR). Con sede a Ginevra, assicura la protezione ai rifugiati.

Corte penale internazionale. Con sede all'Aja nei Paesi Bassi, assicura che i crimini internazionali più gravi non rimangano impuniti. Esercita la sua ***giurisdizione*** relativamente alle controversie tra Stati.

Istituto internazionale per la ricerca sul crimine e la giustizia (UNICR). Ha sede a Torino.

Commissione economica e sociale ONU per: l'Asia e il Pacifico, ha sede a Bangkok; l'Asia Occidentale, ha sede a Beirut; l'America Latina e i Caraibi, ha sede a Santiago; l'Africa, ha sede a Addis Abeba; l'Europa (UNECE) ha sede a Ginevra.

3.2.3 *Altre Organizzazioni internazionali*

Organizzazione del Trattato del Nord Atlantico (NATO). Fondata nel 1949 da 16 Paesi, con il Trattato di Washington, ha lo scopo di coordinare la difesa militare degli Stati occidentali contrapposti al blocco sovietico (i Paesi che gravitavano intorno all'ex URSS erano invece organizzati nel **Patto di Varsavia**, istituito nel 1955 e sciolto nel 1991).

Ne fanno parte 29 Paesi, suddivisi per anno di entrata: **1949**: Belgio, Canada, Danimarca, Francia (rientrata nel Comitato Militare Integrato della NATO nel marzo 2009, dopo ben 43 anni di assenza), Islanda, **Italia**, Lussemburgo, Norvegia, Paesi Bassi, Portogallo, Regno Unito, USA; **1952**: Grecia, Turchia; **1955**: Germania; **1982**: Spagna; **1999**: Polonia, Repubblica Ceca, Ungheria; **2004**: Bulgaria, Estonia, Lettonia, Lituania, Romania, Slovacchia, Slovenia; **2009**: Albania, Croazia; **2017**: Montenegro.

Occorre Sapere

La NATO non ha mai ricevuto il premio Nobel per la pace.

La sede è a **Bruxelles** e gli organi sono: il **Consiglio Atlantico** e il **Comitato Militare.**

L'incarico di **Segretario Generale** della NATO è stato assegnato nel 2014 al norvegese **Jens Stoltenberg**.

Consiglio d'Europa (**CdE**). È un'organizzazione internazionale il cui scopo è promuovere la democrazia, i diritti umani, l'identità culturale europea e la ricerca di soluzioni ai problemi sociali in Europa. Il Consiglio d'Europa fu fondato il 5 maggio 1949 con il Trattato di Londra e conta oggi 47 Stati membri. È estraneo all'Unione europea e non va confuso con organi di quest'ultima, quali il Consiglio dell'Unione europea o il Consiglio europeo.

La sua sede istituzionale è a **Strasburgo**, in Francia, nel Palazzo d'Europa. Lo strumento principale d'azione consiste nel predisporre e favorire la stipulazione di accordi o convenzioni internazionali tra gli Stati membri e, spesso, anche fra Stati terzi. Le iniziative del Consiglio d'Europa non sono vincolanti e vanno ratificate dagli Stati membri.

I principali organi del Consiglio d'Europa sono: il Comitato dei Ministri del Consiglio d'Europa, il Segretario generale del Consiglio d'Europa, l'Assemblea parlamentare del Consiglio d'Europa e il Congresso dei poteri locali e regionali.

La Convenzione europea per la salvaguardia dei diritti dell'uomo e delle libertà fondamentali è stata redatta e adottata nell'ambito del Consiglio d'Europa.

Il 17 ottobre 1989 gli è stato riconosciuto lo status di osservatore dell'Assemblea generale delle Nazioni Unite.

Occorre Sapere

Il Consiglio d'Europa nel 1989 evidenzia le relazioni e i processi che si stabiliscono tra soggetti o gruppi appartenenti a culture ed etnie diverse. In tale contesto vuole affermare la necessità di dover adattare l'insegnamento alle nuove esigenze imposte dal contesto multietnico, pluriculturale e pluriconfessionale della società.

Corte europea dei diritti dell'uomo (CEDU). È una Corte internazionale istituita nel 1959 che si pronuncia sui ricorsi individuali o statali inerenti alle presunte violazioni dei diritti civili e politici stabiliti dalla Convenzione europea dei diritti dell'uomo. Dal 1998, la Corte è organo permanente e può essere adita direttamente dagli individui.

La Corte ha sede a **Strasburgo** e non ha nulla a che vedere con la Corte di giustizia dell'Unione europea.

La **Convenzione europea per la salvaguardia dei diritti dell'uomo e delle libertà fondamentali**, che ha istituito la Corte, è un trattato internazionale redatto dal Consiglio d'Europa.

È stata firmata a Roma il 4 novembre 1950 ed è stata ratificata (o vi è stata l'adesione) da parte di tutti i 47 Stati membri del Consiglio.
La Corte svolge una funzione sussidiaria rispetto agli organi giudiziari nazionali, ossia è possibile ricorre alla CEDU solo quando tutte le vie di ricorso interne (quindi, in Italia fino alla Cassazione) siano state esaurite.
Organizzazione per la sicurezza e la cooperazione in Europa (OSCE). Ricomprende gli Stati europei, gli USA e il Canada, il suo scopo è quello del mantenimento della pace.
Organizzazione per la Cooperazione e lo Sviluppo Economico (OCSE). Istituita con la Convenzione per la Cooperazione e lo Sviluppo Economico, firmata il 14 dicembre 1960 ed entrata in vigore il 30 settembre 1961, con sede in Parigi, raggruppa i Paesi maggiormente industrializzati nel mondo e si preoccupa di favorire lo sviluppo economico degli Stati membri e di quelli in via di sviluppo, nonché di favorire il commercio internazionale.
Croce Rossa Italiana (CRI). Con sede a Ginevra, il comitato internazionale della Croce Rossa è attivo dall'anno 1863. Responsabilità del comitato è quello di proteggere la vita e la dignità delle vittime di conflitti armati e di altre situazioni di violenza, e di portar loro assistenza. Nel 1996, la Croce Rossa ha ricevuto il ***Premio Balzan*** per l'umanità.
EFTA (Associazione europea di libero scambio). Nel 1960 fu firmata la Convenzione di Stoccolma che istituiva l'EFTA, una zona europea di libero scambio; vi aderirono 7 Stati: Austria, Danimarca, Norvegia, Portogallo, Svezia, Svizzera e Regno Unito. Gli attuali membri sono Norvegia, Svizzera, Islanda e Liechtenstein. La sede è a Ginevra, ma l'associazione ha uffici a Bruxelles e nel Lussemburgo.
NAFTA. Istituzione economica del continente americano formata da Stati Uniti, Canada e Messico.
Mercosur. Mercato comune dell'America meridionale con sede a Montevideo, in Uruguay. L'organizzazione fu istituita con il ***Trattato di Asunción*** firmato il 26 marzo 1991 da Brasile, Argentina, Uruguay e Paraguay
Interpol. Organizzazione internazionale per la cooperazione di polizia ed il contrasto al crimine internazionale. Nata nel 1923 a Vienna; Il 15 ottobre 1996 le è stato riconosciuto lo status di osservatore dell'Assemblea generale dell'ONU.
OPEC. Organizzazione fondata nel 1960, comprende dodici Paesi che si sono associati, formando un ***cartello economico***, per negoziare con le compagnie petrolifere aspetti relativi alla produzione di petrolio, prezzi e concessioni. La sede è a Vienna.

3.2.4 Organizzazioni internazionali non governative (ONG)

Amnesty International. È un'organizzazione economicamente indipendente fondata in Inghilterra nel 1961 che lotta contro le violazioni fisiche e morali della dignità della persona umana. Nel 1977 ha ottenuto il Premio Nobel per la pace. Ha denunciato i governi che compivano violazioni contro i diritti umani. Tra le finalità di *Amnesty International* vi è anche l'abolizione della pena di morte. Il simbolo è la "***candela nel filo spinato***". Il logo richiama la recinzione di un campo di prigionia.
Il Club di Roma. Con sede in Svizzera, è un'organizzazione formata da scienziati, economisti, uomini d'affari, attivisti dei diritti civili, alti dirigenti pubblici internazionali e da capi di Stato.
Altre ONG: **World Wildlife Fund; Greenpeace; Medici senza Frontiere**.

L'organismo internazionale definito "**Società delle Nazioni**" fu creato dopo la fine della prima guerra mondiale.

FLASH AUTORITÀ AMMINISTRATIVE INDIPENDENTI

Garante per la protezione dei dati personali

Il **Garante per la protezione dei dati personali** è un'autorità amministrativa indipendente istituita dalla legge n. 675 del 31 dicembre 1996 (cosiddetta *legge sulla privacy*), per assicurare la tutela dei diritti e delle libertà fondamentali e il rispetto della dignità nel trattamento dei dati personali.

Con l'entrata in vigore del *Codice in materia di protezione dei dati personali* (meglio noto come *Codice della privacy*), approvato con il D.Lgs. n. 196 del 30 giugno 2003, la legge n. 675/1996 è stata abrogata.

Il *Garante* è costituito da 4 membri, eletti da ciascuno dei due rami del Parlamento (2 ciascuno), i quali eleggono uno di loro come Presidente, il voto del quale prevale in caso di parità. Sono scelti tra persone che assicurino indipendenza e che siano esperti riconosciuti nelle materie del diritto o dell'informatica. Il mandato dura sette anni e non è rinnovabile.

A seguire, la tabella con i Presidenti del Garante succedutisi nel tempo.

N.	PRESIDENTE	IN CARICA DA	FINO A
1	Stefano Rodotà	17 marzo 1997	16 marzo 2001
2	Stefano Rodotà	19 marzo 2001	18 aprile 2005
3	Francesco Pizzetti	18 aprile 2005	18 giugno 2012
4	Antonello Soro	19 giugno 2012	28 luglio 2020
5	Pasquale Stanzione	29 luglio 2020	*in carica*

Autorità per le garanzie nelle comunicazioni (AGCOM)

L'**Autorità per le garanzie nelle comunicazioni** (**AGCOM**) è un'autorità italiana di regolazione e garanzia, istituita con legge n. 249/1997. Ha sede principale a Napoli e sede secondaria operativa a Roma, con il duplice compito di assicurare la corretta competizione degli operatori sul mercato e di tutelare il pluralismo e le libertà fondamentali dei cittadini nel settore delle telecomunicazioni, dell'editoria, dei mezzi di comunicazione di massa e delle poste.

A seguire, la tabella con i presidenti del Collegio succedutisi nel tempo.

PRESIDENTI	
Mario Sinopoli	(1981-1987)
Giuseppe Santaniello	(1987-1996)
Francesco Paolo Casavola	(1996-1997)
Enzo Cheli	(1998-2005)
Corrado Calabrò	(2005-2012)
Angelo Marcello Cardani	(2012-2020)
Giacomo Lasorella	(2020 - *in carica*)

Autorità garante della concorrenza e del mercato (AGCM)

L'**Autorità garante della concorrenza e del mercato**, nota anche come **Antitrust** o **AGCM**, è un'autorità amministrativa indipendente italiana, istituita con la legge n. 287/1990, per la tutela della concorrenza e del mercato, ha compiti di vigilanza sulle intese restrittive della

concorrenza, sugli abusi di posizione dominante, nonché di controllo e valutazione sui casi di concentrazione di imprese che comportino la costituzione o il rafforzamento di posizioni dominanti restrittive della concorrenza.
L'Autorità è costituita da 3 componenti, di cui uno è il Presidente, sono nominati dai Presidenti di Camera e Senato; ciascuno dura in carica 7 anni, non rinnovabili.
A seguire tabella con i presidenti del Collegio succedutisi nel tempo.

PRESIDENTI	
Francesco Saja	(1990-1994)
Giuliano Amato	(1994-1997)
Giuseppe Tesauro	(1998-2005)
Antonio Catricalà	(2005-2011)
Giovanni Pitruzzella	(2011-2018)
Roberto Rustichelli	(2018-*in carica*)

GLOSSARIO

Aggiotaggio: rialzo o ribasso fraudolento di prezzi sul pubblico mercato o nelle borse di commercio
Amnistia (art. 79 Cost.): provvedimento di clemenza concesso dal capo dello Stato, con legge deliberata a maggioranza dei due terzi dei componenti di ciascuna Camera, con cui rinuncia all'applicazione della pena per determinati reati (anche puniti con la pena dell'ergastolo). Il termine per l'applicazione dell'amnistia è stabilito dalla legge che la concede. L'amnistia non può riguardare reati commessi successivamente alla presentazione del relativo disegno di legge. È una causa di estinzione del reato
Appalto pubblico: contratto a titolo oneroso stipulato da uno o più operatori economici ed una pubblica amministrazione ed avente ad oggetto l'esecuzione di lavori, la prestazione di servizio, la fornitura di prodotti e la prestazione di servizi

Bene: secondo il Codice Civile consiste in ciò che può formare oggetto di diritti

CCT: Certificato di Credito del Tesoro
Codice: raccolta di norme giuridiche relative a una determinata materia
Collegio: insieme di persone che svolgono una determinata funzione
Concordato: accordo stipulato tra due parti o due Stati per regolamentare i rapporti
Console: diplomatico a cui lo Stato affida, nelle più importanti città di un Paese straniero, compiti di tutela dei propri cittadini e incarichi di natura amministrativa, giurisdizionale e di rappresentanza
Contratto: accordo di due o più parti per costruire, regolare o estinguere tra loro un rapporto giuridico patrimoniale
Costituzione: carta costituente l'ordinamento fondamentale di uno Stato

Decentramento amministrativo: trasferimento di funzioni da un organo dello Stato ad organi periferici
Demagogia: inganno di massa per indurre a votare o sostenere un uomo o un partito
Dimora: sede in cui la persona abita e svolge in maniera continuativa la propria vita
Divorzio: scioglimento del matrimonio civile. Inteso sia come scioglimento del vincolo matrimoniale sia come cessazione degli effetti civili del matrimonio
Domicilio fiscale delle persone fisiche: è il luogo nel quale nasce l'obbligazione tributaria
Domicilio: luogo fisico in cui l'interessato sceglie formalmente di fissare la sede principale dei propri affari e interessi; di conseguenza il domicilio resta tale anche se di fatto l'interessato non vi dimora, al contrario che per la residenza. Per le persone giuridiche non si parla di domicilio ma di **sede**

Funzione monetaria: funzione di una banca di emettere moneta nel sistema economico

Giustizia: attività che realizza il diritto mediante l'**interpretazione** e l'applicazione delle leggi. L'interpretazione della legge spetta al giudice, nel momento in cui egli va ad applicarla.
Grazia (art. 87 Cost.): provvedimento individuale di clemenza concesso con decreto dal Presidente del-

la Repubblica che condona la pena principale in tutto o in parte o la sostituisce con altra meno grave

Imperialismo: tendenza di uno Stato a espandere il proprio dominio e ad esercitare la propria egemonia su altre nazioni
Indulto (art. 79 Cost.): provvedimento di clemenza a carattere generale concesso con legge approvata a maggioranza dei due terzi dei componenti di ciascuna Camera, con il quale viene condonata in tutto o in parte la pena inflitta per un reato punito anche con la pena dell'ergastolo
Inefficace: atto amministrativo inidoneo a produrre gli effetti giuridici propri perché non si sono ancora verificati i requisiti di efficacia
Integralismo: tendenza ad applicare in modo eccessivamente rigoroso la propria ideologia in ogni aspetto della vita

Légge: riferimento alla deliberazione di un organo pubblico investito di funzioni legislative che fissa comportamenti vincolanti

Matrimonio concordatario: matrimonio canonico trascritto al quale lo Stato riconosce, a certe condizioni, effetti civili

Patria: terra propria di un popolo, a cui ciascuno degli abitanti sente di appartenere come parte di una collettività per esservi nato o per vincoli affettivi o culturali

Perdono giudiziale: causa di estinzione del reato (art. 169 c.p.) indirizzato ai soli minori, ovvero ai soggetti che al momento della commissione del fatto abbiano compiuto i quattordici anni e non ancora i diciotto.
Plebiscito: istituto con cui il popolo è chiamato ad approvare o disapprovare un fatto che riguarda la struttura dello Stato o del governo

Residenza: come la dimora, è una situazione non formale, ma di fatto, caratterizzata però da maggior stabilità temporale (abitualità). Difatti, la residenza di una persona è nel luogo in cui il soggetto dimora abitualmente, cioè stabilmente pernotta ed è personale

Sancire: indica lo stabilire e riconoscere qualcosa come valido mediante una legge
Silenzio-assenso: si intende, in diritto amministrativo, la fattispecie in cui la legge attribuisce al silenzio della Pubblica Amministrazione il valore di accoglimento di un'istanza

Uguaglianza: assenza di differenze nell'ambito di un gruppo sociale; può essere ***formale*** e ***sostanziale*** in rapporto alle situazioni concrete

Welfare State: consiste nell'erogazione a tutti i cittadini, prescindendo dal reddito, di servizi sociali a titolo gratuito o semigratuito

OCCORRE SAPERE

PERSONAGGI POLITICI
Gianni Lettieri era il candidato a Sindaco del Centro Destra alle elezioni amministrative 2016 per **Napoli**, mentre **Valeria Valente** il candidato del Centro Sinistra; **Matteo Brambilla** è stato il candidato a Sindaco del Movimento 5 Stelle, mentre il candidato di Sinistra Italiana è stato **Luigi de Magistris**, poi eletto.
Chiara Appendino è stato il candidato a Sindaco del Movimento 5 Stelle, poi eletto, alle elezioni amministrative 2016 per **Torino**, mentre il candidato del Partito Democratico è stato **Piero Fassino**; **Giorgio Airaudo** è stato il candidato a Sindaco di Sinistra Italiana
Virginia Raggi è stato il candidato a Sindaco del Movimento 5 Stelle, poi eletto, alle elezioni amministrative 2016 a **Roma**, mentre il candidato del Partito Democratico è stato **Roberto Giachetti**; **Mario Adinolfi** è stato candidato a Sindaco del Popolo della Famiglia; **Alfio Marchini** è stato il candidato delle liste civiche e Forza Italia; **Giorgia Meloni** è stato il candidato a Sindaco di Fratelli d'Italia.
Gianluca Corrado è stato il candidato a Sindaco del Movimento 5 stelle alle elezioni amministrative 2016 per **Milano**, mentre il candidato del Partito Comunista dei Lavoratori è stato **Natale Azzaretto; Stefano Parisi** è stato il candidato della coalizione di Centro Destra; **Maria Teresa Baldini** è stato il candidato a Sindaco di "Fuxia People"; **Marco Cappato** è stato candidato a Sindaco dei Radicali.
Virginio Merola è stato il candidato a Sindaco del Partito Democratico alle elezioni amministrative 2016 per **Bologna**, mentre il candidato della coalizione di Centro Destra è stato **Lucia Borgonzoni**; **Massimo Bugani** è stato il candidato a Sindaco per il Movimento 5 Stelle.
Roberto Celano è stato il candidato a Sindaco per la Lista Civica "Celano sindaco" e "Attiva Salerno" alle elezioni amministrative 2016 a **Salerno**.
Massimo Zedda è stato candidato a Sindaco ed eletto dal 2016 a **Cagliari** per il Centro Sinistra, mentre **Antonietta Martinez** è stato candidato per il Movimento 5 Stelle.

Massimo Cialente era Sindaco de l'Aquila a tutto maggio 2017.
Andrea Romizi è Sindaco di Perugia a tutto ottobre 2017.
Marco Alessandrini è Sindaco di Pescara a tutto ottobre 2017.
Mattia Palazzi è Sindaco a Mantova a tutto ottobre 2017.
Luigi Brugnaro è Sindaco a Venezia dal 2015.
Flavio Tosi è stato Sindaco a Verona per un secondo mandato dal 2012 a giugno 2017.
Marco Filippeschi è Sindaco di Pisa a tutto ottobre 2017.
Renzo Caramaschi è il Sindaco di Bolzano, eletto alle elezioni amministrative con il ballottaggio.
Enrico Berlinguer non fece parte della Commissione per la Costituzione istituita nel 1946.
Massimo D'Alema, il 17 maggio 2006, è stato nominato Ministro degli Esteri e Vicepresidente del Consiglio nel secondo Governo Prodi.
Giuseppe Saragat nominò senatore a vita per meriti in campo letterario e artistico **Eugenio Montale**.
Antonio Cassese è il magistrato italiano che è stato Presidente del Tribunale internazionale per i crimini commessi nell'ex-Jugoslavia
Gherardo Colombo è l'ex Magistrato del pool Mani Pulite che si è dedicato alla diffusione dell'educazione alla legalità nelle scuole italiane.
Giuseppe Mussari è stato presidente dell'ABI (Associazione Bancaria Italiana).
Irene Pivetti è stata la più giovane Presidente della Camera della storia italiana.
Marco Pannella, importante leader politico italiano del partito radicale, è deceduto il 20 maggio del 2016.
Umberto Bossi, personaggio politico della Lega Nord, fu condannato per vilipendio alla bandiera.
Susanna Camusso è il Segretario Generale della CGIL, a tutto ottobre 2017

CODICE DELLA STRADA

Il Codice della Strada classifica le **strade** nei seguenti tipi: autostrade, strade extraurbane principali, strade extraurbane secondarie, strade urbane di scorrimento, strade urbane di quartiere, strade locali, itinerari ciclopedonali.
Ai sensi del Codice della strada, la **delimitazione del centro abitato** è di competenza del Comune.
Una **strada vicinale**, secondo il Codice della strada, è definita strada privata fuori dai centri abitati ad uso pubblico.
L'espletamento dei servizi di polizia stradale previsti dal Codice della strada spetta in via principale alla specialità **Polizia Stradale** della Polizia di Stato.
La manovra con cui un veicolo supera un altro veicolo, un animale o un pedone in movimento o fermi sulla corsia destinata normalmente alla circolazione, si dice **sorpasso**.
La **carta di circolazione** è il documento che identifica un veicolo con i suoi dati tecnici.
Il documento, obbligatorio, che certifica l'idoneità alla guida di determinati autoveicoli, tra cui l'automobile, si dice **patente**; essa viene rilasciata dalla **Motorizzazione civile**.
La patente di guida necessaria per condurre autoveicoli per trasporto di persone e di cose con massimo di 9 posti totali è di **categoria B**.
In Italia, l'età minima per conseguire oggi la **patente AM** è 14 anni.
La definizione di **neopatentato** vale per chi ha conseguito la patente di guida da meno di 3 anni.
La tassa sull'automobile basata sulla potenza del veicolo, e versata alle Regioni, si chiama **bollo auto**.
È un "**veicolo a braccia**" secondo il Codice della Strada un veicolo spinto o trainato dall'uomo a piedi.
La **corsia d'emergenza** è la corsia delle strade a più corsie, destinata alla sosta dei veicoli in avaria o in difficoltà e alla circolazione dei veicoli di controllo, assistenza e soccorso.
Una **carreggiata** è una parte della strada destinata allo scorrimento dei veicoli.
In autostrada è obbligatorio rispettare la **distanza di sicurezza**. Ogni veicolo, rispetto al veicolo che lo precede, deve sempre tenersi la distanza di sicurezza.
Il **semaforo** è il segnale luminoso che possiamo incontrare lungo le strade, nei pressi di passaggi pedonali o incroci.
Il segnale stradale che indica «**obbligo di svolta a destra**» è di colore bianco e blu.
I segnali stradali che impongono ai conducenti di tenere un comportamento prudente si dicono **segnali di pericolo** e sono di forma triangolare.
I **segnali stradali di divieto** hanno una forma rotonda.
I **segnali** che rendono noti **obblighi**, **divieti** e **limitazioni** a cui gli utenti della strada devono uniformarsi si dicono **segnali di prescrizione**.
Il segnale stradale che indica «**dare la precedenza**» è di colore bianco e rosso.
Il **proiettore di profondità** è il dispositivo che serve ad illuminare in profondità la strada antistante
L'**art. 115 del Codice della Strada** elenca anche i requisiti per la conduzione di animali.
A norma della Legge 120 del 2010, che ha modificato il Codice della Strada i proprietari delle strade, con un'ordinanza specifica, possono prescrivere l'uso di pneumatici da neve o di avere catene a bordo.
La **velocità massima** di un veicolo in autostrada non può superare i 130 km/h.
In autostrada è assolutamente vietato fare l'autostop, concedere passaggi, fare retromarcia, superare a destra
La guida con **tasso alcolemico maggiore di 0,5 e fino a 0,8 g/l** prevede due sanzioni amministrative: il pagamento di una somma da euro 500 a eu-

ro 2.000 e la sospensione della patente di guida da tre a sei mesi.
La guida con **tasso alcolemico maggiore di 0,8 e fino a 1,5 g/l** prevede due sanzioni amministrative: l'ammenda da euro 800 a euro 3.200, l'arresto fino a sei mesi e la sospensione della patente di guida da sei mesi a un anno.
La guida con **tasso alcolemico maggiore a 1,5 g/l** prevede l'ammenda da euro 1.500 a euro 6.000, l'arresto da sei mesi a un anno e la sospensione della patente di guida da uno a due anni.

DIRITTO PENALE
Il nostro codice penale è anche chiamato "**Codice Rocco**".
Secondo le disposizioni dell'art. 5 del codice penale, nessuno può invocare a propria scusa l'**ignoranza della legge** penale tranne i casi di ignoranza inevitabile.
La **responsabilità penale** è personale; per «**responsabilità penale personale**» si intende che risponde penalmente di un reato, riconosciuto tale dalla legge, solo colui che lo ha commesso.
In base al principio di presunzione di innocenza, un imputato viene considerato **innocente** fino al momento in cui viene emessa una sentenza di condanna definitiva.
I **reati** sono individuati dal diritto penale.
Nel vigente Codice penale italiano i reati sono distinti in **delitti** e **contravvenzioni**. Le pene previste per i delitti sono: ***ergastolo*** (pena detentiva a vita), ***reclusione*** e ***multa***; per le contravvenzioni sono: ***arresto*** e ***ammenda***.
L'**arresto** è la limitazione della libertà personale in caso di flagranza di reato.
Un cittadino può procedere all'**arresto** di un altro cittadino soltanto nei casi tassativamente previsti dalla legge.
In diritto penale con il termine **aggravante** si intendono le circostanze del reato che fanno aumentare la relativa pena.
Ai sensi dell'art. 101 del c.p., sono considerati **reati della stessa indole**, tra gli altri, quelli che violano una stessa disposizione di legge.
Il **reato di peculato** può essere commesso solo dal pubblico ufficiale o dall'incaricato di pubblico servizio.
La legge può prevedere l'adozione, da parte dell'autorità di pubblica sicurezza, di provvedimenti provvisori che **limitano la libertà personale** solo in casi eccezionali di necessità ed urgenza, indicati tassativamente dalla legge stessa.
L'**omicidio** è la morte di un uomo cagionata da un altro uomo con dolo, colpa o preterintenzione, senza il concorso di cause di giustificazione.
La legge ordinaria stabilisce i limiti massimi della **carcerazione preventiva**.
Si definisce **soggetto passivo** del reato chi è titolare del bene o interesse tutelato dalla norma che è stato ingiustamente colpito.
La **confisca** è la misura di sicurezza non detentiva.
Il **dibattimento** è una fase del processo penale.
Il termine **maxi-processo** indica un processo penale con elevato numero di imputati per lo stesso reato.
L'**uxoricidio** è la forma di omicidio aggravato in quanto commesso contro la propria moglie.
La forma più lieve di dolo è il **dolo eventuale**.
L'effetto di una **sentenza penale irrevocabile** può essere, a norma della Costituzione, alla base della limitazione del diritto di voto.
I **delitti** non possono essere estinti prima del giudizio mediante **oblazione**.
La **corruzione** è un delitto contro la Pubblica Amministrazione.
Nel **reato continuato**, il disegno criminoso è il progetto di compiere più reati, deliberato nelle linee essenziali.
L'**amnistia**, nel nostro ordinamento, è una causa di estinzione del reato.
A norma della Costituzione nell'ambito del processo penale, tra gli altri, è possibile la formazione della prova senza contraddittorio delle parti, in caso di accertata impossibilità di natura oggettiva, secondo quanto stabilito dalla legge
L'**obiezione di coscienza** nell'ordinamento italiano è ammessa solo in ipotesi tassativamente determinate per legge
La **pericolosità sociale** è un grado particolarmente intenso di capacità a delinquere e costituisce il presupposto per l'applicazione di una ***misura di sicurezza***.
Nel febbraio del 1996 viene approvata la nuova legge sulla violenza sessuale. In base ad essa lo **stupro** è considerato un reato contro la persona.
Il termine giuridico che indica il furto del bestiame è **abigeato**.
Ai sensi dell'art. 133 del c.p. la **capacità a delinquere** del soggetto va desunta da una serie di elementi tra i quali precedenti penali e giudiziari
Nel 1989 è stato emanato il **codice di procedura penale** attualmente in vigore
Nel 1972 fu approvata la legge che riconobbe l'**obiezione di coscienza** come servizio sostitutivo del servizio militare
La circostanza del reato si dice **attenuante** quando importa una diminuzione della pena da un punto di vista quantitativo o da quello qualitativo.
Nel caso di **concorso di reati**, la durata massima delle pene accessorie temporanee non può superare nel complesso cinque anni se si tratta della sospensione dall'esercizio di una professione o di un'arte
Quando da una azione od omissione deriva un evento dannoso o pericoloso più grave di quello vo-

luto dall'agente si determina la fattispecie del **delitto preterintenzionale**

DIRITTO CIVILE

Il **Codice Civile** Italiano è una legge ordinaria dello Stato approvata nel 1942 e promulgata da Vittorio Emanuele III. È suddiviso in **sei libri**; il **Libro Terzo** si occupa della **Proprietà**.

Le situazioni giuridiche soggettive si distinguono in attive (o di vantaggio) e passive (o di svantaggio). Nella prima categoria rientra il **diritto potestativo**.

Le **potestà** costituiscono dei poteri attribuiti ad un soggetto per la tutela di interessi che non fanno capo direttamente a lui.

Sono consentiti cambiamenti, aggiunte o rettifiche al proprio **nome** solo nei casi e con le formalità indicati dalla legge.

Ai sensi del nostro Codice Civile lo **pseudonimo**, se ha acquistato l'importanza di un nome, può essere tutelato.

I **diritti di utilizzazione economica di un'opera** durano tutta la vita dell'autore e sino al termine del settantesimo anno solare dopo la sua morte. I **diritti morali su un'opera** possono essere tutelati anche dopo la morte dell'autore, senza limite di tempo dal coniuge e dai figli, in loro mancanza dai genitori e da ascendenti e discendenti diretti; dai fratelli e dai loro discendenti.

Il **testamento** è un atto revocabile dal contenuto patrimoniale e non patrimoniale.

La nascita del **rapporto giuridico** è oggetto di apposito accordo scritto tra i soggetti interessati.

La **persona giuridica** è un complesso organizzato di persone e di beni rivolto ad uno scopo al quale la legge riconosce la qualifica di soggetto di diritto. Essa è caratterizzata dall'autonomia patrimoniale.

Il **contratto** deve avere i seguenti requisiti: l'***accordo*** tra le parti, la ***causa***, l'***oggetto*** e la ***forma*** se prescritta dalla legge. Il contratto che viola norme imperative è **nullo**. I contratti che comportano prestazioni a carico di una sola o di entrambe le parti vengono rispettivamente definiti **unilaterali** e **bilaterali**.

Il **consenso contrattuale** è l'incontro della volontà di due individui.

La «**libertà di contrarre**» per le parti di un contratto consiste nella libertà di vincolarsi unicamente se lo vogliono.

Il **credito** è il diritto di ottenere da un dato soggetto una determinata prestazione o di riscuotere una certa somma di denaro.

Si definisce **autentica** l'interpretazione di una norma di legge, quando è effettuata dallo stesso legislatore.

La **massima** di una sentenza è l'enunciazione in poche righe della regola di diritto affermata nella sentenza.

Il **matrimonio religioso** in Italia comporta sia effetti religiosi che civili. Gli **effetti religiosi di un matrimonio** possono venire meno soltanto con l'annullamento, che può essere pronunciato solo dall'Autorità Ecclesiastica. Il **matrimonio canonico** produce effetti solamente per la Chiesa cattolica.

Si definiscono **contratti reali** quelli che si perfezionano col consenso delle parti e la consegna della cosa.

Con **alienazione** si intende un atto giuridico con cui si trasferiscono ad altri soggetti una proprietà o un diritto

Il **comodato** è un contratto.

Il contratto con il quale un debitore o un terzo si obbliga a consegnare un immobile al creditore a garanzia, affinché ne percepisca i frutti, imputandoli agli interessi e al capitale si definisce **anticresi**.

Il termine **cancelliere**, nell'ambito del diritto civile, si riferisce a un funzionario che svolge attività di supporto alla funzione giudiziaria.

Secondo il codice civile il contratto con il quale una parte consegna all'altra una determinata quantità di denaro o di altre cose fungibili e l'altra si obbliga a restituire altrettante cose della stessa specie e qualità si chiama **mutuo**.

Il negozio giuridico col quale una persona conferisce ad un'altra il potere di rappresentarla è denominato **procura**.

Dal 1940 esiste nell'ordinamento italiano un **Codice di Procedura Civile**.

Nel processo civile si definisce **attore** il soggetto che agisce presentando una domanda giudiziale.

Nel processo civile con l'espressione **procedimento in contumacia** si intende il processo che si svolge in assenza di una delle parti.

Con il termine "**lodo**" si definisce la decisione degli arbitri.

DIRITTO DEL LAVORO

I **diritti dei lavoratori** sono stabiliti nei contratti di lavoro, che fissano l'orario di lavoro, il riposo e le ferie.

Gli organismi pubblici preposti ai problemi del lavoro sovrintendono al settore del lavoro attraverso **uffici centrali e periferici**.

Il rapporto di lavoro può essere **subordinato** o **autonomo**.

Lo Stato italiano aderisce alle convenzioni internazionali aventi per argomento la **tutela di lavoro**.

La **sicurezza sul luogo di lavoro** è disciplinata da apposite norme.

L'instaurazione del **rapporto di lavoro** avviene sempre per iscritto mediante la stipula di un contratto tra il datore di lavoro e il lavoratore.

Un lavoro retribuito con carattere di stabilità e di durata nel tempo si dice **occupazione**

I sindacati stipulano contratti collettivi di lavoro vali-

di per tutti i lavoratori della stessa categoria, anche non iscritti ad alcun sindacato.
In caso di **sciopero nei servizi pubblici essenziali**, un apposito contingente di personale garantisce l'erogazione delle prestazioni c.d. "necessarie". La determinazione della consistenza numerica di tale contingente compete ai contratti, agli accordi collettivi, nonché ai regolamenti di servizio
L'**ambiente di lavoro** è un aspetto importante ai fini della migliore prestazione lavorativa.
La donna lavoratrice in stato di **gravidanza** ha diritto ad una astensione obbligatoria dal lavoro per cinque mesi con diritto alla retribuzione
La retribuzione a **cottimo** si basa sulla quantità prodotta.
Le parti normative del contratto di lavoro sono prescritte dalla **legge** e dai **contratti collettivi di categoria**.
Si dice **apprendistato** ogni attività subordinata, lavorativa e formativa, che un giovane svolge all'interno di un'azienda, per conseguire le conoscenze professionali necessarie all'esercizio di quel mestiere specifico
Durante l'autunno caldo del 1969 si realizzò l'unità sindacale.
I **collegi delle arti e dei mestieri** risalgono ai tempi dell'antica Roma.

DIRITTO DI FAMIGLIA
I **rapporti tra i coniugi** sono regolati dal principio di assoluta uguaglianza di diritti e doveri tra marito e moglie.
Il referendum sul **divorzio** in Italia si è svolto nel 1974.
Secondo il codice civile, il **regime patrimoniale dei coniugi** prevede la comunione dei beni, salvo che le parti scelgano la separazione).
L'affidamento **familiare** di un minore viene disposto dal Tribunale dei Minori.
Per sposarsi è necessario avere **18 anni**.
I figli nei riguardi dei genitori hanno tutti **pari diritti**.
La **potestà** è esercitata da entrambi i genitori.
L'età minima per richiedere l'**emancipazione** dalla potestà genitoriale è 16 anni.
Uno degli obiettivi della **legge 194/1978** sull'**interruzione volontaria della gravidanza** era la riduzione del numero degli aborti clandestini. La stessa legge prevede che ad assistere le donne in stato di gravidanza siano i **consultori**. L'aborto in Italia è legale ma regolato. Prima dell'emanazione della legge 194 sull'interruzione volontaria della gravidanza, l'aborto era considerato un reato punibile con la reclusione.
L'interruzione di gravidanza volontaria avviene per scelta della gestante.
Nel 1970 è stata approvata la prima **legge sul divorzio** in Italia con cd. Legge Fortuna Baslini. Il **divorzio** può essere concesso anche perché uno dei coniugi è stato condannato per reati che prevedono pene superiori ai 15 anni di reclusione.
Il matrimonio può essere sciolto nel caso in cui l'altro coniuge sia stato condannato, dopo la celebrazione del matrimonio, con **sentenza passata ingiudicato**.
Prima della legge n. 55 del 2015, erano necessari 3 anni di ininterrotta separazione personale affinché i coniugi possano ottenere il **divorzio**.
Nel diritto di famiglia con il termine "**affinità**" si definisce il vincolo tra un coniuge ed i parenti dell'altro coniuge.
Il **vincolo di parentela**, salvo che per alcuni effetti determinati, è riconosciuto dalla legge fino al *sesto grado*.
I **figli minori** nei confronti dei genitori hanno diritti e doveri.
La famiglia fondata sul matrimonio è detta **famiglia legittima**.
La **relazione** è un legame tra individui di natura sentimentale, culturale ecc.
La **ricerca di paternità** è disciplinata dalla legge.
Il **marito** è il **padre del figlio** concepito o nato durante il matrimonio.
La **moglie** ha **domicilio** nel luogo in cui ella ha la sede principale dei suoi interessi.
La formazione della famiglia di fatto ha avuto soltanto un riconoscimento a livello giurisprudenziale
L'**adozione** dei minori è consentita ai coniugi in possesso di determinati requisiti previsti dalla legge
La **parità morale e giuridica** tra coniugi è diventata effettiva dal 1975 con la riforma del diritto di famiglia. Con tale riforma, l'**adulterio** non si considerò più reato e veniva fissata a diciotto anni la maggiore età.

VARIE
Le attività di vigilanza, prevenzione e contrasto dell'immigrazione clandestina via mare sono svolte, a norma dell'art. 12 del Testo Unico di cui al decreto legislativo 25 luglio 1998, n. 286, dai mezzi aeronavali della marina militare, delle Forze di Polizia e delle capitanerie di porto.
La cosiddetta **legge antismog** è la prima legge italiana contro l'inquinamento atmosferico e risale al 1966.
In Italia vige il **divieto di somministrare alcolici** ai minori di 18 anni
Un conflitto organizzato per avere una durata limitatissima nel tempo e in presenza di un grande divario di mezzi disponibili fra i due contendenti si dice **guerra lampo**.
Procedura aperta, ristretta e negoziata sono le **tipologie di procedura** per l'individuazione del contraente nei contratti pubblici di lavori, servizi e forniture
Nel diritto è detta **qualificazione giuridica** la corrispondenza tra un fatto giuridico e una norma giuridica

In merito ad un determinato potere, chiedersi a quale organo dello Stato esso competa significa essere di fronte ad un **conflitto amministrativo**.
Lo Stato utilizza le **entrate tributarie** per finanziare servizi e opere di pubblica utilità.
Le tipologie di procedura per l'individuazione del contraente nei **contratti pubblici di lavori, servizi e forniture** sono: la procedura aperta, ristretta e negoziata.
I **militari** candidati ad elezioni politiche o amministrative possono svolgere liberamente attività politica e di propaganda al di fuori dell'ambiente militare e in abito civile. Essi sono posti in licenza speciale per la durata della campagna elettorale.

Eni S.p.A.
L'**Eni S.p.A.**, acronimo di **Ente Nazionale Idrocarburi**, è un'azienda multinazionale creata nel 1953 dallo Stato Italiano come ente pubblico sotto la presidenza di Enrico Mattei, che fu presidente fino alla sua morte nel 1962, convertita nel 1992 in società per azioni. Fu istituita per sfruttare i giacimenti di metano scoperti dall'Agip.

Presidenti	
Enrico Mattei	1953-1962
Marcello Boldrini	1962-1967
Eugenio Cefis	1967-1971
Raffaele Girotti	1971-1975
Pietro Sette	1975-1979
Giorgio Mazzanti	1979
Egidio Egidi (commissario straordinario)	1979-1980
Alberto Grandi	1980-1982
Enrico Gandolfi (commissario straordinario)	1982
Umberto Colombo	1982-1983
Franco Reviglio	1983-1989
Gabriele Cagliari	1989-1993
Luigi Meanti	1993-1996
Guglielmo Moscato	1996-1999
Renato Ruggiero	1999
Gian Maria Gros-Pietro	1999-2002
Roberto Poli	2002-2011
Giuseppe Recchi	2011-2014
Emma Marcegaglia	2014-2020
Lucia Calvosa	dal 2020

Sezione IV
Geografia

Capitolo 1
Geografia fisica e politica

1.1 Continenti

La superficie totale della **Terra** è di 510.072.000 kmq, occupati prevalentemente da acqua (361.132.000 kmq) per circa il 71%. La rimanente superficie delle **terre emerse** è di 148.940.000 kmq.

Le acque del Pianeta sono costituite da:
- Oceano Pacifico (il *più esteso* e il *più profondo*);
- Oceano Atlantico;
- Oceano Indiano;
- Mar Glaciale Artico.

Politicamente il pianeta viene suddiviso in **6 continenti** e **196 Nazioni** (Stati sovrani), di cui 193 aderenti all'ONU, oltre ad altri territori dipendenti e colonie. Inoltre, bisogna considerare l'**Antartide**, territorio totalmente ghiacciato e non abitato permanentemente.

I 6 CONTINENTI	
Antico Continente	**Europa**
	Asia: il *più esteso* e il *più popolato*
	Africa
Nuovo Continente	**Americhe**
Nuovissimo Continente	**Oceania**
	Antartide

Le catene montuose

Le più imponenti si trovano nel continente asiatico; ad esempio l'*Himalaya* con l'**Everest** (m 8.846, la vetta più alta del mondo) e il *Karakorum* con il *K2* (m 8.611). Altra ugualmente importante è la *Cordigliera delle Ande* nell'America meridionale (con la vetta *Aconcagua*, di m 6.960).

Di minore altitudine (non superano i 6.000 m di altezza), ma sempre di notevole rilevanza, sono il *Kilimangiaro* e il *Ruwenzori*, che si trovano in Africa, mentre in Europa il più elevato è il *Monte Bianco*.

PRINCIPALI MONTI			
MONTE	CATENA MONTUOSA	ALT. M	CONTINENTE
Everest	**Himalaya**	**8.846**	**Asia**
K2	Karakoram	8.611	Asia
Kanchenjunga	Himalaya	8.598	Asia
Cerro Aconcagua	Ande (sistema montuoso più lungo)	6.960	America del Sud
Denali	Catena d'Alaska	6.194	America del Nord
Mount Logan	Saint Elias Mountains	6.050	America del Nord
Kilimangiaro	Rift Valley	5.895	Africa
Pico Cristóbal Colón	Sierra Nevada de S. Marta	5.800	America del Sud
Pico de Orizaba	Sierra Madre Oriental	5.700	America del Nord
Damavand	Monti Elburz	5.670	Asia
Elbrus	**Caucaso**	**5.642**	**Europa**
Vinson Massif	-	5.140	Antartide
Ruwenzori	Monti Mitumba	5.119	Africa
Puncak Jaya	Monti Maoke	5.030	Oceania
Pico Bolivar	Cordillera de Mérida	5.007	America del Sud
Monte Bianco	**Alpi**	**4.810**	**Europa**
Ras Dascian	Acrocoro Etiopico	4.620	Africa
Gora Belukha	Altaj	4.506	Asia
Tajumulco	Sierra Madre	4.220	America Centrale
Mauna Kea	Isola Hawaii	4.205	Oceania
Jebel Toubkal	Atlante	4.167	Africa
Gunong Kinabalu	Banjaran Crocker	4.101	Asia
Mont Cameroun	Adamoua	4.070	Africa
Gunnbjorn Fjeld	Groenlandia Orientale	3.700	America del Nord

Fiumi

I fiumi più importanti sono: il **Rio delle Amazzoni** (6.900 kmq circa, il più ampio e possente), il **Nilo-Kagera** (6.671 km, il più esteso), il Mississippi-Missouri (5.620 km), il Chang Jiang, il Rio de la Plata, il Congo ecc.

PRINCIPALI FIUMI		
FIUME	KM	CONTINENTE (PRINCIPALI STATI)
Nilo-Kagera	**6.695**	Africa – Egitto, Sudan, Sudan del S., Burundi, Ruanda, Tanzania, Uganda
Rio delle Amazzoni	6.280	America del Sud – Perù, Colombia, Brasile
Chang Jiang (Fiume Azzurro)	6.380	Asia – Cina
Mississippi-Missouri	5.620	America del Nord – Usa

(segue)

PRINCIPALI FIUMI		
FIUME	**KM**	**CONTINENTE (PRINCIPALI STATI)**
Ob (con Irtys)	5.410	Asia – Russia
Huang He (Fiume Giallo)	4.845	Asia – Cina
Rio Paraná	4.700	America del Sud – Brasile, Argentina, Paraguay
Mekong	4.500	Asia – Cina, Birmania, Laos, Thailandia, Cambogia, Vietnam
Amur (con Silka)	4.416	Asia – Russia, Mongolia
Lena	4.400	Asia – Russia
Congo (Zaire)	4.374	Africa – Rep. Dem. Congo, Zambia
Irtys	4.248	Asia – Cina, Russia, Kazakistan
Mackenzie (con Peace River)	4.241	America del Nord – Canada
Niger	4.184	Africa – Niger, Nigeria, Mali, Benin (sfocia nel G. di Guinea)
Jenisej	4.092	Asia – Russia
Volga	**3.531**	**Europa – Russia**
Madeira (con Mamoré)	3.240	America del Sud – Bolivia, Brasile
Purus	3.210	America del Sud – Perù, Brasile
Yukon	3.185	America del Nord – Usa (Alaska), Canada
Indo	3.180	Asia – India, Pakistan, Cina
Rio Grande	3.060	America del Nord – Usa (Colorado, Texas), Messico
San Lorenzo	3.058	America del Nord – Canada, Usa
Brahmaputra	2.900	Asia – India, Bangladesh
Rio São Francisco	2.900	America del Sud – Brasile
Danubio	**2.860**	**Europa – Germania, Austria, Ungheria, Bulgaria**
Eufrate	2.760	Asia – Iraq, Turchia, Siria
Darling (con Culgoa e Condamine)	2.740	Oceania – Australia
Zambesi	2.736	Africa – Zimbawe, Mozambico, Zambia, Angola, Namibia, Botswana
Rio Tocantins	2.700	America del Sud – Brasile
Vilyuy	2.650	Asia – Russia
Araguaia	2.600	America del Sud – Brasile
Nelson (con Saskatchewan)	2.575	America del Nord – Canada
Amudarja	2.540	Asia – Turkmenistan, Uzbekistan
Murray	2.520	Oceania – Australia
Gange	2.510	Asia – India, Bangladesh

Occorre Sapere

La **diga delle Tre Gole**, la più grande del mondo, si trova in Cina, sul fiume Azzurro.
Il fiume **Amur** non fluisce nel Mar Glaciale Artico.
Il fiume **Drina** segna il confine fra Serbia e Bosnia-Erzegovina.

Laghi

I laghi sono masse d'acqua, raccolte in depressioni dette conche, che vengono colmate dalle acque provenienti da un ghiacciaio, da un fiume, meteoriche e sotterranee. I laghi possono essere chiusi (spazi di acqua salmastra o salata) e aperti (dotati di fiumi immissari ed emissari, in genere di acqua dolce); temporanei (la conca si riempie periodicamente) e permanenti (l'acqua è sempre presente nella conca). Secondo la loro origine si dividono in: **costieri** (il lago è separato dal mare da un cordone litoraneo, sono di forma allungata e di acqua salmastra – L. Lesina, L. Varano); **glaciali** (dovuti alla fusione dei ghiacciai – L. di Garda, L. Maggiore, L. Iseo); **craterici** (l'acqua riempie il cratere di un vulcano spento e perciò sono circolari – L. di Bracciano, L. Albano, L. Nemi), **tettonici** (l'acqua riempie cavità della crosta terrestre formatesi in seguito a grandi movimenti della crosta terrestre – L. Bajkal, L. Tanganica, L. Vittoria); **relitti** (si tratta di residui di un antico mare rimasto isolato dal sistema oceanico – Mar Caspio, L. Aral); **carsici** (occupano il fondo di doline, impermeabilizzato da depositi argillosi – L. Canterno), artificiali (usati per la costruzione di dighe). Un lago può estinguersi, trasformandosi prima in stagno, poi in palude e, infine, in torbiera (con vegetazione palustre sommersa).

I laghi più estesi sono il **Mar Caspio**, nell'Eurasia (kmq 371.000), il **lago Superiore**, tra il Canada e gli Stati Uniti (kmq 82.100), il **lago Vittoria**, in Africa tra lo Zambia e lo Zimbabwe (kmq 68.100). Il lago più profondo è il **Bajkal** in Asia (Russia).

PRINCIPALI LAGHI		
LAGO	KMQ	CONTINENTE (PRINCIPALI STATI)
Mar Caspio (salato)	**371.000**	**Asia** – Azerbaigian, Kazakistan, Turkmenistan, Iran, Russia
Lago Superiore	82.100	America del Nord – Canada, Usa
Vittoria	68.100	Africa – Uganda, Kenya, Tanzania
Huron	59.600	America del Nord – Canada
Michigan	58.016	America del Nord – Usa
Tanganica	32.893	Africa – Tanzania, Zambia, R. D. del Congo
Grande Lago degli Orsi	31.792	America del Nord – Canada
Bajkal (il più profondo)	31.500	Asia – Russia
Malawi (o Niassa)	30.800	Africa – Malawi, Mozambico, Tanzania
Grande Lago degli Schiavi	28.438	America del Nord – Canada
Erie	25.700	America del Nord – Usa, Canada
Winnipeg	24.514	America del Nord – Canada
Ontario	18.960	America del Nord – Canada, Usa
Balhas	18.200	Asia – Kazakistan
Ladoga	**17.700**	**Europa – Russia**
Lago d'Aral (acqua salata)	17.160	Asia – Kazakistan
Ciad	16.300	Africa – Ciad, Nigeria, Niger, Camerun
Onega	**9.610**	**Europa – Russia**

(segue)

PRINCIPALI LAGHI		
LAGO	KMQ	CONTINENTE (PRINCIPALI STATI)
Eyre	9.500	Oceania – Australia
Lago de Nicaragua	8.430	America Centrale – Nicaragua
Titicaca	8.300	America del Sud – Perù, Bolivia
Athabasca	7.935	America del Nord – Canada
Lago delle Renne (Reindeer Lake)	6.650	America del Nord – Canada
Turkana (o Rodolfo)	6.400	Africa – Kenya, Etiopia
Issyk-Kul	6.200	Asia – Kirghizistan
Torrens	5.900	Oceania – Australia
Lago di Urmia	5.800	Asia – Iran
Vänern	**5.585**	**Europa – Svezia**
Nettiling	5.542	America del Nord – Canada
Alberto	5.400	Africa – Rep. Dem. Congo
Winnipegosis	5.374	America del Nord – Canada
Bangweulu	5.000	Africa – Zambia
Zajsan	5.000	Asia – Kazakistan

Cascate

PRINCIPALI CASCATE		
CASCATA	METRI	CONTINENTE/STATO
Salto Angel	979	**America del Sud** (Venezuela)
Tugela	948	**Africa** (Sudafrica)
Tres Hermanas	914	**America del Sud** (Perù)
Yumbilla	896	**America del Sud** (Perù)
Gocta	771	**America del Sud** (Perù)
Yosemite	739	**America del Nord** (Stati Uniti)
Cuquenàn/Kukenaam	674	**America del Sud** (Venezuela)
Sutherland	580	**Oceania** (Nuova Zelanda)
La Chinata	580	**America del Sud** (Perù)
Hannok-no-taki	500	**Asia** (Giappone)
Gavarnie	421	**Europa** (Francia)
Vittoria	107	**Africa** (Zambia, Zimbabwe)
Iguagu	82	**America del Sud** (Argentina, Brasile)
Niagara	52	**America del Nord** (Stati Uniti, Canada)

Isole

PRINCIPALI ISOLE					
ISOLA	**KMQ**	**CONTINENTE**	**ISOLA**	**KMQ**	**CONTINENTE**
Groenlandia (appartiene al **Regno di Danimarca**)	**2.175.600**	**America del Nord**	Cuba	105.007	America Centrale
Nuova Guinea	785.000	Oceania	Luzon	104.647	Asia
Borneo	736.000	Asia	**Islanda**	**102.950**	**Europa**
Madagascar	586.500	Africa	Mindanao	94.594	Asia
Baffin	507.451	America del Nord	Irlanda	84.420	Europa
Sumatra	420.306	Asia	Hokkaido	77.981	Asia
Gran Bretagna	**229.885**	**Europa**	Sahalin	76.400	Asia
Honshu	227.939	Asia	Hispaniola	76.200	America Centrale
Victoria	217.291	America del Nord	Banks	70.028	America del Nord
Ellesmere	196.236	America del Nord	Ceylon	65.600	Asia
Celebes	172.000	Asia	Tasmania	64.519	Oceania
Isola del Sud (N. Zelanda)	151.215	Oceania	Devon	55.247	America del Nord
Giava	125.900	Asia	**Nuova Zemlya Settentrionale**	**48.904**	**Europa**
Isola del Nord (N. Zelanda)	115.777	Oceania	Marajo	47.573	America del Sud
Terranova	108.860	America del Nord	Isla Grande de Tierra del Fuego	47.000	America del Sud

Occorre Sapere

L'isola di **Bali** si trova in Indonesia, nell'Oceano Indiano.
Le isole **Maldive** si trovano in Asia, nell'Oceano Indiano.
Le isole **Comore** si trovano nell'Oceano Indiano, fra Madagascar e Mozambico.
L'isola di **Bora-Bora** si trova in Polinesia Francese, nell'Oceano Pacifico.
L'isola di **Pasqua,** nell'Oceano Pacifico, è nota per i suoi monumenti (circa 460), probabilmente sacrali o funerari, detti moai, costituiti da enormi teste umane.
Le isole **Hawaii**, **Tuamotu**, **Marshall**, **Galapagos** (arcipelago ad ovest della costa ecuadoregna), si trovano nell'Oceano Pacifico.
L'Atollo **Lighthouse Reef** si trova nel Mar dei Caraibi.
Le isole dei **Caraibi** appartengono al continente americano (Mar dei Caraibi – Oceano Atlantico).
L'isola della **Riunione**, facente capo all'arcipelago delle **Mascarene**, è situata nell'Oceano indiano.
Le isole **Salomone** sono uno Stato dell'Oceania.
L'isola di **Creta** si trova nel continente europeo, in Grecia.
La **Giamaica** fa parte dell'arcipelago delle Grandi Antille, in America.
La **Terra del Fuoco** è un arcipelago dell'America Meridionale.
La **Malacca** è una penisola dell'Asia sud orientale.
Le **Laccadive** si trovano nel Mar Arabico.

Deserti

PRINCIPALI DESERTI			
NOME	**TIPO**	**KMQ**	**CONTINENTI/PAESI**
Artide	Polare	13.700.000	**America del Nord**, **Europa**, **Asia** (Stati Uniti d'America, Canada, Groenlandia, Islanda e Russia)
Sahara	Subtropicale	8.600.000	**Africa** (Algeria, Ciad, Egitto, Libia, Mali, Niger, Mauritania, Marocco, Sudan e Tunisia)
Rub' al-Khali	Subtropicale	2.330.000	**Asia** (Arabia Saudita, Giordania, Iraq, Kuwait, Qatar, Emirati Arabi Uniti, Oman e Yemen)
Deserto dei Gobi	Freddo	1.300.000	**Asia** (Mongolia e Cina)
Kalahari	Subtropicale	930.000	**Africa** (Angola, Botswana, Namibia e Sudafrica)
Deserto patagonico	Freddo	673.000	**America del Sud** (Argentina e Cile)
Deserto siriano	Subtropicale	520.000	**Asia** (Siria, Giordania e Iraq)
Deserto di Chihuahua	Subtropicale	509.500	**America del Nord** (Messico e Stati Uniti)
Gran Bacino	Tropicale	492.000	**America del Nord** (Stati Uniti)
Gran Deserto Victoria	Subtropicale	424.400	**Oceania** (Australia)
Gran Deserto Sabbioso	Subtropicale	360.000	**Oceania** (Australia)
Deserto del Karakum	Freddo	350.000	**Asia** (Turkmenistan)
Altopiano del Colorado	Freddo	337.000	**America del Nord** (Stati Uniti)
Deserto di Sonora	Tropicale	310.800	**America del Nord** (Messico e Stati Uniti)
Deserto del Kizilkum	Freddo	300.000	**Asia** (Kazakhstan, Uzbekistan e Turkmenistan)
Deserto di Taklamakan	Freddo	270.000	**Asia** (Cina)
Deserto di Thar	Subtropicale	200.000	**Asia** (India e Pakistan)
Deserto di Gibson	Subtropicale	155.900	**Oceania** (Australia)
Deserto Simpson	Subtropicale	143.000	**Oceania** (Australia)
Deserto di Atacama	Fresco costiero	105.200	**America del Sud** (Cile e Perù)
Deserto del Namib	Fresco costiero	80.900	**Africa** (Namibia e Angola)
Deserto di Kavir	Inverno freddo	77.000	**Asia** (Iran)
Deserto del Mojave	Tropicale	65.000	**America del Nord** (Stati Uniti)
Deserto di Lut	Inverno freddo	51.800	**Asia** (Iran)

Agglomerati urbani

PRINCIPALI AGGLOMERATI URBANI					
CITTÀ	**ABITANTI**	**STATO**	**CITTÀ**	**ABITANTI**	**STATO**
Tokyo	29.870.000	Giappone	Dacca	8.545.000	Bangladesh
New York	21.200.000	Stati Uniti	**Istanbul**	**7.910.000**	**Turchia**
Città del Messico	18.330.000	Messico	Washington	7.610.000	Stati Uniti

(segue)

PRINCIPALI AGGLOMERATI URBANI					
CITTÀ	**ABITANTI**	**STATO**	**CITTÀ**	**ABITANTI**	**STATO**
Sao Paulo	17.880.000	Brasile	Londra	7.355.000	Regno Unito
Los Angeles	16.370.000	Stati Uniti	Hong Kong	7.100.000	Cina
Mumbai (Bombay)	16.370.000	India	San Francisco	7.040.000	Stati Uniti
Osaka	16.350.000	Giappone	Chongqing	7.000.000	Cina
Shanghai	13.585.000	Cina	Teheran	6.835.000	Iran
Kolkata (Calcutta)	13.215.000	India	Lima	6.740.000	Perù
Il Cairo	13.000.000	Egitto	Bangkok	6.545.000	Thailandia
Delhi	12.790.000	India	Essen	6.480.000	Germania
Buenos Aires	11.460.000	Argentina	Chennai (Madras)	6.425.000	India
Pechino	11.300.000	Cina	Wuhan	6.200.000	Cina
Parigi	**11.250.000**	**Francia**	Filadelfia	6.190.000	Stati Uniti
Rio de Janeiro	10.895.000	Brasile	Santa Fe de Bogotá	6.080.000	Colombia
Seoul	10.610.000	Corea del Sud	Boston	5.820.000	Stati Uniti
Mosca	**10.125.000**	**Russia**	Detroit (con Windsor)	5.760.000	Stati Uniti, Canada
Karachi	9.730.000	Pakistan	Bangalore	5.685.000	India
Tientsin	9.315.000	Cina	Hyderabad	5.535.000	India
Chicago	9.160.000	Stati Uniti	Dallas	5.220.000	Stati Uniti
Nagoya	8.655.000	Giappone	**San Pietroburgo**	**5.130.000**	**Russia**
Giacarta	8.620.000	Indonesia	**Madrid**	**5.085.000**	**Spagna**
Manila	8.595.000	Filippine			

Aeroporti e porti internazionali

AEROPORTI INTERNAZIONALI			
CITTÀ/SCALO	**NOME AEROPORTO**	**CITTÀ/SCALO**	**NOME AEROPORTO**
Londra (Gran Bretagna)	Heathrow	Los Angeles (Stati Uniti)	Lawa
Parigi (Francia)	De Gaulle	Osaka (Giappone)	Kansai
Madrid (Spagna)	Barajas	Tokyo (Giappone)	Narita
Francoforte sul Meno (Germania)	Hahn	Sidney (Australia)	International
Reykjavjk (Islanda)	Keflavic	Hong Kong (Cina)	New Kai Tai
Amsterdam (Olanda)	Schiphol	Kuala Lumpur (Malaysia)	International
Mosca (Russia)	Sheremetyevo	Singapore (Singapore)	Changi
New York (Stati Uniti)	J. F. Kennedy	Giacarta (Indonesia)	Soekarno Hatta
Miami (Stati Uniti)	International	Seul (Corea del Sud)	Incheon

PORTI INTERNAZIONALI	
STATO	**CITTÀ**
Italia	Genova, Napoli, Cagliari, Civitavecchia
Olanda	Rotterdam
Gran Bretagna	Londra, Liverpool
Grecia	Atene
Turchia	Smirne
Francia	Marsiglia, Calais
Polonia	Danzica
Danimarca	Copenaghen
Svezia	Stoccolma, Goteborg
Ucraina	Odessa
Giordania	Aqaba
Egitto	Alessandria, Suez
Libano	Tripoli
Cina	Hong Kong, Shangai
Giappone	Tokyo, Osaka
Stati Uniti	Boston, New York, San Francisco
Canada	Montreal, Vancouver
Venezuela	Maracaibo
Australia	Sydney

Paesi attraversati dai paralleli di riferimento

L'**equatore** (0°) attraversa le terre e/o i mari di 13 territori: São Tomé e Príncipe (isola di Ilhéu das Rolas), Gabon, Repubblica del Congo, Repubblica Democratica del Congo, Uganda, Kenya, Somalia, Maldive (nel mare tra gli atolli), Indonesia, Sumatra, Borneo, Kiribati, Isole Gilbert, Sporadi equatoriali, Ecuador, Galápagos, Colombia, Brasile.

Il **Tropico del Cancro** (emisfero Nord 23° 26' 16") attraversa: Algeria, Mali, Niger, Libia, Egitto, Mar Rosso, Arabia Saudita, Emirati Arabi Uniti, Oman, Mar Arabico, India, Bangladesh, Birmania, Cina, Mar della Cina, Taiwan, Oceano Pacifico, Golfo di California, Messico, Golfo del Messico, Bahamas, Oceano Atlantico, Sahara occidentale, Mauritania.

Il **Tropico del Capricorno** (emisfero Sud o australe –23° 26' 16") attraversa: Oceano Atlantico, Namibia, Botswana, Sudafrica, Mozambico, Canale del Mozambico, Madagascar, Oceano Indiano, Australia, Oceano Pacifico, Cile, Argentina, Paraguay, Brasile.

Circolo Polare Artico (emisfero Nord 66° 33' 39") attraversa: Norvegia, Svezia, Finlandia, Russia, USA (Alaska), Canada, Danimarca (Groenlandia), Islanda (Grimsey).

Occorre Sapere

I **Paesi più estesi** in ordine di superficie sono: **Russia**, **Canada**, **Cina**, Stati Uniti e Brasile.

I **Paesi più popolati** sono: **Cina** (1.300.000.000 ab. ca – 137 ab./kmq), **India** (1.180.000.000 ab. ca – 349 ab./kmq), **Usa** (310.000.000 ab. ca), Indonesia, Brasile.

I Paesi **più densamente popolati** sono: **Bangladesh** (oltre 1.000 ab./kmq), Taiwan (oltre 630 ab./kmq), Corea del Sud (oltre 480 ab./kmq). Il primo Paese europeo per densità è **Paesi Bassi** (circa 400 ab./kmq), seguito dal **Belgio**. Il Paese **meno densamente popolato** è la **Mongolia** (1,4 ab./kmq ca).

1.2 Climi

Il **clima** è l'insieme delle condizioni atmosferiche medie di una determinata regione geografica. È determinato dalla latitudine, dalla temperatura, dalla morfologia del territorio, dalla continentalità, dalla pressione atmosferica, dall'umidità dell'aria, dalle precipitazioni, dalla nebulosità, dalle correnti marine, dalla distanza dal mare, dalla presenza di catene montuose, dall'esposizione al sole, dall'esposizione ai venti e dall'ecosistema naturale del luogo.
Di seguito il sistema di classificazione dei climi ideato dal climatologo **Wladimir Köppen**; si basa su tre fattori: **temperatura**, **precipitazioni** e **associazioni vegetali**.

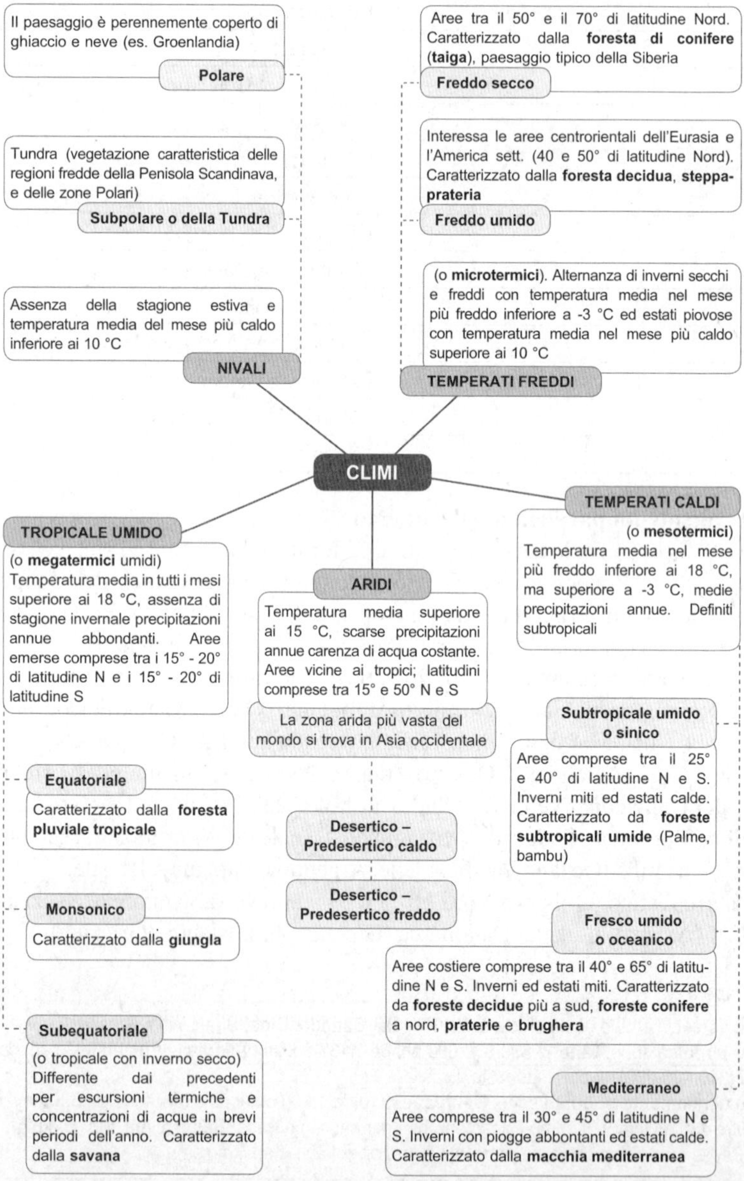

SCHEDA RIEPILOGATIVA SUL MONDO		
Abitanti: 7,7 miliardi circa; densità: 48 ab/kmq		
Città più popolata	Tokyo	37.468.302*
Monte più alto	Everest	8.848 m
Massima depressione	Mar Morto	399 m
Massima profondità	Fossa delle Marianne	11.022 m
Fiume più lungo	Nilo – Kagera	6.671 km
Lago più esteso	Mar Caspio	371.000 kmq
Isola più estesa	Groenlandia	2.175,6 kmq

* Fonte: Treccani

1.3 Biomi

Per **bioma** s'intende *il complesso degli ecosistemi, inteso come comunità vegetali e animali che, in una determinata area geografica del pianeta, hanno raggiunto una condizione di stabilità che si mantiene grazie ad un preciso equilibrio delle condizioni ambientali.*

I biomi si distinguono in: **terrestri** con la tundra, le foreste, le praterie e i deserti; **acquatici**, comprendenti *biomi marini* (delle regioni oceaniche, della piattaforma continentale, delle aree di risalita e delle aree di estuario) e *biomi di acqua dolce* (di lago, di fiume, di palude).

La conformazione dei biomi terrestri dipende essenzialmente dai seguenti parametri: latitudine; altitudine; alternanza delle stagioni; andamento delle precipitazioni; temperatura.

PRINCIPALI TIPI DI BIOMI TERRESTRI	
TUNDRA (*ARTICA E ALPINA*)	Presente alle alte latitudini (estremo Nord dell'Europa, dell'America e dell'Asia), è una zona desertica tipica dei Paesi freddi con suolo gelato e coperto da una crosta di ghiaccio per la maggior parte dell'anno. Nel breve periodo di disgelo, la flora principale è caratterizzata da una vegetazione bassa (priva di alberi) di **muschi**, **licheni** e salici nani. Per quanto attiene alla fauna sono presenti vipere, lucertole, migratori, ma in particolare mammiferi in grado di compiere rapidi spostamenti (renne, lepri, volpi, ermellini).
TAIGA	Presente un po' più a Sud della tundra, è anch'essa prevalente nelle regioni dell'estremo Nord eurasiatico, in particolare in Siberia in cui è presente il **Permafrost**. La flora è rappresentata da vaste foreste di **conifere** (pini, abeti e larici) le cui piante hanno una struttura aghifoglie per consentire la caduta dei fiocchi di neve che altrimenti appesantirebbero eccessivamente il fusto. Il suolo è sovente acquitrinoso. La fauna è caratterizzata da: alce, lupo, scoiattolo, gallo cedrone.
FORESTA DECIDUA TEMPERATA	Tipico delle latitudini intermedie tra il polo e l'equatore. È un'associazione vegetale costituita da piante ad alto fusto, da arbusti e da piante rampicanti che coprono superfici più o meno ampie del suolo. Predominano le querce, gli olmi, i faggi e le betulle. Animali caratteristici sono: cervi, cinghiali, linci e molte specie di uccelli. Altro aspetto di tale bioma è la **prateria** dominata da associazioni di piante erbacee, per lo più graminacee. Si distinguono *praterie a erbe alte* e *praterie a erbe basse*. Le prime sono tipiche delle zone a clima continentale ove si sviluppano isolati alberi; tipiche sono la **pampas** in Argentina e la **putza** in Ungheria. Particolare tipo di praterie sono le **savane** dell'Africa tropicale.

(segue)

PRINCIPALI TIPI DI BIOMI TERRESTRI	
FORESTA DECIDUA TEMPERATA	Le praterie a erbe basse, o **steppe**, si sviluppano nelle zone con clima più arido (sia caldo sia freddo) e sono caratterizzate da specie erbacee con poca crescita in altezza e ampi spazi di terreno scoperti con qualche arbusto o albero basso isolati. La fauna è popolata da *canidi* (volpi, coyote, lupi) e *felini* (puma, gatto selvatico). I **pascoli alpini**, altra tipo di prateria, sono limitati alle regioni di alta quota, caratterizzati da climi molto freddi e molta acqua nel suolo; vi dominano le graminacee e le ciperacee basse, ma sono presenti anche specie erbacee a fiore, muschi e licheni.
FORESTA PLUVIALE TROPICALE	Si trova nelle regioni prossime all'equatore; è costituita generalmente da una vegetazione stratificata. Al suolo sono presenti molte varietà di piante che costituiscono un fitto sottobosco, spesso impenetrabile. Vi è poi uno strato di vegetazione sempreverde, di altezza media intorno ai 50 m, dominato da alcune specie di alberi che si elevano molto al di sopra di questa altezza. Altra caratteristica è la presenza delle liane, piante dal fusto molto allungato, il cui diametro può superare i 20 cm, che crescono appoggiandosi alle altre piante, creando una specie di collegamento tra il livello del suolo e la volta superiore della foresta. Nelle zone più impenetrabili la foresta pluviale è indicata anche con il nome di giungla.
SAVANA	Presente nelle regioni tropicali, si alterna alla foresta pluviale. È caratterizzata da praterie disseminate di cespugli e di radi alberi di varie dimensioni. Le savane determinate dal clima, come quelle africane, si sviluppano in regioni caratterizzate da un clima arido, con precipitazioni annue sotto i 400 mm; la vegetazione è costituita da alte erbe (graminacee) che si sviluppano con le prime piogge e scompaiono nel periodo secco, insieme a pochi elementi arborei e arbustivi (baobab, palme e acacie). Per quanto riguarda la fauna si trovano elefanti, gazzelle, zebre, giraffe, leoni, rinoceronti, antilopi, canguri, babbuini ecc.
MACCHIA MEDITERRANEA	Tipico delle aree climaticamente temperate come quelle presenti nella zona del Mediterraneo. È caratterizzata dalla presenza di alberi e arbusti sempreverdi di medie e basse dimensioni (altezza di 3-5 m) e suolo prevalentemente siliceo.
DESERTO	Bioma particolare nel quale sono ridotte al minimo le possibilità di vita. I deserti possono essere pietrosi (Reg) o sabbiosi (Erg), caratterizzati da un clima con fortissime escursioni termiche (giornate caldissime e notti freddissime), e nei quali il rilievo assume aspetti tipici. La vegetazione è possibile solo laddove vi sia un affioramento della falda freatica, dando origine alle oasi, oppure se siano presenti specie resistenti a tali condizioni di aridità (cactus). La fauna è costituita in prevalenza da rettili, insetti e piccoli roditori (topo delle piramidi e il Fennec) e da specie superiori quali la volpe, il cammello e il dromedario. Dal punto di vista ecologico si distinguono deserti caldi (Africa, Arabia, Australia) e deserti freddi (Mongolia - Deserto del Gobi).

PRINCIPALI TIPI DI BIOMI ACQUATICI	
BIOMI MARINI	Comprendono tre forme di vita principali: **plancton**, **necton** e **benton**. Il *plancton* è formato da vegetali (*fitoplancton*: alghe unicellulari, come le diatomee, e cianobatteri e animali (*zooplancton*: protozoi - foraminiferi e radiolari- meduse e ctenofori, crostacei - cladoceri e copepodi e tunicati) che vivono sospesi nell'acqua. Il *necton* annovera gli animali sospesi nell'acqua in grado di nuotare: pesci, alcuni molluschi cefalopodi (calamari), rettili come le tartarughe marine, mammiferi come foche e balene e delfini. Il *benton* è costituito da animali e vegetali che vivono sul fondo.

OCCORRE SAPERE

SIMBOLI CULTURALI

Il **Golden Gate** si trova a San Francisco.

L'**Opera House** si trova a Sydney.

Il monolita gigante **Uluru** o **Ayers Rock** si trova in Australia.

La **Grande Barriera Corallina**, una delle meraviglie naturali del mondo, si trova in Australia (scogliera lunga 2.027 km).

Il Tempio del **Buddha di Smeraldo** si trova in Thailandia.

Il Tempio buddista di **Borobudur** si trova in Indonesia.

La **Moschea Blu** si trova a Istanbul.

Le **grotte di Carlsbad** si trovano in USA.

La città Maya di **Chichen Itza** si trova in Messico.

L'animale simbolo dell'Australia è un marsupiale (canguro); altri animali caratteristici sono l'ornitorinco e il koala.

Le abitazioni chiamate **igloo** sono caratteristiche delle regioni artiche.

NOZIONI VARIE

Il confine più lungo al mondo tra due Stati è quello tra Stati Uniti e Canada.

Inuit e **Yupic** sono le popolazioni che vivono in Artide.

La Nuova Zelanda è il Paese oceanico che si trova agli antipodi dell'Italia che ha una forma molto simile a uno stivale.

Il Giappone fa parte della **Cintura di Fuoco** del Pacifico.

Nel punto più vicino l'Asia dista dall'America 4 km.

Se si oltrepassa il **Capo di Buona Speranza**, si passa dall'Oceano Indiano all'Oceano Atlantico.

Il **Canale di San Giorgio** separa Galles – Irlanda.

Economia - Primati nel mondo per settore

Dopo gli Stati Uniti, il maggior Paese produttore di energia nucleare è la Francia.

I principali produttori mondiali di energia elettrica sono Stati Uniti d'America, Cina, Giappone.

Il Paese che possiede le maggiori riserve petrolifere è l'Arabia Saudita, ed è anche il maggior produttore mondiale di petrolio.

Il maggior produttore mondiale d'oro è il Sudafrica.

La canna da zucchero è uno dei principali prodotti dell'agricoltura cubana.

Il maggior produttore di cacao del mondo è la Costa d'Avorio.

Il maggior produttore di caffè del mondo è il Brasile.

La maggiore quantità di tè nel mondo è prodotta dall'India.

Uno dei maggiori produttori mondiali di vino sono gli Stati Uniti d'America (nel 2015, la classifica era: Italia, Francia, Stati Uniti, Spagna, Cina).

Il maggior produttore mondiale di olio d'oliva è la Spagna, seguita da Italia, Grecia, Siria, Marocco, Turchia, Tunisia.

Fra i maggiori esportatori di grano vi sono il Canada, l'Unione Europea, la Russia.

I principali Paesi allevatori di ovini sono Cina, Australia, India.

Australia e Nuova Zelanda hanno la più alta produzione mondiale di lana.

Le cosiddette «colture legnose» sono costituite da alberi da frutta.

La sigla OPEC indica l'Organizzazione dei Paesi Esportatori di Petrolio.

L'Africa è il continente più povero.

La ragione di scambio dei prodotti agricoli rispetto a quella dei manufatti nel corso del tempo e su scala mondiale è peggiorata.

Registrandosi sul nostro sito, secondo le modalità indicate a pag. I, è possibile consultare i seguenti contenuti: Principali mari, golfi e penisole; Altitudini delle Capitali; Le lingue parlate nel mondo; Cartografia.

Capitolo 2
L'Italia

2.1 Italia fisica e politica

L'Italia è una Repubblica parlamentare costituita da 20 Regioni. Il suo territorio è costituito dalla penisola italiana.

La penisola confina a nord con la *Francia*, la *Svizzera*, l'*Austria* e la *Slovenia* ed è bagnata ad ovest dal Mar Ligure, dal Mare di Sardegna e dal Mar Tirreno, a sud dal Mar Ionio e ad Est dal Mare Adriatico. All'interno del nostro territorio ci sono due Stati: **Città del Vaticano** (all'interno di Roma), e **Repubblica di San Marino** (tra Emilia Romagna-Rimini e le Marche-Pesaro Urbino).

PRINCIPALI DATI DELL'ITALIA		
DATO		**NOTE**
Superficie Rep. Italiana	301.245 kmq	= = =
Confine terrestre	1.700 km	= = =
Lunghezza coste	8.572 km	(isole 4.200 km circa)
Punti estremi	47°05'29" lat. N 35°29'26" lat. N 18°31'13" long E 6°33' long. E	**Vetta d'Italia**, in valle Aurina (BZ) **Punta Pesce Spada**, in Lampedusa (AG) **Faro di Capo d'Otranto** (LE) **Rocca di Chardonnet**, nelle Alpi Cozie (TO)
Centro geometrico	42°30'11" lat. N 12°34'24" long. E	Ponte Cardona Narni (Umbria)
Popolazione	59.433.744 ab.	Censimento del 2011
Densità abitativa	197,98 ab./kmq	maggior densità: Campania 424 ab/kmq minore densità: Valle d'Aosta 39 ab/kmq
Religione	Cattolica	98% della popolazione; altre: protestanti, ebrei, musulmani, ecc.
Lingua ufficiale	Italiana	Oltre ai vari dialetti: francese, sloveno, ladino, croato

Orografia

Il territorio è pianeggiante per il 23% ca, montuoso per il 35% e collinare per il rimanente 42%. È delimitato a nord dall'arco alpino, il principale sistema montuoso europeo (con le cime più elevate - **Monte Bianco** 4.810 m), che lo divide dagli Stati confinanti; ad occidente, dalle Alpi Marittime parte la dorsale dell'Appennino che percorre da nord a sud tutta la penisola. In Calabria tale sistema montuoso si articola nei gruppi della Sila, delle Serre e dell'Aspromonte per proseguire in Sicilia con i Monti Peloritani, i Nebrodi e le Madonìe. Accanto alla catena appenninica si individuano sistemi subappenninici e preappenninici o edifici montuosi diversi ma di notevole importanza: è il caso delle Alpi Apuane in Toscana, dei Monti Sabini nel Lazio, del promontorio del Gargano in Puglia, dei Monti del Gennargentu in Sardegna.

<table>
<tr><th colspan="2">DIVISIONE DELLE ALPI</th></tr>
<tr><td rowspan="3">Alpi Occidentali
dal Passo di Cadibona
al Col di Ferret</td><td>Alpi Marittime: dal Passo di Cadibona al Colle della Maddalena</td></tr>
<tr><td>Alpi Cozie: dal Colle della Maddalena al Moncenisio</td></tr>
<tr><td>Alpi Graie: dal Moncenisio al Col di Ferret</td></tr>
<tr><td rowspan="3">Alpi Centrali
dal Col di Ferret
al Passo del Brennero</td><td>Alpi Pennine: dal Col di Ferret al Passo del Sempione</td></tr>
<tr><td>Alpi Leponzie o Lepontine: dal Passo del Sempione al Passo dello Spluga</td></tr>
<tr><td>Alpi Retiche o Giudicarie: dal Passo dello Spluga al Passo del Brennero</td></tr>
<tr><td rowspan="3">Alpi Orientali
Passo del Brennero
al Monte Nevoso</td><td>Alpi Noriche e Dolomitiche: dal Passo del Brennero al Passo di Dobbiaco</td></tr>
<tr><td>Alpi Carniche: dal Passo di Dobbiaco a Passo di Camporosso (Tarvisio)</td></tr>
<tr><td>Alpi Giulie: dal Passo di Camporosso al Passo di Vrata</td></tr>
</table>

ALPI OCCIDENTALI - MONTI PRINCIPALI		
MONTE	**METRI**	**COLLOCAZIONE**
Bianco	4.810	Alpi Graie (Traforo Italia-Francia)
Maudit	4.468	Alpi Graie
Grandes Jorasses	4.205	Alpi Graie
Gran Paradiso	4.061	Alpi Graie
Monviso	3.841	Alpi Cozie
Rocciamelone	3.538	Alpi Cozie
Chambeyron	3.389	Alpi Cozie
Argentera	3.297	Alpi Marittime
Gelas	3.143	Alpi Marittime
Matto	3.088	Alpi Marittime

ALPI CENTRALI - MONTI PRINCIPALI		
MONTE	**METRI**	**COLLOCAZIONE**
Rosa	4.634	Alpi Pennine
Dom	4.554	Alpi Pennine
Cervino	4.478	Alpi Pennine
Pizzo Bernina	4.052	Alpi Retiche
Ortles	3.899	Alpi Retiche
Cevedale	3.764	Alpi Retiche
Leone	3.552	Alpi Lepontine
Adula	3.406	Alpi Lepontine
Basodino	3.277	Alpi Lepontine

ALPI ORIENTALI - MONTI PRINCIPALI		
MONTE	**METRI**	**COLLOCAZIONE**
Gran Pilastro	3.510	Alpi Noriche e Dolomitiche
Collalto	3.435	Alpi Noriche e Dolomitiche
Marmolada	3.342	Alpi Noriche e Dolomitiche
Tricorno	2.863	Alpi Giulie
Coglians	2.780	Alpi Carniche
Cima dei Preti	2.703	Alpi Carniche
Peralba	2.694	Alpi Carniche
Mangart	2.678	Alpi Giulie
Nevoso	1.796	Alpi Giulie

DIVISIONE DEGLI APPENNINI	
Appennino Settentrionale dal *Passo di Cadibona* al *Passo di Bocca Trabaria*	**Appennino Ligure-Piemontese:** dal *Passo di Cadibona* al *Passo della Cisa*
	Appennino Tosco-Emiliano: dal *Passo della Cisa* al *Passo di Bocca Trabaria*
Appennino Centrale dal *Passo di Bocca Trabaria* al *Passo di Vinchiaturo*	**Appennino Umbro Marchigiano**: dalla *Bocca Trabaria* alla *Gola D'Arquata*
	Appennino Abruzzese Molisano: dalla *Gola d'Arquata* al *Passo di Vinchiaturo*
Appennino Meridionale dal *Passo di Vinchiaturo* al *Capo dell'Armi*	**Appennino Campano Sannita:** dal *Passo di Vinchiaturo* al *Passo di Sella di Conza*
	Appennino Lucano: dal *Passo di Sella di Conza* al *Passo dello Scalone*
	Appennino Calabro: dal *Passo della Scalone* al *Capo dell'Armi*

APPENNINO SETTENTRIONALE: MONTI PRINCIPALI		
MONTE	**METRI**	**COLLOCAZIONE**
Maggiorasca	1.803	Appennino Ligure Piemontese
Penna	1.735	Appennino Ligure Piemontese
Lesima	1.724	Appennino Ligure Piemontese
Cimone (più alto)	**2.163**	Appennino Tosco Emiliano
Cusna	2.121	Appennino Tosco Emiliano
Alpe di Succiso	2.017	Appennino Tosco Emiliano
Falterona	1.654	Appennino Tosco Emiliano
Fumaiolo	1.408	Appennino Tosco Emiliano
Pisanino	1.945	Appennino Tosco Emiliano/Alpi Apuane
Pania della Croce	1.858	Appennino Tosco Emiliano/Alpi Apuane
Monti Pisani	918	Appennino Tosco Emiliano/Alpi Apuane

APPENNINO CENTRALE: MONTI PRINCIPALI		
MONTE	**METRI**	**COLLOCAZIONE**
Vettore	2.478	Appennino Umbro Marchigiano
Priore	2.334	Appennino Umbro Marchigiano
Porche	2.235	Appennino Umbro Marchigiano
Corno (Gran Sasso, punto più alto dell'Appennino)	**2.914**	Appennino Abruzzese Molisano/Gran Sasso
Corvo	2.626	Appennino Abruzzese Molisano/Gran Sasso
Amaro	2.775	Appennino Abruzzese Molisano/Maiella
Acquaviva	2.737	Appennino Abruzzese Molisano/Maiella
Terminillo	2.213	Preappennino Laziale/Monti Reatini
Viglio	2.156	Preappennino Laziale/Monti Ernici
Pizzodito	2.037	Preappennino Laziale/Monti Ernici

APPENNINO MERIDIONALE: MONTI PRINCIPALI		
MONTE	**METRI**	**COLLOCAZIONE**
Miletto	2.050	Appennino Campano Sannita/Matese
Mutria	1.822	Appennino Campano Sannita/Matese
Cervati	1.899	Appennino Campano Sannita/Cilento
Motola	1.700	Appennino Campano Sannita/Cilento
Pollino (più alto)	**2.271**	Appennino Lucano
Sirino	2.007	Appennino Lucano
Paleparto	1.481	Appennino Calabrese/Sila
Montalto	1.955	Appennino Calabrese/Aspromonte
Pecoraro	1.420	Appennino Calabrese/Aspromonte

Passi e valichi

Il valico carrabile alpino del **Rombo** mette in comunicazione Italia e Austria.

Il valico carrabile alpino del **Gavia** mette in comunicazione Brescia e Sondrio - Lombardia.

Il valico carrabile alpino del **Sella** mette in comunicazione Bolzano e Trento - Trentino Alto Adige.

Il valico carrabile alpino del **Falzarego** mette in comunicazione l'alto Agordino (Belluno) e Cortina d'Ampezzo (Belluno) - Veneto.

Monti della Sicilia

La Sicilia è separata dalla Calabria dallo Stretto di Messina, largo poco più di 3 km al suo ingresso settentrionale, mentre è separata dall'Africa dal Canale di Sicilia largo 150 km. I monti principali sono: **Peloritani**, **Nebrodi** (o Caronìe) e **Madonie**.

Ricordiamo l'**Etna** (3.340 m), il vulcano attivo più alto d'Europa.

Monti della Sardegna

La Sardegna è delimitata a Nord dal capo Testa, a Sud dal capo Teulada, a Est dal capo Comino e a ovest dal capo dell'Argentiera. I monti principali sono: Gallura, Iglesiente, Barbagia col Gennargentu, culminante con la Punta La Marmora (1.834 m), la vetta più alta dell'isola.

Monti della Corsica

L'isola della Corsica appartiene solo fisicamente all'Italia. Ha una superficie di 9.409 kmq ed è separata dalla Sardegna dalle **Bocche di Bonifacio** larghe circa 12 km. È prevalentemente montuosa. I monti principali sono: Cinto (2.710 m) e Incudine (2.136 m).

Vulcani

In Italia i vulcani attivi sono quattro: l'**Etna** o Mongibello (3.340 m) in Sicilia, il più alto d'Europa; lo **Stromboli** (920 m) e *Vulcano* (499 m), nelle isole Eolie o Lipari; il *Vesuvio* (1.277 m), in Campania nei pressi di Napoli.

PRINCIPALI MONTI D'ITALIA			
MONTE	**CATENA MONTUOSA**	**ALTEZZA M**	**REGIONI**
Monte Bianco	**Alpi Graie**	**4.810**	**Valle d'Aosta**
Monte Rosa	Alpi Pennine	4.634	Piemonte/Valle d'Aosta
Cervino	Alpi Pennine	4.478	Valle d'Aosta
Gran Paradiso	Alpi Graie	4.061	Piemonte/Valle d'Aosta
Pizzo Zupò (Bernina)	Alpi Retiche	3.996	Lombardia
Ortles	Alpi Retiche	3.899	Trentino-Alto Adige
Monviso	Alpi Cozie	3.841	Piemonte
Monte Cevedale	Alpi Atesine	3.764	Lombardia/ Trentino Alto Adige
Palla Bianca	Alpi Atesine	3.738	Trentino Alto Adige
Marmolada	Dolomiti	3.342	Trentino Alto Adige/Veneto
Etna	Appennino siciliano	3.323	Sicilia
Gran Sasso d'Italia	Appennino abruzzese	2.914	Abruzzo
La Maiella	Appennino abruzzese	2.795	Abruzzo
Monte Vettore	App.umbro-marchigiano	2.476	Marche
Monte Pollino	Appennino lucano	2.267	Basilicata/Calabria
Monte Terminillo	App.umbro-marchigiano	2.213	Lazio
Monte Cimone	App. tosco-emiliano	2.165	Emilia Romagna
Monte Miletto	Appennino campano	2.050	Campania/Molise
Montalto (Aspromonte)	Appennino calabrese	1.955	Calabria
Punta La Marmora	Appennino sardo	1.834	Sardegna

Fiumi

Il **Po** è il fiume di maggiore rilevanza per l'Italia sia per l'ampiezza di bacino (74.900 kmq ca) sia per la lunghezza del corso (652 km), seguito, a livello di lunghezza, dall'**Adige** (410 km) e dal **Tevere** (405 km).

Attraversa la **Pianura Padana** bagnando diverse città: Torino, Casale Monferrato, Piacenza, Cremona; sfocia con un *estuario a delta* nel Mar Adriatico, tra l'Emilia Romagna ed il Veneto a Sud Est di Rovigo ramificandosi in vari canali. Lungo il suo percorso sono numerosi gli ***affluenti*** sia di ***destra*** (*Tanaro* in Piemonte, *Trebbia*, *Scrivia*, *Taro*, *Panaro*, *Secchia*, *Varaita*, *Maira*, *Parma*, *Enza* in Emilia) che di ***sinistra*** (*Pellice*, *Doria Riparia*, *Orco*, *Sesia*, *Stura di Lanzo*, *Dora Baltea* in Piemonte, *Ticino*, *Adda*, *Oglio*, *Mincio* – immissario del Lago di Garda–, *Olona*, *Agogna*, in Lombardia).

Il fiume **Adige** è per estensione del bacino il terzo fiume d'Italia con i suoi 12.200 kmq ca; lo precedono il Po e il Tevere (17.170 kmq ca). Suoi affluenti sono l'*Isarco*, il *Noce* e l'*Avisio*. Attraversa la Val Venosta e la Lagarina, bagnando le città di Merano, Bolzano, Rovereto, Trento, Verona, Legnago e si butta nel Mar Adriatico.

Il **Tevere**, fiume di Roma, passa per Orte (VT) nelle cui vicinanze riceve il ***Nera*** alimentato dall'acque del ***Velino*** che forma le *Cascate delle Marmore* nei pressi di Terni (150 m ca); altri affluenti sono il ***Salto***, l'***Aniene*** (forma le cascate di Tivoli) il *Nesterone* e il *Chiani*. Sfocia nel Tirreno con due rami, Ostia e Fiumicino, racchiudendo l'Isola Sacra.

PRINCIPALI FIUMI				
FIUME	KM	NASCE	SFOCIA	SCORRE
Po	652	Monviso (Pian del Re)	Mar Adriatico (Adria)	Piemonte, Lombardia, Emilia-Romagna, Veneto
Adige	410	Passo di Resia (Alpi Re-tiche)	Mar Adriatico (Chioggia)	Trentino-Alto Adige, Veneto
Tevere	405	M. Fumaiolo	Mar Tirreno	Emilia-Romagna, Toscana, Umbria, Lazio
Adda	313	Passo di Foscagno (alimenta il lago di Como e ne diviene emissario)	Po	Lombardia
Oglio	280	Corno dei Tre Signori (emissario ed immissario del lago d'Iseo)	Po	Lombardia
Tanaro	276	M. Saccarello (Affluenti: Stura, Bormida e Belbo	Po	Piemonte, Liguria
Ticino	248	Passo di Novena (immissario ed emissario del lago Maggiore)	Po	Svizzera, Piemonte, Lombardia
Arno	241	M. Falterona	Mar Tirreno (Marina di Pisa)	Toscana (attraversa Pisa e Firenze)

(segue)

PRINCIPALI FIUMI				
Piave	220	M. Peralba (Alpi Carniche)	Mar Adriatico	Veneto
Reno	211	M. Prunetta (Affluenti: Sillaro, Idice, Santerno, Savena, Senio)	Mar Adriatico	Toscana, Emilia-Romagna
Volturno	175	Gruppo della Meta	Mar Tirreno (golfo di Gaeta)	Molise, Campania
Secchia	172	Alpe di Succiso	Po	Emilia-Romagna, Lombardia
Tagliamento	170	Passo Mauria (Alpi Carniche)	Laguna di Marano	Friuli-Venezia Giulia
Ombrone	161	Monti del Chianti	Mar Tirreno	Toscana (Bagna Grosseto)
Brenta	160	Lago di Caldonazzo	Mar Adriatico (Chioggia - Laguna di Venezia)	Trentino-Alto Adige, Veneto
Chiese	160	M. Fumo - Adamello	Oglio	Trentino-Alto Adige, Lombardia
Dora Baltea	160	Monte Bianco	Po	Valle d'Aosta, Piemonte
Liri-Garigliano	158	Monti Simbruini	Mar Tirreno (golfo di Gaeta)	Abruzzo, Lazio, Campania
Tirso	150	Altopiano di Buddusò	Mar Tirreno (golfo di Oristano)	Sardegna

Laghi

In Italia i principali laghi sono di origine ***glaciale*** situati nelle Alpi e nelle Prealpi (laghi Maggiore, Garda, Como, Iseo, d'Orta, Varese), altri bacini importanti sono di origine ***vulcanica*** al Centro Italia (laghi Bolsena, Bracciano, Vico, Albano, Nemi, ecc); troviamo ancora bacini ***costieri*** laghi Varano, Lesina) e di tipo ***alluvionale*** (lago Trasimeno).

PRINCIPALI LAGHI				
LAGO	**ORIGINE**	**KMQ**	**PROF. MAX**	**REGIONI**
Garda o Benaco	Glaciale	370,0	346	Lombardia, Trentino-Alto Adige, Veneto
Maggiore o Verbano	Fluvo-glaciale	212,0	372	Lombardia, Piemonte, Ticino (Svizzera)
Como o Lario	Glaciale	145,9	410	Lombardia
Trasimeno	Alluvionale	128,0	6	Umbria
Bolsena	Vulcanico	114,5	146	Lazio
Iseo o Sebino	Glaciale	65,3	251	Lombardia
Varano	Costiero	60,5	6	Puglia
Bracciano	Vulcanico	57,5	160	Lazio
Lesina	Costiero	51,5	2	Puglia
Lugano	Glaciale	50,5	288	Lombardia, Ticino (Svizzera)

Mari, coste e golfi

Mar Ligure

È profondo in media 2.800 metri ed è separato, idealmente, dal Tirreno dalla piattaforma dell'arcipelago toscano. Nel Mar Ligure le coste formano, tra Nizza (in Francia) e Piombino, un ampio arco al centro del quale è situato il porto di Genova.
A occidente di Genova il litorale prende il nome di Riviera di Ponente; ad oriente, quello di Riviera di Levante. Il Mar Ligure interessa anche la costa della Toscana centro-settentrionale, prevalentemente bassa e sabbiosa, che comprende la costa apuana, la Versilia, il litorale pisano e la costa degli Etruschi fino al golfo di Baratti. Le coste liguri sono, invece, per lo più alte e rocciose, molto spesso frastagliate e soprattutto ricche di insenature con profondi fondali che consentono la creazione di ottimi porti.
principali golfi sono:
- Golfo di Baratti, in Toscana;
- Golfo di Biodola, in Toscana - isola d'Elba;
- Golfo di Procchio, in Toscana - isola d'Elba;
- Golfo di La Spezia, in Liguria;
- Golfo del Tigullio, in Liguria;
- Golfo di Genova, in Liguria.

Oltre al porto di Genova, sono da ricordare il porto di Livorno (commerciale e industriale), il porto di Savona (commerciale) e il porto di La Spezia (militare e commerciale).

Mar Tirreno

Mar Tirreno ha la forma quasi triangolare ed è completamente italiano perché delimitato da terre che appartengono fisicamente all'Italia quali la penisola ad oriente, la Sicilia a sud, la Sardegna e la Corsica a occidente. Ha una profondità di 3.731 metri ed è ricco di isole prevalentemente vulcaniche.
Le coste tirreniche, che bagnano la penisola dal promontorio di Piombino a capo Vaticano sono prevalentemente *basse e sabbiose.* Esse presentano una serie di archi molto aperti che, congiungendosi tra loro, formano penisole rocciose quali la *penisola di Piombino* (con il promontorio che fa da suddivisione con il mar Ligure), di fronte all'isola d'Elba.
L'arco costiero compreso tra il monte Circeo e la penisola Flegrea forma l'ampio Golfo di Gaeta. Dove termina la penisola di Salerno, si apre il Golfo di Napoli. Il golfo di Salerno, immediatamente contiguo, finisce dove sporge il promontorio del Cilento, per lo più costituito da costa alta e rocciosa.
A sud del Cilento, fino allo stretto di Messina, le coste calabre appaiono inizialmente frastagliate, per la maggior parte alte, rocciose e scoscese; dopo il Golfo di Policastro sono invece quasi rettilinee fino al promontorio di monte Poro (capo Vaticano).
Altri golfi, nel Mar Tirreno, sono:
- Golfo Stella, in Toscana - isola d'Elba;
- Golfo di Lacona, in Toscana - isola d'Elba;
- Golfo di Campo, in Toscana - isola d'Elba;
- Golfo di Follonica, in Toscana;
- Golfo di Talamone, in Toscana;
- Golfo di Anzio, in Lazio;
- Golfo di Terracina, in Lazio;

- Golfo di Pozzuoli, in Campania;
- Golfo di Gioia Tauro, in Calabria;
- Golfo di Sant'Eufemia, in Calabria.

Mar Ionio

Il Mar Ionio è il più profondo del Mediterraneo - oltre 4.400 metri - e, poiché riceve le acque di pochi fiumi, le sue acque sono più salate di quelle dell'Adriatico col quale comunica mediante il canale di Otranto largo 73 km. Il Mare Ionio bagna le coste della penisola che vanno da *punta Pezzo* a *Capo S. Maria di Leuca,* estremo lembo pugliese, definito il "Tacco dello Stivale".

Da Punta Melito al Golfo di Squillace le coste calabre, bagnate dal Mar Ionio sono in tutto simili a quelle del tratto tirrenico: rettilinee, poco incise e ripide dove l'Appennino s'accosta di più al mare.

Le coste della Sila sono accidentate; quelle della Basilicata e della Puglia sono uniformi ed una volta sede di fiorenti colonie greche (Sibari, Metaponto, Gallipoli).

principali golfi delle coste ioniche sono:
- Golfo di Locri;
- Golfo di Squillace;
- Golfo di Sibari;
- Golfo di Taranto.

Il porto principale sullo Ionio è quello di Taranto.

Stretto di Messina

Mette in comunicazione il Mar Tirreno con lo Ionio. È lungo 33 km circa e largo, al suo ingresso settentrionale poco più di 3 km. Il suo fondale non è molto profondo e tende a diminuire per lo sfaldamento delle montagne circostanti. Lo stretto di Messina si apre tra Scilla e punta Faro o Capo Peloro.

Mar Adriatico

Il Mar Adriatico è una fossa longitudinale che separa il sistema appenninico da quello balcanico. Si estende dal *golfo di Trieste* al *canale di Otranto* con una lunghezza di circa 900 km; la massima profondità è di 1.205 metri e la minima 40.

Procedendo da sud verso nord, da Punta Palascia ad Otranto fino alla foce del Po, le coste sono uniformi e rettilinee, interrotte solo dai promontori del Gargano e del Monte Conero, le cui pendici settentrionali proteggono il porto di Ancona.

Nei restanti tratti il litorale è costituito da una larga fascia sabbiosa, adatta per gli stabilimenti balneari.

A nord di Ravenna, dalle Valli di Comacchio fino al Golfo di Trieste, le coste sono nel primo tratto frastagliatissime, occupate in gran parte da valli e paludi (acque dolci) o lagune (acque salmastre). Continuano poi basse e fangose, un poco più uniformi, lungo tutta la Venezia Euganea, fino ai golfi di Grado e di Monfalcone per tornare alte e molto frastagliate nella Penisola istriana (divisa tra Italia, Slovenia e Croazia).

I golfi del Mar Adriatico sono:
- Golfo di Manfredonia;
- Golfo di Ancona;
- Golfo di Venezia;
- Golfo di Grado;

- Golfo di Monfalcone;
- Golfo di Trieste.

porti principali sono quelli di Brindisi, di Bari, di Pescara, di Ancona, di Ravenna, di Venezia, di Trieste, di Pola e di Fiume (gli ultimi due in territorio croato).

Mar di Sicilia

Mar di Sicilia è la parte compresa tra l'Africa e la Sicilia e, per mezzo dei canali di Tunisi e Malta, mette in comunicazione il bacino occidentale con quello orientale dello stesso Mediterraneo. È stato sempre teatro di cruenti battaglie navali tra le principali potenze marittime.
Le sue coste sono per la maggior parte montuose e frastagliate nel tratto settentrionale ed orientale, basse in quello occidentale e meridionale.
Le principali insenature che si incontrano sul tratto del Tirreno sono:

- il Golfo di Gela, compreso fra Licata e Punta Braccetto, è il più ampio dell'isola;
- il Golfo di Patti, compreso fra la penisola di Milazzo e Capo Calava;
- il Golfo di Termini Imerese, tra la punta di Cefalù ed il Capo Zaffarano;
- il Golfo di Palermo, della Conca d'Oro;
- il Golfo di Castellamare, tra Punta Raisi e Capo San Vito.

Nel tratto dello Ionio si incontrano:

- il Golfo di Catania;
- il Golfo di Noto;
- il Golfo di Augusta.

Mar di Sardegna

È rappresentato dal tratto più orientale del Mediterraneo occidentale e bagna le coste insulari del gruppo sardo-corso.
Lungo il versante tirrenico, da Punta Falcone (nelle Bocche di Bonifacio) fino a Capo Carbonara le coste sarde sono alte e quasi rettilinee a parte il settore settentrionale, dove sono molto frastagliate.
Dalle Bocche di Bonifacio (che separano la Sardegna dalla Corsica) fino al Golfo di Terranova, lo sviluppo costiero è accompagnato da numerosi scogli, isolette ed isole. Le principali solo l'isola della Maddalena e di Caprera.
I principali golfi sul versante tirrenico sono quelli di Olbia ed Orosei.
Sul versante meridionale, dove si apre il vasto Golfo di Cagliari, le coste sono pianeggianti.
Sul versante occidentale si alternano coste rocciose a coste basse ed acquitrinose, come quelle del Golfo di Palmas e del Golfo di Carloforte, limitato verso il mare aperto dall'isola di San Pietro.
Da Capo Caccia alla Punta Asinara la costa della *Nurra* è in gran parte montuosa.
Nel Golfo dell'Asinara, invece, la costa è pianeggiante e proprio qui sorge il porto di Porto Torres.
I principali golfi del versante occidentale sono quelli di Palmas, di Carloforte, di Oristano, di Alghero e dell'Asinara.

Penisole e isole

L'Italia è una penisola. È bagnata per 3/4 dal mare, mentre per 1/4 i suoi confini sono naturali e formati dall'arco alpino. Tuttavia, all'interno della stessa penisola se ne possono delimitare altre; due di esse si trovano in Puglia: il **Gargano** e la **Penisola Salentina**. Un'altra penisola è la **Calabria**.

Vi sono poi le penisole formate nelle coste dagli altri congiunti tra loro, quali la **penisola di Piombino**, quella **Flegrea** e quella di **Salerno**.
Per quanto riguarda le isole, oltre alla **Sicilia** e alla **Sardegna**, che sono le più estese, raggruppiamo le altre nella tabella sottostante.

ISOLE PRINCIPALI				
ARCIPELAGO	**ISOLA**	**KMQ**	**REGIONE/PROVINCIA**	**MARE**
Arcipelago Toscano	Elba	223,50	Toscana (Livorno)	Tirreno
	Giglio	21,20		
	Capraia	19,30		
	Montecristo	10,39		
	Pianosa	10,30		
	Giannutri	2,30		
	Gorgona	2,00		
Arcipelago Ponziano	Ponza	7,35	Lazio (Latina)	Tirreno
	Palmarola	1,31		
	Ventotene	1,24		
	Zannone	1,02		
	S. Stefano	0,28		
	Gavi	0,14		
Arcipelago Partenopeo Isole Flegree	Ischia	46,40	Campania (Napoli)	Tirreno
	Capri	10,34		
	Procida	3,90		
	Vivara	—		
	Nisida	—		
Isole Eolie	Lipari	37,30	Sicilia (Messina)	Tirreno
	Salina	26,10		
	Vulcano	21,00		
	Stromboli	12,20		
	Filicudi	9,50		
	Alicudi	5,10		
	Panarea	3,30		
	Ustica	8,65	Sicilia (Palermo)	Tirreno
Arcipelago delle Egadi	Favignana	19,80	Sicilia (Trapani)	Tirreno
	Marettimo	12,30		
	Lèvanzo	5,60		
	Stagnone	5,40		
Arcipelago della Maddalena	La Maddalena	20,10	Sardegna (Olbia-Tempio)	Tirreno
	Caprera	15,80		

(segue)

ISOLE PRINCIPALI				
ARCIPELAGO	ISOLA	KMQ	REGIONE/PROVINCIA	MARE
Arcipelago della Maddalena	Spargi	4,20	Sardegna (Olbia-Tempio)	Tirreno
	S. Stefano	3,10		
	Budelli	1,60		
	S. Maria	2,00		
	Razzoli	1,50		
	Mortorio	0,60	Sardegna (Olbia-Tempio)	Tirreno
	Soffi	0,40	Sardegna (Olbia-Tempio)	Tirreno
Arcipelago di Tavolara	Tavolara	5,9	Sardegna (Olbia-Tempio)	Tirreno
	Molara	3,41		
	Molarotto	---		
	Serpentara	1,34	Sardegna (Cagliari)	Mediterraneo
	Cavoli	---	Sardegna (Carbonia-Iglesias)	Mediterraneo
Arcipelago Sulcis	S. Antioco	108,90	Sardegna (Carbonia-Iglesias)	Mediterraneo
	S. Pietro	51,30		
	Toro	0,11		
	Piana	---		
	Catalano	---	Sardegna (Oristano)	Mediterraneo
	Mal di Ventre	---	Sardegna (Oristano)	Mediterraneo
	Asinara	50,90	Sardegna (Sassari)	Mediterraneo
	Pantelleria (di origine vulcanica)	82,90	Sicilia (Trapani)	Canale di Sicilia
Arcipelago delle Pelagie	Lampedusa (è l'isola più a sud)	20,20	Sicilia (Agrigento)	Canale di Sicilia
	Linosa	5,43		
	Lampione (non si trova geograficamente in Europa)	1,50		
Isole Cheradi	S. Pietro	1,17	Puglia (Taranto)	Ionio
	S. Paolo	0,05		
	S. Andrea	0,05	Puglia (Lecce)	Adriatico
Arcipelago delle Tremiti	Capraia o Caprara	0,45	Puglia (Foggia)	Adriatico
	S. Nicola	0,42		
	S. Domino	2,08		
	Pianosa	0,11		
	Cretaccio	---		

PRINCIPALI ISOLE PER ESTENSIONE					
ISOLA	**KMQ**	**REGIONE**	**ISOLA**	**KMQ**	**REGIONE**
Sicilia	25.426	Sicilia	Vulcano	21,00	Sicilia
Sardegna	23.813	Sardegna	Lampedusa	20,20	Sicilia
Elba	223,50	Toscana	La Maddalena	20,10	Sardegna
Sant'Antioco	108,90	Sardegna	Favignana	19,80	Sicilia
Pantelleria	82,90	Sicilia	Capraia	19,30	Toscana
San Pietro	51,30	Sardegna	Caprera	15,80	Sardegna
Asinara	50,90	Sardegna	Marettimo	12,30	Sicilia
Ischia	46,40	Campania	Stromboli	12,20	Sicilia
Lipari	37,30	Sicilia	Capri	10,34	Campania
Salina	26,10	Sicilia	Montecristo	10,40	Toscana
Giglio	21,20	Toscana	Pianosa	10,30	Toscana

Pianure e Valli

Oltre alla **pianura Padano-Veneta** sono da ricordare le seguenti.

PRINCIPALI PIANURE E VALLI	
Piemonte	Stura, Susa, Tanaro, Ossola, Gesso, Sesia, Aosta, Vercellese, Novarese
Lombardia	Seriana, Brembana, Trompia, Levantina, Camonica, Valtellina (attraversata dal fiume Adda), Cremonese e Mantovana
Trentino, Friuli e Veneto	Venosta, Lagarina, Pusteria, Fassa, Cembra, Fiemme, Valsugana, Cadore, Carnia, Valle del Vipacco, Gardena, Isarco, San Pellegrino
Emilia Romagna	Trebbia, Staffora, Valli di Comacchio, val di Taro (Parma), Valconca
Liguria	Albenga, Auletta, Lunigiana, Magra
Toscana	Lucca, Garfagnana, dell'Arno, Maremma toscana
Umbria	Tiberina, Teverina e Valle Umbra
Lazio	Pontina, Campagna romana, Valle del Tevere, Ciociaria
Abruzzo	Conca aquilana, Avezzano, Sulmona
Campania	Pianura campana, Pianura di Paestum o del Sele
Lucania	Pianura dell'Agri, del Bradano, di Metaponto
Calabria	Sibari, Sant'Eufemia, Palmi o Rosarno
Puglia	Tavoliere (la più estesa dopo la Pianura Padana) e Penisola Salentina
Sicilia	Piana di Catania e Conca d'Oro
Sardegna	Pianura del Campidano e della Nurra

AREE GEOGRAFICHE	REGIONE
Polesine, Cadore, riviera del Brenta (tra Padova e Venezia)	Veneto
Lomellina, Bria	Lombardia
Tirolo (tra Austra e Italia)	Trentino Alto-Adige

(segue)

AREE GEOGRAFICHE	REGIONE
Piana di Sibari	Calabria
Cinqueterre	Liguria
Carnia, Vallone di Muggia, Altopiano del Carso, Laguna Marano	Friuli Venzia Giulia
Ciociaria, Sabina, Agro Pontino (LT)	Lazio
Canavese Monferrato, Langhe (CN)	Piemonte
Salento, Murge, Foresta Umbra	Puglia
Montefeltro	Marche
Versilia, Chianti (tra Firenze e Siena), Casentino; Maremma (tra Cecina e Civitavecchia), Garfagnana; Lunigiana (al confine con la Liguria), Mugello	Toscana
Marsica	Abruzzo
Terra del Lavoro, Irpinia, Cilento (Campania e Basilicata), Campi Flegrei (Napoli)	Campania
Mazara del Vallo, Val Demone, Val di Noto	Sicilia
Piana del Metaponto	Basilicata
Gallura a Nord, Campidano, Sulcis, Ogliastra, Iglesiente, Logudoro, Barbagia (alle pendici del Gennargentu)	Sardegna

Parchi nazionali

Il territorio italiano presenta ben **24 parchi nazionali** per una superficie complessiva di 12.068 kmq (il 10% del territorio nazionale) e 936 kmq di acque territoriali. Il parco **più esteso** è quello del ***Parco del Pollino***, tra le regioni della Basilicata e Calabria, seguito dal ***Cilento*** e ***Vallo di Diano***, in Campania (SA).

PARCHI NAZIONALI			
DENOMINAZIONE PARCO	**ETTARI**	**COMUNI**	**REGIONI**
Pollino *(il più grande, istituito nel 1990)*	**192.565**	**55**	**Basilicata, Calabria**
Cilento, Vallo di Diano e Alburni	181.048	80	Campania
Gran Sasso e Monti della Laga	148.935	44	Abruzzo, Lazio, Marche
Stelvio	130.728	24	Lombardia, Trentino-Alto Adige
Gargano	121.118	18	Puglia
Majella	74.095	38	Abruzzo
Gennargentu e Golfo Orosei	73.935	18	Sardegna
della Sila	73.695	20	Calabria
Monti Sibillini	71.437	18	Marche, Umbria
Gran Paradiso *(il più antico 1922 con simbolo lo stambecco. Al suo interno ospita la cascata di Lillaz)*	**71.043**	**13**	**Piemonte, Valle d'Aosta**
Appennino Lucano - Val D'Agri - agonegrese	68.996	29	Basilicata
Alta Murgia	68.077	13	Puglia

(segue)

PARCHI NAZIONALI			
DENOMINAZIONE PARCO	**ETTARI**	**COMUNI**	**REGIONI**
Aspromonte	64.545	37	Calabria
Arcipelago Toscano	56.776	11	Toscana
Abruzzo, Molise e Lazio	49.680	25	Abruzzo, Lazio, Molise (in gran parte in provincia di L'Aquila)
Foreste Casentinesi, M. Falterona, Campigna	36.426	12	Emilia-Romagna, Toscana
Dolomiti Bellunesi	31.034	15	Veneto

Sistema aeroportuale

Il sistema aeroportuale italiano è composto da circa una quarantina di scali di cui però solo tre – Roma-Fiumicino, Milano-Linate, Milano-Malpensa – assorbono circa il 50% del traffico passeggeri e l'85% del traffico merci.
L'ENAV S.p.A. è la società che fornisce il servizio del Controllo del Traffico Aereo, nonché gli altri servizi essenziali per la navigazione, nei cieli italiani e negli aeroporti civili nazionali, con sempre crescenti livelli di sicurezza, efficienza e regolarità.

PRINCIPALI AEROPORTI			
CITTÀ/SCALO	**NOME AEROPORTO**	**CITTÀ/SCALO**	**NOME AEROPORTO**
Alghero	Fertilia	Napoli	Capodichino
Ancona	Falconara Marittima	Olbia	Costa Smeralda
Bari	Palese	Palermo	Falcone - Borsellino
Bergamo	Orio al Serio	Pantelleria	Pantelleria
Bologna	Guglielmo Marconi	Perugia	S. Egidio
Brindisi	Papola Casale	Pisa	Galileo Galilei
Cagliari	Elmas	Reggio Calabria	Aerop. dello Stretto
Catania	Fontanarossa	Roma (Fiumicino)	Leonardo da Vinci
Firenze	Amerigo Vespucci	Torino	Caselle
Genova	Cristoforo Colombo	Trapani-Birgi	Livio Bassi
Lamezia Terme	S. Eufemia	Trieste	Ronchi dei Legionari
Lampedusa	Lampedusa	Venezia	Marco Polo
Milano	Malpensa e Linate	Verona	Villafranca Veronese

RETE AUTOSTRADALE		
AUTOSTRADA	**COLLEGAMENTO**	**KM (CIRCA)**
A1	Milano-Napoli *(Autostrada del Sole)*	759
A3	Napoli-Reggio Calabria	495
A4	Torino-Trieste *(A. Serenissima)*	522
A5	Torino-Monte Bianco *(A. della Valle d'Aosta)*	143
A6	Torino-Savona *(A. La Verdemare)*	124

(segue)

RETE AUTOSTRADALE		
AUTOSTRADA	**COLLEGAMENTO**	**KM (CIRCA)**
A7	Milano-Genova *(A. dei Giovi)*	134
A8	Milano-Varese *(A. dei Laghi)*	44
A9	Lainate-Chiasso *(A. dei Laghi)*	31
A10	Ventimiglia-Savona-Genova *(A. dei Fiori)*	159
A11	Firenze-Pisa Nord *(Firenze-Mare)*	82
A12	Genova-Rosignano - Civitavecchia-Roma *(A. Azzurra)*	206+65
A13	Bologna-Padova	117
A14	Bologna-Taranto *(A. Adriatica)*	743
A15	Parma-La Spezia *(A. della Cisa)*	108
A16	Napoli-Canosa *(A. dei due mari)*	173
A18	Messina-Catania - Siracusa-Rosolini	77+40
A19	Palermo-Catania	192
A20	Messina-Palermo	183
A21	Torino-Brescia *(A. dei vini)*	238
A22	Brennero-Modena *(A. del Brennero)*	315
A23	Palmanova-Tarvisio *(A. Alpe Adria)*	120
A24	Roma-Teramo *(A. dei Parchi)*	167
A25	Torano-Chieti-Pescara *(A. dei Parchi)*	115
A26	Voltri-Gravellona Toce *(A. dei Trafori)*	197
A27	Mestre-Belluno *(A. di Alemagna)*	83
A28	Portogruaro-Conegliano	49
A29	Palermo-Mazara del Vallo *(A. del Sale)*	115
A30	Caserta-Salerno	55
A31	Piovene Rocchette-Vicenza *(A. Val D'Astico)*	36
A32	Torino-Bardonecchia *(A. del Frejus)*	73
A33	Asti-Cuneo *(A. delle Langhe)*	42+12
A91	Roma-Fiumicino	19
NSA 339	Catania-Siracusa	25

AUTOSTRADE TANGENZIALI			
A50	Tangenziale Ovest di Milano	(San Giuliano Milanese- Rho)	km 33
A51	Tangenziale Est di Milano	(San Donato Milanese- Usmate)	km 29
A52	Tangenziale Nord di Milano	(Sesto San Giovanni - Paderno Dugnano)	km 13
A54	Tangenziale di Pavia	(Pavia Nord - San Martino Siccomario)	km 8
A55	Tangenziale di Torino	(Falchera - Rivoli - Trofarello)	km 58
A56	Tangenziale di Napoli	(Napoli - Pozzuoli)	km 20
A57	Tangenziale di Mestre	(Dolo - Quarto d'Altino)	km 27

(segue)

AUTOSTRADE TANGENZIALI			
GRA	Grande Raccordo Anulare	(Roma)	km 68
RA 1	Tangenziale di Bologna	(Bologna)	km 22
RA 15	Tangenziale di Catania	(Catania)	km 24

TRAFORI INTERNAZIONALI AUTOSTRADALI			
T1	Traforo del Monte Bianco	Italia (Courmayeur)-Francia (Chamonix)	km 12
T2	Traforo Gran San Bernardo	Italia (Valle d'Aosta)-Svizzera	km 6
T3	Traforo del Frejus	Italia (Bardonecchia) - Francia (Modane)	km 13

STRADE CONSOLARI	
NOME	**COLLEGAMENTO**
Appia	Roma-Brindisi
Flaminia	Roma-Rimini
Emilia	Rimini-Piacenza
Aurelia	Roma-Arles (Francia)
Salaria	Roma-Porto d'Ascoli
Valeria/Claudia Valeria	Roma-Aternum (sull'Adriatico)
Cassia	Roma-Firenze
Clodia o Claudia	Roma-Orbetello-Grosseto

ALTRE STRADE ANTICHE DI MINORE IMPORTANZA
Prenestina
Casilina
Ardeatina
Labicana
Tiburtina
Nomentana
Collatina

Occorre Sapere

PRINCIPALI COLLEGAMENTI TRAMITE AUTOSTRADE E STRADE STATALI (SS)

Partendo da Milano per arrivare a Napoli, percorrendo l'autostrada Al, si devono attraversare l'Emilia Romagna, la Toscana, l'Umbria e il Lazio
Genova e Ventimiglia sono collegate dall'autostrada AIO che, per le zone che attraversa lungo il tragitto, viene chiamata «Autostrada dei Fiori»
Milano e Genova sono collegate dall'autostrada A7
Se percorro la strada statale 456 del Turchino, mi trovo in Liguria
Partendo da Bologna per arrivare a Taranto, percorrendo l'autostrada Al 4, si devono attraversare le Marche, l'Abruzzo e il Molise
Partendo da Genova per arrivare a Roma, percorrendo l'autostrada Al 2 e la SS1 si deve attraversare la Toscana
Partendo da Venezia per arrivare a Bari, percorrendo l'autostrada, si devono attraversare l'Emilia Romagna, le Marche, l'Abruzzo ed il Molise
L'arteria autostradale A3 attraversa la Campania, la Basilicata e la Calabria collegando le città di Napoli e Reggio Calabria
Se percorriamo la Strada Statale 145 Sorrentina siamo in Campania
Il valico stradale alpino del Frejus collega l'Italia con la Francia ed è più lungo d'Italia
Il traforo alpino del Gran San Bernardo si trova in Valle d'Aosta
Le «direttrici nazionali», nel settore dei trasporti, sono i lunghi tratti di autostrade e ferrovie
La SS 18 Tirrena Inferiore va da Napoli a Reggio Calabria
La SS 33 del Sempione va da Milano al confine con la Svizzera (presso Domodossola)
La SS 107 Silana Crotonese va da Paola a Crotone
La SS 113 Settentrionale Sicula va da Messina a Trapani
La SS 121 Catanese va da Catania a Palermo
La SS 205 Amerina va da Narni Scalo ad Orvieto
La SS 172 dei Trulli va da Casamassima a Taranto
La SS 370 Litoranea delle Cinque Terre va da La Spezia a Sestri Levante
La SS 3 Via Flaminia va da Roma a Fano e attraversa, fra l'altro, le Marche
La SS 6 Via Casilina va da Roma a Caianello

La SS 2 Via Cassia va da Roma a Firenze
La SS 4 Via Salaria va da Roma ad Ascoli Piceno
La SS 7 Via Appia va da Roma a Brindisi
La SS 5 Via Tiburtina va da Roma a Pescara
La SR 148 Pontina va da Roma a Terracina
La SR 213 Via Fiacca va da Terracina a Formia
La SS 1 Via Aurelia va da Roma al confine con la Francia (presso Ventimiglia)
La SS 9 Via Emilia va da Rimini a Milano
La SS 50 del Grappa e del Passo Rolle va da Ponte nelle Alpi a Predazzo
La SS 51 di Alemagna va da Conegliano a Dobbiaco
La SS 87 Sannica va da Napoli a Termoli
La SS 125 Orientale Sarda va da Cagliari a Palau
La SS 129 Trasversale Sarda va da Marina di Orosei a Macomer
La SS 131 Carlo Felice va da Cagliari a Porto T orres
La SS 10 Padana Inferiore va da Torino a Monselice
La SS 13 Pontebbana va da Mestre al confine con l'Austria (presso Tarvisio)
La SS 16 Adriatica va da Padova ad Otranto
La SS 38 dello Stelvio va da Colico a Bolzano
La SS 53 Postumia va da Vicenza a Portogruaro
La SS 65 della Futa va da Firenze a Bologna
La SS 67 Tosco Romagnola va da Pisa a Marina di Ravenna
La SS 115 Sud Occidentale Sicula va da Trapani a Siracusa
La SS 11 Padana Superiore va da Torino a Venezia
La SS 35 dei Giovi va da Genova al confine con la Svizzera (presso Chiasso)
La SS 45 di Val Trebbia va da Genova a Piacenza
La SS 79 Ternana va da San Gemini a Rieti
La SS 93 Appulo-Lucana va da Barletta a Potenza
La SS 106 Jonica va da Reggio Calabria a Taranto

ESEMPIO DI ALCUNE DISTANZE IN LINEA D'ARIA TRA CITTÀ
Rieti e Chieti è di circa 100 km
Genova e Aosta è di circa 200 km
Alessandria e Trieste è di circa 400 km
Sondrio e Roma è tra 500 e 650 km
Firenze e Ancona è di 200 km
Bari e Matera è di circa 60 km
Genova e Bologna è di circa 200 km
Palermo e Napoli è di circa 310 km

DATI GENERALI
La superficie territoriale per zone altimetriche della regione Piemonte è suddivisa in montagna 43,3%, collina 30,3%, pianura 26,4%.
La superficie territoriale per zone altimetriche della regione Valle d'Aosta è suddivisa in montagna 100%, collina 0%, pianura 0%.
La superficie territoriale per zone altimetriche della regione Puglia è suddivisa in montagna 1,5%, collina 45,2%, pianura 53,3%.
La superficie territoriale espressa in ettari della zona montuosa della nazione Italia è 10.627.608 ha.
In riferimento alla conformazione fisica delle coste dell'Italia, vi è una netta contrapposizione tra le coste dell'alto Adriatico e le coste peninsulari.
In riferimento alla conformazione fisica dell'isola della Sicilia, l'isola è in prevalenza montuosa e collinare, con l'Etna che domina la piana di Catania e con una serie di catene montuose disposte lungo la costa nordorientale.
Lo sviluppo peninsulare e insulare dell'Italia e delle sue isole si aggira intorno ai 7.375 km.
Le coste vicine alla catena appenninica sono in prevalenza rocciose e/o con brevi strisce sabbiose.
Il litorale peninsulare e insulare maggiore per lunghezza in Italia ha una misura di 1.731,1 km nella regione Sardegna. In corrispondenza di pianure che si aprono verso il litorale le coste sono basse e sabbiose.
L'Emilia Romagna è divisa dalle altre regioni confinanti dal fiume Po, che la separa dalla Lombardia e dal Veneto, e dall'Appennino, che la divide dalla Toscana e dalle Marche.
L'alto Adriatico è caratterizzato da coste basse e lagunari.
L'Italia si trova fra i paralleli 47° e 37°.

AUSTRIA
LIECHTENSTEIN
SVIZZERA
UNGHERIA
FRANCIA
SLOVENIA
CROAZIA
BOSNIA HERZEGOVINA
Alto Adige
Bolzano
Trentino-
TRENTO
Friuli-
Venezia
Giulia
Udine
Belluno
Pordenone
Gorizia
TRIESTE
Sondrio
Lago di Como
Lago Maggiore
Valle d'Aosta
AOSTA
Como
Varese
Lecco
Bergamo
Biella
Novara
Lombardia
Vercelli
MILANO
Brescia
Lago di Garda
Vicenza
Treviso
Veneto
Verona
Padova
VENEZIA
Pavia
Lodi
Cremona
Mantova
Rovigo
TORINO
Asti
Alessandria
Piacenza
Piemonte
Parma
Reggio nell'Em.
Ferrara
Emilia-Romagna
Modena
BOLOGNA
Ravenna
Cuneo
Liguria
GENOVA
Savona
La Spezia
Massa
Forlì
Imperia
SAN MARINO
Pesaro
Lucca
Pistoia
MONACO
MAR LIGURE
Pisa
FIRENZE
Arezzo
ANCONA
Livorno
Toscana
Siena
Marche
Macerata
MARE ADRIATICO
PERUGIA
Umbria
Ascoli Piceno
Grosseto
Teramo
Terni
Viterbo
Lazio
Rieti
L'AQUILA
Pescara
Chieti
Abruzzi
Corsica (Francia)
CITTÀ DEL VATICANO
Roma
Frosinone
Molise
CAMPOBASSO
Isernia
Foggia
Latina
Puglia
BARI
Caserta
Benevento
Avellino
Campania
NAPOLI
Salerno
POTENZA
Matera
Basilicata
Taranto
Brindisi
Lecce
Sassari
Nùoro
Sardegna
Oristano
CAGLIARI
MAR TIRRENO
Calabria
Cosenza
Crotone
CATANZARO
Vibo Valentia
Messina
Reggio di Cal.
PALERMO
Trapani
Sicilia
Caltanissetta
Enna
Catania
Agrigento
Ragusa
Siracusa
MAR IONIO
MAR MEDITERRANEO
ALGERIA
TUNISIA
MALTA
0
100
200
km

2.2 Le regioni d'Italia

L'Italia è suddivisa amministrativamente in 20 regioni di cui 5 a statuto speciale, ovvero con una maggiore autonomia: Friuli-Venezia Giulia, Sardegna, Sicilia, Trentino-Alto Adige e Valle d'Aosta.

PIEMONTE (STATUTO ORDINARIO)					
SUPERFICIE	kmq 25.873	ABITANTI	4.341.375	DENSITÀ AB/KMQ	167
CONFINI	Francia (O), Svizzera (N), Valle d'Aosta (NO), Lombardia (E), Liguria (S), Emilia Romagna (SE)				
PROVINCE (8)	**Torino**, Alessandria (importante piazzaforte militare sulle rive del Tanaro), Asti, Cuneo, Novara, Vercelli (sul fiume Sesia, che scorre sulla valle alpina omonima), Biella, Verbania (ove si trova la *cascata del Toce*). **Altre città**: Ivrea, Domodossola, Alba (famoso centro vinicolo e mercato del tartufo, in provincia di Cuneo), Novi Ligure				
FIUMI	Po, Pellice, Dora Riparia, Orco, Sesia, Stura di Lanzo, Dora Baltea, Tanaro, Bormida e Scrivia, Belbo, Ticino				
RILIEVI	Monte Rosa (m 4634), Gran Paradiso (m 4061), Monviso (m 3841), Argentera (m 3297)				
LAGHI	Viverone (kmq 5,7), Candia (kmq 1,7), Orta o Cusio (kmq 18) che ha per immissario il torrente Nigoglia, Avigliana (kmq 0,8), Mergozzo (kmq 1,85) Maggiore o Verbano (kmq 212) situato tra il Piemonte, la Lombardia e la Svizzera; quest'ultimo ha per immissari i fiumi Ticino, Toce e Tresa e per emissario il Ticino.				
NOTE	Importante la produzione di riso (Novara, Vercelli, Alessandria, Novara) e di cappelli (Borsalino), oltre a essere rinomata per i vini (Barolo, Nebbiolo, Barbera, Moscato d'Asti) e spumanti. Il settore industriale trainante è quello meccanico, con l'industria automobilistica e tutte le attività a essa collegate. In provincia di Torino si trovano il colle Superga, il valico alpino del Sestriere e l'attrazione importante del castello Rivoli				

LOMBARDIA (STATUTO ORDINARIO)					
SUPERFICIE	kmq 23.863	ABITANTI	10.103.969	DENSITÀ AB/KMQ	423
CONFINI	Piemonte (O), Svizzera (N), Trentino Alto Adige e Veneto (E), Emilia (S)				
PROVINCE (12)	**Milano**, Bergamo, Brescia («Leonessa d'Italia» per resistenza contro gli austriaci nelle «dieci giornate», ai piedi delle Prealpi), Como (con la *Grotta dell'Orso*), Cremona, Mantova (con centri monumentali medievali e rinascimentali dei Gonzaga), Pavia (sul Ticino), Sondrio, Varese, Lecco, Lodi, Monza-Brianza. **Altre città**: Rho, Tirano, Seregno, Crema, Vigevano				
FIUMI	Ticino, Adda (suo affluente Brembo), Oglio, Mincio, Olona, Agogna, Chiese, Lambro, Serio				
RILIEVI	Pizzo Zupò (Bernina - m 3996), M. Cevedale (m 3764), Adamello (m 3539). Alpi Orobie				
ISOLE PRINCIPALI	Monte Isola (Lago d'Iseo) 4,3 kmq				
LAGHI	Lugano o Ceresio (kmq 50,5) tra Italia e Svizzera; Como o Lario (kmq 146 - caratteristica forma a "Y" rovesciata, tra Como e Lecco), ha per immissario ed emissario l'Adda; Iseo o Sebino (kmq 65), ha per immissario ed emissario il fiume Oglio; Idro; Garda o Benaco (kmq 370); Maggiore o Verbano (kmq 212) ha per immissario il Sarca e per emissario il Mincio, Varese (kmq 15), Idro (kmq10,9), Mezzola (kmq 5,9), lago di Pusiano (provincia di Lecco)				

(segue)

LOMBARDIA (STATUTO ORDINARIO)	
NOTE	Si trova in Lombardia l'enclave "Campione d'Italia". Colture principali sono quelle di cereali, frutta, ortaggi, uva da vino e foraggi. L'allevamento è concentrato su bovini e suini, con tutti i prodotti derivati (latte, burro, formaggi, carne). È al primo posto in Italia per la produzione di *granturco*, così come per il *grano* e il *riso* unitamente al Piemonte. La Lombardia detiene il primato per il numero di capi nell'allevamento dei *bovini*. In provincia di Bergamo il *villaggio industriale di Crespi d'Adda* (la famiglia Crespi è famosa per aver concesso alloggi ai dipendenti dell'opificio). Il simbolo della Lombardia è la *Rosa Camuna*

VENETO (STATUTO ORDINARIO)					
SUPERFICIE	kmq 18.390	**ABITANTI**	4.907.704	**DENSITÀ AB/KMQ**	268
CONFINI	Lombardia (O), Trentino Alto Adige (NO), Austria (N), Friuli Venezia Giulia e Mare Adriatico (E), Emilia Romagna e Lombardia (SO)				
PROVINCE (7)	**Venezia** (ospita la *Biennale* d'arte e il Palazzo Ducale detto Palazzo Dogale), Belluno (ospita la foresta del Cansiglio in Alpago), Padova, Rovigo, Treviso (al centro dell'antica Marca Trevigiana, non è bagnata da mari), Verona, Vicenza. **Altre città**: Mestre, Cortina d'Ampezzo (BL) nelle Dolomiti, Jesolo, Chioggia, Bassano del Grappa, Abano Terme, Oderzo				
FIUMI	Po (il cui delta è interamente nella provincia di Rovigo, bagnata dal Mar Adriatico), Adige, Brenta, Piave (suo affluente il Terche; Grave di Papadopoli è una sua isola fluviale), Livenza, Bacchiglione				
RILIEVI	Marmolada (m 3.342), Antelao (m 3.264), Le Tofane (m 3.243), Monti Lessini, Colli Euganei (PD), Colli Berici				
ISOLE PRINCIPALI	Giudecca; Isole della Laguna di Venezia: Torcello, Murano, Burano, La Certosa				
LAGHI	Garda, Allegre, Santa Croce, Auronzo, Misurina				
NOTE	Il Veneto occupa con la Lombardia il primo posto in Italia per la produzione di granturco. Sono rinomati i suoi vini (Conegliano, Valpolicella, Bardolino), le industrie artigianali come i vetri di Murano. Famoso è il marmo rosa di Verona				

TRENTINO ALTO ADIGE (STATUTO SPECIALE)					
SUPERFICIE	kmq 13.607	**ABITANTI**	1.074.819	**DENSITÀ AB/KMQ**	78
CONFINI	Lombardia e Svizzera (O), Austria (N), Veneto (E – S)				
PROVINCE (2)	**Trento** (città preromana, poi romana nel 222 a.C, nel 49 a.C. ha avuto diritto di cittinanza) e Bolzano. **Altre città**: Moena sulla Marmolada, Dobbiaco, Bressanone, Rovereto, Brunico				
FIUMI	Adige con i suoi affluenti Isarco, Avisio, Rienza, Noce, Chiese, Brenta, Sarca, Plima				
RILIEVI	Ortles (m 3.899), Monte Cevedale (m 3.764), Palla Bianca (m 3.738), Marmolada (nelle Dolomiti - m 3.342, con il ghiacciaio di rilievo delle Alpi orientali), Pale di San Martino (Dolomiti). Le Tre Cime di Lavaredo sono in comune fra le province di Belluno e Bolzano. Passo del Tonale, m 1.883 slm, mette in comunicazione il Trentino Alto Adige con la Lombardia				
LAGHI	Ledro, Carezza, Resia, Tovel (fino al 1964 diventava rosso per la presenza di un'alga), Fortezza e Dobbiaco				

(segue)

TRENTINO ALTO ADIGE (STATUTO SPECIALE)	
NOTE	È la regione più boscosa d'Italia. Nelle conche di Merano e di Bolzano vi è una buona produzione di mele, pere e prugne. Presso Cardano vi è un importante impianto idroelettrico. Nel Trentino la popolazione si divide in tre gruppi linguistici: italiani, tedeschi e ladini

FRIULI VENEZIA GIULIA (STATUTO SPECIALE)					
SUPERFICIE	kmq 7.858	Abitanti	1.211.357	DENSITÀ AB/KMQ	154
CONFINI	Austria (N), Veneto - fiume Livenza - (O), Slovenia (E), Mare Adriatico (S)				
PROVINCE (4)	**Trieste** (ha minore estensione territoriale e minor numero di comuni), Gorizia, Udine, Pordenone. **Altre città**: Monfalcone, Grado (bagnata dal mar Adriatico), Redipuglia				
FIUMI	Tagliamento, Livenza, Isonzo, Timavo (sfocia nel golfo di Trieste con un corso di 40 km sotterraneo)				
RILIEVI	Monte Coglians (m 2.780), Jof di Montasio (m 2.753), Monte Zoncolan (famoso per gare di sci e ciclismo)				
LAGHI	Cavazzo, Predil, Doberdò, Pietrarossa, Fusine, Sauris (UD) ai piedi di un colle				
NOTE	I prodotti più importanti sono: cereali, alberi da frutta, uva da vino e coltivazioni a scopo industriale (barbabietole da zucchero, tabacco e gelso). L'allevamento è incentrato soprattutto su bovini e suini. Famosi i prosciutti di San Daniele. Il fenomeno Carsico è tipico del Friuli				

VALLE D'AOSTA (STATUTO SPECIALE)					
SUPERFICIE	kmq 3.263	ABITANTI	125.501	DENSITÀ AB/KMQ	38
CONFINI	Francia (O), Francia e Svizzera (N), Piemonte (E-S)				
PROVINCE (1)	**Aosta** (sul fiume Dora Baltea). **Altre città**: Courmayeur (sul Monte Bianco), Cervinia, Sant Vincent				
FIUMI	Dora Baltea, scorre lungo la val Veny, ai piedi del Monte Bianco				
RILIEVI	Monte Bianco (m 4.810), Monte Rosa (m 4.634), Cervino (Matterhorn, nome tedesco, m 4.478), Gran Paradiso (m 4.061)				
NOTE	Importante il Traforo del Monte Bianco (11,6 km: 7.640 m in territorio francese contro i 3.960 m in territorio italiano)				

LIGURIA (STATUTO ORDINARIO)					
SUPERFICIE	kmq 5.421	ABITANTI	1.543.127	DENSITÀ AB/KMQ	284
CONFINI	Francia (O); Piemonte (N/O); Emilia (N/E); Toscana (E); Mar Ligure (S)				
PROVINCE (4)	**Genova**, Imperia, La Spezia (importante porto militare) e Savona. **Altre città**: Alassio, Rapallo, San Remo, Varazze (si affaccia sul golfo di Genova), Sarzana, Ventimiglia, Recco				
FIUMI	Roia, Vara, Lavagna, Magra, Trebbia, Tanaro, Bormida, Scrivia				
RILIEVI	Monte Saccarello (m 2.200), Monte Cimone (m 1.832), Monte Maggiorasca (m 1.799), Monte Penna (m 1.735), colle di Cadibona (divide le Alpi dagli Appennini e si trova in provincia di Savona)				

(segue)

	LIGURIA (STATUTO ORDINARIO)
ISOLE PRINCIPALI	Palmaria, Tino e Tinetto
LAGHI	Giacopane, Brugneto
NOTE	Rilevante la produzione e lo smercio dei fiori e delle primizie orticole. Il *commercio* è la principale risorsa della Liguria; Genova è il principale porto italiano. Importanti sono le industrie siderurgiche e cantieristiche

	EMILIA ROMAGNA (STATUTO ORDINARIO)				
SUPERFICIE	kmq 22.446	**ABITANTI**	4.467.118	**DENSITÀ AB/KMQ**	199
CONFINI	Liguria e Piemonte (O), Lombardia (O-N), Veneto (N), Toscana, Repubblica di San Marino e Marche (S), Mare Adriatico (E)				
PROVINCE (9)	**Bologna** (città d'origine etrusca, ricca di monumenti di grande valore artistico: il Duomo, la Torre degli Asinelli e della Garisenda (ribattezzata torre mozza), il Palazzo dei Priori, Palazzo Re Enzo; è sede della principale università per stranieri e della più antica università d'Europa), Ferrara (non toccata dalla via Emilia), Forlì-Cesena, Modena, Parma, Piacenza, Ravenna (comune più popoloso), Reggio Emilia, Rimini (dal '92 capoluogo di provincia e importante stazione balneare). **Altre città**: Fidenza (MO), Imola (BO), Maranello (MO), Cento, Lugo, Sassuolo, Carpi, Salsomaggiore (PR)				
FIUMI	Trebbia, Taro, Enza, Secchia, Panaro, Reno, Rubicone, Lamone, Marecchia				
RILIEVI	Monte Cimone (m 2.165), Monte Titano (Appennini tosco-romagnolo), Monte Cusna (m 2.120)				
LAGHI	Comacchio				
NOTE	È la prima regione per quantità e valore della produzione agricola, i prodotti di punta sono cereali, patate ed ortaggi, frutta (ciliegie), uva da vino e barbabietole da zucchero. A Ferrara vi sono i zuccherifici tra i più produttivi a livello nazionale; famosi i vini Lambrusco e Sangiovese; ottimo l'allevamento di bovini (Parmigiano-Reggiano) e dei suini (prosciutto di Parma). Famosa la pesca delle anguille nelle valli di Comacchio				

	TOSCANA (STATUTO ORDINARIO)				
SUPERFICIE	kmq 22.993	**ABITANTI**	3.722.729	**DENSITÀ AB/KMQ**	161
CONFINI	Mar Tirreno e Ligure (O), Emilia (N), Marche e Umbria (E), Lazio (S)				
PROVINCE (10)	**Firenze** (vi si trova Ponte Vecchio), Arezzo, Grosseto, Livorno, Lucca (bagnata dal mar Ligure), Massa Carrara, Pisa (centro storico con piazza dei Miracoli), Pistoia, Siena, Prato (industria tessile). **Altre città**: Empoli, Piombino, Montepulciano (rinomata per la produzione di vini), Fiesole, Larderello (presenza di soffioni boraciferi), Viareggio (bagnata dal mar Ligure), Piombino, Abetone (località sciistica), Volterra, Cortona, Pietrasanta				
FIUMI	Arno e i suoi affluenti Bisenzio e Sieve, Cecina, Ombrone				
RILIEVI	Monte Pisanino (m 1946), Alpi Apuane, Argentario, Amiata, Colline Metallifere, Punta Ala, Monte Sella (Alpi Apuane)				
ISOLE PRINCIPALI	Elba, Giglio, Capraia, Pianosa, Montecristo, Gallinara				

(segue)

TOSCANA	(STATUTO ORDINARIO)
LAGHI	Orbetello (kmq 26,2), Massaciuccoli (kmq 6,9), Chiusi (kmq 3,9), Montepulciano (kmq 1,9)
NOTE	È al primo posto nella produzione mineraria nazionale; molto pregiati in tutto il mondo sono i marmi bianchi di Carrara; famosi i vini del Chianti (colline del Chianti - SI) e del Montepulciano. Culturalmente si devono ricordare Palazzo Strozzi, Palazzo vecchio e il Giardino dei Boboli (Firenze)

MARCHE				(STATUTO ORDINARIO)	
SUPERFICIE	kmq 9.366	ABITANTI	1.518.400	DENSITÀ AB/KMQ	162
CONFINI	Romagna e Repubblica di San Marino (N), Mare Adriatico (E), Toscana e Umbria (O), Abruzzo e Lazio (S)				
PROVINCE (5)	**Ancona** (bagnata dal mar Adriatico), Ascoli Piceno, Macerata (bagnata dal mar Adriatico), Pesaro-Urbino, Fermo. **Altre città**: Senigallia (bagnata dal mar Adriatico), San Benedetto del Tronto (AP), Recanati (famosa stazione balneare), Fano				
FIUMI	Foglia, Tronto, Chienti, Metauro, Esino, Potenza				
RILIEVI	Monte Vettore (m 2.476), Monte Priora (m 2.332), Monte Conero, Monti Sibillini				
NOTE	Attraversata dalla via Flaminia. È importante l'industria pellettiera, delle poltrone e della carta (a Fabriano). Molto sviluppata la pesca: terza marineria italiana per cattura nella pesca. Famose le grotte di Frasassi				

UMBRIA				(STATUTO ORDINARIO)	
SUPERFICIE	kmq 8.456	ABITANTI	880.285	DENSITÀ AB/KMQ	104
CONFINI	Toscana (O -N), Marche (E), Lazio (S)				
PROVINCE (2)	**Perugia**, Terni. **Altre città**: Città di Castello, Gubbio, Foligno, Todi, Orvieto (conosciuta per il suo Duomo), Spoleto (il Festival dei Due Mondi dal 1958 - provincia di Perugia)				
FIUMI	Tevere e i suoi affluenti: Nestore, Chiascio, Nera; Velino				
RILIEVI	Monte Vettore (m 2.448), Monti Sibillini (da cui si estende la Valnerina), Monte Subasio				
ISOLE PRINCIPALI	Isola Polvese, Isola Maggiore (nel lago Trasimeno)				
LAGHI	Trasimeno, Piediluco (rinomato per le gare di canottaggio, in prov. di Terni), Corbara				
NOTE	L'Umbria è una regione che non si affaccia sul mare. Da ricordare le *cascate delle Marmore* (150 m) formate dal Tevere con le acque del Nera e del Velino. Importante l'industria del cioccolato (Perugina) e delle ceramiche. Di spicco le tecniche di produzione dei suini (Norcia)				

ABRUZZO				(STATUTO ORDINARIO)	
SUPERFICIE	kmq 10.763	ABITANTI	1.305.770	DENSITÀ AB/KMQ	121
CONFINI	Lazio (O), Marche (N), Mare Adriatico (E), Lazio e Molise (S)				
PROVINCE (4)	**L'Aquila**, Chieti, Pescara, Teramo. **Altre citta**: Vasto, Giulianova (famoso centro balneare)				

(segue)

ABRUZZO (STATUTO ORDINARIO)	
FIUMI	Vomano, Tronto, Liri, Aterno, Pescara, Sangro
RILIEVI	Gran Sasso d'Italia (m 2914, comprende Pizzo Intemesoli 2.635 m), La Maiella (m 2.795), Monti della Meta (Abruzzo, Lazio, Molise)
LAGHI	Scanno, Campotosto
NOTE	A San Salvo vi è la maggiore vetreria d'Europa. Importanti produzioni sono: confetti (Sulmona), pizzi e merletti, patate (piana del Fucino), mortadella (Campotosto)

LAZIO (STATUTO ORDINARIO)					
SUPERFICIE	kmq 17.236	**ABITANTI**	5.865.544	**DENSITÀ AB/KMQ**	340
CONFINI	Mar Tirreno (O), Toscana (N), Marche (NE), Umbria, Abruzzo e Molise (E), Campania (S)				
PROVINCE (5)	**Roma**, Frosinone, Rieti (sul fiume Velino e ai piedi del Monte Terminillo), Latina (anticamente Littoria, al centro dell'Agro Pontino), Viterbo (non è bagnata dal mare). **Altre città**: Anzio, Formia, Frascati, Civitavecchia, Cassino, Montalto di Castro (VT) è stata sede di una centrale nucleare, Tarquinia (Corneto, nome medievale)				
FIUMI	Tevere, Aniene, Liri-Garigliano, Velino, Sacco, Mignone che segna il confine fra le province di Roma e Viterbo				
RILIEVI	Volsini, Cimini (VT), Sabatini; Reatini (Monte Terminillo (m 2.213); Simbruini, Sabini, Ernici, Aurunci, Monte Gorzano (montagna più alta del Lazio)				
ISOLE PRINCIPALI	Ponza, Palmarola, Ventotene, Zannone, S.Stefano, Gavi				
LAGHI	Bolsena (circondato dai Monti Volsini), Vico, Bracciano, Albano, Nemi, Martignano (vulcanico), Posta Fibreno (FR)				
NOTE	*Il commercio* è attivissimo, essendo Roma il centro di tutte le strade ordinarie e ferroviarie. Per lo svolgimento del traffico aereo e marittimo ricordiamo l'*aeroporto di Fiumicino (Leonardo Da Vinci)* e il *porto di Civitavecchia*. La città di Roma sorge su sette colli: *Palatino*, *Aventino*, *Campidoglio*, *Quirinale*, *Viminale*, *Celio*, *Esquilino*				

CAMPANIA (STATUTO ORDINARIO)					
SUPERFICIE	kmq 13.590	**ABITANTI**	5.785.861	**DENSITÀ AB/KMQ**	425
CONFINI	Mar Tirreno (O), Molise (N), Lazio (NO), Puglia e Basilicata (E), Basilicata e Mar Tirreno (S)				
PROVINCE (5)	**Napoli**, Avellino (fondata dagli Irpini, non è bagnata dal mare), Benevento (non si affaccia sul mare), Caserta (si trova in pianura), Salerno. **Altre città**: Eboli (SA), Battipaglia (SA), Amalfi (sul golfo di Salerno), Paestum (SA), Ercolano (NA), Pompei (NA), Afragola, Portici, Nocera Inferiore (SA), Acerra, Ogliastro Cilento, Nola				
FIUMI	Volturno, Sarno, Sele e Garigliano che segna il confine con il Lazio				
RILIEVI	Monte Miletto (m 2.050), Monte Matese, Monte Taburno, Monte Cervialto, Monti Lattari (nella penisola sorrentina), Monte Vesuvio (m 1.281)				
LAGHI	Matese, Patria, Averno (vulcanico), Conza, Falciano				
ISOLE PRINCIPALI	Ischia, Capri, Procida, Nisida				

(segue)

CAMPANIA (STATUTO ORDINARIO)	
NOTE	Molto intenso il *commercio* marittimo, specialmente a Napoli. Importante la produzione di *mozzarelle di bufala* nella piana di Paestum; la Campania è al 1° posto nazionale per la produzione di patate; di rilievo la lavorazione del corallo a Torre del Greco

MOLISE (STATUTO ORDINARIO)					
SUPERFICIE	kmq 4.438	ABITANTI	302.265	DENSITÀ AB/KMQ	68
Confini	Lazio (O), Abruzzo (N), Adriatico (E), Campania (S) e Puglia (SE)				
Province (2)	**Campobasso** (con minoranza linguistica, unica in Italia, di lingua croata), Isernia (tutte città non bagnate dal mare). **Altre città**: Termoli				
Fiumi	Trigno, Biferno, Fortore				
Rilievi	Monte Miletto (m 2.050), Massiccio del Matese, Catena delle Mainarde, Bocca di Forlì è un valico appenninico tra Molise e Abruzzo				
Note	La pesca è piuttosto consistente e fa capo principalmente a *Termoli*, porto peschereccio e scalo delle motonavi per le isole Tremiti. Agnone è un noto centro per la costruzione delle campane fin dall'anno 1000				

BASILICATA (STATUTO ORDINARIO)					
SUPERFICIE	kmq 9.995	ABITANTI	556.934	DENSITÀ AB/KMQ	55
CONFINI	Campania (O-NO), Mar Tirreno (SO), Puglia (N-NE), Mar Jonio (SE), Calabria (S)				
PROVINCE (2)	**Potenza** (la sua provincia si affaccia sul mar Tirreno) Matera (le cui abitazioni storiche sono chiamate "sassi"; la sua provincia si affaccia sul mar Ionio). **Altre città**: Melfi, Maratea				
FIUMI	Bradano, Basento, Agri, Sinni				
RILIEVI	Monte Pollino (m 2.267), Monte Sirino (m 2.005), Piccole Dolomiti Lucane				
LAGHI	Monticchio, San Giuliano, Pietra del Pertusillo				
NOTE	L'industria è in crescita, grazie soprattutto ai giacimenti di gas naturale e di petrolio (val d'Agri). La Basilicata estrae il 70% del petrolio italiano. Ospita una minoranza linguistica albanese				

PUGLIA (STATUTO ORDINARIO)					
SUPERFICIE	kmq 19.358	ABITANTI	4.008.296	DENSITÀ AB/KMQ	207
CONFINI	Molise (O-NO, Campania (O), Lucania (O–SO), Mar Adriatico (N–NE), Mar Jonio (S)				
PROVINCE (6)	**Bari**, Brindisi, Foggia, Lecce (di stile architettonico barocco), Taranto, Barletta-Andria-Trani (BAT, bagnata dal mar Adriatico). **Altre città**: Castellaneta; Castellana (nota per le grotte di origine carsica), Manfredonia, Canosa, Vieste, Ostuni, Fasano, Altamura, Galatina				
FIUMI	Ofanto, Fortore, Candelaro, Cervaro, Carapelle				
RILIEVI	Monte Cornacchia (m 1.152), Monte Calvo (1.055 m), Antiappennino apulo-garganico, Altopiano delle Murge				
LAGHI	Varano, Lesina, Alimini				
ISOLE PRINCIPALI	Arcipelago delle Tremiti (Capraia, S. Nicola, S. Domino, Pianosa, Pelagosa) Arcipelago delle Cheradi, S. Pietro, S. Paolo				

(segue)

PUGLIA (STATUTO ORDINARIO)	
NOTE	È al primo posto per la produzione di ortaggi (fornisce oltre il 10% della produzione agricola nazionale) e detiene in ambito orticolo numerosi primati (pomodori, insalata, finocchi, peperoni, cavolfiori, sedano), così come per la vite e l'olivo. È al primo posto (50%) nella produzione nazionale di olio. È la regione meno montuosa d'Italia. Bari è sede della più importante rassegna merceologica del Mezzogiorno, la Fiera del Levante

CALABRIA (STATUTO ORDINARIO)					
SUPERFICIE	kmq 15.081	**ABITANTI**	1.924.701	**DENSITÀ AB/KMQ**	127
CONFINI	Mar Tirreno (O), stretto di Messina (SO), Mar Jonio (S -SE), Basilicata (N)				
PROVINCE (5)	**Catanzaro**, Cosenza, Reggio Calabria, Vibo Valentia, Crotone (fondazione greca e centro più importante della Magna Grecia). **Altre città**: Locri, Paola, Rossano, Castrovillari, Gioia Tauro, Lamezia Terme, Rosarno				
FIUMI	Crati, Neto, Amato				
RILIEVI	Monte Pollino (m 2.248), Sila, Aspromonte, Monte Sella, Dolcedorme (m 2.267)				
LAGHI	Cecita, Arvo, Ampollino, Angitola				
NOTE	Importante la cattura del pesce spada. Gioia Tauro è uno dei porti italiani con maggior traffico di merci. La punta orientale protesa nel mar Ionio prende il nome di Capo Colonna. Lingue parlate sono italiano, greco, albanese e occitano				

SICILIA (STATUTO SPECIALE)					
SUPERFICIE	kmq 25.711	**ABITANTI**	4.968.410	**DENSITÀ AB/KMQ**	193
CONFINI	Mar Tirreno (N), Canale di Sicilia (S -SO), Mar Jonio (E)				
PROVINCE (9)	**Palermo** (bagnata dal mar Tirreno, sorge ai margini della pianura costiera detta Conca d'Oro), Agrigento, Caltanissetta, Catania, Enna (provincia più elevata d'Italia), Messina, Ragusa, Siracusa, Trapani. **Altre città**: Taormina (bagnata dal mar di Sicilia), Mazara del Vallo (TP), Cefalù (PA), Caltagirone, Gela, Comiso, Augusta (porto petrolifero), Marsala (TP)				
FIUMI	Simeto, Alcantara, Belice, Platani, Ciane, in provincia di Siracusa, noto per la presenza spontanea di papiri				
RILIEVI	Etna (m 3.323), Gruppo dei Peloritani, Nebrodi e Madonie (Pizzo Carbonara (m 1.979)				
LAGHI	Pergusa (EN), Arancio				
ISOLE PRINCIPALI	Pantelleria, Lampedusa, Lipari, Salina, Vulcano, Favignana, Ciclopi, dei Conigli (Pelagie), Formica (Egadi)				
NOTE	È la regione più estesa. Al primo posto in Italia per la pesca (Mazara del Vallo è un importante scalo per la pesca nell'intero Mediterraneo) e la produzione di agrumi. L'industria estrattiva si è arricchita con la scoperta di alcuni giacimenti di idrocarburi (metano e petrolio)				

SARDEGNA (STATUTO SPECIALE)					
SUPERFICIE	kmq 24.090	ABITANTI	1.630.474	DENSITÀ AB/KMQ	67
CONFINI	Bocche di Bonifacio (N), Mar Mediterraneo (O-S), Mar Tirreno (E)				
PROVINCE (8)	**Cagliari**, Carbonia-Iglesias, Ogliastra, Olbia-Tempio, Medio Campidano, Nuoro, Oristano, Sassari. **Altre città**: Stintino (sul golfo dell'Asinara), Alghero (si parla il dialetto catalano), Lanusei, Palau, Santa Teresa di Gallura, Tempio Pausania				
FIUMI	Tirso, Flumendosa (nasce dal Gennargentu), Coghinas, Mannu				
RILIEVI	Punta La Marmora - Catena del Gennargentu (m 1834); Monte Limbara (m 1.362), Monte Arci (m 812), Monte Ortobene				
LAGHI	Omodeo, Coghinas (artificiale)				
ISOLE PRINCIPALI	Sant'Antioco, La Maddalena, San Pietro, Asinara, Caprera				
NOTE	È la regione più ricca di minerali; si ricavano: zinco, ferro, piombo, rame, manganese, lignite e carbone (catena Iglesiente). I prodotti di punta sono il sughero e il sale; la pescosità dei mari non è sfruttata adeguatamente				

ECONOMIA

In riferimento alle coltivazioni legnose in Italia (anno 2015) la coltivazione che ha più importanza dal punto divista della produzione in tonnellate è l'uva.
Nelle regioni meridionali si produce in maggiori quantità l'uva da tavola.
In riferimento alle coltivazioni ortive in Italia (anno 2015) la coltivazione che ha più importanza dal punto divista della produzione in tonnellate è quella dei pomodori.
In riferimento alla coltivazione dei cereali in Italia (anno 2015) la coltivazione che ha più importanza dal punto di vista della produzione in tonnellate è il frumento.
Il tipo di allevamento di bestiame più importante come numero di capi (anno 2015):
nella regione Sardegna è quello ovino;
nella regione Piemonte è quello suino.
La zootecnia ha il suo punto particolare di forza nella Pianura Padana.
La città di Foligno è nota per il settore tipografico e della carta.
L'Italia è una nazione dove il turismo rappresenta da sempre uno dei settori più importanti dell'economia. Il maggior numero di arrivi di turisti italiani (anno 2014) nei complessi ricettivi si è avuto in Lombardia ed Emilia-Romagna, mentre il maggior numero di presenze di turisti stranieri (anno 2014) nei complessi ricettivi si è avuto in Veneto.
Nel settore tessile e dell'abbigliamento l'Italia è ai primi posti nel mondo.
Tra le colture industriali in Italia si impone la barbabietola da zucchero, coltivata principalmente nella Pianura Padana (basso Piemonte, Emilia-Romagna, Polesine).
L'olivicoltura italiana occupa oltre un milione di ettari. Per quantità di prodotto primeggiano Puglia e Calabria, ma anche Liguria e Toscana offrono oli molto pregiati.
Le città di Fabriano e Castelfidardo si ricordano la prima per l'industria della carta e la seconda per la produzione di fisarmoniche.

OCCORRE SAPERE

Gli abitanti di Abano (PD) sono aponensi
Gli abitanti di Albenga (SV) sono albenganesi
Gli abitanti di Alessandria (AL) sono alessandrini
Gli abitanti di Anzio (RM) sono anziati
Gli abitanti di Asti (AT) sono astigiani
Gli abitanti di Barletta (BT) sono barlettani
Gli abitanti di Bra (CN) sono braidesi
Gli abitanti di Bressanone (BZ) sono bressanonesi
Gli abitanti di Busto Arsizio (VA) sono bustocchi
Gli abitanti di Caltanissetta (CL) sono nisseni
Gli abitanti di Camerino (MC) sono camerti
Gli abitanti di Campobasso (CB) sono campobassani

Gli abitanti di Carbonia (CI) sono carboniensi
Gli abitanti di Chievo (VR) sono clivensi
Gli abitanti di Città di Castello (PG) sono tifernati
Gli abitanti di Civitavecchia (RM) sono civitavecchiesi
Gli abitanti di Domodossola (VB) sono domesi
Gli abitanti di Fermo (FM) sono fermani
Gli abitanti di Gubbio (PG) sono eugubini
Gli abitanti di Iglesias (CI) sono iglesienti
Gli abitanti di Imperia (IM) sono imperiesi
Gli abitanti di Isernia (IS) sono isernini
Gli abitanti di Ivrea (TO) sono eporediesi
Gli abitanti di La Spezia (SP) sono spezzini
Gli abitanti di Laives (BZ) sono laivesotti
Gli abitanti di Mondovì (CN) sono monregalesi
Gli abitanti di Oristano (OR) sono oristanesi
Gli abitanti di Pantelleria (TP) sono panteschi
Gli abitanti di Pavia (PV) sono pavesi
Gli abitanti di Poggibonsi (SI) sono poggibonsesi
Gli abitanti di Rho (MI) sono rhodensi
Gli abitanti di Rovigo (RO) sono rodigini
Gli abitanti di Salò (BS) sono salodiani
Gli abitanti di Sesto (BZ) sono sestesi
Gli abitanti di Susa (TO) sono segusini
Gli abitanti di Tempio Pausania (OT) sono tempiesi
Gli abitanti di Tivoli (RM) sono tiburtini
Gli abitanti di Todi (PG) sono tuderti
Gli abitanti di Urbino (PS) sono urbinati
Gli abitanti di Velletri (RM) sono veliterni
Gli orobici sono gli abitanti di Bergamo
Un Abbiatense viene da Abbiategrasso (MI)
Un Acese viene da Acireale (CT)
Un Alladiese viene da Agliè (TO)
Un Aponense viene da Abano Terme (PD)
Un Apuano viene da Massa (MS)
Un Aretino viene da Arezzo (AR)
Un Argentarino viene da Monte Argentario (GR)
Un Arilicense viene da Peschiera del Garda (VR)
Un Bonizzese viene da Poggibonsi (SI)
Un Braidese viene da Bra (CN)
Un Calatino viene da Caltagirone (CT)
Un Calese viene da Calvi Risorta (CE)
Un Civitarese viene da Civitavecchia (RM)
Un Civitese viene da Cittaducale (RI)
Un Clodiense viene da Chioggia (VE)
Un Dalignese viene da Ponte di Legno (BS)
Un Domese viene da Domodossola (VB)
Un Eporediése viene da Ivrea (TO)
Un Eretìno viene da Monterotondo (RM)
Un Ferrarese viene da Ferrara (FE)
Un Forsempronese viene da Fossombrone (PU)
Un Graisano viene da Grado (GO)
Un Idruntino viene da Otranto (LE)
Un Ilcinese viene da Montalcino (SI)
Un Ingàuno viene da Albenga (SV)
Un Iriense viene da Voghera (PV)
Un Labronico viene da Livorno (LI)
Un Laudense viene da Lodi (LO)
Un Lauretano viene da Loreto (AN)
Un Leoniceno viene da Lonigo (VI)
Un Napitino viene da Pizzo (VV)
Un Opitergino viene da Oderzo (TV)
Un Oplontino viene da Torre Annunziata (NA)
Un Orceano viene da Orzivecchi (BS)
Un Ortigiano viene da Siracusa (SR)
Un Pantesco viene da Pantelleria (TP)
Un Poliziano viene da Montepulciano (SI)
Un Resinese viene da Ercolano (NA)
Un Salese viene da Castelnuovo Nigra (TO)
Un Salinaro viene da Margherita di Savoia (FG)
Un Sipontino viene da Manfredonia (FG)
Un Teatino viene da Chieti (CH)
Un Tifernato viene da Città di Castello (PG)

Registrandosi sul nostro sito, secondo le modalità indicate a pag. I, è possibile consultare dati delle regioni italiane

Capitolo 3
L'Europa

3.1 Europa fisica e politica

L'**Europa** fa parte del super continente Eurasia, in cui l'Asia occupa la parte orientale. È, dopo l'Oceania, il più piccolo continente della Terra, infatti con i suoi circa 10.000.000 Kmq, occupa solo il 7% delle terre emerse e si trova interamente nell'emisfero boreale.

PRINCIPALI DATI DELL'EUROPA*		
DATO		**NOTE**
Superficie	10.149.253 kmq	= = =
Lunghezza coste	Oltre 100.000 km	= = =
Popolazione	744.250.000 ab. ca	Stime 2013
Densità abitativa	73 ab./Kmq ca	Detiene il primato mondiale maggior densità: Paesi Bassi 400 ab/kmq ca minore densità: Islanda 3 ab/kmq ca
Agglomerato Urbano più grande	Mosca	13.500.000 ab. ca (segue Parigi 12.089.000 ab. ca)
Religione	Cristiana	(cattolica-protestante-ortodossa) la più diffusa, seguono: musulmani, ebrei, ecc.
Monte più alto	M. Bianco*	4.810 m (Alpi)
Vulcano più alto	Etna	3.340 m (Italia, Sicilia)
Lago più esteso	Ladoga	18.400 kmq ca
Fiume più lungo	Volga	3530 km ca
Isola più grande	Gran Bretagna	229.800 kmq ca

* Anche se molti considerano il versante europeo del M. Elbrus 5.642 m (Caucaso) Russia

Il territorio montuoso è inferiore a quello pianeggiante e le molte montagne che lo costituiscono non sono particolarmente elevate; l'**altitudine media**, infatti è di 384 m (inferiore a quella degli altri continenti, esclusa l'Oceania.

Rilievi

La principale catena montuosa è costituita dal **Caucaso** (*Monte Elbrus*, 5.642 m in Georgia) o dalle **Alpi** (*Monte Bianco*, 4.810 m), a seconda delle fonti. Le catene che fanno parte del **sistema alpino** (serie di catene montuose che ebbero origine con il fenomeno dell'orogenesi alpina nel Terziario) sono i **Pirenei**, tra Francia e Spagna (*Pico de Aneto* 3.404 m; *Monte Perdido* 3.355 m); gli **Appennini**; i **Carpazi** che attraversano Slovacchia, Polonia, Romania,

Ucraina e che si suddividono in C. Occidentali, C. Orientali, C. Meridionali; i **Balcani** che comprendono *Alpi Dinariche* (Croazia, Bosnia ed Erzegovina, Serbia, Montenegro e Albania), *Catena del Pindo* (Grecia, Albania e Macedonia), *Parnaso* (Grecia), *Olympus Range* (Monte Olimpo 2.917 m, Grecia), *Monti Rodopi* (Bulgaria e Grecia), *Monti Balcani* (Bulgaria e Serbia); il **Caucaso**.

Fanno parte dei monti dell'Europa centro occidentale (rilievi di origine antica, profondamente erosi e arrotondati da fattori esogeni che non superano i 2.000 m): il **Massiccio Centrale**, catena montuosa della Francia centrale (*Puy de Sancy* 1.886 m, *Plomb du Cantal* 1.855 m); il **Massiccio Renano** (tra Germania, Belgio, Lussemburgo e Francia, con altitudine massima non superiore a 900 m); i **Monti Metalliferi**, tra Germania e Repubblica Ceca; la **Selva Boema** (tra Germania, Repubblica Ceca e Austria; l'altitudine massima non supera i 1.500 m e separa la Baviera dalla Boemia).

A oriente si trovano gli **Urali** (*Narodnaja* 1.895 m), catena montuosa che si estende da Nord a Sud nella Russia Occidentale segnando il confine con l'Asia. L'altezza massima non supera i 1.900 m.

I monti dell'Europa settentrionale invece sono le catene più antiche d'Europa, con forme molto arrotondate dall'azione dei venti e dei ghiacci; ne fanno parte: **monti di Gran Bretagna** (*M. Grampiani M. Pennini M. Cambrici*), **monti dell'Irlanda**, **Alpi scandinave** che occupano Norvegia, Svezia, Finlandia (*Galdøpiggen* 2.469 m).

Occorre sapere

Le **Highlands** sono regioni montuose della Scozia.
La catena montuosa dei **Sudeti** è compresa fra Polonia, Repubblica Ceca e Germania.
I monti **Tatra** si trovano in Polonia.
I monti **Cantabrici** si trovano in Spagna.
I monti **Cambrici** sono le principali catene montuose del Galles.

Pianure

In Europa, gran parte del territorio, è occupato da pianure.

Le pianure nord orientali sono caratterizzate da praterie e da scarse precipitazioni; fra le più importanti ricordiamo il Bassopiano sarmatico e il Bassopiano germanico, che sono le pianure più antiche d'Europa, e il Bacino di Londra.

Le pianure sud occidentali invece, generalmente, sono costituite da boschi di latifoglie; le principali sono: la Pianura ungherese, la Valacchia, la Pianura Padana, la Depressione Caspica.

Vulcani

In Europa sono diversi i vulcani attivi, per lo più presenti nell'isola dell'Islanda (ben 9 di altezza superiore ai 1.500 m - **Hvannadalshnúkur, Bárdarbunga, Kverkfjöll**) anche se il più alto è l'**Etna** o Mongibello (3.340 m) in Sicilia, seguito da **Beeremberg** (2.777 m), nell'isola Jan Mayen, in Norvegia.

Mari

L'Europa è circondata da oceani e mari.

Il **Mar Baltico** è quasi privo di sbocchi e poco profondo, ad eccezione di alcune zone. Le estremità settentrionali e nordorientali sono ghiacciate durante una parte dell'anno e il loro livello di salinità è molto basso. Il Mar Baltico lambisce le coste di Estonia, Lettonia, Lituania, Polonia, Finlandia, Svezia e Russia.

Il **Mare del Nord** è semichiuso e poco profondo, a parte l'estremità settentrionale. Vi si affacciano: Gran Bretagna, Paesi Basi, Germania, Norvegia, Danimarca e Russia.
Il **Mare Celtico** comprende il Canale della Manica, il Mare d'Irlanda e le acque ad ovest delle Isole Britanniche.
Il **Golfo di Biscaglia** e la **Costa Iberica** si estendono dal Sud della Bretagna alla Spagna meridionale.
Il **Mediterraneo** è un mare piuttosto chiuso. Vi è un piccolo scambio delle acque con l'Atlantico sullo stretto di Gibilterra e con il Mar Nero sullo stretto del Bosforo ad Istanbul. All'estremo est, il canale di Suez, sebbene navigabile, è soltanto una comunicazione artificiale con il Mar Rosso. Le coste africane ed asiatiche sono aride e piatte, mentre le coste europee, anche se non soggette a piogge pesanti, sono verdi e montagnose, con un clima più temperato.
Il **Mar Nero** è profondo e quasi privo di sbocchi.
L'**Oceano Artico** è una vasta area marina che circonda il Polo Nord. Confina con le coste settentrionali dell'Europa, dell'Asia e dell'America.
L'**Oceano Atlantico** è delimitato ad ovest dal continente americano (sia dalla parte settentrionale che da quella meridionale) e ad est dall'Europa e dall'Africa (ma due dei suoi mari adiacenti, il Mediterraneo e il Mar Nero bagnano anche l'Asia). Comunica con l'Oceano Pacifico attraverso il Mare Glaciale Artico a nord, e il Canale di Drake (nella Terra del Fuoco) e Capo Horn a sud. Inoltre, esiste una connessione artificiale tra i due oceani, il Canale di Panama, che si trova vicino all'equatore, nell'istmo che unisce le due Americhe. A est comunica con l'Oceano Indiano, attraverso il Capo Agulhas, al 20°E (e non dal Capo di Buona Speranza come si ritiene comunemente), ma anche attraverso il canale artificiale di Suez. L'Atlantico copre il 20% della superficie della Terra, ed è secondo solo al Pacifico come grandezza.

Coste

Presentano aspetti molto vari; vanno dalle coste a «falaises» della Manica, muraglie rocciose alte anche 80 metri, alle piattissime distese sabbiose delle coste italiane sull'Adriatico. Le sponde occidentali dell'Atlantico bagnano l'America; quelle orientali lambiscono l'Africa, a sud, e l'Europa, a nord. Portogallo, Spagna, Francia, Isole Britanniche sono i Paesi del nostro Continente che si affacciano su quest'oceano, molti altri sono invece bagnati dai mari che esso forma, come il Mare del Nord e il Mar di Norvegia.
Le coste atlantiche europee presentano una morfologia molto variegata: l'andamento della linea costiera è articolato, ricco di baie, canali, promontori, passaggi che lo collegano ad altri mari europei, e mostra una continua alternanza tra paesaggi profondamente diversi. Se prendiamo in esame due Paesi europei che si affacciano sull'Atlantico, la Spagna e l'Irlanda, molto diversi per clima e paesaggio, ci rendiamo conto dell'estrema varietà con cui le coste atlantiche si presentano nel nostro continente. Le coste atlantiche della Spagna sono estremamente frastagliate, a tratti impervie, con rocce e alte scogliere incise dall'opera degli agenti atmosferici: le frequenti piogge, le violente burrasche e i forti venti oceanici ne hanno modellato le forme, e continuano la loro azione incessante; nella regione della Galizia, caratteristiche sono le rias, strette insenature che scavano profondamente la linea di costa, di per sé già tormentata. In Irlanda, i litorali sono caratterizzati da coste estremamente basse e sabbiose, che si estendono per lunghissimi tratti, come ad esempio nella regione del Donegal, o al contrario da rocce altissime e da impervie scogliere che si innalzano a picco sulle onde, come nell'area dei Cliffs of Mother. Le frequenti insenature prendono in Irlanda il caratteristico nome di 'lough': alcune, come il Lough of Dublin, hanno una notevole estensione.

Porti

Il **Porto di Rotterdam** è stato anche il più grande del mondo fino al 2004, quando è stato scavalcato da quelli di Singapore e Shangai. Il **Porto di Amburgo** è il più importante della Germania. Il **Porto di Anversa** gode di una posizione più centrale in Europa rispetto alla maggior parte dei porti del Mare del Nord. **I principali porti europei** sono:

1) **Porto di Rotterdam**, Paesi Bassi;
2) **Porto di Amburgo**, Germania;
3) **Porto di Anversa,** Belgio;
4) **Porto di Bremerhaven**, Germania;
5) **Porto di Valencia**, Spagna;
6) **Porto di Algeciras**, Spagna;
7) **Porto di Felixstowe**, Regno Unito;
8) **Porto di San Pietroburgo**, Russia;
9) **Malta Freeport**, Malta;
10) **Porto di Gioia Tauro**, Italia.

Idrografia

I principali fiumi d'Europa, per lunghezza, sono: il Volga (km 3.531, sfocia nel Mar Caspio), il *Danubio* (km 2.860, sfocia nel Mar Nero), l'*Ural* (Mar Caspio, divide l'Europa dall'Asia), il *Dnepr* (Mar Nero), il *Kama* (Volga), il *Don* (Mar d'Azov), il *Pecýora* (Mar Glaciale Artico), il *Reno* (Mare del Nord), l'*Elba* (Mar del Nord).

NOTA. Il Danubio nasce in Germania, attraversa Austria, Slovacchia, Ungheria, Croazia, Serbia, Romania, Bulgaria, Moldavia e Ucraina (capitali che bagna: Vienna, Budapest e Belgrado).

PRINCIPALI FIUMI D'EUROPA							
FIUME	**LUNG. KM**	**PAESI ATTRAVERSATI**	**FOCE**	**FIUME**	**LUNG. KM**	**PAESI ATTRAVERSATI**	**FOCE**
Volga	3531	Russia, Kazakistan	Mar Caspio	Elba	1165	Repubblica Ceca, Germania	M. del Nord
Danubio	2860	Germania, Austria, Slovacchia, Ungheria, Croazia, Serbia, Romania, Bulgaria, Ucraina, Moldavia	Mar Nero	Desna	1130	Russia, Ucraina	Dnepr
Ural	2428	Russia, Kazakistan	Mar Caspio	Vycegda	1130	Russia	Dvina Sett.
Depr/ Nipro	2201	Russia, Bielorussia, Ucraina	Mar Nero	Donec	1053	Russia, Ucraina	Don
Don	1870	Russia	Mar d'Azov	Vistola	1047	Polonia	Mar Baltico

(segue)

PRINCIPALI FIUMI D'EUROPA							
FIUME	LUNG. KM	PAESI ATTRAVERSATI	FOCE	FIUME	LUNG. KM	PAESI ATTRAVERSATI	FOCE
Pečora	1809	Russia	M. di Barents	Dvina Occ.	1026	Russia, Bielorussia, Lettonia	Mar Baltico
Kama	1805	Russia	Volga	Loira	1020	Francia	O. Atlantico
Oka	1480	Russia	Volga	Tago	1007	Spagna, Portogallo	O. Atlantico
Belaja	1430	Russia	Kama	Sava	990	Slovenia, Croazia, Ungheria, Serbia	Danubio
Dnestr	1352	Ucraina, Moldavia	Mar Nero	Tibisco	976	Ucraina, Romania, Ungheria, Serbia	Danubio
Reno	1326	Svizzera, Liechtenstein, Austria, Germania, Francia, Paesi Bassi	Mar del Nord	Prut	953	Ucraina, Romania	Danubio
Vjatka	1314	Russia	Kama	Nemunas	937	Bielorussia, Lituania, Russia	Mar Baltico
Dvina Sett.	1302	Russia	Mar Bianco	Ebro	927	Spagna	Mediterraneo
Mosa	925	Francia, Belgio, Paesi Bassi	Reno	Guadalquivir	722	Spagna	O. Atlantico
Ufa	918	Russia	Belaja	Pripjat'	710	Ucraina, Bielorussia	Dnepr
Duero	895	Spagna, Portogallo	O. Atlantico	Po	652	Italia	Mar Adriatico
Oder	854	Polonia, Germania	M. Baltico	Garonna	647	Francia, Spagna	O. Atlantico
Rodano	812	Svizzera, Francia	Mediterraneo	Mosella	544	Francia, Lussemburgo, Germania	Reno
Senna	776	Francia	O. Atlantico	Meno	540	Germania	Reno
Bug Occ.	772	Ucraina, Bielorussia, Polonia	Vistola	Inn	517	Svizzera, Austria, Germania	Danubio
Guadiana	744	Spagna, Portogallo	O. Atlantico	Weser	452	Germania	M. del Nord
Drava	725	Italia, Austria, Slovenia, Croazia, Ungheria	Danubio	Moldava	440	Repubblica Ceca	Elba
Maros	725	Romania, Ungheria	Tibisco	Adige	410	Italia	M. Adriatico

Laghi

È il continente con il maggior numero di laghi (circa 80.000), per lo più presenti nelle zone prealpine della Svizzera, dell'Italia e dell'Austria e nelle regioni pianeggianti della Svezia, della **Finlandia** (ha il maggior numero di laghi circa 187.000, per lo più nella ***regione dei laghi***, che occupano 1/10 del proprio territorio) e della Polonia, dove la loro formazione è legata alla morfologia ***glaciale***. Il più grande lago d'acqua dolce d'Europa è il lago **Ladoga**, nella Russia nordoccidentale.

Sono pochi i laghi di origine ***vulcanica*** (**Lago di Bolsena**, *Lago di Nemi*, in Italia) e i laghi di origine ***tettonica*** (**Lago Trasimeno**, in Italia e il **Lago di Balaton** (in Ungheria, Centro Europa).

LAGHI PIÙ ESTESI		
LAGO	**KMQ**	**PAESE**
Ladoga	**18.400**	Russia
Onega	9.610	Russia
Vànern	5.585	Svezia
Saimaa	4.400	Finlandia
Rybinsk	4.100	Russia
Ciudi	3.550	Estonia, Russia
Il'men'	2.330	Russia
Vàttern	1.912	Svezia
Màlaren	1.140	Svezia
Inari	1.102	Finlandia

Penisole e isole

Il territorio europeo è caratterizzato dalla presenza di numerose penisole. La principale per estensione del continente è la **Scandinavia** a nord (tra Oceano Atlantico e Mare del Nord con lo Skagerrak e il Kattegat, Mar Baltico con il Golfo di Botnia), poi penisole minori sono: la **iberica** (tra Mediterraneo e Oceano Atlantico), la **italiana**, la **balcanica** (nel Mar Mediterraneo), e lo **Jutland** (tra Mare del Nord, Kattegat e dal Mar Baltico).

Quasi 800.000 kmq della superficie dell'Europa sono occupati da isole che rappresenta l'8% del territorio, preceduta dal Nord America con il 25% ca e dall'Oceania con il 12% ca. l'Isola con maggiore estensione è **Gran Bretagna** (ottava al mondo), segue l'**Islanda** e l'**Irlanda** ecc.

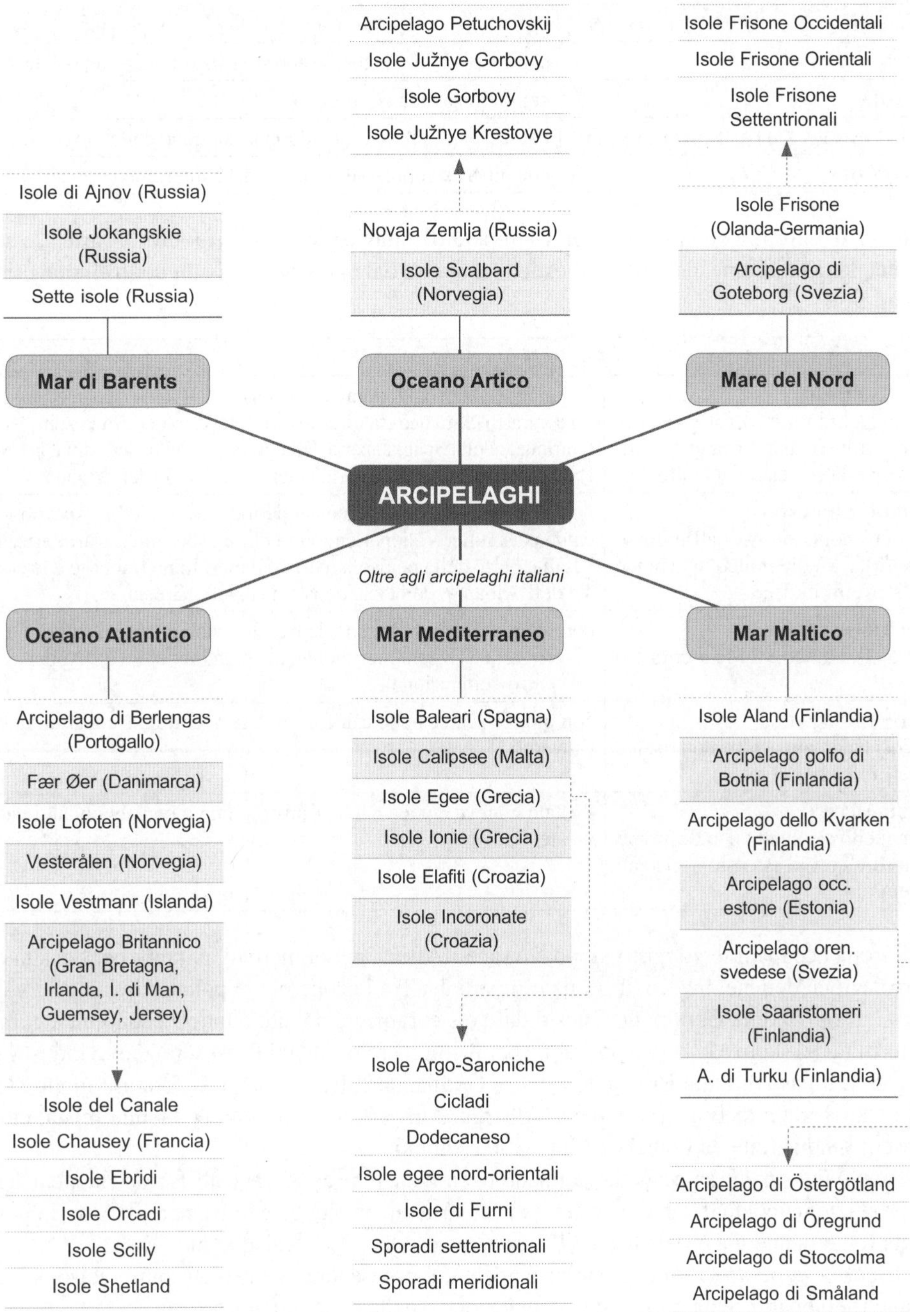
ARCIPELAGHI
Mar di Barents
Isole di Ajnov (Russia)
Isole Jokangskie (Russia)
Sette isole (Russia)
Oceano Artico
Novaja Zemlja (Russia)
Isole Svalbard (Norvegia)
Arcipelago Petuchovskij
Isole Južnye Gorbovy
Isole Gorbovy
Isole Južnye Krestovye
Mare del Nord
Isole Frisone (Olanda-Germania)
Arcipelago di Goteborg (Svezia)
Isole Frisone Occidentali
Isole Frisone Orientali
Isole Frisone Settentrionali
Oceano Atlantico
Arcipelago di Berlengas (Portogallo)
Fær Øer (Danimarca)
Isole Lofoten (Norvegia)
Vesterålen (Norvegia)
Isole Vestmanr (Islanda)
Arcipelago Britannico (Gran Bretagna, Irlanda, I. di Man, Guemsey, Jersey)
Isole del Canale
Isole Chausey (Francia)
Isole Ebridi
Isole Orcadi
Isole Scilly
Isole Shetland
Oltre agli arcipelaghi italiani
Mar Mediterraneo
Isole Baleari (Spagna)
Isole Calipsee (Malta)
Isole Egee (Grecia)
Isole Ionie (Grecia)
Isole Elafiti (Croazia)
Isole Incoronate (Croazia)
Isole Argo-Saroniche
Cicladi
Dodecaneso
Isole egee nord-orientali
Isole di Furni
Sporadi settentrionali
Sporadi meridionali
Mar Maltico
Isole Aland (Finlandia)
Arcipelago golfo di Botnia (Finlandia)
Arcipelago dello Kvarken (Finlandia)
Arcipelago occ. estone (Estonia)
Arcipelago oren. svedese (Svezia)
Isole Saaristomeri (Finlandia)
A. di Turku (Finlandia)
Arcipelago di Östergötland
Arcipelago di Öregrund
Arcipelago di Stoccolma
Arcipelago di Småland

TIPI DI VEGETAZIONE	
TUNDRA	con cespugli bassi che crescono in estate sul terreno paludoso
TAIGA	caratterizzata da conifere
BRUGHIERA - MAR MEDITERRANEO	con cespugli che seccano dopo la stagione delle piogge
MACCHIA	con alberi sempreverdi, tipica del Mediterraneo

Il *clima* d'Europa è complessivamente temperato, tuttavia presenta una notevole varietà, a seconda della latitudine, dell'altitudine, della distanza dal mare. Se ne distinguono cinque principali tipi:

TIPI DI CLIMA	
ATLANTICO (così chiamato perché risente dell'influsso dell'Oceano Atlantico e della corrente del Golfo)	con piogge abbondanti durante tutti i mesi dell'anno, senza eccessivo contrasto climatico tra inverno ed estate. Caratterizza la zona settentrionale della Spagna, parte della Francia e della Germania, la costa della Norvegia, le isole britanniche e un lembo dell'Islanda
MEDITERRANEO (il cui nome deriva dall'influsso del Mar Mediterraneo, che rende gli inverni miti)	con piogge scarse localizzate nel periodo invernale; le estati sono calde e asciutte. Vi appartengono i climi esotermici. Caratterizza l'Italia, parte della penisola iberica, il meridione francese e le coste dell'Albania, della ex Jugoslavia e della Grecia.
DI TRANSIZIONE (tra l'Atlantico e il Mediterraneo)	con piogge frequenti durante le fresche estati e inverni rigidi. Caratterizza la Svizzera meridionale, la pianura del Po e l'Appennino centro-settentrionale
CONTINENTALE (così chiamato perché non risente dell'influsso del mare)	con piogge scarse nelle calde estati e temperatura fredda durante l'inverno
SUB-ARTICO (è quello a contatto con l'estremo Nord e con le estensioni glaciali del Polo)	l'estate è breve e poco calda, l'inverno lungo con abbondanti nevicate

L'Europa occupa il terzo posto, dopo l'Asia e l'Africa, per numero di abitanti; per densità di popolazione detiene, invece, il primato mondiale. Tra le zone più popolate troviamo i *Paesi Bassi*, il *Belgio* e la *Germania*. Questo dato è sicuramente dovuto a fattori economici, come la fertilità del suolo e la buona posizione per il commercio. Alcuni Paesi sono molto industrializzati; è il caso di Gran Bretagna, Belgio, Germania. Altri hanno un'agricoltura molto sviluppata; si tratta di Bulgaria, Grecia, Albania. Altri ancora hanno un'economia mista, cioè agricolo-industriale: la Francia e l'Italia, ad esempio.

In *campo industriale* spiccano i giacimenti di carbone (che assicurano all'Europa la metà della produzione mondiale) e di petrolio (particolarmente in Russia e in Romania). Altra importante fonte di energia è l'elettricità: l'Europa ne produce i 2/5 a livello mondiale.

Nel *settore agricolo* la produzione principale è rappresentata dai cereali, più precisamente: grano (nella parte centro-orientale), avena e orzo (nella zona settentrionale).

Gli Stati europei nel *campo del commercio* sono molto attivi, esercitando i 3/4 del commercio mondiale.

Tutti i popoli europei professano una *religione monoteista*; la più diffusa è la cristiana (cattolica-protestante-ortodossa); seguono la musulmana (islamica) e la giudaica.

Molte e varie sono le etnie europee, come pure le lingue. Si possono distinguere i seguenti ceppi etnico-linquistici: i Neolatini e Mediterranei (Italiani, Francesi, Spagnoli, Portoghesi, Greci, Maltesi), i Germanici (Tedeschi, Britannici, Olandesi, Scandinavi), gli Slavi (Russi, Polacchi, Cechi, Slovacchi, Croati, Serbi, Bulgari), i Finnico-Baltici (Finlandesi, Estoni, Lettoni, Lituani), i Magiari (Ungheresi). I Romeni sono Slavi, ma parlano una lingua neolatina.

Occorre sapere

La pianura delle Fiandre termina sul Mare del Nord.
Lo **Scudo Baltico** è una conca pianeggiante. È tra i territori più antichi del continente dal punto di vista geologico. Ne fanno parte la Norvegia, la Svezia, la Finlandia e la Danimarca, nonché Carelia, penisola di Kola, Estonia e Lettonia. È compreso anche il letto del Mar Baltico. Lo Scudo Baltico è caratterizzato da un orlo occidentale più elevato - le Alpi scandinave - e una vasta depressione centrale, occupata dal Mar Baltico.
Le **regioni basche** si trovano tra la Francia e la Spagna.
La Danimarca esercita la propria sovranità sulla Groenlandia.
Le **Isole Fær** sono comprese fra tra la Scozia, la Norvegia e l'Islanda.
Il Golfo di Riga si trova in Lettonia.
L'isola greca di **Ios** (in italiano Io) misura circa 108 km^2.
Bilbao è un importante porto della Spagna settentrionale.
Il numero di abitanti della Bosnia ed Erzegovina, secondo una stima del 2015 è di 3.800.000.
Lo Stato con il maggior numero di abitanti dell'Europa occidentale è la Germania.
Lo Stato più popolato dell'Europa è la Russia (nella sua parte europea).
I Paesi Bassi è una delle nazioni con la maggiore densità di popolazione, tale valore è pari a 407 abitanti/km^2.
In Germania si ebbe negli anni '90 un fortissimo flusso migratorio di lavoratori musulmani provenienti dalla Turchia.

Suddivisione politica dell'Europa

L'Europa attualmente comprende **45 Stati** o 46 con il **Kosovo** (capitale Pristina) che ha dichiarato unilateralmente la propria indipendenza dalla Serbia nel febbraio 2008, ma riconosciuto come Stato solamente da circa 90 Paesi del Mondo.

A seguire, la cartina politica dell'Europa e un quadro di tutti i Paesi con evidenziati alcuni dati di particolare interesse per i partecipanti ai concorsi, quali: superficie, ordinamento politico, confini, capitale e città rilevanti, ecc.

Groenlandia (DANIMARCA)
Jan Mayen (NORVEGIA)
Mar di Barents
CAPO NORD
Hammerfest
Mar della Groenlandia
Stretto di Danimarca
Tromsø
Murmansk
Mar di Norvegia
Kiruna
Mar Bianco
Arkhangel'sk
Reykjavík
ISLANDA
Circolo Polare Artico
NORVEGIA
Luleå
Oulu
MONTI URALI
Lago Onega
Umeå
FINLANDIA
Trondheim
Tórshavn
Is. Faroe (DANIMARCA)
SVEZIA
Golfo di Botnia
Lago Ladoga
Tampere
Is. Shetland
Helsinki
Turku
San Pietroburgo
Gävle
Golfo di Finlandia
Bergen
RUSSIA
Rockall (Regno Unito)
Is. Orcadi
Oslo
Stoccolma
ALAND ISLANDS
Tallinn
ESTONIA
Is. Ebridi
Stavanger
Mosca
Oceano Atlantico
Aberdeen
Göteborg
Gotland
LETTONIA
Riga
Glasgow
Edinburgh
Mar del Nord
Mar Baltico
Vitsyebsk
Smolensk
Öland
LITUANIA
REGNO UNITO
Belfast
DANIMARCA
Copenhagen
Malmö
Vilnius
Mahilyow
Minsk
Kaliningrad
RUSSIA
Isola di Man
Dublino
Bornholm
BIELORUSSIA
Leeds
Gdańsk
Hrodna
Homyel'
IRLANDA
Liverpool
Manchester
Amburgo
Chernihiv
Birmingham
Bremen
Berlino
Poznań
Varsavia
Brest
Amsterdam
POLONIA
Kiev
Cardiff
NETH.
Łódź
Zhytomyr
Londra
Rotterdam
Essen
Leipzig
Mar Celtico
Colonia
Wroclaw
UCRAINA
Bruxelles
Lille
BELGIO
Bonn
GERMANIA
L'viv
Vinny tsya
Canale della Manica
Praga
Cracovia
Guernsey (Regno Unito)
Jersey (Regno Unito)
Francoforte
REP. CECA
Lussemburgo
LUX.
Chernivtsi
Mykolayiv
Parigi
Brno
SLOVACCHIA
Chisinau
Strasburgo
Stuttgart
Bratislava
Iaşi
Odessa
Monaco
Vienna
Budapest
Cluj-Napoca
MOLDAVIA
Nantes
LIECH.
AUSTRIA
UNGHERIA
Zurigo
Vaduz
Berna
SVIZZERA
Golfo di Biscaglia
ROMANIA
FRANCIA
Ginevra
SLOVENIA
Ljubljana
Bucarest
Costanza
Lione
Zagabria
Milano
Venezia
Mar Nero
A Coruña
Torino
Belgrado
Varna
Bordeaux
BOSNIA ED ERZEGOVINA
CROAZIA
Genova
SERBIA
SAN MARINO
Sarajevo
BULGARIA
Toulouse
MONACO
Bilbao
Firenze
Pristina
Sofia
MONTENEGRO
KOS.
Andorra la Vella
Mar Ligure
Mar Adriatico
Istanbul
Porto
Marsiglia
ITALIA
Podgorica
Skopje
ANDORRA
MACEDONIA
PORTOGALLO
Saragoza
Corsica
Tirana
Bursa
Roma
Madrid
CITTÀ DEL VATICANO
Thessaloniki
Barcellona
ALBANIA
CAPO DA ROCA
TURCHIA
Lisbona
Napoli
Izmir
SPAIN
Valencia
Mar delle Baleari
Sardegna
Mar Tirreno
GRECIA
Mar Egeo
Minorca
Palma
Maiorca
Atene
Mar Ionio
Sevilla
Ibiza
Is. Baleari
Cagliari
Mar Mediterraneo
Palermo
Rhodes
Málaga
PUNTA TARIFA
Stretto di Gibilterra
Gibilterra (Regno Unito)
Mar di Alborán
Sicilia
Ceuta (SPAGNA)
Algeri
Tunisi
Creta
Melilla (SPAGNA)
Oran
LaValletta
MALTA
Rabat
Casablanca
TUNISIA
MAROCCO
ALGERIA

REGIONE IBERICA					
SPAGNA					
SUPERFICIE	km²	505.936 kmq	**LINGUA**		Spagnolo
GOVERNO		Monarchia costituzionale	**MONETA (SOSTITUITA)**	$	Euro (Peseta)
CAPITALE E CITTÀ PRINCIPALI	**Madrid**, Bilbao Barcellona, Valencia, Siviglia, Saragozza, Málaga, Murcia, Palma de Mallorca, Las Palmas de G.C.				
CONFINI	**NE** Francia, Andorra; **O** Portogallo; **E** e **SE** Mar Mediterraneo; **SO** e **NO** Oceano Atlantico. Comprende arcipelaghi: le **Baleari** (Mediterraneo) e **Canarie** (Oceano Atlantico)				
MARI/OCEANI	Mar Mediterraneo, Oceano Atlantico				
NOTE	È suddivisa in 17 comunità autonome: Andalusia (Siviglia), Aragona (Saragozza), Asturie (Oviedo), Isole Baleari (Palma de Mallorca), Isole Canarie (Las Palmas o Santa Cruz), Cantabria (Santander), Castiglia-La Mancha (Toledo), Castiglia e León (Valladolid), Catalogna (Barcellona), Estremadura (Mérida), Galizia (Santiago de Compostela), La Rioja (Logroño), Madrid (Madrid), Murcia (Murcia), Navarra (Pamplona/Iruña), Paesi Baschi (Vitoria-Gasteiz), Valencia (Valencia).				
PORTOGALLO					
SUPERFICIE	km²	92.212 kmq	**LINGUA**		Portoghese
GOVERNO		Repubblica parlamentare	**MONETA (SOSTITUITA)**	$	Euro (Scudo)
CAPITALE E CITTÀ PRINCIPALI	**Lisbona**, Porto, Vila Nova de Gaia, Amadora, Braga, Setúbal, Coimbra				
CONFINI	**N** e **E** Spagna; bagnato a **S** e a **O** dall'Oceano Atlantico				
MARI/OCEANI	Oceano Atlantico				
NOTE	È suddivisa in 18 distretti che ben presto verranno aboliti, e due regioni autonome: le Azzorre e Madeira. A fini esclusivamente statistici sono istituite 5 regioni: Alentejo, Algarve, Centro, Lisbona (Lisboa), Nord (Norte).				
ANDORRA					
SUPERFICIE	km²	453 kmq	**LINGUA**		Catalano e Spagnolo
GOVERNO		Principato parlamentare	**MONETA (SOSTITUITA)**	$	Euro (Peseta)
CAPITALE E CITTÀ PRINCIPALI	**Andorra la Vella**, Escaldes-Engordany				
CONFINI	**N** Francia; **S** Spagna				
NOTE	I Capi dello Stato sono i due "coprincipi" (il presidente francese e il vescovo spagnolo di Urgell).				

(segue)

REGIONE GALLICA					
FRANCIA					
SUPERFICIE	km²	543.965 kmq	**LINGUA**		Francese
GOVERNO		Repubblica presidenziale	**MONETA (SOSTITUITA)**	$	Euro (Franco)
CAPITALE E CITTÀ PRINCIPALI	**Parigi**, Marsiglia, Lione, Tolosa, Nizza, Nantes, Strasburgo, Montpellier, Lilla, Bordeaux, Rennes, Le Havre, Tolone				
CONFINI	**NE** Belgio, Lussemburgo, Germania; **E** Italia, Germania, Svizzera; **SO** Spagna, Andorra; **O** e **NO** Oceano Atlantico, C. Manica; **N** Mare del Nord; **S** Mar Mediterraneo. A **SE** racchiude il Principato di Monaco				
MARI/OCEANI	Oceano Atlantico, Canale della Manica, Mar del Nord, Mar Mediterraneo				
NOTE	Le regioni sono 27 (di cui 5 oltremare) suddivise in dipartimenti. Principali: Bretagna (Rennes), Champagne-Ardenne (Châlons-En-Champagne), Alta Normandia (Rouen), Nord-Pas-de-Calais (Lilla), Lorena (Metz), Alsazia (Strasburgo), Bassa Normandia (Caen), Paesi della Loira (Nantes), Alvernia (Clermont-Ferrand), Aquitania (Bordeaux), Borgogna (Digione), Rodano-Alpi/reg. Savoia (Lione), Linguadoca-Rossiglione (Montpellier), Provenza-Alpi-Costa Azzurra (Marsiglia), Pirenei (Tolosa).				
BELGIO					
SUPERFICIE	km²	30.528 kmq	**LINGUA**		Francese e Neerlandese
GOVERNO		Monarchia federale costituzionale	**MONETA (SOSTITUITA)**	$	Euro (Franco)
CAPITALE E CITTÀ PRINCIPALI	**Bruxelles**, Gent Anversa, Liegi, Charleroi				
CONFINI	**N** Paesi Bassi; **E** Germania, Lussemburgo, **SO** Francia; **NO** Mare del Nord				
MARI/OCEANI	Mare del Nord				
NOTE	È suddivisa in regioni. **Fiandre**: Anversa, Brabante (fiamminga), Fiandra Occ. e Or., Limburgo; **Vallonia**: Brabante (vallona), Hainaut, Liegi, Lussemburgo, Namur.				
LUSSEMBURGO					
SUPERFICIE	km²	2.586 kmq	**LINGUA**		Lussemburghese e Francese
GOVERNO		Monarchia costituzionale	**MONETA (SOSTITUITA)**	$	Euro (Franco)
CAPITALE E CITTÀ PRINCIPALI	**Lussemburgo**, Esch-sur-Alzette, Differdange				
CONFINI	**N** e **O** Belgio; **E** Germania; **S** Francia				
NOTE	È uno degli Stati più piccoli d'Europa. È suddiviso in 3 distretti, 12 cantoni e 106 comuni. Il Lussemburgo è il paese che vanta, tra tutti i membri dell'Unione Europea, il più elevato PIL pro capite.				

(segue)

PRINCIPATO DI MONACO					
SUPERFICIE	km²	2 kmq	**LINGUA**		Francese
GOVERNO		Monarchia costituzionale	**MONETA (SOSTITUITA)**	$	Euro (Franco)
CAPITALE E CITTÀ PRINCIPALI	**Monaco**				
CONFINI	**S** Mar Mediterraneo; circondato dal territorio Francese				
MARI/OCEANI	Mar Mediterraneo				
NOTE	È suddiviso in quartieri: Monaco-Ville, Monte-Carlo, Fontvieille e La Condamine.				

REGIONE GERMANICA					
GERMANIA					
SUPERFICIE	km²	357.121 kmq	**LINGUA**		Tedesco
GOVERNO		Repubblica federale parlamentare	**MONETA (SOSTITUITA)**	$	Euro (Marco)
CAPITALE E CITTÀ PRINCIPALI	**Berlino**, Amburgo, Monaco, Colonia, Francoforte, Brema, Dresda, Düsseldorf, Stoccarda, Bonn				
CONFINI	**N** Danimarca; **E** Polonia, Rep. Ceca; **SE** e **S** Austria; **SO** Svizzera; **O** Francia, Belgio, Lussemburgo; **NO** Paesi Bassi bagnata a **N** Mar Baltico e Mare del Nord				
MARI/OCEANI	Mari: Baltico e del Nord				
NOTE	È suddivisa in 16 regioni: Amburgo, Assia, Baden-Württemberg, Bassa Sassonia, Baviera, Berlino, Brandeburgo, Brema, Meclemburgo-Pomerania Anteriore, Renania Palatinato, Renania Sett.-Vestfalia, Saarland, Sassonia-Anhalt, Sassonia, Schleswig-Holstein, Turingia.				
PAESI BASSI					
SUPERFICIE	km²	41.543 kmq	**LINGUA**		Olandese
GOVERNO		Monarchia costituzionale	**MONETA (SOSTITUITA)**	$	Euro (Fiorino)
CAPITALE E CITTÀ PRINCIPALI	**Amsterdam**, L'Aia, Rotterdam, Maastricht, Utrecht, Eindhoven				
CONFINI	**E** Germania, **S** Belgio; **N** e **O** Mare del Nord				
MARI/OCEANI	Mare del Nord				
NOTE	Regioni geografiche: Brabante Sett., Drenthe, Flevoland, Frisia, Gheldria, Groningen, Limburgo, Olanda Merid. E Sett., Overijssel, Utrecht, Zelanda.				

(segue)

SVIZZERA				
SUPERFICIE	41.285 kmq	**LINGUA**	Italiano, Tedesco, Ladino (romancio), Francese	
GOVERNO	Repubblica federale democratica	**MONETA**	Franco svizzero	
CAPITALE E CITTÀ PRINCIPALI	**Berna**, Zurigo, Basilea, Ginevra, Losanna, Lucerna, Winterthur, Lugano			
CONFINI	**N** Germania; **E** Austria, Liechtenstein; **S** Italia; **O** Francia			
NOTE	È suddivisa in 26 Cantoni. Il Ticino ha come lingua ufficiale l'italiano.			

AUSTRIA				
SUPERFICIE	83.879 kmq	**LINGUA**	Tedesco	
GOVERNO	Repubblica federale parlamentare	**MONETA (SOSTITUITA)**	Euro (Scellino)	
CAPITALE E CITTÀ PRINCIPALI	**Vienna**, Salisburgo, Innsbruck Graz, Linz			
CONFINI	**N** Rep. Ceca; **E** Slovacchia, Ungheria; **S** Slovenia, Italia; **O** Svizzera, Liechtenstein; **NO** Germania			
NOTE	È suddivisa in 9 stati federati: Austria Inferiore, Austria Superiore, Burgenland, Corinzia, Salisburgo, Stiria, Tirolo, Vienna, Vorarlberg.			

LIECHTENSTEIN				
SUPERFICIE	160 kmq	**LINGUA**	Tedesco	
GOVERNO	Monarchia costituzionale	**MONETA**	Franco svizzero	
CAPITALE	Vaduz			
CONFINI	Tra l'Austria a **E** e la Svizzera a **O**; il fiume **Reno** segna il confine con la Svizzera			
NOTE	Altri centri, oltre la capitale, sono Nendeln, Schaan, Triesen.			

REGIONE BRITANNICA				
REGNO UNITO DI GRAN BRETAGNA				
SUPERFICIE	242.513 kmq	**LINGUA**	Inglese	
GOVERNO	Monarchia costituzionale	**MONETA**	Sterlina	
CAPITALE E CITTÀ PRINCIPALI	**Londra**, Leeds, Birmingham, Glasgow, Sheffield, Bradford, Liverpool Manchester, Bristol, Edimburgo, Cardiff			
CONFINI	Irlanda del Nord: **O** e **S** Eire; Il resto del Regno Unito ha confini marittimi: **N**, **SO** e **NO** Oceano Atlantico; **E** Mare del Nord; **S** Manica; **O** Mar d'Irlanda			

(segue)

REGNO UNITO DI GRAN BRETAGNA					
MARI/OCEANI	Oceano Atlantico, Mare del Nord, Manica, Mar d'Irlanda				
NOTE	Costituito da: Inghilterra (Londra), Galles (Cardiff), Scozia (Edimburgo), Irlanda del Nord (Belfast).				
IRLANDA					
SUPERFICIE	km²	70.273 kmq	**LINGUA**		Gaelico irlandese, inglese
GOVERNO		Repubblica parlamentare	**MONETA (SOSTITUITA)**	$	Euro (Sterlina irlandese)
CAPITALE E CITTÀ PRINCIPALI	**Dublino**, Cork, Galway, Tallaght				
CONFINI	**NE** Regno Unito; **E** Mar d'Irlanda, **N**, **S, O** Oceano Atlantico				
MARI/OCEANI	Mar d'Irlanda, Oceano Atlantico				
NOTE	È suddivisa in 4 province: Leinster, Munster, Ulster, Connaught.				

REGIONE SCANDINAVA					
NORVEGIA					
SUPERFICIE	km²	323.787 kmq	**LINGUA**		Norvegese
GOVERNO		Monarchia costituzionale	**MONETA**	$	Corona norvegese
CAPITALE E CITTÀ PRINCIPALI	**Oslo**, Bergen, Trondheim, Stavanger				
CONFINI	**NE** Russia, Finlandia; **E** Svezia, **N** Mar Glaciale Artico, Mare di Barents; **S** Mare del Nord; **O** Oceano Atlantico				
MARI/OCEANI	Mari: Glaciale Artico, di Barents, del Nord, Oceano Atlantico				
NOTE	Di fronte alle coste le numerose isole sono raggruppate nei due arcipelaghi delle **Lofoten** e delle **Vesterålen**. Sono molti i laghi ed occupano complessivamente una superficie di circa 14 000 kmq.				
SVEZIA					
SUPERFICIE	km²	447.420 kmq	**LINGUA**		Svedese
GOVERNO		Monarchia costituzionale	**MONETA**	$	Corona svedese
CAPITALE E CITTÀ PRINCIPALI	**Stoccolma**, Göteborg, Malmö, Uppsala, Linköping				
CONFINI	**N** e **O** Norvegia; **NE** Finlandia; **E** Golfo di Botnia; **SE** Mar Baltico; **SO** Kattegat				
MARI/OCEANI	Golfo di Botnia, Mar Baltico, Kattegat				

(segue)

SVEZIA	
NOTE	È suddivisa in 21 Contee (Lan). I laghi occupano l'8% della superficie, concentrati al centro e a Sud (il maggiore è il Vänern). Fiumi: Torne, Lule, Ume, tutti tributari del Mar Baltico.

DANIMARCA					
SUPERFICIE	km²	42.916 kmq	LINGUA		Danese
GOVERNO		Monarchia costituzionale	MONETA	$	Corona danese
CAPITALE E CITTÀ PRINCIPALI	**Copenaghen**, Århus, Odense, Aalborg, Esbjerg				
CONFINI	**N** e **O** Mare del Nord; **E** Mar Baltico; **S** Germania. Sovrana sull'isola della **Groenlandia** anche se fisicamente dell'America				
MARI/OCEANI	Mari: del Nord e Baltico (Skagerrak, Kattegat, Øresund)				
NOTE	Regioni geografiche: Danimarca Merid., Jutland Centrale, Jutland Settentrionale, Regione della Capitale, Sjælland È formata da: penisola **Jutland**, **isola di Sjælland** (dove sorge la capitale), circa 400 isole minori.				

ISLANDA					
SUPERFICIE	km²	103.022 kmq	LINGUA		Islandese
GOVERNO		Repubblica parlamentare	MONETA	$	Corona islandese
CAPITALE E CITTÀ PRINCIPALI	**Reykjavik**, Kópavogur				
CONFINI	Isola dell'Oceano Atlantico sett., a circa 800 km dalla Scozia e 300 dalla Groenlandia				
MARI/OCEANI	Oceano Atlantico				
NOTE	Occupato da oltre 200 vulcani, alcuni attivi e da vaste distese di ghiacciai (principale il **Vatnajökull**).				

REGIONE FINNICO-BALTICA					
FINLANDIA					
SUPERFICIE	km²	338.432 kmq	LINGUA		Finnico e Svedese
GOVERNO		Repubblica parlamentare	MONETA (SOSTITUITA)	$	Euro (Marco finlandese)
CAPITALE E CITTÀ PRINCIPALI	**Helsinki**, Espoo, Tampere, Vantaa, Oulu, Turku				
CONFINI	**N** Norvegia; **E** e **SE** Russia; **NO** Svezia; S e **O** è bagnata dai golfi di Finlandia e di Botnia				

(segue)

FINLANDIA			
MARI/OCEANI	Golfi: di Finlandia e di Botnia		
NOTE	La Finlandia è divisa in sei **lääni** (province): Finlandia Mer., Occ., Orient., Provincia di Oulu, **Lapponia**, Åland (isola maggiore: 685 kmq). Il territorio ha circa 40.000 laghi (10% sup.).		

ESTONIA			
SUPERFICIE	45.227 kmq	**LINGUA**	Estone e Russo
GOVERNO	Repubblica parlamentare	**MONETA (SOSTITUITA)**	Euro (Corona estone)
CAPITALE E CITTÀ PRINCIPALI	**Tallinn**, Tartu, Narva		
CONFINI	**E** Federazione Russa; **S** Lettonia; **N** e **O** Mar Baltico		
MARI/OCEANI	Mar Baltico		
NOTE	Il Paese è diviso in 15 contee.		

LETTONIA			
SUPERFICIE	64.569 kmq	**LINGUA**	Lettone e Russo
GOVERNO	Repubblica parlamentare	**MONETA (SOSTITUITA)**	Euro (Lats lettone)
CAPITALE E CITTÀ PRINCIPALI	**Riga**, Daugavpils, Jelgava		
CONFINI	**NE** Estonia; **E** Russia; **SE** Bielorussia; **S** Lituania; **O** Mar Baltico		
MARI/OCEANI	Mar Baltico		
NOTE	È solcato dalla Dvina Occidentale.		

LITUANIA			
SUPERFICIE	65.300 kmq	**LINGUA**	Lituano e Russo
GOVERNO	Repubblica parlamentare	**MONETA (SOSTITUITA)**	Euro (Lita)
CAPITALE E CITTÀ PRINCIPALI	**Vilnius**, Kaunas		
CONFINI	**N** Lettonia; **E** e **SE** Bielorussia; **SO** Polonia, Russia; **NO** Mar Baltico		
MARI/OCEANI	Mar Baltico		
NOTE	È attraversato dal fiume **Nemunas** e dai suoi affluenti. I laghi sono numerosi.		

(segue)

REGIONE CARPATICO-DANUBIANA			
POLONIA			
SUPERFICIE	312.679 kmq	**LINGUA**	Polacco
GOVERNO	Repubblica parlamentare	**MONETA**	Nuovo Zloty
CAPITALE E CITTÀ PRINCIPALI	**Varsavia**, Łódź, Breslavia, Poznań, Danzica, Stettino, Cracovia, Lublino		
CONFINI	**NE** Russia, Lituania; **E** Bielorussia, Ucraina; **S** **Slovacchia, Rep. Ceca**; **O** Germania; **N** Mar Baltico		
MARI/OCEANI	Mar Baltico		
NOTE	È suddivisa in 16 regioni; da ricordare: Pomenaria, Bassa Slesia, Łódź, Lublino.		
REPUBBLICA CECA			
SUPERFICIE	78.866 kmq	**LINGUA**	Ceco
GOVERNO	Repubblica parlamentare	**MONETA**	Corona ceca
CAPITALE E CITTÀ PRINCIPALI	**Praga**, Brno, Plzeň, Liberec		
CONFINI	**NE** Polonia; **SE** Slovacchia; **S** Austria; **O** e **NO** Germania		
NOTE	Comprende le aree geografiche di: **Boemia** e **Moravia** con parte della Slesia.		
REPUBBLICA SLOVACCA			
SUPERFICIE	49.063 kmq	**LINGUA**	Slovacco
GOVERNO	Repubblica parlamentare	**MONETA (SOSTITUITA)**	Euro (Corona slovacca)
CAPITALE E CITTÀ PRINCIPALI	**Bratislava**, Košice, Prešov		
CONFINI	**N** Polonia; **E** Ucraina; **S** Ungheria; **O** Austria, Rep. Ceca		
NOTE	Principali fiumi: **Danubio**, l'Hornád, l'Hron, il Nitra, il Váh e la Morava.		
UNGHERIA			
SUPERFICIE	93.024 kmq	**LINGUA**	Ungherese
GOVERNO	Repubblica parlamentare	**MONETA**	Fiorino ungherese
CAPITALE E CITTÀ PRINCIPALI	**Budapest**, Pécs Debrecen, Miskolc, Seghedino		
CONFINI	**N** Slovacchia; **NE** Ucraina; **E** Romania; **S** Serbia; **SO** Croazia, Slovenia; **O** Austria		

(segue)

UNGHERIA	
NOTE	È suddivisa in 7 regioni, ognuna, a sua volta, composta da 2-3 contee. Il **Danubio** attraversa il paese da N a S; a E scorre il Tibisco e a SO la Drava. Il territorio comprende la parte settentrionale della **Pianura Pannonica** e la **Selva Baconia** (delimitata dal Lago Balaton).

ROMANIA					
SUPERFICIE	km²	238.391 kmq	LINGUA		Romeno
GOVERNO		Repubblica semi-presidenziale	MONETA	$	Leu
CAPITALE E CITTÀ PRINCIPALI	**Bucarest**, Cluj-Napoca, Timişoara, Costanza, Craiova, Braşov				
CONFINI	**N** e **E** Ucraina; **E** Moldova; **S** Bulgaria; **O** Serbia, Ungheria; **SE** Mar Nero				
MARI/OCEANI	Mar Nero				
NOTE	Regioni storiche: Dobrugia, Moldavia, Valacchia (divisa in due parti, l'Oltenia e la Muntenia), Transilvania, Crişana, Banato, Bucovina.				

MOLDAVIA					
SUPERFICIE	km²	34.483 kmq	LINGUA		Moldavo, russo, ucraino
GOVERNO		Repubblica parlamentare	MONETA	$	Leu moldavo
CAPITALE E CITTÀ PRINCIPALI	**Kisyinev**, Tiraspol, Bălţi				
CONFINI	**N, E,** e **S** Ucraina; **O** Romania				
NOTE	Situata a SO del Bassopiano Sarmatico; tra il corso del fiume Prut a O a quello del fiume Dnestr a NE.				

REGIONE ITALICA					
ITALIA					
SUPERFICIE	km²	301.245 kmq	LINGUA		Italiano
GOVERNO		Repubblica parlamentare	MONETA (SOSTITUITA)	$	Euro (Lira)
CAPITALE E CITTÀ PRINCIPALI	**Roma**, Milano, Torino, Napoli				
CONFINI	Vedi trattazione				
MARI/OCEANI	Mar Mediterraneo				
NOTE	È suddivisa in 20 Regioni.				

(segue)

SAN MARINO					
SUPERFICIE	km²	61 kmq	**LINGUA**		Italiano
GOVERNO		Repubblica parlamentare	**MONETA (SOSTITUITA)**	$	Euro (Lira sanmarinese)
CAPITALE	**San Marino**				
CONFINI	Tra Emilia-Romagna e Marche				
NOTE	Dominato dal monte Titano (739 m). Il centro storico e il monte Titano sono patrimonio mondiale Unesco.				

CITTÀ DEL VATICANO					
SUPERFICIE	km²		**LINGUA**		Italiano
GOVERNO		Monarchia assoluta	**MONETA (SOSTITUITA)**	$	Euro (Lira vaticana)
CAPITALE	**Città del Vaticano**				
CONFINI	È un piccolo territorio all'interno della città di Roma				
NOTE	Rappresenta la sede della Chiesa cattolica e capo dello Stato è il Sommo Pontefice al quale competono i poteri legislativo, esecutivo e giudiziario. È lo Stato meno esteso al mondo: comprende la piazza e la basilica di S. Pietro, i palazzi circostanti con le raccolte artistiche, i musei e la biblioteca, parchi, giardini e alcune strade e piazze.				

MALTA					
SUPERFICIE	km²	315 kmq	**LINGUA**		Inglese e maltese
GOVERNO		Repubblica parlamentare	**MONETA (SOSTITUITA)**	$	Euro (Sterlina maltese)
CAPITALE E CITTÀ PRINCIPALI	**Valletta**, Mosta Birkirkara				
CONFINI	Arcipelago del Mediterraneo centromeridionale				
MARI/OCEANI	Mar Mediterraneo				
NOTE	Situata fra Sicilia e La Tunisia è costituita dalle isole di Malta, Gozo, Comino e da altre minori.				

REGIONE BALCANICA					
SLOVENIA					
SUPERFICIE	km²	20.273 kmq	**LINGUA**		Sloveno
GOVERNO		Repubblica parlamentare	**MONETA (SOSTITUITA)**	$	Euro (Tallero sloveno)

(segue)

SLOVENIA	
CAPITALE E CITTÀ PRINCIPALI	**Lubiana**, Maribor, Celje, Kranj
CONFINI	**N** Austria; **NE** Ungheria; **SE** e **S** Croazia; **SO** Mar Adriatico; **O** Italia
MARI/OCEANI	Mar Adriatico
NOTE	Fiumi principali: Sava, Drava e Mura.

ALBANIA			
SUPERFICIE	28.748 kmq	**LINGUA**	Albanese, Ghego e Tosco
GOVERNO	Repubblica parlamentare	**MONETA**	Lek
CAPITALE E CITTÀ PRINCIPALI	**Tirana**, Durazzo, Valona, Scutari		
CONFINI	**N** Kosovo, Montenegro; **NE** Macedonia; **SE** Grecia; **O** Mar Adriatico, Canale d'Otranto		
MARI/OCEANI	Mar Adriatico, Canale d'Otranto		
NOTE	Lo Stato è suddiviso in prefetture.		

BOSNIA ED ERZEGOVINA			
SUPERFICIE	51.209 kmq	**LINGUA**	Serbo-croato
GOVERNO	Repubblica federale	**MONETA**	Dinaro bosniaco
CAPITALE E CITTÀ PRINCIPALI	**Sarajevo**, Banja Luka, Tuzlam, Zenica, Mostar		
CONFINI	**N** e **O** Croazia; **E** Serbia; **S** Croazia, Montenegro		
NOTE	Il territorio è formato dalle regioni della Bosnia a **N** e dell'Erzegovina a **S.** Lo Stato è diviso in dieci cantoni: cinque bosniaci, tre croati, due multietnici.		

BULGARIA			
SUPERFICIE	51.209 kmq	**LINGUA**	Bulgaro
GOVERNO	Repubblica parlamentare	**MONETA**	Lev
CAPITALE E CITTÀ PRINCIPALI	**Sofia**, Plovdiv, Varna, Burgas, Ruse, Stara Zagora		
CONFINI	**N** Romania; **S** Turchia, Grecia; **O** Macedonia, Serbia; **E** Mar Nero con 354 km di coste		
MARI/OCEANI	Mar Nero		
NOTE	Lo Stato è suddiviso in 28 regioni/distretti.		

(segue)

CROAZIA					
SUPERFICIE		56.594 kmq	**LINGUA**		Croato
GOVERNO		Repubblica semi-presidenziale	**MONETA**		Kuna
CAPITALE E CITTÀ PRINCIPALI	**Zagabria**, Spalato, Fiume, Osijek, Zara, Pola, Sesvete				
CONFINI	**N** Slovenia, Ungheria; **E** Serbia; **S** Bosnia-Erzegovina, Montenegro; **O** Mar Adriatico				
MARI/OCEANI	Mar Adriatico				
NOTE	La Croazia è divisa in Regioni/Contee. La città di Zagabria forma una entità distinta. Da ricordare: Raguseo-narentana (Dubrovnick), Istria (Pisino), Spalato-Dalmazia (Spalato), Zara.				
SERBIA					
SUPERFICIE		77.570 kmq	**LINGUA**		Serbo-croato
GOVERNO		Repubblica semi-presidenziale	**MONETA**		Dinaro iugoslavo
CAPITALE E CITTÀ PRINCIPALI	**Belgrado**, Novi Sad, Niš, Pančevo Subotica, Zrenjanin				
CONFINI	**N** Ungheria; **NE** Romania; **E** Bulgaria; **S** Macedonia, Kosovo; **O** Montenegro, Bosnia-Erzegovina; **NO** Croazia				
NOTE	È attraversato dal Danubio con gli affluenti Tibisco, Morava e Sava. Regioni: Belgrado, Serbia Merid. e Or., Šumadija-Serbia Occ., Vojvodina.				
MONTENEGRO					
SUPERFICIE		13.812 kmq	**LINGUA**		Serbo
GOVERNO		Repubblica parlamentare	**MONETA (SOSTITUITA)**		Euro (Marco tedesco)
CAPITALE E CITTÀ PRINCIPALI	**Podgorica**, Nikšić				
CONFINI	**O** e **NO** Croazia, Bosnia-Erzegovina; **E** e **SE** Serbia, Kosovo, Albania; **S** e **SO** Mar Adriatico				
MARI/OCEANI	Mar Mediterraneo				
NOTE	È diventato uno Stato indipendente dal 3 giugno 2006 (prima era unito alla Serbia). È suddiviso in comuni.				
MACEDONIA DEL NORD					
SUPERFICIE		25.713 kmq	**LINGUA**		Macedone e Albanese

(segue)

MACEDONIA DEL NORD			
GOVERNO	Repubblica parlamentare	**MONETA**	Denar
CAPITALE E CITTÀ PRINCIPALI	**Skopje**, Kumanovo, Bitola		
CONFINI	**N** Kosovo, Serbia; **E** Bulgaria; **S** Grecia; **O** Albania		
NOTE	Fino al gennaio 2019 lo Stato si chiamava Repubblica di Macedonia, dal febbraio 2019 ha assunto la denominazione ufficiale di Repubblica di Macedonia del Nord.		

GRECIA			
SUPERFICIE	131.957 kmq	**LINGUA**	Greco
GOVERNO	Repubblica parlamentare	**MONETA (SOSTITUITA)**	Euro (Dracma)
CAPITALE E CITTÀ PRINCIPALI	**Atene**, Salonicco, Patrasso, Pireo, Irákleio, Larissa, Corinto		
CONFINI	**NO** Albania; **N** Macedonia, Bulgaria; **NE** Turchia; **E** Mar Egeo; **S** Mar Mediterraneo; **O** Mar Ionio		
MARI/OCEANI	Mari: Egeo, Mediterraneo, Ionio		
NOTE	È suddivisa in 13 regioni: Attica, Grecia Centrale, Macedonia Centrale, Creta, Macedonia Orientale e Tracia, Epiro, Isole Ionie, Egeo Settentrionale, Peloponneso, Egeo Meridionale, Tessaglia, Grecia Occidentale, Macedonia Occidentale.		

KOSOVO			
SUPERFICIE	10.908 kmq	**LINGUA**	Albanese e serbo
GOVERNO	Repubblica parlamentare	**MONETA (SOSTITUITA)**	Euro (Marco tedesco)
CAPITALE E CITTÀ PRINCIPALI	**Priština**, Prizreni, Ferizaj, Gjakova		
CONFINI	**N** e **E** Serbia, **NO** Montenegro, **SO** Albania, **S** Macedonia del Nord		
NOTE	Si è autoproclamato indipendente dalla Serbia il 17 febbraio 2008. Nel 2020, è riconosciuto da 96 stati membri dell'ONU.		

REGIONE RUSSA			
FEDERAZIONE RUSSA			
SUPERFICIE	17.098.200 kmq	**LINGUA**	Russo
GOVERNO	Repubblica federale presidenziale	**MONETA**	Rublo

(segue)

FEDERAZIONE RUSSA	
CAPITALE E CITTÀ PRINCIPALI	**Mosca**, San Pietroburgo, Volgograd, Novosibirsk, Ekaterinburg, Samara, Kazan'
CONFINI	**SE** e **SO** Corea del Nord, Cina, Mongolia, Kazakistan, Azerbaigian, Georgia; **SO** e **NO** Ucraina, Bielorussia, Polonia, Lituania, Lettonia, Estonia, Finlandia, Norvegia. **N** Mar Glaciale Artico; **E** Mare di Bering, Mare di Ohotsk, Mare del Giappone (Oceano Pacifico), **SO** Mar Caspio, Mar d'Azov, Mar Nero; **NO** al Mar Baltico
MARI/OCEANI	Mari: Glaciale Artico, Bering, Ohotsk, del Giappone (Oceano Pacifico), Caspio, d'Azov, Nero, Baltico
NOTE	È suddivisa in distretti federali: Centrale (Mosca), Nord-Occidentale, Meridionale, Del Caucaso Settentrionale, Del Volga, Degli Urali, Siberiano, Estremo-Orientale.

BIELORUSSIA O RUSSIA BIANCA			
SUPERFICIE	207.600 kmq	LINGUA	Bielorusso
GOVERNO	Repubblica presidenziale	MONETA	Rublo bielorusso
CAPITALE E CITTÀ PRINCIPALI	**Minsk**, Homieĺ, Brest, Viciebsk, Hrodna		
CONFINI	**N** e **E** Russia; **S** Ucraina; **O** Polonia; **NO** Lituania, Lettonia		
NOTE	Regioni geografiche: Brest, Homieĺ, Hrodna, Mahilioŭ, Minsk (città), Minsk, Viciebsk. Il territorio è attraversato dai fiumi Dvina Occ., Dnepr, Pripjat e Nëman.		

UCRAINA			
SUPERFICIE	603.500 kmq	LINGUA	Ucraino, russo
GOVERNO	Repubblica semi-presidenziale	MONETA	Grivnia ucraina
CAPITALE E CITTÀ PRINCIPALI	**Kiev**, Kharkov, Odessa, Donets'k, Leopoli		
CONFINI	**NE** e **E** Fed. Russa; **SO** Moldova, Romania, **O** Ungheria, Slovacchia, **NO** Polonia, Bielorussia; **S** Mar Nero		
MARI/OCEANI	Mar Nero		
NOTE	È suddivisa in 24 **oblast'**, 1 repubblica autonoma (Crimea) e 2 Città a statuto speciale. La Crimea nel 2014 con un referendum è passata alla Russia.		

OCCORRE SAPERE

POSIZIONE DEGLI STATI E DELLE CITTÀ TRA LORO

Da nord a sud la corretta sequenza di Stati è: Polonia, Ungheria, Bulgaria e Grecia.
La città situata più a nord tra Budapest, Helsinki, Copenaghen, Berlino e Danzica è Helsinki.
La città di Parigi si trova a una latitudine inferiore rispetto a Berlino.
Bratislava si trova ad altitudine maggiore rispetto a Bruxelles, Belgrado e Tirana.
Vienna si trova ad altitudine maggiore rispetto a Belgrado, Budapest e Zagabria.

NUMEROSITÀ DI ABITANTI DI ALCUNE CITTÀ EUROPEE

Il numero di abitanti dell'agglomerato urbano della città di Parigi è di circa 12.400.000.
Il numero di abitanti dell'agglomerato urbano della città di Londra è di circa 10.200.000.
Il numero di abitanti dell'agglomerato urbano della città di Madrid è di circa 6.170.000.
Il numero di abitanti dell'agglomerato urbano della città di Berlino è di circa 4.320.000.
Il numero di abitanti dell'agglomerato urbano della città di Atene è di circa 3.160.000.
Il numero di abitanti dell'agglomerato urbano della città di Lisbona è di circa 2.000.000.

SIMBOLI CULTURALI E ARTISTICI

I castelli della Loira si trovano in Francia. La Torre Eiffel è situata sulle rive della Senna a Parigi. Sempre a Parigi si trovano il Museo d'Orsay, il Museo del Louvre e la cattedrale del Sacré Coeur, situata nel pittoresco quartiere di Montmartre.
Il Big Ben si trova a Londra; il centro finanziario di Londra si chiama City; il Tower Bridge e il Greenwich Park sono simboli di Londra.
A Monaco di Baviera si celebra dal 1810 la festa denominata Oktoberfest. Il castello di Neuschwanstein e il castello di Sanssouci si trovano in Germania; la famosa piazza Alexanderplatz e la Porta di Brandeburgo si trovano a Berlino.
Santiago di Compostela si trova in Spagna. La Sagrada Familia, basilica opera dell'architetto Antoni Gaudì, si trova a Barcellona. Plaza Major e il Museo del Prado si trovano a Madrid. La corrida è tipica della Spagna
L'Organizzazione Europea per la Ricerca Nucleare (CERN), il più grande laboratorio al mondo di fisica delle particelle, si trova a Meyrin in Svizzera.
Le Colonne di Ercole corrispondono alla rocca di Gibilterra e alla montagna Jebel Musa.
Serravalle è un castello che si trova a San Marino.
Il Partenone si trova ad Atene.
La Sirenetta è il simbolo di Copenaghen.
Il circolo megalitico di Stonehenge si trova in Gran Bretagna.
La torre di Belém, uno dei più mirabili esempi dello stile manuelino nella storia dell'architettura portoghese, è il simbolo di Lisbona.
Il teatro Bolshoi, la Cattedrale di San Basilio, Palazzo d'Inverno, il Cremlino si trovano a Mosca. Il Museo dell'Ermitage si trova a San Pietroburgo.
Fátima, famosa destinazione del turismo religioso, si trova in Portogallo

ECONOMIA

All'interno dell'Unione Europea, i più grandi produttori di patate sono Polonia e Germania.
La Germania è tra i maggiori produttori mondiali di luppolo che alimenta una fiorente industria della birra. La regione più industrializzata della Germania si chiama Ruhr.
Dopo Russia e Germania, analizzando i dati relativi all'anno 2004, il maggior produttore europeo di carbone è la Polonia.
La Russia è al primo posto nel mondo per la produzione di gas naturale e cereali. Sugli Urali ci sono grandi giacimenti di ferro.
La zona mineraria di Ostrava, nella Repubblica Ceca, è nota per l'estrazione di carbone.
Una produzione tipica del Portogallo è quella delle querce da sughero.
Escluse Italia e Francia, che si contendono il primato mondiale, il vino in grande quantità è prodotto dalla Spagna (dati del 2004).
In Spagna l'allevamento ovino è famoso per la lana pregiata della specie merinos.
Tra i maggiori produttori mondiali di olio d'oliva figurano i Paesi dell'area mediterranea dell'Europa: Spagna, Italia e Grecia.
Nel sottosuolo della Grecia si trovano diversi minerali, ma le produzioni più rilevanti sono costituite da quelle di lignite, bauxite e nichel.
Nell'economia greca circa il 17% del PIL nazionale è prodotto dal turismo.
L'industria spagnola grazie all'afflusso di capitali stranieri seguito all'ingresso nella Comunità Europea si è notevolmente modernizzata e diversificata e accanto ai settori tradizionali si sono affermati quelli dell'elettronica, l'informatica, la meccanica e l'alimentare.
Il Lussemburgo sviluppa nel settore terziario un PIL molto elevato ed un tasso di disoccupazione molto basso (dati relativi al 2003-2004).
Nei Paesi Bassi circa la metà dell'arativo è coltivato a cereali, mentre il prodotto più importante della pesca è l'aringa.

L'allevamento della Finlandia riguarda soprattutto bovini e suini, ma rilevante è anche quello degli animali da pelliccia.
Il primo produttore europeo di petrolio è la Norvegia.
Una risorsa molto importante per la Norvegia è la pesca, che alimenta l'industria conserviera; essa si concentra soprattutto su merluzzo e aringa.
Il Regno Unito è fra i maggiori produttori mondiali di idrocarburi; il petrolio viene estratto soprattutto dai giacimenti del Mare del Nord.
La galleria Calais-Folkestone collega Francia e Regno Unito.
Il Parco Nazionale Lake District si trova in Inghilterra.
L'Irlanda viene chiamata "Isola Smeralda" per la presenza di immense distese di prati e pascoli.
La Francia è tra i primi produttori di frumento. È il primo produttore agricolo dell'Unione Europea e uno dei maggiori esportatori di derrate alimentari; il 30% della sua superficie coltivata è destinata a cereali, tra cui frumento e avena. In Francia circa il 77% dell'energia elettrica prodotta è di origine nucleare.
Nella regione francese della Champagne si coltiva soprattutto vite.

Capitolo 4
I continenti extraeuropei

4.1 Asia

L'Asia, con i suoi 44 milioni di kmq (rappresenta circa 1/3 delle terre emerse) è il **continente più esteso** del mondo. È anche il **più popolato** (la Cina è lo Stato più popolato, seguito dall'India entrambi con oltre un miliardo di abitanti) e il più antico di storia; infatti affonda la sua civiltà diversi secoli prima di Cristo.
In Asia sono presenti quasi tutti i gruppi razziali e tutte le religioni, monoteistiche e politeistiche.
È ricca di isole, soprattutto nell'Oceano Pacifico e Indiano, e dei più alti rilievi la cui principale catena è costituita dall'**Himalaja** con la vetta più elevata del mondo: l'**Everest** che separa India, Nepal e Buthan dalla Cina. Altra catena di rilievo è il **Karakorum**, con la vetta del **K2**, fra Cina e Pakistan. Altri rilievi: **Monte Ararat** (Turchia), **Monte Fuji** (Giappone) **Monte Zagros** (Iran), **Monte Kunlun** (Cina).
Numerosi sono gli altipiani (il ***Tibet*** è il più vasto al mondo) mentre l'area dei bassipiani è poco estesa.
Ricordiamo il bassopiano siberiano, cinese, indocinese ecc.
Il continente è anche ricco di fiumi quelli che sfociano nell'oceano Pacifico ed Indiano, l'Indo, il Gange, il Tigri e l'Eufrate, sono i più importanti.
Tra i laghi ricordiamo il **Mar Caspio** (bacino chiuso, considerato il più vasto del mondo), il **Lago Aral** (kmq 65.500) e il **Lago Balhas** (kmq 18.200). Il **Lago Bajkal** è il più profondo (supera i 1.600 m).
È il continente che detiene numerosi primati in termini di dati geografici. È il solo continente a essere bagnato da tre oceani: l'Atlantico (con il Mar Glaciale Artico e il Mar Mediterraneo), l'**Indiano** e il **Pacifico**.
L'Asia con l'Europa forma un'unica massa continentale l'**Eurasia** (convenzionalmente separata dalla catena dei **M. Urali**); inoltre è unita anche all'Africa dall'**istmo di Suez** (attraverso cui si passa dal Mediterraneo al Mar Rosso); è separata dall'America settentrionale dallo **stretto di Bering** (92 km).
Infine, è qui che hanno avuto origine le maggiori religioni mondiali oggi esistenti oltre che quasi tutte praticate.

SCHEDA RIEPILOGATIVA ASIA					
SUPERFICIE	44.614.000* kmq	ABITANTI	3.765.000.000*	DENSITÀ	84 ab/kmq
Città più popolata		Tokyo		37.468.302* ab	
Nazione più estesa		Russia		17.075.400 kmq	
Monte più alto		Everest		8846 m	
Fiume più lungo		Chang Jiang (F. Azzurro)		5800 km	
Lago più esteso		Mar Caspio		371.000 kmq	
Isola più estesa		Borneo		736.000 kmq	

* Fonte: Treccani

Dati principali dell'Asia

RILIEVI PRINCIPALI			
CATENA	MONTE	METRI	PAESE
Himalaya	**Everest**	8.846	**Cina, Nepal**
	Kanchenjunga	8.598	India, Nepal
	Lhotse	8.501	Cina, Nepal
Karakoram	K2	8.611	Cina, Pakistan
	Gasherbrum 1	8.068	Cina, Pakistan
Hindu Kush	Nowshak	7.485	Afgan istan
Pamir	Picco Ismail Samani	7.495	Tagikistan
Monti Kunlun	Kungur Tagh	7167	Cina
Trans-Alaj	Picco Lenin	7.134	Tagikistan, Kirghizistan
Monti Elburz	Damavand (vulcano)	5.670	Iran
Caucaso	Elbrus	5.642	Russia, Azerbaigian
Acrocoro Armeno	Ararat	5.165	Turchia
Monti Zagros	Dena	4.548	Iran, Iraq
Altaj	Gora Belukha	4.506	Russia, Kazakistan
Banjaran Crocker	Kinabalu	4.095	Malesia
Monti Barisan	Keringi	3.805	Isola di Sumatra
Monte Fuji (Vulcano)	Monte Fuji	3.776	Giappone

FIUMI PRINCIPALI		
FIUME	KM	PAESE
Fiume Azzurro (*Chang Jiang*)	5.800	Cina
Ob'-lrtys	5.500	Cina, Russia, Kazakistan
Fiume Giallo (*Huang He*)	4.845	Cina
Mekong	4.500	Cina, Birmania, Laos, Thailandia, Cambogia, Vietnam
Amur	4.416	Russia siberiana, Mongolia

(segue)

FIUMI PRINCIPALI		
FIUME	**KM**	**PAESE**
Lena	4.400	Russia siberiana
Enisej	4.092	Russia siberiana
Indo	3.180	Cina, India, Pakistan
Syr Darya	2.991	Kirghizistan, Kazakistan, Tagikistan, Uzbekistan
Brahmaputra	2.900	Cina, India, Bangladesh
Tunguska Inferiore	2.769	Russia
Eufrate	2.760	Turchia, Siria, Iraq
Tarim	2.750	Cina
Gange (sfocia nel golfo di Bengala)	2.700	India, Bangladesh
Viljuj	2.650	Russia
Amu Darya	2.600	Afghanistan, Turkmenistan, Tagikistan, Uzbekistan
Kolyma	2.513	Russia
Salween	2.500	Cina, Myanmar
Ural	2.428	Russia, Kazakistan
Tigri	1.950	Turchia

Suddivisione politica dell'Asia

L'Asia attualmente comprende **50 Stati** di seguito elencati evidenziando alcuni dati di particolare interesse per i partecipanti ai concorsi, quali: ordinamento politico, confini, capitale e città più rilevanti, lingue e monete ufficiali. Di particolare importanza le note che riportano notizie interessanti.

ASIA SETTENTRIONALE
È occupata interamente dalla Russia Asiatica

ASIA CENTRALE E CAUCASICA					
ARMENIA					
GOVERNO		Repubblica semi-presidenziale	**MONETA**		Dram
LINGUA		Armeno	**CAPITALE E CITTÀ PRINCIPALI**		**Erevan**, Gyumri, Vanadzor
CONFINI	**N** Georgia; **E** e **SE** Azerbaigian; **S** Iran e **O** Turchia				
NOTE	A Nord del Tropico del Cancro. Si estende sui rilievi del Piccolo Caucaso; La cima più alta è Aragats (4090 m).				
AZERBAIGIAN					
GOVERNO		Repubblica presidenziale	**MONETA**		Manat

(segue)

AZERBAIGIAN					
LINGUA		Azerbaigiano	**CAPITALE E CITTÀ PRINCIPALI**		**Baku**, Gäncä, Sumqayıt
CONFINI	**E** Mar Caspio; **N** Russia; O Turchia; **NO** Georgia; **O** Armenia; **S** Iran				
NOTE	A Nord del Tropico del Cancro.				
GEORGIA					
GOVERNO		Repubblica semi-presidenziale	**MONETA**		Lari georgiano
LINGUA		Georgiano	**CAPITALE E CITTÀ PRINCIPALI**		**Tblisi**, Batumi, Gori, Poti
CONFINI	**N** e **NE** con la Russia, **SE** con l'Azerbaigian, **S** con l'Armenia, **SO** con la Turchia e a **O** si affaccia sul Mar Nero				
NOTE	Il territorio, prevalentemente montuoso, include a N il versante meridionale del Caucaso e a S il Piccolo Caucaso.				
KAZAKISTAN					
GOVERNO		Repubblica	**MONETA**		Tenge kazako
LINGUA		Kazako, russo, tedesco e ucraino	**CAPITALE E CITTÀ PRINCIPALI**		**Astana**, Taraz, Oral
CONFINI	N e NO Fed. Russa; E Cina; SE Kirghizistan; S Uzbekistan; SO Turkmenistan; O Mar Caspio.				
NOTE	Il territorio comprende i Bassopiano Turanico e Siberiano Occ. Monti: Altaj e Tian Shan.				
KIRGHIZISTAN					
GOVERNO		Repubblica	**MONETA**		Som
LINGUA		Kirghiso e russo	**CAPITALE E CITTÀ PRINCIPALI**		**Biškek**, Karakol, Jalal-Abad, Osh
CONFINI	**N** Kazakistan; **E** e **SE** Cina; **SO** Tagikistan; **O** Uzbekistan				
NOTE	Comprende buona parte della catena del Tian Shan e dei monti Alatau. Fiumi: Chüy, Naryn,Talas.				
TAGIKISTAN					
GOVERNO		Repubblica	**MONETA**		Somoni tagiko
LINGUA		Tagiko	**CAPITALE E CITTÀ PRINCIPALI**		**Dusanbe**, Khujand, Kulob
CONFINI	**N** Kirghizistan; **E** Cina; **S** Afghanistan; **O** Uzbekistan				
NOTE	Il territorio tocca i 7495 m nel Picco Ismoili Somoni (già Picco del Comunismo).				
TURKMENISTAN					
GOVERNO		Repubblica	**MONETA**		Manat

(segue)

TURKMENISTAN					
LINGUA		Turkmeno	**CAPITALE E CITTÀ PRINCIPALI**		**Asgabat**, Türkmenabat, Mary, Balkanabat
CONFINI	**N** Kazakistan, Uzbekistan; **SE** Afghanistan; **S** Iran; **O** Mar Caspio				
NOTE	Il territorio è in gran parte occupato dal deserto del Garagum.				
UZBEKISTAN					
GOVERNO		Repubblica	**MONETA**		Sum uzbeco
LINGUA		Uzbeco e russo	**CAPITALE E CITTÀ PRINCIPALI**		**Tashkent**, Namangan, Andijon, Buxoro
CONFINI	**N** e **NO** Kazakistan; **E** Kirghizistan, Tagikistan; **SE** Afghanistan; **S** Turkmenistan.				
NOTE	Il territorio è in parte desertico e contiene il **lago d'Aral**.				

MEDIO ORIENTE					
ARABIA SAUDITA					
GOVERNO		Monarchia assoluta	**MONETA**		Riyal
LINGUA		Arabo	**CAPITALE E CITTÀ PRINCIPALI**		**Riyad**, Gidda, La Mecca, Medina, Ad-Dammām
CONFINI	**N** Giordania, Iraq; **NE** Kuwait; **SE** Qatar, Emirati Arabi Uniti; **S** Oman, Yemen; **E** Golfo Arabico; **O** Mar Rosso				
NOTE	Attraversata dal Tropico del Cancro. Presenta i deserti, sabbiosi An-Nafūd e Ar-Rub' al-Khālī e pietroso Neged.				
BAHREIN					
GOVERNO		Monarchia	**MONETA**		Dinar di Bahrein
LINGUA		Arabo	**CAPITALE E CITTÀ PRINCIPALI**		**Manama**, Al-Muḥarraq, Riffa, Hamad
CONFINI	Arcipelago del Golfo Arabico, al largo della costa orientale dell'Arabia Saudita				
NOTE	Costituita da 33 isole, poco a Nord del Tropico del Cancro.				
CIPRO					
GOVERNO		Repubblica presidenziale	**MONETA**		Lira sterlina di Cipro
LINGUA		Greco e turco	**CAPITALE E CITTÀ PRINCIPALI**		**Nicosia,** Limassol, Lárnaca
CONFINI	**Isola** del Mediterraneo orientale al largo delle coste della Siria e della Turchia				
NOTE	Paese a Nord del Tropico del Cancro.				
EMIRATI ARABI UNITI					
GOVERNO		Federati di Emirati	**MONETA**		Dirham

(segue)

EMIRATI ARABI UNITI					
LINGUA		Arabo	**CAPITALE E CITTÀ PRINCIPALI**		**Abu Dhabi**, Dubai, Sharjah, Ajman
CONFINI	**E** Oman; **S** e **O** Arabia Saudita; **NO** Qatar; **N** Golfo Arabico; **NE** Golfo di Oman				
NOTE	Attraversati dalla linea equatoriale.				
GIORDANIA					
GOVERNO		Monarchia costituzionale	**MONETA**		Dinar giordano
LINGUA		Arabo	**CAPITALE E CITTÀ PRINCIPALI**		**Amman**, As-Salt, Irbid
CONFINI	**N** con la Siria, **NE** con l'Iraq, **SE** e **S** con l'Arabia Saudita, **O** con Israele e la Cisgiordania; a **SO** si affaccia sul golfo di Aqaba (Mar Rosso)				
NOTE	È occupata da Israele nel 1967 e formalmente amministrata dall'Autorità Palestinese; il paese si estende sul vasto tavolato quasi desertico limitato a O dalla valle del fiume Giordano, dal Mar Morto e dalla valle del Wādī 'Arabah.				
IRAN					
GOVERNO		Repubblica islamica	**MONETA**		Rial iraniano
LINGUA		Persiano	**CAPITALE E CITTÀ PRINCIPALI**		**Teheran**, Mashhad, Karaj, Tabriz
CONFINI	**N** Armenia, Azerbaigian, Turkmenistan, **E** Afghanistan, Pakistan, **O** Iraq, Turchia; **N** Mar Caspio; **S** Golfo Persico, Golfo di Oman				
NOTE	Poco sopra il Tropico del Cancro. Senza sbocco al mare, alternata distese salmastre, steppe saline e deserti sabbiosi (come il Dasht-e Kavīr).				
IRAQ					
GOVERNO		Repubblica federale	**MONETA**		Dinar iracheno
LINGUA		Arabo e curdo	**CAPITALE E CITTÀ PRINCIPALI**		**Baghdad**, Bassora, Arbīl
CONFINI	**N** Turchia, **NE** e **E** Iran; **SE** Kuwait; **SO** Arabia Saudita; **O** Giordania, Siria; **SE** Golfo Arabico				
NOTE	Poco sopra il Tropico del Cancro. Corrisponde alla Mesopotamia, regione tra il **Tigri** e l'**Eufrate**; i **Monti Zagros** segnano il confine con l'Iran.				
ISRAELE					
GOVERNO		Repubblica	**MONETA**		Sciclo
LINGUA		Ebraico	**CAPITALE E CITTÀ PRINCIPALI**		**Gerusalemme**, Tel Aviv, Giaffa, Haifa
CONFINI	**N** Libano; **NE** Siria; **E** Cisgiordania, Giordania, **SO** con Egitto; **NO** Mar Mediterraneo; **S** Golfo di Aqaba				

(segue)

ISRAELE			
NOTE	Il rilievo è costituito dagli altopiani di Galilea, Samaria e Giudea. La parte Sud è occupata dal **deserto del Negev**.		
KUWAIT			
GOVERNO	Monarchia costituzionale	**MONETA**	Dinar kuwaitiano
LINGUA	Arabo	**CAPITALE E CITTÀ PRINCIPALI**	**Al Kuwait**, Hawallī, Salwā', Janub Khītān
CONFINI	**S** e **SO** Arabia Saudita; **N** e **NO** Iraq; **E** Golfo Arabico		
NOTE	Si trova poco sopra il Tropico del Cancro.		
LIBANO			
GOVERNO	Repubblica	**MONETA**	Lira del Libano
LINGUA	Arabo, inglese e francese	**CAPITALE E CITTÀ PRINCIPALI**	**Beirut**, Tripoli, Sidone, Trino
CONFINI	**N** e **E** Siria; **S** Israele; **O** Mar Mediterraneo		
NOTE	È percorso dalla Catena del Libano (monte Qurnat as-Sawdā', 3083 m).		
OMAN			
GOVERNO	Sultanato	**MONETA**	Rial Omani
LINGUA	Arabo e inglese	**CAPITALE E CITTÀ PRINCIPALI**	**Masqat**; Bawshar, Ṣalālah, Maṭraḥ, Ṣūr
CONFINI	**SO** Yemen; **O** Arabia Saudita; **NO** Emirati Arabi Uniti; **NE** G. di Oman; **E** Mar Arabico; **S** Oceano Indiano		
NOTE	Attraversato dal Tropico del Cancro.		
PALESTINA			
GOVERNO	Repubblica	**MONETA**	Nuovo siclo israeliano, dinaro giordano
LINGUA	Aramaico, ebraico, inglese	**CAPITALE E CITTÀ PRINCIPALI**	**Gerusalemme est** (rivendicata), Ramallah e Gaza (de facto)
CONFINI	Controlla unitamente a Israele la Cisgiordania e la Striscia di Gaza.		
QATAR			
GOVERNO	Emirato	**MONETA**	Riyal del Qatar
LINGUA	Arabo	**CAPITALE E CITTÀ PRINCIPALI**	**Doha**, Ar-Rayyān, Adh-Dhakhīrah, Al-Khawr
CONFINI	**S** Arabia Saudita; **E**, **N**, **O** Golfo Persico		
NOTE	Poco a Nord del Tropico del Cancro.		
SIRIA			
GOVERNO	Repubblica	**MONETA**	Lira sterlina siriana

(segue)

SIRIA				
CONFINI	**N** Turchia; **E** e **SE** Iraq; **S** Giordania, **SO** Israele, Cisgiordania, Libano; **O** Mar Mediterraneo			
NOTE	I fiumi principali sono l'**Eufrate** e l'**Oronte**.			
TURCHIA				
GOVERNO	Repubblica	MONETA	Lita turca	
LINGUA	Turco	CAPITALE E CITTÀ PRINCIPALI	**Ankara** e **Istanbul**, Smirne, Bursa, Adana	
CONFINI	**NE** Georgia; **E** Armenia, Iran, **SE** Iraq, Siria; **NO**, in Europa, Grecia, Bulgaria. **N** Mar Nero; **SO** Mar Mediterraneo; **O** Mar Egeo			
NOTE	Il territorio della Turchia europea è separato da quello asiatico sull'**Anatolia** dal Mar di Marmara, ai cui estremi si aprono gli stretti dei **Dardanelli** e del **Bosforo**.			
YEMEN				
GOVERNO	Repubblica	MONETA	Riyal yemenita	
LINGUA	Arabo, inglese	CAPITALE E CITTÀ PRINCIPALI	**Sana**, 'Adan, Ta'izz, Ibb	
CONFINI	**N** Arabia Saudita; **E** Oman; **S** Golfo di Aden (Oceano Indiano); **O** Mar Rosso			
NOTE	Attraversato dal Tropico del Cancro.			

ASIA MERIDIONALE			
AFGHANISTAN			
GOVERNO	Repubblica islamica	MONETA	Afghani
LINGUA	Pasto e dari	CAPITALE E CITTÀ PRINCIPALI	**Kabul**, Herāt, Kandahār, Mazār-e Sharāf, Jalālābād
CONFINI	**N** Turkmenistan, Uzbekistan, Tagikistan; **NE** Cina; **E** e **S** Pakistan; **O** Iran		
NOTE	A Nord del Tropico del Cancro.		
BANGLADESH			
GOVERNO	Repubblica parlamentare	MONETA	Taka
LINGUA	Bengali, urdu e inglese	CAPITALE E CITTÀ PRINCIPALI	**Dacca**, Chittagong, Nārāyanganj, Khulna
CONFINI	**O**, **N** e **NE** India; **SE** Myanmar; **S** Golfo del Bengala		
NOTE	Attraversato dal Tropico del Cancro.		
BHUTAN			
GOVERNO	Monarchia costituzionale	MONETA	Ngultrum

(segue)

BHUTAN					
LINGUA		Dzongkha	CAPITALE E CITTÀ PRINCIPALI		**Thimphu**, Phuentsholing
CONFINI	**N** Cina (Tibet); **E**, **S** e **O** India				
NOTE	Occupa il meridione dell'Himalaya, poco a Nord del Tropico del Cancro.				
INDIA					
GOVERNO		Repubblica federale	MONETA		Rupia indiana
LINGUA		Hindi e inglese	CAPITALE E CITTÀ PRINCIPALI		**New Delhi**, Calcutta, Surat, Bombay
CONFINI	Comprende tutta la penisola del Deccan, tra il Golfo del Bengala a **E** e il Mare Arabico a **O**, buona parte dell'Indostan, o bassopiano indogangetico, limitato a **N** da Cina, Nepal e Bhutan, a **NE** dal Myanmar e dal Bangladesh e a **O** dal Pakistan				
NOTE	Attraversata dal Tropico del Cancro. Subregioni naturali: l'altopiano del **Deccan**, la piana indogangetica e le fasce montane e pedemontane dell'Himalaya meridionale. Fiumi principali: **Gange**, **Indo**, **Brahmaputra**.				
MALDIVE					
GOVERNO		Repubblica presidenziale	MONETA		Rupia delle Maldive
LINGUA		Divehi	CAPITALE E CITTÀ PRINCIPALI		**Male**, Dhekunu, Medhu
CONFINI	Arcipelago dell'Oceano Indiano, a SO dell'India, costituito da 20 atolli				
NOTE	Si trova poco a Nord dell'Equatore.				
NEPAL					
GOVERNO		Repubblica federale	MONETA		Rupia nepalese
LINGUA		Nepalese e bihari	CAPITALE E CITTÀ PRINCIPALI		**Kathmandu**, Pokharā, Lalitpur, Birātnagar
CONFINI	**N** Cina; **E**, **S** e **O** India				
NOTE	Poco a Nord del Tropico del Cancro. Comprende la zona himalayana più alta (**Everest**, 8848 m; **Kānchenjunga**, 8586 m).				
PAKISTAN					
GOVERNO		Repubblica	MONETA		Rupia Pakistana
LINGUA		Urdu e inglese	CAPITALE E CITTÀ PRINCIPALI		**Islamabad**, Karāchi, Lahore, Faisalabad, Multan
CONFINI	**NE** Cina, **E** e **SE** India; **SO** Iran; NO Afghanistan; **S** Mare Arabico				
NOTE	Poco a Nord del Tropico del Cancro. Cima più elevata (**K2** 8611 m). Il Punjab, parte più fertile, è formata dalle valli dell'Indo.				
SRI LANKA					
GOVERNO		Repubblica	MONETA		Rupia singalese

(segue)

SRI LANKA				
LINGUA		Singalese e tamil	**CAPITALE E CITTÀ PRINCIPALI**	**Colombo**, Jaffna, Negombo, Kandy
CONFINI	Isola dell'Asia meridionale nell'Oceano Indiano a SE dell'estrema punta meridionale della penisola del Deccan			
NOTE	Poco a Nord dell'Equatore.			

ASIA ORIENTALE					
CINA					
GOVERNO		Repubblica popolare	**MONETA**		Yuan Renminbi
LINGUA		Cinese	**CAPITALE E CITTÀ PRINCIPALI**		**Pechino**, Shanghai, Tientsin, Canton, Shenzen
CONFINI	**N** Mongolia, Russia; **NE** Corea del Nord; **S** Viet Nam, Laos, Myanmar, India; **SO** Bhutan, Nepal, India; O Pakistan; Afghanistan, Tagikistan; **NO** Kirghizistan, Kazakistan; **E** Mar Giallo, Mar Cinese Or.; **SE** Mar Cinese Merid				
NOTE	È attraversata a Sud dal Tropico del Cancro. Principali catene montuose: **Himalaya**, Kunlun Shan, Tian Shan, Altaj). L'altipiano del **Tibet**, il più vasto della Terra, ha un'altitudine media di 4000 m. La Cima più elevata è il **monte Everest** (8848 m; la maggior depressione il **Turpan**. Scorrono: il **Fiume Giallo, il Fiume Azzurro**, l'Amur e il Yalu.				
COREA DEL NORD					
GOVERNO		Repubblica socialista	**MONETA**		Won nordcoreano
LINGUA		Coreano	**CAPITALE E CITTÀ PRINCIPALI**		**Pyeongyang**, Hamheung, Cheongjin, Nampo
CONFINI	**N** Cina, Russia; **S** Corea del Sud; **E** Mare del Giappone/Mare dell'Est; **O** Mar Giallo				
NOTE	Paese a Nord del Tropico del Cancro.				
COREA DEL SUD					
GOVERNO		Repubblica semi-presidenziale	**MONETA**		Won sudcoreano
LINGUA		Coreano	**CAPITALE E CITTÀ PRINCIPALI**		**Seoul**, Busan, Incheon, Daegu, Daejeon
CONFINI	**N** Corea del Nord; **E** Mare del Giappone/Mare dell'Est; **O** Mar Giallo; **S** stretto di Corea				
NOTE	Paese a Nord del Tropico del Cancro.				
HONG KONG					
GOVERNO		Regione speciale	**MONETA**		Dollaro di Hong Kong
LINGUA		Cinese e inglese	**CAPITALE**		Victoria
CONFINI	Composta dall'isola di Hong Kong, posta nel Mar Cinese Meridionale, dalla penisola di Kowloon e dai cosiddetti Nuovi Territori				

(segue)

HONG KONG			
NOTE	Dal 1° luglio 1997 è tornata alla Repubblica Popolare Cinese, che ne ha fatto una Regione speciale amministrativa.		
GIAPPONE			
GOVERNO	Monarchia costituzionale	**MONETA**	Yen
LINGUA	Giapponese	**CAPITALE E CITTÀ PRINCIPALI**	**Tokyo**, Osaka, Kyoto, Kawasaki, Hiroshima
CONFINI	Nell'arcipelago giapponese, al largo delle coste della Russia, della Cina e della Corea; delimita il Mare del Giappone e si affaccia a **E** all'Oceano Pacifico		
NOTE	Il cono del Fuji con i suoi 3776 m è il monte più alto del paese. Nell'arcipelago sono presenti quattro fasce vulcaniche comprendenti 165 coni di cui una sessantina tuttora attivi. Molto intensa è l'attività sismica.		
MONGOLIA			
GOVERNO	Repubblica	**MONETA**	Tughrik
LINGUA	Mongolo	**CAPITALE E CITTÀ PRINCIPALI**	**Ulan-Bator**, Erdenet, Moron, Darhan
CONFINI	**N** con la Russia e per il resto con la Cina		
NOTE	Il territorio è costituito da una serie di altipiani stepposi e dal **deserto del Gobi**.		
TAIWAN O FORMOSA			
GOVERNO	Repubblica	**MONETA**	Dollaro di Taiwan
LINGUA	Cinese, taiwanese	**CAPITALE E CITTÀ PRINCIPALI**	**Taipei**, Kaohsiung, Taichung, Tainan
CONFINI	È attraversata longitudinalmente da una serie di rilievi (mt. **Yu Shan**, 3997 m)		
NOTE	Isola tra il Mar Cinese Or. e il Mar Cinese Merid., separata dalla Cina a **O** dallo Stretto di Taiwan.		

SUD-EST ASIATICO			
BRUNEI			
GOVERNO	Monarchia assoluta	**MONETA**	Dollaro del Brunei
LINGUA	Malese, inglese e cinese	**CAPITALE E CITTÀ PRINCIPALI**	**Bandar Seri Begawan**, Kuala Belait
CONFINI	Formata da due piccoli territori lungo la costa sett. dell'isola del Borneo, sul Mar Cinese Merid., circondato dalla Malaysia Orientale		
NOTE	Poco a Nord dell'Equatore.		
CAMBOGIA			
GOVERNO	Monarchia costituzionale	**MONETA**	Riel

(segue)

CAMBOGIA					
LINGUA		Khmer e francese	CAPITALE E CITTÀ PRINCIPALI		**Phnom Penh**, Siĕm Réab, Bătdâmbâng
CONFINI	**N** Thailandia, Laos; **E** e **SE** Viet Nam; **O** Thailandia; **SO** Golfo del Siam				
NOTE	Situato tra Equatore e tropico del Cancro. È solcato dal **fiume Mekong**.				

FILIPPINE					
GOVERNO		Repubblica	MONETA		Peso filippino
LINGUA		Filippino o tagalog, inglese e spagnolo	CAPITALE E CITTÀ PRINCIPALI		**Manila**, Quezon City, Davao
CONFINI	Arcipelago situato fra l'Oceano Pacifico, il Mar di Celebes e il Mar Cinese Meridionale				
NOTE	Paese tra il Tropico del Cancro e l'Equatore. Isole maggiori: Luzon, Mindanao, Samar, Negros, Palawan, Panay, Mindoro, Leyte, Cebu, Bohol e Masbate.				

INDONESIA					
GOVERNO		Repubblica	MONETA		Rupia indonesiana
LINGUA		Bahasa indonesia	CAPITALE E CITTÀ PRINCIPALI		**Jakarta**, Bandung, Surabaya, Medan
CONFINI	**N** Malaysia; si estende su un arco di isole tra l'Asia sudorientale e l'Oceania segnando qui il limite convenzionale tra gli oceani Pacifico e Indiano				
NOTE	Attraversato dall'Equatore. Isole principali: Celebes (Sulawesi), Molucche, Giava, Sumatra, la maggior parte del Borneo.				

LAOS					
GOVERNO		Repubblica	MONETA		Kip
LINGUA		Lao e francese	CAPITALE E CITTÀ PRINCIPALI		**Ventiane**, Pakxé, Xam Nua, Thakhèk
CONFINI	**N** Cina; **E** Viet Nam; **S** Cambogia; **O** Thailandia; **NO** Myanmar (Birmania)				
NOTE	Si trova poco a Sud del Tropico del Cancro.				

MALAYSIA O MALESIA					
GOVERNO		Federazione di monarchie	MONETA		Ringgit
LINGUA		Malese, inglese, cinese e tamil	CAPITALE E CITTÀ PRINCIPALI		**Kuala Lumpur,** Klang, Ipoh
CONFINI	Nella penisola della Malacca. **N** Thailandia; **S** Singapore; i territori di Sarawak e Sabah si trovano nella parte sett. dell'isola del Borneo tra il Mar Cinese Meridionale a **N**, il Mar di Sulu a **NE** e il Mar di Celebes a **E**				
NOTE	Si trova poco a Nord dell'Equatore.				

(segue)

MYANMAR (EX BIRMANIA)			
GOVERNO	Repubblica	**MONETA**	Kyat
LINGUA	Birmano e inglese	**CAPITALE E CITTÀ PRINCIPALI**	**Napydaw**, Mandalay, Bago, Yangon (Rangoon)
CONFINI	**NE** Cina; **E** Laos; **SE** Thailandia, **NO** Bangladesh, India; **SO** Mar delle Andamane; **O** Golfo del Bengala		
NOTE	Attraversato dal Tropico del Cancro.		

SINGAPORE			
GOVERNO	Repubblica	**MONETA**	Dollaro di Singapore
LINGUA	Inglese, cinese, malese e tamil	**CAPITALE**	**Singapore**
CONFINI	Isola presso l'estrema punta merid. della penisola di Malacca, da cui la separa il Canale di Johor		
NOTE	È occupata per circa un quinto dall'area urbana di Singapore.		

THAILANDIA (EX SIAM)			
GOVERNO	Monarchia costituzionale	**MONETA**	Bath
LINGUA	Thai, cinese e malese	**CAPITALE E CITTÀ PRINCIPALI**	**Bangkok**, Samut Prakan, Nonthaburi, **Hat Yai**
CONFINI	**NE** e **E** Laos; **SE** Cambogia; **S** Malaysia; **O** e **NO** Myanmar; **S** Golfo del Siam; **SO** Mar delle Andamane		
NOTE	Poco a Sud del Tropico del Cancro. Il territorio si unisce alla penisola malese attraverso l'Istmo di Kra.		

TIMOR EST			
GOVERNO	Repubblica	**MONETA**	Dollaro USA
LINGUA	Portoghese e tetum	**CAPITALE E CITTÀ PRINCIPALI**	**Dili,** Baucau, Dare, Maliana
CONFINI	Occupa la parte orientale dell'isola di Timor		
NOTE	Ex colonia portoghese.		

VIETNAM			
GOVERNO	Repubblica socialista	**MONETA**	Dong
LINGUA	Vietnamita	**CAPITALE E CITTÀ PRINCIPALI**	**Hanoi**, Thanh Phô Hô Chí Minh, Hai Phòng
CONFINI	**N** Cina; **O** Cambogia, Laos; **E** e **S** Mar Cinese Meridionale		
NOTE	Tra l'Equatore e il Tropico del Cancro.		

Glasgow
U.K.
Mar di Norvegia
Mar del Nord
Is. Svalbard (NORVEGIA)
FRANZ JOSEF LAND
Mar Glaciale Artico
NORVEGIA
Oslo
SVEZIA
DAN.
Copenhagen
Stoccolma
FINLANDIA
Tallinn
Helsinki
Mar di Barents
Murmansk
NUOVA TERRA
SEVERNAYA ZEMLYA
N. NUOVA SIBERIA
Mar di Laptev
Mar Siberiano Occidentale
Wrangel Island
U.S.
Providenyia
Anadyr'
Cherskiy
Mar di Bering
Mar di Kara
Tiksi
Riga
EST.
LIT.
San Pietroburgo
POL.
Vilnius
Lago Ladoga
Lago Onega
Arkhangel'sk
Minsk
BIELOR.
Noril'sk
Circolo Polare Artico
Magadan
Petropavlovsk-Kamchatskiy
Kiev
Mosca
Nizhniy Novgorod
Yakutsk
UCRAINA
Kharkiv
Voronezh
Kazan'
Perm'
RUSSIA
Mar di Okhotsk
KURIL ISLANDS
Donets'k
Saratov
Samara
Ufa
Yekaterinburg
Chelyabinsk
Volgograd
Rostov
Sakhalin
Omsk
Krasnoyarsk
Novosibirsk
Khabarovsk
Atryaū (Atryau)
Astana
Tbilisi
ARM.
Yerevan
Qaraghandy (Karaganda)
Irkutsk
Chita
Sapporo
Lake Baikal
KAZAKISTAN
Harbin
Baku
Ulaanbaatar
Tabriz
UZBEKISTAN
Changchun
Vladivostok
MONGOLIA
TURKMENISTAN
Ashgabat
Almaty
Shenyang
COREA del NORD
Mar del Giappone
GIAPPONE
Teheran
Tashkent
Bishkek
KIRGHIZISTAN
Ürümqi
Pyongyang
Tokyo
Yokohama
Nagoya
Mashhad
Beijing
Dalian
Seoul
COREA del SUD
Osaka
Esfahān
Dushanbe
Kashi
Baotou
Tianjin
Busan
TAGIKISTAN
Taiyuan
Qingdao
Yellow Sea
Fukuoka
IRAN
Jinan
AFGHANISTAN
Shiraz
Kabul
Lanzhou
Mar della Cina Orientale
Zhengzhou
Nanjing
Shanghai
Bandar Abbas
Kandahar
Islamabad
Faisalabad
Xi'an
Doha
QATAR
Abu Dhabi
Quetta
Lahore
CINA
Hangzhou
Wuhan
Muscat
PAKISTAN
Ludhiana
Chengdu
Okinawa
Nuova Delhi
Chongqing
Changsha
Nanchang
RYUKYU ISLANDS (JAPAN)
ARABIA SAUDITA
OMAN
Jaipur
NEPAL
Lhasa
BHUTAN
Taipei
Tropico del Cancro
Karachi
Lucknow
Kanpur
Kathmandu
Thimphu
Guiyang
Taiwan
Patna
Kunming
Guangzhou
Ahmadabad
Indore
BANGLADESH
Dacca
Hong Kong S.A.R.
Macau S.A.R.
Mar delle Filippine
Surat
INDIA
Kolkata
Nanning
Mandalay
Nagpur
Hanoi
Haiphong
Chittagong
BURMA
Luzon
Mumbai
Pune
LAOS
Hainan Dao
Quezon City
Manila
Hyderabad
Nay Pyi Taw
Vientiane
Mar Arabico
Vishakhapatnam
Rangoon
Da Nang
Mar della Cina Meridionale
FILIPPINE
THAILANDIA
Baia del Bengala
Bangkok
VIETNAM
Bangalore
Chennai
CAMBOGIA
Cebu
LAKSHADWEEP (INDIA)
ANDAMAN ISLANDS (INDIA)
Mar di Andaman
SPRATLY ISLANDS
Mindanao
Phnom Penh
Ho Chi Minh City
Sulu Sea
Davao
Kochi
Jaffna
Golfo di Thailandia
Laccadive Sea
SRI LANKA
Bandar Seri Begawan
MALDIVE
Colombo
BRUNEI
Mar di Celebes
Male
NICOBAR ISLANDS (INDIA)
MALAYSIA
Kuala Lumpur
Medan
Borneo
SINGAPORE
Singapore
Sulawesi
Ambon
Equatore
Pontianak
Banda Sea
Sumatra
Makassar
Palembang
INDONESIA
Dili
Jakarta
Mar di Giava
TIMOR-LESTE
Oceano Indiano
Semarang
Surabaya
Timor
Bandung
Java
Mar di Timor
Cocos (Keeling) Islands (AUSTL.)
Christmas Island (AUSTL.)
AUSTRALIA

Occorre sapere

Se una nave attracca nel porto di Port Kelang è giunta in Malesya.
Lo Stretto di Formosa separa la Cina dal Taiwan.
La kefiah è il copricapo tipico del popolo arabo.
A Macao, regione amministrativa della Cina, si parla il portoghese, che è la lingua ufficiale.
Il numero di abitanti dell'India (stima 2014) è di circa 1.290.000.000.
Il numero di abitanti dell'Afghanistan (stima 2015) è di circa 38.900.000; della Cambogia (stima 2014) è di circa 23.800.000; Giappone (censimento 2015) è di circa 72.300.000.
La bandiera a tre bande orizzontali di uguale dimensione, (dall'alto) verde-bianco-rosso, con un trapezio nero posto sul lato sinistro appartiene al Kuwait.
Al centro della bandiera giapponese vi è rappresentato un sole rosso su sfondo bianco.
La bandiera rossa con al centro una stella a cinque punte gialla appartiene al Vietnam.
La bandiera a tre bande orizzontali di uguale dimensione, (dall'alto) rosso-bianco-nero, con riprodotte due stelle verdi a cinque punte nella banda centrale, appartiene alla Siria.
Sulla bandiera della Turchia, su sfondo rosso, si trovano rappresentate una mezzaluna e una stella.
Lo sfondo della bandiera del Myanmar (Birmania) è formata da tre bande orizzontali giallo, verde e rosso. Inoltre vi è un simbolo bianco che rappresenta una stella.

Simboli culturali dei paesi e religioni

La pagoda di Shwedagon si trova in Birmania.
Il Tempio del Cielo si trova a Pechino.
Il sito archeologico di Baalbek si trova in Libano.
La moschea Badshahi a Lahore si trova in Pakistan.
La religione più praticata in Armenia è cristiana.
La religione più diffusa in India è quella induista.
Le religioni maggiormente professate in Giappone sono lo Scintoismo e il Buddismo.
La religione più praticata in Corea è buddista.
La religione più praticata in Cambogia è buddista.
La religione più diffusa in Cina è il Buddhismo.
La città più importante per il culto islamico è La Mecca.
La religione più praticata in Indonesia è quella musulmana.
La religione più praticata in Siria è quella musulmana.

4.2 Africa

Con oltre 30 milioni di kmq di estensione, è il terzo continente per vastità, dopo l'Asia e le Americhe. È separata dall'Europa dallo **stretto di Gibilterra** e dell'Asia dal canale di Suez. È circondata a nord dal Mar Mediterraneo, a ovest dall'Oceano Atlantico e a est dal Mar Rosso e dall'Oceano Indiano.
Vi dominano gli altipiani, mentre sono scarsi i rilievi veri e propri: tra i monti ricordiamo il **Kilimangiaro** (m 5.895, fra Kenya e Tanzania), il **Kenya** (m 5.199, in Kenya), il **Ruwenzori** (m 5.109, fra R.D. del Congo e Uganda), la *Catena dell'Atlante* (Marocco) e l'*Acrocoro Etiopico*.
Rilevante è il deserto del **Sahara**, fra le regioni centrali e le coste settentrionali.
È ricca di importanti fiumi, quali il **Nilo**, il **Congo**, il **Senegal**, l'**Orange** ecc.
Tra i laghi, importanti per l'economia dei Paesi in cui si trovano, sono da ricordare il **Lago di Vittoria** (con i suoi 84.131 kmq il più esteso d'Africa e il terzo al mondo), il **Lago Tana**, il **Lago Tanganica** e il **Lago Niassa**.
Si professano diverse religioni:

- nell'Africa settentrionale predomina l'**islamismo**;
- nell'Africa Subsahariana, oltre all'islamismo, sono diffuse religioni **pagane** o **feticiste**;
- il cristianesimo ha nel complesso pochi adepti.

SCHEDA RIEPILOGATIVA AFRICA					
SUPERFICIE	30.258.000* kmq	ABITANTI	900.000.000* ab. circa	DENSITÀ	31 ab./ kmq
Città più popolata		Il Cairo		13.000.000* ab.	
Nazione più estesa		Sudan		2.503.883 kmq	
Monte più alto		Kilimangiaro		5.895 m	
Fiume più lungo		Nilo		6.671 km	
Lago più esteso		Vittoria		68.100 kmq	
Isola più estesa		Madagascar		5.876.041 kmq	

* Fonte: Wikipedia e Global Geografia

Dati principali dell'Africa

RILIEVI PRINCIPALI			
CATENA	MONTE	METRI	PAESE
Rift Valley	Kilimangiaro	5.895	Kenya e Tanzania
Kenya	Kenya	5.199	Kenya
Margherita Peak	Ruwenzori	5.109	Rep. Dem. Congo e Uganda
M. Simien	Ras Dashen Terara	4.620	Etiopia
Karisimbi	Karisimbi	4.507	Ruanda
Monti Baie	Tullu Demtu	4.377	Etiopia
Elgon	Elgon	4.321	Kenya e Uganda
	Batu	4.307	
	Guna Terara	4.231	
Acrocoro Etiopico	Gugē	4.200	Etiopia
	Abune Yosef	4.190	
	K'ech'a Terara	4.190	
Atlante	Jebel Toubkal	4.167	Tra Marocco, Algeria e Tunisia
	Ouanoukrim	4.089	
Monti Virunga	Muhabura	4.127	Ruanda e Uganda

La **massima depressione** è rappresentata dal **Lago di Assal** (–155 m) in Gibuti, poi Qattara (–137 m) in Egitto.

I bacini d'acqua sono fortemente caratterizzati e influenzati dalle zone climatiche, infatti si trovano vicino all'equatore i fiumi e i laghi maggiori.

FIUMI PRINCIPALI		
FIUME	**KM**	**PAESE**
Nilo-Kagera (unico fiume capace di attraversare il deserto del Sahara)	6.671	Egitto, Sudan, Sudan del Sud, Burundi, Ruan, Tanzania, Uganda)
Congo-Chambeshi	4.200	Rep. Democratica Congo, Zambia
Niger	4.160	Mali, Niger, Nigeria, Guinea
Zambesi	2.660	Angola/Zambia/Namibia/Zimbabwe/Mozambico
Uebi Scebeli	1.900	Etiopia/Somalia
Cassai/Kasai	1.900	Angola/Congo, Rep. Dem.
Orange	1.860	Lesotho/Sudafrica/Namibia
Okavango	1.600	Angola/Namibia/Botswana
Limpopo	1.600	Sudafrica/Zimbawe/Mozambico
Volta-Volta Nero	1.500	Burkina Faso/Ghana
Lomami	1.500	Congo, Rep. Dem.
Senegai	1.440	Mali/Mauritania/Senegal
Chari-Ouham	1.400	Centrafricana, Rep./Ciad
Vaal	1.200	Sudafrica
Uadi Dra	1.200	Marocco
Benue	1.169	Nigeria/Camerun
Nilo Azzurro	1.148	Etiopia/Sudan
Oubangui	1.000	Congo, Rep. Dem./Centrafricana, Rep./Congo, Rep.

I principali **bacini fluviali** espressi in kmq sono rappresentati da: **Congo** (3.730.900), **Nilo-Kagera** (3.254.900), **Lago Ciad** (2.497.738), **Niger** (2.261.700).
I **laghi principali** dell'Africa, espressi in kmq, sono: **Vittoria** (68.100) che bagna Kenya/ Tanzania/Uganda; **Tanganica** (32.893) compreso tra Burundi/Congo, Rep. Dem./Tanzania/ Zambia; **Malawi/Niassa** (23.800) compreso tra Malawi/Mozambico/Tanzania; **Ciad** (16.300) fra Ciad/Camerun/Niger/Nigeria; Turkana (8.600) in Etiopia/Kenya; altri via via meno estesi; Nasser, in Egitto, formato dalla gigantesca diga di Assuan, costruita lungo il corso del Nilo; lago Mweru, dalla superficie di 5.120 kmq, tra Zambia e Congo.

ISOLE PRINCIPALI		
ISOLA	**KMQ CA**	**PAESE**
Madagascar	587.000	Madagascar
Socotra	3.626	Yemen
Riunione	2.504	Francia
Bioko	2.017	Guinea Equatoriale
Tenerife (Isole Canarie)	1.929	Spagna
Mauritius	1.865	Mautitius
Zanzibar	1.660	Tanzania
Gran Canaria (Isole Canarie)	1.532	Spagna
Grande Comore (I. Comore)	1.148	Comore
Santiago (I. Capo Verde)	991	Capo Verde

DESERTI PRINCIPALI			
NOME	**TIPO**	**KMQ CA**	**PAESI**
Sahara	Subtropicale	8.600.000	Africa (Algeria, Ciad, Egitto, Libia, Mali, Niger, Mauritania, Marocco, Sudan e Tunisia)
Kalahari	Subtropicale	930.000	Africa (Angola, Botswana, Namibia e Sudafrica)
Deserto del Namib	Fresco costiero	80.900	Africa (Namibia e Angola)

I **paesi più estesi** dell'Africa sono nell'ordine: **Algeria** (2.381.741 kmq ca), **Rep. Dem. Congo** (2.344.858 kmq ca), **Sudan** (1.861.484 kmq ca). Il più popoloso è la Nigeria con oltre 170 milioni di abitanti, mentre il più densamente popolato è il Ruanda con 430 ab/kmq ca.
L'Africa è il continente meno densamente popolato (1.110.600.000 ab. ca - stime 2013), infatti la sua densità è di circa 37 ab/Kmq.
I principali **agglomerati urbani**, con abitanti circa, sono: **Grande Cairo** (11.894.000), in Egitto; **Lagos** (10.578.000), in Nigeria; Johannesburg (4.434.000) in Sudafrica.

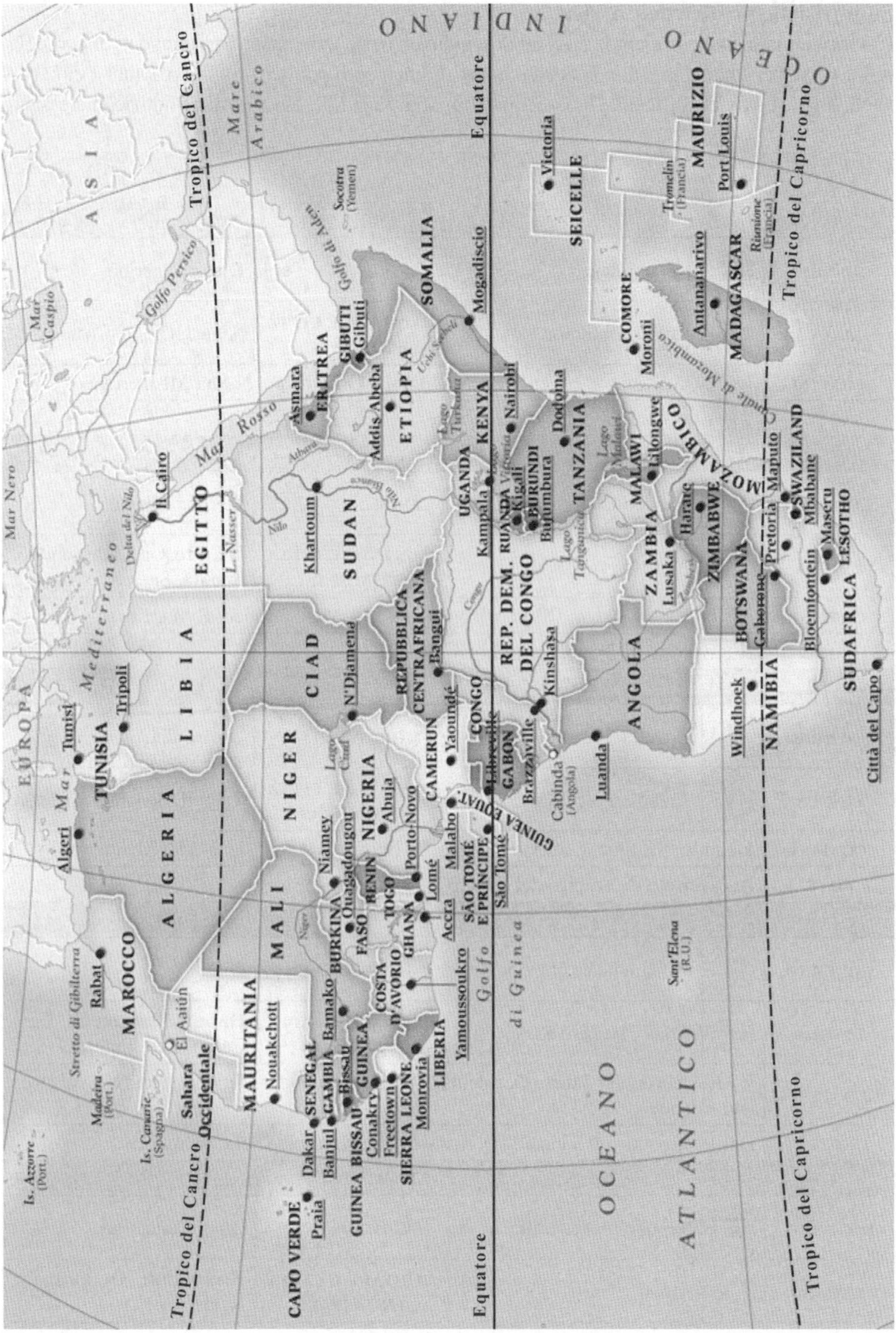

Tropico del Cancro
Equatore
Tropico del Capricorno
EUROPA
ASIA
Mar Mediterraneo
Mar Nero
Mar Caspio
Golfo Persico
Mar Rosso
Mare Arabico
Golfo di Aden
OCEANO INDIANO
OCEANO ATLANTICO
Golfo di Guinea
Canale di Mozambico
Stretto di Gibilterra
Is. Azzorre (Port.)
Madeira (Port.)
Is. Canarie (Spagna)
Socotra (Yemen)
Sant'Elena (R.U.)
Tromelin (Francia)
Riunione (Francia)
MAROCCO
Rabat
ALGERIA
Algeri
TUNISIA
Tunisi
LIBIA
Tripoli
EGITTO
Il Cairo
Delta del Nilo
L. Nasser
Nilo
Nilo Bianco
Atbara
Sahara Occidentale
El Aaiún
MAURITANIA
Nouakchott
MALI
Bamako
NIGER
Niamey
Niger
CIAD
N'Djamena
Lago Ciad
SUDAN
Khartoum
ERITREA
Asmara
GIBUTI
Gibuti
ETIOPIA
Addis Abeba
SOMALIA
Mogadiscio
Uebi Scebeli
Lago Turkana
KENYA
Nairobi
UGANDA
Kampala
Lago Vittoria
RUANDA
Kigali
BURUNDI
Bujumbura
TANZANIA
Dodoma
Lago Tanganica
Lago Malawi
MALAWI
Lilongwe
MOZAMBICO
Maputo
ZAMBIA
Lusaka
ZIMBABWE
Harare
BOTSWANA
Gaborone
NAMIBIA
Windhoek
SUDAFRICA
Pretoria
Bloemfontein
Città del Capo
SWAZILAND
Mbabane
LESOTHO
Maseru
ANGOLA
Luanda
Cabinda (Angola)
REP. DEM. DEL CONGO
Kinshasa
Congo
CONGO
Brazzaville
GABON
Libreville
GUINEA EQUAT.
Malabo
SÃO TOMÉ E PRINCIPE
São Tomé
CAMERUN
Yaoundé
REPUBBLICA CENTRAFRICANA
Bangui
NIGERIA
Abuja
BENIN
Porto-Novo
TOGO
Lomé
GHANA
Accra
BURKINA FASO
Ouagadougou
COSTA D'AVORIO
Yamoussoukro
LIBERIA
Monrovia
SIERRA LEONE
Freetown
GUINEA
Conakry
GUINEA BISSAU
Bissau
GAMBIA
Banjul
SENEGAL
Dakar
CAPO VERDE
Praia
MADAGASCAR
Antananarivo
COMORE
Moroni
SEICELLE
Victoria
MAURIZIO
Port Louis

Suddivisione politica dell'Africa

L'Africa attualmente comprende 54 Stati di seguito elencati, evidenziando alcuni dati di particolare interesse per i partecipanti ai concorsi, quali: ordinamento politico, confini, capitali e città rilevanti, lingue e monete ufficiali. Di particolare importanza le note che riportano notizie interessanti.

AFRICA DEL NORD					
ALGERIA					
GOVERNO		Repubblica	**MONETA**		Dinaro algerino
LINGUA		Arabo e francese	**CAPITALE E CITTÀ PRINCIPALI**		**Algeri**, Orano, Costantina
CONFINI	**E** Tunisia, Libia; **S** Niger, Mali, Mauritania; **O** Marocco; **N** Mar Mediterraneo				
NOTE	Attraversato da Tropico del Cancro.				
EGITTO					
GOVERNO		Repubblica presidenziale	**MONETA**		Sterlina egiziana
LINGUA		Arabo	**CAPITALE E CITTÀ PRINCIPALI**		**Il Cairo**, Giza, Alessandria, Shubrā, Suez
CONFINI	**NE** Israele; **S** Sudan; **O** Libia; bagnato: **N** Mar Mediterraneo; **E** Mar Rosso				
NOTE	Attraversato da Tropico del Cancro.				
LIBIA					
GOVERNO		Governo provvisorio	**MONETA**		Dinaro libico
LINGUA		Arabo	**CAPITALE E CITTÀ PRINCIPALI**		**Tripoli**, Bendasi, Misurata
CONFINI	**E** Egitto; **SE** Sudan; **S** Ciad e Niger; **O** Algeria; **NO** Tunisia; **N** Mar Mediterraneo				
NOTE	Attraversato da Tropico del Cancro.				
MAROCCO					
GOVERNO		Monarchia costituzionale	**MONETA**		Dirham
LINGUA		Arabo, berbero e francese	**CAPITALE E CITTÀ PRINCIPALI**		**Rabat**, Marrakech, Fes, Casablanca, Tangeri
CONFINI	**E SE** Algeria; **SO** Sahara Occidentale; bagnato: **NE** Mar Mediterraneo; **NO** e **O** Oceano Atlantico				
NOTE	Dal 1975 occupa il Sahara Occ. Attraversato da Tropico del Cancro.				
SUDAN					
GOVERNO		Repubblica federale	**MONETA**		Dinaro sudanese
LINGUA		Arabo	**CAPITALE E CITTÀ PRINCIPALI**		**Khartoum**, Omdurman, Nyala

(segue)

SUDAN	
CONFINI	**N** Egitto, **E** Eritrea, Etiopia; **S** Sudan del Sud; **O** Ciad, Repubblica Centrafricana; **NO** Libia; si affaccia **NE** Mar Rosso
NOTE	Attraversato a **E** dal Nilo Bianco e dal Nilo Azzurro, che confluiscono a Khartoum. A **N** si trova il deserto della Nubia.

SUDAN DEL SUD			
GOVERNO	Repubblica	**MONETA**	Sterlina Sudan Sud
LINGUA	Inglese e arabo	**CAPITALE E CITTÀ PRINCIPALI**	**Juba**, Wau, Malakal, Yambio
CONFINI	**N** Sudan; **E** Etiopia; **SE** Kenya; **S** Uganda, Rep. Democr. Congo; **O** Rep. Centrafricana		
NOTE	Attraversato dal Nilo (N. Alberto, N. delle Montagne e N. Bianco).		

TUNISIA			
GOVERNO	Repubblica	**MONETA**	Dinaro tunisino
LINGUA	Arabo e francese	**CAPITALE E CITTÀ PRINCIPALI**	**Tunisi**, Sfax, Susa, Monastir
CONFINI	**SE** Libia; **O** Algeria; si affaccia: **N** ed **E** al Mar Mediterraneo		
NOTE	Insistono l'Atlante Telliano e Sahariano, separati dal fiume Medjerda.		

AFRICA OCCIDENTALE

BENIN			
GOVERNO	Repubblica	**MONETA**	Franco C.F.A.
LINGUA	Francese e lingue locali	**CAPITALE E CITTÀ PRINCIPALI**	**Porto-Novo**, Cotonou, Djougou
CONFINI	**N** Burkina Faso, Niger; **E** Nigeria; **O** Togo; **S** affaccia sul Golfo di Guinea		
NOTE	Situata tra Tropico del Cancro ed Equatore.		

BURKINA FASO			
GOVERNO	Repubblica	**MONETA**	Franco C.F.A.
LINGUA	Francese	**CAPITALE E CITTÀ PRINCIPALI**	**Ouagadougou**, Bobo-Dioulasso, Koudougou
CONFINI	**N e O** Mali; **E** Niger, Benin; **S** Togo, Ghana, Costa d'Avorio.		
NOTE	Situata tra Tropico del Cancro ed Equatore.		

CAPO VERDE			
GOVERNO	Repubblica	**MONETA**	Escudo Capo Verde
LINGUA	Portoghese	**CAPITALE E CITTÀ PRINCIPALI**	**Praia**, Mindelo, Santa Maria

(segue)

CAPO VERDE	
CONFINI	Arcipelago dell'Oceano Atlantico, al largo del senegalese (10 isole principali più isolotti minori)
NOTE	Isole maggiori: São Tiago (991 kmq), Santo Antão (779 kmq), Boa Vista (631 kmq).

CIAD			
GOVERNO	Repubblica	**MONETA**	Franco C.F.A.
LINGUA	Francese e arabo	**CAPITALE E CITTÀ PRINCIPALI**	**N'djamena**, Moundou, Sarh, Abéché
CONFINI	**N** Libia; **E** Sudan; **S** Rep. Centrafricana; **O** Camerun, Nigeria, Niger		
NOTE	A Nord, il Paese è adiacente al Tropico del Cancro.		

COSTA D'AVORIO			
GOVERNO	Repubblica	**MONETA**	Franco C.F.A.
LINGUA	Francese e diula	**CAPITALE E CITTÀ PRINCIPALI**	**Yamoussoukro**, Abidjan, Bouaké, Daloa
CONFINI	**N** Mali, Burkina Faso; **E** Ghana; **O** Liberia, Guinea; **S** affaccia all'Oceano Atlantico		
NOTE	Situata più a Nord dell'Equatore.		

GAMBIA			
GOVERNO	Repubblica	**MONETA**	Dalasi
LINGUA	Inglese e lingue locali	**CAPITALE E CITTÀ PRINCIPALI**	**Banjul**, Brikama, Bakau, Farafenni
CONFINI	**N E** e **S** Senegal ; **O** all'Oceano Atlantico		
NOTE	Attraversato dal fiume Gambia.		

GHANA			
GOVERNO	Repubblica	**MONETA**	Cedi
LINGUA	Inglese	**CAPITALE E CITTÀ PRINCIPALI**	**Accra**, Kumasi, Sekondi-Takoradi, Tamale
CONFINI	**N** Burkina Faso; **E** Togo; **O** Costa d'Avorio; **NO** Burkina Faso; **S** affaccia al Golfo di Guinea (Oceano Atlantico)		
NOTE	Situata più a Nord dell'Equatore.		

GUINEA			
GOVERNO	Repubblica presidenziale	**MONETA**	Franco della Guinea
LINGUA	Francese	**CAPITALE E CITTÀ PRINCIPALI**	**Conakry**, Kankan, Kindia, Nzérékoré
CONFINI	**N** Senegal; **NE** Mali; **SE** Costa d'Avorio; **S** Liberia, Sierra Leone; **NO** Guinea-Bissau; **O** affaccia all'Oceano Atlantico		
NOTE	Dal M. Fouta Djalon (1538 m), nascono i fiumi Gambia e Bafing. Dai monti Loma, nasce il fiume Niger.		

(segue)

GUINEA-BISSAU			
GOVERNO	Repubblica presidenziale	**MONETA**	Franco C.F.A.
LINGUA	Portoghese e creolo	**CAPITALE E CITTÀ PRINCIPALI**	**Bissau**, Gabù, Bafata
CONFINI	**N** Senegal; **S** e **SE** Guinea; **O** Oceano Atlantico		
NOTE	Situata tra Tropico del Cancro ed Equatore.		

LIBERIA			
GOVERNO	Repubblica presidenziale	**MONETA**	Dollaro liberiano
LINGUA	Inglese	**CAPITALE E CITTÀ PRINCIPALI**	**Monrovia**, Gbarnga, Buchanan, Kakata
CONFINI	**N** Guinea, **E** Costa d'Avorio; **O** Sierra Leone; **S** Oceano Atlantico		
NOTE	Situata più a Nord dell'Equatore.		

MALI			
GOVERNO	Repubblica	**MONETA**	Franco C.F.A.
LINGUA	Francese	**CAPITALE E CITTÀ PRINCIPALI**	**Bamako**, Sikasso, Kayes, Koutiala
CONFINI	**N** Algeria; E Niger; **S** Burkina Faso, Costa d'Avorio, Guinea; **O** Senegal, Mauritania		
NOTE	Attraversata a Nord del Paese dal Tropico del Cancro.		

MAURITANIA			
GOVERNO	Repubblica	**MONETA**	Ouguiya
LINGUA	Arabo hassania e wolof	**CAPITALE E CITTÀ PRINCIPALI**	**Nouakchott**, Nouâdhibou, Rosso, Bogué
CONFINI	**NE** Algeria; **E** Mali; **S** Mali, Senegal; **NO** Sahara Occidentale; **O** Oceano Atlantico		
NOTE	Attraversata dal Tropico del Cancro.		

NIGER			
GOVERNO	Repubblica parlamentare	**MONETA**	Franco C.F.A.
LINGUA	Francese	**CAPITALE E CITTÀ PRINCIPALI**	**Niamey**, Zinder, Maradi, Agadez, Tahoua
CONFINI	**N** Algeria, Libia; **E** Ciad; **S** Nigeria, Benin; **SO** Burkina Faso; **O** Mali		
NOTE	A Nord, il Paese è adiacente al Tropico del Cancro.		

NIGERIA			
GOVERNO	Repubblica federale	**MONETA**	Naira
LINGUA	Inglese	**CAPITALE E CITTÀ PRINCIPALI**	**Abuja**, Kano, Ibadan, Abuja, Benin City
CONFINI	**N** Niger; **NE** Ciad; **E** Camerun; **O** Benin; **S** Golfo di Guinea (O. Atlantico)		
NOTE	Situata tra Tropico del Cancro ed Equatore.		

(segue)

SENEGAL					
GOVERNO		Repubblica	**MONETA**		Franco C.F.A.
LINGUA		Francese e lingue sudanesi	**CAPITALE E CITTÀ PRINCIPALI**		**Dakar**, Ziguinchor, Thiès, Saint-Louis, Kaolack
CONFINI	**N** Mauritania; **E** Mali; **S** Guinea, Guinea-Bissau; **O** Oc. Atlantico. Ingloba nel territorio il Gambia				
NOTE	Situata tra Tropico del Cancro ed Equatore.				
SIERRA LEONE					
GOVERNO		Repubblica presidenziale	**MONETA**		Leone
LINGUA		Inglese	**CAPITALE E CITTÀ PRINCIPALI**		**Freetwon**, Bo, Kenema, Yoni, Port Loko
CONFINI	**N** e **E** Guinea; **SE** Liberia; **S** e **O** Oceano Atlantico				
NOTE	Situata tra Tropico del Cancro ed Equatore.				
TOGO					
GOVERNO		Repubblica semi-presidenziale	**MONETA**		Franco C.F.A.
LINGUA		Francese	**CAPITALE E CITTÀ PRINCIPALI**		**Lomé**, Sokodé, Kara, Kpalimé
CONFINI	**N** Burkina Faso; **E** Benin; **O** Ghana; **S** Golfo di Guinea				
NOTE	Situato più a Nord dell'Equatore.				

AFRICA CENTRALE					
CAMERUN					
GOVERNO		Repubblica semi-presidenziale	**MONETA**		Franco C.F.A.
LINGUA		Francese e Inglese	**CAPITALE E CITTÀ PRINCIPALI**		**Yaoundè**, Douala, Garoua, Bamenda, Bafoussam
CONFINI	**N** e **O** Nigeria; **NE Ciad**; **E** Rep. Centrafricana; **S** Congo, Gabon, Guinea Equatoriale; **O** Oceano Atlantico (golfo di Guinea); **N** lago Ciad				
NOTE	Poco a Nord dell'Equatore. Il paese è solcato a S dai fiumi Sanaga e Nyong e a N dal Benue. Da ricordare il **monte Camerun** (4095 m).				
REPUBBLICA DEMOCRATICA DEL CONGO (EX ZAIRE)					
GOVERNO		Repubblica parlamentare	**MONETA**		Franco congolese
LINGUA		Francese e lingue bantu	**CAPITALE E CITTÀ PRINCIPALI**		**Kinshasa**, Lubumbashi, Mbuji-Mayi, Kananga, Kisangani
CONFINI	**N** Rep. Centrafricana, Sudan Sud; **NE** Uganda; **E** Ruanda, Burundi, Tanzania; **SE** Zambia; **S** Zambia, Angola; **O** Congo; **O** Oceano Atlantico				

(segue)

REPUBBLICA DEMOCRATICA DEL CONGO (EX ZAIRE)			
NOTE	Attraversata dall'Equatore. Il territorio è percorso dal **fiume Congo**; laghi rilevanti sono: **Tanganica** e **Kivu**.		
REPUBBLICA DEL CONGO			
GOVERNO	Repubblica presidenziale	**MONETA**	Franco C.F.A.
LINGUA	Francese	**CAPITALE E CITTÀ PRINCIPALI**	**Brazzaville**, Pointe-Noire, Dolisie, Nkayi
CONFINI	**N** Camerun, Rep. Centrafricana; **E** e **S** Rep. Dem. Congo; **SO** Angola; **O** Gabon; **SO** Oc. Atlantico		
NOTE	Attraversata dall'Equatore.		
GABON			
GOVERNO	Repubblica	**MONETA**	Franco C.F.A.
LINGUA	Francese e lingue bantu	**CAPITALE E CITTÀ PRINCIPALI**	**Libreville**, Port-Gentil, Franceville, Oyem
CONFINI	**N** Guinea Equatoriale, Camerun; **E** e **S** Congo; **O** Oceano Atlantico		
NOTE	Attraversata dall'Equatore. Il territorio è esteso sul bacino del **fiume Ogooué**.		
GUINEA EQUATORIALE			
GOVERNO	Repubblica	**MONETA**	Franco C.F.A.
LINGUA	Spagnolo e francese	**CAPITALE E CITTÀ PRINCIPALI**	**Malabo**, Bata, Ebebiyín, Luba, Aconibe
CONFINI	**N** Camerun; **E** e **S** Gabon; O Oc. Atlantico (Golfo di Guinea)		
NOTE	Poco a Nord dell'Equatore. Comprende le isole Bioko, Pagalu, Corisco, Elobey Grande e Elobey Chico.		
REPUBBLICA CENTRAFRICANA			
GOVERNO	Repubblica	**MONETA**	Franco C.F.A.
LINGUA	Francese e sango	**CAPITALE E CITTÀ PRINCIPALI**	**Bangui**, Bimbo, Berbérati, Carnot, Bambari
CONFINI	**N** Ciad; **E** Sudan, Sudan Sud; **S** Rep. Dem. Congo, Congo; **O** Camerun		
NOTE	A Nord dell'Equatore.		
SAO TOMÉ E PRINCIPE			
GOVERNO	Repubblica	**MONETA**	Dobra
LINGUA	Portoghese e Creolo	**CAPITALE E CITTÀ PRINCIPALI**	**Sao Tomé**, Neves, Santo Amaro
CONFINI	Arcipelago dell'Oceano Atlantico, nel Golfo di Guinea		
NOTE	Sulla linea equatoriale, comprendente le isole di São Tomé e Príncipe e alcuni isolotti.		

(segue)

AFRICA ORIENTALE					
BURUNDI					
GOVERNO		Repubblica	**MONETA**		Franco del Burundi
LINGUA		Francese e kirundi	**CAPITALE E CITTÀ PRINCIPALI**		**Bujumbura**, Gitega, Ngozi
CONFINI	**N** Ruanda; E e **S** Tanzania; **O** Rep. Democratica del Congo				
NOTE	A sud della linea equatoriale. Si affaccia al lago Tanganica.				
COMORE					
GOVERNO		Repubblica	**MONETA**		Franco C.F.A.
LINGUA		Francese e arabo	**CAPITALE E CITTÀ PRINCIPALI**		**Moroni**, Mutsamudu, Fomboni, Domoni
CONFINI	Arcipelago dell'Oceano Indiano situato nel Canale del Mozambico				
NOTE	Situate tra Equatore e Tropico del Capricorno. Isole principali: Ngazidja (Grande Comore), Ndzuwani (Anjouan), Mwali (Mohéli).				
ERITREA					
GOVERNO		Repubblica	**MONETA**		Nakfa
LINGUA		Tigrino e Arabo	**CAPITALE E CITTÀ PRINCIPALI**		**Asmara**, Cheren, Assab, Mendefera, Massaua
CONFINI	**SE** Gibuti; **S** Etiopia; **NO** e **O** Sudan; **NE** e **E** Mar Rosso				
NOTE	Situata tra Tropico del Cancro ed Equatore, nel Corno d'Africa.				
ETIOPIA					
GOVERNO		Repubblica federale	**MONETA**		Birr
LINGUA		Amharico	**CAPITALE E CITTÀ PRINCIPALI**		**Addis Abeba**, Macallè, Nazrēt, Diredaua, Gondar
CONFINI	**N** Eritrea; **NE** Gibuti; **E** e **SE** Somalia; **S** Kenya; **O** Sudan, Sudan del Sud				
NOTE	Situata tra Tropico del Cancro ed Equatore, nel Corno d'Africa.				
GIBUTI					
GOVERNO		Repubblica	**MONETA**		Franco del Gibuti
LINGUA		Arabo e francese	**CAPITALE E CITTÀ PRINCIPALI**		**Gibuti**, Ali Sabieh, Dikhil, Arta
CONFINI	**N** Eritrea; **SE** Somalia; **S** e **O** Etiopia, Golfo di Aden				
NOTE	Situata tra Tropico del Cancro ed Equatore, nel Corno d'Africa.				
KENYA					
GOVERNO		Repubblica presidenziale	**MONETA**		Scellino del Kenya

(segue)

KENYA					
LINGUA		Swahili e inglese	CAPITALE E CITTÀ PRINCIPALI		**Nairobi**, Mombasa, Nakuru, Eldoret, Ruiru
CONFINI	**N** Sudan Sud, Etiopia; **E** Somalia; **S** Tanzania; **O** Uganda; **SE** Oceano Indiano				
NOTE	Attraversata dall'Equatore. La cima più alta è il **Kilimangiaro** (m. 5.895) nella catena del Rift Valley e il **Monte Kenya** (m 5.199).				
MADAGASCAR					
GOVERNO		Repubblica	MONETA	$	Franco malgascio
LINGUA		Malgascio	CAPITALE E CITTÀ PRINCIPALI		**Antananarivo**, Toamasina, Antsirabe, Mahajanga
CONFINI	Isola dell'Oceano Indiano				
NOTE	Attraversata a sud dal Tropico del Capricorno.				
MALAWI					
GOVERNO		Repubblica presidenziale	MONETA	$	Kwacha del Malawi
LINGUA		Inglese e chewa	CAPITALE E CITTÀ PRINCIPALI		Lilongwe, Blantyre, Mzuzu
CONFINI	**N** Tanzania; **E**, **S** e **SO** Mozambico, **O** Zambia				
NOTE	Situato tra l'Equatore ed il Tropico del Capricorno.				
MAURITIUS					
GOVERNO		Repubblica parlamentare	MONETA	$	Rupia di Mauritius
LINGUA		Inglese e francese	CAPITALE E CITTÀ PRINCIPALI		**Port Louis**, Vacoas-Phoenix
CONFINI	Isola dell'Oceano Indiano a **E** del Madagascar, nell'**arcipelago delle Mascarene**				
NOTE	Situato tra l'Equatore ed il Tropico del Capricorno.				
MOZAMBICO					
GOVERNO		Repubblica	MONETA	$	Metical
LINGUA		Portoghese e lingue bantu	CAPITALE E CITTÀ PRINCIPALI		**Maputo**, Matola, Nampula, Beira, Chimoio
CONFINI	**N** Tanzania; **S** e **SO** Sudafrica, Swaziland; **O** Zimbabwe, Zambia, Malawi; **E** Oceano Indiano; **NO** al **Lago Niassa** (o Malawi)				
NOTE	Il Paese a S è attraversato dal Tropico del Capricorno. Fiumi: **Zambesi**, Limpopo, Save.				
RUANDA					
GOVERNO		Repubblica presidenziale	MONETA	$	Franco ruandese
LINGUA		Francese e kinyarwanda	CAPITALE E CITTÀ PRINCIPALI		**Kigali**, Gitarama, Butare

(segue)

RUANDA			
CONFINI	**N** Uganda; **E** Tanzania; **S** Burundi; **O** Repubblica Democratica del Congo		
NOTE	Attraversata dall'Equatore.		

SEICELLE			
GOVERNO	Repubblica presidenziale	MONETA	Rupia delle Seicelle
LINGUA	Francese e inglese	CAPITALE	**Victoria**
CONFINI	Arcipelago (formato da 88 isole-isolotti, di cui 36 abitati) dell'Oceano Indiano, a NE del Madagascar.		

SOMALIA			
GOVERNO	Repubblica	MONETA	Scellino somalo
LINGUA	Somalo, arabo, italiano e inglese	CAPITALE E CITTÀ PRINCIPALI	**Mogadiscio**, Hargeysa, Chisimaio, Marca
CONFINI	**O** Kenya, Etiopia; **NO** Gibuti; N Golfo di Aden; **E** Oceano Indiano		
NOTE	Attraversato a Sud dall'Equatore. Occupa il Corno d'Africa.		

TANZANIA			
GOVERNO	Repubblica semi-presidenziale	MONETA	Scellino somalo Scellino della Tanzania
LINGUA	Swahili e inglese	CAPITALE E CITTÀ PRINCIPALI	**Dar es Salaam**, Arusha, Dodoma, Zanzibar, Mbeya
CONFINI	**N** Uganda, Kenya; S Mozambico, Malawi, Zambia; **NO** Burundi, Ruanda; O Rep. Dem. Congo; **E** Oceano Indiano con le **isole Zanzibar**		
NOTE	A sud dell'Equatore.		

UGANDA			
GOVERNO	Repubblica presidenziale	MONETA	Scellino ugandese
LINGUA	Inglese e swahili	CAPITALE E CITTÀ PRINCIPALI	**Kampala**, Kira, Guru, Lira, Mbale
CONFINI	**N** Sudan del Sud; **E** Kenya; **S** Tanzania; **SO** Ruanda; **O** Rep. Dem. del Congo		
NOTE	Attraversata dall'Equatore. La cima più alta è il **Ruwenzori** (5109 m). Laghi: **Vittoria**, Edoardo, Alberto, Kyoga.		

ZAMBIA			
GOVERNO	Repubblica presidenziale	MONETA	Kwacha zambiano
LINGUA	Inglese, tonga e lingue bantu	CAPITALE E CITTÀ PRINCIPALI	**Lusaka**, Kitwe, Ndola, Chingola Livingstone,
CONFINI	**N** Rep. Dem. Congo; **NE** Tanzania, Malawi; **E** Mozambico; **S** Zimbabwe, Botswana; **SO** Namibia; **O** Angola		
NOTE	Posto tra l'Equatore ed il Tropico del Capricorno. Il fiume **Zambesi** forma le grandi **Cascate Vittoria**.		

(segue)

ZIMBABWE				
GOVERNO	Repubblica semi-presidenziale	**MONETA**	Dollaro dello Zimbabwe
LINGUA	Inglese e lingue bantu	**CAPITALE E CITTÀ PRINCIPALI**	**Harare**, Bulawayo, Mutare, Chitungwiza
CONFINI	**N** Zambia; **NO** Namibia; **E** Mozambico; **S** Sudafrica; **O** Botswana		
NOTE	Poco più a Nord del Tropico del Capricorno. Attraversato dai fiumi **Zambesi** e **Limpopo**.		

AFRICA DEL SUD			
ANGOLA			
GOVERNO	Repubblica presidenziale	**MONETA**	Kwanza
LINGUA	Portoghese, lingue bantu	**CAPITALE E CITTÀ PRINCIPALI**	**Luanda**,Huambo, Benguela, Lobito
CONFINI	**N** e **NE** Rep. Dem. Congo; **E** Zambia; **S** Namibia; **O** Oceano Atlantico		
NOTE	Situato tra l'Equatore ed il Tropico del Capricorno.		
BOTSWANA			
GOVERNO	Repubblica presidenziale	**MONETA**	Pula
LINGUA	Inglese e setswana	**CAPITALE E CITTÀ PRINCIPALI**	**Gaborone**, Francistown, Molepolole, Maun
CONFINI	**NO** e **O** Namibia; **N** Zambia; **NE** Zimbabwe; **SE** e **S** Sudafrica		
NOTE	Attraversato dal Tropico del Capricorno.		
LESOTHO			
GOVERNO	Monarchia costituzionale	**MONETA**	Loti
LINGUA	Inglese e sesotho	**CAPITALE E CITTÀ PRINCIPALI**	**Maseru**, Teyateyaneng
CONFINI	Enclave del Sudafrica.		
NAMIBIA			
GOVERNO	Repubblica presidenziale	**MONETA**	Dollaro Namibiano
LINGUA	Inglese	**CAPITALE E CITTÀ PRINCIPALI**	**Windhoek**, Rundu, Walvis Bay
CONFINI	**N** Angola; **NE** Zambia, Zimbabwe; **E** Botswana; **SE** e **S** Sudafrica; **O** Oceano Atlantico		
NOTE	Attraversato dal Tropico del Capricorno. Il territorio presenta il **deserto di Namib**.		

(segue)

REPUBBLICA SUDAFRICANA					
GOVERNO		Repubblica presidenziale	MONETA		Rand sudafricano
LINGUA		Afrikaans e Inglese	CAPITALE E CITTÀ PRINCIPALI		**Città del Capo e Pretoria**, Soweto Johannesburg, Port Elizabeth
CONFINI	**N** Botswana; **NE** Zimbabwe, Swaziland, Mozambico; **NO** Namibia; **E** e **SE** Oceano Indiano; **SO** e **O** Oceano Atlantico				
NOTE	Il Paese a Nord è attraversato dal Tropico del Capricorno. Fiumi principali: **Orange** e **Limpopo**.				

REGNO DI SWATINI					
GOVERNO		Monarchia	MONETA		Lilangeni
LINGUA		Swazi e inglese	CAPITALE E CITTÀ PRINCIPALI		**Mbabane**, Manzini, Lobamba
CONFINI	È circondato dal Sudafrica salvo a **NE** con il Mozambico.				

Occorre sapere

Il Marocco e il Libano hanno in comune la caratteristica che si affacciano entrambi sul Mediterraneo. Il tasso di alfabetizzazione degli adulti in Marocco è approssimativamente del 52%.
La Tunisia è il Paese più a Nord dell'Africa, che comprende la depressione salata del **Chott el Djerid**.
Il Niger si trova a Nord della Nigeria.
Il Botswana rispetto alla Namibia si trova ad Est.
Il Paese più grande del continente Africa è il Sudan e misura circa 2.381.471 kmq.
Il cratere **Ngorongoro** si trova in Tanzania.
La Spagna esercita la sua giurisdizione sulle città di Ceuta e Melilla.
Il tempio di Karnak si trova in Egitto.
La popolazione nomade che vive nell'area del Sahara si chiama **Tuareg**.
Il Paese più popoloso dell'Africa è la Nigeria con 177.475.986 di abitanti.
Il numero di abitanti dell'agglomerato urbano della città di Lagos è di circa 12.600.000, mentre a Dakar 3.270.000.
La stima degli abitanti aggiornata al 2014 del Madagascar è di circa 22.400.000. Il Ariary è la valuta in uso nel Paese.
L'estrema punta meridionale dell'Africa si chiama **Baia Sant'Elena**.
Il **Grande Maghreb** comprende Tunisia, Algeria, Libia, Marocco e Mauritania. Il Maghreb è l'area più a ovest del Nordafrica.
Nelle zone attraversate dai tropici in Africa si trova il deserto.
Il **Sahel** è una vasta fascia del territorio che si trova in Africa subsahariana.
Tra la Tunisia, il Marocco, la Libia e l'Algeria, l'Algeria ha la maggiore superficie.
Tra il Mozambico, la Nigeria, il Namibia e l'Egitto, l'Egitto ha la maggiore superficie.
Tra l'Ucraina, il Sudafrica, il Kenya e il Sudan, il Sudafrica ha la maggiore popolazione.
Tra il Mali, la Nigeria, il Ciad e il Gambia, la Nigeria è il Paese più popoloso, anche dell'intero continente africano.
La lunghezza complessiva delle coste del continente africano è pari a 42.008 km.

4.3 America

L'America, con **42.549.000** kmq ca., è il secondo continente per estensione dopo l'Asia; è invece il più ampio in latitudine: si estende da nord a sud, dal Mar Glaciale Artico fino ad avvicinarsi all'Antartide. L'America è posta nell'emisfero occidentale ed è composta dai due subcontinenti: l'America settentrionale e l'America meridionale, separati dal **Canale di Panama.**

4.3.1 America Settentrionale

È situata a nord del Tropico del Cancro.

Emergono alcuni gruppi montuosi: la catena delle *Montagne Rocciose* (Elbert, m. 4.399) che domina la costa del Pacifico e la zona orientale, i *Monti Appalachi*, situati lungo la costa dell'Atlantico, ricchi di minerali, la catena d'*Alaska* (Logan, m. 5.959), la *Sierra Nevada* (Whitney, m. 4418), la *Sierra Madre Orientale* (Orizaba, m. 5610), la Catena delle cascate tra Usa e Canada. In questa parte dell'America si trovano importanti fiumi (*Mississippi-Missouri, Ohio* ecc.) e laghi (*Lago Superiore, Michigan, Ontario* ecc.).

L'America del Nord comprende **3 Stati**: Canada, Stati Uniti e Messico.

4.3.2 America Centrale e Caraibi

È la congiunzione tra la parte settentrionale e quella meridionale. Comprende numerose isole, tra le quali le Grandi Antille, ed è prevalentemente montuosa.

L'America centrale e i Caraibi comprendono **19 Stati**.

SCHEDA RIEPILOGATIVA AMERICA CENTRALE E SETTENTRIONALE					
SUPERFICIE	24.228.917* kmq	ABITANTI	489.939.000* ab. circa	DENSITÀ	20* ab./kmq
Città più popolata		New York		21.200.000 * ab. (aggl.U)	
Nazione più estesa		Canada		9.973.248 kmq	
Monte più alto		Denali		6.194 m	
Fiume più lungo		Mississipi-Missouri		5.620 km	
Lago più esteso		Superiore		84.131 kmq	
Isola più estesa		Groenlandia		2.175.600 kmq	

* Fonte: Global geografia

4.3.3 America Meridionale

L'America meridionale è caratterizzata dalla catena montuosa più lunga, la *Cordigliera delle Ande*, lungo la costa del Pacifico, con vette molto elevate (*M. Aconcagua* m. 6.962, Ojos del Salado m. 6.893), che interessa quasi tutti i Paesi più estesi. Assume diverse denominazioni a seconda della regione (come la *Cordigliera patagonica* in Argentina). Da menzionare anche il *Massiccio della Guayana.*

I fiumi più importanti sono il *Rio delle Amazzoni* (che ha la maggior portata d'acqua del mondo) e il *Paraguay* che forma alla foce, con l'Uruguay il *Rio della Plata.*

I Paesi che fanno parte dell'America del Sud sono **13**.

SCHEDA RIEPILOGATIVA AMERICA MERIDIONALE					
SUPERFICIE	17.833.000* kmq	ABITANTI	351.400.000* ab. circa	DENSITÀ	20* ab./kmq
Città più popolata		Sao Paulo		10.630.000 * ab. (aggl.U)	
Nazione più estesa		Brasile		8.514.215 kmq	
Monte più alto		Cerro Aconcagua		6.959 m	
Fiume più lungo		Rio delle Amazzoni		6.280 km	
Lago più esteso		Lagoa Dos Patos		10.140 kmq	
Isola più estesa		Marajo		48.450 kmq	

* Fonte: Global geografia

Dati principali dell'America

Il terrritorio è dominato dalle catene montuose delle **Montagne Rocciose** e della **Cordigliera delle Ande**, entrambe poste lungo le coste occidentali del continente.

RILIEVI PRINCIPALI			
CATENA	MONTE	METRI	PAESE
Catena delle Ande (la più estesa al mondo e la più alta America Meridionale)	Aconcagua	6.962	Argentina, Cile, Perù, Bolivia, Equador, Venezuela, Colombia
	Pissis	6.882	
	Oyos del Salado	6.893	(America del Sud)
Catena dell'Alaska (più alta America del Nord)	McKinley	6.194	
	Monte Foraker	5.304	
Monti Sant'Elia	Logan	5.959	
	Monte Sant'Elias	5.489	USA, Alaska (America del Nord)
	Monte Bona	5.029	
Monti Wrangell	Monte Blackburn	4.996	
Monti Chugach	Monte Marcus Baker	4.016	
Sierra Nevada S. Marta	Pico C. Colombo	5.775	Colombia (America del Sud)
Sierra Nevada	Pico de Orizaba	5.636	Messico (Amercica del Nord)
Cordillera de Mérida	Pico Bolivar	4.901	Venezuela (America del Sud)
Montagne Rocciose	Monte Elbert	4.401	USA, Canada (Amercica del Nord)
Catena delle Cascate	Monte Rainier	4.329	Canada (America del Nord)
Montagne Costiere	Monte Waddington	4.019	Canada (America del Nord)
Sierra Madre Occ.	Cerro Mohinora	3.250	Usa Messico (Amercica del Nord)
Sierra Madre Chiapas	Tajumulco	4.220	Guatemala (America Centrale)
Massicio della Guayana	Pico da Neblina	3.014	Venezuela, Brasile, Guayana, Suriname (America del Nord)
Serra do Pacaraimà	Roraima	2.739	Venezuela, Brasile, Guayana (America Centrale)
Monti Appalachi	Monte Mitchell	2.038	USA (America del N.) costa Atlantica

Altopiani: del Colorado attraversato dall'omonimo fiume (Utah, Arizona, Nuovo Messico, Colorado), **Cumberland** (Kentucky, Virginia, Tennessee, Alabama, Georgia), Messicano, Guayana, Altipiano del Brasile e Altipiano della Patagonia in Argentina.

La **massima depressione** è rappresentata dal **Laguna del Carbón** (-105 m) in Argentina, poi Valle della Morte (-86 m) negli Stati Uniti.
I **vulcani** attivi in America sono numerosi e di altezza notevole, per lo più collocati lungo la Catena delle Ande, nell'America del Sud, ricordiamo: **Antofalla** (Argentina) 6.440 m; **Guallatiri** (Cile) 6.071 m; Cotopaxi (Ecuador) 5.911; El Misti (Perù) 5.822 m; Popocatépetl (Messico) 5.465; Wrangell (Alaska-USA) 4.317; Tacanà (Guatemala) 4.060.

FIUMI PRINCIPALI		
FIUME	**KM**	**PAESE**
Rio delle Amazzoni-Ucayali	6.281	Perù, Colombia, Brasile (America del Sud)
Mississippi-Missouri	5.970	Stati Uniti (America del Nord)
Rio delle Amazzoni-Maranon	6.281	Perù, Brasile (America del Sud)
Rio Parana	4.880	Brasile, Aregentina, Paraguay (America del Sud)
Mackenzie	4.241	Canada (America del Nord)
Purus	3.200	Perù, Brasile (America del Sud)
Madeira-Mamoré	3.200	Bolivia, Brasile (America del Sud)
San Lorenzo	3.058	Usa, Canada (America del Nord) - Sfocia nel Golfo del Messico ed è importante dal punto di vista naturalistico, economico e commerciale
Rio Grande/Rio Bravo	3.034	Usa, Messico (America del Nord)
Juruà	3.000	Perù, Brasile (America del Sud)
Sào Francisco	2.900	Brasile (America del Sud)
Yukon	2.897	Canada, Alaska, Usa (America del Nord)
Tocantins	2.640	Brasile (America del Sud)
Nelson-Saskatchewan	2.575	Canada (America del Nord)
Arkansas	2.348	Usa (America del Nord)
Colorado	2.334	Usa, Messico (America del Nord)
Columbia-Snake	2.238	Usa (America del Nord)
Churchill	1.609	Canada (America del Nord)
Paraguay	2.625	Brasile, Paraguay (America del Sud)
Japurà/Caquetà	2.500	Colombia, Brasile (America del Sud)
Tapajós-Juruena	2.220	Colombia, Brasile (America del Sud)
Araguaia	2.200	Brasile (America del Sud)
Orinoco	2.140	Colombia, Brasile (America del Sud)
Xingu	2.100	Brasile (America del Sud)
Rio Negro	2.000	Brasile
Uruguay	1.650	Brasile, Uruguay, Argentina (America del Sud)
Montaga	400	Guatemala

I principali **bacini fluviali** espressi in kmq sono rappresentati da: **Rio delle Amazzoni** (6.145.186); **Mississippi-Missouri** (3.202.200); **Paranà-Paraguay** (2.582.700). I **laghi principali** dell'America si trovano nella parte Settentrionale tra il Canada e gli Stati Uniti.

LAGHI PRINCIPALI			
AMERICA DEL NORD		**AMERICA DEL SUD**	
LAGO	**KMQ CA**	**LAGO**	**KMQ CA**
Superiore (Usa, Canada)	84.131	Maracaibo (Venzuela)	14.243
Huron (Usa, Canada)	59.600	Lagoa dos Patos (Brasile)	10.000
Michigan (Usa)	57.800	Titicaca (Perù, Bolivia)	8.300
Gran Lago degli Orsi (Canada)	31.080	Sobradinho (Brasile)	4.214
Gran Lago degli Schiavi (Canada)	28.930	Guri (Venezuela)	4.000
Erie (Usa, Canada)	25.700	Poopó (Bolivia)	2.800
Winnipeg (Canada)	23.553	Buenos Aires/General Carrera (Argentina, Cile)	1.850
Ontario (Usa, Canada)	18.800		
Nicaragua (Nicaragua)	8.001		
Athabasca (Canada)	7.920		
Winnipegosis (Canada)	5.403		

ISOLE PRINCIPALI		
ISOLA	**KMQ CA**	**PAESE**
Groenlandia	2.175.600	Regno di Danimarca
Baffin	507.451	Canada
Victoria	217.291	
Ellesmere	196.236	
Terranova	108.860	
Cuba	105.007	Cuba
Hispaniola	76.200	Haiti, Rep. Dominicana
Banks	60.165	Canada
Devon	54.030	
Terra del Fuoco	48.000	Cile, Argentina
Axel Heiberg	43.178	Canada J
Marajó	40.100	Brasile
Chiloé	9.394	Cile
East Falkland	7.760	Regno unito
West Falkland	6.413	
Wellington	5.556	Cile
Isabela (Galapagos)	4.711	Ecuador
Hoste	4.117	Cile

DESERTI PRINCIPALI			
NOME	**TIPO**	**KMQ**	**PAESI**
Deserto Patagonico	Freddo	673.000	Argentina, Cile (America del Sud)
Deserto di Chihuahua	Subtropicale	509.500	Messico, USA (America del Nord)
Gran Bacino	Tropicale	492.000	USA (America del Nord)

(segue)

DESERTI PRINCIPALI			
NOME	**TIPO**	**KMQ**	**PAESI**
Altopiano del Colorado	Freddo	337.000	Stati Uniti (America del Nord)
Deserto Sonora	Caldo	310.800	A Messico, USA (America del Nord)
Deserto di Sechura	Costiero	188.735	Perù (America del Sud)
Deserto Atacama	Fresco costiero	105.200	Cile, Perù (America del Sud)
Deserto del Mojave	Tropicale	65.000	Stati Uniti (America del Nord)
Salar de Uyuni	Salato	10.582	Bolivia (America del Sud). Il più grande deserto salato

Alcuni dati dell'America Meridionale

Questa parte di Continente detiene una serie di primati.

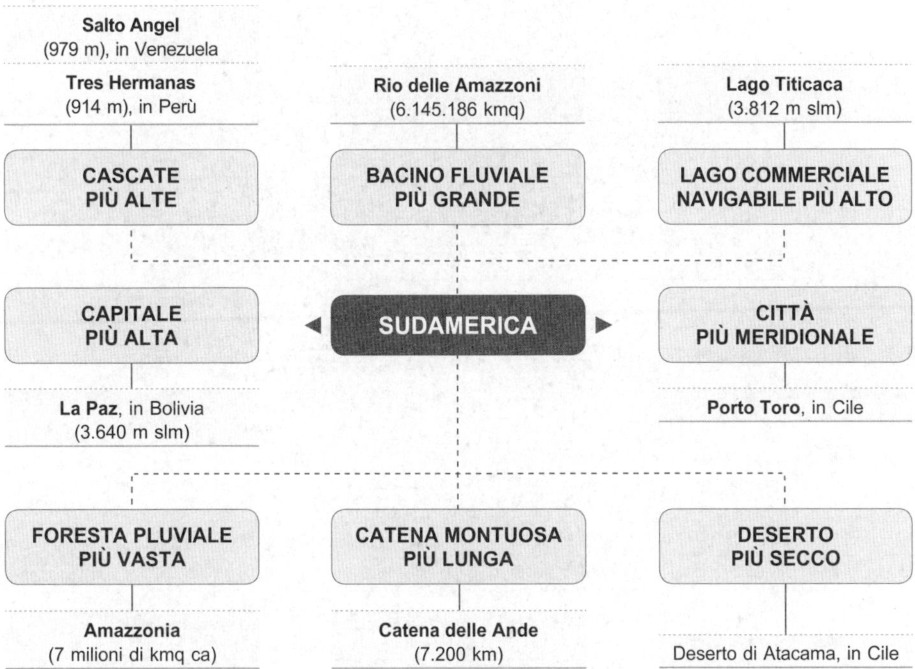

I **paesi più estesi** dell'America sono nell'ordine: **Canada** (9.984.000 kmq ca) il 2° al mondo, **Stati Uniti** (9.374.000 kmq ca) il 4° al mondo, Brasile (8.547.000 kmq ca), il 5° e l'Argentina (2.766.000 kmq ca). I **paesi più popolosi** sono gli **Stati Uniti** con oltre 309 milioni di abitanti seguito dal **Brasile** con quasi 200 milioni ab., mentre il più densamente popolato è **El Salvador** con 250 ab/kmq ca. L'America conta circa 9 milioni di abitanti e la sua densità è di circa 19 ab/Kmq.

I principali **agglomerati urbani**, con abitanti circa, sono: **Città del Messico** (20.116.000), in Messico; **New York** (19.831.000), in USA; **San Paolo** (19.684.000) in Brasile; **Gran Buenos Aires** (13.226.000) in Argentina; **Los Angeles** (13.052.000) in USA; **Rio de Janeiro** (11.872.000), in Brasile.

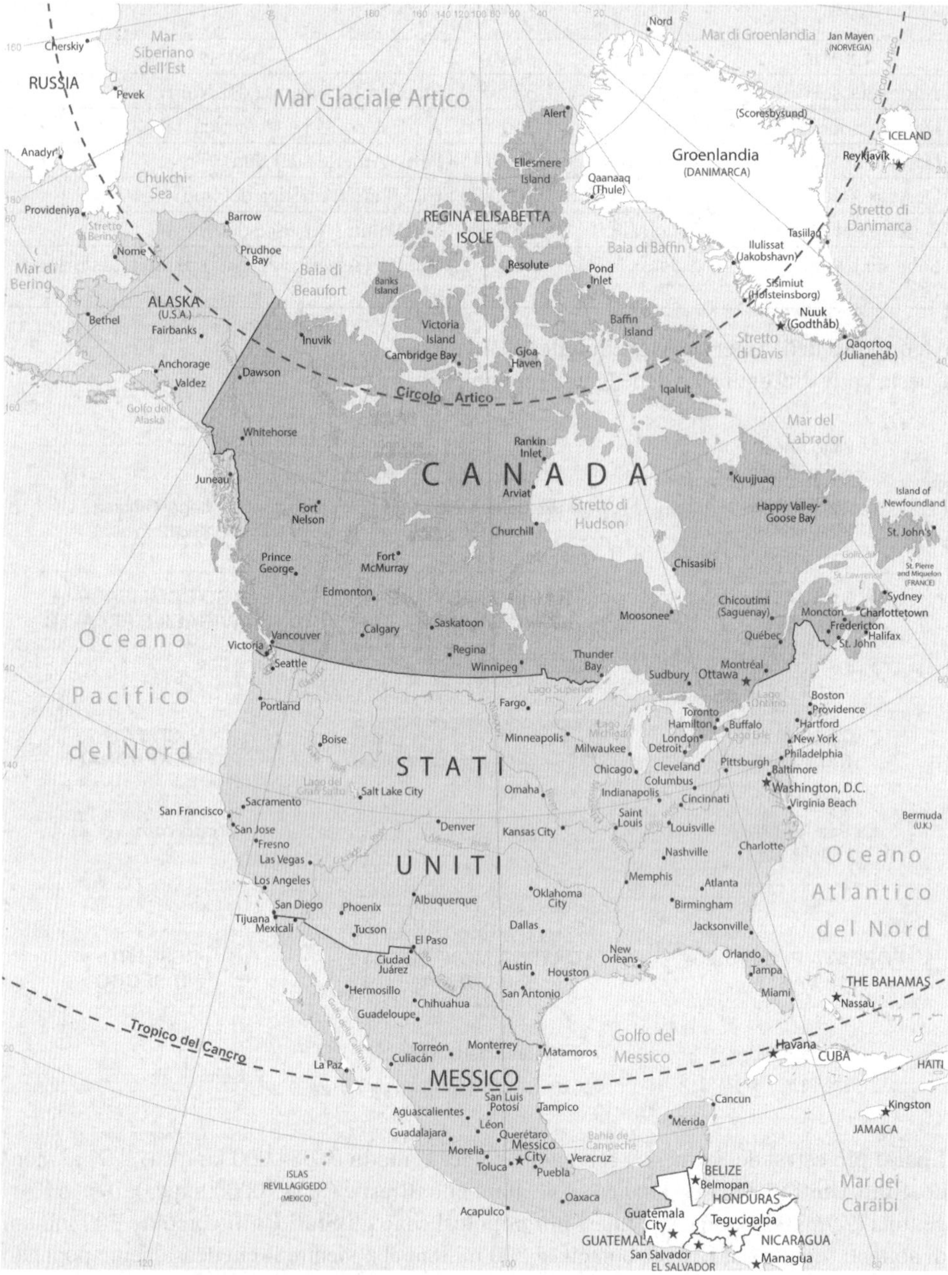
Mar Glaciale Artico
Mar Siberiano dell'Est
RUSSIA
Cherskiy
Pevek
Anadyr
Provideniya
Chukchi Sea
Stretto di Bering
Mar di Bering
Nome
Barrow
Prudhoe Bay
ALASKA (U.S.A.)
Bethel
Fairbanks
Anchorage
Valdez
Golfo dell'Alaska
Baia di Beaufort
Banks Island
Inuvik
Dawson
Whitehorse
Juneau
Victoria Island
Cambridge Bay
Gjoa Haven
Circolo Artico
REGINA ELISABETTA ISOLE
Resolute
Ellesmere Island
Alert
Nord
Mar di Groenlandia
Jan Mayen (NORVEGIA)
Groenlandia (DANIMARCA)
Qaanaaq (Thule)
(Scoresbysund)
ICELAND
Reykjavík
Stretto di Danimarca
Tasiilaq
Ilulissat (Jakobshavn)
Sisimiut (Holsteinsborg)
Nuuk (Godthåb)
Qaqortoq (Julianehåb)
Baia di Baffin
Pond Inlet
Baffin Island
Stretto di Davis
Iqaluit
Mar del Labrador
Rankin Inlet
CANADA
Arviat
Churchill
Stretto di Hudson
Kuujjuaq
Happy Valley-Goose Bay
Island of Newfoundland
St. John's
St. Pierre and Miquelon (FRANCE)
Sydney
Fort Nelson
Prince George
Fort McMurray
Edmonton
Calgary
Saskatoon
Regina
Winnipeg
Vancouver
Victoria
Seattle
Chisasibi
Moosonee
Chicoutimi (Saguenay)
Québec
Moncton
Charlottetown
Fredericton
Halifax
St. John
Thunder Bay
Sudbury
Ottawa
Montréal
Oceano Pacifico del Nord
Portland
Boise
Fargo
Minneapolis
Milwaukee
Toronto
Hamilton
Buffalo
London
Detroit
Boston
Providence
Hartford
New York
Philadelphia
Pittsburgh
Baltimore
Washington, D.C.
Virginia Beach
STATI UNITI
Salt Lake City
Sacramento
San Francisco
San Jose
Fresno
Las Vegas
Los Angeles
San Diego
Tijuana
Mexicali
Phoenix
Tucson
Denver
Albuquerque
El Paso
Ciudad Juárez
Omaha
Kansas City
Chicago
Cleveland
Columbus
Indianapolis
Cincinnati
Saint Louis
Louisville
Nashville
Charlotte
Memphis
Atlanta
Birmingham
Oklahoma City
Dallas
Jacksonville
New Orleans
Orlando
Tampa
Miami
Austin
Houston
San Antonio
Bermuda (U.K.)
Oceano Atlantico del Nord
THE BAHAMAS
Nassau
Hermosillo
Chihuahua
Guadeloupe
Tropico del Cancro
Torreón
Culiacán
Monterrey
Matamoros
La Paz
Golfo del Messico
Havana
CUBA
HAITI
MESSICO
San Luis Potosí
Aguascalientes
Tampico
Cancun
Mérida
Kingston
JAMAICA
Guadalajara
León
Querétaro
Morelia
Messico City
Toluca
Puebla
Veracruz
ISLAS REVILLAGIGEDO (MEXICO)
Oaxaca
Acapulco
BELIZE
Belmopan
HONDURAS
Tegucigalpa
Guatemala City
GUATEMALA
San Salvador
EL SALVADOR
NICARAGUA
Managua
Mar dei Caraibi

Mar dei Caraibi
HONDURAS
Tegucigalpa
NICARAGUA
Managua
San José
COSTA RICA
PANAMA
Panama City
Isla de Providencia (COLOMBIA)
Isla de San Andrés (COLOMBIA)
Barranquilla
Cartagena
Aruba (NETH.)
Curaçao (NETH.)
Martinique (FRANCE)
ST. LUCIA
ST. VINCENT AND THE GRENADINES
GRENADA
BARBADOS
Port of Spain
TRINIDAD AND TOBAGO
Maracaibo
Caracas
Valencia
Barquisimeto
Barcelona
San Cristóbal
Cúcuta
Ciudad Guayana
VENEZUELA
Georgetown
GUYANA
Paramaribo
SURINAME
Cayenne
Guiana Francese (FRANCIA)
Oceano Atlantico del Nord
Medellín
Bucaramanga
Pereira
Bogotá
Ibagué
Cali
COLOMBIA
Isla de Malpelo (COLOMBIA)
Boa Vista
Macapá
Equatore
Quito
ECUADOR
Guayaquil
Cuenca
Iquitos
Rio delle Amazzoni
Rio Negro
Manaus
Santarém
Belém
São Luís
Fortaleza
Teresina
Rio Madeira
Piura
Chiclayo
Trujillo
Pucallpa
Huánuco
PERÙ
Huancayo
Lima
Cuzco
Ica
Arequipa
Rio Branco
Pôrto Velho
BRASILE
Natal
João Pessoa
Recife
Maceió
Aracajú
Salvador
Oceano Pacifico del Sud
Trinidad
La Paz
BOLIVIA
Cochabamba
Santa Cruz
Sucre
Potosí
Arica
Iquique
Cuiabá
Goiânia
Brasília
Contagem
Uberlândia
Belo Horizonte
Campo Grande
Vitória
PARAGUAY
Asunción
Antofagasta
Tropico del Capricorno
Salta
San Miguel de Tucumán
Ciudad del Este
Londrina
Campinas
São Paulo
Santos
Rio de Janeiro
Curitiba
Joinvile
Florianópolis
Resistencia
Isla San Félix (CHILE)
Isla San Ambrosio (CHILE)
CILE
Porto Alegre
Santa Fe
Córdoba
Salto
Mendoza
Rosario
URUGUAY
ARCIPÉLAGO JUAN FERNÁNDEZ (CILE)
Valparaíso
Santiago
Buenos Aires
La Plata
Montevideo
Oceano Atlantico del Sud
Concepción
ARGENTINA
Temuco
Bahía Blanca
Mar del Plata
Puerto Montt
San Carlos de Bariloche
Comodoro Rivadavia
Río Gallegos
Stanley
Falkland Islands (Islas Malvinas)
(amministrate dal Regno Unito, rivendicate dall'Argentina)
Stretto di Magellano
Punta Arenas
Ushuaia
Capo Horn
South Georgia and South Sandwich Islands
(amministrate dal Regno Unito, rivendicate dall'Argentina)

Occorre sapere

La densità di popolazione (abitante per kmq) del continente dell'America meridionale è pari a 23.
Tenendo conto dei dati stimati alla data più recente, il numero di abitanti dell'agglomerato urbano della città di Santiago è di circa 7.300.000.
Tenendo conto dei dati stimati alla data più recente, il numero di abitanti dell'agglomerato urbano della città di Philadelphia è di circa 6.000.000.
Chicago sorge sulla sponda sudoccidentale del lago Michigan.
La città di **San Francisco** si affaccia sull'Oceano Pacifico.
Il **Parco Nazionale di Yellowstone** si trova negli Stati Uniti d'America.
La lingua più diffusa nel **Québec**, provincia del Canada, è il francese.
Il fiume più importante del Canada, dal punto di vista naturalistico, economico e commerciale è il **San Lorenzo**.
La maggioranza degli eschimesi del Canada vive in un territorio autonomo del nord-ovest concesso dal governo federale.
La catena montuosa più settentrionale delle Montagne rocciose è la **Catena di Brooks**.
La **corrente del Golfo** dalle coste del Golfo del Messico arriva a lambire quelle del Regno Unito.
Il **Venezuela** è attraversato dal fiume **Orinoco**.
Il **Brasile** è attraversato dal fiume **Rio Negro**.

NORD AMERICA					
CANADA					
GOVERNO		Stato federale	**MONETA**		Dollaro canadese
LINGUA		Inglese e francese	**CAPITALE E CITTÀ PRINCIPALI**		**Ottawa**, Toronto, Montreal, Calgary
CONFINI	S Stati Uniti; **O** Alaska (USA). **N** Mar Glaciale Artico; **E** Oceano Atlantico; **O** Oceano Pacifico				
NOTE	Attraversato a nord dal Circolo Polare Artico. I monti principali sono: le **Montagne Rocciose** e gli **Appalachi**. Fiumi: Yukon, il Fraser, Columbia (Oc. Pacifico), il Mackenzie (Mar G. Artico), il San Lorenzo, emissario del lago Ontario (Oc. Atlantico).				
STATI UNITI D'AMERICA					
GOVERNO		Repubblica federale	**MONETA**		Dollaro USA
LINGUA		Inglese americano e spagnolo	**CAPITALE E CITTÀ PRINCIPALI**		**Washington,** New York, Los Angeles, San Francisco
CONFINI	**N** Canada; **S** Messico; **E** Oc. Atlantico; **S** golfo del Messico; **O** Oceano Pacifico				
NOTE	A Nord del tropico del Cancro. Monti pr.: Montagne Rocciose, Appalachi, Sierra Nevada. Fiumi: Mississippi-Missouri (Golfo del Messico), Columbia, Sacramento e Colorado (Oc. Pacifico). Laghi: Ontario, Erie, Huron, Michigan e L. Superiore).				
MESSICO (SECONDO LA SUDDIVISIONE ONU APPARTIENE AL CENTRO AMERICA)					
GOVERNO		Repubblica federale	**MONETA**		Peso messicano
LINGUA		Spagnolo e lingue amerinde	**CAPITALE E CITTÀ PRINCIPALI**		**Città del Messico**, Tijuana, Puebla, León
CONFINI	**N** Stati Uniti, **SE** Belize, Guatemala; **E** Oc. Atlantico (Golfo del Messico e Mare delle Antille); **O** sull'Oc. Pacifico				

(segue)

MESSICO (SECONDO LA SUDDIVISIONE ONU APPARTIENE AL CENTRO AMERICA)	
NOTE	Attraversato dal Tropico del Cancro. Rilievi: altopiano centrale, la Sierra Madre Occ., la Sierra Madre Or., Sierra Madre del Sud e Sierra Madre del Chiapas. Comprende le penisole **California** (Baja California) e dello **Yucatán**.

AMERICA LATINA - CENTRO AMERICA			
BELIZE			
GOVERNO	Monarchia costituzionale	**MONETA**	Dollaro del Belize
LINGUA	Inglese e spagnolo	**CAPITALE E CITTÀ PRINCIPALI**	**Belmopan**, San Ignacio, Orange Walk
CONFINI	**N** Messico; **S** e **O** Guatemala; **E** Mar delle Antille		
NOTE	Poco a Sud del Tropico del Cancro. Nella penisola dello **Yucatán**.		
COSTA RICA			
GOVERNO	Repubblica	**MONETA**	Colòn
LINGUA	Spagnolo	**CAPITALE E CITTÀ PRINCIPALI**	**San Josè,** Limon, Liberia
CONFINI	**N** con il Nicaragua, **SE** con Panamá; a **NE** si affaccia sul Mar delle Antille, a **SO** e a **O** sull'Oceano Pacifico		
NOTE	Attraversata dal Tropico del Cancro. I monti principali sono Sierra de Escambray e la Sierra Maestra.		
EL SALVADOR			
GOVERNO	Repubblica	**MONETA**	Colòn
LINGUA	Spagnolo	**CAPITALE E CITTÀ PRINCIPALI**	**San Salvador,** Santa Ana, San Miguel
CONFINI	**NE** e **E** Honduras; **NO** Guatemala; **S** Oceano Pacifico		
NOTE	Tra il Tropico del Cancro e l'Equatore.		
GUATEMALA			
GOVERNO	Repubblica	**MONETA**	Quetzal
LINGUA	Spagnolo e maya	**CAPITALE E CITTÀ PRINCIPALI**	**Guatemala**, Villa Nueva, Mixco
CONFINI	**N** e **O** Messico; **NE** Belize; **E** Honduras; **SE** El Salvador; **E** Mar delle Antille; **SO** Oceano Pacifico		
NOTE	Tra il Tropico del Cancro e l'Equatore.		
HONDURAS			
GOVERNO	Repubblica	**MONETA**	Lempira

(segue)

HONDURAS

LINGUA	Spagnolo	CAPITALE E CITTÀ PRINCIPALI	**Tegucigalpa**, San Pedro Sula, Choloma
CONFINI	**S** Nicaragua; **O** El Salvador, Guatemala; **N** Mar delle Antille; **S** Oceano Pacifico		
NOTE	Tra il Tropico del Cancro e l'Equatore.		

NICARAGUA

GOVERNO	Repubblica	MONETA	Còrdoba
LINGUA	Spagnolo e chibcha	CAPITALE E CITTÀ PRINCIPALI	**Managua**, Leon, Masaya
CONFINI	**N** Honduras; **S** Costa Rica; **E** Mare delle Antille; **O** Oceano Pacifico		
NOTE	Tra il Tropico del Cancro e l'Equatore.		

PANAMA

GOVERNO	Repubblica	MONETA	Balboa
LINGUA	Spagnolo e inglese	CAPITALE E CITTÀ PRINCIPALI	**Panamà**, San Miguelito, David
CONFINI	**E** Colombia; **O** Costa Rica; **N** Mar delle Antille; **S** Oceano Pacifico		
NOTE	Tra il Tropico del Cancro e l'Equatore È attraversato da costa a costa dal **Canale di Panamá**.		

AMERICA LATINA - CARAIBI

ANTIGUA E BARBUDA

GOVERNO	Monarchia costituzionale	MONETA	Dollaro dei Caraibi Orientali
LINGUA	Inglese	CAPITALE E CITTÀ PRINCIPALI	**Saint John's**, All Saints, Liberta
CONFINI	Arcipelago delle **Piccole Antille** tra l'Oceano Atlantico e il Mar dei Caraibi		
NOTE	In prossimità del Tropico del Cancro. Comprende le isole di Antigua, Barbuda e Redonda.		

BAHAMAS

GOVERNO	Monarchia costituzionale	MONETA	Dollaro delle Bahamas
LINGUA	Inglese	CAPITALE E CITTÀ PRINCIPALI	**Nassau**; Freeport, West End
CONFINI	Arcipelago corallino dell'Oceano Atlantico tra la Florida e le isole di Cuba e Hispaniola		
NOTE	Attraversate dal Tropico del Cancro.		

(segue)

BARBADOS					
GOVERNO		Monarchia costituzionale	**MONETA**		Dollaro di Barbados
LINGUA		Inglese e bajan	**CAPITALE E CITTÀ PRINCIPALI**		**Bridgetown**, Oistins Speightstown,
CONFINI	Isola dell'Oceano Atlantico, la più orientale delle Piccole Antille				
NOTE	In prossimità del Tropico del Cancro.				
CUBA					
GOVERNO		Repubblica socialista	**MONETA**		Peso di Cuba
LINGUA		Spagnolo	**CAPITALE E CITTÀ PRINCIPALI**		**L'Avana,** Santiago de Cuba, Santa Clara
CONFINI	L'**arcipelago di Cuba** è il più grande delle Antille, compreso tra l'Oceano Atlantico, il Mare caraibico e il Golfo del Messico				
NOTE	Poco a Sud del Tropico del Cancro.				
DOMINICA					
GOVERNO		Repubblica	**MONETA**		Dollaro dei Caraibi Orientali
LINGUA		Inglese e creolo-francese	**CAPITALE E CITTÀ PRINCIPALI**		**Roseau,** Portsmouth, Atkinson
CONFINI	**Isola** delle Piccole Antille, la maggiore delle Windward				
NOTE	A Sud del Tropico del Cancro.				
GIAMAICA					
GOVERNO		Monarchia costituzionale	**MONETA**		Dollaro giamaicano
LINGUA		Inglese	**CAPITALE E CITTÀ PRINCIPALI**		**Kingston**, Portmore, Spanish Town
CONFINI	**Isola** del Mar delle Antille appartenente al gruppo delle **Grandi Antille**				
NOTE	A Sud del Tropico del Cancro.				
GRENADA					
GOVERNO		Monarchia costituzionale	**MONETA**		Dollaro dei Caraibi Orientali
LINGUA		Inglese	**CAPITALE E CITTÀ PRINCIPALI**		**Saint George's**, Gouyave, Grenville
CONFINI	**Isola** (311 kmq) che comprende le Grenadine Mer., delle Piccole Antille				
NOTE	A Sud del Tropico del Cancro.				
HAITI					
GOVERNO		Repubblica	**MONETA**		Gourde

(segue)

HAITI			
LINGUA	Francese e creolo	**CAPITALE E CITTÀ PRINCIPALI**	**Port-au-Prince**, Carrefour, Delmas
CONFINI	Occupa la parte occidentale **dell'isola di Hispaniola** nel Mar delle Antille e confina a **E** con la Repubblica Dominicana		
NOTE	A Sud del Tropico del Cancro.		

REPUBBLICA DOMINICANA			
GOVERNO	Repubblica	**MONETA**	Peso dominicano
LINGUA	Spagnolo	**CAPITALE E CITTÀ PRINCIPALI**	**Santo Domingo**, Santiago de los Caballeros, San Cristóbal
CONFINI	Occupa la parte orientale dell'isola di Hispaniola e confina a **O** con Haiti		
NOTE	Poco a Sud del Tropico del Cancro.		

SAINT KITTS E NEVIS			
GOVERNO	Monarchia costituzionale	**MONETA**	Dollaro dei Caraibi Orientali
LINGUA	Inglese e creolo-inglese	**CAPITALE E CITTÀ PRINCIPALI**	**Basseterre** e **Charlestown**
CONFINI	Gruppo insulare delle **Piccole Antille**, nelle Leeward, costituito dalle isole di Saint Kitts=Saint Christopher e di Nevis		
NOTE	A Sud del Tropico del Cancro.		

SAINT LUCIA			
GOVERNO	Monarchia costituzionale	**MONETA**	Dollaro dei Caraibi Or.
LINGUA	Inglese e creolo-francese	**CAPITALE E CITTÀ PRINCIPALI**	**Castries**, Canaries
CONFINI	Isola delle **Piccole Antille**, tra a **N** l'isola della Martinica e a **S** quella di Saint Vincent		
NOTE	A Sud del Tropico del Cancro.		

SAINT VINCENT E GRENADINE			
GOVERNO	Monarchia costituzionale	**MONETA**	Dollaro dei Caraibi Orientali
LINGUA	Inglese e creolo-inglese	**CAPITALE**	Kingstown
CONFINI	Gruppo insulare delle **Piccole Antille**, formato dall'is. di Saint Vincent e dalle Grenadine sett.		
NOTE	A Sud del Tropico del Cancro.		

TRINIDAD E TOBAGO			
GOVERNO	Repubblica	**MONETA**	Dollaro di Trinidad e Tobago

(segue)

TRINIDAD E TOBAGO				
LINGUA	Inglese, creolo-inglese	**CAPITALE**	Port of Spain	
CONFINI	**Isole** dell'Oceano Atlantico, al largo del Venezuela			
NOTE	Tra Tropico del Cancro ed Equatore.			

AMERICA LATINA - SUD AMERICA			
ARGENTINA			
GOVERNO	Repubblica federale	**MONETA**	Peso argentino
LINGUA	Spagnolo	**CAPITALE E CITTÀ PRINCIPALI**	**Buenos Aires**, Cordoba, Rosario, La Plata
CONFINI	**N** Bolivia, Paraguay; **NE** Brasile, Uruguay; **O** Cile; **E** Oceano Atlantico		
NOTE	Attraversata dal Tropico del Capricorno. La Cordigliera delle Ande segna il confine con il Cile - **Aconcagua** (6962 m). Famose: la **Pampa**, sterminata distesa pianeggiante; la **Mesopotamia** argentina, compresa tra i fiumi Paraná e Uruguay; la **Patagonia** con la Terra del Fuoco.		
BOLIVIA			
GOVERNO	Repubblica	**MONETA**	Boliviano
LINGUA	Spagnolo, quechua e aymarà	**CAPITALE E CITTÀ PRINCIPALI**	**La Paz e Sucre**, Santa Cruz de la Sierra; Cochabamba
CONFINI	**N** e **E** Brasile; **SE** Paraguay; **S** Argentina; **O** Cile, Perú.		
NOTE	Poco a Nord del Tropico del Capricorno. Insiste l'Altopiano della Bolivia. Cime delle Ande (Nevado Sajama, 6542 m; Illampu, 6421 m		
BRASILE			
GOVERNO	Repubblica federale	**MONETA**	Real brasiliano
LINGUA	Portoghese	**CAPITALE E CITTÀ PRINCIPALI**	**Brasilia**, São Paulo, Rio de Janeiro
CONFINI	**N** Guyana Francese, Suriname, Guyana, Venezuela, Colombia; **NO** e **O** Perú, Bolivia, Paraguay; **S** Argentina e Uruguay; **E** e **NE** si affaccia sull'Oceano Atlantico con 7491 km di coste		
NOTE	Attraversato a N dall'equatore e a S dal Tropico del Capricorno. Da ricordare: le pianure del Paraná, del Paraguay, dell'Amazzonia; l'altopiano del Brasile e l'altopiano del Mato Grosso. Fiume: **Rio delle Amazzoni** che sfocia nell'Oceano Atlantico.		
CILE			
GOVERNO	Repubblica	**MONETA**	Peso cileno

(segue)

CILE			
LINGUA	Spagnolo	**CAPITALE E CITTÀ PRINCIPALI**	**Santiago,** Puerto Montt, Puente Alto
CONFINI	**N** con il Perú, **NE** con la Bolivia, **E** con l'Argentina (il confine segue la catena andina); a **O** si affaccia sull'Oceano Pacifico		
NOTE	Attraversato dal Tropico del Capricorno. I monti principali sono Aconcagua (6962 m) e Ojos del Salado (6893 m), i fiumi il Loa e il Biobío.		
COLOMBIA			
GOVERNO	Repubblica presidenziale	**MONETA**	Peso colombiano
LINGUA	Spagnolo e chibcha	**CAPITALE E CITTÀ PRINCIPALI**	**Santa Fe de Bogotà,** Medellín, Cali, Cartagena
CONFINI	**NO** Panamá; **E** Venezuela, Brasile; **S** Perú, Ecuador; **N** Mar Antille; **O** Oc. Pacifico		
NOTE	Attraversato dall'Equatore. Monti principali: catena delle Ande.		
ECUADOR			
GOVERNO	Repubblica	**MONETA**	Dollaro USA
LINGUA	Spagnolo	**CAPITALE E CITTÀ PRINCIPALI**	**Quito,** Quenca, Santo Domingo de los Colorados
CONFINI	**N** con la Colombia, **E** e **S** con il Perú; a **O** si affaccia sull'Oceano Pacifico Comprende l'arcipelago di Colón (o delle Galápagos), nell'Oc. Pacifico		
NOTE	Attraversato dall'Equatore e da due catene montuose: la Cordillera Occidental e la Cordillera Real, con imponenti vulcani (Chimborazo, 6310 m).		
GUYANA			
GOVERNO	Repubblica presidenziale	**MONETA**	Dollaro della Guyana
LINGUA	Inglese e creolo-inglese	**CAPITALE E CITTÀ PRINCIPALI**	**Georgetown**, Linden, New Amsterdam
CONFINI	**NO** Venezuela; **E** Suriname; **S** e **SO** Brasile; **NE** Oceano Atlantico		
NOTE	Poco a Nord dell'Equatore.		
PARAGUAY			
GOVERNO	Repubblica	**MONETA**	Guarand
LINGUA	Spagnolo e guarani	**CAPITALE E CITTÀ PRINCIPALI**	**Asunciòn**, San Lorenzo, Luque
CONFINI	**N** Bolivia; **E** Brasile; **S** e **O** con l'Argentina		
NOTE	Attraversato dal Tropico del Capricorno. È solcato dal **fiume Paraguay**.		

(segue)

PERÙ					
GOVERNO		Repubblica	**MONETA**		Nuovo sol peruviano
LINGUA		Spagnolo e quechua	**CAPITALE E CITTÀ PRINCIPALI**		**Lima**, Arequipa, Trujillo
CONFINI	**N** Ecuador, Colombia; **E** Brasile; **SE** Bolivia; **S** Cile; **O** Oceano Pacifico				
NOTE	Adiacente a Sud alla linea dell'Equatore. Monti: **Cordigliera delle Ande** (Cordillera Occidental, Central e Oriental) con cime elevate (Huascarán, 6768 m).				

SURINAME					
GOVERNO		Repubblica	**MONETA**		Dollaro di Suriname
LINGUA		Olandese e creolo-inglese	**CAPITALE E CITTÀ PRINCIPALI**		**Paramaribo**, Lelydorp
CONFINI	**E** Guyana Francese; **S** Brasile; **O** Guyana; **N** Oceano Atlantico				
NOTE	Poco a Nord dell'Equatore.				

URUGUAY					
GOVERNO		Repubblica	**MONETA**		Peso uruguayano
LINGUA		Spagnolo	**CAPITALE E CITTÀ PRINCIPALI**		**Montevideo**, Salto, Paysandú
CONFINI	**N** e **E** Brasile; **O** Argentina; **SE** Oceano Atlantico				
NOTE	A Sud del Tropico del Capricorno. Fiume: Uruguay, confluendo nel Paraná, forma l'estuario del Río de la Plata.				

VENEZUELA					
GOVERNO		Repubblica federale	**MONETA**		Bolìvar
LINGUA		Spagnolo e Caribe	**CAPITALE E CITTÀ PRINCIPALI**		**Caracas,** Maracaibo, Valencia
CONFINI	**E** Guyana; **S** Brasile; **O** Colombia; **N** Mar delle Antille, Oceano Atlantico				
NOTE	Poco a Nord dell'Equatore. Monti: Sierra de Perijá e Cordillera de Mérida (Pico Bolívar, 5007 m), che racchiudono la depressione di **Maracaibo** e il lago omonimo.				

4.4 Oceania

Eccetto l'Antartide, è stato il continente scoperto per ultimo dagli europei. L'ONU divide l'Oceania nelle seguenti macroregioni: **Australia** (isola più grande della Terra) e **Nuova Zelanda**; **Micronesia**; **Melanesia**; **Polinesia**.
È situata quasi per intero nell'emisfero australe, è bagnata dall'**Oceano Pacifico** (con i Mari: degli Arafura, dei Coralli, di Tasman) e dall'**Oceano Indiano**.

SCHEDA RIEPILOGATIVA OCEANIA					
SUPERFICIE	8.944.697 * kmq	ABITANTI	34.690.000 * ab. circa	DENSITÀ	4* ab./ kmq
Città più popolata		Sydney		4.050.000 * ab. (aggl.U)	
Nazione più estesa		Australia		7.692.024 kmq	
Monte più alto		Puncak Jaya		5030 m	
Fiume più lungo		Darling		2740 km	
Lago più esteso		Eyre		9.500 kmq	
Isola più estesa		Marajo		785.000 kmq	

* Fonte: Global geografia

Tra le catene montuose di questo continente ricordiamo: **Monti Bismarck** (Wilhelm m 4.509), **Monti Saruwaged** (Bangeta m 4.121), *Monti Owen Stanley* e *Catena Centrale* in Papua Nuova Guinea, *Alpi Meridionali* in nuova Zelanda e la *Grande Catena Divisoria* in Australia.

Dati principali dell'Oceania

RILIEVI PRINCIPALI			
CATENA	MONTE	METRI	PAESE
Sudirman	Puncak Jaya	4.884	Nuova Guinea (Indonesia, ma fisicamente dell'Oceania)
Monti Bismark	Wilhelm	4.509	Papua Nuova Guinea
	Giluwe	4.368	
Mauna Kea	Mauna Kea (Vulcano)	4.205	Hawai-Usa
Haleakala	Haleakala	3.055	
Monti Saruwaged	Bangeta	4.121	Papua Nuova Guinea
Monti Owen Stanley	Victoria	4.072	
	Suckling	4.377	
Alpi Meridionali (Neozelandesi)	Aoraki (Cook)	3.754	Nuova Zelanda
	Aspiring	3.033	
Alpi Australiane (Monti Nevosi - Grande Catena Divisoria)	Monte Kosciuszko	2.228	Australia

FIUMI PRINCIPALI		
FIUME	**KM**	**PAESE**
Murray-Darling	3.672	Australia
Murray	2.375	
Murrumbidgee	1.485	
Darling	1.472	
Lachlan	1.339	
Sepik	1.126	Papua Nuova Guinea
Cooper Creek	1.113	Australia
Fly	1.050	Papua Nuova Guinea/Indonesia
Flinders	1.004	Australia
Macquarie	950	
Diamantina	941	
Gascoyne	800	
Burdekin	680	
Dawson	640	

I principali **bacini fluviali** espressi in kmq sono rappresentati da: **Gran Bacino-Eyre** (1.140.000), **Murray-Darling** (1.050.100).
L'Oceania è un continente povero di **laghi**, i principali espressi in kmq, sono: **Eyre** (9.690), **Torrens** (5.745); **Gairdner** (4.351) in Australia; Taupo (622) in Nuova Zelanda.

CASCATE PRINCIPALI					
CASCATA	**METRI**	**PAESE**	**CASCATA**	**METRI**	**PAESE**
Browne	836	Nuova Zelanda	Wallaman	268	Australia
Waihilau	792	Hawaii-USA	Helena	221	Nuova Zelanda
Sutherland	580	Nuova Zelanda	Jim Jim Falls	213	Australia
Tully	293	Australia	Wentworth	187	Australia
Humboldt	275	Nuova Zelanda	Akaka	129	USA

ISOLE PRINCIPALI		
ISOLA	**KMQ CA**	**PAESE**
Nuova Guinea	785.000	Papua Nuova Guinea/Indonesia
Isola del Sud	151.200	Nuova Zelanda
Isola del Nord	113.700	
Tasmania	62.400	Australia
Nuova Britannia (A. di Bismarck)	36.500	Papua Nuova Guinea
Nuova Caledonia	16.400	Francia
Viti Levu	10.497	I. Figi
Isola di Hawaii	10.400	Usa
Bougainville (I. Solomone)	9.300	Papua Nuova Guinea
Nuova Irlanda (A. di Bismarck)	8.650	Papua Nuova Guinea

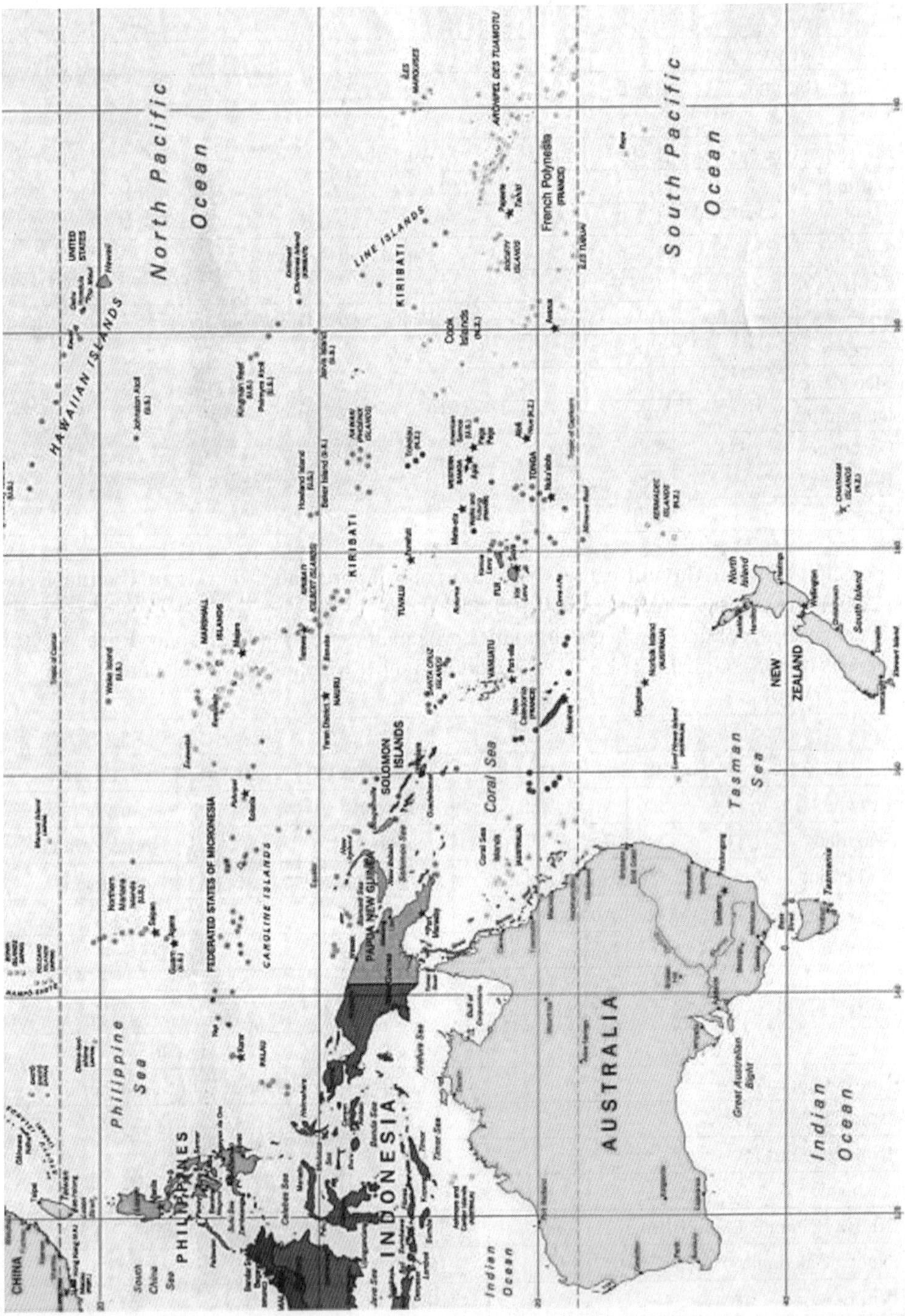

North Pacific Ocean
South Pacific Ocean
Indian Ocean
Philippine Sea
Coral Sea
Tasman Sea
South China Sea
AUSTRALIA
INDONESIA
PHILIPPINES
PAPUA NEW GUINEA
SOLOMON ISLANDS
NEW ZEALAND
HAWAIIAN ISLANDS
FEDERATED STATES OF MICRONESIA
CAROLINE ISLANDS
MARSHALL ISLANDS
KIRIBATI
LINE ISLANDS
French Polynesia (FRANCE)
TONGA
FIJI
VANUATU
TUVALU
NAURU
CHINA
North Island
South Island
Tasmania
Great Australian Bight

I **principali deserti** sono situati in Australia: **Grande Deserto Sabbioso** (390.000 kmq) e Simpson Desert (100.000 kmq).
I principali **agglomerati urbani**, con abitanti circa, sono: **Sydney** (4.391.674), Melbourne (3.999.980), Brisbane (4.434.000), Adelaide (1.225.235) in Australia; **Auckland** (1.397.300) in Nuova Zelanda.

Suddivisione politica dell'Oceania

L'Oceania attualmente comprende **14 Stati** di seguito elencati evidenziando alcuni dati di particolare interesse per i partecipanti ai concorsi, quali: ordinamento politico, confini, capitale e altre città più rilevanti, lingue e monete ufficiali. Di particolare importanza le note che riportano notizie interessanti.

AUSTRALIA E NUOVA ZELANDA					
AUSTRALIA					
GOVERNO		Stato federale	MONETA		Dollaro australiano
LINGUA		Inglese	CAPITALE E CITTÀ PRINCIPALI		**Canberra**, Sydney, Brisbane, Gold Coast
CONFINI	Circondata dal mare. **N** e **E** Oceano Pacifico (Mare degli Arafura, Mar dei Coralli, Mar di Tasman); **S** e **O** Oceano Indiano				
NOTE	Attraversato dal Tropico del Capricorno. Rilievi: Grande Catena Divisoria, Alpi Australiane (Monte Kosciuszko, 2229 m).				
NUOVA ZELANDA					
GOVERNO		Monarchia costituzionale	MONETA		Dollaro neozelandese
LINGUA		Inglese e maori	CAPITALE E CITTÀ PRINCIPALI		**Wellington**, Auckland, Christchurch
CONFINI	Arcipelago dell'Oceano Pacifico meridionale, affacciato a **O** al Mar di Tasman				
NOTE	È formato da due grandi isole, separate dallo **Stretto di Cook**, e da numerose isole minori l'Isola del Sud è attraversata dalle Alpi Meridionali la cui massima elevazione è il monte Cook (3754 m). Molti i fenomeni di vulcanismo (geyser).				

MELANESIA					
FIGI					
GOVERNO		Repubblica	MONETA		Dollaro figiano
LINGUA		Figiano e Inglese	CAPITALE E CITTÀ PRINCIPALI		**Suva**, Nasinu, Nadi, Lami
CONFINI	**Arcipelago dell'Oceania** nell'Oc. Pacifico sudocc., che racchiude il Mare di Koro				
NOTE	Poco sopra del tropico del Capricorno. Isole princ.: Viti Levu, Vanua Levu.				

(segue)

SALOMONE					
GOVERNO		Monarchia costituzionale	**MONETA**		Dollaro delle Isole Salomone
LINGUA		Inglese, lingue loc.	**CAPITALE E CITTÀ PRINCIPALI**		**Honiara**, Gizo, Noru, Taro
CONFINI	**Arcipelago** della Melanesia (Oc. Pacifico merid.), a **E** della Nuova Guinea				
NOTE	Tra Equatore e Tropico del Capricorno. Formato dalle isole di Guadalcanal, Malaita, Santa Isabel, Choiseul e altre minori.				
PAPUA NUOVA GUINEA					
GOVERNO		Monarchia costituzionale	**MONETA**		Kina
LINGUA		Inglese e dialetti papuani	**CAPITALE E CITTÀ PRINCIPALI**		**Port Moresby**, Lae, Arawa, Mendi, Kimbe
CONFINI	Costituito dall'**Isola** Nuova Guinea e da atolli minori, nell'Oceano Pacifico meridionale				
NOTE	Poco a Sud dell'Equatore.				
VANUATU					
GOVERNO		Repubblica	**MONETA**		Vatu
LINGUA		Bislama, inglese e francese	**CAPITALE**		Port Vila
CONFINI	**Arcipelago** dell'Oceano Pacifico, nella Melanesia				
NOTE	Sul Tropico del Capricorno.				

MICRONESIA					
MARSHALL					
GOVERNO		Repubblica	**MONETA**		Dollaro USA
LINGUA		Inglese	**CAPITALE E CITTÀ PRINCIPALI**		**Majuro,** Delap-Uliga-Djarrit
CONFINI	**Arcipelago** dell'Oceano Pacifico, nella Micronesia				
NOTE	Poco a Nord dell'Equatore. Formata dalle isole Ratak e Ralik. Gli atolli princ.: Jaluit, Kwajalein, Enewetak e Bikini.				
KIRIBATI					
GOVERNO		Repubblica	**MONETA**		Dollaro australiano
LINGUA		Gilbertese e inglese	**CAPITALE E CITTÀ PRINCIPALI**		**Bairiki**, Betio, Bikenibeu
CONFINI	**Arcipelago** dell'Oceano Pacifico				

(segue)

KIRIBATI					
NOTE	A cavallo dell'Equatore. Formata da: is.Gilbert, is. Ocean (Banaba), is. della Fenice e dalle Line Islands (Sporadi Equatoriali) con **Christmas**, il più grande atollo del Pacifico.				
MICRONESIA					
GOVERNO		Repubblica federale	**MONETA**		Dollaro USA
LINGUA		Inglese	**CAPITALE E CITTÀ PRINCIPALI**		**Palikir**, Weno
CONFINI	**Arcipelago** dell'Oceano Pacifico				
NOTE	A Nord dell'Equatore. Comprendente le isole Caroline Orientali e le isole Yap.				
NAURU					
GOVERNO		Repubblica	**MONETA**		Dollaro australiano
LINGUA		Nauruano e inglese	**CAPITALE**		Yaren
CONFINI	Atollo dell'Oceano Pacifico, a **O** delle Isole Gilbert				
NOTE	È lo stato insulare più piccolo al mondo.				
PALAU					
GOVERNO		Repubblica	**MONETA**		Dollaro USA
LINGUA		Paluano e inglese	**CAPITALE E CITTÀ PRINCIPALI**		**Koror**, Meyuns, Airai
CONFINI	**Gruppo insulare** dell'Oceano Pacifico, nella Micronesia, il più occidentale dell'arcipelago delle Caroline, poco a Nord dell'Equatore				
NOTE	È composto da 7 isole maggiori (tra cui Babeldaob e Koror, collegate tra loro da un ponte) e da circa 300 altre isole minori.				

POLINESIA					
SAMOA					
GOVERNO		Repubblica parlamentare	**MONETA**		Tala
LINGUA		Samoano e inglese	**CAPITALE E CITTÀ PRINCIPALI**		**Apia**, Vaitele, Faleasi'u
CONFINI	Sezione occ. dell'**arcip. delle Samoa**, nell'Oc. Pacifico centro-meridionale				
NOTE	Comprende le is. di Savaii e di Upolu e alcuni isolotti.				
TONGA					
GOVERNO		Monarchia costituzionale	**MONETA**		Pa'anga

(segue)

LINGUA		Tongano e inglese	CAPITALE E CITTÀ PRINCIPALI		**Nuku'alofa**, Vaini, Pea
CONFINI	**Arcipelago** dell'Oceano Pacifico meridionale				
NOTE	Costituito da 150 isole e isolotti di natura vulcanica o corallina.				
TUVALU					
GOVERNO		Monarchia costituzionale	MONETA		Dollaro australiano
LINGUA		Tuvaluano, inglese	CAPITALE E CITTÀ PRINCIPALI		**Vaiaku**, Alapi, Teone, Fongafale
CONFINI	**Arcipelago** dell'Oceano Pacifico				
NOTE	Situato poco a S dell'Equatore tra le isole Gilbert e le isole Samoa				
Sono dipendenze USA: Guam, Marianne Sett., Johnston, Samoa Americane. Sono dipendenze francesi: Nuova Caledonia, Polinesia Francese, Wallis e Futuna.					

4.5 Antartide

È il continente più recente, quasi interamente ricoperto di ghiaccio sotto la quale non si trova la terra ferma, ad eccezione della fascia costiera in cui è possibile scorgere muschi e licheni. Si estende per 13.00.000 Kmq ca superando per superficie l'Europa e l'Oceania. Il suo territorio è occupato da una catena montuosa lunga circa 3 mila Km. Politicamente è suddiviso in settori di influenza attribuiti a vari Stati.

4.6 Commonwealth

Il **Commonwealth** è una organizzazione intergovernativa di 54 Stati sovrani e indipendenti che cooperano per l'interesse comune dei loro popoli e per la pace nel mondo.
I Paesi membri sono stati quasi tutti sotto il dominio diretto o indiretto della Gran Bretagna. L'associazione non ha prerogative sovranazionali in alcun Paese membro, anche se il presidente dell'organizzazione, riconosciuto come "simbolo della libera associazione" dai suoi membri, è la **regina Elisabetta II**.
L'organizzazione si propone, ancora oggi, di integrare e far cooperare tra loro **realtà economiche** molto diverse sulla base dell'uguaglianza di tutti i membri. Oltre alla finalità economica, il Commonwealth persegue anche **scopi sociali**, come la promozione della democrazia e il rispetto dei diritti umani, il miglioramento del sistema educativo, soprattutto nei Paesi meno sviluppati, la lotta alla povertà e ad alcune malattie.
L'organo più importante del Commonwealth è il **Consiglio dei capi di governo**, che si riunisce ogni 2 anni e stabilisce le linee di politica generali e gli obiettivi dell'organizzazione. Il **Gruppo di azione ministeriale** del Commonwealth è invece composto da 9 ministri degli esteri di Paesi membri a rotazione e delinea le politiche e fa raccomandazioni per le azioni collettive dell'organizzazione. Il **Segretariato** è l'organo esecutivo del Commonwealth, dà assistenza tecnica e si occupa di sviluppare le politiche decise in seno al Consiglio dei capi di governo.

PAESI DEL COMMONWEALTH	
PAESE (ANNO)	PAESE (ANNO)
Regno Unito (1931)	Mauritius (1968)
Canada (1931)	Swaziland (1968)
Sudafrica (1994)	Figi (1970)
Australia (1942)	Samoa (1970)
India (1947)	Tonga (1970)
Nuova Zelanda (1947)	Bangladesh (1972)
Pakistan (1947)	Bahamas (1973)
Sri Lanka (1948)	Grenada (1974)
Ghana (1957)	Papua Nuova Guinea (1975)
Malaysia (1957)	Seychelles (1976)
Nigeria (1960)	Rep. Dominicana (1978)
Cipro (1961)	Isole Salomone(1978)
Sierra Leone (1961)	Tuvalu (1978)
Giamaica (1962)	Kiribati (1979)
Trinidad e Tobago (1962)	Saint Vincent e Grenadine (1979)
Uganda (1962)	Saint Lucia (1979)
Kenya (1963)	Vanuatu (1980)
Malawi (1964)	Antigua e Barbuda (1981)
Malta (1964)	Belize (1981)
Tanzania (1964)	Maldive (1982)
Zambia (1964)	Saint Kitts e Nevis (1983)
Gambia (1965)	Brunei (1984)
Singapore (1965)	Namibia (1990)
Barbados (1966)	Camerun (1995)
Botswana (1966)	Mozambico (1995)
Guyana (1966)	Nauru (1999)
Lesotho (1966)	Ruanda (2009)

APPROFONDIMENTI

I laghi – Origini e classificazione

I **laghi** sono masse d'acqua, raccolte in depressioni dette conche, che vengono colmate dalle acque provenienti da un ghiacciaio, da un fiume, meteoriche e sotterranee. I laghi possono essere *chiusi* (spazi di acqua salmastra o salata) e *aperti* (dotati di fiumi immissari ed emissari, in genere di acqua dolce); *temporanei* (la conca si riempie periodicamente) e *permanenti* (l'acqua è sempre presente nella conca). Secondo la loro origine si dividono in: *costieri* (il lago è separato dal mare da un cordone litoraneo; sono di forma allungata e di acqua salmastra – **L. Lesina, L. Varano**), *glaciali* (dovuti alla fusione dei ghiacciai – **L. di Garda, L. Maggiore, L. Iseo**), *craterici* (l'acqua riempie il cratere di un vulcano spento e perciò sono circolari – **L. di Bracciano, L. Albano, L. Nemi**), *tettonici* (l'acqua riempie cavità della crosta terrestre formatesi in seguito a grandi movimenti della crosta terrestre – **L. Bajkal, L. Tanganica, L. Vittoria**), *relitti* (si tratta di residui di un antico mare rimasto isolato dal sistema oceanico – **M. Caspio, L. Aral**), carsici (occupano il fondo di doline, impermeabilizzato da depositi argillosi – **L. Canterno**), *artificiali* (usati per la costruzione di dighe). Un lago può estinguersi, trasformandosi prima in stagno, poi in palude ed infine in torbiera (con vegetazione palustre sommersa).

Posizioni geografiche

Le banche dati utilizzate dal Ministero della Difesa, spesso propongono quesiti che richiedono al candidato una buona conoscenza della localizzazione geografica di alcune città sia italiane che europee o extraeuropee; per l'Italia, la conoscenza è approfondita fino ai Comuni più importanti, mentre al di fuori dei nostri confini si richiedono conoscenze a livello di capitali fino a qualche città più rinomata, con maggiore attenzione per l'Europa e i Paesi dell'UE. Tra le città italiane spesso vengono chieste le distanze approssimative che intercorrono in linea tra due centri; occorre, quindi, focalizzare bene l'attenzione sulla conoscenza di tutte le province, studiare bene la posizione delle stesse su una cartina geografica e poi iniziare a fissare le distanze intercorrenti tra un punto e un altro, da Nord a Sud e da Est a Ovest e ancora da Nord al centro e dal centro a Sud, o da Est al centro e dal centro ad Ovest. In genere, lo scarto in termini di chilometri tra le alternative è notevole; si parla almeno di alcune decine di Km. Per fornire un ausilio al concorrente, oltre alle distanze riportate durante la trattazione come punti estremi e di massima larghezza e lunghezza della penisola italiana, si costruisce di seguito una tabella con le distanze tra le principali città da cui poi poter evincere le altre possibili risposte su città non riportate in tabella da affiancare alla visione di una cartina geografica.

Per la determinazione della distanza in linea d'aria, utilizzeremo le carte geografiche e il calcolo delle misure reali da quelle in scala:

1) si misura la distanza in millimetri tra le due località;
2) si moltiplica tale misura per il fattore di scala e quindi si esegue l'equivalenza in km.

Esempio di misurazione con carta geografica:

La carta geografica ha una scala **1:3.000.000** e la distanza tra le due località è **180 mm**
La distanza tra le due città è dunque:

$$\text{mm } \mathbf{180} \times \mathbf{3.000.000} = \text{mm } \mathbf{540.000.000} = \text{km } \mathbf{540}$$

Distanza (km)	Bari	Bologna	Catania	Firenze	Genova	Messina	Milano	Napoli	Padova	Palermo	Roma	Torino	Trieste	Venezia	Verona
Bari		586	432	547	744	346	787	222	625	450	376	865	566	604	676
Bologna	586		839	81	192	785	201	471	110	730	304	296	233	131	109
Catania	432	839		769	926	87	1013	379	920	167	538	1045	918	912	947
Firenze	547	81	769		199	718	250	409	189	654	231	319	293	204	187
Genova	744	192	926	199		886	119	589	257	792	402	123	407	292	199
Messina	346	785	87	718	886		966	315	859	192	488	1007	848	849	891
Milano	787	201	1013	250	119	966		659	210	888	478	126	359	246	141
Napoli	222	471	379	409	589	315	659		544	313	189	712	541	535	576
Padova	625	110	920	189	257	859	210	544		821	394	331	152	36	69
Palermo	450	730	167	654	792	192	888	313	821		428	907	844	819	839
Roma	376	304	538	231	402	488	478	189	394	428		524	435	394	412
Torino	865	296	1045	319	123	1007	126	712	331	907	524		482	367	262
Trieste	566	233	918	293	407	848	359	541	152	844	435	482		116	219
Venezia	604	131	912	204	292	849	246	535	36	819	394	367	116		105
Verona	676	109	947	187	199	891	141	576	69	839	412	262	219	105	

ALTRE DISTANZE APPROSSIMATIVE			
Brescia-Gorizia	270 km	La Spezia-Ancona	300 km
Cagliari-Sassari	180 km	Livorno-Bari	600 km
Siena-Pescara	260 km	Perugia-Verona	280 km
Trapani-Messina	270 km	Sondrio-Roma	520 km
Bari-Matera	60 km	Torino-Piacenza	150 km
Catanzaro-Bari	250 km	Roma-L'Aquila	90 km

Altra tipologia di conoscenza richiesta è la **posizione geografica** di una città rispetto ad un'altra, se essa è più a Nord o più a Sud, ovvero più a Est o più a Ovest. Per rispondere con esattezza, si deve fare riferimento al grado di longitudine e latitudine di ciascuna città. Si suggerisce, come ampiamente detto, di esaminare attentamente le cartine politiche contenenti anche i meridiani ed i paralleli per individuare bene le collocazioni di città, regioni, Paesi, perché spesso con queste conoscenze si possono eliminare facilmente alcune alternative di risposte e far rimanere la soluzione esatta. In particolare i meridiani servono per individuare se una località è situata più a Est o a Ovest di un'altra (poiché se ne rileva la longitudine) ed i paralleli per stabilire se un punto è localizzato più a Nord o più a Sud (poiché se ne rileva la latitudine).

È importante nello studio, a tal fine, fare riferimento ai cinque paralleli di riferimento: equatore terrestre (0° di latitudine) Circolo Polare Artico (66°33'39" di latitudine Nord), Tropico del Cancro (23° 26' 16" a Nord dall'equatore), Tropico del Capricorno (23° 27' a Sud dall'equatore) e Circolo Polare Antartico (66°33'39" di latitudine Sud).

GLOSSARIO

Acquitrino: terreno caratterizzato da acque stagnanti, spesso ricoperte di erbe.

Alveo: tratto di superficie terrestre su cui scorre un fiume.

Ambiente naturale: insieme dei caratteri naturali di un determinato sito

Ansa: punto in cui il corso del fiume devia, formando una curva.

Arcipelago: insieme di isole.

Aree di alta pressione: (aree anticicloniche) presentano le pressioni più alte al centro dell'area che degradano verso la periferia; nell'emisfero settentrionale, in queste aree, i venti soffiano in senso orario allontanandosi dal centro stesso. Un'area di alta pressione è caratterizzata da tempo sereno e asciutto.

Aree di bassa pressione: (aree cicloniche) presentano la pressione più bassa al centro, mentre i suoi valori vanno gradualmente aumentando quanto più si procede verso la periferia; nell'emisfero settentrionale, in queste aree, i venti soffiano in senso antiorario e deviano verso il centro. Le basse pressioni sono collegate a condizioni estremamente variabili del tempo, per lo più cattivo.

Aria: mix gassoso composto principalmente di azoto e di ossigeno.

Atmosfera: involucro d'aria di considerevole altezza che avvolge tutta la Terra.

Atollo: tipo di isola corallina con al centro una laguna, in comunicazione col mare attraverso canali.

Bacino di un fiume: complesso del territorio nel quale è compreso un fiume con tutti i suoi affluenti.

Bassopiano: estesa regione pianeggiante, circondata da rilievi.

Bussola: strumento scientifico simile a un orologio, dotato di un ago calamitato posto su un perno fisso nel centro di una *rosa dei venti*. L'ago, quando la bussola è posta su un piano orizzontale, coincide con il Nord Magnetico, che è molto vicino al polo nord geografico.

Canale irriguo: corso d'acqua artificiale utilizzato per la coltivazione dei campi.

Canyon: vallata molto profonda con pareti a picco.

Carsismo: complesso fenomeno di erosione chimica delle rocce da parte delle acque superficiali.

Carta topografica: rappresentazione bidimensionale di uno spazio aperto o chiuso, disegnata impostando una scala che indica il rapporto fra le dimensioni sulla carta e le reali dimensioni del luogo rappresentato.

Catena montuosa: gruppo di montagne o di colline aggregate in modo da determinare uno sviluppo lineare. Le catene minori, che si staccano da una principale, prendono il nome di *contrafforti*.

Caucasoide: etnia tipica del continente europeo caratterizzata da alcuni tratti somatici comuni (pelle chiara, capelli sottili ecc.).

Cavo di un'onda: il suo punto più basso.

China o **versante**: fianco o pendio del monte.

Cima, **vetta** o **sommità**: parte superiore del monte. Una vetta, in base alla forma, prende il nome di picco, pizzo, punta, dente, corno, guglia, torre, campanile.

Civiltà potamiche: civiltà sviluppatesi lungo i fiumi sfruttandone la navigabilità e la capacità di rendere fertili i terreni.

Collina: elevazione della superficie terrestre compresa tra i 300 e i 600 metri dal livello del mare.

Conca: area circondata da montagne; molto spesso la parte più bassa della conca è occupata da un lago.

Configurazione orizzontale di un Paese: la sua forma vista da un punto al livello del mare. Un'area può essere compatta o frastagliata, può essere tutta o in parte circondata dal mare.

Configurazione verticale o **rilievo** di un Paese: la sua forma considerata rispetto al livello del mare; una regione può essere alta o bassa, montuosa o piana.

Conurbazione: agglomerato formato da una molteplicità di città grandi e piccole sviluppatesi l'una vicina all'altra.

Correnti marine: grandi corsi d'acqua all'interno degli oceani che devono il loro movimento ai venti costanti.

Costa: linea di confine tra la terra e l'acqua di un oceano, un golfo, un mare o un grande lago. Zona di territorio in cui esercitano la loro azione i movimenti variabili (onde) e periodici (maree) del mare. Le coste possono essere *alte* e *basse*, *diritte* o *frastagliate*. Quelle alte consentono una migliore navigazione, in quanto permettono di avvicinarsi alla terraferma. Le coste frastagliate presentano delle sporgenze (*capi, promontori*) e rientranze (*baie, golfi, rade, fiordi*). Lungo le coste basse vi sono spesso delle strette lingue di terra (*lidi*) o serie di basse isole parallele alla costa.

Deflazione: in geofisica, l'azione erosiva del vento.

Delta: accumulo di sedimenti in corrispondenza dello sbocco di un fiume in un lago o in un mare.

Densità di popolazione: rapporto tra gli abitanti e la superficie dell'area geografica in cui vivono.

Depositi alluvionali: prodotto di accumulo di sedimenti trasportati dai corsi d'acqua superficiali.

Dolina: cavità superficiale, tipica delle regioni carsiche, di forma approssimativamente circolare o ovale, di profondità e ampiezza variabili, formatasi direttamente per dissoluzione della roccia calcarea a opera di acque superficiali filtranti attraverso fratture.

Dune: accumulo di sedimento sabbioso di origine eolica, cioè determinato e modellato dall'azione dei venti; esse sono caratteristiche del deserto sabbioso.
Falda idrica: strato d'acqua sotterraneo.
Falesia: scarpata molto ripida formatasi per intensa azione erosiva del mare sulla costa rocciosa e, in genere, soggetta a continuo arretramento.
Fauna: insieme degli animali che vivono in un determinato territorio. Ad esempio, l'orso bruno vive principalmente nel Parco d'Abruzzo; il lupo nell'Appennino meridionale e in Sicilia; il cervo in Sardegna; il camoscio sulle Alpi e sull'Appennino abruzzese.
Fiordo: insenatura costiera stretta di origine glaciale con pareti pressoché verticali inondata dal mare (tipico della costa norvegese).
Fiume: corso d'acqua di notevole portata che si getta nel mare o in un altro fiume (affluente) o in un lago (immissario). Di un fiume si considerano l'origine, il corso, la foce.
Flora: insieme dei vegetali che ricoprono una regione. L'Italia abbonda di querce, faggi, abeti e pini.
Foce a delta: quando, prima della foce, il fiume si divide in vari rami o canali (sbocca in un mare chiuso dove può depositare i suoi detriti).
Foce a estuario: quando un fiume, prima di gettarsi in un mare aperto (con maree modeste), si allarga per le forti ondate senza depositare detriti.
Foresta tropicale: bioma terrestre con la massima biodiversità, dato che ospita circa la metà delle specie viventi animali e vegetali terrestri.
Fuso orario: immaginiamo che la terra sia suddivisa in 24 spicchi, corrispondenti alle ore del giorno. Ciascuno di essi prende il nome di *fuso orario* e comprende 15 meridiani, cioè 15 gradi di longitudine, in cui è ripartita la superficie terrestre, che abbia una pendenza piuttosto ripida. In ogni fuso l'orologio va indietro di un'ora rispetto al fuso che sta ad oriente; va invece avanti di un'ora rispetto a quello che sta ad occidente.
G.P.S. (Global Positioning System): sistema di posizionamento e navigazione satellitare civile che, attraverso una rete satellitare dedicata di satelliti artificiali in orbita, fornisce ad un terminale mobile o ricevitore GPS informazioni sulle sue coordinate geografiche ed orario, in ogni condizione meteorologica, ovunque sulla Terra o nelle sue immediate vicinanze ove vi sia un contatto privo di ostacoli con almeno quattro satelliti del sistema.
Geografia: dal greco, descrizione della terra, è la scienza che ha per oggetto lo studio, la descrizione e la rappresentazione della Terra nella configurazione della sua superficie e nella estensione e distribuzione dei fenomeni fisici, biologici, umani che la interessano e che, interagendo tra loro, ne modificano continuamente l'aspetto.
Geyser: sorgente termale zampillante, a forma di pozzo, che lancia in aria, a intermittenza, acqua calda ricca di silice e vapori; è una manifestazione secondaria dell'attività vulcanica endogena.
Globo terrestre: è la Terra. I tre decimi dell'intera superficie terrestre sono costituiti da terre emerse, mentre i rimanenti sette decimi del globo sono coperti dai mari. Le terre emerse si frazionano in vari lembi, di cui i quattro maggiori sono detti continenti.
Golfo: ampia rientranza della costa a forma arcuata.
Grotta costiera: risultato dell'erosione marina.
Gruppo montuoso o **massiccio**: insieme di montagne posto su una stessa base senza direzione predominante.
Isola: porzione di terraferma circondata interamente dal mare.
Istmo: sottile lingua di terra, bagnata su ambo i lati da masse d'acqua, che congiunge tra loro due porzioni di terre emerse.
Lago vallivo: lago di forma allungata.
Lago: la massa d'acqua raccolta in cavità più o meno grandi della superficie terrestre. Le acque dei laghi sono dolci o salmastre; i laghi possono essere glaciali, vulcanici o di sbarramento.
Laguna: bacino acqueo costiero separato, caratterizzato da acqua salmastra, dal mare da un cordone litoraneo interrotto da bocche d'accesso.
Latitudine: distanza di un punto della superficie terrestre dall'equatore, espressa in gradi e corrispondente all'arco di meridiano compreso tra il punto considerato e l'equatore. La latitudine si misura da 0° a 90° e può essere latitudine Nord o Sud, secondo che il luogo considerato si trovi nell'emisfero settentrionale o meridionale.
Latomie: tipiche grotte siracusane.
Litorale: zona compresa tra i limiti dell'alta e della bassa marea.
Longitudine: distanza di un punto della superficie terrestre dal *meridiano fondamentale*, espressa in gradi e corrisponde all'arco di parallelo compreso tra il punto considerato e il meridiano fondamentale. La longitudine si misura da 0° a 180° e può essere longitudine Est o Ovest, secondo che il luogo si trovi a Est o a Ovest del meridiano fondamentale.
Magra: portata minima di un corso d'acqua.
Mappa o **pianta**: rappresentazione semplificata dello spazio che evidenzia relazioni tra componenti (oggetti, regioni) di quello spazio. Può essere rappresentata in scala.
Mappamondi o **planisferi**: riproduzioni di tutta la superficie terrestre su scala molto piccola. Per poter indicare con precisione qualsiasi punto della superficie del nostro pianeta, è stato ideato un sistema di coordinate. Si ipotizza che l'intera superficie terrestre sia percorsa da linee immaginarie, i *meridiani* e i *paralleli*, che danno vita al reticolato geografico.
Mare: insieme delle acque salate che ricoprono la maggior parte del globo.
Meandri: in idrografia, indicano l'ampia sinuosità del

corso di un fiume che ne caratterizza la parte terminale dove la pendenza è minima.
Meridiano: il semicircolo massimo originato dall'intersezione con la sfera terrestre di un piano passante per l'asse terrestre. L'*antimeridiano* è il semicircolo diametralmente opposto. I meridiani sono 360, disposti a un grado l'uno dall'altro, tutti di uguale lunghezza a partire dallo zero, con cui viene indicato il *meridiano fondamentale* o di *Greenwich*. Definiamo ancora il meridiano come cerchio massimo della sfera terrestre che passa per i poli e per lo Zenit di un luogo (punto immaginario al luogo cui si riferisce).
Microclima: particolare clima di una piccola parte di spazio geografico.
Monte: una qualsiasi elevazione della superficie terrestre che abbia una pendenza ripida; distinto dalle colline per la maggior altezza (oltre i 600 m) e per età geologica (almeno terziaria), collegati dal punto di vista genetico a processi tettonici, generalmente raggruppati a formare allineamenti (catene) o gruppi compatti (massicci), modellati dagli agenti esogeni disgregatori (soprattutto corsi d'acqua e ghiacciai), che agiscono in relazione alla struttura geologica del rilievo stesso.
Morene: materiale detritico trasportato o deposto da un ghiacciaio.
Oasi nel deserto: sono tanto più fertili quanto maggiore è l'affiorare dell'acqua dal sottosuolo. Vi si trovano alberi da frutta. Nel deserto vi è una forte escursione termica dovuta alla mancanza di nuvole.
Orografia: scienza che studia i rilievi e la loro distribuzione in una data regione.
Ovest (O), Sud (S) ed Est (E) - oppure intercardinale - Nord-Ovest (NO), Sud-Ovest (SO), Sud-Est (SE) e Nord-Est (NE). A ognuno di questi punti viene associato il vento che spira dalla specifica direzione. Nord: Tramontana; Nord-Est: Grecale; Est: Levante; Sud-est: Scirocco; Sud: Ostro; Sud-Ovest: Libeccio; Ovest: Ponente; Nord-Ovest: Maestrale.
Paesaggio vegetale: costituzione dalla variazione eterogenea della flora in una regione.
Palude: massa d'acqua poco profonda con contorni mutabili e incerti e coperta in tutto o in parte da erbe palustri.
Pangea: unico grande continente esistente durante l'era paleozoica.
Parallelo: un circolo ideale, parallelo all'equatore, che taglia la superficie terrestre secondo un piano perpendicolare all'asse del pianeta. La massima circonferenza del globo terrestre, posta a uguale distanza tra i due poli, si dice *equatore*; l'equatore divide la Terra in due emisferi uguali: settentrionale o *boreale* e meridionale o *australe*. I paralleli sono in tutto 180, 90 a nord e 90 a sud dell'equatore. La distanza tra i due paralleli si chiama *grado di latitudine*.
Passo, **colle** e **valico**: punti bassi di una catena montuosa, che consentono generalmente il passaggio rotabile.
Penisola: territorio proteso verso il mare unita al resto del territorio di appartenenza da un solo lato.
Permafrost o permagelo: è un terreno tipico delle regioni dell'estremo nord Europa dove il suolo è perennemente ghiacciato anche in profondità.
Pianura alluvionale: tipo di pianura palustre formatasi dai detriti trasportati dai fiumi.
Pianura: parte di superficie terrestre che si trova allo stesso livello della superficie del mare. Le pianure a breve altitudine dal livello del mare prendono il nome di *bassopiani*, mentre quelle ad altitudine più elevata *altopiani*.
Piede o **falda**: congiunzione tra il pendio della montagna e la pianura sottostante.
Porto: luogo di ancoraggio naturale oppure artificiale (se migliorato dall'uomo).
Promontorio: sporgenza ripida della costa sul mare.
Risorgive: sorgenti di pianura tipiche della Pianura Padana.
Rosa dei venti: una stella a otto punte, in cui ognuna rappresenta un punto cardinale - Nord (N),
Ruscello: piccolo corso d'acqua che ha origine da una sorgente.
Scogliere artificiali: costruite per contenere l'impeto delle onde si chiamano frangiflutti.
Sestante: strumento di navigazione, usato per misurare l'altezza degli astri sull'orizzonte.
Spiaggia: piccola striscia di terra pianeggiante e sabbiosa a contatto con il mare.
Stagno: palude di piccole dimensioni.
Stalagmite: deposito calcareo a forma di cono con punta verso l'alto
Stalattite: deposito calcareo di forma allungata, generalmente conica, con punta verso il basso, che si forma nelle grotte.
Stretto: piccolo braccio di mare che divide due terre.
Subcontinente: parte di un continente che per la posizione, l'estensione, le caratteristiche antropiche ecc., appare indipendente dalla maggiore massa continentale.
Sviluppo costiero: rapporto che intercorre tra superficie terrestre di un Paese e la lunghezza delle sue coste.
Tasso di crescita di una popolazione: differenza fra il tasso di natalità e il tasso di mortalità.
Temperatura: insieme di calore dell'aria in un determinato luogo in un dato tempo. Si misura col *termometro*.
Terremoto: agitazione violenta della crosta terrestre provocato dallo spostamento di una massa rocciosa nel sottosuolo.
Territorio: rappresenta il paesaggio umanizzato ovvero l'area terrestre segnata dal passaggio o dalla presenza dell'uomo.
Testata di una valle: la sua parte superiore.
Topologia: studia le caratteristiche del suolo e del paesaggio.

Torrente: corso d'acqua di portata ridotta rispetto al fiume, è soggetto a piene o magre a seconda del flusso d'acqua.
Tropici: paralleli di latitudine 23°26'16" N (*Tropico del Cancro*) e S (*Tropico del Capricorno*), corrispondenti all'angolo di inclinazione dell'asse terrestre rispetto alla perpendicolare al piano dell'orbita.
Valle: porzione di terreno compresa tra i fianchi di due catene montuose.
Valli longitudinali: valli parallele alla catena montuosa.
Venti: movimenti dell'aria costanti periodici, variabili. Tra i venti che spirano in Italia ricordiamo la Bora (violenta e fredda, soffia sulle coste dell'Adriatico settentrionale), il Libeccio (soffia violento lungo le coste liguri e toscane) e lo Scirocco (vento caldo che proviene dall'Africa e spira lungo le coste meridionali).
Versante della montagna: parte inclinata della valle.
Vulcano: apertura della crosta terrestre attraverso la quale le materie che si trovano in fusione nell'interno della terra vengono eruttate, formando intorno all'apertura o cratere dei coni di varie dimensioni. Molti vulcani sono spenti; altri sono attivi: emettono cioè continuamente o a intervalli cenere, fango, lava (roccia pastosa o incandescente).

OCCORRE SAPERE

ITALIA

Il ghiacciaio di **Lex Blanche** si trova nel Gennargentu.
Il monte **Subasio** è situato nella provincia di Perugia
Il ghiacciaio del **Calderone** si trova in Abruzzo
Il **Montefeltro** è una regione storica situata a cavallo di più regioni amministrative italiane, precisamente tra Marche, Toscana ed Emilia-Romagna
Le **Terme di Pejo** si trovano in Trentino-Alto Adige
La località termale di **Boario** si trova in Lombardia
Le località termali di **Fiuggi**, **Tivoli** e **Castelforte** si trovano nel Lazio.
La località termale di **Abano Terme** si trova in Provincia di Padova

EUROPA

I **Lapponi** vivono in Scandinavia
Gli abitanti della **Polonia** sono in larghissima maggioranza di religione cattolica
Il **massiccio Armoricano** si trova in Francia
La popolazione della **Bosnia-Erzegovina** è in maggioranza di religione musulmana
La città di **Lisbona** si trova alla foce del fiume Tago
La **Camargue** è una regione della Francia
Ostenda, città del Belgio, è un porto commerciale e peschereccio sul mare del Nord
Boulogne, comune della Francia, è uno dei principali porti sullo *Stretto di Dover*
Vistola è un fiume europeo che sfocia nel *Golfo di Danzica*
L'**area più densamente popolata** in Europa è la *Pianura Padana*
La principale religione professata in **Lituania** è quella cattolica
La regione spagnola della **Galizia** si affaccia sull'Oceano Atlantico
Il **monte Titano** si trova nella Repubblica di San Marino
Il ghiacciaio dell'**Aletsch**, il più vasto ghiacciaio d'Europa, si trova in Svizzera

ASIA

I **kibbutz** e i **moshav** sono aziende agricole israeliane basate su principi egualitari
Il porto israeliano di **Elat** si trova sul mar Rosso
La **lingua ebraica** appartiene al gruppo linguistico camito-semitico
Il **deserto del Nafud** si trova nel continente asiatico, in Arabia Saudita
L'antica **Persia** attualmente rientra nei confini dell'Iran
L'unico Paese arabo nel quale non c'è un deserto è il **Libano**
L'etnia **han** rappresenta circa il 94% della popolazione della Cina
Per **Pechino** passa il quarantesimo parallelo
Cipro non è un membro dell'OSCE
La **Mongolia** è lo Stato meno densamente popolato al mondo (1,4 abitanti per Kmq.)
Le isole principali dell'**Arcipelago giapponese** sono quattro: Hokkaido, Honshu, Shikoku, Kyushu
Tokyo è la città nipponica diventata capitale nel 1868, prendendo il posto di *Kyoto*
Tokyo, Yokohama, Kawasaki e Chiba formano, insieme ad altri piccoli centri, la **conurbazione** più grande del mondo
L'aspetto geofisico dell'**Arcipelago giapponese** è montuoso, con piccole pianure costiere separate fra loro da rilievi rocciosi

AFRICA

L'**Algeria** è stata una colonia francese
La nazione più a nord del continente africano è la **Tunisia**
La **Libia** è uno Stato caratterizzato da un'economia basata prevalentemente sull'estrazione del petrolio
Il **Lago Nasser** si trova in Egitto

GENERICHE

La **stratosfera** è la regione dell'atmosfera che si

trova, rispetto alla superficie del suolo, a un'altezza compresa tra 10 e 50 km
Le **isole delle Molucche**, l'**arcipelago di Bismark** e le **isole Haida Gwaii** (precedentemente chiamate **Regina Carlotta**) si trovano nell'Oceano Pacifico
I **soffioni** sono getti di vapore acqueo surriscaldato che fuoriescono dal terreno
In base alla tabella geocronologica di ere e periodi, la **terza era** geologica della Terra, durata da 245 a 65 milioni di anni fa e suddivisa nei periodi Triassico, Giurassico e Cretaceo viene definita **Mesozoico**
L'**Islamismo** è una religione monoteista
La **scala Mercalli** misura l'intensità locale di un terremoto in base alle sue conseguenze
La magnitudo di un terremoto si misura mediante la **scala Richter**
In caso di terremoto sono dette **onde prime** quelle *longitudinali o di compressione* e **"onde seconde"** quelle *trasversali o di distensione*
Le **aree anticicloniche** hanno alta pressione
Il **Niño** è un fenomeno climatico periodico che interessa le coste pacifiche di Ecuador e Perù.
La forte **escursione termica** nelle zone desertiche è dovuta alla mancanza di nuvole.
Aumentando l'**altitudine** diminuiscono temperatura, pressione e umidità; invece, diminuendo l'altitudine diminuiscono irraggiamento solare e piovosità.
Nel mese di gennaio, se a Roma è **mezzogiorno**, a Dublino sono le ore **11**
Se a Bucarest si festeggia la **mezzanotte** del 31 dicembre, a Roma sono le ore **23**
Se in inverno a Mosca sono le ore **7**, a Firenze sono le ore **9**

ASTRONOMIA
La coppia di pianeti **Marte-Giove** è divisa da una fascia di asteroidi
Il pianeta **Venere** ha un diametro equatoriale compreso tra i 10.000 e i 15.000 km
Perielio: posizione della Terra quando la sua distanza dal Sole è minima
Il fenomeno astronomico del **Sole di mezzanotte** è dovuto all'inclinazione dell'asse terrestre rispetto al piano dell'eclittica
I **pianeti rocciosi o tellurici** del sistema solare sono Mercurio, Venere, Terra e Marte; essi, rispetto ai **pianeti giganti** (Giove, Saturno, Urano e Nettuno) del sistema solare, hanno il moto di rivoluzione più veloce
Mercurio: ha un diametro equatoriale compreso tra i 4.000 km e i 5.000 km
La **nutazione della Terra** è il moto di oscillazione dell'asse terrestre intorno alla sua posizione media, con periodi di 18,6 anni, dovuto all'attrazione lunisolare
I principali **satelliti naturali** dei pianeti del sistema solare hanno nomi derivati da quelli di divinità o personaggi della mitologia greca

SETTORI DI ATTIVITÀ

Primario: Agricoltura - Silvicoltura – Pesca - Allevamento – Estrazione di minerali
Secondario: Industria - Attività manifatturiere - Produzione e distribuzione di energia – Costruzioni
Terziario: Servizi: trasporti e comunicazioni, scuole, poste, banche, assicurazioni, commercio, telecomunicazioni, alberghi e ristoranti, affari immobiliari, noleggio, informatica, ricerca, P.A. e difesa, sanità e altri servizi sociali, altri servizi pubblici e privati

Registrandosi sul nostro sito secondo le modalità indicate a pag. I, è possibile consultare le bandiere degli Stati del mondo.

Sezione V
Storia

Capitolo 1
L'Ottocento: dal Congresso di Vienna al Colonialismo

Registrandosi sul nostro sito secondo le modalità indicate a pag. I, è possibile consultare i capitoli: "Spunti di storia antica e moderna"; "Notizie flash dall'Italia e dal Mondo".

1.1 Dal Congresso di Vienna ai moti del 1848

1.1.1 Il Congresso di Vienna e la Santa Alleanza

Dopo la sconfitta e l'arresto di Napoleone Bonaparte, il 6 aprile 1814 salì al trono francese il re **Luigi XVIII** e, durante il **Congresso di Vienna** (ottobre 1814 e il giugno 1815), ovvero l'incontro tra i rappresentanti delle grandi potenze, Inghilterra, Russia, Prussia ed Austria (che costituivano la cosiddetta "Quadruplice Alleanza"), si cercò di dare un nuovo assetto geopolitico all'Europa sconvolta dalla Rivoluzione francese e dalle guerre napoleoniche, ripristinando i vecchi regnanti (**età della Restaurazione**) secondo il ***principio di legittimità ed equilibrio***. Terminò così, con il Trattato di Vienna del 1815, il primo colonialismo francese.

I partecipanti al Congresso decisero, innanzitutto, le sorti della Francia, che mantenne gli stessi territori del 1792 (tranne una parte della Savoia restituita al Piemonte) e i domini coloniali, in virtù del Trattato di Parigi del 30 maggio 1814. Nel corso della Restaurazione **Talleyrand** riuscì a salvaguardare l'integrità territoriale francese sostenendo che l'equilibrio in Europa poteva essere mantenuto solo garantendo siffatta integrità.

Ai suoi confini fu costituita una cintura di Stati indipendenti, detti **Stati cuscinetto** (cosiddetta "guardia armata della Restaurazione") per scongiurare qualsiasi tentativo da parte francese di nuova espansione; tale cintura comprendeva a nord il Regno dei Paesi Bassi- Belgio e Olanda; a sud-est il Regno di Sardegna e la Confederazione svizzera (comprendente 22 cantoni) dichiarata neutrale; ad est gli Stati tedeschi (Confederazione germanica) e la Prussia, che riuscì ad ottenere la Pomerania (Polonia) svedese e la Vestfalia (la restante parte della Polonia che apparteneva alla Russia). La Russia conservò la Finlandia ed ottenne la Bessarabia; l'Inghilterra rafforzò il suo dominio sui mari mantenendo le isole di Malta (Mediterraneo), di Trinidad, Tobago e Santa Lucia (Antille), e di Ceylon (Oceano Indiano), del Capo di Buona

Speranza e delle Isole Ionie. L'Austria, infine, si confermò come impero multinazionale sotto la dinastia degli Asburgo: fu ribadito il dominio sui territori dell'Ungheria, Boemia, Bucovina, Galizia e Croazia, nonché la piena egemonia in Italia. Quest'ultima non ottenne a Vienna alcun risultato positivo, in quanto reputata una semplice "espressione geografica" (così definita dal cancelliere austriaco Metternich), ma fu subordinata alle esigenze egemoniche della potenza asburgica.
L'Italia, infatti, risultò così divisa:

1) **Regno di Sardegna**, comprendente il Piemonte, la Savoia (attuale regione francese, così anche la ex capitale sabauda, Chambery), Nizza, la Sardegna e la Liguria (ex Rep. di Genova e i suoi territori): fu restituito a Vittorio Emanuele I di Savoia;
2) **Regno Lombardo-Veneto**, comprendente la Lombardia (Valtellina), il Veneto e il Friuli: fu governato direttamente dall'Austria;
3) **Ducato di Parma, Piacenza e Guastalla**: fu affidato a Maria Luisa d'Austria, seconda moglie di Napoleone;
4) **Ducato di Modena, Carpi e Reggio**: fu assegnato a Francesco IV d'Este;
5) **Ducato di Massa e Carrara**: fu assegnato a Maria Beatrice d'Austria-Este;
6) **Ducato di Lucca**: fu assegnato ai Borboni di Parma;
7) **Granducato di Toscana**: fu restituito a Ferdinando III di Lorena;
8) **Stato Pontificio**, comprendente il Lazio, l'Umbria, le Marche e la Romagna: fu restituito al Papa Pio VII (durante la Restaurazione lo Stato della Chiesa rimase fuori sia dalla Santa Alleanza sia dalla Quadruplice Alleanza);
9) **Regno delle Due Sicilie**, comprendente la Campania, l'Abruzzo, il Molise, le Puglie, la Basilicata, la Calabria e la Sicilia: fu restituito a Ferdinando IV di Borbone, il quale rinunciò al titolo di re di Napoli e di Sicilia (i due Regni furono uniti successivamente nel 1816) per assumere quello di Ferdinando I re delle Due Sicilie. Il Regno di Napoli fu governato fino al 1815 da **Gioacchino Murat** che con il "***Proclama di Rimini***" del 1815 aveva incitato gli italiani alla creazione di uno Stato unitario.

Non fu possibile restaurare l'Europa com'era prima del 1791 perché la Rivoluzione francese e Napoleone avevano provocato definitivi cambiamenti, in campo politico-sociale e in materia di organizzazione territoriale. Le quattro potenze fautrici del Congresso di Vienna, quindi, trassero grandi vantaggi territoriali.
La **Santa Alleanza (26 settembre 1815)** fu una dichiarazione politica che regolò la vita dei principali Stati europei dal 1815 al 1830, nata su iniziativa dello zar Alessandro I, in base alla quale *Austria*, *Russia* e *Prussia* si impegnarono a prestarsi reciproco soccorso, con un intervento armato ogni volta che un principe legittimo fosse stato messo in pericolo. La potenza della Quadruplice Alleanza che non vi aderì fu l'*Inghilterra*, considerata sin dal 1815 la prima potenza coloniale.

1.1.2 I moti del '20-'21

I moti rivoluzionari sorsero per iniziativa dei componenti di alcune sette segrete, come la Carboneria in Italia, i Comuneros in Spagna, l'Eterìa in Grecia, l'Adelfi in Francia che si erano formate nei vari Stati dopo la Restaurazione contro le imposizioni del Congresso di Vienna.
In gran parte dell'Europa i moti del '20 e '30 scoppiarono perché i territori interessati versavano in difficili condizioni economiche e desideravano l'autonomia nazionale.
Alla **Carboneria** (nata originariamente in Francia) possiamo far risalire la prima fase rivoluzionaria 1820-1821 contro il dispotismo dei sovrani ritornati sui loro troni, parzialmente i moti

del 1830-1831 e quanti altri ebbero luogo, anche con la spinta mazziniana, sino al 1848. Essa era caratterizzata dall'avversione all'assolutismo e ciò l'accomunava ad altre società segrete. In Italia, la Carboneria riuniva gruppi dalle dimensioni molto ridotte e aveva come scopi la liberazione dal dominio austriaco a nord e una Costituzione al Sud. Una delle principali cause del fallimento dei moti carbonari fu la scarsa partecipazione delle classi popolari.
Il **primo moto** si verificò **in Spagna**, dopo che il re Ferdinando VII aveva restaurato il vecchio regime e abolito la Costituzione di Cadice del 1812. Insorsero anche le colonie spagnole in America meridionale e la Spagna cercò di frenare i rivoltosi attraverso l'imposizione di tasse anche al clero e all'aristocrazia. A Cadice scoppiò la rivoluzione il primo gennaio 1820 capeggiata dall'ufficiale ***Raffaele Riego***, con lo scopo di far ripristinare la Costituzione (il "**pronunciamiento**" di Cadice del 1820 fu la ribellione di alcuni militari spagnoli contro l'ordine di recarsi nelle Americhe a stroncarne i governi indipendentisti). Il re accettò, ma successivamente tradì gli impegni e attivò una guerriglia monarchica all'interno del Paese. Nel 1822, al **Congresso di Verona**, la Francia ebbe il compito di stroncare la rivoluzione, vinse a **Trocadero**; Riego fu impiccato e Ferdinando VII lasciò la corona alla figlia Isabella.
Il **primo moto nell'Italia meridionale** scoppiò a **Nola (Napoli) nel 1820**, sotto la guida del prete Luigi Menichini che, con il tenente Michele Morelli e il sottotenente Giuseppe Silvati, capeggiò la rivolta di un centinaio di soldati. Aderirono, inoltre, molti ufficiali tra cui il generale **Guglielmo Pepe**, che il 6 luglio 1820 assunse il comando.
Nell'ottobre, dopo i movimenti rivoltosi di Napoli, il congresso delle potenze europee si riunì a **Troppau**. Il re Ferdinando I fu costretto a emanare un editto che prometteva la creazione di un Parlamento liberale e la Costituzione, che venne poi concessa dal figlio Francesco, nominato vicario del re (ripristinò la Costituzione siciliana del 1812).
I **moti in Sicilia**: nel luglio 1820, fu inviato un esercito dapprima al comando del generale **Florestano Pepe** poi del generale **Pietro Colletta** con il compito di stroncare con la forza la rivolta; successivamente intervennero gli austriaci, invitati dal re Ferdinando I sulla base delle decisioni prese durante il **Congresso di Lubiana**, i quali il 7 e l'8 marzo 1821 sconfissero le truppe di Guglielmo Pepe a ***Rieti*** e ad ***Antrodoco***.
In **Lombardia** gli austriaci scoprirono una "vendita" carbonara, per cui arrestarono e condannarono al carcere, tra i tanti, *Silvio Pellico* e *Pietro Maroncelli*, che trascorsero dieci anni nella prigione di **Spielberg** (in Boemia, qui furono rinchiusi molti Carbonari e Federati lombardi dopo i moti del 1821). Pellico scrisse "Le mie prigioni", che pubblicò nel 1832, con cui diede un notevole contributo alla diffusione dei sentimenti antiaustriaci in Italia. L'Austria represse i moti del '20-'21 in nome della Santa Alleanza.
In **Piemonte**, i liberali come il conte *Santorre di Santarosa* e *Prospero Balbo*, avevano continuato la loro azione, tanto che il 10 marzo 1821 insorsero le guarnigioni di Alessandria, Pinerolo e Vercelli, al fine di ottenere la tanto auspicata "Costituzione". Il re di Sardegna Vittorio Emanuele I (il ***Tenacissimo***) abdicò in favore di Carlo Felice, ma la reggenza passò a Carlo Alberto perché Carlo Felice si trovava presso la Corte di Modena.
In **America Latina**, nel 1820-1821 la lotta all'indipendenza dalla Spagna (***Simon Bolivar*** fu il più grande tra i capi della lotta per l'indipendenza del Sud America dalla Spagna) portò alla creazione di nuovi Stati: Venezuela, Cile, Bolivia, Brasile (fino ad allora colonia portoghese e raggiunse l'indipendenza pacificamente nel 1822), Perù e Argentina.

1.1.3 Gli anni '20

Il **5 maggio 1821,** così come immortalato nella celeberrima poesia di Alessandro Manzoni, moriva, dopo un lungo esilio nell'isola di Sant'Elena nell'Atlantico, ***Napoleone Bonaparte***.

In **Grecia**, nel 1822 i Turchi presero rapidamente il controllo dell'Epiro e tentarono di stabilire il loro dominio con il terrore. Nel 1827, a seguito di un fallito tentativo di mediazione con i turchi, si aprirono le ostilità: la flotta turco-egiziana fu annientata nella rada di Navarino da quella anglo-franco-russa e, nel 1828, fu occupata la Morea. La fine della guerra e l'autonomia della Grecia furono sancite, sotto il protettorato di Francia, Gran Bretagna e Russia, con il **Trattato di Adrianopoli** del 1829, poi trasformata in indipendenza con il **Protocollo di Londra** nel 1830.
In **America**, nel 1823 il Presidente americano ***James Monroe*** espose una dottrina sintetizzabile nel motto: "L'America agli Americani". Essa affermava che gli Europei non sarebbero dovuti intervenire nel Nuovo Mondo, così come gli Americani non intervenivano in Europa.
Tra il 1823 e il 1833 la **Spagna liberale** subì una durissima repressione, ad opera del re Ferdinando VII di Borbone, tanto che il periodo prese il nome di ***Decennio Nefasto*** spagnolo durante il quale furono nuovamente chiusi i periodici e le Università. Prima di questo periodo, il sovrano spagnolo, di fronte alle rivolte sostenute dai liberali e dai democratici, aveva dovuto convocare il Parlamento, abolire l'Inquisizione e formare un governo di orientamento liberale e democratico.
In **Inghilterra**, nel 1824, il governo, dopo molteplici manifestazioni e lotte popolari culminate in più di un'occasione in veri e propri massacri, decise di ammettere la legalità delle ***Trade Unions***, che, nate nella seconda metà del sec. 18° in sostituzione delle unioni corporative e divenute col tempo società di mutuo soccorso che riunivano lavoratori manuali di diversi settori, erano state proibite dalla fine del Settecento. Nel 1833, nel Paese, furono varate due leggi fondamentali: una per l'abolizione della schiavitù e l'altra per la tutela dei fanciulli in fabbrica.
In **Russia**, nel 1825, scoppiò il moto rivoluzionario ***decabrista***. Alcuni ufficiali dell'esercito imperiale appartenenti a società segrete guidarono, nella piazza del Senato di San Pietroburgo, circa 3000 soldati in un tentativo di rivoluzione per attuare una economia liberale e disfarsi dell'assolutismo dell'Impero, dello stato di polizia e della censura. Tra il 1830 e il 1848 in Russia si mantenne una linea di governo rigidamente conservatrice.

1.1.4 Gli anni '30

In **Francia** nel 1830, con la ***Rivoluzione di Luglio***, o seconda rivoluzione francese, scoppiata a Parigi dopo l'emanazione delle *Ordinanze di Saint-Cloud* che limitavano le libertà fondamentali, fu rovesciato Carlo X, ultimo sovrano della dinastia dei Borbone e sostenitore di una linea politica dichiaratamente reazionaria. Carlo X fu sostituito da **Luigi Filippo**, che promise di mantenere fede alla Costituzione, ma durante il suo Regno, nel tentativo di impedire il diffondersi del dissenso politico e delle proteste, proibì i comizi propagandistici chiamati ***banchetti politici***, organizzati nel 1847 come protesta contro il governo **Guizot** che non voleva cambiare la legge elettorale.
La colonizzazione francese dell'Africa iniziò nel 1830 con la conquista di Algeri (iniziò così il ***secondo colonialismo***). A supporto della ***guerra in Algeria*** fu fondata, nel marzo 1831, dal Re Luigi Filippo la famosa *Legione Straniera*; tuttavia l'Algeria divenne colonia solamente nel 1847 con la sconfitta dell'emiro **Abd el-Kader**.
Il **Belgio** divenne indipendente nell'agosto del 1830, con l'insurrezione di Bruxelles; unica rivolta fra le rivoluzioni del 1830-1831 ad avere avuto esito positivo.
In **Italia**, nel 1830, scoppiò un'insurrezione nel Ducato di Modena che fu repressa dagli austriaci, i quali condannarono a morte ***Ciro Menotti***, capo dei rivoltosi. Menotti era stato il responsabile della commissione incaricata da Francesco IV d'Asburgo-Este di redigere la carta costituzionale del ducato di Modena.
Giuseppe Mazzini (Genova 1805 – Pisa 1872) dal suo esilio in Francia, fondò nel 1831 la ***Giovine Italia*** (associazione politica di educazione popolare finalizzata al rinnovamento po-

litico e morale degli Italiani), i cui obiettivi fondamentali erano l'Unità e la Repubblica. Attorno a questi obiettivi si sviluppò il pensiero politico mazziniano (il motto "Pensiero e azione" condensa uno dei suoi principi) che promosse l'azione politica durante il corso del **Risorgimento** (processo spirituale e politico, trasformazioni economiche e sociali, atteggiamenti letterari e culturali, eventi diplomatici e militari che dal Congresso di Vienna al 1870 portarono all'Unità d'Italia). Nel 1834 Mazzini, dall'esilio in Svizzera, fondò la ***Giovane Europa***. Dall'estero egli condusse buona parte della sua attività rivoluzionaria; in Francia subì notevoli influenze culturali, tra le quali l'orientamento giacobino, che lo portò a concezioni repubblicano-unitarie, e l'utopia socialista.
La "***tempesta del dubbio***" fu vissuta da Mazzini quando fu costretto a scegliere tra continuare la lotta o fuggire in esilio. Egli fu soprannominato l'apostolo, Garibaldi l'eroe e Cavour il tessitore. Nel luglio 1850, su sua iniziativa fu fondato anche il ***Comitato Centrale Democratico Europeo*** e nel 1853 il **Partito d'Azione**. L'insurrezione di Milano, organizzata dallo stesso, il 6 febbraio 1853, fu un completo fallimento. Dopo il fallimento dei moti di Genova e di Livorno del 1857, rientrò in Inghilterra.

1.1.5 I moti rivoluzionari dopo il 1830

Dopo il 1830 i **moti insurrezionali di ispirazione mazziniana** furono:
- la rivolta del settembre 1831 a Palermo;
- in Toscana, il tentativo del gruppo di patrioti capitanato da Francesco Domenico Guerrazzi disperso nel 1832;
- il tentativo dei patrioti abruzzesi, che nel 1833 cercarono di attivare un collegamento tra la Giovine Italia e il movimento democratico meridionale;
- i moti insurrezionali nel Regno di Sardegna, in Savoia, nel 1833, e a Genova nel 1834, facilmente repressi.

Nel Lombardo-Veneto l'organizzazione della Giovine Italia subì un duro colpo in seguito agli arresti e ai processi di appartenenti, che si conclusero nel 1835 con 20 condanne a morte, mutate poi in pene detentive.
Giuseppe Garibaldi (Nizza 1807 – Caprera 1882) nel 1833 entrò a far parte della società segreta *Giovine Italia*; fu il principale organizzatore e il capo militare della difesa della Repubblica Romana contro i francesi. Dopo il fallimento dei moti di Genova del 1834, fu condannato a morte come cospiratore mazziniano, quindi si rifugiò in America Latina dove combatté a fianco di diversi popoli per l'indipendenza; venne, infatti, definito l'"*Eroe dei due mondi*" perché combatté in Sud America ed in Europa. Nel 1842 in Uruguay sposò Ana Maria Ribeiro da Silva, detta **Anita**, unita a lui dal 1839 e che morì nel 1849 nelle paludi tra Ravenna e Comacchio; la seconda moglie fu **Francesca Armosino**.
Nel 1844 i fratelli ***Attilio*** ed ***Emilio Bandiera*** accorsero in aiuto di alcuni patrioti a Cosenza, sbarcando alla foce del fiume Neto, vicino Crotone, per tentare un'insurrezione contro il governo borbonico, ma furono fatti prigionieri e fucilati in Calabria, nel vallone di Rovito.

1.1.6 Il pensiero politico e le riforme

Vincenzo Gioberti (Torino 1801- Parigi 1852) autore de "*Il primato morale e civile degli Italiani*", auspicava la realizzazione di una federazione di vari principi italiani sotto la presidenza del Pontefice; l'assertore del neoguelfismo mirava cioè a conciliare religione e patria, cattolicesimo e liberalismo. Il suo breve Governo rimase in carica dal 16 dicembre 1848 fino al 21 febbraio 1849.

Cesare Balbo (Torino 1789 - 1853) auspicava una federazione in cui il papato avesse funzioni moderatrici e il Piemonte (Casa Savoia) un compito preminente. Fu il primo Presidente del Consiglio nominato da Carlo Alberto dopo l'emanazione dello Statuto Albertino.
Massimo D'Azeglio (Torino, 24 ottobre 1798 – 15 gennaio 1866) proponeva di attuare un nuovo metodo di lotte per la redenzione nazionale che non doveva più essere basato sulle "società segrete", ma doveva tendere alla lotta a viso aperto con l'appoggio dell'opinione pubblica e con l'aiuto politico e militare di Carlo Alberto.
Vincenzo Gioberti, Cesare Balbo e Massimo d'Azeglio erano i massimi esponenti del pensiero *neoguelfo*, che vedeva nella Chiesa e nei Savoia i mezzi di unificazione spirituale e nazionale italiana.
Carlo Cattaneo (Milano 1801 – Lugano 1869) viene ricordato per le sue idee federaliste impostate su un forte pensiero liberale e laico. All'alba dell'Unificazione italiana, Cattaneo con ***Giuseppe Ferrari*** fu fautore di un sistema politico basato su una confederazione di Stati italiani sullo stile della Svizzera.
Pio IX (Giovanni Maria Mastai Ferretti) divenne Papa il 16 giugno 1846 alla morte di Gregorio XVI; il 16 luglio 1846 emanò l'**editto del perdono**, con il quale accordava ai condannati politici un'amnistia generale e agli esiliati la possibilità di far ritorno in Patria; inoltre, concesse: una limitata libertà di stampa, una consulta di Stato composta da autorevoli cittadini con il compito di suggerire utili riforme; costituì la guardia civica, polizia di volontari, che assunse il compito di mantenere l'ordine, sostituendosi all'odiata polizia di mestiere.
Conquistò la fama di "*Papa liberale*" per la sua manifesta antipatia nei confronti dell'Austria e per la promozione di alcune riforme che entusiasmarono il popolo. Nel 1847 compì un importante atto per la Chiesa milanese nominando un arcivescovo italiano.
Pubblicò nel 1864 l'enciclica "**Quanta cura**" con cui condannò i principi del liberalismo e il "**Sillabo**", una raccolta di ottanta proposizioni papali in cui descriveva gli errori del mondo moderno; l'11 aprile del 1869 partì il giubileo sacerdotale e il 7 dicembre il Papa aprì il **Concilio Vaticano I** durante il quale fu approvato il dogma dell'infallibilità pontificia nelle definizioni *ex cathedra* riguardanti la fede e la morale, a pochi mesi dalla Breccia di Porta Pia del 20 settembre del 1870 quando Roma fu presa e Pio IX si rifugiò in Vaticano. Nel 1874 lanciò il cosiddetto "**non expedit**", rivolto ai cittadini italiani cattolici con il quale li invitò a disertare le elezioni politiche del Regno d'Italia, onde delegittimare il neonato Stato italiano.
La **prima linea ferroviaria** italiana fu costruita nel 1839 per volontà di Ferdinando II e copriva la tratta Napoli-Portici. La prima ferrovia a vapore con servizio regolare fu inaugurata nel 1825, in Inghilterra.
Il periodo tra il 1846 e il 1848 in Italia venne definito "**biennio delle riforme**".
In **Inghilterra**, il ***Luddismo*** fu un movimento di protesta operaia, sviluppatosi all'inizio del XIX secolo, caratterizzato dal sabotaggio della produzione industriale. Il ***Cartismo*** fu un movimento politico-sociale, britannico, prevalentemente di uomini della *working-class*, il cui nome derivava dalla "Carta del Popolo" presentata nel 1838 alla Camera dei Comuni con una petizione firmata da oltre un milione di persone. La petizione fu nuovamente presentata nel 1842 con oltre tre milioni di firme e il mancato accoglimento diede luogo a diverse dimostrazioni, che sfociarono anche in gravi casi di sangue.
A partire dal 1846, la carestia, a sua volta causata dalla malattia delle patate, costrinse molti **irlandesi** ad emigrare in America.
Nel 1847, Regno di Sardegna, Toscana e Stato della Chiesa siglarono un accordo preliminare per una ***lega doganale italiana***. Nello stesso anno **Goffredo Mameli** compose "Fratelli d'Italia".

Nell'estate 1847 avvenne l'occupazione austriaca di Ferrara e **Metternich** (Cancelliere di Stato dell'Impero austriaco) si giustificò alle autorità pontificie richiamandosi a una clausola dei trattati di Vienna, che dava all'Austria facoltà di mantenere presidi militari nelle Legazioni Pontificie.
Fra il 1847 e il 1848 fu scritto il "**Manifesto del Partito Comunista**" da **Karl Marx e Friedrich Engels**. Il libro I de **Il Capitale**, testo-chiave del marxismo, fu scritto, da Karl Marx nel 1867.

1.2 Dalla I Guerra di Indipendenza (1848) alla proclamazione del Regno d'Italia (1861)

1.2.1 Il '48 in Europa

Le **Insurrezioni** nell'Europa nel '48, di cui furono protagonisti classi popolari, contadini, studenti, intellettuali, professionisti e commercianti che rivendicavano la costruzione di nazioni indipendenti e l'ottenimento di una Costituzione, furono definite "**Primavera dei popoli**"; la rivoluzione del 1848 in **Francia** terminò con 3 mila morti e 4 mila deportati a seguito dell'intervento con pieni poteri del Ministro della guerra ***Louis Cavaignac***. Durante lo svolgimento dell'insurrezione, Luigi Filippo di Orleans abdicò e si rifugiò in Inghilterra sotto falso nome. In seguito alla rivoluzione nacque la **Seconda Repubblica** (la Prima Repubblica era del 1792), venne approvata una Costituzione che prevedeva il suffragio universale, un'assemblea legislativa di 750 membri e un Presidente della Repubblica eletto ogni quattro anni e capo anche del governo. Nel dicembre 1848 **Carlo Luigi Napoleone Bonaparte**, figlio del re d'Olanda Luigi Bonaparte, vinse le elezioni. Il 2 dicembre 1851, non potendo essere rieletto a Presidente della Repubblica francese, attuò un colpo di Stato. Occupò con l'esercito la sede dell'Assemblea nazionale, si fece eleggere Presidente della Repubblica con un plebiscito per 10 anni e, un anno dopo, si fece proclamare imperatore con il nome di **Napoleone III**. Nasceva così il **Secondo Impero**, la cui durata si protrasse fino al 1870. Il 14 gennaio 1858 a Parigi ci fu un attentato nei suoi confronti ad opera dell'anarchico ***Felice Orsini*** che provocò 12 morti e 156 feriti.
In **Austria**, il primo importante episodio insurrezionale ebbe luogo a **Vienna**, il 13 marzo 1848, a causa della repressione di una grande manifestazione di studenti e lavoratori duramente repressa dall'esercito. Questo episodio fece precipitare la situazione nelle più irrequiete province dell'Impero asburgico e nella vicina Confederazione germanica. Nella primavera del '48 il grande impero plurinazionale sembrava sull'orlo del collasso. In maggio l'imperatore dovette abbandonare la capitale e promettere la convocazione di un ***Parlamento dell'Impero*** (***Reichstag***) eletto a suffragio universale. In **Ungheria** le promesse del governo imperiale di concedere ai magiari una propria Costituzione e un proprio Parlamento non bastarono a fermare l'agitazione autonomistica. I patrioti ungheresi guidati da ***Kossuth*** approfittarono della crisi in cui versava il potere centrale per creare un governo nazionale e per agire in totale autonomia da Vienna. Fu eletto un nuovo Parlamento a suffragio universale e organizzato un esercito nazionale, primo passo verso la piena indipendenza. Anche a **Praga**, in aprile, venne formato un governo provvisorio e proprio in questa città, ai primi di giugno, si riunì un congresso cui parteciparono delegati di tutti i territori slavi soggetti alla corona asburgica. Ma il 12 giugno, pochi giorni dopo l'apertura del congresso, la capitale boema fu assediata e bombardata. Il congresso slavo fu disperso e il governo ceco sciolto d'autorità. La sottomissione di Praga segnò l'inizio della riscossa per il traballante potere imperiale. Mentre il Reichstag,

riunitosi per la prima volta in luglio, era paralizzato dai contrasti fra le diverse nazionalità, il governo centrale riprendeva gradualmente il controllo della situazione. In agosto, sotto la protezione dell'esercito, infatti, l'imperatore rientrava a Vienna. Poche settimane dopo, l'imperatore **Ferdinando I** abdicava in favore del nipote, il diciottenne **Francesco Giuseppe** che nel marzo 1849 sciolse d'autorità il Reichstag e promulgò una Costituzione "moderata", che prevedeva un Parlamento eletto a suffragio ristretto e dotato di poteri molto limitati e ribadiva al tempo stesso la struttura centralistica dell'Impero. Nel 1848, per sedare la rivolta ungherese, a sostegno dell'Austria intervenne la Russia che inviò un esercito.
Alla notizia della rivoluzione parigina l'agitazione dilagò anche a Berlino, la capitale della Prussia, il re Guglielmo IV si vide costretto ad affidare il governo ad un liberale e a promettere l'elezione di un Parlamento a suffragio universale e una nuova Costituzione. La dieta venne esautorata e al suo posto venne eletta un'Assemblea Nazionale costituente che si riunì a **Francoforte** nel 1848 per elaborare la Costituzione del futuro Stato tedesco unitario, ma essa rimase paralizzata a lungo dalla discussione fra i sostenitori di due ipotesi diverse di unificazione: quella della ***Grande Germania*** con capitale Vienna e quella della ***Piccola Germania*** che escludeva l'Austria e prevedeva piccoli Principati di lingua tedesca sotto il Regno di Prussia, guidato dagli ***Hohenzollern***.

1.2.2 Il '48 in Italia

In **Toscana**, alla fine del gennaio 1848, ***Leopoldo II*** nominò una Commissione di cinque membri con l'incarico di redigere una Costituzione.
La prima città italiana a insorgere nel gennaio 1848 fu **Palermo** (cd. **Rivoluzione siciliana**) istaurando il Regno di Sicilia che sopravvisse fino a Maggio. Nel **Lombardo-Veneto**, tra il 18 e il 22 marzo, a Milano, era avvenuta la più grande insurrezione popolare del nostro Risorgimento il cui "Consiglio di guerra" era capeggiato da ***Carlo Cattaneo***" (cosiddette **5 giornate di Milano** che costrinsero Radetzky a rifugiarsi nella fortezza del Quadrilatero formata da Mantova, Legnago, Verona e Peschiera), dopo che a **Venezia** (ultima città in Europa a cedere alla repressione austriaca) era stata instaurata la Repubblica con a capo **Daniele Manin** che unitamente a Niccolò Tommaseo ne capeggiò la rivolta nel 1848.
Dopo le repressioni dei moti del 1848, l'unico Stato che mantenne le riforme innovatrici concesse fu il Regno di Sardegna ed infatti, superate le rivolte del 1848-'49, mantenne una carta costituzionale. Nel 1848 la proposta politica offerta da Mazzini riguardava la convocazione di una costituente. Il 4 marzo 1848, ad opera di Carlo Alberto di Savoia, venne promulgato a Torino lo **Statuto Albertino**: Costituzione (ottriata) che rimase in vigore per un secolo e che divenne, al momento dell'unificazione italiana, la legge fondamentale del nuovo Regno. La legge salica presente nell'art. 1 dello Statuto escludeva le donne dalla successione al trono; prevedeva che il Parlamento fosse composto dalla Camera dei Deputati, eletta su base censitaria e maschile, e dal Senato di nomina regia. Con la legge del 17 marzo 1848 fu introdotto, per l'elezione della Camera dei Deputati, il sistema uninominale a doppio turno.

1.2.3 La Prima guerra d'Indipendenza

Carlo Alberto, incoronato re nel 1831, il 23 marzo 1848 dichiarò guerra all'Austria che aveva a capo dell'esercito il generale Radetzky.
Le truppe piemontesi, unitamente ad alcuni volontari dello Stato Pontificio, della Toscana e del Regno delle Due Sicilie, riportarono inizialmente significative **vittorie** a *Goito*, *Valeggio*, *Monzambano* e *Pastrengo*, ma furono **sconfitte** a *Santa Lucia*. Grazie all'apporto dei valorosi volontari toscani (in gran parte studenti) che si distinsero opponendo una ferma resistenza

all'offensiva austriaca a *Curtatone* e *Montanara*, Carlo Alberto poté riorganizzare l'esercito e sconfiggere nuovamente gli austriaci a *Goito* (Mantova) il 30 maggio 1848. Nello stesso giorno venne occupata la fortezza di *Peschiera*.

Tuttavia, il ritiro delle truppe da parte di Pio IX, del Granduca di Toscana e del re delle Due Sicilie e la stanchezza dell'esercito piemontese portarono alla sconfitta di *Custoza* (Verona), e al conseguente **Armistizio di Salasco** (9 agosto 1848) che lasciò in mano austriaca il Lombardo-Veneto.

Questa decisione creò tanto malcontento nel Paese: nel Regno delle Due Sicilie, Ferdinando I fece bombardare Messina, sottoponendo successivamente la città a un tremendo saccheggio e in seguito a questo evento fu soprannominato "*Re bomba*".

A **Bologna**, l'8 agosto, scoppiò un'insurrezione nel corso della quale gli abitanti avevano respinto gli austriaci che volevano occupare la città.

A **Brescia** i patrioti combatterono valorosamente per 10 giorni per impedire il ritorno degli austriaci e per l'eroica resistenza, alla città venne attribuito dal Carducci l'appellativo di **Leonessa d'Italia**.

Marco Minghetti, futuro politico della Destra storica, si dimise nel 1848 da membro della Consulta di Stato di Pio IX per partecipare alla Guerra di Indipendenza nell'esercito piemontese.

I disordini a Roma indussero il Papa a rifugiarsi a Gaeta. Nella rivoluzione romana contro lo Stato Pontificio, si distinse ***Giuditta Ottaviani Acquati***, una donna che guidò gli insorti nel quartiere di Trastevere. La Suprema Giunta dello Stato Pontificio nel dicembre 1848 assunse la decisione di convocare un'Assemblea Costituente. I democratici approfittarono di tale situazione per dichiarare decaduto il potere temporale dei Papi e instaurare la **Repubblica Romana** il 9 febbraio 1849, affidandone il governo a *Giuseppe Mazzini*, *Carlo Armellini* e *Aurelio Saffi* (***triunvirato***).

Leopoldo II d'Asburgo-Lorena, granduca di Toscana nel febbraio 1849, di fronte alle incalzanti spinte indipendentiste, fuggì da Firenze raggiungendo Pio IX a Gaeta.

Il **Piemonte** si trovò completamente isolato e Carlo Alberto decise di riprendere le armi contro gli austriaci: il **12 marzo 1849**, affidando il comando supremo dell'esercito al profugo polacco generale Chrzanowsky che non poté impedire che gli austriaci, penetrati nello schieramento piemontese soprattutto per demerito del generale Ramorino, che venne poi fucilato, infliggessero ai piemontesi una **sconfitta** irreparabile a *Novara* (23 marzo 1849). Carlo Alberto abdicò in favore di **Vittorio Emanuele II** e si recò in volontario esilio ad Oporto, in Portogallo, dove morì alcuni mesi dopo. Il nuovo re riuscì a concludere con gli austriaci l'onorevole **Armistizio di Vignale**, che lasciava inalterati i confini del Regno di Sardegna.

Successivamente il Papa si servì dell'intervento di austriaci, spagnoli e francesi per sconfiggere, dopo una disperata difesa sul Gianicolo, i valorosi della Repubblica Romana comandati da Giuseppe Garibaldi. In seguito alla resa della Repubblica romana, Garibaldi, insieme a 4000 uomini, lasciò Roma per portare aiuto alla difesa di Venezia.

Da questo momento i soldati francesi rimasero a difesa dello Stato Pontificio fino al 1870.

Il re Vittorio Emanuele II sciolse la Camera, emanò il **Proclama di Moncalieri** nel novembre 1849 e affidò la Presidenza del Consiglio dei Ministri a **Massimo D'Azeglio**, noto liberale moderato e convinto assertore del regime costituzionale.

Tra gli Stati preunitari, nel 1848, solo il Ducato di Modena non divenne costituzionale.

Massimo D'Azeglio fu il primo a guidare il governo nel maggio 1849 e concluse la **Pace di Milano** con l'Austria; si pose sulla via delle riforme, cercando di risolvere alcuni gravi problemi di politica interna, soprattutto quelli rappresentati dai numerosi privilegi riconosciuti alla Chiesa. Con le ***leggi Siccardi*** venne abolito il diritto di asilo (secondo cui chi si rifugiava in una chiesa o in un convento non poteva essere perseguitato dalle Leggi dello Stato), e il foro ecclesiastico (secondo cui i sacerdoti colpevoli di delitti comuni dovevano essere giudicati esclusivamente da particolari tribunali ecclesiastici).

1.2.4 Camillo Benso conte di Cavour

Camillo Benso conte di Cavour (Torino 1810-1861) scrisse per il giornale liberale "***Il Risorgimento***", fondato nel 1847 a Torino con **Cesare Balbo**. Nel 1849 divenne deputato e nell'ottobre del 1850 entrò a far parte del governo, dapprima come ministro dell'Agricoltura, poi delle Finanze, ottenendo eccellenti risultati, tanto che la sua personalità politica offuscò quella dello stesso D'Azeglio. Quando Cavour, che apparteneva al gruppo dei moderati di destra, strinse un patto di alleanza con Urbano Rattazzi, esponente dei moderati di sinistra creando un forte partito di centro: "***connubio***", D'Azeglio si dimise e consigliò al re di affidare a Cavour l'incarico di formare il nuovo ministero (1852). Ebbe inizio il ***decennio*** di potere di Cavour, che porto all'unità d'Italia. Cavour fu un grande sostenitore della dottrina economica liberista e il suo governo fu così caratterizzato:

- **politica interna**: curò l'agricoltura mediante l'utilizzazione di concimi chimici e la realizzazione di canali per l'irrigazione; promosse la costruzione di nuove fabbriche e contribuì fortemente al potenziamento di quelle esistenti, specialmente nel settore tessile.
  Il commercio subì un notevole incremento, basato sul **libero scambio** all'interno dello Stato e con l'estero, tanto che il porto di Genova divenne uno dei principali d'Europa.
  Rinnovò il sistema fiscale, introducendo la **tassazione diretta** per colpire i grossi redditi e migliorare conseguentemente le Finanze dello Stato. Curò la costruzione di alcuni tronchi ferroviari e fece istituire la "**Banca Nazionale**" per concedere crediti ad interessi non troppo elevati. Migliorò le strutture amministrative e organizzative dello Stato anche se non riuscì a portare in pareggio il bilancio del Regno di Sardegna perché anche le spese crebbero. In occasione del suo primo intervento in Parlamento, fatto dopo la proclamazione del Regno d'Italia, il 17 marzo 1861, pronunciò la famosa frase: "**libera Chiesa, in libero Stato**", in quanto secondo il suo pensiero il Papa doveva dedicarsi unicamente al potere spirituale. Attraverso la **legge Casati** del 1859, articolava l'istruzione secondaria classica in cinque anni di ginnasio e tre di liceo;
- **politica estera**: fece uscire il Piemonte dall'isolamento e indirizzò le sue mire verso la Francia e l'Inghilterra. Circostanza favorevole fu la guerra di Crimea del 1853-1856 tra la Turchia e la Russia.

1.2.5 La Guerra di Crimea e le nuove alleanze

La Russia nel 1853 aveva invaso il territorio dell'Impero Ottomano e dichiarato guerra alla Turchia, quest'ultima aiutata da Inghilterra e Francia che inviarono delle truppe nella penisola di Crimea sul Mar Nero contro i russi. Tuttavia, le sorti dei combattimenti volgevano a favore dei russi, tanto che gli alleati interpellarono l'Austria, affinché entrasse nel conflitto, ma con esito negativo.
Si rivolsero, quindi, al Piemonte e Cavour, nel 1854, fu lieto di far partecipare 15.000 soldati alla campagna, affidando il comando delle operazione al generale **Alfonso La Marmora**.
Il 16 agosto 1855, nella ***battaglia della Cernaia***, il corpo di spedizione piemontese riportò un grande successo, con il quale contribuì a porre fine alle ostilità.
Il **Congresso della pace** si riunì nell'aprile del 1856 a **Parigi** e dispose l'autonomia dei Principati danubiani, la smilitarizzazione del Mar Nero (e delle isole russe delle Åland), la ces-

sione russa della Bessarabia meridionale alla Moldavia, la salvaguardia dei sudditi cristiani dell'Impero ottomano, la regolamentazione della navigazione del Danubio, mentre Francia e Inghilterra ottennero la supremazia sul Mediterraneo; Cavour non ottenne territori, ma approfittò dell'occasione per rendere edotti i congressisti del malcontento che regnava tra la popolazione per il malgoverno nel Regno delle Due Sicilie, nello Stato Pontificio e velatamente nel Lombardo-Veneto e questo per il Piemonte fu la fine dell'isolamento. Per la prima volta, la questione italiana fu ufficialmente posta all'attenzione di Francia e Gran Bretagna.
La **Chiesa Cattolica**, nel 1855, stipulò un Concordato con l'Impero Austriaco che rinsaldò la religione cattolica in tutto l'Impero e assicurò la tutela dello Stato pontificio.
Nel 1857 con il motto "Italia e Vittorio Emanuele II" fu fondata da *Giuseppe La Farina*, *Giorgio Pallavicini* e *Daniele Manin* a Torino la **Società Nazionale**. Ad essa aderirono molti patrioti tra cui Garibaldi e Bixio. Lo scopo era di appoggiare la monarchia sabauda unendo moderati piemontesi, democratici e dissidenti mazziniani.
Nel 1857 fu condotta da ***Carlo Pisacane*** la **Spedizione di Sapri** allo scopo di ribellarsi al governo borbonico, che tuttavia riuscì a reprimere la rivolta.
Durante il **Convegno di Plombières** fu stipulato un accordo segreto, il 21 luglio 1858, tra Napoleone III e Cavour (i rapporti tra i due statisti non si incrinarono nemmeno quando ***Felice Orsini*** attentò alla persona dell'Imperatore) e pose le basi di un'alleanza militare contro l'Austria (qualora avesse attaccato per prima). Contribuì a perorare l'alleanza franco-piemontese presso l'Imperatore francese la cugina di Cavour ***Virginia Oldoini***, contessa di Castiglione. Napoleone III chiedeva, in cambio dell'aiuto prestato, la Savoia e il Nizzardo oltre alla mano di Maria Clotilde, figlia di Vittorio Emanuele II, per il cugino Gerolamo Bonaparte, al quale intendeva affidare il Regno dell'Italia Centrale. Al momento della conclusione degli accordi venne anche ipotizzato da Napoleone III, come possibile Re delle Due Sicilie il nome di ***Luciano Napoleone Murat***.

1.2.6 La Seconda Guerra d'Indipendenza

Dopo il Convegno di Plombières, Cavour affidò a Giuseppe Garibaldi il compito di organizzare un gruppo di volontari (i ***Cacciatori delle Alpi***) e di provocare gli austriaci mediante esercitazioni militari sulla linea di confine (perché una delle condizioni poste dalla Francia per intervenire era che i piemontesi dovevano essere attaccati). L'Austria fece ben presto le proprie rimostranze, finché, stanca di sopportare le provocazioni, mandò a Torino un "ultimatum" con il quale intimava al Piemonte di disarmare entro tre giorni "i volontari" sotto pena di un'immediata invasione. L'ultimatum fu respinto e gli austriaci, al comando del ***generale Giulay***, il 29 aprile attraversarono il Ticino nei pressi di Pavia, ma furono ben contenuti dalle truppe piemontesi nelle risaie allagate di Novara e Vercelli. Sollecitamente giunsero i rinforzi francesi, così gli alleati sconfissero gli austriaci dapprima a *Montebello* (Pavia) e a *Palestro*, poi a ***Magenta*** (Milano) e l'8 giugno 1859 Vittorio Emanuele II e Napoleone III entrarono in Milano da trionfatori.
Quando la Lombardia fu liberata la duchessa *Maria Luisa di Borbone*, reggente di Parma, abbandonò il Ducato che fu annesso al Regno di Sardegna.
Anche i garibaldini erano riusciti a sconfiggere gli austriaci a *San Fermo* e a *Varese*; avevano occupato Como, Lecco, Bergamo e Brescia ed erano in procinto di muovere verso il Trentino. Dopo alcuni giorni di assestamento sulle posizioni conquistate, gli **alleati franco-piemontesi** affrontarono l'esercito austriaco a *Solferino* e a *San Martino* (Mantova) e riportarono significative vittorie. Intanto le popolazioni di Parma, Modena, Bologna e Ferrara erano insorte e il 12 giugno nello Stato Pontificio cacciarono i loro governanti ed elessero governi provviso-

ri retti da "commissari del Piemonte". Nell'agosto del 1859 **Bettino Ricasoli** fu nominato presidente del Governo provvisorio toscano.
L'aiuto militare francese nella guerra per l'indipendenza italiana si rivelò indispensabile per tutta la durata del conflitto. Tuttavia successivamente, Napoleone tradiva le aspettative dei tanti patrioti italiani, firmando l'11 luglio l'**armistizio a Villafranca** (Verona) con l'Austria. Il trattato di pace procurava al Piemonte la sola **annessione della Lombardia**.
Fu un duro colpo per Cavour che si dimise da Presidente del Consiglio, e il re fu costretto ad affidare la direzione del nuovo governo ad ***Alfonso La Marmora***. Vittorio Emanuele II il 16 gennaio 1860 chiamò a presiedere il Governo nuovamente il Cavour, che riprese subito le trattative per la cessione di Nizza e della Savoia alla Francia (**Trattato di Torino**), ed in cambio il Piemonte ottenne dalla Francia la promessa di riconoscere l'annessione della Toscana e dell'Emilia, sempre che avvenisse mediante plebiscito, accaduto il 2 aprile 1860.

1.2.7 La spedizione dei Mille

La notte tra il 5 ed il 6 maggio 1860 ***Garibaldi*** si imbarcò a Quarto, presso Genova, con 1.070 volontari su due navi: il *Piemonte* e il *Lombardo*. Fece scalo a Talamone, dove sbarcò con alcuni suoi uomini per far credere che l'impresa fosse diretta verso Roma, quindi si fece consegnare cannoni, fucili e munizioni dal comandante del forte di Orbetello e riprese il mare. Eluse la flotta austriaca e l'11 maggio sbarcò a *Marsala*, in Sicilia. Il giorno 14 lanciò da Salemi un **proclama** alla popolazione, con il quale dichiarava di assumere la dittatura in nome di Vittorio Emanuele II. Nei pressi di *Calatafimi* il 15 maggio i garibaldini riportarono il loro primo successo sulle truppe borboniche determinando l'insurrezione generale dell'isola e l'accorrere di molti volontari. Il braccio destro di Garibaldi era ***Nino Bixio***, che combatté in seguito a Custoza, nel corso della Terza Guerra d'Indipendenza, e partecipò alla presa di Roma, inoltre represse con la forza la rivolta di Bronte il 4 agosto, sollevata dai contadini contro i latifondisti.
Il 20 luglio, alla testa di circa 5.000 uomini, il Generale sconfisse a *Milazzo* l'esercito borbonico, forte di 30.000 uomini rendendo praticamente libera la Sicilia dall'oppressore, instaurandovi un governo provvisorio retto da ***Francesco Crispi***.
Con il tacito consenso di Vittorio Emanuele II, Garibaldi il 19 agosto attraversò lo stretto di Messina, s'impadronì di Reggio Calabria, quindi iniziò una rapidissima marcia verso Napoli, in cui entrò il 7 settembre.
Il re **Francesco II**, succeduto al padre Ferdinando I, si allontanava precipitosamente dalla città e si rinchiudeva nella *fortezza di Gaeta* (Latina).
Cavour decise di intervenire nel timore che Garibaldi puntasse verso Roma ma per raggiungere Napoli le truppe piemontesi dovevano attraversare lo Stato Pontificio; il Papa Pio IX inviò le sue truppe a contrastare i 35.000 uomini dei ***generali Fanti e Cialdini***. La battaglia decisiva avvenne a *Castelfidardo* con la vittoria da parte dell'esercito piemontese.
Intanto, Garibaldi con il suo esercito di 24.000 volontari affrontava 50.000 borbonici sulla linea del fiume Volturno e dopo giorni di strenua lotta li sconfiggeva, costringendoli a ripiegare disordinatamente. Il **26 ottobre 1860**, a Taverna Catena, nei pressi di **Teano**, Vittorio Emanuele II incontrava Garibaldi, che lo salutava al grido *di Saluto il re d'Italia*. Nel febbraio 1861 capitolò anche la fortezza di Gaeta per cui, dopo 120 anni, ebbe fine il predominio borbonico nell'Italia meridionale. Il **Primo Parlamento** italiano fu inaugurato *l'8 febbraio 1861* a Torino con i rappresentanti di tutta la penisola (443 Deputati). Alle elezioni per il primo Parlamento unitario il diritto a votare fu concesso circa all'1,8% dei cittadini e Garibaldi fu eletto. Il Parlamento approvò la legge con cui **Vittorio Emanuele II** ("Re buono") assumeva per

sé e i suoi discendenti il titolo di *«Re d'Italia per grazia di Dio e per volontà della nazione»* (marzo 1861), di conseguenza la **prima regina** d'Italia diventava **Margherita di Savoia-Genova**. Solamente Roma e Venezia mancavano all'unità nazionale e a tali "questioni" si stava interessando **Cavour**, che prese l'iniziativa, subito stroncata da Francia e Inghilterra, di creare nel 1861 una piccola colonia sulla costa della Nigeria. Con il Regno d'Italia, egli assunse la carica di **Presidente del Consiglio dei Ministri, Ministro degli Affari Esteri e della Marina**.

Ma, ormai, la sua fibra era talmente logora che il 6 giugno si spense. Si chiudeva cosi il periodo eroico del Risorgimento e si apriva il problema di dare agli italiani uno spirito civico e una vera coscienza nazionale, cioè, come asseriva Massimo D'Azeglio, occorreva «fare gli italiani».

Il **Regno d'Italia** (1861-1946) ebbe in tutto 4 re: Vittorio Emanuele II, Umberto I, Vittorio Emanuele III e Umberto II.

1.3 Dal 1861 al 1867

1.3.1 La Guerra di Secessione americana

La **Guerra di Secessione americana,** nota negli USA come **guerra civile**, ebbe inizio nello stesso anno 1861 in cui in Russia venne *abolita la servitù della gleba* e vennero adottate alcune riforme dallo Zar Alessandro.

All'epoca della Guerra di Secessione americana gli Stati del Nord erano fortemente industrializzati e protezionisti, mentre quelli del Sud tendevano ad una politica commerciale liberista ed erano essenzialmente agricoli.

La guerra si protrasse fino al 1865 fra gli Stati Uniti d'America e gli Stati Confederati d'America (CSA), entità politica sorta dalla riunione confederale di Stati secessionisti dall'Unione.

Alla elezione del repubblicano ***Abraham Lincoln*** (marzo 1861) come Presidente degli Stati Uniti d'America, tra gli Stati che l'8 febbraio 1861 annunciarono la creazione del CSA c'erano: Mississippi, Georgia, Texas, Alabama, Florida, Louisiana e la Carolina del Sud che fu il primo Paese secessionista. L'evento che causò il suo distacco dall'Unione fu la vittoria e il contrasto sorto con il governo federale sull'estensione della schiavitù ai territori dell'ovest. Al termine della guerra la schiavitù fu abolita in tutta la nazione. Durante la Guerra di Secessione americana, le truppe confederate erano guidate dal generale ***Robert Lee***. L'unico nativo americano a raggiungere un elevato grado nell'esercito sudista, nel corso della guerra di secessione, fu il leader della Nazione Cherokee, ***Isaac Stand Watie***. Le truppe unioniste, invece, erano guidate dal generale ***Ulysses Grant***.

A. Lincoln (1809-1865), nel 1862, emanò il *proclama per l'emancipazione degli schiavi*. Nel 1865, al termine della Guerra di Secessione americana, venne assassinato mentre era a teatro. Periodo in cui in Italia era Presidente del Consiglio ***Alfonso La Marmora***.

Nel 1867 l'**Alaska** fu acquistata dagli Stati Uniti, al prezzo di 7.200.000 dollari dalla Russia.

1.3.2 Il Regno d'Italia

Il **nuovo Regno d'Italia** aveva grandi problemi. **In politica interna i principali erano**:
- carenza di opere pubbliche;
- analfabetismo (la percentuale nel 1861 era del 78%);
- arretratezza nel settore dell'agricoltura che occupava circa il 70% della popolazione attiva e dell'industria;

- malattie endemiche;
- rilevante deficit del bilancio statale;
- necessità di riorganizzare l'esercito;
- urgenza di unificare in tutto il Paese le leggi, i pesi, le misure, le monete, i costumi;
- necessità di reprimere il fenomeno del **brigantaggio**: bande di ribelli, contadini, militari dell'ex esercito borbonico cominciarono una vera e propria guerriglia contro i liberali che detenevano il potere. Per la sua repressione fu promulgata nel 1863 la ***Legge Pica***; circa 120.000 uomini, pari alla metà dell'intero esercito italiano, nel 1863, erano impegnati nella lotta al brigantaggio terminata nel 1865. Vennero affidati all'esercito e ai giudici pieni poteri nei confronti della popolazione civile. La repressione del brigantaggio meridionale si concluse nel 1903.

Dopo l'unificazione italiana, la **legge Casati del 1859**, che si occupava di **scuola**, venne estesa a tutto il regno.
Lo squilibrio sociale tra Nord e Sud dopo l'unificazione viene indicato con l'espressione "**questione meridionale**".
Il fenomeno della "**piemontesizzazione**" dello Stato italiano, nei primi anni della sua Unità consistette nell'estensione a tutto lo Stato di leggi e istituzioni del Regno di Sardegna. In base al nuovo assetto amministrativo del 1865, i **Sindaci** erano di nomina regia.
Le **luogotenenze regionali**, istituite sempre durante il processo di unificazione politica dell'Italia, erano entità meramente amministrative. I **Prefetti** ricoprivano il ruolo di capo delle Province.
In politica estera:
- esistevano difficili rapporti con le grandi potenze ed era manifesta una certa "gelosia" della Francia verso la nuova Italia, talché diveniva problematica la tanto desiderata occupazione di Roma e di Venezia;
- vi era notevole tensione tra il nuovo Stato, la Chiesa e lo Stato Pontificio (si è soliti indicare con l'espressione "**questione romana**" tale problema); il Presidente del Consiglio ***Urbano Rattazzi*** caratterizzò l'azione politica dei suoi esecutivi ricercando, ostinatamente, una rapida soluzione di tale questione;
- l'Austria manifestava il desiderio di rivincite.

Gli uomini a cui spettava il compito cosi gravoso del rinnovamento erano distinti nel Parlamento in due correnti:
- la **Destra** aveva rappresentanti moderati, seguaci delle idee politiche di Cavour, del quale intendevano continuare l'opera, seguendone i metodi e lo spirito decisamente liberale e monarchico ed erano Quintino Sella, Alfonso La Marmora, Bettino Ricàsoli, Luigi Carlo Farini, Marco Minghetti, Luigi Federico Menabrea e Massimo D'Azeglio. La Destra guidò il paese dal 1861 al 1876;
- la **Sinistra** aveva uomini di tendenze progressiste, provenivano dalle file mazziniane e garibaldine, tra cui Domenico Guerrazzi, Francesco Crispi, i fratelli Cairoli, lo stesso Garibaldi; Urbano Rattazzi, pur simpatizzando per la Sinistra, non disdegnava i metodi di Cavour.

Il termine "***storica***" è stato attribuito alla destra ed alla sinistra parlamentare dell'Italia post-risorgimentale per distinguere gli schieramenti parlamentari dell'epoca, entrambi di ispirazione liberale, dai partiti e movimenti che si sono affermati in seguito.

Bettino Ricàsoli (1861/1862) fu nominato Presidente del Governo provvisorio toscano nell'agosto del 1859 e fu il primo Presidente del Consiglio (2° del Regno d'Italia) che successe a Cavour; durante il suo primo governo, *Francesco De Sanctis* fu Ministro della Pubblica Istruzione.
Urbano Rattazzi (1862) alimentò le speranze del Partito d'Azione, lasciando una certa libertà d'iniziativa ai democratici, tanto che questi prepararono una spedizione contro Roma. Garibaldi, nel giugno 1862, ritornò a Palermo e al grido di "*Roma o morte*" raccolse molti volontari con cui iniziò la sua azione. Rattazzi sembrava non interessarsi alla situazione, per cui Napoleone III, che difendeva con le truppe francesi lo Stato pontificio, fece pervenire minacciose rimostranze al governo italiano, tanto da costringerlo ad intervenire. Il 29 agosto 1862 sull'altopiano dell'Aspromonte avvenne lo scontro a fuoco tra i garibaldini e l'esercito regolare del Regno, e lo stesso Garibaldi rimase ferito al piede destro da due proiettili e rinchiuso nel carcere del Varignano (poi liberato per amnistia). In seguito a tali fatti Rattazzi dovette dimettersi.
Nel 1863 capo del governo **fu Luigi Carlo Farini**, mentre **Marco Minghetti** (dimessosi nel 1848, da membro della Consulta di Stato di Pio IX per partecipare alla I guerra di Indipendenza a fianco dell'esercito piemontese) fu capo del governo nel 1864 e concordò con Napoleone III la **Convenzione di Settembre**, in virtù della quale la Francia accettava di ritirare le sue truppe da Roma, mentre il governo italiano si impegnava, non solo a non invadere lo Stato Pontificio, ma a difenderne i confini da qualsiasi eventuale invasione straniera. La Convenzione prevedeva anche lo spostamento della **capitale a Firenze**, contribuendo così ad eliminare la diffusa impressione di un predominio piemontese sulle altre regioni.
A molti tuttavia l'iniziativa di Minghetti non piacque, così scoppiarono violenti tumulti a Torino, che comportarono le dimissioni dello stesso. Il generale **Alfonso La Marmora** (1864/1866), fu il capo del governo che nel maggio del 1865 attuò il trasferimento della capitale da Torino a **Firenze**.

1.3.3 La situazione politica europea

Una riunione popolare tenuta il 28 settembre 1864 in St. Martin's Hall a Londra portò alla nascita dell'**Associazione internazionale dei lavoratori** (A.I.L.), conosciuta anche come **Prima Internazionale** (poi sciolta nel 1876 per il duro contrasto tra Karl Marx e Michail Bakunin), un organismo avente lo scopo di creare un legame internazionale tra i diversi gruppi politici di sinistra: socialisti, anarco-comunisti, repubblicani mazziniani, marxisti e tra le varie organizzazioni di lavoratori, in particolare operai. Tuttavia, i mazziniani presero parte solo alla riunione inaugurale, non vi parteciparono attivamente.
La Concincina fu ceduta nel 1862 dall'imperatore Tu-Duc alla Francia.
La **Prussia** si affacciò sulla scena politica europea intorno al 1860 poiché aspirava a diventare un vasto impero, comprendente circa trenta Stati germanici, posti sotto l'egemonia austriaca. Dopo il Congresso di Vienna il re di Prussia ***Guglielmo I di Hohenzollern*** e il primo ministro ***Ottone di Bismarck*** lavorarono alacremente a preparare l'esercito e, nel contempo, a porre le giuste basi diplomatiche per isolare l'Austria. Nel **1864** la Prussia riuscì a sottrarre alla Danimarca i ducati di Shleswig, Holstein e Lauenburg, poi nel 1866 Bismarck si assicurò la neutralità della Francia e della Russia e l'alleanza dell'Italia, il cui intervento in un conflitto austro-prussiano avrebbe costretto le forze austriache a battersi su due fronti.
Il ***Trattato italo-prussiano*** prevedeva in caso di vittoria la cessione del Veneto all'Italia da parte dell'Austria.

1.3.4 La Terza Guerra di Indipendenza

Il 14 giugno **1866** la **Prussia** dichiarava guerra all'Austria, imitata il giorno 20 dall'**Italia**; iniziava così la **Terza Guerra di Indipendenza**. Il comando dell'esercito italiano venne affidato a due generali: ***La Marmora*** (allora Presidente del Consiglio che si dimise per assumere la carica di Capo di Stato Maggiore dell'Esercito) e ***Cialdini*** (che nel 1861 aveva espugnato la fortezza di Gaeta, ultima roccaforte dei Borboni), mentre al comando della flotta fu designato il vecchio ammiraglio ***Carlo Persano***. Le forze di La Marmora furono sconfitte dagli Austriaci a *Custoza*, mentre il Cialdini ripiegava con le truppe verso Modena quasi senza combattere.

Il comandante Persano fu sconfitto con la flotta presso l'*isola di Lissa* lungo la costa della Dalmazia dalla flotta austriaca dell'***ammiraglio Tegetthoff*** subendo l'affondamento delle corazzate *Palestro* e *Re d'Italia*. Solo Garibaldi con 30.000 volontari sconfisse gli austriaci a *Bezzecca* e iniziò l'invasione del Trentino. I prussiani del ***generale Moltke***, grazie ad una schiacciante superiorità nella strategia e nella tecnologia militare, dopo varie vittorie, avevano sbaragliato l'esercito austriaco a ***Sadowa*** (Boemia), aprendosi la strada per Vienna, ma il ministro Bismarck, per non umiliare l'Austria e farsene un'inconciliabile nemica, firmò l'**Armistizio di Nikolsburg** senza nemmeno informare il governo italiano. Garibaldi ricevette da Vittorio Emanuele II l'ordine di porre fine all'avanzata nel Trentino, al quale rispose mediante il famoso telegramma: "*Obbedisco*". La cessazione delle ostilità della Terza Guerra di indipendenza venne sancita con l'**Armistizio di Cormòns**. Con i **Trattati di Pace di Praga e di Vienna** (tra Austria e Prussia) gli Asburgo venivano estromessi dalla Germania e l'Italia, tramite Napoleone III, otteneva il Veneto, il Friuli e la provincia di Mantova (1866).

Il giorno 1 gennaio 1866 entrò in vigore il ***Codice Civile*** del Regno d'Italia che introdusse, tra l'altro il matrimonio civile. Nel settembre il malcontento popolare legato ai problemi relativi allo sviluppo economico locale, causò una grave rivolta che sconvolse Palermo.

Per l'Italia una delle conseguenze degli ingenti costi della guerra contro l'Austria del 1866 fu l'**introduzione del corso forzoso della lira**, cioè l'inconvertibilità della cartamoneta in oro e argento.

L'**irredentismo** fu il movimento politico che, dagli anni successivi al 1886, sostenne la liberazione delle terre ancora soggette all'Austria: Trentino, l'Alto Adige e la Venezia Giulia.

Nel 1867 si costituì l'**Impero Austro- Ungarico**.

Nello **Stato Pontificio**, nel 1866, la liquidazione dei beni della Chiesa attuata nell'ambito della redistribuzione della proprietà agraria ebbe come conseguenza il rafforzamento della grande proprietà.

Nel 1867 **Garibaldi** tentò un'azione contro Roma e il Presidente del Consiglio Urbano Rattazzi, temendo l'invio di truppe francesi nella città dei Papi, lo fece arrestare e ricondurre a Caprera; Garibaldi fuggì, rientrò in Toscana e ciò portò alle dimissioni di Rattazzi (l'azione politica dei suoi esecutivi ricercava, ostinatamente, una rapida soluzione alla questione romana); Garibaldi si pose a capo delle sue bande e inflisse a *Monterotondo* una sconfitta all'esercito pontificio, aprendosi praticamente la strada verso Roma. I fratelli ***Cairoli*** parteciparono nel 1867 al tentativo di insurrezione di Roma (ed Enrico Cairoli morì), fallito dopo lo scontro di **Villa Glori**.

In aiuto del Papa intervennero, però, 20.000 soldati francesi, sbarcati a Civitavecchia, i quali, utilizzando i nuovi fucili *chassepots*, dopo sanguinosi scontri, ebbero ragione dei garibaldini a Mentana (**Sacco di Mentana**) e li costrinsero a ritirarsi in Toscana.

Nel 1868 fu introdotta in Italia da ***Quintino Sella*** la **tassa sul macinato**, che doveva essere corrisposta direttamente ai mugnai all'atto del ritiro della farina. Essa colpiva le classi popo-

lari (contadini e operai) nelle necessità alimentari di base, tanto da suscitare nel 1868 moti di protesta in tutta Italia.
In occasione del **Concilio Vaticano I**, indetto ufficialmente da papa Pio IX nel giugno 1868, fu definito il dogma dell'infallibilità papale «*ex cathedra*».

1.4 La Guerra Franco-Prussiana (1870), il crollo di Napoleone III e la liberazione di Roma

I soldati tedeschi al comando del ***generale Moltke***, inflissero una lunga serie di sconfitte alle truppe francesi, sino a quella decisiva di **Sedan**, in cui lo stesso imperatore **Napoleone III** fu fatto prigioniero e costretto **alla resa**. Con il **Trattato di Francoforte** del **1871**, la Francia dovette cedere alla Germania l'Alsazia e la Lorena. A Parigi il popolo insorse e fece cadere l'Impero; inizialmente venne costituita un'Assemblea nazionale, ma le tensioni tra questa e il popolo, portarono alla costituzione della **Comune** nel **1871** (fu il primo tentativo di instaurazione di uno stato democratico-socialista), cioè al popolo degli operai e dei piccolo-borghesi; la reazione da parte del governo fu immediata e portò a drastiche misure repressive per sedare l'insurrezione. Tra il 1873 e il 1879 ci fu uno scontro tra i sostenitori della restaurazione monarchica e i fautori della soluzione repubblicana. Dopo varie vicissitudini vi fu la nascita della **Terza Repubblica** (che durerà fino al 1940) e l'emanazione di una **Costituzione** (1875); il varo di leggi indispensabili come l'istruzione e la libertà di stampa; il fallito tentativo di un colpo di Stato della Destra (guidato dal generale ***Georges Boulanger*** che, accusato di tradimento, si suicidò nel 1891); scandali politici (come l'**affaire Dreyfus**, che prese il nome da Alfred Dreyfus, ufficiale ebreo alsaziano in servizio presso lo Stato maggiore, accusato di spionaggio nel 1894 e condannato alla deportazione a vita), il Paese giunse all'inizio del nuovo secolo affetto da tensioni preoccupanti. Lo scrittore **Émile Zola** pubblicò nel 1898, una lettera aperta al Presidente della Repubblica, intitolata "**J'accuse**" in difesa di Dreyfus.
Nel 1870 ebbe inizio la *terza fase del colonialismo francese* con l'espansione nell'Africa Occidentale dal Senegal.
La **vittoria prussiana** segnò l'inizio del nuovo impero (**II Reich** della storia -1871) ed anche la *riunificazione tedesca* in un unico Stato nazionale, nonché il trionfo della politica di **Otto Von Bismarck** (cancelliere prussiano definito di "ferro"). Questi convocò tutti i principi tedeschi nella reggia di Versailles e li indusse a offrire al re Guglielmo I la corona imperiale (**kaiser**) di Germania. I nobili latifondisti prussiani "***Junker***" esercitarono un grande potere nella vita dello Stato. La fondazione dell'Impero germanico segnò l'inizio anche del colonialismo tedesco. Essi furono i primi colonizzatori delle isole del Pacifico, dal 1884, con la creazione di basi commerciali a Samoa e in Nuova Guinea.
La **conquista di Roma** da parte dell'Italia fu diretta conseguenza della guerra franco-prussiana, infatti, subito dopo la battaglia di Sedan, quando le truppe francesi erano state ritirate da Roma per difendere la loro patria, il Governo italiano, presieduto da ***Giovanni Lanza*** (medico e filosofo), visto inutile ogni tentativo di negoziato con il Papa per giungere a una soluzione concordata della questione romana, il 18 settembre 1870 inviò contro Roma un reparto dell'esercito al comando del ***generale Raffaele Cadorna***, che entrò in città, il 20 settembre, attraverso la **breccia di Porta Pia**. Pio IX denunciò la presa di Roma da parte delle truppe italiane e la fine dello Stato Pontificio con l'enciclica **"Respicientes ea"** del novembre 1870. Il 2 ottobre un plebiscito decretò l'annessione di Roma al Regno. Contestualmente alla procla-

mazione del Regno d'Italia, venne deciso che Roma sarebbe divenuta la Capitale. Infatti, l'anno seguente, con la legge 3 febbraio 1871, la città dei Cesari divenne la **capitale d'Italia**.
Per regolare i rapporti tra Stato e Chiesa fu approvata la **legge delle guarentigie** (garanzie) con cui si accordava allo Stato Vaticano l'extraterritorialità, alla Chiesa piena liberta d'azione, di propaganda e di organizzazione su tutto il territorio nazionale, nonché una donazione alla Corte papale annua di tre milioni e mezzo di lire, corrispondenti a circa un miliardo e mezzo delle nostre vecchie lire. **Pio IX** rifiutò le condizioni e si rifugiò in Vaticano (si dichiarò "prigioniero politico del Governo italiano" e scomunicò "gli usurpatori" del territorio pontificio), invitando i cattolici a non prendere parte alla vita politica della nazione (**non expedit**). Lo Stato italiano, invece, rispettò quella legge sino a quando nel 1929 Mussolini e il Cardinale Gasparri sottoscrissero i Patti lateranensi.
Nel 1874 nacque l'**Opera dei Congressi**, e si fece portavoce dei cattolici che rifiutavano ogni transazione con lo stato liberale.
Con l'"***età dell'imperialismo***" si intende il periodo compreso tra il 1870 e la prima guerra mondiale.

1.5 La Sinistra al potere e il Protezionismo

Con la costituzione del Regno, la Destra storica fu spinta ad adottare un ordinamento amministrativo accentrato per rafforzare l'unificazione appena conseguita. Tra il 1870 e il 1876, prima il Ministero **Lanza-Sella**, poi il secondo Ministero **Minghetti** tentarono di sanare le finanze pubbliche dello Stato e riuscirono a portarlo «a pareggio». **Quintino Sella** promosse una politica fiscale rigida al fine di risanare il bilancio pubblico e questo creò un notevole malcontento, tanto che poi Minghetti venne battuto in Parlamento e ciò segnò la caduta della Destra.
Nel 1876 la Sinistra andò al potere con **Agostino Depretis** (tra il 1876 e il 1878 avvenne la cosiddetta "rivoluzione parlamentare"), il leader più qualificato della Sinistra, che si alternò al potere con **Cairoli** (Presidente del Consiglio dei Ministri 1879 – 1881, capogruppo parlamentare della Sinistra Storica, fin dal suo primo gabinetto del 1878, impostò la politica estera su basi filo-francesi ed irredentiste) sino al 1881, e vi rimase successivamente fino al 1887. Depretis guidò in tutto otto governi e nove Consigli dei Ministri. Egli enunciò il cosiddetto "***Programma di Stradella***", in cui venivano esposte le linee direttive della politica con cui si prefiggeva di allargare il diritto di voto, riformare la scuola, abolire la tassa sul macinato. *Francesco Crispi,* nel primo governo Depretis, fu Ministro degli Interni; *Gustavo Mazè de la Roche* fu invece Ministro della Guerra nel terzo Governo del 1878 e Ministro delle Finanze *Agostino Magliani*.
La politica di Depretis fu definita del «**trasformismo** e del **clientelismo**», tendenza a cercare consensi trasversali al di là degli schieramenti di Destra e Sinistra e permise allo stesso di formare nel 1882 un governo di larga maggioranza parlamentare con esponenti della Destra storica.
La Sinistra promosse moltissime **riforme**: in campo scolastico nel 1877 fu varata la **legge Coppino** riguardante l'istruzione elementare (portata a 5 anni) obbligatoria (tre anni) e gratuita; in campo **elettorale** (1882) portò gli elettori da 500.000 a 2 milioni: poterono votare tutti i cittadini ventunenni esclusivamente di sesso maschile, alfabetizzati e con occupazione (allargamento del suffragio al 7% della popolazione); dal lato **fiscale** determinò l'abolizione della tassa sul macinato (1880 da Cairoli), ma lasciò intatta la consuetudine della tassazione indiretta, che colpiva le classi più disagiate.

Il **protezionismo** venne adottato dai governi italiani nel decennio 1878-1887 con la legge tributaria approvata nel 1877. L'ascesa al potere della Sinistra coincise con un grande sviluppo delle industrie e dei trasporti marittimi e terrestri, che contribuì notevolmente all'incremento della ricchezza nazionale e all'aumento della popolazione. Si affermarono nel Paese le prime grandi industrie: Pirelli, Breda, Edison (1884 – società per la distribuzione di energia elettrica, fondata a Milano), Cantoni, Marzotto, Altiforni a Terni (1884 – grandi acciaierie), Ansaldo, Falck, Montecatini e la Fiat (La FIAT nacque a Torino col nome di "*Società Anonima Fabbrica Italiana di Automobili*", il giorno11 luglio 1899).
Le tariffe doganali imposte nel 1887 fornirono "**protezione**" dalla concorrenza straniera in importanti settori industriali ed agricoli, soprattutto nei settori siderurgico e tessile.
Il **21 aprile 1879** venne fondata la **"Lega della democrazia"**, anche ad iniziativa di Garibaldi.
L'autore dell'opuscolo "***La Conciliazione***", pubblicato nel 1887, fu l'illustre storico **Luigi Tosti**, impegnato nelle trattative per la soluzione della questione romana
Nel 1882 nacque a Milano il **Partito operaio italiano**.

1.6 La Triplice Alleanza (1882)

Nel 1878 morirono Pio IX e Vittorio Emanuele II a cui successero rispettivamente Leone XIII e Umberto I.
Tra il 1877 e 1878 venne combattuta la **guerra turco-russa** che terminò con la vittoria della Russia sancita dalla **Pace di Santo Stefano** firmata il 3 marzo 1878. La Russia impose all'Impero Ottomano la cessione di buona parte dei suoi possedimenti in Europa, determinando l'indipendenza del Montenegro, della Serbia, della Romania e l'autonomia della Bulgaria. Quest'ultima, il cui territorio arrivava fino all'Egeo, divenne protettorato russo (benché formalmente ancora ottomana).
A seguito delle proteste di Gran Bretagna e Austria per l'aumento dell'influenza russa nei Balcani, i termini furono rettificati dal **Congresso di Berlino** del 13 giugno 1878, convocato da Bismarck a cui parteciparono Russia, Impero Ottomano, Germania, Gran Bretagna, Francia ed Italia.
In seguito a questo Congresso, che determinò l'inizio dello smembramento dell'Impero Ottomano, si giunse ad un accordo che ridimensionò in maniera notevole l'influenza russa sui Balcani: l'Austria ottenne un protettorato sulla Bosnia e l'Erzegovina, la Gran Bretagna ottenne Cipro, la Francia ottenne il riconoscimento delle sue rivendicazioni sui territori del Nord Africa, la Russia ottenne la Bessarabia e parte dell'Armenia; Romania, Serbia e Montenegro ottennero l'indipendenza, la Bulgaria divenne un principato autonomo.
Il 27 ottobre 1881 il Re Umberto I effettuò un'importante visita ufficiale a Vienna.
L'**Italia**, che avrebbe voluto l'annessione del Trentino (Trentino, Venezia Giulia, Fiume e Dalmazia, nel 1877 erano le terre italiane irredente) ed era interessata anche ad un protettorato sulla Tunisia, **non ottenne territori** e, rimasta isolata in Europa, si legò sempre più al Bismarck (anche perché si allontanò dalla Francia che aveva occupato la Tunisia), così nel **1882** venne stipulata la Triplice Alleanza tra Italia, Austria e Germania (Umberto I, Francesco Giuseppe, Guglielmo I). Nella prima stipulazione l'Italia (con A. Depretis) ottenne l'inserimento di un accordo aggiuntivo che vincolava le potenze firmatarie a non rivolgere le norme del trattato contro l'Inghilterra. L'alleanza inizialmente doveva essere rinnovata ogni cinque anni, poi a Berlino la Triplice Alleanza fu rinnovata per dodici anni.
Tale patto vide i tre Stati impegnati ad intervenire a sostegno reciproco in caso di conflitto, ma mentre i governi di Vienna e Berlino imposero all'Italia l'intervento in qualsiasi territorio europeo, essi non sarebbero accorsi in caso di guerre nel Mediterraneo.

La firma del trattato, naturalmente, provocò sdegno negli ambienti irredentisti e nazionalisti, tanto che, nel dicembre del 1882, ***Guglielmo Oberdan***, giovane triestino, meditò un attentato contro l'Imperatore austriaco **Francesco Giuseppe** (Imperatore dal 1835 al 1905) in visita occasionale a Trieste; scoperto, venne arrestato e impiccato dagli austriaci.
Bismarck, dopo la guerra franco-prussiana si fece promotore della pace e tentò di isolare la Francia, ostile alla Germania per l'umiliazione subita nel 1871. Dopo alterni tentativi di alleanza iniziati con la Lega dei tre imperatori (1873), Bismarck siglò il suo capolavoro diplomatico stipulando il **Patto dei tre imperatori con Austria e Russia** (1881), che si sciolse nel 1887 per gli attriti tra Austria e Russia sorti a proposito della questione balcanica, così provvide a sostituirlo con accordi separati (**Trattato di contrassicurazione**, 1887 tra Germania e Russia).

1.7 L'industrializzazione italiana

L'inizio della **Seconda Rivoluzione industriale** si colloca a metà dell'Ottocento, tuttavia il fenomeno industriale in Italia si manifestò con estremo ritardo.
Nel 1891, fu fondata a Milano, ad opera di ***Osvaldo Gnocchi-Viani***, la prima **Camera del lavoro**. Nel 1892 si costituì, a Genova, il ***Partito Socialista Italiano*** che dapprima ebbe il nome di ***Partito dei Lavoratori Italiani*** e successivamente a Reggio Emilia nel 1893 il nome venne cambiato in ***Partito Socialista dei Lavoratori Italiani***. Infine, al Congresso di Parma del 1895 assunse il nome definitivo di Partito Socialista Italiano (operò fino al 1994). I fondatori ufficiali della nuova formazione politica furono ***Filippo Turati*** e ***Guido Albertelli***. A seguito delle prime elezioni politiche tenutesi con la nuova legge elettorale del 1882 fu eletto il primo deputato socialista, Andrea Costa.
Tra il 1896 (inizio del "***decollo industriale***") e il 1908 l'economia italiana vide un primo significativo sviluppo della produzione industriale.
Le finalità perseguite dalle **società di mutuo soccorso** erano di tutelare gli interessi della nascente classe operaia.
Lo sviluppo industriale del XIX secolo venne accompagnato da una crescita delle banche e dei mercati finanziari.
Agostino Magliani, quale Ministro delle Finanze del Regno d'Italia, appartenente alla Sinistra storica, è ricordato come "*l'uomo della finanza allegra*" ed anche per aver ideato il progetto di affidare ai Monopoli di Stato il compito di curare la distribuzione del "Chinino di Stato".

1.8 Il colonialismo europeo del XIX Secolo: dal governo Crispi a Saracco

La **Grande depressione** (1870-1896) determinò l'esigenza di avere materie prime a basso costo da destinare all'industria e nuovi sbocchi commerciali, e per il nascente nazionalismo iniziò una vera e propria corsa alla conquista di nuove colonie (**colonialismo**), in particolar modo in Africa.
Si realizzarono in un primo momento delle importanti esplorazioni, a cui fecero seguito le conquiste dei territori, che provocarono una sistematica **spartizione dell'Africa**, ad opera principalmente di **Francia** e **Inghilterra** (questa fu la **più grande potenza imperialistica** d'Europa tra il 1870 ed il 1914), ed in misura minore di **Germania**, **Belgio** e **Italia**.

Nel 1887, la **Francia** controllava l'Indocina formata da: Cambogia, Cocincina, l'exclave di Kwangchowan in Cina Annam e Tonchino. Lo stesso anno creò l'**Union Indochinoise** che era formata da Saigon, la regione di Sarawak e Penang.
In Centroamerica gli interessi francesi si appuntarono sul Messico. Napoleone III nel 1863 spinse perché la Corona messicana fosse assegnata a **Massimiliano d'Asburgo** così che il 10 aprile 1864 venne proclamato Imperatore del Messico. Dopo una guerriglia contro i partigiani di **Benito Juarez** (riforniti dagli Usa), le truppe francesi si ritirarono e Massimiliano di Asburgo morì nel 1867 fucilato dai liberali messicani capeggiati da ***Emiliano Zapata*** che si opponevano alla sua presenza.
La **Conferenza di Berlino** del **1885** stabilì l'assegnazione coloniale del bacino del Lago Ciad alla Francia.
Nell'aprile del 1896 ebbe inizio la Rivoluzione filippina contro la **Spagna**.
Nel 1867, in **Inghilterra**, la **Regina Vittoria** (della dinastia Hannover) fu proclamata **Imperatrice**. Il Paese governava l'India, la Birmania e in seguito alla **Guerra dell'Oppio** (1830-1842) esercitò una forte influenza sulla Cina. Ella governò l'Inghilterra dal 1837 al 1901; salì al trono a soli diciannove anni, conservò il potere fino alla sua morte e diede vita a quello che a tutt'oggi è considerato il Regno più longevo della storia del Paese inglese. Tra il 1876 e il 1877, oltre a fregiarsi del titolo di sovrana del Regno Unito di Gran Bretagna e Irlanda, fu la prima ad essere proclamata, a coronamento della grande politica di espansione coloniale intrapresa durante gli anni del suo governo, anche Imperatrice delle Indie.
Nel 1857, nelle colonie indiane si verificò la rivolta dei soldati indigeni della Compagnia delle Indie contro gli inglesi denominata ***Sipahi*** o ***Indian Mutiny*** (ammutinamento indiano).
Il periodo, intorno alla seconda metà dell'Ottocento, durante il quale l'Inghilterra poté godere di uno splendido isolamento si chiama **età Vittoriana**; in questo periodo ***Gladstone*** fece una serie di riforme: promosse l'istruzione pubblica; allargò il suffragio universale; abolì i privilegi della chiesa anglicana in Irlanda.
Nell'**Africa del sud** i coloni britannici dovettero affrontare le resistenze dei Boeri, calvinisti di origine Olandese. Nel 1878 venne creata dal tenente governatore del Natal, una commissione per stabilire i confini, ordinando ai boeri insediati nella regione che doveva essere restituita agli Zulu, di scegliere di andar via o rimanervi indisturbati. Di sua spontanea volontà l'alto **Commissario Free** inviò un ultimatum agli Zulu, nel Dicembre 1878, causando la ***battaglia di Isandhlwna*** (11 Gennaio 1879), che comportò la prima sconfitta britannica in Africa da parte di un esercito di oltre 20.000 Zulu. La guerra **anglo-zulu** si concluse con la fine della nazione indipendente degli Zulu e la destituzione della ***dinastia Shaka***; fu uno dei conflitti più sanguinosi della storia del colonialismo in Africa.
Durante l'anno 1882 la Gran Bretagna occupò l'Egitto.
Ancora, nell'Africa del Sud, il finanziere ***Cecil Rhodes***, attirato dai giacimenti di diamanti (scoperti nel 1867) e d'oro (1886) in **Transvaal** meridionale, mosse verso l'interno occupato dai boeri: scoppiò così la **Guerra Anglo-Boera** (1899), terminata con la **Pace di Pretoria** (1902) che sancì la riappacificazione dei contendenti a danno della maggioranza nera.
Al termine della guerra il governo britannico di Gladstone concesse ai Boeri l'autogoverno nel Transvaal sotto la teorica supervisione britannica.
L'**Olanda** tra il '50 e il '70 consolidò il proprio impero in Indonesia, mentre gli **Stati Uniti** nel 1898 conquistarono le Filippine che, insieme a Cuba (guerra **ispano-americana** e **Trattato di Pace** firmato a **Parigi**), fino al 1898, erano sotto il controllo spagnolo.
Nel 1885 **Leopoldo II** riuscì a impossessarsi di un immenso territorio (76 volte più grande del Belgio) ricoperto di foreste nel cuore dell'Africa. Per raggiungere i suoi scopi, reclutò il

più celebre esploratore del suo tempo, ***Henry Morton Stanley***, che percorse il fiume Congo e stipulò centinaia di contratti ingannevoli con capitribù locali e mise le basi per la costruzione di un sistema di stazioni che facessero da collettori delle ricchezze della foresta che attraverso il fiume potevano giungere ai porti sulla foce e da qui in Europa. Il possedimento fu chiamato **Stato Libero del Congo**, ma il risultato fu che nell'arco di un ventennio morirono per sfruttamento circa dieci milioni di persone, direttamente per le amputazioni o per le violenze, o indirettamente per epidemie o per fame.
Nel 1881, in **Russia** a San Pietroburgo, lo zar **Alessandro II** fu ucciso in un attentato dell'organizzazione rivoluzionaria Narodnaja Volja.
L'**Italia** con **Depretis** orientò le sue mire verso le coste etiopiche (Corno d'Africa) del Mar Rosso, che l'apertura del Canale di Suez (1869) aveva valorizzato e sulle quali nessuna potenza europea aveva ancora avanzato pretese. Furono inviati esploratori: *Cecchi*, *Massaia*, *Giulietti*, *Gustavo Bianchi*, ma nel corso dei conflitti con gli indigeni quasi tutti trovarono una tragica morte.
Il 1881, rappresentò l'inizio del colonialismo italiano con l'acquisto del possedimento di **Assab** dalla Compagnia Rubattino.
Depretis, traendo a pretesto l'eccidio della spedizione Bianchi, inviò alcuni reparti che, nel 1885, occuparono il porto di **Massaua**, con il ***colonnello Tancredi Saletta***, e si spinsero verso l'interno in direzione dell'Etiopia o Abissinia, un vastissimo impero abitato da popolazioni rette dal **Negus** (imperatore) **Cassa**, da cui dipendevano numerosi Ras (Governatori di province).
L'Esercito etiopico, guidato da ***Ras Alùla***, a **Dògali** tese un'imboscata a una colonna dell'esercito italiano presso il comando del ***generale De Cristoforis*** e la massacrò. Il nome di Piazza dei Cinquecento antistante la stazione Termini di Roma fu così intitolato in onore dei caduti nella ***battaglia di Dògali***.
Nel 1887 morì Depretis, al quale successe **Francesco Crispi** (1818-1901), già Ministro degli Interni 1877-'78, che fu il primo uomo politico meridionale a ricoprire la carica di Presidente del Consiglio; rimase al potere in un primo momento dall''87 al '91 e poi dopo la caduta del primo **Governo di Giolitti**, causata dalla mancata repressione e dal rifiuto di ricorrere a misure eccezionali nei confronti dei *Fasci siciliani* (1891-1894: furono un movimento popolare di ispirazione democratica che chiedevano la concessione di terre da coltivare e patti agrari più vantaggiosi, poi repressi da Crispi) e dall'emergere dello *scandalo della Banca Romana* riguardo al quale era accusato di aver coperto le irregolarità dell'istituto di credito, dal '93 al '96. Crispi, ex mazziniano, monarchico e fervente nazionalista, ma anche ammiratore di Bismarck, varò leggi sulla sanità pubblica (1888) ed **emanò il nuovo Codice penale Zanardelli** (1889- nel primo Governo, *Giuseppe Zanardelli* fu Ministro di Grazia e Giustizia e Culti) che aboliva la pena di morte e ammetteva il diritto di sciopero. La sua azione politica fu autoritaria, rafforzò il potere esecutivo dello Stato e riordinò l'amministrazione centrale. Con il pontefice Leone XIII tentò di instaurare una politica di conciliazione. Nel contesto della tensione tra Stato e Chiesa, fece erigere a Roma il monumento a Giordano Bruno. Nel 1887, la sua politica protezionista introdusse tariffe doganali a protezione del settore siderurgico e di quello tessile. Nel biennio 1887-1889 Crispi accentrò nella sua persona, oltre alla carica di Presidente del Consiglio, quella di Ministro degli Interni e degli Esteri.
Il 1° febbraio del 1888, fu firmata a Berlino la convenzione militare tra l'Italia e la Germania proposta da Crispi a Bismark nell'ottobre dell'anno precedente con cui si stabiliva che, se fosse scoppiata una guerra tra gli Imperi centrali da una parte e la Francia e la Russia dall'altra, l'Italia avrebbe attaccato la Francia e avrebbe inviato in Germania sei corpi d'armata e tre divisioni di cavalleria perché operassero con l'esercito tedesco.

Il 29 ottobre 1888, con la **Convenzione di Costantinopoli** l'Italia e le maggiori potenze europee stipularono un accordo per l'apertura del Canale di Suez alle navi di tutte le nazioni in tempo di pace e in tempo di guerra.
La nuova **legge comunale e provinciale** del 1888 allargava il diritto di voto per le elezioni amministrative ai cittadini maschi sopra i ventuno anni che sapessero leggere e scrivere o pagassero almeno cinque lire di imposte l'anno.
L'istituto di credito italiano **Banco Ambrosiano** nel 1882 fu posto in liquidazione coatta a causa di pericolose ed oscure speculazioni finanziarie. Ai primi di gennaio del 1894, a causa dei dirompenti disordini, fu proclamato lo stato d'assedio in Sicilia e Lunigiana (protesta dei minatori).
Crispi tentò una vasta azione diplomatica che si concluse con il **Trattato di Uccialli** (1889) in base al quale il governo italiano assumeva la rappresentanza diplomatica del Negus all'estero e, almeno nell'interpretazione del Crispi, stabiliva un vero e proprio **protettorato su tutta l'Etiopia**. Si accordò, inoltre, con i sultani dell'Obbia e della Migiurtinia per il riconoscimento del protettorato italiano sulla costa somala, creando così il **primo nucleo della Somalia italiana**.
Tuttavia, il **Negus Menelik**, successore di Cassa e firmatario del Trattato di Uccialli, consolidatosi sul trono, ruppe gli accordi e dette inizio alle ostilità. Con un esercito di 100.000 uomini sconfisse le truppe del ***maggiore Toselli*** sull'**Amba Alagi**, successivamente quelle del ***maggiore Galliano*** a **Macallè** e infine i 13.000 uomini del ***generale Baratieri*** nella piana di **Adua**.
Nel 1896 Crispi si dimise a causa del fallimento della politica coloniale e scomparve per sempre dalla vita politica nazionale.
La difficile eredità di Crispi venne raccolta da **Antonio Starabba, marchese Di Rudinì**, il quale stipulò con Menelik la **Pace di Addis Abeba** (26 ottobre 1896) con cui l'Italia rinunciava al protettorato sull'Etiopia e otteneva in cambio il possesso dell'Eritrea.
Nel 1896 l'Italia e la Francia stipularono un accordo sulla «**questione tunisina**» che sanciva il riconoscimento italiano del protettorato francese in cambio di garanzie per la comunità italiana.
Di Rudinì cercò di placare gli animi piuttosto scossi nell'interno del Paese sia adottando in politica estera l'anticolonialismo e il riavvicinamento alla Francia sia mediante la concessione di amnistie (nel 1897/1898 introdusse per la prima volta nell'ordinamento italiano la legislazione in materia di assicurazioni e di infortuni) agli artefici di alcuni moti di intolleranza (operai addetti all'estrazione dello zolfo in Sicilia, movimenti operai in Toscana), tuttavia, nel 1898, il carente raccolto del grano e le difficoltà di ottenerne dall'estero, fecero aumentare il prezzo del pane con grave disagio per i più poveri. Si ebbero perciò tumulti nelle Puglie, Marche, Toscana e a Milano, dove le truppe comandate dal ***generale Bava Beccaris*** fecero fuoco sulla popolazione inerme, uccidendo un centinaio di persone (la "**protesta dello stomaco**" è la definizione data dagli storici ai moti milanesi del maggio 1898). Inoltre, alcuni tribunali militari inflissero severe condanne a socialisti, repubblicani e a sacerdoti accusati di vilipendio e incitamento all'odio di classe. Questo provocò la protesta del **Papa Leone XIII** (Gioacchino Pecci), che nel **1891** con l'**enciclica Rerum novarum** aveva già preso posizione nei confronti della questione operaia e aveva di fatto dato impulso alle prime forme di impegno politico dei cattolici (incoraggiò l'attività dei movimenti democristiani o cristiano-sociali e la formazione di associazioni sindacali cattoliche). Ma alle proteste del Papa il governo italiano nemmeno rispose, anzi il re Umberto I conferì un'onorificenza al generale Bava Beccaris per i servigi resi allo Stato (nel 1898 l'avversione popolare contro tutte le istituzioni statali toccò

la sua acme). L'indignazione suscitata nel Paese da tale provvedimento fu di così vasta portata che Di Rudinì si dimise il 18 giugno 1898 e venne sostituito dal **generale Luigi Pelloux** (giugno 1898-maggio 1899), il quale tornò ai metodi repressivi e propose nuove leggi eccezionali alla Camera, come la restrizione della libertà di stampa e di associazione (nel 1899 decise di imporre la chiusura delle Camere a seguito dell'ostruzionismo sulla modifica del regolamento parlamentare). Le prime rivolte si manifestarono in Romagna e Puglia. La politica di Pelloux e Rudinì fu definita reazionaria.
A presiedere il Consiglio fu chiamato il liberale **Giuseppe Saracco**, che riuscì a riportare un po' di calma nel Paese, ma non poté impedire che il 29 luglio 1900 venisse ucciso a Monza il re Umberto I dall'anarchico ***Gaetano Bresci***.

OCCORRE SAPERE

L'era ferroviaria nacque nel 1825 con il viaggio della prima macchina a vapore con servizio regolare in Inghilterra.
Nel 1851 Londra fu teatro della prima esposizione universale.
Nel 1853 l'esploratore **Humphrey Gilbert** occupò l'isola di Terranova.
David Livingstone il 17 novembre 1855, risalendo il fiume Zambesi, scoprì le grandiose cascate alle quali diede il nome ***Vittoria***; nel corso di questo secolo, le sue esplorazioni e quelle di **Stanley** si svolsero in Africa.
A metà del XIX secolo la più popolosa città italiana era **Napoli**.
Nell'Ottocento la borghesia divenne la classe dirigente dell'intera società in quasi tutti i Paesi europei, ma non tutti i borghesi avevano gli stessi mezzi finanziari: infatti, al suo interno questo gruppo sociale era diviso in alta, media e piccola borghesia. I professionisti (medici, avvocati, notai), i magistrati e i professori facevano parte della media borghesia.
L'innovazione tecnologica della realizzazione di trafori alpini risale a un periodo successivo al 1850.
Nel 1863 venne inaugurata la linea ferroviaria Roma-Napoli.
Samuel Morse perfezionò il telegrafo nel 1844, rendendolo un apparecchio universalmente utilizzato.
Leopoldo I fu il primo re dei Belgi, regnando dal 26 giugno 1831 al 10 dicembre 1865.
Di Luigi Menabrea, Generale, uomo politico e scienziato, fu a Capo del Governo dall'ottobre 1867 al maggio 1869.
Il generale **Mac-Mahon** divenne Presidente della Terza Repubblica francese dal 1873.
Nel 1876 **Eugenio Torelli- Viollier** fu il giornalista che fondò a Milano il ***Corriere della sera***.
La **dinamite** fu inventata nel 1867 da **Alfred Nobel**.
La legge della ***selezione naturale*** venne enunciata, nella seconda metà dell'Ottocento, da **Charles Darwin**, naturalista che rivoluzionò la teoria dell'evoluzione.
L'**Australia** venne inizialmente utilizzata dall'Inghilterra come colonia penale.
Il **motore a scoppio** venne progettato e diffuso nel corso degli anni '80 dell'Ottocento.
Tra gli ultimi 20 anni del XIX secolo e i primi 15 del XX secolo si ebbe la cosiddetta "**Grande emigrazione**".
La prima donna italiana a essersi battuta, tra la fine del 1800 e l'inizio del 1900, per il voto alle donne fu **Anna Maria Mozzoni**.
Sidney Sonnino, deputato della Destra storica, scrisse il famoso articolo ***Torniamo allo Statuto***, pubblicato il 1° gennaio 1897 nella rivista **Nuova Antologia**, nel quale aveva avanzato la proposta del ritorno al sistema Costituzionale puro. Sonnino è anche ricordato per un'importante inchiesta parlamentare sulla miseria e l'arretratezza sociale nel Mezzogiorno.
Nel 1898 a Fascioda, nel Sudan meridionale, un incidente di frontiera coinvolse le due grandi potenze coloniali Francia e Inghilterra che giunsero ad un passo dallo scontro armato.
Per arrivare alla firma del Trattato della **Triplice Intesa**, Gran Bretagna, Francia, Russia avevano prima dovuto risolvere tra loro dei conflitti riguardanti le colonie.
Il movimento politico e ideologico volto alla creazione di uno Stato ebraico in Palestina fu denominato sionismo; nacque nel 1895.
L'**Action Française**, fondato nel 1899 da *Henri Vaugeois* e da *Maurice Pujo*, fu un movimento politico francese di ispirazione antiparlamentare e antidemocratica.
Agli inizi del XX sec. la situazione interna in Russia fu che il nuovo zar Nicola II (figlio di Alessandro III) restò ancorato a metodi di ***governo conservatori***, mentre negli **USA**, il Paese più progredito, iniziò in questi anni la

politica del ***progressismo*** (l'ultimo grande conflitto armato tra gli Stati Uniti e i popoli nativi fu il **Massacro di Wounded Knee** nel 1890).
Durante l'800 appartenevano alla Spagna le numerose colonie dell'**America Latina**.
Michail Bakunin (1814-1876), filosofo, rivoluzionario e anarchico russo, fu uno dei più noti teorici e attivisti del movimento anarchico moderno.
Il **Romanticismo** fu il movimento che investì la filosofia, la storiografia, la letteratura e l'arte e contribuì, nel corso dell'Ottocento, ad affermare l'idea di Nazione.
Antonio Meucci (Firenze 1808 – New York 1889) inventò l'apparecchio telefonico (teletrottofono).
Il pensiero di **Giuseppe Toniolo** (Treviso 1845-Pisa 1918) economista e sociologo fu alla base del sindacalismo cattolico.
Antonio Labriola, filosofo, contribuì sul piano dottrinale alla costruzione del socialismo italiano.
Negli ultimi anni dell'Ottocento **Guglielmo Marconi** intraprese esperimenti di telegrafia senza fili.
Società Edison fu il nome della prima industria idroelettrica italiana (1884).
Filippo Turati al fine di discutere e affrontare i problemi della società italiana fondò (1891) il periodico "***Critica sociale***".
Possono essere definiti ***Meridionalisti*** gli studiosi e politici: De Viti, De Marco, Fortunato, Salvemini.
Charles-Maurice de Talleyrand- Périgord fu un personaggio francese, morto nel XIX secolo, che viene considerato uno tra i maggiori esponenti del camaleontismo politico.
Nel 1893 fu istituita la **Banca d'Italia**.
Con il termine "***plebiscito***" si indica ogni diretta manifestazione di volontà del popolo riguardo a questioni relative alla struttura dello Stato o alla sovranità territoriale.
La città di Pietrelcina ha dato i natali a Padre Pio il 25 maggio 1887; morì a San Giovanni Rotondo (FG) il 23 settembre 1968.
Don Alfonso Maria Fusco, esponente cattolico, venne arrestato a Milano nel maggio 1898.
Nel 1899 nasce la **FIAT**.

Capitolo 2
L'inizio del '900 e la Prima Guerra Mondiale

2.1 Dall'età giolittiana alla vigilia della Prima Guerra Mondiale

Al trono del Regno d'Italia successe **Vittorio Emanuele III** (1901-1947), figlio di Umberto I, che inaugurò un nuovo corso politico, improntato alla più rigida legalità costituzionale.
Nel novembre 1901, l'obiettivo finale delle «*leghe rosse*», riunitesi nella Federazione italiana dei lavoratori della terra (*Federterra*), era la socializzazione della terra.
Nel 1901 cadde il ministero Saracco a seguito di una serie di scioperi nel settore industriale e il 15 febbraio, fino al 3 novembre 1903, il Governo venne affidato a **Giuseppe Zanardelli** (suo Ministro degli Affari Esteri fu **Giulio Prinetti**) che, d'accordo con il Ministro degli Interni **Giovanni Giolitti**, concesse un'amnistia ai condannati politici e consentì ampia libertà di associazione, di propaganda e di sciopero. Nel giugno 1902 fu istituito il ***Consiglio Superiore del Lavoro*** (l'organo consultivo per la legislazione sociale). Il Governo Zanardelli-Giolitti migliorò la legislazione in materia di lavoro minorile e in materia di assicurazioni e di infortuni introdotte per la prima volta nel 1897/'98 da Antonio di Rudinì.
Nel 1903 morì il Papa Leone XIII al quale successe **Pio X** (Giuseppe Melchiorre Sarto), che attenuò il "non expedit" con la formula "cattolici deputati, sì; deputati cattolici, no". Con l'enciclica «**Pascendi**» espresse nel 1907 la condanna del movimento culturale del modernismo.
Nello stesso anno a Zanardelli successe il liberale **Giovanni Giolitti**, (1842-1928), che mantenne la sua opera di statista fino al 1914 (guidò il primo governo nel 1892, i successivi nel 1903-'05, 1906-'09, 1911-'13 e l'ultimo nel 1920). Giolitti avrebbe voluto che al suo secondo governo partecipassero i rappresentanti della sinistra socialista. Nel 1904, sotto il suo Governo, ci fu il primo sciopero generale nazionale italiano; nel corso di una manifestazione di minatori si verificò l'«**eccidio proletario**». Nello stesso anno sorse a Napoli il centro siderurgico di Bagnoli.
Nel 1905 Giovanni Giolitti perse l'appoggio della maggioranza e **Alessandro Fortis** fu incaricato di formare il nuovo governo. In tale periodo fu istituita l'"Amministrazione autonoma delle Ferrovie dello Stato".
L'"**età giolittiana**" coincise con l'ondata di emigrazione italiana verso l'America del nord e del sud (meta principale). Infatti, tra il 1900 e il 1914 ci fu un esodo dall'Italia verso Paesi stranieri che offrissero lavoro; partirono circa 8 milioni di italiani.
Durante il suo governo migliorò l'economia e le opere pubbliche (tra l'altro venne esteso l'obbligo dell'istruzione elementare fino al dodicesimo anno di età con la **Legge Orlando**); limitò l'orario di lavoro (1906); introdusse il suffragio universale nel 1912 e nelle elezioni dell'anno successivo poterono votare i maschi in età superiore ai trent'anni, anche se analfabeti, e coloro che, avendo compiuto 21 anni, fossero non analfabeti e in regola con il servizio militare (la percentuale della popolazione votante salì al 24,5%); amministrò sapientemente il denaro pubblico tanto che il bilancio dello Stato fu in «notevole avanzo», nono-

stante le gravi calamità che colpirono il Paese, tra cui l'eruzione del Vesuvio del 1906 e il terremoto di Messina nel 1908. Il programma di Giolitti, tornato al governo nella primavera del 1911, si incentrava sui progetti di riforma elettorale e monopolio statale delle assicurazioni sulla vita.

Alla base di alcuni provvedimenti da lui adottati, quali le leggi a tutela del lavoro minorile e femminile, riconoscimento del sindacato, previdenza infortuni e vecchiaia, ci fu il problema sociale trattato nell'enciclica "**Rerum Novarum**".

Stipulò nel 1913 il "**Patto Gentiloni**" in vista delle elezioni, con cui i cattolici organizzati nell'Unione Elettorale Cattolica si accordarono con i liberali per sostenere quei candidati che assumevano l'impegno di non promuovere una politica anticlericale e a non votare leggi ostili ai postulati cattolici.

In **politica estera** rispettò il trattato della Triplice Alleanza con l'Austria e la Prussia, ma lo ritenne un patto esclusivamente difensivo (ciò fu deciso nel 1902 secondo la linea del Ministro degli Esteri Emilio Visconti Venosta), mentre fece di tutto per favorire l'espansione francese nel Marocco in cambio di un consenso per un'eventuale penetrazione italiana in Tripolitania (nel 1902) e in Cirenaica (attuale Libia), territori sottoposti solo formalmente al sultanato turco di Costantinopoli. Accordi simili furono firmati anche con l'Inghilterra e la Russia. Italia e Russia firmarono, nel 1909, l'**accordo segreto di Racconigi**, per il mantenimento dello *status quo* nei Balcani.

Tommaso Tittoni, in qualità di Ministro degli Esteri del II e del III Governo Giolitti, condusse una politica di massima fedeltà alla Triplice Alleanza, ma i rapporti tra Italia ed Impero austro-ungarico nel 1908 cominciarono a indebolirsi e a deteriorarsi perché l'Austria - Ungheria aveva annesso la Bosnia-Erzegovina, senza consultarsi preventivamente con l'Italia.

Quando nel 1911 la Francia dette inizio alla conquista del Marocco, l'Italia riprese l'iniziativa coloniale e, prendendo come pretesto alcuni incidenti verificatisi a Tripoli a danno di alcuni cittadini italiani, dichiarò guerra alla Turchia. Pochi giorni dopo, un corpo di spedizione comandato dal ***generale Caneva*** sbarcò a Tripoli e, dopo aver riportato una vittoria a **Ain Zara**, occupò tutta la fascia costiera fino a Tobruk. La marcia nell'interno fu più lenta a causa del terreno accidentato e dell'azione di guerriglia della popolazione locale. Il governo fu perciò costretto ad attuare un nuovo piano d'azione: sbarcò truppe a Rodi e in altre 11 isole dell'Egeo (Dodecaneso) e in breve tempo le occupò, mentre il comandante ***Enrico Millo*** con cinque torpediniere penetrava nello stretto dei Dardanelli, dimostrando che nemmeno Costantinopoli poteva considerarsi sicura.

Il Sultano chiese l'armistizio e, il 18 ottobre 1912, firmò la **Pace a Losanna**, che riconosceva all'Italia il possesso di Tripolitania e Cirenaica, territorio che chiamò Libia; s'impegnò altresì a far cessare la guerriglia. Il Dodecaneso, nel Mar Egeo, che avrebbe dovuto essere restituito ai turchi alla fine del conflitto, invece restò sotto l'amministrazione provvisoria dell'Italia fino al 1923. L'Italia riconosceva l'autorità religiosa del Sultano sulle popolazioni musulmane.

Romolo Murri, sacerdote dalle posizioni riformiste, diede vita, il 20 novembre 1905 a Bologna, alla **Lega Democratica Nazionale**, un movimento di ispirazione cattolica.

Nel maggio 1906, veniva inaugurato il traforo del Sempione, realizzato con finanziamenti pubblici.

Nello stesso anno nacque la **Confederazione Generale del Lavoro (CGdL)** a Milano ed il primo Segretario generale fu il riformista ***Rinaldo Rigola***, già in precedenza a capo del Segretariato Centrale della Resistenza, la struttura costituita nel 1902 con l'obiettivo di trovare la sintesi politica tra le spinte radicali dei rivoluzionari, che guidavano gran parte delle Camere del Lavoro, e le posizioni moderate dei riformisti, a capo delle principali Federazioni di mestiere e industriali. **Francesco Saverio Nitti** (primo deputato radicale e Presidente del Consiglio, successore di Giolitti) diresse l'inchiesta sui contadini meridionali, i cui risultati furono pubblicati nel 1909.

Nel 1911 il tasso di analfabetismo del Mezzogiorno era intorno al 60%.

Leonida Bissolati, dopo essere stato espulso dal Partito Socialista, nel 1912 fondò il **Partito Socialista Riformista Italiano**.

Tra il 7 e il 14 giugno 1914 si verificò la "***Settimana rossa***"; fu un'insurrezione popolare scoppiata ad Ancona e propagatasi dalle Marche alla Romagna, alla Toscana e ad altre parti d'Italia, come reazione all'eccidio di tre manifestanti avvenuto ad Ancona ad opera della forza pubblica.

Occorre Sapere

Il **movimento suffragista** lottava per il diritto di voto alle donne.

Nel 1901 **Guglielmo Marconi** compì la prima trasmissione transatlantica di segnali **radio**.

Nel 1901 fu istituito il **Premio Nobel** in seguito alle ultime volontà di Alfred Bernhard Nobel (1833-1896), chimico e industriale svedese e inventore della dinamite e della balistite. In tale anno fu assegnato il 1° Premio. La cerimonia per la consegna di tale premio avviene ogni anno a Stoccolma. **Ernesto Teodoro Moneta** fu l'unico italiano ad aver ricevuto, nel 1907, il Premio Nobel per la Pace.

Florence Nightingale era l'infermiera britannica, vissuta tra il 1820 e il 1910 considerata la fondatrice del **"nursing" moderno**.

Selma Lagerlöf, scrittrice svedese, ha vinto nel 1909 il premio Nobel per la letteratura.

Nel 1913, il democratico **Woodrow Wilson** divenne Presidente degli USA.

Nel 1914 furono ultimati i lavori di costruzione del Canale di Panama.

La **Lega Spartachista**, era un movimento rivoluzionario socialista organizzato, nata in Germania durante la Grande guerra.

Il ***Futurismo*** e il ***Decadentismo*** furono i movimenti artistici, in un certo senso, precursori del fascismo.

2.2 La situazione nel resto del mondo agli inizi del XX secolo

2.2.1 La situazione economica

All'inizio del XX secolo l'Europa attraversò un periodo di sviluppo, spensieratezza, fede nel progresso che, dopo il dramma della grande guerra, venne definito con qualche nostalgia **Belle époque**. Non a caso, l'affondamento del ***Titanic*** avvenuto nel 1912 fu considerato il più bel sogno infranto di quel periodo.

Le grandi industrie, per accrescere i profitti, studiarono il modo di utilizzare gli operai come se fossero macchine, al fine di organizzarne il lavoro nella maniera più produttiva. Negli **Stati Uniti d'America**, si diffuse presto l'**organizzazione scientifica del lavoro** che prevedeva le catene di montaggio e il controllo cronometrico delle operazioni di ogni operaio; tale tipo di organizzazione fu chiamata **taylorismo**, dal nome dell'ingegnere che per primo la propose, **Frederick Winslow Taylor**.

Nel frattempo, in **Germania** si era verificato il maggior sviluppo dell'industria pesante. Le classi dirigenti, l'industria, la finanza e gli **Junker** (**aristocrazia terriera della Prussia**) formarono il **nucleo imperialistico** iniziando a nutrire forti ambizioni da potenza industriale.

A seguito dell'industrializzazione si sviluppò il fenomeno dell'**urbanesimo**, consistente nello spostamento di masse di lavoratori dalle campagne alle città.

2.2.2 Le tensioni internazionali

I Paesi europei furono spinti a una folle **corsa agli armamenti** a causa della politica imperialistica delle potenze mondiali, suscitata dalle conquiste coloniali, dall'espansione industriale e dal crescente potere dei grandi gruppi capitalistici.
Peggiorarono i rapporti fra Germania e Inghilterra per via dei contrasti creatisi a causa della questione del Marocco e dei Balcani e si allentò così il Patto della Triplice Alleanza, mentre diveniva più forte l'intesa fra Francia, Russia e Inghilterra.
Francia e Inghilterra, per fronteggiare l'imperialismo tedesco, firmarono, nel 1904, l'**Intesa cordiale** (estesa nel 1907 alla Russia con il nome di **Triplice Intesa**), in cui si lasciava via libera alla Francia in Marocco, ambito dalla Germania.
In Inghilterra fu fondato nel 1900 il **Partito laburista**. Nel 1904 il Regno Unito, approfittando dei disordini interni all'Impero cinese, invase temporaneamente il Tibet costringendo il Dalai Lama a fuggire in Mongolia; l'**I.R.A.**, organizzazione clandestina irlandese, dal 1906 rivendicò l'indipendenza del proprio Paese dalla Gran Bretagna.
In **Russia**, lo zar **Nicola II** (1894-1917) sposato con **Alessandra Feodorovna Romanova**, si mostrava improntato al conservatorismo; nel Paese, dove fino ai primi del '900 vigeva una monarchia assoluta, tre milioni di operai e la maggior parte dei contadini vivevano ai limiti della sussistenza. Nel 1898 nacque il **Partito Socialdemocratico** che, nel 1903, ai congressi di Bruxelles e Londra, si divise in **bolscevichi**, la maggioranza seguace di **Lenin**, pseudonimo di **Vladimir Ilic Uljanov** (1870-1924), sostenitore di un partito unitario che guidasse il proletariato alla rivoluzione in breve tempo, e **menscevichi**, la minoranza, favorevoli a un governo democratico borghese di **Martov**. Il malcontento del popolo russo contro lo zar esplose nel 1905 a seguito della sconfitta russa nella guerra russo-giapponese. Ci furono disordini (ad Odessa si ribellarono i marinai della corazzata **Potemkin**) che culminarono nella **Domenica di sangue** (il 22 gennaio, a San Pietroburgo, l'esercito sparò sui dimostranti uccidendo 1000 persone) e che favorirono la nomina di un **soviet** dei lavoratori. Il 15 maggio 1905 in un distretto tessile di Mosca nacque ufficialmente il primo **Soviet** della Rivoluzione russa, una piattaforma rivendicativa dei lavoratori e degli operai della zona; nell'ottobre del 1905, lo zar pubblicò un documento, chiamato poi "**Manifesto di ottobre**", con il quale concedeva una Costituzione e proclamava i basilari diritti civili per tutti i sudditi. Nel 1905, lo zar concesse l'elezione di una prima **Duma** (assemblea a carattere consultivo del Parlamento = camera bassa in cui il blocco liberale era rappresentato dal **Partito dei Cadetti**), tramando la repressione. Fece arrestare i soviet, sopprimendo una successiva manifestazione di protesta scoppiata a **Mosca** nel dicembre 1905.
In Estremo Oriente, il **Giappone**, dopo aver combattuto e vinto contro la Russia (guerra russo-giapponese che scoppiò a causa delle mire dei due Paesi sulla Manciuria e sulla Corea e successiva **Pace di Portsmouth**, 1905) con la **Battaglia di Tsushima**, che segnò la sconfitta della flotta russa, affermò la propria egemonia in Corea.
Nel 1905 e nel 1911, in **Marocco**, si verificarono due crisi internazionali, definite **crisi marocchine**. Queste crisi coinvolsero diversi Paesi europei che aspiravano alla colonizzazione del Marocco:

- **Prima crisi marocchina** (31 marzo 1905): Guglielmo II si recò a Tangeri, proclamando il suo Paese tutore dell'indipendenza marocchina. Nella successiva **Conferenza di Algeciras** (1906), la diplomazia tedesca si trovò isolata e la Francia riuscì a mantenere il Marocco nella propria sfera d'influenza. Anche l'Italia prese le distanze dalla rivendicazione tedesca sul Marocco. Lo zar si avvicinò all'Inghilterra dopo una prima simpatia per la Germania e, il 31 agosto 1907, firmò la **Triplice Intesa**.

- **Seconda crisi marocchina** (1° luglio 1911): la Francia, ignorando le clausole degli accordi di Algeciras, occupò le città di **Fez, Meknes e Rabat**; Guglielmo II fece attraccare la cannoniera **Panther** nella baia di **Agadir**. L'Inghilterra prese subito le difese di Parigi, e la Germania rinunciò al Marocco in cambio di una parte del **Congo Francese**.

Nei **Balcani** si accentuava la tensione tra **Austria** e **Russia**. Vienna, che nel 1867 aveva occupato la **Bosnia-Erzegovina**, ne proclamò l'annessione nel 1908: il momento risultava favorevole visto che la Turchia, a cui apparteneva la Bosnia, era scossa dalla rivolta dei **Giovani Turchi** contro la politica retriva del califfo. La Bulgaria si proclamò indipendente, la **Serbia**, legata alla Russia, protestò per l'annessione austriaca della Bosnia, considerata parte del territorio serbo. Intervenne la Germania, minacciando Mosca di appoggiare l'Austria qualora essa non ne avesse riconosciuto l'azione.

In **Messico**, la rivoluzione iniziata nel 1910, per porre fine alla dittatura del Generale **Porfirio Díaz**, terminò nel 1917 con il varo di una nuova Costituzione. Le **forze zapatiste** della rivoluzione messicana erano costituite in larga parte da contadini guidati da **Emiliano Zapata** e **Pancho Villa**.

La **Guerra italo-turca** (1911) per la Libia fu la guerra di cui, nel 1912, approfittarono **Serbi, Bulgari, Montenegrini e Greci** contro l'Impero ottomano che in poco tempo perse quasi tutti i possedimenti nei Balcani (**Prima Guerra balcanica**, e **Pace di Londra**, 30 maggio 1913). Una delle conseguenze di questa Prima Puerra balcanica fu l'indipendenza dell'Albania. Poco dopo scoppiò una **Seconda Guerra balcanica** causata dai disaccordi tra Serbia e Bulgaria sulla spartizione della Macedonia, conclusasi con la disfatta bulgara. Con la **Pace di Bucarest** (agosto 1913), la Tracia tornò alla Turchia, la Dobrugia meridionale andò alla Romania, mentre gran parte della Macedonia fu spartita tra Serbia e Grecia.

La **Cina**, invece, grazie alla riforma delle proprie strutture, riuscì a diventare una grande potenza. Nel 1895 aveva ceduto la **Corea** e **Formosa** al Giappone e nel 1897 **Port Arthur** alla Russia. Nel 1900 la setta segreta dei **boxers**, movimento insurrezionale popolare di carattere xenofobo e anticristiano che prese piede a partire dal 1898, protetta dall'imperatrice vedova **Tzu-hsi**, insorse contro gli occidentali attaccandone le legazioni "**rivolta dei boxer**". La rivolta fu fermata da un gruppo militare internazionale e si concluse nel 1901 con la firma del "**Protocollo dei boxer**". Alla Cina fu imposta una pesante indennità e l'obbligo di concedere nuove basi agli occidentali (all'Italia spettò **Tien Sin** territorio occupato colonialmente dal Regno fino al 1943). Questa rivolta comportò negli 11 anni che seguirono il crollo definitivo del millenario impero cinese.

2.3 La Prima Guerra Mondiale e i Trattati di Pace

2.3.1 Inizio delle ostilità e primo anno di guerra (1914)

Durante una visita a Sarajevo, il 28 giugno 1914, l'**arciduca Francesco Ferdinando**, presunto erede al trono austro-ungarico, venne assassinato insieme alla moglie da un nazionalista serbo (***Gavrilo Princip***), membro di una organizzazione indipendentista.

L'Austria, il 23 luglio, inviò un ultimatum alla Serbia in cui le imponeva di unirsi nella repressione dei ribelli slavi; al suo rifiuto l'Austria dichiarò guerra il **28 luglio 1914**, ignorando l'avvertimento ricevuto dalla Russia che si mobilitò il **30 luglio**. Al di là di questa occasione che la scatenò, la Prima Guerra Mondiale ebbe motivi più profondi come: le tensioni originate dalle spinte nazionali all'interno dei grandi imperi multietnici; la rivendicazione di

Alsazia e Lorena da parte della Francia a cui la Germania le aveva strappate nella guerra del 1870-1871; la rivalità austro-russa nei Balcani; la competizione coloniale e marittima tra Germania, Inghilterra e Francia.
La **Germania** dell'imperatore Francesco Giuseppe rispose dichiarando **guerra alla Russia** il **1° agosto** e il **3 agosto** alla **Francia** che, ignorando l'ultimatum tedesco, aveva ordinato la mobilitazione generale.
Il Presidente della Repubblica francese **Raymond Poincaré** invitò, il 4 agosto, i partiti ed i ceti sociali a difendere tutti insieme la patria allo scoppio della guerra, suggerimento accolto all'unanimità; nacque così l'**Union sacrée**, la coalizione nazionale di governo. Essa seppe resistere sostanzialmente sino alla fine del conflitto.
I tedeschi comandati da ***Helmuth Bernhard von Molke*** violarono la neutralità del **Belgio**, penetrarono di sorpresa nel nord francese e ottennero il primo successo. L'**Inghilterra** il **4 agosto** decise di intervenire immediatamente al fianco della Francia.
Nonostante la netta prevalenza inglese sui mari, gli attacchi a sorpresa dei tedeschi furono estremamente efficaci e privarono la Francia di tutte le regioni nord-orientali, più industrializzate. Anche Parigi venne a trovarsi in serio pericolo per cui, mentre le armate del ***generale Joffre*** si attestavano sulla Marna, il governo decise di trasferirsi a **Bordeaux**, per proteggere i propri territori dal Mare del Nord fino al Mare Mediterraneo. Gli attacchi francesi dalla **Marna (5-12 settembre)** costrinsero i tedeschi a retrocedere sulla **Somme**. Ciò contribuì all'irruzione dei Russi nella Prussia orientale. L'esercito sovietico sfondò a sud nella Galizia, minacciando da vicino il territorio ungherese, ma nelle **battaglie di Tannenberg** e dei **Laghi Masuri** i Tedeschi respinsero l'offensiva russa. I tedeschi si mossero seguendo le direttive del ***piano Schieffen*** (elaborato nel 1905, che mirava a schiacciare la Francia e la Russia, tenendo lontano dal conflitto la Gran Bretagna).
Sul fronte occidentale, le truppe anglo-francesi si spostarono dalla Marna per raggiungere le coste della Manica dove riuscirono a conservare i porti di Calais e di Dunkerque, molto importanti per i loro collegamenti. La Francia approntò la complessa linea di fortificazione denominata **Linea Maginot**, una linea estesa da nord-ovest a sud-est, che rimase pressoché invariata fino al 1918.
Da guerra di spostamento promossa inizialmente dai tedeschi si passò a quella di **posizione e trincea** (per questo la prima guerra mondiale fu definita "**guerra di logoramento**"), a vantaggio degli Alleati, che poterono finalmente effettuare la mobilitazione delle loro risorse. Il comando delle truppe tedesche passò intanto al ***generale Falkenhayn***, mentre gli Alleati poterono contare sull'intervento del **Giappone**, al loro fianco dal **23 agosto**.
Gli Imperi centrali, a loro volta, furono avvantaggiati dall'intervento della **Turchia** (29 ottobre) che riuscì ad impedire costantemente qualsiasi tentativo di comunicazione fra gli Stati occidentali e la Russia attraverso il Bosforo e i Dardanelli. Si mise in evidenza nel corso del tentativo britannico di sfondamento dei Dardanelli il militare turco ***Mustafà Kemal Atatürk***.

2.3.2 Secondo anno di guerra (1915)

Gli austro-tedeschi furono ostacolati dal **blocco navale** imposto dall'Inghilterra che impediva alla Germania di ricevere per mare rifornimenti di viveri e materiale da guerra. A partire dal febbraio del 1915 i tedeschi, approfittando della superiorità dei loro sommergibili, cominciarono ad affondare qualsiasi nave diretta al fronte occidentale. Al largo delle isole Falkland (Atlantico), questi due Paesi diedero vita al **primo scontro navale** (8 dicembre, con la vittoria della Gran Bretagna). Durante uno di quegli attacchi, il 7 maggio 1915 venne affondato il transatlantico inglese ***Lusitania***, provocando la morte di quasi mille passeggeri fra cui più di

cento americani. Gli Stati Uniti sollevarono una formale protesta che indusse i tedeschi a comportarsi con maggiore cautela nella loro guerra sottomarina.
Durante la seconda battaglia di **Ypres** (Belgio), tra aprile e maggio, i tedeschi iniziarono ad utilizzare su vasta scala le armi chimiche, in particolare gas asfissianti al cloro.
Sul fronte orientale, i tedeschi cacciarono tutti i russi dal territorio della Polonia e in seguito alla loro ritirata, l'Austria-Ungheria poté finalmente attaccare la Serbia più a fondo, mentre nel 1914 le sue campagne avevano avuto esiti alterni.
Dopo complesse vicende interne, anche l'**Italia** intervenne nella guerra, **24 maggio 1915**, al fianco dell'**Intesa**. Le truppe italiane cominciarono a mettere in difficoltà gli austriaci con ripetute *offensive sull'Isonzo*, ma nel contempo la situazione nei Balcani iniziò a precipitare.

La posizione dell'Italia

I termini dell'ultimatum che l'Austria inviò alla Serbia nel 1914 furono tali da consentire al governo **Salandra**, succeduto al Giolitti nel marzo 1914, di dichiarare lo stato di **neutralità dell'Italia** (3 agosto 1914), senza per questo mancare agli impegni della Triplice Alleanza, infatti l'Austria aveva dichiarato la guerra senza informare l'Italia e aveva iniziato una guerra offensiva. L'opinione pubblica presto restò divisa fra **interventisti neutralisti**.
Fra gli **interventisti** spiccavano i repubblicani di origine mazziniana, liberali antigiolittiani e nazionalisti di destra, sindacalisti rivoluzionari, gli irredentisti, i democratici, i radical-progressisti, tutti con la comune volontà di schierarsi al fianco dell'Intesa per continuare, in un certo senso, le lotte risorgimentali per l'indipendenza nazionale, nonché per dimostrare solidarietà alla Francia ed all'Inghilterra, grandi potenze democratiche occidentali.
Non mancarono, però, le incitazioni dei "nazionalisti" imperialisti, inneggianti alla guerra come strumento per affermare la propria potenza e come bene in se stessa.
Uno fra i maggiori interventisti in Italia fu **Benito Mussolini**, già dal settembre 1914 direttore dell'"**Avanti!**" (1912-1914) ed esponente dell'ala rivoluzionaria del **Partito Socialista**, che venne espulso dal partito a causa delle sue idee interventistiche e prese a pubblicare "***Il Popolo d'Italia***", promulgando ideali nazional-rivoluzionari con cui indicava la guerra come *"evento tragico col quale dare origine ad una rivoluzione"*. Queste ideologie rivoluzionarie, tese all'intervento italiano, furono fra l'altro appoggiate dagli anarchico-sindacalisti, con a capo ***Arturo Labriola***, in passato aperto sostenitore della campagna contro la Libia.
Gabriele D'Annunzio fu convinto assertore dell'interventismo e portavoce dei nazionalisti. Egli pronunciò la famosa "***Orazione per la Sagra dei Mille***" il 3 maggio del 1915 durante l'inaugurazione del monumento ai Mille a Quarto (GE). Altro interventista era ***Ivanoe Bonomi***.
I **neutralisti** furono essenzialmente i socialisti, contrari all'intervento in quanto consideravano la guerra un affare esclusivamente borghese e capitalistico, i liberali giolittiani, i cattolici, gli esponenti dell'industria leggera. Allorché l'Italia entrò nel conflitto, i socialisti adottarono il motto "*né aderire, né sabotare*", impraticabile per un verso e per l'altro rivelatore della loro estraneità ed indifferenza agli interessi della nazione. Non così perentori furono i neutralisti cattolici, non ancora uniti in partito.
Il *Corriere della Sera* nella battaglia tra interventisti e neutralisti assunse una posizione favorevole all'intervento.
Benedetto XV (Cardinale Giacomo Della Chiesa), succeduto nel 1914 a Pio X, definirà il conflitto dapprima "*suicidio dell'Europa civile*", poi nel 1917 "*inutile strage*" facendo riferimento all'evacuazione del Belgio, e "*orrenda carneficina*". Egli lasciò libera iniziativa alle organizzazioni cattoliche, le quali dapprima rimasero decise nella loro posizione neutrale, dato che la guerra avrebbe comportato l'ostilità anche nei confronti della cattolicissima Austria.

Tuttavia, il laicato cattolico operò in seguito una distinzione fra neutralismo assoluto, al quale si attenne la Chiesa, e l'atteggiamento dei fedeli, liberi di prendere qualsiasi posizione a seconda dei sentimenti e degli interessi. Rigoroso, invece, fu il ***neutralismo di Giovanni Giolitti***, condiviso da ampi strati dell'opinione pubblica.
Tra le varie polemiche il governo Salandra, nel cui Ministero degli Esteri era ***Sidney Sonnino***, tentò più volte di scendere a patti con l'Austria, senza risultato, per cui nel marzo 1915 cominciò a prendere contatti con l'Intesa. Il 26 aprile le trattative si conclusero col **Patto segreto di Londra**, col quale l'Italia s'impegnava a schierarsi entro un mese contro gli Imperi centrali, mentre in cambio avrebbe ottenuto il Trentino e il Sud Tirolo, l'Istria (tranne Fiume) e la Dalmazia. Un'ulteriore clausola, nel caso si fosse verificata la spartizione della Turchia, consentiva all'Italia anche l'annessione definitiva del Dodecaneso ed eventuali compensi territoriali in Adalia, nella Turchia meridionale.
Dopo il Patto di Londra, nel quale si stabilì l'intervento italiano, seguirono notevoli manifestazioni di piazza tra neutralisti ed interventisti: a favore della guerra erano le manifestazioni di piazza cd. "**radiose giornate di maggio**" del 1915.
Il Parlamento, dal canto suo, osteggiò l'iniziativa del Salandra, anche di fronte alla realtà dei fatti, e si ostinò ad appoggiare le ideologie di Giolitti; Salandra, sconfitto, si ritirò nella sua residenza. Tuttavia, la Camera il 20 maggio votò per l'intervento, con la sola astensione dei socialisti, e il **24 maggio** del **1915** l'Italia dichiarò **guerra all'Austria**. Le cause sono da ricercare nelle manifestazioni popolari interventiste e nelle pressioni della corona.
Il patriota irredentista trentino ***Cesare Battisti***, allo scoppio della guerra, si era arruolato volontario nell'esercito italiano, fu fatto prigioniero dagli austriaci e condannato a morte unitamente a ***Fabio Filzi***, impiccato come disertore. Stessa sorte toccò a ***Nazario Sauro***, nativo di Capodistria, impiccato per alto tradimento dalla Giustizia austroungarica.

2.3.3 Terzo anno di guerra (1916)

A febbraio i tedeschi attaccarono violentemente **Verdun** (in questa battaglia la guerra di trincea raggiunse il suo apice) con perdite inimmaginabili da entrambe le parti, tuttavia lo scopo dei tedeschi venne raggiunto, infatti il fronte occidentale fu nuovamente mobilitato.
L'Italia, nel frattempo, era impegnata nella ***battaglia dell'Isonzo***, che venne interrotta a maggio poiché a nord gli austriaci effettuarono la cosiddetta "***spedizione punitiva***" (***Strafexpedition***). Tra l'Adige e il Brenta, sugli altopiani di Asiago e di Lavarone, gli schieramenti italiani furono attaccati sul fianco sinistro e l'intenzione austriaca fu proprio quella di sfondare in quel punto per farli retrocedere totalmente.
La controffensiva italiana fu molto efficace, tanto che, neutralizzata l'Austria sull'Altopiano di Asiago, riconquistò tutti i territori (anche **Gorizia**). Impegnando le truppe del fronte orientale per la spedizione punitiva, l'Austria permise alla Russia di condurre una vittoriosa offensiva, comandata dal ***generale Brusilov*** che, sfondando nella Polonia meridionale, riuscì ad entrare in Bucovina e Galizia, minacciando nuovamente l'Impero Austro-ungarico come nel 1914.
Sul fronte occidentale, dopo l'attacco a Verdun, i tedeschi condussero a luglio una controffensiva con la **battaglia della Somme**, del 15 settembre nella quale furono per la prima volta impiegati i **carri armati** (chiamato ***Big Mother***) dall'esercito britannico. L'esito fu negativo e le perdite enormi per entrambe le parti.
Dopo i successi del Brusilov anche la **Romania** intervenne nella guerra, al fianco dell'Intesa, ma tale intervento si rivelò disastroso sia per la nazione stessa che per gli Alleati, infatti, stretta fra Austria-Ungheria e Bulgaria, venne interamente occupata e divenne la fonte dei rifornimenti alimentari e petroliferi degli Imperi centrali.

Nel 1916, il 31 maggio, avvenne la **battaglia navale dello Jütland**, prima vera e propria di tutta la guerra. La flotta tedesca d'alto mare cominciò ad attaccare una squadra di incrociatori inglesi, nello Skagerrak, a ovest della penisola di Jütland, infliggendole numerosissime perdite, ma quando intervenne il resto della flotta inglese, i tedeschi dovettero ritirarsi.
In giugno, intanto, in Italia entrò in crisi il ministero Salandra, che venne accusato di essere responsabile dei gravi rischi corsi dall'esercito italiano in occasione della spedizione punitiva dell'Austria. Egli si dimise e a lui successe **Paolo Boselli**, che mantenne ***Sonnino*** al Ministero degli Esteri. Si trattò di un "*ministero della concordia per la guerra e la vittoria*" ovvero di un governo di solidarietà nazionale che cercò di stabilire rapporti più stretti e coordinati con gli Alleati e, a scanso di equivoci, dichiarò formalmente guerra anche alla **Germania** il **28 agosto**.

2.3.4 Quarto anno di guerra (1917)

Fu l'anno decisivo per ciascun Paese e per la Russia zarista quello del definitivo tracollo. La **Grecia** dichiarò guerra all'Impero Ottomano dopo che il re **Costantino I** fu indotto dalla presenza delle truppe del **generale Sarrail** a Salonicco a lasciare il Paese nelle mani del primo Ministro **Vanizelos**.
Nel dicembre 1916 gli Imperi centrali chiesero la mediazione del Presidente degli Stati Uniti Wilson, avanzando generiche proposte di pace. Fu un'azione soprattutto tendente a favorire il disfattismo.
Nel gennaio del 1917 gli austro-tedeschi cominciarono a condurre l'"**offensiva di pace**" senza però assicurare alla controparte lo sgombero del Belgio, né dei territori francesi occupati. Tale iniziativa fu, pertanto, decisamente respinta.
Intanto, lo stato maggiore tedesco, comandato da ***Hindenburg***, decise di riprendere la guerra sottomarina senza alcuna limitazione, con lo scopo di ridurre alla fame l'Inghilterra nel giro di pochi mesi per via del blocco economico. Tutti i Paesi neutrali il 31 gennaio 1917 vennero avvisati che qualsiasi nave in zona di guerra sarebbe stata affondata senza esitazioni.
A tal punto gli **Stati Uniti**, cui era nel loro interesse la vittoria dell'Intesa, il 3 febbraio ruppero ogni relazione diplomatica con la Germania (a causa della loro dichiarazione di guerra sottomarina ad oltranza) ed il **2 aprile** dichiararono guerra.
Nel dicembre 1916 il generale francese ***Nivelle***, sostituto di Joffre, scatenò un'offensiva sulla linea fra Arras e Reims, che comportò ancora una volta gravi perdite per i francesi. La crescente sofferenza della Francia cominciò a manifestarsi con una serie di scioperi e di ammutinamenti, divenuti in quell'ultimo periodo sempre più frequenti.
Fra l'agosto e il settembre, dopo l'undicesima battaglia lungo il fiume Isonzo, l'Esercito italiano conquistò l'altopiano della *Bainsizza*, ma gli austro-tedeschi, con una massiccia controffensiva sull'alto Isonzo, sfondarono le linee italiane a **Caporetto** (24-27 ottobre), città che attualmente si trova in Slovenia (Kobarid). A capo del 27° Corpo d'armata italiano travolto dagli austriaci era il ***generale Pietro Badoglio***. La disfatta di Caporetto costrinse gli italiani a ritirarsi in fretta, determinando lo sbandamento di interi reparti. Ciò mandò in crisi il governo **Boselli**, sostituito da quello di unità nazionale presieduto da **Vittorio Emanuele Orlando** e Sonnino venne confermato a capo del Ministero degli Esteri. La disfatta di Caporetto fu attribuita alla responsabilità del troppo autoritarismo di ***Luigi Cadorna*** (che a sua volta aveva attribuito le cause della disfatta alla viltà dei soldati e al disfattismo alimentato dai socialisti e dai cattolici), il quale fu destituito per cedere il comando supremo al ***generale Armando Diaz*** che ricompose l'esercito italiano e lo schierò sul fronte del Piave. In seguito a questa sconfitta fu chiamata alle armi la leva militare del 1899. Il generale Diaz gestì la situazione

bellica in modo diverso da Cadorna risollevando le sorti del conflitto. La sua azione si basò su una maggiore attenzione ai costi umani del conflitto e al miglioramento delle condizioni di vita della truppa.
Nell'agosto del 1917 a Torino si verificarono dei moti di rivolta contro il caro-viveri e la guerra.

La situazione in Russia

Intanto il regime zarista andava inevitabilmente incontro al completo sfacelo. Fin dal 1916 il Paese era in preda al più totale disordine, che sfociò nel **marzo 1917** a Pietrogrado con una violenta insurrezione che portò in seguito alla **Rivoluzione di Ottobre**; lo zar Nicola II Romanov abdicò ed indusse anche il successore, il **granduca Michele**, a rinunciare definitivamente alla corona. Si formò, quindi, un governo provvisorio, che s'impegnò subito a continuare la guerra al fianco degli Alleati.
A luglio la Russia tentò un'offensiva in Galizia, ma la disfatta fu tale che ne conseguì una nuova, violenta insurrezione guidata dai **bolscevichi**. Il 7 novembre il governo provvisorio fu totalmente eliminato ed il potere passò nelle loro mani. Il programma dei bolscevichi impose di concentrare tutte le forze russe all'interno del paese e, pertanto, di cessare la guerra, che comunque per la Russia era diventata insostenibile.
Le **trattative di pace** con gli Imperi centrali cominciarono in dicembre con l'**armistizio di Brest-Litovsk** e finirono il **3 marzo 1918** con la pace omonima. Le condizioni imposte dai tedeschi furono molto dure: la Russia perse Polonia, Lituania, Livonia, Estonia, Finlandia, Curlandia e sud della Russia (Ucraina) e fu costretta a pagare un'ingente indennità di guerra. A sua volta il governo rumeno fu costretto dalla Russia alla **Pace di Bucarest,** il **5 aprile 1918**, anch'essa molto onerosa.
Il 2 novembre 1917 con la "***dichiarazione Balfour***" il governo inglese si impegnava a concedere l'insediamento di ebrei nel territorio palestinese.

2.3.5 Quinto e ultimo anno di guerra (1918)

Dopo l'armistizio e la pace di Brest-Litovsk dal fronte russo, i tedeschi, guidati dal ***generale Ludendorff***, dal 21 marzo 1918 scatenarono una violenta offensiva nel settore di Amiens. Fu definita l'"***offensiva di primavera***", nota anche con il nome di "Kaiserschlacht" (in italiano "battaglia per l'Imperatore"). Fu l'ultimo attacco della Germania sul fronte occidentale, nel 1918. Parigi venne bombardata dal ***supercannone Bertha***; nel luglio riuscirono persino ad entrare nella Marna e a superarla in qualche punto. I tedeschi, tuttavia, non riuscirono ugualmente ad interrompere la continuità dell'azione fra gli anglo-francesi, che unificarono il comando supremo nelle mani del ***generale francese Foch*** e procurarono ingentissime perdite ai tedeschi.
Nella seconda metà di luglio il generale Foch organizzò una controffensiva che, mediante l'impiego di carri armati ed aerei, condusse alla definitiva vittoria. I tedeschi cominciarono a ritirarsi, finché a settembre vennero ricacciati sulle posizioni da cui erano partiti a marzo. In quel mese anche il fronte balcanico fu in movimento: la **Bulgaria** venne costantemente attaccata a sud dagli Alleati e ben presto fu **costretta alla resa** (29 settembre). In tal modo vennero definitivamente interrotte le comunicazioni fra Turchia e Imperi centrali e gli Alleati poterono risalire tutta la penisola balcanica fino a minacciare direttamente l'Austria-Ungheria. Anche la Turchia, ormai separata dai propri alleati, dovette cedere.
Il 10 giugno 1918 il comandante ***Luigi Rizzo***, con l'ausilio dei Mas (motoscafi armati siluranti), affondò la corazzata austro-ungarica *Santo Stefano*, definita la ***beffa di Buccari***. Il vittorioso successo italiano di **Vittorio Veneto** (22 ottobre - 3 novembre) contribuì allo sfacelo dell'Impero au-

stro-ungarico, tanto che il **4 novembre** l'**Austria** firmò l'**Armistizio di Villa Giusti**, presso Padova, che segnò la sconfitta dell'esercito austriaco e la disgregazione definitiva dell'Impero.
I caduti italiani durante la guerra furono oltre 600.000. *"I resti di quello che fu uno dei più potenti eserciti del mondo risalgono in disordine e senza speranza le valli che avevano disceso con orgogliosa sicurezza"*. Era parte del testo del brano ***Bollettino della Vittoria*** italiana emanato al termine della Prima Guerra Mondiale.
Il popolo in Germania cominciò a sollevarsi e la crisi socio-politica finì per coinvolgere anche l'esercito. Il **30 settembre** il Kaiser Guglielmo II, promettendo al popolo numerose riforme, chiese la pace al Presidente degli Stati Uniti. Purtroppo, le responsabilità della guerra furono insostenibili per il Kaiser, che il **9 novembre** fu costretto ad abdicare, per poi rifugiarsi in Olanda. Lasciò ai propri delegati la firma dell'**Armistizio di Réthonde**, l'**11 novembre**, mentre la Germania diveniva una Repubblica; in seguito a **Weimar** fu promulgata la Costituzione della neonata Repubblica Tedesca.
Durante la Prima Guerra Mondiale la **Spagna** rimase neutrale. Tra il 1918 e il 1919, in Europa, si sviluppò la gravissima pandemia influenzale che fu detta "spagnola" perché la sua esistenza fu inizialmente riportata dai soli giornali spagnoli non soggetti alla censura di guerra.
In Inghilterra, le elezioni generali tenutesi nel 1918 furono importanti perché per la prima volta **votarono** anche le **donne** di oltre trent'anni evento che in Italia si verificherà, per la prima volta, nel 1946.

2.3.6 La Conferenza della Pace e la Società delle Nazioni (1919)

Al termine della Prima Guerra Mondiale **Benedetto XV** emanò l'enciclica "**Pacem dei munus**" in cui preconizzò la fragilità di una pace che non si fondasse sulla riconciliazione.
Dopo la spaventosa ecatombe, costata quasi 10 milioni di morti, il 18 gennaio 1919 i rappresentanti delle potenze vincitrici si riunirono nella **Conferenza di Parigi**, con lo scopo di dare un nuovo assetto all'Europa, uscita sconvolta dalla bufera della guerra.
Maggior peso decisionale lo ebbero i «quattro grandi»: **Woodrow Wilson** (Presidente americano dal 1913); **Georges Clemenceau** (Presidente del Consiglio francese), che presiedeva la conferenza; **Lloyd George** (Primo ministro inglese); in tono minore, **Vittorio Emanuele Orlando** (Presidente del Consiglio italiano).
Per ispirazione di Wilson fu creata la «**Società delle Nazioni**» con sede in Ginevra (anche se poi gli Stati Uniti non vi aderirono), organismo al quale venne affidato il compito di mantenere la pace, eliminare l'ingiustizia, la violenza e ogni altra forma di attrito tra i popoli. Purtroppo l'organizzazione non funzionò molto bene, perché divenne ben presto uno strumento nelle mani della Francia e dell'Inghilterra. Italia e Giappone appartennero al Consiglio permanente della Società delle Nazioni.
Durante la Conferenza di Parigi, Wilson osteggiò le rivendicazioni italiane e i delegati italiani, in seguito all'aspro contrasto tra Italia e Jugoslavia, per la questione della Dalmazia e di Fiume, il 23 Aprile 1919, abbandonarono la conferenza di pace, in segno di protesta.
Durante il conflitto vennero enunciati i cosiddetti "**quattordici punti**" elaborati dal presidente statunitense Wilson che rappresentano il programma sull'assetto politico internazionale post-bellico.

I 14 punti di **Woodrow Wilson** sono i seguenti:

1) Pubblici trattati di pace, stabiliti pubblicamente e dopo i quali non vi siano più intese internazionali particolari di alcun genere, ma solo una diplomazia che proceda sempre francamente e in piena pubblicità.

2) Assoluta libertà di navigazione per mare, fuori delle acque territoriali, così in pace come in guerra, eccetto i casi nei quali i mari saranno chiusi in tutto o in parte da un'azione internazionale, diretta ad imporre il rispetto delle convenzioni internazionali.
3) Soppressione, per quanto è possibile, di tutte le barriere economiche ed eguaglianza di trattamento in materia commerciale per tutte le nazioni che consentano alla pace, e si associno per mantenerla.
4) Scambio di efficaci garanzie che gli armamenti dei singoli stati saranno ridotti al minimo compatibile con la sicurezza interna.
5) Regolamento liberamente dibattuto con spirito largo e assolutamente imparziale di tutte le rivendicazioni coloniali, fondato sulla stretta osservanza del principio che nel risolvere il problema della sovranità gli interessi delle popolazioni in causa abbiano lo stesso peso delle ragionevoli richieste dei governi, i cui titoli debbono essere stabiliti.
6) Evacuazione di tutti i territori russi e regolamento di tutte le questioni che riguardano la Russia senza ostacoli e senza imbarazzo per la determinazione indipendente del suo sviluppo politico e sociale e assicurarle amicizia, qualsiasi forma di governo essa abbia scelto. Il trattamento accordato alla Russia dalle nazioni sorelle nel corso dei prossimi mesi sarà anche la pietra di paragone della buona volontà, della comprensione dei bisogni della Russia, astrazion fatta dai propri interessi, la prova della loro simpatia intelligente e generosa.
7) Il Belgio – e tutto il mondo sarà di una sola opinione su questo punto – dovrà essere evacuato e restaurato, senza alcun tentativo per limitarne l'indipendenza di cui gode al pari delle altre nazioni libere.
8) Il territorio della Francia dovrà essere completamente liberato e le parti invase restaurate. Il torto fatto alla Francia dalla Prussia nel 1871, a proposito dell'Alsazia–Lorena, torto che ha compromesso la pace del mondo per quasi 50 anni, deve essere riparato affinché la pace... possa essere assicurata di nuovo nell'interesse di tutti.
9) Una rettifica delle frontiere italiane dovrà essere fatta secondo le linee di demarcazione chiaramente riconoscibili tra le nazionalità.
10) Ai popoli dell'Austria–Ungheria, alla quale noi desideriamo di assicurare un posto tra le nazioni, dovrà essere accordata la più ampia possibilità per il loro sviluppo autonomo.
11) La Romania, la Serbia e il Montenegro dovranno essere evacuati, i territori occupati dovranno essere restaurati; alla Serbia sarà accordato un libero e sicuro accesso al mare, e le relazioni specifiche di alcuni Stati balcanici dovranno essere stabilite da un amichevole scambio di vedute, tenendo conto delle somiglianze e delle differenze di nazionalità che la storia ha creato, e dovranno essere fissate garanzie internazionali dell'indipendenza politica ed economica e dell'integrità territoriale di alcuni Stati balcanici.
12) Alle regioni turche dell'attuale impero ottomano dovrà essere assicurata una sovranità non contestata, ma alle altre nazionalità, che ora sono sotto il giogo turco, si dovranno garantire un'assoluta sicurezza d'esistenza e la piena possibilità di uno sviluppo autonomo e senza ostacoli. I Dardanelli dovranno rimanere aperti al libero passaggio delle navi mercantili di tutte le nazioni sotto la protezione di garanzie internazionali.
13) Dovrà essere creato uno Stato indipendente polacco, che si estenderà sui territori abitati da popolazioni indiscutibilmente polacche; gli dovrà essere assicurato un libero e indipendente accesso al mare, e la sua indipendenza politica ed economica, la sua integrità dovranno essere garantite da convenzioni internazionali.
14) Dovrà essere creata un'associazione delle nazioni, in virtù di convenzioni formali, allo scopo di promuovere a tutti gli stati, grandi e piccoli indistintamente, mutue garanzie d'indipendenza e di integrità territoriale.

Dalla conferenza di pace scaturirono molti **trattati**, tra cui ricordiamo:

- **Trattato di Versailles**, in base al quale la Germania doveva: rinunciare al vasto impero coloniale; cedere alla Francia l'Alsazia e la Lorena; cedere alla nuova repubblica di Polonia la Renania, la Posnania e una parte della Prussia Orientale e l'alta Slesia, alla Dani-

marca lo Schlewing, mentre Danzica divenne una città libera; ridurre l'esercito a 100.000 uomini e pagare alle nazioni vincitrici tutti i danni di guerra. Doveva, inoltre, consegnare agli alleati un'immensa quantità di materiale navale, ferroviario e industriale; nacquero gli Stati di Lituania, Lettonia, Estonia, Finlandia, Palestina, Iraq. Le colonie tedesche in Africa vennero divise tra Francia (ultime colonie conquistate) ed Inghilterra.
Questo trattato di pace indicò come unico vero responsabile della Prima Guerra Mondiale la Germania;

- **Trattato di San Germano**, secondo il quale l'Austria cedeva all'Italia il Trentino, l'Alto Adige, l'Istria e l'alto bacino dell'Isonzo fino allo spartiacque alpino;
- **Trattato di Sèvres**, che pose fine alle ostilità con l'Impero Ottomano, e con cui la Palestina fu assegnata al Regno Unito; la Grecia ottenne la Tracia orientale eccetto Istanbul e la zona di Smirne in Asia Minore;
- **Trattato di Neully** con cui la Bulgaria fu privata di qualsiasi sbocco sul mar Egeo e alla Turchia rimase la sola Costantinopoli;
- con il **Trattato di Trianon** si stabilirono le sorti del Regno d'Ungheria in seguito alla dissoluzione dell'Impero austro-ungarico; venne firmato il 4 giugno 1920 nel palazzo del Grande Trianon di Versailles, in Francia.

Veniva costituita la Repubblica di Cecoslovacchia e formato il Regno di Jugoslavia mediante l'annessione alla Serbia della Slovenia, Croazia, Dalmazia, Bosnia, Erzegovina e Montenegro. In luogo dell'antico Impero austro-ungarico vennero create tre libere Repubbliche: l'Austria, ridotta a un modestissimo territorio, l'Ungheria e la già citata Cecoslovacchia.
Dalla Conferenza di pace, il profilo geopolitico dell'Europa uscì ridefinito in base al principio dell'autodeterminazione dei popoli.
Stati Uniti, **Giappone** e **Russia** si avviarono a diventare grandi potenze. Nel 1918 si costituì l'URSS (Unione delle Repubbliche Socialiste Sovietiche). Il successore di Lenin, **Stalin**, trasformò l'URSS in una grande potenza industriale governando, però, in modo spietato, arrestando e deportando gli oppositori nei campi di lavoro in Siberia.
La mancata concessione all'Italia della città di Fiume e della Dalmazia alla fine della guerra fu definita da G. D'Annunzio con l'espressione "***vittoria mutilata***".
Nel corso della Prima Guerra Mondiale ci fu un importante genocidio di armeni da parte dei turchi.

Occorre Sapere

La **Finlandia** europea era sino al 1917 una provincia dell'Impero russo.
Il **monte Ortigara** fu teatro di una terribile battaglia durante il primo conflitto mondiale tanto che da allora fu chiamato *Calvario degli Alpini*.
Francesco Baracca fu l'eroe più celebre dell'aviazione italiana durante la Prima Guerra Mondiale.
Durante la Grande Guerra, coloro che si arricchivano speculando sulla guerra erano detti pescecani.
Francesco Giuseppe morì durante la Prima Guerra Mondiale.
Enrico Toti era un eroe della Prima Guerra Mondiale.
Florence Nightingale fu l'infermiera che si adoperò perché si creasse un'organizzazione internazionale di soccorso per i soldati feriti al fronte.
Alla fine della Prima Guerra Mondiale, per risollevare l'economia e le finanze, l'Italia dovette ricorrere al **credito degli Stati Uniti d'America**.

2.4 La Rivoluzione russa

Fino alla Prima Guerra Mondiale l'Impero russo era stato governato dagli zar, monarchi assoluti che non avevano mai concesso riforme. Con la partecipazione al primo conflitto mondiale, nel 1916 si ridusse notevolmente il tenore di vita.
In Russia i ***Kolchoz*** erano aziende dove i contadini usavano collettivamente la terra, mentre i **Sovchoz** erano aziende interamente statali di cui i contadini erano dipendenti.
Nel 1917 la popolazione esplose in una forte rivoluzione; lo zar Nicola II aggiornò la **Duma**, che rispose eleggendo un **Comitato**, governo provvisorio, proprio mentre, come espressione diretta delle masse popolari, si costituiva il **Soviet degli Operai e dei Soldati**. Il **15 marzo 1917**, accordatasi **Soviet** e **Comitato**, fu varato un governo presieduto dal principe **Georgij E. L'vov**, di cui faceva parte anche **Aleksandr Fedorovic Kerenskij** (1881-1970) appartenente all'ala moderata del movimento socialista rivoluzionario. La sera stessa lo zar abdicò. Numerosi soviet si formarono in tutto il Paese, ponendosi come potere parallelo al governo provvisorio. Questo periodo, caratterizzato dalle due fazioni, venne chiamato del "**doppio potere**", e si protrasse fino alla **Rivoluzione d'Ottobre**, quando un gruppo di socialisti rivoluzionari, guidato da **Lenin** (che nel 1917 scrisse l'opera "***Imperialismo fase suprema del capitalismo***" nella quale propugnava l'abolizione della proprietà privata e la collettivizzazione dei mezzi di produzione), prese il potere occupando il Palazzo d'Inverno nella notte del 7 novembre (24 e 25 ottobre, secondo il calendario in vigore nell'Europa occidentale). L'insurrezione fu decisa dal comitato centrale del partito bolscevico di cui facevano parte oltre che Lenin, anche Trotskij e Stalin. I **bolscevichi**, che costituivano la corrente maggioritaria con un programma del tutto rivoluzionario, tolsero le terre e le fabbriche ai proprietari e ne affidarono la gestione ai Soviet formati da operai e contadini.
All'epoca della **Rivoluzione russa** i generali "bianchi" erano i controrivoluzionari ***Alekseev***, ***Kornilov*** e ***Denikin*** (le "armate bianche" erano costituite dalle truppe russe che si erano ribellate al governo dopo la rivoluzione d'ottobre) e rappresentavano l'ala riformista del movimento marxista; i **menscevichi** guidati da ***Martov***, volevano un partito di massa e scacciare lo zar attraverso delle riforme graduali, accettando anche l'alleanza con la borghesia; i **cadetti** o **costituzional-democratici** erano dei liberali con poco seguito popolare ma formati dalla classe media che si battevano per avere la costituzione; i **Social-rivoluzionari**, partito tipicamente russo, dei contadini, di stampo populista che chiedeva la spartizione delle terre affidate ai grandi padroni.
Lenin nelle "***Tesi d'aprile***" propugnava l'uscita dalla guerra, la nazionalizzazione delle banche e della terra e il passaggio del potere ai soviet (la rivoluzione proletaria), tesi non condivise dai menscevichi. Il governo di Pietrogrado reagì aizzando i menscevichi contro i bolscevichi, allo scopo di eliminarli.

2.5 La situazione dell'Italia alla fine della guerra

Al termine del conflitto, mentre i liberali governavano ancora il Paese, nelle elezioni nel 1919, si affermava come primo partito il **Partito Socialista**, che mirava alla conquista progressiva del potere, garantendo diritti di libertà e operando democraticamente nell'ambito del Parlamento e dei Comuni.
Nel 1919, Benedetto XV abrogò ufficialmente la bolla "non expedit". Nello stesso anno fu fondato il **Partito Popolare Italiano** di ispirazione cattolica, dal sacerdote ***Luigi Sturzo*** (nato

a Caltagirone, si dimetterà nel 1923 e nel 1924, in seguito alla sua opposizione al Regime fascista lascerà il Paese) a Napoli, a testimonianza della diretta partecipazione dei cattolici alla vita politica nazionale, che chiedeva una nuova legislazione sul lavoro, la riforma agraria, quella della scuola e il voto alle donne. Secondo le intenzioni di Don Sturzo, l'azione del Partito doveva essere autonoma rispetto al Vaticano. Il partito si definiva laico e aconfessionale.
Tra il 1919 e il 1920 l'Italia attraversò il periodo chiamato "**Biennio rosso**", caratterizzato da una serie di lotte operaie e contadine che ebbero il loro culmine e la loro conclusione con l'occupazione delle fabbriche del settembre 1920 (a Torino il cosiddetto **sciopero delle "lancette"**, agitazione operaia, si opponeva all'abrogazione dell'ora legale). Gli scioperi e le agitazioni portarono alla caduta del Governo di **Francesco Saverio Nitti** (nelle elezioni del 1919 introdusse per la prima volta il sistema proporzionale; egli fu il primo Presidente del Consiglio del Regno d'Italia a provenire dal **Partito Radicale Storico**), succeduto ad Orlando nel 1919, che venne sostituito dal vecchio **Giolitti** (suo ultimo governo nel biennio 1920-1921), il quale non intervenne e attese che la situazione si normalizzasse da sola, come in effetti avvenne. Cercò di fronteggiare l'occupazione delle fabbriche da parte dei lavoratori attraverso la mediazione tra imprenditori e lavoratori.
Egli come strumento economico per il decollo industriale utilizzò le Casse di Risparmio e la Cassa Depositi e Prestiti e istituì un'imposta straordinaria sui sovraprofitti realizzati dall'industria bellica. Inoltre, favorì la formazione delle liste con candidati conservatori, liberali, democratici e fascisti per le elezioni del 1921 dette **Blocchi nazionali**.
Il **21 novembre 1920** a Bologna si verificò l'***eccidio di Palazzo d'Accursio***, che fu la conseguenza degli scontri, in Piazza Maggiore, tra squadristi, Guardie Rosse e componenti della Regia guardia per la pubblica sicurezza, durante i festeggiamenti per l'insediamento della nuova Giunta comunale presieduta dal socialista massimalista *Ennio Gnudi*.
Il fallimento dell'iniziativa rivoluzionaria determinò la scissione del Partito Socialista costituito dal 1892, tanto che una minoranza dei suoi iscritti, sotto la guida di ***Antonio Gramsci,*** già ideatore nel 1919 della rivista "***Ordine Nuovo***" insieme ad alcuni giovani esponenti della sinistra socialista, come ***Togliatti*** e ***Terracini***, fondò a Livorno, nel gennaio del 1921, il **Partito Comunista**. Contribuì alla nascita del nuovo partito **Amedeo Bordiga**.
Sia il governo Nitti sia quello Giolitti cercarono di risolvere la **questione di Fiume**, in Slovenia, occupata il 12 settembre 1919 da alcune migliaia di volontari guidati da *Gabriele D'Annunzio*, fino ad allora soggetta ad un regime di controllo internazionale, creando un piccolo Stato che si chiamava **Reggenza del Carnaro**. L'epilogo dell'impresa dannunziana si ebbe nel dicembre 1920 quando l'esercito italiano procedette con la forza allo sgombero dei legionari fiumani e del poeta dalla città. Fiume fu dichiarata città libera con il **Trattato di Rapallo** firmato il 12 novembre 1920, tra l'Italia (con il Ministro degli Esteri **Carlo Sforza**) e il Regno dei Serbi, Croati e Sloveni. Nel Trattato di Rapallo si stabilirono consensualmente i confini dei due Regni e le rispettive sovranità, nel rispetto reciproco dei principi di nazionalità e di autodeterminazione dei popoli. In particolare, per l'Italia segnò la fine dell'unificazione sino al confine orientale alpino e l'annessione al Regno d'Italia di Gorizia, Trieste, Pola e Zara. La città di Fiume fu persa, poi, definitivamente dopo la Seconda Guerra Mondiale.
Nell'ottobre del 1922, al congresso del Partito Socialista Italiano, fu espulsa l'ala guidata da ***Turati*** che costituì con ***Matteotti*** e ***Treves*** un nuovo partito il "**Partito Socialista Unitario**". Anche la compagna di vita di Filippo Turati, ***Anna Kuliscioff***, apparteneva all'area politica socialista.

OCCORRE SAPERE

Il 2 luglio 1900 avvenne il primo volo del dirigibile progettato dal tedesco **Ferdinand von Zeppelin**.
Nel 1902 crollò il campanile di Piazza San Marco a **Venezia**.
La rivista settimanale pubblicata dal 1903 ***Il Regno***, che coinvolgeva in una comune condanna socialismo e liberalismo democratico, esaltando il nazionalismo, era diretta da **Enrico Corradini**.
Nel 1906 venne formulato il **traforo del Sempione**.
Nel 1908 fu fondata a Ivrea l'**Olivetti**. Nello stesso anno un violento terremoto colpì Reggio Calabria e Messina
Nel 1909 fu pubblicato il primo **Manifesto del Futurismo**.
Nel 1912 **R. Amundsen**, esploratore norvegese, raggiunse per la prima volta il **Polo Sud**.
Luigi Albertini criticò dalle colonne del ***Corriere della Sera*** la politica giolittiana, ritenuta sovversiva dei valori tradizionali dello Stato risorgimentale.
Benedetto Croce (filosofo) fondò la rivista ***La Critica***, punto di riferimento degli antifascisti durante il Regime fascista.
L'Opera dei Congressi organizzazione cattolica venne sciolta nel 1904 da Pio X.
Claudio Treves fu uno dei principali esponenti dell'ala riformista del Partito Socialista Italiano degli anni Venti.
Ottorino Gentiloni era il Presidente dell'**Unione Elettorale Cattolica** fondato nel 1906.
In occasione delle prime elezioni a suffragio universale maschile del 1913, sottoscrisse un patto con i liberali giolittiani.
l'Esercito e la Chiesa erano le Istituzioni tradizionali della **Spagna** dell'inizio Novecento.
L'**Alsazia-Lorena**, regione lungamente contesa da Germania e Francia, che ebbe un ruolo rilevante sia nella Guerra franco-prussiana sia nella Prima Guerra Mondiale si trova nella Francia nord-orientale, al confine con la Germania.
Le finalità perseguite dalle **società di mutuo soccorso** erano quelle di tutelare gli interessi della nascente classe operaia.

Capitolo 3
I Nazionalismi – La Seconda Guerra Mondiale

3.1 L'Italia fascista

3.1.1 Nascita e sviluppo del Fascismo

Della confusione che regnava nell'immediato dopoguerra seppe abilmente approfittare ***Benito Mussolini*** (sposato con Rachele Guidi), che raccolse attorno a sé ex combattenti e giovani della media borghesia e fondò a Milano, il 23 marzo 1919, i **Fasci di combattimento** (il cui programma fu detto "**Programma di San Sepolcro**", dal nome della Piazza). Le formazioni paramilitari, invece, organizzate dai partiti di sinistra in molte città, in risposta a quelle fasciste furono chiamate "**Gli arditi del popolo**".
I Fasci di combattimento si servirono delle «*squadre d'azione*» che vestivano la camicia nera (costituendo così il primo nucleo delle «*camicie nere*») e avevano come distintivo il fascio littorio: muniti di bastoni ferrati (manganelli), utilizzavano la violenza per assicurare la giustizia diretta.
La prima azione di rilievo compiuta dallo squadrismo fascista, datata aprile del 1919, fu l'assalto alla sede del giornale socialista "***Avanti!***" di cui fu direttore lo stesso Benito Mussolini.
Il fascismo ebbe l'appoggio della borghesia agraria e industriale e della classe dirigente, tanto che dai 4.000 voti riportati nel 1919, in cui ottenne meno di un decimo dei deputati (a quelle elezioni si adottò per la prima volta il sistema proporzionale), passò a 310.000 nelle votazioni del 1921, che gli permisero di mandare in Parlamento una trentina di deputati, tra cui lo stesso Mussolini. La decisione di convocare nuove elezioni nel maggio 1921 mirava alla costituzionalizzazione del movimento fascista.
Alle elezioni del 1919, invece, i liberali avevano perso la maggioranza assoluta.
Nel 1920 il Fascismo fu sostenuto da Giolitti che si illuse di poterne sfruttare i fanatici contro l'estremismo socialista, per poi riassorbirli nella prassi parlamentare. I risultati delle elezioni del 1921 determinarono la caduta di Giolitti (che morirà nel 1928) sostituito alla Presidenza del Consiglio da **Ivanoe Bonomi** che, non potendo padroneggiare la delicata situazione del Paese, cedette il potere a **Luigi Facta**, anch'egli dotato di scarsa energia e autorità. Il più importante atto politico compiuto da Bonomi nell'agosto del 1921 portò alla firma tra socialisti e fascisti del cosiddetto **Patto di pacificazione**.
Nel periodo tra il 1920 ed il 1921, il Fascismo crebbe e si affermò soprattutto nelle campagne del Centro-Nord. Ormai lo stato liberale era in grave crisi, soprattutto perché i fascisti col Congresso dei Fasci di combattimento del **novembre 1921**, a Roma, davano vita al **Partito Nazionale Fascista** e affermavano palesemente di voler conquistare il potere anche con la forza.

3.1.2 La marcia su Roma

Mussolini, constatata la debolezza delle organizzazioni avversarie e consapevole dell'appoggio delle autorità statali, ruppe gli indugi e nell'ottobre del 1922 ordinò ai suoi seguaci di **mar-**

ciare su Roma con a capo il quadrumvirato fascista costituito da ***De Bono***, ***Balbo***, ***De Vecchi***, ***Bianchi***.

Il ministro Facta si preparò a resistere alle disorganizzate squadre fasciste, ma quando presentò con ritardo il decreto del Sovrano, intimante lo «stato d'assedio», Vittorio Emanuele III si rifiutò di firmarlo, anzi invitò **Mussolini a Roma** per formare il nuovo governo compiendo in tal modo un vero e proprio Colpo di Stato, dato che i fascisti costituivano una piccola minoranza in Parlamento (35 deputati). Quando il 30 ottobre 1922 Mussolini presentò al re il nuovo governo da lui presieduto i ministri fascisti erano solamente cinque. Egli ricoprì ininterrottamente l'incarico di Capo del Governo per quasi 18 anni. Tranne i comunisti e la quasi totalità dei deputati socialisti, gli altri parlamentari accolsero il nuovo ministero con un sospiro di sollievo, convinti che il fascismo sarebbe rientrato nella legalità, infatti il Partito Popolare contribuì alla formazione del governo.

Il 16 novembre 1922 Benito Mussolini pronunciò il primo discorso alla Camera come Capo del Governo e riunì in sé le qualifiche di Capo del Governo e di Duce.

Nel **1922** morì Benedetto XV e salì al soglio pontificio **Pio XI** (Cardinale Achille Ambrogio Damiano Ratti) il cui pontificato durò fino al 10 febbraio 1939.

3.1.3 Il fascismo al potere e i Patti Lateranensi

Nel gennaio del 1923 Mussolini istituì un vero e proprio esercito di partito: la **«Milizia volontaria per la sicurezza nazionale – MVSN»** (incarico affidato a Achille Starace) e aveva già costituito il «**Gran Consiglio del Fascismo**», destinato ad esautorare il Parlamento ed a coordinare e integrare tutte le attività del regime (durante il periodo fascista fu istituita una nuova carica quella di **Consigliere nazionale**).

Nello stesso anno fu varata la **riforma scolastica,** detta ***riforma Gentile***, che prevedeva, tra l'altro, un esame di Stato al termine di ogni ciclo di studi e l'innalzamento dell'obbligo scolastico fino a 14 anni. Giovanni Gentile (della corrente filosofica ***Attualismo***) fu ministro dell'istruzione nel primo ministero Mussolini. Lo stesso Giovanni Gentile redasse, nel 1925, il ***Manifesto degli Intellettuali Fascisti***. Di contro fu redatto il ***Manifesto degli Intellettuali antifascisti*** da **Benedetto Croce**.

Per ottenere la maggioranza anche alla Camera, dove il fascismo aveva soltanto trenta deputati, decise di indire nuove elezioni nell'aprile 1924, dopo aver fatto votare dal Parlamento una **legge (Acerbo)** in base alla quale due terzi dei seggi (356 su 535) sarebbero andati al partito che avesse ottenuto il maggior numero di voti, mentre il rimanente terzo sarebbe stato assegnato alle liste minori. Presentò alle elezioni il "**listone**", con il quale sperava di accattivarsi il favore del maggior numero di gruppi sociali, composto da liberali e cattolici oltre che naturalmente da fascisti.

L'unione elettorale dei partiti della sinistra che facevano fronte comune contro le forze fasciste e reazionarie furono definite col termine "**Fronte Popolare**".

Grazie al clima di terrorismo instaurato nel Paese, Mussolini ottenne con la lista governativa il 60% dei voti. L'opposizione protestò con forza chiedendo l'annullamento delle votazioni, ma per tutta risposta il 10 giugno 1924 il deputato e leader dei socialisti riformisti **Giacomo Matteotti**, che aveva denunciato al Paese, in un discorso alla Camera, le irregolarità e gli atti riprovevoli compiuti dai fascisti, venne rapito e barbaramente assassinato (a capo dell'operazione c'era ***Amerigo Dumini***). I suoi assassini furono perseguiti dalla legge e condannati.

Un'ondata di sdegno si abbatté sul Paese, ma il re non si mosse. La coalizione governativa fu sciolta e l'opposizione composta da socialisti, repubblicani, liberali e popolari, capeggiata dal liberale ***Giovanni Amendola,*** abbandonò la Camera (**secessione dell'Aventino**). Questa protesta ebbe valore unicamente sul piano della testimonianza morale.

Poiché il fascismo godeva apertamente dell'appoggio della monarchia e dei più alti esponenti dell'esercito e della borghesia, approfittò invece della circostanza per sfidare l'opposizione nel discorso del **3 gennaio 1925** (nel quale si assunse la responsabilità morale e politica del delitto Matteotti), preannunciando la soppressione delle libertà costituzionali e l'instaurazione della **dittatura**. Dal quell'anno furono perciò sciolti tutti i partiti e soppressa ogni forma di libertà di parola e di associazione. Con le leggi promulgate nel 1925 furono eliminate anche le autonomie locali: il Sindaco fu sostituito da un ***podestà***, eletto dal Consiglio Comunale. Con la legge sindacale del 1926 furono soppresse in Italia le organizzazioni sindacali e furono sostituite da quelle fasciste, le Corporazioni che raggruppavano sia gli imprenditori che gli operai di ogni settore produttivo al fine di regolare armonicamente i rapporti tra capitale e lavoro; con la stessa legge con cui fu emanata la Carta del lavoro nel 1927 fu costituito il **Ministero delle Corporazioni**. Furono imprigionati i capi e gli esponenti più rappresentativi dei partiti antifascisti: *Antonio Gramsci* (arrestato nel 1926, fu sostituito alla guida del Partito Comunista d'Italia da **Palmiro Togliatti**) morì dopo undici anni di carcere dove scrisse i "***Quaderni dal carcere***"; *Giovanni Amendola* e *Piero Gobetti* perirono in seguito alle percosse ricevute, *Alcide De Gasperi* fu arrestato mentre tentava di espatriare e rimase per lungo tempo in carcere. Fu reintrodotta la pena di morte.

Filippo Turati, *don Luigi Sturzo* (New York), *Pietro Nenni* e *Giuseppe Saragat* furono costretti a vivere in esilio, da dove cercarono con ogni mezzo di mantenere vivo negli italiani l'ideale di democrazia e di libertà. *Piero Gobetti*, giornalista e uomo politico italiano morì a Parigi nel 1926 per i postumi di un pestaggio inflittogli da un gruppo di squadristi fascisti. Socialisti e comunisti, esuli dopo la vittoria del fascismo, si riunirono in un impegno comune firmando a Parigi il **Patto d'unità d'azione**.

I "**ras**" erano i capi fascisti autori di efferate violenze contro i socialisti e i sindacalisti. Inoltre, Mussolini creò una struttura di polizia segreta: l'**OVRA**. Eliminata l'opposizione, il Duce poté procedere alla trasformazione dello «stato costituzionale» in «totalitario», fondato cioè sulla dittatura personale e di partito.

Durante il regime fascista il potere esecutivo e legislativo era quindi detenuto dal primo ministro, Duce del fascismo, col concorso del Gran Consiglio; il Re mantenne alcuni poteri ed era prerogativa regia la scelta dei Senatori ed il comando supremo delle Forze Armate.

Nel 1926 un ragazzo quindicenne, **Anteo Zamboni**, attentò a Bologna alla persona del Duce; il governo reagì a tale episodio emettendo numerosi drastici provvedimenti: annullamento dei passaporti, soppressione di tutte le associazioni e pubblicazioni contrarie al regime, confino di polizia per coloro che avessero compiuto atti diretti a mutare il nuovo ordine di cose.

Nei primi anni di governo fascista (1922-'25) furono operate scelte definibili liberiste, tuttavia in campo economico può dirsi che dal regime fascista venne applicato il principio del dirigismo statale, soprattutto con l'impostazione **dell'autarchia politica** (soprattutto a causa del peso delle sanzioni economiche imposte dalla Società delle Nazioni), che si proponeva di mettere l'Italia in condizione di produrre tutto ciò che occorreva, indipendentemente dall'alto prezzo e dalla qualità scadente dei prodotti nazionali, si prefiggeva di rendere l'economia nazionale autosufficiente.

Le conseguenze furono negative per i cittadini, ma valide dal punto di vista del potenziamento dell'apparato industriale del Paese. Dal 1925 al 1928 l'incarico di Ministro delle Finanze fu ricoperto da ***Giuseppe Volpi***. Nel 1925 al fine di ridurre le importazioni cerealicole, in Italia fu adottata una campagna propagandistica definita la "**battaglia del grano**". Inoltre per potenzia-

re la produzione agricola furono effettuati progetti di bonifica integrale e introdotti nuovi dazi doganali. Tra il 1925 e il 1926 furono emanate le "**leggi fascistissime**" con le quali furono abolite le amministrazioni locali elettive. Con tali leggi furono presi altri provvedimenti quali lo scioglimento dei partiti anti-fascisti, l'introduzione della pena di morte per chi avesse attentato alla vita dei regnanti e del capo del Governo e la sospensione a tempo indeterminato delle pubblicazioni contrarie al fascismo. Nel 1926 Mussolini si propose l'obbiettivo di rivalutare la lira nei confronti del dollaro e della sterlina e ci riuscì raggiungendo nel 1927 la "**quota novanta**": tale misura fissava la parità della lira con la sterlina. Nello stesso anno fu introdotta la **tassa che colpiva i celibi** (misura facente parte della cosiddetta "battaglia demografica" per accrescere la popolazione italiana) e fu emanato il manifesto programmatico che venne emesso dal Gran Consiglio del fascismo nel 1927, la **Carta del Lavoro**; essa segnò ufficialmente l'atto di nascita del cosiddetto "Stato corporativo" e venne millantata come "una rivoluzione sociale pacifica".
Furono ideate, per migliorare la formazione degli studenti delle scuole medie e dell'università le "*Littoriali della cultura*". Tra le organizzazioni create dal fascismo rivestivano un ruolo importante i GUF (Gruppi Universitari Fascisti).

Occorre Sapere

Altre misure introdotte da Mussolini al fine di mutare il modo d'essere e di comportarsi degli italiani, modificandone gli stili di vita per uniformarli al modello sociale ed etico dettato dall'ideologia fascista furono: **propaganda dell'attività sportiva**; **promozione della religione cattolica** esaltata come simbolo politico della romanità e come strumento di coesione nazionale; tentativo di abolire l'uso della stretta di mano e di sostituirla col saluto romano; diffusione di simboli distintivi come il fascio littorio e la camicia nera; misure facenti parte della cosiddetta **politica delle bonifiche** per strappare territori all'acqua e alla malaria e sviluppo dei trasporti; modifica della datazione: introduzione dell'anno secondo l'Era fascista in numeri romani; **organizzazione di colonie estive**, alpine e marine, per i figli dei lavoratori e **istituzione dell'Opera Nazionale Dopolavoro**; mantenimento della divisione tra educazione scolastica maschile e femminile. Ai professori per continuare ad insegnare fu imposto l'obbligo di giurare fedeltà al fascismo e su circa 1200 professori universitari, solo in 13 ebbero il coraggio di rifiutarsi di giurare fedeltà al regime fascista.

Nel 1928 fu introdotto, in Italia, un nuovo sistema elettorale che prevedeva che i Parlamentari fossero scelti direttamente dal Duce. Nelle elezioni plebiscitarie del marzo 1929 il fascismo conquistò il 98% dei consensi.
Mussolini trasmetteva la sua volontà dagli organi centrali dello Stato alla periferia avvalendosi del tradizionale organo dei **Prefetti**.
Fu inaugurato nel 1928, l'Ente che si occupava delle trasmissioni radiofoniche, chiamato **EIAR**.
Alfredo Rocco fu l'artefice del nuovo Codice Penale nel 1931. Nel 1931 e nel 1933 furono, rispettivamente, istituiti l'Istituto Mobiliare Italiano (**IMI**) e l'Istituto per la Ricostruzione Industriale (**IRI**).
Nel 1933, la *tessera fascista* divenne requisito indispensabile per ottenere qualsiasi impiego nell'amministrazione dello Stato.
Pur in mezzo a tante gravi responsabilità, il fascismo portò, infatti, a termine una serie di lavori di pubblica utilità, tendenti al miglioramento delle condizioni di vita della popolazione e alla garanzia d'impiego di una vasta manodopera.
Vennero costruiti ponti, strade, acquedotti, impianti idroelettrici, ferrovie, porti; furono migliorati i servizi pubblici, sviluppata l'agricoltura con lavori di irrigazione e di bonifica (a seguito della bonifica delle paludi pontine furono fondate le città di ***Sabaudia*** e ***Littoria***, odierna Latina, nel territorio dell'Agro pontino la "bonifica integrale" nel periodo 1931-'34 raggiunse parzialmente i suoi obiettivi); fu potenziata la marina mercantile e l'aviazione civile; vennero curate le colonie marine e montane per i figli dei lavoratori, le opere di assi-

stenza per le madri e i fanciulli; furono organizzate società sportive e circoli ricreativi (dopolavoro).
Il 21 aprile del 1937 vennero inaugurati gli studi cinematografici di **Cinecittà**. Il regime fascista istituì nello stesso anno il **Ministero della Cultura Popolare** allo scopo di controllare l'informazione.
L'11 dicembre 1937 il governo fascista peggiorò ulteriormente la situazione di isolamento dalla comunità internazionale del Paese chiudendo le importazioni dall'estero.
In conseguenza della politica antisemita del regime fascista, nel 1938 furono introdotte le **leggi razziali** emanando il decreto sull'esclusione degli ebrei dagli uffici pubblici del Regno. La legislazione razziale fascista ammise deroghe e facilitazioni per la figura dell'ebreo "arianizzato" che comprendeva l'ebreo che avesse particolari meriti: militari, civili o politici. Poco dopo l'introduzione delle leggi razziali, Farinacci prese parte ad una conferenza sui rapporti tra Chiesa cattolica ed ebrei insieme all'arcivescovo Schuster. La decisione di Mussolini di emanare tali leggi diede il segno più evidente del condizionamento esercitato dal regime nazista su quello italiano.

Nel 1939 fu soppressa la Camera dei Deputati e la rappresentanza politica fu trasferita alla **Camera dei Fasci e delle Corporazioni**.
Durante il ventennio fascista, al **Tribunale speciale per la difesa dello Stato**, furono demandati i reati contro il regime.
Mussolini, per sanare il dissidio con la Chiesa che durava ormai dal 1870, l'11 febbraio 1929, sottoscrisse i «**Patti Lateranensi**» (presero il nome dai palazzi di San Giovanni in Laterano in cui avvenne la firma degli accordi), con il ***Cardinale Gasparri*** segretario dello Stato Vaticano, a nome di **Pio XI** (1922-1939). I patti consistevano: in un «**trattato**», con il quale il Papa riconosceva Roma capitale d'Italia, mentre il governo italiano concedeva al Pontefice piena sovranità sul nuovo Stato della **Città del Vaticano**, dichiarato neutrale e inviolabile; in una «**convenzione finanziaria**» con cui lo Stato italiano accordava alla Santa Sede la somma di circa due miliardi di lire (200 miliardi delle nostre vecchie lire, intorno ai 103 milioni di euro) a compenso dei danni subiti nel 1870. Il «**concordato**», infine, garantiva alla Chiesa il libero esercizio del potere spirituale e del culto in tutto il territorio nazionale, esonerava i sacerdoti dal servizio militare, introduceva l'insegnamento religioso nelle scuole, attribuiva vari privilegi al clero ed assegnava al matrimonio religioso effetti civili. Alla firma dei Patti Lateranensi, Mussolini venne definito dal Papa l'"*Uomo della Provvidenza*".
Il Papa con l'enciclica «***Non abbiamo bisogno***» del 1931 prese posizione contro un provvedimento del Regime fascista che vide lo scioglimento delle associazioni cattoliche giovanili e con l'enciclica «***Quadragesimo Anno***» promulgata il 13 maggio invocava riforme economiche e sociali a favore dei lavoratori.
A guidare il Partito Nazionale Fascista furono: nel 1924 ***Alessandro Melchiori***; dal 1925 al 1926, ***Roberto Farinacci***; dal 1926 al 1930, ***Augusto Turati***; dal 1931 al 1939, ***Achille Starace***; dal 1939 al 1940, ***Ettore Muti***.

3.1.4 La politica estera e la Guerra contro l'Etiopia

In politica estera il Duce seppe mantenere concilianti rapporti con l'Inghilterra e in minor misura con la Francia. Ben presto, però, avanzò rivendicazioni nazionalistiche (Tunisia, Corsica e Nizza nei confronti della Francia e Malta nei riguardi dell'Inghilterra), alzando il vessillo dell'imperialismo italiano contro quello delle grandi potenze.

Nel 1923 Mussolini per rappresaglia contro la Grecia fece occupare l'isola di Corfù. Nel 1924 tra Italia e Jugoslavia venne firmato il **Trattato di Roma** con cui si sancì consensualmente la dissoluzione e la suddivisione dello Stato libero di Fiume, accordandosi per l'annessione all'Italia del centro storico della città e di un sottile tratto di costa, mentre l'entroterra e la parte orientale della costa con il sobborgo di Sussak andava alla Jugoslavia.

Occorre Sapere

Giovanni Minzoni era un sacerdote ucciso da squadristi fascisti.
Il Fascismo intese educare i giovani italiani al valore dell'obbedienza fascista. Il motto dettato da Mussolini è credere, obbedire, combattere. I bambini dai 6 agli 8 anni che facevano parte dell'**Opera Nazionale Balilla**, durante il ventennio fascista venivano chiamati **Figli della Lupa**.
Nel corso del 1923 nacque **Il Popolo**, giornale politico di ispirazione cattolica.
Durante il periodo fascista fu arrestato **Sandro Pertini**, futuro Presidente della Repubblica.
Dino Grandi, eminente personaggio del fascismo fu, fin dall'inizio, l'unico reale competitore di Mussolini per la leadership all'interno del partito.
L'americano **Charles Lindbergh** attraversò l'Oceano Atlantico con un monoplano a motore nel 1927.
Sigrid Undset, scrittrice norvegese, ha vinto nel 1928 il premio Nobel per la letteratura.
Alexander Fleming scoprì la penicillina nel 1928.
Il **Movimento Giustizia e Libertà** fu fondato a Parigi da Carlo Rosselli ed Emilio Lussu nel 1929.
La **radio** fu l'innovazione tecnologica che conobbe un boom eccezionale tra anni Venti e Trenta del Novecento.
Il **movimento Giustizia e Libertà** cercava di conciliare liberalismo e socialismo riprendendo le tradizioni mazziniane. Il suo ideatore fu **Carlo Rosselli** che al momento della fondazione (1929) era in esilio.
Palmiro Togliatti coniò la definizione "***regime reazionario di massa***" per indicare gli aspetti di novità del Fascismo.

Le mire espansionistiche di Mussolini apparvero fin troppo evidenti allorché l'Italia **dichiarò guerra all'Etiopia**, assumendosi la responsabilità di interrompere la pace europea che durava da oltre quindici anni.
L'iniziativa, inoltre, incontrò l'opposizione dell'Inghilterra, della Francia e in particolare della Società delle Nazioni, di cui l'Etiopia era membro dal 1923.
Malgrado ciò, il **3 ottobre 1935** Mussolini dette inizio alle ostilità, ordinando alle truppe di stanza in Eritrea e in Somalia, rinforzate da un corpo di spedizione, di varcare il confine.
La Società delle Nazioni (poi sciolta nel 1946 alla fine del II Conflitto Mondiale) decise di applicare nei confronti dell'Italia le **«sanzioni economiche»**, cioè il blocco delle forniture delle materie prime necessarie per la guerra, al fine di paralizzare il nostro sforzo bellico (la Germania non aderì alle sanzioni), ma la debolezza della stessa Società delle Nazioni e la divisione tra i suoi membri non sortì l'effetto desiderato, talché il **5 maggio 1936**, dopo appena sette mesi di campagna condotta con estrema durezza, le truppe italiane condotte dal **maresciallo Badoglio** (nominato Governatore unico della Tripolitania e della Cirenaica nel 1928), sostituto del ***generale Emilio De Bono*** dal 1935, entrarono in **Addis Abeba** e posero fine alla guerra e al Regno del **Negus Hailé Selassié**.
Mussolini poté annunciare la costituzione dell'**Impero dell'Africa Orientale italiana** (Etiopia, Eritrea e Somalia italiana) sotto Vittorio Emanuele III, non più soltanto re d'Italia, ma anche imperatore di Etiopia. Come si vedrà, le conquiste più importanti della politica estera italiana al tempo del Fascismo furono Etiopia e Albania.
Dopo la guerra di Etiopia fu nominato Ministro degli Affari Esteri (9 giugno 1936 – 6 febbraio 1943) ***Galeazzo Ciano***, genero di Mussolini per aver sposato la figlia Edda.
La conquista dell'Etiopia da parte italiana portò un gravissimo colpo alla Società delle Nazioni (dalla quale erano uscite la Germania nel 1933 e l'Italia nel 1937) e determinò l'allean-

za del nostro Paese con la Germania, che nel corso delle sanzioni aveva aiutato economicamente l'Italia.
Nell'ottobre del **1936** venne sancito l'**Asse Roma-Berlino** (siglato dal Ministro ***Galeazzo Ciano***), che prevedeva la reciproca consultazione su tutte le questioni di importanza internazionale e, fra le altre cose, a sostenere il generale Franco e il Falangismo spagnolo.
Intanto, in Germania si era instaurata la dittatura nazista di **Hitler**, che aveva riunito nel 1934 le due cariche supreme dello Stato: «**Cancelliere e Presidente del nuovo Reich**».
Inoltre, all'inizio del 1937, Italia e Gran Bretagna firmarono un accordo diplomatico che prevedeva il mantenimento dello *status quo* nel Mediterraneo. Sino alla metà degli anni Trenta, i rapporti tra l'Italia e la Gran Bretagna e le altre potenze vincitrici della Prima Guerra Mondiale, erano quasi amichevoli ciò era dimostrato dal fatto che Mussolini aveva sottoscritto nel 1935, l'accordo di Stresa.

3.2 La Repubblica di Weimar in Germania

In **Germania**, dopo la fuga di **Guglielmo II** in Olanda (1918), si formò un governo repubblicano composto da socialdemocratici moderati e indipendenti.
Il 31 dicembre fu fondato il **Partito comunista** a opera di ***Rosa Luxemburg*** e ***Wilhelm Liebknecht*** per attuare la rivoluzione proletaria e nel gennaio del 1919, a Berlino, avvenne l'***insurrezione spartachista*** soffocata nel sangue dal governo e dalle forze nazionaliste di estrema destra, in seguito alla quale i due esponenti vennero trucidati.
Con le elezioni per l'Assemblea Costituente del 19 gennaio 1919, il Partito Socialdemocratico ottenne la maggioranza e il socialdemocratico **Ebert** venne nominato Presidente della Repubblica, mentre il governo fu composto da una coalizione di socialdemocratici, cattolici e liberali.
Il 6 febbraio si riunirono a **Weimar**, preparando una Costituzione (11 aprile), che trasformava la Germania in **Repubblica Federale** (ordinamento che durò fino al 1933), affidando al presidente alcuni poteri, come la nomina del cancelliere, e la sospensione delle garanzie costituzionali in casi eccezionali.
Il 5 gennaio 1919 nacque il **Partito Operaio Tedesco** che, nell'agosto del 1920, divenne **Partito Nazionalsocialista Tedesco** (fondato a **Monaco**), di cui **Adolf Hitler** (1889-1945), ancora sconosciuto, si proclamò capo assoluto o *Fuhrer* (**condottiero**).
Negli Stati Uniti, la linea politica dei presidenti americani dopo Wilson condusse ad un periodo di isolazionismo politico ed economico con innalzamento delle tariffe doganali e severi limiti all'immigrazione.
Gli Usa, che fra le potenze mondiali, alla fine della Prima Guerra Mondiale deteneva il primato economico, per consentire alla Germania di pagare l'indennità di guerra (132 miliardi di marchi in oro), proposero ingenti prestiti con il **Piano Dawes** (finanziere americano, 1924) attraverso un'ampia operazione finanziaria diretta a favorire prestiti e investimenti americani in Germania e l'industria tedesca tornò a migliorare.
Nella **Conferenza di Locarno** del 1925, la Germania veniva riabilitata e ammessa alla Società delle Nazioni oltre a vedersi ridotta il suo debito con i vincitori. Con questo accordo il Paese avviava una politica estera di collaborazione internazionale. L'Italia, in questa occasione, si fece garante con la Gran Bretagna delle frontiere comuni di Germania, Francia e Belgio. Tali accordi furono poi sconfessati da Hitler il 7 marzo 1936 con l'occupazione militare della Renania.

Nel febbraio 1925 morì il Presidente **Ebert** e gli successe il conservatore **Hindenburg** ma, proprio mentre il Paese sembrava essersi ripreso, sopraggiunse la crisi del '29.

3.3 Gli USA e la crisi del '29

La crisi partì dagli Stati Uniti, generata dalla speculazione (alla borsa di New York molti titoli industriali furono quotati di più rispetto al loro valore reale), dall'ambizione di investire capitali ad ogni costo, dalla sovrapproduzione agricola e industriale, investì il mondo intero, producendo effetti che sarebbero durati parecchi anni: **il 24 ottobre 1929**, (**giovedì nero**) e poi il **29** (**martedì nero**) della **borsa di New York**, crollarono i titoli. Crollarono i prezzi delle merci e la produzione: conseguenza diretta furono i licenziamenti di massa. Il protezionismo doganale, lo sviluppo del mercato interno, il controllo dello Stato sull'economia (**capitalismo diretto**), permisero di affrontare il difficile periodo nero.
Nel 1929 venne firmato, per iniziativa degli USA, il **Piano Young**, che riduceva ulteriormente e regolava il pagamento delle riparazioni tedesche per la Prima Guerra Mondiale.
A causa delle gravi perdite umane ed economiche subite durante il periodo bellico e alla disastrosa situazione interna (sia economica che sociale), la politica estera americana appoggiata da gran parte dell'opinione pubblica e da molti politici e messa in atto dal presidente **Herbert Hoover** (1929-1933) fu perfettamente conforme all'isolazionismo che caratterizzò il dopo Wilson.
L'eccessivo liberismo di Hoover di fronte alla crisi del '29 spinse la società americana al collasso, solo in seguito si cercò di porre rimedio cambiando rotta. Il piano di ricostruzione **New Deal**, cioè *nuovo corso* di politica economica e di riforme (sostegno all'agricoltura, lotta alla disoccupazione, sviluppo del sindacalismo) grazie al quale gli Stati Uniti uscirono dal periodo della Grande Depressione iniziata alla fine degli anni '20 fu avviato dal Presidente democratico americano **Franklin Delano Roosevelt** (1882-1945). Presidente dal '33 fino alla morte, Roosevelt grazie al **National Industrial Recovery Act** e ad un massiccio sistema assistenziale, con la chiusura del mercato internazionale (autarchia) e il rientro dei capitali americani investiti all'estero, diede nuovo impulso all'economia americana. Furono potenziati i lavori pubblici, sostenuti i prezzi agricoli, sottoposti a controlli gli istituti finanziari e regolamentati i rapporti padronato/manodopera. Una seconda fase prese avvio nel 1935 con il **Social Security Act**, che istituì il sussidio di disoccupazione e la pensione di vecchiaia per i lavoratori. Contro la crisi economica americana Roosevelt promosse un programma politico sintetizzato con le parole **relief**, **recovery** and **reform** (cura, guarigione e riforma). Con il **Neutrality Act**, invece, stabiliva che non si potevano vendere armi ai Paesi belligeranti.
Durante la **Conferenza di Losanna**, tenutasi tra il giugno e il luglio del 1932, venne stabilito che sarebbe stato condonato alla Germania ciò che rimaneva da pagare per le riparazioni di guerra.
Nel 1927 negli Stati Uniti furono ingiustamente condannati a morte due anarchici italiani, ***Sacco*** e ***Vanzetti***. I due vennero arrestati, processati e giustiziati sulla sedia elettrica negli Stati Uniti negli anni venti, con l'accusa di omicidio di un contabile e di una guardia del calzaturificio «Slater and Morrill» di South Braintree.
Tra le due guerre mondiali si parlava della "**diplomazia del dollaro**" poiché a causa dell'afflusso di capitali statunitensi nei Paesi dell'America Latina, gli USA finirono per detenere il controllo economico di tutto il continente.

3.4 Il Nazismo

Nel 1923 Adolf Hitler unitamente a ***Erich Ludendorff*** tentò di prendere il potere con il famoso "**putsch di Monaco**", miseramente fallito.
Dopo aver fondato il partito, Hitler costituì un potente esercito, si affidò alla Gestapo (speciale forza di polizia segreta), alle SS e le SA ("**Sturmabteilungen**", create nel 1921 erano le squadre d'assalto per la difesa e per l'attacco contro gli avversari del partito) e nelle elezioni del 1933 il suo partito vinse le elezioni.
Proclamò il terzo Reich, con capitale Berlino, si fece chiamare *Fuhrer* (condottiero) e ne divenne **Cancelliere** in seguito alle pressioni della piazza. Nel libro **Mein Kampf** ("la mia battaglia") Adolf Hitler espose il proprio pensiero politico e delineò il programma del partito nazista. Tra i punti salienti del programma nazista vi erano la fine del parlamentarismo, la denuncia del trattato di Versailles e la riunione di tutti i tedeschi in una nuova Grande Germania.
In Germania, nel **1932**, **il Partito Nazionalsocialista** (**NSDAP**) divenne il primo Partito in particolare grazie all'appoggio prevalente dei grandi industriali, degli agrari e dell'esercito.
Per evitare le pressioni dei nazisti austriaci che volevano l'annessione alla Germania il Cancelliere austriaco **Dollfuss** istituì nel 1932 un regime autoritario.
Nel 1933, Germania, Italia, Francia e Inghilterra strinsero il **Patto a Quattro** per il mantenimento della pace in Europa.
Hitler assunse la carica di **Presidente** nel **1934** dopo la morte di Paul von Hindenburg, concentrando su di sé la doppia carica di Presidente e Cancelliere, e rimase al potere circa 12 anni. Nello stesso anno, per realizzare la "**Grande Germania**", tentò di annettere l'Austria al Terzo Reich, facendo assassinare il cancelliere austriaco Engelbert Dollfuss. Nel luglio del 1934 l'Italia, la Francia e la Gran Bretagna furono i Paesi che si opposero all'annessione.
Il 30 giugno 1934 furono epurati e massacrati i vertici delle **Sturmabteilungen** (SA) di ***Rohm*** e altri oppositori di Hitler, episodio noto come "***notte dei lunghi coltelli***".
Nel 1935 iniziò a perseguitare il popolo ebraico ritenuto responsabile dei mali della Germania e attraverso le **leggi di Norimberga** (cd. leggi per la protezione del sangue) tolse agli ebrei la parità dei diritti, ne proibì i matrimoni con i non ebrei e stabilì l'esclusione dei non ariani dalla cittadinanza tedesca.
Nel corso della **Conferenza di Stresa** del 1935, la politica militarista di Hitler fu denunciata dai rappresentanti di Italia, Francia e Gran Bretagna con lo scopo di contrastare il riarmo tedesco.
Nel 1936 venne firmato il **Patto Antikomintern** tra ***Germania*** e ***Giappone***, accordo al quale un anno più tardi aderì anche l'Italia.
Pio XI nel 1937 in relazione agli sviluppi della situazione politica in Germania emise l'enciclica ***Mit brennender Sorge*** ("con viva preoccupazione"), redatta eccezionalmente in tedesco e non in latino, con la quale condannava fermamente alcuni aspetti dell'*ideologia nazista*, seguita dopo poco dalla ***Divini Redemptoris***, con un'analoga condanna dell'*ideologia comunista*. Le proteste del governo tedesco furono molto dure.
Hitler approfittò del conflitto italo-abissino per far entrare le sue truppe in Romania e nel 1938 impose al governo di Vienna un formale accordo che sanzionò di fatto il passaggio dell'Austria sotto il dominio tedesco.

3.5 La guerra di Spagna

La prima prova palese di una concordanza di programmi aggressivi esistente tra il Governo italiano e quello tedesco si ebbe durante la guerra di Spagna.
Nel 1931 in Spagna cadde la Monarchia e fu instaurata la Repubblica poi, nel 1936, a seguito di libere elezioni, le forze popolari di sinistra ottennero la maggioranza dei voti e assunsero il potere legale nel Paese.
Le forze nazionaliste anti-marxiste (***Nacionales***), però, non si rassegnarono, anzi, appoggiate da reparti reazionari al comando del **generale Francisco Franco** (detto il *Caudillo*), iniziarono una sanguinosa e spietata **guerra civile** contro i ***Republicanos*** composti da truppe governative e sostenitori della Repubblica spagnola, che ebbe ben presto carattere internazionale. Il movimento fascista spagnolo guidato dal generale Francisco Franco è conosciuto con il nome di **Franchismo**. Egli era appoggiato in Spagna dalle gerarchie ecclesiastiche e dall'aristocrazia terriera.
L'Italia e la Germania appoggiarono il generale Franco, mentre i rivoluzionari spagnoli ebbero pochi aiuti dall'Unione Sovietica (che fu l'unica potenza ad inviare più aiuti) e dalla Francia. Nel 1937 le truppe franchiste conquistarono **Malaga**, mentre le truppe di Mussolini furono fermate dalle ***Brigate Internazionali*** (il cui commissario politico fu *Pietro Nenni*), gruppi di volontari che si recarono in Spagna per appoggiare l'esercito repubblicano e combattere le forze nazionaliste e filofasciste.
La città di **Guernica** subì nel corso della Guerra Civile spagnola un potente bombardamento da parte della *Legione Condor nazista*, come ricorda un celebre dipinto di Picasso.
La lotta cruenta si concluse nel 1939 con la nascita della **dittatura del generale Franco**, ormai unico capo della Spagna. Un mese dopo la fine della guerra civile, il governo di Franco annunciò la sua adesione all'asse tra Italia, Germania e Giappone.

3.6 La situazione internazionale tra le due guerre

In **Russia**, Lenin promosse nel 1919 la **Terza Internazionale** a Mosca con lo scopo di porre le basi della rivoluzione anche negli altri Paesi, riunificando le correnti rivoluzionarie e favorendo la formazione dei partiti comunisti in tutto il mondo.
Lo stesso alla fine della guerra civile, per salvare il Comunismo, inaugura dal 1921 al 1929 la **NEP** ossia la Nuova Politica Economica in parte orientata ad una pacata liberalizzazione del mercato.
Alla morte di Lenin, avvenuta nel 1924, si scatenò nel gruppo dirigente sovietico un'aspra lotta per la successione tra **Stalin** e **Trotzkij** conclusasi con l'affermazione di Stalin.
Stalin, dopo la morte di Lenin, non credendo più in un'imminente rivoluzione internazionale e concentrandosi pertanto sulla costruzione di un potente Stato russo, formulò la teoria "**socialismo in un solo paese**".
Promosse per la prima volta in Russia nel 1928, ponendo fine alla NEP di Lenin, una rapida industrializzazione volta a raggiungere determinati obiettivi in un periodo di cinque anni nei vari settori dell'economia chiamati "**Piani quinquennali**". Servivano ad avviare il processo di nazionalizzazione e collettivizzazione dei mezzi produttivi e a portare la Russia verso la realizzazione effettiva del comunismo. Il Paese non risentì della crisi mondiale del 1929 perché la sua economia era "chiusa".
In politica estera intervenne per favorire l'istituzione di democrazie popolari in Polonia, Ungheria, Romania, Cecoslovacchia e Jugoslavia.

Quando Stalin prese il potere, Trotskji organizzò, nel 1926, molti gruppi dissidenti nel movimento detto **Opposizione Unificata**. Nel 1929, per ordine di Stalin, **Lev Trotzkij** fu espulso dall'URSS e nel 1940 assassinato dall'agente sovietico, Ramón Mercader. A Trotzkij si deve la fondazione della **Quarta Internazionale**.
Il periodo in cui **Iosif Vissarionovic Džugašvili** costruì il suo potere assoluto, a partire dal 1928, viene detto "**era di Stalin**".
Le eccezionali prestazioni di lavoro del minatore russo ***Aleksej Stachanov***, che divenne l'emblema dell'ideologia ufficiale del produttivismo russo al tempo di Stalin, furono all'origine del fenomeno dello stacanovismo.

In **Cina**, nel 1921, venne fondato il **Partito Comunista Cinese**. Nell'ottobre del 1934, nell'ambito del conflitto fra la **Repubblica di ChangKai-shek** e i **comunisti cinesi**, si svolse quella che sarebbe passata alla storia con il nome di "***lunga marcia***" ovvero l'evacuazione dei comunisti che accerchiati nello Human, a sud della Cina, si trasferirono nella regione settentrionale dello Shanxi, di cui **Mao Zedong** fu uno dei protagonisti.
Nel 1937 il Giappone dichiarò guerra alla Cina e occupò l'area di Nanchino e Shangai.
In **Brasile**, il Presidente **Getulio Vargas** eletto nel 1930, instaurò il "***getulismo***" regime simile al fascismo.
In **Portogallo** nel 1932 salì al potere ***Antonio de Oliveira Salazar*** affermando definitivamente una dittatura di tipo fascista.
In **Irlanda**, nel 1921, avvenne il riconoscimento dello Stato libero d'Irlanda, come *Dominion* all'interno del Commonwealth.
Nel 1922 cadde definitivamente l'**Impero Ottomano** e nel 1923 in Turchia fu proclamata la Repubblica.
Nel 1923, **Francia** e **Belgio** occuparono il bacino tedesco della Ruhr, per compensare la mancanza da parte della Germania dei versamenti in natura previsti dal Trattato di Versailles.
Tra gli anni Venti e Trenta del Novecento, l'impero coloniale francese possedeva, compreso il proprio territorio, circa un decimo delle terre emerse.
In **Egitto**, nel 1928, fu fondato da ***Hasan al-Banna*** il movimento dei **Fratelli Musulmani**.
Nel 1928 il **Patto Briand-Kellog**, sottoscritto da 64 Paesi, tra cui anche l'Italia, prevedeva l'impegno a risolvere le controversie internazionali con mezzi pacifici.
Nel 21 marzo del 1935 lo scià di Persia, **Reza Pahlavi**, chiese formalmente alla comunità internazionale di riferirsi al suo Paese con il nome utilizzato dai suoi abitanti, ovvero **Iran**.
In **Inghilterra** con lo **Statuto di Westminster** del 1931 si stabiliva l'indipendenza delle colonne britanniche di: Canada, Nuova Zelanda, Australia e Sud Africa.
In **India**, ***Gandhi*** si dedicava alla lotta per l'indipendenza attraverso la teoria della non-violenza.

3.7 La Seconda Guerra Mondiale

3.7.1 Il Preludio

Nel 1938 avvenne l'**Anschluss** ovvero l'annessione dell'**Austria** da parte della Germania. Nel settembre dello stesso anno Hitler ottenne anche, a danno della Cecoslovacchia, il **territorio dei Sudeti**, popolato negli anni Trenta da una forte minoranza di lingua tedesca, con l'**Accordo di Monaco** promosso da Mussolini e i rappresentanti di Germania (Hitler), Gran Bretagna (Chamberlain), Francia (Daladier). La politica che è rappresentata simbolicamente da tali Accordi è definita "***Appeasement***".

Il 9 novembre 1938 si verificò l'episodio chiamato "**La notte dei cristalli**" che dette inizio alla repressione nazista nei confronti degli ebrei e nello stesso anno Hitler emanò il decreto sull'esclusione degli ebrei dagli uffici pubblici del Reich.
Nel 1939 le truppe tedesche invasero la Repubblica cecoslovacca, annettendo alla Germania gran parte del territorio, tra cui la **Boemia** e la **Moravia**.
Intanto nell'aprile 1939, Mussolini, fece occupare l'**Albania**.
Il 22 maggio venne stipulato il «**Patto d'acciaio**» (siglato dal Ministro, ***Galeazzo Ciano***), che legava militarmente le sorti della dittatura fascista a quella nazista. I due Paesi erano già alleati del Giappone rispettivamente dal 1936 e dal 1937.
Nell'agosto la Germania sottoscrisse un **Patto di non aggressione** con l'Unione Sovietica noto come **Patto Molotov-Von Ribbentrop**. La reazione dei comunisti italiani, alla firma del patto che aveva rinnegato la linea antifascista del VII Congresso dell'Internazionale comunista fu quello dell'allineamento.

3.7.2 L'inizio delle ostilità

Il primo settembre Hitler ordinò alle truppe di invadere la Polonia, utilizzando come pretesto la richiesta dell'annessione della città di Danzica, conquistando, in meno di una settimana, la parte occidentale attraverso la "**campagna di settembre**" che terminò con l'assedio di Varsavia. Seguì l'**Operazione Reinhardt**, nome in codice dato dai nazisti al progetto di sterminio degli ebrei in Polonia.
Stalin approfittò della situazione e, con il consenso dei nazisti, penetrò nella parte orientale della Polonia e, nei mesi successivi, fece occupare anche le Repubbliche baltiche di Lettonia, Estonia e Lituania. L'URSS, dopo l'invasione della Finlandia nel 1939, per le pretese sulla ***Carelia***, fu espulsa dalla Società delle Nazioni.
Intanto, Francia e l'Inghilterra, per tutelare la libertà dei popoli dalla sopraffazione nazista, dichiararono aperte le ostilità il **3 settembre**: ebbe inizio la **Seconda Guerra Mondiale**.
A fianco dell'Asse parteciparono al conflitto: la **Romania**, la **Cecoslovacchia**, la **Finlandia**, l'**Ungheria**, **Montenegro**, l'**Albania**, la **Serbia, la Croazia**, la **Bulgaria**, la **Repubblica Slovacca**, la **Birmania**, **Manchukuo** e i **Cetnici**, unità serbe.
A fianco degli Alleati (Inghilterra, Francia, URSS) si schierarono: il **Lussemburgo** e il **Belgio** (inizialmente neutrali ma poi attaccati dalla Germania), la **Grecia**, la **Jugoslavia**, il **Canada**, l'**Australia**, l'**Impero delle Indie**, la **Nuova Zelanda**, la **Cina** e il **Nepal**.
Tra i **Paesi neutrali** c'erano la **Spagna**, la **Svizzera** e la **Svezia** (e all'inizio USA e Giappone).
Allo scoppio del conflitto l'**Italia** dichiarò la non belligeranza a causa dell'inconsistenza e dell'impreparazione dell'apparato militare ad affrontare una guerra di lungo periodo.
Le prime operazioni fatte dal *Führer*, furono definite "**guerra lampo**", termine dovuto alla rapidità di utilizzare mezzi corazzati e una forte aviazione (la **Luftwaffe** che i tedeschi impiegarono nella guerra).
Tra il 30 novembre 1939 e il 13 marzo del 1940, si combatté la **guerra russo-finnica (guerra d'inverno)**, fra la Russia e la Finlandia.
Hitler, nell'aprile del 1940, invase la **Danimarca** e la **Norvegia**, assicurandosi così il controllo del Mar Baltico. Nel maggio dello stesso anno, la Germania attaccò l'**Olanda**, il **Belgio**, il **Lussemburgo** (paesi neutrali) e, infine, **Parigi**, che crollò il 14 giugno (l'operazione contro la Francia fu nominata **Fall Rot**, cioè Caso Rosso); l'armistizio, firmato il 22 dello stesso mese, garantiva la sovranità francese sull'area centro-meridionale del Paese e sulle colonie.
A seguito di questa vittoria, Hitler conferì ad ***Hermann Goering*** (dopo il processo di Norimberga morirà suicida) la carica di Maresciallo del Reich.

Il grandioso sistema di fortificazione (famosa "***linea Maginot***"), realizzato negli anni Trenta si snodava per circa 400 chilometri, fu importante nelle vicende della Seconda Guerra Mondiale, lungo la frontiera franco-tedesca.
La **Francia** venne divisa in **due parti**: la parte settentrionale passò sotto il controllo tedesco, quella meridionale con capitale ***Vichy***, conquistata successivamente dai tedeschi con l'***Operazione Attila*** (lo Stato francese di Vichy perse la propria indipendenza e neutralità nel novembre 1942 perché il Governo non aveva contrastato l'invasione alleata del Marocco e dell'Algeria), fu lasciata sotto la guida di **Pétain**, al potere dal 1940 al 1944, che formò un governo filo-nazista (collaborazionista; infatti, con il termine "***collaborazionismo***" si intendeva l'appoggio fornito dai cittadini delle nazioni invase, fenomeno di sostegno, aiuto e adesione talvolta anche piuttosto forzati alla causa dei nazisti cui si assistette in molti Paesi d'Europa). Ciò provocò la nascita di organizzazioni di lotta clandestina, che trovarono un punto di riferimento nel **generale Charles de Gaulle**, avverso a Pétain: questi, rifugiatosi in Inghilterra, proclamandosi da Radio Londra capo della "Francia libera", incitò la resistenza.
Mussolini approfittò del successo tedesco e parlando di "guerra proletaria" contro le potenze plutocratiche, dichiarò guerra il **10 giugno 1940** all'Inghilterra (governata da re Giorgio IV) e alla Francia (che già il 24 concesse l'armistizio). All'ingresso in guerra dell'Italia, Mussolini disse "*Ho bisogno di qualche migliaio di morti per sedermi al tavolo di pace*"; il balcone dal quale Mussolini annunciò l'entrata in guerra si trova a Palazzo Venezia in Roma).
Prima dell'entrata in guerra dell'Italia, Hitler e Mussolini si incontrarono al Brennero.
Nella politica di Mussolini, la strategia di espansione dell'Italia era quella di una "***guerra parallela***", che avrebbe dovuto seguire vie proprie e diverse da quelle tedesche.
Il 3 aprile 1940 **Winston Churchill** (1874-1965), assunse il comando "*de facto*" delle forze militari britanniche e, dal 10 maggio, iniziò ad essere capo oppositore del nazismo, governando l'**Inghilterra**.
Il **10 luglio 1940 Hitler** decise di attaccare l'**Inghilterra** (la concorrenza coloniale e marittima tra i due Paesi fu uno dei motivi profondi che scatenarono la guerra), ma Churchill, seppe raccogliere tutte le forze morali e materiali del Paese per resistere all'attacco tedesco. Hitler, diede inizio a una serie di bombardamenti "a tappeto" per ottantaquattro giorni consecutivi, tuttavia gli inglesi, aiutati dai primi radar (usati dagli inglesi, per la prima volta, nel 1940) e dall'efficiente aviazione **R.A.F.** (*Royal Air Force*), vinsero la **Battaglia d'Inghilterra**, denominata "**Leone Marino**", costringendo Hitler a sospendere i suoi piani. La fase della *guerra lampo* prevista da Hitler si poté considerare così terminata con la mancata invasione tedesca dell'Inghilterra nel 1940. Contemporaneamente l'Italia attaccò gli Inglesi in Africa, ottenendo inizialmente soltanto pochi successi.
Nel settembre del 1940, le forze dell'**Asse** (Germania e Italia), fiduciose della vittoria, firmarono con il Giappone un **Patto Tripartito**, ottenendo la massima espansione nella primavera-estate del 1942. Venne assegnata alla Germania l'egemonia sull'Europa continentale, all'Italia il dominio del Mediterraneo e al Giappone il controllo dell'Asia Meridionale e insulare.
Nel 1941 Hitler progettò la "**soluzione finale**" per eliminare fisicamente tutti gli ebrei europei, considerata razza inferiore a quella ariana facendone uccidere circa 5 milioni.

3.7.3 La guerra contro la Grecia (1940-1941)

Nell'estate 1940 il territorio coloniale italiano ebbe la sua massima espansione con l'occupazione della Somalia britannica.
Il primo scontro tra la Marina italiana e quella britannica avvenne a **Punta di Stilo,** il 9 luglio 1940, tra le navi della **Royal Navy** britannica e della **Royal Australian Navy** contro la **Re-**

gia Marina, utilizzando la più alta concentrazione d'armamenti navali durante tutto il conflitto nel Mar Mediterraneo.

Il **28 ottobre 1940** Mussolini ordinò l'attacco alla **Grecia** (Rodi era già un possedimento italiano, amministrata dall'Italia dal 1912 al 1947), ammassando le truppe sul confine greco-albanese per cercare di sfondare il fronte, ma l'esercito italiano fu bloccato dalla reazione dei Greci che, una volta respinto l'esercito italiano, entrarono per svariati chilometri nel territorio albanese. Nel novembre 1940, dopo i primi rovesci militari, la posizione del Capo di Stato Maggiore italiano Pietro Badoglio fu oggetto di aspre critiche da parte di ***Roberto Farinacci***.

I greci furono anche aiutati dagli inglesi che, con la Royal Navy, sferrarono un improvviso attacco la notte dell'11 novembre, lanciando aerosiluranti e danneggiando tre corazzate italiane e due incrociatori nel **porto di Taranto**. Nel marzo 1941 venne combattuta la **battaglia di Capo Matapan** tra una squadra navale della Regia Marina italiana e la Mediterranean Fleet britannica che evidenziò l'inadeguatezza della Regia Marina ai combattimenti notturni e consegnò temporaneamente alla Royal Navy il dominio del Mediterraneo. Nel corso della battaglia fu affondato l'incrociatore britannico *Bonaventure* dal sommergibile italiano *Ambra,* e gli incrociatori italiani *Fiume* e *Zara.* La Marina Militare italiana all'entrata in guerra, nel 1941, disponeva di due corazzate di pronto impiego: *Conte di Cavour* e *Giulio Cesare.*

A favore dell'Italia, salvandola, accorse l'esercito tedesco, le cui truppe invasero la Jugoslavia, alla quale Italia e Germania avevano dichiarato guerra il 6 aprile 1941. In risposta all'attacco tedesco, in Grecia (l'attacco navale nel Mediterraneo era finalizzato all'occupazione di Creta e Malta) e Jugoslavia ebbe inizio un **movimento di resistenza partigiana** contro i fascisti e i nazisti presenti sul loro territorio e gli iugoslavi, sotto il comando del **maresciallo Tito** (vero nome: **Josip Broz**). Gli **Ustascia**, invece, erano unità croate alleate alle truppe dell'asse.

Tuttavia, il 14 aprile 1941, la **Germania entrò a Belgrado**, (la Jugoslavia si arrese alle truppe italo-tedesche e si formò allora il regno di Croazia la cui corona fu assegnata ad Aimone di Savoia Aosta) proseguendo verso sud e unendosi con i reparti italiani in Albania, successivamente **penetrò in Grecia**. Il 2 maggio 1941, la Grecia venne occupata e il governo di Atene si rifugiò a Londra.

Tuttavia il Mediterraneo rimase sempre sotto il controllo della flotta inglese.

3.7.4 La guerra nell'Africa italiana e Settentrionale (1940-1943)

I soli fronti terrestri sui quali le truppe dell'Asse erano in diretto contatto con quelle inglesi si trovavano in Etiopia e in Libia.

Il **destino dell'A.O.I.** (Africa Orientale Italiana), nonostante la iniziale superiorità, sembrava segnato: i reparti italiani occuparono inizialmente la Somalia britannica, ma il **5 aprile 1941** gli inglesi entrarono in Addis Abeba e vi restaurarono il potere del **negus Hailé Selassié**, costringendo altresì alla resa l'ultimo presidio italiano al comando del Duca d'Aosta, ***Amedeo di Savoia***, arroccatosi sull'**Amba Alagi** (18 maggio 1941). Proprio in questa seconda battaglia dell'Amba Alagi le truppe italiane, sconfitte dopo una strenua resistenza, ottennero dai vincitori britannici l'onore delle armi.

Le operazioni libico-egiziane, nel corso dell'intera guerra, videro per ben tre volte le truppe dell'Asse in grado di far retrocedere gli inglesi, ma altrettante volte furono ricacciate, sino alla definitiva sconfitta.

Inizialmente gli italiani avanzarono fino a **Sidi el Barrani** (settembre 1940), ma nel dicembre gli inglesi sferrarono una violenta controffensiva, che in due mesi li portò alla conquista

di Bengasi e dell'intera Cirenaica. I tedeschi inviarono allora i loro reparti corazzati al comando del ***generale Erwin Rommel*** il quale, dopo aver congiunto le sue truppe con quelle italiane, riuscì a rioccupare Bengasi (3 aprile 1941) e a liberare tutta la Cirenaica, tranne Tobruk, difesa strenuamente dagli inglesi, perché era un importante porto.
All'alba del 9 dicembre 1941 il **Tenente di Vascello** ***Luigi Durand de la Penne*** partecipò al forzamento della base inglese di Alessandria d'Egitto. I famosi mezzi subacquei della nostra Marina riuscirono a portare a termine il 18 dicembre 1941 un'impresa quasi impossibile: penetrarono nella rada di Alessandria d'Egitto e misero fuori combattimento le due corazzate inglesi «*Valiant*» e «*Queen Elizabeth*». Luigi Durand de la Penne fu poi decorato con Medaglia d'Oro al Valore Militare.
Il 17 dicembre 1941, sempre nel Mar Mediterraneo, fu combattuta la **Prima battaglia della Sirte**, ancora un'altra battaglia navale tra la **Royal Navy** e la **Regia Marina**. Questo episodio, ricordato con il nome "**Battaglia dei convogli**", terminò con la vittoria italiana e la sconfitta dell'Inghilterra anche se entrambe le forze riuscirono a completare le loro missioni di scorta.
Sempre nel 1941, la X Flottiglia MAS (i famosi "***maiali***", che tanto operarono nel corso delle due guerre mondiali, erano siluri a lenta corsa) violò, con successo, il porto di Gibilterra.
Nel **1942** l'Asse raggiunse la sua massima espansione, ed era in grado di controllare gran parte dell'Europa, spingendosi sempre più minacciosa in Nord Africa, dove le truppe italo-tedesche erano ad un passo dalla conquista dell'Egitto. Ma l'ingresso in guerra degli Stati Uniti e la controffensiva sovietica rovesciarono in breve tempo la situazione.
Entrate in **Egitto**, le truppe italo-tedesche furono sbaragliate dall'esercito inglese guidato dal generale ***Bernard Law Montgomery*** che, nell'ottobre 1942, sfondò le linee italo-tedesche nella battaglia di **El Alamein,** e dopo diversi scontri tra mezzi corazzati nel deserto (Tobruk, El Alamein) riuscì ad occupare la colonia italiana della Libia e ben presto della Tunisia, ottenendo così il controllo di tutta l'Africa settentrionale. Le Truppe Alleate entrarono a Tripoli nel maggio 1943.
Intanto nel febbraio dello stesso anno aveva assunto il comando della 1ª Armata in Tunisia il ***generale Giovanni Messe***. Nel corso della Seconda Guerra Mondiale, durante lo sbarco degli Alleati in Algeria e Marocco, fu usato per la prima volta il **bazooka**, come arma anticarro.

3.7.5 La guerra contro la Russia e il coinvolgimento Usa (1941)

Nonostante il «Patto di non aggressione del 1939 con la Russia» Hitler attaccò improvvisamente la Russia il 22 giugno 1941. A fianco della Germania, nell'operazione denominata **«Barbarossa»** si schierarono immediatamente **Italia, Cecoslovacchia, Ungheria, Romania e Finlandia**.
Dopo i primi successi, Hitler sperò nella **guerra lampo** estiva: in realtà i sovietici, il 19 novembre, con l'**Operazione Urano**, sferrarono la controffensiva che riuscì ad accerchiare la **VI Armata** tedesca; aiutati dagli Usa, si organizzarono e, il **6 dicembre del 1941**, scatenarono nei pressi di Mosca un contrattacco che scacciò il nemico per 200 kilometri.
Nel 1941, la Francia dovette cedere i propri possedimenti indocinesi al Giappone.
Il **14 agosto 1941** il Presidente americano Roosevelt e il primo Ministro inglese Churchill s'incontrarono a bordo della nave da battaglia ***Prince of Wales***, ancorata nella Baia di Terranova, e fissarono sulla «**Carta Atlantica**» i principi di una politica comune, a cui il mese successivo aderì anche la Russia. Con essa le tre potenze si impegnavano affinché, dopo la definitiva distruzione della tirannide nazista, si stabilisse una pace che garantisse a tutti i popoli

di vivere sicuri e liberi entro i propri confini. In tale documento, la guerra contro il fascismo veniva definita "*democratica*".
Nella notte del **7 dicembre 1941** alcuni aerosiluranti giapponesi bombardarono improvvisamente la base navale di **Pearl Harbor** nelle isole **Hawaii** e distrussero otto corazzate americane, senza che vi fosse stata una dichiarazione di guerra da parte del Giappone (governato dall'imperatore **Hiroito**) agli Stati Uniti.
Questo avvenimento determinò l'intervento degli Stati Uniti e quattro giorni dopo anche le potenze dell'Asse dichiararono guerra agli americani.

Occorre Sapere

Il presidente americano **Roosevelt**, riferendosi all'attacco di Pearl Harbor, parlò così alla Nazione l'8 dicembre 1941: "Ieri, 7 dicembre, data che resterà simbolo di infamia, gli Stati Uniti d'America sono stati improvvisamente e deliberatamente attaccati da forze aeree e navali dell'impero giapponese...".

Successivamente il Giappone dichiarò guerra anche all'Inghilterra, all'Australia e al Canada riportando inizialmente importanti successi, ma nel 1942 fu per la prima volta ben contrastato nella **battaglia del Mar dei Coralli** mentre, nella **battaglia delle Midway** le gravi perdite giapponesi di portaerei e di piloti addestrati bloccarono ogni ulteriore avanzata e permisero alle forze americane di passare alla controffensiva.

3.7.6 Dalla seconda campagna di Russia alla resa dell'Italia (1942-1943)

La Germania ritentò di annientare l'Unione Sovietica tra l'estate e l'autunno del 1942 e l'azione fu rivolta su **Stalingrado** (luglio del 1942 - gennaio del 1943) e le zone del basso Volga. Inizialmente i tedeschi conquistarono Rostov con una certa facilità, così Hitler dispose che una parte delle truppe occupasse il Caucaso. Tra il 16 settembre e il 19 novembre 1942 quella zona fu investita dalle armate tedesche, ma i sovietici le contennero e ben presto passarono all'**offensiva**, che determinò la decimazione delle truppe dell'Asse delle quali faceva parte anche l'**armata italiana «Armir»**, il corpo di spedizione inviato da Mussolini, forte di 229.000 uomini, di cui 84.000 persero la vita (il primo Corpo militare italiano che venne inviato in Russia fu il CSIR, Corpo di Spedizione Italiano in Russia). La conclusione segnò praticamente il **tracollo definitivo del Terzo Reich**.

3.7.7 Dallo sbarco in Sicilia alla caduta del fascismo (1943)

Nel 1942, in Italia veniva creata la **Democrazia Cristiana** come continuazione del Partito Popolare Italiano, su iniziativa di ***Alcide De Gasperi***, mentre nel 1943, a Roma, si creò il Partito Socialista di Unità Proletaria (PSIUP), al quale aderì anche ***Sandro Pertini***.
Dopo aver occupato la Tunisia e, con l'**operazione Corkscrew** del 9 maggio 1943 (in italiano: cavatappi), le isole di Pantelleria e di Lampedusa, agli anglo-americani non fu difficile nella notte tra il **9 e 10 luglio 1943** sbarcare in Sicilia con l'**operazione Avalanche** (lo sbarco fu deciso in occasione della **Conferenza di Casablanca** del 14.01.1943). Il piano era stato predisposto in vista dell'apertura di un secondo fronte in Francia molto caldeggiato da Stalin.
Lo sbarco in Sicilia e i rapidi successi degli anglo-americani diedero un colpo decisivo al morale degli **italiani** che, provati da anni di orrori, desideravano liberarsi, a un tempo, della guerra e del fascismo che l'aveva voluta malgrado la totale impreparazione.
Mentre i partiti tradizionali si stavano ricostituendo nella clandestinità, si organizzava anche una fronda fascista facente capo a **Galeazzo Ciano**, genero del Duce e Ministro degli Esteri, che aveva indirettamente sfiduciato Benito Mussolini, firmando l'**ordine del giorno "Gran-**

di", ***Dino Grandi*** (promotore) e ***Giuseppe Bottai***. Furono loro che mediante l'ordine del giorno, chiedevano al Duce di restituire il Comando delle Forze Armate al Re e **misero Mussolini in minoranza** (19 contro 7 nella riunione del **24/25 luglio 1943**). Ciò significava sostanzialmente la fine del potere personale di Mussolini e del fascismo. Il Duce presentava le dimissioni, che il re accettava. **Vittorio Emanuele III** fece imprigionare Mussolini dapprima nell'isola di Ponza, poi a **Campo Imperatore sul Gran Sasso**, al fine dichiarato di preservarne l'incolumità personale. Poco prima della sua destituzione, il 19 luglio Mussolini incontrò Hitler nella località veneta di Feltre.
A presiedere il **nuovo governo** il re chiamò il maresciallo d'Italia **Pietro Badoglio**, al quale affidò pieni poteri. Badoglio lasciò Roma in compagnia di Vittorio Emanuele III e si rifugiò a Brindisi, già sgombrata dalle truppe tedesche e quasi subito occupata dagli americani. Il suo governo fu definito "*Governo dei quarantacinque giorni*".

3.7.8 L'armistizio dell'Italia e l'occupazione della penisola da parte dei tedeschi (1943)

Le truppe tedesche affluirono numerose nel nostro Paese, apparentemente per difenderlo dagli anglo-americani, ma in realtà per premunirsi contro il «tradimento» del governo Badoglio. Gli emissari di quest'ultimo iniziarono segretamente i contatti con gli ex nemici e li conclusero il 3 settembre con la firma del **generale Castellano a Cassibile (Siracusa)** di un **armistizio**, annunziato pubblicamente da **Badoglio** l'**8 settembre 1943**. Il 29 settembre Badoglio ed Eisenhower firmarono a Malta il documento che definiva le condizioni di resa dell'Italia.
Dopo l'Armistizio, l'esercito italiano rimase sbandato e senza ordini; migliaia di soldati che si trovavano nelle isole del Mar Egeo vennero annientati dall'esercito tedesco perché non vollero unirsi ai loro ranghi (***eccidio di Cefalonia***).
L'Italia a seguito della dichiarazione di guerra alla Germania nel mese di ottobre divenne «cobelligerante» a fianco degli Alleati con il cd. "**Esercito del Sud**".
I tedeschi occuparono immediatamente gran parte della penisola (il comandante in capo delle forze armate di occupazione tedesca in Italia era **Kesselring**), mentre i soldati italiani, senza direttive o con ordini assolutamente generici, disertarono o vennero fatti prigionieri dalle truppe della Wehrmacht. Quanto rimaneva della nostra flotta e dell'aviazione venne consegnata agli anglo-americani. Il 23 settembre 1943, nacque l'accordo di cooperazione con le flotte alleate nel Mediterraneo firmato dall'ammiraglio ***Raffaele de Courten*** a Taranto.
Il rastrellamento nel ghetto di Roma ad opera dei tedeschi fu perpetrato il 16 ottobre 1943.

3.7.9 Mussolini fonda la Repubblica Sociale Italiana (1943)

Il **12 settembre** Mussolini fu liberato da un gruppo di paracadutisti tedeschi e dopo qualche giorno, da radio Monaco, annunciò la costituzione della **Repubblica Sociale Italiana** (nota come **Repubblica di Salò**, dalla località del lago di Garda dove erano istituiti alcuni ministeri). Si trattava di un governo «fantoccio» complice dei tedeschi nell'opprimere il popolo italiano. Nel novembre fondò il **Partito Fascista Repubblicano** di cui tenne il primo congresso a Verona, durante il quale si stabilì tra l'altro di costituire il Tribunale speciale per la difesa dello Stato della RSI per processare i firmatari dell'Ordine del giorno Grandi. Dall'8 al 10 gennaio 1944, quindi, si svolse a Verona il processo contro i membri del Gran Consiglio del Fascismo. Tra gli imputati c'erano Galeazzo Ciano, condannato a morte e fucilato insieme a Emilio De Bono, Luciano Gottardi, Giovanni Marinelli e Carlo Pareschi.

3.7.10 La situazione italiana dopo l'Armistizio e la Resistenza

Dopo l'armistizio, gli Alleati sbarcarono nel settembre a Salerno con la 5ª armata americana guidata dal ***generale Mark Clark***, mentre l'Italia si trovava divisa in due parti: nel Sud, per mezzo del riconoscimento da parte dell'URSS (prima potenza alleata a riconoscere il 13 marzo 1944 la legittimità del governo Badoglio) e alla **svolta di Salerno**, impressa nell'aprile 1944 al PCI da **Palmiro Togliatti** (che nel 1945 propugnò la "***via italiana al socialismo***", cioè l'abbandono delle idee rivoluzionarie, con l'intento di sostenere un governo di unità nazionale per fronteggiare la guerra e il fascismo, accantonando le pregiudiziali contro la monarchia e il governo Badoglio), nacque una corrispondenza di breve durata tra i partiti anti-fascisti e il re, che accettò di mettere in discussione la futura monarchia, a sostegno del nuovo governo Badoglio. I partiti democratici, per partecipare al Governo, chiesero come condizione l'abdicazione del Re; il centro-nord, invece, era in mano ai tedeschi di Hitler. Il nazionalismo fascista concludeva il suo ciclo, riducendo l'Italia a campo di battaglia degli eserciti stranieri.
Nel 1943 a Milano, nacque il ***movimento federalista europeo*** fondato da **Altiero Spinelli**.
Nello stesso periodo **Ivanoe Bonomi** fondò il partito **Democrazia del Lavoro**.
Tradito da tutte le forze costituite e tradizionali, il popolo italiano doveva prendere nelle mani il proprio destino e ricrearsi una Patria su basi completamente nuove. Fu questo l'oneroso compito che si assunse la «**Resistenza**»: resistenza dei popoli al nazismo, che pretendeva di costringere milioni di lavoratori europei alla funzione di schiavi al servizio del Reich. Il periodo della *resistenza*, costituì un patrimonio insostituibile nel rispetto della libertà delle genti e indicò la strada per individuare un vero e umano ordine nuovo, che è ancora vivo nell'aspirazione dei popoli. In Europa i movimenti di resistenza al nazi-fascismo si svilupparono a partire dall'entrata in guerra degli Stati Uniti. In Italia le prime truppe partigiane si organizzarono verso la fine del 1943.
Napoli fu occupata dagli alleati il **1° ottobre 1943**, quando era stata già liberata da un'insurrezione popolare scoppiata tra il 27 ed il 30 settembre, cd. "Quattro giornate di Napoli". Le truppe tedesche, attestate poco a nord della linea di **Cassino,** mantennero le loro posizioni fino al maggio 1944, nonostante gli anglo-americani avessero stabilito alle loro spalle una testa di ponte tra Nettuno e Anzio mediante un nuovo sbarco (**Operazione Shingle**, gennaio 1944) per cogliere di sorpresa la **linea tedesca Gustav** (linea di fortificazione approntata dall'***Organizzazione Todt***), dislocata dalla foce del Garigliano a quella del Sangro.
Nel febbraio la capitale d'Italia fu spostata a Salerno.
Il 23 marzo 1944 vennero uccisi a Roma, in via Rasella, 33 soldati tedeschi in un'imboscata tesa dai partigiani. Il comando tedesco, sotto la guida di ***Kapper***, ordinò, per rappresaglia, la fucilazione di 335 ostaggi italiani, che avvenne alle **Fosse Ardeatine** (per questo fatto sanguinoso è stato processato in Italia l'ex capitano delle SS ***Erik Priebke***). Il 16 ottobre 1943 vennero arrestati e deportati gli ebrei del ghetto di Roma.
Roma fu liberata il **4 e 5 giugno 1944** e dichiarata "Città aperta" (guidava l'ingresso trionfale delle truppe americane il generale Mark Wayne Clark); Siena, Arezzo e Livorno nel mese di luglio e Firenze, dove l'azione partigiana era stata particolarmente vigorosa, verso la metà di agosto. I tedeschi si attestarono sulla **«linea gotica»**, linea di fortificazione approntata dal ***Feldmaresciallo Kesselring*** per rallentare l'avanzata degli eserciti alleati, sull'Appennino tosco-emiliano (con un fronte che andava da Pesaro a Massa Carrara, provincia Apuania), che fu superato dagli alleati prima della sosta invernale solo nel settore orientale e ciò consentì loro di impadronirsi della Romagna.

La **Risiera di San Sabba**, situata nella città di Trieste, fu trasformata in un lager nazista, utilizzata per il transito, la detenzione e l'eliminazione di un gran numero di detenuti, in prevalenza prigionieri politici ed ebrei.

Nell'aprile 1944 il governo Badoglio subì un sostanziale cambiamento, poiché vennero inseriti i rappresentanti dei partiti antifascisti. Con la liberazione di Roma, **Vittorio Emanuele III** (morì nel 1947 in Egitto) trasferì i suoi poteri nelle mani del figlio **Umberto II**, nominandolo **luogotenente generale del Regno** (re di maggio poiché regnò solo 31 giorni, dal 9 maggio al 12 giugno del 1946). La **Regina d'Italia** sua consorte, era **Maria José di Sassonia-Coburgo- Gotha**.

I rappresentanti dei partiti antifascisti designarono nel contempo **Ivanoe Bonomi** a presiedere il nuovo governo.

Le **formazioni partigiane** più importanti furono:

- la **Divisione partigiana Garibaldi** costituita da militari italiani sbandati in Jugoslavia;
- il **33º battaglione Sap "Pietro Ferrero"**, brigata partigiana anarchica operante a Torino;
- la brigata partigiana degli operai monfalconesi, che combatté la **Battaglia di Gorizia** contro le truppe di occupazione tedesche;
- **Giustizia e Libertà**, partigiani guidati da Ferruccio Parri;
- l'**Osoppo**: sorsero nel 1943 nel Seminario Arcivescovile di Udine per opera di alcuni volontari (repubblicani e monarchici) di ispirazione laica, liberale, socialista e cattolica ed operarono soprattutto in Friuli ed in Veneto;
- l'**XI Zona Patrioti**, composta in prevalenza da aderenti al Partito d'Azione, cattolici e seguaci di Pietro Badoglio;
- il **1º Gruppo Divisioni Alpine**, guidato da una serie di validi ufficiali, che operava prevalentemente nelle Langhe e nel Monferrato;
- la **Bandiera Rossa**, a prevalente orientamento comunista-trotskista; ebbe 68 militanti trucidati alle ***Fosse Ardeatine***;
- la formazione partigiana **Stella Rossa**, una brigata partigiana autoctona di montagna che operava nella zona di Marzabotto. La **strage *di Marzabotto*** (in Emilia-Romagna) o eccidio di Monte Sole fu perpetrata dalle truppe naziste nel quadro di un'operazione di rastrellamento diretta contro la formazione partigiana Stella Rossa;
- il **Battaglione Lucetti**, brigata partigiana anarchica operante nei dintorni di Carrara;
- la **Brigata Italia**, brigata partigiana di ispirazione cattolica operante a Modena;
- la **Brigata San Faustino - Proletaria** d'urto, costituita nell'Alta Umbria nel settembre del 1943;
- la **Brigata Garibaldina Antonio Gramsci**, brigata partigiana che operò dal settembre del 1943 al giugno del 1944 in Umbria;
- le **Brigate Fiamme Verdi** nacquero per iniziativa di intellettuali cattolici: operavano prevalentemente in montagna (vi fece parte anche ***Giuseppe Dossetti***);
- le **Brigate Matteotti**, formazioni socialiste;
- le **Brigate del popolo** che si formarono nell'estate 1944. Erano di diretta emanazione dalla Democrazia Cristiana.

Nell'ottobre 1944, venne fondata nella città di Alba una **Repubblica partigiana.**

Tutte le Brigate dipendevano dal Comando Generale di cui facevano parte *Giancarlo Pajetta, Pietro Secchia e Giorgio Amendola.*

Dopo l'8 settembre 1943, si formò il Comitato di Liberazione Nazionale **(CLN)**, organo coordinatore delle formazioni partigiane (prima struttura di coordinamento generale della resistenza italiana ufficialmente riconosciuta sia dagli Alleati che dal governo Badoglio). Di questo facevano parte le rappresentanze dei comunisti, socialisti, democratici, liberali e del partito di azione.

Tra gli alleati, il governo italiano di Roma e il **CLN dell'Alta Italia**, il 7 settembre 1944, fu firmato un accordo noto come **Protocolli di Roma** e il comando del **Corpo Volontari della Libertà** (CVL), cioè dell'insieme delle formazioni partigiane, fu assunto da ***Raffaele Cadorna*** (figlio di Luigi Cadorna) generale dell'esercito regolare, mentre rimasero come vice-comandanti ***Ferruccio Parri*** del Partito d'azione e ***Luigi Longo***, comunista, che in pratica continuarono ad essere i veri capi riconosciuti della resistenza.

Nel Congresso dei partiti antifascisti svoltosi a Bari in gennaio, i partiti moderati si scontrarono con quelli di tradizione socialista a causa dei rapporti con casa Savoia.

Il 25 dello stesso mese venne organizzata l'evasione dal carcere di Regina Coeli di ***Sandro Pertini*** e ***Giuseppe Saragat***.

L'azione dei partigiani fu di guerriglia, tuttavia rappresentò il più forte movimento dell'Europa occidentale. Usando il canale radiofonico Radio Londra, **Charles De Gaulle** riuscì a lanciare l'esortazione alla resistenza al popolo francese.

Nell'inverno del 1944 il generale inglese ***Harold Alexander*** invitò i partigiani a sospendere le operazioni su larga scala.

3.7.11 Dallo sbarco in Normandia alla resa della Germania e del Giappone alla fucilazione di Mussolini (1944-1945)

Il **6 giugno 1944** (D-Day) gli alleati sbarcarono con una gigantesca operazione militare (Sbarco in Normandia, noto come "operazione Overlord") sulla penisola del Cotentin e si impadronirono del porto di Cherbourg da dove fecero affluire forze e mezzi, per poi procedere con un'offensiva terrestre a liberare la Francia. Venne, così, violato il *Vallo Atlantico,* l'esteso sistema di fortificazioni a difesa delle coste tedesche, che si estendeva dalla Norvegia alla Francia.

Il 15 agosto avvenne un altro sbarco alleato in **Provenza,** tra Tolone e Cannes, nonostante la costa fosse difesa dalla linea del *Vallo Mediterraneo*, ("**operazione Dragoon**") che permise la totale liberazione del suolo francese entro il mese di settembre.

L'ultima grande controffensiva tedesca sul **fronte occidentale** fu la **battaglia delle Ardenne**. Sul **fronte orientale** riprese l'offensiva sovietica che segnò il tracollo dell'armata tedesca. Tra il settembre e l'ottobre 1944 i Paesi satelliti del Reich: Finlandia, Romania, Bulgaria e Ungheria furono costretti ad arrendersi, mentre le truppe sovietiche si congiunsero in Jugoslavia con i partigiani di Tito e gli inglesi sbarcarono in Grecia e occuparono Atene (13-10-1944).

Nel febbraio del 1945, convinti ormai di aver vinto, **Stalin (URSS)**, **Churchill (Gran Bretagna)** e **Roosevelt (USA)** s'incontrarono a **Yalta**, in Crimea, per decidere le sorti del mondo dopo la guerra. Fu stabilito che la Germania venisse disarmata e divisa in quattro zone di occupazione tra i vincitori e che i popoli liberati dal dominio nazista fossero liberi di scegliere il proprio futuro. Nonostante ciò, l'Europa orientale venne assegnata all'influenza russa e l'Europa occidentale (più l'Austria e la Grecia) a quella anglo-americana. In realtà già vi era stata una precedente **Conferenza a Teheran** nel 1943, in cui si riunirono Stalin, per l'Unione Sovietica, F.D. Roosevelt, per gli Stati Uniti d'America, e Churchill per la Gran Bretagna e si accordarono sull'appoggio ai partigiani di Tito in Jugoslavia, sulla data e sulle modalità esecutive dell'operazione Overlord (sbarco in Normandia), sulla necessità di dividere, dopo la guerra, il territorio della Germania in più Stati per prevenire il riformarsi della sua potenza militare (la successiva **Conferenza di Potsdam** rappresentò l'atto finale della Seconda Guerra Mondiale).

Nei mesi di gennaio e febbraio 1945 i russi da una parte e gli alleati dall'altra strinsero in una morsa i tedeschi; l'azione si concluse il 2 maggio 1945 dopo l'occupazione di Berlino (le prime truppe che entrarono a Berlino furono quelle russe).
I bombardamenti sulle città tedesche compiuti dagli angloamericani erano prevalentemente effettuati con la crudele tecnica della tempesta di fuoco il tutto per costringere la Germania alla resa; uno degli episodi più drammatici, anche perché privo di giustificazioni militari, fu il bombardamento di Dresda.
Intanto ad aprile salì al potere il Presidente americano **Harry Truman**, in un momento assai critico, nelle ultime fasi della Seconda Guerra Mondiale: la Germania era ormai quasi vinta, ma rimaneva ancora aperto il conflitto nel Pacifico.
Fra il **7** e l'**8 maggio**, secondo gli ordini dell'ammiraglio **Karl Doenitz**, che Hitler, prima di togliersi la vita (si suicidò il 30 aprile nel suo bunker di Berlino per non cadere vivo nelle mani dei nemici) aveva nominato Presidente del Reich, i tedeschi firmarono a **Reina e a Berlino** la **resa incondizionata** agli anglo-americani e ai sovietici. Con la «**Dichiarazione di Berlino**» del 1945, le nazioni vincitrici del II conflitto mondiale, divisero la città tedesca e la nazione, in **quattro zone d'occupazione**: francese, inglese, americana e russa. Nelle sue ultime volontà Hitler nominò Cancelliere **Joseph Goebbels**, già Ministro della Propaganda, e conosciuto per aver attivato una dura campagna di arianizzazione culturale contro l'arte degenerata e la "scienza ebraica, massonica e bolscevica".
Resisteva ancora il Giappone, che non intendeva accettare la resa senza condizione, così il nuovo Presidente Truman e il comando statunitense ordinarono gli atroci **bombardamenti** di **Hiroshima** (con la bomba "**Little Boy**") e di **Nagasaki** (con la bomba "**Fat Man**") il **6 e 9 agosto 1945**. Gli scienziati che idearono la bomba sganciata su Hiroshima nel 1945 erano Fermi, Oppenheimer e Teller.
La conquista dell'**isola di Okinawa** da parte delle truppe statunitensi avvenne nel 1945 dopo 82 giorni di battaglia.
Il **14 agosto** il **Giappone** acconsentì ad arrendersi e il 2 settembre venne firmato il relativo atto a bordo della corazzata Missouri nella rada di Tokyo. La **seconda guerra sino-giapponese** (7 luglio 1937 - 2 settembre 1945) terminò con la resa incondizionata del Giappone.
Sul **fronte italiano** gli alleati sfondarono la linea gotica e avanzarono nella Pianura Padana, dovunque preceduti dall'insurrezione partigiana e popolare; il 25 aprile vennero liberate Milano e Genova e il 26 Torino. In Italia, il 25 aprile si commemora l'anniversario della Liberazione dal Nazifascismo.
Il giorno 27 aprile 1945 **Mussolini fu catturato** nei pressi di **Dongo**, sul lago di Como, mentre tentava di espatriare in Svizzera e il giorno 28 venne **fucilato** con alcuni suoi stretti collaboratori dal colonnello Walter Audisio, a Giuliano di Mezzegra, in esecuzione di un ordine del ***Comitato di Liberazione Alta Italia***. I loro corpi furono esposti nel Piazzale Loreto, a Milano, dove le bande fasciste il 10 agosto 1944 avevano esposto i corpi di 15 ostaggi da loro fucilati per rappresaglia. Fu sepolto a Predappio.
Il 29 aprile avvenne la capitolazione delle truppe tedesche in Italia.
Fra le nazioni dell'Asse coinvolte nella Seconda Guerra Mondiale, la Germania ebbe il maggior numero di morti (oltre 7 milioni tra civili e militari).
Verso la fine della guerra nacque l'organizzazione **ODESSA** con lo scopo di proteggere la fuga di nazisti dalla Germania occupata.

3.7.12 Il dopoguerra: Il processo di Norimberga, la nascita dell'ONU e i trattati di pace

Al termine del conflitto, le potenze vincitrici istituirono un tribunale militare internazionale per giudicare e punire i crimini commessi dai nazisti ritenuti i maggiori responsabili della guerra. Per non essere catturati, alcuni dirigenti del Terzo Reich fuggirono in America Latina, altri si suicidarono, ma i 24 che comparvero davanti al tribunale, furono **processati** per crimini contro l'umanità quali stragi, deportazioni, persecuzioni per motivi politici, razziali o religiosi tra il 1945 e il 1946 a ***Norimberga*** (unico tribunale grande non distrutto dai bombardamenti). I dirigenti nazisti condannati a morte al processo furono in tutto dodici.

Ernst Kaltenbrunner, capo del "RSHA" (Ufficio Centrale per la Sicurezza del Reich) fu condannato a morte e impiccato nell'ottobre 1946; **Hermann Goering**, Comandante della Luftwaffe, morì suicida; **Hjalmar Schacht**, ministro dell'Economia nella Germania nazionalsocialista, dove era accusato di crimini contro la pace, fu assolto. **Joachim von Ribbentrop**, ministro degli esteri della Germania nazista, dopo il processo di Norimberga, fu il primo ad essere giustiziato mediante impiccagione.

Uno dei personaggi più spietati che diede vita ai massacri della "razza inferiore", fu **Heinrich Himmler**, da Hitler nominato ministro dell'interno nel 1943. Il suo nome è legato alla "***soluzione finale***" come programma di sterminio degli **Untermenschen** (uomini "inferiori" rispetto alla razza ariana).

Adolf Eichmann, il principale responsabile dell'Olocausto (sterminio sistematico degli ebrei), si nascose in Italia fino al 1950 per poi emigrare in Argentina dove fu rintracciato dal ***Mossad*** che lo rapì e lo fece processare in Israele dove venne condannato a morte ed impiccato nel 1962.

Erich Priebke, deceduto a Roma nel 2013, fu condannato per l'eccidio delle Fosse Ardeatine.

Occorre Sapere

Il termine **Shoah** si riferisce storicamente allo sterminio sistematico degli ebrei attuato dal regime nazista.
Furono creati diversi campi di sterminio sparsi per l'Europa, i più importanti furono:
- in Germania, a **Buchenwald**, dove morì la principessa Mafalda di Savoia e in prossimità di Monaco di Baviera il campo di sterminio di **Dachau**;
- in Polonia, ad **Auschwitz I**, **Treblinka** (secondo campo di sterminio per numero di vittime) e **Birkenau** (Auschwitz II, il primo campo) dove morirono la maggior parte degli ebrei per via della "soluzione finale alla questione ebraica";
- in Austria, quello di **Mauthausen**;
- in Italia, quello di **San Sabba**. Nella Penisola, il motto dei campi di internamento nazisti era tradotto in italiano "**Il lavoro rende liberi**".

Con il titolo il "**Giusto tra le nazioni**" si assegnò una onorificenza a coloro che, a rischio della propria vita, salvarono anche un solo ebreo dalla Shoah. **Oskar Schindler** ricevette l'onorificenza per aver salvato circa 1.100 ebrei dallo sterminio.

Il diplomatico e filantropo svedese **Folke Bernadotte**, noto per aver ottenuto la liberazione di circa 31.000 prigionieri dai campi di concentramento tedeschi, fu ucciso da un gruppo sionista nel 1948 a Gerusalemme.

Poi, nell'intento di scongiurare altre guerre fu creata l'**ONU**, il cui statuto fu elaborato dalla Conferenza che, su iniziativa di Cina nazionalista (Taiwan), Francia, Regno Unito, URSS e USA, riunì a **S. Francisco**, in California, dal 25 aprile al 26 giugno 1945, i rappresentanti di 50 Paesi, ed entrò in vigore il 24.10.1945. Costituisce un'organizzazione di carattere univer-

sale, in linea di principio aperta a tutti gli Stati e fu creata per mantenere la pace e la sicurezza e promuovere la cooperazione internazionale nei settori economico, sociale, culturale.
Nel 1945 venne proclamata la Repubblica Federativa Socialista della Jugoslavia.
Nel 1947, a Parigi, vennero firmati i **trattati** tra i quattro vincitori (Usa, Inghilterra, Francia, URSS) e gli sconfitti, ad eccezione della Germania.
L'**Italia** dovette cedere **Briga** e **Tenda** alla Francia, rinunciare all'Impero coloniale di **Rodi** e al **Dodecaneso** (queste ultime andarono alla Grecia); **Trieste** fu contesa fra Italia e Jugoslavia, ed alla fine divisa, come *territorio libero*, in due zone: la **zona A** anglo-americana; la **zona B** Jugoslava; l'**Istria**, alla Jugoslavia; dovette cedere anche la nave scuola **Cristoforo Colombo**, della Marina Militare, all'URSS. Per ultimo fu posta a Roma un'indennità di guerra che inglesi e Americani non pretesero, mentre la Jugoslavia e l'URSS sì.
Bulgaria, Romania, Ungheria e Finlandia, occupati dall'Armata Rossa, si piegarono a trattati corrispondenti alle esigenze di Mosca.
L'**URSS** ottenne la Polonia, le regioni di Bielorussia e Ucraina, consentendo però all'annessione polacca di Pomerania, Slesia e parte della Prussia Orientale. Il Paese uscì dalla guerra stremato sia economicamente che psicologicamente e dovette attendere molto tempo per riprendere dignità.
In Asia il **Giappone** perdeva i possedimenti in Cina, Formosa, Sakhalin e Corea.
Subito dopo la fine della Seconda Guerra mondiale, una guerra civile causò ingenti danni economici alla **Grecia**.
I vincitori mantennero il controllo sui rispettivi imperi coloniali, anche se l'epoca della decolonizzazione era prossima.
Dopo la **Conferenza di Mosca** (marzo-aprile 1947) la Germania rimase divisa in quattro zone di occupazione: francese, inglese, americana e sovietica.

OCCORRE SAPERE

Enrico Fermi, scienziato italiano, costruttore della prima pila atomica, vinse nel 1938 il Nobel per la fisica.
Anna Frank era la giovanissima scrittrice deceduta nel campo di concentramento di Bergen-Belsen.
Le ***foibe*** erano voragini rocciose create dall'erosione di corsi d'acqua che divennero, tra il 1943 e il 1947, fosse comuni per migliaia di italiani.
I **fratelli Cervi** erano sette fratelli di Reggio Emilia che per la loro attività antifascista vennero **fucilati** nel novembre del 1943.
Nell'aprile 1943 si verificò la drammatica **insurrezione del ghetto di Varsavia**.
Nella Seconda Guerra mondiale, i **razzi telecomandati V1 e V2** erano le armi segrete **tedesche**.
Il processo ai criminali giapponesi della seconda guerra mondiale si tenne a **Tokyo**.
Per ***oscuramento delle città*** si intendeva l'eliminazione di ogni fonte di luce durante la notte.
Nel corso della guerra, le truppe italiane non furono impegnate in territorio inglese.
Il primo computer **Colossus** fu costruito nel 1943, in Inghilterra per decifrare i messaggi nel periodo di guerra.
Andrej Sacharov era uno scienziato russo che contribuì allo sviluppo della bomba atomica e che per le sue posizioni di dissenso contro il regime comunista fu allontanato dal lavoro e confinato.
Subito dopo la Seconda Guerra mondiale venne fondata a Roma l'**ANSA**.
Il primo esploratore a raggiungere il Polo Sud fu **Roald Engelbert Amundsen**.
Palmach era il nome della forza di combattimento regolare degli Yishuv nella Palestina britannica.
Wilhelm Canaris fu il capo dello spionaggio militare del Nazismo.
Il fondatore del Partito Comunista ungherese fu **Béla Kun**.
Il **Fronte della gioventù** nacque come organizzazione giovanile del Partito Socialista.
Gabriela Mistral, scrittrice cilena, ha vinto nel 1945 il Premio Nobel per la letteratura.
La **conferenza (o accordi) di Bretton Woods** si tenne dal 1° al 22 luglio 1944 nei pressi di Carroll (New Hampshire), per stabilire le regole delle relazioni commerciali e finanziarie tra i principali paesi industrializzati

del mondo che portarono all'istituzione del **Fondo Monetario Internazionale**. Gli accordi definiscono un sistema di regole e procedure per controllare la politica monetaria internazionale.
Eleanor Roosevelt, vissuta tra il 1884 e il 1962, lottò fermamente per i diritti civili e presiedette la commissione che approvò la *Dichiarazione universale dei diritti dell'uomo.*
Ernesto Buonaiuti (Roma 1881-1946), storico antifascista, fu il principale esponente del modernismo cattolico italiano.
W. L. Spencer Churchill è stato l'unico uomo politico a vincere anche un premio Nobel per la letteratura.

Capitolo 4
La guerra fredda e la divisione dell'Europa in due blocchi - La decolonizzazione

4.1 La guerra fredda

4.1.1 L'inizio della tensione

L'espressione "Guerra fredda" indica lo stato di tensione esistente tra USA ed URSS iniziato alla fine della Seconda Guerra mondiale e terminato nel 1991, con la dissoluzione dell'URSS. Nel corso di quegli anni entrambe le superpotenze cercarono di rinnovare i propri arsenali per assicurarsi la superiorità militare sugli avversari; era una "corsa agli armamenti" che comportò rischi e ingenti costi militari. Il muro, eretto a Berlino nel 1961, con il suo filo spinato, le torrette di guardia, i poliziotti armati ne divenne il simbolo più significativo.

Nel 1948 **Berlino** si trovava nel mezzo della Germania Est, occupata dai russi. Stalin ordinò il blocco di tutte le vie di accesso a Berlino Ovest (**blocco di Berlino**), con l'intento di occupare anche questa zona della città. Gli Americani risposero organizzando un gigantesco ponte aereo che rifornì la città.

4.1.2 Il blocco occidentale e la politica statunitense dal 1945 ad oggi

Al termine del secondo conflitto mondiale molti Paesi europei erano instabili sia economicamente che politicamente. Gli USA, temendo un attacco militare dall'URSS (l'***Armata Rossa*** era l'esercito più forte del mondo) decisero di rafforzare l'economia europea per bloccare qualunque tentativo di espansione del comunismo e presentarono un piano di aiuti economici per la ricostruzione europea denominato: ***Piano Marshall (European Recovery Program)*** dal nome del segretario di Stato statunitense che lo presentò nel 1947, che concesse, tra il 1948 ed il 1952, fondi a titolo gratuito o a tassi di interesse bassissimo per acquistare materie prime, attrezzature dagli USA o dagli altri Paesi. Il piano favorì, quindi, l'integrazione e la stabilizzazione tra i Paesi del blocco occidentale, che consolidarono la loro intesa anche sul piano politico-militare il 4 aprile 1949 con la firma del ***Patto Atlantico***. Per realizzare gli obiettivi del patto si costituì nello stesso anno un'alleanza militare di difesa: la ***NATO***, a cui aderirono Stati Uniti, Canada e quasi tutti i Paesi dell'Europa occidentale; lo scopo dichiarato era la salvaguardia della libertà degli Stati membri in base al principio di democrazia favorendone la cooperazione in campo economico, sociale e culturale. La Repubblica Federale tedesca vi aderì nel 1955.

Oltre a ciò fu creato un nuovo ordine economico e monetario stabile basato sul dollaro; tale sistema internazionale venne definito nel luglio 1944 con gli ***"Accordi di Bretton Woods"*** tra gli USA ed i Paesi impegnati nella lotta contro l'Asse, sull'esperienza negativa della crisi economica del '29; in questa occasione si stabilì la convertibilità di tutte le monete in dollaro, il cui valore era fissato in relazione all'oro.

I prezzi calarono e molte persone poterono acquistare macchine fatte in serie. La ***dottrina di Truman***, subito dopo la fine della Seconda Guerra mondiale, voleva contenere il comunismo e porre gli Usa come guida del "mondo libero".
L'avversione al comunismo vide come maggior artefice il senatore Joseph **McCarthy** che sostenne delle leggi per estromettere i comunisti dalla scena politica. Il "**maccartismo**" si può definire una caccia alle streghe rivolta contro ogni presunto dissidente e sospetto "comunista".
Anticomunismo e conservatorismo continuarono a caratterizzare la politica americana anche negli anni Cinquanta durante la Presidenza di **Eisenhower** (1953/1961).
Il 21 agosto 1959 avvenne l'inserimento delle isole Hawaii come 50° Stato federato degli Stati Uniti d'America.
L'America del benessere aveva anche dei grandi problemi, primo tra tutti quello delle minoranze. Nel dicembre 1955, in Alabama, **Rosa Parks**, 42 anni, di colore, mise in atto la prima di una serie di proteste contro il razzismo studiate con l'associazione per i diritti civili di cui Rosa faceva parte. In particolare schiaffeggiò il governatore dell'Alabama. La protesta dei neri, discriminati, esplose violenta verso la meta degli anni Cinquanta, ma con **Martin Luther King** la battaglia per l'integrazione divenne non violenta; egli seppe diffondere elementi di tolleranza e fratellanza tra la gente ed ottenne l'appoggio dell'opinione pubblica tanto che lo stesso Presidente **John Fitzgerald Kennedy** (presidente dal 1960) appoggiò il progetto di legge per l'estensione dei diritti civili ai neri. Nel 1963 M.L. King promosse una grande manifestazione per la libertà e i diritti civili che raccolse a Washington oltre 250.000 persone (è sua la famosa frase: **I have a dream**, io ho un sogno); nel 1964 ricevette il Premio Nobel per la pace.
La politica di **Kennedy** fu chiamata "***nuova frontiera***" poiché era una nuova apertura per raggiungere l'uguaglianza fra gli esseri umani e combattere la disuguaglianza e la discriminazione. Fu assassinato in circostanze misteriose a Dallas nel novembre 1963 (di conseguenza figura tra i Presidenti americani non rieletti per un secondo mandato. Della sua uccisione fu accusato **Lee Harvey Oswald**), così le leggi sull'integrazione razziale furono varate dal suo successore **Johnson** (1963/1968) che continuò la sua politica e che vide il coinvolgimento dell'America nella prima fase della **guerra in Vietnam**.
Negli anni Sessanta, la mobilitazione dei neri, iniziata come movimento pacifico, esplose in una serie di aspre rivolte dei ghetti metropolitani ispirate all'ideologia rivoluzionaria. **Malcom X**, leader del movimento ***Musulmani Neri*** fu assassinato nel 1964.
Dagli USA partì il più vasto **movimento di contestazione** e ribellione, sulla scia delle proteste contro la guerra in Vietnam, che ebbe come protagonisti i giovani e soprattutto gli studenti. L'anno culminante fu il 1968 durante il quale il movimento di contestazione si diffuse in molti Paesi dell'Occidente e dell'Oriente assumendo connotazioni differenti esprimendosi in nuovi linguaggi musicali, nella pratica della non violenza, nell'incontro con religioni orientali (buddismo, induismo) e nella disponibilità all'uso di stupefacenti leggeri. In Italia, la **protesta** degli studenti universitari iniziata nel **1968** si saldò ben presto con quella degli operai che lottavano per il rinnovo dei contratti di lavoro. Nacque in quegli anni un nuovo movimento: il **femminismo** che rivendicava la parità tra uomo e donna, ma soprattutto la scoperta da parte di quest'ultima di poter rivestire nuovi ruoli all'interno della società oltre quelli di moglie e madre e di poter ottenere l'affermazione personale e l'emancipazione economica dall'uomo.
Le elezioni presidenziali del 1968 videro la vittoria del repubblicano **Richard Nixon** (37° presidente) che cercò di avviare negoziati di pace con i nordvietnamiti anche ripristinando i contatti con la Cina, ove andò in visita ufficiale nel 1972, anno in cui il Presidente fu rieletto; la sua presidenza si interruppe, tuttavia, prima della fine del mandato per "***lo scandalo Wa-***

tergate" (1973), una vicenda di spionaggio e controlli illeciti a danno degli avversari democratici, infatti si dimise nel 1974.
Nell'aprile del 1968 anche **Martin Luther King** rimase vittima di un attentato mortale a Memphis e nel giugno dello stesso anno anche ***Robert Kennedy***, candidato liberale alle elezioni, fu ucciso in California.
Nel 1969, all'apice della diffusione della cultura hippy, ebbe larga eco un concerto di 16 ore di musica rock, folk e pop che radunò più di 800 mila giovani a **Woodstock**.
Le presidenze di **G. Ford** (38° presidente) e **J. Carter** (39° presidente) furono poco brillanti, non solo per lo scandalo del predecessore, ma anche per la sconfitta in Vietnam e ciò portò all'appannamento del prestigio americano.
Nel 1980 fu eletto Presidente il repubblicano **Ronald Reagan** (40° presidente) che conquistò l'opinione pubblica e le classi dirigenti con un programma che prevedeva la difesa del dollaro ed un più serrato confronto politico-militare con l'URSS; ciò gli permise di essere rieletto nel 1984.
Nella politica degli armamenti, Reagan va ricordato per il contributo alla Strategic Defense Initiative – Iniziativa di difesa strategica (SDI), tesa a creare uno scudo spaziale in grado di neutralizzare le minacce missilistiche attraverso raggi laser; tale progetto fu però criticato per le ingenti spese che comportava.
L'immagine del Presidente è rimasta intatta fino alla fine del suo secondo mandato nel 1988, grazie anche al successo in quell'anno dei suoi incontri con **Gorbaciov** (**Urss**), tendenti a favorire un clima più disteso tra le due superpotenze. Il Presidente fu però coinvolto in uno scandalo chiamato "***Irangate***".
Il suo successore **B. Clinton** (41° presidente) fu eletto nel 1992. Gli Stati Uniti comunque intervennero negli otto anni del suo duplice mandato in qualità di mediatori o con truppe armate in Somalia (operazione Restore Hope), in Corea, in Irlanda ed in Medio Oriente.
Nel 2000 fu eletto G.W. Bush, (42° presidente), riconfermato nel 2004, che si trovò ad affrontare una delle pagine più tristi nella storia dell'umanità: la lotta al terrorismo internazionale di matrice islamica. Nel periodo della sua amministrazione il Segretario di Stato fu Colin Powell (2001-2005) nel primo mandato e successivamente Condoleeza Rice. Dick Cheney fu vicepresidente dal 2001al 2009.
Nel 2008 a seguito delle elezioni presidenziali, per gli Stati Uniti d'America si aprì una nuova era: fu eletto il 43° Presidente **Barack Obama** (già governatore dell'Illinois) primo afro-americano nella storia a ricoprire questa carica, sposato con **Michelle LaVaughn Robinson,** riconfermato, alla guida del Paese, nel 2012 (Joe Biden è il nome del vicepresidente durante il suo mandato). Nel suo secondo mandato il segretario di stato fu **John Kerry**. Nel 2016 è stato eletto suo successore il 45° Presidente **Donald Trump**.

4.1.3 Il blocco orientale dalla politica di Stalin alla destalinizzazione

Il blocco dell'Europa orientale comprendeva i Paesi della Germania orientale, della Polonia, dell'Ungheria, della Cecoslovacchia, della Romania e della Bulgaria.
La "***sovietizzazione***" rese più omogenea questa parte dell'Europa, ma non livellò del tutto le differenze tra gli Stati che sarebbero riemerse nel corso dei quaranta anni di domino sovietico.
Politicamente, nei Paesi posti sotto l'influenza sovietica furono istituite, per volere di **Stalin** – Iosif Vissarionovic Džugašvili (la stagione delle "***grandi purghe staliniane***" iniziò in Russia nel 1934), delle Repubbliche popolari dove il potere fu assunto dal partito comunista; successivamente esse furono trasformate in Stati satelliti e cominciarono a dipendere dall'URSS sia politicamente che economicamente; le stesse non potevano avere alcun rapporto con gli

altri Paesi non comunisti dell'Occidente: una ***"cortina di ferro"*** (come disse Churchill) si alzò tra i Paesi dell'est e dell'ovest europei.
Stalin impostò la ricostruzione dell'URSS con "**piani quinquennali**" che rafforzarono l'industria pesante ed inasprirono il trasferimento di risorse dall'agricoltura all'industria. Favorì la "**politica del terrore**" con processi farsa e deportazioni nei campi di concentramento (***gulag***). Per estendere il controllo sulle campagne, Stalin ordinò di eliminare i ***kulaki*** come classe confiscando le loro proprietà. Nel 1949 si costituì il "**Consiglio di Mutuo Aiuto Economico**", noto con la sigla **COMECON**, un'alleanza tra le Repubbliche socialiste europee appartenenti alla sfera di influenza dell'Unione Sovietica.
Nel 1953 l'URSS fece esplodere la sua prima Bomba H.
Nel 1955 L'URSS ed i Paesi satelliti costituirono un'alleanza militare per opporsi alla NATO denominata: **Patto di Varsavia** a cui non aderì la Jugoslavia.
Dopo la morte di Stalin (marzo 1953) si aprì una nuova fase nella storia dell'URSS con **Chruscev**, fautore di un cambiamento che allentasse la dittatura e ridesse fiato all'economia (***nuovo corso***). Egli, in occasione del XX Congresso del PCUS del 1956, condannò il "***culto delle personalità***", e denunciò gli aspetti totalitari ed oppressivi dello stalinismo come fattori che avevano impedito la realizzazione del socialismo, tuttavia rimase rigido il controllo sui Paesi satelliti dell'Europa orientale, dove si ebbero presto violente proteste.
Molto violenta fu la **rivolta in Ungheria nel 1956**, una vera insurrezione popolare contro il dominio dell'URSS; furono cacciati i governanti imposti durante il periodo di Stalin ed un nuovo governo costituto da più partiti, dichiarò la volontà dell'Ungheria di uscire dal Patto di Varsavia per diventare autonoma. La rivolta fu repressa dai carri armati sovietici, il capo del governo, **Imre Nagy**, dopo un processo a porte chiuse, venne processato e giustiziato in gran segreto dal governo di **Kádár** ed il Paese ricadde sotto il controllo dell'URSS.
Tra i protagonisti del "**disgelo**" politico tra USA e URSS vi furono: John Kennedy, Nikita Cruscev e Papa Giovanni XXIII.
Chruscev si dimise nel 1964 e la carica di segretario del PCUS fu assunta da **Breznev** che si impegnò nel tentativo di modernizzare l'economia concedendo più autonomia alle imprese e rendendo più efficiente la produzione agricola. Rimasero rigidi i controlli sulle attività culturali con lo scopo di reprimere qualsiasi forma di dissenso che venisse dal mondo intellettuale; elaborò, come linea di politica estera sovietica, la dottrina della sovranità limitata.
Durante il suo mandato, sul finire degli anni Sessanta, tornarono a manifestarsi movimenti indipendentisti dai Paesi satelliti.
In **Cecoslovacchia** gli stessi dirigenti del partito comunista ed il suo segretario ***Alexander Dubcek*** nel 1968 diedero il via ad importanti riforme che abolirono la censura e favorirono un maggior rispetto per i diritti umani incoraggiando l'iniziativa economica privata. Questa iniziativa che prese il nome di **"Primavera di Praga"** ebbe però vita breve poiché le truppe del Patto di Varsavia invasero, nell'agosto dello stesso anno, il Paese riportando il controllo sovietico. Avvenne, infatti, una dura repressione contro siffatto tentativo cecoslovacco di instaurare un "socialismo dal volto umano". ***Jan Palach***, studente di filosofia dell'Università Carlo IV di Praga, dopo l'occupazione russa si cosparse il corpo di benzina e si diede fuoco con un accendino in piazza San Venceslao, al centro di Praga.
Nel 1979 Breznev inviò truppe sovietiche in **Afghanistan**, per sostenere il regime filosovietico del Paese, che si stava scontrando con un gruppo di guerriglieri islamici che lo stava indebolendo (in quel periodo il Presidente americano era Ronald Reagan).
La guerra si protrasse per nove anni con costi altissimi fino a quando i russi nel febbraio 1989 si ritirarono lasciando i guerriglieri in lotta tra loro.

All'inizio degli anni '80 vi fu un breve interregno di Andropov, successore di Breznev, morto nel 1982. Il cambiamento nella politica russa avvenne nel 1985 quando a Konstantin Ustinovič Černenko successe Michail Gorbaciov, il quale apportò molte novità, sia in campo interno che internazionale. Il suo nome è infatti legato alla "**perestrojka**" (riforma), con interventi volti a introdurre nel sistema socialista elementi di economia di mercato, e alla trasparenza (glasnost). Le riforme ottenute permisero un miglior dialogo con l'Occidente. In politica estera adottò la non ingerenza negli affari interni delle nazioni alleate, la cosiddetta "Dottrina Sinatra".
Egli, in seguito, nel 1990 fu insignito del Premio Nobel per la Pace.
I negoziati tra Gorbaciov e Reagan, avvenuti a **Ginevra** nel **novembre 1985** ed a **Reykjavik nell'ottobre 1986**, segnarono la fine di tensioni e di incomunicabilità tra USA ed URSS. Infine, il vertice del **dicembre 1987 (Washington)** condusse ad un accordo sulla riduzione degli armamenti missilistici in Europa: per la prima volta fu concordata la distruzione di armi nucleari.
Altri incontri tra Gorbaciov e Bush a **Malta** nel dicembre '89 ed a **Washington** nel giugno '90 posero le basi per ulteriori accordi sulla riduzione degli armamenti strategici.
La collaborazione tra le due superpotenze portò i Paesi della Nato e del Patto di Varsavia alla firma di un **Trattato di non aggressione e di riduzione degli armamenti convenzionali** (Parigi, novembre 1990).
La crisi del comunismo sovietico ebbe come conseguenze il crollo dei regimi comunisti nell'Europa dell'Est.
In **Polonia**, già nel 1980-'81, vi erano stati dei significativi cambiamenti con la nascita di un sindacato indipendente denominato ***Solidarność*** (solidarietà), appoggiato dal clero e guidato da **Lech Walesa**. Per bloccare l'avanzata di tale movimento nel 1981 il **generale Jaruzelski**, segretario del Partito operaio polacco, aveva attuato un colpo di Stato militare, assumendo i pieni poteri e mettendo fuori legge Solidarność. Successivamente lo stesso generale aveva cercato di riappacificarsi con la Chiesa e con il sindacato indipendente. I tentativi di dialogo sfociarono nel 1988 negli **accordi di Danzica** con i quali Gorbaciov si impegnava ad una riforma costituzionale che, sebbene avesse assicurato ai comunisti la maggioranza, consentì lo svolgimento delle prime elezioni (1989) in un Paese comunista (vinte dai candidati di Solidarność). Nel 1990 la carica di Presidente della Repubblica passò a Lech Walesa. La Polonia, nel quadro della "partnership per la pace", aderì alla NATO nel 1994.
Dal 1991 al 1999 fu Presidente della Federazione Russa **B. Eltsin** che, con **V. Putin**, divenuto poi Presidente nel 1999, intervenne nella guerra contro la Cecenia che nel 1991 si era proclamata indipendente. La guerra durò 2 anni, dal 1994 al 1996; la resistenza non fu sedata e il conflitto riprese nel 1999 per un problema relativo all'esistenza di più etnie; ancora oggi la zona più a rischio è il Caucaso.
Anche l'**Ungheria** avviò delle riforme con la deposizione nel 1989 del vecchio **Kadar**. I nuovi dirigenti comunisti, quindi, legalizzarono i partiti e indissero libere elezioni nel 1990. L'Ungheria divenne neutrale e indipendente dall'URSS.
Il 9 novembre 1989 furono aperti i confini tra le **due Germanie** e furono permessi i passaggi attraverso il **muro di Berlino** (costruito nel 1961), che segnava il punto di riferimento della guerra fredda. Negli anni compresi tra il 1961 e il 1989 non era possibile passare liberamente dalla Germania Est alla Germania Ovest; l'emigrazione era praticamente proibita e poteva costare la vita. Il 3 ottobre 1990 la Germania è stata riunificata con Berlino capitale.
Successivamente in **Cecoslovacchia** ingenti manifestazioni popolari guidate da **Havel** e **Dubcek** resero possibile la caduta del gruppo dirigenziale comunista e avviarono un processo di

democratizzazione. Nel 1989 cadde il regime comunista e il 28 dicembre 1989 **Havel divenne** Presidente della Repubblica, poi nel gennaio del 1993 si costituirono la Repubblica Ceca e quella Slovacca.

In **Romania**, purtroppo, il mutamento del regime attraversò momenti drammatici per l'opposizione della dittatura di **Nicolae Ceausescu** (la sua agguerritissima polizia segreta si chiamava "*securitate*"), abbattuta nel dicembre 1989 dopo un sanguinoso tentativo di repressione.

Anche dopo la caduta di Ceausescu la situazione romena è rimasta instabile, causata da protesta sociale e da conflitti etnici.

In **Jugoslavia**, **Tito** divenne Presidente della "Federazione delle Repubbliche Jugoslave" alla fine della Seconda Guerra Mondiale. Il suo regime autoritario soffocò, senza spegnerli, gli antagonismi etnici e religiosi tra le diverse nazionalità. Alla morte di Tito, nel 1980 la crisi del regime a partito unico fece saltare gli equilibri su cui si reggeva il Paese, portando allo scontro armato ed alla disgregazione dello Stato federale. Tra il '90 e il '91 prima la Slovenia poi la Croazia (il gruppo estremista degli ***ustascia***, ricomparso nel corso delle guerre civili avvenute di recente in Jugoslavia, è il simbolo del nazionalismo croato) proclamarono la propria indipendenza; successivamente Macedonia e Bosnia si proclamarono Repubbliche indipendenti.

Nel 1992 in **Bosnia** scoppiò una guerra civile che durò tre anni, combattuta in nome di tre etnie e tre religioni diverse. Vi erano, infatti, bosniaci musulmani, croati cattolici e serbi ortodossi. Nel 1995 a **Srebenica**, si consumò il massacro di 8000 bosniaci. Il conflitto si risolse nello stesso anno con l'intervento della NATO. Nel 1996 la Bosnia rimase un unico Stato, formato da due territori separati ed autonomi, uno croato-musulmano, l'altro serbo.

Distaccatasi dalla Bosnia, la **Repubblica federale Jugoslava** comprendeva Serbia e Montenegro, con capitale Belgrado; il suo Presidente era **S. Milosevic** (fu uno dei principali fautori della rinascita del nazionalismo serbo ed ebbe un ruolo di primo piano nei drammatici eventi che negli anni Novanta scossero la Iugoslavia e i Balcani). Della regione faceva parte anche il Kosovo, una regione montuosa ai confini con l'Albania, abitata in prevalenza da albanesi musulmani.

Nel 1992 il **Kosovo** (l'**Ushtria Çlirimtare e Kosovës** – UÇK o UCK – era l'organizzazione paramilitare guerrigliera e terroristica kosovaro-albanese) ha reclamato l'indipendenza, ma la Federazione si oppose con ogni mezzo. È scoppiata, pertanto, una guerra civile tra Serbia e Kosovo che si concluse con un intervento militare della NATO che ricorse anche ai bombardamenti sulla Serbia nel 1999. Da quell'anno il Kosovo, autonomo, ma non indipendente, è soggetto all'amministrazione civile dell'ONU (K.F.O.R. è la Forza Multinazionale di Pace presente nel territorio). Nel 2002, a tre anni dalla fine della guerra e dopo più di tre mesi dalle elezioni politiche, il Paese ha il primo Presidente: **Ibrahim Rugova**.

S. Milosevic, accusato di crimini contro l'umanità, è stato sottoposto a processo presso il **Tribunale Internazionale dell'Aia** (istituito ufficialmente nel 2002) ed è stato trovato morto in carcere il 12/3/2006; sono state escluse le ipotesi di avvelenamento.

L'**Albania** è stato l'ultimo dei Paesi balcanici ad abbandonare il comunismo, rompendo i rapporti con l'URSS e con la Cina, che a lungo l'aveva aiutato. Durante gli anni Novanta sono iniziati i primi focolai di protesta contro il regime uniti a massicce fughe della popolazione soprattutto verso l'Italia. Sono avvenute delle elezioni che hanno avviato il processo di democratizzazione nel 1991, nel 1996 e nel 1997. Oggi il Paese ha raggiunto maggiore stabilità, ma è ancora il più povero d'Europa con un altissimo grado di emigrazione clandestina, contrabbando e tratta delle donne destinate alla prostituzione.

Anche in **Unione Sovietica** le Repubbliche baltiche di Lettonia, Estonia, Lituania proclamarono l'indipendenza, seguite successivamente dalla Georgia, dall'Armenia, dalla Moldavia e dall'Ucraina. Gorbaciov tentò di proporre un nuovo trattato di unione meno rigido, ma che garantisse l'esistenza dell'URSS come Stato, come entità militare e come soggetto di politica internazionale.
Tuttavia, i Presidenti delle tre Repubbliche baltiche (ad eccezione della Georgia) fecero un accordo ipotizzando una comunità di Stati sovrani, ottenendo in tal modo il consenso delle altre repubbliche ex sovietiche. Il 21 dicembre 1991 ad **Alma Ata** i rappresentanti delle Repubbliche diedero vita alla **Comunità degli Stati indipendenti** (**CSI**), decretando la fine dell'Unione Sovietica e del suo Presidente; ciò comportò le dimissioni di Gorbaciov.
In seguito al fallito colpo di Stato che nel 1991 fu attuato dalle forze più reazionarie per sostituire Gorbaciov, vide aumentare il proprio prestigio perché considerato come capo dell'opposizione democratica **Boris Eltsin** che, eletto Presidente, rassegnò le dimissioni dalla presidenza della Federazione Russa nel 1999.
Nel 1999 fu intrapresa dalla Federazione russa (è divisa in 83 soggetti federali dei quali 21 sono repubbliche) contro i separatisti ceceni la Guerra nel Caucaso Settentrionale (o **Seconda guerra Cecena**). La prima guerra cecena venne combattuta sempre tra Russia e Cecenia dal 1994 al 1996 e finì con la dichiarazione d'indipendenza della Cecenia.
Nel 2000 è diventato Presidente della federazione russa **Vladimir Putin** e dal 2002 il Paese fa parte della NATO (anche se la sua adesione nel quadro "partnership per la pace", è avvenuta nel 1994). Ciò ha determinato la fine della "guerra fredda". I rapporti con gli Stati Uniti, inoltre, si sono ulteriormente distesi nel 2003 quando gli arsenali atomici dei due Paesi sono stati sensibilmente ridotti rispettando la firma del 1993 del trattato sul disarmo (**START 2**).

4.1.4 Il non allineamento

I Paesi del Sud del mondo (29 Paesi afroasiatici), per formare una coesione fondata sui caratteri comuni di povertà e arretratezza e per dichiarare l'uguaglianza tra tutte le nazioni, convocò la "**Conferenza di Bandung**" (1955) in Indonesia; successivamente la "**Conferenza di Belgrado**" del 1961 portò alla nascita del movimento dei **Paesi non allineati** con a capo il generale Tito, l'indiano Nehru e l'egiziano Nasser il cui intento era lottare per lo sviluppo economico e sociale dei Paesi membri e per la pace.

4.2 La decolonizzazione

Dopo la Seconda Guerra mondiale si assistette al processo di indipendenza dei popoli afroasiatici ed allo smantellamento del sistema coloniale.

4.2.1 L'indipendenza dei Paesi asiatici

L'**Asia** fu la prima ad affrancarsi dal dominio coloniale.
L'**India** sotto l'influenza di **Gandhi**, con una serie di campagne di disobbedienza civile e boicottaggio delle istituzioni inglesi, aveva ottenuto importanti concessioni, come la *Costituzione federale* del 1935, oltre la promessa, strappata agli Inglesi di concedere all'India l'indipendenza.
A guerra finita, la Gran Bretagna aprì i negoziati per il trasferimento della sovranità. Gandhi si batteva per uno Stato unitario laico dove potessero vivere musulmani ed indù, mentre questi ultimi rivendicavano la separazione. Nell'agosto del 1947 sono sorti due Stati: l'**Unione indiana**, prevalentemente indù, ed il **Pakistan musulmano**. La creazione di due Stati non

placò le tensioni ed i tumulti: India e Pakistan combatterono due guerre nel **1948** e nel **1965** per il controllo della regione del *Kashmir musulmano*, che fu assegnato all'Unione indiana. Gandhi fu assassinato da un estremista indù nel 1948. Nel corso degli anni successivi in India, dapprima con il potere esercitato da **Nehru**, poi da sua figlia **Indira Gandhi** (uccisa nel 1984 da un militante Sikh), le istituzioni democratico-parlamentari mantennero il confronto con i problemi del Paese, mentre negli altri Stati ciò non si verificò: ad esempio il Pakistan fu a lungo governato da dittature militari.
Nel **sud est asiatico** il processo di emancipazione e gli sviluppi successivi furono condizionati dal confronto tra le forze nazionaliste e quelle comuniste: in **Birmania e Malesia**, indipendenti dal 1948, prevalsero le forze nazionaliste; in **Indonesia**, il movimento nazionalista ottenne l'indipendenza dal colonialismo olandese nel 1949 e il primo Presidente della Repubblica, **Sukarno**, seguì una politica di non allineamento e di emancipazione economica dai capitali stranieri; nel regno di **Thailandia** le forze moderate mantennero sempre il potere. Il 2 settembre 1945 **Ho chi Minh** (leader della resistenza Vietnamita prima, poi capo della Repubblica Democratica del Vietnam del Nord) proclamò l'indipendenza del **Vietnam**. A metà degli anni '50 il **Vietnam fu protagonista di un conflitto** che si concluse soltanto nel 1975 con la caduta di **Saigon**. Il conflitto vide il massiccio coinvolgimento diretto degli Stati Uniti, per i quali risultò essere il più lungo combattuto. Questi misero a disposizione le loro forze militari a sostegno del Vietnam del Sud, senza riuscire però ad ottenere la vittoria politico-militare, subendo al contrario pesanti perdite, e finendo per abbandonare al suo destino, nel 1973, il governo di Saigon.
Il Vietnam, da decenni dipendente dallo Stato francese riuscì, grazie a soldati dell'esercito popolare della Repubblica Democratica del Vietnam, guidati dal generale **Giap**, a conquistare il bastione di **Dien-Bien-Phu** considerato invincibile (maggio 1954) e già alla fine di giugno i francesi erano sconfitti. La prima **guerra d'Indocina** (1946-1954) fra l'esercito coloniale francese e il movimento per l'indipendenza del Vietnam, comportò la fine del dominio coloniale francese in Indocina e la firma di un armistizio tra le parti in guerra, siglato durante la **Conferenza di Ginevra**, il 21 luglio 1954. La penisola indocinese fu divisa in tre Stati indipendenti, Laos, Cambogia (**Pol Pot** è stato un rivoluzionario, politico e dittatore cambogiano, capo dei guerriglieri rivoluzionari i ***Khmer Rossi***, dal 1976 al 1979, quando la sua dittatura fu rovesciata dal vicino stato del Vietnam; è morto nel 1998) e Vietnam e, sulla base degli accordi di Ginevra conseguenti alla vittoria dei **Viet Minh**, il Vietnam fu diviso in due parti lungo la linea del 17° parallelo: il Nord comunista **filo-sovietico** e il Sud **filo-occidentale**, sotto influenza americana. L'accordo prevedeva che il Paese fosse riunificato dopo le libere elezioni indette nel 1956, ma gli USA, temendo una vittoria comunista, si opposero attraverso l'intesa di Ginevra e iniziarono a creare un governo fantoccio nel sud, affidato al cattolico **Ngo Dinh Diem** che, con un colpo di Stato, divenne dittatore del Vietnam del Sud dall'aprile del 1955. Questa mossa da parte degli USA, che pur di contrastare i regimi comunisti hanno tra l'altro fondato nel Sud-Est asiatico la **SEATO** (Organizzazione del Trattato dell'Asia del Sud-Est, 8 sett.1954), causò il conflitto. Nel 1960 i diversi gruppi di comunisti vietnamiti, i cosiddetti **Viet-Cong**, si unirono nel Fronte Nazionale di Liberazione del Vietnam del Sud intensificando la guerriglia contro il governo di **Ngo Dinh Diem** e le forze americane che lo sostenevano.
Il **Pakistan** orientale, nel 1971, si dichiarò indipendente con il nome di **Bangladesh**.
L'isola di **Timor Est**, dichiarò la propria indipendenza dal Portogallo nel 1975.

4.2.2 L'indipendenza dei Paesi Africani

All'inizio degli anni '50, nei Paesi del Maghreb, parte occidentale dell'Africa Nera, il nazionalismo arabo continuò a scontrarsi con la dominazione coloniale francese.

In **Marocco** ed in **Tunisia** la guida del movimento indipendentista fu assunta da forze di ispirazione “occidentalizzante”. Dopo aver cercato di reprimere l’agitazione indipendentista alternando la repressione militare con le proposte di autogoverno, i francesi furono costretti a concedere, nel 1956, la piena indipendenza ad entrambi i Paesi. Il Marocco ottenne l’indipendenza al termine della sanguinosa **guerra della sabbia**, per effetto di un negoziato, mantenendo lo *status* di monarchia.
In **Algeria**, dove la presenza di oltre un milione di francesi rendeva particolarmente rigida la posizione delle autorità, la lotta di liberazione fu particolarmente drammatica.
All’inizio degli anni ’50 si affermò il **Fronte di Liberazione Nazionale**, organizzazione clandestina che propugnava la piena indipendenza dalla Francia. Nel 1957 fu combattuta la drammatica **battaglia di Algeri**, che terminò con una disfatta per l’organizzazione clandestina algerina.
Nel maggio del 1958, temendo un cedimento da parte del governo di Parigi, i coloni, appoggiati da una parte dell’Esercito, creò ad Algeri il Comitato di salute pubblica.
Il Presidente francese **De Gaulle** prese contatto con il Fronte di Liberazione Nazionale, stroncò nel 1961 un tentato colpo di Stato militare ad Algeri e reagì con durezza alla campagna terroristica condotta in Francia. Nel marzo 1962 ad **Evian** fu stipulato un accordo tra governo francese con Charles de Gaulle e governo rivoluzionario su un progetto di indipendenza da sottoporre al giudizio del popolo algerino mediante un referendum. Nel 1963 divenne Presidente dello Stato indipendente algerino **Mohammed Ben Bella** e terminò così la terza fase del colonialismo francese.
Nel 1952 in **Egitto** un gruppo di ufficiali detronizzò il re **Faruk** e proclamò la Repubblica. Nel 1954 si impose alla guida dell’Egitto **Gamal Abdel Nasser**.
In Libia, il 1° settembre 1969, il re **Idris I** fu deposto da un colpo di stato militare guidato da **Muammar Gheddafi**.
Anche a sud del Sahara, in **Africa nera**, il processo di decolonizzazione si compì tra la fine degli anni ’50 e l’inizio degli anni ’60. In questa parte del continente, tale processo fu pacifico, ad eccezione della **Rhodesia del Sud o del Congo**.
Nell’ex-**Congo** belga, oggi Repubblica Democratica del Congo, indipendente dal 1960, le compagnie straniere incoraggiarono la secessione del **Katanga** (a sud del Congo), per poter sfruttare a proprio interesse le ricche miniere di rame e stagno di quella regione; la sanguinosa guerra civile che ne conseguì fece vittime illustri come il primo ministro **Patrice Lumumba** che desiderava l’unità del Paese (il suo governo è durato soltanto dal 24 giugno 1960 fino al 17 gennaio 1961, quando fu trucidato). Il processo di decolonizzazione da parte del Belgio terminò con l’accettazione delle richieste di autonomia e la concessione dell’indipendenza a **Congo**, **Ruanda** e **Burundi** tra il 1960 e il 1962.
Gli Stati dell’Africa meridionale quali **Unione Sudafricana, Rhodesia del Sud** erano governati da minoranze bianche discendenti dai primi colonizzatori e che imponevano ai neri un regime di separazione razziale: l’***apartheid***. Ai neri veniva vietato il diritto al voto, i matrimoni misti ed erano costretti a vivere in quartieri ghetto. Si formarono perciò movimenti che miravano alla conquista dei diritti civili per i neri. Tra i più prestigiosi uomini politici africani vi era **Nelson Mandela**, leader del partito politico **African National Congress**.
Il Commonwealth britannico criticava la politica dell’apartheid ed i dirigenti sudafricani si distaccarono proclamando la **Repubblica Sudafricana** indipendente (1961). In seguito la **Rhodesia del Sud**, oggi **Zimbabwe**, dichiarò la propria indipendenza.
Gli “afrikaner” dell’Africa meridionale erano i discendenti dei coloni olandesi.
Nel 1993 una nuova Costituzione introdusse in Sudafrica il suffragio universale con l’ammissione al voto della maggioranza nera (si formò un governo di coalizione presieduto da Nel-

son Mandela nel quale ai neri furono riservati ministeri importantissimi) e nel **1994** Mandela divenne Presidente della Repubblica, dopo che nel **1993** aveva ricevuto il **Premio Nobel per la pace** per aver posto fine al regime dell'apartheid. Suoi successori alla presidenza sono stati: **Thabo Mbeki** (16 giugno 1999-24 settembre 2008); **Kgalema Motlanthe** (dal 2008 al 2009); **Jacob Gedleyihlekisa Zuma** (dal 2009).
In **Kenya** la rivolta dei MAU-MAU fu repressa violentemente dall'esercito britannico, ma poi i coloni inglesi dovettero abbandonare il Paese, che raggiunse l'indipendenza nel 1963. **Jomo Kenyatta** fu il primo Presidente della Repubblica.
L'**Angola** e il **Mozambico** si liberarono dal dominio portoghese dopo una lacerante guerra nel 1975.
Il primo Paese a ottenere l'indipendenza dalla Gran Bretagna fu il **Ghana** nel 1957, l'ultimo Paese dell'Africa Occidentale Britannica, invece, fu il Gambia (1965).

4.2.3 L'indipendenza dei Paesi dell'America Latina

I **Paesi dell'America Latina** dipendevano dagli Stati Uniti. Fu creata nel 1948, sotto la spinta USA, l'*Organizzazione degli Stati americani*, che doveva realizzare maggior collaborazione economica tra i Paesi del continente e che aveva come scopo politico impedire l'aggravarsi dell'instabilità politica.
Nel 1946 in Argentina fu fondato il ***movimento peronista***. A livello politico nello stesso anno fu instaurato in **Argentina** un regime di stampo populista-autoritario guidato dal **colonnello Juan Domingo Peròn** (Presidente dell'Argentina dal 1946 al 1955 e poi dal 1973 al 1974) che seppe guadagnarsi ampi consensi fra i ceti medi ed i sindacati operai, grazie ad una politica di aumenti salariali, di lotta contro i monopoli e di nazionalizzazione dei servizi pubblici ("***Descamisatos***" era il soprannome dato ai seguaci). Osteggiato dai conservatori, dai vertici delle forze armate e dalle gerarchie ecclesiastiche nel 1955, con un colpo di Stato, Peron fu deposto e costretto a lasciare l'Argentina. Dopo l'alternarsi di vari Presidenti, nel 1966, sotto la minaccia di una nuova vittoria dei peronisti, i generali attuarono un altro colpo di Stato, instaurando una ferrea dittatura fascista. Dopo sette anni di dittatura, i militari lasciarono il potere, permettendo così una nuova presidenza di Peròn fino al 1974. Le elezioni politiche presidenziali del 30 ottobre 1983 assegnarono la maggioranza a **R. Alfonsin**.
Nel 1998 fu arrestato il capo della giunta militare argentina degli anni '70 e '80 **Jorge Videla** con l'accusa di aver ordinato il sequestro di alcuni oppositori politici.
In **Brasile** negli anni '30 si era sviluppato il più importante esperimento populista dell'America Latina, quello di **Vargas** che si suicidò nel 1954, esautorato dai militari. I successori non riuscirono a liberare il Brasile dagli squilibri sociali in cui viveva e nel 1964, con un colpo di Stato, i militari ripresero il potere, instaurando un regime repressivo.
Anche in **Venezuela** ed in **Colombia** si affermarono regimi militari; in **Paraguay** cominciò nel '54 la dittatura del ***generale Stroesser***; in **Perù** nel 1968 il potere fu assunto dai militari di orientamento populista e riformista. Solo in **Uruguay**, **Cile** e **Messico** le istituzioni democratiche tennero. In **Messico** la stabilità politica fu assicurata dal dominio del Partito rivoluzionario istituzionale.
A **Cuba**, la dittatura di Batista fu rovesciata nel 1959, dopo una guerriglia di tre anni, da un movimento rivoluzionario guidato da **Fidel Castro**, di idee democratico-riformiste.
Il "**Che**" **Guevara**, collaboratore di Castro, si impegnò nel tentativo di suscitare fuochi di guerriglia in America Latina; fu catturato ed ucciso nel 1967 dai militari in Bolivia, dove cercava di organizzare un movimento rivoluzionario.
Nel 1970 fu eletto Presidente della Repubblica in **Cile**, **Salvador Allende** che varò un vasto programma di riforme assegnando terre ai cittadini, combattendo contro l'analfabetismo, na-

zionalizzando le miniere di rame. Ma la sua politica era in contrasto con gli interessi dei latifondisti, dei conservatori e delle multinazionali americane che decisero di reagire mettendo in crisi l'economia cilena. Nel settembre del 1973 il governo di Allende fu abbattuto con un colpo di Stato e lo stesso Allende fu ucciso. Fu instaurata la dittatura con **Augusto Pinochet** che durò per 16 anni. Nel 1998, durante un soggiorno a Londra, Pinochet fu arrestato su richiesta della magistratura spagnola per i crimini perpetrati durante l'esercizio del potere in coordinamento con le autorità militari cilene.

4.3 La rivoluzione comunista in Cina

Nel 1912 con la deposizione della dinastia Qing ebbe fine l'impero cinese e fu fondata la repubblica. Tra il 1912 ed il 1949 iniziò una guerra civile che tra alti e bassi vide pian piano ridursi sempre più il territorio della Repubblica. In particolare tra il 1946 ed il 1949 si acuì lo scontro tra i nazionalisti, guidati da **Chiang Kai-shek**, e i comunisti di **Mao Zedong (o Mao Tse-Tung)**. I primi, appoggiati dagli occidentali, volevano eliminare i comunisti, ma Mao, con il loro pieno sostegno, in crescita tra i contadini, si oppose ad ogni possibilità di accordo che non prevedesse una radicale riforma agraria e vinse dopo due anni di guerra civile.
Il 1° ottobre 1949 fu proclamata la ***Repubblica popolare cinese*** con Mao Presidente, mentre Chiang si ritirò a **Taiwan** (Isola di Formosa) dove fondò la **Repubblica della Cina nazionalista**.
Mao ebbe risultati contraddittori con la sua politica: nel 1958 il suo utopistico programma di crescita agricola ed industriale basato sulle "comuni popolari" fallì e sfociò in una spaventosa carestia. Questo fallimento fece prevalere l'ala moderata del partito più favorevole ad uno sviluppo graduale dell'economia.
Mao, nel 1965, per rafforzare la propria autorità in crisi, diede origine ad un movimento di rivolta: ***la rivoluzione culturale***, in cui masse di studenti e lavoratori, nominate guardie rosse, avevano il compito di smascherare i conservatori tra i funzionari di partito, i tecnici, gli insegnanti; in questo periodo furono compiuti molti atti violenti tanto che lo stesso Mao decise di porvi un freno.
Nel 1976 subito dopo la morte di **Mao** il suo successore **Deng Xiao-Ping** condannò l'operato del predecessore a partire dalla rivoluzione culturale (1966-1976) e promosse il "***socialismo di mercato***". La rottura con la politica passata portò all'individuazione ed all'arresto della Banda dei Quattro (i quattro potenti politici della Repubblica Popolare Cinese, capeggiati da **Jiang Qing**, vedova di Mao e sua quarta e ultima moglie).
Gli Stati Uniti non riconobbero mai la Cina e si opposero al suo ingresso nell'Onu, dove è stata ammessa nel 1971 (occupando il posto di Taiwan) quando sostituì la Cina nazionale nel Consiglio di Sicurezza.
Nel mese di gennaio 1984 il primo ministro cinese **Zhao Ziayang** incontrò il presidente degli Stati Uniti d'America **R. Reagan**. Fu la prima visita ufficiale di un premier cinese negli USA dal 1949.
Nel 1986 la corrente riformista cinese guidata da **Hu Yaobang** lanciò il movimento del "***doppio cento***" che proponeva una maggiore separazione tra le funzioni del Partito e quelle dello Stato.
Tra il 15 aprile ed il 4 giugno 1989 si svolsero in Cina una serie di dimostrazioni guidate da studenti, intellettuali ed operai che si conclusero con almeno 1000 vittime. L'episodio viene ricordato col nome di protesta (o incidente) di **piazza Tienanmen**.
Il Presidente della Repubblica Popolare Cinese designato nel 2003 fu **Hu Jintao**, che successe a **Jiang Zemin**, e nel 2013 venne eletto **Xi Jinping**.

4.4 La guerra in Corea

Alla fine della Seconda Guerra Mondiale la Corea, già protettorato giapponese, fu dichiarata stato libero, ma di fatto fu divisa tra le due potenze vincitrici in due zone: quella del **Nord**, guidata dal regime comunista di **Kim Il Sung**, sotto l'influenza sovietica, e quella del **Sud**, con a capo un **governo nazionalista**, appoggiata dagli americani. Poiché entrambe le parti avrebbero voluto riunificare sotto la propria egemonia l'intera Corea, in un clima di crescente tensione, si giunse il 25 giugno 1950 all'invasione della Corea del Sud da parte delle forze nord–coreane, armate dai sovietici.
L'ONU condannò la Corea del Nord ed autorizzò gli americani ad intervenire inviando un forte contingente di uomini. Questi ultimi respinsero i nord coreani, oltrepassando a loro volta la linea di confine tra le due parti (38° parallelo). La Cina di Mao intervenne in difesa dei comunisti con l'invio di volontari che presto entrarono nella zona sud. I **trattati di pace**, iniziati nel 1951, si protrassero per due anni, con il ritorno alla situazione precedente.

4.5 La crisi di Cuba e le sue conseguenze

Cuba, che aveva raggiunto l'indipendenza dalla Spagna nel 1898 grazie all'aiuto degli Stati Uniti, dipendeva da essi sia economicamente che politicamente, ma negli anni Cinquanta cominciarono movimenti di opposizione nei confronti del governo del **generale Batista** e del capitalismo americano.
Un primo tentativo di insurrezione fu promosso nel 1953 da **Fidel Castro**, ma solo nel 1959 il regime di Batista fu rovesciato.
La riforma agraria attuata da Castro che espropriò le piantagioni di canna da zucchero di proprietà americana e il fatto che la rivoluzione cubana destabilizzasse una zona divenuta strategica preoccuparono molto gli USA che decretarono il blocco delle importazioni dello zucchero. Successivamente, nel 1961, il neoeletto Presidente **John Fitzgerald Kennedy** (sposato con Jaqueline Bouvier) avviò attività di guerriglia partendo dalla "***baia dei porci***", tuttavia il tentativo fallì, avendo come unico risultato l'inasprimento dei rapporti tra Stati Uniti e Cuba tanto che Castro, che aveva avviato la trasformazione in senso socialista del Paese, prese contatti con l'URSS, che da quel momento ha sostenuto economicamente e politicamente Cuba.
La situazione cubana fu sempre molto tesa ma rappresentò un grande rischio per l'America e il mondo intero quando **Chruscev**, Presidente sovietico, decise di installare delle basi missilistiche con missili a lungo raggio capaci di raggiungere gli USA a Cuba. Già il lancio dello ***Sputnik*** (4 ottobre 1957), in qualità di esibizione, aveva provocato in America un vero e proprio panico. Gli Stati Uniti, tuttavia, reagirono con fermezza imponendo attorno a Cuba (ottobre 1962) un blocco navale con l'intento di colpire le navi nemiche che si fossero avvicinate. La paura di una guerra nucleare preoccupò l'intera umanità, ma poi i sovietici smantellarono le basi e gli americani si impegnarono a rispettare l'indipendenza cubana.
La crisi cubana fece prendere coscienza alle due superpotenze del rischio di una catastrofe nucleare e della necessità di pace. Si istituì una linea telefonica permanente tra la Casa Bianca ed il Cremlino (1963) e si stipulò il "***trattato di non proliferazione***" delle armi atomiche.
Anche la Chiesa cattolica si aprì verso est e nel 1958 Giovanni XXIII (1881-1963) convocò il "***Concilio Vaticano II***" che avrebbe trasformato la vita della Chiesa aprendola ai problemi del presente, quali la pace ed il dialogo tra i popoli, evidenziati nell'enciclica **"*Pacem in terris*"** del 1963.

4.6 Il Giappone dopo la Seconda Guerra Mondiale

Dopo la Seconda Guerra Mondiale il Giappone fu occupato dalle truppe americane, che con una serie di riforme politiche ed economiche volevano ridimensionarne la potenza commerciale e la forza militare. Il Giappone mantenne la dinastia imperiale con l'imperatore **Hirohito**, ma nel Paese fu introdotta una Costituzione basata su modelli occidentali che di fatto trasformò lo Stato in una Monarchia costituzionale a regime parlamentare.
Tuttavia, quando in Giappone si consolidarono i partiti di sinistra e si affermò il maoismo in Cina, gli USA decisero di rafforzare economicamente e militarmente lo Stato in modo che potesse opporsi al comunismo cinese.
Nel 1951 fu stipulato il ***Trattato di San Francisco*** con il quale terminava l'occupazione militare degli americani, che continuavano, comunque, a mantenere il protettorato con delle basi terrestri, navali ed aeree grazie ad un ***Patto di Sicurezza***.

Occorre Sapere

Dopo la Seconda Guerra Mondiale la politologia americana cominciò a parlare di "**totalitarismo**". Con questa parola si intende il coinvolgimento dell'intera società e di ciascuno nella macchina oppressiva del potere.
Il **Cominform** (**Ufficio di Informazione dei Partiti Comunisti e Laburisti**) fu un'organizzazione internazionale di movimenti comunisti, costituita in Polonia nel settembre del 1947, succedendo al **Comintern** sciolto nel 1943, allo scopo di scambiare informazioni tra i partiti comunisti dei vari Paesi europei.
Nel 1953 venne scoperta la **struttura del DNA**.
In Iran avvenne la cosiddetta "**Rivoluzione degli ayatollah**".
Il ***Memorandum di Londra***, trattato internazionale a seguito del quale, per l'ultima e definitiva volta, la città di Trieste fu annessa al territorio italiano fu firmato nel 1954.
Ruben Um Nyobé capeggiò, nel 1955, l'insurrezione del Camerun repressa nel sangue.
L'**invenzione del microchip**, nel 1958, rappresentò l'evoluzione del transistor.
La **prima donna** al mondo ad essere eletta alla carica di **primo ministro** fu **Sirimavo Bandaranaike** che, nel 1960, assunse tale carica in Sri Lanka.
Il Ministro degli Esteri Sovietico artefice della politica di distensione e di collaborazione tra USA e URSS fu **Eduard Shervadrnadze.**
Le **World Trade Towers** di New York furono costruite nel 1973.

4.7 Il Medio Oriente dalla fine della Seconda Guerra Mondiale

4.7.1 Le guerre arabo-israeliane

Al termine della Seconda Guerra Mondiale la Francia dichiarò l'indipendenza del **Libano** e della **Siria**, che le erano state assegnate al termine della Prima Guerra mondiale.
Il 2 marzo del 1945 si costituì la **Lega araba**, che si prefiggeva la nascita di un nuovo Stato arabo in Palestina, di cui entrarono a far parte Libano, Siria, Iraq, Egitto, Arabia Saudita, Transgiordania ed Yemen.
Nel 1947 le Nazioni Unite votarono la spartizione della Palestina (amministrata prima dalla Gran Bretagna) fra Ebrei ed Arabi, ma gli Stati arabi non accettarono tale suddivisione.
Nel luglio 1948 l'**operazione Dani**, mirata a mettere in sicurezza e ad allargare il corridoio fra Gerusalemme e Tel Aviv, si concluse con l'esodo obbligato di circa 50.000 palestinesi dalle città di Lidda e Ramle.
Dopo il ritiro degli inglesi dalla Palestina, gli ebrei, in esecuzione di un deliberato dell'ONU, costituirono la **Repubblica d'Israele**; iniziarono le **cd. guerre arabo-israeliane**, durante le quali Israele ricevette l'appoggio degli Stati Uniti, i Paesi arabi quello dell'URSS.

Il Paese fu retto dal 1948 al 1963 dallo statista David Ben Gurion, considerato il "Padre di Israele". ***Golda Meir*** fu Primo Ministro e prima donna a guidare il governo di Israele.
La **prima guerra arabo-israeliana** si svolse tra il 1948 ed il 1949 e vide contrapposti Israele e Lega araba e terminò con la conquista da parte di Israele di quasi tutta la Palestina, ad eccezione di Gaza (occupata dall'Inghilterra) e della Cisgiordania (sotto il controllo della Giordania).
La **seconda guerra arabo-israeliana**, detta anche **guerra di Suez**, vide contrapposto ad Israele, sostenuto da Francia e Gran Bretagna, l'Egitto. **Nasser**, a capo dell'Egitto, decise di liberare il suo Paese dall'ingerenza della Gran Bretagna: nel 1956 vi fu la nazionalizzazione della ***Compagnia del Canale di Suez***, dove vi erano forti interessi inglesi e francesi e questo causò una crisi internazionale. Ad ottobre Israele attaccò l'Egitto e lo sconfisse, mentre francesi ed inglesi occupavano il canale. L'impresa fu però condannata dagli USA, e l'URSS inviò un ultimatum ad Israele, Francia ed Inghilterra, che furono costretti a ritirarsi.
La **terza guerra arabo-israeliana** fu la cd. ***guerra dei Sei giorni***, che si svolse tra il 1967 ed il 1970 tra Israele, Egitto, Giordania, Siria e causò circa 75.000 morti (**guerra del Golan**); terminò con la sconfitta degli Arabi che dovettero cedere tutti i territori occupati. Israele, le cui truppe erano guidate da ***Moshe Dayan***, conquistò la città di Gerusalemme, la Striscia di Gaza e il Sinai.
La **quarta guerra** si combatté nel 1973 durante la **Festa dello Yom Kippur** e questa volta Israele venne colta di sorpresa dalle forze siriane ed egiziane. La nazione israeliana ristabilì poi la situazione preesistente e gli avversari accettarono ancora una volta il cessate il fuoco imposto dall'ONU.
Dopo la guerra dello Yom Kippur, i Paesi produttori di petrolio quadruplicarono il prezzo del greggio e ciò si ripercosse sulle economie di tutti i Paesi occidentali industrializzati costretti ad importare l'oro nero per coprire il proprio fabbisogno energetico. Alcuni Stati iniziarono ad impiegare il carbone, mentre altri preferirono puntare sull'energia solare, sul nucleare, peraltro molto pericoloso in caso di incidenti.
Alla fine degli anni '70 si assistette ad una ripresa delle economie capitalistiche che nel decennio successivo, in concomitanza con il calo dei prezzi del petrolio, iniziarono una nuova fase di espansione. Tra i settori più colpiti dalla crisi petrolifera vi fu quello dell'industria automobilistica.
Sotto l'auspicio del Presidente degli USA ***Jimmy Carter*** furono firmati gli **Accordi di Camp David (1978)** con cui fu restituito il **Sinai** alla sovranità egiziana.
La **quinta guerra arabo-israeliana** si svolse nel 1982: Israele invase il Libano (**Operazione Pace in Galilea**), compiendo rappresaglie nei territori palestinesi. Proprio in Libano avvenne il massacro degli Arabi palestinesi nei ***campi di Sabra*** e ***Shatila*** alla periferia di Beirut. Nel giugno nacque un partito politico sciita del Libano **Hezbollah**, fondato per opporre una resistenza armata all'invasione israeliana.

4.7.2 La guerra tra Iran e Iraq

Negli anni '80 un'altra guerra sconvolse il Medio Oriente: quella tra **Iran** ed **Iraq** (l'emirato del Kuwait era alleato dell'Iraq) appoggiati rispettivamente dall'URSS e USA. Nel 1980 l'Iraq, per una disputa sui confini, senza una dichiarazione di guerra invase il territorio iraniano in cui nel 1979, dopo la cacciata dello scià **Mohammad Reza Pahlavi**, era stata instaurata una Repubblica islamica. L'ayatollah **Ruhollah Khomeini**, fu il fautore della Rivoluzione islamica e ne fu il leader religioso e politico fino al 3 giugno 1989. La guerra si protrasse fino al 1988; dopo i primi, brucianti successi da parte dell'esercito iracheno, la guerra si trasformò in un'estenuante guerra di posizione e in un reciproco bagno di sangue. L'attacco chimico di **Halabjav**, realizzato con gas al cianuro (16 marzo 1988), fu compiuto dall'esercito iracheno. La dichiarazione di decadenza dell'accordo di Algeri del 1975 sul controllo dell'estuario dello Shatt al Arab fu preliminare all'invasione dell'Iran da parte dell'Iraq.

4.7.3 Prima e seconda intifada

Nel 1964 nacque anche l'Organizzazione per la Liberazione della Palestina (**OLP**) guidata da **Arafat** (primo Presidente dell'Autorità Nazionale Palestinese con il suo quartier generale, dal 2001, a Ramallah). Scopo dell'OLP era la distruzione dello Stato d'Israele attraverso azioni terroristiche e dirottamenti di aerei.
Nel 1987, dopo il massiccio insediamento di coloni ebrei nei territori occupati, i palestinesi della Cisgiordania e di Gaza iniziarono a protestare attraverso un'insurrezione popolare di massa: l'"**intifada**" che si opponeva alle armi dei soldati israeliani con lanci di pietre, scioperi prolungati e manifestazioni di massa.
Nel 1987 fu fondato il **movimento Hamas**, ala palestinese della Fratellanza Musulmana, dallo sceicco Ahmed Yassin.
Verso la fine degli anni Ottanta sulla questione palestinese si aprì uno spiraglio di speranza. Arafat riconobbe il diritto di Israele all'esistenza (1988), che a sua volta riconobbe l'OLP rappresentante del popolo palestinese. L'**accordo di pace** tra israeliani e palestinesi, che fu firmato a **Oslo** da ***Arafat*** e ***Rabin*** (Primo ministro israeliano) nel 1993, prevedeva la creazione di una regione autonoma palestinese nella Striscia di Gaza e nella città di Gerico. Purtroppo, molti fondamentalisti religiosi e nazionalisti sia israeliani che palestinesi minacciarono di morte i due leader accusati di tradimento; Rabin (Premio Nobel per la Pace nel 1994) fu, infatti, ucciso a Tel Aviv nel novembre 1995. Da quel momento incomprensione e tensione sono riprese fino a sfociare nella nascita di una **seconda "intifada"** (settembre 2000), con attentati kamikaze contro la popolazione civile d'Israele, demolizioni di case, lanci di missili, isolamento dei territori e delle autorità palestinesi. L'episodio che scatenò la Seconda intifada fu la visita di Ariel Sharon al Monte del Tempio a Gerusalemme.
Il trattato di pace tra Israele e la Giordania fu firmato nel 1994 a **Wadi Araba** da re Hussein di Giordania e Yitzhak Rabin.
Il 24 luglio 2014 ha assunto la carica di Presidente dello Stato d'Israele **Reuven Rivlin**, succedendo a **Shimon Peres**.

4.7.4 Le guerre del Golfo, l'attacco alle Twin Towers, l'invasione in Afghanistan

Nel 1990 avvenne l'**occupazione del Kuwait** da parte dell'Iraq di ***Saddam Hussein*** sostenuta da motivazioni di ordine economico-politico, in seguito al rifiuto kuwaitiano di aderire alle eccessive pretese del governo di Bagdad: la completa cancellazione del debito contratto dall'Iraq, il "risarcimento" per il petrolio pompato illecitamente dai kuwaitiani nei giacimenti iracheni durante la guerra con l'Iran e la cessione della zona di confine da parte del Kuwait.
Gli USA risposero mediante l'imposizione dell'embargo su importazioni ed esportazioni in Iraq e un intervento armato nel Golfo.
L'irrigidimento della posizione irachena, spinse la CEE ad associarsi all'embargo e l'ONU a decretare pesanti sanzioni economiche nei confronti dell'Iraq. La crisi si aggravò poiché Hussein cominciò a ventilare l'utilizzo dei cittadini stranieri presenti in Iraq come "merce di scambio". Gli Stati Uniti e i Paesi alleati intimarono a Hussein l'immediato rilascio degli ostaggi e cominciarono l'invio di truppe nel Golfo.

L'Italia partecipò, insieme ad altri Stati, con un corpo di spedizione nel Golfo Persico.
Bush e ***Gorbaciov*** si riunirono a Helsinki il 9 settembre, ma, mentre per gli USA lo sbocco armato apparve inevitabile, l'URSS insistette sull'uso della diplomazia.
Il 29 novembre il Consiglio di Sicurezza dell'ONU fissò come data ultima per il ritiro delle truppe irachene dal Kuwait il 15 gennaio 1991. Prima di Natale, Hussein annunciò che in caso di aggressione militare, il primo obiettivo che avrebbe colpito sarebbe stato Israele, cosi nacque il rischio di un'estensione del conflitto a tutti i Paesi arabi ostili allo Stato ebraico. Il 3 gennaio 1991 **Bush** propose un incontro fra i Ministri degli esteri **Baker** e **Aziz** da tenersi a Ginevra.
Il vertice terminò con un nulla di fatto. A mezzanotte del 15 gennaio scadeva "l'ultimatum" dell'ONU.
Dopo una snervante attesa, le truppe dell'ONU diedero inizio a un conflitto (***Prima guerra del Golfo***) con un massiccio lancio di missili "***Cruise***" su Bagdad, contro obiettivi militari e raffinerie. Il 18 gennaio la contraerea cominciò ad aggiustare la mira sui velivoli alleati; successivamente, missili iracheni "**Scud**" piovvero su Israele. L'operazione degli americani e dei loro alleati si chiamò "**Desert Storm**" (Tempesta nel deserto) e fu diretta dal ***generale Schwarzkopf***. L'attacco aereo su Baghdad durò poco più di quaranta giorni, concludendosi con la resa irachena.
Per evitare la reazione ebraica, Stati Uniti e Olanda inviarono a Israele missili anti-missile "***Patriot***" per assicurare una protezione massima in vista degli attacchi successivi.
Il 23 febbraio gli Stati Uniti lanciarono un ultimatum a Bagdad affinché provvedesse a iniziare lo smaltimento e il ritiro dal Kuwait delle truppe entro 24 ore. Scaduto il tempo concesso, iniziò il grande attacco di terra.
Le forze alleate chiusero a tenaglia l'esercito iracheno, che cominciò la fuga. Nell'arco di tre giorni tutto il Kuwait fu libero e la disfatta dell'Iraq fu totale. Il 28 febbraio Saddam Hussein dichiarò di accettare tutte le risoluzioni dell'ONU e di essere pronto ad arrendersi in modo incondizionato.
L'Iraq precipitò nel caos: le forze dell'opposizione occuparono Bassora ed il Sud del Paese, ma Saddam scatenò nei loro confronti una durissima repressione.
Saddam Hussein, sebbene sconfitto, rimase al potere e ostacolò più volte i controlli relativi al disarmo, innescando una lunga serie di incidenti diplomatici. Si giunse così a un braccio di ferro risolto nel novembre del 1998 dal Presidente americano Clinton che con la mini-campagna offensiva anglo-statunitense denominata ***Desert Fox*** sembrò porre fine alla vicenda.
L'11 settembre 2001 un gravissimo evento scatenò la lotta contro il terrorismo internazionale: alcuni aerei furono dirottati e fatti precipitare sulle **Twin Towers**, uno dei simboli di New York (furono costruite nel 1973), e sul ***Pentagono***.
Un altro aereo precipitò, forse per errore, a ***Pittsburgh***. Fu il più grave attacco terroristico mai avvenuto, sia per il numero delle vittime (circa 3000 persone) sia per gli obiettivi colpiti.
Gli USA, dopo una breve azione diplomatica, scatenarono l'offensiva contro il **terrorismo internazionale**. Il 7 ottobre bombardarono l'Afghanistan, Paese il cui governo era in mano ai Talebani dal 1996, un gruppo estremista islamico ritenuto colpevole di appoggiare **Bin Laden** (ucciso il 1° maggio 2011 ad Abbottabad, in Pakistan), considerato responsabile dell'attentato tale operazione fu denominata "***Enduring Freedom***". Tuttavia, l'amministrazione americana ritenne complice dell'attentato anche l'Iraq. I prigionieri catturati in Afghanistan dopo il 2001 furono rinchiusi nella località cubana di Guantanamo in cui si trova la base militare statunitense. Dopo la cacciata dei Taliban fu eletto liberamente il primo presidente afgano **Hamid Karzai**; suo successore dal settembre 2014 è **Ashraf Ghani Ahmadzai**.

Gli USA dopo essersi assicurati l'appoggio della Gran Bretagna, e di altri Paesi occidentali tra cui l'Italia, la Spagna, la Danimarca, il Portogallo, l'Olanda e altri Stati europei (la Francia non ha sostenuto l'attacco) dichiararono guerra all'Iraq il 20 marzo 2003 (***Seconda guerra del Golfo***) e in tre settimane ottennero la caduta del regime dando prova della schiacciante superiorità della più recente tecnologia militare occidentale.
Il carcere iracheno di **Abu Ghraib** è famoso per le torture e gli abusi commessi dai militari USA nei confronti dei prigionieri iracheni.
Il 13 dicembre 2003 avvenne la cattura di **Saddam Hussein** in un piccolo villaggio del nord Iraq, da parte delle forze alleate e fu giustiziato per impiccagione nel 2006.
Per combattere l'occupazione americana dell'Iraq, nel 2004 fu fondato lo Stato Islamico dell'Iraq e della Siria.
Il capo di al-Qaida, **Ayman al-Zawahiri**, nell'ottobre 2013 ordinò lo scioglimento di ISIS, tuttavia il 29 giugno 2014 l'**ISIS** ha proclamato la restaurazione del Califfato islamico con a capo **Abu Bakr al-Baghdadi**.

OCCORRE SAPERE

Andrew Johnson è stato l'unico Presidente degli Stati Uniti a non essere stato eletto dagli elettori. **Grover Cleveland** è stato l'unico Presidente USA a governare per due mandati non consecutivi.
Il 6 ottobre 1981 il Presidente egiziano **Anwar El Sadat,** successo nel 1970 a Nasser, viene assassinato dagli estremisti islamici (insignito con il Premio Nobel per la pace); a lui succede **Mubārak**.
La **battaglia di Tora Bora** fu combattuta da forze statunitensi e loro alleati contro al-Quaida e talebani, nel 2001.
Dalla corrente musulmana del ***wahabismo*** ha trovato ispirazione religiosa il movimento terrorista **Al Qaida**; **Al Zarqawi** era considerato il capo del terrorismo islamico, ed il leader di **Al Quaeda**, in **Iraq**.
Il 22 marzo 2004 a Gaza elicotteri israeliani lanciarono due razzi contro il leader di Hamas, **Ahmed Yassin**, uccidendolo.
Per **guerra civile palestinese** (2006-2007) si intende il conflitto fra i due partiti **Al-Fatah** e **Hamas**
Il movimento dei ***Fratelli Musulmani*** è una formazione politica islamista sunnita.
Il mullah **Mohammed Omar** è stato un politico afghano, guida spirituale dei talebani afghani. È stato Emiro dell'Emirato Islamico dell'Afghanistan dal 1996 al 2001.

Capitolo 5
I Paesi dell'Europa occidentale dalla Seconda Guerra Mondiale ai giorni nostri

5.1 Il dopoguerra in Europa

Il 17 marzo 1948 con il **Trattato di Bruxelles** fu firmato un patto di autodifesa collettiva, della durata di 50 anni, tra Regno Unito, Francia, Belgio, Paesi Bassi e Lussemburgo. Esso venne successivamente modificato dagli *Atti internazionali* firmati a Parigi il 23 ottobre 1954, che diedero vita all'**Unione Europea Occidentale** (**UEO**).

5.2 L'Inghilterra

L'**Inghilterra** dal 1945 al 1951 affidò il governo al laburista **Attlee**, che aveva come programma politico quello di potenziare gli interventi assistenziali dello Stato. Nacque così, tra il 1945 ed il 1950, il ***Welfare State*** (stato sociale o assistenziale) che intendeva proteggere il cittadino in ogni situazione di debolezza o bisogno, naturale (infanzia, vecchiaia) o occasionale (incidente, disoccupazione) per tutta la vita. Fu introdotta l'assistenza gratuita negli ospedali, le pensioni divennero più alte e raddoppiò la tredicesima mensilità in occasione delle vacanze natalizie. Furono nazionalizzate le industrie più importanti a livello collettivo (energia e trasporti) e fu concessa l'indipendenza all'India (a dimostrazione che ormai il vecchio Impero coloniale britannico si stava disgregando) con conseguenze serie per il sistema commerciale dell'Inghilterra. I governi successivi non seppero far fronte ai problemi dell'Impero coloniale che si sgretolò definitivamente costringendo alla presa di coscienza che l'Inghilterra aveva ormai un ruolo marginale come potenza mondiale.
Nel gennaio 1963 il generale francese De Gaulle, dopo circa un anno e mezzo di trattative, pose il veto all'ingresso dell'Inghilterra nella CEE.
Nel 1964 Malta otteneva l'indipendenza.
La situazione si fece più drammatica con l'inasprimento di alcuni problemi interni tra i quali gli attentati terroristici dell'**IRA** nel 1969 contro personaggi politici, istituzioni e cittadini inglesi.
Una vera e propria svolta politica si verificò nel 1979 con la schiacciante vittoria di un governo conservatore con a capo la leader **M. Thatcher** (detta la Lady di ferro) che, rimasta al potere fino al 1990, attuò una politica caratterizzata da un intransigente liberismo, da un duro attacco al potere delle *Trade Unions* e dalla privatizzazione di settori importanti dell'industria pubblica. La Thatcher ottenne una riduzione dell'inflazione e una notevole ripresa produttiva. In politica estera cercò di ridare prestigio all'immagine dell'Inghilterra impegnandosi in un vittorioso conflitto armato con l'Argentina per il possesso delle *isole Falkland* (1982), oggetto di un'antica contesa tra Londra e Buenos Aires (guerra che vide la partecipazione dell'Italia).

Il suo successore **J. Major**, eletto nel 1990, dovette affrontare un aumento dell'emarginazione sociale e della disoccupazione. Nel 1993 ratificò il **Trattato di Maastricht**, nonostante una forte opposizione all'integrazione europea.
Il 1° maggio 1997 il laburista **Tony Blair** divenne il nuovo primo ministro inglese. Nel 1998 fu indetto un referendum sull'autodeterminazione e fu eletta l'Assemblea semiautonoma d'Ulster. Nel maggio 1999 si svolsero le elezioni dei parlamenti regionali di Scozia e Galles. Dopo l'11 settembre 2001 il premier diventò il principale alleato degli USA nella guerra contro i talebani afghani e uno dei più convinti assertori della necessità della guerra al terrorismo.
Nel 2003, la Gran Bretagna decise di attaccare l'Iraq insieme agli Stati Uniti per privarlo delle armi di distruzione di massa. A Blair successe **James Gordon**, ex capo del Partito Laburista, Primo Ministro dal 27 giugno 2007 al 11 maggio 2010; al suo posto si insediò **David Cameron**.
Dal 13 luglio 2016 è stata eletta **Theresa May**, leader del partito conservatore, la cui posizione nella campagna elettorale per il referendum sulla ***Brexit*** è stata tiepidamente a favore della permanenza del Regno Unito nell'Unione Europea.
La *Brexit*, ovvero il processo che ha portato all'uscita del Regno Unito dall'Unione Europea, ha avuto delle importanti conseguenze sia sull'Unione Europea sia sui rapporti commerciali ed economici del Regno Unito con gli altri paesi membri. Dopo un complesso iter di approvazione dell'accordo di recesso, che ha visto il coinvolgimento di diversi organismi europei (Commissione Europea, Consiglio Europeo, Parlamento Europeo e Corte di Giustizia Europea) e britannici (Parlamento, Governo e Corte Suprema) e la caduta del Governo di Theresa May e la nomina di Boris Johnson a Primo Ministro, il 23 gennaio 2020 la Regina Elisabetta II ha firmato l'atto di ratifica dell'accordo raggiunto tra Regno Unito e UE, con il quale è stata sancita ufficialmente l'uscita del Regno Unito il 1° febbraio 2020.

5.3 La Francia

In **Francia**, all'indomani del secondo conflitto mondiale, si formò un governo di unità nazionale (comunisti, socialisti e repubblicani moderati) presieduto da **Charles De Gaulle**. Nel 1946 fu approvata una nuova Costituzione e nacque la **Quarta Repubblica**, che provocò l'uscita di scena di De Gaulle. Fecero seguito una serie di governi moderati fino al 1958, quando si ebbe la nascita della **Quinta Repubblica** (il 7 ottobre 1958 fu varata la nuova Costituzione): questi governi favorirono la ricostruzione economica del Paese, ma si scontrarono con problemi legati alla disgregazione dell'Impero coloniale. La Francia subì sconfitte in Indocina e successivamente si aprì la questione dell'Algeria che terminò con l'indipendenza delle colonie africane nel 1962 (**Accordi di Evian**), dopo che De Gaulle era tornato al governo. In quegli anni egli intraprese una politica estera autonoma dagli USA, che portò la Francia a dotarsi di armi atomiche e ad uscire dalla NATO nel 1966 per poi rientrarvi nel 1999.
Nel 1969 a Parigi il movimento studentesco provocò scontri particolarmente accesi.
L'anno successivo De Gaulle si ritirò dalla vita politica lasciando ai suoi successori, **G. Pompidou** (2° Presidente della V Repubblica) prima e **V.G. d'Estaing** poi, il compito di continuare il suo programma politico.
Nel 1980 con l'indipendenza di Vanuatu venne formalmente sancita la fine dell'Impero coloniale francese.
Nel frattempo i governi di sinistra continuavano ad esercitare una proficua opposizione che culminò nel 1981 con l'elezione a Presidente della Repubblica del socialista **F. Mitterrand**.

Negli anni successivi si assistette allo sfaldamento dell'unione delle sinistre che portò alla coesistenza della presidenza socialista con un governo di centro-destra guidato da **J. Chirac**.
Nel 1988 Mitterrand fu riconfermato e poté reggere il Paese grazie al suo grande prestigio interno ed internazionale, sebbene dovette fronteggiare il **Front National (FN)**, movimento razzista di estrema destra, di **Jean-Marie Le Pen**, che si affermava sfruttando le tensioni sociali del Sud, dove più forte era l'immigrazione.
Nel 1995 fu eletto Presidente **J. Chirac**, superando i socialisti e il Front National (FN), riconfermato al primo turno delle elezioni presidenziali del 2002. Egli inizialmente ricevette ampi consensi, in seguito, però, fu contestato per la sua decisione di condurre test nucleari nell'isola polinesiana di Mururoa e in un atollo vicino.
Nel 1999 la Francia ha introdotto l'Euro.
Nel 2007 è diventato Presidente della Francia **N. Sarkozy**, poi dal 2012 gli è succeduto **F. Hollande** e dal 2017 è Presidente **E. Macron**.

5.4 La Germania

La **Germania** fu uno dei Paesi su cui maggiormente evidenti furono le conseguenze della "guerra fredda" al termine del secondo conflitto mondiale, infatti, venne divisa in Repubblica Democratica, sotto il controllo dell'URSS, e Repubblica Federale (dal 1949 con capitale Bonn), sotto il controllo occidentale.
Nel 1949, la Germania Ovest si diede una nuova Costituzione democratica e da quell'anno la scena politica fu caratterizzata da governi democratico-cristiani con i quali la nazione ebbe una ripresa economica; i ministri furono **Adenauer** prima ed **Erhard** poi.
Tuttavia, una momentanea crisi economica, unitamente all'insorgenza del muro di Berlino nel 1961, consentì la riscossa del Partito Socialdemocratico (SPD) che riuscì a prendere il potere nel 1969 e a mantenerlo fino al 1980. Questo nuovo percorso politico ebbe come rappresentante il leader **W. Brandt**, che inaugurò la cosiddetta "**ostpolitik**", una serie di relazioni che avevano il compito di migliorare i rapporti con i Paesi socialisti dell'Est; egli strinse accordi con la Polonia, con l'URSS pur mantenendo una linea europeista e filoamericana sul fronte occidentale.
Durante i giochi della XX Olimpiade tenutasi in Germania nel 1972, avvenne il "**Massacro di Monaco**". Un commando dell'organizzazione terroristica palestinese **Settembre Nero** irruppe negli alloggi destinati agli atleti israeliani del villaggio olimpico, uccidendo subito due atleti che avevano tentato di opporre resistenza e prendendo in ostaggio altri nove membri della squadra olimpica di Israele. Un successivo tentativo di liberazione da parte della polizia tedesca portò alla morte di tutti gli atleti sequestrati, di cinque fedayn e di un poliziotto tedesco.
Anche il successore **Schmidt** rimase fedele a Brandt, ma si trovò ad affrontare un'ondata di terrorismo che fu costretto a sedare con la repressione.
L'alleanza tra liberali e socialdemocratici si ruppe e si formò una coalizione cristiano-democratica che portò alla nomina nel 1982 **H. Kohl** (che ha detenuto il più lungo cancellierato nella storia della Germania dal dopoguerra); egli cercò di mantenere sotto controllo la spesa pubblica senza ricorrere allo smantellamento dello stato sociale.
Nel 1989, durante il suo mandato, venne abbattuto il muro di Berlino e l'anno successivo la Germania fu riunita con capitale Berlino. La scintilla che il 9 novembre portò alla caduta del "Muro" fu la contestazione popolare contro il regime autoritario del **Presidente Honecker** nella Germania orientale.

Nel 1998 Kohl fu sconfitto alle elezioni da **Schroeder**, poi confermato nel 2002.
A differenza di altri Paesi occidentali, nel conflitto contro l'Iraq, la Germania non diede alcun contributo finanziario e militare.
Nel novembre 2005 il posto di Schroeder è stato preso da **Angela Merkel** (già il più giovane ministro del terzo governo presieduto da Helmut Kohl), prima donna a ricoprire l'incarico di cancelliere in Germania.
Nel maggio 2004 è stato eletto il nuovo Presidente tedesco, **Horst Koehler**, ex Presidente del Fondo Monetario e candidato dell'opposizione; nel 2010 è stato sostituito da **Christian Wulff** dimessosi a febbraio del 2012, in seguito a controversie giudiziarie. Il 18 marzo 2012 è stato eletto Presidente **Joachim Gauck**.
Dal 19 marzo 2017, **Frank-Walter Steinmeier** è Presidente della Repubblica federale tedesca.

5.5 L'Italia

In **Italia**, terminato il secondo conflitto mondiale, si formò un governo di Unità Nazionale, cui presero parte tutti i partiti antifascisti che avevano animato la Resistenza; il Presidente del Consiglio fu Ferruccio **Parri**, rappresentante del **Partito d'Azione**, che rimase in carica solo sei mesi (giugno-novembre 1945), e fu sostituito da **Alcide De Gasperi** (originario del Trentino) rappresentante del **Partito Popolare** e poi segretario della nuova **DC**. Egli ricoprì la carica di Presidente del Consiglio dal 1945 al 1953 (in otto governi); gli successe **Giuseppe Pella**.

SEGRETARIO DC	ELEZIONE	NOTE
Alcide De Gasperi	1943	*Presidente della Commissione Direttiva Centrale*
Alcide De Gasperi	31.07.1944	
Attilio Piccioni	22.09.1946	*Rieletto il 15.12.1946, ed il 28.11.1947*
Giuseppe Cappi	11.01.1949	
Paolo Emilio Taviani	20.06.1949	
Guido Gonella	16.04.1950	
Alcide De Gasperi	28.09.1953	
Amintore Fanfani	16.07.1954	*Si dimette il 31.01.1959. Reggenza di un quadrumvirato dal 02.02.1959*
Aldo Moro	14.03.1959	
Mariano Rumor	27.01.1964	
Flaminio Piccoli	19.01.1969	
Arnaldo Forlani	09.11.1969	
Amintore Fanfani	18.06.1973	*Decade il 22.07.1975 in Consiglio Nazionale*
Benigno Zaccagnini	25.07.1975	*Rieletto il 24.03.1976*
Flaminio Piccoli	05.03.1980	
Ciriaco De Mita	05.05.1982	*Rieletto il 28.02.1984 ed il 30.06.1986*
Arnaldo Forlani	22.02.1989	
Fermo Martinazzoli	12.10.1992	

Nel 1944 fu fondato a Roma il movimento politico, poi partito, denominato **Fronte dell'uomo qualunque** dal commediografo **Guglielmo Giannini**, caratterizzato da una forte critica ai partiti politici.
Le elezioni del 2 giugno 1946 decretarono la fine della Monarchia e la proclamazione della **Repubblica** (con il 54% dei voti; prevalse con circa due milioni di voti validi) con **Enrico De Nicola** eletto Presidente. Il Re **Umberto II**, di fronte all'anticipata pubblicizzazione dei dati provvisori del Referendum istituzionale, che aveva innescato un principio di guerra civile, rinunciò alla verifica da parte della Corte di Cassazione e si ritirò in esilio il 18 giugno 1946.
Poterono recarsi alle urne tutti i cittadini, uomini e donne, che avevano compiuto il ventunesimo anno d'età. Il Presidente del Consiglio dei Ministri Ivanoe Bonomi si era distinto nel 1945 per l'azione riformatrice, nell'ambito della lotta per l'emancipazione femminile, per la concessione del voto alle donne.
In quell'anno De Gasperi-Gruber firmarono l'accordo a garanzia dell'autonomia amministrativa dell'**Alto Adige**.
Alle elezioni per la Costituente del 2 giugno 1946 (che operò dal giugno 1946 al gennaio 1948) si presentò l'**Unione democratica nazionale**, formata da una coalizione di liberali e demolaburisti. L'Assemblea Costituente, oltre ad approvare il testo della Costituzione della Repubblica italiana, il cui progetto fu redatto dalla Commissione dei 75 con Presidente **Meucci Ruini**, votò la ratifica del trattato di pace con gli Alleati.
La **svalutazione della Lira** fu lo strumento principale impiegato nel 1947 dal Ministro delle Finanze **Luigi Einaudi** per combattere l'inflazione.
Il partito di maggioranza fu la **DC** (Democrazia Cristiana), mentre le sinistre, pur ottenendo risultati apprezzabili, capirono di non poter governare da sole, anzi si spaccarono all'interno (scissione di Palazzo Barberini) e nel 1947 formarono con **Giuseppe Saragat** il **Partito Socialista dei Lavoratori italiani**, poi denominato **PSDI** (Partito Socialdemocratico Italiano).
Benedetto Croce, filosofo italiano, partecipò ai lavori della Costituente.

La prima strage dell'Italia repubblicana fu un eccidio di lavoratori compiuto nel 1947 a **Portella della Ginestra**, in Sicilia. In quel periodo operava il famoso bandito siciliano del secondo dopoguerra, **Salvatore Giuliano**.
Il 1° gennaio 1948 entrava in vigore la **Costituzione** che gettava le basi per la democrazia (l'art. 7, relativo ai rapporti tra Stato e Chiesa, fu oggetto di un aspro dibattito ideologico in seno all'Assemblea Costituente). Il 18 aprile 1948 si tennero le elezioni politiche che videro il netto successo della **DC** (48,5% dei voti), imperniata sui valori cattolici e sulla permanenza dell'Italia nel blocco occidentale, con la possibilità per il nostro Paese di usufruire degli aiuti economici del Piano Marshall, a cui aderì lo stesso anno. A quelle elezioni il **Fronte Popolare** utilizzò per la sua campagna elettorale il ritratto di Giuseppe Garibaldi, ottenendo il 31% dei voti. Il PCI e il PSI, allora sotto lo stesso simbolo in coalizione con altre formazioni minori (**Fronte Democratico Popolare**), invece, ottennero un numero di voti inferiore a quello ottenuto nelle elezioni del 1946.
Luigi Einaudi divenne Presidente della Repubblica; presero il via una serie di governi centristi basati sull'alleanza tra DC, liberali, repubblicani e socialdemocratici.
L'attentato a Palmiro Togliatti, verificatosi nel luglio 1948 ad opera di **Pallante**, rischiò di far precipitare il Paese nella guerra civile (all'epoca era Ministro dell'interno **Mario Scelba**).

Estradato in Italia nel 1948, **Walter Reder** fu condannato all'ergastolo per la strage di Marzabotto. Il governo De Gasperi (sostenuto da DC, PRI, PLI, PSDI) adottò una politica monetaria restrittiva per sanare il bilancio dello Stato e combattere il mercato nero.
Alcide De Gasperi e **Robert Schumann**, all'interno del processo di unificazione europea, proposero un progetto che poi non venne realizzato: la costituzione del **CED** (Comunità europea di difesa) nei primi anni Cinquanta.
Nel 1949 l'Italia aderì al Patto Atlantico con **Carlo Sforza**, che guidò il Ministero degli Affari Esteri dal 1947 al 1950. Nel maggio dello stesso anno partecipò alla creazione di un organismo intergovernativo ideato per favorire l'integrazione europea, il **Consiglio d'Europa**.
Antonio Segni fu il relatore della riforma agraria del 1950 che prevedeva l'espropriazione dei grandi latifondi. Nello stesso periodo fu fondato a Roma il sindacato di orientamento cattolico, la **CISL**, mentre, su iniziativa di alcuni sindacalisti di area socialista, nacque la **UIL**.
Sempre nel 1950 all'Italia fu affidata dall'ONU l'**amministrazione fiduciaria**, per un decennio, dell'ex colonia **Somalia**.
Nel 1951 il Ministro delle Finanze **Ezio Vanoni** (ministro dal 1948 al 1954) varò la riforma tributaria che impose per la prima volta l'obbligo della dichiarazione annuale dei redditi.
Nel 1953 venne approvata la "**legge truffa**" che attribuiva il 65% dei seggi della Camera dei Deputati (premio di maggioranza) al partito o alla coalizione che avesse ottenuto il 50,01% dei voti.
La fase storica cosiddetta del "**centrismo**" ebbe inizio nel 1947-1948, dopo l'estromissione dei socialcomunisti dal governo (l'istituzione della "Cassa per il Mezzogiorno", fu una delle rilevanti iniziative di quegli anni).
L'opera di ricostruzione dell'Italia fu avviata grazie al sostegno economico degli USA e ad alcune mosse significative quali:

- la riorganizzazione dell'***Istituto per la Ricostruzione Industriale*** (**IRI**); ha cessato di esistere nel 2002;
- la fondazione nel 1953 dell'***Ente Nazionale Idrocarburi*** (per sottrarre l'Italia al dominio di grandi compagnie petrolifere straniere e per sfruttare i giacimenti petroliferi scoperti da imprenditori privati in Libia). Il 27 ottobre del 1962 muore in un incidente aereo, le cui cause non saranno mai chiarite, il Presidente dell'Ente **Enrico Mattei**;
- la costituzione nel 1950 della ***Cassa del Mezzogiorno*** (per favorire lo sviluppo e la realizzazione di opere pubbliche nel Sud Italia attraverso il finanziamento statale per le infrastrutture e il credito agevolato alle industrie), poi soppressa il 6 agosto 1984;
- l'approvazione di una legge agraria che nel giro di dieci anni provocò l'espropriazione di circa 700.000 ettari di latifondo, poi distribuiti a oltre 100.000 famiglie di contadini.

Negli anni dal 1953 al 1958 vi fu una persistenza del dominio dei governi della DC, pronti a collaborare con gli altri schieramenti moderati. Nel 1953 ad Alcide De Gasperi successe alla guida del Governo l'esponente democristiano **Giuseppe Pella**. Poi al Governo **Scelba** del 1954/1955 successe il Governo **Segni**.
Il 3 gennaio 1954 iniziarono ufficialmente le trasmissioni del servizio televisivo pubblico (**RAI**). In quell'anno a Londra, Italia e Jugoslavia sottoscrissero l'intesa riguardante la **città di Trieste**.
Giovanni Gronchi fu Presidente del gruppo democristiano alla Costituente e Presidente della Camera dei Deputati dal 1948 al 1955, anno in cui fu eletto Presidente della Repubblica (grazie all'indicazione unanime della DC).

Nel 1955 l'Italia venne ammessa all'Organizzazione delle Nazioni Unite (**ONU**) e intanto si andava formando il **Partito radicale** da una scissione del Partito liberale.
Nell'aprile del 1956 la Corte Costituzionale tenne le prima udienza pubblica.
Nello stesso anno, al fine di coordinare gli investimenti statali nei vari settori dell'economia italiana, fu creato il **Ministero delle Partecipazioni Statali**. Si verificò anche il grave incidente minerario a **Marcinelle**, in Belgio, nel quale persero la vita più di cento emigrati italiani.
Nel maggio del 1957 assunse la Presidenza del Consiglio il democristiano **Adone Zoli**. Nel medesimo anno, Italia, Repubblica Federale Tedesca, Francia e Paesi del Benelux firmarono i **Trattati di Roma** che segnarono la nascita della **CEE** e dell'**Euratom**. Nel secondo dopoguerra germogliò e prese forma l'idea di una Europa Unita; il primo passo fu, nel 1951, la scelta di mettere in comune le risorse siderurgiche e del carbone; nacque così a Parigi la **CECA** (Comunità Economica Carbone e Acciaio). Altri Stati entrano negli anni successivi nella CEE: nel 1972 fecero il loro ingresso Gran Bretagna, Irlanda e Danimarca.
Negli anni Sessanta in politica estera l'Italia si legò con decisione alle organizzazioni europee, all'ONU e alla NATO, scegliendo senza incertezze il campo occidentale.
Tra il 1957 e il 1962 realizzò il "miracolo economico", che nel 1963 cominciò a traballare a causa del primo shock salariale del dopoguerra. A questo fenomeno è legato il massiccio esodo dal Sud al Nord Italia e il conseguente spopolamento delle campagne.
Il cosiddetto "**boom economico**" si ebbe negli anni '50 e '60; fu una fase di sviluppo senza precedenti che interessò il mondo industrializzato, legato alla crescita della popolazione, all'aumento della domanda di beni di consumo, all'innovazione tecnologica, alla razionalizzazione della produttività, alle politiche statali in sostegno della crescita.
Nel 1958 venne promulgata la legge istitutiva del **Consiglio Superiore della Magistratura**. Nelle elezioni di quell'anno vi fu ancora la vittoria della DC, ma il governo **Tambroni**, eletto nel 1960 (prolungò la durata del suo Governo, che sarebbe dovuto essere "di transizione", grazie all'appoggio dell'MSI), fu poi sciolto in seguito ad una serie di manifestazioni antifasciste partite nel luglio del 1960 da Genova. Si aprì nel 1962 un nuovo periodo caratterizzato dall'ingresso nei governi dei partiti socialisti, con **Amintore Fanfani** al governo (Segretario della DC dal 1954 al 1959 e dal 1973 al 1975): fu il primo governo con una formazione di centro-sinistra, con l'appoggio esterno dei socialisti. Il nome di Fanfani fu legato ad una legge del 1949 che aveva ad oggetto il programma di edilizia popolare. Fu Presidente della XX sessione dell'Assemblea generale delle Nazioni Unite.
Le manifestazioni che erano scoppiate a Genova nel 1960 per protestare contro l'autorizzazione allo svolgimento di un congresso del MSI si estesero presto in tutta Italia.
La **Notte dei fuochi** nel 1961 rappresentò la prima azione terroristica per la liberazione del Sudtirolo (Befreiungsausschuss Südtirol). L'azione più cruenta fu la **strage di Cima Vallona** del 1967.
Nel 1962 **Antonio Segni** divenne Presidente della Repubblica, mentre si costituì un governo di coalizione (DC-PSDI-PRI) presieduto appunto da Fanfani, che promosse la nazionalizzazione dell'industria elettrica (**ENEL**) ed approvò la ***riforma della scuola media*** elevandone l'obbligo fino a 14 anni.
Nel medesimo periodo **Papa Giovanni XXIII** (Giuseppe Angelo Roncalli), salito al soglio pontificio nel 1958, aprì ufficialmente il **Concilio Ecumenico Vaticano II**, conclusosi sotto il pontificato di **Paolo VI**.
In Veneto, nel 1963, avvenne il **disastro del Vajont** nel bacino idroelettrico artificiale dell'omonimo torrente di recente costruzione, a causa della caduta di una colossale frana del Monte Toc e la conseguente tracimazione dell'acqua contenuta nell'invaso, che provocarono l'i-

nondazione e la distruzione degli abitati del fondovalle veneto, tra cui Longarone, e la morte di ben 1.910 persone.

Il **Partito Socialista Italiano** entrò a far parte ufficialmente di un Governo di centrosinistra nel 1963. Il Governo costituito da **Aldo Moro** fu il primo del cosiddetto "**centrosinistra organico**" con la partecipazione, appunto, del PSI. In qualità di Ministro degli Esteri firmò a Copenaghen, il **30 novembre 1969**, l'accordo con l'Austria che pose fine al contenzioso sul Sud Tirolo-Alto Adige; l'ultimo suo governo **cadde nel 1976**.

La politica delle riforme fu ostacolata dagli ambienti della destra; emblematica fu la scoperta del Colpo di Stato organizzato dal **generale De Lorenzo**, capo del Sifar (Servizio delle Informazioni delle Forze Armate) che organizzò un "golpe" nel 1964. I sospetti caddero anche sul capo di Stato **Segni** che, colpito da gravissima malattia, si dimise e lasciò la Presidenza a Giuseppe **Saragat** (1964). Con Fanfani e poi con Moro l'Italia degli anni Sessanta vide crescere una politica riformista, di cui una importante espressione fu il nuovo sistema pensionistico.

Nel frattempo i voti dei comunisti aumentarono grazie ad un memoriale scritto da **Togliatti** (**Memoriale di Yalta 1964**) con il quale vi era l'intento di abbandonare ogni progetto rivoluzionario in favore di una battaglia riformatrice e democratica per il raggiungimento del socialismo in Italia.

Nel 1964 una minoranza di sinistra, interna al PSI, contraria alla politica di Pietro Nenni (ultimo uomo politico occidentale a far visita a Stalin), diede vita ad un nuovo partito il **PSIUP** (Partito Socialista di Unità Proletaria) per la scelta maggioritaria di partecipare al governo con la DC.

Alla morte di Palmiro Togliatti in quell'anno venne eletto segretario del PCI **Luigi Longo**, in carica fino al 1972, poi gli successe **Enrico Berlinguer**.

Nel 1964 l'Italia fu il primo Paese europeo a lanciare un satellite in orbita.

Ugo la Malfa fu il segretario del PRI dal 1965 al 1975.

Nel 1966 **Firenze** venne sommersa dalle acque dell'Arno e rimase isolata dal resto del Paese. In campo politico il PSI di Nenni si fuse con il PSDI.

Negli anni tra il 1968 e il 1970 furono approvati i provvedimenti relativi all'**istituzione delle regioni**. Il periodo della Quinta Legislatura (1968/1972) fu contrassegnato da agitazioni interne e da gravi eventi in campo internazionale come la guerra in Vietnam, la crisi di Cuba, la rivoluzione studentesca che si alleò con l'"*autunno caldo*" dei lavoratori (1969), ovvero con le lotte degli operai che rivendicavano i diritti sindacali ottenendo l'approvazione dello "**Statuto dei lavoratori**" nel 1970 per stabilire nuove e più solide garanzie a tutela dei lavoratori.

Negli anni tra il 1950 ed il 1970 si sviluppò il grande fenomeno sociale, economico e demografico dell'emigrazione dal Sud alle città industriali del Nord.

La fine degli anni Sessanta vide la formazione del governo **Rumor** (1968) e l'affermarsi del terrorismo, articolatosi attraverso la strategia della tensione messa in atto da estremisti di destra e di sinistra che, pur mossi da motivazioni politico-ideologiche dissimili, avevano in comune l'obiettivo di bloccare il processo democratico e destabilizzare le istituzioni nazionali (furono definiti "**Anni di Piombo**").

I neofascisti (tra i quali il gruppo **Ordine Nuovo**) diedero il via ad una serie di attentati con lo scopo di favorire un regime repressivo ed autoritario. Meritano menzione:

- la strage di Piazza Fontana a Milano il 12 dicembre 1969 (la data che viene ricordata come l'inizio di quella che verrà definita "**strategia della tensione**");
- l'attentato terroristico alla Questura di Milano (1973);
- le bombe fatte esplodere in Piazza della Loggia a Brescia (1974);
- le bombe fatte esplodere sul treno Italicus (1974);
- la bomba fatta esplodere alla stazione di Bologna (1980).

Nel 1970 fu approvata la **Legge sul divorzio** (legge "Fortuna-Baslini"), alla quale si oppose la DC, mentre negli anni successivi vi fu la caduta dei gruppi conservatori DC che avevano promosso il referendum per l'abrogazione della *legge sul divorzio* (1974).

Nel 1970 si verificò la rivolta di Reggio Calabria. Ad innescare la violenta contestazione fu la scelta di Catanzaro quale capoluogo e istituzione degli enti della regione Calabria. Il 7 giugno si svolsero le prime elezioni regionali. Il 22 luglio veniva fatto deragliare il Treno del Sole procurando la morte di 6 persone. L'episodio, conosciuto come Strage di Gioia Tauro, fu provocato da un evento dinamitardo contro la stazione ferroviaria.

Nel frattempo nel 1971 fu eletto Presidente della Repubblica **Giovanni Leone** (con i voti determinanti del Movimento Sociale Italiano). Nel 1972 si costituì un governo centrista (DC, PLI, PSDI) presieduto da **Giulio Andreotti**.

Dalla caduta del Fascismo al 1974 si avvicendarono in Italia ben **trentasei** governi.

Nel 1973 si verificò la crisi petrolifera sotto la presidenza della Repubblica Leone.

Nello stesso anno **Enrico Berlinguer**, allora segretario del PCI, lanciava la proposta del famoso "**compromesso storico**", una collaborazione tra comunisti e DC a causa della situazione politico-economica in cui versava lo Stato, vittima anche di una nuova forma di terrorismo: il "*terrorismo rosso*" condotto da formazioni clandestine (***Prima Linea*** e ***Brigate Rosse***) maturate nelle università, nelle fabbriche e nelle classi medio-borghesi.

La proposta di Berlinguer, accettata da **Aldo Moro**, teorizzatore del centro-sinistra, si attuò dopo le elezioni del 1976 (in quelle elezioni il PCI toccò il suo massimo storico dei consensi con il 34,4%) quando si formò un governo "monocolore" DC presieduto da **Giulio Andreotti**, che per la prima volta poté contare sull'astensione del PCI. I governi Andreotti dal luglio 1976 al marzo 1979 sono noti come "***governi di solidarietà nazionale***". Egli ha presieduto in tutto sette governi.

Nel 1974 fu scoperto il cosiddetto "***golpe bianco***", progetto di un colpo di stato di stampo liberale ideato da **Edgardo Sogno**.

Intanto nel 1975 vennero stabiliti in modo definitivo i confini tra la Jugoslavia e l'Italia con i **Trattati di Osimo**: il Paese otteneva in via definitiva la città di Trieste, mentre la Jugoslavia l'Istria Nord-occidentale. Inoltre, a seguito di un accordo fra sindacati e Confindustria, fu introdotto il meccanismo della "***scala mobile***". Nello stesso anno fu introdotto il provvedimento per l'abbassamento della maggiore età a 18 anni e fu approvata la riforma del **diritto di famiglia** che sanciva la parità giuridica tra i coniugi.

Il 26 marzo del 1976 Giuseppe Saragat subentrò a Tanassi alla segreteria del PSDI, mentre **Francesco De Martino**, segretario del Partito Socialista Italiano fino al Congresso di quell'anno, fu sostituito nell'incarico da **Bettino Craxi**.

Nel dicembre entrò in vigore una legge sulle tossicodipendenze che introdusse la distinzione tra spacciatore e consumatore.

Durante il "**movimento del '77**" i protagonisti degli scontri di piazza più duri furono i gruppi di **Autonomia Operaia**, che utilizzarono armi da fuoco.

Nel 1978 cadde il Governo e sempre in quell'anno le Brigate Rosse (il cui capo storico fu **Renato Curcio**) rapirono e uccisero a Roma Aldo Moro (***strage di Via Fani*** - marzo 1978; il cadavere venne ritrovato in Via Caetani il giorno 9 maggio dello stesso anno dopo 55 giorni di sequestro). Durante il sequestro Moro, il leader del PSI **Bettino Craxi** propose di trattare con i brigatisti per la liberazione dell'onorevole, mentre il Papa **Paolo VI** rivolse loro un appello. Seguirono una serie di attentati contro uomini politici, magistrati ed industriali; il Partito Comunista entrò nella maggioranza e appoggiò governi di solidarietà nazionale.

Occorre Sapere

La prima azione delle **Brigate Rosse** contro un esponente dello Stato fu il rapimento di **Mario Sossi**; il 24 gennaio 1979 uccisero a Genova il sindacalista **Guido Rossa**; successivamente, il 12 febbraio 1980, fu assassinato nell'atrio della Facoltà di Scienze Politiche dell'Università la Sapienza di Roma **Vittorio Bachelet**, Vice Presidente del Consiglio Superiore della Magistratura. La loro lotta politica culminò con il rapimento di Aldo Moro. Nel 1978 si aprì a Torino un processo ai "**capi storici**" delle Brigate Rosse, destinato a rimanere negli annali della storia italiana.

Il movimento "**Nuclei Armati di Contropotere territoriale**" rivendicò il pluriomicidio a sfondo politico del 1978, noto come "**Strage di Acca Larentia**".
Nel 1978 il Capo dello Stato, **Leone**, fu coinvolto in uno scandalo (*scandalo Lockheed*) per delle tangenti e fu costretto alle dimissioni; gli successe **Sandro Pertini** (morto poi nel 1990) che si era distinto durante la Resistenza antifascista, ricevendo il voto di tutti i partiti dell'arco costituzionale. Le conseguenze politiche del caso Lockheed furono il processo di due ex Ministri dinanzi alla Corte Costituzionale.
Sempre nel 1978 fu approvata la **legge sull'aborto** (L. n. 194/1978), la **legge sull'equo canone** e la **riforma sanitaria**.
Nello stesso anno, dopo la morte di Paolo VI, salì al soglio pontificio **Giovanni Paolo II** (Karol Wojtyla, già Arcivescovo e Cardinale di Cracovia), primo pontefice non italiano dopo 455 anni, che si spense nel mese di aprile 2005, dopo drammatiche ore di agonia; fu uno dei Papi più amati della storia della Chiesa e il suo pontificato durò oltre ventisei anni.
Grazie alle riforme dell'istruzione varate dal centro-sinistra negli anni '70, fu elevato l'obbligo di frequenza formativa ai 14 anni.
Nel 1979 cadde il governo Andreotti; le nuove elezioni videro in auge il segretario del PSI Bettino Craxi, che rinunciò all'incarico e il governo fu formato da **Francesco Cossiga**, che costituì un Governo Tripartito. I comunisti tornarono all'opposizione e cominciarono ad affermarsi i cosiddetti "**governi pentapartito**" formati da DC più gli schieramenti laici PSI, PSDI, PLI, PRI. **Nilde Jotti** fu la prima donna italiana a ricoprire la carica di Presidente della Camera nel 1979 e dal maggio fu eletto segretario della CISL **Pierre Carniti**. Ugo La Malfa, esponente repubblicano, morì poco dopo aver assunto l'incarico di Vice Presidente del Consiglio.
Nel 1981 si scoprirono le trame eversive della ***Propaganda due - P2***, cioè "**la loggia massonica di Licio Gelli**", formata da imprenditori, mafiosi e servizi segreti e che portò il Paese sull'orlo del tracollo (fu sciolta per l'abnorme segretezza e per aver sollevato inquietanti interrogativi sul funzionamento delle istituzioni della Repubblica).
Dopo qualche mese di governo **Forlani**, per la prima volta la formazione del nuovo governo fu affidata ad un esponente non democristiano, ma al senatore repubblicano **Giovanni Spadolini**.

Occorre Sapere

Alle 7 di mattina del 14 giugno 1981, un affranto Massimo Valentini, conduttore del TG1, annunciò in lacrime a tutta l'Italia che la storia del piccolo **Alfredino Rampi**, 6 anni, era finita in tragedia. 60 ore prima, il piccolo era caduto in un pozzo artesiano largo 30 cm e profondo 80 metri.
Nel 1982 fu assassinato il Prefetto **Carlo Alberto dalla Chiesa**, al quale era stato affidato il compito di reprimere il terrorismo; ciò comportò sfiducia ulteriore nelle istituzioni.
Nello stesso anno fu introdotto nel codice penale italiano il *reato di associazione di stampo mafioso*.
Nel luglio 1983 fu ucciso con un'autobomba **Rocco Chinnici**, il capo dell'ufficio istruzione del Tribunale di Palermo.
Il 23 dicembre 1984 a San Benedetto Val di Sambro avvenne la **strage del Rapido 904** o strage di Natale.
Il 9 agosto del 1991, in un agguato perpetrato in collaborazione con la 'ndrangheta, venne ucciso il magistrato **Antonino Scopelliti**.
Nel 1992 il Governo istituì la **Direzione Nazionale Antimafia**.
Nel 1993 avvenne la **strage di via dei Georgofili** a Firenze.

Il 13 maggio 1981 avvenne l'attentato al Papa ad opera di **Alì Agca**, che faceva parte del gruppo estremista dei ***Lupi grigi***.
Nello stesso anno un contingente militare italiano fu inviato in Libano nell'ambito di una forza multinazionale di pace che aiutasse a frenare la dilagante guerra civile e il PCI compì un ulteriore strappo da Mosca condannando il colpo di Stato in Polonia alla fine del 1981.
Nel 1983, le nuove elezioni, indette per far fronte a problemi quali crisi economica, inflazione, disoccupazione, lotta al terrorismo e mafia, portarono a capo del governo il socialista **Bettino Craxi** (scriveva sotto lo pseudonimo *Ghino di Tacco*). Il primo **governo Craxi** fu varato nel 1983, il secondo cadde nel 1987 (fu membro del **C.A.F.**, alleanza formata da Craxi - Andreotti - Forlani per blindare la maggioranza pentapartito e la collaborazione tra socialisti e democristiani; questa alleanza fu definita "**la vera regina d'Italia**").
Nel novembre del 1983 all'Italia furono assegnati dalla NATO i primi euromissili cruise installati in Sicilia nella base di Comiso.
Francesco Pazienza, membro dei servizi segreti nonché stretto collaboratore di Roberto Calvi, venne colpito da un mandato di cattura per il **crack del Banco Ambrosiano**.
Il 1984 si aprì all'insegna delle elezioni europee per il rinnovo del Parlamento europeo. I risultati furono a favore del PCI che superò la DC.
Nel Parlamento italiano vennero presentate una serie di misure fiscali note come "**pacchetto Visentini**", volte a combattere l'evasione da parte di alcune categorie sociali. Questo "pacchetto", diventato decreto, urtò contro l'intransigente ostilità dei commercianti e dei lavoratori autonomi.
Nel 1984 si ebbe la **revisione del Concordato**, con la quale la religione cattolica cessò di essere la religione ufficiale dello Stato e fu anche modificata la disciplina dell'insegnamento religioso nelle scuole statali (**Giovanni Paolo II/Craxi**).
Il PCI subì una battuta d'arresto a causa degli errori, dei ritardi e delle manchevolezze nell'azione del partito; intanto morì a Padova il leader Berlinguer. Si osservò un rafforzamento dei partiti di centro-destra e la sconfitta dell'opposizione di sinistra. Il nuovo leader della DC fu **Ciriaco De Mita**, mentre **Francesco Cossiga** venne eletto Presidente della Repubblica il 24 giugno.
Nel 1984 venne definitivamente sconfitta la **Nuova Camorra Organizzata** di **Raffaele Cutolo** e nello stesso periodo, in Sicilia, le rivelazioni dei pentiti **Buscetta** e **Contorno** permisero una vasta operazione antimafia. Nel 1986 iniziò il famoso "**maxiprocesso**" di Palermo contro circa 450 mafiosi.
Nel 1985 l'episodio del dirottamento dell'Achille Lauro venne direttamente collegato alla crisi di Sigonella. Nel dicembre dello stesso anno un gruppo palestinese estremista di **Abu Nidal** attaccò i banchi delle compagnie aeree **El Al e Twa** all'aeroporto di Fiumicino. Il gruppo perpetrò un duplice attentato quasi contemporaneamente all'aeroporto di Vienna.
Nel maggio del 1986 si tenne a Genova il XIX Congresso del PLI e **Renato Altissimo** ne fu eletto Segretario. Nello stesso anno l'Italia e la Libia di Gheddafi furono sull'orlo di una crisi diplomatico-militare a causa del lancio di due missili SS-1 Scud, che avrebbero dovuto colpire un'installazione militare del sistema di radionavigazione LORAN della NATO situata sull'isola di Lampedusa.
Alle elezioni del 14 giugno 1987 vi fu la vittoria del Partito Socialista. Nello stesso anno alla guida del **Movimento Sociale Italiano** di **Giorgio Almirante** (esordì con un incarico politico nella Repubblica Sociale Italiana e dopo la fine della seconda guerra mondiale nel 1946 promosse la fondazione del **Movimento**) successe **Giancarlo Fini**.
Nacque nel 1987 un governo democristiano presieduto da **Giovanni Goria** (X legislatura), che decise di inviare alcune navi nel Golfo Persico, dove la guerra Iran-Iraq poneva in se-

rio pericolo la navigazione delle navi mercantili di tutti i Paesi. Il suo governo dovette affrontare la crisi finanziaria internazionale del crollo di tutte le principali borse mondiali. Dall'aprile 1988 al luglio 1989 capo del Governo fu **Ciriaco De Mita**; seguì l'ennesima crisi politica e rassegnò le dimissioni. Il Presidente della Repubblica, Cossiga, affidò un "mandato esplorativo" a Giovanni Spadolini, ma il tentativo non ebbe esito positivo.
A questo punto Cossiga diede l'incarico a **Giulio Andreotti** (già Presidente del Consiglio all'epoca della caduta del Muro di Berlino), che finalmente riuscì a costituire il governo, con vicepresidente del Consiglio **Claudio Martelli**, agli Esteri **Gianni De Michelis** e alla Sanità **Francesco De Lorenzo**. Alla segreteria della Democrazia Cristiana **Arnaldo Forlani** fu eletto al posto di Ciriaco De Mita (in carica dal 1982) e mantenne la carica fino all'ottobre del 1992, quando fu sostituito da **Mino Martinazzoli**.
Nel frattempo, segretario del PCI divenne **Achille Occhetto**, che costituì il cosiddetto "***governo ombra***" per contrastare l'azione del governo legale, proponendo delle alternative.
Nel 1989 si assistette ad una nuova *escalation* della mafia, con a capo il famigerato *clan dei Corleonesi*. Il primo attentato fallito al giudice Giovanni Falcone e il caso del "***corvo di Palermo***" insinuarono un clima di diffidenza all'interno della magistratura siciliana e di sfiducia verso le istituzioni a causa di una collusione tra la criminalità organizzata e quella politica.
Nel 1990 il Parlamento approvò la nuova legge sull'emittenza televisiva, nota come **legge Mammì**, la legge 142 concernente la **riforma dell'ordinamento degli enti locali** e la riforma della scuola elementare in base alla quale ogni classe doveva avere tre insegnanti e fu introdotto lo studio di una lingua straniera.
Nelle elezioni amministrative di quel periodo il partito della **Lega lombarda** (movimento politico fondato da **Umberto Bossi** il 4 dicembre 1989) riportò il primo significativo successo. Nel gennaio il movimento studentesco la "**pantera**" protestò contro il progetto di riforma del Ministro **Antonio Ruberti**.
Emettendo una massa crescente di titoli di Stato ad alti tassi di interesse, lo Stato italiano, negli anni **1980–'90**, riuscì a far fronte alle sempre più pressanti esigenze di cassa.
Nel 1991 sotto la guida del segretario **Achille Occhetto** avvenne la trasformazione del PCI (**svolta della Bolognina**) nel nuovo **Partito Democratico della Sinistra** e contemporaneamente nacque il **Partito della Rifondazione Comunista**, dalla sinistra radicale, ad opera di: **Armando Cossutta**, Ersilia Salvato, Lucio Libertini e Sergio Garavini. **Fausto Bertinotti** fu segretario dal 1994 al 2006.
Nel 1992 venne stipulato il **Trattato di Maastricht**, molto importante per le future sorti dell'Europa, con il quale si stabiliva un programma da attuarsi in fasi successive basato su una politica monetaria comune all'Europa, una moneta unica e una Banca centrale. Fu sottoscritto dal Presidente del Consiglio Giulio Andreotti, dal Ministro degli Esteri Gianni De Michelis e dal Ministro del Tesoro Guido Carli. Intanto il Comitato monetario della CEE sospese la lira dal Sistema Monetario Europeo.
Nello stesso anno partì dalla Procura di Milano, per estendersi poi in tutta Italia, l'inchiesta su "**Tangentopoli**" (la "città delle tangenti"). L'inchiesta si avviò a seguito dell'episodio in cui il presidente del Pio Albergo Trivulzio Mario Chiesa venne arrestato in flagrante mentre incassava una tangente. Questa operazione, chiamata "***Mani pulite***" e condotta dal giudice **Antonio Di Pietro** insieme ad altri magistrati, mise in luce il sistema di finanziamento illegale dei partiti (furono coinvolti gli ex sindaci di Milano Tognoli e Pillitteri). Lo scandalo travolse quasi tutte le parti politiche e specialmente i maggiori partiti di governo,

il Partito Socialista e la Democrazia Cristiana, che si scissero in strutture minori. Craxi in quel periodo storico ribadì la volontà di perpetuare l'alleanza PSI-DC. Il **1992** fu definito da taluni come "***annus terribilis***" per gli avvisi di garanzia sui principali protagonisti della vita politica italiana, per le due terribili stragi di mafia che uccisero a pochi mesi di distanza i giudici **Giovanni Falcone** (strage di Capaci) e **Paolo Borsellino** (Procuratore aggiunto a Palermo) e per le dimissioni anticipate del "picconatore" Francesco Cossiga, a cui successe **Oscar Luigi Scalfaro**, già Presidente della Camera dei Deputati (i due, oltre che dalla militanza democristiana, erano accomunati dall'essere stati entrambi Ministri dell'Interno). **Carlo Azeglio Ciampi**, nel 1993, assunse la Presidenza del Consiglio succedendo a **Giuliano Amato**.

Il 20 luglio, implicato nelle vicende di "tangentopoli", si uccise in carcere **R. Gardini**, un ex presidente dell'ENI.

Nello stesso anno Craxi, dopo aver lasciato l'Italia, si rifugiò in Tunisia, mentre il 15 gennaio fu arrestato a Palermo, dopo una latitanza durata 24 anni, **Salvatore Riina**, un esponente di spicco di Cosa Nostra. Intanto, nell'aprile, gli Italiani furono chiamati a esprimere la loro opinione su *otto quesiti referendari*, tra i quali vi era quello relativo alla modifica della legge elettorale per il Senato in senso maggioritario. Il 27 maggio a Firenze avvenne la **strage di via dei Georgofili** ad opera di Cosa Nostra tramite l'esplosione di un'autobomba nei pressi della storica Galleria degli Uffizi.

In quell'anno il Parlamento approvò una nuova legge elettorale in base alla quale il 75% dei seggi veniva assegnato con il sistema maggioritario e il 25% con quello proporzionale.

Il 1994 viene ricordato come la fine della cosiddetta Prima Repubblica (1948 – 1994) nella quale si sono succeduti ben **46 Governi**. Fino a quell'anno la Democrazia Cristiana partecipò al governo ininterrottamente.

Le elezioni anticipate del 1994 segnarono l'affermazione di due nuovi partiti: **Forza Italia**, partito fondato nello stesso anno dall'imprenditore **Silvio Berlusconi**, e **Alleanza Nazionale**, partito nato dal Movimento Sociale Italiano. Lo schieramento di centro-destra risultato vincitore (Forza Italia, Lega Nord, Alleanza Nazionale e CCD) portò al **governo Berlusconi** (dal maggio al dicembre 1994), che dopo poco, perso il sostegno della Lega Nord, si dimise.

Il PDS non fu parte della maggioranza guidata da Silvio Berlusconi.

Nel 1995 **Dini** ebbe l'incarico di formare un governo tecnico, per attuare una politica di risanamento economico. Nelle elezioni anticipate del 1996 si affermò lo schieramento di centro-sinistra (**Ulivo**), che portò al governo **Romano Prodi**. Tale governo cadde nell'ottobre 1998, sostituito dal primo governo **D'Alema**.

Dal momento dell'introduzione in Italia della legge sulla privacy nel 1997, diverse categorie di persone si dovettero necessariamente confrontare con imposizioni e restrizioni totalmente nuove. Il rispetto di tale legge è assicurato, in via principale, dal ***Garante per la tutela della privacy***, previsto dalla legge stessa.

Nel 1999 diventò Presidente della Repubblica **Carlo Azeglio Ciampi** (morto nel 2016), già Presidente della Camera dei Deputati.

Dopo la crisi del primo e del secondo Governo D'Alema, l'Onorevole **Giuliano Amato** traghettò la politica italiana fino alle elezioni del maggio 2001, che vide come protagonista il **Polo delle Liberta** guidato da **Silvio Berlusconi**.

Il 16 novembre dello stesso anno **Piero Fassino** fu nominato Segretario dei Democratici di Sinistra.

Occorre Sapere

Nel 1968 un violento terremoto sconvolse la valle del **Belice** (Sicilia); nel 1976 colpì gravemente e in prevalenza il **Friuli**; nel 1980 toccò all'**Irpinia**; nel 1997 sconvolse l'**Umbria**; il 31 ottobre 2002 un terremoto dell'ottavo grado della Scala Mercalli colpì il **Molise**. I danni maggiori a **San Giuliano di Puglia**, dove sotto le macerie rimasero uccisi 27 alunni ed una insegnante di una scuola elementare; nel 2009 venne distrutta la città de **L'Aquila**; nel gennaio 2016 l'epicentro di uno sciame sismico di modesta entità è stato localizzato in **Molise**; nello stesso anno il terremoto ha colpito il Centro Italia (Marche, Abruzzo e Umbria) radendo al suolo i paesi di Amatrice, Accumuli e Arquata.

Il 19 marzo del 2002 un commando delle **nuove BR** uccise a Bologna il professor **Marco Biagi**, consulente di diversi ministri del Lavoro negli ultimi anni. Per l'omicidio Biagi è stata condannata in via definitiva **Nadia Desdemona Lioce**.

Nel 2003 il Parlamento approvò una legge che tutelava l'immunità giudiziaria delle alte cariche dello Stato suscitando polemiche sul fatto che tale provvedimento potesse privilegiare il governo in carica. Alla fine di quell'anno la ***Parmalat*** (con a capo **Callisto Tanzi**) fu accusata di illeciti finanziari, provocando un enorme scandalo e creando forte preoccupazione per i risparmiatori e per i lavoratori dell'azienda.

Nel novembre dello stesso anno, un attentato coinvolse la base italiana di **Nassiriya**, in Iraq. Un grosso camion, seguito da un'auto blindata, si avvicinò all'ingresso della base e aprì il fuoco contro i militari della postazione di guardia.

Il 29 ottobre 2004 a Roma avvenne la firma della prima **Costituzione Europea**, progetto definitivamente abbandonato nel 2007.

Nell'aprile 2005 venne eletto papa **Benedetto XVI** (cardinale Joseph Ratzinger, di nazionalità Tedesca), poi dimessosi nel 2013.

Nel 2006 il governo tornò nuovamente alla coalizione dei partiti di centro-sinistra, guidata da Romano **Prodi** (XV Legislatura). Nello steso anno **Giorgio Napolitano** diventò Presidente della Repubblica (primo esponente del PCI a ricoprire questa carica ed eletto al 4° scrutinio, è stato ininterrottamente presente nelle assemblee legislative italiane dal 1945 al 2013).

Nel 2007 nacque il **Partito Democratico (PD)** dove confluirono Democratici di Sinistra e La Margherita.

Nel 2008, caduto il governo Prodi, tornò al governo nuovamente Berlusconi e il centrodestra.

Nel novembre 2011, dopo le dimissioni di Berlusconi si è formato un governo tecnico presieduto da **Mario Monti**, durato poco più di un anno; infatti, nell'aprile 2013 si è insediato al Governo **Enrico Letta**, sostituito nel febbraio 2014 da **Matteo Renzi** (all'età di 39 anni e un mese diviene il più giovane PdC) e nel 2016 **Paolo Gentiloni**.

Dal 1° giugno 2018, **Giuseppe Conte** è Presidente del Consiglio dei Ministri; il 5 settembre 2019, ha iniziato il secondo mandato (Governo Conte II). Il 26 gennaio 2021 ha rassegnato le dimissioni.

5.6 La nascita delle nuove democrazie europee

In alcuni Stati europei, durante gli anni Settanta, si assistette al ritorno della democrazia.

In **Grecia**, nel 1967, un colpo di Stato militare contro la Monarchia costituzionale avviato diede vita alla "***Dittatura dei colonnelli***", un regime di destra autoritario e repressivo che venne abbattuto nel 1974, quando la monarchia fu abolita e si instaurò la Repubblica democratica governata alternativamente da liberali e socialisti. Nel 1981 la Grecia è entrata nella CEE, ma

pur ricevendo aiuti, è rimasto un Paese a lungo travagliato da problemi economici, disoccupazione, debito pubblico ed inflazione.
In **Portogallo** il regime dittatoriale di **Salazar** (morto nel 1970) che era in piedi dal 1932 cadde nel 1974 in seguito a problemi economici e politici provocati dal processo di decolonizzazione; una sommossa di ufficiali capeggiati dalle sinistre determinò la caduta del regime di **M. Caetano**, successore di Salazar e la conseguente fine della dittatura. Non fu una rivoluzione cruenta e per questo fu chiamata "***Rivoluzione dei garofani***" (1974).
Dopo alcuni anni di instabilità, si impose alla guida del Paese il partito socialista di **M. Soares**, Presidente della Repubblica dal 1986 al 1996; con lui la vita democratica del Portogallo si è stabilizzata. Nel 1986 il Paese è entrato nella CEE.
La **Spagna** fu per un lungo periodo sottoposta al regime dittatoriale di **F. Franco** (dal 1939 al 1975) durante il quale conobbe un sensibile sviluppo economico, accompagnato però dalla mancanza di pluralismo politico e culturale che provocò il desiderio di opporsi. Alla morte di Franco ci si pose il problema di come passare dalla dittatura franchista alla democrazia.
Il Re **Juan Carlos I di Borbone** (la Monarchia era stata ripristinata da Franco nel 1969), che aveva assunto le funzioni di capo provvisorio dello stato nel 1975, seppe guidare il Paese in un momento delicato senza conflitti e permettendo ai partiti di riorganizzarsi insieme ai sindacati. Regina fino al 19 giugno 2014 fu **Sofia di Oldenburg-Glücksburg**.
Nelle elezioni del 1978 fu approvata una Costituzione democratica che concedeva ampia autonomia a Catalogna, Paesi Baschi e Galizia; nel 1982 il Partito Socialista Operaio di **F. Gonzales** assunse la guida del Paese e nel 1986 la Spagna entrò nella CEE.
Dal 19 Giugno 2014 è diventato re **Felipe Juan Pablo Alfonso VI** (figlio di Juan Carlos I) e regina la moglie **Letizia Ortiz Rocasolano**.

OCCORRE SAPERE

GOVERNATORI DELLA BANCA D'ITALIA DAL 1928

Antonio Fazio è stato l'ultimo governatore a vita. Dopo le sue dimissioni nel 2005 a seguito di "***Bancopoli***" il mandato è stato ridotto a 6 anni, rinnovabile una volta.

1928 - 1930 Bonaldo Stringher
1931 - 1944 Vincenzo Azzolini
1945 - 1948 Luigi Einaudi
1948 - 1960 Donato Menichella
1960 - 1975 Guido Carli
1975 - 1979 Paolo Baffi
1979 - 1993 Carlo Azeglio Ciampi
1993 - 2005 Antonio Fazio
2005 - 2011 Mario Draghi
2011 - ... Ignazio Visco

Sezione VI
Attualità

Capitolo 1
Principali accadimenti degli ultimi anni

2010

A marzo **Sebastian Pinera** era il Presidente del Cile entrato in carica; è stato rieletto l'11 marzo 2018 e il suo partito è il Chile Vamos (Rinnovamento Nazionale)
L'**Expo 2010** si è svolto a Shanghai
L'UNESCO ha dichiarato patrimonio dell'umanità in Cina i Monumenti storici di **Dengfeng**
A partire dal 2010, il convegno politico, noto come "**la Leopolda**" (ex stazione di Firenze), ideato e lanciato da Matteo Renzi e Giuseppe Civati, si svolge ogni anno in ottobre

2011

Giancarlo Galan ha sostituito Sandro Bondi nel Dicastero dei Beni e Attività Culturali
Ha assunto l'incarico di Ministro delle politiche Agricole, Alimentari e Forestali **Francesco Saverio Romano**
Buenos Aires è stata insignita dall'UNESCO del titolo di **Capitale mondiale del libro per il 2011**
Dilma Rousseff è la politica brasiliana diventata la prima donna ad essere proclamata Presidente del Brasile
Hosni Mubarak è il nome del dittatore contro il quale, come segno di protesta, si è dato fuoco Abu Abdel Monem davanti al parlamento del Cairo innescando la rivolta popolare di gennaio
Il Brasile ha negato all'Italia l'**estradizione dell'ex terrorista Cesare Battisti**, condannato in via definitiva per quattro omicidi
Il **Premio Nobel per la Chimica 2011** è stato assegnato a Dan Shechtman per la scoperta dei quasicristalli
L'**Italia unita** ha compiuto 150 anni
L'UNESCO ha dichiarato patrimonio dell'umanità in Giappone le **Isole Ogasawara**
Tre donne hanno ricevuto il **premio Nobel per la pace**, per la loro battaglia non violenta a favore della sicurezza delle donne e del loro diritto alla piena partecipazione nell'opera di costruzione della pace

Ellen Johnson Sirleaf, Presidente della Liberia, è stata insignita del Premio Nobel per la Pace
Il **sisma** più violento avvenuto nel primo semestre ha causato più di 30 mila vittime in Giappone
L'abolizione di norme riguardanti la produzione di **energia nucleare** è il quesito referendario di giugno che ha confermato l'esito del precedente **referendum** del 1987
Nel corso della **guerra civile libica**, l'ultima città lealista pro Gheddafi è caduta il 17 ottobre. Era la città di Beni Ulid
Nel primo semestre, nella centrale di **Fukushima** si è verificata un'emergenza nucleare
In ottobre, a causa dell'intensità della pioggia (circa 500 mm di pioggia in meno di 6 ore), sono esondati i fiumi nelle **Cinque Terre**, provocando vittime e gravi danni
È stata scoperta, nella Grande Nube di Magellano, la **stella VFTS 102** che ha la caratteristica di ruotare su stessa a 600 km/s
In gennaio, l'**Estonia** è entrata nell'area Euro
Il 14 gennaio è caduta la dittatura di **Ben Ali** in Tunisia
In febbraio, a causa di violenti moti popolari, dopo 30 anni di governo si è dimesso **Hosni Mubarak**
A marzo è deceduta **Elizabeth Taylor**, vincitrice di due premi Oscar quale migliore attrice
Il 29 aprile, il **Principe d'Inghilterra William** si è sposato con Kate Middleton nell'Abbazia di Westminster di fronte a 2000 invitati e milioni di telespettatori
Nel corso della cosiddetta **Operazione Geronimo**, il 5 maggio, è stato ucciso Osama Bin Laden (era del Pakistan)
Con le elezioni amministrative di maggio, è stato eletto **sindaco di Napoli Luigi De Magistris**
Con le elezioni amministrative di maggio, **Giuliano Pisapia** è stato eletto **sindaco di Milano**
Con le elezioni amministrative di maggio, **Massimo Zedda** è stato eletto **sindaco di Cagliari**
Con le elezioni amministrative di maggio, **Piero Fassino** è stato eletto **sindaco di Torino**
Con le elezioni amministrative di maggio, **Virginio Merola** è stato eletto **sindaco di Bologna**
Il 10 giugno l'onorevole Angelino Alfano è stato designato come **Segretario del PdL**
Nel luglio **Roberta Angelilli** è Vicepresidente del Parlamento europeo
In **Norvegia** il 22 luglio, da parte di un folle, è stata compiuta una **strage** con 76 vittime
A settembre il Presidente dello **Yemen** era Ali Abdullah Saleh
Nel novembre la **Lega Araba** ha sospeso dalle attività dell'organizzazione la Siria, uno dei Paesi che era stato tra i fondatori
Il 12 novembre il Presidente del Consiglio **Silvio Berlusconi** ha rassegnato le dimissioni nelle mani del Capo dello Stato
Il 16 novembre ha prestato giuramento il sessantunesimo governo della Repubblica Italiana, presieduto da **Mario Monti**
Il 5 dicembre la NASA ha confermato la scoperta di **Kepler-22b**, che è un pianeta extrasolare probabilmente appartenente alla categoria delle super Terre
Il **Mars Science Laboratory**, atterrato su Marte il 6 agosto 2012, era stato lanciato il 26 novembre
Nel 2011, **Michele Zagaria**, boss dell'organizzazione camorristica del clan dei casalesi, è stato scovato nel suo covo ed arrestato; si trovava nel suo bunker costruito a Casapesenna

A gennaio:
- è nato il nuovo gruppo parlamentare "**Iniziativa Responsabile**", il cui portavoce era Francesco Pionati
- allo stabilimento della **FIAT Mirafiori** è avvenuto il referendum dei lavoratori per ratificare le intese precedentemente raggiunte con i sindacati

A giugno:

- **Jean-Claude Trichet** era il Presidente della Banca Centrale europea
- è morto **Peter Falk** la cui carriera venne consacrata dal ruolo di protagonista nella serie televisiva "Colombo", il detective di Los Angeles
- il Capo di Stato della **Repubblica del Sudan** era Omar Hasan Ahmad al-Bashir
- il **Montenegro** non era membro dell'Unione europea
- il Presidente degli USA è **Barack Obama**
- il Presidente della Camera dei Deputati era **Gianfranco Fini**
- il Presidente della Commissione europea era **Jose Manuel Barroso**
- il Presidente della Repubblica cubana era **Raul Castro**
- il Presidente della Repubblica islamica dell'**Iran** si chiama Mahmud Ahmadinejad
- il Presidente della Repubblica russa era **Dimitrij Medvedev**
- il Primo Ministro della Federazione Russa era **Vladimir Putin**
- il Primo Ministro spagnolo era **Jose Luis Rodriguez Zapatero**
- l'**Armenia** non era membro dell'Unione europea
- la **Bielorussia** non era membro dell'Unione europea
- la **Serbia** non era membro dell'Unione europea
- **Ellen Johnsen Sirleaf** è Presidente della Liberia
- era sindaco di Roma **Gianni Alemanno**
- **Evo Morales** era Presidente della Bolivia
- il ministro dell'Interno italiano era **Roberto Maroni**
- il ministro della Gioventù era **Giorgia Meloni**
- il ministro italiano dell'Economia e delle Finanze era **Giulio Tremonti**
- il ministro italiano dell'Istruzione Università e Ricerca era **Mariastella Gelmini**
- il ministro italiano delle Infrastrutture e Trasporti era **Altero Matteoli**
- il ministro italiano per gli Affari esteri era **Franco Frattini**
- il ministro italiano per i Rapporti con il Parlamento era **Elio Vito**
- il ministro italiano per i Rapporti con le Regioni era **Raffaele Fitto**
- il ministro italiano per l'Ambiente e la tutela del territorio e del mare era **Stefania Prestigiacomo**
- il ministro italiano per l'Attuazione del programma di governo era **Gianfranco Rotondi**
- il ministro italiano per la Difesa era **Ignazio La Russa**
- il ministro italiano per la Pubblica Amministrazione e l'Innovazione era **Renato Brunetta**
- il ministro italiano per la Semplificazione Normativa era **Roberto Calderoli**
- il ministro italiano per le Pari opportunità era **Mara Carfagna**
- il ministro italiano per le Riforme per il Federalismo era **Umberto Bossi**
- l'**Albania** non era membro dell'Unione europea
- l'**Islanda** non era membro dell'Unione europea
- l'**Ucraina** non era membro dell'Unione europea
- la **Bosnia-Erzegovina** non era membro dell'Unione europea
- la **Croazia** non era membro dell'Unione europea
- la **Georgia** non era membro dell'Unione europea
- la **Macedonia** non era membro dell'Unione europea
- la **Moldavia** non era membro dell'Unione europea
- la **Russia** non era membro dell'Unione europea
- la **Svizzera** non era membro dell'Unione europea
- la **Turchia** non era membro dell'Unione europea

- Michel **Suleiman** è il Presidente del Libano

A luglio:
- è nato un nuovo stato, il **Sud Sudan**
- si è sposato a Palazzo Grimaldi, alla presenza di 3500 invitati, il **principe Alberto di Monaco** con Charlene Wittstock
- **Annamaria Bernini** ha assunto l'incarico di Ministro alle Politiche europee

Ad agosto:
- dalla piattaforma Gannett Alpha, a causa di un'avaria, si è verificata l'immissione nel **Mare del Nord** di grandi quantità di petrolio. Si è trattato del più grave incidente nella zona dall'anno 2000
- è stato rapito in Darfur **Francesco Azzara**, operatore trentaquattrenne di Emergency, da una tribù locale

Da novembre:
- è Governatore della Banca d'Italia **Ignazio Visco**
- è Presidente della Banca centrale europea **Mario Draghi**

2012

Le **Olimpiadi 2012** si sono svolte a Londra
A seguito dei contestati risultati delle elezioni **presidenziali messicane** del 1° luglio il nuovo Presidente è Enrique Pena Nieto
Alba Dorata è un partito neonazista greco di estrema destra entrato per la prima volta nel Parlamento con le elezioni politiche del 2012
Barack Obama, nel corso del 2012, è stato il primo Presidente degli Stati Uniti d'America a dichiararsi favorevole al matrimonio fra persone dello stesso sesso
A tutto il 2012 è Segretario del Partito Democratico **Pier Luigi Bersani**
Felix Baumgartner è il paracadutista che è riuscito nell'ottobre a sfondare il muro del suono in caduta libera
Il "Papà di ET", famoso autore di effetti speciali cinematografici, è deceduto. Si chiamava **Carlo Rambaldi**
Il **G8** del 2012 si è svolto a Camp David
Il **Premio Nobel per la Medicina del 2012** è stato assegnato a due studiosi che si sono distinti per il loro lavoro sulle cellule staminali (cellule non differenziate, che possono generare diversi tipi di cellule specializzate) pluripotenti indotte
Il **sisma** che ha colpito la Pianura Padana emiliana è iniziato nella notte del 20 maggio, con epicentro a **Finale Emilia**
È stato completato il passaggio al **digitale terrestre** in Italia
Juan Carlos di Borbone era il Capo dello Stato spagnolo a ottobre
Sono passati 2765 anni dalla **fondazione di Roma**
Kwangmyŏngsŏng-3 ha provocato una dura condanna mondiale contro la **Corea del Nord**. Si trattava di un satellite d'osservazione nordcoreano, esploso in volo subito dopo il decollo
L'UNESCO ha dichiarato patrimonio dell'umanità in Belgio i principali **siti minerari della Vallonia**

L'UNESCO ha dichiarato patrimonio dell'umanità in Cina il **sito fossile di Chengjiang**
L'UNESCO ha dichiarato patrimonio dell'umanità in Malesia il sito archeologico della **Valle di Lenggong**
L'UNESCO ha dichiarato patrimonio dell'umanità in Russia il **parco naturale dei Pilastri del Lena**
L'UNESCO ha dichiarato patrimonio dell'umanità negli Emirati Arabi i **siti culturali di Al Ain**
L'anno 2012 è stato dichiarato l'anno europeo dell'**invecchiamento attivo** e della solidarietà tra le generazioni
La **Danimarca** ha assunto la presidenza di turno dell'Unione europea il 1 gennaio
In estate c'è stata la nomina a Presidente della RAI di **Anna Maria Tarantola**
Oscar Luigi Scalfaro, importante politico e magistrato italiano, è deceduto il 29 gennaio
Sergio Pininfarina, imprenditore e designer italiano, nominato Senatore a vita, è deceduto il 3 luglio
In gennaio è diventato Direttore del TG1 **Alberto Maccari**
Il 13 gennaio è avvenuto, in Italia, un gravissimo incidente: la nave da crociera **Costa Concordia** è naufragata all'Isola del Giglio
In febbraio era **Presidente dell'Ungheria** Pal Schmitt
Il 6 febbraio **Elisabetta II** del Regno Unito ha celebrato il giubileo di diamante del proprio regno
Il 25 febbraio il **presidente dello Yemen** Ali Abdullah Saleh è stato sostituito dal vicepresidente Abd Rabbuh Mansur Al-Hadi
Il 1° marzo è deceduto a Montreux, all'età di 69 anni, **Lucio Dalla**
Il 13 marzo l'**Enciclopedia Britannica**, dopo 244 anni dalla sua prima pubblicazione, ha annunciato che non sarebbe stata più pubblicata in forma cartacea
Il 28 aprile 2012 è iniziata l'attività commerciale della società **NTV** con il primo viaggio di un treno ***Italo***
Dal 10 maggio il **Presidente dell'Ungheria** è Janos Ader
Il 1° giugno è stato confermato Presidente del Consiglio dell'Unione europea **Herman Van Rompuy**
Al 30 giugno gli **Stati indipendenti** riconosciuti sono 235
Il 1° luglio ha assunto la presidenza di turno dell'Unione europea **Cipro**
A luglio è stato scoperto un altro **satellite naturale di Plutone**, che ha assunto provvisoriamente il nome di P5
A luglio era Presidente della Regione Sardegna **Ugo Cappellacci**
Gli scienziati del CERN, il 4 luglio, hanno annunciato l'osservazione di una particella con caratteristiche compatibili con quelle del **bosone di Higgs**; hanno anche progettato il World Wide Web
Il 17 luglio è stato nominato Direttore Generale della RAI **Luigi Gubitosi**
Ad agosto si sono registrati 500 posti di lavoro a rischio a causa del possibile fallimento della low cost catanese **Wind Jet**
A settembre si sono verificati in varie regioni della Spagna manifestazioni e incidenti contro le riforme di austerity proposte dal governo di **Mariano Rajoy**
L'11 settembre un assalto al **Consolato USA di Bengasi** ha ucciso 4 americani, tra cui l'ambasciatore Chris Stevens. Le autorità libiche ne hanno attribuito la responsabilità alla milizia islamica Ansar al Sharia

Aung San Suu Kyi è il nome della leader che, a ottobre, guidava l'opposizione democratica contro la giunta militare al potere in Myanmar
In ottobre **Mitt Romney** è stato l'avversario di Barack Obama nei dibattiti pre-elettorali televisivi

A GIUGNO:

- è stato osservato il secondo e ultimo transito solare, in questo secolo, di **Venere**
- era Ministro del Lavoro e delle Politiche Sociali in Italia **Elsa Fornero**
- era Ministro dell'Economia e delle Finanze italiano **Vittorio Grilli**
- il Ministro degli Affari Esteri italiano era **Giulio Terzi**
- il Ministro dell'Ambiente, Tutela del Territorio e del Mare italiano era **Corrado Clini**
- il Ministro dell'Interno italiano era **Annamaria Cancellieri**
- il Ministro dell'Istruzione, dell'Università, della Ricerca italiano era **Francesco Profumo**
- il Ministro della Difesa italiano era **Giampaolo Di Paola**
- il Ministro della Giustizia italiano era **Paola Severino**
- il Ministro della Salute italiano era **Renato Balduzzi**
- il Ministro dello Sviluppo Economico italiano era **Corrado Passera**
- si è registrato un **tasso di disoccupazione** totale italiano pari al 12,1%

A OTTOBRE:

- **Antonio Tajani** era membro italiano della Commissione europea con l'incarico di Commissario all'Industria e all'Imprenditoria
- è Capo di Stato della Giordania **Abd Allah II**
- è Capo di Stato della Repubblica Araba di Siria **Bashar al-Asad**
- è Presidente del Parlamento europeo **Martin Schulz**
- è Presidente dell'Afghanistan **Hamid Karzai**
- è Presidente della NATO **Anders Fogh Rasmussen**
- è Presidente della Polonia **Bronisław Komorowski**
- è Presidente della Repubblica del Cile **Sebastian Pinera**
- è Presidente della Repubblica Federale di Germania **Joachim Gauck**
- è Presidente della Repubblica francese **Francois Hollande**
- è Re del Belgio **Alberto II**
- è Re del Marocco **Mohammed VI**
- è sul trono dei Paesi Bassi **Beatrice d'Orange-Nassau**
- è sul trono di Danimarca **Margherita II**
- è sul trono di Norvegia **Harald V**
- è sul trono di Svezia **Carlo XVI Gustavo**
- il Capo del Governo britannico è **David Cameron**
- il Presidente del Sud Africa era **Jacob Zuma**
- il Presidente della Banca Centrale Europea era **Mario Draghi**
- l'Alto Rappresentante dell'Unione Europea per gli affari esteri e la politica di sicurezza era **Catherine Ashton**
- la **Norvegia** non è membro dell'Unione europea
- il Presidente del Partito Democratico è stato l'onorevole **Rosy Bindi**
- il Presidente dell'Afghanistan era **Hamid Karzai**

2013

Al secondo turno delle elezioni comunali, l'avversario del nuovo sindaco di Roma è stato **Gianni Alemanno**

Dopo anni di sostanziale stagnazione, sotto l'impulso del **primo ministro Shinzō Abe** sembra essere tornata a crescere l'economia del Giappone

Franca Rame, esponente di spicco del teatro italiano, è morta all'età di 83 anni il 29 maggio

Il braccio armato del **partito libanese Hezbollah** nel conflitto in corso in Siria fa da supporto al regime di Assad

Il giornale americano **The New York Times** è sotto la direzione di una donna a novembre

Il luogo simbolo della protesta contro il governo turco è il **parco Gezi** adiacente a Piazza Taksim

Il principale protagonista dello scandalo denominato *datagate* è stato **Edward Snowden**; giornalisticamente, il programma con cui l'agenzia Government Communications Headquarters (Gchq) ha ascoltato e intercettato il traffico sui cavi sottomarini in fibra ottica si chiama *Tempora*

Il segretario di Stato Vaticano, nominato nell'anno, si chiama **Pietro Parolin**

In **Bulgaria**, l'euro non era la valuta ufficiale in vigore

L'**Irlanda** ha avuto la Presidenza del Consiglio dell'Unione europea nel primo semestre

L'Oscar al miglior film è stato vinto da **Argo**, di Ben Affleck

È morto il **Generale Giap**, celebre generale vietnamita, protagonista della Guerra d'Indocina e della Guerra del Vietnam

È morto **Lou Reed**, celebre cantante, chitarrista e fondatore del complesso dei Velvet Underground

È sorto un incidente diplomatico tra gli USA e, tra gli altri, la Germania, a causa delle attività della **NSA** (National Security Agency)

Il presidente egiziano **Mohamed Morsi** è stato destituito dopo accese violenze di piazza

John Kerry è il segretario di stato statunitense

La **Siria** è stata interessata da una sanguinosa guerra civile per tutto l'anno

La coppia Presidente/Primo Ministro della Cina è **Xi Jinping/Li Keqiang**

Una riforma di **Raul Castro**, entrata in vigore nell'anno, è risultata particolarmente significativa e quasi rivoluzionaria per la vita dei cubani: i cittadini in possesso di un passaporto possono uscire dal Paese

Nella **Repubblica Centrafricana** si è verificato un colpo di Stato

Mariangela Melato è morta l'11 gennaio

A marzo a **Marcello Dell'Utri**, ex parlamentare, già senatore per Il Popolo della Libertà e precedentemente per Forza Italia (che fondò con Silvio Berlusconi), la corte di appello di Palermo ha confermato la condanna a sette anni con l'accusa di concorso esterno in associazione mafiosa

Il **Governo Letta**, nato in aprile, è stato il primo Governo della storia repubblicana in cui fossero presenti due Ministri non nati in Italia

A maggio l'**Eurogruppo**, la riunione di tutti i ministri delle finanze dei 19 Stati membri della zona Euro, ha approvato a Bruxelles due tranche di aiuti da 2 e 4,2 miliardi di euro da destinare rispettivamente a Cipro e alla Grecia

Il 26 maggio si è svolta a Parigi un'imponente e tesa manifestazione contro la legge che ha istituito i **matrimoni gay**

In **Iran**, le elezioni politiche di giugno sono state vinte dal moderato-riformista Hassan Rouhani

Secondo i dati resi noti da Bankitalia (giugno 2013), il **debito pubblico italiano** ammonta a oltre 2.000 miliardi di euro
A luglio ha destato scalpore una polemica tra il sindaco di Milano, Giuliano Pisapia, e la casa stilistica **Dolce & Gabbana**
Il Sindaco di Napoli in carica a novembre è **Luigi De Magistris**

A NOVEMBRE:

- L'**Albania** non era membro dell'Unione europea a novembre
- **Piero Grasso** ricopre la carica di Presidente del Senato della Repubblica
- il Primo Ministro francese è **Jean-Marc Ayrault**
- Hosni Mubarak, **Mohamed Morsi**, Adli Mansour erano gli ultimi tre Presidenti dell'Egitto, in ordine cronologico
- i Paesi dell'Unione europea che hanno adottato l'euro (a parte la Lettonia, in cui l'euro circolerà dal 2014 e la Lituania dal 2015) sono 17
- il Cancelliere tedesco in carica era **Angela Merkel**
- il Capo del Governo della Spagna era **Mariano Rajoy**
- il Ministro per i Beni e le attività culturali del governo Letta è **Massimo Bray**
- **Laura Boldrini** era il Presidente della Camera dei deputati (carica ancora conservata nel novembre 2016)
- il **Belgio** è membro della NATO
- il Presidente della Repubblica in Brasile era **Dilma Rousseff**
- il **Montenegro** non era un membro della NATO
- **Luigi Angeletti** era il Segretario generale del sindacato UIL
- **Mario Calabresi** è il nome del direttore del quotidiano *La Stampa*; la sede del quotidiano si trova a Torino; la sede de *La Repubblica* si trova a Roma
- **Ban Ki-moon** (sudcoreano) era il Segretario generale delle Nazioni Unite
- **Giorgio Squinzi** è Presidente della Confindustria
- **Emma Bonino** era il ministro degli Affari esteri italiano
- **Jose Manuel Barroso** è il presidente della Commissione europea
- Il Presidente della Repubblica di Cipro, in carica dal 28 febbraio 2013, è **Nicos Anastasiades**

Il Ministro per l'Integrazione del governo Letta, **Cecile Kyenge Kashetu** (PD), è una cittadina italiana originaria della Repubblica Democratica del Congo, di professione medico oculista
Il motto "stay hungry, stay foolish" è stato coniato da **Steve Jobs**, fondatore della Apple
Il **Popolo della libertà** è il nome del nuovo partito creato da Silvio Berlusconi, che prende il posto di Forza Italia
Il premier britannico **David Cameron** appartiene al partito conservatore
All'insediamento del **Governo Berlusconi IV** ha assunto la seconda carica dello Stato l'onorevole Renato Schifani
Carlo Azeglio Ciampi è stato l'immediato predecessore di Giorgio Napolitano nella carica di Presidente della Repubblica italiana
Giorgio Napolitano è il primo italiano a essere stato eletto due volte Presidente della Repubblica
Gran Bretagna, Danimarca, Svezia è il gruppo di Stati membri dell'Unione europea che non fa parte dell'area Euro
La VII legislatura del Parlamento europeo ha coperto il periodo 2009-2014
Il gruppo politico maggiormente rappresentato nel **Parlamento europeo per la VII Legislatura** (2009-14) era EPP (Partito Popolare Europeo)

Nella VII Legislatura del **Parlamento europeo** (2009-2014) il secondo gruppo politico per numero di deputati era il S&D (Alleanza Progressista dei Socialisti e dei Democratici)
Il terzo gruppo politico per numero di deputati eletti nel **Parlamento europeo per la VII Legislatura** (2009-14) era l'ALDE (Alleanza Europea dei Liberali e Democratici)
In economia internazionale, con l'acronimo **BRICS** ci si riferisce a Brasile, Russia, India, Cina, Sudafrica
Islanda e Norvegia, Paesi non appartenenti all'Unione europea, fanno parte dello **spazio Schengen**
Julian Assange è tra i fondatori di **WikiLeaks**: un'organizzazione senza scopo di lucro che rappresenta una fonte di informazione alternativa che sfrutta Internet per divulgare notizie e documenti riservati, che ha suscitato molte critiche perché i documenti pubblicati possono mettere a rischio la sicurezza nazionale dei Paesi coinvolti

2014

Il sistema elettorale uscito dalla sentenza consulta (n 1 del 2014) è chiamato **Consultellum**
Jeremy Corbyn è il leader del Partito Laburista, partito di opposizione britannico alle elezioni europee del 2014
I **Mondiali di calcio** del 2014 si sono tenuti in Brasile
1° gennaio, la Grecia assume la presidenza di turno del consiglio dell'Unione europea. La Lettonia adotta l'euro come moneta corrente
11 gennaio, muore a Roma l'attore Arnoldo Foà. Dopo 8 anni di coma, il leader israeliano Ariel Sharon muore a Tel Aviv
12 gennaio, il film italiano *La grande bellezza* del regista Paolo Sorrentino vince il Golden Globe come miglior film straniero
16 gennaio, in Egitto viene approvata la nuova costituzione
19 gennaio, una forte alluvione colpisce la zona del modenese in seguito all'esondazione del fiume Secchia
20 gennaio, muore a Bologna il maestro d'orchestra Claudio Abbado
22 gennaio, si tiene a Montreaux la **Conferenza di pace Ginevra 2** appoggiata dall'Onu che ha come principale obiettivo il raggiungimento di una soluzione politica alla crisi siriana
22 gennaio, muore a Padova il regista Carlo Mazzacurati
7 febbraio, in Russia, si sono aperti i **giochi olimpici invernali del 2014**
13 febbraio, il Belgio è il primo Stato al mondo a legalizzare l'eutanasia
14 febbraio, il Presidente del Consiglio italiano Letta si dimette
22 febbraio, **Matteo Renzi**, segretario del PD, **diventa Presidente del Consiglio** dei ministri
28 febbraio, la Russia invade militarmente la Crimea, regione autonoma dell'Ucraina
2 marzo, il film italiano *La grande bellezza* del regista Paolo Sorrentino vince l'Oscar come miglior film straniero
Michelle Bachelet Jeria, che appartiene al Partito Socialista del Cile, è stata Presidente del Cile, per il secondo mandato, dall'11 marzo 2014.
17 marzo, in seguito a referendum la Crimea viene annessa alla Russia
24 marzo, Regno Unito, Germania, Francia, Italia, Canada e Giappone sospendono la Russia dal G8
14 aprile, a Maiduguri, in Nigeria, un **commando armato di Boko Haram** ha rapito 276 studentesse di prevalente religione cristiana
27 aprile, canonizzazione dei beati Giovanni XXIII e Giovanni Paolo II

2 maggio, in Ucraina, a Odessa, in seguito ad un incendio appiccato dai sostenitori del governo di Kiev alla sede dell'Unione dei Sindacati, muoiono 30 rifugiati filorussi: il governo russo chiede all'Ucraina di assumersi le responsabilità dell'accaduto
18 maggio, in Libia il generale Khalifa Haftar bombarda Bengasi e occupa Tripoli. Si scioglie il Parlamento e si verificano scontri tra le forze armate e le milizie islamiste
22-25 maggio, si tengono le elezioni europee; in Italia vince il PD con il 40,8% dei voti
25 maggio, in Ucraina viene eletto presidente **Petro Poroshenko**; in Egitto viene eletto presidente l'ex generale **Abd al-Fattah al-Sisi**
Il 25 maggio del Alleanza Neo-Fiamminga ha vinto **le elezioni parlamentari** in Belgio
10 giugno, è depositata la sentenza n. 162/2014 con la quale la Corte Costituzionale ha dichiarato **l'illegittimità di una parte della legge 40/2004, in particolare sulla procreazione medicalmente assistita**
19 giugno, Felipe di Borbone viene incoronato Re di Spagna con il nome di Felipe VI
29 giugno, l'organizzazione islamica estremista denominata **ISIS** o IS (Stato Islamico dell'Iraq e della Siria) proclama la nascita del Califfato della Siria e del Levante
13 luglio, la Germania vince per la quarta volta i mondiali di calcio
15 luglio, viene eletto Presidente della Commissione europea **Jean-Claude Juncker**
8 agosto, l'Oms dichiara l'emergenza mondiale per la diffusione del virus dell'**Ebola**
19 agosto, l'ISIS diffonde il primo video-choc della decapitazione di alcuni ostaggi
18 settembre, vittoria dei no al referendum per l'indipendenza della Scozia dalla Gran Bretagna con il 55% dei voti
24 settembre, incominciano massicci raid aerei statunitensi in Siria contro l'ISIS
10 ottobre, la giovane attivista pakistana Malala Yousafzai viene insignita del Premio Nobel per la pace insieme all'indiano Kailash Satyarth per le loro lotte in favore dell'educazione e la salvaguardia dei bambini
23 novembre, Samantha Cristoforetti è la prima donna italiana astronauta a viaggiare nello spazio
29 novembre, l'ex presidente egiziano, Hosni Mubarak, viene assolto dalle accuse di omicidio relative agli scontri del 2011
15 dicembre, in un bar di Sydney vengono sequestrate 17 persone da un estremista di origine iraniana. Nel blitz della polizia, muoiono due ostaggi e il sequestratore
17 dicembre, Barack Obama e il presidente cubano Raul Castro annunciano l'intenzione di cancellare l'embargo imposto a Cuba e il ripristino delle relazioni diplomatiche tra le due nazioni
A febbraio, la **compagnia aerea Etihad** ha mostrato interesse verso l'acquisizione di Alitalia
A marzo, la **Crimea** ha dichiarato unilateralmente la propria indipendenza
A maggio, alle elezioni europee il **partito Syriz di Alexis Tsipras** è risultato essere il primo in Grecia
A giugno, **Giorgio Orsoni** era il sindaco di Venezia arrestato nell'ambito **dell'inchiesta sul MOSE**
La **Sierra Leone** è stato il primo Stato africano ad essere contagiato dal virus **Ebola** nell'estate 2014
La ***ice bucket challenge*** è stata una campagna internazionale di grande successo, diffusasi nell'agosto del 2014, per sostenere la ricerca per la cura della **sclerosi laterale amiotrofica**
A settembre, in **Messico** la **sparizione di 43 studenti** ha causato violenti scontri di piazza nei mesi successivi
A settembre, è stato vinto dal NO un importante **referendum per l'indipendenza della Scozia**

A seguito dell'istituzione delle **città metropolitane prevista dalla legge Delrio**, tra settembre e ottobre hanno avuto luogo le prime votazioni per l'elezione dei consiglieri metropolitani, alle quali hanno diritto di votare sindaci e consiglieri comunali delle città coinvolte nell'area metropolitana
Nigel Farage è il leader del primo partito politico britannico United Kingdom Indipendence Party (UKIP), che ha vinto le elezioni europee nell'ottobre 2014
A ottobre, l'**Ungheria** è stato il primo Paese che ha deciso di **ritirare** il progetto di legge della cosiddetta "**tassa su Internet**" dopo giorni di proteste nelle principali città
La **possibilità di accedere alla comunione da parte dei credenti divorziati** è una delle affermazioni **non** condivise dalla relazione finale del **Sinodo sulla famiglia** convocato da Papa Francesco nell'ottobre 2014
José Mujica, leader del Movimento di Partecipazione Popolare e noto sostenitore del pauperismo, è stato **Presidente dell'Uruguay** sino all'ottobre 2014
Herman Van Rompuy è il primo Presidente permanente del Consiglio europeo, il cui secondo mandato è scaduto nel novembre del 2014
Fabrizio Pulvirenti è il medico italiano di Emergency ricoverato all'ospedale Spallanzani di Roma nel novembre del 2014 per aver contratto il virus dell'Ebola
La **sonda Rosetta**, lanciata nel 2004, ha permesso l'atterraggio di Philae sulla cometa 67P/Churyumov-Gerasimenko nel novembre 2014 dopo un viaggio di oltre 510 milioni di km
A novembre, il **Presidente della Regione Calabria è Mario Oliverio**
A dicembre, la **Romania non aveva adottato l'euro**
A dicembre, il Presidente della Repubblica francese è **François Hollande**

2015

1° gennaio, nasce l'**Unione Economica Eurasiatica**
1° gennaio, la **Lituania adotta l'euro** come moneta corrente
7 gennaio, **attentato terroristico a Parigi** presso la sede del settimanale satirico ***Charlie Hebdo*** nel quale muoiono dodici persone
9 gennaio, a Parigi il terrorista Amedy Coulibaly prende in ostaggio 20 persone all'interno di un alimentari kosher uccidendone 4
8 gennaio, il partito politico vincitore alle elezioni presidenziali in **Sri Lanka** è stato **Nuovo Fronte Democratico**
10 gennaio, **muore** il regista italiano **Francesco Rosi**
11 gennaio, **muore**, all'età di 83 anni, **Anita Ekberg**
12 gennaio, in Croazia **Kolinda Grabar Kitarović** è la prima donna Presidente del Paese
14 gennaio, **Giorgio Napolitano** si dimette dalla carica di Presidente della Repubblica
18 gennaio, a **Manila**, **Papa Francesco** celebra la Messa davanti a oltre 6 milioni di fedeli
25 gennaio, in Grecia **Alexīs Tsipras**, leader della Coalizione della Sinistra Radicale (SYRIZA), vince le elezioni diventando Primo ministro
31 gennaio, **Sergio Mattarella** viene eletto Presidente della Repubblica Italiana (è stato anche cinque volte ministro tra gli anni Cinquanta e Sessanta)
14 febbraio, le forze armate dell'IS invadono la città libica di Sirte
15 febbraio, due attentati terroristici a Copenaghen ad opera di un estremista islamico provocano la morte di due persone e il ferimento di alcuni poliziotti
22 febbraio, il film *Birdman* del regista messicano Alejandro González Iñárritu vince l'Oscar come miglior film

10 marzo, la Cassazione assolve Silvio Berlusconi dall'accusa di concussione e prostituzione minorile nell'ambito del **caso Ruby**
17 marzo, **Benjamin Netanyahu** viene rieletto premier in Israele battendo il centrosinistra di Isaac Herzog (carica ancora conservata nel novembre 2016)
18 marzo, attentato terroristico rivendicato dall'IS al Museo del Bardo a Tunisi, nel quale perdono la vita oltre venti turisti tra cui quattro italiani
25 aprile, un terremoto di magnitudo 7,9 devasta il Nepal causando circa 9000 morti
1° maggio, ha inizio l'**Expo 2015** a Milano, il cui tema, indicato dallo slogan ufficiale della manifestazione, è l'alimentazione su scala planetaria
21 maggio, lo Stato Islamico conquista la città siriana di Palmira
23 maggio, l'**Irlanda** è il primo paese a legalizzare tramite un referendum il **matrimonio omosessuale**
11 giugno, dopo 200 giorni nello spazio, l'italiana Samantha Cristoforetti torna sulla Terra
26 giugno, sulla spiaggia tunisina di Susa, un attentato terroristico rivendicato dall'Is causa 37 vittime
26 giugno, la Corte suprema degli Stati Uniti riconosce il matrimonio omosessuale un diritto costituzionale
5 luglio, il referendum popolare indetto in Grecia sulle misure di austerity imposte dall'Ue vede prevalere il fronte del NO con il 60% dei voti
18 luglio, l'ISIS rivendica l'esplosione di una bomba in un mercato di Baghdad che provoca 115 morti e 50 feriti
20 luglio, gli **Stati Uniti** mettono **fine all'embargo con Cuba**
23 luglio, la **NASA annuncia la scoperta di Kepler-452 b** che è il pianeta più simile alla Terra mai avvistato
18 agosto, **Khaled al-Asaad**, importante archeologo siriano, **muore** per mano di un gruppo jihadista
20 settembre, dopo le dimissioni del primo ministro di Alexis Tsipras si svolgono in Grecia le elezioni anticipate che vengono vinte nuovamente dal premier uscente
21 settembre, l'azienda automobilistica tedesca Volkswagen viene accusata di aver messo in vendita vetture sulle quali era stato installato un software per aggirare le normative europee sull'inquinamento
30 settembre, la Russia inizia raid aerei in Siria contro l'Is sostenendo il governo di Assad
25 ottobre, si tengono in Argentina le elezioni presidenziali che vedono la vittoria di Mauricio Macri, esponente del partito conservatore Proposta Repubblicana
31 ottobre, si chiude Expo 2015 a Milano
A seguito del cosiddetto decreto **salva banche**, emanato a novembre, sono state messe in liquidazione quattro banche tra cui Banca Etruria
13 novembre, alcuni **attacchi terroristici nel centro di Parigi**, rivendicati dall'Is, causano 130 morti (tra cui l'italiana Valeria Solesin) e più di 300 feriti
18 novembre, in un blitz della polizia francese a Saint-Denis è stato **ucciso il presunto organizzatore degli attentati di Parigi Abdelhamid Abaaoud**
8 dicembre, si apre il **Giubileo straordinario** indetto da Papa Francesco
20 dicembre, si tengono le elezioni politiche in Spagna: nessun partito ottiene una chiara maggioranza e il Re affida al Primo ministro Mariano Rajoy l'incarico di formare un nuovo governo
Nel 2015, a due giorni dalla propria elezione a Presidente dello Sri Lanka, **Maithripala Sirisena** ha ricevuto la visita di Papa Francesco (che prima di salire al soglio pontificio, era il Cardinale Bergoglio, Arcivescovo di Buenos Aires).

2016

L'inizio dell'anno è stato contraddistinto dall'improvvisa **tensione** tra l'**Iran** e l'**Arabia Saudita**
A gennaio, la **Borsa di Wall Street registra la peggiore apertura dal 1932** per quella che viene definita **"sindrome cinese"**
La **città di San Sebastián** in Spagna è stata designata come **Capitale Europea della Cultura nel 2016**
1° gennaio, la **Presidenza di turno dell'Unione europea** è stata assunta dal **Belgio**
2 gennaio, in **Arabia Saudita** sono stati **giustiziati 47 presunti terroristi** tra i quali l'iman sciita Nimr al-Nimr
3 gennaio, la **BBC** ha trasmesso un **video** di 10 minuti attribuito allo Stato Islamico che conteneva **minacce contro** il Premier del Regno Unito **David Cameron**
4 gennaio, il Presidente del Consiglio **Matteo Renzi** ha partecipato alla cerimonia della campanella che ha segnato l'avvio della negoziazione dei titoli Ferrari a Milano
4 gennaio, **Adel al-Jubair**, Ministro degli Esteri dell'Arabia Saudita, ha annunciato in TV la **rottura delle relazioni diplomatiche con l'Iran**
11 gennaio, **Lionel Messi** ha vinto il pallone d'oro FIFA
16 gennaio, le Nazioni Unite rimuovono definitivamente le sanzioni economiche e finanziarie imposte all'Iran in seguito allo smantellamento del programma di armi nucleari iraniano
28 gennaio, l'OMS annuncia il diffondersi dell'epidemia del **virus Zika** in Sud America
3 febbraio, viene ritrovato a Il Cairo il corpo di un giovane ricercatore italiano, **Giulio Regeni**, brutalmente torturato e ucciso, sulla cui morte non è stata ancora fatta chiarezza e nella quale sembrerebbero coinvolti i servizi di sicurezza del governo del generale al-Sisi
13 febbraio, gli **Stadio** hanno vinto il Festival di **Sanremo 2016** con **"Un giorno mi dirai"**
22 marzo, una serie di **attacchi terroristici** rivendicati dall'Is sconvolgono **Bruxelles** causando 34 morti e oltre 300 feriti
17 aprile, in Italia si tiene il **referendum abrogativo** riguardante la norma che estende il periodo delle **concessioni per estrarre petrolio in mare**; non essendo stato raggiunto il quorum la proposta referendaria è stata respinta
19 maggio, un aereo dell'Egyptair partito da Parigi e diretto a Il Cairo precipita nel Mare Egeo; muoiono 66 persone
5 giugno, elezioni amministrative in diverse città italiane
7 giugno, **Hillary Clinton** è la prima donna candidata alla Presidenza degli Stati Uniti d'America
12 giugno, in un locale di Orlando frequentato normalmente da omosessuali un uomo armato spara sulla folla provocando la morte di 50 persone
13 giugno, inizia il **campionato europeo** di calcio, vinto dalla squadra del Portogallo
16 giugno, viene assassinata la deputata britannica **Jo Cox** contraria alla Brexit, ovvero l'uscita della Gran Bretagna dall'Ue
23 giugno, in **Gran Bretagna** al **referendum sulla permanenza nell'Unione europea** vince il fronte favorevole all'uscita del paese dall'Ue. In virtù dell'articolo 50 del trattato di Lisbona, il tempo a disposizione per completare la procedura di separazione è di due anni
26 giugno, alle elezioni politiche spagnole Mariano Rajoy, leader del Partito Popolare, conquista la maggioranza relativa
27 giugno, Carlo Pedersoli (pseudonimo di **Bud Spencer**) **muore** all'età di 86 anni
28 giugno, un commando **kamikaze** si fa esplodere all'**aeroporto di Istanbul** provocando più di 30 morti e circa 200 feriti

A luglio, viene lanciato in Italia un virale **videogioco** di tipo free-to-play basato su realtà aumentata geolocalizzata con GPS: si tratta di **Pokemon go**
1° luglio, alcuni terroristi seguaci dell'Is fanno irruzione in un ristorante di **Dacca** in **Bangladesh** uccidendo 20 persone, tra cui 9 italiani
12 luglio 2016 è avvenuto **l'incidente ferroviario tra Andria e Corato**
13 luglio, viene nominata **Primo ministro del Regno Unito Theresa May** del partito conservatore
14 luglio, è avvenuta la strage di Nizza
15 lugliio, in **Turchia** è stato messo in atto un **golpe militare**, poi fallito, da una parte delle forze armate per rovesciare il Presidente e prendere il potere
26 luglio, la **chiesa francese di Saint-Étienne-du-Rouvray** è salita agli onori della cronaca per un **tragico attentato**
24 agosto, inizia una serie **di eventi sismici nel Centro Italia** e **Norcia** è stato il Comune più colpito
4-5 settembre, ha avuto luogo a **Hangzhou** il **G20** del 2016
11 settembre, ricorre il **quindicesimo anniversario dell'attacco terroristico alle Torri Gemelle di New York**
16 settembre, **muore Carlo Azeglio Ciampi**, 10° Presidente della Repubblica Italiana
13 ottobre, **muore Dario Fo**
Nel mese di ottobre, è uscito nelle sale italiane il film *Doctor Strange*
A novembre, secondo quanto informa la Banca d'Italia, il **debito pubblico** italiano è superiore a 2.200 miliardi di euro
Nel mese di novembre, le **elezioni presidenziali negli USA** sono state vinte da **Donald Trump**
9 novembre, **muore Umberto Veronesi**
20 novembre, **si chiude** il **Giubileo della Misericordia**
21-25 novembre, l'**alluvione** in **Piemonte** è una delle più violente inondazioni registrate nella Regione
25 novembre, **muore Fidel Alejandro Castro Ruz (Fidel Castro)**
Il 4 dicembre, in Italia, è stato **vinto dal NO il terzo Referendum Costituzionale** sulla cosiddetta riforma Renzi-Boschi
A dicembre, **Angela Merkel** è il Cancelliere federale della Germania, già subentrata a Gerard Schroeder
A dicembre, il **Premier israeliano** è **Benjamin Netanyahu**
12 dicembre, **Paolo Gentiloni** diviene **Presidente del Consiglio dei ministri**
A dicembre, la **Svizzera non** è un **membro della NATO**
A dicembre, **Vincenzo Boccia** è **Presidente della Confindustria**
A dicembre, **Ignazio Visco** ricopriva la carica di **governatore della Banca d'Italia**
Al mese di dicembre la **Svizzera** non è un membro della NATO, mentre l'ultimo paese a entrarvi è stato la Croazia
Per le **Olimpiadi di Rio** è stata scelta come canzone ufficiale il brano **Alma e Coração** interpretato dalla star del samba Thiaguinho con il rapper Projota
Secondo i dati diffusi da Eurostat nel 2016, la **Calabria** ha il più alto tasso di disoccupazione
Il caso Spotlight ha vinto il **Premio Oscar 2016** come **miglior film**
Leonardo Di Caprio ha vinto il **Premio Oscar** come **migliore attore protagonista**
Perfetti sconosciuti ha vinto nella categoria **miglior film ai David di Donatello**
A *Inside Out* è stato assegnato il **Golden Globe** come miglior film d'animazione
Edoardo Albinati ha vinto il **Premio Strega**

2017

Il 25 marzo si sono celebrati i **60 anni dell'Unione Europea**
Secondo una classifica de Il sole 24 ore, **Milano** è la città che occupa **l'ultima posizione** all'interno del tema "giustizia e sicurezza"
Il Decreto legge vaccini del 7 giugno ha portato il numero di **vaccinazioni obbligatorie** a 10; tra esse non sono comprese l'anti-Meningococcica B e C
Le elezioni per il governo della regione Sicilia, nel mese di ottobre, sono state vinte da **Nello Musumeci**
Nel mese di ottobre **Jean-Claude Juncker** è il presidente della Commissione europea in carica
In Yemen sono stati confermati almeno 120 casi di morte legata alla **malattia infettiva della difterite**, per la quale l'unica soluzione può essere una vaccinazione preventiva
Il leader storico dello **Sinn Fein**, Gerry Adams, ha annunciato che nel 2018 lascerà la guida del partito e non si ricandiderà per il seggio nel parlamento irlandese.
Carlo Tavecchio ha lasciato la presidenza della FIGC
Dal 20 gennaio **Mike Pence** è Vicepresidente degli Stati Uniti d'America
Gli Stati Uniti d'America hanno deciso di uscire dall' UNESCO perché ritenuta **"anti Israele"**
Il **Vertice Ue-Africa,** a cui ha partecipato il Presidente Gentiloni a novembre, si è tenuto a Abidj
Il 10 Novembre la Premier britannica **Theresa May** ha proposto l'uscita del Regno Unito dall'Unione europea
Il 17 novembre, all'età di 87 anni, è morto il mafioso **Salvatore Riina**, mentre è ancora in circolazione il latitante **Matteo Messina Denaro**
Il 9 dicembre la città italiana di **Firenze** ha reso omaggio a Carlo Azeglio Ciampi dedicandogli una piazza
A **Bogotà** si è tenuto l'evento organizzato dal Celam e dalla Pontificia Commissione per l'America Latina dal titolo L'incontro dei laici cattolici che si assumono responsabilità politiche al servizio dei popoli dell'America Latina, a cui ha partecipato Papa Francesco
Al **referendum sull'indipendenza della Catalogna** del 2017, oltre il 90% degli elettori ha votato a favore dell'indipendenza
Report è un noto programma di denuncia giornalistica di rai tre. **Sigfrido Ranucci** è il giornalista che ha sostituito la storica conduttrice Milena Gabanelli
Francesco Gabbani, cantautore italiano, è il vincitore del sessantasettesimo Festival di Sanremo
Cristiano Ronaldo ha vinto il pallone d'oro FIFA
Secondo alcune statistiche, nel 2017 l'**aeroporto Heathrow di Londra** è stato il più trafficato d'Europa per numero di passeggeri

2018

Secondo la classifica stilata dal quotidiano La Repubblica in collaborazione con il CENSIS, la **migliore Università italiana**, con più di 40.000 studenti, è l'Università di Bologna
A marzo, una sonda spaziale atterra sul suolo lunare ed effettua, con un piccolo Rover, alcuni campionamenti per studiare la storia del satellite; a effettuare la missione è l'**Agenzia Spaziale indiana**
Giuseppe Conte presiede il Consiglio dei Ministri dal 1 giugno

La legge Rosato, comunemente nota come **Rosatellum,** è il sistema elettorale con il quale si è votato alle elezioni amministrative
Ivan Duque Marquez è stato eletto presidente il 7 Agosto in Colombia
Ad agosto, secondo quanto informa la Banca d'Italia, il **debito pubblico** italianoè superiore a 2.300 miliardi di euro
Da luglio la presidenza di turno del **Consiglio dell'Unione Europea** è stata assunta dall'Austria
L'11 settembre ricorre il 17° anniversario **dell'attacco terroristico** alle **Torri Gemelle** di New York
Il **premio Nobel per la pace** è stato assegnato a Nadia Murad e Denis Mukwege
Helena Janeczek ha vinto il Premio Strega
Coco ha vinto il Golden globe come miglior film d'animazione, mentre La forma dell'acqua ha vinto il premio Oscar 2018 come miglior film. L'oscar al migliore attore protagonista è stato consegnato a **Gary Oldman.**
Ammore e Malavita ha vinto ai David di Donatello nella categoria miglior film
Ermal Meta e **Fabrizio Moro** sono i vincitori del Festival di Sanremo
Chris Froome è il vincitore del Giro d'Italia
Si sono tenute le **Olimpiadi invernali** in Corea del Sud

2019

Maurizio Landini viene nominato segretario generale della **CGIL**
Nicola Zingaretti viene eletto segretario del **Pd**
Muore l'attore Luke Perry, diventato famoso negli anni Novanta per il suo ruolo in "Beverly Hills 90210"
Il 10 marzo, un aereo della compagnia Ethiopian Airlines diretto a Nairobi precipita poco dopo il decollo da Addis Abeba. Nessun superstite; si registrano 157 vittime tra cui 8 italiani
Il 15 marzo, a **Christchurch**, in Nuova Zelanda, avvengono due **sparatorie** che causano la morte di 50 persone e il ferimento di altrettante. Il primo attacco avviene presso la moschea di Al Noor mentre il secondo presso il centro islamico di Linwood. L'autore degli attentati è un uomo australiano di 28 anni
A marzo, iniziano le **proteste a Hong Kong** contro il disegno di legge sull'estradizione che, se approvato dal Parlamento locale, avrebbe consentito di processare nella Cina continentale gli accusati di alcuni crimini gravi, come lo stupro e l'omicidio. Il movimento acquista maggiore slancio: seguono una serie di manifestazioni con migliaia di persone in strada e iniziano i primi scontri con la polizia. Il 9 luglio il disegno di legge viene ritirato, ma le proteste continuano: i milioni di cittadini che continuano a manifestare chiedono fondamentalmente più democrazia
Il 16 aprile, si verifica un **incendio** nella cattedrale **Notre-Dame di Parigi**. L'evento ha provocato all'edificio danni significativi
A maggio, in Italia si tengono contemporaneamente le **elezioni europee** e, in 28 comuni, le **elezioni amministrative**. La Lega di Matteo Salvini vince le elezioni europee in Italia con il 34,4 per cento, circa il doppio del Movimento 5 Stelle, suo alleato di governo. Il Partito Democratico arriva secondo con il 22,7 per cento dei voti
16 luglio, **Christine Lagarde** presenta le sue dimissioni da direttore generale del Fondo Monetario Internazionale. Le dimissioni sono effettive dal 12 settembre e sarà sostituita da **Kri-**

stalina Georgieva. Lagarde sostituirà **Mario Draghi** alla guida della Banca centrale europea da novembre

Il 17 luglio, muore lo scrittore, sceneggiatore, regista, drammaturgo e insegnante **Andrea Calogero Camilleri**

A luglio, in seguito alle dimissioni di Theresa May dalla carica di Primo ministro, la regina Elisabetta II incarica **Boris Johnson**, nuovo leader del Partito Conservatore e Unionista, di formare un nuovo governo

Il 20 agosto, il premier Giuseppe Conte presenta le **dimissioni** e pone fine al governo M5S – Lega, in seguito alla mozione di sfiducia presentata dal vicepremier Matteo Salvini il 9 agosto

Il 5 settembre, entra in carica il **governo Conte II** sostenuto da Movimento 5 Stelle e Partito Democratico

A ottobre, dopo numerose proteste antigovernative molto violente, il presidente del **Cile** Sebastián Piñera annuncia lo **stato di emergenza**, autorizzando lo spiegamento delle forze dell'esercito cileno nelle principali regioni per far rispettare l'ordine e reprimere la distruzione e deturpazione dei beni pubblici

Il 17 novembre, viene registrato il primo caso di contagio accertato da **Covid-19**, la misteriosa polmonite provocata dal nuovo coronavirus. Il paziente numero uno è un uomo di 55 anni di **Wuhan**, capoluogo della provincia di Hubei

A dicembre, nel Regno Unito si svolgono le elezioni e il partito del primo ministro uscente Boris Johnson ottiene largamente i seggi per governare da solo

2020

Il 3 gennaio, gli Stati Uniti compiono un attacco coi droni all'aeroporto internazionale di Baghdad, la capitale irachena, uccidendo il generale iraniano **Qassem Suleimani**. L'ordine di uccidere Suleimani è arrivato direttamente dal presidente Donald Trump

L'Iran attacca le basi militari statunitensi in Iraq con missili a lunga gittata, in rappresaglia all'uccisione di Soleimani. Durante l'attacco viene anche abbattuto per errore l'**Ukraine International Airlines** 752 uccidendo 176 persone

Il governo cinese, a causa dell'epidemia del nuovo ceppo di coronavirus, mette in quarantena la metropoli di Wuhan, e successivamente espande il provvedimento a quasi tutta la provincia di Hubei

Il 30 gennaio, l'Organizzazione mondiale della sanità (OMS) dichiara l'**epidemia** del nuovo coronavirus un'**emergenza sanitaria pubblica** di interesse internazionale

Il 31 gennaio, il Regno Unito cessa ufficialmente di essere uno Stato membro dell'Unione europea, iniziando così un periodo di transizione lungo 11 mesi

A febbraio, emergono i primi casi di **Covid-19**, la nuova malattia causata dal coronavirus, nel lodigiano, in **Lombardia**

L'8 marzo arriva il decreto che prevede l'isolamento della Lombardia e di altre 14 province, che diventano "zona rossa"

Il 9 marzo, il premier italiano Conte annuncia in televisione di aver esteso a tutto il Paese le misure già prese per la Lombardia e per le altre 14 province: **tutta l'Italia diventa "zona protetta"**. Le norme sono contenute nel **DPCM 9 marzo 2020**. Di fatto la regola è: si può uscire solo per comprovate ragioni di necessità come per fare la spesa, per esigenze lavorative, per l'acquisto di farmaci o per altri motivi di salute

L'11 marzo, l'OMS dichiara che l'epidemia di Covid-19 è una **pandemia**
A maggio, entra in vigore un nuovo DPCM che prevede l'inizio della cosiddetta **"fase 2"**, ovvero un allentamento graduale delle precedenti misure di contenimento, essendo la curva epidemica in fase di discesa
Il 25 maggio, in seguito all'uccisione dell'afroamericano **George Floyd** da parte di un poliziotto a Minneapolis, negli Stati Uniti d'America scoppiano numerose proteste nelle principali città
Il 4 agosto, **due forti esplosioni** devastano il porto della capitale libanese **Beirut**, provocando il crollo di alcuni edifici. I morti sono oltre 200 e i feriti 7.000; inoltre il Ministero della Salute esorta gli abitanti della città di lasciarla a causa dell'aria altamente tossica
Il 20 e 21 settembre, si sono volte le operazioni di voto del **referendum costituzionale** per approvare o respingere la legge di revisione costituzionale dal titolo "Modifiche agli articoli 56, 57 e 59 della Costituzione in materia di riduzione del numero dei parlamentari": ha vinto il sì con il 69,64%. Si è trattato del quarto referendum costituzionale nella storia della Repubblica Italiana
A ottobre, in seguito alla **risalita della curva dei contagi** da Covid-19, il Presidente del Consiglio Conte annuncia un nuovo decreto-legge, in vigore dall'8 ottobre, che proroga lo **stato di emergenza fino al 31 gennaio 2021** e rende obbligatorio l'uso delle mascherine sia in luoghi all'aperto che al chiuso, fatta eccezione per le abitazioni private e per le circostanze in cui sia garantito un isolamento continuativo rispetto a persone non conviventi
Il 24 ottobre, il presidente Conte firma un altro DPCM, in vigore dal 26 ottobre e fino al 24 novembre, che aggiunge ulteriori restrizioni alle misure già adottate. Il nuovo decreto suscita una serie di rivolte in diverse città italiane
Il 3 novembre, si svolgono le **59° elezioni presidenziali degli Stati Uniti d'America**. **Joe Biden**, candidato del Partito Democratico, vince sorpassando il presidente uscente Donald Trump, candidato del Partito Repubblicano. Sin dalle ore immediatamente successive allo spoglio, Donald Trump si rifiuta di riconoscere l'esito delle votazioni e la vittoria dello sfidante, accusando i Democratici e Biden di brogli e annunciando ricorsi legali
Il 27 dicembre si tiene in tutta Italia e in Europa il **Vaccine day**, l'avvio "simbolico" della campagna di vaccinazione anti Covid-19
Il 31 dicembre a mezzanotte, **il Regno Unito**, con l'entrata in vigore dell'accordo di recesso, **ha lasciato l'Unione europea**

2021

Il 6 gennaio, **centinaia di sostenitori di Donald Trump attaccano la sede del Congresso** a Washington DC. I parlamentari, riuniti per ratificare la vittoria di Joe Biden alle elezioni presidenziali, sono evacuati. La seduta viene sospesa fino a che i rivoltosi non sono allontanati: una di loro muore dopo essere stata colpita da un'arma da fuoco all'interno del Campidoglio. Nei giorni successivi, i più grandi e conosciuti social network bloccano o rimuovono dalle loro piattaforme gli account del presidente degli Stati Uniti uscente Donald Trump, accusandolo di aver incitato i propri sostenitori a portare avanti l'attacco del Congresso degli Stati Uniti, violando così le linee guida che vietano di condividere contenuti che promuovono la violenza e notizie false
Il 13 gennaio, il leader di Italia Viva **Matteo Renzi** ha aperto la **crisi di governo** annunciando le dimissioni delle due ministre del suo partito Elena Bonetti (Pari opportunità) e Teresa

Bellanova (Politiche agricole), e attaccando duramente il presidente del Consiglio Giuseppe Conte sulla gestione della pandemia e sui piani per usare i fondi europei per la ripresa

Il 18 gennaio, la **Camera** conferma la fiducia al governo con 321 voti favorevoli, 259 contrari e 27 astenuti (i deputati di Italia Viva); il 19 gennaio, il **Senato** conferma la fiducia al governo con 156 voti favorevoli, 140 contrari e 16 astenuti (i senatori di Italia Viva, ad eccezione di Riccardo Nencini)

Il 26 gennaio il presidente del Consiglio **Giuseppe Conte si dimette**, formalizzando la crisi di governo

Il 29 gennaio, il presidente della Repubblica Sergio Mattarella affida al presidente della Camera **Roberto Fico** un **mandato esplorativo** per verificare la formazione di un governo sostenuto dalla maggioranza che sosteneva il Conte II. Il 2 febbraio, il Presidente della Camera, resosi conto dell'indisponibilità di Italia Viva di sostenere un nuovo governo guidato da Conte, riferisce al Capo dello Stato l'esito negativo del mandato esplorativo. Il Presidente della Repubblica convoca l'ex-presidente della BCE **Mario Draghi** che accetta con riserva l'incarico di provare a formare un governo

Sigle e definizioni

La sigla **GIP** significa "Giudice per le Indagini Preliminari"

L'esercito indipendentista irlandese si chiama **IRA**

L'**indice della Borsa di Parigi** è denominato **CAC 40**

Il **TTIP** è un trattato commerciale di libero scambio per il commercio e gli investimenti tra l'Unione europea e gli Stati Uniti d'America

Il **CUD** è la certificazione unica dei redditi di lavoro dipendente, assimilati e di pensione che il datore di lavoro, o l'ente pensionistico, rilascia ai propri dipendenti o pensionati per attestare le somme erogate e le relative ritenute effettuate e versate all'Erario

COBAS è un'organizzazione sindacale italiana

Il **debito pubblico** è il debito dello Stato verso coloro che hanno finanziato i disavanzi passati prestando denaro o sottoscrivendo titoli di Stato

Syriza e **CasaPound** sono **movimenti politici** l'uno greco di sinistra, l'altro italiano di estrema destra

Front National è un partito nazionalista francese

Il **Falun Gong** è un movimento spirituale cinese duramente osteggiato dal governo

L'elefante e l'asino sono i simboli dei **partiti repubblicano e democratico** negli USA

La Convenzione quadro delle Nazioni Unite sui cambiamenti climatici (**UNFCCC**) è un trattato ambientale creato dalla Conferenza sull'Ambiente e sullo Sviluppo delle Nazioni Unite (**UNCED**)

Il centro di permanenza temporanea per immigrati clandestini si definisce **C.I.E.**

A Saint Louis ha avuto luogo il cosiddetto "**Ferguson October**", una serie di manifestazioni per protestare contro l'atteggiamento della polizia locale nei confronti della comunità nera

Negli Stati Uniti d'America, le **elezioni di mid-term** sono quelle di metà mandato

L'organizzazione paramilitare comunista clandestina **Farc** opera in Colombia

La sede della Federazione Internazionale delle Associazioni Calcistiche, più nota con l'acronimo **FIFA**, che governa lo sport del calcio, si trova a Zurigo

La cosiddetta **Convenzione di Istanbul** è una convenzione del Consiglio di Europa recentemente ratificata anche dal Parlamento italiano riguardante la prevenzione e lotta alla violenza contro le donne e la violenza domestica

Col termine **troika** ci si riferisce ad un controllo informale dei Paesi a rischio di default economico
Podemos è un partito spagnolo di sinistra ambientalista
I due principali partiti politici del Regno Unito sono il **Partito laburista e il conservatore**
Il **quotidiano** ***The Sun*** è di nazionalità inglese, mentre ***The Nikkei*** è giapponese
L'**UKIP**, partito guidato da Nigel Farage, è un partito antieuropeista britannico
La fondazione degli Italiani Europei fa riferimento alla figura di Massimo D'Alema
Relativamente alle riforme promosse dal Governo Renzi, l'espressione ***Jobs act*** indica quella del lavoro
Con **Mare Nostrum** si fa riferimento a un'operazione militare e umanitaria decisa dal governo Letta per affrontare l'emergenza immigrazione
Con **patto del Nazareno** si intende l'accordo politico tra Matteo Renzi e Silvio Berlusconi
Il **Likud** è un partito israeliano nazionalista
Il termine **Intifada** è legato al conflitto israelo-palestinese
Lo **Haji** è il tradizionale pellegrinaggio sui luoghi sacri dell'Islam
Mossad sono denominati i servizi segreti israeliani
Hamas è un movimento politico di forte ispirazione religiosa di Palestina
La **finalità dei Talebani**, movimento politico e militare sviluppatosi in seguito all'invasione sovietica dell'Afghanistan, è recuperare i valori culturali, sociali, giuridici ed economici dell'Islam per costituire uno Stato teocratico
Kadima è il partito politico israeliano, fondato dal Primo ministro Ariel Sharon
In seguito a vicende politico-militari che hanno riguardato i territori del Kurdistan, alcuni analisti hanno dibattuto riguardo il ruolo svolto dal **PKK** in quell'area, di cui Abdullah Ocalan è il leader storico più rappresentativo
Il movimento islamico **Fratelli musulmani** è stato fondato in Egitto
Il **Califfo** dello Stato Islamico si chiama Abu Bakr al-Baghdadi
Le finalità dell'organizzazione terroristica denominata **ETA** (Euskadi Ta Askatasuna), che ha rivendicato numerosi attentati e seminato terrore in Spagna, sono soprattutto l'indipendenza politica della comunità basca e la creazione di uno Stato socialista
Hezbollah è il nome con cui è conosciuto il maggiore partito politico sciita libanese
Con il termine inglese **Black Bloc** si definisce una tattica che ha dato il nome a un gruppo di individui dediti ad azioni di protesta caratterizzata da atti vandalici
NIDIL è la categoria sindacale della CGIL che tutela i lavoratori in somministrazione e i lavoratori atipici
Con il termine **summit** si intende un incontro al vertice
Con il termine **Russiagate** si intende lo scandalo che coinvolge Trump e il suo entourage per i presunti rapporti con la Russia
Con il termine **OGM** si intende "organismo geneticamente modificato"
Per **mappatura del genoma** umano si intende la definizione della sequenza dei geni presenti nei cromosomi umani
Per **fake news** si intende una notizia falsa, indica articoli redatti con informazioni inventate, ingannevoli o distorte
Le **elezioni primarie** sono le elezioni interne a uno schieramento, che servono a designare il suo o i suoi candidati per una determinata competizione elettorale
Lo **spending review** è un processo di revisione della spesa pubblica che permette allo Stato di risparmiare finanziariamente e di accrescere l'efficacia della macchina amministrativa

Con il termine **resilienza** si indica la capacità di far fronte a eventi traumatici in maniera positiva
Con il termine **Bitcoin** si identifica una criptovaluta

Varie

Il **progressivo invecchiamento della popolazione** rispetto al disavanzo dell'**INPS** è da considerarsi negativo perché crescerà il numero dei **pensionati** e diminuirà proporzionalmente quello dei **lavoratori** che versano i contributi previdenziali
Gino Giugni è stato tra gli estensori dello Statuto dei Lavoratori
Atlanta è la sede della stazione televisiva della **CNN**; il fondatore dell'emittente è **Ted Turner**
Un **tweet** può contenere al massimo 140 caratteri
Con un'operazione commerciale, gli **U2** hanno collegato il proprio nome all'uscita nei negozi dell'**Iphone 6**
Il **tedesco** è la lingua madre più diffusa nell'Ue con 90 milioni di parlanti nativi
Il quotidiano **Bild** è di nazionalità tedesca
Seattle è considerata la madre del movimento no global
L'attuale casa britannica regnante è **Windsor**
Non sono stati inseriti nell'elenco delle nuove **"Sette meraviglie del mondo moderno"**: la Tour Eiffel di Parigi, la Monument Valley, situata tra Utah e Arizona, negli Stati Uniti, il Partenone di Atene, il Duomo di Milano
La **Germania** è uno degli Stati che **non possiede armi nucleari**
La **sede del Corriere della Sera** si trova a Milano in Via Solferino
La **via del giornalismo** a Londra è **Fleet Street**
Silvio Berlusconi ha deciso di scontare l'affidamento ai **servizi sociali** presso la struttura "Sacra Famiglia", situata nell'hinterland di Milano presso Cesano Boscone
Ballarò è un noto programma televisivo di attualità politica in Onda su Rai 3 condotto da Massimo Giannini
L'**ALER** è un ente regionale che si occupa degli alloggi popolari in Lombardia
Zerocalcare è il nome d'arte di un **fumettista** italiano
Matera è stata designata come **capitale europea della cultura del 2019**
Natale (Oscar) Farinetti è l'imprenditore italiano che ha fondato la catena **Eataly**
Claudio Abbado è stato un direttore d'orchestra
Greg Burke è il direttore della Sala Stampa Vaticana
Giorgio Morandi è stato il pittore italiano delle bottiglie
Spadolini, importante uomo politico italiano, è stato redattore del *Messaggero*
Papa Francesco è nato il 17 dicembre 1936
Il **San Lorenzo de Almagro** è la squadra di calcio seguita da Papa Francesco
La **prima visita ufficiale di Papa Francesco** fuori Roma è stata a **Lampedusa**
Palazzo San Macuto è la sede della **Commissione parlamentare antimafia**
Sul campo di **Melbourne** si aprono, ogni anno, i tornei del *Grande Slam* (termine mutuato dal gioco del bridge) di tennis
La **Repubblica Federale Democratica del Nepal** è nata nel 2008
L'**Indonesia** è il più grande paese musulmano per numero di credenti
Emma Marcegaglia è stata la prima donna ad aver ricoperto il ruolo di Presidente di Confindustria

Jean Todt è presidente della FIA, l'associazione non-profit che rappresenta circa 150 Automobil Club nazionali di oltre 100 Paesi del mondo e costituisce l'organo di governo della Formula uno e di altre manifestazioni sportive internazionali
Gianni Infantino è l'attuale Presidente della FIFA
Vittorio Mangano, mafioso italiano pluriomicida legato a Cosa Nostra, è anche conosciuto con il soprannome di **lo stalliere di Arcore**
Una recente ricerca condotta dalla prestigiosa rivista statunitense Business Insider è servita per stilare una classifica delle cinquanta metropoli più pericolose al mondo. Tra queste metropoli non rientra la città di Napoli.
La **Val di Susa** è attraversata dalla **TAV** Torino-Lione; nella stessa Valle prende origine il movimento politico no-tav
L'**Italia**, fra le nazioni europee, detiene il primato negativo in termini di diffusione e copertura per le **Connessioni ad internet**
Capri, isola della Campania, non è Patrimonio dell'Umanità (UNESCO)
Il ponte del **Golden Gate** si trova a San Francisco
La **Sony** è stata la prima azienda a produrre il famoso lettore di musicassette Walkman
Il fondatore della **Mediterranean Shipping Company** (MSC), compagnia marittima proprietaria di navi portacontainer e da crociera, è nato a Sant'Agnello (NA)
La **corona danese** è una valuta europea che non è stata sostituita dall'euro
Le **dimensioni della Ue** sono di 4.272.000 kmq di superficie e circa 507 milioni di abitanti. Il simbolo della corona di stelle dorate indica la solidarietà e l'armonia tra i popoli d'Europa; le stelle sono 12 e rappresentano la completezza
L'istituzione che gestiste la **politica monetaria europea** è la Banca Centrale Europea
Molte nazioni hanno uno o più **animali nazionali rappresentativi**, che molto spesso vengono adoperati in simboli e allegorie nazionali. Quello proprio dell'Australia è il Canguro, della Turchia il Lupo grigio, l'aquila calva degli U.S.A
La **Camera del Popolo dell'India** è la più grande assemblea parlamentare al mondo tra quelle scelte tramite elezioni democratiche
Dopo vent'anni di **leadership militare e politica**, il subcomandante Marcos ha lasciato la guida dell'Esercito Zapatista de Liberazione Nazionale (EZLN), movimento armato nato in Messico.
La serie televisiva Raccontami è stata interpretata da **Massimo Ghini**
House of Cards è una nota serie televisiva statunitense che racconta le vicende politiche della Casa Bianca. Il protagonista delle prime due serie, che impersona il deputato Frank Underwood, è **Kevin Spacey**
La **Palma d'oro** viene assegnata ogni anno al festival di Cannes, mentre il **Leone d'oro** a Venezia

Feste e ricorrenze

Il quarto giovedì di novembre negli U.S.A si celebra il **giorno del Ringraziamento**
In Italia il primo maggio si celebra la **Festa del lavoro**
La **nascita della Repubblica Italiana** si celebra ogni due giugno
La **Festa dei Gigli** si tiene ogni anno a Nola
La **festa nazionale francese** ricorre il 14 luglio per commemorare, oltre la presa della Bastiglia, la Festa della Federazione del 1790, giorno dell'unità nazionale

La **festa nazionale della Germania** ricorre il 3 ottobre data della riunificazione delle due Germanie
La **festa nazionale spagnola** ricorre il 12 ottobre per ricordare l'arrivo di Cristoforo Colombo in America

Ministri e presidenti
Hugo Chavez è stato lungamente **Presidente del Venezuela**; suo successore è stato Nicolàs Maduro, dal 14 aprile 2013
Kim Jong Un è stato candidato alle elezioni della Suprema Assemblea del Popolo, il Parlamento nordcoreano con il 100% dei voti
Melina Mercouri era un'attrice greca diventata anche Ministro della Cultura
Abd al-Aziz bin Salman Al Sa'ud ha sostituito Re Abdullah sul trono dell'Arabia Saudita
Abu Mazen è il Il Presidente palestinese e il leader dell'OLP
Il Presidente dell'Uganda è **Yoweri Museveni**

Compagnie aeree
TAP: compagnia aerea nazionale del Portogallo
Qantas: compagnia aerea di bandiera australiana
Olympic: linea aerea greca
Lufthansa: linea aerea tedesca
Verso la **Rayanair**, l'Antitrust ha avviato un procedimento di inottemperanza perché non ha informato i passeggeri sui loro diritti dopo la cancellazione di voli

Sezione VII
Scienze

Capitolo 1
Biologia

1.1 Biologia

La **biologia** è la scienza che studia la vita (dal greco *bios* = vita). La lotta biologica consiste nell'usare animali antagonisti per contrastare la specie dannosa.

1.1.1 Gli organismi viventi

Per noi è naturale e spontaneo affermare che una pianta, un uccello, una pantera, un'ape, un uomo sono esseri viventi, mentre le rocce non lo sono. Nonostante la diversità esistente tra loro, gli esseri viventi condividono una serie di caratteristiche che li contraddistinguono. Infatti tutti gli esseri viventi:

- **sono composti da cellule** – le cellule sono i componenti di base di tutte le strutture viventi. Alcuni organismi sono costituiti da singole cellule, come i batteri, altri da molte cellule, come l'uomo;
- **richiedono energia** – i sistemi viventi traggono energia (sotto vari tipi di forme) dal loro ambiente e la utilizzano per convertirla in una forma che è caratteristica al proprio organismo, cioè adatta al loro metabolismo;
- **si riproducono** – tutti gli organismi viventi si riproducono in modo sessuato o asessuato;
- **mostrano ereditarietà** – gli organismi viventi ereditano tratti dagli "organismi-genitori" che li hanno creati. Questo meccanismo è detto ereditarietà;
- **rispondono all'ambiente** – tutti gli organismi viventi rispondono agli stimoli dell'ambiente in cui vivono;
- **mantengono l'omeostasi** – tutti gli esseri viventi mantengono uno stato di equilibrio interno, caratteristica detta omeostasi;
- **si evolvono e si adattano** – tutti gli organismi viventi si evolvono e si adattano al proprio ambiente.

* Ricordiamo che i virus non sono considerati organismi viventi dato che non sono in grado di moltiplicarsi autonomamente, ma per farlo necessitano di dover infettare una cellula.

Caratteristiche della cellula

Le cellule possono essere di dimensioni e forme molto diverse. Alcune sono piccole, come alcune cellule batteriche di forma cilindrica che hanno una lunghezza di meno di un micro-

metro (mm, un milionesimo di metro); altre, come le cellule nervose, che hanno forme molto complesse, possono raggiungere anche diversi metri di lunghezza data la presenza di lunghi prolungamenti citoplasmatici.
Tutte le cellule sono delimitate da una membrana cellulare o membrana plasmatica. La maggior parte delle cellule vegetali ha solitamente forma poliedrica, un diametro compreso tra i 20 e i 30 mm ed è delimitata da pareti cellulari rigide. Le cellule dei tessuti animali hanno forma estremamente varia, a seconda del tipo e della funzione (possono essere sferiche, dai contorni irregolari, stellate, poliedriche, cubiche, cilindriche ecc.). Il loro diametro è compreso fra i 10 e i 20 mm e la loro superficie può non essere regolare.
Vedremo più avanti che esistono due tipi di cellule: la cellula *procariotica* e la cellula *eucariotica*.

1.1.2 La chimica della cellula

Nozioni di chimica generale

La materia è costituita da **atomi**, che sono formati da un nucleo centrale, dove sono presenti i **protoni** (carichi positivamente) ed i **neutroni** (senza carica), e da una zona intorno al nucleo, dove sono collocati gli **elettroni** (carichi negativamente). Ogni atomo è caratterizzato da un **numero atomico**, cioè dal numero di protoni che corrisponde al numero degli elettroni, e da un **peso atomico**, cioè dalla somma dei protoni e dei neutroni.
Il comportamento chimico di un atomo è determinato dal numero e dalla distribuzione degli elettroni intorno al nucleo. Gli elettroni si dispongono intorno al nucleo su dei livelli energetici, tenendo presente che gli elettroni più vicini al nucleo hanno meno energia di quelli più lontani e sono, quindi, ad un livello di energia più basso. Un elettrone, per stabilità, tende ad occupare il livello libero più basso di energia, ma può essere "spinto" ad un livello di energia più alto. Un atomo ha la massima stabilità quando tutti i suoi elettroni occupano i livelli energetici più bassi e quando questi livelli sono completamente occupati da elettroni. Le reazioni chimiche tra gli atomi sono il risultato della tendenza degli atomi stessi a raggiungere la configurazione elettronica più stabile possibile.
Quando due o più atomi si combinano chimicamente, si formano unità dette **molecole**; gli atomi sono tenuti insieme da legami chimici. I legami chimici più comuni sono quello covalente e quello ionico. Nei **legami covalenti**, coppie di elettroni vengono condivise da atomi; talvolta la distribuzione della carica non è uguale tra gli elementi, per cui si creerà una molecola con un polo positivo e uno negativo ed il composto diventa un dipolo. I **legami ionici** invece si ottengono in seguito alla perdita o all'acquisto da parte degli atomi di elettroni, per cui questi atomi acquistano una carica diventando o ioni positivi (se hanno perso l'elettrone) o ioni negativi (se hanno acquistato l'elettrone); il legame è quindi l'attrazione elettrostatica che si esercita tra ioni di carica opposta nei reticoli cristallini.
Gli **esseri viventi** sono costituiti per lo più da sei elementi naturali che da soli rappresentano il 99% circa di tutta la sostanza vivente. Questi elementi sono: carbonio (C), idrogeno (H), azoto (N), ossigeno (O), fosforo (P) e zolfo (S). Gli atomi di questi elementi raggiungono la loro stabilità legandosi fra loro e dando origine a molecole complesse che caratterizzano i sistemi viventi.
L'**acqua** è l'elemento essenziale ed il principale componente in peso di tutti gli esseri viventi. Una molecola di acqua è costituita da due atomi di H ed uno di O, tenuti insieme da legami covalenti. Essendo l'ossigeno più elettronegativo (l'**elettronegatività** è la capacità con cui un atomo attira a sé gli elettroni) dell'H, nella molecola di acqua si addensa una parziale carica negativa intorno all'O ed una positiva intorno agli atomi di idrogeno. Ogni molecola di acqua risulta perciò un piccolo dipolo elettrico, avente la capacità di legarsi con altre molecole mediante

legami idrogeno. La polarità conferisce alle molecole di acqua la capacità di legarsi ad altre sostanze polari; inoltre la rende un ottimo solvente per ioni e molecole polari. L'acqua può trovarsi sotto forma solida (ghiaccio), liquida e di vapore. L'acqua ha una leggera tendenza a ionizzarsi, cioè a formare ioni H (idrogeno) positivi e ioni OH (ossidrili) negativi. Nell'acqua pura il numero di tali ioni è uguale; quando prevale il numero degli ioni positivi, allora la soluzione è detta acida, nel caso opposto è detta basica. Esiste un fattore che permette di esprimere questo rapporto tra i due tipi di ioni ed è il **pH**. La scala di pH assume valori dallo 0 a 14: la soluzione è acida tra 0 e 6, tra 8 e 14 è basica, a 7 è neutra. Quasi tutte le reazioni chimiche dei sistemi viventi hanno luogo entro limiti ristretti di pH, intorno alla neutralità.

Le molecole organiche

La chimica degli organismi viventi è detta **chimica organica**, cioè la chimica dei composti del carbonio, in quanto tutti gli esseri viventi sono formati da molecole che contengono atomi di carbonio. In tutti gli esseri viventi è possibile trovare quattro tipi fondamentali di molecole contenenti carbonio. Queste molecole biologiche sono i carboidrati, i lipidi, le proteine e gli acidi nucleici.

- I **carboidrati** sono costituiti da carbonio, idrogeno, ossigeno ed hanno la seguente formula grezza $(CH_2O)_n$. Sono molto diffusi negli organismi viventi, nei quali hanno ruolo sia strutturale che funzionale: sono infatti componenti delle membrane cellulari, degli acidi nucleici (DNA, RNA) e rappresentano la fonte primaria dell'energia necessaria ai processi biologici. I carboidrati vengono suddivisi in tre gruppi principali: monosaccaridi, disaccaridi e polisaccaridi. I **monosaccaridi** sono costituiti da brevi catene di atomi di carbonio. Il più importante monosaccaride è il **glucosio** che viene prodotto dalle piante verdi per fotosintesi e usato dagli organismi viventi come fonte di energia, dopo averlo ossidato e scisso in anidride carbonica e acqua. I **disaccaridi** sono formati da due unità monosaccaridiche e ne sono un esempio il saccarosio ed il maltosio. I **polisaccaridi**, come il glicogeno e l'amido, contengono molte unità monosaccaridiche legate tra loro. L'amido è costituito da molte molecole di glucosio ed è presente soprattutto nelle cellule vegetali come materiale di riserva, mentre negli animali c'è il glicogeno con struttura molto simile a quella dell'amido.
- I **lipidi** sono costituiti anch'essi da C, H, O. Una delle loro proprietà è quella di risultare insolubili in acqua, ma solubili nei comuni solventi organici apolari, come acetone, benzene e cloroformio. Nelle cellule viventi svolgono due funzioni fondamentali: sono costituenti essenziali delle membrane e sono materiali di riserva.
- Le **proteine** sono dei polimeri naturali formati da un gran numero di monomeri, gli **amminoacidi**. Un amminoacido è costituito da un atomo di C unito ad un gruppo carbossilico –COOH, ad un gruppo amminico $-NH_2$, ad un atomo di H e ad un gruppo o catena laterale definito R, che varia a seconda dei composti.
- Gli **acidi nucleici** sono molecole organiche di due tipi: DNA (acido desossiribonucleico) e RNA (acido ribonucleico), di cui parleremo in seguito. Si tratta di polimeri formati dalla successione di unità dette **nucleotidi;** un nucleotide è formato da uno zucchero a 5 atomo di carbonio, da una base azotata e da un gruppo fosfato. Lo zucchero è il desossiribosio nel DNA ed il ribosio nell'RNA; per quanto riguarda le basi azotate adenina, citosina e guanina sono presenti in entrambi i tipi di acido nucleico, mentre come quarta base nel DNA è presente la timina e nell'RNA l'uracile. Il DNA è formato da due filamenti avvolti a formare una **doppia elica** (scoperta da Watson e Crick nel 1953). L'RNA è a singolo filamento.

Per quanto riguarda il ruolo biologico degli acidi nucleici:

- il DNA è il depositario dell'informazione genetica ed attraverso esso tale informazione viene trasmessa da una generazione all'altra;
- esistono tre tipi principali di RNA e precisamente: l'RNA messaggero (lineare) che funge da mediatore e porta l'informazione per la sintesi proteica, l'RNA ribosomale che costituisce i ribosomi e l'RNA di trasferimento (a forma di trifoglio) che veicola gli amminoacidi durante la sintesi proteica.

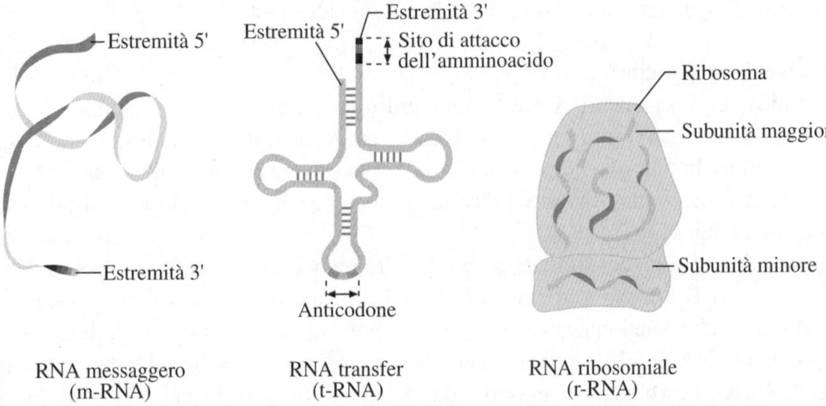

– **Le vitamine** sono composti organici indispensabili per le attività biologiche degli esseri viventi. Esse devono necessariamente essere introdotte con gli alimenti in quanto non possono essere sintetizzate dall'organismo. Le vitamine sono dei principi regolatori la cui carenza, come anche un eccesso, può determinare gravi danni all'organismo. Si dividono in liposolubili (vitamine A, D, E, K) e idrosolubili (vitamine B e C). Non si conoscono tutti i ruoli biochimici svolti, ma alcune servono a prevenire semplici disturbi (es. influenza), altre persino il cancro Si possono distinguere, tra le malattie, un'avitaminosi (mancanza di vitamine, dovuta ad un insufficiente apporto alimentare) e una disvitaminosi (incapacità dell'organismo di assimilare le proteine ingerite).

Occorre Sapere

Le **proteine** sono polimeri di amminoacidi.
La **frutta** e gli **ortaggi** sono la miglior **fonte di acqua**; è importante mangiare frutta e verdure perché sono ricche di vitamine e sali minerali. Sono alimenti regolatori o protettivi per il corpo umano.
La **vitamina A** si trova in frutta e ortaggi e serve al corpo umano per la pelle, i capelli, la vista.
La **vitamina D** serve al corpo umano per le ossa e i denti. Essa favorisce l'assorbimento intestinale di calcio.
La **vitamina K** si trova in spinaci e cavolfiori; essa interagisce nel processo di coagulazione sanguigna.
Sono **alimenti energetici** per il corpo umano **zuccheri**, **cereali** e **grassi**.
Sono **alimenti plastici** per il corpo umano **carne**, **pesce** e **latte**.
Le **patate** contengono principalmente amido.

1.1.3 Cellula procariotica

Le **cellule procariotiche** sono tipiche degli archeobatteri (anche se gli archeobatteri sono da alcuni considerati a metà tra procarioti ed eucarioti, presentando anche delle caratteristiche degli eucarioti), degli eubatteri e delle alghe azzurre. Esse sono relativamente piccole (con un diametro generalmente compreso fra 1 e 5 mm) ed hanno una struttura interna alquanto semplice; il loro DNA (molecola circolare) si trova concentrato in una regione del citoplasma, nucleoide, senza essere delimitato da alcuna membrana. Sono prive di organuli, ad eccezione dei ribosomi, preposti alla sintesi delle proteine. Le funzioni cellulari sono comunque effettuate da complessi enzimatici analoghi a quelli delle cellule eucariotiche. Esternamente alla membrana plasmatica i batteri presentano una parete, che è però diversa dalla parete delle cellule vegetali. Sono inoltre presenti delle appendici, tra cui i flagelli differenti comunque dai flagelli eucariotici. Gli organismi formati da cellule procariotiche sono detti **procarioti**.

1.1.4 Cellula eucariotica

Le **cellule eucariotiche** costituiscono tutti gli altri organismi viventi (i protisti, le piante, i funghi e gli animali) e sono molto più grandi (solitamente il loro asse maggiore è compreso fra i 10 e i 50 μm); in esse il DNA è racchiuso da un involucro nucleare, formando così un particolare organulo chiamato **nucleo**. Queste cellule possiedono **organuli** immersi nel citoplasma, ognuno deputato a svolgere una particolare funzione. Gli organismi formati da cellule eucariotiche sono detti **eucarioti**.
Cominciamo ora ad analizzare la membrana plasmatica, il citoplasma e i vari organuli presenti nella cellula.

Membrana cellulare

Una sottile membrana, denominata membrana plasmatica, costituisce una barriera fra l'ambiente intracellulare e quello extracellulare. Il modello oggi accettato per le membrane è il **modello a mosaico fluido**, che vede la membrana costituita da un mosaico di proteine immerse in un doppio strato lipidico; quindi la struttura non è vista come una struttura rigida ma come una struttura in cui a lipidi e proteine è consentito un certo movimento. La membrana funziona da barriera selettiva, regolando l'entrata e l'uscita delle sostanze. Un altro sistema per operare scambi fra l'ambiente intracellulare e quello extracellulare comporta la presenza di vescicole membranose che si fondono o si distaccano dalla membrana plasmatica; questo meccanismo permette, in particolare nelle cellule animali, di trasportare attraverso la membrana plasmatica macromolecole e particelle di grandi dimensioni, sia dall'interno all'esterno, sia in direzione opposta.

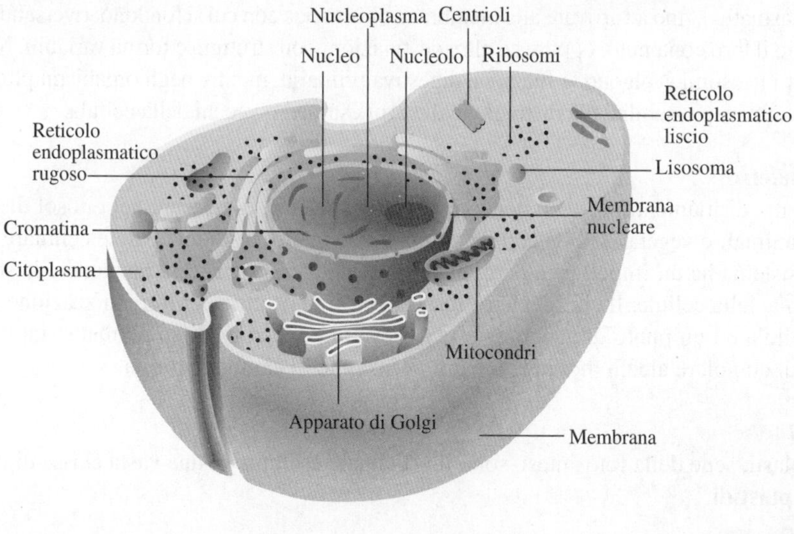

Nucleo

Il nucleo nelle cellule eucariotiche esiste come struttura ben definita in quanto delimitata da un **involucro nucleare** (doppia membrana) e gli scambi sono consentiti solo attraverso i pori nucleari. Nel nucleo è contenuta l'informazione genetica dell'organismo all'interno di molecole di DNA. Il DNA, date le dimensioni, è associato con proteine a formare la cromatina che mostra gradi di condensazione differente in relazione allo stato funzionale (eucromatina, tratti di DNA decondensati perché in attiva trascrizione; eterocromatina, tratti non trascritti e quindi più condensati) ed alla fase del ciclo cellulare (i cromosomi metafasici manifestano la maggiore condensazione).

Citoplasma

L'intero volume della cellula, con esclusione del nucleo, è occupato dal citoplasma. La porzione acquosa è denominata **citosol**. Esso è il sito di molte funzioni importanti ai fini del mantenimento della cellula, compresi i primi stadi della demolizione delle molecole introdotte sotto forma di alimenti e la sintesi di numerose macromolecole che sono le unità costitutive della cellula. Nel citoplasma sono riconoscibili diversi organuli: mitocondri, ribosomi, reticolo endoplasmatico liscio e rugoso, complesso del Golgi, lisosomi, ribosomi, microtubuli e microfilamenti.

- I **mitocondri** sono organelli citoplasmatici, a forma di fagiolo, rivestiti da una doppia membrana, di cui quella interna si ripiega formando numerosi setti, chiamati creste. I mitocondri sono la sede della conversione dell'energia chimica, contenuta negli alimenti, in energia cellulare, ATP. Queste reazioni costituiscono il processo di "respirazione cellulare".
- Il **reticolo endoplasmatico** è un vasto sistema di endomembrane, costituito da sacchi appiattiti, le cisterne, tubuli e vescicole.
- I **ribosomi** sono minuscoli organelli sferici del diametro di circa 30 nm che risultano costituiti da due subunità a diverso peso molecolare. Queste subunità sono la sede del processo di sintesi proteica, in quanto attraverso esse scorrerà l'RNA messaggero e mediante il processo di traduzione si avrà la formazione della catena polipeptidica.
- L'**apparato** o **complesso del Golgi** è stato scoperto da Camillo Golgi. Al microscopio elettronico risulta costituito da sacche membranose appiattite (cisterne), disposte l'una sull'altra, da cui si staccano delle vescicole, capaci di trasportare proteine prodotte dal reticolo endoplasmatico, fino ad arrivare alla membrana plasmatica con cui si fondono, riversando all'esterno il loro contenuto, oppure ad altre destinazioni.con struttura e forma variabili. Nei protozoi i lisosomi svolgono la funzione digestiva primaria, mentre negli organismi pluricellulari sono responsabili della distruzione di corpi estranei e vecchi della cellula.

Citoscheletro

Un sistema di filamenti proteici, denominato citoscheletro, è presente nel citosol di tutte le cellule animali e vegetali. Nelle cellule animali, che mancano di una parete cellulare rigida, questo sistema ha un'importanza particolare, in quanto contribuisce a mantenere la struttura e la forma della cellula. Il citoscheletro fornisce un'impalcatura per l'organizzazione interna della cellula ed un punto di ancoraggio per organuli ed enzimi. Esso permette, inoltre, alla cellula di compiere alcuni movimenti e, all'occasione, di cambiare forma.

Plastidi

I cloroplasti, sede della fotosintesi, sono il principale esempio di una vasta classe di organuli, detti **plastidi**.

Parete cellulare

È una struttura che si trova all'esterno della membrana citoplasmatica; i componenti principali della parete sono: cellulosa (polimero composto da molecole di glucosio), lipidi, proteine, pectina, emicellulosa. La parete conferisce turgore cellulare, cioè costituisce una sorta di sostegno meccanico per la cellula; rappresenta una protezione dall'ambiente esterno; regola l'apertura degli stomi.

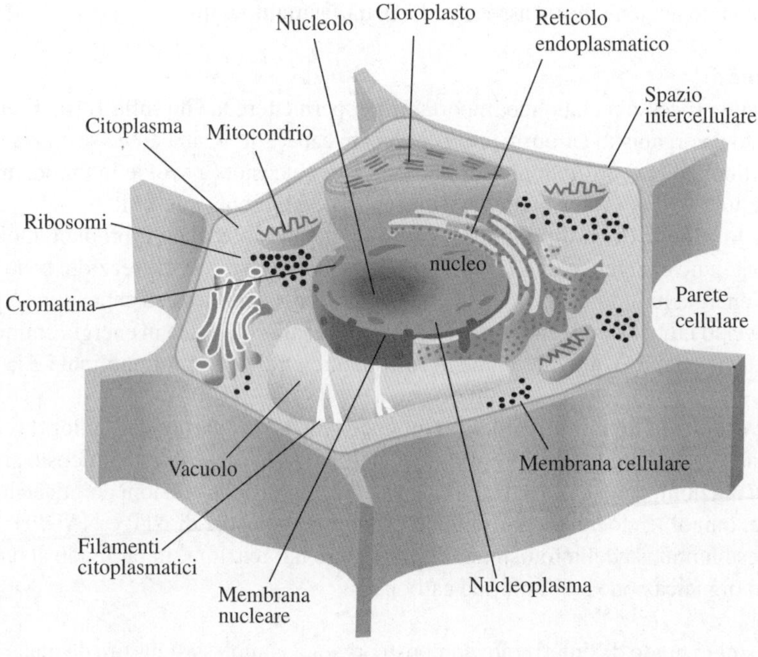

Vacuolo

È un organo delimitato da una membrana, detta tonoplasto. Nelle cellule vegetali in genere c'è un unico grande vacuolo centrale, che può arrivare ad occupare il 95% del volume cellulare. Le funzioni del vacuolo sono le seguenti:

- digestione di sostanze
- riserva, come deposito
- mantenimento della pressione di turgore tipica dei tessuti vegetali non appassiti.

1.1.5 Il metabolismo cellulare

Il metabolismo può essere suddiviso in: **catabolismo** (tutti i processi che rilasciano energia per degradazione di molecole più grandi in componenti più piccoli) ed **anabolismo** (tutti i processi di sintesi di molecole complesse a partire dai componenti più semplici).

Le reazioni metaboliche

Sono reazioni che comportano un acquisto o un rilascio di energia e si dividono in due tipi principali: endoergoniche (quando, per avvenire, richiedono energia) ed esoergoniche (quando liberano energia). Molte reazioni metaboliche sono endoergoniche (es. sintesi proteica), per cui per avvenire bisogna che siano accoppiate a reazioni che liberano energia. In questo caso si parla di reazioni accoppiate.

La respirazione cellulare

Le cellule degli esseri viventi usano particolari reazioni chimiche come fonte di energia. Solo gli organismi fotosintetici hanno la capacità di sfruttare l'energia luminosa e sintetizzare molecole organiche, che saranno l'unica fonte di energia chimica per tutti gli altri organismi. L'energia chimica contenuta nelle molecole organiche degli alimenti viene liberata attraverso reazioni di ossidazione, altamente esoergoniche, in un processo che prende il nome di **respirazione**. La respirazione può essere ***aerobica*** (quando avviene in presenza di ossigeno) ed ***anaerobica*** (quando avviene in sua assenza ed è detta **fermentazione**).

La fotosintesi

Si tratta di un processo metabolico importante per permettere la vita sulla Terra. È un processo effettuato da organismi autotrofi, cioè organismi capaci di organicare le sostanze inorganiche, in particolare convertire l'anidride carbonica in glucosio. Si svolge in un organello tipico delle cellule vegetali fotosintetiche, il cloroplasto, e presenta due fasi:

- la **fase luminosa (luce-dipendente)** libera ossigeno molecolare e produce molecole ad alto contenuto energetico di ATP e NADPH (riserva di energia). Le reazioni sono innescate dall'energia luminosa, che viene catturata da idonei complessi di captazione e poi incanalata verso i fotosistemi, dove l'energia luminosa sarà convertita in energia chimica. Ruolo fondamentale è svolto dai pigmenti fotosintetici, tra cui il più importante è la **clorofilla**.
- la **fase oscura** (o **luce-indipendente)** produce glucosio, a partire dall'anidride carbonica e non necessita della luce. La conversione dell'anidride carbonica in glucosio si ha in un ciclo di reazioni, detto ciclo di Calvin, dove avverranno delle reazioni chimiche non spontanee e, quindi, endoergoniche: saranno proprio le molecole di ATP e NADPH, prodotte nella fase luminosa della fotosintesi, a permettere tali reazioni. In tal modo si ha la fissazione o organicazione dell'anidride carbonica.

Gli organismi in grado di sintetizzare composti organici complessi a partire da materiali inorganici semplici sono detti **autotrofi**; quelli in grado di farlo sono detti **eterotrofi**.

1.1.6 La mitosi

È un processo attraverso il quale una cellula madre si divide in due cellule figlie e ciascuna di esse riceve lo stesso numero e lo stesso tipo di cromosomi della cellula madre. In questo modo una cellula diploide con la mitosi produce due cellule diploidi.

1.1.7 La meiosi

Riguarda la riproduzione sessuata ed interessa solo le cellule germinali (quindi la produzione di gameti). Essa consiste di due divisioni, precedute da una sola duplicazione del DNA: la prima divisione meiotica in cui, dopo la duplicazione del DNA, si verifica la segregazione dei cromosomi omologhi, uno di origine paterna e l'altra di origine materna; la seconda divisione meiotica, dal punto di vista morfologico identica ad una mitosi, in cui i cromatidi fratelli si dividono in cellule figlie. Il risultato è la produzione di quattro cellule aploidi, aventi la metà del patrimonio genetico di quella di partenza.

1.2 Genetica

La genetica è la scienza che studia i caratteri ereditari, la loro trasmissione, nonché la loro variabilità.

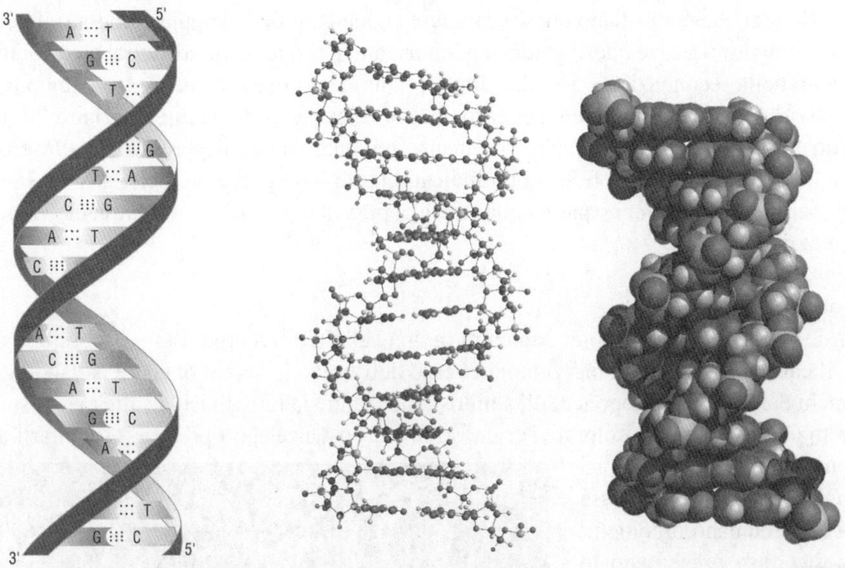

Diversi modi di rappresentare la doppia elica del DNA.

Cromosomi ed eredità

Il padre della genetica è considerato l'abate **Gregor Mendel**, che si dedicò verso la fine dell'Ottocento agli studi su piante di pisello, scoprendo le leggi che regolano la trasmissione dei caratteri ereditari. Ad esempio incrociando piante di pisello a fiori viola con quelle a fiori bianchi, notò che la prima generazione era tutta a fiori viola. Ma effettuando incroci tra individui della prima generazione, poté osservare che la seconda generazione era costituita per il 75% da piante a fiori viola e il 25% da piante a fiori bianchi. Mendel interpretò questi esperimenti dicendo che il carattere viola è dominante rispetto al carattere bianco recessivo. Mendel intuì che il carattere del colore dei fiori è controllato da un fattore, oggi chiamato **gene**, che si trova su un determinato cromosoma (in un sito detto locus) di ciascun genitore, e possiede due varianti o forme alternative dette **alleli**. Conclusa la prima serie di esperimenti sulla trasmissione di un solo carattere, Mendel si preoccupò di studiare la trasmissione contemporanea di due caratteri. In questi nuovi studi egli giunse alla conclusione che i caratteri si trasmettono nella progenie uno indipendentemente dall'altro. A questi studi seguirono le seguenti leggi.

Le leggi di Mendel

- **Principio della dominanza.** In un eterozigote un allele (detto *dominante*) può mascherare la presenza di un altro (detto *recessivo*).
- **Principio della segregazione.** Due membri di una coppia genica (gli alleli) segregano (si separano) l'uno dall'altro durante la formazione dei gameti.
- **Principio dell'assortimento indipendente.** Gli alleli di geni differenti assortiscono indipendentemente l'uno dall'altro durante la formazione dei gameti.

Genotipo e fenotipo

Il **genotipo** è la costituzione genetica di un organismo. Invece il **fenotipo** di un organismo è la manifestazione visibile o comunque evidenziabile di un carattere genetico ed è determinato dal genotipo, dall'azione di altri geni e dall'interazione con l'ambiente. Il colore dei capelli di un individuo risponde a delle precise regole di trasmissione dei caratteri e dipende dalla coppia di geni che controllano questo carattere (i due geni della coppia prendono il nome di alleli); l'individuo riceve questi geni dai genitori, uno per ogni genitore, attraverso i gameti al momento della fecondazione. Se i due alleli, per un determinato carattere, sono uguali, allora l'individuo si dice **omozigote**, nel caso contrario prende il nome di **eterozigote**. In un individuo eterozigote un allele, quello dominante, può mascherare l'espressione dell'altro allele, quello recessivo. Gli alleli vengono indicati con le lettere dell'alfabeto, usando la stessa lettera per gli alleli che fanno parte della stessa coppia di geni; all'allele dominante viene data la lettera maiuscola.

Cariotipo

È l'insieme di tutti i cromosomi contenuti in una cellula di un organismo. È possibile conoscere il cariotipo di ciascun individuo; nel caso dell'uomo lo si può ottenere isolando globuli bianchi dal sangue, sottoponendoli a mitosi, bloccando la loro divisione alla metafase. Solo a questo punto si possono colorare i cromosomi con sostanze appropriate e fotografarli. I cromosomi si presentano disposti a coppie e quelli di una stessa coppia si chiamano omologhi; in questo caso presentano lo stesso aspetto e hanno informazioni per gli stessi caratteri. Uno di essi è di origine materna e uno paterna. Ogni specie ha un suo numero specifico di cromosomi che viene indicato con 2n, in quanto i cromosomi sono disposti a coppie. L'uomo ha 46 cromosomi, quindi 23 coppie, queste vengono opportunamente numerate e la coppia numero 23 è quella dei **cromosomi sessuali**: nel caso di un maschio i due cromosomi omologhi saranno diversi, XY; nel caso di una femmina invece saranno uguali, XX.

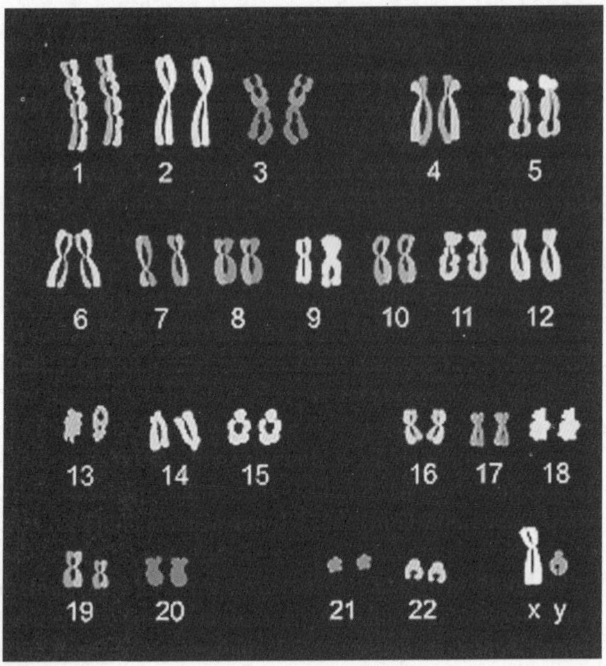

Il genoma umano

Il termine genoma definisce l'insieme di tutto il materiale genetico di un organismo vivente. Il genoma umano comprende il DNA del nucleo e quello dei mitocondri ed attualmente è composto da circa 32.000-37.000 geni, localizzati su 23 coppie di cromosomi presenti nel nucleo di ciascuna cellula. Ogni gene è formato da un tratto di molecola di DNA e contiene una sequenza di coppie di basi azotate: se il gene può essere paragonato ad una parola, ciascuna cop-

pia di basi può essere fatta corrispondere ad una lettera di quella parola. Diversi geni si trovano sui cromosomi, osservabili nelle cellule al momento della divisione (mitosi); quindi, ogni cromosoma contiene diverse parole e può essere paragonato ad una frase. Un singolo cromosoma può arrivare a contenere più di 250 milioni di coppie di basi, mentre l'intero genoma umano, secondo alcune stime, è costituito da circa 3 miliardi di coppie di basi.
Il DNA analizzato dal Progetto Genoma Umano proviene da piccoli campioni di sangue o di altri tessuti, ottenuti da molti individui diversi. Benché i geni del patrimonio genetico di ciascuno individuo siano costituiti da sequenze uniche di DNA, la variazione media del genoma di due persone diverse risulta essere inferiore all'1%. Quindi, rispetto alle somiglianze, le differenze tra i campioni di DNA ottenute da fonti diverse si possono considerare estremamente ridotte.

Mutazioni

S'intende per mutazione ogni modificazione a carico del materiale genetico. Può verificarsi in qualsiasi tipo di cellula: se interessa una cellula somatica allora interesserà l'individuo in questione, se interessa una cellula germinale allora potrà essere trasmessa alla prole Le mutazioni possono essere *spontanee*, se insorgono naturalmente, o *indotte*, se insorgono in seguito ad esposizione a mutageni (chimici, fisici o tecniche di manipolazione).

1.3 Ecologia

1.3.1 Cos'è l'ecologia?

L'**ecologia** è lo studio delle interazioni degli organismi tra loro e con il loro ambiente fisico. È la scienza più antica (da sempre l'uomo si è posto in relazione al suo ambiente), ma anche la più moderna (l'uomo ed il suo ambiente sono in continua mutazione).
Obiettivo principale dell'ecologia è di argomentare sulle attività dell'uomo in relazione alla biosfera e capirne le conseguenze.

1.3.2 L'ecosistema

La combinazione di componenti biotiche ed abiotiche, attraverso cui fluisce l'energia e vi circolano le sostanze, è detta sistema ecologico o ecosistema. Quindi, l'ecosistema è un **insieme interattivo di materia, energia ed informazioni**. Per questo il pianeta Terra rappresenta il più grande ecosistema conosciuto. Tre sono i concetti chiave che identificano un ecosistema: a) l'energia (il cui flusso è lineare), b) la materia (tutti i materiali di cui gli organismi sono composti compiono dei cicli all'interno dell'ecosistema, tra gli organismi, tra gli organismi ed il loro ambiente), c) il mondo abiotico (radiazione solare, atmosfera, clima, fuoco, oceani, piogge acide, suolo). Nel punto b) la materia può essere inorganica ed organica. La prima è costituita dagli elementi chimici base degli organismi viventi (C, H, O, N, P) che vengono trasformati dagli organismi fotosintetici (piante e batteri), cioè organicati in sostanze organiche. Queste, per decomposizione, possono ritornare a composti inorganici, in un ciclo piuttosto regolare. I singoli elementi chimici sono coinvolti in **cicli**, detti **biogeochimici**, il cui flusso ne consente un continuo e giusto apporto. Nel punto a) il flusso va dal Sole ai produttori (**organismi autotrofi**), da questi ai consumatori (**organismi eterotrofi**), fino ai decompositori. Attraverso i passaggi da un organismo all'altro, l'energia viene convertita in calore ed utilizzabile all'interno dei **livelli trofici**, cioè livelli che accomunano organismi con uguali caratteristiche di vita. Ciò determina la presenza di **catene alimentari** o reti alimenta-

ri, costituite da organismi appartenenti a livelli trofici crescenti e ciascuno dei quali si nutre a spese di quello che lo precede. Nella catena alimentare l'energia viene in parte persa nei vari passaggi tra i diversi livelli, per cui è necessario che venga sostituita. Questo compito è svolto dagli organismi decompositori, principalmente funghi e batteri, che demoliscono le sostanze organiche fino a sostanze semplici che possono essere riutilizzate dai produttori. In questo modo il ciclo si chiude e può continuamente ripartire. Nella catena alimentare il primo anello è costituito dai **PRODUTTORI**, organismi capaci di provvedere autonomamente al proprio nutrimento e per questo si chiamano **autotrofi**.
Gli anelli successivi sono costituiti da animali **eterotrofi**, che si cibano di organismi vegetali: questi si dicono **ERBIVORI** o **consumatori primari** e costituiscono il secondo anello della catena alimentare. A loro volta gli animali erbivori costituiscono cibo per altri animali, i **CARNIVORI** o **consumatori secondari ed i predatori**, che formano il terzo anello della catena alimentare. L'ultimo anello della catena alimentare è costituito da organismi che provvedono a distruggere i rifiuti e perciò detti **DECOMPOSITORI**, che si nutrono dei resti dei vegetali morti. Infine ci sono muffe, funghi e microbi che decompongono tutti i residui trasformandoli in sostanze semplici, che fertilizzano il terreno favorendo la crescita di nuove piante, per iniziare così il ciclo di una nuova catena alimentare. L'istogramma di tali disposizioni genera una **piramide ecologica**. La piramide rappresenta la fitta interconnessione di rapporti tra gli organismi principali. Ma esistono anche altre forme di relazione tra gli organismi.
I **rapporti tra gli organismi** hanno un ruolo chiave nel determinarne la loro distribuzione nei livelli trofici. Tra le forme di rapporti abbiamo il **commensalismo,** che si instaura tra due organismi di cui uno trae beneficio da un ospite senza favorirlo né danneggiarlo (un esempio sono le orchidee, che nella foresta tropicale vivono sui rami degli alberi per poter ricevere luce in quantità sufficiente). Diverso è il rapporto di **mutualismo,** infatti in questo caso entrambi gli organismi traggono beneficio (un es. è la relazione tra paguro ed attinia), oppure di **parassitismo**, nel quale un organismo, il parassita, vive a spese di un ospite che viene in questo modo danneggiato (un es. è la tenia nell'intestino dell'uomo).
L'ambiente abiotico e quello biotico spesso interagiscono tra loro nel determinare la distribuzione di un organismo. L'area entro la quale è diffusa una specie costituisce la sua **area di distribuzione o areale**, mentre il luogo in cui una specie vive è chiamato **habitat**.

1.3.3 Clima e biomi

I grandi ecosistemi vengono descritti in rapporto al loro clima, determinato dall'interazione di diversi fattori che comprendono l'energia del Sole, la temperatura, il vento, le precipitazioni atmosferiche, l'umidità, l'evaporazione, la nebbia, la nuvolosità. Per quanto riguarda la quantità di energia solare occorre dire che, data la forma della Terra, le zone equatoriali vicine all'equatore sono raggiunte da luce e calore massimo; al contrario le zone polari o vicine ai poli dal minimo. Si evince quindi che il clima è strettamente correlato alla latitudine. Si vengono quindi a creare ampie fasce climatiche, caratterizzate da particolari climi. Per ogni tipo principale di clima si sviluppa una vegetazione tipica; ad esempio i climi caldi e aridi sono associati ad una vegetazione desertica, mentre i climi umidi favoriscono la crescita delle foreste. Ogni forma di vita vegetale, consente inoltre l'esistenza di determinate forme di vita animale. Da queste interazioni nasce una comunità ecologica detta **bioma**. Si conoscono biomi terrestri, di acqua dolce e di acqua salata. Sono stati individuati sette tipi principali di biomi terrestri: la foresta tropicale, la foresta temperata, la prateria, la macchia mediterranea, il deserto, la foresta boreale (o bioma polare) e la tundra.

1.3.4 Fattori di deterioramento dell'ambiente

Gli ecosistemi naturali mostrano un'alta resistenza a perturbazioni, anche violente, periodiche o acute, perché sono naturalmente adattati ad esse. Ad esempio alcuni ecosistemi vegetali periodicamente sono soggetti ad incendi "arricchitori", che fertilizzano il suolo, o ad alluvioni. Ma tutti sono soggetti a perturbazioni croniche, persistenti e continuative, che generano effetti (ovvero danni) così pronunciati, da mettere in pericolo l'equilibrio e la salute del nostro pianeta. Tra queste perturbazioni la più grave è l'inquinamento, che colpisce tutti i nostri habitat naturali: aria, acqua e suolo. L'**inquinamento** è la contaminazione ecologica dovuta all'introduzione nell'ambiente di sostanze (dai microrganismi ai rifiuti), di fonti di energia (radiazioni varie) e delle loro conseguenze (rumori ecc.). Le attività umane hanno contribuito e contribuiscono a modificare gli ecosistemi, recando danno all'ambiente, agli esseri viventi, ma soprattutto all'uomo stesso ed a tutto ciò con cui interagisce.
L'inquinamento dell'aria, o atmosferico, è dovuto all'emissione di gas in esubero rispetto al livello normale nella composizione base dell'aria (C, H, O, N, P, Cl, F). L'aumento di anidride carbonica (CO_2), di metano (CH_4), di ossido di azoto (N_2O) è dovuto all'uso di strumenti (frigoriferi, bombolette spray ecc.), mezzi (auto, riscaldamenti ecc.) e sostanze (petrolio, carbone ecc.), di cui l'uomo non può fare a meno. Tutto ciò crea una barriera nell'atmosfera, che assorbe le radiazioni infrarosse (che riscaldano) dei raggi del Sole e le intrappola, non facendole fuoriuscire, come dovrebbero. Questo calore viene trasferito al suolo ed agli oceani, innalzando dovunque la temperatura (scioglimento dei ghiacciai posti ai Poli). Si è creato, così, un innalzamento globale della temperatura che viene definito **Effetto Serra** (come fa il vetro che racchiude una serra) ed i gas che trattengono calore sono detti **gas serra**. L'ozono è un prodotto naturale ed essenziale per la stratosfera: esso protegge la superficie terrestre, schermandola dai raggi UV della radiazione solare. Per alcuni mesi dell'anno si osserva un assottigliamento dello strato di ozono sopra l'Antartide, che viene definito ***buco dell'ozono***. L'inquinamento delle acque e del suolo sono strettamente correlati a quello dell'aria; infatti, un riscaldamento o un'alterazione della composizione dell'aria, provoca la morte di specie (animali e vegetali), alcune delle quali di fondamentale e vitale importanza nella catena alimentare.

1.4 Classificazione dei viventi

1.4.1 La sistematica

La **sistematica** è la scienza che classifica gli esseri viventi. Tentativi di classificazione sono esistiti fin dall'antichità, ma è solo con Linneo che la sistematica acquista un rigore scientifico.
Linneo inventa la **nomenclatura binomiale**: qui la specie rappresenta il primo livello di classificazione degli individui e per **specie** si intende un gruppo di organismi simili, in grado di incrociarsi tra loro e di produrre prole fertile. Ad ogni specie è assegnato un doppio nome in latino, il primo indica il genere, il secondo la specie. In alcuni casi può essere indicato un terzo nome per la sottospecie. Il nome generico è sempre maiuscolo, quello specifico è sempre minuscolo.
I metodi in vigore attualmente si basano ancora sulla nomenclatura binomiale di Linneo, anche se la classificazione si è nel tempo arricchita di criteri moderni, quali i rapporti evolutivi e le caratteristiche genetiche, biochimiche e morfologiche dei diversi organismi.
Oltre alla classificazione binomiale abbiamo la **classificazione tassonomica,** che è il sistema

di raggruppamento e denominazione degli organismi, finalizzato ad un metodo universale. Le caratteristiche prese in esame dagli studiosi per accomunarli possono riguardare l'anatomia, la fisiologia, la genetica, il comportamento, la composizione biochimica dei vari organismi considerati e messi a confronto. Risulta importante anche la paleontologia, in cui si opera una valutazione dei reperti fossili, nel tentativo di ricostruire la storia evolutiva dei viventi e di capirne i rapporti di parentela. Gli schemi della classificazione moderna tentano, infatti, di creare collegamenti tra i differenti gruppi di organismi che riflettano i rapporti evolutivi esistenti tra loro.

Le categorie tassonomiche obbligatorie sono: dominio; regno; phylum, subphylum, tipo, divisione; classe; ordine; famiglia; genere; specie.

1.4.2 Il sistema di classificazione in cinque regni

Un tempo, agli albori della sistematica naturalistica, i viventi erano divisi in due soli regni: regno vegetale e regno animale. In seguito, con l'aumento delle conoscenze sulle caratteristiche e la biologia delle diverse forme di vita, questa distinzione si è rivelata del tutto insufficiente.

L'aumento di conoscenze sui batteri ha inoltre portato a riconoscere una prima fondamentale distinzione tra i viventi in **procarioti e eucarioti,** che oggi vengono considerati due dominii distinti. Anzi, secondo molti sistematici, la grande varietà presente all'interno dei procarioti suggerirebbe di suddividere i viventi addirittura in tre dominii, due dei quali corrispondono agli attuali procarioti (Eubacteria, Archaea, Eukarya).

Col procedere delle conoscenze sistematiche, nuovi regni sono stati individuati e descritti.

Gli organismi viventi sono stati classificati nel sistema a **cinque regni**, proposto da Robert Whittaker e basato sul livello di organizzazione degli organismi (dei procarioti, degli eucarioti unicellulari e degli eucarioti pluricellulari) e sul tipo di nutrizione (autotrofa, eterotrofa per ingestione e eterotrofa per assorbimento). I cinque regni comprendono: **Monera** (comprendente archeobatteri, eubatteri e alghe azzurre o cianobatteri, ossia organismi procarioti a nutrizione mista); **Protisti** (eucarioti unicellulari, a nutrizione mista); **Fungi** (eucarioti pluricellulari a nutrizione eterotrofa, per assorbimento); **Plantae** (autotrofi pluricellulari a nutrizione autotrofa); **Animalia** (eucarioti pluricellulari a nutrizione eterotrofa, per ingestione).

1.4.3 Regno Monera (monere)

I procarioti o batteri sono viventi unicellulari caratterizzati da un tipo particolare di **cellula**, quella **procariotica**.

Le Monere possono vivere in ogni tipo di ambiente, anche inospitale, come i ghiacciai polari e le acque termali calde. I batteri si dividono in: Archebatteri (metanogeni, alofili, termoacidofili) ed Eubatteri (Cianobatteri, Actinomiceti, Rickettsie, Micoplasmi, Spirochete). Sono autotrofi fotosintetici o chemiosintetici. Per le loro forme si dividono in: cocchi (a sfera), bacilli (a bastoncino), spirilli (a spirale), vibrioni (a virgola).

I primi viventi apparsi sulla terra oltre 3,5 miliardi di anni fa erano probabilmente simili a procarioti. I primi procarioti fotosintetici comparvero tra 2 e 3,4 miliardi di anni fa. L'ossigeno prodotto con la fotosintesi da questi organismi (e in seguito anche dagli autotrofi eucarioti) ebbe conseguenze importanti per la vita sulla Terra:

- trasformò l'atmosfera da riducente ad ossidante, permettendo l'arricchimento dell'ossigeno nell'aria e quindi la vita degli eucarioti aerobi;
- portò alla formazione dello strato di ozono che schermando le letali radiazioni UV consentì l'emersione dei viventi dall'acqua.

1.4.4 Regno Protista (protisti)

I protisti sono eucarioti unicellulari (solo alcune alghe sono pluricellulari). Sono sia autotrofi che eterotrofi. Sono più grandi dei procarioti ed hanno strutture specializzate all'interno delle cellule. Si dividono in: protozoi (es. Ciliophora e Sporozoa), funghi mucillaginosi e muffe d'acqua, alghe.

Le **alghe** sono autotrofi fotosintetici con cloroplasti provvisti di clorofilla, associata a pigmenti diversi. Vivono in ambienti acquatici o umidi e sono prive di tessuti di sostegno, di strutture differenziate (fusto, foglia o radice) e di organi pluricellulari. Comprendono organismi molto diversi per dimensioni ed organizzazione cellulare (unicellulari, coloniali, pluricellulari).

Si pensa che i progenitori acquatici delle piante fossero organismi simili alle alghe verdi: presenza di clorofilla a e b, di carotenoidi, di amido come sostanza di riserva, di parete di cellulosa, flagelli del tipo a frustino. Le alghe unicellulari sono molto importanti per la vita in generale perché formano gran parte del fitoplancton, cioè degli organismi microscopici unicellulari che fluttuano nello strato superiore degli oceani e delle acque dolci. Il fitoplancton svolge buona parte della fotosintesi; inoltre esso costituisce la base delle catene alimentari degli ambienti acquatici.

Si distinguono in Euglenophyta (alghe di colore verde), Dinoflagellata (alghe di vari colori), Chrysophyta (o alghe giallo-brune), Chlorophyta (o alghe verdi), Phaeophyta (o alghe brune), Rhodophyta (o alghe rosse). Il loro colore dipende dalla profondità a cui vivono, perché i loro pigmenti accessori assorbono le radiazioni a differenti lunghezze d'onda.

1.4.5 Regno Fungi (funghi)

I funghi (Regno Mycota o Fungi) sono organismi eucarioti (eterotrofi, saprofiti o parassiti) caratterizzati da:

- nutrizione eterotrofa e mancanza di plastidi e clorofilla;
- nutrizione in genere per assorbimento dopo digestione esterna;
- cellule non organizzate in tessuti, spesso di aspetto filamentoso (ife), riunite in miceli;
- parete cellulare non cellulosica; di solito a base di chitina, composto assente nei vegetali e presente in insetti e crostacei;
- presenza diffusa di propagazione vegetativa per mezzo di singole cellule (conìdi o mitospore, chiamati anche impropriamente "spore");
- assenza di organi (sporangi e gametangi) pluricellulari;
- riproduzione mediante spore che sono prodotte sia per via sessuata sia per via asessuata.

In questo regno esistono esempi di simbiosi: le **micorrize** sono simbiosi tra funghi e radici di piante. La pianta sfrutta la capacità del fungo di assorbire acqua e minerali anche in terreni poco fertili ed il fungo utilizza i carboidrati sintetizzati dalla pianta. I **licheni** sono simbiosi tra un fungo ed un organismo fotosintetico, che può essere un'alga verde o un cianobatterio. Il fungo trae il nutrimento dall'alga (o cianobatterio), che grazie alla simbiosi riesce a vivere in ambienti dove non potrebbe crescere autonomamente.

1.4.6 Regno Plantae (vegetali)

Le piante sono organismi autotrofi fotosintetici pluricellulari, con parete cellulare costituita da cellulosa. Comprendono: le briofite (muschi ed organismi affini, cioè le piante non vascolari); le piante vascolari senza semi, conosciute anche come pteridofite (felci ed organismi simili); le piante vascolari con seme o spermatofite, cioè gimnosperme (conifere) e angiosperme (piante con fiori).

Le angiosperme costituiscono le forme vegetali più evolute e più numerose e vengono suddivise in due grandi gruppi: le dicotiledoni e le monocotiledoni. Caratteristiche comuni agli organismi appartenenti alle angiosperme sono la presenza di uno sporofito costituito da fusto, foglie e radici e la produzione di fiori, frutti e semi. L'aspetto può essere erbaceo o legnoso. Le gimnosperme sono piante arboree, legnose e di grandi dimensioni. Il loro ciclo vitale presenta una generazione aploide, il gametofito (es. le conifere, le cicadacee, le ginkgofite).

1.4.7 Regno Animalia (animali)

Gli animali sono organismi eucarioti pluricellulari eterotrofi. Rispetto alle piante hanno un compito in più: procurarsi il cibo ricercandolo nell'ambiente esterno. Per fare questo hanno sviluppato organi di senso capaci di percepire gli stimoli provenienti dall'ambiente esterno. Per questo motivo il movimento diventa quindi un attributo essenziale, sfruttato anche per sfuggire ai predatori, per ricercare ambienti più adatti o un partner per la riproduzione.
Il movimento ha indotto lo sviluppo di un **sistema muscolare e scheletrico** che consentisse di articolare e sostenere la colonna vertebrale e gli arti ad essa connessi.
Inoltre gli animali sono dotati di altri apparati o sistemi: digerente (per metabolizzare il cibo e trasformarlo in energia), respiratorio (per introdurre ossigeno ed eliminare anidride carbonica), circolatorio (per trasportare ossigeno in tutto il corpo), escretore (per eliminare sostanze di rifiuto), nervoso (per connettere e trasferire gli impulsi), endocrino (per controllare attraverso gli ormoni le funzioni fisiologiche), riproduttore (per garantire la progenie e preservare la specie).
In genere il corpo degli animali presenta un'estremità anteriore diversa da quella posteriore e una parte dorsale diversa da quella ventrale, mentre è simmetrico per quanto riguarda i due lati: **simmetria bilaterale.** Esistono tuttavia molti animali che presentano **simmetria raggiata**, ossia un tipo di simmetria in cui le parti del corpo sono distribuite in modo regolare attorno ad un asse centrale (ad es. le stelle marine).
I Phyla principali sono: Porifera (es. le spugne di mare), Cnidaria (es. le meduse), Platyhel- minthes (o vermi piatti), Nematoda (o vermi cilindrici), Mollusca (i molluschi), Anellida (o vermi segmentati), Arthropoda (i crostacei, gli aracnidi, gli insetti), Echinodermata (le stelle ed i ricci di mare), Chordata (v. dopo Vertebrati).

1.4.7.1 Vertebrati

Sono un subphylum dei **cordati,** caratterizzati dal fatto di possedere un organo di sostegno, la ***corda dorsale*** nello stato embrionale, che, nell'adulto, diventa la ***colonna vertebrale***.
Tutti i vertebrati presentano le seguenti caratteristiche:

- uno scheletro osseo e/o cartilagineo;
- un sistema muscolare specializzato;
- uno o due paia di arti per il movimento;
- un sistema nervoso centrale;
- un cuore ed un apparato digerente situato ventralmente.

I vertebrati sono suddivisi in **sette classi**: ciclostomi, pesci cartilaginei, pesci ossei, anfibi, rettili, uccelli, mammiferi.

- **Ciclostomi.** Sono i vertebrati più primitivi, un esempio sono le lamprede.

- **Pesci.** Sono vertebrati acquatici, dotati di branchie per la respirazione e di pinne per il moto, forniti di due narici e di mascelle, dal corpo compresso e fusiforme, ricoperto da squame. Si

possono suddividere in pesci cartilaginei e pesci ossei. I **pesci cartilaginei** (condroitti, come gli squali) non hanno subìto una grande evoluzione: i denti che corredano la mandibola ed il palato in realtà sono dentelli cutanei; sviluppano occhi, che però non sono molto efficaci, dato l'ambiente in cui vivono che ha scarsa luminosità; hanno la coda con pinne disuguali; particolare risulta la disposizione delle branchie ai lati del capo. **I pesci ossei** (osteitti) hanno una diversa disposizione delle branchie e presentano la vescica natatoria, posta al centro del corpo sotto la colonna vertebrale, che svolge un ruolo essenziale per scendere e risalire nell'acqua.
Il movimento dei pesci è reso possibile grazie alle ***pinne***, che si dividono in ***pari*** ed impari. Le prime sono quelle pettorali e ventrali, mentre le ***pinne impari*** sono quelle dorsali, anali e caudali. Queste ultime sono quelle che, battendo alternativamente a destra e a sinistra, fanno avanzare l'animale. Le pinne pari regolano l'equilibrio ed i cambiamenti di direzione e di velocità.
All'interno dell'**ecosistema marino** si possono trovare due grandi gruppi di organismi, i *bentonici* e i *pelagici*. I **bentonici** sono organismi che vivono a contatto con il **fondale** e si appoggiano ad esso per svolgere le proprie attività (alghe, crostacei, molluschi, echinodermi ma anche alcuni pesci: lo **scorfano**, **la murena**, **il grongo**, **la razza** e **la sogliola**). Gli organismi del **sistema pelagico**, invece, nuotano o si fanno trasportare e si appoggiano solo occasionalmente al substrato.

- **Anfibi.** Questi animali, come dice il loro nome, si sono adattati a vivere in due ambienti diversi, l'acqua (dove depongono le loro uova e si sviluppano le larve) e la terraferma (dove vivono le forme adulte). Normalmente nell'adulto la respirazione avviene tramite i polmoni, che si formano dopo la metamorfosi. La riproduzione è sessuata con la fecondazione esterna, le uova vengono deposte in acqua, da queste si originano le larve, i girini.

- **Rettili.** Questa classe presenta una serie di caratteristiche che gli hanno permesso di conquistare la terraferma: ad es. la pelle è ricoperta da scaglie e scudi ossei o cornei, cosa che limita molto i problemi di disidratazione che hanno gli anfibi. La riproduzione è sessuata con fecondazione esterna: le uova, fornite di guscio impermeabile, vengono deposte sempre sulla terraferma (in alcuni casi le uova si sviluppano nell'ovidotto).

- **Uccelli.** Questi vertebrati hanno potuto affermarsi in un nuovo ambiente grazie ad una serie di caratteristiche, come la presenza di piume o penne, la cui formazione è identica a quella delle scaglie dei rettili, in quanto ambedue si originano da un sollevamento del derma rivestito dall'epidermide. Inoltre a comprova della loro origine comune, le zampe degli uccelli sono ricoperte da scaglie e depositano le uova, anche se più rigide di quelle dei rettili. Sono tetrapodi con bocca priva di denti, muniti di becco, con arti anteriori trasformati in ali. Hanno anche uno scheletro molto leggero per la presenza di cavità nelle ossa e presentano un grande sviluppo dello sterno, dove si inseriscono i muscoli pettorali del volo.
  La respirazione degli uccelli è sempre polmonare, connessi ai polmoni ci sono dei sacchi aerei, che occupano lo spazio fra gli organi interni; durante l'inspirazione si riempiono d'aria anche i sacchi aerei e, con l'espirazione, il ricambio d'aria nei polmoni è totale. A differenza dei rettili, hanno una temperatura corporea costante, grazie alla loro capacità di termoregolarsi, perciò sono detti endodermi.

- **Mammiferi.** Tra i vertebrati sono il gruppo più affermato e più complesso; il loro corpo è rivestito da peli (per l'omeotermia) ed in alcuni casi da una folta pelliccia, che serve da isolante termico e come protezione dal freddo; i mammiferi marini, delfini e balene, ne sono completamente privi. Tutti i mammiferi possiedono quattro arti, modificati a seconda del tipo di animale. La respirazione è polmonare e la circolazione sanguigna è doppia e completa; i mammiferi sono tutti omeotermi e presentano come prodotto finale di escrezione l'urea.

Questi animali, in relazione al tipo di gestazione, si possono suddividere in tre gruppi: monotremi, marsupiali e placentati. I monotremi sono ovipari: i piccoli si sviluppano da uova che sono deposte e covate; il piccolo viene nutrito con latte prodotto dalle ghiandole mammarie; un esempio è l'ornitorinco. I marsupiali comprendono i canguri e gli opossum. Le femmine presentano nell'addome una tasca, marsupio, in cui migrano i cuccioli, che possono così terminare il loro sviluppo. I placentati sono tutti gli altri mammiferi che partoriscono figli, i quali si sono sviluppati all'interno della madre, grazie alla placenta.

1.4.7.2 Invertebrati

- **Poriferi o spugne.** Sono organismi antichissimi, prevalentemente marini, fissi al substrato (sessili), il cui corpo non presenta organi veri e propri.
  Le spugne sono raggruppate in tre classi in base alla sostanza presente negli elementi di sostegno: 1) quella che ha spicole di carbonato di calcio; 2) un'altra ha spicole silicee; 3) l'ultima non ha spicole, ma fibre cornee elastiche di spongina (tra queste spugne vi sono quelle che dopo l'essiccamento, vengono utilizzate come spugne da bagno).

- **Celenterati o cnidari.** A questo phylum appartengono organismi acquatici apparentemente molto diversi tra loro, come idre, meduse, attinie, coralli e anemoni di mare.
  I celenterati sono organismi dotati di simmetria radiale, con due tipi di organizzazione corporea: il polipo (sessile, con corpo cavo a forma di tubo ed un'apertura verso l'alto) e la medusa (liberamente natante, a forma di campana, con apertura boccale verso il basso). Tra i celenterati, i coralli sono animali coloniali particolarmente interessanti perché, nel corso di migliaia di generazioni, il loro esoscheletro calcificato è andato edificando strutture sottomarine complesse, note come **barriere coralline**, che ospitano una folta schiera di organismi, regalandoci uno straordinario spettacolo naturale.

- **Platelminti.** Essi sono anche detti vermi piatti, per la forma del corpo appiattito e lungo e possono essere di acqua dolce, come la planaria, oppure vivere come parassiti di alcuni animali o dell'uomo. I platelminti si riproducono per via sessuata o sono ermafroditi. Si dividono in: Turbellari (planaria), Trematodi (fasciola epatica), Cestodi (tenie).

- **Nematodi.** Comprendono vermi a corpo allungato, di forma cilindrica, affusolato alle due estremità ma non segmentato a simmetria bilaterale. Sono sia parassiti (Ascaridi) sia decompositori a vita libera.

- **Anellidi**. Il phylum degli anellidi comprende organismi a simmetria bilaterale che vivono in ambiente acquatico o terrestre. La riproduzione è sessuata, anche se a volte per ermafroditismo. Hanno un sistema circolatorio, nervoso ed escretore. Sono organismi sia decompositori sia parassiti; acquatici e terrestri.
  Con gli anellidi compare per la prima volta la segmentazione del corpo, dove il corpo cilindrico è suddiviso in segmenti trasversali, detti metameri. Il più comune di questi animali è il lombrico; altri sono le sanguisughe.

- **Molluschi.** I molluschi sono organismi dal corpo molle, privi di scheletro interno, ma dotati di un esoscheletro calcareo detto conchiglia. Si dividono in: 1) ***Poliplacofori***: comprendono i chitoni, ricoperti da una conchiglia a 8 placche sovrapposte e da un piede a ventosa; 2) ***Bivalvi*** (o lamellibranchi): comprendono mitili, vongole ed ostriche; hanno una conchiglia bivalve, unita da una "cerniera", con corpo appiattito e piede trasformato in organo di scavo, possono essere sessili o natanti e si nutrono per filtrazione; 3) ***Gasteropodi***: comprendono chiocciole, lumache, patelle, il gruppo più numeroso di molluschi; sono caratterizzati da una conchiglia a spirale, dovuta alla torsione del corpo e contiene gli organi interni, il tutto sorretto da un piede muscoloso, nel cui interno c'è l'apparato digerente; 4) ***Cefalopodi***: comprendono calamari, seppie e polpi; sono organismi marini natanti e privi di conchiglia, dotati di un capo sviluppato, con organi di senso e bocca, ed un piede suddiviso in tentacoli, muniti di ventose, che servono al movimento come organo propulsore; hanno occhi e la tasca del nero (organo dell'inchiostro), che serve per mimetizzarsi in caso di "avvistamento nemico". Possono essere di piccole dimensioni (alcuni cm), ma anche molto grandi (l'Architeutis, o calamaro gigante, è lungo 18-20 m).

- **Artropodi.** Gli artropodi sono il gruppo più numeroso e vario di organismi, potendo vivere in tutti gli habitat: acquatico, terrestre ed aereo. Hanno riproduzione sessuata, con le femmine che depositano le uova. Le larve vanno incontro a metamorfosi o muta, sino a raggiungere lo stadio adulto.
  Gli artropodi vengono suddivisi in cinque classi principali: chilopodi (centopiedi), diplopodi (millepiedi), crostacei, insetti ed aracnidi.
  I ***chilopodi*** hanno un capo con antenne e corpo allungato; il primo paia di zampe, nel quale sbocca una ghiandola del veleno, è modificato per la presa del cibo, e termina a uncino; essi sono infatti in massima parte animali carnivori predatori.
  I ***diplopodi*** sono animali terrestri che vivono in luoghi umidi e si nutrono di materiali vegetali.
  I ***crostacei*** presentano respirazione branchiale; il loro capo è costituito da due paia di antenne con funzione sensoriale; da due occhi e da due mandibole, con funzione di masticazione, e due mascelle, con funzione di manipolare il cibo. Il corpo è diviso in cefalotorace ed addome, con 5 appendici locomotorie. Il loro esoscheletro (carapace) viene abbandonato durante le fasi di crescita (muta). Esempi di crostacei sono i gamberi, le aragoste, i granchi, i cirripedi.
  Gli ***insetti*** sono artropodi che hanno conquistato l'ambiente aereo, sviluppando ali per il volo. Presentano un corpo rivestito da uno scheletro esterno, detto esoscheletro, che si assottiglia in prossimità delle articolazioni. Gli arti di questi animali sono formati da più segmenti articolati tra loro, mentre il corpo risulta diviso in tre regioni: capo, torace e addome. Il capo presenta due occhi, due antenne (che hanno funzione olfattiva e tattile), l'apparato boccale (che può essere di tipo diverso a seconda se l'animale deve succhiare o masticare). Il torace presenta tre paia di zampe e sono spesso presenti due paia di ali, nella mosca ad esempio le ali anteriori servono al volo e sono molto sviluppate, mentre quelle posteriori sono ridotte e si chiamano bilancieri. La riproduzione è sessuata.
  Un evento importante nell'accrescimento degli insetti è la **metamorfosi**, che può essere di due tipi, incompleta o completa. Nel primo caso (grilli, cicale, cavallette) la larva, detta ninfa, quando esce dall'uovo, pur essendo priva di ali, è simile all'adulto. Nel secondo caso la larva, detta bruco, mangia e cresce molto e si trasforma in pupa racchiusa in un bozzolo; durante questo periodo si ha la formazione degli organi e delle ali. Infiniti sono

gli esempi (api, formiche, farfalle ecc.), tutti con sistemi sociali organizzati e capaci di comunicare.

Gli ***aracnidi*** presentano il corpo diviso in due parti, cefalotorace ed addome, ma sono privi di antenne e di mandibole, nel torace ci sono sei paia di appendici. Il primo paio sono i due cheliceri (una sorta di pinze velenose), il secondo sono i due pedipalpi (per afferrare la preda) e 4 paia di arti. Il primo ed il secondo sono adattati alla manipolazione del cibo, alla locomozione, alla difesa ed alla copulazione. Sul capo sono presenti numerosi occhi. Agli aracnidi appartengono i ragni, gli scorpioni, gli acari, le zecche.

Occorre Sapere

La **diminuzione dei livelli di ossigeno** è la causa principale delle **morie di pesci** nei fiumi inquinati dai fertilizzanti.
La **macchia mediterranea** è un bioma.
La caratteristica principale della **tundra** è l'assenza di alberi.
Nell'**ambiente polare** è possibile trovare il **tricheco**.
Lo **spargimento di insetticidi ad ampio spettro** è il metodo di controllo degli insetti maggiormente dannoso per gli altri organismi nell'ambiente.
L'incidente che si è verificato nella centrale nucleare di **Cernobyl** nel 1986 ha provocato la formazione di **nubi radioattive**.
L'**echidna** è un mammifero monotremo (mammiferi primitivi ovipari).
Essere **folivori** significa nutrirsi principalmente di foglie.
Essere **frugivori** significa nutrirsi principalmente di frutti.
I **lagomorfi** sono dei mammiferi.

1.5 Struttura e funzioni dell'organismo umano

1.5.1 I tessuti

Il corpo dell'uomo e di molti animali è costituito da una grande varietà di cellule specializzate che formano i *tessuti*, aventi, ognuno, caratteristiche e funzioni proprie. Negli animali più complessi i tessuti si assemblano formando così *organi* che a loro volta vanno a formare *sistemi* o *apparati* che, infine, formano l'organismo.

I tessuti vengono classificati in: tessuto epiteliale, tessuto connettivo, tessuto muscolare e tessuto nervoso.

Il tessuto epiteliale

Vi sono vari tipi di tessuto epiteliale che assolvono a funzioni diverse quali: rivestimento della superficie corporea e delle cavità interne (epitelio di rivestimento), secrezione (epitelio ghiandolare) e ricezione di stimoli (epitelio sensoriale). Il tessuto epiteliale con funzione di rivestimento è costituito da cellule con diverse forme geometriche, disposte a stretto contatto tra loro, in quanto hanno come principale funzione appunto quella di protezione e di rivestimento. Questo tessuto può essere: 1) *squamoso* o pavimentoso, forma i capillari, gli alveoli polmonari, le mucose, come quella della bocca; 2) *cubico*, riveste l'interno dei tubuli renali e dei dotti ghiandolari; 3) *cilindrico*, riveste l'interno del tratto digestivo e di quello respiratorio. L'epitelio può essere semplice (o monostrato) o composto (o pluristrato), ma in ogni caso poggia su una membrana basale.

Il tessuto connettivo

Questo tessuto costituisce il sostegno di quasi tutti gli organi e svolge funzione meccanica, nutritiva e di protezione. Le cellule di questo tessuto sono immerse in una sostanza fondamentale o matrice, in cui sono presenti tre tipi di fibre: collagene, reticolari ed elastiche. Ricordiamo che sono tessuti connettivi il tessuto adiposo, il tessuto osseo, il tessuto cartilagineo ed il sangue (in questo la sostanza fondamentale è liquida).

Il tessuto muscolare

Le cellule di questo tessuto hanno una tipica forma allungata e prendono il nome di fibre muscolari. Contengono grandi quantità di proteine contrattili, actina e miosina, disposte nel citoplasma come filamenti paralleli.
Esistono tre tipi di tessuto muscolare:
- tessuto muscolare scheletrico o *striato*, responsabile dei movimenti delle ossa e quindi dell'intero corpo;
- tessuto muscolare *liscio*, riveste principalmente le pareti del tubo digerente, dei vasi sanguigni e delle vie respiratorie, utero;
- tessuto muscolare *cardiaco*, responsabile delle contrazioni del cuore.

Il tessuto nervoso

È formato da due tipi di cellule, i neuroni e le cellule gliali. I *neuroni* sono specializzati nel trasmettere impulsi nervosi, mentre le *cellule gliali* hanno funzione nutritiva e di sostegno per i neuroni. Ciascun neurone è formato da un corpo cellulare, che contiene il nucleo, da uno o più prolungamenti citoplasmatici ramificati, detti *dendriti*, e da un lungo e sottile assone, detto fibra nervosa.

1.5.2 L'apparato tegumentario

L'**apparato tegumentario**, costituito dalla pelle e dagli annessi cutanei, è adibito a proteggere il corpo dagli insulti meccanici e dagli agenti di malattie, a non disperdere acqua e calore, a garantire, con terminazioni nervose all'interno della cute, la sensibilità tattile, dolorifica e termica.
La **pelle** o cute o tegumento è formata dall'epidermide, superficiale, e dal derma. Nel derma troviamo i vasi sanguigni che nutrono la pelle e le terminazioni nervose con funzione di recettori sensoriali. Gli **annessi cutanei** sono: capelli, peli, unghie, ghiandole sebacee e sudoripare.

> ***Occorre Sapere***
>
> La **cheratina** nella pelle conferisce l'impermeabilità.
> Si ha la pelle a **pelle d'oca** quando I muscoli erettori si contraggono.
> Le **ghiandole sudoripare** contribuiscono a regolare la temperatura corporea.
> Le **ghiandole sebacee** producono una sostanza che rende il pelo lucido e impermeabile.

La ghiandola pineale produce l'ormone della **melatonina**, responsabile del colorito della pelle.
Il **collagene** (principale proteina del tessuto connettivo negli animali) è la sostanza la cui mancanza è responsabile della formazione delle rughe.

1.5.3 L'apparato locomotore

L'**apparato locomotore** è costituito dal sistema scheletrico, dal sistema muscolare e dal sistema articolare.

Il sistema scheletrico

Lo **scheletro** svolge diverse funzioni, la più evidente delle quali consiste nel sostegno del peso corporeo a opera delle **ossa**, formazioni forti quanto il cemento ma sensibilmente più leggere. Diversamente dal cemento, l'osso può essere rimodellato e riplasmato per far fronte alle variazioni delle richieste metaboliche e di attività. Le ossa cooperano con i muscoli al mantenimento della postura corporea e all'effettuazione di movimenti controllati e precisi. Facendo leva sullo **scheletro**, i muscoli con la loro contrazione possono consentire di sedersi, stare in piedi, camminare o correre.

Il sistema scheletrico comprende, oltre alle ossa, cartilagini, articolazioni, legamenti e altre formazioni connettivali che le stabilizzano o le connettono. Tale sistema svolge cinque funzioni principali:

1) **Sostegno**. L'apparato scheletrico fornisce il sostegno strutturale a tutto il corpo. Singole ossa o gruppi di ossa forniscono un'intelaiatura per l'attacco dei tessuti molli e degli organi.
2) **Accumulo**. I sali di calcio dell'osso rappresentano una significativa riserva di minerali per il mantenimento della normale concentrazione di ioni calcio e fosfato nei fluidi corporei. A livello osseo vi sono inoltre riserve energetiche lipidiche, in aree piene di midollo giallo.
3) **Produzione di cellule del sangue**. I globuli rossi, i globuli bianchi e gli altri elementi del sangue sono prodotti all'interno del midollo rosso che riempie le cavità interne di diverse ossa.
4) **Protezione**. I tessuti molli e gli organi sono spesso circondati da elementi scheletrici: le coste proteggono il cuore e i polmoni; il cranio racchiude l'encefalo; le vertebre, il midollo spinale e le ossa della pelvi sostengono i delicati organi degli apparati digerente e riproduttivo.
5) **Sistema di leve**. Parecchie ossa agiscono come leve in grado di variare l'ampiezza e la direzione delle forze generate dalla contrazione dei muscoli scheletrici. I movimenti che ne risultano variano dal moto delicato della punta delle dita alle potenti variazioni di posizione dell'intero corpo umano.

– **Struttura dell'osso**. L'**osso**, o **tessuto osseo**, è un tessuto connettivo di sostegno contenente cellule specializzate e una matrice costituita da proteine fibrillari extracellulari e sostanza fondamentale (*ground susbstance*).
  Il principale componente delle ossa è il fosfato di calcio. Le cellule che producono l'indurimento del tessuto osseo sono gli osteoblasti.
  Le ossa dello scheletro umano possono essere: lunghe, brevi, piatte o irregolari. Nelle **ossa lunghe**, la lunghezza prevale sulla larghezza, mentre nelle **ossa brevi** lunghezza e larghezza sono pressoché equivalenti. Sono lunghe le ossa degli arti, quali ad esempio le ossa del braccio (omero) o della coscia (femore). Ossa brevi si trovano nel polso (ossa carpali) e nella caviglia (ossa tarsali). Le **ossa piatte** sono sottili e relativamente ampie, come le ossa parietali del cranio, le coste e le scapole. Le **ossa irregolari** hanno caratteristiche che non rientrano in alcuna delle categorie precedenti. Le vertebre costituiscono un esempio di ossa irregolari.

– **Suddivisioni dello scheletro**. L'apparato scheletrico è costituito da 206 ossa distinte e numerose cartilagini a esse associate. È possibile distinguere uno scheletro assile e uno scheletro appendicolare.
  Lo **scheletro assile** forma l'asse longitudinale del corpo. È formato da 80 ossa suddivise in: 22 ossa del **cranio** più 7 ossa associate (6 ossicini dell'udito e l'osso ioide); la **gabbia toracica**, composta da 24 **coste** e dallo **sterno**; le 26 ossa della **colonna vertebrale**.
  Lo **scheletro appendicolare** comprende le ossa degli **arti** e dei **cingoli toracico e pelvico**, che connettono gli atri al tronco. In tutto, le ossa appendicolari sono 126, ossia 32 per ciascun arto superiore e 31 per ciascun arto inferiore.

- **Il cranio**. Le ossa del cranio proteggono l'encefalo e sostengono i delicati organi di senso che presiedono a vista, udito, equilibrio, olfatto e gusto. Il cranio è formato da 22 ossa: 8 formano il cranio vero e proprio, 14 sono associate alla faccia. Altre 7 ossa sono associate al cranio: 6 piccoli *ossicini dell'udito*, implicati nella percezione dei suoni, si trovano all'interno dell'osso temporale, e l'*osso ioide*, connesso tramite legamenti alla superficie inferiore del cranio.
  Il cranio è formato da 8 ossa, delle quali 4 impari (occipitale, sfenoide, etmoide e frontale) e 4 pari (due parietali e due temporali):
  - **osso frontale**. Forma la parte anteriore della testa e il tetto dell'**orbita**, il recesso osseo contenente gli occhi;
  - **ossa parietali**. Sono due e si trovano posteriormente all'osso frontale, su ciascun lato del cranio;
  - **osso occipitale**. Forma la porzione posteriore e inferiore del cranio;
  - **ossa temporali**. Si trovano sotto le ossa parietali e mostrano una serie di punti di riferimento anatomici. Uno di questi, il **meato acustico esterno**, conduce al **timpano**, che separa il meato acustico esterno dalla *cavità dell'orecchio medio* contenente gli ossicini uditivi. Anteriormente al canale acustico esterno si trova una depressione ad asse maggiore trasversale, la **fossa mandibolare**, sito di articolazione con la mandibola. La sporgenza situata postero-inferiormente al meato acustico esterno è il **processo mastoideo**, sito di attacco dei muscoli che permettono la rotazione e l'estensione della testa;
  - **osso sfenoide**. Forma parte della base cranica;
  - **osso etmoide**. Si trova anteriormente all'osso sfenoide.

- **Le ossa della faccia**. Sostengono e proteggono i siti di ingresso agli apparati digerente e respiratorio. Le ossa della faccia sono 14, di cui 12 pari e 2 impari, come il vomere e la mandibola:
  - **ossa mascellari**. Si articolano con tutte le ossa della faccia a eccezione della mandibola;
  - **ossa palatine**. Sono due ossa pari che formano la parte posteriore del palato duro;
  - **il vomere**. Il suo margine inferiore si articola con le ossa palatine;
  - **ossa zigomatiche**. Su ciascun lato del cranio un osso zigomatico si articola con le ossa frontale e mascellare a completare la parete laterale dell'orbita;
  - **ossa nasali**. Formando il ponte nasale tra le due orbite, le due ossa nasali si articolano con le ossa frontale e mascellare;
  - **ossa lacrimali**. Le due ossa lacrimali si trovano sulla superficie laterale di ciascuna orbita; si articolano con le ossa frontale, etmoidale e mascellari;
  - **conche nasali inferiori**. Le due conche nasali inferiori si proiettano dalle pareti laterali delle cavità nasali;
  - **mandibola**. Forma l'arcata dentale inferiore e ha la forma di un ferro di cavallo aperto posteriormente, dalle cui estremità si sollevano due processi verticali, definiti **rami mandibolari**.

- **La colonna vertebrale e la gabbia toracica**. Il resto dello scheletro assile è costituito dalla gabbia toracica e dalla colonna vertebrale. La spina dorsale dell'uomo è formata da 33 vertebre.
  La **colonna vertebrale** è costituita da 26 ossa: 24 vertebre, osso sacro e coccige. Viene suddivisa in regioni sulla base della morfologia vertebrale in *regione cervicale*, *regione toracica* e *regione lombare*. Nella colonna vertebrale si distinguono quindi:

- la **regione cervicale**, formata da 7 vertebre cervicali (abbreviate da C_1 a C_7), la prima delle quali (C_1) si articola con i condili occipitali, mentre l'ultima (C_7) si articola con la prima vertebra toracica. Le 7 vertebre cervicali si estendono dalla testa al torace; le prime due vertebre cervicali mostrano caratteristiche individuali, indispensabili per lo svolgimento di movimenti specializzati. L'**atlante** (C_1) sostiene il peso della testa; inoltre, l'articolazione atlo-occipitale consente di annuire. Tra l'atlante e un'espansione della vertebra C_2 (**asse** o **epistrofeo**), definita *dente* o *processo odontoideo* si realizza un'articolazione a perno che consente l'articolazione della testa;
- la **regione toracica**, formata da 12 vertebre toraciche (T_1-T_{12}), ciascuna delle quali si articola con una o più paia di coste. Caratteristiche distintive delle vertebre toraciche sono: (1) un corpo a forma di cuore, più voluminoso rispetto al corpo delle vertebre cervicali; (2) un ampio e sottile processo spinoso diretto inferiormente; (3) faccette costali ai lati del corpo per l'articolazione con la testa di una o più paia di coste;
- la **regione lombare**, che contiene 5 vertebre lombari (L_1-L_5), l'ultima delle quali si articola con l'osso sacro. Caratteristiche distintive delle vertebre lombari sono: (1) un corpo vertebrale ovalare, più spesso rispetto al corpo delle vertebre toraciche; (2) un processo spinoso relativamente tozzo e massiccio diretto indietro, sito di attacco dei muscoli inferiori del dorso; (3) processi trasversi simili a pale, mancanti delle faccette articolari per le coste;
- il **sacro**, che è un osso singolo formato dalla fusione delle 5 vertebre sacrali embrionali;
- il **coccige**, che termina appuntito, e risulta anch'esso dalla fusione di vertebre coccigee.

La **gabbia toracica**, o **scheletro del torace**, è costituita dalle vertebre toraciche, dalle coste e dallo sterno. Fornisce il supporto osseo alle pareti della cavità toracica. La gabbia toracica protegge cuore e polmoni e altri organi interni, e fornisce l'attacco ai muscoli coinvolti nella respirazione. Le **coste** sono ossa appiattite e allungate che originano a livello delle vertebre toraciche e terminano come pareti della cavità toracica. Vi sono 12 paia di coste, di cui le prime 7 paia sono dette **coste vere** poiché raggiungono la parete anteriore del torace e si connettono direttamente allo sterno tramite prolungamenti cartilaginei, le **cartilagini costali**. Le coste 8-12 vengono dette **coste false** poiché non si articolano direttamente con lo sterno. Le cartilagini costali delle coste 8-10 si fondono ciascuna alla cartilagine della costa soprastante, e tutte si uniscono alla cartilagine della settima costa prima che essa raggiunga lo sterno. Le ultime due paia di coste vengono definite **coste fluttuanti** poiché prive di connessione con lo sterno.

– **Il cingolo toracico**. Ciascun arto superiore si articola con il tronco a livello del cingolo toracico, o *cingolo scapolare*, costituito da due ossa piatte, le **scapole**, e da due ossa allungate, le **clavicole**. La clavicola ha la forma di una S. La faccia superiore della clavicola è liscia e si trova subito al di sotto della cute, mentre la faccia inferiore dell'estremità acromiale è rugosa e segnata da prominenti linee e tubercoli, siti di attacco per muscoli e legamenti.

– **Arto superiore**. Lo scheletro di ciascun arto superiore è costituito dalle ossa di braccio, avambraccio, polso e mano.
Il **braccio** è compreso tra la spalla e il gomito, e contiene un solo osso, l'**omero**, che si estende dalla scapola al gomito. L'epifisi prossimale dell'omero è sferica, viene chiamata **testa** e si articola con la scapola.
Radio e **ulna** sono le ossa dell'**avambraccio**.
Polso, **palmo** e **dita della mano** sono costituiti da 27 ossa. Le articolazioni tra le ossa del

carpo permettono movimenti limitati di scivolamento e di rotazione. Cinque ossa metacarpali si articolano prossimamente con le ossa della fila distale del carpo a formare il palmo della mano, e distalmente con le **falangi**. Ciascuna mano ha 14 falangi; tutte le dita hanno 3 falangi (prossimale, intermedia, distale) a eccezione del pollice, che ne ha soltanto 2 (prossimale e distale).

– **Il cingolo pelvico**. Si articola con le due ossa della coscia ed è costituito da due voluminose **ossa dell'anca** (ossa coxali), ciascuna delle quali si forma dalla fusione di tre ossa, **ileo**, **ischio** e **pube**, e si articola posteriormente con il sacro nell'articolazione sacro-iliaca.

– **Arto inferiore**. Lo scheletro di ciascun arto inferiore è costituito da: *femore*, l'osso della coscia; *patella*; *tibia* e *fibula*, le ossa della gamba; le ossa della caviglia e del piede.
Il **femore** è l'osso più lungo e più pesante di tutto il corpo. La **tibia** è il grosso osso mediale della gamba, mentre la **fibula** si trova parallelamente al margine laterale della tibia. La **caviglia**, o **tarso**, comprende 7 **ossa tarsali**: (1) *astragalo* o *talo*, (2) *calcagno*, (3) *scafoide* o *navicolare*, (4) *cuboide*, (5-7) *primo*, *secondo* e *terzo osso cuneiforme*.

Il sistema muscolare

Il **sistema muscolare** comprende tutti i muscoli scheletrici che possono essere controllati volontariamente. I muscoli del corpo umano si classificano in volontari ed involontari. L'aspetto generale di ciascuno dei quasi 600 muscoli scheletrici fornisce indicazioni riguardo la sua funzione principale. I muscoli coinvolti nella locomozione e nella postura lavorano attraverso le articolazioni, determinando il movimento dello scheletro. **I muscoli, pertanto, determinano il movimento con l'azione congiunta dello scheletro**. I muscoli che sostengono i tessuti molli formano bande o lamine tra elementi ossei relativamente stabili, mentre quelli che controllano un ingresso o un'uscita ne circondano completamente l'apertura. Il tessuto muscolare può essere liscio o striato.

– **Origini, inserzioni e azioni**. Ciascun muscolo ha inizio nel punto di **origine**, termina nel punto di **inserzione** e si contrae per produrre una specifica **azione**. In generale, l'origine di un muscolo resta ferma, mentre si muove il punto di inserzione. Ad esempio, il muscolo gastrocnemio (del polpaccio) origina dalla porzione distale del femore e si inserisce sul calcagno. La sua contrazione avvicina il punto di inserzione all'origine, determinando un'azione definita *flessione plantare*.
Quasi tutti i muscoli scheletrici originano o si inseriscono sullo scheletro. Contraendosi possono determinare *flessione*, *estensione*, *adduzione*, *abduzione*, *protrusione*, *retrazione*, *innalzamento*, *abbassamento*, *rotazione*, *circumduzione*, *pronazione*, *supinazione*, *inversione* o *eversione*.
Le azioni muscolari possono essere descritte in due modi: il primo descrive le azioni in relazione alle ossa interessate, e pertanto il muscolo *bicipite brachiale* si dice che determina la "flessione dell'avambraccio"; il secondo, che si sta diffondendo presso i fisiatri, descrive l'azione in relazione all'articolazione interessata, e il muscolo bicipite brachiale secondo questo metodo determina la "flessione a livello del gomito".
I muscoli possono inoltre essere descritti sulla base delle loro azioni principali:
- un muscolo **agonista** (o motore primario) è un muscolo le cui contrazioni sono le principali responsabili nella realizzazione di un particolare movimento. Il muscolo *bicipite brachiale* è il principale muscolo flessore del gomito;

- i muscoli **antagonisti** sono muscoli le cui azioni si oppongono a quelle dei muscoli agonisti. Anche un muscolo antagonista può agire come agonista: il muscolo *tricipite brachiale*, ad esempio, pur essendo antagonista del bicipite brachiale (che è pertanto antagonista del tricipite brachiale), è il principale muscolo estensore del gomito. I muscoli agonisti e antagonisti agiscono in maniera opposta: se la contrazione dell'uno provoca flessione, l'azione del suo antagonista determina estensione;
- un muscolo **sinergico** (*syn*, insieme; *ergon*, lavoro) è un muscolo che con la sua contrazione rende più efficiente quella di un muscolo agonista. I sinergismi possono rinforzare l'inserzione o stabilizzare il punto di origine. Ad esempio, il muscolo *deltoide* determina l'allontanamento dell'arto superiore dal corpo (adbuzione); il piccolo *muscolo sopraspinto* assiste il deltoide nell'avvio del movimento. Sono **fissatori** i muscoli sinergici che stabilizzano l'origine di un muscolo agonista prevenendo il movimento a livello di un'altra articolazione.

– **Muscolatura assile**. I muscoli assili possono essere distinti in quattro gruppi logici:
  1) **Muscoli della testa e del collo** – sono compresi in questo gruppo i muscoli alla base della mimica facciale, della masticazione e della deglutizione. Il più importante muscolo del collo è lo **sternocleidomastoideo**.
  2) **Muscoli della colonna vertebrale** – muscoli flessori ed estensori della testa, del collo e della colonna vertebrale.
  3) **Muscoli del tronco** – sono compresi in questo gruppo i muscoli obliqui e retti, che formano le pareti muscolari della cavità toracica e addominopelvica.
  4) **Muscoli del pavimento pelvico** – sono compresi in questo gruppo i muscoli che formano il **perineo**, un setto muscolare che chiude lo stretto inferiore della pelvi.

– **Muscolatura appendicolare**. I muscoli appendicolari comprendono i muscoli della spalla e dell'arto superiore e i muscoli della pelvi e dell'arto inferiore.
  - **Muscoli della spalla e dell'arto superiore.** L'ampio e superficiale muscolo **trapezio** copre il dorso e parte del collo, raggiungendo la base del cranio. Dopo rimozione del trapezio, appaiono i muscoli **romboidi** ed **elevatore della scapola**.

    Sulla gabbia toracica si trova il muscolo **dentato anteriore**, che origina dalla faccia anteriore delle prime 8-9 coste e si inserisce sul margine vertebrale della scapola. La sua contrazione porta la spalla in avanti. Il muscolo **piccolo pettorale** si inserisce sul processo coracoideo della scapola; la sua contrazione provoca l'abbassamento e la protusione della scapola.

    I **muscoli motori del braccio** sono:
    - il muscolo **deltoide**, che è il principale abduttore del braccio, e il **sovraspinato** che lo assiste nel dare inizio al movimento;
    - i muscoli **sottoscapolare, grande rotondo, piccolo rotondo** e **sottospinato**, che sono rotatori del braccio;
    - il muscolo **grande pettorale**, che, esteso tra la parte anteriore della gabbia toracica e il tubercolo maggiore dell'omero, determina flessione a livello dell'articolazione scapolo-omerale;
    - il muscolo **grande dorsale**, che, esteso tra le vertebre toraciche e il solco bicipitale (inter-tubercolare) dell'omero, determina estensione.

      Questi due ultimi muscoli, contraendosi insieme, cooperano inoltre nei movimenti di adduzione e rotazione dell'omero.

I **muscoli motori dell'avambraccio e del polso**, per la maggior parte, originano sull'omero, a eccezione del **bicipite brachiale** e del capo lungo del **tricipite brachiale** che hanno origine dalla scapola e si inseriscono sulle ossa dell'avambraccio. Il tricipite brachiale agisce come estensore dell'avambraccio, il bicipite brachiale come flessore.

Per quanto riguarda i **muscoli motori della mano e delle dita**, occorre considerare che i muscoli dell'avambraccio flettono ed estendono le articolazioni delle dita e terminano prima di raggiungere la mano, poiché solo i tendini di inserzione oltrepassano il polso.

Dalle falangi non hanno origine muscoli; solo i tendini raggiungono le falangi distali delle dita.

- **Muscoli della pelvi e dell'arto inferiore**. I muscoli della pelvi e dell'arto inferiore possono essere divisi dal punto di vista funzionale in tre gruppi:
  - Muscoli che, agendo sull'articolazione dell'anca, muovono la **coscia**.
  - Muscoli che, agendo sull'articolazione del ginocchio, muovono la **gamba**.
  - Muscoli che, agendo su diverse articolazioni del piede, muovono **caviglia, piede e dita**.

  Per quanto riguarda i **muscoli motori della coscia**, occorre considerare che:
  - i **muscoli glutei** rivestono la superficie laterale dell'osso iliaco e determinano estensione, rotazione e abduzione della coscia. Il muscolo **grande gluteo** è il più voluminoso e posteriore dei tre;
  - sono adduttori della coscia i muscoli **grande adduttore, adduttore lungo, adduttore breve, pettineo** e **gracile**;
  - il più grande muscolo flessore dell'anca è l'**ileopsoas**, costituito in realtà da due muscoli, **grande psoas** e **iliaco**, che prendono inserzione a livello del piccolo trocantere del femore.

  Per quanto riguarda i **muscoli motori della gamba**, occorre considerare che:
  - i muscoli flessori del ginocchio sono quattro, tre noti come *muscoli posteriori della coscia* o *ischiocrurali* (**bicipite femorale, semitendinoso e semimembranoso**) e il muscolo **sartorio**;
  - l'estensione del ginocchio avviene a opera del **muscolo quadricipite femorale**.
  - I **muscoli motori del piede e delle dita** sono:
  - il grosso muscolo **gastrocnemio** del polpaccio che si unisce al sottostante muscolo **soleo** in un tendine unico, il **tendine calcaneale** o *di Achille*;
  - un paio di muscoli **fibulari** o **peronei**, situati in profondità, che determinano l'eversione del piede e la flessione plantare della caviglia;
  - il muscolo **tibiale anteriore** (antagonista al muscolo gastrocnemio) che provoca invece inversione del piede e flessione dorsale della caviglia.

Occorre Sapere

Lo **scheletro** può essere interno, come nei vertebrati, e in questo caso si parla di **endoscheletro**.
Le **ossa** che compongono il sistema scheletrico dell'uomo sono **parti vive** poiché ricevono dal sangue le sostanze nutrienti di cui necessitano.
La deformazione dovuta ad un'eccessiva curvatura dorsale della colonna vertebrale umana è chiamata **cifosi**.
Lo **sterno carenato** è un osso tipico negli uccelli.
Le **ossa pneumatiche** sono tipiche negli uccelli.
Il liquido semidenso contenuto nelle cavità delle articolazioni con funzione di lubrificante si chiama **sinovia**.

1.5.4 L'apparato respiratorio

L'**apparato respiratorio** dell'uomo è costituito da organi che formano le vie respiratorie superiori e inferiori. Le prime sono costituite da naso e cavità nasali, le seconde, situate nel collo e nel torace, sono costituite da faringe, laringe, trachea e polmoni. Le cavità nasali sono rivestite di muco, che umidifica l'aria, e di un epitelio ciliato, che ha la funzione di purificarla. L'aria dalle vie respiratorie superiori passa alla faringe e da questa alla laringe, che è l'organo della fonazione, in quanto contiene le corde vocali. L'orifizio che mette in comunicazione la faringe con la laringe è regolato dall'epiglottide, una cartilagine che si abbassa, quando ingoiamo il cibo, che altrimenti imboccherebbe la laringe invece dell'esofago.
Segue la trachea, con la quale ci si sposta dal collo al torace, che si divide in due bronchi, che si diramano a loro volta in tubuli sempre più sottili, detti bronchioli. Questi condotti terminano in piccole cavità, chiamate alveoli, con pareti molto sottili e vascolarizzate. L'insieme degli alveoli, disposti in grappoli, costituisce la superficie respiratoria, attraverso cui avvengono gli scambi gassosi tra aria ricca di ossigeno (che entra) e aria ricca di anidride carbonica (che viene eliminata).
Gli alveoli polmonari sono contenuti in due grosse sacche, che prendono il nome di polmoni. Questi ultimi sono posti a ciascun lato del cuore, delimitati inferiormente dal diaframma, un muscolo che separa la cavità toracica da quella addominale.
I polmoni si trovano nel mediastino (tra sterno e colonna vertebrale). Ciascun polmone è diviso in **lobi**; essi sono due nel polmone sinistro e tre in quello destro, separati da scissure. Ogni polmone è rivestito da due membrane, **pleure**, una aderente al polmone e l'altra alla cavità toracica; tra di esse c'è un liquido che funge da lubrificante.
L'area del polmone dove penetrano i bronchi e i nervi ed entrano/escono i vasi è detta **ilo**.
Per quanto riguarda il **meccanismo respiratorio**, l'entrata di aria dai polmoni è consentita dal movimento del diaframma e dei muscoli intercostali, che contraendosi aumentano il volume della cassa toracica (processo di inspirazione). Durante il processo di espirazione, i muscoli invece si rilasciano, si riduce il volume della cavità toracica, il diaframma ritorna nella sua posizione originaria e quindi l'aria, ricca di anidride carbonica, può fuoriuscire dai polmoni. La frequenza degli atti respiratori, che comprendono l'inspirazione, l'espirazione e la pausa, è di circa 16-20 al minuto.

Occorre Sapere

Se respiriamo **aria** con un contenuto di circa il 21% di ossigeno, in condizioni normali, un uomo, espira aria con un contenuto di ossigeno pari al 16%.
Nel corpo umano la **respirazione interna** si ha all'interno delle cellule.
La **respirazione polmonare umana** è detta anche esterna.
Il **corpo umano** è costituito per circa il **70% da acqua**.

1.5.5 Il sangue e l'apparato circolatorio. Il sistema linfatico

L'apparato circolatorio

L'**apparato circolatorio** consente il collegamento tra le singole cellule del corpo ed i grandi organi addetti alla nutrizione (intestino e fegato), alla respirazione (polmoni) e all'eliminazione di sostanze di rifiuto (reni).
L'apparato circolatorio è costituito dal liquido di trasporto (il sangue), da una pompa muscolare (il cuore) e da canali di trasporto (i vasi sanguigni).

Il sangue

Il **sangue** è un fluido circolante del corpo, ma anche un tessuto connettivo specializzato che contiene cellule sospese in una matrice fluida.

Il sangue ha 5 funzioni principali:

1) *Trasporto di gas discolti, nutrienti, ormoni e scarti metabolici.* Il sangue trasporta ossigeno dai polmoni ai tessuti e anidride carbonica dai tessuti ai polmoni.
2) *Regolazione del pH e della composizione ionica dei fluidi interstiziali di tutto il corpo.* La diffusione tra i fluidi interstiziali e il sangue elimina gli eccessi o le carenze locali di ioni come calcio e potassio.
3) *Contenimento delle perdite di liquido a livello di siti di lesione.* Il sangue contiene enzimi e fattori che rispondono alla rottura delle pareti dei vasi dando inizio al processo di *coagulazione sanguigna.*
4) *Difesa contro tossine e patogeni.* Il sangue trasporta globuli bianchi, cellule specializzate che migrano dentro i tessuti per contrastare le infezioni o rimuovere i detriti. Il sangue inoltre libera *anticorpi*, speciali proteine che attaccano le sostanze estranee o i microrganismi.
5) *Stabilizzazione della temperatura corporea.*

Il sangue umano è costituito da 45% tra globuli rossi, bianchi e piastrine e il 55% dal plasma; di norma, nel sistema circolatorio di un adulto di corporatura media, sono contenuti circa 5 litri di sangue.

Il sangue è l'unico tessuto fluido del nostro organismo. Il **plasma** è formato per oltre il 90% da acqua; contiene proteine disciolte e, poiché queste proteine sono in soluzione, è leggermente più denso dell'acqua. Gli **elementi figurati** sono cellule e frammenti cellulari (le piastrine) risospesi nel plasma I **globuli rossi**, o **eritrociti**, trasportano ossigeno e anidride carbonica. Se i globuli rossi umani non hanno abbastanza emoglobina allora hanno un basso livello di ossigeno. I meno numerosi **globuli bianchi**, o **leucociti**, sono componenti dei meccanismi di difesa del corpo. Le **piastrine** sono piccoli sacchetti di citoplasma circondati da membrana che contengono enzimi e fattori importanti per la coagulazione ematica.

Occorre Sapere

I **gruppi sanguigni** sono A, B, AB, 0 (zero).
Il **gruppo sanguigno zero** ha la particolarità di essere donatore universale.
La **malattia** caratterizzata da globuli rossi più piccoli della norma e dalla conseguente difficoltà del sangue a trasferire ossigeno alle varie parti del corpo è detta **anemia mediterranea**.

La posizione del cuore nel sistema circolatorio

Il sangue fluisce attraverso una rete di vasi ematici che si estende tra il cuore e i tessuti periferici. I vasi ematici sono suddivisi in un **circolo polmonare**, che trasporta il sangue verso e dalla superficie di scambio dei polmoni, e in un **circolo sistemico**, che trasporta il sangue verso e dal resto del corpo. Ogni circolo origina e termina al cuore e il sangue viaggia attraverso questi circoli in modo sequenziale. Così, il sangue che ritorna al cuore dal circolo sistemico deve completare il circolo polmonare prima di rientrare nel circolo sistemico.

Le **arterie**, o vasi *efferenti*, trasportano il sangue lontano dal cuore; le **vene**, o vasi *afferenti*, riportano il sangue al cuore. I **capillari** sono piccoli vasi a parete sottile tra le arteriole e le venule. Le sottili pareti dei capillari permettono lo scambio di nutrienti, dei gas disciolti e dei rifiuti metabolici tra il sangue e i tessuti circostanti.

Nonostante il suo impressionante carico di lavoro, il **cuore** è un organo piccolo, all'incirca la dimensione di un pugno chiuso. Il cuore contiene quattro camere, due associate a ogni circolo. L'**atrio destro** riceve il sangue dal circolo sistemico e il **ventricolo destro** riversa il sangue nel circolo polmonare. L'**atrio sinistro** raccoglie il sangue dal circolo polmonare e il **ventricolo sinistro** lo immette nel circolo sistemico. Quando il cuore batte, prima si contraggono i due atri, poi i due ventricoli. I due ventricoli si contraggono contemporaneamente ed espellono uguali volumi di sangue.

L'anatomia di superficie del cuore

Il cuore è inclinato rispetto all'asse longitudinale del corpo. Esso è anche ruotato leggermente verso sinistra, cosicché la superficie anteriore consiste principalmente dell'atrio destro e del ventricolo destro. La parete del ventricolo sinistro costituisce molta della superficie posteriore estesa tra la base e l'apice del cuore.

La parete cardiaca

La parete del cuore contiene tre distinti strati: l'epicardio (pericardio viscerale), il miocardio e l'endocardio. L'**epicardio** ricopre la superficie esterna del cuore. Il **miocardio**, o **parete muscolare** del cuore, contiene tessuto muscolare cardiaco, vasi ematici e nervi. Le superfici interne del cuore, comprese le valvole cardiache, sono ricoperte dall'**endocardio**.

Anatomia interna e organizzazione del cuore

I due atri sono separati dal **setto interatriale**, mentre i due ventricoli sono divisi dal **setto interventricolare**. Ogni atrio si apre nel ventricolo dello stesso lato attraverso una **valvola atrioventricolare**, piega di tessuto fibroso che assicura l'unidirezionalità del flusso ematico dagli atri ai ventricoli.

L'atrio destro riceve il sangue dal circolo sistemico attraverso due grandi vene, la vena cava superiore e la vena cava inferiore. La **vena cava superiore** riceve il sangue proveniente dalla testa, dal collo, dagli arti superiori e dal torace. La **vena cava inferiore** trasporta il sangue dal resto del tronco, dai visceri e dagli arti inferiori. Le *vene cardiache* restituiscono il sangue venoso del cuore attraverso il **seno coronario**, che si apre nell'atrio destro, poco al di sotto dell'apertura della vena cava inferiore.

Il sangue si sposta dall'atrio destro al ventricolo destro attraverso un'ampia apertura ai cui bordi si trovano tre lembi di tessuto fibroso. Questi lembi, o **cuspidi**, fanno parte della **valvola atrioventricolare destra**, conosciuta anche come **valvola tricuspide**.

Il sangue che lascia il ventricolo destro fluisce nel **tronco polmonare**, il punto di partenza del circolo polmonare. La **valvola semilunare polmonare** protegge l'entrata in questo tronco efferente. All'interno del tronco polmonare, il sangue fluisce nelle **arterie polmonari sinistra e destra**. Questi vasi si ramificano ripetutamente nei polmoni prima di dare origine ai capillari dove si realizzano gli scambi gassosi. Da questi capillari respiratori, il sangue ossigenato si muove nelle **vene polmonari sinistra e destra**, che lo distribuiscono all'atrio sinistro. Come l'atrio destro, l'atrio sinistro ha un'auricola esterna e una valvola, la **valvola atrioventricolare sinistra**, o **valvola bicuspide**. Come suggerisce il nome *bicuspide*, la valvola sinistra contiene un paio di cuspidi anziché tre. I clinici chiamano questa valvola spesso **valvola mitrale**.

L'organizzazione interna del ventricolo sinistro somiglia a quella del ventricolo destro. Un paio di muscoli papillari rinforzano le corde tendinee che si inseriscono nella valvola bicuspide. Il sangue che lascia il ventricolo sinistro passa attraverso la **valvola semilunare aortica** (*valvola aortica*) e nell'**aorta**, il punto di inizio del circolo sistemico.

La circolazione dell'uomo è doppia e completa, in quanto il sangue passa due volte per il cuore e non si verifica mai mescolanza tra il sangue arterioso e quello venoso. Il sangue circola regolarmente nell'organismo perché il cuore lo pompa con pulsazioni ritmiche controllate che generano il **battito cardiaco**. La **frequenza cardiaca** è il numero di battiti del cuore al minuto (bpm). Insieme alla temperatura corporea, la pressione sanguigna e il ritmo respiratorio, è una delle funzioni vitali. Il **ritmo cardiaco** è il susseguirsi in maniera regolare di una sequenza di eventi elettrici e meccanici che permettono al cuore di funzionare come pompa. Il ritmo cardiaco, in condizioni normali, è determinato da un segnapassi (*pacemaker*) naturale che si trova in un punto definito dell'atrio destro, alla giunzione con la vena cava superiore, ed è detto nodo senoatriale, per cui il ritmo normale del cuore viene detto **ritmo sinusale**. Il battito cardiaco consta di due fasi: la **diastole** comporta la dilatazione delle cavità cardiache ed il loro riempimento con il sangue aspirato dalle vene; segue la **sistole**, ossia la rapida contrazione delle pareti muscolari del cuore ed in tal modo il sangue riceve una potente spinta che lo immette nell'aorta oppure nelle arterie polmonari. La pressione diastolica e sistolica del sangue è espressa in mmhg.

Occorre Sapere

Poiché **in condizioni di assenza di peso** il cuore si indebolisce rapidamente, l'equipaggio di una navetta spaziale deve fare esercizi fisici con regolarità.

I vasi ematici

Come precedentemente discusso, l'apparato circolatorio è diviso in **circolo polmonare** e **circolo sistemico.**

Il circolo polmonare è composto da arterie e vene che trasportano il sangue tra cuore e polmoni; questa circolazione inizia nel ventricolo destro e termina nell'atrio sinistro. La circolazione sistemica consta di arterie, che trasportano il sangue ossigenato e i nutrienti a tutti gli organi e a tutti i tessuti, e di vene che riportano il sangue deossigenato al cuore; questa circolazione inizia nel ventricolo sinistro e termina nell'atrio destro.

La distribuzione delle arterie e delle vene a sinistra e a destra del corpo è quasi identica, eccetto in vicinanza del cuore, dove grossi vasi prendono contatto con gli atri e con i ventricoli. Per esempio, la distribuzione delle *arterie succlavie destra e sinistra*, dell'*arteria ascellare*, della *brachiale* e della *radiale* cammina in parallelo con quella delle *rispettive vene*. Inoltre, un singolo vaso può cambiare nome lungo il decorso. Per esempio, l'*arteria iliaca esterna* diviene *femorale* quando lascia il tronco ed entra nella coscia.

- **Circolazione polmonare**. Il sangue che entra nell'atrio destro proviene dai letti capillari periferici dove si ha il rilascio di ossigeno e l'assorbimento di anidride carbonica. Dopo aver attraversato l'atrio destro e il ventricolo destro, il sangue entra nel tronco polmonare che segna l'inizio della **circolazione polmonare** (*pulmo*, polmone). Attraverso questo circuito, viene rilasciata anidride carbonica e la quota di ossigeno ematico viene rimpinguata; il sangue ossigenato ritorna al cuore per essere quindi incanalato nella circolazione sistemica.
  Le arterie della circolazione polmonare differiscono da quelle della circolazione sistemica in quanto esse trasportano sangue deossigenato (per questa ragione, i disegni a colori generalmente mostrano le arterie polmonari in blu, lo stesso colore usato per le vene sistemiche). Non appena il tronco polmonare curva al di sopra del margine superiore del cuore, dà origine alle **arterie polmonari destra e sinistra**. Queste grosse arterie entrano nei polmoni prima di ramificarsi ripetutamente dando origine ad arterie via via più piccole. Le più piccole ramificazioni, le arteriole polmonari, portano il sangue ai capillari cir-

condanti gli **alveoli**. Le pareti degli alveoli sono sufficientemente sottili da permettere gli scambi gassosi tra il sangue dei capillari e l'aria inspirata. Appena il sangue ossigenato lascia i capillari alveolari, entra nelle venule che successivamente danno origine a vasi più grandi fino alle **vene polmonari**. Queste quattro vene (due da ciascun polmone) si aprono nell'atrio sinistro completando la circolazione polmonare.

– **Circolazione sistemica**. La circolazione sistemica, che inizia nel ventricolo sinistro e termina nell'atrio destro, rifornisce i letti capillari di tutte le parti del corpo non servite dal circolo polmonare. In ogni istante, vi è nella circolazione sistemica circa l'85% del volume ematico.

Sistema venoso. Il sangue dai tessuti e dagli organi del corpo ritorna al cuore, all'atrio destro, mediante una rete venosa che fa capo alle vene cave superiori e inferiori. Le arterie e le vene corrispondenti spesso decorrono fianco a fianco e, in alcuni casi, hanno nomi comparabili. Per esempio, le arterie ascellari decorrono a fianco delle vene ascellari. Inoltre, arterie e vene spesso viaggiano in compagnia dei nervi periferici che posseggono gli stessi nomi e innervano le stesse strutture.
Una differenza significativa tra i sistemi arterioso e venoso è la distribuzione delle principali vene nel collo e negli arti. Le arterie in queste aree sono localizzate in profondità sotto la cute, protette dalle ossa e dai tessuti soffici circostanti. Dall'altra parte, il collo e gli arti normalmente hanno due gruppi di vene periferiche, uno superficiale e uno profondo. Questo doppio drenaggio venoso aiuta a controllare la temperatura corporea. In un ambiente caldo, il sangue venoso fluisce nelle vene superficiali, attraverso cui avviene la perdita di calore. In un ambiente freddo, il sangue è convogliato nelle vene profonde per ridurre la perdita di calore.
La **vena cava superiore** (SVC) riceve sangue da due regioni: 1) la testa e il collo e 2) gli arti superiori, le spalle e il torace.
La **vena cava inferiore** (VCI) raccoglie la maggior parte del sangue venoso refluo dagli organi sottostanti il diaframma (una piccola quantità raggiunge la vena cava superiore mediante la vena azygos).
Invece di viaggiare direttamente lungo la vena cava inferiore, il sangue proveniente dalla vena celiaca, dalla vena mesenterica superiore e dalla vena mesenterica inferiore fluisce verso il fegato attraverso il **sistema portale epatico**. Una rete di capillari (quella epatica) interposta tra due vene prende il nome di *sistema portale epatico*.

Il sistema linfatico

Il sistema vascolare linfatico svolge tre funzioni:
- raccoglie e restituisce al sangue il fluido interstiziale, cioè acqua e proteine plasmatiche, filtrate fuori dai capillari sanguigni (omeostasi dei fluidi);
- trasporta i lipidi che vengono assorbiti nell'intestino tenue e li riversa nella circolazione sanguigna;
- trasporta particelle estranee e frammenti cellulari fino ai linfonodi, centri che provvedono alla loro distruzione (difesa dell'organismo).

Lungo i vasi linfatici si riscontrano dilatazioni, o **linfonodi**, che sono piccole masse di tessuto che filtrano la linfa, rimuovendo batteri e materiali dannosi. Essi sono la sede di maturazione e proliferazione dei globuli bianchi che entrano nella linfa e, in particolare, dei linfociti. Le cellule presenti nella linfa e nei linfonodi, assieme ai globuli bianchi del sangue e ad altre cellule, da queste derivate, formano una sorte di rete difensiva che, nel suo insieme, costituisce il sistema immunitario.

1.5.6 Il sistema immunitario

Contro batteri, virus, funghi, sostanze tossiche ed altri agenti nocivi, il corpo umano ha sviluppato un efficace sistema difensivo adibito a garantire l'immunità, il **sistema immunitario**. Il sistema immunitario agisce in tutto il corpo. Ci sono tuttavia alcune sedi ove le cellule del sistema immune sono organizzate in specifiche strutture. Queste sono classificate come tessuto linfoide centrale (midollo osseo, timo) e tessuto linfoide periferico (linfonodi, milza, tessuto linfoide associato alle mucose).

Una risposta immunitaria consiste nel riconoscimento di sostanze dannose o estranee e nella risposta di eliminazione. Le **risposte immunitarie** possono essere *specifiche* (quando l'antigene, o sostanza estranea pericolosa, viene legata per essere neutralizzata da un anticorpo, o proteina riconoscitrice) e *non specifiche* (quando attaccano subito patogeni, tossine, farmaci e cellule cancerose). Queste ultime prevedono barriere fisiche (pelle, mucose respiratorie e digestive), la partecipazione di molecole solubili, in particolare citochine (interferoni, interleuchine, fattori di necrosi tumorale) e complemento, la fagocitosi e la risposta infiammatoria. Quando i patogeni invadono i tessuti, fanno scattare una **risposta infiammatoria**, che prevede tre processi: vasodilatazione (aumento del diametro dei vasi sanguigni) e quindi calore e rossore; aumento permeabilità capillare (i fluidi e gli anticorpi lasciano il torrente circolatorio per penetrare nei tessuti) e quindi edema; aumento fagocitosi. Quando la risposta infiammatoria diventa così intensa da riguardare tutto l'organismo si ha la comparsa della **febbre**.

Occorre Sapere

Nell'anatomia umana, appartengono al **sistema immunitario** gli eosinofili, i neutrofili, le adenoidi, le tonsille, i leucociti, il midollo osseo e le plasmacellule.

Le risposte immunitarie specifiche sono mirate alla distruzione di specifici antigeni e sono più lente ad attivarsi. I due tipi di immunità specifica sono l'immunità mediata da anticorpi (umorale) e l'immunità mediata da cellule.

I **linfociti B** sono i responsabili dell'immunità umorale e contrastano gli antigeni producendo particolari proteine, dette anticorpi, che vengono liberate nel sangue, nella linfa o nei tessuti e, giunte a contatto con l'antigene, si legano alla sua superficie. In tal modo, batteri ed altri agenti estranei risultano riconoscibili da cellule difensive, che li aggrediscono e spesso li distruggono.

I **linfociti T**, i responsabili dell'immunità cellulo-mediata, invece aggrediscono direttamente le cellule infettate da virus o altri patogeni, cellule alterate o cellule estranee, e scaricano su di essi sostanze tossiche, dette linfochinine, capaci di ucciderli: da qui il nome di *killer* dato a queste popolazioni di linfociti. Tra i linfociti T ci sono anche linfociti detti *helper*, o coadiuvanti, i quali sono necessari per potenziare sia l'azione dei linfociti B che quella dei T-killer.

* È possibile indurre artificialmente immunizzazione tramite l'impiego di **vaccini** (*immunizzazione attiva*, somministrazione dell'antigene) o di **sieri** (*immunizzazione passiva*, somministrazione di anticorpi). Oggi molte vaccinazioni sono obbligatorie e ciò ha permesso di tenere sotto controllo molte malattie e, nel caso del vaiolo, addirittura la sua eradicazione.

1.5.7 L'apparato escretore

L'**apparato escretore** serve per eliminare dall'organismo le scorie prodotte dal metabolismo delle varie cellule. I polmoni e la pelle (mediante la sudorazione) allontanano una parte del-

le scorie, ma la maggior parte delle sostanze di rifiuto è eliminata attraverso la filtrazione continua del sangue, ad opera dell'apparato escretore che comprende i reni, gli ureteri, la vescica e l'uretra.
I **reni** sono due organi a forma di fagiolo localizzati a lato della colonna vertebrale, tra l'ultima vertebra toracica e la terza vertebra lombare. I reni hanno la funzione di filtrare i prodotti di rifiuto presenti nel sangue per poi eliminarli nell'urina. La produzione di urina inizia in strutture tubulari microscopiche, chiamate **nefroni**, che cominciano in corrispondenza del **corpuscolo renale**.
La filtrazione produce una soluzione, nota come **filtrato**, priva di proteine.
Dal corpuscolo renale, il filtrato entra nel tubulo renale, i cui principali segmenti sono il *tubulo contorto prossimale*, l'*ansa di Henle* e il *tubulo contorto distale*.
Ogni nefrone sbocca in un *dotto collettore*, che è l'inizio del **sistema collettore**. Il dotto collettore lascia la zona corticale discendendo nella zona midollare, raccogliendo il fluido proveniente da diversi nefroni e gettandosi poi nel *dotto papillare*, che drena il fluido, ora chiamato *urina*, nei calici e nella pelvi renale.
I condotti dei vari nefroni sboccano nella pelvi, da cui si diparte un condotto, l'uretere. I due ureteri, che si staccano ognuno da un rene, sboccano in una specie di serbatoio, la vescica, dalla quale l'urina viene portata all'esterno per mezzo dell'uretra.

1.5.8 Il sistema endocrino

Il **sistema endocrino** è formato da ghiandole endocrine che, diversamente dalle ghiandole esocrine sono prive di dotti e liberano i loro secreti, cioè gli **ormoni**, nel torrente circolatorio che li distribuisce poi in tutto l'organismo. Gli ormoni scatenano una risposta solo quando raggiungono cellule bersaglio e si legano a specifici recettori. Essi regolano la crescita, lo sviluppo, la riproduzione, l'equilibrio salino ed idrico, il comportamento ed il metabolismo. Il sistema endocrino ed il sistema nervoso permettono entrambi la comunicazione tra cellule; il sistema nervoso permette un controllo rapido e breve, quello endocrino uno più lento ma di maggiore durata. La connessione tra i due sistemi è assicurata dall'ipotalamo.
Le principali ghiandole endocrine dell'uomo sono l'ipofisi, la tiroide, le paratiroidi, le ghiandole surrenali, le isole pancreatiche del Langherans, le gonadi maschile e femminile.

- L'**ipofisi**, attaccata all'ipotalamo, è la ghiandola più importante di tutto il sistema che "impartisce ordini" alle altre ghiandole endocrine. L'ipofisi si divide in due lobi: anteriore e posteriore, che secernono diversi ormoni come ad esempio l'ormone somatotropo (GH), che controlla la crescita; la prolattina, che induce la produzione del latte; le gonadotropine cioè gli ormoni luteinizzante e follicolo-stimolante (LH e FSH), che agiscono sulle gonadi; l'ormone tireo-stimolante (TSH) e l'ormone corticotropo (ACTH) che agisce sulla corteccia surrenale.
- La **tiroide** è situata nel collo, poco al di sotto della laringe e regola il metabolismo, la crescita e lo sviluppp. Un suo errato funzionamento porta ad alcune disfunzioni, in particolare all'ipertiroidismo e all'ipotiroidismo. L'ipotiroidismo (scarsa produzione dell'ormone tiroideo) causa un ritardo nello sviluppo che può aggravarsi sino al nanismo ed alla deficienza mentale. Gli ormoni tiroidei sono la triiodiotironina (T3) e la tiroxina (T4), che sono gli ormoni che controllano il metabolismo dell'organismo. Le cellule C della tiroide producono la calcitonina, importante nella regolazione dei livelli del calcio nel sangue.
- Vi sono inoltre le **paratiroidi**, quattro piccole ghiandole poste dietro la tiroide che secernono il paratormone (PTH), che ha il compito di regolare il metabolismo del calcio con azione antagonista a quella della calcitonina.

- Le **ghiandole sessuali** sono le ovaie nella donna ed i testicoli nell'uomo. Gli ormoni secreti sono:
  - estrogeno, prodotto dalle ovaie e dalle cellule del follicolo; questo ormone ed è essenziale per il normale sviluppo sessuale femminil;
  - progesterone, prodotto dalle cellule del corpo luteo; è indispensabile per garantire il corretto funzionamento dell'apparato riproduttivo femminile;
  - testosterone, prodotto dai testicoli, è il più importante degli ormoni androgeni; controlla i caratteri sessuali secondari nell'uomo e stimola la crescita delle ossa e dei muscoli.
- Il **pancreas** è una ghiandola a doppia funzione, esocrina ed endocrina. La funzione della parte endocrina è importantissima: secerne due ormoni ad azione antagonista, che controllano l'omeostasi del glucosio. Questi ormoni sono l'insulina ed il glucagone, prodotti entrambi da ammassi di cellule del pancreas denominati isole di Langerhans: in particolare le cellule alfa producono glucagone, un ormone iperglicemizzante, e le cellule beta l'insulina, un ormone ipoglicemizzante.
- Le **ghiandole surrenali** sono poste al di sopra dei reni e sono costituite da due parti: una esterna, detta *corticale,* ed una interna, detta *midollare*. Aiutano l'organismo ad affrontare le situazioni di stress. La corticale secerne adrenalina e noradrenalina; la midollare secerne ormoni steroidei e cioè: mineralcorticoidi (aldosterone), glicocorticoidi (cortisolo) e precursori degli ormoni sessuali. L'adrenalina e la noradrenalina secrete dalla midollare del surrene agiscono incrementando sia la frequenza cardiaca che la forza di contrazione. Anche gli ormoni tiroidei e il glucagone agiscono per aumentare la forza di contrazione. Prima che fossero disponibili farmaci sintetici, il glucagone era ampiamente utilizzato per stimolare la funzione cardiaca.

Ha una funzione endocrina anche il miocardio, le cui cellule producono l'ormone **peptide natriuretico atriale**.

1.5.9 L'apparato digerente

L'**apparato digerente** demolisce il cibo in modo meccanico e chimico (con gli enzimi), assorbe dal tubo digerente i prodotti della digestione ed elimina i rifiuti. È costituito dal **tubo digerente** (bocca, faringe, esofago, stomaco, intestino ed ano) e da una serie di ghiandole (ghiandole salivari, fegato, pancreas, ghiandole gastriche – che producono il succo gastrico – e ghiandole intestinali – che producono il succo enterico). La digestione è un lungo processo di trasformazione degli alimenti che inizia con la bocca, poi seguita con l'esofago, lo stomaco, l'intestino e termina con l'ano.

Cavità orale

La **cavità orale**, o bocca, è quella parte del tubo digerente che riceve il cibo ed è composta dalle labbra e dalle arcate dentali che a loro volta sono composte da 32 denti. In alto la bocca è delimitata dal palato e in basso dal pavimento boccale. La cavità orale: (1) riceve e analizza il materiale, prima di deglutirlo; (2) elabora meccanicamente il materiale attraverso l'azione dei denti, della lingua e della superficie del palato; (3) lubrifica le sostanze ingerite mescolandole con le secrezioni salivari e mucose; e (4) inizia la digestione dei carboidrati e dei lipidi con gli enzimi salivari.

La **lingua** è un organo muscolare che manipola le sostanze da ingerire ed è talvolta utilizzata per assumere i cibi (per esempio, il gelato) e portarli all'interno della bocca.

Vi sono tre paia di **ghiandole salivari** che riversano il loro secreto nella cavità orale.
I movimenti della lingua sono importanti perché permettono al cibo di passare attraverso le superfici contrapposte dei **denti**. Queste superfici permettono la masticazione del cibo che scompone il tenace tessuto connettivo presente nella carne, le fibre presenti nelle verdure e, infine, aiuta a impregnare e saturare le sostanze di secrezioni salivari e di enzimi.
Il **colletto** del dente segna il confine tra la **radice** e la **corona**. La corona è rivestita da uno strato di **smalto**, che contiene una forma cristallina di fosfato di calcio e che costituisce la sostanza biologica più dura e resistente.
Il corpo di ciascun dente è costituito da una matrice mineralizzata simile a quella dell'osso. Questa sostanza, chiamata **dentina**, si differenzia dall'osso per il fatto che è priva di cellule.
Durante lo sviluppo iniziano a formarsi due ordini di denti. I primi a comparire sono i **denti decidui**, detti anche *denti primari* o *da latte*. Si tratta dei denti temporanei della **dentizione primaria**. Solitamente compaiono 20 denti decidui, cinque su ciascun lato delle due arcate gengivo-dentali, superiore ed inferiore.
Le arcate di un individuo adulto possono accogliere più di 20 denti permanenti; 3 ulteriori molari appaiono poi su ciascuna emiarcata ad allungare posteriormente la fila dei denti, portando il numero definitivo dei denti a 32.
Su ciascun lato delle arcate gengivo-dentali superiore ed inferiore, la dentizione primaria consiste in due incisivi, un canino e un paio di molari decidui.
Questi denti sono poi gradualmente sostituiti dalla dentizione permanente.
Durante il processo di eruzione dei denti decidui, i legamenti periodontali e le radici dei denti da latte vanno incontro ad erosione, fino a che non cadono oppure vengono spinti dalla **eruzione** dei denti secondari. I premolari definitivi prendono il posto dei molari decidui, e i molari definitivi nell'adulto allungano la fila dei denti mano a mano che le arcate si ingrandiscono. Gli ultimi molari (*denti del giudizio*) possono anche non spuntare prima dei 21 anni (ammesso che spuntino), e spesso si sviluppano in posizioni non corrette, oppure possono anche non essere in grado di emergere bene.

La **deglutizione** è un processo complesso il cui avvio può essere controllato in maniera volontaria ma che, una volta iniziato, procede in modo automatico.
Una volta che il cibo è stato tagliuzzato o strappato dall'azione dei denti, inumidito dalle secrezioni salivari ed "approvato" dai recettori del gusto, la lingua inizia a compattare i detriti, formando una piccola massa o **bolo** alimentare.
La deglutizione ha inizio con la **fase orale**, ove il bolo è compresso contro il palato duro. La retrazione successiva della lingua poi spinge il bolo nella faringe e favorisce l'innalzamento del palato molle, affinché il bolo non entri nel rinofaringe. La fase orale è l'unica fase della deglutizione che è controllata in maniera cosciente.
Nella **fase faringea**, il bolo stimola i recettori sensoriali che si trovano intorno alla faringe e alla parete faringea posteriore, avviando il *riflesso di deglutizione* involontario. La **faringe** è il punto d'incrocio fra la via digerente e l'apparato respiratorio. L'innalzamento della laringe e la chiusura dell'epiglottide dirigono il bolo oltre la glottide chiusa. I muscoli faringei impiegano meno di un secondo per spingere il bolo nell'esofago, la cui entrata è regolata dallo sfintere esofageo superiore.
La **fase esofagea** inizia quando il bolo entra nell'**esofago**, un lungo canale muscolare e termina con una valvola detta **cardias**. Durante questa fase il bolo è spinto verso lo stomaco grazie a un'onda peristaltica.

Stomaco

Lo **stomaco** riceve il bolo proveniente dall'esofago. Lo stomaco svolge quattro funzioni importanti: (1) deposito temporaneo di cibi ingeriti, (2) frammentazione meccanica del cibo, (3) scissione dei legami chimici presenti nel cibo mediante l'azione di enzimi e acidi e, (4) produzione di *fattore intrinseco*, una glicoproteina necessaria per l'assorbimento della vitamina B_{12} a livello dell'intestino tenue. Le sostanze ingerite sono aggredite dalle secrezioni ghiandolari dello stomaco e ridotte ad un miscuglio denso, viscoso e fortemente acido che rappresenta la parziale digestione del cibo ingerito e prende il nome di **chimo**.
L'esofago si collega alla porzione iniziale e ristretta dello stomaco, il cardias.
Il **piloro** (*pyle*, cancello + *ouros*, guardia) è la parte distale della "J" che collega lo stomaco con l'intestino tenue. Lo stomaco effettua una digestione preliminare delle proteine mediante la pepsina e, per un certo periodo di tempo, permette anche la digestione dei carboidrati attraverso l'amilasi salivare. All'interno dello stomaco umano è presente anche l'acido cloridrico. La digestione delle proteine non si completa nello stomaco. Tuttavia, la pepsina riesce a scindere proteine complesse in piccoli peptidi e catene polipeptidiche, prima che il chimo entri nell'intestino tenue.

Intestino tenue

L'**intestino tenue** svolge un ruolo chiave nella digestione e nell'assorbimento dei nutrienti. Il 90% dell'assorbimento si attua in questa porzione dell'intestino, mentre la restante parte si realizza principalmente a livello dell'**intestino crasso**, in cui si raccoglie il materiale non digerito dal quale assorbe l'acqua, sali minerali e vitamine. Esso è suddiviso in tre segmenti: il duodeno, il digiuno e l'ileo. L'intestino umano è lungo circa 9 metri.

Pancreas

Il **pancreas** è localizzato posteriormente allo stomaco e si estende lateralmente dal duodeno verso la milza. Si trova compreso tra le prime due vertebre lombari.
Nel pancreas gruppi di cellule endocrine, situati nelle **isole pancreatiche**, secernono gli ormoni insulina e glucagone. Il pancreas, infatti, è un organo principalmente esocrino, in quanto produce il **succo pancreatico**, una miscela composta da enzimi digestivi e sostanze tampone. Gli enzimi pancreatici svolgono la maggior parte delle funzioni digestive nell'intestino tenue e sono classificati secondo i loro bersagli. In questo modo, le **amilasi** scindono zuccheri e amidi, le **lipasi** scindono i lipidi, le **nucleasi** scindono gli acidi nucleici, mentre le **proteasi** (enzimi proteolitici) scindono le proteine.

Fegato

Il **fegato** è l'organo viscerale più voluminoso; esso ha una consistenza compatta ed un colore bruno rossastro. Pesa circa 1,5 kg, costituendo circa il 2,5% del peso totale del corpo.
Il fegato è avvolto da una robusta capsula (di Glisson) ed è coperto dal peritoneo viscerale. Il fegato è diviso in 4 lobi irregolari: due grandi **lobi**, **destro** e **sinistro**, e due **lobi** più piccoli, **caudato** e **quadrato**.
La *cistifellea* è alloggiata all'interno di un recesso presente sotto la superficie inferiore del lobo destro del fegato. Si tratta di un sacchetto fibromuscolare che accumula e concentra la bile prima che essa sia secreta nell'intestino tenue.
I lobi epatici sono suddivisi, da tralci incompleti di tessuto connettivo, in circa 10.000 lobuli epatici, le unità morfofunzionali del fegato.
In un lobulo, le cellule epatiche, o **epatociti**, si dispongono in una serie di lamine irregolari orientate come i raggi di una ruota.

Gli epatociti secernono anche un liquido chiamato **bile**, che è riversata all'interno di una rete di canali stretti, denominati **canalicoli biliari**, situati tra epatociti adiacenti. Questi canalicoli hanno un decorso diretto verso l'esterno, in direzione centrifuga a partire dalla vena centrolobulare. Essi convergono fra loro a formare un sistema di dotti biliari, prima piccoli poi più grandi, che veicolano la bile nel dotto biliare dello spazio portale, fino a che essa abbandona il fegato attraverso il **dotto epatico comune**. La bile contenuta nel dotto epatico comune può defluire nella **via biliare comune** (**dotto coledoco**), che sbocca nel duodeno, o entra nel **dotto cistico**, diretto alla cistifellea.
Il fegato svolge tre funzioni generali: (1) *regolazione del metabolismo*, (2) *regolazione della composizione del sangue* e (3) *produzione della bile*.
La bile è sintetizzata dal fegato ed escreta nel duodeno. Essa è rilasciata in risposta al rilascio di *colecistochinina*. La bile è costituita in gran parte da acqua e, in misura minore, da ioni, *bilirubina* (un pigmento derivato dall'emoglobina), colesterolo e svariati lipidi che sono chiamati, nell'insieme, **sali biliari**. Il fegato del corpo umano produce anche le vitamine A, B, K.

Cistifellea

La **cistifellea** (detta anche vescicola biliare) è un organo a forma di pera, a fondo chiuso, che ha il compito di contenere e concentrare la bile prima della sua secrezione nell'intestino tenue.
Una funzione importante della cistifellea è il *deposito della bile*.

Intestino crasso

L'**intestino crasso** ha forma di ferro di cavallo, inizia in corrispondenza dell'ultima ansa dell'ileo e termina con l'ano. È situato inferiormente allo stomaco e al fegato e circoscrive quasi completamente l'intestino tenue.
Le funzioni principali dell'intestino crasso sono: (1) il riassorbimento dell'acqua ed il compattamento del contenuto intestinale nelle feci, (2) l'assorbimento di importanti vitamine prodotte dall'azione dei batteri, e (3) l'immagazzinamento del materiale fecale prima della sua espulsione all'esterno con la defecazione.
L'intestino crasso, noto anche come *grande intestino*, ha una lunghezza media di 1,5 m e un diametro medio di 7,5 cm. È suddiviso in tre porzioni: (1) il *cieco*, (2) il *colon*, la porzione più estesa, e (3) il *retto*, la porzione terminale del canale alimentare lunga circa 15 cm.
Il materiale in arrivo dall'ileo entra in una sorta di tasca a fondo cieco, chiamata appunto, **cieco**, ove ha inizio il crasso. Sulla superficie posteromediale del cieco è presente una propaggine sottile e cava, che prende il nome di **appendice** o *appendice vermiforme* (*vermis*, verme).
Il **colon** può essere suddiviso in quattro segmenti. Il **colon ascendente** inizia in corrispondenza della valvola ileocecale. Il **colon trasverso**, che si dirige orizzontalmente verso il lato sinistro, passa inferiormente allo stomaco e segue la curvatura della parete corporea. Giunto nelle vicinanze della milza, compie una seconda curvatura verso il basso, diventando **colon discendente**. Quest'ultimo si porta in basso lungo la parete addominale sinistra fino a compiere una terza curvatura e formare il **colon sigmoideo**, un segmento a forma di "S" che sbocca nel retto.
Il **retto** costituisce la porzione terminale del tubo digerente ed è un organo espandibile preposto all'immagazzinamento temporaneo delle feci. L'ultima porzione del retto è il **canale anale** che termina con l'ano.

1.5.10 Il sistema nervoso

1.5.10.1 Anatomia

Il **sistema nervoso** (1) controlla gli ambienti interno ed esterno, (2) integra le informazioni sensitive e (3) coordina le risposte volontarie e involontarie di tutti gli apparati. Queste funzioni sono compiute dai neuroni, sostenuti e protetti da altre cellule che li circondano, chiamate nell'insieme *nevroglia*.

Il sistema nervoso si suddivide in **sistema nervoso centrale (SNC)** e **sistema nervoso periferico (SNP)**. Il SNC, formato da encefalo e midollo spinale, coordina e integra gli impulsi sensitivi e la trasmissione di comandi motori, ed è la sede delle funzioni superiori, come l'intelligenza, la memoria e le emozioni. La comunicazione tra SNC e tutto il resto del corpo avviene mediante il SNP, che comprende tutti i tessuti nervosi situati esternamente al SNC.

Il compartimento effettore del SNP è a sua volta suddiviso nel **sistema nervoso somatico (SNS)**, che controlla le contrazioni dei muscoli scheletrici, e nel **sistema nervoso autonomo (SNA)**, o *sistema motore viscerale*, che fornisce una regolazione automatica involontaria della muscolatura liscia, della muscolatura cardiaca, delle ghiandole e del tessuto adiposo.

Funzioni del sistema nervoso

Il sistema nervoso svolge numerose funzioni: la percezione degli stimoli e la loro trasmissione, il coordinamento delle reazioni dell'organismo, la regolazione di tutte le funzioni organiche, la correlazione tra i sistemi della vita vegetativa e quelli della vita di relazione. Inoltre il sistema nervoso dell'uomo, a differenza di quello di tutti gli altri vertebrati, è sede di attività quali il pensiero, l'ideazione, la coscienza, la memoria, la volontà, la parola.

Comunicazione nervosa

Nel sistema nervoso, le informazioni si spostano da un posto ad un altro sotto forma di potenziali d'azione. Questi eventi elettrici si chiamano **impulsi nervosi**. Quando un potenziale d'azione raggiunge la parte terminale dell'assone, l'informazione viene trasferita ad un altro neurone o ad una cellula effettrice mediante il rilascio di sostanze chimiche dai bottoni sinaptici, chiamate **neurotrasmettitori**.

1.5.10.2 Il sistema nervoso centrale

Il sistema nervoso centrale è formato dal midollo spinale e dall'encefalo, strutture estremamente delicate che devono essere protette da urti, infezioni e altri agenti potenzialmente dannosi. La protezione è assicurata dalle *meningi*.

Le **meningi** sono tre strati di membrane specializzate che rivestono il midollo spinale e l'encefalo, assicurando stabilità fisica e protezione da insulti meccanici. I vasi sanguigni si ramificano all'interno di questi strati, distribuendo ossigeno e sostanze nutritizie necessari. A livello del forame magno dell'osso occipitale, le *meningi encefaliche*, che rivestono l'encefalo, si continuano con le *meningi spinali* che avvolgono il midollo spinale. I tre strati meningei sono: la *dura madre*, l'*aracnoide* e la *pia madre*. Le meningi che rivestono l'emergenza dei nervi encefalici e dei nervi spinali, derivanti rispettivamente dal cranio e dai fori intervertebrali, si continuano con il tessuto connettivo di rivestimento dei nervi periferici.

Il **midollo spinale** assicura il passaggio degli impulsi sensitivi destinati all'encefalo e degli impulsi motori provenienti dall'encefalo. Inoltre integra e coordina i *riflessi spinali*, risposte motorie automatiche che vanno dalla ritrazione dell'arto in seguito ad uno stimolo doloroso, agli schemi di riflessi complessi coinvolti nelle stazioni seduta ed eretta, durante il cammino o la corsa. Esso non è trapiantabile.

L'**encefalo** di un adulto presenta sei regioni: (1) **cervello**, (2) **diencefalo**, (3) **mesencefalo**, (4) **ponte**, (5) **bulbo** o midollo allungato, (6) **cervelletto**.

Osservato in veduta superiore, il **cervello** può essere suddiviso nei due **emisferi cerebrali**. I pensieri, le sensazioni, le funzioni intellettive, la memoria, il ricordo e i movimenti complessi hanno origine nel cervello. Il **diencefalo** (*dia*, attraverso + *kephalé*, testa) appare infossato ed è la prosecuzione del cervello; la maggior parte va a costituire il **talamo**, che funziona da stazione di relay e da centro di elaborazione delle informazioni sensitive. Un sottile peduncolo connette l'**ipotalamo** (*hypo*, sotto) all'*ipofisi*. L'ipotalamo contiene centri coinvolti nelle emozioni, nelle funzioni viscerali e nella produzione di ormoni. L'ipofisi è la connessione principale tra sistema nervoso e sistema endocrino. Anche l'**epitalamo** contiene una struttura endocrina, l'*epifisi* o ghiandola pineale.

Il **tronco encefalico** è formato da tre regioni: mesencefalo, ponte, bulbo o midollo allungato. Accoglie importanti centri di elaborazione e stazioni di relay per informazioni dirette al cervello o provenienti da quest'ultimo o dal cervelletto. I nuclei del **mesencefalo** (*meso-*, medio) ricevono informazioni visive e acustiche e generano comandi motori involontari. Questa regione contiene anche centri deputati a mantenere lo stato di coscienza. Il **ponte** presenta la maggiore connessione con il cervelletto e contiene, oltre a fasci e stazioni di relay, nuclei coinvolti nel controllo motorio somatico e viscerale. Il ponte si continua con il bulbo o **midollo allungato**, che prosegue poi nel midollo spinale. Il **bulbo** trasmette informazioni sensitive al talamo e ad altri centri del tronco encefalico, contiene anche i principali centri che regolano le funzioni viscerali come la frequenza cardiaca, la pressione arteriosa, la respirazione e la digestione.

I grandi emisferi cerebrali e i piccoli emisferi del **cervelletto** completano posteriormente il tronco encefalico. Il cervelletto regola i movimenti volontari e involontari sulla base di informazioni sensitive, e memorizza gli schemi di movimenti compiuti in precedenza.

Il cervello è l'area più estesa dell'encefalo ed è la sede in cui originano i processi consci e le funzioni intellettive superiori. La maggior parte del cervello è coinvolta nell'elaborazione delle informazioni sensitive e nel controllo volontario o involontario dei motoneuroni somatici; in generale siamo coscienti di questi eventi. Riguardo invece l'elaborazione di informazioni sensitive viscerali e il controllo di motoneuroni viscerali, ciò avviene sempre in centri cerebrali, ma a livello inconscio.

Il cervello è formato da sostanza grigia e sostanza bianca. La *sostanza grigia* è disposta superficialmente a formare la corteccia cerebrale e profondamente a costituire i *nuclei della base*. La *sostanza bianca centrale*, chiamata anche centro semiovale, è formata da assoni mielinici, e si trova compresa tra la corteccia cerebrale e i nuclei della base.

Occorre Sapere

Alcune azioni del sistema nervoso sono rapidissime e avvengono senza l'intervento dell'encefalo, un esempio è chiamato **arco riflesso**.

Struttura degli emisferi cerebrali. I due emisferi cerebrali sono separati da una profonda **fessura longitudinale**, e ogni emisfero può essere suddiviso in **lobi**: il **lobo frontale**, il **lobo parietale** e il **lobo occipitale**.

Connessioni corticali. Le diverse regioni della corteccia cerebrale sono interconnesse dalla sostanza bianca sottostante la corteccia cerebrale. Gli assoni, di lunghezze diverse, connettono aree dello stesso emisfero cerebrale, o uniscono i due emisferi attraverso il **corpo calloso**.

Ipotalamo. Possiede numerose funzioni tra le quali: (1) controllo inconscio delle contrazioni della muscolatura scheletrica associate a stati emozionali come rabbia, piacere, dolore ed eccitazione sessuale; (2) controllo delle funzioni dei centri autonomi del ponte e il bulbo (frequenza cardiaca, pressione sanguigna, respirazione, digestione); (3) coordinazione delle attività dei sistemi nervoso ed endocrino; (4) secrezione di numerosi ormoni, tra i quali l'*ormone antidiuretico* (*ADH*) e l'*ossitocina*; (5) generazione di impulsi comportamentali legati alla ricerca del cibo e dell'acqua; (6) coordinamento delle funzioni volontarie e autonome; (7) regolazione della temperatura corporea; (8) controllo del ritmo cardiaco.

Mesencefalo. Comprende due coppie di nuclei sensitivi, o *collicoli* (*colliculus*, piccola prominenza) coinvolti nell'elaborazione delle informazioni visive e acustiche; infatti, mentre i *collicoli superiori* controllano i movimenti riflessi di occhi, testa e collo in risposta a stimoli visivi, come ad esempio in seguito all'abbagliamento da un flash, i *collicoli inferiori* controllano i movimenti riflessi di testa, collo e tronco in risposta a stimoli uditivi, come in seguito ad un forte rumore. Il mesencefalo contiene anche i nuclei motori dei due nervi cranici (III NC e IV NC) coinvolti nel controllo dei movimenti oculari.

Ponte. Il ponte si trova tra il mesencefalo e il bulbo, ed è collegato al cervelletto tramite i peduncoli cerebrali medi. Il ponte contiene i nuclei sensitivi e motori di quattro nervi cranici (dal V all'VIII NC), e inoltre nuclei coinvolti nel controllo involontario del ritmo e della profondità del respiro. Fasci di fibre che attraversano il ponte connettono il cervelletto al tronco encefalico, al cervello e al midollo spinale.

Cervelletto. Il cervelletto è un centro che elabora informazioni in modo automatico e involontario. Ha due funzioni principali: (1) regolare la contrazione dei muscoli del corpo per mantenere l'equilibrio; (2) programmare e perfezionare i movimenti controllati sia a livello conscio che a livello inconscio. Queste funzioni si attuano indirettamente, regolando l'attività di vie motorie a livello della corteccia cerebrale, dei nuclei della base e del tronco encefalico.

Bulbo. Il bulbo, o midollo allungato, connette il mesencefalo con il midollo spinale, ed è dunque attraversato da tutti i fasci ascendenti e discendenti. Talvolta i fasci fanno sinapsi a livello di nuclei motori e sensitivi che funzionano come stazioni di relay e centri di elaborazione. Il bulbo contiene anche i nuclei motori e sensitivi di cinque nervi cranici (dall'VIII NC al XII NC).

1.5.10.3 Il sistema nervoso periferico

Il sistema nervoso periferico (SNP) assicura il collegamento tra i neuroni del sistema nervoso centrale (SNC) e il resto del corpo; tutte le informazioni sensitive e i comandi motori sono trasportati dagli assoni del SNP. Gli assoni, uniti insieme e avvolti da tessuto connettivo, formano i **nervi periferici**, o più semplicemente nervi. I nervi cranici si connettono all'encefalo e i nervi spinali al midollo spinale. Il SNP contiene anche i corpi cellulari e gli assoni dei neuroni sensitivi primari e i neuroni motori del sistema nervoso autonomo. I corpi cellulari sono raggruppati insieme a formare i **gangli**.

Il sistema nervoso periferico si divide in somatico (o volontario, controlla i muscoli scheletrici) e autonomo (o involontario, controlla il cuore, le ghiandole, il tessuto muscolare liscio). Il sistema autonomo si suddivide in *simpatico* (dove i gangli sono vicini al SNC) e in *parasimpatico* (dove i gangli sono vicini agli organi bersaglio).

- **Nervi cranici**. I **nervi cranici** sono dodici paia; il nome ne riflette l'aspetto o la funzione cui è preposto. Ogni nervo cranico è indicato con le lettere NC precedute dal numero romano corrispondente; a seconda della loro posizione lungo l'asse longitudinale dell'encefalo. Per esempio, I NC indica il primo paio di nervi cranici, cioè i nervi olfattivi.
  Dal punto di vista funzionale, ogni nervo cranico è classificato principalmente come sensitivo, motore o misto (sensitivo e motore). Molti nervi cranici tuttavia hanno anche funzioni secondarie; ad esempio, alcuni (III NC, VII NC, IX NC, X NC) trasportano anche fibre autonome destinate ai gangli del SNP, così come i nervi spinali veicolano fibre alle catene gangliari presenti lungo il midollo spinale.
  I **nervi olfattivi**, primo paio di nervi cranici, sono gli unici nervi cranici direttamente connessi con il cervello, gli altri originano o terminano in nuclei del diencefalo o del tronco encefalico. Questi nervi trasportano la sensibilità specifica responsabile dell'olfatto.
  I **nervi ottici** trasportano informazioni visive provenienti dagli occhi.
  Il **nervo oculomotore** innerva quattro dei sei muscoli estrinseci dell'occhio (i muscoli retto superiore, retto mediale, retto inferiore e obliquo inferiore).
  Il **nervo trocleare** è il più piccolo di tutti i nervi cranici e innerva il muscolo obliquo superiore dell'occhio.
  Il ponte contiene i nuclei del **nervo trigemino**, il più grande dei nervi cranici. Questo nervo fornisce informazioni sensitive provenienti dalla testa e dalla faccia e inoltra comandi motori per i muscoli masticatori, come i muscoli temporali e massetere.
  Il **nervo abducente** innerva il muscolo estrinseco dell'occhio, retto laterale, ed il suo nucleo si trova nel ponte.
  Il **nervo faciale** è un nervo misto che emerge dal ponte. Le fibre sensitive trasportano informazioni propriocettive dai muscoli mimici, pressorie profonde dalla faccia e gustative dai recettori presenti nei due terzi anteriori della lingua.
  Il **nervo vestibolococleare**, detto anche nervo statoacustico, trasporta le informazioni sensitive provenienti dai recettori dell'orecchio interno.
  Il **nervo glossofaringeo** (*glossa*, lingua) è un nervo misto che si distribuisce alla lingua e alla faringe.
  Il **nervo vago** (*vagus*, indeterminato) fornisce informazioni sensitive provenienti da canale acustico, diaframma, recettori gustativi situati nella faringe, e recettori viscerali presenti nell'esofago, nelle vie respiratorie e negli organi addominali fino all'ultima porzione dell'intestino crasso.
  Il **nervo accessorio**, a volte chiamato nervo accessorio spinale, è un nervo motore che innerva i muscoli del collo e del dorso.
  Il **nervo ipoglosso** controlla i muscoli scheletrici della lingua.

- **Nervi spinali**. Le 31 paia di **nervi spinali** sono raggruppate in base alla regione della colonna vertebrale da cui emergono. Comprendono 8 paia di nervi cervicali (C1-C8), 12 paia di nervi toracici (T1-T12), 5 paia di nervi lombari (L1-L5), 5 paia di nervi sacrali (S1-S5) e un paio di nervi coccigei (Co1). Ogni paio di nervi spinali controlla una precisa regione della superficie cutanea chiamata **dermatomero**.

- **Plessi nervosi**. Nel corso dello sviluppo, piccoli muscoli scheletrici si uniscono per formare muscoli di dimensioni maggiori. Questi muscoli risultano innervati da tronchi nervosi contenenti assoni provenienti da diversi nervi spinali, che quindi danno luogo ad una rete nervosa che prende il nome di **plesso nervoso**.

Il **plesso cervicale** innerva i muscoli del collo e si estende all'interno della cavità toracica per distribuirsi al diaframma. Il **plesso brachiale** innerva il cingolo scapolare e l'arto superiore. Il **plesso lombare** e il **plesso sacrale** innervano il cingolo pelvico e l'arto inferiore. Questi ultimi due plessi sono normalmente indicati come *plesso lombosacrale*.

1.5.11 L'apparato sensoriale

Le strutture adibite alla ricezione degli stimoli e chiamati recettori consentono all'organismo di poter vivere nell'ambiente circostante. Tali recettori nel loro insieme costituiscono gli organi di senso che sono preposti ai sensi della vista, dell'udito, del tatto, del gusto e dell'olfatto. Essi sono rappresentati rispettivamente dall'occhio, dall'orecchio, dalla cute, dalla mucosa linguale e dal quella olfattiva.

- L'**occhio** è posto nella cavità orbitale del cranio detta globo oculare. Quest'ultimo è costituito da tre tuniche sovrapposte: la più esterna, la capsula fibrosa, detta sclera, ha il compito di contenere l'occhio in modo da mantenerne la forma ed inoltre svolge la funzione di protezione. La parte anteriore della sclerotica, detta coroide, ha il compito di nutrire l'occhio, grazie ai numerosi vasi sanguigni che contiene. Il terzo strato è rappresentato dalla retina, che tappezza l'intero occhio internamente ed è costituito da speciali cellule nervose (fotorecettori), dai coni e dai bastoncelli, che convertono i raggi luminosi in impulsi nervosi. Dall'interno verso l'esterno si ha: la cavità posteriore (con l'umor vitreo), il cristallino, l'iride con al centro la pupilla, la cavità anteriore, la cornea, la congiuntiva. La pupilla si restringe e si dilata a seconda dell'intensità luminosa; l'iride conferisce il colore all'occhio; il cristallino è un corpo a forma di lente biconvessa e trasparente, contornato da muscoli ciliari. L'occhio dei vertebrati può essere paragonato ad una macchina fotografica: la luce entra attraverso la cornea (obiettivo), viene messa a fuoco sul cristallino (lenti) e produce un'immagine capovolta sulla retina (pellicola), che viene raddrizzata attraverso l'elaborazione degli impulsi che giungono al cervello.

- L'**orecchio** umano comprende il padiglione auricolare ed il condotto uditivo esterno. Il primo sporge dal corpo per meglio captare i suoni. Il condotto uditivo esterno raccoglie le onde sonore e alla sua estremità è tesa una membrana delicata, il timpano su cui sono convogliate le onde sonore. Quando le onde sonore colpiscono il timpano, questo entra in vibrazione e trasmette tali vibrazioni ad una catena di ossicini: il martello, l'incudine e la staffa. La cavità dell'orecchio medio comunica con la faringe per mezzo delle trombe di Eustachio: in tal modo la pressione atmosferica è bilanciata dalla pressione dell'aria presente nell'orecchio medio. L'orecchio medio è separato da una parete ossea contenente due aperture: la finestra ovale e la finestra tonda. I più importanti recettori sensoriali dell'orecchio interno sono la chiocciola o coclea ed i canali semicircolari. La chiocciola è un canale avvolto che contiene l'organo del Corti e le cellule acustiche, che sono i recettori degli stimoli sonori che vengono trasmessi al nervo cocleare e da questo al cervello, dove viene percepito il suono. I canali semicircolari, in numero di tre, presentano internamente delle cellule ciliate immerse in una sostanza gelatinosa, dove circola lo stesso liquido presente nella chiocciola e dei cristalli di carbonato di calcio liberi (otoliti). Gli spostamenti della testa vengono percepiti dagli otoliti che urtano le cellule ciliate di uno dei canali semicircolari; questo trasmette l'informazione al cervello mediante il nervo vestibolare. Nell'orecchio si trova l'organo dell'equilibrio.

> ***Occorre Sapere***
>
> Il **potere di accomodamento dell'occhio** diminuisce con l'età dando luogo alla presbiopia.
> Un soggetto affetto da **daltonismo** non riesce a vedere i colori.

- Il **tatto** è molto importante per l'uomo, in quanto lo inserisce nell'ambiente che lo circonda, ricevendo una quantità di informazioni indispensabili alla sua vita. Le sensazioni cutanee possono essere tattili superficiali, profonde, termiche e dolorifiche. I recettori nervosi incaricati di captare le sensazioni tattili sono numerosi ed alcuni di questi sono rappresentati da espansioni libere, altri da corpuscoli. I più specializzati sono i corpuscoli del Pacini (che rispondono al tocco ed alla pressione); i nocicettori (recettori del dolore); i propriocettori (per l'orientamento del corpo e delle sue parti); le cellule pilifere (percepiscono il movimento e la temperatura).
- I recettori dell'**olfatto** (e del gusto) sono chemocettori e si trovano negli organi olfattivi, localizzati all'interno del naso e responsabili della percezione degli odori. I recettori sono dei neuroni che all'estremità libera portano un gruppo di piccoli peli. Le cellule olfattive inviano i loro assoni al cervello, dove si ha la percezione degli odori. Le cellule olfattive vengono stimolate da particelle di varia natura molto piccole sospese nell'aria. Quando queste penetrano nelle cavità nasali, provocano delle reazioni chimiche che eccitano le cellule olfattive e trasmettono tali eccitazioni al cervello.

- Il **gusto** ha i suoi recettori o bottoni gustativi localizzati principalmente sulle papille gustative presenti sulla superficie della lingua ed in piccola quantità sulla mucosa del palato. I recettori gustativi rivelano i segnali chimici in soluzione: durante la masticazione, infatti, una piccola parte del cibo si scioglie nella saliva che viene a contatto con le papille gustative. Esistono quattro sensazioni gustative: dolce, amaro, acido e salato. Il sapore dolce viene percepito ai margini della lingua, quello amaro alla base della lingua, mentre il salato e l'acido vengono percepiti alla punta della lingua.

1.5.12 L'apparato riproduttore

L'**apparato riproduttore** umano ha la funzione di produrre i gameti aploidi (ovuli nelle femmine e spermatozoi nei maschi) e di creare un ambiente adatto alla loro unione. Il processo di riproduzione avviene in tre fasi: la fecondazione, cioè l'incontro dei gameti; la gravidanza, ossia la crescita del nuovo individuo nel grembo materno; la nascita.

- L'**apparato riproduttore maschile** è un insieme di organi che raggiunge il completo sviluppo anatomico e funzionale alla pubertà e, con continuità e per tutta la vita, determina la produzione di spermatozoi (spermatogènesi). L'apparato genitale maschile è costituito dalle gonadi (testicoli), dalle vie spermatiche e dai tubuli seminiferi, nei quali avviene la spermatogenesi, da ghiandole (cellule interstiziali del testicolo, che producono testosterone, prostata) e dagli organi genitali esterni (scroto, pene). Le vie spermatiche (epididimo, dotto deferente e uretra) trattengono per qualche tempo gli spermatozoi e all'occasione li conducono all'esterno (eiaculazione). Dai testicoli gli spermatozoi si trasferiscono nell'epididimo e da questo, attraverso due canali detti dotti deferenti, nelle vescichette seminali. Queste vescicole sono piene di un liquido, lo sperma, prodotto da loro e dalla prostata. Lo sperma fornisce agli spermatozoi l'ambiente necessario alla loro sopravvivenza. Dalle vescicole seminali essi passano nell'uretra, un canale che proviene dalla vescica, che percorre il pene. L'uretere è un canale muscolomembranoso che porta l'urina dalla pelvi alla vescica in cui sbocca mediante l'orifizio ureterale. Il pene (formato da due corpi cavernosi e dal corpo spongioso dell'uretra) ha la parte anteriore ingrossata, il glande, e in questa zona la pelle non è aderente ma si ritira facilmente formando il prepuzio. Durante l'accoppiamento lo sperma, contenente spermatozoi, viene espulso attraverso il pene e si deposita nell'organo genitale femminile.
Le cellule di Sertoli si trovano nel testicolo. Uno spermatozoo umano contiene 23 cromosomi.

- L'**apparato riproduttore femminile** è costituito da organi interni ed organi esterni. Sono interni, situati nel piccolo bacino, le ovaie, le tube uterine o salpingi, l'utero, la vagina e le ghiandole del Bartolini. Sono esterni, localizzati nella regione perineale, tra il monte di Venere e l'apertura anale, gli organi che costituiscono la vulva, cioè le grandi labbra, le piccole labbra, il clitoride. La vagina si apre fra le piccole labbra, posteriormente al clitoride, e nella donna vergine l'orificio vaginale è parzialmente chiuso dall'imene, un setto connettivale rivestito da mucosa vaginale internamente e da cute esternamente. Posteriormente al clitoride e anteriormente all'orificio vaginale si apre l'uretra. Le vie genitali femminili sono un sistema di canali che viene percorso in salita, dagli spermatozoi eventualmente immessi in essi durante il coito, e in discesa, dall'ovocita dopo l'ovulazione. Sono rappresentate dalle tube uterine (o salpingi o tube di Falloppio), dall'utero e dalla vagina. L'ovaio, la gonade femminile, è un organo pari che ha la forma e le dimensioni di una mandorla (circa 4 cm). La sua superficie è liscia nella bambina, ma a partire dalla pubertà compaiono piccole cicatrici man mano più numerose che la rendono irregolare. L'ovaio è un organo pieno, che ospita i follicoli. Prima della pubertà questi sono formati da una grande cellula, l'ovocita primario, rivestita da uno strato di cellule follicolari. Dopo la pubertà i follicoli si presentano in vari stadi di maturazione. I follicoli sono formazioni tondeggianti presenti in numero di circa 1 milione alla nascita. Fino alla pubertà i follicoli rimangono quiescenti e in gran parte degenerano (atresia follicolare), ma quando inizia la secrezione dell'ormone FSH ipofisario, alcuni di essi ciclicamente cominciano un processo maturativo della durata media di 14 giorni, che porta al loro "scoppio". La prima mestruazione si chiama menarca.

La gametogenesi femminile è destinata ad interrompersi quando non vi saranno più ovociti che possano maturare, cosa che avviene intorno ai 50 anni con la menopausa. L'evoluzione di un follicolo ooforo (dopo la pubertà) avviene schematicamente con le seguenti tappe:

- 1° giorno: inizio della maturazione del follicolo sotto lo stimolo dell'FSH ipofisario; l'ovocita primario diventa ovocita secondario (aploide); il follicolo produce estrògeni.
- 14° giorno: fine della maturazione; il follicolo diviene vescicoloso, follicolo di Graaf, che scoppia ed espelle l'ovocita secondario (ovulazione).
- 14° giorno: trasformazione del follicolo scoppiato in corpo luteo, sotto l'azione dell'LH ipofisario; il corpo luteo continua a produrre estrogeni, ma produce anche progesterone.
- 28° giorno: cessazione dell'attività del corpo luteo che involve e diventa una cicatrice (corpo albicante). L'LH ipofisario si è ridotto ed è ripresa la secrezione di FSH. Il ciclo poi riprende.

Il parto avviene generalmente alla quarantesima settimana di gestazione.

Occorre Sapere

Un sintomo il cui nome finisce "**-algia**" (mialgia) indica sicuramente un **dolore**.
Un sintomo il cui nome inizia con il prefisso"**a-**" (anemia) indica la **privazione** di qualche elemento.
Un sintomo il cui nome inizia con i prefissi "**iper-**"o " **ipo-**" (ipertensione) indica l'**alterazione quantitativa di una funzione**.
Un sintomo il cui nome inizia con il prefisso"**dis-**" (disuria) indica l'**alterazione di una funzione**.
Una malattia il cui nome finisce "**-osi**" (artrosi), "**-ite**" (polmonite) indica un **processo infiammatorio**.
Una malattia il cui nome finisce "**-oma**" (adenoma) indica una **neoplasia**.
Una malattia il cui nome finisce "**-iasi**" (teniasi) indica una **malattia parassitaria**.
Se il dottore ti dice che hai la **congiuntivite** devi curare gli **occhi**.
Se ti fanno male i piedi perché hai i **calli** vai dal **podologo**.
I **batteri** vivono sia in presenza che in assenza di ossigeno.
Per soddisfare in maniera equilibrata il proprio fabbisogno energetico le **kilocalorie** totali devono provenire per il 65% dai carboidrati, per il 20% dai grassi, per il 15% dalle proteine.
La **tenia** (verme solitario) è un **parassita** che in età adulta può raggiungere anche i 7-8 metri di lunghezza.
La **salmonella** è un **batterio** che può provocare gravi infezioni intestinali.

1.6 Le piante

1.6.1 Generalità e classificazione

Gli schemi tassonomici e la relativa nomenclatura sono notevolmente mutati negli ultimi anni, ma essenzialmente le piante si dividono in due gruppi: **tallofite e cormofite** o tracheofite. Le cormofite hanno tessuti differenziati e sono dotate (cormo) di radici, fusto e foglie; le tallofite invece sono prive di tessuti distinti e posseggono un corpo non differenziato, detto tallo. Le tallofite comprendono essenzialmente le alghe e le briofite, di cui i muschi sono i rappresentanti più noti e le più antiche piante terrestri. Alle cormofite appartengono le pterofite (felci) e gli equiseti, che sono piante perfettamente adattate alla terraferma, grazie ad una serie di strutture utili per assicurarsi l'acqua necessaria alla vita ed evitare l'essiccamento. Appartengono al gruppo delle piante vascolari o piante superiori le **spermatofite** per indicare le piante con semi a cui affidano la riproduzione, divise in **gimnosperme** ed **angiosperme**. Le prime sono caratterizzate dall'ovulo nudo che si trasforma direttamente in fiore dopo la fecondazione, ma, mancando l'ovario, non formano il frutto. Nelle angiosperme l'ovulo è racchiuso in un ovario e posseggono due organi importanti: il frutto, per la dispersione del seme, ed il fiore, per la riproduzione. La classe è suddivisa nei due grandi gruppi delle dicotiledoni (embrione dotato di due cotiledoni, cioè due foglioline che racchiudono il seme) e monocotiledoni (embrione dotato di una sola fogliolina). Lo schema riportato a pagina seguente sintetizza la suddivisione.

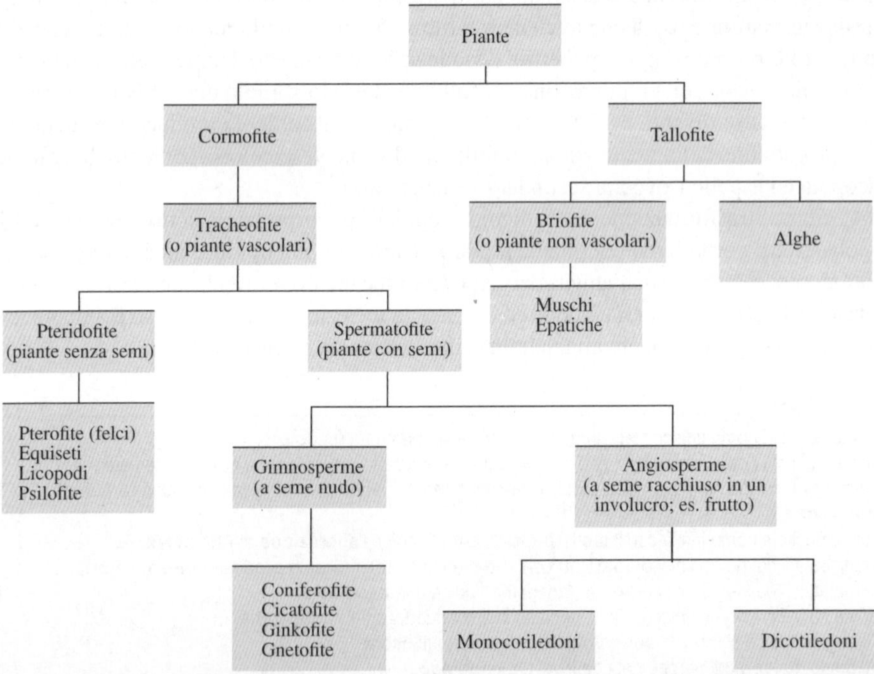

1.6.2 *Attività metaboliche*

La fotosintesi

La maggior parte delle piante è costituita da organismi autotrofi, che sono cioè in grado di vivere sintetizzando sostanze organiche a partire da acqua e composti inorganici, in particolare dal carbonio. Il processo di organicazione del carbonio prende il nome di fotosintesi e consiste nella formazione di zuccheri (glucosio, saccarosio, amido ecc.) a partire da acqua ed anidride carbonica, sfruttando l'energia luminosa del Sole. In tale processo si ha inoltre liberazione di ossigeno e da ciò è dipesa la possibilità di vita sul nostro pianeta. L'attività fotosintetica delle piante è legata ad alcuni fattori esterni, uno dei più importanti è senza dubbio la **luce**; la massima attività di fissazione avviene infatti nelle ore centrali della giornata, quando maggiore è l'intensità luminosa. Un altro fattore essenziale per la fotosintesi è l'**acqua**, in quanto una condizione di stress idrico determina un ritardo della crescita della pianta ed una riduzione di assunzione di anidride carbonica, con conseguente riduzione dell'attività fotosintetica. Anche la **temperatura** è un fattore condizionante la fotosintesi, come la disponibilità di anidride carbonica e di minerali.

La respirazione

È il processo attraverso il quale l'energia chimica prodotta dalla fotosintesi viene trasformata in energia metabolica. Essa avviene in altri organelli presenti nelle cellule detti mitocondri. Una parte degli zuccheri prodotti nella fotosintesi viene utilizzata dalle piante per sviluppare i diversi organi e per immagazzinare riserve; l'altra viene demolita mediante la respirazione allo scopo di fornire l'energia necessaria ai diversi processi metabolici. Il prodotto finale della respirazione è di nuovo l'anidride carbonica che ritorna nell'atmosfera.

La traspirazione

Le radici assorbono grandi quantità di acqua dal terreno. Assieme all'acqua, entrano i sali minerali necessari alla pianta. L'acqua assorbita deve essere continuamente ricambiata, in modo che sia continuo l'apporto dei sali e che possano essere eliminate certe sostanze di rifiuto. Il ricambio continuo dell'acqua è possibile perché da una parte questo liquido è assorbito dalle radici, dall'altra viene eliminato dalle foglie mediante la traspirazione, attraverso gli stomi, sotto forma di vapore acqueo. La pianta regola la traspirazione aprendo e chiudendo i suoi stomi, secondo la necessità.

La riproduzione

Le piante hanno due modi per riprodursi: per via asessuale (o agamica) o per via sessuale (o gamica). La **riproduzione asessuale** è dovuta alla capacità di un solo individuo di originare discendenti. Ciò può avvenire per scissione, per gemmazione, per sporulazione. È semplice, ma non garantisce variazioni nella prole perché si ottengono cloni, cioè individui con le stesse caratteristiche di quello originario. La **riproduzione sessuale** avviene nei fiori. Qui, per meiosi, si producono spore maschili (il polline) nell'antera e spore femminili nell'ovario. Il polline viene disperso (ed è per questo protetto da un tegumento resistente), mentre le spore femminili sono racchiuse nell'ovulo all'interno dell'ovario. Il polline giunge sullo stimma del pistillo, che secerne delle sostanze appiccicose per catturare e far aderire il granello di polline. Giunto sullo stimma, il granello di polline germina e tale processo avviene solo su stimmi della stessa specie, producendo un tubetto pollinico che si approfondisce fino all'ovario, dove è presente l'ovulo, all'interno del quale avviene la fecondazione e la formazione dell'embrione. L'ovulo fecondato si trasforma in seme, che è composto quindi dall'embrione e da sostanze di riserva, mentre l'ovario si trasforma in frutto. Nelle piante si ha un'alternanza di una fase diploide (sporofito) che, per meiosi, produce le spore aploidi. Quando germinano, producono i gametofiti aploidi che, per mitosi, originano i gameti. Questi si fondono e ridanno lo sporofito diploide.

La fotosintesi e la traspirazione sono processi che avvengono durante il giorno, mentre la respirazione si svolge sempre, in tutte le 24 ore.

1.7 Evoluzione

1.7.1 Teorie evolutive

Il problema se gli organismi esistenti sulla Terra fossero stati sempre uguali o fossero cambiati nel tempo, era stato sempre argomento di scienziati e di filosofi. Ma solo nel XVIII secolo, quando una vasta attività scientifica portò alla scoperta dei fossili, si potè asserire che le forme animali e vegetali del passato erano diverse da quelle attuali. Così iniziarono a definirsi le varie teorie per spiegare ciò. La prima teoria formulata era quella del **fissismo** (o del **creazionismo**), il cui sostenitore era Georges **Cuvier** (1769-1823), il quale affermò che i fossili erano resti di forme viventi nel passato e successivamente estinte. Secondo Cuvier le specie rimangono identiche a come l'atto di creazione le ha fissate (fissismo), ma ad intervalli avvengono delle catastrofi che distruggono la maggior parte delle specie viventi (catastrofismo). Dopo ogni catastrofe un nuovo atto creativo ripopola il pianeta di specie, non necessariamente identiche alle precedenti (creazionismo). La teoria creazionista e delle catastrofi afferma che le specie sono immutabili e conservano la stessa forma con cui sono state create e che l'estinzione delle specie nel tempo è dovuta all'azione di catastrofi naturali.
Jean Baptiste de **Lamarck** (1744-1829) fu uno dei primi evoluzionisti a ritenere che alla base dell'evoluzione ci fosse l'ereditarietà dei caratteri acquisiti dai genitori nel corso della loro vita. Per Lamarck i fattori esterni, cioè l'ambiente, influenzano l'evoluzione degli organismi e, le modifiche che essi apportano, sono trasmesse alla prole. La sua teoria prevede che ogni organismo cerchi di adattarsi all'ambiente per ottenere i maggiori profitti. Per tale motivo sviluppano più quegli organi che sono utili ed atrofizzano quelli che non servono (Legge dell'uso e del disuso). Perdurando nel tempo questa situazione, la modifica viene trasmessa alle generazioni successive (Legge dell'ereditarietà dei caratteri acquisiti). Anche se la teoria di Lamarck fu vanificata ai suoi tempi, non bisogna sottovalutare il suo genio nell'affermare che gli organismi si sono evoluti, cosa che venne accettata solo mezzo secolo più tardi.
Il merito di aver elaborato un'organica teoria evolutiva e di aver individuato per essa un meccanismo (*Selezione naturale*) mediante il quale tale evoluzione avrebbe potuto avvenire, va attribuito al naturalista inglese, Charles-Robert **Darwin** (1809-1892). La principale lacuna nella prima esposizione della teoria di Darwin era che essa non poteva spiegare i meccanismi della trasmissione delle mutazioni degli organismi perché ancora non era nota la genetica mendeliana. Nella visione evoluzionistica la vita sulla Terra non si manifesta attraverso forme immutabili e statiche, ma attraverso forme dinamiche e mutevoli. Darwin, dopo essersi imbarcato come medico e naturalista su una nave da guerra britannica e circumnavigato il mondo, si ritirò per elaborare tutti i dati raccolti (reperti animali e vegetali) e per catalogarli. Anche lui, come Lamarck, sostenne che le forme oggi esistenti discendano da forme preesistenti, soggette a continue evoluzioni. Le modificazioni che portano a mutare gli organismi,

insorgono a caso e, giacché favorevoli alla vita, vengono trasmesse alla progenie (Legge dell'ereditarietà). Quelli che non le trasmettono, si estinguono (Teoria della selezione naturale). Inoltre, aveva notato che il numero totale di individui che possono riprodursi resta uguale. Perciò interviene un meccanismo regolatore naturale, che viene da lui definito "lotta per la sopravvivenza".
(Nella selezione artificiale, l'agente selettivo è l'uomo).

1.7.2 Origine della vita

Le prime formazioni limitate da una membrana potrebbero essere stati organismi unicellulari, simili a batteri, di cui conserviamo la documentazione fossile, risalente a circa 3,5 miliardi di anni fa.
Resti fossili abbondanti si trovano solo a partire da quelli che risalgono al periodo Cambriano, ossia a circa 570 milioni di anni fa, quando era già comparsa la maggior parte dei principali phyla animali e vegetali. Ciò è probabilmente dovuto al fatto che le forme di vita precedenti al Cambriano erano prive di parti scheletriche rigide, come ossa e denti, e dunque non fossilizzavano facilmente. I primi vertebrati fecero la loro comparsa tra 300 e 400 milioni di anni fa: erano creature simili a pesci, interamente ricoperte di pesanti armature. L'uscita dall'acqua e la colonizzazione della terraferma deve essere avvenuta circa 250 milioni di anni fa, prima da parte di pesci con pinne lobate e polmoni, poi dagli anfibi ed infine da animali considerati simili ai rettili. I mammiferi e, successivamente, gli uccelli si sono originati in seguito.

1.7.3 Evoluzione umana

La nostra specie si è evoluta all'interno del gruppo delle scimmie antropomorfe africane, grazie ad un passaggio evolutivo avvenuto qualche milione di anni fa. In base ad alcune prove molecolari, l'ultimo antenato comune alla specie umana, scimpanzé e gorilla, risalirebbe a non più di 5 milioni di anni fa. I resti fossili dei nostri diretti antenati ci mostrano diverse forme arcaiche di Homo sapiens (fra cui l'uomo di Neardenthal, vissuto in Europa), preceduto dall'Homo erectus, vissuto circa 2 milioni di anni fa, e dal genere Australopithecus, come testimoniano le dimensioni dell'encefalo.
L'uomo attuale, nell'evoluzione della specie, è il *sapiens sapiens* e ha fatto la sua comparsa circa 40.000 anni fa.

Capitolo 2
Scienze della Terra

2.1 Il pianeta Terra

Tra i pianeti del Sistema Solare la Terra si trova ad una distanza dal Sole sufficiente per ricevere il suo calore, senza raggiungere le temperature estreme dei pianeti più vicini. Il nostro pianeta (o geosfera) è suddiviso in *quattro sfere*: **atmosfera** (del vapore), **biosfera** (della vita), **litosfera** (della pietra) e **idrosfera** (dell'acqua). L'atmosfera terrestre, composta prevalentemente da azoto, ossigeno e anidride carbonica, è differente da quella degli altri pianeti. Perciò la Terra ha alcune caratteristiche singolari, che la rendono differente da tutti gli altri pianeti: è l'unico su cui sia presente acqua allo stato liquido e su cui si siano sviluppate forme di vita. L'atmosfera terrestre è essenziale per la sopravvivenza degli esseri viventi: fornisce loro molte sostanze necessarie e li protegge dalle radiazioni solari ultraviolette, che vengono assorbite e trattenute prima di raggiungere la superficie terrestre. L'insieme delle acque presenti nei mari, negli oceani e sui continenti prende il nome di **idrosfera**, mentre l'insieme degli esseri viventi rappresenta la **biosfera**.

2.1.1 Struttura della Terra

La Terra è costituita da tre strati concentrici: un nucleo centrale, uno strato intermedio detto mantello, uno strato esterno detto crosta.

La **crosta** o **litosfera** è l'involucro più esterno; è sottile e costituita da rocce allo stato solido; è detta SIAL perché composta da silicati di alluminio ed è distinta in tre strati: 1) sottile e discontinuo di rocce sedimentarie; 2) intermedio di granito; 3) profondo di basalto. Elementi caratteristici della crosta sono gli orogeni ed i margini continentali. La crosta presenta caratteristiche differenti in corrispondenza degli oceani e dei continenti:

- **la crosta continentale**, più spessa (35-40 km, fino ad un massimo di 70 km in corrispondenza della catena himalayana) e meno densa di quella oceanica;
- **la crosta oceanica** presenta invece uno spessore inferiore (circa 10 km), è più densa e pesante.

La crosta è delimitata verso il basso dalla **discontinuità di Mohorovicic**, che segna il passaggio al sottostante mantello.

Il **mantello** ha uno spessore di circa 2900 km, è composto da ferro (Fe), magnesio (Mg), alluminio (Al), silicio (Si), ossigeno (O) e silicati ed è detto SIMA. Il mantello è diviso in: mantello inferiore, zona di transizione, mantello superiore ed astenosfera. Il mantello è delimitato verso il basso dalla **discontinuità di Gutenberg**, in corrispondenza della quale inizia il nucleo esterno. Lo studio dell'andamento delle onde sismiche nel mantello ci dice che i materiali, in questo involucro, si trovano ancora allo stato solido. Infatti, oltre alle onde sismiche P,

Occorre Sapere

Il **processo di subduzione** consiste nella discesa di litosfera oceanica nel sottostante mantello.

si propagano anche quelle S (che, per la loro caratteristica di onde trasversali, si propagano solo attraverso i solidi).

Il **nucleo**, composto per la maggior parte da ferro (Fe) e nichel (Ni) e perciò detto NIFE, rappresenta la porzione centrale della Terra. È suddiviso in nucleo esterno e nucleo interno, separati dalla **discontinuità di Lehman**. La temperatura interna del nucleo è così alta che la sua porzione esterna è allo stato liquido, come testimoniato dal fatto che le onde S non possono passarvi. Il nucleo interno invece è allo stato solido, molto pesante e sottoposto a pressioni enormi. Qui sia le onde S che quelle P possono propagarsi. Il nucleo è il componente più denso della Terra.

Una volta stabilita con ragionevole certezza la suddivisione del globo in involucri concentrici, gli studiosi hanno rivolto la loro attenzione alla porzione più esterna della Terra, perché è qui che si generano i fenomeni detti endogeni quali il vulcanesimo, i terremoti e l'orogenesi (cioè la formazione dei rilievi montuosi) che interessano la superficie terrestre.

Per conoscere l'interno della Terra si possono formulare delle ipotesi basate sul comportamento delle onde sismiche.

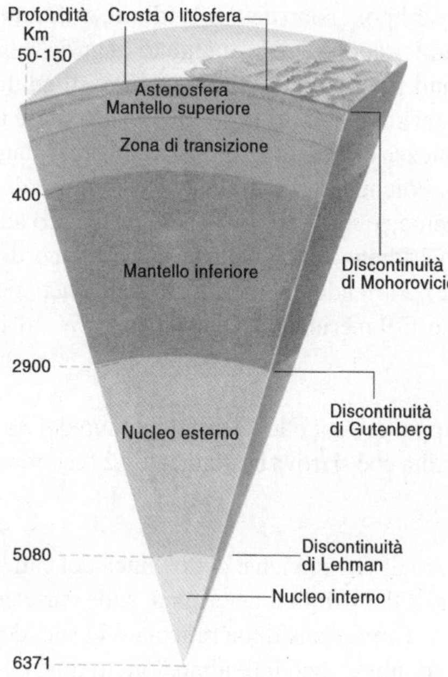

- **Il calore terrestre.** La temperatura della Terra, come si è visto, non è costante, ma aumenta scendendo in profondità: ogni 1000 m aumenta di 30 °C. La Terra emette continuamente calore: questo fenomeno viene definito **flusso termico terrestre**, che parte dall'interno e viene poi diffuso in modo omogeneo dai giganteschi **moti convettivi** che si verificano nel mantello, il quale, sebbene di natura prevalentemente solida, si comporta in realtà come se fosse un fluido, a causa delle pressioni e delle temperature elevatissime a cui è sottoposto.

- **Forma della Terra.** L'idea di una Terra sferica e non piatta venne introdotta nel V secolo a.C. da Pitagora e successivamente ripresa da molti filosofi greci, come Eudosso di Cnido e Tolomeo in seguito ad **osservazioni empiriche.**

Ma a causa però della forza centrifuga generata dal moto di rotazione intorno all'asse terrestre, la Terra non è una sfera, ma un **geoide**, definito come una superficie che risulta in ogni suo punto perpendicolare alla forza di gravità: è la forma che la Terra assumerebbe se fosse coperta da un unico oceano uniforme.

2.1.2 Coordinate geografiche

La Terra è un corpo celeste che ruota intorno ad una linea immaginaria detta **asse di rotazione**. Esso interseca la superficie terrestre in due punti che durante la rotazione restano fissi: i poli geografici, **il Polo Nord** ed **il Polo Sud** (il Polo Nord magnetico e il Polo Sud magnetico si sono invertiti diverse volte). La linea fondamentale di riferimento sulla superficie terrestre è l'**Equatore**, cioè il circolo massimo equidistante dai poli, che misura circa 40mila km; il piano equatoriale divide la Terra in due emisferi: l'*emisfero settentrionale* o *boreale* e l'*emisfero meridionale* o *australe*.

In ciascun emisfero si possono individuare altri circoli, detti **paralleli**, che "tagliano" gli emisferi in tante porzioni orizzontali, parallele all'equatore. I paralleli di riferimento sono quindi a 90° Nord (N) ed a 90° Sud (S) dell'equatore, che rappresenta il parallelo 0.

I circoli massimi passanti per i poli, sono detti **meridiani**. Solitamente si considerano i meridiani geografici, cioè le semicirconferenze ("a fetta di anguria") immaginarie tracciate sulla superficie terrestre e passanti per i poli. Si considerano posti ad una distanza angolare di 1° tra di loro, per cui i meridiani sono 360. Ma convenzionalmente il globo terrestre è suddiviso in 24 spicchi di uguale ampiezza (15° di longitudine), che presentano un'ora di differenza l'uno dall'altro (**fuso orario**). Poiché tutti i meridiani, a differenza dei paralleli, hanno la stessa lunghezza, sono perfettamente equivalenti. Dal 1884, in seguito ad un accordo internazionale, è stato assunto come meridiano fondamentale il meridiano di Greenwich (osservatorio astronomico presso Londra). Partendo dal meridiano fondamentale, o meridiano 0, si contano 179 meridiani a Est (E) e 179 meridiani a Ovest (O opp. W); il 180° meridiano è detto antimeridiano.

➤ Se in una località giapponese sono le 6:00 del mattino del 31 maggio, che ora indicano gli orologi di una località che si trova esattamente 12 fusi orari ad Ovest? Le 6:00 di sera del 30 maggio.

Il meridiano opposto a quello di Greenwich è detto "linea del cambiamento di data".

L'intersezione dei meridiani e dei paralleli determina, sulle carte geografiche che rappresentano la superficie terrestre, la formazione di un reticolato ideale, detto **reticolato geografico.**

Le **cordinate geografiche assolute** sono latitudine, longitudine e altitudine.

- **La latitudine** esprime la distanza angolare tra il punto considerato e l'equatore; essa viene espressa in gradi e può variare tra 0° e 90° N oppure 0° e 90° S.
- **La longitudine** corrisponde alla distanza angolare tra un punto ed il meridiano fondamentale; essa è espressa in gradi e può variare tra 0° e 180° E oppure tra 0° e 180° W.
- **L'altitudine** è la distanza in metri tra un punto ed il livello medio del mare: si distinguono altitudini positive, al di sopra del livello del mare (indicate con le isoipse), e negative, al di sotto (indicate con le isobate); in quest'ultimo caso si parla di profondità.

Il raggio terrestre è di $\simeq$6356 km ai poli, 6377 km all'equatore, pertanto il diametro è di 12.754 chilometri.

2.1.3 I movimenti della Terra

La Terra compie una serie di movimenti molto complessi; i più importanti sono: il **moto di rotazione** intorno al *proprio asse* e il **moto di rivoluzione** intorno al *Sole*. La Terra effettua altri movimenti meno evidenti detti *moti millenari*, quali: la **precessione** luni-solare; lo **spostamento** della **linea degli apsidi**; la **variazione dell'inclinazione** dell'**asse terrestre**; la **variazione** dell'**eccentricità dell'orbita**. Tutti questi movimenti sono dovuti all'attrazione gravitazionale che gli altri corpi del sistema solare esercitano sulla Terra o su parti di essa.
La Terra è coinvolta, inoltre, nel **moto di traslazione** che l'intero sistema solare compie verso la **costellazione di Ercole** e nel **moto di recessione della galassia** da tutte le altre, dovuto all'espansione dell'Universo. Tutti questi movimenti avvengono contemporaneamente, producendo un unico movimento complesso impossibile da descrivere.

Occorre Sapere

La **Terra** dista dal **Sole** mediamente 149 milioni di km.
Il filosofo greco che riuscì a misurare la circonferenza della Terra, sbagliando solo di 7000 chilometri, fu **Eratostene di Cirene**.
L'unico **satellite naturale** della Terra è la **Luna**.
La **Terra** e la **Luna** vengono considerate come un sistema biplanetario.
La **densità media** della Terra rispetto a quella del Sole è 4 volte superiore.
Gli **equinozi** sono i punti dell'eclittica in cui il Sole, nel suo moto apparente, transita per l'equatore celeste.
Il **solstizio d'estate** cade il **21 giugno**. Al Circolo Polare Artico, durante il solstizio d'estate il sole non tramonta mai.
Il **solstizio d'inverno** cade il **22 dicembre**.
I **circoli verticali** sono circonferenze che passano per lo zenit e il nadir dell'osservatore.
L'**anno** è formato da 12 mesi, cioè 365 giorni che corrispondono, all'incirca, al tempo impiegato dalla Terra a compiere una rivoluzione intorno al Sole. Il **mese** è determinato in base al moto di rivoluzione della Luna intorno alla Terra. La durata del **giorno** sidereo della Terra è di 23 ore 56 minuti e 4 secondi.
L'**anno solare** o **tropico** dura circa 20 minuti di meno dell'anno sidereo.
Il **tempo sinodico** è il tempo che intercorre fra il perielio e l'afelio (punto più lontano dal Sole dell'orbita terrestre).
Se l'**asse di rotazione terrestre** fosse perpendicolare al piano dell'ecclittica, le stagioni non esisterebbero più.
L'alternarsi delle stagioni sulla Terra è dovuto al fatto che nel corso dell'anno cambia l'**inclinazione dei raggi solari** che giungono sulla Terra.
In astronomia, la cosiddetta **precessione lunisolare** è uno dei moti millenari della Terra.
La **variazione dell'eccentricità dell'orbita terrestre** costituisce uno dei moti millenari della Terra.
Le **variazioni periodiche dell'orbita terrestre** attorno al Sole sono descritte dai **cicli di Milankovich**.
Secondo la **teoria Tolemaica**, la Terra era posta al centro dell'Universo.

2.2 La tettonica a placche o zolle

Dall'osservazione che la crosta terrestre, essendo meno densa, sembra che galleggi sul mantello superiore, gli studiosi hanno cercato di dare una spiegazione convincente dei movimenti che hanno portato all'attuale disposizione dei continenti sul globo terrestre. Perciò, nel corso dei secoli, si sono susseguite varie teorie, ma le più accreditate sono quella della deriva dei continenti e quella della tettonica a placche.
La tettonica a placche nasce dalla teoria della **deriva dei continenti**, formulata nel 1912 dal geofisico tedesco Alfred Wegener.
Osservando i margini dell'America meridionale e dell'Africa, Wegener pensò che questi due continenti un tempo fossero stati uniti. In base a questa e ad altre osservazioni, ipotizzò che i continenti attuali si fossero formati dallo smembramento di un unico supercontinente. In ori-

gine, pensava che la Terra fosse costituita da un'unica massa-continente (*Pangea*), circondata da un unico mare (*Pantalassa*). In seguito a continui movimenti provenienti dall'interno della Terra, la Pangea si separò in due parti (Laurasia a Nord, Gondwana a Sud ed al centro il mare detto *Tetide*). I continui movimenti hanno ulteriormente frammentato le due masse, mandandole alla deriva e, nel corso dei secoli, si è giunti all'attuale disposizione. A conferma di questa teoria tra le parti ad incastro c'erano uguali caratteristiche geologiche (es. le stesse rocce), biologiche (es. la stessa fauna e flora), climatiche e paleontologiche (cioè gli stessi fossili).

L'intuizione non era molto lontana da quanto venne confermato da una lunga serie di scoperte successive, ma rimase ignorata dal mondo scientifico per quasi 50 anni.

Tuttavia **il nodo fondamentale**, rimasto allora senza risposta, fu l'**individuazione del motore dello spostamento**, cosa che venne risolta in seguito con la **teoria della tettonica a placche** o a zolle, grazie ad intense e più sofisticate ricerche geologiche. Queste hanno portato alla luce che gli oceani sono percorsi da lunghe **dorsali oceaniche** di origine vulcanica, cioè 'montagne' generate da magma che fuoriesce da profonde spaccature. Il magma è portato in alto dalle **correnti convettive**, che circolano sotto la litosfera e depositano il materiale ai lati delle dorsali, espandendo così i fondali oceanici. Di conseguenza le masse continentali si spostano. I continenti vengono spostati dalle correnti ascendenti e discendenti che rimescolano l'interno della Terra. Ciò può essere spiegato solo considerando la crosta terrestre non come un involucro continuo intorno al mantello, ma come un guscio spezzettato in zolle o placche, rigide e mobili, unite come in un puzzle, che si spostano per le tensioni generatesi nell'astenosfera. Alcune sostengono i continenti; altre, le distese oceaniche. Le placche principali sono circa 12: Eurasia, Nord e Sud America, Africa, India, Australia, Antartide, Pacifico, di Nazca, di Cocos ecc.; inoltre ci sono numerose placche secondarie, non ancora individuate.

Dal mantello, inoltre, possono salire masse di magma, a forma più o meno colonnare, che "perforano" la sovrastante zolla litosferica, dando origine ad un vulcano. Questa colonna di magma rimane praticamente fissa, perché è creata da un **punto più caldo** del mantello profondo. È la zolla sovrastante che si muove e, scorrendo sopra al punto caldo, fa apparire una serie di vulcani più o meno allineati. È un fenomeno che si nota chiaramente nel Pacifico, nella zona delle Isole Hawaii.

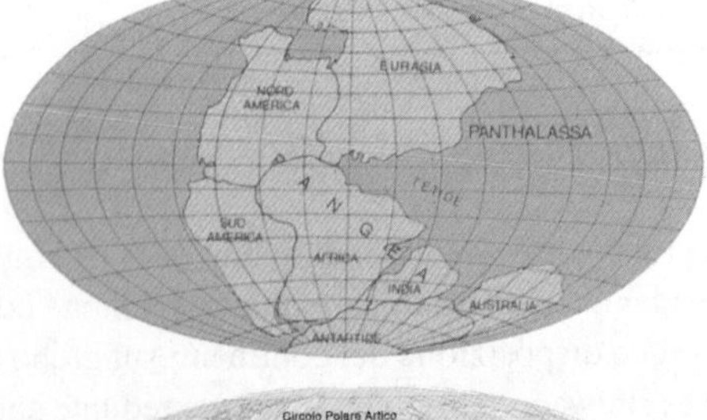

Occorre Sapere

La **faglia** è una frattura nelle rocce lungo la quale si verifica un movimento relativo delle due parti. Le faglie con spostamento prevalentemente **orizzontale** si distinguono in **faglie sinistre** e **faglie destre**, secondo il seguente criterio: si immagina di trovarsi su uno dei due blocchi e di osservare l'altro blocco. Se esso si sposta verso destra la faglia è destra, altrimenti è sinistra.
La **faglia di Sant'Andrea** è situata nella California meridionale.
In geologia, l'**isostasia** è la teoria sull'equilibrio esistente tra i grandi blocchi crostali.
Le **Alpi** hanno avuto origine dallo scontro di due placche continentali.
Il **profilo** dell'**America meridionale** combacia con quello dell'**Africa** perché un tempo i due continenti erano uniti e solo successivamente si sono allontanati.
La più famosa tra le ***rift valleys*** è situate in Africa orientale.
Dall'era più antica a quella più recente l'ordine è: **paleozoica**, **mesozoica**, **cenozoica**.
Secondo la **teoria del Big Bang**, tutta la materia e l'energia che costituiscono l'universo era in origine concentrata in una pallina con un diametro inferiore al millimetro.
Sul **pianeta Terra** la **vita** è comparsa circa 3,5 miliardi di anni fa.
Le più antiche **forme di vita** finora scoperte sono i **batteri filiformi** e le **stromatoliti algali**.
Una delle ipotesi della nascita della **vita sulla Terra** riguarda il possibile **impatto con una cometa**.
All'**epoca dell'ultima glaciazione**: la **Sardegna** era unita alla **Corsica**; la **Sicilia** era unita all'**isola di Pantelleria**; l'**isola d'Elba** era unita alla **Toscana**.
Nell'evoluzione delle aree continentali, il processo di costituzione delle catene montuose viene definito **orogenesi**.
La **temperatura sulla Terra** all'inizio della sua storia in superficie sfiorava i 900° C, poi scese sotto i 100° C, provocando piogge caldissime e cielo completamente coperto da nubi di gas che oscuravano il Sole.
I **vertebrati più antichi**, ovvero comparsi per primi sulla Terra circa 400 milioni di anni fa, sono i **pesci**.
I **dinosauri** erano presenti nell'era mesozoica.
In **Italia**, esistevano **dinosauri carnivori**, del tipo *Scypionix*, parente del *Velociraptor*, infatti un resto fossile, ben conservato, battezzato "ciro" lungo circa 50 cm è stato ritrovato a Pietraroia (Benevento).
In **Italia**, la **lince** è presente in pochissimi esemplari.

2.3 La crosta terrestre

La **crosta terrestre** è formata da sostanze inorganiche distinte in:

- **minerali**, sostanze naturali a composizione e disposizione chimica ben definita e visibile; possono essere formate da un solo elemento o da più elementi legati fra loro (composti chimici). Sulla Terra ce ne sono circa 2.000;
- **rocce**, costituite da più minerali e perciò a composizione chimica più complessa e meno distinguibile.

La crosta continentale superiore è costituita in gran parte da sedimenti di tipo continentale. Dall'alterazione delle rocce si formano i suoli, la parte più superficiale della crosta terrestre. Ogni minerale ha una **struttura cristallina** nella quale gli atomi sono disposti in strutture tridimensionali: se sono ordinate e regolari, formano sostanze solide cristalline; se sono disordinate e amorfe, formano sostanze solide vetrose. I minerali si classificano in base alla composizione chimica: silicati e non silicati (elementi nativi, solfuri, alogenuri, ossidi ed idrossidi, carbonati e nitrati, solfati, fosfati). Questi ultimi rappresentano la componente fondamentale di tutte le rocce, infatti costituiscono da soli più del 75% della crosta terrestre; l'elemento principale, il silicio, può trovarsi sotto forma di SiO_2, oppure può legarsi, come tetraedro, ad altri elementi e dare origine a silicati dalle caratteristiche diverse (olivine, pirosseni, miche, quarzo, feldspati). I nomi dei minerali terminano in **–ite**, ad eccezione di alcuni noti dall'antichità (es. quarzo, salgemma, opale). Ogni minerale, oltre alle proprietà chimiche, è dotato di proprietà fisiche: peso specifico, durezza, sfaldabilità, proprietà elettriche ed ottiche. La durezza di un minerale è la sua resistenza ad essere scalfito. La sfaldatura è la proprietà che hanno alcuni minerali di rompersi in particolari modi seguendo la loro forma geometrica.

2.3.1 *Le rocce*

Le rocce, giacché formate da minerali, possono avere struttura: cristallina (in cui i minerali si distinguono), vetrosa (in cui i minerali sono allo stato amorfo, come nelle pomici e nelle ossidiane), clastica (se i minerali provengono da vari tipi di rocce). Se una roccia ha più colori, significa che è formata da più minerali. L'**età delle rocce** calcolata attraverso la misurazione della radioattività di alcuni elementi presenti nei minerali è definita **età radiometrica**.
Il prodotto dell'erosione di qualsiasi tipo di rocce è detto **sedimentazione**.
Vengono classificate in tre gruppi in base all'origine ed alla composizione: 1) **rocce magmatiche o ignee o eruttive; 2) rocce sedimentarie** e 3) **rocce metamorfiche**.

Rocce magmatiche

Sono di origine endogena, perché formate dal raffreddamento e consolidamento del magma eruttato dai vulcani. Sono perciò laviche e, in base al contenuto di silice, si dividono in: acide (superiore al 65%), neutre (tra il 65% ed il 52%), basiche (inferiore al 65%). A seconda della formazione, si distinguono rocce: intrusive o plutoniche (*plutoniti*) ed effusive o vulcaniche (*vulcaniti*). Le **rocce intrusive** si formano quando il magma, non riuscendo a giungere in superficie, solidifica all'interno della Terra per raffreddamento molto lento e sotto la pressione esercitata dalla sovrastante copertura rocciosa e dai gas. Le rocce si presentano a struttura granulare o granitica (propria del granito). Le **rocce effusive** si hanno quando il magma, giungendo in superficie o sul fondo del mare ancora allo stato fuso ed a temperatura molto elevata, rapidamente si raffredda, dando luogo a rocce con grana molto sottile, visibile al microscopio. La struttura è detta porfirica (tipica del porfido).
Il basalto è un esempio di roccia magmatica.

Rocce sedimentarie

Sono di origine esogena e derivano dal lento accumulo (sedimentazione) di vari materiali: di altri tipi di rocce (r. clastiche o detritiche), di residui animali e vegetali (r. organogene), di sostanze chimiche trasportate dall'acqua (r. chimiche). Esempi di: rocce detritiche (argille, arenarie), rocce chimiche (calcare, travertino, dolomia, gesso), rocce organogene (calcaree – depositi di gusci di organismi marini; silicee – di spugne; fosfatiche – del guano degli uccelli; ferrifere – di batteri in laghi e paludi; fossili di depositi vegetali – torba e lignite; fossili di depositi animali – petrolio).
Pur essendo quantitativamente le meno abbondanti dell'intera crosta terrestre, sono quelle che formano l'80% della sottile copertura esterna e quindi sono le più visibili sulla superficie terrestre. I sedimenti, qualunque origine e natura abbiano, tendono a depositarsi **a strati**. Ogni strato di sedimento che si depone viene nel tempo sepolto da altri strati e subisce una lunga serie di modifiche che lo trasformano in una roccia solida. La trasformazione in roccia avviene in parte come risposta alla compattazione, con la quale le particelle vengono più strettamente impaccate le une alle altre sotto il peso dei sedimenti sovrastanti. Il volume viene notevolmente ridotto per espulsione dell'acqua interstiziale che occupa gli spazi tra le particelle. Allo stesso tempo i granuli possono essere ulteriormente consolidati fra loro dalla deposizione negli interstizi di sostanze minerali. Tutti i processi che agiscono su un sedimento depositato e che portano alla formazione di una roccia compatta, sono noti con il termine di **diagenesi**.

Rocce metamorfiche

Le rocce magmatiche e sedimentarie, sottoposte a forti pressioni e ad elevate temperature, subendo il fenomeno del metamorfismo (trasformazione), cambiano le loro caratteristiche originarie e diventano così rocce metamorfiche. La loro caratteristica è quella di avere una struttura a lastre parallele sovrapposte, aspetto detto scistoso, dovuto al metamorfismo termico o di contatto (per il magma fuso) o dinamico-clastico (per la pressione, le forze e le tensioni dei movimenti orogenetici). Esempi di rocce metamorfiche sono: il marmo, l'ardesia, la lavagna, lo gneiss, la quarzite.

Occorre Sapere

Una **stalagmite** è un deposito calcareo a forma di cono che si innalza dal pavimento.
Le **stalattiti** sono le concrezioni che pendono dalla volta delle grotte.
Il **crioclastismo** è la disgregazione delle rocce ad opera del gelo.
La modificazione delle rocce ad opera degli agenti atmosferici è detta **degradazione meteorica**.
In geologia, i **movimenti di massa** sono qualunque movimento di rocce per effetto della **gravità**.
La **corrasione** è la degradazione delle rocce dovuta all'azione abrasiva di particelle trasportate dal vento.
La **diagenesi** è l'insieme di trasformazioni chimiche e fisiche successivo alla sedimentazione.
La pressione esercitata dal peso delle rocce in geologia viene definita **litostatica**.
Le **rocce plutoniche** sono anche denominate rocce intrusive.
Un **fossile** è una qualsiasi testimonianza di vita geologicamente passata, come i resti di organismi o tracce della loro esistenza.
Le **pietre preziose** sono minerali rari che si distinguono per caratteristiche particolari quali colore, lucentezza, trasparenza.
L'**impianto di arricchimento di una miniera** serve a separare il minerale dalla roccia sterile.

Scala di Mohs

La **Scala di Mohs** è un criterio empirico per la valutazione della durezza dei materiali ideato dal mineralogista austriaco Friederich Mohs (1772-1839). Essa assume come riferimento la durezza di dieci minerali numerati progressivamente da 1 a 10 e tali che ciascuno è in grado di scalfire quello che lo precede ed è scalfito da quello che lo segue.
Il primo minerale della serie è il **talco**, l'ultimo il **diamante**.

Viene riportata la scala di durezza dei minerali con riferimento alla Scala di Mohs in quanto oggetto di domande concorsuali.

SCALA DI MOHS		
Minerali teneri (che si scalfiscono con l'unghia)	1.	Talco
	2.	Gesso
Semiduri (che si rigano con una punta d'acciaio)	3.	Calcite
	4.	Fluorite
	5.	Apatite
Duri (che non si rigano con la punta di acciaio)	6.	Ortoclasio
	7.	Quarzo
	8.	Topazio
	9.	Corindone
	10.	Diamante (Carborundum)

2.4 I TERREMOTI

I **terremoti** o **sismi** sono bruschi movimenti della crosta terrestre, caratterizzati da vibrazioni dette *scosse*, dovuti all'accumularsi di grosse tensioni (energia), che si liberano all'improvviso in alcuni punti interni della crosta terrestre. Il **fuoco** di un sisma è il punto all'interno della Terra in cui si libera l'energia. La maggior parte sono dovuti ai movimenti che avvengono lungo le fratture della crosta terrestre, di due parti prima a contatto, dette faglie, o al crollo di caverne sotterranee o a frane (questi movimenti generano *terremoti tettonici*) oppure all'attività vulcanica (*terremoti vulcanici*). Il punto interno della litosfera dove si origina il terremoto tra i 500 ed i 700 km di profondità è detto **ipocentro**, quello della superficie esterna è detto **epicentro**. Pertanto, una scossa sismica è più forte se l'ipocentro è vicino alla superficie terrestre. La zona d'ombra di un terremoto è compresa tra 11000 e 16000 Km dall'epicentro. Dall'ipocentro si sprigiona una grande quantità di energia che si propaga sia all'interno della Terra che in superficie, sotto forma di onde sismiche sferiche sempre più grandi. La velocità di propagazione dipende dai materiali attraversati: è più elevata nelle rocce rigide, è più bassa in quelle meno dure. Le onde si dividono in: primarie (o **onde P**) o longitudinali, si propagano attraverso solidi, liquidi e gas; secondarie (o **onde S**) o trasversali, si propagano solo attraverso i solidi; superficiali (o **onde L**) o lunghe, si propagano solo in superficie. Le prime due generano scosse sussultorie; le terze, scosse ondulatorie.
I sismi sono rilevati dai sismografi. Il **sismografo** è uno strumento che trasforma il complesso movimento del suolo durante un terremoto in una registrazione permanente; esso consente di analizzare e di riesaminare in qualunque momento onde che raggiungono la superficie nel breve tempo di durata del terremoto. Il sismogramma è la registrazione delle onde sismiche da parte del sismografo. Una stazione sismologica registra le vibrazioni del suolo provocate dal terremoto. Gli effetti di un terremoto si possono esprimere con l'Intensità e con la Magnitudo. Attualmente la scala di Intensità più usata in Europa ed in America è la **scala MCS** (**Mercalli**-Cancani-Sieberg), divisa in 12 gradi. L'**intensità** viene stabilita esclusivamente in base alla valutazione degli effetti/danni prodotti dal terremoto su persone, su costruzioni e sul terreno. È un criterio empirico, perché ne valuta la violenza apparente con i danni provocati. Per valutare l'entità del terremoto in maniera oggettiva ed indicarne la violenza reale, si usa la **Magnitudo**, che è la quantità di energia sprigionatasi dall'ipocentro e che si manifesta all'epicentro (espressa in erg). Essa si misura con la **scala** proposta dal sismologo C.F. **Richter** che contempla 10 gradi. Con questa scala una scossa di piccola magnitudo, se si origina a poca profondità o investe un'area abitativa fitta, può manifestarsi come un terremoto di grandissima intensità. Viceversa, un sisma di grande magnitudo, se si verifica a notevole profondità o interessa zone desertiche, può risultare di bassa intensità.

2.4.1 COME AVVIENE UN TERREMOTO

Il sismologo Harry F. **Reid** riuscì a proporre **un modello del meccanismo** secondo cui si verificherebbero le deformazioni all'origine dei terremoti.
Reid formulò la **teoria del rimbalzo elastico** secondo cui un blocco crostale, sottoposto a sforzi, non si frattura ma si deforma lentamente, accumulando energia elastica. Quando l'energia immagazzinata per decine e centinaia di anni supera il punto critico-limite di elasticità, le rocce si spaccano e l'energia si libera, in parte sotto forma di calore prodotto dall'attrito, in parte sotto forma di violente vibrazioni, che si propagano come onde verso tutte le direzioni a partire dal punto di origine. Il fenomeno può esaurirsi in una frazione di secondo (microsismi) o può prolungarsi fino a 4-5 minuti (macrosismi).

2.4.2 *Il ciclo sismico*

In base alla teoria del rimbalzo elastico, una zona in cui si è appena manifestato un terremoto raggiunge un nuovo equilibrio che garantisce un periodo di tranquillità sismica. Il perdurare delle deformazioni e spostamenti che subiscono le rocce e la crosta terrestre porterà ad un accumulo di nuova energia, fino a un successivo punto di rottura e di un'altra crisi sismica. Questo processo prende il nome di **ciclo sismico** che si ripete sistematicamente nell'evoluzione geologica di una regione. Nel ciclo si distinguono 4 stadi:

1°: ***Stadio intersismico***, in cui inizia l'accumulo graduale di energia.

2°: ***Stadio presismico***, in cui si verifica una deformazione elastica della roccia.

3°: ***Stadio cosismico***, in cui l'energia potenziale, accumulata come deformazione elastica, si libera sotto forma di calore e di movimento producendo il terremoto. Quando si è vicinissimi al punto di rottura, la crisi sismica può essere innescata anche da altri fenomeni (ad es. attrazione Luna-Sole).

4°: ***Stadio postsismico***, che comporta una serie di scosse successive di assestamento ed il ritorno all'equilibrio.

2.4.3 *I maremoti*

Se i terremoti si verificano sul fondo degli oceani e dei mari, si dicono **maremoti.** Quando il movimento della faglia o un'eruzione vulcanica, associata al terremoto, fa sollevare ed abbassare bruscamente un tratto di fondo oceanico, l'oscillazione di quest'ultimo provoca, nella massa d'acqua circostante, una perturbazione con onde molto lunghe ed alte. Queste formano lo **tsunami** ("onda del porto", in giapponese), cioè onde improvvise. Si possono verificare due situazioni: al centro della perturbazione le onde sprofondano per depressione, oppure, al contrario, si sollevano esplodendo. In entrambi i casi la scossa provoca un'onda gigantesca che si muove a grande velocità; l'onda di maremoto può raggiungere i 40 m di altezza e spostarsi ad una velocità che talvolta può raggiungere i 500 km/h. Spesso, sebbene l'intensità vada diminuendo con la distanza, la sua azione è avvertita anche su coste estremamente lontane. I maremoti, soprattutto se si verificano in prossimità della costa, possono provocare danni ingenti; se poi la costa è bassa, l'onda del maremoto può proseguire la sua corsa devastatrice all'interno della regione.

2.4.4 *Previsione dei terremoti*

La *previsione* dovrebbe poter arrivare a indicare *quando* e *dove* si verificherà un terremoto e con *quale intensità*.

Il problema viene affrontato secondo due diverse linee:

1) la **previsione deterministica**, che viene tentata attraverso l'esame di *fenomeni precursori.* Tra questi ricordiamo **la variazione della velocità nella propagazione delle onde P**, che, nell'area del futuro epicentro, diminuisce del 10-15%; il brusco **aumento della quantità di gas radon**, disciolto nelle acque delle falde o che si libera dalla superficie del suolo. La previsione deterministica richiede ricerche complesse e la sorveglianza continua di vaste aree;
2) la **previsione statistica** dei terremoti, che si basa sull'osservazione che la distribuzione geografica delle aree sismiche non è casuale, ma ben definita. Strumenti basilari per ogni previsione statistica sono i **cataloghi sismici**, che contengono (su schede o su nastri) i dati caratteristici di tutti i terremoti (sono ormai decine di migliaia) di cui si è avuta notizia o di cui è disponibile la registrazione strumentale.

Una sismicità intensa si osserva nelle grandi fosse oceaniche dell'Oceano Pacifico (Costa andina, dalle Aleutine alle isole Tonga) e nell'arco delle isole della Sonda e delle Antille. Un'altra fascia è quella che va dal Mediterraneo (Mar Egeo, isole Eolie) all'Himalaya e verso la Cina. Nel giro di 2000 anni in Italia si sono verificati migliaia di terremoti. Solo la Sardegna e la penisola Salentina sono prive di epicentri; ne risentono solo gli effetti. L'arco alpino è poco sismico (tranne il Trentino A.A. ed il Friuli V.G.), mentre il resto Centro-Sud è sismico, soprattutto Campania, Basilicata, Calabria e Sicilia (in Irpinia ci sono stati nel secolo scorso ben tre terremoti: nel 1930, 1962, 1980).

2.4.5 I bradisismi

Sono lenti movimenti della crosta terrestre che avvengono in senso verticale; si dicono positivi, quando si ha un abbassamento del suolo; negativi, quando si ha un innalzamento. A causa di bradisismi positivi città come Baia, nel Golfo di Pozzuoli (NA) ed Egnazia, in Puglia, mostrano i loro resti alcuni metri sotto il livello del mare. Esempio attivo del fenomeno del bradisismo è il Comune di Pozzuoli, dove si trovano resti archeologici che costituiscono il Serapèo (un antico mercato o macello romano), così chiamato perché in esso è stata rinvenuta una statua di Giove Serapide, una divinità greco-egiziana. Oggi l'area è emersa, ma in passato era sommersa. A questa conclusione si è giunti grazie alla presenza dei litodomi (o datteri, molluschi marini) che, nel periodo di sommersione, hanno scavato la loro nicchia nelle colonne calcaree; una volta che il suolo si è sollevato, i litodomi sono rimasti conficcati nelle colonne, costituendo così una prova del fatto che in passato i resti archeologici giacevano in parte sotto il mare.
Generalmente i bradisismi dipendono da fenomeni vulcanici o dalla particolare natura del suolo (presenza di gas, di minerali ecc.).

2.5 Il vulcanesimo

Il **vulcanesimo** è l'insieme dei fenomeni collegati alla risalita del magma dal mantello verso la superficie terrestre. La maggior parte dei processi vulcanici si completa all'interno della crosta, comportando la solidificazione in profondità del magma (**vulcanesimo intrusivo**); l'altra parte, quella più nota perché modifica il territorio e le attività umane, riguarda l'emissione di lava, che solidifica in superficie (**vulcanesimo effusivo**). I **vulcani** sono fenditure della crosta terrestre, attraverso cui fuoriesce il magma.
Il **magma** è un miscuglio di materiali fusi, soprattutto di silicati e gas. La fusione del mantello dà origine al **magma primario** o **basaltico**, di composizione basica (dal quale derivano le *rocce effusive* e le *rocce ipoabissali o filoniane*). Invece il magma che viene prodotto a partire dalla crosta continentale viene detto **magma analettico** o **granitico**, di composizione acida (dal quale derivano le *rocce intrusive*). Il magma diventa **lava** quando il materiale fuoriesce in superficie e perde i gas. Il rapido raffreddamento della lava può dare luogo alla formazione dell'ignimbrite.
L'**acidità** del magma si valuta facendo riferimento al contenuto di **silice** (SiO_2 o biossido di silicio): più è alta la percentuale di silice, più il magma è acido.
Dalla presenza di silice dipende la **viscosità** e la **percentuale di acqua** del magma.

2.5.1 Struttura di un vulcano

La spaccatura della superficie terrestre attraverso la quale fuoriesce il magma prende il nome di **vulcano**. L'edificio che si forma per l'accumulo di tutto il materiale costituisce nel suo insieme l'**edificio vulcanico**.

Il vulcano è in genere alimentato da una **camera magmatica,** situata nella crosta ad una profondità di alcuni km, che comunica con l'esterno attraverso un *condotto* o **camino vulcanico**. Nella camera magmatica il magma si accumula e ristagna. La pressione esercitata dai gas aumenta progressivamente fino a che i componenti volatili si espandono, trascinando il magma lungo il condotto e all'esterno. I materiali fuoriescono attraverso un'apertura detta **cratere**, la cui parte esterna è detta **caldera** (sprofondamento della parte sommitale dell'edificio vulcanico dopo un'intensa fase di emissione di prodotti). Ricadendo sui lati, formano il **cono vulcanico**, che costituisce le pareti esterne del vulcano. In un vulcano, se la sommità del condotto è ostruita, può verificarsi un'esplosione laterale che viene definite **nube ardente discendente**.

Materiali aeriformi (gas e vapori) e materiali solidi (rocce effusive, cioè derivate dalle lave, e piroclasti) sono i tipici prodotti dell'attività vulcanica.

Sulla natura dei **materiali aeriformi** sappiamo che i prodotti più abbondanti sono il vapor d'acqua (che in alcune eruzioni arriva al 70%) e l'anidride carbonica, seguiti da composti dello zolfo, dell'azoto, del cloro e del fluoro. I **materiali solidi** sono le **colate di lava** (o, più esattamente, le *rocce effusive*) ed i **materiali piroclastici**. Questi ultimi sono frammenti solidi o semisolidi, di composizione e dimensioni varie: polveri, ceneri, lapilli (grandi come sassolini), bombe (brandelli di lava di grandi dimensioni consolidatisi in superficie), pomici, prodotti piroclastici come i tufi.

Talvolta, i materiali piroclastici, mescolandosi con l'acqua di laghi o ghiacci sciolti dal calore dei gas vulcanici, producono gigantesche colate di fango, chiamate **lahars**.

2.5.2 Tipi di eruzioni

Quando il magma fuoriesce e si riversa sulla crosta si parla di eruzione. Le **eruzioni** si verificano soprattutto ai margini delle zolle in espansione e in subduzione, cioè lungo le dorsali oceaniche e, quindi, il vulcanesimo interessa più i fondi oceanici che le terre emerse. Esaminiamo i vari tipi di eruzioni, sottolineando il ruolo fondamentale della viscosità.

Le **eruzioni di tipo hawaiano** sono caratterizzate da abbondanti effusioni di lava molto fluida, senza esplosioni, che danno origine ai tipici vulcani a scudo, che hanno base molto larga rispetto all'altezza.

Caratteristiche simili presentano le **eruzioni di tipo islandese**, nelle quali, però la lava, sempre molto fluida, fuoriesce da lunghe fessure invece che da un cratere centrale.

Di natura ben diversa sono le **eruzioni di tipo stromboliano** (dall'isola di Stromboli, nelle Eolie), in cui predomina un'attività esplosiva più o meno regolare. In tali eruzioni la lava, abbastanza fluida, ristagna periodicamente nel cratere, dove inizia a solidificare alla sommità, ostruendo la fuoriuscita dei gas. Al di sotto della crosta solida, la pressione di questi gas cresce man mano fino a far saltare il tappo con modeste esplosioni che lanciano in aria pezzi di lava fusa.

Le **eruzioni di tipo vulcaniano** (dall'isola di Vulcano, nelle Eolie) sono caratterizzate da un meccanismo simile a quello stromboliano, ma la lava è molto più viscosa, per cui i gas si liberano con molta più difficoltà, perché devono sollevare il tappo di lava solidificata, liberando i prodotti piroclastici, ceneri e lapilli.

Le **eruzioni di tipo pliniano** (tipica del Vesuvio) prendono il nome da Plinio il Giovane, che per primo descrisse l'eruzione del Vesuvio del 79 d.C. Si verificano con una violenta fase esplosiva, durante la quale si forma il caratteristico pino vulcanico, un'imponente colonna di gas e ceneri che si solleva per alcuni km prima di ricadere intorno, insieme a lava vetrificata e pomici.

Le **eruzioni di tipo peléeano** (dalla Montagna Pelée, sull'isola della Martinica), le più catastrofiche, sono caratterizzate dall'emissione di lava ad altissima viscosità ed a temperatura relativamente bassa, che viene spinta fuori dal condotto già quasi solida e forma cupole o torri alte qualche centinaio di metri. Da queste protrusioni possono sollevarsi grandi nuvole di gas e vapori caldissimi, che portano in sospensione notevoli quantità di ceneri e di lava finemente polverizzata: tali emulsioni roventi e molto dense (chiamate **nubi ardenti discendenti**) rotolano come valanghe lungo le pendici del vulcano e si espandono su vaste aree con grande velocità, distruggendo ciò che incontrano lungo il loro corso.
Infine, esplosioni spettacolari si verificano anche quando il magma si mescola con grandi quantità d'acqua, che si infiltrano nel condotto vulcanico. In tal caso il vapore che si forma causa un'onda esplosiva che si espande ad anello intorno a un getto verticale di gas e piroclasti. Poiché la forma della nube in espansione ricorda il fungo di un'esplosione atomica, il fenomeno viene indicato con lo stesso termine **base surge** (onda basale). Questo tipo di **eruzione** è detta **idromagmatica**.
Un vulcano si definisce estinto dopo qualche millennio di inattività.
Si conoscono circa 700 vulcani, di cui 300 sono attivi; il 60% si trova nell'Oceano Pacifico (es. le Hawaii).
Le zone della Terra dove è concentrata maggiormente l'attività vulcanica sono lungo i margini attivi delle placche litosferiche. Invece nelle regioni che si trovano sull'Oceano Pacifico, in Indonesia e in Islanda sono maggiormente concentrati i vulcani emersi.

Occorre Sapere

I **guyot** sono coni vulcanici sottomarini.
In sismologia, per **rimbalzo elastico** s'intende la liberazione di energia elastica dopo il brusco ritorno delle masse rocciose all'equilibrio.
In sismologia, la nozione di **ciclo sismico** è determinante per la previsione dei terremoti.
L'**effusione tranquilla di lava fluida** è caratterizzata da un miscuglio a basso contenuto in acqua e silice.
Per **grandi provincie magmatiche** si intendono i plateau basaltici estesi per migliaia di chilometri quadrati.
Le **rocce investite dall'onda sismica** si comportano come un corpo elastico.
In un vulcano, un **bacino magmatico** (o **camera magmatica**) può trovarsi tra i 2 e 10 km.
Un **vulcano a scudo** presenta fianchi con pendenza moderata ed è costruito dall'eruzione di lava basaltica fluida.
Nello studio dei vulcani, le **antidune** sono accumuli formati dal materiale piroclastico caratterizzati al loro interno da tipiche ondulazioni.
In vulcanologia, i **filoni** sono un tipo di piccole risalite magmatiche.
In vulcanologia, i **condotti cilindrici verticali** di origine vulcanica riempiti di materiale originato da forti esplosioni si chiamano **neck**.
Il **parco nazionale di Yellowstone** negli Stati Uniti d'America, la **penisola della Kamchatka** nella Federazione Russa e l'**Islanda** sono accomunate dal fatto che sono zone nelle quali si trovano molti **geyser**.

2.6 L'idrosfera

L'insieme delle acque sulla Terra (superficiali, sotterranee ed atmosferiche) è chiamato **idrosfera**. L'acqua è uno degli elementi più importanti per la vita sulla Terra. Essa è presente per il 71% sulla superficie terrestre e si presenta come: oceani, mari, laghi, fiumi, torrenti, ghiacciai, calotte polari, falde freatiche e risorgive. Tra l'acqua e le terre emerse esiste un continuo scambio, detto **ciclo idrologico**, che consente di mantenere costante la quantità totale di acqua. Un evento nel ciclo idrologico consiste nella condensazione del vapore acqueo in gocce, solide o liquide. L'attrazione gravitazionale di gocce d'acqua o ghiaccio verso la superficie terrestre sotto forma di pioggia o neve fa parte del suddetto ciclo idrologico. Il bilancio idrologico viene mantenuto costante dal continuo passaggio dell'acqua dallo stato liquido a quello gassoso e viceversa. Dell'intera massa di acqua, il 97% è costituito da acque marine che, per la loro salinità, non sono adatte a scopi alimentari, agricoli ed industriali. Il 3% restante è la riserva di acque dolci che, per i 2/3, sono intrappolate nel ghiaccio delle calotte polari.

2.6.1 Oceani e mari

Le depressioni o bacini che circondano i continenti sono occupati da acqua. Si indicano come **oceani** le distese di acqua più vaste, che separano le masse continentali. Si distinguono:

- l'***Oceano Pacifico***, compreso tra le due Americhe, l'Asia e l'Australia; è più esteso di tutte le terre emerse e più profondo delle maggiori vette (la fossa delle Filippine è di 11516 m di profondità, mentre l'Everest è alto solo 8872 m);
- l'***Oceano Atlantico***, compreso tra l'America, l'Europa e l'Africa; forma una gigantesca S, lunga circa 13000 km; comprende molti mari poco profondi (Mar dei Carabi, Golfo del Messico, Mar Mediterraneo) e lungo i suoi margini è presente un'ampia piattaforma continentale;
- l'***Oceano Indiano***, il bacino oceanico più piccolo, esteso a Sud dell'Asia e del tropico del Capricorno; bagna le coste della penisola arabica, dell'India, delle isole della Sonda e dell'Australia.

Le distese d'acqua a Nord del Circolo Polare Artico e intorno al continente antartico vengono considerate da alcuni autori come oceani e chiamati a volte: **Oceano Polare Artico** e **Oceano Polare Antartico**, ma in genere vengono denominati **Mare Glaciale Artico e Antartico**.
Il termine **mare** indica una distesa d'acqua che si insinua tra le terre emerse e che forma dei bacini chiusi e meno profondi di quelli oceanici. Si dividono in **mari costieri**, come il Mare del Nord, il Mare delle Antille, il Mar della Cina, il Mar del Giappone, e in **mari interni**, o **mari continentali**, che comunicano con gli oceani attraverso stretti e canali, come il Mar Mediterraneo, il Mar Baltico, il Mar Rosso, il Mar Nero.

2.6.2 Proprietà dell'acqua del mare

Composizione chimica: l'acqua marina è una complessa soluzione di sali, costituita per il circa il 3,5% (in peso) da sostanze minerali disciolte (Cl^-, Na^+, Mg^{2+}, Ca^{2+}, K^+, F, P, N, Al). Questa percentuale può sembrare piccola, ma in realtà è enorme: se tutta l'acqua degli oceani evaporasse, resterebbe sul loro fondo uno strato di sali alto circa 60 m. La **salinità,** cioè la quantità di sali disciolti in un certo volume d'acqua, media dell'oceano è di circa il 35% (pari a 35 g/litro).
Il cloruro di sodio (NaCl), il comune sale da cucina, è di gran lunga il componente più abbondante dell'acqua di mare. Altri componenti sono: i **composti organici** disciolti o sospesi, quali idrocarburi, glicidi, lipidi, proteine, polipeptidi e aminoacidi; **principi biologici attivi,** comprendenti sostanze prodotte dagli organismi planctonici, come ormoni, enzimi, vitamine ed antibiotici; **sospensioni biologiche,** cioè di organismi planctonici o loro parti che restano sospesi a causa delle dimensioni notevoli; piccole quantità di **gas**, derivanti in massima parte dall'atmosfera, azoto (N_2), ossigeno (O_2) ed anidride carbonica (CO_2). Il **pH** è leggermente alcalino, essendo tra 6 e 9.
La **densità relativa** dell'acqua oceanica è collegata alla salinità ed alla pressione, infatti aumenta con l'aumentare delle due.
La **temperatura** è un fattore di grande importanza sia per l'ambiente marino in se stesso sia per il clima della Terra. La temperatura delle acque oceaniche, come del resto quella dell'atmosfera, dipende dall'energia delle radiazioni solari che vi giungono.
In generale, possiamo affermare che nelle acque oceaniche si registrano variazioni di tempe-

ratura diurne e annuali, in funzione della latitudine e della profondità. Tali variazioni sono sensibili soprattutto negli strati superficiali.
Le **radiazioni solari** riscaldano direttamente soltanto gli strati superficiali. Nessuna radiazione luminosa, però, riesce a penetrare a profondità maggiori di poche centinaia di metri.
Le acque dell'oceano hanno una grande **capacità termica**. A causa del loro elevato *calore specifico,* l'acqua si riscalda lentamente, ma altrettanto lentamente cede l'energia termica accumulata, per cui le grandi masse d'acqua come gli oceani ed i grandi laghi esercitano un'azione termoregolatrice, cioè mitigatrice sul clima.
La **pressione** cresce con la profondità (1 atm ogni 10 m).

2.6.3 Morfologia degli oceani

Dal punto di vista morfologico le masse oceaniche vengono convenzionalmente suddivise in quattro aree:

- la piattaforma continentale;
- la scarpata continentale, coperta di sedimenti;
- il declivio continentale, interrotto da canyon e monti marini;
- il fondale vero e proprio, che presenta una struttura non omogenea.

Dalla carta dei fondali oceanici si può notare che, partendo dalla riva e procedendo verso l'alto mare, non si passa subito alle grandi profondità: attorno alle terre emerse vi è una piattaforma continentale a debole pendenza e con modesta profondità (fino a 200 m).
La **piattaforma** fa parte, geologicamente, del continente vicino, il cui margine si estende anche nella scarpata continentale; questa si incontra soltanto ad una certa distanza dalla costa, è più ripida e giunge in media fino ai 2000 m di profondità.
La **scarpata continentale** forma insieme alla piattaforma lo **zoccolo continentale**, interrotto da gole sinuose e da canyon sottomarini.
Il **declivio continentale** genera la **piana abissale**, che inizia al termine della scarpata fino al di sotto dei 3000 m; per la sua estensione è il più grande dei tre dominii oceanici. È il regno della completa oscurità, costituito da grandi bacini separati da vere e proprie catene montuose ed accidentato da numerosi ed estesi rilievi di origine vulcanica.
Il **fondale** di tutti gli oceani è attraversato da sistemi di dorsali, fosse oceaniche, faglie transformi, pianure abissali, atolli (corallini e madreporici), monti sottomarini. I picchi delle catene montuose sottomarine, a differenza di quelli terrestri, si mantengono pressoché inalterati a causa dell'assenza dell'azione erosiva del vento, delle acque di dilavamento, del gelo, cioè di tutte quelle forze naturali che disgregano le rocce.

2.6.4 La dinamica degli oceani

Gli oceani presentano numerosi movimenti, tra i quali i più significativi sono il moto ondoso, le maree e le correnti.

Il moto ondoso

Le onde sono increspature della superficie marina, causate dal vento e si presentano sotto forma di pieghe. Gli elementi che formano un'onda sono: la *cresta*, cioè il punto più elevato; il *ventre*, cioè la parte più bassa; l'*altezza*, cioè la distanza in verticale tra cresta e ventre; la *lunghezza*, cioè la distanza orizzontale tra due creste o due ventri successivi. L'altezza e la lunghezza dipendono da 3 fattori principali: 1) dall'intensità e persistenza del vento; 2) dalla lunghezza del tratto di mare interessato senza la presenza di ostacoli; 3) dall'altezza dei fondali (nelle vicinanze delle coste).

Le maree

Sono moti periodici della superficie marina: in ogni punto della Terra, per due volte nell'arco delle 24 ore, il livello del mare si innalza al valore massimo (*alta marea*) per poi abbassarsi al livello minimo (*bassa marea*). Il verificarsi della marea è dovuto infatti all'attrazione gravitazionale del Sole e della Luna. La Luna, quando passa su un punto della superficie terrestre, esercita un'attrazione che fa rigonfiare il mare (alta marea). Contemporaneamente il mare si rigonfia anche sul punto opposto per la forza centrifuga e, quindi, anche lì si ha l'alta marea. Sui due punti che si trovano sulla perpendicolare opposta, il mare si abbassa e si verifica la bassa marea. In ogni punto della superficie marina si hanno due alte maree e due basse maree. L'ampiezza dell'alta e bassa marea dipendono da fattori, quali la profondità e la conformazione dei fondali.

Le correnti marine

Esse consistono in spostamenti orizzontali o verticali di masse d'acqua all'interno della superficie marina, che avvengono in modo permanente e con direzione costante. Le correnti orizzontali si dividono in superficiali (fino a 200 m) e profonde. Le correnti possono essere calde o fredde: tra le prime ricordiamo la famosa Corrente del Golfo (Oceano Atlantico), tra le seconde la corrente del Labrador. Le correnti marine contribuiscono a modificare il clima marittimo e quello delle relative zone costiere, influenzando anche lo sviluppo delle catene alimentari dell'ecosistema marino.

2.6.5 Le acque sotterranee: falde e sorgenti

Le acque presenti nel sottosuolo si possono dividere in base alla loro origine in: meteoriche (sono quelle che derivano dalle piogge, si infiltrano in superficie), rigenerate (quelle liberate dalle rocce sedimentarie porose o dai minerali), giovanili (quelle che derivano dai magmi per condensazione dovuta al raffreddamento), fossili (quelle che si trovano in bacini marini, intrappolati in aree continentali).

L'acqua piovana penetra nel suolo per il fenomeno dell'**infiltrazione**. L'infiltrazione dell'acqua è resa possibile dalla presenza di rocce a diversa permeabilità. Le acque sotterranee, quando vengono trattenute dagli strati impermeabili del terreno, formano le **falde acquifere**, che possono essere *freatiche*, falde più superficiali che possono essere raggiunte con pozzi poco profondi; *artesiane*, se sono raccolte tra due strati di rocce impermeabili che imprimono elevata pressione all'acqua. Le falde possono essere raggiunte tramite aperture o pozzi che ne consentono lo sfruttamento. Le acque infiltrate che riemergono spontaneamente formano le *sorgenti*. Queste sono punti di discontinuità del suolo, attraverso cui sgorga l'acqua all'esterno. Vengono distinte in sorgenti propriamente dette, alimentate cioè dalle precipitazioni o convogliate in fiumi e laghi, e risorgive, cioè sorgenti che riemergono dopo temporanea scomparsa.

2.6.6 I fiumi

I **fiumi** sono corsi d'acqua alimentati dallo sgorgare di acque superficiali e sotterranee. Un corso d'acqua nasce come un *torrente* (con percorso accidentato, notevole pendenza e regime irregolare) e poi diventa fiume, ricevendo acqua da altre zone, da altri fiumi o da ruscelli (corsi d'acqua minori). Lì dove si riversano le acque è detto *bacino idrografico*. Il sito dove scorre il fiume è detto *alveo* o *letto*. Ogni fiume è caratterizzato da: lunghezza, velocità, pendenza, portata (cioè il volume d'acqua nell'unità di tempo; la portata massima è detta *di piena*, mentre la portata minima è detta *di magra*), regime (cioè la tortuosità delle acque). Un fiume può immettersi in un corso d'acqua maggiore, in un lago o in mare. Quando entra è detto

immissario, quando esce è detto *emissario*. Lo sbocco in mare, o parte terminale del fiume, è detto *foce* e può essere a delta o ad estuario, a seconda che prevalga la capacità di sedimentazione (es. il delta del Po) o di erosione del suolo. Infatti, se la pendenza dell'alveo del fiume, la portata e la velocità dell'acqua sono ingenti, allora prevarrà la capacità erosiva e perciò si avrà una foce *ad estuario*. In caso contrario, prevarrà la capacità di sedimentazione e si avrà una foce *a delta*. Il corso del fiume viene diviso in: superiore (dall'origine allo sbocco in pianura), medio (il tratto in pianura) e inferiore (il tratto prossimo alla foce). La deviazione di un fiume a causa dell'erosione di un secondo corso d'acqua è definita *cattura fluviale*.
Le acque dilavanti sono le acque libere di fluire senza essere incanalate in alcun alveo.

2.6.7 I laghi

I **laghi** sono masse d'acqua, mai in comunicazione diretta con il mare, raccolte in depressioni dette conche, che vengono colmate dalle acque provenienti da un ghiacciaio, da un fiume, meteoriche e sotterranee. I laghi possono essere *chiusi* (spazi di acqua salmastra o salata) e *aperti* (dotati di fiumi immissari ed emissari, in genere di acqua dolce); *temporanei* (la conca si riempie periodicamente) e *permanenti* (l'acqua è sempre presente nella conca). Secondo la loro origine si dividono in: *costieri* (il lago è separato dal mare da un cordone litoraneo; sono di forma allungata e di acqua salmastra – **L. Lesina, L. Varano**), *glaciali* (dovuti alla fusione dei ghiacciai – **L. di Garda, L. Maggiore, L. Iseo**), *craterici* (l'acqua riempie il cratere di un vulcano spento e perciò sono circolari – **L. di Bracciano, L. Albano, L. Nemi**), *tettonici* (l'acqua riempie cavità della crosta terrestre formatesi in seguito a grandi movimenti della crosta terrestre – **L. Bajkal, L. Tanganica, L. Vittoria**), *relitti* (si tratta di residui di un antico mare rimasto isolato dal sistema oceanico – **M. Caspio, L. Aral**), *carsici* (occupano il fondo di doline, impermeabilizzato da depositi argillosi – **L. Canterno**), *artificiali* (usati per la costruzione di dighe). Un lago può estinguersi, trasformandosi prima in stagno, poi in palude e, infine, in torbiera (con vegetazione palustre sommersa).

2.6.8 I ghiacciai

Un **ghiacciaio** è una grande massa di ghiaccio delle regioni montane e polari dovuta alla compattazione della neve per le basse temperature. Nella zona occupata da un ghiacciaio si distinguono tre parti: 1) un *bacino collettore*, la parte più alta dove si raccoglie la neve, che ha forma di ferro di cavallo aperto verso valle; 2) un *bacino dissipatore o ablatore*, dove il ghiaccio inizia a sciogliersi ed a scendere; 3) un *bacino distruttore o la fronte*, dove il ghiaccio fuso origina il torrente. Si distinguono *ghiacciai polari o freddi* (quelli dell'Antartide), *temperati o caldi* (quelli delle Alpi), *intermedi o subpolari* (quelli dell'isola di Baffin, nel Nord America).

2.7 L'atmosfera

Il nostro pianeta è avvolto da una massa gassosa dalla complessa composizione formatasi milioni di anni fa, in seguito a processi fotochimici e termodinamici associati ai grandi sconvolgimenti geologici che hanno determinato l'attuale assetto del pianeta. Questa massa gassosa segue la forma della Terra, presenta uno schiacciamento ai poli ed un rigonfiamento nelle zone equatoriali e tropicali; inoltre è attratta verso la superficie terrestre dal proprio peso. Proprio l'efficienza della forza di gravità terrestre impedisce all'atmosfera di sfuggire dal pianeta e di renderlo un deserto freddo.

2.7.1 *Gli strati dell'atmosfera*

L'atmosfera, in base alla sua composizione e alla concentrazione dei principali elementi che la caratterizzano, può essere suddivisa in vari strati. La **troposfera** è la parte più bassa e sede dei principali fenomeni meteorologici; in essa si concentrano i 3/4 di tutto il vapore acqueo, ha uno spessore variabile con la latitudine (più bassa ai poli e più alta all'equatore) e la temperatura decresce più o meno regolarmente dal suolo verso l'alto. Lo strato successivo, detto **tropopausa**, è un sottile strato che divide la troposfera dallo strato successivo, cioè la **stratosfera**. Questa è composta da gas sempre più rarefatti che si dispongono a strati, la pressione (P) diminuisce e la temperatura (T) aumenta, grazie alla presenza dell'ozono (O_3) che filtra i raggi solari nocivi e fa passare quelli non nocivi. La **mesosfera** è divisa dalla stratosfera dalla **stratopausa**: qui l'aria è sempre più rarefatta e la T si abbassa molto. La **mesopausa** è la separazione della mesosfera dalla **ionosfera** o **termosfera**: questa ha gas sempre più rarefatti e ionizzati (dotati di cariche elettriche) con proprietà di riflettere le onde radio. Infine c'è l'**esosfera**, che è la parte più esterna ed ha una P così bassa dovuta a gas così rarefatti, che due particelle, prima di toccarsi, devono percorrere 10 km!

2.7.2 *L'atmosfera: caratteristiche*

L'atmosfera si compone di azoto (78%), ossigeno (21%), piccole frazioni di anidride carbonica (CO_2), ozono, elio, argon. Gli elementi principali (O, H, C, N) sono continuamente ripristinati grazie alla loro integrazione in *cicli biogeochimici*, fondamentali per la vita sul nostro pianeta.

L'aria è formata da miliardi di molecole che sono in continuo movimento e si scontrano e rimbalzano continuamente. È proprio l'intensità di queste collisioni, in rapporto allo spazio, che viene chiamata **pressione atmosferica**, misurata con il *barometro* ed espressa in etto-Pascal (hPa): più gli scontri sono frequenti ed avvengono in poco spazio, più la pressione sarà alta. Essa diminuisce all'aumentare dell'altitudine (fu proprio con l'invenzione del barometro nel XVII secolo che si iniziò a studiare l'atmosfera). Quindi negli strati alti dell'atmosfera, dove i gas sono rarefatti, le particelle collidono meno e la P sarà più bassa. A livello del mare la P è 0, in profondità aumenta. La P dipende dalla T, dall'umidità, dall'altitudine. Zone aventi la stessa pressione (P) si dicono isobare.

Le differenze di P causano spostamenti di aria, cioè i **venti**. Questi hanno il compito di annullare le differenze di pressione e perciò partono da zone di alta P e vanno verso zone di bassa P. Il vento che va verso una una zona di bassa P è detto *ciclone*; quello che va verso una di alta P è detto *anticiclone*, ha forma circolare o ellittica. Per la rotazione terrestre, i venti non si muovono in linea retta, ma deviano, formando moti vorticanti. In meteorologia la velocità del vento viene misurata con l'anemometro e viene classificata mediante la **Scala di Beaufort**, suddivisa in 12 gradi, ognuno dei quali è associato ad un termine distintivo (calma, bava, brezza, vento, burrasca, fortunale, tempesta, uragano). La velocità del vento può essere di oltre 100 km/h. Le direzioni da cui soffiano i venti sono indicate nella "**Rosa dei Venti**".

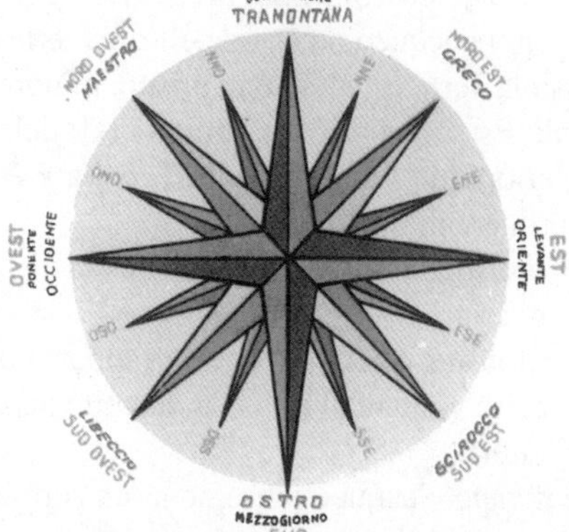

In meteorologia, la **brezza** è un vento debole

locale, solitamente compreso fra i gradi 2 e 3 della Scala di Beaufort, quindi con velocità comprese tra i 7 e i 20 km/h. Si verifica in presenza di un campo di alta pressione, con assenza di masse d'aria in transito nell'atmosfera, ed è classificato come vento periodico.
La **brezza marina** è un vento diurno che spira nelle zone costiere dal mare verso terra. La situazione inversa che si verifica la notte, con un vento che spira dalla terraferma verso il mare, è detta **brezza di terra**. Nelle zone interne, abbiamo la **brezza di monte** con il vento diurno che spira dalla valle verso le cime, mentre la **brezza di valle** è un vento notturno che spira dalle cime verso le valli.

2.7.3 Bilancio termico terrestre

La T dell'aria deriva dall'irraggiamento continuo del Sole, che raggiunge gli strati bassi dell'atmosfera e riscalda i corpi. Questi assorbono il calore e lo ritrasmettono nell'aria, nella stessa quantità di quella ricevuta. Ciò contribuisce al bilancio termico, che è il rapporto tra la radiazione solare che entra nell'atmosfera e quella che esce. Dell'irradiazione, solo il 26% raggiunge il suolo; il 14% è trattenuto dalle nubi e l'11% dalle polveri. La parte di energia riflessa verso l'alto è detta albedo e varia a seconda della natura della superficie riflettente (90% per le nevi, 5% per le acque). Alla diversa incidenza sulla superficie terrestre dei raggi solari è dovuta la diversità di T nel globo: tanto più sono perpendicolari i raggi alla superficie, tanto più in quella zona la T è elevata (es. all'Equatore).
L'energia radiante del Sole ci giunge essenzialmente sotto forma di onde, che vengono assorbite da vari costituenti dell'atmosfera (nubi, anidride carbonica, pulviscolo atmosferico), che le rinviano al suolo, intrappolandola, attraverso moti convettivi. Questo fenomeno è il ben noto **Effetto Serra**. L'atmosfera si comporta, cioè, come i vetri di una serra: lascia passare le radiazioni luminose solari, ma non le rilascia, assorbendo calore. Purtroppo il suo effetto si sta intensificando per cause antropiche, in quanto i **gas serra** (anidride carbonica, metano, monossido di azoto), prodotti dalle attività umane, fanno sì che la T superficiale della Terra aumenti, con gravi e disastrose conseguenze (es. scioglimento del ghiaccio delle calotte polari, con conseguente innalzamento del livello dei mari). Tutti gli inquinanti derivati da fonti industriali ed agricole, veicoli a motore, caldaie, centrali termoelettriche che liberano SO_2, SO_4, H_2SO_4 (che formano lo *smog*, da *smoke* + *fog*), Pb, CFC, assottigliano tutti lo strato di ozonosfera (**buco dell'ozono**). La T sulla Terra è influenzata anche da altri fattori: altitudine, latitudine, umidità.

2.7.4 L'umidità dell'aria

Il vapore acqueo presente nell'aria deriva in gran parte dall'evaporazione dell'acqua presente sulla Terra e, soltanto in misura minore, dalla traspirazione degli organismi vegetali ed animali. Esso costituisce l'Umidità (U) dell'aria e varia da luogo a luogo, ma anche da periodo a periodo, in funzione della T, della P e del vento. Il vapore presente nell'atmosfera si può esprimere in due modi:

- **umidità assoluta**, che è la massa di vapore acqueo in grammi contenuta in un metro cubo di aria;
- **umidità relativa**, che è il rapporto percentuale tra la massa del vapore contenuto in un certo volume di aria e la quantità massima che potrebbe essere contenuta a quella temperatura.

Se il vapore acqueo presente in un certo volume d'aria supera il valore limite, o punto di saturazione, l'eccesso condensa e passa allo stato liquido; il limite di saturazione può essere raggiunto dall'aria già satura per raffreddamento della T e, quando questa è molto più bassa, può verificarsi il passaggio diretto da vapore a ghiaccio. A seconda del processo di condensazione, a contatto del suolo si generano la rugiada e la brina; nella bassa troposfera, la nebbia; nell'alta troposfera, le nubi, la pioggia, la neve e la grandine.

2.7.5 Le nubi

La **nefologia** studia le nuvole e i fenomeni a esse collegati. Le nubi sono costituite da minuscole gocce d'acqua o da cristalli di ghiaccio (della dimensione da 1 a 100 micron) che si formano per condensazione, quando l'acqua terrestre evaporando risale nell'atmosfera, raffreddandosi e condensandosi attorno a piccole impurità (cristalli di sale marino, particelle di polvere...), generando così goccioline d'acqua o cristalli di ghiaccio. Le quantità di acqua variano secondo l'estensione **verticale** e **orizzontale** delle nuvole.

Le nuvole hanno due forme caratteristiche, a **sviluppo orizzontale** (**stratificate**) o a **sviluppo verticale**: nel primo caso l'estensione si presenta maggiore sul piano orizzontale e minore su quello verticale.

Le nuvole, pur essendo in continuo mutamento, in base alla loro struttura, alla forma e all'altezza a cui si formano, rispetto alla superficie terrestre, possono essere classificate nei **dieci principali generi** seguenti:

- **nubi alte**, che comprendono *cirri*, *cirrocumuli* e *cirrostrati*, che non portano precipitazioni (**cirro** è il prefisso);
- **nubi ad altezza media**, che comprendono *altocumuli*, *altostrati* e *nembostrati* (**alto** è il prefisso) costituite da goccioline d'acqua e cristalli;
- **nubi ad altezza inferiore**, che comprendono *stratocumuli* e *strati*, che recano precipitazioni leggere;
- **cumuli** e **cumulonembi**, che sono molto instabili e verticali e possono estendersi attraverso gli altri livelli. Il prefisso **nimbo**- e il suffisso -**nembo** indicano che la nube causerà precipitazioni.

La **nebbia** si forma quando l'aria umida si trova a contatto con il suolo freddo. È costituita da goccioline di acqua liquida o cristalli di ghiaccio sospesi in aria.

2.7.6 Il clima

Il clima è stato definito da J. Haan, uno studioso del secolo scorso, come "l'insieme dei fenomeni metereologici che caratterizzano lo stato medio dell'atmosfera in un punto della superficie terrestre".

Per **elementi climatici** si intendono i parametri responsabili che contribuiscono alle condizioni atmosferiche, quali *temperatura*, *pressione*, *venti* e *precipitazioni*. La variazione degli elementi climatici in brevi tempi, per esempio nell'arco di un giorno, definisce il **tempo meterologico**.

I **fattori climatici** sono le cause locali legate alle condizioni astronomiche e geografiche tipiche del luogo.

Primo fra tutti va considerato il fattore **latitudine,** che influisce sulla distribuzione della T sulla superficie terrestre dovuta ai raggi solari. Questa diminuisce passando dall'equatore ai tropici, ai poli.

L'**altitudine**: man mano che si sale, diminuiscono la T e la P, mentre aumentano le precipitazioni. Connessa è la presenza di **catene montuose**, che deviano i **venti** dalla loro direzione, incanalandoli verso altre.

La **presenza di acque**, sia marine sia di bacino, esercita diversi effetti sul clima. Innanzitutto fa aumentare l'umidità dell'aria a causa dell'evaporazione e perciò determina un aumento

delle precipitazioni (maggiori piogge nelle zone costiere rispetto a quelle continentali); inoltre in generale mitiga la temperatura delle zone circostanti, diminuendo le escursioni termiche diurne ed annue.
Le **correnti marine**, sia su scala oceanica sia su scala minore nei mari meno estesi, influiscono sul clima provocando un riscaldamento o un raffreddamento delle coste che lambiscono; le correnti fredde sono di provenienza polare, quelle calde di provenienza equatoriale.

2.7.7 Classificazione dei climi

Il clima influenza il mondo animale e vegetale e, in base alle sue interazioni, si possono distinguere 5 gruppi climatici, distinti in base a latitudini crescenti dall'equatore ai poli ed indicati con lettere maiuscole; ciascuno dei gruppi principali comprende poi due o tre tipi climatici, associati ai relativi **biomi** (indicati con le lettere S W T F) e di cui viene indicata tramite lettere minuscole la presenza o meno di una stagione arida.

- **Climi megatermici umidi o tropicali umidi (climi A):** climi senza stagione invernale; equatoriale, subequatoriale e tropicale; tutti i mesi hanno una T media tra i 25 ed i 30°C. Sono caratteristici della fascia calda compresa tra i due tropici e corrispondono all'area di diffusione delle piante megaterme, con precipitazioni abbondanti. All'interno del gruppo di climi A si riconoscono due climi principale: clima della foresta pluviale e clima della savana.

- **Climi megatermici aridi o xerofili (climi B):** possono essere arido caldo o arido con inverni freddi; con T tra +18°C e –30°C. Ciò che accomuna queste zone è la scarsità delle piogge, che possono mancare per anni interi nelle zone aride e, nei deserti, anche per decenni. Oltre che dalla diversa piovosità, il tipo di vegetazione dipende anche dal tipo di suolo presente: dove la roccia base è coperta da una coltre più o meno spessa di terreni sabbiosi o argillosi, con scarsi residui humici, si incontra la cosiddetta *steppa asciutta* o *predeserto*; dove prevalgono le lunghe distese sabbiose o ciottolose o gli affioramenti rocciosi e humus assente, domina il *deserto*.

- **Climi mesotermici o temperati caldi (climi C):** sono quelli delle zone tra i tropici ed i poli, cioè intertropicale, mediterraneo, fresco-umido; con inverni miti, vegetazione perenne, clima continentale o oceanico; precipitazioni moderate e T tra –3°C e +18°C.

- **Climi microtermici o temperati freddi (climi D):** sono quelli delle zone settentrionali; umido o asciutto, con inverni rigidi, estati brevi e calde, precipitazioni tutto l'anno; con T tra –3°C e +10°C.

- **Climi nivali o echistotermi o polari (climi E):** sono quelli delle zone polari, senza stagione estiva, con T molto basse (sempre minore a +10°C), poche precipitazioni e assente o quasi la vegetazione (tundra).

Occorre Sapere

L'**arcobaleno** è un fenomeno meteorologico che presenta i colori dell'iride e deriva dalla rifrazione e riflessione totale dei raggi del sole. I colori dell'arcobaleno sono rosso, arancione, giallo, verde, azzurro, indaco e violetto.
Il **cielo** ci appare di **colore azzurro** a causa della diffusione della luce solare nell'atmosfera, la cui composizione fa sì che prevalgano le radiazioni di questo colore.
Un'inversione del gradiente di temperatura atmosferica viene definite **inversione termica atmosferica**.

Per **condizioni atmosferiche**, generalmente, si intendono i valori di pressione, temperatura e umidità dell'atmosfera in un certo momento.
L'**aurora boreale** è il nome che assume lo spettacolare fenomeno dell'aurora polare quando si verifica nei cieli dell'emisfero settentrionale.
La **radioastronomia** è uno dei più potenti mezzi d'indagine del cosmo.
Per eliminare gli effetti deformanti dell'atmosfera terrestre si utilizzano i **satelliti artificiali**.
Il **tempo meteorologico** è lo stato dell'atmosfera in un dato istante.
Le **nubi nottilucenti** sono nubi cosmiche visibili solo dopo il tramonto, costituite da polveri di meteoriti.
Il forte riscaldamento di una massa d'aria che scende da un pendio procura l'**effetto fohn**.
L'**energia cinetica** del vento converte in energia elettrica l'energia eolica.
Perché possa **nevicare** è necessario che la temperatura degli strati d'aria vicini alla superficie sia talmente bassa da consentire ai fiocchi di neve di arrivare a terra senza sciogliersi in gocce d'acqua.
A quota 5500 metri sul livello del mare la **concentrazione di ossigeno** diminuisce (rispetto la quota zero) di circa il 50%.
Le **grotte** si formano generalmente da infiltrazioni d'acqua nel sottosuolo.
Il **dilavamento** è l'azione di erosione del suolo effettuata dall'acqua.
Per ottenere un orientamento preciso riguardo alla determinazione di un meridiano con una **bussola** occorre conoscere il valore della **declinazione magnetica**. Infatti la bussola è in grado di dirci dove si trovano i punti cardinali perché la Terra si comporta come un gigantesco magnete che orienta l'ago magnetico in direzione nord-sud.
Oltre ai 4 punti cardinali, sulla bussola può trovarsi indicata anche la posizione della **Rosa dei Venti**.
Navigando di **notte nel Mar Mediterraneo** in direzione della **stella polare** si sta procedendo verso **Nord**.
Dal momento che la Terra è sferica, man mano che il punto di osservazione si sposta verso **Sud**, la stella polare **si abbassa sull'orizzonte**.
Per un naufrago **senza aiuti tecnologici**, è più difficile stimare la propria **longitudine**.
In **Australia**, il 25 dicembre è **estate**.
Se ci troviamo in mare aperto o in una vasta pianura senza ostacoli, l'**orizzonte sensibile** è l'area che possiamo abbracciare con lo sguardo e che è sempre limitata da una linea circolare.
Il luogo più caldo della Terra è la **Valle della Morte** in California.
Il termine **dissesto idrogeologico** si riferisce a fenomeni di erosione o danneggiamenti dell'ambiente causati esclusivamente dalle dall'erosione dei mari.
La **zona temperata australe** è situata fra il Tropico del Capricorno e il Circolo Polare Antartico.
La zona delimitata sia dal Tropico del Cancro che da quello del Capricorno è la **zona intertropicale**.

2.8 Cartografia

Sin dai tempi antichi, l'uomo ha cercato di raffigurare graficamente il territorio conosciuto. Perciò le prime rappresentazioni erano rudimentali e riduttive. Man mano che si scoprivano nuovi territori, si ampliavano le carte geografiche finché, nel Rinascimento, con l'introduzione della bussola per la navigazione, venne introdotta la **cartografia**.
Un'ottima carta di tutte le regioni del pianeta allora conosciute fu prodotta dal matematico e geografo fiammingo Gerard Kremer, noto come **Mercatore** (1512-1594), che introdusse anche la parola atlante per indicare la raccolta delle carte: il termine prende spunto dal mitico gigante Atlante, che ha il mondo sulle sue spalle.

2.8.1 Carte geografiche

La **carta geografica** viene definita come una rappresentazione piana della superficie terrestre, che risulta approssimata, simbolica e ridotta. L'**approssimazione** è dovuta al fatto che la superficie sferica si adatta male allo sviluppo sul piano, pertanto le terre ed i mari rappresentati risulteranno alterati rispetto al reale. Il **simbolismo** interviene per snellire il disegno e facilitare la lettura della carta, mentre la **riduzione** è ovviamente legata alla necessità di rimpicciolire le dimensioni reali dei luoghi rappresentati. La riduzione si effettua con l'uso della **sca-**

la, definita come il rapporto tra la distanza di due punti sulla carta e nella realtà. Si utilizzano due tipi di scale: la scala numerica e la scala grafica.

Scala numerica è espressa da una frazione con al numeratore 1 e al denominatore la riduzione operata; per esempio, la scala 1: 50.000 indica che 1 cm sulla carta corrisponde a 50.000 cm nella realtà, cioè a 500 m. In base alla scala numerica le carte si dividono nei seguenti gruppi:

- **piante**, con scala da 1:1000 (rappresentano centri abitati, piazze e strade);
- **mappe**, con scala maggiore di 1: 10.000 (rappresentano proprietà rurali);
- **carte topografiche**, da 1: 10.000 a 1: 150.000 (rappresentano comuni e province);
- **carte corografiche**, da 1: 150.000 a 1: 1.000.000 (rappresentano regioni);
- **carte generali**, con scala da 1:1.000.000 a 1:100.000.000 (rappresentano vasti territori, come gli stati);
- **planisferi e mappamondi**, con scala sino a 150.000.000 (rappresentano l'intero pianeta).

L'insieme delle carte geografiche riguardanti tutto il mondo è detto **atlante**.

Nelle scale viene utilizzata anche la **scala grafica**, un segmento con tratti chiari e scuri lunghi 1 cm ciascuno, che riportano la riduzione nella carta stessa: se per esempio si tratta di una carta con scala 1: 250.000, 1 cm sulla carta equivarrà a 250 m nella realtà, perciò la scala grafica riporterà una serie di quattro segmenti di 1 cm che equivalgono ciascuno a 250 m nella realtà.

➤ Se in una carta geografica in scala 1:10000000 due città distano 5 cm, la distanza reale tra le due è 500 km.

Analizziamo i vari gruppi e, in base al contenuto, vengono solitamente distinte le carte generali (o normali), le carti speciali e le carte tematiche.

- Nelle **carte generali** sono rappresentate o le sole fattezze naturali, quali i fiumi, i laghi, le coste ecc. ("carte fisiche"), o gli aspetti umani, cioè i confini politici ed amministrativi, le città, le strade, le ferrovie ecc. ("carte politiche"), oppure entrambi i suddetti elementi ("carte fisico-politiche").
- Le **carte speciali**, invece, sono costruite per uno scopo preciso e richiedono generalmente un particolare tipo di proiezione. Tra queste, sono di grande utilità soprattutto: le "carte idrografiche", che comprendono le "carte marine", in cui sono rappresentati i mari e le coste, le "carte nautiche", necessarie alla navigazione marittima; le "carte idrografiche continentali", relative alle acque (fiumi, laghi) distribuite sulle terre emerse; le "carte aeronautiche", usate per la navigazione aerea; le "carte isoipse" in cui le curve di livello uniscono tutti i punti di eguale quota.
- Le **carte tematiche**, infine, mettono in risalto uno o pochi aspetti fisici, biologici, antropici ed economici. Così, ad esempio, si hanno le "carte geomorfologiche", che rappresentano le forme del terreno e la loro genesi; le "carte climatiche", relative alla distribuzione dei diversi climi; le "carte della vegetazione", che indicano il tipo di copertura vegetale presente nella porzione di superficie terrestre raffigurata.

Sezione VIII
Informatica

Capitolo 1
Tecnologie dell'Informazione e della Comunicazione

Data la crescente importanza che l'uso del computer riveste nella nostra società ed in qualsiasi attività, spesso le prove di ammissione prevedono alcuni quesiti volti a verificare le conoscenze informatiche dei candidati. Si tratta in genere di domande che non richiedono particolari conoscenze approfondite ma un po' di dimestichezza con i sistemi operativi più diffusi, i programmi con maggiori applicazioni nelle attività lavorative, i più importanti strumenti di comunicazione. Ci è sembrato dunque sufficiente ai nostri scopi inserire una breve introduzione ai principali argomenti di informatica e un glossario dei termini più frequentemente utilizzati in questo campo.

1.1 Concetti generali

Un computer è costituito da una serie di elementi elettronici e non, in grado di interagire con utenti umani o altri computer al fine di elaborare dati e fornire risultati, che in linea di massima sono rappresentati da immagini, stampati, suoni o quant'altro abbia significato per l'uomo. **Computer** vuol dire *calcolatore* e infatti la funzione vera e propria di un computer è proprio quella di calcolare ovvero di coordinare tutte le componenti che lo costituiscono, elaborando i dati che vengono immessi e fornendo all'esterno il risultato delle elaborazioni, il tutto grazie a una sorta di cervello che si indica col nome di **CPU** (*Central Processing Unit*).
Si è detto che un computer è costituito da elementi elettronici e non. In primo luogo bisogna distinguere tra **hardware** che indica l'insieme degli elementi che costituiscono la parte fisica del computer (circuiti elettrici ed elettronici, cavi, supporti ecc.) e **software** che rappresenta l'insieme dei programmi che stabiliscono le procedure di funzionamento e rendono possibili le funzioni di calcolo.

1.1.1 La CPU

L'unità centrale di elaborazione, nota anche come **microprocessore**, è un insieme di circuiti elettronici in grado di effettuare a una velocità molto elevata operazioni con i numeri. Più precisamente, tutto il funzionamento del computer, si basa su un tipo di aritmetica che prende il nome di **aritmetica binaria**, in cui ogni numero viene rappresentato mediante una sequenza di simboli 0 e 1, il **Bit** (Binary digIT). Un insieme di 8 bit viene definito **Byte** (*BinarY ocTEt*). La velocità di un microprocessore si misura in gigahertz.

1.1.2 Tipi di computer

A seconda della potenza e dell'utilizzo esistono diverse tipologie di computer:

- *Personal computer*, grazie al progresso e all'abbassamento dei costi sono diventati molto comuni nelle case e negli uffici di tutto il mondo. Sono noti con l'acronimo **PC** o anche col termine **desktop PC** e sono ormai usati per ogni tipo di scopo: elaborazione testi, contabilità, grafica, design, utilizzi ludici, multimediali, ecc.
- *Laptop*, sono i cosiddetti PC portatili, di dimensioni ridotte, integrano in poco spazio periferiche di solito ingombranti come monitor e tastiera. I nuovi modelli hanno anche webcam e microfoni incorporati per scopi multimediali e di comunicazione. Essi sono altresì noti col termine **notebook**;
- *Netbook*, si tratta di particolari tipi di laptop di dimensioni e prestazioni più ridotte, adatti principalmente alla navigazione su Internet;
- *Tablet PC*, sono particolari computer portatili costituiti da un unico monitor *touchscreen* (schermo tattile) molto maneggevole e pratico;
- *Palmari*, si tratta di computer di dimensioni e prestazioni molto ridotte, noti anche come **PDA**.
- *Smartphone*, si tratta di telefoni cellulari con funzionalità avanzate tipiche di un vero e proprio computer (possono essere considerati come una sorta di PDA evoluti).

1.2 Hardware

Dispositivi periferici di Input/Output, memoria centrale, CPU e tutte le altre componenti ad essi collegati costituiscono l'**Hardware**. Con tale termine si indica tutto ciò che è correlato agli elementi elettronici di un computer e spesso questo vocabolo viene usato anche in contesti più ampi (es.: avere un problema di natura hardware vuol dire che si è verificato un guasto ad una delle componenti elettroniche del calcolatore).

1.2.1 Componenti Hardware

Scheda madre

Tutte le componenti sono collegate attraverso una componente hardware fondamentale di un PC: la *scheda madre* (o *mainboard*). Essa è costituita da una serie di alloggiamenti dove vengono montati fisicamente la CPU, le memorie principali e secondarie, le periferiche di input e quelle di output.

Memorie

Col termine Memoria si indicano genericamente diversi tipi di dispositivi di memorizzazione, con sostanziali differenze. Le memorie vengono suddivise nelle seguenti categorie:

- **Memoria RAM**, (l'acronimo RAM deriva dall'inglese *Random-Access Memory* ossia Memoria ad accesso casuale) definita anche **memoria principale,** fisicamente è un piccolo circuito rettangolare che va installato sulla scheda madre. La RAM è la memoria dove vengono conservati i dati in corso di elaborazione (i documenti aperti) e le istruzioni del programma in esecuzione, per cui si tratta di una memoria *temporanea* che cancella il suo contenuto completamente quando si spegne il computer. La CPU può accedervi in un punto a caso e prelevare o depositare un dato elaborato o ancora da elaborare;
- **Memoria ROM**, è una memoria permanente di sola lettura (*Read Only Memory*) ed è usata dalla CPU per prelevare le istruzioni che stabiliscono cosa fare all'accensione del PC (che altrimenti rimarrebbe inutilizzabile). Queste istruzioni costituiscono un software ben preciso che prende il nome di **BIOS** (*Basic Input Output System*), che in realtà è configu-

rabile secondo le esigenze dell'utente (di solito un utente esperto). A differenza della memoria RAM, la ROM non perde il suo contenuto una volta spento il PC;

- **Memorie di massa** sono usate per conservare i dati anche dopo lo spegnimento del PC e spesso hanno dimensioni molto ridotte tali da essere portate con sé per avere dati importanti sempre a portata di mano. Tra le Memorie di massa ricordiamo:
  - l'*Hard disk*, costituito da una scatola metallica contente i supporti su cui avviene la scrittura e la lettura dei dati. Esso è chiamato anche **disco rigido** o **disco fisso**. La sua capacità si misura in Gigabyte ovvero miliardi di byte;
  - il *DVD-ROM* e il *CD-ROM*, supporto su cui è possibile la sola lettura dei dati, in quanto la scrittura va fatta con dispositivi appositi chiamati **masterizzatori**. Ha una capienza di alcuni miliardi di byte di MB per i CD ad alcune migliaia di MB per i DVD e la comodità è rappresentata dal fatto che questi supporti sono letti in maniera universale da qualsiasi dispositivo di lettura DVD-ROM, per cui sono memorie di massa portatili;
  - il *BD-ROM*, noto come ***blu ray disc***, è l'evoluzione dei DVD ed ha capacità notevolmente più ampie. Come per i CD-ROM e i DVD-ROM necessita di apposite periferiche per la lettura e appositi masterizzatori per la scrittura dei dati, anche se ormai ci sono periferiche "ibride" ovvero con le attitudini di lettura e masterizzazione insieme;
  - la *Memoria USB* (anche nota come ***USB flash drive***), è memoria di massa dalle dimensioni molto ridotte (pochi centimetri) in grado di memorizzare anche enormi quantità di dati, per poi essere trasportate in maniera agevole in modo da avere sempre con sé i propri dati;
  - il *Floppy* disk, memoria dalla capacità estremamente ridotta, ormai caduto in disuso anche per i tempi di accesso notevolmente più lunghi rispetto alle altre memorie presenti oggi sul mercato.

L'unità più piccola memorizzabile su di una memoria è il byte, ma sulle memorie di massa, le informazioni, le istruzioni che la CPU deve elaborare e i risultati delle elaborazioni sono memorizzate sottoforma di file ovvero insiemi di byte preposti al medesimo scopo o contenenti le istruzioni da far eseguire alla CPU per ottenere il funzionamento di un software. Pertanto per poter memorizzare un file di una determinata dimensione è necessario che la memoria apposita sia sufficientemente capiente. **Le moderne memorie hanno capienza di miliardi di byte** poiché il progresso ha consentito di localizzare in spazi ridotti l'enorme mole di informazioni richiesta dai software sempre più sofisticati. Per quantificare grosse quantità di byte, nell'indicare la capienza di una memoria è bene utilizzare dei multipli del byte, così come si fa per i metri (km) o i grammi (kg). Il primo multiplo del byte è il **kilobyte (KB)** che indica 1024 byte (non 1000 come avviene per i grammi e le altre unità di misura). Gli altri multipli usati sono il **Megabyte (MB)** che equivale a 1024 KB e quindi a 1024^2 Byte, il **Gigabyte (GB)** equivalente a circa un miliardo di byte e il **Terabyte(TB)** pari circa a mille miliardi di byte.

Periferiche I/O

Abbiamo parlato di dispositivi di I/O (input-output), noti anche come periferiche, che hanno la funzione di interagire con l'utente. Questo tipo di interazione può avvenire in due "sensi" dal computer verso l'utente, come risposta alle elaborazioni richieste, o viceversa, relativamente ad un'immissione dati da parte dell'utente verso il computer: nel primo caso parliamo di **output**, nel secondo si tratta di **input** e pertanto le periferiche in questione potranno essere definiti **dispositivi di input** e **dispositivi di output** (esistono anche alcuni casi in cui una stessa periferica svolga entrambe le funzioni). Le periferiche di Input sono:

- *Tastiera*, che permette l'inserimento di caratteri qualora il software lo richieda;
- *Mouse*, si tratta di un piccolo dispositivo dalla forma più o meno ovale il cui movimento da parte dell'utente viene trasferito al **puntatore** un elemento grafico presente nei software più moderni;
- *Touchpad*, ha la stessa funzione del mouse ma il movimento del puntatore è provocato dal passaggio di un dito su una superficie piana;
- *Scanner*, consente l'acquisizione di immagini cartacee per renderle disponibili a determinati software in grado di elaborarle per gli scopi più disparati.

Altre periferiche di input sono il *microfono* con evidente funzione per la digitalizzazione di audio e la *webcam*, una telecamera dalle dimensioni estremamente ridotte, in grado di acquisire immagini video dell'utente che la utilizzi.
Tra le varie periferiche di Output ricordiamo:
- *Monitor* – Molto simile ad un televisore, è il dispositivo che mostra in maniera visiva le caratteristiche di natura grafica e multimediale dei software. Si basano sulle stesse tecnologie dei televisori per cui le dimensioni vengono misurate in pollici ed esistono monitor a tubo catodico (ormai obsoleti) ed LCD (*Liquid Crystal Display*). Per funzionare il monitor deve essere collegato ad un dispositivo particolare chiamato **scheda video** o **adattatore grafico** ed ha la funzione di "tradurre" in immagini le informazioni elaborate dalla CPU.
- *Stampante* – Ha il compito di trasferire su carta i dati elaborati dai software e in base alla tecnologia utilizzata si distinguono per velocità e per qualità di stampa. Tra le varie stampanti ricordiamo:
  - *Stampanti laser*
  - *Stampanti a getto d'inchiostro*
  - *Stampanti a sublimazione*
- *Altoparlanti* e *cuffie*, hanno la funzione di riprodurre suoni e, come il microfono, sono collegati alla **scheda audio**, un dispositivo in grado di *digitalizzare* (codificare in bit) i suoni.

Porte di comunicazione
Le periferiche e le memorie comunicano con la CPU attraverso delle **porte di comunicazione** a cui si collegano fisicamente mediante connettori. Esse si distinguono in base al tipo di tecnologia e alla velocità di trasmissione dei dati. Tra queste ricordiamo:
- *Porta USB*, molto diffusa, permette di collegare la maggior parte delle periferiche e di alcune memorie di massa. È una tecnologia che consente un'elevata velocità di passaggio di dati nell'unità di tempo (di solito si misura in B/s, byte al secondo o con i multipli KB/s e MB/s);
- *Porta seriale*, è una porta per lo scambio dei dati attraverso la quale i bit sono trasmessi in serie uno alla volta. Ha una velocità molto ridotta ed è ormai caduta in disuso quasi completamente;
- *Porta parallela*, a differenza della porta seriale, attraverso la porta parallela i bit vengono trasmessi in "parallelo", contemporaneamente su più conduttori alla volta. Un tempo era molto usata per collegare stampanti, ma adesso è stata soppiantata dalla più veloce porta USB;
- *Porta Ethernet*, attraverso questa porta si collegano i computer tra di loro realizzando delle reti di PC, che affronteremo nei prossimi paragrafi.
- *Porta Firewire*, è un tipo di porta spesso nota anche col nome del suo standard: **IEEE 1394**. Permette trasferimenti di dati ad alta velocità, ed è molto usata per acquisire filmati da telecamere o come interfaccia per collegare memorie di massa esterne.

1.3 Software

Come abbiamo accennato, un software è un insieme di istruzioni che la CPU elabora per svolgere un determinato compito. I software sono scritti dai programmatori attraverso un **linguaggio di programmazione**, una sorta di codice noto al programmatore che viene successivamente tradotto in **linguaggio macchina**, la lingua della CPU, che può quindi eseguire le istruzioni del programma secondo le direttive del programmatore. In base alla funzione esistono diversi tipi di software:
- *Software di sistema*
- *Software applicativo*
- *Software multimediale.*

1.3.1 Software di sistema
Quando un PC viene avviato, la CPU è istruita sul da farsi dalle istruzioni contenute nella memoria ROM. Una volta esaurito il compito della ROM, il controllo passa ad un software detto **sistema operativo** (o software di sistema) che ha le seguenti funzioni principali:
- gestire la memoria e il flusso dati tra la CPU e le altre periferiche di sistema;
- garantire l'interazione uomo macchina attraverso una interfaccia grafica detta **GUI** (Graphical User Interface) o attraverso una interfaccia di tipo testuale;

Oggi sono presenti molti sistemi operativi tra cui vale la pena ricordare:
- Microsoft Windows 7 e versioni precedenti come Vista, XP, 98 e 95
- Linux
- FreeBSD
- MacOS
- MSDOS

I moderni sistemi operativi forniscono tutti una interfaccia grafica che facilita di molto l'interazione con l'utente. Un tempo, infatti, i comandi durante l'utilizzo di un PC erano inseriti in una interfaccia testuale molto primitiva che complicava di molto l'uso del PC, rendendolo uno strumento per pochi. Una interfaccia di tipo grafico, invece, facilita notevolmente il lavoro poiché tutte le operazioni si basano su simboli grafici (icone e finestre) anche accattivanti, di utilizzo senza dubbio più semplice.

1.3.2 Software applicativo e multimediale
Per operazioni specifiche l'utente ha a disposizione una serie di **software applicativi** in grado di svolgere i compiti più disparati, che non sono compresi nel sistema operativo, ma vengono invece installati dall'utente. Di solito ogni software svolge una determinata funzione tra cui:
- *Elaborazione testi* – **Microsoft Word** e **Write** di OpenOffice.org;
- *Programmi di foglio elettronico* – **Microsoft Excel** e **Calc** di OpenOffice.org;
- *Gestione di database* – **Microsoft Access** e **Base** di OpenOffice.org;
- *Applicativi per presentazioni* con diapositive – **Microsoft PowerPoint** e **Impress** di OpenOffice.org;
- *Programmi per navigare in Internet e gestire la posta elettronica* – **Microsoft Explorer 8** e **Mozilla Firefox** per navigare e **Microsoft Outlook** e **Mozilla Thunderbird** per la posta elettronica.

Sono ugualmente degli applicativi anche i programmi antivirus e i programmi per la compressione dei file. L'elenco potrebbe essere infinito, poiché esistono anche i cosiddetti **software multimediali** come quelli per il fotoritocco, la grafica tridimensionale, il montaggio audio/video, l'editoria elettronica ecc.

1.3.3 Diritto d'autore e licenze d'uso

In seguito all'emanazione del *decreto legislativo 518/92*, la vecchia legge 633/41 sul diritto d'autore è stata estesa anche alla tutela dei software, esprimendo quali siano gli usi consentiti del programma e i diritti di chi detiene il **copyright**, analogamente a quanto avviene nel campo dell'editoria, nell'industria delle etichette discografiche e nel mercato delle opere audiovisive in genere. Le norme degli ultimi anni, quali il decreto-legge 22 marzo 2004, n. 72 convertito poi nella *legge 21 maggio 2004 n. 128*, contrasta anche la diffusione abusiva per via telematica di materiale audiovisivo protetto dal diritto d'autore (musica e film).

Un fenomeno purtroppo abbastanza diffuso è proprio l'utilizzo di **software pirata**. Questo concetto si riferisce al fatto di usare software commerciali senza averli pagati, forzando eventuali protezioni create per scongiurare questo tipo di utilizzo. Questa pratica, oltre ad essere assolutamente illegale e punita dalla legge, è anche poco sicura in quanto dietro ai software pirata si possono nascondere insidie quali virus e malware in genere, programmi nocivi in grado di danneggiare il sistema di chi li usa.

Quando si acquista un CD di istallazione software esso è sempre accompagnato da un documento legale, una licenza d'uso; per utilizzare un software, è richiesta l'accettazione di tale contratto di licenza, spesso definito **EULA** (*End User License Agreement*) che regola le modalità con cui l'utente si impegna a usare il software e le responsabilità sia dell'utente che del produttore del software. Solitamente l'EULA è legato ai software a pagamento (in questo caso si parla di licenze per **software proprietario**), ma talvolta è impiegato anche per i software gratuiti, scaricabili ad esempio da Internet, dal momento che si tratta di un semplice contratto di licenza in cui si stabilisce cosa devono o possono fare rispettivamente il produttore e l'utente finale.

A seconda della tipologia di licenza, i software gratuiti, vengono distinti in **freeware**, che possono essere copiati e usati liberamente, e **shareware** dati "in prova" gratuita per un periodo di tempo limitato superato il quale se l'utente è soddisfatto e vuole continuare a usare il prodotto, deve acquistarlo. Tra le licenze che prevedono l'uso gratuito del software, la più diffusa è la ***GNU** General Public License*, la quale prevede che il software sia liberamente utilizzabile ed eventualmente modificabile, purché lo si ridistribuisca con le modifiche apportate.

1.3.4 Realizzazione di un software

Per realizzare un software occorrono dei **programmatori** che attraverso un linguaggio di programmazione, successivamente tradotto in un secondo linguaggio compreso dalla CPU, il **linguaggio macchina**, creano il programma che svolga le funzioni desiderate.

Scrivere un software prevede una serie di passi preliminari:

- Studio di fattibilità e analisi
- Progettazione
- Programmazione
- Implementazione
- Test
- Revisione e manutenzione

Tralasciando i primi punti, passiamo subito alla scelta del linguaggio di programmazione, che fondamentalmente dipende soprattutto dalle preferenze del programmatore oltre che dal tipo di software che si intende creare.
Per indurre la CPU a fare ciò che si desidera è necessario un linguaggio di programmazione che in base alla "vicinanza" al linguaggio macchina in cui viene successivamente tradotto si distingue in **linguaggio di alto livello** e **linguaggio di basso livello**: i primi hanno una sintassi più comprensibile a quella dell'uomo, mentre quelli di basso livello sono più complessi e vicini al linguaggio macchina. Tra i linguaggi di alto livello ricordiamo:
- BASIC
- PASCAL
- COBOL
- C
- C++

E i più recenti:
- Visual Basic
- Delphi
- C#
- Java
- Visual C++

Il C e il C++ in particolare, sono spesso considerati linguaggi di livello più basso rispetto agli altri linguaggi di alto livello, poiché permettono di accedere anche a livelli più vicini a quelli della macchina.
Tra i linguaggi di basso livello ricordiamo il più noto, l'*assembly*, tanto complesso quanto potente.

1.3.5 Algoritmi

Scrivere un programma comporta la risoluzione di una serie di piccoli problemi, attraverso una *sequenza finita di istruzioni*, univocamente interpretabili, che consente, appunto, all'esecutore di portare a termine un compito specifico. Questa sequenza finita di istruzioni è definita **algoritmo** ed è uno dei fondamenti su cui si basa la programmazione. Possiamo definire un algoritmo anche una semplice operazione di tutti i giorni che non riguardi il mondo dei computer, come ad esempio prepararsi un caffè. Un'operazione come riempire una moka, può essere scomposta, infatti, in vari passi elementari fino a costituire un algoritmo. si preferisce utilizzare un sistema grafico chiamato **diagramma di flusso** per schematizzare un algoritmo in maniera visuale.

1.4 Struttura di Microsoft Word 2007

Col termine **videoscrittura** si intende la redazione di un testo attraverso un apposito software applicativo che ne consente la stesura su un foglio virtuale, permettendone la correzione e la formattazione tipografica, prima di procedere alla stampa definitiva su carta. Tra i vari programmi di videoscrittura (in inglese *word processor*, ossia "elaboratori di testo") presenti sul mercato, senza dubbio il più diffuso è **Microsoft Word** disponibile per i sistemi operativi Windows e Macintosh.

Word 2007, insieme ad Excel 2007, Access 2007 e PowerPoint 2007, fa parte di un pacchetto software chiamato **Office 2007**. Tutti i software del pacchetto Office si somigliano molto dal punto di vista dell'interfaccia grafica peraltro molto semplificata rispetto alle versioni precedenti.

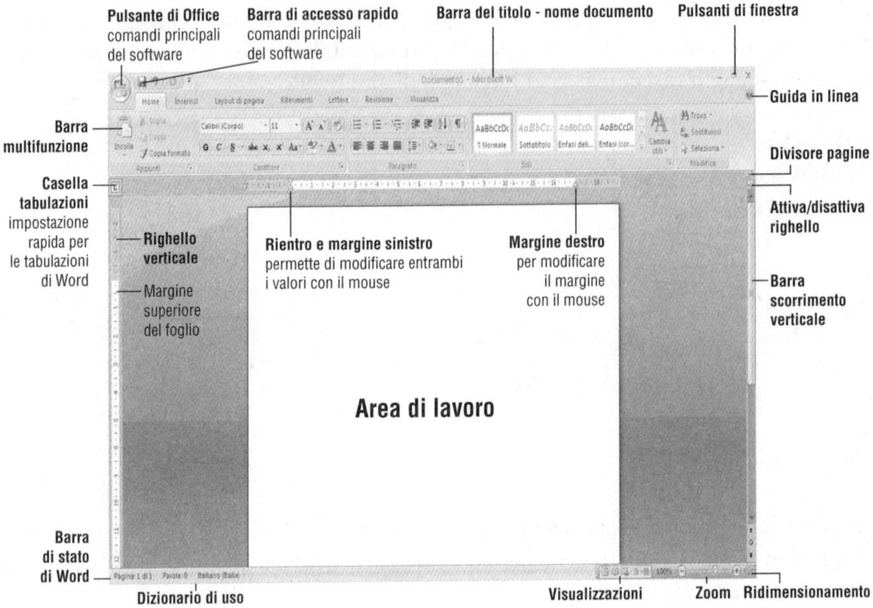

Figura 1.1 *Interfaccia di Word 2007.*

Tali software presentano un'interfaccia grafica caratterizzata da una **barra multifunzione** (Fig. 1.2), costituita da **Schede** (Home, Inserisci, Layout di pagina ecc.), suddivise a loro volta in **Gruppi** (Appunti, Carattere, Paragrafo ecc.), con lo scopo di distribuire in maniera coerente i vari **pulsanti comando** (Incolla, Taglia, Copia ecc.) presenti che consentono l'esecuzione di un comando o la visualizzazione di un menu di comandi.
Se ci si sofferma col puntatore del mouse su ogni pulsante comando, senza effettuare alcun clic, appare, dopo alcuni secondi, un piccolo riquadro che riassume la funzione del pulsante in questione.

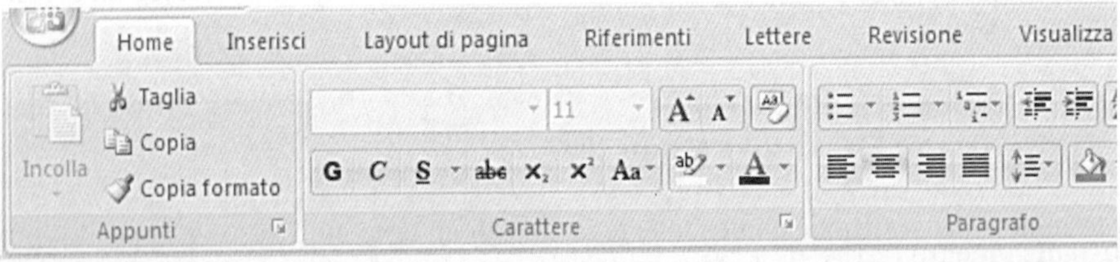

Figura 1.2 *Barra multifunzione.*

In ogni momento è possibile accedere a una Guida in linea di Word attraverso il tasto F1 o cliccando sul punto interrogativo posto in alto a destra.

In alto a sinistra è presente, innanzitutto, il **pulsante di Office** che consente di accedere a funzioni di base.
Procedendo verso destra troviamo la **barra di accesso rapido**,  che contiene, procedendo da sinistra verso destra, un pulsante per salvare il documento a cui si sta lavorando e i due pulsanti, uno per annullare le ultime operazioni effettuate (in caso di errore) e l'altro per ripristinare le azioni annullate.

1.4.1 Operazioni di base

Dal pulsante di Office è possibile accedere a un **menu** (Fig. 1.3) dal quale selezionare la voce che permette di effettuare una delle quattro procedure principali; ognuna di esse può essere eseguita anche direttamente da tastiera senza usare il mouse attraverso una combinazione particolare di tasti (indicata in parentesi accanto a ogni operazione), ottenuta premendo tali tasti contemporaneamente.

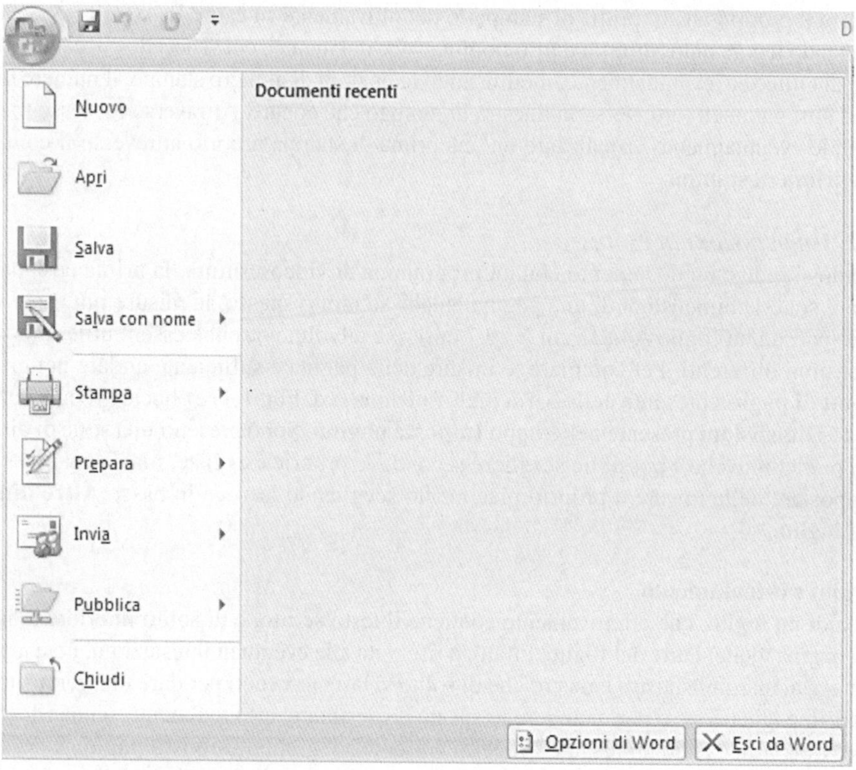

***Figura 1.3** Finestra del menu dal Pulsante Office.*

Nuovo documento (ctrl + n)

Scegliendo la voce **Nuovo** dopo aver cliccato il pulsante di Office, si apre una finestra di dialogo Nuovo che ci consente di scegliere se aprire un modello predefinito, quali lettere, fax, volantini, brochure, biglietti da visita ecc., o semplicemente un documento vuoto, costituito da una semplice pagina bianca.

Apertura di un documento (ctrl + F12)
La voce **Apri** consente l'apertura di una finestra di dialogo da dove è possibile scegliere un file salvato in precedenza, a cui si intende lavorare nuovamente.

Salvataggio (maiusc + F12)
L'operazione di salvataggio prevede una procedura simile all'apertura di un file: selezionando la voce **Salva** si sceglie una unità e una cartella su cui memorizzare il file e si procede al salvataggio. Una volta salvato il lavoro con questa procedura, la finestra di dialogo non si aprirà più a un successivo clic su questa voce, ma il lavoro sarà salvato sempre sul file scelto in precedenza. Se si desiderasse salvare il proprio lavoro su un altro file, allora sarà necessario scegliere la voce successiva: **Salva con nome**.

Stampa (ctrl + maiusc + F12)
La comodità di un programma di videoscrittura sta proprio nella possibilità di correggere e rivedere il proprio lavoro prima di stamparlo definitivamente su carta. La stampa avviene selezionando il comando **Stampa** dall'omonima voce del menu a cui si accede cliccando il pulsante di Office ed, eventualmente, modificando le opzioni di numero stampe, il numero di copie ed altri parametri attraverso la finestra di dialogo che appare. Attraverso lo stesso menu è possibile eventualmente visualizzare un'anteprima di stampa proprio attraverso il comando **Anteprima di stampa**.

1.4.2 Impostazioni di pagina
Quando si redige un documento con un programma di videoscrittura, la prima cosa da impostare sono le dimensioni di una pagina, anche se molto spesso, le misure più usate sono quelle pari ad un foglio A4 (21 cm × 29,7 cm), ma talvolta potrebbe essere utile impostare dimensioni differenti. Per cambiare le misure della pagina è sufficiente andare nel gruppo **Layout di pagina** presente nella barra multifunzione (vd. Fig. 1.1) e cliccare il pulsante comando **Dimensioni** presente nel gruppo **Imposta pagina**. Sono presenti una serie di dimensioni predefinite che è possibile scegliere secondo le proprie esigenze, ma è anche possibile impostare delle misure a proprio piacimento scegliendo la voce in basso **Altre dimensioni foglio**.

Margini e orientamento
L'area di un foglio, che effettivamente contiene il testo scritto, è di solito inferiore a quello della pagina totale. Parte del foglio, infatti, è riservata alle eventuali intestazioni, note a piè di pagina, e ai margini sinistro e destro che di solito si lasciano vuoti per dare una certa simmetria all'impaginazione o per includere lo spazio da destinare, eventualmente, a una rilegatura successiva. Utilizzando il pulsante **Margini** presente nel gruppo **Imposta pagina** è possibile modificare le dimensioni dei margini, delle intestazioni e del piè di pagina. Nello stesso gruppo è presente anche il pulsante Orientamento grazie al quale si può modificare l'orientamento del foglio.

1.4.3 Scrittura
L'utilizzo di un programma come Microsoft Word consente di aggiungere foto o disegni al testo, applicare particolari stili di formattazione (abbellimenti grafici o enfasi del testo come l'uso del grassetto e del corsivo), curare l'aspetto grafico dell'impaginazione prima di stampare il documento.

Formattazione

Un testo può essere scritto utilizzando diversi tipi di carattere, contraddistinti da stili grafici di diverso tipo, che prendono il nome di **font**. La scelta del font dipende dal gusto dell'utente, ma anche dalle sue esigenze. Per scegliere un tipo di carattere, il suo colore ed eventuali stili come il grassetto o il corsivo, è possibile far riferimento al gruppo **Carattere** della scheda **Home** (Fig. 1.4).

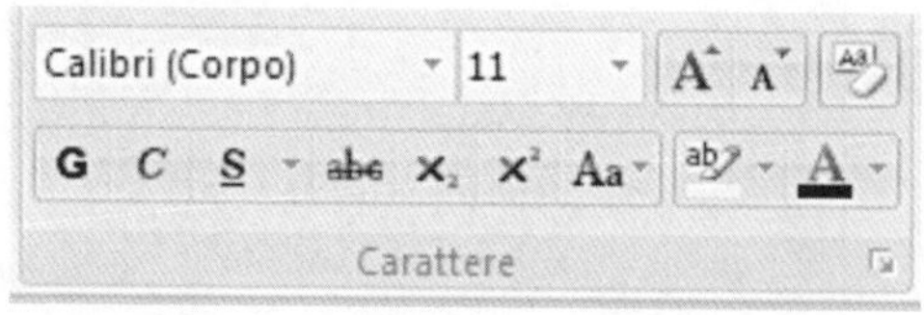

Figura 1.4 *Gruppo carattere per la formattazione del testo.*

Nella figura, partendo dall'alto e procedendo verso destra, si incontrano le caselle in cui impostare il tipo di font (tra cui i più noti sono: Arial, Times New Roman, Verdana, Calibri, ecc.), la dimensione dei caratteri, (inserendone il valore desiderato o utilizzando i pulsanti raffiguranti due lettere "A" di dimensioni differenti, per ingrandire o rimpicciolire il carattere) e un pulsante per eliminare ogni stile di formattazione precedentemente applicato. In basso, infine, sono presenti i comandi per gli stili **grassetto**, **corsivo** e **sottolineato**.
Ogni impostazione di formattazione è applicata al testo inserito subito dopo l'applicazione dell'impostazione. Per modificare la formattazione di testo già inserito, è necessario selezionarlo posizionandosi col puntatore del mouse sulla prima parola da includere nella selezione e, tenendo premuto il tasto sinistro del mouse, si sposta il puntatore in modo da includere tutte le parole successive che si desidera selezionare. Il testo selezionato viene evidenziato da una striscia colorata di solito in azzurro. Una volta selezionato il testo, si può applicare una qualsiasi impostazione di formattazione, secondo le proprie esigenze.

Allineamento

L'allineamento si riferisce alla posizione assoluta che occupa il testo all'interno di una pagina. È possibile impostare un allineamento a sinistra o a destra, centrare il testo o giustificarlo in modo che risulti equidistante da entrambi i margini. Per impostare l'allineamento è possibile utilizzare gli appositi pulsanti  contenuti nel gruppo **Paragrafo** della scheda **Home**.

Elenchi puntati e numerati

I primi due pulsanti del gruppo **Paragrafo** della scheda **Home** consentono di inserire un elenco puntato o un elenco numerato.

Spaziatura e interlinea

Rimamendo sempre all'interno del gruppo **Paragrafo** il pulsante indicato nella figura 1.5 ci consente di impostare l'interlinea del paragrafo, ovvero, la distanza tra due righe consecutive.

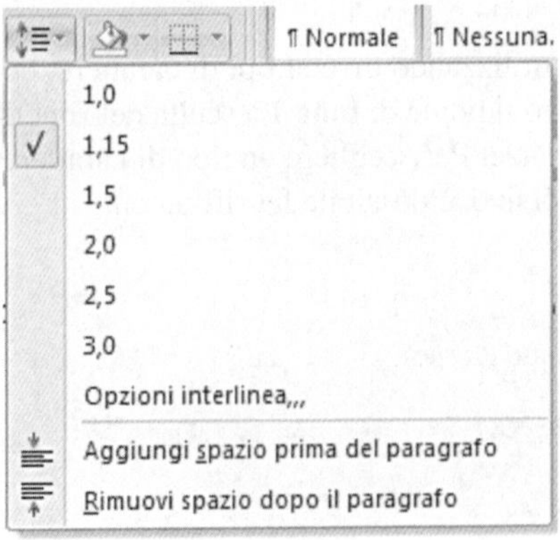

Figura 1.5 *Interlinea.*

Copia, incolla e taglia

È possibile selezionare il testo, copiarlo in memoria al fine di ricopiarlo in un altro punto del foglio o addirittura in un altro documento.

L'operazione in questione viene definita in gergo "copia e incolla" proprio perché consente di copiare e "incollare" il testo in un altro punto.

Se si desiderasse cancellare il testo copiato, prima di incollarlo altrove, allora è possibile effettuare un "taglia e incolla" (o spostamento del testo).

I pulsanti destinati alla funzione di copia, taglia e incolla sono presenti nel gruppo **Appunti**, della scheda **Home** (vd. Fig. 1.1) e sono disattivati a meno che non si selezioni del testo con la procedura indicata precedentemente.

Intestazioni, piè di pagina e numeri di pagina

In precedenza avevamo parlato delle dimensioni dei margini (superiore e inferiore) che possono ospitare intestazioni e note a piè di pagina.

Figura 1.6 *Intestazioni e piè di pagina.*

L'inserimento di testo nell'intestazione, nel piè di pagina o un semplice inserimento dei numeri di pagina è possibile attraverso i pulsanti comando presenti nel gruppo **Intestazione e piè di pagina** della scheda **Inserisci** (Fig. 1.6).

I pulsanti indicati in figura permettono l'inserimento e la scelta dello stile delle intestazioni, dei piè di pagina o del numero di pagina, nonché la posizione desiderata di questi ultimi (al centro, in basso, in alto, ecc.).

Inserimento di oggetti e di tabelle

Un testo scritto con Microsoft Word 2007, può essere arricchito con immagini, diagrammi, grafici ed altri elementi che generalmente vengono raggruppati nella categoria "oggetto".

Tali elementi possono essere inseriti dal gruppo **Illustrazioni** presente nella scheda **Inserisci** nel quale vi sono cinque pulsanti comando: **Immagine**, **ClipArt**, **Forme**, **SmartArt** e **Grafico**. Cliccando il primo pulsante si apre una finestra di dialogo dalla quale è possibile scegliere la posizione del file immagine che si desidera inserire.

La figura viene quindi inserita a partire dalla posizione corrente del cursore e selezionandola con un clic, si può deciderne l'allineamento con i comandi già illustrati.
Per quanto riguarda l'inserimento di forme, la selezione del pulsante *Forme*, consente l'apertura di un menu a tendina che raccoglie forme di diverso tipo quali frecce, decorazioni, diagrammi di flusso, ecc.
Una volta scelto il disegno desiderato con un clic del mouse, è possibile inserirlo nel proprio testo tenendo premuto il tasto sinistro del mouse e trascinando il puntatore, finché la forma abbia assunto le dimensioni richieste.

***Figura 1.7** Inserimento oggetti.*

Per inserire, invece, una tabella è necessario cliccare il pulsante comando **Tabella** del gruppo **Tabelle** presente nella scheda **Inserisci**.
Il sottomenu che appare consente di scegliere le dimensioni della tabella da inserire (colonne e righe) agendo sulla griglia raffigurata o attraverso la voce **Inserisci tabella**, grazie alla quale è possibile stabilire le caratteristiche che deve avere la tabella attraverso al finestra di dialogo che appare.

Inserimento simboli
Talvolta può essere necessario inserire caratteri o simboli non ottenibili normalmente attraverso la tastiera.
Per ovviare a questo problema, si può utilizzare la funzione di inserimento simboli presente nel gruppo **Simboli** della scheda **Inserisci**: cliccando sul pulsante comando **Simbolo** si può inserire un carattere speciale comune, presente nella finestra a tendina che si apre, oppure, si può scorrere l'ampio elenco di caratteri speciali a disposizione, cliccando la voce **Altri simboli**.

Interruzioni di pagina
Quando si scrive un testo, Word 2007inserisce automaticamente una nuova pagina nel momento in cui lo spazio disponibile su quella corrente è terminato (in base alle dimensioni della pagina impostate).
Se invece si desidera terminare la pagina corrente e continuare a scrivere in un'altra pagina, pur essendoci ancora spazio, è possibile inserire una **Interruzione di pagina** cliccando il pulsante comando omonimo nel gruppo **Pagine** della scheda **Inserisci**.
La procedura corretta per ottenere una nuova pagina è quella appena illustrata; raggiungere la pagina successiva inserendo una serie di righe vuote (attraverso il tasto **INVIO**) è assolutamente da evitare, poiché equivarrebbe ad inserire una serie di paragrafi vuoti, falsando la struttura del documento!

1.4.4 Altre funzioni
Oltre ai semplici strumenti legati alla scrittura del testo, Word 2007 fornisce anche comodi strumenti di revisione tra cui:

- ***Controllo ortografia*** (comando presente nel gruppo **Strumenti di correzione**, scheda **Revisione**) con cui si controlla l'ortografia e la forma grammaticale del proprio documento, secondo le regole della lingua impostata;
- ***Thesaurus*** (comando presente nel gruppo **Strumenti di correzione**, scheda **Revisione**), strumento utile per il suggerimento di sinonimi o contrari durante la scrittura;
- ***Trova e sostituisci*** (presente nella scheda **Home**, gruppo **Modifica**) funzione rapida con cui si cerca una parola o un'espressione all'interno del proprio documento e, se presente, è possibile anche sostituirla automaticamente con altre parole o espressioni per tutte le corrispondenze trovate. La finestra di dialogo della funzione **Trova**, presenta una sola casella in cui inserire la parola (o l'espressione) da cercare. La finestra di dialogo della funzione **Sostituisci**, invece, presenta due caselle: nella prima si inserisce ciò che intendiamo cercare e nella seconda, i caratteri o le parole con cui si desidera sostituire l'espressione indicata nella prima casella.

COMANDI PER SCELTE RAPIDE IN WORD	
Combinazioni tastiera	**Operazioni**
Ctrl + G	Attivare o disattivare la formattazione del testo in grassetto
Ctrl + I	Attivare o disattivare la formattazione del testo in corsivo
Ctrl + S	Attivare o disattivare la sottolineatura del testo selezionato
Ctrl + Alt	Formattare il testo come un link a un sito Web
Ctrl + N	Aprire un nuovo documento vuoto
Ctrl + C	Copiare un testo
Ctrl + X	Tagliare un testo
Ctrl + V	Incollare un testo
Ctrl + Z	Annullare l'ultima operazione
Ctrl + Y	Ripetere l'ultima operazione annullata
Ctrl + Maiusc + C	Copiare la formattazione
Ctrl + Maiusc + V	Incollare la formattazione
Ctrl + Maiusc + > <	Diminuire o aumentare la dimensione del font dei caratteri

1.5 Struttura di Microsoft Excel 2007

Un **foglio elettronico** è un software in grado di svolgere operazioni automatizzate di calcolo e presentazione dei dati, molto utilizzato non solo in ambito finanziario, ma in tantissimi altri settori quali la ricerca scientifica, l'ambiente didattico, l'analisi statistica e in tutte quelle occasioni nelle quali si renda necessario disporre di un potente strumento, che faciliti il calcolo e la reportistica ad esso correlata.
Tra i diversi software per elaborare un foglio elettronico (Visicalc, Lotus 1-2-3, Calc) il più usato è Microsoft Excel (contenuto anch'esso nel pacchetto Microsoft Office), e i suoi file hanno estensione .xls oppure .xlsx (quest'ultima è stata introdotta con la versione 2007 di Microsoft Office).
L'interfaccia grafica di Microsoft Excel è molto simile a quella di Microsoft Word. Nella parte superiore della finestra di Excel 2007, infatti, è disponibile la **barra multifunzione** suddivisa in **schede**, ognuna delle quali fa riferimento a **gruppi** di attività specifiche che è possibi-

le eseguire. Anche in Excel è presente in alto a sinistra il Pulsante di Office che permette di accedere alle **funzioni di base** quali apertura file, salvataggio e stampa. Per aprire una nuova cartella di lavoro, infatti, bisogna cliccare il pulsante Nuovo presente nella finestra del menu che si apre dal Pulsante Office, e poi scegliere cartella di lavoro vuota. Per aprire, salvare e stampare un lavoro si procede cliccando i rispettivi pulsanti Apri, Salva o Salva con nome, Stampa che fanno parte dello stesso menu in cui è presente il pulsante Nuovo. È da segnalare che le "scorciatoie" da tastiera usate per effettuare alcune operazioni seguono e indicate per il Word sono valide anche in Excel.
Procedendo verso destra troviamo la **barra di accesso rapido** che contiene il pulsante per salvare il lavoro e i due pulsanti per annullare le ultime operazioni effettuate (in caso di errore) e quello per ripristinare le azioni annullate (in caso di ripensamento).

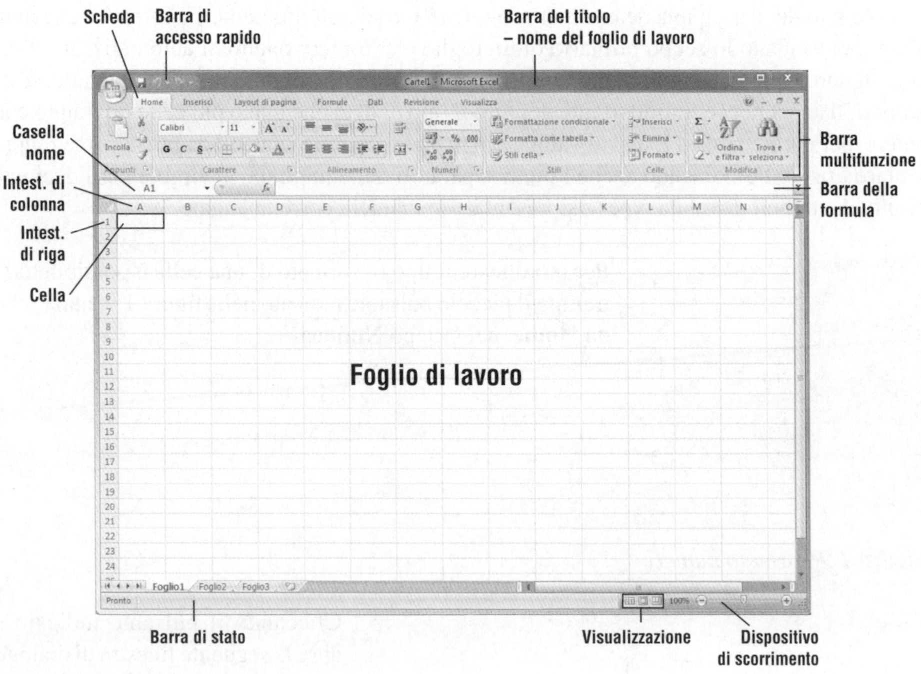

***Figura 1.8** Interfaccia di Excel 2007.*

1.5.1 La cartella di lavoro

All'avvio di Excel viene aperto un file chiamato, come abbiamo visto, cartella di lavoro costituito da una serie di **fogli** posti in basso (inizialmente ne sono presenti tre, ma è possibile aggiungerne di nuovi o eliminarne alcuni) (vd. Fig. 1.8).
È possibile rinominare a piacimento i fogli presenti in una cartella di lavoro scegliendo l'apposita voce dal menu contestuale ottenuto attraverso un clic col tasto destro sul foglio da rinominare.
Strutturalmente, come si vede dalla figura, un foglio Excel è costituito da una serie di rettangoli chiamati **celle** suddivisi in righe e colonne ed individuabili univocamente attraverso delle coordinate: le colonne sono indicate con lettere e le righe con numeri, pertanto una cella è identificabile attraverso una sigla costituita dalla lettera della colonna e dal numero della riga corrispondente (ad esempio A1).

In Fig. 1.8 sono ben visibili la **casella nome** (dove sono indicate le coordinate della cella selezionata, in questo caso A1), la **barra della formula** (fondamentale per gestire il contenuto di una cella) e le intestazioni di riga e colonna.

Selezione di una singola cella

Una cella può essere selezionata con un singolo clic del tasto sinistro del mouse, ma è anche possibile spostare la selezione (rappresentata da un bordo più scuro della cella), con i tasti cursore della tastiera. La selezione della cella corrente indica che qualsiasi cosa verrà scritta attraverso la tastiera, sarà inserita nella cella in quel momento selezionata.

Tipi di dato di una cella

Una cella può contenere del semplice testo (da usare ad esempio come etichette per indicare il contenuto dei dati di una determinata colonna), ma soprattutto numeri e formule, che in realtà rappresentano lo scopo primario di un foglio elettronico: quello di automatizzare il calcolo di dati. Ogni cella, quindi, ha un formato in base al tipo di dato in essa contenuto: testo, numeri, data e ora ecc. È importante definire il tipo di dato che una o più celle dovranno contenere, per permettere ad Excel di valutare in maniera corretta i calcoli da fare e come rappresentare i risultati, indicando anche i punti separatori delle migliaia, le virgole per i decimali, eventuali simboli di valuta o per rappresentare in maniera corretta le date.

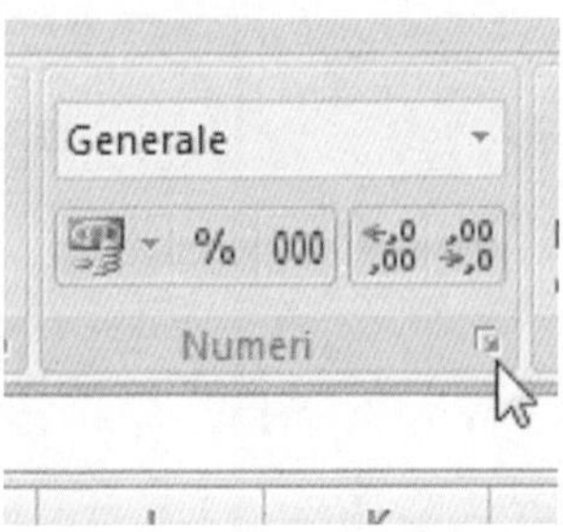

Figura 1.9 Formato numeri.

Per modificare il tipo (o formato di una cella è possibile farlo tramite il piccolo pulsante indicato nella figura 1.9, nella scheda **Home**, nel gruppo **Numeri**.

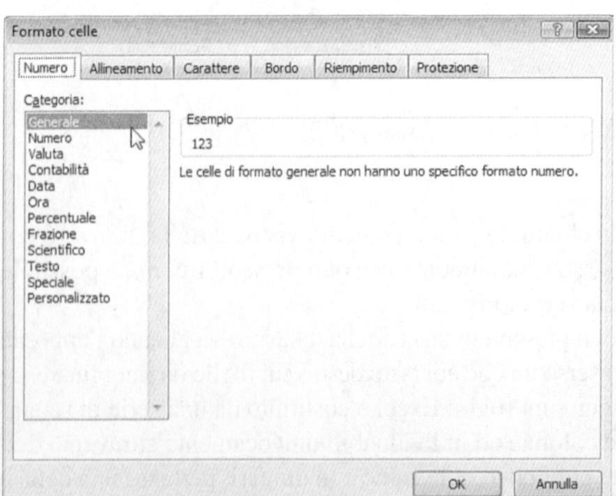

Figura 1.10 Formato celle.

Cliccando il pulsante indicato si apre la seguente finestra di dialogo, attraverso la quale è possibile impostare il formato della cella selezionata (Fig. 1.10).

Barra della formula

Il contenuto di ogni cella va verificato sempre attraverso la **barra della formula** in quanto ciò che si vede, può essere sia un dato inserito direttamente dall'utente sia il risultato di una formula, per cui è sempre importante verificarlo attraverso la barra suddetta.

Ridimensionamento celle

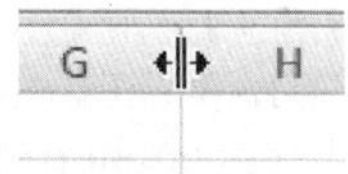

Se il testo in una cella dovesse essere troppo lungo (o troppo corto) per la sua dimensione è possibile allargare la cella stessa in larghezza o altezza (e naturalmente restringerla) ponendo il puntatore sull'intestazione di colonna o di riga tra due colonne o righe adiacenti (il puntatore assumerà la forma di due frecce divergenti tenendo premuto il tasto sinistro e muovendo infine il mouse nella direzione di allargamento o restringimento desiderata.

Aggiungere ed eliminare righe e colonne

L'aggiunta e l'eliminazione di righe e colonne può avvenire attraverso gli appositi pulsanti comando presenti nel gruppo **Celle** della scheda **Hom**e della barra multifunzione.

1.5.2 Le formule

Proviamo ad inserire una semplice formula all'interno di una cella, per comprendere le peculiarità di un foglio elettronico.

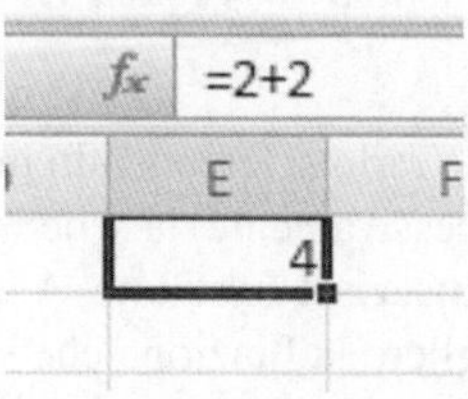

***Figura 1.11** Esempio di una formula.*

La cella in Fig. 1.11 contiene il valore numerico 4, ma dalla barra della formula si legge invece "=2+2". Ciò indica che il numero presente in quella cella è il risultato di una formula, che si distingue dagli altri dati poiché è preceduta dal simbolo dell'uguale.
In definitiva se in una cella si fa precedere al dato inserito il simbolo "=" non si fa altro che dire al nostro foglio elettronico: "i dati che sto per inserire devono essere calcolati". Vediamo un esempio rappresentato nella figura successiva.

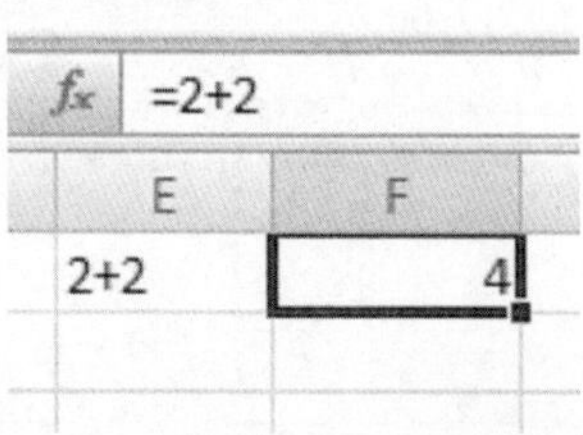

***Figura 1.12** Formula e semplice testo.*

Nella cella E1 compare il dato "2+2" mentre nella cella F1 compare il dato numerico "4". Se controlliamo la barra della formula per ogni cella, vediamo che c'è una sostanziale differenza: nella cella dove compare il numero 4 c'è una formula (poiché abbiamo anteposto l'uguale al dato inserito) nell'altra cella invece, manca il simbolo "=" per cui Excel non effettua calcoli su questo dato inserito. Naturalmente le formule possono essere più complesse.

1.5.3 Le funzioni

Le funzioni sono formule particolari attraverso le quali è possibile ottenere risultati inserendo opportuni parametri. Prima abbiamo fatto l'esempio di una semplice formula "*=E1+F1*" che non faceva altro che sommare tra di loro i valori contenuti rispettivamente nella cella E1 e nella cella F1; lo stesso risultato si ottiene con la funzione **SOMMA()** la quale appunto addiziona tutti i valori e i riferimenti contenuti tra le parentesi.
La differenza tra le due opzioni usate per sommare dei dati risiede nel fatto che quando si usa una funzione nella barra della formula appare scritto SOMMA(E1;F1).

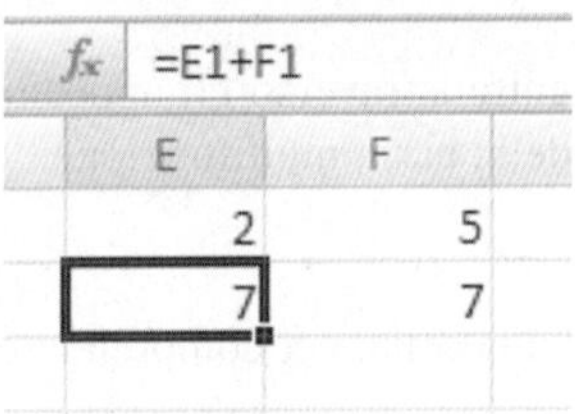

Figura 1.13 *Addizione attraverso una formula.*

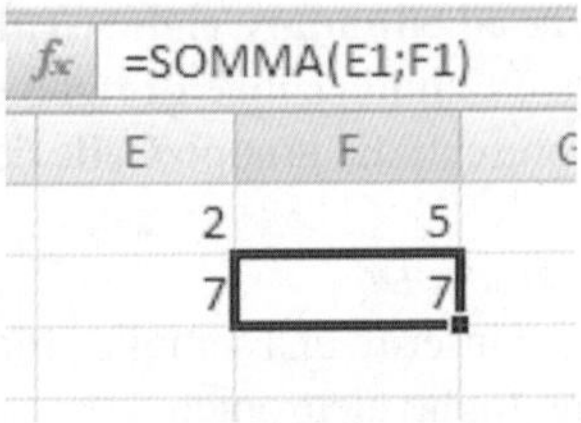

Figura 1.14 *Addizione attraverso la funzione "SOMMA()".*

Per inserire una funzione è possibile farlo selezionando innanzitutto la cella in cui si desidera inserire la funzione stessa e, successivamente, la scheda **Formule** dalla barra multifunzione e cliccare il pulsante comando **Inserisci funzione**. A questo punto si apre una finestra di dialogo dalla quale è possibile scegliere la funzione che serve tra le tante elencate (Somma, Media, Rata ecc.).
Cliccando su OK appare una seconda finestra che ci chiede di inserire gli argomenti della funzione appena scelta (Fig. 1.15).

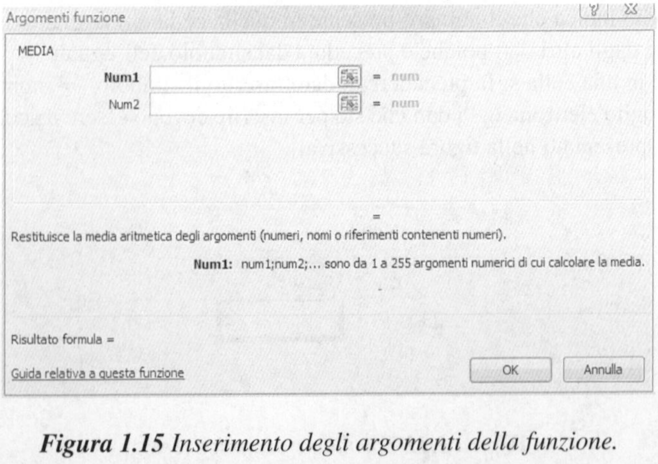

Figura 1.15 *Inserimento degli argomenti della funzione.*

Ogni casella contraddistinta dall'etichetta Num1, Num2, ecc., rappresenta un argomento della funzione e in ognuna di esse è possibile inserire un valore o un riferimento ad una cella (ad esempio A3). Cliccando sul pulsante è anche possibile scegliere una cella cliccandoci direttamente col tasto sinistro del mouse. Una volta terminata la selezione degli argomenti da passare alla funzione, si clicca OK e la cella immediatamente assume il valore risultante dalla funzione appena scelta.

Un discorso analogo può essere fatto per tutte le altre funzioni a cui è possibile accedere anche tramite i vari pulsanti comando presenti nella barra multifunzione nella scheda **Formule**, gruppo **Libreria di funzioni**.

1.5.4 Formattazione di un foglio elettronico

Come abbiamo visto per l'elaborazione testi, anche per il foglio elettronico è possibile formattare il testo al fine di dare un certa coerenza estetica ed una migliore leggibilità al documento a cui si lavora. Per abbellire, ad esempio, e facilitare la lettura, potrebbe essere utile applicare uno stile **Grassetto (gruppo Carattere)** al testo presente nella prima riga in modo da distinguerlo dal resto dei dati. Per ottenere quanto detto, basta posizionare il riquadro di selezione su ogni singola cella, ed applicare il grassetto cliccando il pulsante comando corrispondente.

Se un determinato stile di formattazione deve essere applicato ad una intera riga (o ad una intera colonna), è possibile selezionare la riga (o la colonna) tenendo premuto il tasto sinistro del mouse mentre si trascina il puntatore sull'area di nostro interesse o cliccare l'intestazione corrispondente alla riga o alla colonna. In questo modo lo stile di formattazione applicato interesserà tutta la selezione. Ovviamente lo stesso discorso vale per il corsivo, per la dimensione, il colore e il tipo di carattere.

Bordi

Per abbellire un foglio elettronico è possibile anche inserire un bordo selezionando la zona da circondare e utilizzando il pulsante comando indicato di lato nel gruppo **Carattere** della scheda **Home**.

Si aprirà un menu a tendina da cui sarà possibile scegliere i bordi da inserire (bordo superiore, bordo inferiore, tutti i bordi ecc.)

Allineamento del testo e formato celle

Il testo all'interno di una cella può essere allineato a proprio piacimento, come avviene anche in Word, attraverso gli appositi pulsanti comando identici a quelli del Word, presenti nel gruppo **Allineamento** della scheda **Home**.

Inserimento dati

Proviamo ad inserire dei dati nel nostro foglio (immaginiamo di trattare articoli di cartoleria) (Fig. 1.16).

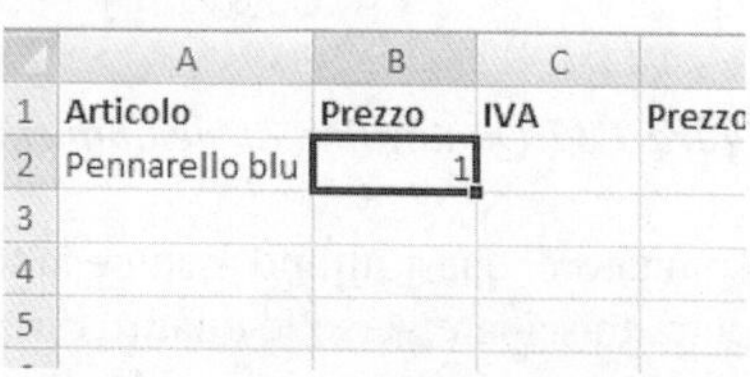

***Figura 1.16** Inserimento dati.*

Come si vede dalla figura, abbiamo inserito il primo articolo nella relativa colonna e indicato un prezzo per questo prodotto. Per progettare un foglio elettronico formalmente corretto, però, è necessario impostare per ogni cella i relativi tipi di dato che essa dovrà contenere. Nel caso della colonna prezzo, infatti, imposteremo un tipo di dato **Valuta**, selezionando l'intera colonna B cliccandone la relativa intestazione di colonna e impostando un formato Valuta.
L'impostazione del formato valuta, per la cella (o le celle come in questo caso) avviene cliccando il primo pulsante comando posto sulla sinistra nel gruppo **Numeri** della scheda **Home** che ha come icona delle monete (vd. Fig. 1.9).
Un altro modo per impostare un tipo di dato di una cella (o un gruppo di esse) è attraverso il menu contestuale **Formato celle** a cui si accede cliccando su una cella (o un gruppo di celle) selezionata col tasto destro del mouse.

Copiare, tagliare e incollare

Come abbiamo già visto nel Word, anche in Excel è possibile copiare e incollare il contenuto di una cella o più celle in altre. Per far questo occorre selezionare la cella (o il gruppo di celle) che si intende copiare, tenendo premuto il tasto sinistro del mouse mentre si trascina il puntatore fino a creare una selezione che racchiuda le celle di nostro interesse.
La selezione di celle adiacenti potrà essere effettuata anche posizionandosi sulla prima cella da includere e, tenendo premuto il tasto Maiuscolo, ci si sposta coi tasti cursore in maniera tale da estendere la selezione).
Per copiare la selezione si potrà usare la combinazione da tastiera *Ctrl + C* oppure il pulsante comando **Copia** presente nella scheda **Home**, nel gruppo **Appunti**.
A questo punto è possibile scegliere una nuova posizione in cui inserire il testo cliccando la cella in cui vogliamo incollare ciò che abbiamo copiato (in questo caso la cella che selezioniamo coinciderà con la prima cella della nuova selezione incollata) ed usare la combinazione da tastiera *Ctrl + V* oppure l'apposito pulsante comando **Incolla** anch'esso nel gruppo Appunti.
Se si vuole spostare i dati, invece di un "copia e incolla" avremmo dovuto effettuare un "taglia e incolla": il comando taglia (*Ctrl + X*) oltre a copiare, cancella anche il testo presente nella selezione, prima di incollarlo altrove.

1.5.5 Il quadratino di riempimento

Una funzionalità molto comoda di Excel (e di altri software di foglio elettronico) è correlata al cosiddetto **quadratino di riempimento** (o maniglia di riempimento), con il quale è possibile facilitare notevolmente l'inserimento dei dati all'interno delle celle. Questo quadratino è situato nel bordo della selezione in basso a destra, come si può vedere in figura.

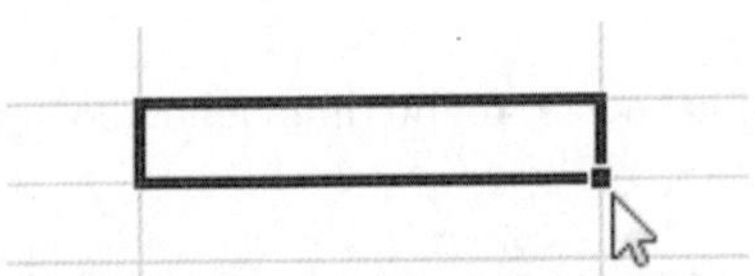

Figura 1.17 *Quadratino di riempimento.*

Se ci si sposta su di esso col puntatore, quest'ultimo assume la forma di una croce e tenendo premuto il tasto sinistro, si potrà trascinare verso le quattro direzioni la selezione, mettendo in atto, quindi, alcune funzionalità tra cui il **completamento automatico** di una serie numerica o anche dei giorni della settimana o dei mesi dell'anno.

Se si deve, infatti, compilare un elenco, l'inserimento manuale dei numeri o delle parole può risultare faticoso; invece, se si attiva il quadratino di riempimento (cliccando Pulsante Office → Opzioni Excel → Opzioni di modifica → Impostazioni Avanzate → Attiva quadratino di riempimento e trascinamento celle) questa operazione viene notevolmente semplificata. Trascinando il quadratino di riempimento verso il basso, Excel "capisce" che si sta cercando di riempire automaticamente le celle sottostanti secondo lo stesso criterio usato fino a quel momento (Fig. 1.18).
Tale funzione può essere utilizzata in caso di formule; se, infatti, bisogna calcolare ad esempio l'IVA di più prodotti basta selezionare la cella contentente la formula dell'IVA scritta precedentemente e trascinare verso il basso il quadratino di riempimento.

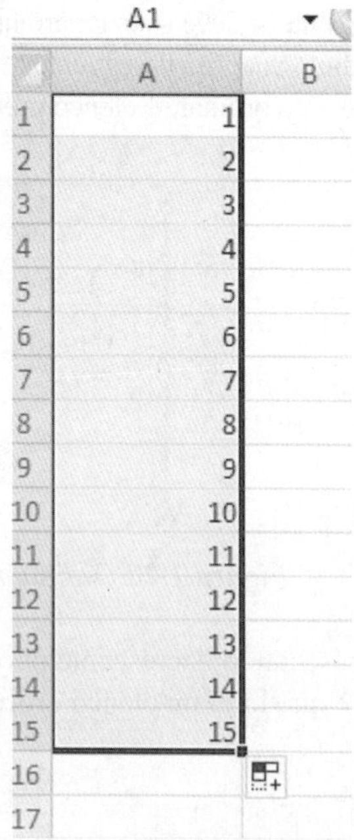

Figura 1.18
Completamento serie.

1.5.6 Grafici e diagrammi in Excel

Una comodissima caratteristica di Excel è rappresentata dalla possibilità di inserire grafici di diverso tipo per la rappresentazione dei dati.
Per inserire un grafico bisogna cliccare il gruppo **Grafici** nella Scheda **Inserisci** e poi scegliere il pulsante di comando in base alla tipologia di grafico che si vuole rappresentare (a torta, a linee, a barre ecc.).
Cliccando uno dei pulsanti comando si apre un menu a tendina da cui è possibile scegliere dei sottotipi particolari di grafico.

Figura 1.19 *Pulsante di inserimento grafico.*

1.5.7 Ordinamento dati

Spesso è necessario ordinare i dati presenti in un foglio elettronico in maniera crescente o decrescente secondo un ordine alfabetico o numerico.
Per farlo basta semplicemente utilizzare il pulsante comando **Ordina e filtra** presente nel gruppo **Modifica** della scheda Home della barra multifuzione.

Successivamente si deve selezionare la voce **Ordinamento personalizzato** tramite il successivo menu a tendina. Si aprirà la seguente finestra di dialogo Ordina, da cui sarà possibile impostare secondo quale dato ordinare l'elenco presente, attraverso il menu a tendina Colonna (fig. 1.20).

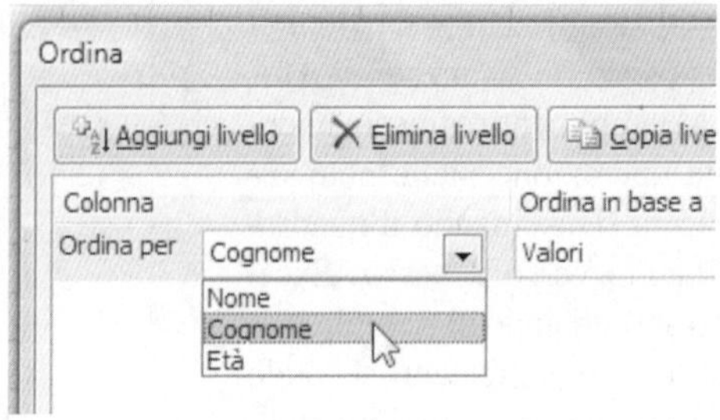

Figura 1.20 *Ordinamento secondo una determinata colonna.*

L'ordine crescente o decrescente può essere impostato attraverso il menu a tendina **Ordine**. Il risultato è quello di un elenco ordinato.

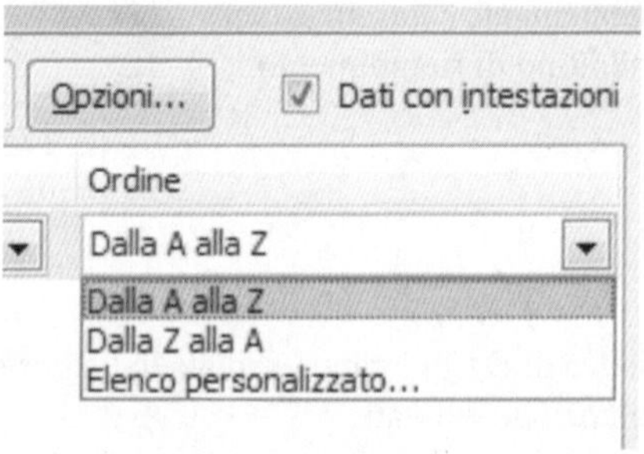

Figura 1.21 *Scelta del criterio di ordinamento.*

1.6 Le reti informatiche

Le reti di informatiche consentono lo scambio di informazioni tra diversi computer attraverso collegamenti effettuati tramite mezzi fisici quali cavi o collegamenti via etere. In base alla loro estensione, distinguiamo tre categorie:

- *LAN (Local Area Network)*, si tratta di collegamenti tra computer situati in una stessa stanza o in uno stesso edificio. Qualora il collegamento sia via etere attraverso dispositivi di trasmissione si parla di *WLAN*;
- *MAN (Metropolitan Aera Network)*, è una rete di computer più vasta della LAN (rete metropolitana)
- *WAN (Wide Area Network)* – collega un gran numero di computer sparsi per vaste rete geografiche. La WAN per eccellenza è **Internet**.

1.6.1 Protocolli di rete

Per comunicare tra di loro i computer in rete utilizzano particolari protocolli di comunicazione che specificano con che modalità vengono scambiati i dati. Molti di questi protocolli sono

usati per lo scambio di dati attraverso Internet, una vasta rete geografica che collega i computer di tutto il mondo. I protocolli più usati sono:
- *TCP/IP*
- *HTTP*
- *FTP*
- *SMTP*
- *POP3.*

1.6.2 Internet

Si tratta di una rete nata per volere del Pentagono, per scopi militari, verso la fine degli anni '50 (chiamata allora **Arpanet**) che nel corso del tempo si è evoluta, ingrandita ed è stata resa disponibile per scopi di ricerca universitaria. Ad inizio degli anni '90, Internet è diventata la rete che conosciamo oggi, utilizzata da milioni di utenti ogni giorno grazie ai tanti servizi che offre la sua consultazione. Tra questi vanno certamente menzionati i seguenti:
- *WWW* (*World Wide Web*), è un servizio che fornisce documenti ipertestuali multimediali, molto usato su Internet (si tratta dei classici siti web). La ricerca dei siti web che contengono documenti di nostro interesse è facilitata dall'uso dei **motori di ricerca** (i più usati sono Google e Yahoo) siti web a loro volta, in grado di indirizzare verso altri siti attraverso la ricerca di parole-chiave inerenti l'argomento di nostro interesse;
- *E-Commerce*, si tratta di particolari siti web che rappresentano veri e propri negozi virtuali attraverso i quali è possibile acquistare prodotti o servizi di ogni genere;
- *E-Learning*, rappresenta un modo particolare di somministrazione didattica per l'apprendimento a distanza, senza presenza fisica di personale docente;
- *E-Banking*, è un vero e proprio sportello bancario virtuale messo a disposizione da quasi tutte le banche per fornire gli stessi servizi di sportello anche attraverso il web;
- *E-Government*, il processo di informatizzazione della pubblica amministrazione;
- *E-Mail*, noto anche come *posta elettronica* consente di ricevere vere e proprie lettere elettroniche presso una casella di posta elettronica.). Lo scambio di e-mail avviene attraverso dei protocolli di posta tra cui **SMTP**, **POP3**. Per usufruire di questo servizio è necessario avere un software specifico chiamato **client di posta elettronica**, che permette la connessione ai server di posta in entrata e ai server di posta in uscita, attraverso i protocolli suddetti. Tra questi software ricordiamo: **Microsoft Outlook**, **Mozilla Thunderbird**, **Microsoft Windows Mail** e il recente **Microsoft Windows Live Mail**;
- *IM* (*Instant messaging*), si riferisce a un servizio di scambio di brevi messaggi di testo attraverso due o più computer connessi in rete;
- *VOIP* (*Voice Over IP Protocol*), è un sistema che consente vere e proprie chiamate telefoniche attraverso Internet grazie ad algoritmi sempre più efficienti che garantiscono un'alta qualità della chiamata;
- *Feed RSS*, si tratta di un servizio attraverso il quale è possibile pubblicare contenuti (di solito news o informazioni di altro tipo), consultabili poi attraverso specifici software,
- *Blog*, è un sito web che ha le sembianze di un vero e proprio diario personale o dove ogni utente può pubblicare articoli, anche di carattere multimediale, a proprio piacimento,
- *Podcast*, si tratta di un servizio basato su RSS i cui contenuti anziché essere testuali sono di natura audio/video.

1.6.3 Il web

Il servizio **WWW** (*World Wide Web*), comunemente chiamato anche **Web**, permette di accedere a una serie di contenuti multimediali chiamati genericamente **Pagine Web**, che strutturalmente sono costituite da testo, immagini, clip audio/video e altri elementi con cui l'utente può interagire. Una pagina web è fondamentalmente un **ipertesto**, ovvero un documento che può essere relazionato ad altri documenti attraverso collegamenti a parole chiave o a parti dell'ipertesto stesso che vengono definiti **link** o **collegamenti ipertestuali**.
Una pagina web può anche essere molto complessa e consentire numerose operazioni quali ascoltare musica, guardare filmati, effettuare prenotazioni di viaggi o spettacoli, acquistare prodotti, ecc. Un insieme di pagine web, viene spesso definito **sito web**.
Le pagine web sono documenti scritti in un linguaggio noto come **HTML** che viene interpretato da programmi detti "web-browser" o più semplicemente **browser**, i quali consentono di visualizzare i contenuti delle pagine dei siti web e di interagire con essi, permettendo, dunque, all'utente di navigare in Internet. Fisicamente una pagina web è memorizzata su una memoria di massa di un computer, detto **server**, collegato alla rete Internet. Un utente che chiede di visualizzare una pagina web inoltra, attraverso il suo Pc, una richiesta, agendo dunque da **client**. Il computer sul quale è memorizzata la pagina gli risponde inviandogliela attraverso la rete Internet, agendo da server. Si instaura, quindi, un rapporto tra client e server in cui il primo è il richiedente e il secondo fornisce il documento richiesto. A ricoprire il ruolo di client sono proprio i browsers che si collegano a un computer in cui è in esecuzione un altro software, che si comporta da server, chiamato semplicemente web-server. La comunicazione tra browser e server, per lo scambio di documenti ipertestuali, avviene attraverso un protocollo di livello applicazione chiamato **HTTP** (*HyperText Transfer Protocol*). L'azione di visualizzare le varie pagine web attraverso il proprio browser è spesso riassunta con le frasi "navigare nel web" o anche "visitare un sito web".
Esistono molti web browser, tra cui ricordiamo Mozilla Firefox, Safari, Opera e Microsoft Internet Explorer.
Così come accade per un'abitazione che, attraverso il suo indirizzo, può essere raggiunta da qualsiasi parte del mondo via posta ordinaria, anche un computer connesso ad una rete deve essere identificabile in maniera univoca al fine di poter essere individuato. A tale scopo, ogni computer connesso in una rete (e quindi anche in Internet) è individuabile attraverso il cosiddetto **indirizzo IP**, costituito da una serie di quattro cifre separate da un punto. Per usufruire dei vari servizi di Internet è fondamentale, infatti, che ogni computer disponga di un modo per essere raggiunto da qualsiasi punto della rete ci si trovi. Identificare, però, i computer attraverso una serie di numeri risulta piuttosto arduo, pertanto si è proceduto ad abbinare a ogni indirizzo IP un nome letterale. Questa sequenza di caratteri che identifica univocamente una risorsa in internet è detta **URL** (*Uniform Resource Locator*). Spesso il termine URL viene sostituito dall'espressione "indirizzo web", per indicare che si tratta di un indirizzo relativo ad un sito web. Un URL di un sito web, di solito, è costituito da tre parole separate da un punto, a cui viene anteposto il protocollo di livello applicazione usato per il trasferimento delle informazioni: *protocollo://www.secondolivello.primolivello*. La prima parte dell'URL, indica appunto il protocollo di livello applicazione, utilizzato per il trasferimento del documento e di solito può essere http:// o anche https:// nel caso di connessioni crittografate. La prima parte indicata dalla sigla *www* è usata per convenzione ad indicare che si tratti di un URL che identifica una risorsa del World Wide Web (ma può essere anche differente). La seconda parte indicata nell'esempio con *secondolivello*, individua proprio un dominio di secondo livello. Esso è costituito da una parola, che di solito suggerisce il contenuto della pagina oppure in-

dica il nome dell'azienda che decide di disporre di un sito web o comunque una parola (o insieme di parole senza spazi) di senso compiuto facile da ricordare. La parte finale dell'URL identifica il dominio di primo livello che può essere di due o più lettere ed indicare una sigla di una nazione (come.*it* per l'Italia,.*de* per la Germania,.*ch* per la Svizzera,.*jp* per il Giappone, ecc.), un ente governativo statunitense (.*gov*,.*mil*), un sito commerciale (.*com* e.*biz*) e così via (ad esempio, un URL valido potrebbe essere il seguente: *http://www.edises.it*).

Sintassi dei motori di ricerca

Le parole chiave, inserite nelle caselle dei motori di ricerca, possono essere scritte secondo una sintassi particolare. In base ad essa, i risultati delle ricerche possono variare. Scrivendo ad esempio: *Carlo Magno*, il motore di ricerca **Google** e molti altri suoi "colleghi", cercheranno tutte le pagine in cui saranno presenti sia la parola *Carlo* sia la parola *Magno*, siano esse consecutive o sparse per il testo del documento. Per trovare invece una **frase esatta**, ovvero, solo le pagine in cui le parole richieste siano adiacenti, basterà racchiuderle tra virgolette: *"Carlo Magno"*. È anche possibile escludere dalla ricerca alcune parole, anteponendo il segno meno (–) prima della parola stessa: *Carlo – Magno*. In quest'ultimo caso, saranno cercate le pagine in cui sarà presente la parola *Carlo*, ma non la parola *Magno*.

1.6.4 La connessione

Per accedere a Internet attraverso la linea propria telefonica domestica, sono disponibili diversi tipi di tecnologie:

- *PSTN* (*Public Switched Telephone Network*), la tradizionale rete telefonica pubblica commutata con cui si eseguono le connessioni attraverso una particolare periferica detta **Modem;**
- *ISDN* (*Integrated Services Digital Network*), col tempo nuove tecnologie sono state messe a disposizione da parte dei **provider internet** (fornitori di accesso ad internet);
- *ADSL* (*Asymmetric Digital Subscriber Line*), insieme alle successive evoluzioni come l'ADSL2+ rappresenta il mezzo più usato al giorno d'oggi per connettersi ad internet attraverso linea telefonica tradizionale.

Oggi è anche possibile l'accesso ad internet attraverso la rete di telefonia mobile e in base al tipo di protocollo utilizzato si raggiungono velocità differenti.
In futuro sono già previsti protocolli di quarta generazione che prevedono velocità ancora più sostenute nell'invio e la ricezione dei dati.

OCCORRE SAPERE

CONCETTI DI BASE DELLA TECNOLOGIA DELL'INFORMAZIONE

I documenti letti con uno **scanner** possono sempre essere elaborati in forma grafica.
Il **computer**, per inviare un **fax**, deve essere collegato alla rete telefonica.
Il vantaggio di una **LAN** consiste nella possibilità di condividere archivi.
Nei supermercati il **codice a barre** viene comunemente utilizzato per registrare il prezzo del prodotto.
Una «**smart card**» al suo interno contiene un microchip; è dotata di una limitata quantità di memoria.
Affinché la **CPU** possa eseguire un programma, le istruzioni a esso relative devono risiedere nella RAM oppure nella ROM.
La **fibra ottica** ha un banda di trasmissione più veloce dei cavi di metallo.
In un **posto di lavoro ergonomico** è importante che la luce non provochi riflessi sullo schermo.
I programmi del tipo «**general purpose**», per svolgere compiti specifici, devono essere istruiti.
La cancellazione di tutti i dati presenti nel disco avviene con la «**formattazione di un disco**».
Il **programma di formattazione** serve a preparare un disco alla registrazione dei dati.
Fare «**overloading**» significa dare diverse definizioni di metodi con lo stesso nome, ma usando parametri formali diversi in numero e/o tipo.
La **rete locale** è quella rete che permette una maggiore velocità nella trasmissione dei dati.
Usare il **monitor** con lo schermo a **risoluzioni alte** non è una operazione strettamente necessaria a una postazione di lavoro ergonomica.
In materia di **copyright**, sui testi riprodotti su Internet devono passare 70 anni dalla morte dell'autore per una loro distribuzione gratuita.
Usare gli occhiali con **lenti antiriflesso** non giova molto all'utente costretto a stare per molte ore davanti a un computer.

GESTIONE FUNZIONI DI BASE DEL SISTEMA OPERATIVO

In Windows:

- la funzione principale del programma «**Esplora risorse**» è la visualizzazione e la disposizione dei file del computer.
- quando si seleziona un file e si sceglie l'opzione «**elimina**» il file viene spostato nel cestino.
- l'estensione «**.txt**», che segue il nome del file, designa file di testo, gestibili da qualsiasi programma di videoscrittura.
- l'estensione «**.zip**», che segue il nome del file, indica file compressi.
- l'estensione «**.mdb**», che segue il nome del file, indica che il file deve essere aperto con il programma «Access».
- attraverso il «**Blocco note**» è possibile modificare e creare un file .htm.
- la memoria tampone di «**MS Internet Explorer**» è contenuta nella cartella «Temporary Internet Files».

Windows non si può togliere dal disco rigido per creare spazio a una applicazione.

Word

I file che hanno le seguenti estensioni **.txt; .doc; .rtf** possono essere modificati con il **software Word**.

Si consideri la barra degli strumenti di Word riprodotta in figura.

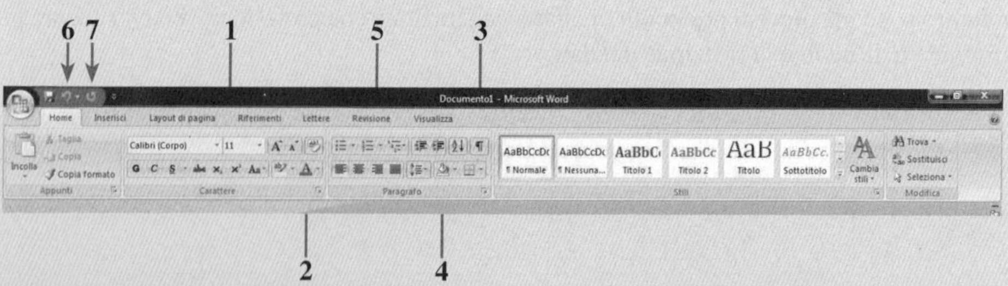

Cliccando sul pulsante:

- **1**, si può modificare la dimensione del carattere selezionato.
- **2**, si può modificare il colore del testo selezionato.
- **3**, si possono visualizzare i caratteri di tabulazione e i segni di paragrafo.
- **4**, si può modificare il colore dello sfondo del testo selezionato.
- **5**, si può inserire un elenco numerato.
- **6**, si può annullare l'ultima operazione.
- **7**, si può ripetere l'ultima operazione eseguita.

In MS Word:

- per visualizzare il contenuto dell'intestazione di un documento aperto è più appropriato utilizzare il comando «**layout di stampa**».
- in un documento aperto, è possibile riordinare le righe di una tabella contenente del testo con il comando «**ordina**».
- è possibile mettere in ordine automaticamente un elenco di nominativi mediante il comando «**ordina**».
- gli elementi della tabella si chiamano «**celle**»
- attraverso la «**stampa unione**» si possono stampare modelli di documenti predefiniti in cui variano i dati specifici di ogni copia.
- premendo il tasto «**canc**» si cancella il carattere che si trova a destra del cursore.
- «**copia/incolla**» è quella sequenza di operazioni che duplica un testo in un'altra posizione.

Excel

Il **software Excel** permette di impostare l'intestazione di ciascun foglio stampato attraverso il comando «**Intestazione e piè di pagina**...».

Su un foglio del **programma Excel** si ha: nella cella A1 il valore 0, nella cella A2 il valore 1, nella cella A3 il valore 2. Se nella cella A4 si pone la formula "=A2/A1", si ottiene un messaggio di errore in quanto si chiede di dividere il contenuto della cella A2 (1) per il contenuto della cella A1 (0).

Su un foglio del **programma Excel** si ha: nella cella A1 il valore 0, nella cella A2 il valore 1, nella cella A3 il valore 2. Se nella cella A4 si pone la formula "=A2", si ottiene il valore 1 in quanto la funzione chiede di riportare il valore contenuto nella cella A2 (1).

Su un foglio del **programma Excel**, si ha: nella cella A1 il valore 1, nella cella A2 il valore 2, nella cella A3 il valore 3. Se nella cella A4 si pone la formula "=A1*A2", si ottiene il valore 2, poiché moltiplica i valori delle celle A1 (1) e A2 (2).

Su un foglio del **programma Excel**, si ha: nella cella A1 il valore 3, nella cella A2 il valore 4, nella cella A3 il valore 5. Se nella cella A4 si pone la formula «=SOMMA(A1:A3)», si ottiene il valore 12, poiché il comando indica che occorre sommare tutti i valori delle celle, dalla A1 alla A3.

Su un foglio del **programma Excel**, si ha: nella cella A1 il valore 1, nella cella A2 il valore 2, nella cella A3 il valore 3. Se nella cella A4 si pone la formula «=A2/A1», si ottiene il valore 2 poiché viene chiesto di dividere il contenuto della cella A2 (2) per il valore della cella A1 (1).

Si consideri la barra degli strumenti di Excel riprodotta in figura.

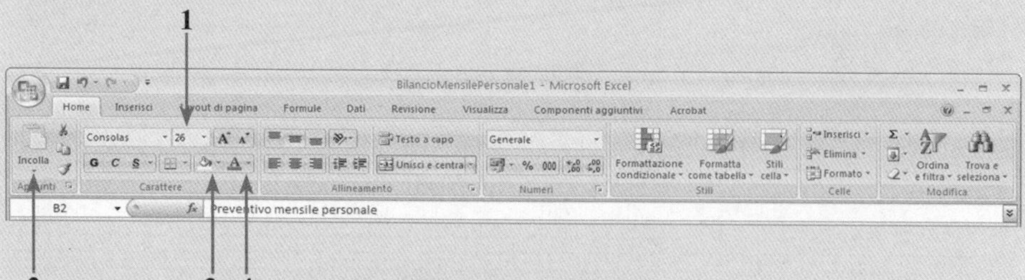

Cliccando con il mouse sul tasto:

- **1**, si può cambiare il font del testo selezionato.
- **2**, si può incollare la cella precedentemente copiata.
- **3**, si può scegliere il colore dello sfondo delle celle selezionate.
- **4**, si può scegliere il colore del testo delle celle selezionate.

In MS Excel:

- per applicare dei bordi alle celle, si può usare la cartella **Bordo** nella finestra di dialogo **Formato celle** dal menu contestuale.
- per stampare tutti i fogli attivi di una cartella attiva bisogna scegliere il comando Stampa e nella finestra di dialogo spuntare l'opzione « **Fogli attivi**».
- il comando «**Salva con nome**» serve per salvare un documento in un formato diverso da quello originale.

Access

La Query in **MS Access** è un oggetto in grado di operare una selezione dei record presenti in una tabella.

In MS Access:

- all'apertura di una tabella ogni riga contiene un **record**.
- il **numero del campo** di tipo contatore viene incrementato quando si crea un nuovo record.
- la chiave primaria di una tabella è il campo o i campi che devono contenere un valore unico in tutta la tabella.
- una Tabella può contenere 1 solo campo di tipo contatore.

- i report sono il mezzo con cui è possibile interrogare un database.
- il **numero del campo di tipo contatore** viene incrementato quando si crea un nuovo record.
- i **report** sono lo strumento informatico per la presentazione, generalmente sotto forma di stampa, di un insieme di dati memorizzati nel database.

Reti informatiche

In una e-mail, gli indirizzi che non si vogliono rendere noti a tutti gli altri destinatari, devono essere inseriti nel campo ccn: (o «**bcc:**» in inglese).

In una e-mail, il campo «**cc:**», in cui è possibile inserire il nome dei destinatari, corrisponde alla dicitura presente in alcune lettere cartacee: «**per conoscenza**».

In un software di posta elettronica è possibile memorizzare un numero di telefono inserendolo nell'apposito campo della Rubrica.

Con il software di posta elettronica **MS Outlook**:

- è possibile **stampare** sempre una **e-mail** ricevuta
- per inviare una e-mail a più destinatari, è possibile scriverne gli indirizzi nel campo «A:», opportunamente separati.

La **posta elettronica**, rispetto a un messaggio telefonico, consente di scambiare informazioni multimediali oltre a lasciare documentazione scritta.

Alla ricezione di una **e-mail** con un **allegato** è opportuno controllarla con un antivirus aggiornato.

Explorer e **Mozilla Firefox** non sono motori di ricerca, ma browser.

Uno dei vantaggi del **telelavoro** è l'orario flessibile.

Un **libro elettronico** è un libro su supporto digitale

.doc non è un dominio di Internet.

Per commercio elettronico si intende l'uso di internet per la vendita di beni e servizi.

TCP/IP è il più diffuso tra i protocolli di comunicazione per computer per connettersi a Internet.

Il cartello «**WI-FI ZONE**» indica che quel luogo è coperto da una rete Wireless.

Sezione IX
Logica deduttiva e ragionamento verbale

Capitolo 1
Introduzione alla logica

Quasi tutti i concorsi nelle Forze di Polizia e nelle Forze Armate prevedono una selezione costituita da test di logica, che comprendono prove di valutazione delle attitudini verbali, delle abilità di ragionamento numerico e delle abilità di ragionamento visuo-percettivo. Tali quesiti vengono comunemente chiamati di *logica* o di *ragionamento logico* in quanto prescindono dal livello culturale del soggetto cui vengono proposti e valutano esclusivamente l'elasticità mentale e la capacità di ragionamento.
I **test di logica verbale** possono assumere le forme più diverse ma si fondano principalmente su relazioni e associazioni tra parole, individuazione di termini contrari, sinonimi, anagrammi, ecc. Altre prove di contenuto verbale sono quelle che richiedono di comprendere e interpretare il significato di un brano, trarne delle conclusioni o escluderne implicazioni. La *padronanza linguistica*, la *ricchezza del lessico*, la *conoscenza dell'etimologia* delle parole facilitano il raggiungimento di un buon risultato in questo tipo di esercizi; tuttavia, potrebbero risultare di grande aiuto alcune nozioni di semantica (scienza che studia il significato delle parole).
Vi sono, poi, i **test di ragionamento critico** che rientrano in una tipologia di problemi presente nella quasi totalità delle prove di selezione. Si tratta di esercizi che richiedono di interpretare degli enunciati e generalmente trarne delle conclusioni.
I **test di ragionamento numerico** sono volti, invece, a misurare la scioltezza nella comprensione delle relazioni numeriche. Le prove possono prevedere due grandi tipologie di prove "numeriche": quelle che richiedono abilità di calcolo matematico e quindi la conoscenza di equazioni, proporzioni, frazioni, percentuali, ecc. e quelle per le quali è sufficiente conoscere le quattro operazioni (addizione, sottrazione, moltiplicazione e divisione).
I **test di ragionamento astratto** sono misure non verbali delle abilità cognitive che rilevano se e quanto un soggetto è in grado di eseguire un ragionamento semplice o complesso di fronte a materiale stimolo costituito da figure geometriche, disegni di diversa forma, diverso orientamento spaziale, diversi elementi componenti, diverse tessiture, ecc.

Registrandosi sul nostro sito secondo le modalità indicate a pag. I, è possibile consultare i paragrafi relativi ai test di ragionamento critico, ragionamento numerico e ragionamento astratto.

1.1 Le prove di comprensione dei brani

1.1.1 I brani

In alcuni concorsi le prove includono esercizi volti a verificare la capacità di comprendere un testo, decodificarne i contenuti più importanti, contestualizzare le informazioni, identificare le intenzioni comunicative dell'autore, le strutture del testo, gli scenari, gli eventi e le storie descritte, le conclusioni a cui si può giungere.

In genere vengono presentati brani piuttosto lunghi, al termine dei quali sono poste alcune domande sia su quanto esposto che su quanto deducibile dal testo.

Dato che si lavora sotto la pressione del tempo, occorre verificare quante domande oppure quanti brani debbono essere letti e fare delle valutazioni circa l'opportunità o meno di saltarli, lasciandoli per ultimi. Infatti, le prove di lettura dei brani richiedono molto più tempo rispetto agli altri item e attribuiscono lo stesso punteggio degli altri quiz, per cui la decisione di affrontarli soltanto quando abbiamo risposto a tutte le altre prove non è da scartare.

NOTA! È consigliabile comunque dare una lettura rapida ma attenta alle domande inerenti il brano prima ancora di averlo letto. È un modo per familiarizzare con i temi e gli argomenti del brano che andremo a leggere e per riconoscere e focalizzare l'attenzione sui contenuti del brano che ci interessano per rispondere ai quesiti.
Un altro suggerimento utile è quello di servirsi di una simbologia (sottolineatura tratteggiata, sottolineatura continua, cerchiatura, quadratura e quant'altro vi venga in mente) per sezionare il brano letto con lo "spirito dell'anatomo-patologo": sezionate il testo in tanti frammenti informativi, aiutandovi con tutti gli artifici grafici che vi consentano di recuperare rapidamente le informazioni. Potreste sottolineare con il tratteggio le porzioni del brano in cui si presentano le idee principali dell'autore, le idee chiave, cerchiare le porzioni del testo in cui si presenta lo scenario in cui è ambientato il brano, oppure riquadrare le date, i riferimenti precisi, i nomi, e così via. Alla fine avrete "ri-costruito" un brano ricco di **informazioni immediatamente recuperabili** per cui le vostre risposte saranno più consapevoli e sarà meno dispendiosa la ricerca delle informazioni nel testo.

Naturalmente queste procedure artificiose hanno una validità limitata esclusivamente a occasioni d'esame del tutto particolari (elevata pressione temporale, rapidità di risposta, ecc.) e non costituiscono certo la metodologia indicata per memorizzare dati nel lungo periodo.
Il compito di comprensione dei testi non si esaurisce nella semplice frammentazione del brano in tanti dettagli informativi, dato che di frequente si richiede al candidato di trarre delle conclusioni da quanto ha letto, del tipo:
- Quali conclusioni è possibile trarre dal brano che avete letto?
- Qual è lo stile del brano?
- Quale tra le seguenti argomentazioni è la più corretta?
- Quale potrebbe essere il titolo del brano?

1.1.2 Leggere per comprendere

Quando si affronta la lettura di un testo scritto si possono utilizzare varie strategie di lettura in base allo scopo che ci si propone.

Lettura **di consultazione o selettiva** (*scanning*): consiste nella ricerca di particolari informazioni su testi definiti appunto "di consultazione" (enciclopedie, dizionari, cataloghi, schede bibliografiche, nonché saggi e manuali). Non si legge tutto il testo, ma lo si esamina velocemente, "saltando" da un punto all'altro, ricercando gli elementi di interesse. Si definisce, infatti, lettura *non sequenziale* perché non segue l'ordine con cui l'autore ha organizzato il testo che si consulta, ma la scelta personale del lettore.

Lettura **orientativa o esplorativa o di superficie** (*skimming*): la si utilizza ogni volta che si vuole elaborare un'idea sommaria dei contenuti trattati nel testo, senza perdere troppo tempo. Si scorre il testo, sorvolando sui dettagli e prestando, invece, attenzione a importanti indicatori come titoli, sottotitoli, frasi iniziali e conclusive dei paragrafi, da cui si può capire quali temi si affrontano e in che modo. Si tratta di una lettura *sequenziale*, in quanto, pur nella sua rapidità, segue l'ordine del testo, dall'inizio alla fine.

Lettura **analitica o intensiva o di approfondimento** (*receptive reading*): se lo scopo è quello di cogliere in modo accurato e completo il significato del testo, si effettua un esame analitico, in modo da poter cogliere le diverse informazioni e le connessioni che le legano. Come la lettura orientativa, quella analitica è *sequenziale*, in quanto viene effettuata dall'inizio alla fine secondo l'ordine dato dall'autore.

1.1.3 La velocità di lettura

Leggere in modo spedito può essere di grande utilità sia nella fase di studio sia nella risoluzione dei quesiti, ma non è sufficiente. È necessario leggere in modo tale da **capire** e **comprendere** in maniera approfondita il messaggio del testo o della domanda. *Capire* significa decifrare la forma del messaggio, *comprenderlo* significa entrare in profondità nei suoi significati fino a gestirli in modo consapevole. Nella *lettura silenziosa* ognuno adatta ritmo e velocità alle proprie capacità di lettura e alla complessità del testo. Di conseguenza è in essa che si possono adottare tecniche di **lettura veloce** tali da accelerare i tempi senza trascurare preziose informazioni.
Un lettore allenato legge da 100 a 300 parole circa al minuto; con la lettura veloce si può arrivare a 800-1000 parole al minuto, senza penalizzare la comprensione del testo.

➤ Si consideri il testo seguente che può essere definito equivalente a un brano di diverse prove di selezione. La prima versione è in modalità normale; nella seconda versione sono stati indicati i punti di fissazione per una lettura veloce "in orizzontale". Un utile allenamento è quello di leggerli in entrambe le modalità, annotando il tempo impiegato nella lettura calcolandolo con il cronometro.

"Il gioco d'azzardo è un'attività ludica che ha tre caratteristiche fondamentali: lo scopo del gioco è l'ottenimento di un premio (denaro, beni materiali, buoni, ecc.); per parteciparvi è necessario rischiare una somma più o meno ingente di denaro o equivalenti (propri beni ecc.); la vincita è più dovuta al caso che alla perizia del giocatore.
La storia del gioco d'azzardo è strettamente legata alla storia dell'uomo, tanto che i primi cenni di quest'attività si riscontrano addirittura nel 3000-4000 a.C. Nella civiltà egizia, infatti, era già praticato il gioco dei dadi (il termine "azzardo" deriva dal francese "hasard", a sua volta termine di origine araba, "az-zahr", che significa proprio "dadi"). Più a est, in India, Giappone e Cina, si hanno testimonianze di forti scommesse, sia al gioco dei dadi sia alle corse dei carri.
Non da meno, nella Roma imperiale, personaggi come Nerone, Caligola, Claudio furo-

no certamente accaniti giocatori (oggi probabilmente diremmo "giocatori patologici o compulsivi").
Connaturata con il gioco d'azzardo, inoltre, pare essere la propensione per il barare, confermata dal ritrovamento di dadi appesantiti da un lato.
Se il gioco dei dadi vanta la storia più lunga, nei secoli a noi più vicini c'è stata una notevole espansione delle modalità di gioco, a partire dalle scommesse sui cavalli ("lo sport dei re"), alle lotterie, delle quali si ha testimonianza dai secoli XVI-XVII. La roulette fu inventata nel XVI secolo dal filosofo Blaise Pascal, mentre le slot machine nel 1895 dall'americano Charles Fay."

"Il ***gioco d'azzardo*** è un'attività ludica che ha ***tre caratteristiche*** fondamentali: lo scopo del gioco è l'***ottenimento di un premio*** (denaro, beni materiali, buoni, ecc.); per parteciparvi è necessario ***rischiare una somma*** più o meno ingente di denaro o equivalenti (propri beni ecc.); la ***vincita*** è più dovuta al ***caso*** che alla perizia del giocatore.
La ***storia*** del gioco d'azzardo è strettamente legata alla ***storia dell'uomo***, tanto che i primi cenni di quest'attività si riscontrano addirittura nel ***3000-4000 a.C.*** Nella civiltà ***egizia***, infatti, era già praticato il ***gioco dei dadi*** (il termine "azzardo" deriva dal ***francese "hasard"***, a sua volta termine di ***origine araba***, ***"az-zahr"***, che significa proprio "dadi").
Più a est, in ***India***, ***Giappone*** e ***Cina***, si hanno testimonianze di ***forti scommesse***, sia al gioco dei dadi sia alle ***corse dei carri***.
Non da meno, nella ***Roma imperiale***, personaggi come Nerone, Caligola, Claudio furono certamente ***accaniti giocatori*** (oggi probabilmente diremmo "giocatori patologici o compulsivi").
Connaturata con il gioco d'azzardo, inoltre, pare essere la ***propensione per il barare***, confermata dal ***ritrovamento di dadi*** appesantiti da un lato.

Se il gioco dei dadi vanta la ***storia più lunga***, nei secoli a noi ***più vicini*** c'è stata una notevole ***espansione delle modalità*** di gioco, a partire dalle ***scommesse sui cavalli*** ("lo sport dei re"), alle lotterie, delle quali si ha testimonianza dai ***secoli XVI-XVII***. La ***roulette*** fu inventata nel XVI secolo dal filosofo Blaise Pascal, mentre le ***slot machine nel 1895*** dall'americano Charles Fay."

Una lettura veloce richiede che l'occhio sappia procedere nella pagina prevedendo come continua una parola anche senza vedere come termina. Dal testo che segue sono state eliminate gradualmente alcune vocali. Cercare di leggere speditamente integrando sul momento. Sottolineare le parole che non si riesce subito ad integrare e ripetere la lettura fin quando non si commettono più errori. Cronometrare il tempo impiegato per svolgere l'esercizio.

➤ Itiner_ri_ molt_ v_ri_ p_r p_es_gg_ e mot_v_ d'int_r_ss_, ch_ attr_v_rs_ nell_ su_ prim_ p_rt_ _n_ plag_ mar_n_ d'_ cc_z_ _n_l_ b_ll_zz_, e n_ll_ s_c_nd_ l_ z_n_ d_ _ m_nt_ Lepini a_ m_rg_n_ d_ll_ p_ _n_ Pontina, t_cc_nd_ paesi r_cch_ d_ f_sc_n_ e d_ st_r_ _. D_ Gaeta s_ s_g_ _ l_ l_t_r_n_ _ ch_, s_l tr_cc_ _t_ d_ll'_nt_c_ v_ _ Fl_cc_, c_rr_ _n _n_ spl_nd_d_ sc_n_r_ _ l_ng_ l_ c_st_ r_cc_ _s_, p_nt_gg_ _t_ d_ _nt_ch_ t_rr_ d_ g_ _rd_ _.

(da *Guida rapida d'Italia*, vol. 4, Milano, TCI, 1997)

La soluzione è la seguente:
Itinerario molto vario per paesaggi e motivi d'interesse, che attraversa nella sua prima

parte una plaga marina d'eccezionale bellezza, e nella seconda la zona dei monti Lepini al margine della piana Pontina, toccando paesi ricchi di fascino e di storia. Da Gaeta si segue la litoranea che, sul tracciato dell'antica via Flacca, corre in uno splendido scenario lungo la costa rocciosa, punteggiata da antiche torri di guardia.

1.1.4 Analisi del testo

Si focalizzi l'attenzione sulle modalità di lettura ed analisi dei quesiti. Al fine di interpretare correttamente ciò che richiede una domanda, grazie anche all'ausilio dell'analisi delle alternative, è utile comprendere che il testo e la risposta corretta devono essere coerenti tra loro da un punto di vista non solo logico e grammaticale, ma anche per ciò che concerne l'intenzione di chi ha formulato il quesito; tale lavoro di analisi permetterà nella risoluzione dei quesiti di escludere alcune alternative errate.

L'**intenzione comunicativa** si riferisce al fatto che chi trasmette il messaggio si propone di ottenere una certa finalità (informare, persuadere, esprimere opinioni o sentimenti, dare o chiedere consigli, chiedere qualcosa, ecc.) e, di conseguenza, costruisce il messaggio nella maniera che ritiene più efficace per raggiungere lo scopo prefissato.

Si ricordi che, affinché si verifichi un processo comunicativo, occorrono sei elementi:

- **emittente**: chi trasmette il messaggio
- **destinatario**: persona/e a cui è rivolto il messaggio
- **messaggio**: insieme di parole, suoni, immagini che costituisce il testo
- **referente**: persona, cosa o situazione su cui verte il messaggio
- **codice**: linguaggio nel quale è espresso il messaggio
- **canale**: mezzo attraverso il quale passa il messaggio (la carta se si tratta di un mezzo scritto).

Il **contesto** è la specifica situazione all'interno della quale si colloca il testo ed è delimitato da precisi confini "fisici" come, ad esempio, le colonne degli articoli di giornale, le copertine di libri e riviste, e "logici" come l'ambiente in cui è collocato il messaggio.

La **coerenza logica** si ottiene organizzando i contenuti in modo che ci sia *progressione dell'informazione*, cioè che ogni unità informativa si agganci alla precedente e costituisca il supporto per l'informazione successiva.

La **coesione linguistica** si riferisce al piano formale del testo, cioè all'uso di un linguaggio che, oltre a rispettare le regole ortografiche, grammaticali e sintattiche, esprima le connessioni tra un blocco di testo e l'altro. L'aggancio tra i vari blocchi di testo avviene mediante **connessioni logiche** di vario tipo (tempo, spazio, causa/effetto, opposizione, esemplificazione, conclusione, ampliamento) o mediante la **ripresa di un termine**.

1.1.5 I quesiti di comprensione dei brani (Le tipologie testuali)

Ogni testo, sia di ambito letterario che non, in base al modo in cui è costruito e al suo contenuto, va ricondotto ad una specifica tipologia. Gli studiosi sono soliti dividere i testi in cinque tipologie: descrittivi, narrativi, regolativi, espositivi, argomentativi.

Durante la lettura di un brano il riconoscimento immediato della tipologia testuale facilita notevolmente la scelta della strategia da adottare per rispondere. Infatti, ognuna di queste tipologie ha delle caratteristiche peculiari schematizzate di seguito:

- **Testi descrittivi.** Hanno come finalità il "mostrare" una determinata realtà (persone, luoghi, oggetti, sensazioni), privilegiando la dimensione spaziale rispetto a quella temporale. La descrizione può procedere *dal generale al particolare o viceversa.* Può essere *sintetica* o *analitica*. La progressione dell'informazione avviene prevalentemente per *ampliamento*, cioè mediante connettivi come "e, inoltre, quindi", o mediante nessi di luogo che indicano la collocazione dei vari elementi nello spazio (in alto, in basso, a destra, a sinistra, davanti, dietro, ecc.). I tempi verbali utilizzati sono l'*imperfetto* e il *presente*. *Paragoni* e *metafore* servono a rendere più evidenti le immagini e le sensazioni. Le descrizioni sono di tipo soggettivo o oggettivo. Le *descrizioni soggettive* sono ricche di osservazioni personali, si trovano nei testi letterari, ma anche in testi non letterari come articoli giornalistici, lettere, diari. Le *descrizioni oggettive* solitamente s'incontrano in enciclopedie, manuali scolastici e sono caratterizzate da *linguaggio neutro*, *termini tecnici e scientifici*, sono *particolareggiate e precise*.

- **Testi narrativi.** Raccontano una vicenda cogliendone le relazioni temporali e i rapporti di causa ed effetto. La progressione dell'informazione si sviluppa sull'asse temporale e i collegamenti tra i blocchi testuali sono segnalati da *connettivi logici*: temporali, causali, di opposizione, ecc. I tempi verbali utilizzati sono il passato remoto, l'imperfetto, i due trapassati.

- **Testi regolativi.** Danno ordini, istruzioni, consigli, dettano regole, norme o leggi. Le forme verbali prevalenti sono il *congiuntivo* o l'*imperativo*, accompagnate spesso da formule di cortesia che servono ad attenuare l'ordine o la prescrizione. Nelle leggi, nei codici, nei regolamenti è frequente l'uso del presente indicativo. Il linguaggio è chiaro, ma, secondo il tema trattato, sono utilizzati termini tecnici di ambito giuridico, medico, culinario, ecc. La progressione dell'informazione si sviluppa per ampliamento, con ripresa o istituzione di un termine o per ellissi.

- **Testi espositivi.** Hanno come finalità quella di "fornire informazioni"; essi, infatti, espongono o spiegano idee, fenomeni, concetti, anche complessi, in modo semplice e ordinato. La progressione dell'informazione avviene attraverso connettivi logici di vario tipo e connettivi che esplicitano l'organizzazione del testo. Normalmente l'esposizione è suddivisa in paragrafi, talvolta introdotti da titoli esplicativi per rendere più chiara la suddivisione della materia. La lingua è chiara, precisa e si serve della terminologia specifica dell'ambito culturale a cui il testo si riferisce. La sintassi è lineare, il tono del discorso è neutro e oggettivo. Nel testo espositivo possono essere adoperati grafici, cartine, diagrammi, schemi, mappe, immagini, ecc. per dare una sintesi visiva degli argomenti e per chiarire il contenuto. Spesso il testo espositivo è collegato a quello argomentativo, di cui costituisce la premessa.

- **Testi argomentativi.** Si tratta di testi nei quali chi scrive discute un problema, esprime la propria opinione su di esso, utilizzando argomentazioni ed esempi per sostenere la sua tesi e demolire quella dell'avversario. La parola *argomento* assume in questo caso un significato direttamente riconducibile al verbo latino *arguere*, da cui deriva, che vuol dire "dimostrare". Un argomento è, quindi, un ragionamento dimostrativo costituito da proposizioni logicamente collegate. Un insieme di argomenti connessi tra loro costituisce un'*argomentazione*.

Nel testo argomentativo vanno individuati tre elementi fondamentali:
- lo **scopo**, vale a dire: sostenere la validità di una teoria, di un'idea, di un'opinione; convincere gli interlocutori della validità della propria teoria; confutare, cioè dimostrare false le teorie altrui; confrontarsi con altre opinioni;
- gli **argomenti**, che sono i ragionamenti a sostegno della propria tesi e/o contro le tesi altrui;
- gli **esempi**, che sono i fatti, le persone, le circostanze citati per rinforzare e avvalorare la tesi.

Pur non seguendo un unico modello, nei testi argomentativi è possibile riconoscere una struttura sempre uguale con dei capisaldi:
- l'esposizione del **problema**;
- l'enunciazione della **tesi**, cioè dell'idea che si vuole dimostrare;
- una o più **antitesi**, vale a dire la/le tesi opposta/e alla propria;
- la **confutazione** della/delle antitesi con argomenti ed esempi;
- la **dimostrazione** della tesi con argomenti ed esempi;
- la **conclusione** con la ripresa della tesi ed il suo rafforzamento.

Si tratta di un tipo di testo estremamente rigoroso sul piano della coerenza logica ed è pertanto di fondamentale importanza l'uso di connettivi appropriati. I più utilizzati sono i connettivi logici di spiegazione, esemplificazione, opposizione, conclusione, ma anche quelli che esplicitano l'organizzazione testuale. Il tono del testo può presentare sfumature soggettive, quando chi scrive esprime valutazioni e giudizi ricorrendo all'ironia se non addirittura al sarcasmo per demolire le posizioni dell'avversario.

Ecco alcuni esempi di testi espositivi ed argomentativi tratti da prove di selezione.

➤ **Testo 1**

La conoscenza aumenta sicuramente nel corso degli studi scolastici medi, mentre dopo il diploma della Scuola media superiore sono possibili sia un aumento che una diminuzione delle nozioni non utilizzate nella vita. In ogni caso, la conoscenza si modifica sostanzialmente quando lo studente entra nell'università.

Il brano sopra riportato è un esempio di testo espositivo. Esso può essere suddiviso in due paragrafi (coincidenti con i due punti fermi); la progressione dell'informazione è affidata sia ad un connettivo logico avversativo (*mentre*) sia ad una locuzione di tipo conclusivo (*in ogni caso*) che segnala la logica deduzione di quanto affermato nel primo paragrafo. Il linguaggio è estremamente chiaro, il tono è neutro.

➤ **Testo 2**

Il fenomeno della specializzazione delle Scienze [individuazione di sei discipline fondamentali, con compiti, metodi e strutture ben distinte, cioè matematica, astronomia, fisica, chimica, biologia e sociologia, e altre in esse comprese] – fin dall'inizio del secolo XIX – non faceva che riprodurre, entro l'organizzazione delle ricerche, una delle più tipiche situazioni che si venivano imponendo nella nascente industria per evidenti ragioni economiche: la suddivisione del lavoro. Come questa mirava a incrementare la produzione delle merci, così quella si rendeva necessaria per incrementare la produttività scientifica. Il primo vantaggio della specializzazione è una precisa delimitazione dei campi di indagine perché permette al singolo ricercatore di assimilare in breve tempo le tecniche ivi solitamente applicate e quindi di metterle subito a profitto dell'indagine. Ma vi è anche un altro aspetto, non meno importante. Con le ricerche specialistiche nascono anche i linguaggi appositamente costruiti da ogni scienza per denotare tutte e sole le proprietà che essa intende prendere in considerazione nei fenomeni indagati: linguaggi che favoriscono in misura notevolissima l'esattezza delle espressioni, il rigore dei ragionamenti, la chiarificazione dei principi che stanno alla base delle singole teorie. Tale specializzazione e tecnicizzazione dei linguaggi scientifici ha però avuto anche un'altra conseguenza assai meno positiva. E invero è stata proprio essa a far sorgere nello scienziato specialista una tendenza a rinchiudersi nella propria disciplina, senza nemmeno chiedersi se questa necessitasse di una qualunque integrazione o di un coordinamento con il lavoro dei ricercatori impegnati in altri campi di indagine. Si ebbe così un frantumarsi della scienza in tante scienze particolari, dando luogo a un mosaico di risultati concreti, ove non era rintracciabile, se non con grande difficoltà, un disegno fornito della benché minima organicità.

Da L. Geymonat, *Lineamenti di filosofia della scienza*, EST, 1986, Ed. Mondadori

Il brano sopra riportato è un esempio di testo espositivo intrecciato con un testo argomentativo. La prima parte è sicuramente di tipo espositivo in quanto l'autore – il filosofo Ludovico Geymonat – intende spiegare il fenomeno della specializzazione delle scienze evidenziandone i vantaggi. La progressione dell'informazione avviene mediante l'utilizzo di connettivi logici ed accorgimenti di vario tipo per rendere l'esposizione più chiara:

- esplicativo (*cioè*)
- conclusivo (*quindi*)
- i due punti (esplicativi)
- la ripresa di un termine (*tale*) per creare coesione e coerenza.

Tutta la prima parte rappresenta l'esposizione del problema e la premessa a quanto l'autore verrà a concludere, pur mantenendo un tono distaccato, nella seconda parte. Infatti, da *tale specializzazione e tecnicizzazione*... si può notare che l'autore esprime la sua opinione introdotta da un connettivo di tipo avversativo (*però*) e avvalorata dal connettivo rafforzativo (*invero*). Egli conclude "argomentando", cioè "dimostrando", gli effetti negativi del processo di specializzazione delle scienze. Si noti il connettivo *così* per indicare la conseguenza di quanto introdotto nella seconda parte.

➤ **Testo 3**

La matematica è un'ostentazione di audacia della pura ratio; uno dei pochi lussi oggi ancora possibili. Anche i filologi si dedicano spesso ad attività nelle quali essi per primi non intravedono il minimo utile, e i collezionisti di francobolli e di cravatte ancora peggio. Ma questi sono passatempi inoffensivi, ben lontani dalle cose serie della vita. La matematica, invece, proprio in esse abbraccia alcune delle avventure più appassionanti e incisive dell'esistenza umana.

Robert Musil, *L'uomo matematico*, in *Der lose Vogel*, 1911

Il brano in questione è un testo di tipo argomentativo che può essere schematizzato nel modo seguente:

TESI	La matematica è un'ostentazione di audacia della pura *ratio*; uno dei pochi lussi oggi ancora possibili.
ESEMPI A SOSTEGNO DELLA TESI	Anche i filologi si dedicano spesso ad attività nelle quali essi per primi non intravedono il minimo utile, e i collezionisti di francobolli e di cravatte ancora peggio.
ANTITESI	Ma questi sono passatempi inoffensivi, ben lontani dalle cose serie della vita.
CONCLUSIONE CHE RIPRENDE LA TESI	La matematica, invece, proprio in esse abbraccia alcune delle avventure più appassionanti e incisive dell'esistenza umana.

Come si può notare, in questo testo è chiaramente individuabile la tesi, che è anche esposizione del problema *matematica = un lusso*. Per avvalorare quest'uguaglianza, cioè che la matematica è uno dei pochi lussi che l'uomo può concedersi, l'autore porta degli esempi di attività percepite come "lussi" servendosi del connettivo rafforzativo "anche".
Tuttavia, questi "passatempi" non hanno, secondo l'autore, lo stesso valore della matematica: infatti il connettivo avversativo "ma" introduce l'antitesi, ciò che contrasta con il pensiero dell'autore. L'opinione di chi scrive è ripresa, in forma ciclica, dal connettivo "invece", presente nell'ultimo paragrafo.

Parte Terza

Prova di conoscenza della lingua inglese

SOMMARIO

Capitolo 1
Lingua inglese

Questa grammatica rispetta la sequenza naturale di apprendimento della lingua inglese, partendo dai concetti più semplici per arrivare alle nozioni complesse. Di conseguenza, ogni elemento è propedeutico al successivo e si consiglia di procedere a uno studio sistematico degli argomenti secondo l'ordine proposto.

1.1 Pronomi personali soggetto

I **pronomi personali soggetto** svolgono esclusivamente la funzione di soggetto e sono in tutto e per tutto equivalenti alle loro forme italiane.
La terza persona singolare presenta anche un pronome neutro per indicare un soggetto inanimato (ad esempio, una cosa, un animale o un concetto).

INGLESE	ITALIANO
I	Io
You	Tu
He	Egli
She	Ella
It	Esso/Essa (*ma anche* questo, quello, ciò)
We	Noi
You	Voi
They	Essi/Esse

In inglese, il soggetto **non può mai essere sottinteso**. Perciò, in assenza di un sostantivo o di un diverso pronome, **è obbligatorio usare il pronome personale** anche nelle **espressioni impersonali**.
Il pronome personale soggetto *I* va sempre scritto in maiuscolo, anche se si trova all'interno della frase e non all'inizio della stessa.

1.2 Forma base e infinito dei verbi

Il verbo presenta una **forma base** (*base form*) che viene utilizzata per costruire la gran parte dei tempi e dei modi.
Il modo infinito di un verbo si compone con ***to*** **+ forma base del verbo**; di conseguenza, si può anche dire che **la forma base equivale all'infinito senza il** ***to***.

➤ **Infinito:** to speak (*parlare*)
Forma base: speak

1.3 Il verbo *to be* (essere): infinito presente e indicativo presente

L'infinito del verbo *essere* in inglese è ***to be***.
Il verbo ***be*** ha funzione di ausiliare per formare alcuni tempi composti e presenta una coniugazione anomala rispetto agli altri verbi della lingua inglese. Inoltre, lo si può trovare in forma contratta.

INGLESE	FORMA CONTRATTA	ITALIANO
I am	I'm	Io sono
You are	You're	Tu sei
He is	He's	Egli è
She is	She's	Ella è
It is	It's	Esso/Essa è
We are	We're	Noi siamo
You are	You're	Voi siete
They are	They're	Essi/Esse sono

➤ It is sunny → *C'è il sole* (letteralmente, *è soleggiato*)
It is cloudy → *È nuvoloso*
It is windy → *C'è il vento* (letteralmente, *è ventoso*)

Poiché è un verbo ausiliare, ***be*** non utilizza altri ausiliari per costruire le forme interrogativa e negativa.
Una **frase negativa** con ***be*** prevede l'aggiunta della negazione ***not*** dopo il verbo coniugato. Essa può presentarsi in forma semplice o contratta.
Ci sono due forme contratte per il verbo essere, fatta eccezione per la prima persona singolare.

INGLESE	1ª FORMA CONTRATTA	2ª FORMA CONTRATTA	ITALIANO
I am not	–	I'm not (*la contrazione è tra il soggetto e il verbo*)	Io non sono
You are not	You aren't	You're not	Tu non sei
He is not	He isn't	He's not	Egli non è
She is not	She isn't	She's not	Ella non è

(segue)

INGLESE	1^A FORMA CONTRATTA	2^A FORMA CONTRATTA	ITALIANO
It is not	It isn't	It's not	Esso/Essa non è
We are not	We aren't	We're not	Noi non siamo
You are not	You aren't	You're not	Voi non siete
They are not	They aren't	They're not	Essi/Esse non sono

L'**interrogativa**, invece, si costruisce premettendo il verbo ***be*** al soggetto.

➤ **Affermativa:** You are Mike *oppure* You're Mike
Negativa: You are not Mike *oppure* You aren't Mike
Interrogativa: Are you Mike?

La **risposta breve** per l'interrogativa si forma con **soggetto + verbo *be*** in forma affermativa o negativa.

➤ Are you Mike? Yes, I am/No, I'm not → *Sei Mike? Sì/No*

NOTA. La forma contratta interrogativa negativa della prima persona singolare è *aren't I?*

1.4 Verbi modali: *can* e *may*

I verbi modali hanno funzione di verbi servili/ausiliari. Sono difettivi dell'infinito e non sono coniugati, perciò **tutte le persone hanno la stessa forma**. Formano l'interrogativa e la negativa seguendo le stesse regole di ***to be***.
I due verbi modali più comuni nella lingua inglese sono ***can*** e ***may***. Essi significano *potere* e sono sempre seguiti dalla **forma base** del verbo che reggono (infinito senza il *to*).
Presentano le seguenti sfumature di significato.

Can
Essere in grado di/saper fare:

➤ **Capacità:** I can swim in that pool → *Io posso nuotare in quella piscina* ovvero *Io sono in grado di nuotare in quella piscina*

May

- permesso (formale: in contesto informale si può usare ***can***)
- esprimere una supposizione, una possibilità, un dubbio o un'eventualità

➤ **Permesso:** I may swim in that pool → *Io posso nuotare in quella piscina* ovvero *Io ho il permesso di nuotare in quella piscina*
Possibilità: It may rain today → *Può piovere oggi*

NOTA. Nell'uso quotidiano, ***can*** tende a sostituire ***may***, sebbene sia preferibile applicare le regole sopra indicate sul significato dei due verbi.

La **forma negativa** di ***can*** e di ***may*** si costruisce anteponendo il verbo al soggetto.

Can può essere utilizzato nelle richieste finalizzate a ottenere qualcosa, specie in ambito informale

➤ Can I have some sugar? → *Posso avere dello zucchero?*

La **forma negativa** di ***can*** può essere contratta in ***can't*** o ***cannot***; ***may not***, di norma, non si contrae.

➤ Can you play tennis? → *Sai giocare a tennis?*
May I open the window? → *Posso aprire la finestra?*
I can't sing very well → *Non so cantare molto bene*
Unauthorized people may not use the machinery → *Le persone non autorizzate non possono utilizzare i macchinari*

Il **passato** di ***can*** è ***could***. Il passato di ***may*** è ***might***.
Queste forme possono anche assumere valore di condizionale in espressioni formali e sono sempre seguite dalla forma base del verbo che reggono.

➤ It might rain today → *Potrebbe piovere oggi*
I could run faster when I was young → *Potevo correre più velocemente quando ero giovane*

1.5 Il sostantivo

In inglese non vi è distinzione fra nome maschile e nome femminile per quanto riguarda la concordanza di aggettivi e articoli. Soltanto il pronome di terza persona singolare presenta forme diverse per maschile, femminile e neutro; perciò, qualora si abbia a che fare con un testo in cui dei pronomi sostituiscano dei nomi, è comunque opportuno risalire al genere dell'elemento reale indicato dal sostantivo.

NOTA. Di norma, soltanto le persone presentano un pronome maschile o femminile, mentre al neutro è demandato tutto ciò che è inanimato o animale.

Infine, alcune parole, come in italiano, utilizzano **radici** diverse per indicare il genere.

SIGNIFICATO	MASCHILE	FEMMINILE	GENERICO/ NEUTRO
Uomo/Donna/Persona	Man	Woman	Person
Padre/Madre/Genitore	Father	Mother	Parent
Fratello/Sorella	Brother	Sister	Sibling
Ragazzo/Ragazza	Boy	Girl	–
Zio/Zia	Uncle	Aunt	–
Marito/Moglie/Consorte	Husband	Wife	Spouse
Attore/Attrice	Actor	Actress	–
Principe/Principessa	Prince	Princess	–
Cameriere/Cameriera	Waiter	Waitress	Server

(segue)

SIGNIFICATO	MASCHILE	FEMMINILE	GENERICO/ NEUTRO
Gallo/Gallina	Rooster	Hen	Chicken
Stallone/Giumenta/Cavallo	Stallion	Mare	Horse

I nomi possono essere:
- ***countable*** (numerabili), ovvero declinabili al singolare e al plurale;
- ***uncountable*** (non numerabili), ovvero soltanto singolari.

Il **plurale** dei **nomi *countable*** viene formato con l'**aggiunta di una -*s*** al tema.
Valgono le seguenti **eccezioni** per i **nomi terminanti in**:

1) *-s, -ss, -sh, -ch, -x*: aggiunta di *-es* in luogo della semplice *-s* (➤ bus → buses; pass → passes; brush → brushes; beach → beaches; tax → taxes);
2) *-o*: aggiunta di *-es* in luogo della semplice *-s* (➤ tomato → tomatoes), a eccezione delle parole di origine latina (➤ video → videos; photo → photos);
3) *-y*:
   - aggiunta di *-es* e trasformazione della *y* in *i* se essa è *preceduta da consonante* (➤ study → studies; navy → navies);
   - aggiunta della semplice *-s* se la *y* è *preceduta da una vocale* (➤ toy → toys; boy → boys);
4) *-f* o *-fe*: alcuni nomi aggiungono *-s*, altri mutano la *-f/-fe* in *-v* e aggiungono *-es*. Non vi è una regola al riguardo, perciò si riportano alcuni esempi notevoli.

PLURALI IN *-VES*	PLURALI IN *–S*
Knife (*coltello*) → Knives Wife (*moglie*) → Wives Wolf (*lupo*) → Wolves Leaf (*foglia*) → Leaves Life (*vita*) → Lives Thief (*ladro*) → Thieves Half (*metà*) → Halves	Roof (*soffitto*) → Roofs Chief (*capo*) → Chiefs Cliff (*scogliera*) → Cliffs

Alcuni nomi presentano una **doppia forma**.

➤ Dwarf (*nano*) → dwarfs/dwarves

Esistono inoltre nomi con **plurale irregolare**, di cui sono elencati i più comuni:

➤ man → men (uomo-uomini)
person → people (persona-persone)[1]
tooth → teeth (dente-denti)
mouse → mice (topo-topi)
ox → oxen (bue-buoi)
diagnosis → diagnoses (diagnosi-diagnosi)
crisis → crises (crisi-crisi)
datum → data (dato-dati)
woman → women (donna-donne)
child → children (bambino-bambini)
foot → feet (piede-piedi)
goose → geese (oca-oche)
analysis → analyses (analisi-analisi)
thesis → theses (tesi-tesi)
criterion → criteria (criterio-criteri)
phenomenon → phenomena (fenomeno-fenomeni)

1 Ma *persons* si usa per indicare più persone prese singolarmente e non in gruppo.

I **nomi *uncountable*** si declinano soltanto al singolare e, di conseguenza, anche l'eventuale verbo viene concordato al singolare. Fra i nomi *uncountable* più comuni si ricordano quelli di seguito elencati.

➤ accommodation (*alloggio*)
air (*aria*)
baggage (*bagagli*)
behaviour (*comportamento*)
evidence (*prova*)
furniture (*mobilia, mobili*)
knowledge (*conoscenza*)
money (*denaro*)
progress (*progresso*)
safety (*sicurezza*)
sugar (*zucchero*)
trouble (*problema*)
weather (*tempo atmosferico*)
advice (*consiglio*)
anger (*rabbia*)
beauty (*bellezza*)
bread (*pane*)
fish (*pesce*)[2]
information (informazioni)
luggage (*bagagli*)
news (notizie)
research (*ricerca*)
salt (*sale*)
tea (*tè*)
water (*acqua*)
work (*lavoro*)

1.6 L'ARTICOLO DETERMINATIVO

L'articolo determinativo in inglese è ***the*** che traduce gli articoli *il, lo la, i, gli, le*. È uguale per tutti i generi, per il singolare e per il plurale. Viene **utilizzato per indicare qualcosa in particolare**, esattamente come avviene in italiano, per:

- nomi collettivi indicanti istituzioni, aggettivi sostantivati (➤ The Ministry of Education → *Il Ministero dell'Istruzione*);
- periodi storici (The Middle Ages → *Il Medioevo*);
- nomi di fiumi, mari, catene montuose, arcipelaghi, punti cardinali (➤ The Tiber → *Il Tevere*; The Appennines → *Gli Appennini*; The Mediterranean Sea → *Il Mar Mediterraneo*; The East → *L'Est*);
- nomi di teatri, cinema, ristoranti, alberghi, musei (➤ Let's go to the Odeon! → *Andiamo all'Odeon!*; We stay at the Holiday Inn → *Stiamo all'Holiday Inn*).

Con i nomi di **luoghi**, l'articolo ***the*** si usa per indicare l'edificio o il luogo fisico, non la sua funzione.

➤ I go to school → *Io vado a scuola* (perché sono uno studente, perciò la frase fa riferimento all'edificio, ossia alla funzione, "scuola")
Let's meet in front of the school → *Incontriamoci di fronte alla scuola* (la frase fa riferimento all'edificio e non alla sua funzione)

La stessa regola vale per gli **oggetti**.

➤ I watch TV → *Guardo la televisione* (la frase fa riferimento alla funzione)
We have to move the TV → *Dobbiamo spostare il televisore* (la frase fa riferimento all'oggetto)

2 Ma *fishes* è ammesso se si intende indicare i singoli capi di pescato.

L'articolo ***the*** **non si usa** mai davanti a:
- nomi di cose o di persone intese in senso generale e con i sostantivi *uncountable* (➤ I don't like **bread** → *Non mi piace il pane* – sostantivo *uncountable*; I love **apples** → *Io amo le mele* – sostantivo *countable* inteso in senso generale);
- parti del corpo e oggetti personali (di solito viene sostituito dall'aggettivo possessivo);
- nomi propri preceduti da titoli (Sir Mahoney, Miss McKenna);
- nomi di montagne e isole al singolare;
- nomi di nazioni, stati, paesi, continenti, tranne quando contengano parole come ***public***, ***state***, ***kingdom*** ... (➤ Italy → *Italia*, ma The United Kingdom → *Il Regno Unito*);
- anni (➤ In 1981 → *Nel 1981*), ma non quando si intendono decadi (The Sixties → *Gli anni Sessanta*);
- pasti (➤ What about lunch? → *Che ne dici del pranzo?*);
- sport (➤ I don't like tennis → *Non mi piace il tennis*);
- nomi di lingue o materie scolastiche;
- strumenti musicali;
- aggettivi e pronomi possessivi;
- le parole ***bed***, ***work***, ***home*** (➤ I go to bed/work → *Vado a letto/lavoro*; I go home → *Vado a casa*) e ***sea*** nelle espressioni (➤ "Go to sea" e "Be at sea" → *Andare al mare* e *Stare al mare* in vacanza).

1.7 L'articolo indeterminativo

L'articolo indeterminativo è ***a/an***. Si utilizza ***a*** davanti a sostantivi inizianti per consonante, alla vocale *u* che suona [ju] a *h* aspirata e alla *y* che suona come [j:]; si utilizza ***an*** davanti a vocale e alla *h* muta.

➤ A cat (*un cane*)
An apple (*una mela*)
A year (*un anno*)
A university (*un'università*)
A hotel (*un hotel*)
An honest man (*un uomo onesto*)

L'articolo indeterminativo **si usa** solo **davanti a** sostantivi singolari, professioni, malesseri fisici e in alcune espressioni idiomatiche.

➤ Give me a glass of water, please → *Dammi un bicchiere d'acqua, per favore* (sostantivo singolare)
I am a teacher → *Io sono un insegnante/Io faccio l'insegnante* (professione)
I have a headache/a cold/a cough/a sore throat/a temperature → *Ho il mal di testa/il raffreddore/la tosse/il mal di gola/la febbre*
What a bore! → *Che noia!* (espressione idiomatica esclamativa realizzata con ***what*** + **articolo indeterminativo + sostantivo**)
I have a shower/a bath/a walk → *Faccio una doccia/un bagno/una passeggiata*, ma non si usa davanti ai nomi di pasti (to have lunch/dinner → *pranzare, cenare*)
I drive my car once/twice/three times a day/a year → *Guido la macchina una volta/due volte/tre volte al giorno/all'anno* (espressioni idiomatiche indicanti **frequenza**)

L'articolo indeterminativo **non si usa** per **parlare di cose in generale**. Se il sostantivo è *countable*, si utilizza il plurale senza articolo; se è *uncountable*, si utilizza il singolare senza articolo.

➤ I usually eat fruit → *Di solito mangio la frutta* (sostantivo *uncountable*)
I hate strawberries → *Io odio le fragole* (sostantivo *countable* al plurale senza articolo)

1.8 Preposizioni

Le **preposizioni** sono connettori che mettono in relazione due parti del discorso, due sintagmi nominali o un sintagma nominale con uno verbale.

1.8.1 Preposizioni di luogo

Le principali preposizioni di luogo in inglese sono: ***at, in, on, above, over, to, from, under, below, through, across***.

At

La preposizione ***at*** è usata davanti a descrizioni di luogo, per indicare una posizione precisa o la funzione specifica di un luogo (*at the library*, dove si studia, *at a concert*, dove si ascolta la musica, *at the movies*, dove si guarda un film) o con gli indirizzi completi di numero civico.

➤ It's been half an hour I've been standing ***at*** the bus stop → *È mezz'ora che aspetto **alla** fermata del bus*
My sister just called. She said she was still ***at*** home → *Mia sorella ha appena chiamato. Ha detto che era ancora **a** casa*
I can't talk right now, I'm studying ***at*** the library → *Non posso parlare adesso, sto studiando **in** biblioteca*
I live ***at*** 100 Prescott Street, San Francisco → *Abito **al** numero 100 di Prescott Street, San Francisco*

In

La preposizione ***in*** identifica un luogo chiuso o delimitato, nazioni, città ed edifici.

➤ I am living ***in*** Rome → *Vivo **a** Roma*
My sister would like to go back to live ***in*** the US → *Mia sorella vorrebbe tornare a vivere **negli** Stati Uniti*
She lives ***in*** that apartment over there → *Vive **in** quell'appartamento laggiù*

On

La preposizione ***on***, traducibile con ***sopra***, indica la posizione di un oggetto (o persona) al di sopra di qualcosa con un contatto fisico tra la superficie e l'oggetto.

➤ I live ***on*** the third floor → *Vivo **al** terzo piano*
The cat jumped ***on*** the windowsill and right outside the window → *Il gatto saltò **sul** davanzale e fuori dalla finestra*

On può anche essere usato per indicare una via senza numero civico.

➤ *I live **on** Prescott Street*, invece, con l'indirizzo completo di numero civico *I live **at** 100 Prescott Street.*

Above

Anche la preposizione ***above*** traduce le preposizioni italiane *su, sopra*, ma, a differenza di *on*, non presenta alcun contatto tra i due riferimenti, oppure indica il livello ***al di sopra*** dello zero di temperature o delle acque.

➤ The aircraft was flying ***above*** the clouds → *L'aereo viaggiava* ***sopra*** *le nuvole*
The temperature reached 46 °C ***above*** zero → *La temperatura raggiunse i 46 °C* ***sopra*** *lo zero*

Over

Anche la preposizione ***over*** indica *su, sopra* senza contatto.

➤ They're building the new highroad ***over*** the lake → *Stanno costruendo la nuova autostrada* ***sopra*** *il lago*

To

La preposizione ***to*** indica il moto a luogo e può essere impiegata indifferentemente con città, Paesi e continenti.

➤ I'm moving ***to*** Japan next month → *Mi trasferisco* **in** *Giappone il mese prossimo*
I'm going ***to*** Rome next week → *Andrò* ***a*** *Roma la prossima settimana*

From

La preposizione ***from*** si impiega per il complemento di moto da luogo.

➤ I come ***from*** Los Angeles → *Vengo* ***da*** *Los Angeles*
She's moving ***from*** Jacksonville to Cambridge → *Si trasferisce* ***da*** *Jacksonville a Cambridge*

Under

La preposizione ***under*** traduce la preposizione italiana ***sotto***.

➤ You dropped your pen ***under*** the table → *Ti è caduta la penna* ***sotto*** *il tavolo*

Below

La preposizione ***below*** è traducibile con ***sotto/al di sotto*** e identifica la stessa distinzione tra *on* e *above/over*. Si tratta di un "al di sotto" che definisce differenti livelli.

➤ The sea urchin lives right ***below*** the sea level → *Il riccio di mare vive proprio* ***sotto*** *il livello del mare*

Across* e *through

Le preposizioni ***across*** e ***through*** indicano rispettivamente ***attraverso*** "*in larghezza*" e ***attraverso*** "*in lunghezza*".

➤ They told us we had to get ***across*** the river → *Ci dissero dovevamo* ***attraversare****/passare* ***attraverso*** *il fiume* (da una parte all'altra ***in larghezza***)
I can't talk right now, I'm going ***through*** a tunnel → *Non posso parlare ora, sto* ***attraversando****/passando* ***attraverso*** *una galleria* (da un'estremità all'altra ***in lunghezza***)

1.8.2 Preposizioni di tempo

Le preposizioni ***at***, ***in***, ***on***, ***to*** e ***from*** possono anche essere impiegate come preposizioni di tempo. A queste, se ne aggiungono delle altre: ***for***, ***since***, ***ago***, ***until/till***.

On

La preposizione ***on*** indica i giorni della settimana.

➤ I was born ***on*** a Wednesday → *Sono nato* ***di*** *mercoledì*

In

In si usa davanti ai mesi, le stagioni, gli anni, i momenti della giornata (esclusa la notte) e un periodo di tempo.

➤ Strawberries generally bloom ***in*** May → *Le fragole crescono* ***a*** *maggio*
I was born ***in*** 1992 in the Summer → *Sono nato* ***nel*** *1992 in estate*
In the morning I usually go for a run → ***Di*** *mattina di solito vado a correre*

At

At è impiegato per il *weekend*, la notte o per indicare un orario.

➤ ***At*** the weekend I usually have lunch at a local restaurant → ***Nel*** *fine settimana di solito pranzo in un ristorante locale*
He came back ***at*** night → È *tornato* ***di*** *notte*

From

From indica il momento in cui un'azione inizia, molto spesso seguito da quando termina con la preposizione *to*.

➤ This shop is open ***from*** 9 a.m. to 8 p.m. everyday → *Questo negozio è aperto* ***dalle*** *nove alle 20 tutti i giorni*

For **e** ***since***

Le preposizioni ***for*** e ***since***, traducibili con ***per/da***, sono impiegate rispettivamente per indicare durata e inizio di un'azione.

➤ I've been studying English ***for*** 10 years → *Studio inglese* ***da*** *dieci anni* (*la* ***durata*** dello studio dell'inglese è di 10 anni)
She hasn't seen him ***since*** 2015 → *Non lo vede* ***dal*** *2015* (l'***inizio*** è il 2015)

Ago

Ago è l'equivalente italiano dell'espressione ***fa***.

➤ The last time she saw him was a long time ***ago*** → *L'ultima volta che lo vide fu molto tempo* ***fa***

Till **o** ***until***

Till o la versione estesa ***until*** sono traducibili in italiano con ***fino a/fino a che/fino a che non***. Dunque, non ha mai bisogno di una proposizione negativa, ma sempre di una positiva. Inoltre, la proposizione che segue *until* non potrà mai essere al futuro o condizionale.

➤ I will help you ***until/till*** you manage to make it on your own → *Ti aiuterò* ***fino a che*** *riuscirai a farcela da solo*
I'll look after your cats ***until/till*** you come back → *Mi prenderò cura dei tuoi gatti* ***fino a che non*** *tornerai*

1.8.3 *Altre preposizioni*

About

About indica il complemento di argomento e può essere tradotto come ***a proposito di, a riguardo di, su, di.***

➤ What is the book you're reading ***about***? → ***Di cosa*** *tratta il libro che stai leggendo?*

With

With, traducibile con ***con***, indica il complemento di compagnia.

➤ I went on vacation ***with*** my husband → *Sono andata in vacanza* ***con*** *mio marito*

By

By può indicare il mezzo attraverso cui ci si muove (*by car, by bus, by train*, ma *on foot*, a piedi) oppure il complemento di agente o, ancora, per indicare una misura.

➤ This car was made ***by*** a German company → *Questa macchina è stata realizzata* ***da*** *una compagnia tedesca*

The economic growth has increased ***by*** 20% → *La crescita economica è aumentata* ***del*** *20%*

1.9 Il verbo: indicativo presente (*simple present*) dei verbi irregolari

Il presente indicativo italiano viene reso in inglese con il ***simple present***. Si usa:

- per esprimere situazioni o azioni abituali e ripetute (➤ I go swimming every week → *Vado a nuotare ogni settimana*), che non mutano (➤ I work in Rome → *Lavoro a Roma*) o che rappresentano dei dati di fatto (➤ Rome is an Italian city → *Roma è una città italiana*);
- per dare istruzioni, indicazioni o per eventi certi nel futuro inseriti all'interno di una tabella oraria (cfr. par. 1.16);
- con avverbi di frequenza come ***always*** (sempre), ***never*** (mai), ***seldom*** (raramente), ***rarely*** (raramente), ***often*** (spesso) e altri (cfr. par. 1.34).

Il *simple present* si costruisce utilizzando la **forma base del verbo** e **aggiungendo la -*s* solo alla terza persona singolare**, seguendo le regole già indicate per il plurale dei sostantivi per quanto riguarda le **eccezioni** dei **verbi terminanti in**:

1) *-s, -ss, -sh, -ch, -x*: aggiunta di *-es* in luogo di *-s* (➤ catch → catches; assess → assesses);
2) *-o*: aggiunta di *-es* in luogo di *-s* (➤ do → does; go → goes);
3) *-y*:
   - aggiunta di *-es* e trasformazione della *y* in *i* se essa è preceduta da consonante (➤ study → studies; carry → carries);
   - aggiunta di *-s* se la *y* è preceduta da una vocale (➤ play → plays; say → says).

La coniugazione sarà dunque la seguente:

INGLESE	ITALIANO
I eat	Io mangio
You eat	Tu mangi

(segue)

INGLESE	ITALIANO
He/she/it eats	Egli/Ella/Esso mangia
We eat	Noi mangiamo
You eat	Voi mangiate
They eat	Essi/Esse mangiano

La **forma interrogativa** si costruisce con il verbo ausiliare ***do/does*** + **forma base del verbo**. La forma ***does*** si utilizza esclusivamente per la terza persona singolare. L'ausiliare viene messo **prima del soggetto**.

➤ **Affermativa:** You eat pasta → *Mangi la pasta*
Interrogativa: Do you eat pasta? → *Mangi la pasta?*

Affermativa: He eats pasta → *Egli mangia la pasta*
Interrogativa: Does he eat pasta? → *Egli mangia la pasta?*

La **forma negativa** si costruisce con il verbo ausiliare ***do/does + not*** + **forma base del verbo**, secondo lo schema seguente:

FORMA SEMPLICE	FORMA CONTRATTA	ITALIANO
I do not eat	I don't eat	Io non mangio
You do not eat	You don't eat	Tu non mangi
He/she/it does not eat	He/she/it doesn't eat	Egli/Ella/Esso non mangia
We do not eat	We don't eat	Noi non mangiamo
You do not eat	You don't eat	Voi non mangiate
They do not eat	They don't eat	Essi/Esse non mangiano

ATTENZIONE! È un errore aggiungere la *-s* alla terza persona singolare nelle interrogative e negative con ***does***!
➤ Does he read books? **non** Does he reads books? → *Legge libri?*

La **risposta breve** per l'interrogativa si forma con **soggetto +** ***do*** in forma affermativa o negativa.
➤ Do you like chocolate? Yes, I do/No, I don't → *Ti piace il cioccolato? Sì/No*

1.10 Il verbo *to have* (avere)

Il verbo ***to have*** (*avere*) può svolgere funzione di ausiliare e perciò presenta sia le forme proprie degli ausiliari/modali sia quelle dei verbi regolari.
La sua **coniugazione**, irregolare, comprende **due varianti**, di cui una prevede l'aggiunta di ***got*** secondo lo schema seguente:

FORMA SEMPLICE	FORMA CONTRATTA	FORMA CON GOT	FORMA CON GOT CONTRATTA	ITALIANO
I have	I've	I have got	I've got	Io ho
You have	You've	You have got	You've got	Tu hai
He has	He's	He has got	He's got	Egli ha
She has	She's	She has got	She's got	Ella ha
It has	It's	It has got	It's got	Esso ha
We have	We've	We have got	We've got	Noi abbiamo
You have	You've	You have got	You've got	Voi avete
They have	They've	They have got	They've got	Essi/Esse hanno

Come si vede, il significato delle due varianti è sostanzialmente lo stesso. Il ***got*** si utilizza per esprimere in modo più forte un possesso.
Le **interrogative** e le **negative** possono essere realizzate con le stesse regole del verbo ***to be***, dunque anteponendo il verbo al soggetto, per le forme con ***got***.
Le **forme semplici** utilizzano invece l'ausiliare **do/does**.

➤ **Affermativa:** I have a wife → *Io ho una moglie*
Interrogativa e risposta breve: Do you have a wife? Yes, I do/No, I don't → *Hai una moglie? Sì/No*
Negativa: I don't have a wife → *Io non ho una moglie*

Affermativa: I have got a car → *Io ho/posseggo una macchina*
Interrogativa e risposta breve: Have you got a car? Yes, I have/No, I haven't → *Hai/Possiedi una macchina? Sì/No*
Negativa: I haven't got a car → *Io non ho/posseggo una macchina*

Il verbo ***to have***, sempre senza il ***got***, si usa anche nelle seguenti espressioni.
➤ To have breakfast/lunch/dinner → *Fare colazione/Pranzare/Cenare*
To have a break → *Fare una pausa*
To have a bath/a shower/a rest/ a holiday/a party/a walk/a swim/a conversation/a talk → *Fare un bagno/una doccia/un riposino/una vacanza/una festa/una passeggiata/una nuotata/una conversazione/una chiacchierata*
To have a good time → *Divertirsi*

1.11 La forma in *-ing*: gerundio, infinito sostantivato, participio predicativo

Il **gerundio presente** si forma aggiungendo l'uscita ***-ing*** alla **forma base del verbo**.
➤ Walk → walking (*camminando*)

Il **gerundio passato** si forma aggiungendo l'uscita ***-ing*** alla **forma base del verbo ausiliare *to have*** e coniugando al participio passato il verbo al cui significato si è interessati.

➤ Walk → having walked (*avendo camminato*)

L'aggiunta di ***-ing*** non comporta alcun mutamento nella forma base del verbo, tranne nelle **eccezioni** seguenti:

– verbi terminanti in *-e*: la *-e* cade e si aggiunge *-ing* (bore → boring; fire → firing);
– verbi monosillabici o bisillabici terminanti con una sola consonante preceduta da vocale: la consonante si raddoppia e si aggiunge *-ing* (cut → cutting; travel → travelling);
– verbi terminanti in *-y*: contrariamente a quanto avviene per l'aggiunta di *-s*, **non vi sono mutamenti fonetici e la *-ing* si aggiunge sempre dopo la *-y*** (study → studying; play → playing).

La forma in ***-ing*** assume anche il valore di **infinito sostantivato**.

➤ Sleeping is important for your health → *Dormire è importante per la salute*

Particolare attenzione bisogna prestare alle costruzioni con i verbi ***like***, ***love***, ***can't stand***, ***prefer***, ***enjoy***, ***dislike*** e ***hate***, che richiedono l'infinito sostantivato.

➤ I like eating pasta → *Mi piace mangiare la pasta*
I love playing basketball → *Io amo giocare a basket*
I can't stand listening to pop music → *Io non sopporto ascoltare musica pop*
I hate being late → *Io odio essere in ritardo*

Unica eccezione è l'espressione ***would like* + infinito**.

➤ I would like to go on holiday → *Mi piacerebbe andare in vacanza*

Infine, la forma in ***-ing*** ha anche il significato del **participio presente**, sia in funzione attributiva (di solito tradotto con una proposizione relativa) sia in funzione predicativa (di solito retto da verbi di percezione come ***see*** (vedere), ***hear*** (sentire) ecc.).

➤ **Funzione attributiva:** The two men **living** here are my uncles → *I due uomini* ***che vivono*** *qui sono i miei zii*
Funzione predicativa: I see you playing tennis → *Ti vedo giocare a tennis* oppure *Vedo che giochi a tennis*

1.12 La forma in *-ing*: *present continuous*

Il ***present continuous*** o **presente progressivo** indica un'azione che si sta svolgendo nel momento in cui si parla. Si forma con il verbo ***be*** + **gerundio**.

INGLESE	FORMA CONTRATTA	ITALIANO
I am eating	I'm eating	Io sto mangiando
You are eating	You're eating	Tu stai mangiando
He is eating	He's eating	Egli sta mangiando

(segue)

INGLESE	FORMA CONTRATTA	ITALIANO
She is eating	She's eating	Ella sta mangiando
It is eating	It's eating	Esso/Essa sta mangiando
We are eating	We're eating	Noi stiamo mangiando
You are eating	You're eating	Voi state mangiando
They are eating	They're eating	Essi/Esse stanno mangiando

Le forme **interrogative** e **negative** seguono le regole già indicate per il verbo ***be***; per cui nella forma interrogativa il verbo essere precede il soggetto seguito dal verbo in *–ing*, mentre nella forma negativa si aggiunge il *not* dopo il verbo prima del verbo in *–ing*.

➤ Are you eating? Yes, I am/No, I'm not → *Stai mangiando? Sì/No*
I'm not eating now → *Non sto mangiando adesso*

1.13 Il futuro con *will*

L'ausiliare ***will***, indeclinabile, viene usato per formare il futuro. Regge la forma base del verbo e può essere contratto.

INGLESE	FORMA CONTRATTA	ITALIANO
I will see	I'll see	Io vedrò
You will see	You'll see	Tu vedrai
He will see	He'll see	Egli vedrà
She will see	She'll see	Ella vedrà
It will see	*solitamente non contratto*	Esso/Essa vedrà
We will see	We'll see	Noi vedremo
You will see	You'll see	Voi vedrete
They will see	They'll see	Essi/Esse vedranno

Le forme **interrogative** e **negative** seguono le regole già indicate per il verbo ***be***.

➤ Will you go there? Yes, I will/No, I will not → *Andrai lì? Sì/No*
I will not go there → *Non andrò lì*

La forma negativa può essere contratta.

➤ Will not → Won't

Il futuro con *will* si usa per esprimere una decisione presa sul momento, una previsione, una volontà.

➤ The phone is ringing: I will answer! → *Il telefono sta squillando: rispondo io!*
It will rain tomorrow → *Domani pioverà*
I won't accept his apologies → *Non accetterò le sue scuse*

Will è anche impiegato dopo i verbi di opinione o sentimento (*to think, to be sure of, to hope, to guess...*).

➤ I'm not sure it'll be sunny tomorrow → *Non sono certo che domani farà bel tempo*
I hope he will come tomorrow → *Spero verrà domani*

Con i **pronomi di prima persona singolare e plurale** è utilizzata anche la forma arcaica ***shall***, di solito per indicare una proposta, chiedere un consiglio o offrirsi di fare qualcosa.

➤ Shall/Will I open the window? → *Apro la finestra?*
Shall we dance? → *Balliamo?*
What shall I do in this situation? → *Che cosa devo fare in questa situazione?*

1.14 Il futuro con il *present continuous*

Il ***present continuous*** (cfr. par. 1.12) può essere utilizzato per esprimere il **futuro** quando si vuole parlare di programmi prestabiliti.

➤ Next Monday, I'm meeting Jane at the airport → *Lunedì prossimo incontrerò Jane all'aeroporto* (ne abbiamo già parlato)
This summer, I'm visiting Athens → *Quest'estate visiterò Atene* (il focus è sull'organizzazione: *ho già preso il biglietto e prenotato l'albergo*)

1.15 Il futuro con *to be going to*

Si usa la forma ***to be going* + infinito** per indicare un'intenzione o una previsione basata su contingenze reali e dati a disposizione nel momento in cui si parla.

Forma affermativa e negativa di *Going to*

GOING TO AFFERMATIVA ESTESA	*GOING TO* AFFERMATIVA CONTRATTA	*GOING TO* NEGATIVA ESTESA	*GOING TO* NEGATIVA CONTRATTA 1	*GOING TO* NEGATIVA CONTRATTA 2
I am going to visit	I'm going to visit	I am not going to visit	I'm not going to visit	–
You are going to visit	You're going to visit	You are not going to visit	You're not going to visit	You aren't going to visit
He/She/It is going to visit	He/She/It's going to visit	He/She/It is not going to visit	He/She/It's not going to visit	He/She/It isn't going to visit
We are going to visit	We're going to visit	We are not going to visit	We're not going to visit	We aren't going to visit
You are going to visit	You're going to visit	You are not going to visit	You're not going to visit	You aren't going to visit
They are going to visit	They're going to visit	They are not going to visit	They're not going to visit	They aren't going to visit

Forma interrogativa e interro-negativa di *Going to*

GOING TO INTERROGATIVA	*GOING TO* INTERROGATIVO-NEGATIVA ESTESA	*GOING TO* INTERROGATIVO-NEGATIVA CONTRATTA
Am I going to visit?	Am I not going to visit?	Aren't I going to visit?
Are you going to visit?	Are you not going to visit?	Aren't you going to visit?
Is he/she/It going to visit?	Is he/she/It not going to visit?	Isn't he/she/it going to visit?
Are we going to visit?	Are we not going to visit?	Aren't we going to visit?
Are you going to visit?	Are you not going to visit?	Aren't you going to visit?
Are they going to visit?	Are they not going to visit?	Aren't they going to visit?

➤ This summer, I'm going to visit Athens → *Quest'estate visiterò Atene* (il focus è sull'intenzione: *ho intenzione di visitare Atene, che abbia già organizzato tutto o meno*)
Are you going to enrol at university? → *Ti iscriverai all'università?* (*Hai intenzione di iscriverti?*)
It's cloudy, today it's going to rain → *Oggi pioverà* (*È nuvoloso, perciò mi aspetto che piova in base ai dati a mia disposizione*)

Spesso, il futuro con il *present continuous* e quello con *to be going + infinito* vengono utilizzati senza una marcata distinzione di significato, soprattutto nella lingua parlata.

1.16 Il futuro con il *simple present*

Per azioni inserite all'interno di un programma o una tabella oraria (*schedule*), si utilizza il ***simple present*** per indicare il futuro.

➤ The train leaves at 6.00 a.m. → *Il treno partirà alle 6 di mattina* (l'orario fa parte di una tabella oraria)
The meeting starts at midday → *L'incontro inizierà a mezzogiorno* (l'orario fa parte di un programma)

1.17 Il *future continuous*

Il ***future continuous*** equivale al ***present continuous***, ma **nel futuro**. Esprime un'azione che si starà svolgendo in un determinato momento del futuro e si costruisce con ***will/shall be* + verbo in *-ing***.

➤ This time tomorrow, I will be flying over the Ocean → *Domani a quest'ora, starò volando sopra l'oceano*
I'm going on holiday next week. This time next Friday, I'll be sunbathing on the beach → *Andrò in vacanza la prossima settimana. Venerdì prossimo a quest'ora, starò prendendo il sole in spiaggia.*

1.18 Pronomi personali complemento, aggettivi e pronomi possessivi

I **pronomi personali complemento** vengono usati in inglese per esprimere tutti i complementi diretti o indiretti.
Gli **aggettivi possessivi** non sono mai preceduti dall'articolo e devono sempre essere seguiti da un sostantivo.
I **pronomi possessivi** non sono mai preceduti dall'articolo e non sono mai seguiti da un sostantivo.

PRONOME PERSONALE SOGGETTO	PRONOME PERSONALE COMPLEMENTO	TRADUZIONE	AGGETTIVI POSSESSIVI	PRONOMI POSSESSIVI	TRADUZIONE
I	Me	Me/Mi	My	Mine	Mio/Il mio
You	You	Te/Ti	Your	Yours	Tuo/Il tuo
He	Him	Lui/Lo/Gli	His	His	Suo/Il suo (di lui)
She	Her	Lei/La/Le	Her	Hers	Suo/Il suo (di lei)
It	It	Esso/Essa	Its	-	Suo/Il suo (di ciò)
We	Us	Noi/Ci	Our	Ours	Nostro/Il nostro
You	You	Voi/Vi	Your	Yours	Vostro/Il vostro
They	Them	Loro	Their	Theirs	Loro/Il loro

➤ **Pronome personale complemento:** I talk to him → *Io parlo con lui*
Aggettivo possessivo: This is my pen → *Questa è la mia penna* (sempre seguito da un sostantivo)
Pronome possessivo: This pen is mine → *Questa penna è mia* (non è seguito da un sostantivo)

I pronomi e gli aggettivi possessivi di **terza persona singolare** presentano forme diverse se l'appartenenza è relativa a un possessore maschile, femminile o neutro.

➤ His → *Suo di lui* Her → *Suo di lei* Its → *Suo di ciò*

Pertanto, è possibile individuare il genere del possessore a partire dal pronome o aggettivo possessivo usato.

➤ This jacket is hers → *Questo giacchetto è suo (di lei)*
His dog is three years old → *Il suo (di lui) cane ha tre anni*

Il pronome possessivo è impiegato per esprimere possesso numerato; ciò non accade con l'aggettivo possessivo. Perciò, per dire "Lui è *un* mio amico", in inglese non si potrà usare l'aggettivo possessivo come in italiano, ma si ricorrerà al pronome possessivo nella forma: Lui è un amico di mio → *He's a friend of mine.*
È possibile fare questo con qualsiasi identificazione del possesso che sia numerata e specifica.
➤ That is a book of hers → *Quello è un suo libro* (letteralmente, *quello è un libro di suo*)

1.19 Gli aggettivi

L'**aggettivo qualificativo** in inglese **precede sempre il sostantivo** a cui si riferisce, ma **segue *something*, *anything*** e derivati. Inoltre, l'aggettivo **segue la copula** quando si trova in un predicato nominale e quando svolge funzione di complemento predicativo del soggetto o dell'oggetto.
È invariabile, perciò non muta a seconda del genere e del numero. Quando vi è un elenco di aggettivi, essi sono inseriti secondo il seguente ordine:
1) *Opinion adjectives*, ovvero esprimenti un punto di vista.
2) *Fact adjectives*, ovvero esprimenti uno stato, un colore, una dimensione ecc.

➤ A beautiful young woman → *Una donna bella (**opinion adjective**) e giovane (**fact adjective**)*

Quando vi sono **più *fact adjective***, essi sono inseriti secondo il seguente ordine:
1) Dimensione
2) Età
3) Colore
4) Provenienza
5) Materiale
➤ A large, old, brown, Indian, wooden table → *Un tavolo indiano di legno, ampio, vecchio, marrone* (notare che l'ordine naturale degli aggettivi in italiano è diverso e non vincolante)

ATTENZIONE! Alcuni aggettivi possono essere seguiti da preposizione e assumere significati specifici.
➤ I am good at piano → *Sono bravo al pianoforte*
Tom is interested in football → *Tom è interessato al calcio*

Impossible*, *possible*, *dangerous*, *difficult*, *easy*, *cheap*, *expensive*, *exiting*, *hard e altri aggettivi possono essere seguiti dall'infinito.
➤ It is dangerous to trespass the railroad → *È pericoloso attraversare la ferrovia*

1.20 Comparativi e superlativi

1.20.1 Comparativo di uguaglianza

Il **comparativo di uguaglianza** si forma con ***as* + aggettivo + *as* + secondo termine di paragone**.
➤ I am as tall as Jim → *Io sono (tanto) alto quanto Jim*
Jane is not as old as her husband → *Jane non è (tanto) vecchia quanto suo marito* oppure *Jane non ha la stessa età del marito*

Se nella frase c'è ***the same*** si omette il primo ***as***.

➤ My car is the same as yours → *La mia auto è simile alla tua* oppure *La mia auto e la tua sono uguali*

1.20.2 Comparativo di minoranza

Il **comparativo di minoranza** si forma con ***less*** **+ aggettivo +** ***than*** **+ secondo termine di paragone**.

➤ John is less fat than his brother → *John è meno grasso di suo fratello*

Di solito, però, si preferisce utilizzare un comparativo di uguaglianza negativo.

➤ John is not as fat as his brother → *John non è grasso come suo fratello*

1.20.3 Comparativo di maggioranza

Il **comparativo di maggioranza** prevede l'aggiunta della desinenza ***-er*** per gli aggettivi monosillabici e alcuni bisillabici o l'uso di ***more*** per quelli con due o più sillabe. In questo modo si forma il grado comparativo.

L'aggiunta di *-er* non provoca mutamenti fonetici a **eccezione** dei seguenti casi:

- aggettivi monosillabici terminanti con una consonante preceduta da vocale: la consonante finale si raddoppia (➤ hot → hotter);
- aggettivi monosillabici e bisillabici terminanti in *-e* muta (non pronunciata): aggiunta di *-r* (➤ pure → purer);
- aggettivi monosillabici e bisillabici terminanti in *-y*: la *-y* diventa *-i* e si aggiunge *-er* (➤ dry → drier; happy → happier).

Il comparativo di maggioranza si forma con l'**aggettivo al grado comparativo +** ***than*** **+ secondo termine di paragone**.

➤ Rome is bigger than Milan → *Roma è più grande di Milano* (aggettivo monosillabico terminante con una consonante preceduta da vocale)
This restaurant is more expensive than the other one → *Questo ristorante è più costoso dell'altro* (aggettivo con più di due sillabe)

Con ***quiet***, ***clever***, ***narrow***, ***shallow***, ***simple*** è possibile utilizzare entrambe le forme.

➤ It is quieter/more quiet here than on the main street → Qui è più tranquillo che sulla strada principale

L'espressione "sempre più" si traduce ripetendo due volte un aggettivo comparativo separato da ***and***.

➤ The baloon is becoming bigger and bigger → *Il pallone sta diventando sempre più grande*

L'espressione italiana "*più una cosa... più un'altra*" è resa in inglese dall'uso di "**the + comparativo di maggioranza**", "**the + comparativo di maggioranza**".

➤ The faster the delivery, the more expensive the price → *Più veloce la spedizione, più costoso il prezzo*
The higher you climb, the more chances you'll have of falling → *Più in alto sali, più possibilità avrai di cadere*

1.20.4 SUPERLATIVO RELATIVO

Il **superlativo relativo** prevede l'aggiunta della desinenza ***-est*** per gli aggettivi monosillabici e alcuni bisillabici o l'uso di ***most*** per quelli con due o più sillabe. Esso si forma con ***the* + aggettivo al grado superlativo + *in* (luogo)/*of* (gruppo ristretto)**.

L'aggiunta di *-est* non provoca mutamenti fonetici a **eccezione** dei seguenti casi:

- aggettivi monosillabici terminanti con una consonante preceduta da vocale: la consonante finale si raddoppia (➤ hot → hottest);
- aggettivi monosillabici e bisillabici terminanti in *-e* muta (non pronunciata): aggiunta di *-r* (➤ pure → purest);
- aggettivi monosillabici e bisillabici terminanti in *-y*: la *-y* diventa *-i* e si aggiunge *-est* (➤ dry → driest; happy → happiest);

➤ Rome is the biggest city in Italy → *Roma è la più grande città d'Italia* (luogo)
This restaurant is the most expensive of all → *Questo ristorante è il più costoso di tutti* (gruppo ristretto: tutti i ristoranti)
Tina is the nicest girl I've ever seen → *Tina è la ragazza più carina che abbia mai visto* (proposizione relativa con pronome omesso)

Esistono degli aggettivi che formano il comparativo di maggioranza e il superlativo in modo irregolare:

GRADO NORMALE	GRADO COMPARATIVO	GRADO SUPERLATIVO	ITALIANO
Good	Better*	Best	Buono/Migliore/Il migliore
Bad	Worse	Worst	Cattivo/Peggiore/Il peggiore
Far	Farther/Further**	Farthest/Furthest	Lontano/Più lontano/Il più lontano
Little	Less	Least	Piccolo/Più piccolo/Il più piccolo
Much	More	Most***	Molto/Più/Di più
Old	Older/Elder	Oldest/Eldest	Vecchio/Più vecchio/Il più vecchio Anziano/Più anziano/Il più anziano

* ***Better*** può essere utilizzato dopo il soggetto e *had* con valore di *Farei meglio* (➤ You'd better come here this instant! → Faresti meglio a venire qui immediatamente!; I'd better go now, it's getting late → *Farei meglio ad andare ora, si sta facendo tardi*).

** ***Far*** ha un doppio comparativo:

- ***farther*** significa *più lontano*, ma anche *di più* (➤ It rains farther than yesterday → Piove più di ieri);
- ***further*** significa *ulteriore* (➤ I'm attending some courses for my further education → *Sto frequentando alcuni corsi per la mia preparazione ulteriore*). Da notare, però, che il significato si adatta spesso al contesto.

*** ***Most*** può essere utilizzato con i sostantivi (➤ Most people → *La maggior parte delle persone*) e in forma avverbiale con i verbi (➤ This is what I fear the most → *Questo è ciò che temo di più*).

1.20.5 Superlativo assoluto

Il **superlativo assoluto** si forma con l'aggiunta di ***very***, ***really***, ***absolutely***, ***extremely*** **o avverbi di simile significato** all'aggettivo al grado normale.

➤ He is very short → *Egli è molto basso/bassissimo*
Aer Lingus is a really important Irish air carrier → *Aer Lingus è una compagnia aerea irlandese importantissima/molto importante*
The weather in Portsmouth is absolutely cold → *Il tempo atmosferico a Portsmouth è molto freddo/freddissimo*

NOTA. Alcuni aggettivi sono già di significato superlativo e non prevedono l'uso di **very, really** ecc.

➤ **freezing** (*freddissimo*)	**wonderful** (*meraviglioso*)	**fantastic** (*fantastico*)
marvelous (*meraviglioso*)	**perfect** (*perfetto*)	**essential** (*essenziale*)
enormous (*enorme*)	**delicious** (*delizioso*)	**awful** (*orribile*)

1.21 *Simple past* e *past participle*

Il ***simple past*** è utilizzato per indicare un'azione avvenuta interamente nel passato in un momento preciso, conclusa e che non ha effetti sul presente. Lo si trova di solito insieme ad espressioni indicanti il momento dell'azione, come ***yesterday***, ***last year***, ***two days ago*** ecc., oppure in proposizioni che reggono espressioni temporali (*quando ero giovane; quando facevo il militare ecc.*) o con avverbi di frequenza (cfr. par. 1.35). Si può tradurre con l'imperfetto, con il passato remoto o, talvolta, con il passato prossimo a seconda del contesto.
Il verbo ***be*** presenta una coniugazione irregolare anche al ***simple past*** e non ammette contrazioni.

INGLESE	ITALIANO
I was	Io ero/fui / Io sono stato
You were	Tu eri/fosti / Tu sei stato
He/She/It was	Egli/Ella/Esso/Essa era/fu / Egli/Ella/Esso/Essa è stato/a
We were	Noi eravamo/fummo / Noi siamo stati
You were	Voi eravate/foste / Voi siete stati
They were	Essi/Esse erano/furono / Essi sono stati

L'**interrogativa** e la **negativa** si formano seguendo le regole del verbo ***be***. Nella forma negativa si useranno le forme ***wasn't/weren't,*** e nell'interrogativa si anticiperanno al soggetto.

➤ I wasn't here yesterday → *Non ero qui ieri*
Were you at Susan's last night? → *Sei stato da Susan ieri sera?*

La maggior parte dei verbi inglesi ha una **coniugazione regolare**. Per formare il *simple past* si aggiunge *-ed* alla forma base del verbo e ciò non provoca ulteriori mutamenti fonetici (➤ work → worked; sail → sailed).
Il *simple past* è invariabile per tutta la coniugazione. Tuttavia, vi sono alcune **eccezioni**:

- verbi terminanti in *-e*: la *-e* cade e si aggiunge *-ed* (➤ bore → bored; manage → managed);
- verbi monosillabici o bisillabici terminanti con una sola consonante preceduta da vocale accentata: la consonante si raddoppia e si aggiunge *-ed* (➤ travel → travelled; stop → stopped; admit → admitted);

– verbi in *-y*: aggiunta di *-ed* se la *-y* è *preceduta da una vocale* (➤ play → played; stay → stayed); trasformazione di *-y* in *-i* e aggiunta di *-ed* se la *-y* è *preceduta da una o più consonanti* (➤ study → studied; worry → worried).

INGLESE	ITALIANO
I played	Io giocavo/giocai / Io ho giocato
You played	Tu giocavi/giocasti / Tu hai giocato
He/She/It played	Egli/Ella/Esso/Essa giocava/giocò / Egli/Ella/Esso ha giocato
We played	Noi giocavamo/giocammo / Noi abbiamo giocato
You played	Voi giocavate/giocaste / Voi avete giocato
They played	Essi/Esse giocavano/giocarono / Essi hanno giocato

Esistono tuttavia molti **verbi irregolari**, il cui **paradigma** è riportato nei vocabolari. Il paradigma di un verbo comprende:
- la **forma base** (1ª voce);
- il ***simple past*** (2ª voce);
- il ***past participle*** (3ª voce).

Il ***past participle*** **è uguale al** ***simple past*** **nei verbi regolari, mentre può mutare in quelli irregolari.**
Le forme **interrogative** si costruiscono con il verbo ausiliare ***did*** **(passato di** ***do/does*****) + forma base del verbo**. L'ausiliare viene messo **prima del soggetto.**

➤ **Affermativa:** You went* on holiday last week → *Sei andato in vacanza la scorsa settimana*
* Paradigma: *go – went – gone*

Interrogativa: Did you go on holiday last week? → *Sei andato in vacanza la scorsa settimana?*

Le forme **negative** si costruiscono con il verbo ausiliare ***did*** **+** ***not*** **+ forma base del verbo**, secondo lo schema seguente:

FORMA SEMPLICE	FORMA CONTRATTA	ITALIANO
I did not eat	I didn't eat	Io non ho mangiato*
You did not eat	You didn't eat	Tu non hai mangiato
He/she/it did not eat	He/she/it didn't eat	Egli/Ella/Esso non ha mangiato
We did not eat	We didn't eat	Noi non abbiamo mangiato
You did not eat	You didn't eat	Voi non avete mangiato
They did not eat	They didn't eat	Essi/Esse non hanno mangiato

* Naturalmente, come detto sopra, altre traduzioni possibili sono *Io non mangiai* e *Io non mangiavo*.

1.22 Il passivo

I **verbi transitivi**, ovvero i verbi che ammettono il complemento oggetto, possono essere coniugati anche al passivo. Come in italiano, l'ausiliare del passivo è il verbo essere (***be***).
La costruzione è **soggetto + verbo *to be + past participle***.

SIMPLE PRESENT PASSIVE		SIMPLE PAST PASSIVE	
INGLESE	**ITALIANO**	**INGLESE**	**ITALIANO**
I am attacked	Io sono attaccato/a	I was attacked	Io ero/fui attaccato/a
You are attacked	Tu sei attaccato/a	You were attacked	Tu eri/fosti attaccato/a
He/she/it is attacked	Egli/Ella/Esso è attaccato/a	He/she/it was attacked	Egli/Ella/Esso era/fu attaccato/a
We are attacked	Noi siamo attaccati/e	We were attacked	Noi eravamo/fummo attaccati/e
You are attacked	Voi siete attaccati/e	You were attacked	Voi eravate/foste attaccati/e
They are attacked	Essi/Esse sono attaccati/e	They were attacked	Essi/Esse erano/furono attaccati/e

Poiché è presente il verbo ***be***, le interrogative e le negative seguono le regole dei verbi ausiliari.

- **Interrogativa:** Are you attacked? Yes, we are/No, we aren't → *Siete attaccati? Sì/No*
  Negativa: We aren't attacked → *Non siamo attaccati*

Ovviamente, è possibile formare il passivo di tutti i tempi verbali.

1.23 *Present perfect simple*

Il ***present perfect simple*** è utilizzato per indicare un'azione avvenuta nel passato che ha effetti sul presente, che è ripetibile o non collocabile esattamente in un momento preciso, oppure è ancora in corso, oppure esprime esperienze di vita generali.
È comune trovarlo in assenza di indicazioni temporali, con ***ever***, ***never***, ***already***, ***yet***, ***just***, ***still***, con espressioni indicanti il momento di inizio dell'azione (***since***) o la durata dell'azione (***for***).
Si può tradurre con il presente semplice o con il passato prossimo a seconda del contesto.
Si costruisce con il verbo ***have*** utilizzato in funzione di ausiliare **tanto per i verbi transitivi quanto per quelli intransitivi** e con il ***past participle***.

PRESENT PERFECT SIMPLE ATTIVO		PRESENT PERFECT SIMPLE PASSIVO	
INGLESE	**ITALIANO**	**INGLESE**	**ITALIANO**
I have eaten*	Io ho mangiato	I have been** eaten	Io sono stato/a mangiato/a
You have eaten	Tu hai mangiato	You have been eaten	Tu sei stato/a mangiato/a

(segue)

PRESENT PERFECT SIMPLE ATTIVO		PRESENT PERFECT SIMPLE PASSIVO	
INGLESE	**ITALIANO**	**INGLESE**	**ITALIANO**
He/She/It has eaten	Egli/Ella/Esso ha mangiato	He/She/It has been eaten	Egli/Ella/Esso/Essa è stato/a mangiato/a
We have eaten	Noi abbiamo mangiato	We have been eaten	Noi siamo stati/e mangiati/e
You have eaten	Voi avete mangiato	You have been eaten	Voi siete stati/e mangiati/e
They have eaten	Essi/Esse hanno mangiato	They have been eaten	Essi/Esse sono stati/e mangiati/e

* Paradigma: *eat – ate – eaten*

** Paradigma: *be – was/were – been*

Le forme **interrogative** si costruiscono spostando l'ausiliare **prima del soggetto**.

➤ **Affermativa:** You have visited London → *Hai visitato Londra*
Interrogativa: Have you visited London? → *Hai visitato Londra?*

Se presenti, gli avverbi vengono collocati fra soggetto e verbo, a accezione di ***yet*** che va sempre in fondo alla frase.

La **negativa** si forma aggiungendo ***not*** dopo il verbo ***have***, con o senza contrazione.

➤ **Affermativa:** You have *already* visited London → *Hai già visitato Londra*
Interrogativa: Have you *already* visited London? → *Hai già visitato Londra?*
Risposta negativa: No, I haven't visited London *yet* → *No, non ho ancora visitato Londra*

Quando il *present perfect simple* viene impiegato insieme agli avverbi *yet, still* e *already* presenta delle particolarità.
Already è usato solo con frase affermativa e segue l'ausiliare *have* nella costruzione. ***Yet*** è usato solo con frase negativa o interrogativa e sempre a fine frase.

➤ **Affermativa:** You have ***already*** visited London → *Hai già visitato Londra*
Interrogativa: Have you ***already*** visited London? → *Hai già visitato Londra?*
Risposta negativa: No, I haven't visited London ***yet*** → *No, non ho ancora visitato Londra*
Interrogativa: Have you done your homework ***yet***? → *Hai già fatto i compiti?*
Risposta negativa: No, I haven't done it ***yet*** → *No, non li ho ancora fatti*

Still può essere usato nelle affermative e nelle negative, ma la sua posizione è tra il pronome soggetto e l'ausiliare avere.

➤ I ***still*** haven't had dinner → *Non ho ancora cenato*

1.24 *Present perfect continuous* e *past perfect*

Il ***present perfect continuous*** si usa per indicare un'azione iniziata nel passato che è ancora in corso o per mettere enfasi sulla durata dell'azione. Lo si trova associato a espressioni indicanti il momento di inizio dell'azione (***since***) o la durata dell'azione (***for***).

Si forma con **soggetto + ausiliare *have* + *been* + verbo in *-ing***.

➤ I have been living in London since 1994 → *Vivo a Londra dal 1994* (sto svolgendo questa azione dal 1994 e non è ancora conclusa)
I have been studying English for ten years → *Studio l'inglese da dieci anni*

> **ATTENZIONE!** "I have been studying English for ten years" indica un'azione ancora in svolgimento. "I have studied English for ten years" indica un'azione passata, ma che ha effetti sul presente (ad esempio il parlante può intendere: *ho studiato l'inglese per dieci anni, perciò ora lo so parlare bene*).

Il ***past perfect*** corrisponde al trapassato prossimo e trapassato remoto italiani. Si forma con ***had* (*simple past* di *have*) + *past participle***. Si utilizza per esprimere un'azione antecedente a un'altra, che è avvenuta sempre nel passato.

➤ I had been in London only twice when they told me that I had found a job there → *Ero stato a Londra solo due volte quando mi dissero che avevo trovato un lavoro lì*

1.25 *Future perfect* e *future perfect continuous*

Il ***future perfect*** equivale al **futuro anteriore** italiano ed esprime un'azione che sarà conclusa nel futuro. Si forma con ***will* + *have* + *past participle***.

➤ Tomorrow morning, Sarah will have completed her work → *Domattina, Sarah avrà completato il suo lavoro*

Può presentare anche una forma progressiva, ovvero il ***future perfect continuous***, formato con ***will* + *have* + *been* + verbo in *-ing***. Si usa per indicare azioni non completate fra il momento attuale e un tempo futuro imprecisato e per quantificare la durata di un'azione futura. Lo si traduce con *avrò/sarò* + participio (➤ I will have been doing → *Avrò fatto*).

1.26 Verbi notevoli: *to be able to*, *could*, *might*

L'espressione ***to be able to* + infinito** significa *essere in grado di/saper* e può sostituire ***can***. Viene utilizzato anche per formare il futuro di ***can***, dal momento che il verbo modale è difettivo (manca del futuro).

➤ I am able to cook → *Io sono in grado/sono capace di cucinare*
I'm sure I will be able to get the job done in time → *Sono certo che sarò in grado di terminare il lavoro in tempo*

Could e ***might*** sono i **passati** di ***can*** e ***may***. Possono tuttavia essere utilizzati anche come condizionali, soprattutto in espressioni di cortesia. *Might* si usa per esprimere possibilità, eventualità o per chiedere un permesso.

➤ Could you close the door? → *Potresti chiudere la porta?*
It might rain → *Potrebbe piovere*
Anna is late. She might have missed the train → *Anna è in ritardo. Potrebbe aver perso il treno* (con *present perfect* per esprimere il passato)

1.27 Verbi notevoli: *must*, *have to*, *should*, *ought to*

Must

Must è un verbo modale invariabile che esprime l'idea di dovere, necessità o certezza imposti dall'interno. È privo di infinito, di futuro e di passato.

INGLESE	ITALIANO
I must	Io devo
You must	Tu devi
He/she/it must	Egli/Ella/Esso deve
We must	Noi dobbiamo
You must	Voi dovete
They must	Essi/Esse devono

Must è sempre **seguito** dalla **forma base di un verbo**.

➤ The students must attend compulsory courses → *Gli studenti devono frequentare i corsi obbligatori*

Must può reggere un ***perfect infinitive*** (**infinito passato**, costruito con **forma base +** ***past participle***) per indicare un'azione avvenuta precedentemente a quando si parla.
La **negazione** è con il ***not*** e può essere contratta in ***mustn't***.

L'**interrogativa** si forma anteponendo ***must*** al soggetto, come avviene per tutti i verbi modali (cfr. ***can*** par. 1.4).

➤ I can't find my wallet. **I must have lost** it on the bus → *Non trovo il portafogli.* ***Devo averlo perso*** *sull'autobus*

Have to

Have to significa *dovere*, ma presenta una diversa sfumatura di significato rispetto a ***must***, in quanto indica un obbligo proveniente dall'esterno o da altri, mentre ***must*** indica un obbligo che è avvertito come proveniente da chi parla (sentimenti, decisioni e necessità personali). Si costruisce con **soggetto +** ***have/has to*** **+ forma base del verbo**.

➤ I must eat less meat → *Devo mangiare meno carne* (decisione presa dal parlante)
The nutritionist said that I have to eat less meat → *Il dietologo ha detto che devo mangiare meno carne* (obbligo proveniente dall'esterno)

Interrogative e **negative** si formano con l'ausiliare ***do/does***.

Forma negativa, interrogativa e interro-negativa di *Have to*

HAVE TO NEGATIVA ESTESA	*HAVE TO* NEGATIVA CONTRATTA	*HAVE TO* INTERROGATIVA	*HAVE TO* INTERROGATIVO-NEGATIVA
I do not have to go	I don't have to go	Do I have to go?	Don't I have to go?
You do not have to go	You don't have to go	Do you have to go?	Don't you have to go?

(segue)

HAVE TO NEGATIVA ESTESA	*HAVE TO* NEGATIVA CONTRATTA	*HAVE TO* INTERROGATIVA	*HAVE TO* INTERROGATIVO-NEGATIVA
He/She/It does not have to go	He/She/It doesn't have to go	Does he/she/It have to go?	Doesn't he/she/it have to go?
We do not have to go	We don't have to go	Do we have to go?	Don't we have to go?
You do not have to go	You don't have to go	Do you have to go?	Don't you have to go?
They do not have to go	They don't have to go	Do they have to go?	Don't they have to go?

Should

Should è un verbo modale invariabile che svolge la funzione di condizionale di ***must***. È seguito dalla forma base del verbo.

INGLESE	ITALIANO
I should go to the party	Io dovrei andare alla festa
You should go to the party	Tu dovresti andare alla festa
He/she/it should go to the party	Egli/Ella/Esso dovrebbe andare alla festa
We should go to the party	Noi dovremmo andare alla festa
You should go to the party	Voi dovreste andare alla festa
They should go to the party	Essi/Esse dovrebbero andare alla festa

Le **interrogative** e le **negative** seguono le regole dei verbi modali.

Should si usa normalmente:

- per dare suggerimenti dopo **verbi** come ***suggest*** (suggerire), ***propose*** (proporre), ***recommend*** (raccomandare);
- dopo **aggettivi** come ***necessary*** (necessario), ***odd*** e ***strange*** (strano), ***concerned*** (preoccupato) e simili;
- dopo ***in case*** (nel caso);
- nelle ***that-clause*** al passato (ovvero le frasi completive, consecutive o finali al passato introdotte da ***that***).
  - ➤ Agatha advises that I should go to the dentist → *Agatha mi ha consigliato di andare dal dentista*

Ought to **+ forma base del verbo**

Should ha lo stesso significato di ***ought to***, che tuttavia è meno usato e la forma negativa si ottiene aggiungendo il *not* dopo *ought* o tramite forma contratta *oughtn't*.

➤ You ought not to go/you oughtn't go → *Non dovresti andare*

1.28 *Need to*

Need to svolge la funzione della perifrasi italiana *è necessario che*; è sempre seguito da un verbo alla forma base e viene coniugato alla forma affermativa come qualsiasi altro verbo regolare.

➤ You need to go now → *È necessario tu vada ora*

She needed to take her clothes to the dry cleaner's → *Era necessario portasse i vestiti in lavanderia*

Tuttavia, alla forma negativa, *need to* può comportarsi come un qualsiasi verbo regolare e quindi si avranno le forme seguenti.

➤ You don't need to add anything else → *Non c'è bisogno che tu aggiunga altro*
My grandparents didn't need to know our brother didn't go to college → *Non c'era bisogno che i nostri nonni sapessero che nostro fratello non era andato all'università*

Oppure potrà comportarsi come un modale e avere le seguenti forme negative.

➤ You needn't /need not add anything else → *Non c'è bisogno tu aggiunga altro*
My parents needn't/need not have known our brother didn't go to college → *Non c'era bisogno che i nostri nonni sapessero che nostro fratello non era andato all'università*

1.29 *To be supposed to*

To be supposed to può essere tradotto in italiano con il condizionale di "dovere", e indica quelle azioni che si dovrebbero o non si dovrebbero fare a contrario di quanto si sta facendo. Si forma attraverso il **verbo essere** coniugato (presente o passato) + ***supposed to*** + **forma base del verbo**.

➤ You're not supposed to smoke in the hospital → *Non dovresti fumare in ospedale*
You were not supposed to say anything to mom! → *Non avresti dovuto dire niente a mamma!*

1.30 *Used to, be/get used to*

La perifrasi ***used to*** può tradurre il tempo verbale italiano dell'imperfetto o l'espressione *essere solito/i* e indica un'azione che era solita accadere nel passato, ma che non è più vera al momento in cui il parlante la esprime. Essendo *use* un verbo regolare, la formazione sarà quella di qualsiasi verbo regolare, con, tuttavia, solo il *simple past* seguito da un verbo alla forma base.

➤ When I was a kid I used to go walking on a beach for long hours → *Quando ero giovane andavo a passeggiare a lungo sulla spiaggia*
I didn't use to eat Italian food when I lived in England → *Non ero solito mangiare cibo italiano quando vivevo in Inghilterra*

Be o ***get used to*** sono utilizzati invece per definire un'abitudine con la traduzione di *Essere abituati/Abituarsi.* Sono formati dal **soggetto + verbo essere** coniugato **o verbo *get*** coniugato + ***used to*** + **verbo in *–ing***. Essendo perifrasi possono formarsi con *simple present*, *simple past*, *present* continuous, *past continuous*, *present perfect*, *past perfect* e *future simple*.

➤ I'm getting used to driving in Rome → *Mi sto abituando a guidare a Roma*
When she got in Rome, she wasn't used to seeing so many historical landmarks → *Quando arrivò a Roma non era abituata a vedere così tanti posti storici*
I was slowly getting used to the weather that I had to relocate again → *Mi stavo lentamente abituando al clima che ho dovuto traslocare di nuovo*

1.31 Would

Would è un verbo modale invariabile utilizzato come ausiliare per formare il condizionale.

PRESENTE	PASSATO	ITALIANO
I would do	I would have done	Io farei/avrei fatto
You would do	You would have done	Tu faresti/avresti fatto
He/she/it would do	He/she/it would have done	Egli/Ella/Esso farebbe/avrebbe fatto
We would do	We would have done	Noi faremmo/avremmo fatto
You would do	You would have done	Voi fareste/avreste fatto
They would do	They would have done	Essi/Esse farebbero/avrebbero fatto

Esiste una forma contratta in ***'d***, ad esempio, ***I'd***, ***you'd***…
La **negazione** è con il ***not*** e può essere contratta in ***wouldn't***.
L'**interrogativa** si forma anteponendo ***would*** al soggetto.
Would può essere sostituito da ***should***.
Should/Would possono essere usati:

- come passato di **will/shall** nei discorsi indiretti (➤ She said I would have missed the train → *Lei disse che avrei perso il treno*);
- nelle richieste e offerte cortesi (➤ Would you like some tea? → *Vorresti un po' di tè?*) anche seguite da un verbo al modo infinito (➤ I would like to go to the cinema with you → *Mi piacerebbe andare al cinema con te*)
- nel periodo ipotetico.

Would può anche avere lo stesso valore di ***used to*** in un registro linguistico più elevato.

➤ In the summer, when she was a kid she would stare at the stars all night → *In estate, quando era piccola, fissava le stelle tutta la notte*

1.32 Esprimere accordo e disaccordo

Al fine di esprimere *accordo*, *disaccordo* e *scelta*, l'inglese si avvale, rispettivamente, delle particelle ***so/too***, ***neither/either*** e ***both***.
So e ***too*** hanno il significato di *anche*.
Either e ***neither*** sono traducibili con *neppure, né, nemmeno*.
Both è traducibile con *entrambi, sia*.

1.32.1 So e too

Per esprimere **accordo**, l'inglese può impiegare due forme: ***so*** e ***too***.
So viene usato in risposta a un'*affermazione positiva*, seguito dall'ausiliare impiegato nella frase precedente e dal soggetto.

➤ A: I ***have*** already done my homework → *Ho già fatto i compiti*
B: ***So have*** I → *Anch'io*

A: I'*m* going to the movies this weekend → *Andrò al cinema questo fine settimana*
B: ***So am*** I → Anch'io

A: My sister usually ***wakes*** up around 6 → *Mia sorella di solito si sveglia intorno alle 6*
B: ***So does*** mine → *Anche la mia* (qui il soggetto è rappresentato dal pronome possessivo)

In alternativa, è possibile usare un'altra forma di accordo: ***too***.
Too è sempre preceduto dal pronome complemento.

➤ A: I have already done my homework → *Ho già fatto i compiti*
B: ***Me too*** → *Anch'io*

1.32.2 Neither/either

Si usa ***neither*** per esprimere **disaccordo** con un'*affermazione* enunciata precedentemente in forma *negativa*. ***Neither*** è poi seguito dallo stesso ausiliare impiegato nella frase precedente alla forma positiva e dal soggetto.

➤ A: I don't think *I'm* going to go to her party tonight → *Non credo andrò alla sua festa stasera*
B: ***Neither* am** I → *Nemmeno io*

A: I ***don't*** particularly like Johanna → *Non mi piace particolarmente Johanna*
B: ***Neither* do** I → *Neanche a me*

A: Ella ***did not*** attend our last meeting → *Ella non ha partecipato alla nostra ultima riunione*
B: Oh, ***neither did*** I! → *Neanche io!*

È possibile usare ***neither*** anche semplicemente con il pronome complemento corrispondente a chi dimostra disaccordo.
Si prenda la frase di prima, *I don't think I'm going to go to her party tonight*, è possibile rispondere anche con: ***Me neither*** → Io nemmeno.
Oppure, come terza opzione, è possibile impiegare la formula: **soggetto + ausiliare negativo + *either***.

➤ A: I ***didn't*** even know where that city was on the map → *Non sapevo nemmeno dove fosse quella città sulla mappa*
B: I ***didn't either*** → *Io nemmeno*

A: I ***haven't*** done my homework! → *Non ho fatto i compiti*
B: I ***haven't either*** → *Io nemmeno*

Ricordando che ***neither*** è già di per sé una negazione, non può mai essere impiegato in una frase negativa. Inoltre, in combinazione con la particella ***nor***, equivale all'espressione italiana ***né … né***.

➤ ***Neither*** my sister ***nor*** I have any idea of what is going on → *Né mia sorella né io abbiamo idea di cosa stia accadendo*
Neither my sister ***nor*** I have ever seen this movie → *Né io né mia sorella abbiamo mai visto questo film*

Either, invece, quando combinato con ***or***, traduce l'espressione italiana di scelta ***o… o/oppure***.

➤ It's ***either*** him ***or*** me. Make up your mind → *O sono io oppure è lui. Decidi*

1.32.3 Both

Per esprimere **scelta** si usa il termine ***both*** che ha la traduzione di **entrambi**; se usato in combinazione con ***and*** corrisponde all'espressione italiana ***sia … sia***.

- ***Both*** my sister ***and*** I have decided to attend the meeting on Friday → *Sia mia sorella sia io abbiamo deciso di frequentare la riunione venerdì*

1.33 Tag ed Echo Questions

1.33.1 Tag Questions

Le ***Tag Questions*** in inglese rappresentano le cosiddette **domande retoriche**, quelle che in italiano sono espresse attraverso le interiezioni: ***no?***, ***vero?***, ***giusto?*** alla fine di una domanda. Nell'inglese conversazionale, molto spesso questo effetto può essere sortito anche semplicemente, mettendo ***right?*** alla fine della domanda. Tuttavia, il metodo più convenzionale investe l'uso degli ausiliari.

La formazione della *Tag Question* prevede l'inversione dell'ausiliare usato nella frase principale, seguito dal soggetto.

- He ***goes*** to your school, ***doesn't he***? → *Viene a scuola con te, no/giusto/vero?*

Nel caso specifico, il verbo *goes* della principale è un *simple present* affermativo, terza persona singolare. Per formulare la *Tag Question*, occorre invertirlo da affermativo a negativo *goes doesn't go,* mantenere solo l'ausiliare *doesn't* e aggiungere il soggetto, *he*.

- You ***didn't go*** to work yesterday, ***did you***?" → *Non sei andato a lavoro ieri, no?/vero?/ giusto?*

In questo caso, il verbo *didn't go* della principale è un *simple past* negativo, seconda persona singolare. Per formulare la *Tag Question*, occorre invertirlo da negativo ad affermativo *didn't did* e aggiungere il soggetto, *you*.

> **ATTENZIONE!** Con **avverbi negativi** come ***never*** o ***neither***, nonostante la principale sia necessariamente alla forma affermativa, questo non toglie si tratti comunque di una negazione. Per formare la *Tag Question*, in questo caso non occorre invertire gli ausiliari, che rimarranno sempre positivi.
>
> - He'***s never*** going to show up on time, ***is he***? → *Non si presenterà mai in tempo, vero/no/giusto?*
>   Your sister ***has never*** been to Cambogia, ***has she***? → *Tua sorella non è mai stata in Cambogia, no/vero/giuro?*

1.33.2 Echo Questions

Le ***Echo Questions*** sono impiegate per **dimostrare interesse in ciò che esprime l'interlocutore**. Oltre al semplice ***really?***, l'inglese può usare l'ausiliare seguito dal pronome soggetto.

Oltre all'effetto comunicativo di dimostrazione d'interesse, ci sono delle differenze con le *Tag Questions*. Mentre nelle *Tag Questions* si formulano domande retoriche, nelle *Echo Questions*, spesso si risponde ad affermazioni dell'interlocutore, lasciandogli il turno di conversazione. Inoltre, mentre nelle *Tag Questions* occorre invertire gli ausiliari da positivi a negativi e viceversa, nelle *Echo Questions*, l'ausiliare deve rimanere lo stesso.

- A: I ***met*** Jason as I was going to work yesterday! → *Ho incontrato Jason mentre stavo andando a lavoro ieri*
  B: ***Did you***? → *Ah sì?/Davvero?*

In questo caso *met* è *simple past* positivo, per formare la *Echo Question*, occorre estrarre l'ausiliare del *simple past*, *did*, lasciarlo in forma positiva e farlo seguire dal soggetto *you*.

➤ A: She ***had*** never seen him before! → *Non lo aveva mai visto prima*
B: ***Hadn't she***? → *Ah no?/Davvero?*

In questo caso, la frase presenta l'avverbio di frequenza *never* negativo. Per formare la *Echo Questions*, occorre dunque riportare l'ausiliare *had*, ma in forma negativa *hadn't,* seguito dal soggetto *she*.

ATTENZIONE! All'imperativo, la formazione della *Echo Question* prevede l'uso degli ausiliari del futuro ***will*** per la seconda persona singolare e plurale e shall per la prima persona plurale.

➤ ***Be*** a dear and ***get*** me a glass of water, ***will you***? → *Sii gentile e prendimi un bicchiere d'acqua, ti va/okay?*

In questo caso, la frase è formata alla seconda persona singolare dell'imperativo. La *Echo Question* si forma prendendo in prestito l'ausiliare del futuro semplice *will* – sempre senza bisogno di invertirlo – e facendolo seguire dal soggetto you.

➤ It's getting late. ***Let's go*** *home now,* ***shall we****?* → *Si sta facendo tardi. Andiamo a casa ora, ti va/okay?*

In questo caso, la frase è formata alla prima persona plurale dell'imperativo.
La *Echo Question* si forma prendendo in prestito l'ausiliare del futuro semplice, *shall* (sempre senza bisogno di invertirlo) e facendolo seguire dal soggetto *we*.

1.34 Periodo ipotetico

Esistono quattro tipi di periodo ipotetico.

1. *Zero Conditional*
If + simple present, simple present

➤ If I study, I usually achieve good results → *Se studio, di solito ottengo buoni risultati*

Questo è il periodo ipotetico base: indica una realtà nel presente e spesso è accompagnato da espressioni di frequenza (***usually, seldom, often, always***...) nella proposizione principale (apodosi), mentre la protasi può essere introdotta da ***if***, ma anche assumere valore temporale con ***when***.

2. *First Conditional*
If + simple present, simple future

➤ If I study, I will pass my exams → *Se studio, passerò i miei esami*

Questo è il periodo ipotetico più comune: indica una realtà o possibilità nel presente per la protasi e nel futuro per l'apodosi. Può essere preceduto da ***if***, ***when***, ***as soon as***, ***until*** ecc.

In inglese **non si possono costruire frasi subordinate** temporali o ipotetiche con il **futuro**, perciò dopo ***if*** (o ***when***) non è possibile coniugare un verbo al futuro, anche se la proposizione reggente è al futuro.

➤ If/When I go to school, I will talk to the teacher → Se/*Quando andrò a scuola, parlerò con l'insegnante*

3. *Second Conditional*

If + *simple past, present conditional* *(would/could/might/should)* + **infinito**

➤ If I studied, I would pass my exams → *Se studiassi, passerei i miei esami*

Al *Second Conditional* è possibile trovare una forma che non prevede uso delle particelle *if/unless/as soon as/until,* rappresentando un registro linguistico più elevato e prevedendo l'inversione dell'ausiliare con il soggetto.

➤ **Registro linguistico medio:** If you should come, you would find me in my office → *Se dovessi venire, mi troveresti nel mio ufficio*

Registro linguistico elevato: Should you come, you would find me in my office → *Dovessi venire, mi troveresti nel mio ufficio*

Questo periodo ipotetico si usa per parlare di situazioni non (ancora) reali o improbabili in riferimento a un tempo presente, nonostante la presenza del ***simple past***: nel periodo ipotetico, il tempo è dato dall'apodosi.

Con il verbo ***be*** si utilizza sempre ***were*** nella protasi, anche in presenza di una terza persona.

➤ If he were a child, he would play computer games every day → *Se lui fosse un bambino, giocherebbe al computer tutto il giorno*

4. *Third Conditional*

If + *past perfect, would + perfect infinitive*

➤ If I had studied, I would have passed my exams → *Se avessi studiato, avrei passato i miei esami*

Questo periodo ipotetico si usa per parlare di situazioni irreali o di situazioni passate non accadute.

Come il *Second Conditional*, anche il *Third Conditional* può formarsi attraverso l'inversione dell'ausiliare con il soggetto con valore linguistico più formale.

➤ **Registro linguistico medio:** If I had had time, I would have studied more → *Se avessi avuto tempo, avrei studiato di più*

Registro linguistico elevato: Had I had the time, I would have studied more → *Avessi avuto tempo, avrei studiato di più*

In inglese, vi sono tre costrutti particolari realizzati con ***I wish/If only*** (Magari/Se solo), che seguono le seguenti regole.

I Wish/If only + simple past per i desideri o i rimpianti di situazioni che si vorrebbe si verificassero nel presente.

➤ I wish/If only I were taller → *Magari/Se solo fossi più alto*

I Wish/If only + past perfect per i desideri o i rimpianti di situazioni che non si sono mai verificate.

➤ I wish/If only I had studied harder → *Magari/Se solo avessi studiato di più*

I Wish/If only + present conditional per i desideri o i rimpianti proiettati nel futuro.

➤ I wish/If only I would win the lottery tomorrow → *Magari/Se solo vincessi la lotteria domani*

1.35 Avverbi di frequenza

Gli **avverbi di frequenza** in inglese vengono posizionati fra il soggetto e il verbo. Gli avverbi di frequenza più comuni sono:
always (*sempre*) **ever** (*mai*) **generally** (*generalmente*) **hardly ever** (*quasi mai*)
never (*mai*) **often** (*spesso*) **rarely** (*raramente*) **seldom** (*raramente*)
sometimes (*qualche volta*) **usually** (*di solito*)

➤ I often go to the cinema → *Vado spesso al cinema*
Have you ever been in London? → *Sei mai stato a Londra?* (in presenza di ausiliare, l'avverbio di frequenza è collocato dopo il soggetto anche nelle frasi interrogative)

Con il verbo ***be***, tuttavia, sono collocati dopo il verbo.
➤ I am never sad → *Io non sono mai triste*

Never non presenta mai la negazione, dunque si usa sempre con il verbo positivo in quanto ha già valore negativo di per sé.
Sometimes, ***generally***, ***usually***, ***normally*** possono essere posizionati anche a inizio frase.

1.36 Altri avverbi notevoli

L'avverbio derivato da un aggettivo, in inglese, si forma con l'aggiunta di *-ly* all'aggettivo stesso (➤ hard → hardly; simple → simply).
Esistono tuttavia anche avverbi che si formano da radici indipendenti, come **well** (*bene*), **almost** (*quasi*), **right** (*proprio*), **quite** (*abbastanza, piuttosto*), **however** (*comunque*), **then** (*allora*), **anyway** (*in ogni caso*).

Enough (*abbastanza*) segue sempre gli aggettivi, gli avverbi e i verbi, ma è posto prima dei sostantivi.
➤ The water is hot enough for the bath → *L'acqua è abbastanza calda per il bagno*
There are enough apples for the apple pie → *Ci sono abbastanza mele per la torta di mele*

Rather (*piuttosto*) viene utilizzato, insieme al condizionale, per esprimere una preferenza.
➤ I'd (I would) rather catch the bus → *Prenderei l'autobus, piuttosto*

1.37 Pronomi e aggettivi dimostrativi

I **pronomi e aggettivi dimostrativi** in inglese sono:
this = questo/questa ***these*** = questi/queste
that = quello/quella ***those*** = quelli/quelle

Sono invariabili per genere e svolgono sia la funzione di pronome che quella di aggettivo.
➤ This umbrella is mine → *Questo ombrello è mio* (aggettivo)
Those are your keys → *Quelle sono le tue chiavi* (pronome)

This viene usato per dire chi parla al telefono.

➤ Hello, this is Leo → *Pronto, sono Leo*

1.38 Pronomi e aggettivi indefiniti

Some e ***any*** sono sia pronomi sia aggettivi indefiniti, mentre ***no*** è solo aggettivo indefinito, ***none*** rappresenta la controparte pronome. Vengono utilizzati davanti a sostantivi ***uncountable*** e ai sostantivi ***countable*** plurali.

Some si usa nelle frasi affermative e nelle domande esprimenti offerta.

➤ I need some information → *Ho bisogno di alcune informazioni*
Ann has some cats → *Anna ha dei gatti*
Would you like some coffe? → *Vorresti del caffè?*

Any si usa nelle frasi interrogative e negative, con lo stesso significato di ***some***, cioè con il significato di *niente*, e nelle frasi affermative con il significato di *qualsiasi, ogni.*

➤ Is there any sugar in the jar? → *C'è dello zucchero nel barattolo?*
There isn't any bread at home today → *Non c'è pane a casa oggi*

L'aggettivo indefinito ***no*** si usa per esprimere una negazione, ma la frase rimane comunque affermativa.

➤ We have no alternatives → *Non abbiamo alternative*

Quando invece occorre utilizzare il pronome indefinito, *no* viene sostituito da ***none***.

➤ **Interrogativa:** *Do you have any advice to give me?* → *Hai qualche consiglio da darmi?*
Risposta negativa: No, I'm sorry. I have *none* → *No, mi dispiace non ne ho nessuno*

Queste parole possono essere unite in composti che seguono le stesse regole dei pronomi indefiniti:

- ***anybody***, ***anyone***: qualcuno (in frase interrogativa), nessuno (in frase negativa);
- ***anything***: qualcosa (in frase interrogativa), niente (in frase negativa);
- ***anywhere***: ovunque;
- ***somebody***, ***someone***: qualcuno (in frase affermativa);
- ***something***: qualcosa (in frase affermativa);
- ***somewhere***: da qualche parte;
- ***nobody***, ***none***: nessuno;
- ***nothing***: niente;
- ***nowhere***: da nessuna parte.

Altri pronomi e aggettivi indefiniti sono ***much*** e ***many*** (*molto*), solitamente in frasi interrogative e negative. ***Much*** si usa davanti a sostantivi ***uncountable***, ***many*** davanti a quelli ***countable***.

A lof of (*molto*) si usa in frasi affermative per entrambi i tipi di sostantivi ed appartiene ad un registro formalmente colloquiale.

➤ There isn't much salt → *Non c'è molto sale*
Tom earns a lot of money → *Tom guadagna molti soldi*

Much e ***many*** vengono usati nelle domande con ***how***, ma possono essere usati anche nelle affermative in un registro elevato.

➤ How much cash do you have now? → *Quanto contante hai ora?*
How many people have been invited to the party? → *Quante persone sono state invitate alla festa?*

Little (*poco, poca*) esprime una quantità in negativo ed è usato per i sostantivi non contabili.

➤ I speak little English → *Parlo poco l'inglese*

A little (*un po'*) esprime una quantità in positivo.

➤ I speak a little English → *Parlo un po' l'inglese*

Few (*pochi, poche*) esprime una quantità in negativo ed è usato per i sostantivi contabili.

➤ We won few matches → *Abbiamo vinto poche partite*

A few (*un po', qualche, alcuni/e*) esprime una quantità in positivo.

➤ We won a few matches → *Abbiamo vinto un po' di partite*

1.39 Pronomi relativi e pronomi e aggettivi interrogativi

I **pronomi relativi** in inglese sono i seguenti:

PRONOME RELATIVO	USO
Who	per le persone soggetto
Whom	per le persone complemento (con o senza preposizione)
Which	per le cose e gli animali, soggetto e complemento (con o senza preposizione)
That	per le persone, le cose e gli animali, solo soggetto e complemento oggetto
Whose	per le persone, le cose e gli animali; indica possesso (di cui, dei quali…)
Where	di luogo (dove)

Quando ***whom*** e ***which*** sono complemento oggetto possono essere omessi, si usano cioè nelle proposizioni relative incidentali.

➤ This is the man who/that lives here → *Questo è l'uomo che vive qui* (soggetto)
This is the man whom/that I met last week → *Questo è l'uomo che ho incontrato la scorsa settimana* (complemento oggetto: può essere omesso)
The cat, which/that he rescued from the fire, now lives in his house → *Il gatto che ha salvato dall'incendio ora vive nella sua casa* (complemento oggetto: può essere omesso)
I'm going to help my neighbour whose house has just been sold → *Aiuterò il mio vicino la cui casa è appena stata venduta* (possesso)
This is the girl about whom I was talking yesterday → *Questa è la ragazza riguardo alla quale stavo parlando ieri*

Quando il pronome relativo è preceduto da una preposizione, questa può essere spostata alla fine della frase (e il pronome può essere omesso).

➤ This is the girl (whom) I was talking about yesterday → *Questa è la ragazza di cui ti stavo parlando ieri*

Who/whom svolge anche la funzione del **pronome interrogativo** *chi*.
What è il pronome interrogativo *che cosa*.

➤ Who are you? → Chi sei?
What is he doing → Che cosa sta facendo?
What do you want for lunch? → Che cosa vuoi per pranzo?
Whom are you talking about? → Con chi stai parlando?
Who phoned you yesterday → Chi ti ha chiamato ieri (**le interrogative con *who* in funzione di soggetto si fanno senza l'ausiliare *do/does***)

Which significa *quale* fra pochi (scelta limitata). ***What*** significa *quale* fra molti (scelta ampia).

1.40 Pronomi riflessivi

I **pronomi riflessivi** in inglese sono i seguenti:

INGLESE	ITALIANO	
Myself	Me stesso/a – mi	
Yourself	Te stesso/a – ti	
Himself	Se stesso – si	*maschile*
Herself	Se stessa – si	*femminile*
Itself	Se stesso/a – si	*cose e animali*
Ourselves	Noi stessi/e – ci	
Yourselves	Voi stessi/e – vi	
Themselves	Se stessi/e – si	

Sono utilizzati quando il soggetto e il complemento oggetto di una frase coincidono, oppure per enfatizzare un soggetto o un complemento.

➤ Enjoy yourself! → *Divertiti!*
The problem itself is definitely severe → *Il problema stesso è proprio grave*
I did everything by myself → *Ho fatto tutto da solo*

1.41 Discorso indiretto

Come per l'italiano, la trasformazione di un discorso diretto in discorso indiretto in inglese prevede delle modifiche nella formulazione stessa della frase:

– le **interrogative indirette** si formano senza l'ausiliare ***do/does***, senza lo spostamento dei verbi modali e senza punto interrogativo;

- gli **avverbi** vengono modificati in questo modo:
  - **here** (*qui*) → **there** (*lì*);
  - **now** (*ora, adesso*) → **then, at that time** (*poi, in quel momento*);
  - **ago** (*fa*, sempre posposto) → **before** (*prima*, sempre posposto);
  - **today/tonight** (*oggi, stanotte*) → **that day/that night** (*quel giorno, quella notte*);
  - **next week/next month** (*la prossima settimana, il mese prossimo*) → **the following week/the following month** (*la settimana seguente, il mese seguente*);
  - **last Monday** (*lunedì scorso*) → **the Monday before** (*il lunedì precedente*);
  - **yesterday** (*ieri*) → **the day before** (*il giorno prima*);
- i **tempi verbali** vengono modificati in questo modo:

DISCORSO DIRETTO	DISCORSO INDIRETTO
Simple present	Simple present/Simple past (se in dipendenza da tempo passato)
Present continuous	Present continuous/Past continuous (se in dipendenza da tempo passato)
Simple past	Past perfect
Present perfect	Past perfect
Past perfect	Past perfect
Present perfect continuous	Past perfect continuous
Futuro	Would + forma base (condizionale semplice)
Futuro progressivo	Would + forma in -ing (condizionale progressivo)
Can	Could

1.42 Verbi che reggono l'infinito o la forma in *-ing*

I seguenti verbi reggono l'infinito (***to*** **+ forma base**):

agree (*essere d'accordo*)
appear (*apparire*)
attempt (*tentare*)
decide (*decidere*)
fail (*fallire*)
hope (*sperare*)
offer (*offrire*)
pretend (*fingere*)
refuse (*rifiutare*)
aim (*avere lo scopo di*)
arrange (*organizzare*)
claim (*reclamare*)
deserve (*meritare*)
forget (*dimenticare*)
manage (*riuscire*)
plan (*pianificare*)
promise (*promettere*)
seem (*sembrare*)

Il verbo ***to dare*** (*osare*) regge **l'infinito con o senza il *to***; in **forma negativa**, invece, regge solo **l'infinito senza il *to***.

I seguenti verbi reggono la forma in ***-ing***:

admit (*ammettere*)
avoid (*evitare*)
can't stand (*non tollerare*)
consider (*considerare*)
delay (*ritardare*)
deny (*negare*)

dislike (*non piacere*)
fancy (*immaginare*)
give up (*smettere*)
mind (*fare attenzione, dispiacersi*)
prefer (*preferire*)
enjoy (*divertirsi, gradire*)
finish (*finire*)
keep/keep on (*continuare*)
miss (*sentire la mancanza*)
risk (*rischiare*)

Il verbo ***to stop*** regge la forma in *-ing* se significa *smettere* e l'infinito se significa *fermarsi*.

➤ Stop talking! → *Smetti di parlare!*
I stopped to talk to her → *Mi sono fermato a parlare con lei*

1.43 *Phrasal verbs*

I *phrasal verbs* (verbi fraseologici) sono quei verbi che, uniti a una preposizione o a un avverbio, cambiano di significato.

➤ Look → *Guardare*, ma Look for → *cercare*

I *phrasal verbs* possono essere intransitivi (non reggono il complemento oggetto) o transitivi (reggono il complemento oggetto).
Quando il verbo è **intransitivo**, l'ordine della frase sarà sempre il seguente: **soggetto** + ***phrasal verb*** + **resto della frase**.

➤ They broke up two years ago → *Si sono lasciati due anni fa*
They→soggetto
broke up → *phrasal verb*
two years ago → resto della fase

The officer asked me to pull over → *L'agente mi chiese di accostare*

Quando il verbo è **transitivo**, invece, l'ordine della frase può essere diverso.
Generalmente con un *phrasal verb* transitivo, se l'**oggetto** è un **sostantivo**, questo occuperà la posizione successiva al *phrasal verb*.

➤ They tore down the house → *Hanno abbattuto la casa*

Se, invece, l'**oggetto** risulta essere un **pronome complemento**, in quel caso occuperà la posizione intermedia tra il verbo e la preposizione.

➤ They tore ***it*** down → *L'hanno abbattuta*

Di seguito, una lista dei *phrasal verbs* più frequenti.
To carry on → *continuare*
To carry out → *portare avanti (compiti, esperimenti, ricerche)*
To get on → *salire*
To get off → *scendere*
To get up → *alzarsi*
To get over → *superare, guarire da*
To give up → *rinunciare*
To go on → *andare avanti*
To keep on → *continuare*
To put off → *posporre*
To put on → *indossare*
To put through → *mettere in collegamento (tra dispositivi telefonici)*
To set up → *installare, organizzare*
To take off → *decollare*

Di seguito alcuni esercizi delle banche dati inerenti gli argomenti trattati in questo capitolo.

		A	B	C	D
1	**If you … I'm sure you would have got the job.**	would apply	had applied	would have applied	apply
2	**Which plural is correct?**	lifs	lifes	life	lives
3	**Yesterday I … to the town centre to buy a present for my girlfriend.**	had gone	have gone	went	have been going
4	**If I worked flexitime, I would come to work ….**	more early	very earlier	more earlier	earlier
5	**This box isn't as big … that one.**	so	as	than	of
6	**How long … in Paris?**	do you live	are you living	have you been living	you live
7	**He has been living in Rome … his birth.**	since	from	by	to
8	**He left me … in the rain.**	to wait	wait	waiting	waits
9	**The man who fixed it must … a mistake with the connections.**	have made	to have made	to made	made
10	**I was doing 160 Km/h on the motorway when I … by a police car.**	stopped	was stopped	had stopped	was stopping
11	**The president, … 68, is retiring next year.**	who is	which is	whose	whom is
12	**Would you like … to eat?**	something	anything	nothing	everything
13	**If you … I'm sure you would have got the job.**	would apply	had applied	would have applied	Apply
14	**… your best friend sometimes go on holiday with you?**	Do	Does	Have	Did
15	**They prefer … at home in the evening**	staying	stay	of staying	to staying
16	**"Are you married?" "No, …."**	I're not	I'm not	I amn't	I m not
17	**She always puts … in her coffee.**	many sugar	much sugar	a lot of sugar	a many sugar
18	**Our company … $4.54 million in Research and Development this year.**	is already investing	is already invested	has already invested	already invests

19	**What's the biggest country ... the world?**	of	on	in	a
20	**We ... when a loud knock woke us up**	slept	had slept	are sleeping	were sleeping
21	**I don t know who ... apple juice.**	likes	like	do like	do likes
22	**The accident wouldn't have happened if he ... drunk**	wasn't	wouldn't have been	hadn't been	weren't
23	**You ... be at the airport at 10 am.**	must	ought	must to	have
24	**Where ... when you move to Leeds?**	are you living	have you been living	will you be living	do you live
25	**I'll pay the bill this time if you ... it the next time.**	are paying	will pay	pay	will have paid

Soluzioni: 1.B, 2.D, 3.C, 4.D, 5.B, 6. C, 7. A, 8. C, 9. A, 10. B, 11. A, 12. A, 13. B, 14. B, 15. A, 16. B, 17.C, 18. C, 19. C, 20. D, 21. A, 22. C, 23. A, 24. C, 25. C

1.44 Comprensione del testo

Rispondi alle domande che seguono ciascun brano.

Brano n. 1

When Ostia was built, or at least when it started being intensively used as a river port, it is presumable that the complications connected to silting were known, although they were not important enough to give up the construction of the harbour. At this stage, it is essential to consider that the location of Ostia was not due to the opportunity of building a seaport (or a sea-oriented river port), but to the presence of salt flats. The birth of a river port was a consequence of this aspect, as salt had to be moved along the river. This is a quite unusual and odd event in Roman history, because the Romans are well known for their meticulous urban planning; however, Ostia is a port city located where a port should not be, because of the characteristics of the territory, and, moreover, it was the main harbour of Rome until the foundation of Portus.

Choose the sentence which is true according to the text proposed:

A) When Ostia was built, nobody knew that in the area there were problems connected to silting
B) Ostia was founded as a river port and later it became an important site for the exploitation of salt flats
C) Ostia is located in a good position for a harbour
D) The construction of a river port was a consequence of the presence of salt flats

BRANO N. 2

According to Bertolt Brecht, the gap between science and the general public started since Galileo decided to abjure. After the Copernican Revolution, science had influenced the life of the people by making them conscious of their condition of slavery. Scientists, with their new theories about the Sun being the centre of the Solar System, had managed to raise the consciousness of the general public, and to weaken the anthropocentric theory. As a result, mankind was not the reason for the Earth to be created; our planet was just one of the many in the universe. Galileo, instead, refused to strongly assert his ideas, and preferred to lead a quiet life. In Brecht's play, Galileo is the symbol of all the scientists who cooperated to build the atomic bomb.

Choose the sentence which is true according to the text proposed:

A) Galileo built the atomic bomb
B) Science contributed to waken the anthropocentric theory after the Copernican Revolution
C) After the Copernican Revolution, mankind is considered the reason for the Earth to be created
D) Before the Copernican Revolution, people were all slaves

BRANO N. 3

It is important to consider that there is no quality assessment of the didactic assistance provided by private teachers, who are often undergraduate or recent graduate individuals working occasionally without a proper training in tutoring and teaching. A smaller group of qualified professors is however available on the market, their proved experience and titles being the warranty of the quality of the service offered, along with a higher fare per hour that might represent a further assurance of reliability and effectiveness. Word of mouth is usually the primary way through which teachers are recruited by families, but this does not provide any certainty or verification of the declared titles and competencies, it depending exclusively on the outcomes of previous teaching experiences. When a private teacher is hired from the traditional ads, which flourish in school notice-boards just before or after the delivery of mid-term and final school-reports, fares per lesson are instead the main concern of parents, this creating a severe competition for discounts that does not generate better didactics.

Choose the sentence which is true according to the text proposed:

A) All the private teachers are undergraduate or recent graduate with no experience
B) Private teachers are usually recruited by families by word of mouth
C) Many qualified professors are available on the market, but they are paid less than the undergraduates are
D) The search for discounts by families helps the development of a good didactic approach

RISPOSTE CORRETTE – COMPRENSIONE ALLA LETTURA

BRANO 1	BRANO 2	BRANO 3
D	B	B

SITUAZIONI

In viaggio

1) Excuse me, could you tell me how to get to…? → *Mi scusi, saprebbe dirmi come arrivare a…?*
   …the bus station → *la stazione degli autobus*
   …the airport → *l'aeroporto*
   …the Savoy Hotel → *l'Hotel Savoy*
   …the hospital → *l'ospedale*
   …the archaeological museum → *il museo archeologico*
   …the theatre → *il teatro*
2) Sorry, do you know where … is? → *Mi scusi, sa dov'è…?*
3) Do you have a map? → *Ha una mappa?*
4) Could you show me (it – the airport…) on the map? → *Mi può mostrare (questo è l'aeroporto) sulla mappa?*
5) How long does it take to get to…? → *Quanto ci vuole per arrivare a…?*
6) How far is…? → *Quanto è distante…?*
7) It is 4 km far → *Dista 4 chilometri*
8) It is not far/It is very far from… → *Non è distante/Dista molto da…*
9) Go straight on this road → *Prosegua dritto su questa strada*
10) Turn right/left → *Gira a destra/sinistra*
11) Take the second left/right → *Prenda la seconda (strada) a sinistra/destra*
12) Cross the bridge/railroad/road → *Attraversa il ponte/la ferrovia/la strada*
13) It's on your left/right → *Si trova alla tua sinistra/destra*

In aereo

1) Welcome on board this British Airways flight to London Heathrow → *Benvenuti a bordo di questo volo British Airways per Londra Heathrow*
2) Before departure, please fasten your seatbelts → *Prima della partenza, per favore allacciate le vostre cinture di sicurezza*
   before take off/landing → *prima del decollo/atterraggio*
3) The lifejacket is under your seat or in the panel above your head → *Il giubbotto di salvataggio è sotto il vostro sedile o nel pannello sopra la vostra testa*
4) There are a reading light and a fresher vent → *Ci sono una luce di lettura (luce di cortesia) e una ventola per l'aria condizionata*
5) Your passport and ticket, please → *Il suo passaporto e il suo biglietto, per favore*
   ID card → *Carta di identità*
6) No liquids or sharp objects allowed in your hand luggage → *Non sono ammessi liquidi o oggetti appuntiti nel vostro bagaglio a mano*
   Cabin baggage → *Bagaglio in cabina*
   Hold luggage → *Bagaglio in stiva*
   Baggage allowance → *Franchigia per il bagaglio (peso e numero di colli)*
7) Could I see your luggage, please? → *Posso vedere il suo bagaglio per favore?*
8) Would you like a window or aisle seat? → *Vuole un posto finestrino o corridoio?*
   Seat number → *Numero di posto*

In auto
1) Where is the nearest petrol station? → *Dov'è la più vicina pompa di benzina?*
2) How much petrol would you like? → *Quanta benzina facciamo?*
   Full, please → *Il pieno, per favore*
3) We've run out of petrol → *Abbiamo finito la benzina*
4) Slow down! → *Rallenta!*
5) Check tyres pressure → *Controlla la pressione delle gomme*
6) Give way → *Dare precedenza*
   No parking → *Divieto di sosta*
   No stopping → *Divieto di fermata*
   Keep left/right → *Tenere la sinistra/destra*
7) My car is broken → *La mia auto è rotta*
   I've got a puncture/flat tyre → *Ho una foratura/gomma a terra*
   The battery is flat → *La batteria è a terra*
   The speedometer/petrol gauge/engine/steering is not working → *Il contachilometri/l'indicatore del carburante/il motore/lo sterzo non funziona*
   Brakes → *Freni*
   Brake lights → *Gli stop*
   Indicators → *Le frecce*

Hotel
1) This is my reservation → *Questa è la mia prenotazione*
2) You must check in/out → *Devi fare l'accettazione/il check out*
3) I booked on the Internet → *Ho prenotato su internet*
   …via Booking.com/Expedia/travel agency → *...su Booking.com/Expedia/all'agenzia di viaggio*
   ...a single/twin/double room → *...una camera singola/doppia/matrimoniale*
4) What's my room number? → *Qual è il numero della mia stanza?*
   It's 214 → *Il 214*
5) My room is on the second floor → *La mia stanza si trova al secondo piano*
6) Take the lift/stairs → *Prendi l'ascensore/le scale*
7) Go to the reception/restaurant → *Vai alla reception/al ristorante*
8) Dinner is served between 6 and 9.30 p.m. → *La cena è servita fra le 18 e le 21.30*
   Breakfast → *Colazione*
   Lunch → *Pranzo*
9) What time is…? → *A che ora è ?*
10) Please, call me a taxi → *Per cortesia, mi chiami un taxi*

Mangiare e bere
1) Do you have any free tables? → *Avete tavoli liberi?*
2) We are two → *Siamo in due*
   A table for four → *Un tavolo per quattro*
3) Could I see the menu? → *Posso vedere il menu?*
4) We are ready to order → *Siamo pronti a ordinare*
5) Do you have any specials? → *Avete piatti del giorno?*
   I would like… → *Vorrei…*
   a soup/a salad/a bottle of red wine/ → *una zuppa/insalata/bottiglia di vino*

6) I'm allergic to… → *Sono allergico a…*
milk/dairy products/nuts/shellfish → *latte/formaggi/frutta a guscio/molluschi*
7) I'm a vegetarian/vegan → *Sono vegetariano/vegano*
8) I don't eat… → *Non mangio…*
9) Was everything right? → *Andava tutto bene?*
The soup was salty → *La zuppa era salata*
Yes, everything was fine! → *Sì, era tutto buono!*
10) The bill, please → *Il conto per favore*
I'll pay by credit card → *Pago con la carta di credito*
Let's split it → *Dividiamo*
Is the service included? → *Il servizio è incluso?*
I want a receipt/invoice → *Voglio una ricevuta/fattura*

Salute

1) I need to see a doctor → *Ho bisogno di vedere un dottore*
2) I have a sore throat/a headache/a stomach-ache/a cold → *Ho mal di gola/mal di testa/mal di stomaco/un raffreddore*
3) I feel sick → *Mi sento male*
It hurts! → *Fa male!*
4) I've got a pain in my back/bones/leg/arm → *Sento dolore alla schiena/alle ossa/alla gamba/al braccio*
5) I'm asthmatic/diabetic → *Sono asmatico/diabetico*
6) I'm going to take your blood pressure/temperature/pulse → *Le misurerò la pressione/la temperatura/il battito cardiaco*
7) Cough, please → *Tossisca per favore*
8) You might be pregnant → *Potresti essere incinta*
9) Take three of this pills once/twice/three times a day → *Prenda queste pillole una/due/tre volte al giorno*
Antibiotics → *Antibiotico*
Blood test → *Analisi del sangue*
Injection → *Iniezione*
Sick note → *Certificato medico*
Stitches → *Punti*
Urine/blood sample → *Campione di urine/del sangue*
X-ray → *Raggi X*

Parte Quarta

Simulazioni delle prove d'esame

SOMMARIO

Sezione I
Simulazioni della prova scritta di preselezione

Simulazione n. 1

1) Quale delle seguenti forme verbali è un imperfetto congiuntivo?
A) Dormivano
B) Guidasti
C) Cantiate
D) Viaggiaste

2) Quale delle seguenti forme verbali è un passato remoto indicativo?
A) Corressero
B) Avemmo gelato
C) Spargesse
D) Fui bloccato

3) Quale dei seguenti complementi è contenuto nella frase: "Ho noleggiato una jeep per fare un giro nei dintorni di Verona"?
A) Di fine
B) Di luogo
C) Di mezzo
D) Di denominazione

4) Quale delle seguenti frasi contiene un complemento di compagnia?
A) Mi sento a mio agio quando sono con persone educate
B) Con quel brutto carattere Franco è antipatico a tutti
C) Se vuoi visitare quel luogo, unisciti a noi
D) Paolo è venuto col treno portando una valigia con i documenti necessari

5) Quale delle seguenti frasi contiene un complemento di luogo?
A) Giulio è tornato in caserma alle undici
B) Il viandante osservava il panorama
C) La Russia ha un clima molto rigido
D) La periferia è molto popolosa

6) Qual è il significato della parola "creanza"?
A) Indole
B) Idea
C) Nascita
D) Educazione

7) Quale delle seguenti frasi contiene un verbo di forma riflessiva propria?
A) Cercherò di non stancarmi troppo
B) Io e Luca ci siamo già conosciuti un anno fa
C) Spero di non arrecarti problemi
D) Ti prometto che ti telefonerò domani

8) Quali sono i Paesi membri del NAFTA?
A) Stati Uniti, Messico, Argentina
B) Stati Uniti, Canada, Europa
C) Stati Uniti, Canada, Messico
D) Stati Uniti, Canada, Russia

9) Alle elezioni europee del giugno 1984, quale compagine politica ottenne per la prima volta una percentuale di voti maggiore di quella della Democrazia Cristiana?
A) Il MSI
B) Il PSI
C) Il PCI
D) Il PDL

10) L'Italia prese parte al primo conflitto mondiale:
A) dal 1915 al 1918
B) dal 1915 al 1919
C) dal 1916 al 1918
D) dal 1918 al 1922

11) Quale tra i seguenti paesi non fu una colonia italiana?
A) Eritrea
B) Somalia
C) Libia
D) Congo

12) Giacomo Matteotti, segretario del Partito Socialista Unitario, fu rapito e assassinato da una squadra fascista capeggiata da:
A) Amerigo Dumini
B) Benito Mussolini
C) Galeazzo Ciano
D) Giorgio Almirante

13) In che secolo Carlo Magno fu incoronato Imperatore del Sacro Romano Impero?
A) 600 D.C.
B) 700 D.C.
C) 800 D.C.
D) 900 D.C.

14) Quale dei seguenti avvenimenti si colloca cronologicamente tra la "primavera di Praga" e la guerra civile in Jugoslavia?
A) La presa della Bastiglia
B) La liberazione di Nelson Mandela
C) L'attentato di Sarajevo
D) La Guerra di Crimea

15) Come si chiama il regista del film "La grande bellezza", vincitore del Premio Oscar 2014 per il miglior film straniero?
A) Paolo Sorrentino
B) Dario Argento
C) Pietro Germi
D) Bernardo Bertolucci

16) In che anno ebbero inizio le battaglie dell'Isonzo?
A) 1936
B) 1918
C) 1935
D) 1915

17) In quale anno venne fondata in Germania la Lega Spartachista?
A) 1932
B) 1914
C) 1907
D) 1946

18) Quale paese aderì all'Unione Europea nel 1995?
A) La Finlandia
B) L'Italia
C) La Svizzera
D) La Norvegia

19) Jorge Sampaio, del Partito Socialista, è stato Presidente della Repubblica:
A) brasiliana
B) argentina
C) portoghese
D) spagnola

20) Quanti anni durò il regno di Alessandro Magno, dall'incoronazione alla sua morte nel 323 A.C.?
A) 22 anni
B) 13 anni
C) 7 anni
D) 34 anni

21) A quale casata apparteneva Federico I detto "Barbarossa"?
A) Hohenstaufen
B) Asburgo
C) York
D) Savoia

22) Quale tra i seguenti personaggi storici rivestì la carica di Imperatore romano?
A) Lucrezio
B) Cicerone

C) Plauto
D) Nerva

23) Secondo una stima del 31 marzo 2018, in quale regione si trova il comune meno popoloso d'Italia?
A) Molise
B) Sardegna
C) Veneto
D) Piemonte

24) Quanti anni ha compiuto la nostra Repubblica il 2 giugno del 2020?
A) 100
B) 74
C) 60
D) 93

25) Un ex Presidente del Consiglio dei Ministri è stato anche sindaco della città di Firenze. Di chi si tratta?
A) Dario Nardella
B) Enrico Letta
C) Matteo Renzi
D) Paolo Gentiloni

26) Il francesce Front National è un partito:
A) di centro-destra
B) di sinistra
C) di centro-sinistra
D) di destra

27) A partire da quale data è entrata in vigore in Italia la cosiddetta Legge Cirinnà?
A) 14 febbraio 2016
B) 5 giugno 2016
C) 9 gennaio 2018
D) 7 aprile 2017

28) La legge sul "divorzio breve" è entrata in vigore nel:
A) 1978
B) 2015
C) 1974
D) 2011

29) Quale fra i seguenti Senatori a vita è stato nominato da Sergio Mattarella?
A) Renzo Piano
B) Liliana Segre
C) Mario Monti
D) Elena Cattaneo

30) Qual è la linguamadre più diffusa e parlata in Europa?
A) L'inglese
B) Il francese
C) Lo spagnolo
D) Il tedesco

31) Il giorno dell'Indipendenza degli Stati Uniti si festeggia il:
A) 4 luglio
B) 20 aprile
C) 14 luglio
D) 25 aprile

32) Il Parco Nazionale del Gran Paradiso è ospitato da:
A) Piemonte e Liguria
B) Liguria e Toscana
C) Piemonte e Valle d'Aosta
D) Piemonte e Lombardia

33) Per "monsone" si intende:
A) un bovino adulto
B) un vento
C) un satellite di Giove
D) un minerale

34) Rientra tre le caratteristiche fondamentali dello Stato:
A) la libertà di stampa
B) la democrazia
C) il popolo
D) il Presidente della Repubblica

35) I decreti legge vengono deliberati da:
A) il Governo
B) il Parlamento
C) il Consiglio di Stato
D) il popolo tramite referendum

36) L'art. 1 della Costituzione definisce l'Italia:
A) una Repubblica presidenziale fondata sul lavoro
B) una Repubblica democratica fondata sul lavoro
C) una Monarchia Costituzionale fondata sul lavoro
D) Una Repubblica sociale fondata sul lavoro

37) In forza dell'art. 10 della Costituzione la condizione giuridica dello straniero:
A) è regolata dalle sole convenzioni internazionali
B) è regolata dalla legge in conformità delle norme e dei trattati internazionali
C) trova la sua intera disciplina nella Costituzione stessa
D) è equiparata a quella del cittadino

38) L'elezione dei membri dell'Assemblea Costituente è avvenuta:
A) il 1° gennaio 1948
B) il 25 giugno 1946
C) il 2 giugno 1946
D) il 27 dicembre 1947

39) Nei rapporti civili rientra:
A) il diritto alle ferie retribuite
B) la libertà personale
C) il diritto di voto
D) il principio di uguaglianza morale e giuridica dei coniugi

40) La libertà di circolazione, ai sensi dell'art. 16 Cost., può essere limitata:
A) solo tramite DPCM
B) dalle Regioni in modo autonomo
C) con atto discrezionale del Presidente della Repubblica
D) dalla legge per motivi di sanità e sicurezza

41) La Repubblica tutela la salute:
A) come fondamentale diritto dell'individuo e interesse della collettività
B) come fondamentale interesse dell'individuo e diritto della collettività
C) solo dei soggetti meno abbienti
D) solo per tramite delle Regioni

42) L'art. 38 Cost. prevede il diritto all'educazione e all'avviamento professionale:
A) per le donne e ai minori
B) per gli stranieri
C) per gli inabili e minorati
D) per gli apolidi

43) Raddoppiare il quoziente tra 21 e la somma di 3 con 4 equivale a scrivere:
A) $2 \cdot 1 + 21 : (3 + 4)$
B) $[21 : (3 \cdot 4)] \cdot 2$
C) $[21 : (3 + 4)] \cdot 2$
D) $[(2 \cdot 1) + 21 : (3 + 4)]$

44) Quale tra i seguenti numeri naturali non approssima per difetto la radice quadrata di 73?
A) 8
B) 9
C) 6
D) 7

45) Quale tra i seguenti punti si trova nel I quadrante?
A) P(3; –8)
B) P(–5; –9)
C) P(–2; 11)
D) P(4; 10)

46) Quale tra le seguenti affermazioni è vera?
A) L'insieme dei numeri minori di 10 è vuoto
B) L'insieme delle piante appartenenti al regno vegetale è infinito
C) L'insieme dei mesi che iniziano con la lettera s è vuoto
D) L'insieme delle lettere della parola «via» è finito

47) Quale tra le seguenti coppie è costituita da numeri concordi?

A) +33; –4
B) +0,2; –7
C) –32; +1/2
D) –29; –12

48) Quale tra le seguenti diseguaglianze tra frazioni è corretta?
A) 5/4 > 5/2
B) 3/5 < 1/2
C) 2/7 > 1/4
D) 3/4 < 2/3

49) Calcolate il perimetro di un rettangolo sapendo che l'area misura 3,8 dm^2 e una dimensione misura 19 cm.
A) 52 cm
B) 78 cm
C) 90 cm
D) 83 cm

50) Calcolate il perimetro di un triangolo rettangolo sapendo che i suoi cateti misurano 3 cm e 4 cm.
A) 11 cm
B) 12 cm
C) 13 cm
D) 14 cm

51) Calcolate la misura della circonferenza di un cerchio avente l'area di 49π m^2.
A) 16π m
B) 10π m
C) 14π m
D) 12π m

52) L'ipocentro di un terremoto è:
A) il punto nel quale il terremoto fa meno danni
B) il punto sotto la superficie dove si origina il terremoto
C) il punto della superficie in cui il terremoto presenta la massima intensità
D) il punto dove la crosta terrestre si spacca dando origine ad un vulcano

53) Quale tra le seguenti è una valvola cardiaca?
A) Ileocecale
B) Polmonare
C) Piloro
D) Cardias

54) Cos'è un fuco?
A) Una farfalla
B) Un coleottero
C) Un tipo di formica
D) Il maschio dell'ape

55) 9 25 ? 81 121
A) 56
B) 41
C) 49
D) 36

56) E, D, C, B, ?
A) E
B) A
C) Z
D) H

57) 9 45 13 ? 2 10
A) 19
B) 21
C) 27
D) 65

58) ?, N, Q, T, Z
A) T
B) A
C) L
D) I

59) 9, 27, 16, 48, 37, 111, ?, ?
A) 110, 300
B) 100, 300
C) 100, 290
D) 99, 200

60) ?, P, S, V, B
A) C
B) M
C) V
D) N

61) 65, 64, 64, ?, 124, 121, 363, 359
A) 62
B) 59
C) 62
D) 128

62) ?, O, R, U, A
A) L
B) B
C) M
D) U

63) 11, 33, 22, 66, 55, 165, ?, ?
A) 164, 462
B) 153, 308
C) 154, 452
D) 154, 462

64) ?, Z, C, F, I
A) L
B) F
C) T
D) U

65) Completare la seguente analogia: GLABRO sta a .... come TACITURNO sta a ....
A) peloso / vorace
B) rasato / garrulo
C) barbuto / loquace
D) canuto / ilare

66) Attinente alla parola navigazione:
A) paranco
B) gastronomia
C) copricapo
D) matematica

67) "Non si può escludere che, se Nicoletta non fosse stata negligente, la relazione sarebbe stata un successo". In base alla precedente affermazione, quale delle seguenti è certamente vera?
A) È possibile che la relazione sarebbe stata un successo, qualora Nicoletta non fosse stata diligente
B) È possibile che la relazione sarebbe stata un successo qualora Nicoletta non fosse stata negligente
C) La relazione sarebbe stata un successo se Nicoletta fosse stata diligente
D) Se la relazione fosse stata un successo, è possibile che Nicoletta sarebbe stata diligente

68) Sinonimo di aborrire:
A) digerire
B) considerare
C) detestare
D) eliminare

69) "Non si può escludere che, se Matteo non avesse perso il biglietto, l'addetto alla sicurezza l'avrebbe fatto entrare al concerto". In base alla precedente affermazione, quale delle seguenti è certamente vera?
A) È possibile che l'addetto alla sicurezza avrebbe fatto entrare Matteo al concerto, qualora quest'ultimo avesse perso il biglietto
B) L'addetto alla sicurezza avrebbe fatto entrare Matteo al concerto se quest'ultimo avesse mostrato il biglietto
C) È possibile che l'addetto alla sicurezza avrebbe fatto entrare Matteo al concerto qualora quest'ultimo non avesse perso il biglietto
D) Se l'addetto alla sicurezza avesse fatto entrare Matteo al concerto, è possibile che quest'ultimo non avrebbe perso il biglietto

70) Anagramma della parola dorso:
A) spalle
B) sordo
C) cane
D) dita

71) Completare la seguente analogia: SCELTO sta a .... come VIETATO sta a ....
A) voluto / ispirato
B) selezionato / proibito
C) detestato / illegale
D) esaminato / giusto

72) Non attinente alla parola Teutonico:
A) Germanico
B) Alemanno
C) Ispanico
D) Sassone

73) La rinascita europea avvenne all'insegna del linguaggio artistico-architettonico chiamato Romanico. Secondo la codificazione storiografica si indica come Romanico quel modello artistico che si diffuse tra l'undicesimo e il dodicesimo secolo.
A) Gli storici ritengono che lo stile romanico si sia diffuso in Europa nel periodo 1000-1100
B) Il romanico è uno stile artistico-architettonico che con la sua diffusione segnò la rinascita nei paesi del Mediterraneo
C) Tra il XII ed il XIII se in Europa si diffuse un nuovo stile artistico-architettonico che segnò una netta chiusura con il passato
D) Secondo gli storici lo stile romanico si diffuse tra l'XI ed il XII secolo segnando la rinascita dell'Europa

74) Affinché le sostanze A e B reagiscano chimicamente inserire gli enzimi Z nella prima sostanza e F nella seconda. Gli enzimi Z sono attivi solo se in presenza delle vitamine B2 e C5, invece gli enzimi F hanno bisogno della presenza delle vitamine D4 e C2.
A) L'enzima F si attiva solamente in presenza delle vitamine B2 e C2 e se inserito nella sostanza B quest'ultima reagisce chimicamente
B) Le vitamine B2 e C2 sono gli unici elementi indispensabili per far reagire chimicamente la sostanza B
C) Solo in presenza delle vitamine B2 e C5 l'enzima Z permette alla sostanza A di reagire chimicamente
D) L'enzima Z si attiva per provocare una reazione chimica alla sostanza B solo in presenza delle vitamine B2 e C2

75) Vi sono grandi differenze morfologiche sulla superficie di Plutone. Il terreno, a volte collinare e disseminato di crateri, diventa montagnoso, quindi a tratti pianeggiante. Queste pianure, fatte di azoto ghiacciato e divise in zone che gli scienziati chiamano "cellule", lasciano poi il posto ancora a vaste aree accidentate e ricche di crateri.
A) Sulla superficie di Plutone sono presenti a tratti anche pianure divise in "cellule" e composte da azoto ghiacciato
B) La presenza di crateri sulla superficie di Plutone è localizzata soprattutto nelle pianure fatte di azoto ghiacciato
C) Sebbene la superficie di Plutone sia morfologicamente molto varia, non vi sono aree montagnose
D) Le osservazioni condotte dalle sonde hanno provato che la superficie di Plutone è poco accidentata

76) Gli accessi al cantiere sono 3: un accesso principale A e due accessi secondari B e C. L'accesso A è controllato da guardiani per l'ingresso dei mezzi ed è completo di tornello di acquisizione presenze, mediante badge. Gli accessi B e C sono dedicati alla gestione del flusso degli automezzi di cantiere.
A) L'accesso al cantiere è possibile mediante badge esclusivamente dall'accesso secondario B
B) Gli accessi secondari sono muniti di tornello di acquisizione presenze mediante badge
C) L'accesso principale A è completo di tornello di acquisizione presenze
D) L'accesso B è controllato da guardiani per l'ingresso dei mezzi di cantiere

77) La pila inventata da Volta funziona grazie a una serie di reazioni chimiche. Molto diversa dalle pratiche ed efficienti pile moderne, era composta da una serie di dischetti di zinco, feltro imbevuto di acqua salata e rame impilati l'uno sull'altro.

A) Tra i materiali con cui Volta realizzò i dischetti che compongono la sua pila vi sono lo zinco ed il feltro ma non il rame
B) Le reazioni chimiche che permettono il funzionamento della pila di Volta sono innescate dalla presenza di acqua salata tra i dischetti
C) Le differenze tra la prima pila inventata da Volta e le più moderne ed efficienti sono minime ed il funzionamento è lo stesso
D) Il funzionamento della pila inventata da Volta è dovuto a reazioni chimiche che si sviluppano tra i dischetti di materiale diverso che la compongono

78) Modulo invio prodotti barbiere. Prodotto: spazzole (Yt2), pettini (Yt4), altro (Yf6). Destinazione: città (Ac), provincia (Ap). Pagamento: 30 gg (Zs), 60 gg (Ys), 90 gg (Xs). **Il modulo per l'invio di spazzole in provincia con pagamento a 30 gg è:**
A) Yt2ApYs
B) Yt4ApXs
C) Yt2ApZs
D) yT2ApZs

79) Codice biglietto pullman. Tipo: andata (La), andata e ritorno (Lr). Partenza: mattina (A1), pomeriggio (B2), sera (C3). Destinazione: Roma (gPg), Firenze (gRR), Venezia (gKg). **Il codice di un biglietto di sola andata per un pullman della sera per Firenze è:**
A) LrA1gRR
B) aLC3gPg
C) LaC3gRR
D) La3CgRR

80) Codice catalogo libri. Collana: cubo (Qa), fucsia (Qb). Data pubblicazione: fino al 2015 (fX), dal 2015 (gY). Fasce di prezzo: 0 - 14,99 € (x3), più di 15,00 € (y4). **Il codice di un libro della collana fucsia pubblicato nel 2007 che costa 12 € è:**
A) QbxFy4
B) bQfXxx
C) QbfXx3
D) Qdgyx3

81) Codice sculture museo locale. Materiale: bronzo (Brt), legno (Br2). Altezza: fino a 50 cm (Yb), da 51 a 100 cm (Yr), oltre 101 cm (Yv). Periodo: XX sec. (Sx), XXI sec. (Lx). **Il codice di una scultura in bronzo alta 150 cm del XX sec è:**
A) B2rYvSx
B) Br2YrLx
C) BrtYvSx
D) Br1vYLx

82) Codice donazione. Tipologia: bene alimentare (QaT), bene immobile (GbG), bene mobile (GcK). Donatore: anonimo (x1), singolo (x2), ente/azienda (x3). Causale: fini umanitari (5bd), fini politici (6gd), motivazione religiosa (7hd). **Il codice di una donazione di un bene immobile fatta da un singolo per fini politici è:**
A) GbGx26gd
B) GbGx37hd
C) GcKx25bd
D) GcKx36gd

83) CPU sta per:
A) Control Processing Unit
B) Central Processing Unit
C) Central Processing User
D) Central Processor User

84) La UPS:
A) aumenta il transfer rate
B) alimenta il Computer in caso di mancanza della rete elettrica
C) gestisce le stampanti per conto del PC
D) protegge il monitor dalle radiazioni UV

85) L'assembly è:
A) un altro modo di chiamare il linguaggio di programmazione C#
B) un linguaggio di programmazione di alto livello
C) un linguaggio di programmazione di basso livello
D) un altro modo di chiamare il linguaggio di programmazione java

86) È lo strumento che indica lo stato di alcuni elementi del computer o consente l'accesso a determinate impostazioni:
A) Cerca
B) Modalità tablet
C) Impostazioni
D) Area di notifica

87) Qual è la combinazione di tasti per inserire un collegato ipertestuale in un documento MS Word?
A) CTRL + ALT + K
B) MAIS + K
C) ALT + K
D) CTRL + K

88) Nel menù revisione di MS Excel:
A) troviamo i comandi per formattare il testo
B) troviamo i comandi per inserire una formula
C) troviamo i comandi per inserire un grafico
D) troviamo i comandi per proteggere il documento

89) Cosa sono le "Transizioni" in Power Point?
A) Gli effetti di animazione che vengono riprodotti nella Stampa di una slide
B) Sono due Slide concatenate appartenenti a due file distinti
C) Due versioni del file, uno di presentazione e l'altro di Struttura dove apportare modifiche
D) Gli effetti di animazione che vengono riprodotti in visualizzazione Presentazione quando si passa da una slide all'altra

90) Qual è il linguaggio con il quale vengono scritti i siti web?
A) ruby
B) Visual basic
C) C#
D) html

Lingua inglese

91) It is ____ to go.
A) more good
B) most good
C) better
D) well

92) Choose the best phrase to complete this sentence from a vacation website: The Inn Hotel, in Beijing: Closed from 26 November 2004 until ____.
A) new advice
B) never
C) early warning
D) further notice

93) If they _____ me the _____, I'll take it.
A) will offer / work
B) offer / job
C) offering / jobs
D) Offered/work

94) I have worked in this company _____ 12 years.
A) since
B) long
C) for
D) during

95) The author _____ we talk about is French.
A) what
B) which
C) who
D) whom

96) What is the best translation of *attualmente* in this context? *Attualmente lavora nell'ambito dell'economia*.
A) Present
B) At the present
C) Actually
D) At the moment

97) I ____ at the moment.
A) worked
B) work
C) am working
D) am work

98) I thought he _____ at home.
A) will be
B) is
C) was
D) going to be

99) She ____ very much ____ her mother.
A) appears/as
B) look /to
C) looks /like
D) looks /likley

100) He ____ his car ____ year.
A) buy/one
B) buyed/last
C) bought/last
D) buys/last

Lingua spagnola

91) Elija la expresión equivalente a la en parénteses cuadradas en la frase de modo que al sustituirla ésta no cambie de significado. "Ultimamente Lara les cuenta a todos mis secretos así es que esto no se lo he dicho por si acaso".
A) por casualidad
B) por si las moscas
C) por los pelos
D) por salirse por la tangente

92) Escoja la palabra o el grupo de palabras que completan mejor el texto de la frase propuesta. Isabel es una chica fina y tiene … gusto para vestirse.
A) muy
B) excesivo
C) mucho
D) sumo

93) Elija la palabra adecuada para completar la siguiente frase: "Contesta al teléfono … mí, por favor, que estoy muy ocupada."
A) por
B) para
C) con
D) sin

94) Elija la palabra/s más adecuada/s para completar la frase con sentido. "Creo que no tienes coraje. Eres un …".
A) pavo
B) gallina
C) carnero
D) cordero

95) Elija la opción correcta. El prefijo "requete-" es:
A) diminutivo
B) despectivo
C) intensivo
D) superlativo

96) ¿Cual es una forma correcta del futuro del indicativo del verbo decir?
A) Direis
B) Deciré
C) Decirà
D) Dirimos

97) Elija la palabra adecuada para completar la siguiente frase: "¡… has llegado! Hace horas que te esperábamos."
A) Por fin
B) De final
C) En fin
D) A final

98) Elija la palabra adecuada para completar la siguiente frase: "Los almacenes están cerrados … vacaciones".
A) para
B) por
C) de
D) a

99) Elija la palabra adecuada para completar la siguiente frase: "Me … las gafas que te has comprado."
A) gustas
B) gusto
C) gustan
D) gusta

100) Escoja la preposición adecuada para completar la frase. "… mí, no podéis conseguir nada".
A) Sin
B) Desde
C) Hasta
D) A

Lingua francese

91) Complétez la phrase suivante: "Il y a un embouteillage: …".
A) nous sommes coincés pendant deux heures
B) nous sommes coincés depuis deux heures
C) nous sommes coincés dans deux heures
D) nous sommes coincés jusque deux heures

92) Complétez la phrase suivante. "Nous venons … la campagne".
A) de
B) chez
C) avec
D) en

93) Trouvez le synonyme: "Impatience".
A) Folie
B) Conscience
C) Lenteur
D) Hâte

94) Dans la phrase suivante il y a des fautes: "Je me rapelle plus ce que je faisais quand on m'a interrompu". Choisissez la phrase correcte.
A) Je ne me rappelle plus ce que je faisais quand on m'a interrompu
B) Je ne rappelle plus ce que je fasse quand on m'a interrompu
C) Je ne rappèle ce que je faisais quand on m'a interrompu
D) Je ne me rappèle plus quoi que je faisais quand on m'a interrompu

95) Complétez la phrase suivante: "Je me couche … minuit".
A) de
B) en
C) chez
D) à

96) Complétez la phrase suivante. "Tu ne peux pas … vendre".
A) cette
B) elle
C) la
D) il

97) Complétez la phrase suivante. "… sommes en train d'écouter les nouvelles".
A) Vous
B) Il
C) Nous
D) Ils

98) Dans la phrase entre crochets il y a une faute. Remplacez-la avec l'alternative correcte. "Nous espérons être favorisés de vos ordres [à l'exécution desquelles nous apporterons tous nos soins]".
A) à l'exécution des quels nous apporterons tous nos soins
B) a l'exécution desquels nous apporterons tous nos soins
C) à l'exécution desquels nous apporterons touts nos soins
D) à l'exécution desquelles nous apporterons toutes notres soins

99) Complétez la phrase suivante. "… année je vais changer de voiture".
A) Cette
B) La
C) Celle
D) Cet

100) Choisissez la réponse dont la signification est la plus proche du mot ou de l'expression entre crochets et qui ne change pas le sens de la phrase si elle est substituée au mot ou à l'expression originaux. "[D'habitude], les enfants se couchaient tôt chez les grands-parents".
A) La règle
B) En général
C) Règlement
D) Souvent

Lingua tedesca

91) Wählen Sie den passenden Artikel: "Er ist ... Lehrer".
A) eines
B) einen
C) der
D) ein

92) Wählen Sie das Wort bzw. die Wörter, die am besten den folgenden Satz ergänzen. "Anna ... kein Englisch, aber sie möchte es gern lernen".
A) will
B) kennt
C) weiß
D) kann

93) Wählen Sie das Wort bzw. die Wörter, die am besten den folgenden Satz ergänzen. "Jedes Mal, ... sie sich sahen, gingen sie zusammen essen".
A) wenn
B) während
C) wann
D) als

94) Wählen Sie das Wort bzw. die Wörter, die am besten den folgenden Satz ergänzen: "Was hältst du ... meinem neuen Auto? Ich finde es super".
A) von
B) an
C) vor
D) für

95) Wählen Sie das Wort bzw. die Wörter, die am besten in den folgenden Satz passen: "Heiligabend fällt jeden Jahr auf den ... Dezember".
A) vierundzwanzigsteten
B) vierundzwanzigsten
C) vierundzwanzigste
D) vierundzwanzig

96) Wählen Sie das Wort oder die Wortfolge, die am besten den folgenden Satz ergänzt: "... Hitze wollten die Kinder kein Eis essen".
A) Trotz der
B) Wegen der
C) Trotzdem
D) Obwohl der

97) Ergänzen Sie den folgenden Satz: "Diesen Winter hat es in Süditalien ... als in Deutschland geregnet".
A) starker
B) stärker
C) stärksten
D) stark

98) Wählen Sie das Wort oder die Wortfolge, die am besten den folgenden Satz ergänzt: "Ich frage mich, ... du wirklich alles kapiert hast".
A) wenn
B) woran
C) ob
D) während

99) Wählen Sied das Antonym von "überflüssig".
A) flüssig
B) notwendig
C) notariell
D) unnötig

100) Wählen Sie das Wort oder die Wortfolge, die am besten den folgenden Satz ergänzt: "Er hat ... Mercedes gekauft, ... einen Jaguar".

A) Nicht; aber
B) kein; sondern
C) nicht; sondern
D) kein; doch

RISPOSTE CORRETTE

1	D	18	A	35	A	52	B	69	C	86	D	91	B	97	C
2	D	19	C	36	B	53	B	70	B	87	A	92	C	98	B
3	B	20	B	37	B	54	D	71	B	88	D	93	A	99	A
4	A	21	A	38	C	55	C	72	C	89	D	94	B	100	B
5	A	22	D	39	B	56	B	73	D	90	D	95	C	TEDESCO	
6	D	23	D	40	D	57	D	74	C	INGLESE		96	A	91	D
7	A	24	B	41	A	58	D	75	A	91	C	97	A	92	D
8	C	25	C	42	C	59	B	76	C	92	D	98	B	93	A
9	C	26	D	43	C	60	B	77	D	93	B	99	C	94	A
10	A	27	B	44	B	61	A	78	C	94	C	100	A	95	B
11	D	28	B	45	D	62	A	79	C	95	D	FRANCESE		96	A
12	A	29	B	46	D	63	D	80	C	96	D	91	B	97	B
13	C	30	D	47	D	64	C	81	C	97	C	92	A	98	C
14	B	31	A	48	C	65	C	82	A	98	C	93	D	99	B
15	A	32	C	49	B	66	A	83	B	99	D	94	A	100	B
16	D	33	B	50	B	67	B	84	B	100	C	95	D		
17	B	34	C	51	C	68	C	85	C	SPAGNOLO		96	C		

Sezione II
Simulazioni della prova scritta di conoscenza della lingua italiana

Simulazione n. 1

1) Quale dei seguenti termini è un sostantivo collettivo?
A) Fiume
B) Naufragio
C) Mura
D) Flotta

2) Quale delle seguenti frasi contiene un sostantivo derivato?
A) Nubi scure si intravedono
B) Ho appena comprato una felpa invernale
C) Mario ha detto frasi offensive
D) Questo pomeriggio farò un salto in libreria

3) Quale dei seguenti è un nome alterato?
A) Casetta
B) Pulcino
C) Fumetto
D) Mattone

4) Indica la frase che NON contiene un pronome dimostrativo.
A) Non credo più alle tue scuse, sono sempre le stesse.
B) Va bene, passami quelli.
C) Il tale che hai visto ieri a pranzo è il capo dell'azienda.
D) Non sono più disposto ad ascoltare le tue lamentele.

5) Completare con il corretto pronome possessivo la frase: "Quest'anno Maria andrà in viaggio senza i ...".
A) suoi
B) propri
C) loro
D) nostri

6) Quale delle seguenti alternative NON è corretta dal punto di vista grammaticale?
A) Quanto ho sentito è abbastanza perché tu sia eliminato
B) L'alunno di cui vai fiera è davvero geniale
C) Ho incontrato Lucia e gli ho detto di venire a cena da noi
D) Non sopporto chiunque si vanti per niente

7) Tutte le frasi contengono un pronome relativo tranne una, quale?
A) Che problema è!
B) Il museo ospita una collezione che comprende grandi artisti
C) Ho incontrato la sorella di Luca, che è tornata ieri
D) Ho ritrovato la penna che avevo perso

8) Quale delle seguenti frasi contiene un articolo partitivo?
A) Bisogna mettere della segatura in terra
B) La macchina che sta arrivando è quella dei nostri amici
C) La casa di nonna è vecchia
D) I carboidrati dello zucchero bianco non sono diversi da quelli dello zucchero di canna

9) Quale delle seguenti frasi NON contiene una preposizione impropria?

A) Questa brutta notizia va comunicata con cautela
B) Si abbandonò sfinito sopra il divano
C) Nonostante il traffico, siamo arrivati in tempo
D) Durante il film ci fu un rumore improvviso

10) Indicare quale tra i seguenti termini non contiene un errore ortografico.
A) Macchineta
B) Carramella
C) Molleggio
D) Polpeta

11) Quale delle seguenti frasi contiene un errore ortografico?
A) Quell'uomo è stato molto cortese
B) Appena tornato a casa, s'accorse di aver perso l'orologio
C) Ha parlato di se stessa a mo di esempio
D) Di' pure quello che vuoi, ma io la penso così

12) Quale delle seguenti frasi presenta una congiunzione coordinante copulativa?
A) Andiamo al concerto, ma devo tornare presto
B) Devo aggiustare la lavatrice, altrimenti mia madre si lamenterà
C) Sei stato maleducato, quindi non ti meriti risposta
D) Andremo con loro e verrà anche Enrico

13) Quale frase contiene una congiunzione disgiuntiva?
A) Come ti muovi fai danno
B) I tuoi figli sono belli e intelligenti
C) Andrai a Calcutta o preferisci Varanasi?
D) A Natale andremo a Cuba e sono felice per questo

14) Quale dei seguenti NON è un avverbio di tempo?
A) Sempre
B) Davanti
C) Spesso
D) Mai

15) Quale frase contiene errori di punteggiatura?
A) Abbi pazienza, Giovanni, non sono molto brava a guidare.
B) Ero stata sul punto di lasciar perdere? Forse sì.
C) Marco portami, con te!
D) Non credo di esserne capace.

16) Individuare il termine scritto in modo SCORRETTO.
A) Anarchico
B) Consutazione
C) Equinozio
D) Esequie

17) Quale delle seguenti frasi contiene un verbo di forma passiva?
A) Il tuo errore era imprevedibile
B) Noi tutti siamo colpevoli
C) Nel pomeriggio un'aquila è stata avvistata sull'albero
D) I compagni sono giunti in nostro aiuto

18) Quale delle seguenti frasi contiene un complemento di specificazione?
A) Raggiungeremo l'isola d'Elba in poco tempo
B) Da qualche giorno mi sento un po' stanco
C) La porta della mia casa è sempre aperta per gli amici
D) Luigi parla sempre di sport

19) Quale delle seguenti frasi contiene una proposizione causale?
A) La macchia sul muro è dovuta alla muffa
B) Farò di tutto perché tu mi perdoni
C) Siccome sono in ritardo, chiamerò un taxi
D) Non capisco le ragioni delle tue parole

20) Quale delle seguenti frasi contiene un aggettivo possessivo?
A) Claudio verrà con me alla cena
B) Presenterò il mio ultimo progetto

C) Questo abito da cerimonia è simile al tuo
D) Questo gioiello ti appartiene

21) Qual è il significato dell'espressione "Restare con un pugno di mosche in mano"?
A) Essere derubato
B) Non aver ottenuto ciò che si desiderava
C) Soffocare i propri desideri
D) Accettare la propria incapacità

22) Quale delle seguenti frasi contiene un predicato nominale?
A) Siamo qui da qualche giorno
B) La notizia fu comunicata
C) I bambini sono contenti a casa degli zii
D) Gli impiegati controllano le etichette

23) In quale delle seguenti frasi compare il pronome relativo "che" in funzione di complemento oggetto?
A) Devo comprare quel dolce che è sul banco
B) Ho letto il racconto che stai leggendo
C) Erano tutti fatiscenti gli edifici che si trovavano in periferia
D) Non mi pare affatto stanco il ragazzo che corre in testa a tutti gli altri

24) Quale delle seguenti frasi contiene un complemento di argomento?
A) Studio storia antica e mi appassiono
B) Quando Andrea discute con me, si arrabbia
C) La storia è una materia molto interessante che deve essere approfondita
D) Mario mi ha parlato del suo problema

25) Quale delle seguenti frasi contiene una proposizione oggettiva?
A) Ti telefonerò appena posso
B) Mio fratello spera di superare l'esame
C) Mauro lesse la lettera che era arrivata
D) Bisogna partire subito

26) Individuare la frase che non contiene un'apposizione.
A) Ieri sera è venuto a cena da noi un collega di mio padre
B) Da bambino, Luca aveva paura del buio
C) Il fiume Tevere nasce dal Monte Fumaiolo
D) Laura, la mia maestra, resterà assente per una settimana

27) Quale delle seguenti frasi contiene un complemento predicativo del soggetto?
A) Abbiamo reso i clienti soddisfatti e sorridenti
B) Vi faccio i miei complimenti perché tutti i clienti sono usciti dal negozio felici
C) Tutti dissero che il papà di Giacomo aveva preparato la torta più morbida
D) Chef, ci faccia mangiare bene

28) Quale delle seguenti frasi NON è una frase semplice?
A) Il rumore continuo disturbava le persone in aula
B) Con le sue ossessioni è lo zimbello del paese
C) Parla troppo ma non conclude mai
D) Vado a casa con l'autobus oggi pomeriggio

29) Quale delle seguenti frasi contiene un soggetto partitivo?
A) Ci sono stati consegnati dei progetti interessanti
B) Ho comprato delle mele mature
C) Adoro il profumo del dolce appena sfornato
D) Hanno controllato i documenti delle persone sospette

30) Quale delle seguenti frasi contiene un complemento oggetto?
A) Il gatto ha dormito sempre
B) Silvia mi manca molto ma tornerà presto
C) Monta a cavallo: andiamo!
D) Mannaggia, mi sono macchiata la camicia bevendo il caffè!

31) Quale tra le seguenti frasi contiene una proposizione relativa?
A) Alessandra è andata a Madrid, che è una città meravigliosa

B) Credo che la verifica sia stata annullata
C) Filippo mi ha detto che oggi è il suo compleanno
D) Pensa che io sia colpevole

32) Quale dei seguenti periodi contiene una proposizione comparativa?
A) Quando a dire male degli altri, è sempre pronto
B) Invece di lamentarti perché non provi a darti più da fare?
C) A meno che non vogliate fare la sua stessa fine, vi consiglio di non seguire il suo esempio
D) Devo dire che sei più in gamba di quanto credessi

33) Quale dei seguenti è un periodo ipotetico di terzo tipo?
A) Se tornassi ad avere vent'anni studierei da dentista
B) Mia madre mi diceva sempre: fai il dentista
C) Se volessi aprire uno studio, potrei farlo facilmente
D) Se vuoi fare il medico occorre la laurea

34) Quale delle seguenti frasi NON presenta predicati verbali?
A) Qui è stupendo, davvero non puoi sapere com'è il Giappone!
B) Non ho bisogno che tu venga con me, so cavarmela da solo
C) Di questo volevo parlarti, del tuo comportamento
D) La strada è lunga ma io sono davvero molto stanco

35) Può essere un sinonimo di "consonanza":
A) propaganda
B) conformità
C) minaccia
D) plagio

36) Un contrario di "morigerato" è:
A) intemperante
B) modesto
C) moderato
D) irreprensibile

37) "Il Presidente è tornato nella capitale": in grammatica italiana, che tipo di proposizione è?
A) Enunciativa
B) Volitiva
C) Esclamativa
D) Esponenziale

38) Quale dei seguenti periodi contiene una frase soggettiva esplicita?
A) È onorevole che tu lo abbia aiutato
B) Credevo che questa volta le cose sarebbero andate diversamente
C) È assurdo cercare sempre scorciatoie!
D) Penso di doverti dire la verità

39) Quale tra le seguenti è una frase strumentale?
A) Costa meno di quanto si pensi
B) Carlo lavora come può
C) A forza di piangere hai raggiunto solo cose mediocri
D) Anche se stanco, andò a lavoro

40) Nel periodo "Il pranzo non era gradevole come ci eravamo aspettati", oltre alla principale è presente una proposizione…
A) subordinata oggettiva
B) subordinata dichiarativa
C) subordinata consecutiva
D) subordinata comparativa

41) Quale dei seguenti periodi contiene una subordinata dichiarativa?
A) Sarebbe stato utile che intervenisse un amico
B) L'avvocato, con una appassionata arringa, portò avanti la causa e ottenne la sua assoluzione
C) Su questo siamo tutti d'accordo, che sia meglio andare via
D) Non ci sono ragioni che spieghino il tuo comportamento nei suoi confronti

42) L'aggettivo "sibillino" significa...
A) di bell'aspetto
B) di significato oscuro
C) di aspetto feroce
D) di modi gentili

43) Si definisce "ignavo" un uomo che...
A) è indifferente a quanto lo circonda
B) è indietro per intelligenza o per vivacità rispetto agli altri
C) non accetta qualunque progresso sociale
D) è privo di energia morale, di volontà

44) Può essere definita "paradossale"...
A) una persona onesta
B) un animale feroce
C) una espressione triste
D) una situazione molto strana ed illogica, incomprensibile

45) "Il meno buono" è un...
A) superlativo relativo di minoranza
B) superlativo assoluto
C) comparativo di minoranza
D) comparativo

46) Quale delle seguenti forme verbali è un futuro anteriore indicativo?
A) Sareste giunti
B) Saremo stati avvisati
C) Sarò lodato
D) Sarei andato

47) Quale delle seguenti forme verbali è un presente condizionale?
A) Legga
B) Fareste
C) Dicessimo
D) Sentiranno

48) Quale delle seguenti frasi contiene il verbo "essere" o "avere" con significato proprio?
A) Alla fine della giornata avremo ancora un po' di tempo per parlare
B) Verrò da te dopo che avrò mangiato
C) Ieri è piovuto tutto il giorno
D) Abbiamo accettato i nuovi soci che avevano fatto richiesta di ammissione

49) Quale delle seguenti frasi contiene un verbo impersonale?
A) La voce del professore rimbombava
B) Luca sembra molto arrabbiato
C) Ho capito subito che bisognava scappare
D) Il fatto è accaduto il mese scorso

50) Quale delle seguenti frasi contiene un aggettivo indefinito?
A) A scuola c'erano molti nuovi arrivati
B) L'esito della battaglia era incerto
C) Mia madre mangiava poco
D) Presto dovremo potare questa siepe

51) Presso i Greci, l'equilibrio e la forza del corpo erano qualità molto apprezzate e davano prestigio quanto l'intelligenza e la generosità d'animo. È per questo motivo che tutti gli eroi greci vengono descritti come 'belli e buoni'.
A) La tradizionale descrizione degli eroi greci come 'belli e buoni' nasce dal ritenere che l'equilibrio e la forza fossero qualità ammirate e nobili come la generosità d'animo
B) Nell'antica Grecia qualità come l'equilibrio e la forza del corpo erano molto apprezzate ed appartenevano solo agli eroi ai quali si riconosceva anche generosità d'animo
C) I Greci ritenevano che l'equilibrio e la forza del corpo fossero qualità molto apprezzabili ma non come l'intelligenza e la generosità d'animo
D) Intelligenza e generosità d'animo erano, secondo i Greci, qualità molto apprezzate che appartenevano solo agli eroi considerati 'belli e buoni'

52) I materiali ceramici sono fra i più duri della Terra. Possono sopportare temperature altissime, resistere a graffi e ad altri processi meccanici capaci di logorare metalli e plastiche. È però difficile ottenere forme complesse con questi materiali.
A) Materie plastiche e metalli sono suscettibili di deterioramento più delle ceramiche

che resistono bene anche ad altri processi meccanici come i graffi
B) I materiali ceramici sono poco adatti alla realizzazione di forme complesse, come i metalli e le plastiche
C) La lavorazione dei materiali ceramici ad alte temperature li rende adatti a resistere a processi meccanici che logorano anche i metalli
D) I materiali ceramici sopportano bene temperature massime e minime e permettono la lavorazione in forme complesse

53) Il violetto è un colore composto che si ottiene mescolando i colori base azzurro e rosso. Alcuni tipi di violetto, preparati con procedimenti chimici, hanno delle peculiarità e brillantezza impossibili da ottenere con le mescolanze dei due colori base.
A) Mescolando i colori base azzurro e rosso, senza ricorrere alla chimica, non è possibile ottenere violetti particolarmente accesi e splendenti
B) Il violetto è un colore composto che si ottiene mescolando con procedimenti chimici il rosso ed il verde
C) Per ottenere un colore violetto brillante, senza ricorrere a procedimenti chimici, basta utilizzare azzurro e rosso in identica quantità
D) Procedimenti chimici sono alla base della preparazione di violetti spenti e opachi

54) Il colore acrilico, versione moderna della tempera, è costituito da un pigmento legato con resina sintetica, che se diluito in acqua quando è fresco, asciuga subito e non screpola a differenza delle tempere.
A) Uno dei principali componenti del colore acrilico è una resina sintetica che lo rende facilmente diluibile in acqua
B) Contrariamente a quanto avviene per la tempera, il colore acrilico non subisce screpolature
C) Cronologicamente il colore acrilico può essere considerato l'antenato della tempera
D) Il colore acrilico, a differenza della tempera, si può diluire in acqua ed asciuga rapidamente

55) La preistoria è detta anche età della pietra e gli storici la differenziano in tre periodi: paleolitico, mesolitico e neolitico. Come suggeriscono i nomi, i tre periodi sono stati individuati sulla base dello stadio di lavorazione della pietra.
A) Il periodo preistorico chiamato neolitico si caratterizza per la lavorazione della pietra eseguita con arnesi rudimentali in ferro
B) Per la suddivisione della preistoria in tre periodi, gli storici si sono affidati ad osservazioni sullo stato di lavorazione della pietra
C) Durante il periodo preistorico del mesolitico avvenne il passaggio dalla lavorazione della pietra alla lavorazione del ferro
D) L'età della pietra si differenzia in tre periodi di cui il paleolitico è il più recente

56) Ogni anno, milioni di uccelli migrano per migliaia di chilometri. La maggior parte vola di notte eppure rimane attiva anche durante il giorno, suscitando perplessità negli scienziati che si chiedono come facciano a dormire così poco.
A) La maggior parte degli uccelli migratori vola soprattutto di notte e dorme durante il giorno, suscitando la perplessità degli scienziati
B) Gli uccelli che ogni anno migrano sono migliaia e nel loro viaggio coprono distanze di milioni di chilometri
C) Durante il loro volo la maggior parte degli uccelli migratori percorre migliaia di chilometri volando di giorno
D) Gli scienziati sono disorientati dal constatare che la maggior parte degli uccelli migratori dorme poco, volando soprattutto di notte

57) Molte sarebbero le difficoltà se si volesse giocare una partita di calcio su Marte. Secondo alcuni fisici, nell'atmosfera a bassa pressione del pianeta rosso una palla

in rotazione devierebbe nella direzione opposta rispetto a quanto avviene sulla Terra

A) L'inversione di direzione di una palla in rotazione su Marte sarebbe causata dall'atmosfera a pressione elevata che caratterizza il pianeta rosso

B) Giocare una partita a calcio su Marte potrebbe essere molto difficile a causa della rotazione del pianeta rosso rispetto alla Terra

C) Sarebbe la bassa pressione dell'atmosfera su Marte a causare un'inversione di direzione, rispetto a quanto avviene sulla Terra, di una palla in rotazione

D) Alcuni fisici ritengono che su Marte una palla lanciata in rotazione verso destra manterrebbe la traiettoria, al contrario di quanto avviene sulla Terra

58) In Europa il numero di alluvioni legate al cambiamento climatico potrebbe raddoppiare entro il 2050, mentre le perdite economiche conseguenti aumenterebbero del 500%. Inoltre questi fenomeni sembrano destinati a coinvolgere più Paesi contemporaneamente.

A) L'aumento del 500% del numero delle alluvioni causate dal cambiamento climatico avrà pesanti ricadute economiche sui Paesi colpiti

B) Si prevede che entro il 2050 il numero delle alluvioni causate dal cambiamento climatico in Europa potrebbe aumentare molto e coinvolgere simultaneamente aree molto estese

C) Oltre al devastante effetto che avrà sulla conservazione degli habitat naturali, il cambiamento climatico in atto causerà alluvioni finora mai registrate in questo secolo

D) Il numero delle alluvioni previste entro il 2050 potrebbe aumentare del 100% e causare perdite economiche non quantificabili a causa della grande estensione del fenomeno

59) La lingua giapponese ha tre diverse modalità di scrittura, utilizzabili contemporaneamente in uno stesso testo. Esistono due alfabeti sillabici, che comprendono 48 segni ognuno, e uno composto da ideogrammi che non hanno valore fonetico, ma rappresentano un concetto.

A) La lingua giapponese scritta utilizza anche ideogrammi che hanno valore fonetico e sostituiscono i due alfabeti sillabici esprimendo i concetti

B) I due alfabeti sillabici della scrittura giapponesi sono composti da 40 segni ciascuno e vengono utilizzati per rappresentare un concetto

C) Gli ideogrammi della lingua giapponese scritta non hanno valore fonetico e possono essere utilizzati insieme ai due alfabeti sillabici nello stesso testo

D) La lingua giapponese nella forma scritta si avvale di tre modalità di scrittura che non possono però essere usate nello stesso testo

60) L'animale che compie il percorso più lungo durante le migrazioni è la sterna codalunga. Infatti, quest'ultimo nidifica nelle regioni artiche, vive sulle acque costiere o interne, lungo le spiagge e su isolette rocciose fuori costa, infine emigra a sud, nelle regioni antartiche.

A) La sterna codalunga nidifica nelle regioni antartiche, vive lungo le spiagge ed infine emigra a nord nelle regioni artiche

B) La sterna codalunga costruisce il nido nelle regioni artiche, vive sulle acque costiere ed infine emigra a sud nelle regioni antartiche

C) La sterna codalunga nidifica nelle regioni antartiche, vive lungo i corsi dei fiumi ed infine emigra a sud nelle regioni artiche

D) La sterna codalunga nidifica lungo le acque costiere, vive nelle regioni artiche ed infine emigra a sud nelle regioni antartiche

RISPOSTE CORRETTE

1	D	9	A	17	C	25	B	33	A	41	C	49	C	57	C
2	D	10	C	18	C	26	A	34	D	42	B	50	A	58	B
3	A	11	C	19	C	27	B	35	B	43	D	51	A	59	C
4	D	12	D	20	B	28	C	36	A	44	D	52	A	60	B
5	A	13	C	21	B	29	A	37	A	45	A	53	A		
6	C	14	B	22	C	30	D	38	A	46	B	54	B		
7	A	15	C	23	B	31	A	39	C	47	B	55	B		
8	A	16	B	24	D	32	D	40	D	48	A	56	D		

Sezione III
Simulazioni della prova di conoscenza della lingua inglese

Simulazione n. 1

*You are given a piece of text with eight spaces. You are also given a set of four words (**A, B, C,** and **D**) which correspond to each space (**1 – 8**). You are required to choose the correct word for each space from the set of words given.*

The French Revolution

The French Revolution was a bleak **(1) …** of time in France. During this period the people removed the **(2) …** and took control of the government. It lasted 10 years, finishing in 1789, when revolutionaries **(3) …** a prison called the Bastille. The revolution came to an end in 1799 when a general named Napoleon **(4) …** the revolutionary government and established the French Consulate with himself as the leader.

The **(5) …** period of the French Revolution is called the Reign of Terror during which time, a man named Robespierre led the National Convention and the Committee of Public Safety. He wanted to stamp out any **(6) …** to the revolution. So, laws were passed that said anyone **(7) …** of treason could be arrested and killed by guillotine. Thousands of people were **(8) …** including Queen Marie Antoinette and many of Robespierre's political rivals.

	A	**B**	**C**	**D**
1	sentence	season	period	duration
2	kingdom	monarchy	principality	nation
3	stormed	assaulted	assailed	beset
4	overall	overheard	overthrew	overcame
5	obscure	darkest	hidden	secluded
6	arguments	opposition	conflicts	tensions
7	criminal	guilt	suspicious	suspected
8	expired	decreased	dead	executed

*You are given a piece of text with six questions. You are also given a set four choices for each question (**9 – 14**). Identify the correct option by clicking on it.*

Allergy Map

Scientists have produced detailed maps showing where plants known to trigger allergies grow. Sufferers could have relief from runny noses, sneezing and itchy eyes as scientists have developed the first ever hay fever map of Britain. The new, highly-detailed maps of the UK contain the location of key plants and trees known to produce pollen that triggers allergies and asthma. The maps, produced at the University of Exeter in collaboration with the Met Office, may help acute hay fever or asthma sufferers decide where to live or which areas to avoid at peak times when pollen is released. The study records areas where plants which hay fever sufferers are most likely to be sensitive to are most prevalent, including grasses, trees and plants such as birch, alder, oak and nettle.

The plant maps, which include cities throughout the UK, with a detailed plan of London, will help medics further study the impact of air pollution on asthma. About 80% of people with asthma also have a pollen allergy and in the UK about 10% of the adult population is affected by asthma. In 2001, 13% of people in the UK were diagnosed with hay fever and most people with the condition are allergic to grass pollen. **This** is most common in late spring and early summer.

Air pollution, for example from car exhaust fumes, is understood to exacerbate hospital admissions for asthma caused by allergies. The maps have been published as new research carried out at the University of Exeter shows exposure to pollen can increase hospital admissions for asthma within days. The scientists believe their maps of allergenic pollen-producing plants, in combination with pollen forecasts and calendars, could help sufferers manage their condition by reducing their exposure.

Pollen can have a serious impact on the well-being of those with hay fever or asthma. By working towards a localised, species-level forecast, vulnerable people can better plan their activities and manage their condition. These new maps could also provide local authorities and healthcare practitioners with information to assist patients with pollen allergies. While these allergenic plant and tree maps do not provide a forecast of pollen levels, they do provide the most likely locations of grass and of tree species which are the source of most allergenic pollen.

9) What is the writer suggesting in the first paragraph?

A) The creation of a document giving the highest concentration of allergy sufferers

B) A document could alleviate the effects of allergies on sufferers

C) A document could explain how to relieve the symptoms of hay fever

D) A document on the complications that can arise from an allergy attack

10) How does the writer feel this research would help allergy sufferers?

A) By explaining how hay fever works

B) By advising which areas to keep away from

C) By detailing what foods to avoid

D) By identifying which cosmetic products to avoid

11) What does the word This in paragraph 3 refer to?

A) The occurrence of a specific event in nature

B) An increase in the number of sufferers

C) The release of a document

D) The presentation of a remedy

12) For what time of the year does the writer emphasise the need for people to exercise more care?
A) When autumn changes to winter
B) The end of August
C) When winter changes to spring
D) When spring changes to summer

13) What other factors which can affect allergy sufferers, apart from plant activity, does the writer mention in paragraph 4?
A) The contamination of the air by fungi
B) Exposure to insects
C) The contamination of the air by automobiles
D) The effect of radiation from the sun

14) In the fifth paragraph, the writer indicates that this research could benefit not only the medical establishment, but also…
A) the pharmaceutical industry
B) the city councils
C) family members of people with allergies
D) the chemists who stock hay fever medicine

*You are given a piece of text with six spaces **(15 – 20)**. Six sentences have been removed from the text, corresponding to the spaces. You are also given a set 7 sentences A, B, C, D, E, F and G for each space. You are required to put each given sentence into its correct space. There is one sentence which you do not need to use*

The Norwegian Global Seed Vault

Norway is boosting the flood defences of its Global Seed Vault on the Arctic Archipelago of Svalbard after water entered the entrance tunnel last year.

[15 - …]
Unseasonably high temperatures last year caused the permafrost to melt, sending water into the access tunnel.

[16 - …]
Drainage ditches will also need to be built in the tunnel and outside.
The vault stores seeds from 5,000 crop species from around the world.

[17 - …]
Although most countries keep their own supplies of key varieties, the Global Seed Vault acts as a back-up.
If a nation's seeds are lost as a result of a natural disaster or a man-made catastrophe, the specimens stored here in this chamber in the Arctic could be used to regenerate them.

[18 - …]
Government spokeswoman Hege Njaa Aschim added that they had very good reasons for building the vault was built on Svalbard.

[19 - …]
She said the problems emerged last October when the temperatures were not as expected.

[20 - …]
Inside the mountain it's safe but the problems are just outside and in the front of the tunnel, which is the entrance.

So Yes, maybe something has changed in the permafrost, but exactly what isn't clear, and that is what the climate researchers are looking into.

A) Scientists at the facility describe the vault as the most important room in the world.
B) Statsbygg is to carry out a research and development project to monitor the permafrost on Svalbard.
C) No seeds were damaged but the facility is to have new waterproof walls.
D) Dried and frozen, it is believed they can be preserved for hundreds of years.
E) The storage facility, deep inside a mountain, is designed to preserve the world's crops from future disasters.
F) Instead of being –10C or colder, they were hovering around 0C.
G) The permafrost was thought to be permanent.

*You are going to read an article in which four people describe their favorite athlete. For questions **41 – 50**, choose from the people **(A – D)**. The people may be chosen more than once.*

Elite Performers

A. Usain St Leo Bolt is a Jamaican sprinter and currently the fastest human in the world. He is the first person to hold both the 100 metres and 200 metres world records, and has won eight Olympic gold medals. He was born in 1986 in Trelawny, Jamaica, has a brother and a sister, and his parents ran the local grocery store in a rural area. Bolt spent his time playing cricket and football in the street with his brother. It was clear from an early age that he was special, when at the age of 15, he was 1.96m tall and won the 2002 World Junior Championships, which were held in Jamaica. He became involved in controversy through no fault of his own, when a Jamaican 4 x 100 metres team-mate retrospectively tested positive for a banned substance, and caused his 2008 Beijing gold medal to be stripped. He says he will retire from athletics after the 2017 World Championships in London, but there is some doubt if he will, in fact, go through with that decision.

B. Eldrick Tont, or Tiger Woods is an American professional golfer who is among the most successful golfers of all time. He has been one of the highest-paid athletes in the world for several years. He first reached the number one position in the world rankings in June 1997, less than a year after turning pro, and throughout the 2000s, Woods was the dominant force in golf. He became involved in controversy when he admitted infidelity, and after many alleged extramarital indiscretions were revealed, he suffered a loss of form, and his ranking gradually fell to a low of No. 58 in November 2011. He will forever be remembered as the youngest man and the first African American to win the U.S. Masters, but it seems his best days are now ancient history.

C. Lance Edward Armstrong is an American former professional road racing cyclist. Armstrong is the 1993 professional world champion, and won the Tour de France a record seven consecutive times from 1999 to 2005. At age 16, Armstrong began competing as a triathlete and was a national sprint-course triathlon champion in 1989 and 1990. In 1996, he was diagnosed with a potentially fatal metastatic testicular cancer. After his recovery, he returned to cycling in 1998, he was a member of the US Postal team between 1998 and 2005, when he won his Tour de France titles, as well as a bronze medal in the 2000 Summer Olympics.

However, in 2012, he was banned from sanctioned Olympic sports for life as a result of long-term doping offenses. As part of those sanctions, all results going back to August 1998, including his seven Tour wins, were voided. Armstrong retired from racing at the end of the 2005 Tour de France.

D. Serena Jameka Williams is an American professional tennis player. The Women's Tennis Association has ranked her world No. 1 in singles on eight occasions, from 2002 to 2017. She became the world No. 1 for the first time on July 8, 2002. Williams was born in Michigan, USA and is the youngest of five sisters Yetunde, Lyndrea and Isha Price, and Venus, who is also a famous professional tennis player. Williams started playing tennis at the age of three. Her father, Richard, home-schooled Serena and her sister Venus, and stopped sending his daughters to national junior tennis tournaments when Williams was 10, since he wanted them to take it slow and focus on school work. Experiences of racism also drove this experience, as Richard Williams had heard white parents talk about the Williams sisters in a derogatory manner during tournaments. At that time, Williams was ranked number one among under-10 players in Florida. During her career, she has had many triumphs and setbacks, and on 19 April 2017, she revealed that she was 20 weeks pregnant, the timing reflecting the fact that she would have been roughly eight-weeks pregnant when she won the Australian Open.

Which athlete…

21) … experienced discrimination at an early age

22) … was severely affected by a domestic situation?

23) … was a victim of someone else's dishonesty

24) … lost everything they had worked for

25) … was physically impressive at an early age

26) … overcame a serious medical situation?

27) … was successful while suffering a medical handicap

28) … has a famous sibling?

29) … was financially very successful

30) … came from a humble background?

Risposte corrette

1	C	**5**	B	**9**	B	**13**	C	**17**	D	**21**	D	**25**	A	**29**	B
2	B	**6**	B	**10**	B	**14**	B	**18**	A	**22**	B	**26**	C	**30**	A
3	A	**7**	D	**11**	A	**15**	E	**19**	G	**23**	A	**27**	D		
4	C	**8**	D	**12**	D	**16**	C	**20**	F	**24**	C	**28**	D		

NISSOLINO® METODO CORSI
Preparazione ai Concorsi
Alcuni sognano il successo,
altri si attivano per raggiungerlo
Scopri le opportunità fornite dalle FORZE ARMATE e dalle FORZE DI POLIZIA per indossare la divisa
Un lavoro stabile e duraturo
Una brillante carriera in divisa
Una laurea triennale e/o magistrale
#orientatialsuccesso
CORSI IN AULA E-LEARNING E MISTI
• Consulenza gratuita
• Preparazioni individuali e di classe
• Piattaforma online e videolezioni
• Simulazioni delle prove concorsuali e colloqui
Scopri il metodo NISSOLINO!
Scuole Militari - Ufficiali - Marescialli - Sergenti - Agenti - VFP4 - VFP1
VIENI A TROVARCI!
CENTRI IN TUTTA ITALIA
nissolinocorsi.it
Piattaforma web learning: nissolinocorsi.online
800 590 879